Veröffentlichungen
der Deutschen Akademie
für Sprache und Dichtung
Darmstadt
81. Veröffentlichung

Hugo Ball

Sämtliche Werke und Briefe

Herausgegeben von der
Deutschen Akademie für Sprache und Dichtung
zu Darmstadt
in Zusammenarbeit mit der
Hugo-Ball-Gesellschaft, Pirmasens

Band 10.3

Hugo Ball
Briefe 1904 – 1927

Herausgegeben und kommentiert von
Gerhard Schaub und Ernst Teubner

Band 3
Kommentar

WALLSTEIN VERLAG

Gedruckt mit Unterstützung der
Ulrico-Hoepli-Stiftung, Zürich

Inhalt

Editorischer Bericht

Mit dieser Ausgabe werden erstmals die Briefe Hugo Balls, soweit sie bekannt sind oder ermittelt werden konnten, vollständig und unverändert veröffentlicht. Bisher sind, abgesehen von Teilausgaben und Einzelbriefveröffentlichungen (vgl. HBB, Nr. 280-302a), zwei Publikationen mit Hugo-Ball-Briefen erschienen: 1930 gab Emmy Ball-Hennings den Band ›Hugo Ball. Sein Leben in Briefen und Gedichten‹ im S. Fischer Verlag (Berlin) heraus. Diese Ausgabe enthielt Briefe Hugo Balls an Emmy Hennings-Ball, Annemarie Hennings, Hermann Hesse, August Hofmann sowie an Joseph und Maria Englert. In den mit einem Vorwort von Hermann Hesse versehenen Band wurden neben Gedichten von Emmy und Hugo Ball auch Briefe Emmy Balls aufgenommen. Im Jahre 1957 veröffentlichte Annemarie Schütt-Hennings im Benziger Verlag (Einsiedeln, Zürich, Köln) den Band ›Briefe. 1911-1927‹. Für diese Publikation wurde das Vorwort Hermann Hesses aus der Ausgabe von 1930 übernommen, auf Gedichte und auf Briefe Emmy Balls dagegen verzichtet. Insgesamt wurden in dieser Ausgabe etwas mehr als 200 Briefe Hugo Balls an 25 Adressaten abgedruckt.

Die vorliegende Briefausgabe umfaßt 782 größtenteils bisher unveröffentlichte Briefe, Postkarten, Ansichtskarten und Telegramme. Die Schriftstücke sind an 113 Adressaten gerichtet und werden in chronologischer Reihenfolge dargeboten.

In den beiden Auswahlbänden von 1930 und 1957 wurden die ausgewählten Briefe häufig unvollständig wiedergegeben. So hatte Emmy Ball für den Band ›Hugo Ball. Sein Leben in Briefen und Gedichten‹ einige Briefkompilate ›montiert‹, die später auch in die Ausgabe ›Briefe 1911-1927‹ übernommen wurden. Die Herausgeber haben versucht, diese Kompilate aufzulösen und die ursprünglichen Brieftexte wiederherzustellen. Relativ einfach war das bei den Textpassagen, die einem vorhandenen Originalbrief zuzuordnen waren, schwierig war es, wenn sich für Textpassagen kein Originalbrief finden ließ.

Postskripta Balls, die er den Briefen seiner Frau anfügte, sind, wenn es sich dabei nicht nur um Grußworte handelt, als selbständige Briefe in diese Ausgabe aufgenommen worden (Beispiel: Nr. 707a); Postskripta anderer Personen (z. B. von Emmy Ball oder Annemarie Hennings) werden im Kommentar vor den Erläuterungen zu den jeweiligen Briefen dokumentiert.

Zur Textgestalt der Briefe

Alle Briefe sind vollständig und wortgetreu wiedergegeben, die Originalschreibung wird mit den Orthographiefehlern wo immer möglich belassen, Korrekturen nur dort vorgenommen, wo es für das Verständnis bzw. für eine flüssige Lektüre nötig ist. Auf eine Modernisierung oder Glättung der Orthographie ist also bewußt verzichtet worden, Balls eigentümliche Schreibweisen bleiben erhalten. Einige Beispiele: Bewandnis, Bescheerung, bischen, broschürt, endgiltig, Erwiederung, Extase, Gebahren, gleichgiltig, knieen, Maasse, Packet, Salad, Sweather, Thee, Versandtspesen, wol, woltuend. Häufig wechselt Ball auch zwischen zwei unterschiedlichen Schreibweisen (Beispiel: »napolitanischen« und »neapolitanischen«); auch diese variablen Schreibweisen werden beibehalten. Ebenfalls nicht korrigiert werden fehlende Apostrophe, wenn Ball die Wörter zusammenschreibt (aufs, dirs, gehts, gibts, habst, ichs, kommts, obs, sags, schicks, sichs, wenns, werds, wirds). Oft verzichtete Ball auf das tonlose »e« (Beispiele: intressant, andres, andrer). Bei der Zusammen- und Getrenntschreibung hat Ball die zeitgenössische Rechtschreibung großzügig interpretiert (Beispiele: freisein, in einemfort, nachhaus, nocheinmal, proforma, zustandekommen; aber: irgend ein, zwei mal). Falsch geschriebene Eigennamen werden in der Regel stillschweigend korrigiert, außer wenn Ball eine nichtoffizielle, aber gebräuchliche Schreibweise verwendete (Beispiele: Katharina Emmerich, Thomas Münzer).

Sofortkorrekturen Balls im Brief werden weder in den Brieftexten noch im Kommentar vermerkt, Dittographien stillschweigend getilgt, Anredepronomina, auch gegen den Befund, grundsätzlich großgeschrieben. Unterstreichungen und Sperrungen sind durch *Kursivierung* gekennzeichnet. Eingriffe der Herausgeber sind als solche kenntlich gemacht, Hinzufügungen oder Korrekturen werden in [], unleserliche Stellen durch 〈〉 gekennzeichnet. Abkürzungen werden, zum besseren Verständnis, unter Weglassung des Abkürzungspunktes in eckigen Klammern ergänzt. Beispiel: C[afé] d[es] W[estens]. Die maschinenschriftlichen Briefe Balls weisen ihren Verfasser in der späteren Zeit als einen geübten Maschinenschreiber aus, dem nicht viele Fehler unterlaufen sind. Dennoch kam es natürlich immer wieder zu fehlerhaften Schreibungen, die deutlich als typisch maschinenschriftliche Fehler zu erkennen sind. Diese Tippfehler wurden stillschweigend korrigiert. An Stellen, wo Ball über den Blattrand hinausgetippt hat, sind die fehlenden Buchstaben im letzten Wort der Zeile oder die fehlenden Interpunktionszeichen stillschweigend ergänzt worden. Die schreibmaschinenbedingten Umlaute ue, ae und oe werden zu ü, ä und ö vereinheitlicht, da Ball diese in seinen handschriftlichen Briefen auch nicht verwendet. Die Schreibung »ss« statt »ß« wurde beibehalten, da Ball sie auch in den handschriftlich überlieferten Briefen benutzt. Da Ball auch bei Eigennamen grundsätzlich »ss« schrieb, wurde dies in Brieftexten (Beispiel: Hessberger) belassen, im Kommentartext dagegen die richtige Schreibweise (Heßberger) verwendet.

Die Briefe werden, was die Adressierung, die Stellung von Ort und Datum, Poststempel, Anrede und Unterschrift betrifft, in einer typographisch standardisierten Form präsentiert. Die Schreibung von Ort und Datum folgt der von Ball gewählten Form. Hugo Balls Briefe an seine Frau sind häufig nur unvollständig datiert, besonders in den Briefjahrgängen 1917/18 und 1923/24. Anhand des Inhalts, mit Hilfe der ›Tagebücher‹ oder anhand von Gegenbriefen haben sich die Herausgeber bemüht, die sichere oder wahrscheinliche Datierung zu finden, und im Kommentar ihre Überlegungen zur Datierung erläutert. In den Fällen, bei denen die Schriftstücke keine Datierungen tragen, haben die Herausgeber diese in eckigen Klammern ergänzt. In den Briefjahrgängen 1917/18 und 1923/24 haben sich von den Briefen Hugo Balls an seine Frau häufig nur Briefreste erhalten. Die Herausgeber zeigen die Briefverluste durch [Anfang fehlt] oder [Fortsetzung fehlt] an.

Zum Kommentar

Die jeweilige Überlieferung der Briefe wird am Beginn der Erläuterungen dokumentiert. Dabei werden folgende Abkürzungen verwendet:

A = Abschrift
E = Erstdruck
F = Fundort
H = Handschrift/Typoskript
D = Durchschlag
DV = Druckvorlage

Die Siglen der in den Erläuterungen häufiger verwendeten Literatur sind auf den folgenden Seiten im Verzeichnis der Abkürzungen und Siglen aufgelöst. Querverweise auf andere Erläuterungen werden im Kommenar durch *Kursivierung* der entsprechenden Briefnummern angezeigt, gerade (recte) gesetzte Briefnummern verweisen auf die entsprechenden Brieftexte.

Obwohl Emmy Ball nach ihrer Heirat mit Hugo Ball weiter unter dem Namen Hennings publizierte und auch Ihre Geschäftspost mit Verlagen und Zeitschriften mit ihrem Geburtsnamen zeichnete, führte sie ihre private Korrespondenz weitgehend unter dem Namen Emmy Ball. Da auch Hugo Ball Briefe an seine Frau – nur bei Postkarten kann es belegt werden (ab Nr. 250) – an Emmy Ball adressierte, haben die Herausgeber für den Kommentar die Regelung getroffen: bis zur Verheiratung (Februar 1920) Emmy Hennings, danach Emmy Ball.

Die Briefe Nr. 61-334 (Januar 1915 bis September 1923) wurden von Gerhard Schaub, die Briefe Nr. 1-60 (1904 bis Dezember 1914) und die Briefe Nr. 335-776 (Oktober 1923 bis August 1927) von Ernst Teubner kommentiert.

Abkürzungen und Siglen

Allgemeine Abkürzungen

CSSt	Carl Seelig-Stiftung, Zürich.
D&H	Verlag Duncker & Humblot.
DLA	Deutsches Literaturarchiv, Marbach/Neckar.
EBH	Emmy Ball-Hennings.
FZ	Die Freie Zeitung.
HBN	Nachlässe Hugo Ball, Emmy Ball-Hennings und Annemarie Schütt-Hennings, Zürich, Carl-Seelig-Stiftung.
HBS	Hugo Ball-Sammlung, Pirmasens.
NZZ	Neue Zürcher Zeitung.

Siglen der Werke von Hugo Ball und Emmy Hennings

Briefe	Hugo Ball: Briefe. 1911-1927. Hrsg. von Annemarie Schütt-Hennings. Einsiedeln, Zürich, Köln 1957.
Briefe 1915-1917	Hugo Ball & Emmy Hennings: Damals in Zürich. Briefe aus den Jahren 1915-1917. Zürich 1978.
Christentum	Hugo Ball: Byzantinisches Christentum. Drei Heiligenleben. München und Leipzig 1923.
EBH Blume	Emmy Ball-Hennings: Blume und Flamme. Geschichte einer Jugend. Einsiedeln, Köln 1938.
EBH Frühe Texte	Emmy Ball-Hennings: Betrunken taumeln alle Litfaßsäulen. Frühe Texte und autobiographische Schriften 1913-1922 mit einem Nachwort hrsg. von Bernhard Merkelbach. Hannover 1990.
EBH Gang	Emmy Hennings: Der Gang zur Liebe. Ein Buch von Städten, Kirchen und Heiligen. München 1926.
EBH Hesse	Emmy Ball-Hennings: Briefe an Hermann Hesse. Hrsg. von Annemarie Schütt-Hennings. Frankfurt a.M. 1956.
EBH Katalog	Emmy Ball-Hennings 1885-1948. »ich bin so vielfach …« Texte, Bilder, Dokumente. Zusammengestellt von Bernhard Echte unter Mitarbeit von Katharina Aemmer. Frankfurt a.M. und Basel 1999 [Katalog anläßlich der gleichnamigen Ausstellung im Museum Strauhof Zürich, März-Mai 1999].

EBH Leben	Emmy Ball-Hennings: Hugo Ball. Sein Leben in Briefen und Gedichten. Mit einem Vorwort von Hermann Hesse. Berlin 1930.
EBH Ruf	Emmy Ball-Hennings: Ruf und Echo. Mein Leben mit Hugo Ball. Einsiedeln, Zürich, Köln 1953.
EBH Weg	Emmy Hennings-Ball: Hugo Balls Weg zu Gott. Ein Buch der Erinnerung. München 1931.
Flametti	Hugo Ball: Flametti oder Vom Dandysmus der Armen. Roman. Berlin 1918.
Flucht	Hugo Ball: Die Flucht aus der Zeit. München und Leipzig 1927.
Folgen	Hugo Ball: Die Folgen der Reformation. München und Leipzig 1924.
Gedichte	Hugo Ball: Gesammelte Gedichte. Hrsg. von Annemarie Schütt-Hennings. Zürich 1963.
Henker	Hugo Ball: Der Henker von Brescia. Drei Akte der Not und Ekstase. Hrsg. von Franz L. Pelgen. Leipzig 1995.
Hesse-Biographie	Hugo Ball: Hermann Hesse. Sein Leben und sein Werk. Berlin 1927.
Kritik	Hugo Ball: Zur Kritik der deutschen Intelligenz. Bern 1919.
Nase	Hugo Ball: Die Nase des Michelangelo. Tragikomödie. Leipzig 1911.
Nero	Hugo Ball: Nero. Tragödie in fünf Aufzügen. Landau/Pfalz 1985.
Schriften	Hugo Ball: Der Künstler und die Zeitkrankheit. Ausgewählte Schriften. Hrsg. und mit einem Nachwort versehen von Hans Burkhard Schlichting. Frankfurt a.M. 1984.
›Tagebuch‹	Hugo Balls unveröffentlichte Tagebücher 1921-1927 (HBN).
Tenderenda 1967	Hugo Ball: Tenderenda der Phantast. Roman. Zürich 1967.
Tenderenda 1999	Hugo Ball: Tenderenda der Phantast. Hrsg. und mit einem Nachwort von Raimund Meyer und Julian Schütt. Innsbruck 1999.

Siglen der verwendeten Literatur

Baedekers Italien	Italien von den Alpen bis Neapel. Kurzes Reisehandbuch von Karl Baedeker. 6. Aufl., Leipzig 1908.
Baedekers Schweiz 1920	Die Schweiz. Nebst Chamonix, Luganer, Langen- und Comer See. Handbuch für Reisende von Karl Baedeker. 36. Aufl., Leipzig 1920.
Baedekers Schweiz 1927	Die Schweiz. Nebst Chamonix, Luganer, Langen- und Comer See. Handbuch für Reisende von Karl Baedeker. 37. Aufl., Leipzig 1927.
Becher	Peter Becher: Der Sopran Gottes. Werfels Schweizer Vortragsreise, Januar bis März 1918. In: Michel Reffet (Hrsg.): Le monde de Franz Werfel et la morale des nations. Die Welt Franz Werfels und die Moral der Völker. Bern u.a. 2000, S. 213-229.
Blaser I	Blaser, Fritz (Bearb.): Bibliographie der Schweizer Presse. Mit Einschluß des Fürstentums Liechtenstein. 1. Halbband. Basel 1956 (Quellen zur Schweizer Geschichte, Neue Folge, IV. Abt., Bd. VII).
Blaser II	Blaser, Fritz (Bearb.): Bibliographie der Schweizer Presse. Mit Einschluß des Fürstentums Liechtenstein. 2. Halbband. Basel 1958 (Quellen zur Schweizer Geschichte, Neue Folge, IV. Abt., Bd. VII).
Blei	Franz Blei: Briefe an Carl Schmitt. In Zusammenarbeit mit Wilhelm Kühlmann hrsg. und erl. von Angela Reinthal. Heidelberg 1995.
Bloch, Briefe I	Ernst Bloch: Briefe 1903-1975. Bd. I. Hrsg. von Karola Bloch u.a. Frankfurt a.M. 1985.
Dada Almanach	Dada Almanach. Im Auftrag des Zentralamts der Deutschen Dada-Bewegung. Hrsg. von Richard Huelsenbeck. New York 1966.
Dada 15/25	Raoul Schrott (Hrsg.): Dada 15/25. Post scriptum oder Die himmlischen Abenteuer des Hr.n Tristan Tzara. Und ein Suspensarium von Gerald Nitsche zu Elde Steeg & Raoul Hausmann. Innsbruck 1992.
Dada	Dada. Eine internationale Bewegung 1916-1925. Katalog der Ausstellung in München, Hannover, Zürich 1993/94. Redaktion des Katalogs: Raimund Meyer und Hans Bolliger. Zürich 1993.
Dada global	Dada global. Kunsthaus Zürich. Sammlungsheft 18. [Hrsg. von] Raimund Meyer, Judith Hossli, Guido Magnaguagno, Juri Steiner und Hans Bolliger. Zürich 1994.

Dada-Plan von Zürich	Beilage zu: Dada in Zürich.
Dada in Zürich	Dada in Zürich. Hans Bolliger, Guido Magnaguagno, Raimund Meyer. In Zusammenarbeit mit dem Kunsthaus Zürich. Zürich 1985.
DBE	Deutsche Biographische Enzyklopädie. Hrsg. von Walther Killy. Bde. 1-12/2 München 1995-2000.
Debrunner	Albert M. Debrunner: »Freunde, es war eine elende Zeit!« René Schickele in der Schweiz 1915-1919. Frauenfeld, Stuttgart, Wien 2003.
DLA, Hesse	Deutsches Literaturarchiv, Marbach/Neckar: Hermann-Hesse-Depositum.
DLL	Deutsches Literatur-Lexikon. Biographisch-bibliographisches Handbuch. Begründet von Wilhelm Kosch. 3., völlig neu bearb. Aufl., Bde. 1-20. Bern, München 1968-2000.
Donat / Holl	Die Friedensbewegung. Organisierter Pazifismus in Deutschland, Österreich und in der Schweiz. Hrsg. von Helmut Donat und Karl Holl. Mit einem Vorwort von Dieter Lattmann. Düsseldorf 1983 (= Hermes Handlexikon).
DTL	Deutsches Theater-Lexikon. Biographisches und bibliographisches Handbuch. Begründet von Wilhelm Kosch. Bde. 1-2. Klagenfurt und Wien 1953-1960; Bd. 3. Fortgeführt von Ingrid Bigler-Marschall. Bern 1992.
Echte 1992	Nachwort, Editorische Notiz und Anmerkungen zu: Hugo Ball: Die Flucht aus der Zeit. Hrsg. sowie mit Anmerkungen und Nachwort versehen von Bernhard Echte. Zürich 1992, S. 303-345.
Echte 1993	Bernhard Echte: Lord Mopp, der Snob. Max Oppenheimer und der Dadaismus. In: DADAutriche. 1907-1970. Hrsg. von Günther Dankl und Raoul Schrott. Innsbruck 1993, S. 63-79.
Echte 1995	Max Oppenheimer – MOPP. Annäherungen an sein Leben und Werk. In: Katalog Oppenheimer 1995, S. 11-57.
Escherig	Verweigerung der Einreise- und Aufenthaltsbewilligung Betr. Z 182.979. Else Lasker-Schüler und die Schweiz. In: Meine Träume fallen in die Welt. Ein Else Lasker-Schüler-Almanach. Hrsg. von Sarah Kirsch, Jürgen Serke und Hajo Jahn. Wuppertal 1995, S. 125-170.

Faul 1989	Eckhard Faul (Hrsg.): Hans Leybold: Gegen Zuständliches. Glossen, Gedichte, Briefe. Hannover 1989 (= Randfiguren der Moderne).
Faul 2003	Eckhard Faul: »Aber Betrieb muß sein«. Der expressionistische Schriftsteller Hans Leybold (1892-1914). Bonn 2003.
Flake und Dada	Michael Farin/Raoul Schrott (Hrsg.): Otto Flake und Dada. 1918-1921. Siegen 1992 (= Vergessene Autoren der Moderne, Bd. 56).
Freedman	Ralph Freedman: Hermann Hesse. Autor der Krisis. Eine Biographie. Aus d. Amerik. v. Ursula Michels-Wenz. Dt. Frankfurt/M. 1991 (in Kooperation mit dem Verf. revidiert und überarbeitet).
Füllner 1983	Karin Füllner: Richard Huelsenbeck. Texte und Aktionen eines Dadaisten. Heidelberg 1983 (= Reihe Siegen, Bd. 48).
Füllner 1986	Karin Füllner: Dada Berlin in Zeitungen: Gedächtnisfeiern und Skandale. Siegen 1986 (= Massenmedien und Kommunikation, Heft 43).
Glauser	Friedrich Glauser: Dada, Ascona und andere Erinnerungen. Zürich 1976.
Glauser, Briefe I	Friedrich Glauser: Briefe I 1911-1935. Hrsg. von Bernhard Echte und Manfred Papst. Zürich 1988.
Glauser, Briefe II	Friedrich Glauser: Briefe II 1935-1938. Hrsg. von Bernhard Echte. Zürich 1991.
Goergen	Urlaute dadaistischer Poesie. Der Berliner Dada-Abend am 12. April 1918 rekonstruiert von Jeanpaul Goergen. Hannover 1994.
Halbey	Hans Adolf Halbey: Der Erich Reiss Verlag 1908-1936. Versuch eines Portraits. Mit einer Übersicht über die Verlagsproduktion. In: Archiv für Geschichte des Buchwesens 21, 1980, Sp. 1127-1256.
HBA	Hugo Ball Almanach 1977 ff. Hrsg. von der Stadt Pirmasens. Bearbeiter: Ernst Teubner.
HBB	Ernst Teubner: Hugo Ball. Eine Bibliographie. Mainz 1992 (= Bibliographische Hefte 1).
HBK	Hugo Ball (1886-1986). Leben und Werk. Katalog zur Ausstellung. Hrsg. von Ernst Teubner. Berlin 1986.
Hesse 1979	Hermann Hesse. Sein Leben in Bildern und Texten. Hrsg. von Volker Michels. Frankfurt a.M. 1979.

Hesse, Briefe I-IV	Hermann Hesse. Gesammelte Briefe. In Zusammenarbeit mit Heiner Hesse hrsg. v. Ursula und Volker Michels. 4 Bde. Frankfurt a.M. 1973-1986.
Hesse GW 1-12	Hermann Hesse: Gesammelte Werke in zwölf Bänden. Werkausgabe edition suhrkamp. Frankfurt a.M. 1970.
Hesse, Personen	Hermann Hesse: Personen und Schlüsselfiguren in seinem Leben. Ein alphabetisches annotiertes Namensverzeichnis mit sämtlichen Fundstellen in seinen Werken und Briefen. Hrsg. v. Ursula Apel mit Unterst. [...]. 2 Bde. München u.a. 1989.
Hesse, Stationen	Hermann Hesse. 1877-1977. Stationen seines Lebens, des Werkes und seiner Wirkung. Gedenkausstellung zum 100. Geburtstag im Schiller-Nationalmuseum Marbach am Neckar. Ausst. und Katalog: Friedrich Pfäfflin u.a. (Sonderausstellungen des Schiller-Nationalmuseums 28). Marbach 1977.
Hesse SW	Hermann Hesse: Sämtliche Werke in 20 Bänden. Hrsg. von Volker Michels. Frankfurt a.M. 2001 ff. [bisher erschienen Bde. 1-12, 16-18]
Huelsenbeck 1957	Richard Huelsenbeck: Mit Witz, Licht und Grütze. Auf den Spuren des Dadaismus. Wiesbaden 1957.
Huelsenbeck 1984	Richard Huelsenbeck: Reise bis ans Ende der Freiheit. Autobiographische Fragmente. Aus dem Nachlaß hrsg. von Ulrich Karthaus und Horst Krüger. Heidelberg 1984.
Huelsenbeck 1994	Richard Huelsenbeck: Wozu Dada. Texte 1916-1936. Hrsg. von Herbert Kapfer. Gießen 1994.
Huonker	Gustav Huonker: Literaturszene Zürich. Menschen, Geschichten und Bilder 1914 bis 1945. Zürich 1986.
Katalog Oppenheimer 1994	MOPP. Max Oppenheimer 1885-1954. Katalog der Ausstellung im Jüdischen Museum der Stadt Wien (23. Juni bis 18. September 1994). Wien 1994.
Katalog Oppenheimer 1995	Bernhard Echte (Hrsg.): Max Oppenheimer (MOPP) 1885-1954. Gemälde und Graphiken. Katalog zur Ausstellung [in der Stiftung Langmatt Sidney und Jenny Brown, Baden, und in der Staatsgalerie moderner Kunst, München 1995/96]. Baden 1995.
Kindermann	Heinz Kindermann: Theatergeschichte Europas. Bde. 1-10. Salzburg 1957-1974.
Klabund in Davos	Klabund in Davos. Texte, Bilder, Dokumente. Zusammengestellt von Paul Raabe. Zürich 1990.

KLL	Kindlers Literatur Lexikon. Deutsche Ausgabe begründet von Wolfgang von Einsiedel unter Mitarb. zahlreicher Fachberater. Bde. 1-12. Zürich 1970.
Koella	Rudolf Koella: Die Leben des Han Coray. Zürich 2002.
Köhler	Henning Köhler: Novemberrevolution und Frankreich: Die französische Deutschlandpolitik 1918-1919. Düsseldorf 1980.
Korol	Martin Korol: Deutsches Präexil in der Schweiz 1916-1918. Hugo Balls Dadaismus und Ernst Blochs Opposition von außen gegen die deutsche Politik in der Schweiz während des Ersten Weltkrieges. Bremen – Tartu 1999.
Kühn-Ludewig	Maria Kühn-Ludewig (Hrsg.): Johannes R. Becher / Heinrich F. S. Bachmair: Briefwechsel 1914-1920. Briefe und Dokumente zur Verlagsgeschichte des Expressionismus. Frankfurt a.M., Bern, New York 1987 (= Regensburger Beiträge zur deutschen Sprach- und Literaturwissenschaft, Bd. 3).
Lang	Karl Lang: Kritiker, Ketzer, Kämpfer. Das Leben des Arbeiterarztes Fritz Brupbacher. 2. Aufl., Zürich 1983.
Lasker-Schüler	Else Lasker-Schüler 1869-1945. Bearbeitet von Erika Klüsener und Friedrich Pfäfflin. 2. durchgesehene und ergänzte Aufl., Marbach am Neckar 1995 (= Marbacher Magazin 71/1995).
LL	Literaturlexikon. Autoren und Werke deutscher Sprache. Hrsg. von Walther Killy. Bde. 1-15. Gütersloh, München 1988-1993.
LThK	Lexikon für Theologie und Kirche. Begr. von Michael Buchberger. 2., völlig neu bearb. Aufl., hrsg. von Josef Höfer u. Karl Rahner, Freiburg i.B. 1958-67. Bde. 1-11.
LW	Lexikon der Weltliteratur. Biographisch-bibliographisches Handwörterbuch nach Autoren und anonymen Werken. Hrsg. v. Gero von Wilpert unter Mitarb. zahlreicher Fachgelehrter. 3., neubearbeitete Aufl., Stuttgart 1988.
MCLC	Main Catalog of the Library of Congress, Washington.
Meyer	Raimund Meyer: »Dada ist gross Dada ist schön«. Zur Geschichte von »Dada Zürich«. In: Dada in Zürich, S. 9-79.
Meyers	Meyers Lexikon. 7. Aufl., in vollständig neuer Bearbeitung. Leipzig 1926.

Monte Verità	Berg der Wahrheit. Lokale Anthropologie als Beitrag zur Wiederentdeckung einer neuzeitlichen sakralen Topographie. Katalog zur Ausstellung im Kunsthaus Zürich (17. November 1978 bis 28. Januar 1979). Zürich 1978.
Muehlon	Wilhelm Muehlon: Ein Fremder im eigenen Land. Erinnerungen und Tagebuchaufzeichnungen eines Krupp-Direktors 1908-1914. Hrsg. und eingeleitet von Wolfgang Benz. Bremen 1989.
Mühsam	Erich Mühsam: Tagebücher (1910-1924). Hrsg. und mit einem Nachwort von Chris Hirte. München 1994.
Nenzel	Reinhard Nenzel: Kleinkarierte Avantgarde. Zur Neubewertung des deutschen Dadaismus. Der frühe Richard Huelsenbeck. Sein Leben und sein Werk bis 1916 in Darstellung und Interpretation. Bonn 1994.
NDB	Neue Deutsche Biographie. Hrsg. von der historischen Kommission bei der Bayerischen Akademie der Wissenschaften. Bde. 1-19. Berlin 1953-1999.
Pelgen	Franz L. Pelgen: Editorische Notiz zu den gesammelten ›Nichtgesammelten Gedichten‹ von Hugo Ball. In: Hugo Ball: Die Nichtgesammelten Gedichte, kommentiert und hrsg. von Franz L. Pelgen. Leipzig 1996, S. 73-89.
Pfemfert	Pfemfert. Erinnerungen und Abrechnungen. Texte und Briefe. Hrsg. von Lisbeth Exner und Herbert Kapfer. Unter Mitarbeit und mit einem Vorwort von Ellen Otten. München 1999.
Quidde	Ludwig Quidde: Der deutsche Pazifismus während des Weltkrieges 1914-1918. Aus dem Nachlaß Ludwig Quiddes hrsg. von Karl Holl unter Mitwirkung von Helmut Donat. Boppard am Rhein 1979.
Raabe	Paul Raabe: Die Autoren und Bücher des literarischen Expressionismus. Ein bibliographisches Handbuch in Zusammenarbeit mit Ingrid Hannich-Bode. Stuttgart 1985.
Reetz	Bärbel Reetz: Emmy Ball-Hennings. Leben im Vielleicht. Eine Biographie. Frankfurt a.M. 2001.
Schaub 1985	Gerhard Schaub: ›Totentanz 1916‹. Hugo Balls literarische Opposition gegen den Krieg. In: Trierer Beiträge. Aus Forschung und Lehre an der Universität Trier. Heft 15. Trier 1985, S. 29-52.

Schaub 1985/86	Gerhard Schaub: »Dada avant la lettre«. Ein unbekanntes »literarisches Manifest« von Hugo Ball und Richard Huelsenbeck. In: HBA 1985/86, S. 63-180.
Scholz	Christian Scholz: Schweizer Wörter. Mundart und Mentalität. Ein Brevier. Zürich 1998.
Schütt	Julian Schütt: Hugo Balls »Zweites Tagebuch«. Ein Hinweis. In: Bernd Wacker (Hrsg.): Dionysius DADA Areopagita. Hugo Ball und die Kritik der Moderne. Paderborn u.a. 1996, S. 265-273.
Segal	Arthur Segal 1875-1944. Hrsg. von Wulf Herzogenrath und Pavel Liška. Berlin 1987.
Seiwert	Harry Seiwert: Marcel Janco. Dadaist – Zeitgenosse – wohltemperierter morgenländischer Konstruktivist. Frankfurt a.M. u.a. 1993.
Serner	Walter Serner: Über Denkmäler, Weiber und Laternen. Frühe Schriften. Hrsg. von Thomas Milch. München 1981.
Sheppard 1972	Richard W. Sheppard: Hugo Ball an Käthe Brodnitz. Bisher unveröffentlichte Briefe und Kurzmitteilungen aus den »Dada«-Jahren. In: Jahrbuch der Deutschen Schillergesellschaft 16, 1972, S. 37-70.
Sheppard 1976	Richard W. Sheppard: Ferdinand Hardekopf und Dada. In: Jahrbuch der Deutschen Schillergesellschaft 20, 1976, S. 132-161.
Sheppard 1981	Richard Sheppard (Hrsg.): New Studies in Dada. Essays and Documents. Hutton 1981.
Sheppard 1992	Richard Sheppard: Dada Zürich in Zeitungen: Cabarets, Ausstellungen, Berichte und Bluffs. Siegen 1992 (= Massenmedien und Kommunikation, Heft 82/83).
Theater-Almanach	Neuer Theater-Almanach. Theatergeschichtliches Jahr- und Adressbuch. Berlin. 22. Jg. 1911; 23. Jg. 1912.
Völker	Klaus Völker: Elisabeth Bergner. Das Leben einer Schauspielerin. Ganz und doch immer unvollendet. Berlin 1990.
Wacker	Dionysus DADA Areopagita. Hugo Ball und die Kritik der Moderne. Hrsg. von Bernd Wacker. Paderborn u.a. 1996.
Weltdada Huelsenbeck	Weltdada Huelsenbeck. Eine Biografie in Briefen und Bildern. Hrsg. von Herbert Kapfer und Lisbeth Exner. Innsbruck 1996.

Wenzel White	Erdmute Wenzel White: So nie gehörte Töne. Die Musik Dadas: Vokal- und Konsonantenmusik. In: HBA 1999, S. 57-112.
Werner-Birkenbach	Sabine Werner-Birkenbach: Hugo Ball und Hermann Hesse – eine Freundschaft, die zu Literatur wird. Kommentare und Analysen zum Briefwechsel, zu autobiographischen Schriften und zu Balls Hesse-Biographie. Stuttgart 1995 (= Stuttgarter Arbeiten zur Germanistik Nr. 312).
Zweig 1998	Stefan Zweig: Briefe. 1914-1919. Hrsg. von Knut Beck, Jeffrey B. Berlin und Natascha Weschenbach-Feggeler. Frankfurt a.M. 1998.
Zweig Tagebücher	Stefan Zweig: Tagebücher. Frankfurt a.M. 1984.
Zürichdeutsches Wörterbuch	Zürichdeutsches Wörterbuch von Albert Weber und Jacques M. Bächtold. 3., überarbeitete und stark erweiterte Aufl. besorgt von Jacques M. Bächtold, Johannes Jakob Sturzenegger und Rudolf Trüb. Zürich 1983.

Kommentar

1. An Willy Deutschmann, 10.8.1904

A: Ms. Abschrift. **F:** HBN. **DV:** Abschrift.

Datierung: [19]04] Die Datierung des Briefs läßt sich nicht bestimmen. Auf der vorliegenden ms. Abschrift steht »10.8 – 04 oder 5?«, wobei »04« nachträglich mit Bleistift unterstrichen und »oder 5?« durchgestrichen wurde.

Mein lieber Willy] Willy Deutschmann (1880-1960), Landschaftsmaler und Radierer. Er wurde vor allem als Maler des Pfälzischen Wasgaus bekannt. – Mit ihm verband Hugo Ball eine enge Freundschaft. Der sechs Jahre ältere Deutschmann und Ball kannten sich, wie aus diesem Brief hervorgeht, bereits vor der Zeit, als Ball in Zweibrücken das Abitur nachholte. – Von Annemarie Schütt-Hennings wurde Deutschmann gebeten, seine Korrespondenz mit Hugo Ball für die Briefausgabe von 1957 zur Verfügung zu stellen. Er antwortete am 5. April 1955: »Was nun Briefe, Essays und anderes anbelangt so hatte ich eine erkleckliche, hübsche Anzahl. Hier liegen nun nur kümmerliche Reste bei, alles andere ist während der Evakuierung verlorengegangen. Ein Teil, den ich besonders schätzte und den ich besonders sicherte, wurde durch Brandbomben vernichtet.« Im Nachlaß Hugo Balls befinden sich nur Abschriften dieser Briefe und Karten, vermutlich von Annemarie Schütt-Hennings angefertigt. Der Verbleib der kümmerlichen Reste ist nicht feststellbar. Es ist aber anzunehmen, daß diese Briefdokumente nach dem Tode Deutschmanns bei der Auflösung seines Haushalts vernichtet wurden.

Papa] Hugo Balls Vater, Karl Ball, wurde am 21. Mai 1849 auf dem Hoppachshof (Hesselbach/Kreis Schweinfurt) geboren und starb am 22. November 1929 in Pirmasens. Karl Ball war Buchhalter, später Schuhvertreter und Lederhändler. Vgl. auch *Nr. 4* – »Die Mutter«.

(nicht durch- sondern unterstrichen)] Hier handelt es sich vermutlich um einen Einschub des Briefabschreibers.

der Bleistift ist dick und kräftig und das Papier, das schundige, ist alt] Der Originalbrief war, so die Aussage von Ball, mit Bleistift auf kräftigem Papier geschrieben.

2. An Willy Deutschmann, 14.1.1906

A: Ms. Abschrift. **F:** HBN. **DV:** Abschrift.

Datierung: Zweibrücken 14.1.[19]0[6]] Der Briefabschreiber datierte die Karte auf »05«. Ball besuchte aber das Zweibrücker Gymnasium erst ab »Ende September 1905«, so im Gymnasial-Absolutorium Balls belegt.

Gestalt einer Karte] Beim Original muß es sich um eine Post- oder Ansichtskarte gehandelt haben.

wenig Freizeit haben] Deutschmann war, während er die Bauschule besuchte, sehr beschäftigt. Nach einer Praktikantenzeit als Geometer und danach bei einem Baumeister beschäftigt, besuchte Deutschmann in den Wintermonaten in Nürnberg eine Bauschule. Ab etwa 1906 folgte in München das

Studium an der Akademie. Der genaue Zeitpunkt des Studienbeginns war nicht festzustellen. Es ist zu vermuten, daß Ball die Karte an Deutschmann nach Nürnberg gerichtet hat. In Pirmasens hielt sich Deutschmann zu Beginn des Jahres 1906 mit großer Wahrscheinlichkeit nicht auf, da Ball, wenn nicht täglich, so doch wöchentlich mit der Eisenbahn von Zweibrücken nach Pirmasens fuhr. Sonst wäre es nicht nötig gewesen, Karte, Brief und »Paketchen« zu senden.

im deutschen Aufsatz einen Glanzerfolg] In Balls Abiturzeugnis (vom 14. Juli 1906), das ihm in der deutschen Sprache die Note »2« bescheinigt, heißt es in der handschriftlichen Gesamtbeurteilung: »Seine deutschen Aufsätze bekundeten Belesenheit und eigenes Urteil, ließen aber nicht selten Klarheit und Einfachheit des Ausdrucks vermissen.« (HBK, S. 55).

3. An Familie Heinrich Hildebrand, 1.1.1911

H: Hs. Bildpostkarte; einseitig beschrieben. Motiv: Berlin-Weltstadtleben, Bahnhof Friedrichstr. Adresse: Famil. / Heinrich Hildebrand / Pirmasens – Rheinpfalz / Pfälzische Bank. **F:** HBN. **DV:** Original.

Zwei handschriftliche Ergänzungen auf der Textseite: »Många hälsning [= Viele Grüße] W. Wolff«. »Kurt Zander«.

Charlottenburg] Stadtbezirk Berlins. Von September 1910 bis Anfang Mai 1911 besucht Ball als Regieschüler die Schauspielschule des Deutschen Theaters in Berlin (HBK, S. 12, S. 65 f.; HBA 1982, S. 81 f.).

L[iebe] M[aria]] Ball hatte, abgesehen von seiner Schwester Maria – verheiratete Hildebrand – (1881-1952), nur wenig brieflichen Kontakt mit seinen Geschwistern. Der Briefwechsel mit Maria hat sich erhalten. – Sie hatte Ball bei den Auseinandersetzungen mit der Familie häufig unterstützt. Sie brachte für ihn großes Verständnis auf und zeigte Interesse für seine Pläne und Unternehmungen.

Unglücksmensch aus Schweden] Vermutlich handelt es sich um »W. Wolff«, der mit einem schwedischen Gruß namentlich auf dieser Karte unterzeichnet hat.

Kurt Zander] Auch Kurt Zander – den Hugo Ball in Nr. 4 als »eigenartigen und interessanten Deutschrussen« bezeichnete – hat auf dieser Karte mitunterzeichnet. Wenn Emmy Balls Beschreibung zutrifft, begegneten sich Hugo Ball und Kurt Zander bereits während Balls Studienzeit in München: »Auch lernte Hugo in München einen jungen, recht sonderbaren Maler kennen, namens Zander, der zurückgezogen lebte, sich in seiner Kunst ausschließlich mit der Tier-Malerei beschäftigte, am liebsten, und zwar sehr schön, Vögel malte, die er in den Morgenstunden im Zoologischen Garten besuchte und die ihm dort ›Modell vorflogen‹. Zander, der sonst wenig Verkehr mit Menschen hatte, fühlte sich zu Hugo hingezogen und muß ihn schon damals für einen recht interessanten Menschen gehalten haben, denn er führte ein Tagebuch ausschließlich über Hugo, bei dem er seine eigene Person kaum je erwähnt hat. Es gab viele Hefte, viele Aufzeichnungen von Zander, der gewissenhaft jedes Buch eintrug, das Hugo las und alles, was er selbst schrieb und trieb, im übrigen es sich angelegen sein ließ ›um den künftigen Dichter zu dichten‹.« (EBH Ruf, S. 28). Von

Kurt Zander lieh Hugo Ball dessen Tagebücher aus, als er Zander im Juli 1923 in Berlin besuchte und auch bei ihm übernachtete (vgl. *Nr. 360* – »die Tagebücher liegen wieder da«).

4. An Maria Hildebrand, 18.1.1911

A: Hs. Brief, 3 Bl., 10 S. **F:** HBN. **E:** Briefe, S. 17. **DV:** Original.

die Schule] Schauspielschule des Deutschen Theaters in Berlin. Nach Auskunft des Deutschen Theaters sind im dortigen Archiv keine Schülerlisten der Schauspielschule vom Kurs 1910/11 vorhanden (Schreiben des Deutschen Theaters vom 6. März 1997 an die Herausgeber).

Baumgarten] Ausgehend von der Überlegung, daß die Schauspiel- und die Regieschüler, die zur selben Zeit wie Ball die Schauspielschule besuchten, erst nach Abschluß ihrer Ausbildung im Mai 1911 ein Engagement für die Spielzeit 1911/12 fanden, dürften die Absolventen dieses Jahrgangs also frühestens im 23. Jahrgang (1912) im ›Neuen Theater-Almanach‹ Aufnahme gefunden haben. Unerwähnt im Jg. 22 (1911), wird im Jg. 23 (1912) der Schauspieler Carl Baumgarten genannt, der 1911/12 am Berliner Concordia-Theater (Berlin N 31, Brunnenstr. 154) ein Engagement fand. Denkbar wäre auch Harald Baumgarten (Jg. 25, 1914), 1913/14 beim Stadttheater Bromberg engagiert.

Herald] Unsichere Lesart. Ob es sich bei Balls Mitschüler um Heinz Herald (1890-1964) handelte, kann nur vermutet werden. Herald, einer »der engsten Mitarbeiter« (Kindermann 8, S. 397) von Max Reinhardt, war Regisseur, Dramaturg und Theaterdirektor; auch Autor: Drama, Hörspiel, Lyrik, Prosa. Von ihm erschienen: ›Max Reinhardt. Versuch über moderne Regie‹ (1916); ›Reinhardt und seine Bühne‹ (1918); ›Max Reinhardt. Bildnis eines Theatermannes‹ (1953).

Excusez] Unsichere Lesart.

von Lossow] Es könnte sich um Rudolf von Lossow (1882-1945) gehandelt haben. Von Lossow hatte, als er und Ball den »B-Kurs« – den Regiekurs – besuchten, bereits das Drama ›Raimund‹ (1910) und den Märchenroman ›Der Weihrauchgeist‹ (1910) veröffentlicht. In der Spielzeit 1911/12 hatte Rudolf von Lossow ein Engagement am Leipziger Schauspielhaus (Sophienstr. 19) als »Dramat. (f. Regie)« (Theater-Almanach 1912). Später war er »Oberspielleiter in Leipzig, Lübeck, Düsseldorf, Berlin« (DLL 9, Sp. 1688).

Dr. Runge] Woldemar Runge (geb. 1868) war während der Spielzeit 1910/11 nicht Direktor, sondern fungierte als künstlerischer Leiter des Friedrich-Wilhelmstädtischen Schauspielhauses (Berlin N, Chausseestr. 30/31). Runge wechselte, gemeinsam mit Dr. Paul Legband, ab der Spielzeit 1911/12 an das Stadttheater Freiburg im Breisgau. Unter der Direktion von Dr. Legband war Runge Regisseur der Oper und des Schauspiels (Theater-Almanach 1911 und 1912).

Dr. Legband] Paul Legband (1876-1942), Studium der Germanistik, Theaterwissenschaft und Kunstgeschichte in München; 1906-1910 Leiter der Schauspielschule des Deutschen Theaters in Berlin; 1911-1916 Direktor des Stadttheaters Freiburg im Breisgau; danach noch zahlreiche leitende

Theaterfunktionen (DTL 2, S. 1193). – Legband war Balls Regielehrer. Als Leiter der Schauspielschule hat er auch Balls »Zeugnis der Schauspielschule des Deutschen Theaters« (HBK, Nr. 34, S. 66) am 2. Mai 1911 ausgestellt und unterzeichnet.

Reinhardt] Max Reinhardt (1873-1943) war, als Ball in Berlin 1910/11 an der Schauspielschule des Deutschen Theaters seine Ausbildung als »Hilfskraft für Regie, Dramaturgie und Verwaltungsfragen« (HBK, S. 66) erhielt, Direktor des Deutschen Theaters. Reinhardt war auch zeitweise »Pächter« des Münchener Künstlertheaters im Ausstellungspark auf der Theresienhöhe.

Gorkis »Nachtasyl«] Maxim Gorki (1868-1936). 1903 inszenierte Max Reinhardt im Kleinen Theater Berlin ›Nachtasyl‹ und spielte selbst die Rolle des Luka. »Bedenkt man, daß trotz wechselndem Repertoire am 14. Oktober 1903 schon die 250. Aufführung des ›Nachtasyl‹, am 13. Januar 1904 die 300. und am 14. August 1904 die 400. Aufführung, am 5. Mai 1905 jedoch die 500. Aufführung gegeben wurde, dann kann man das Echo ermessen, das allein diese eine Vorbildaufführung gefunden hat.« (Kindermann 8, S. 301).

Hedda Gabler] Ball zählte in diesem Brief, neben Henrik Ibsens Drama, noch weitere Einstudierungen von Szenen auf, die auch im Zeugnis genannt werden, das Ball nach Abschluß seiner Ausbildung an der Schauspielschule des Deutschen Theaters erhielt.

Heimat von Sudermann] Hermann Sudermann (1857-1928). ›Heimat‹ (1893) war eines der meistgespielten naturalistischen Dramen.

Alexander] Falls es sich bei »Alexander« um den Familiennamen eines Schauspielschülers handelte, so könnte es Max Alexander gewesen sein, der 1911/12 beim Stadttheater Forst/Lausitz ein Engagement fand.

Intendanten Hagemann] Carl Hagemann (1871-1945); nach dem Studium der Germanistik und der Kunstgeschichte wurde Hagemann Intendant des Großherzoglichen Hof- und National-Theaters Mannheim; ab 1910 Direktor des Deutschen Schauspielhauses in Hamburg (DTL 1, S. 667).

Schillertheater] Während der Spielzeit 1910/11 war Dr. Raphael Löwenfeld Direktor des Berliner Schillertheaters. Ihm folgte in dieser Funktion Max Partegg, der offensichtlich Dr. Paul Legband vorgezogen wurde.

mein Michelangelo] Hugo Balls Tragikomödie ›Die Nase des Michelangelo‹, die 1911 im Ernst Rowohlt Verlag erschien (HBK, Nr. 35, S. 67).

Fräulein Sagan] Leontine Sagan, geb. Schlesinger (1889-1974). Im Raum Budapest geboren, wanderte Leontine Sagan mit ihrer Familie nach Südafrika aus. Ab 1910 besuchte sie – vermutlich im selben Jahrgang wie Hugo Ball, allerdings wohl im A-Kurs (dem Schauspielerkurs) – die Schauspielschule des Deutschen Theaters in Berlin. Danach folgten Engagements u.a. in Teplitz-Schönau, Dresden, München, Wien, Frankfurt a.M. Leontine Sagan gehörte 1929/30 zum Lehrkörper der Schauspielschule des Deutschen Theaters. Vgl. die Festschrift ›Fünfundzwanzig Jahre des Deutschen Theaters zu Berlin: 1905-1930‹, in der sich Sagan an ihre Ausbildungszeit an der Schauspielschule des Deutschen Theaters erinnert (S. 43). 1931 war Sagan Regisseurin des Films ›Mädchen in Uniform‹. In England drehte sie den Film ›Men of Tomorrow‹ (1932). Danach Rückkehr zum internationalen Theater, überwiegend in Südafrika. Dort war sie an der Gründung des Südafrikanischen Nationaltheaters beteiligt. – Mit Leontine Sagan hatte Ball offensichtlich Szenen aus Ibsens ›Hedda Gabler‹ einstudiert. Dieses Drama, in diesem Brief bereits erwähnt, wird auch im Zeugnis Balls (HBK, Nr. 34, S. 66) genannt.

Fräulein Maurer] Ohne Nennung im ›Neuen Theater-Almanach‹, Jg. 22, 1911, wird in der Folgeausgabe 1912 die Schauspielerin Gertrud Maurer aufgeführt, die ein Engagement beim II. Ensemble des Märkischen Wandertheaters Berlin erhielt.

Kyser] Hans Kyser (1882-1940), Erzähler, Dramatiker. Hans Kyser hatte, als Ball ihn in Berlin kennenlernte, den Roman ›Der Blumenhiob‹ (1909), den Lyrikband ›Einkehr‹ (1909) und das Drama ›Medusa‹ (1910) veröffentlicht (DLL 9, Sp. 780; NDB 13, S. 358).

wohne ich 4 Treppen hoch] Die Adresse Balls in Berlin, bevor er am 28. Februar 1911in die Lietzenburgerstr. 8 umzog, konnte nicht ermittelt werden.

Frau Deutschmann] Es ist nicht sicher, ob es sich um Willy Deutschmanns Mutter (Barbara, geb. Würth) oder – was wahrscheinlicher ist – um seine Ehefrau (Jekatarina, geb. Burkewitsch; *Nr. 12*) handelte.

Neuberger] Unsichere Lesart. Über die Person und das erwähnte Trauerspiel konnte nichts ermittelt werden.

vom Verleger] Ball hatte das Manuskript seiner Tragikomödie ›Die Nase des Michelangelo‹ dem Ernst Rowohlt Verlag geschickt und noch »keinen Gutscheid« – Ball schrieb ursprünglich »Bescheid«, strich dieses Wort aber – erhalten. Ernst Rowohlt (*Nr. 6*) hatte zwischen Ende Januar und Anfang April Ball die Annahme seines Schauspiels bestätigt. Denn Ball antwortete (Nr. 6) am 5. Mai, daß »sich die Bearbeitung um einen Monat verspätet« habe.

Die Mutter] Josephina Ball, geb. Arnold, kam am 22. Dezember 1855 in Herxheim bei Landau/Pfalz zur Welt. Sie starb am 30. August 1923 in Pirmasens. Josephina Arnold und Karl Ball (vgl. *Nr. 1*) heirateten am 14. Mai 1873 in Metz. Mit dem erstgeborenen Sohn Otto (1874) zog das Ehepaar Ball am 15. Februar 1876 nach Pirmasens. Fünf weitere Kinder werden hier geboren: Josephine Salomea (1876), Ida (1879), Maria Anna (1881), Hugo (1886) und Heinrich Karl Alexis (1891). In einem Brief vom März 1926 (Nr. 608) charakterisiert Hugo Ball seine Eltern: »Die Mutter ist vor wenigen Jahren gestorben; sie war so streng im Glauben und in ihrer Lebensführung, dass das Kind sich fürchtete. So haben die ganze Herzenserziehung zwei Schwestern der Mutter übernommen. [...] Der Vater lebt noch, in hohen Jahren; er war so gütig und voller Erfindung und Nachsicht, wie die Mutter streng war.«

Diphteritis] Unsichere Lesart.

Ottos Angelegenheit] Karl Otto Ball (1874-1940), ältester Bruder Hugo Balls (HBK, Nr. 9, S. 46).

Heinrich] Heinrich Hildebrand (1872-1958), Bankdirektor der Pfälzischen Bank in Pirmasens, Schloßstr. 42, war seit 1901 mit Maria, Balls Schwester, verheiratet.

die drüben] Die Höhenlagen innerhalb der Stadtgrenzen von Pirmasens schwanken zwischen 259 m und 446 m ü.d.M. Die Familie von Balls Schwester Maria wohnte in einer Dienstwohnung, Schloßstr. 42, Balls Eltern nur wenige Meter entfernt in der Alleestr. 2. Schloß- und Alleestraße münden ineinander. So erklärt sich Balls Ausdruck »die drüben«. Balls Eltern zogen am 1. Juli 1911 in die tiefer liegende Bahnhofstr. 29 um. In Nr. 11 und auch in weiteren Briefen formuliert Ball dementsprechend »drunten«.

5. An Maria Hildebrand, 28.2.1911

H: Hs. Bildpostkarte, einseitig beschrieben. Motiv: Berlin, Kgl. Schloß mit Dom. Adresse: Frau / Maria Hildebrand / Pirmasens Rheinpfalz / Pfälzische Bank. **F:** HBN. **DV:** Original.

Geburtstagsgruss] Hugo Ball hat am 22. Februar Geburtstag.
Nun, bis zum Juli noch] Laut Zeugnis der »Schauspielschule des Deutschen Theaters« war Ball bis zum 2. Mai 1911 Regieschüler. Nachweislich hielt er sich noch bis mindestens 12. Juni 1911 in Berlin auf (vgl. Nr. 8).

6. An Ernst Rowohlt, 5.5.1911

H: Hs. Brief; 3 S. **F:** Kurt Wolff Archiv. In: The Beinecke Rare Book and Manuscript Library, Yale University Library, New Haven/Connecticut. **E:** Kurt Wolff: Briefwechsel eines Verlegers. Frankfurt a.M. 1966. S. 11 f. **DV:** Fotokopie des Originals.

Herr Rowohlt] Ernst Rowohlt (1887-1960) gründete 1908 den Ernst Rowohlt Verlag. Obwohl zunächst als stiller Teilhaber und erst 1910 im Handelsregister eingetragen, hat Rowohlt, wie Kurt Wolff (1887-1963) in einem Brief von 1912 zum Ausdruck brachte, »von Anfang an die eigentliche literarische Leitung des Verlags innegehabt« (K. Wolff: ›Briefwechsel eines Verlegers‹. Frankfurt a.M. 1966. S. XVI). Ende 1912 schied Rowohlt aus dem gemeinsamen Verlagsunternehmen aus. Kurt Wolff übernahm als alleiniger Inhaber den Verlag, den er in Kurt Wolff Verlag umbenannte.
das Stück] Gemeint ist Hugo Balls Tragikomödie: ›Die Nase des Michelangelo‹, die 1911 im Ernst Rowohlt Verlag erschien (HBK, S. 67).
Eulenbergs Anna Walewska] Die Tragödie Herbert Eulenbergs war 1910 in zweiter Auflage im Ernst Rowohlt Verlag erschienen.
Münchener Reliefbühne] Die Gründungsabsicht des Münchener Künstlertheaters ist in einer kleinen Broschüre erläutert, die der Verein Münchener Künstlertheater 1908 im Verlag Georg Müller herausgegeben hat. Aus den drei Beiträgen dieser Schrift summiert Ball folgende Gedanken: »Das gegenwärtige (deutsche) Theater ist künstlerisch unmöglich infolge des Barbarismus der ›Ausstattung‹; infolge der aus dem 16. und 17. Jahrhundert übernommenen Oper-, Ballett- und Guckkastenbühne; infolge der Schwierigkeiten, die dadurch dem Drama (darunter verstand man das ›rein dramatische‹, das Wortdrama) und dem Theaterleiter erwachsen. Das Theater muß ›reformiert‹ werden, insbesondere die ›Dekoration‹.« (Hugo Ball: ›Das Münchener Künstlertheater‹. In: ›Phöbus‹, München. Jg.1, H. 2 vom Mai 1914, S. 69.) »Die Geschmacksreform bezüglich der Dekoration lag damals in der Luft, war auch von Reinhardt in Berlin und von Stanislawski in Moskau bereits ausgeführt.« (Ebd., S. 70 f.).
Bassermann] Albert Bassermann (1869-1952), bedeutender am Naturalismus geschulter Charakterschauspieler. Er spielte unter Otto Brahm und unter

Max Reinhardt am Deutschen Theater Berlin; unternahm zahlreiche Gastspielreisen. 1934 emigrierte er in die Schweiz und später in die USA.

Wegener] Paul Wegener (1874-1948), Charakterschauspieler. Zunächst studierte Wegener Kunstgeschichte. 1896 ging er zum Theater und fand Engagements in Rostock, Aachen, Koblenz. Seit 1905 am Deutschen Theater Berlin unter Max Reinhardt. Glanzrollen Wegeners waren: Richard III., Macbeth, Othello, Mephisto.

Moissi] Alexander Moissi (1880-1935), Schauspieler, 1904 holte Max Reinhardt ihn in sein Ensemble, aber erst 1906 gelang ihm der endgültige Durchbruch. Über Moissi siehe *Nr. 112*.

7. An den Ernst Rowohlt Verlag, 10.6.1911

H: Hs. Brief; 3 S. **F:** Kurt Wolff Archiv. In: The Beinecke Rare Book and Manuscript Library, Yale University Library, New Haven/Connecticut. **E:** Kurt Wolff: Briefwechsel eines Verlegers. Frankfurt a.M. 1966. S. 12. **DV:** Fotokopie des Originals.

die gesamte Korrektur] Von Balls ›Die Nase des Michelangelo‹.

Drama der Rademacher] Von Hanna Rademacher (1881-1979) erschien 1911 im Ernst Rowohlt Verlag das Drama ›Johanna von Neapel‹.

Sept. 1911 ab als Dramaturg] Ball wußte also bereits im Juni, daß er ab September Dramaturg beim Stadttheater Plauen sein würde.

Theaterfachschrift] Die ›Blätter des Deutschen Theaters‹ wurden von Felix Hollaender und Arthur Kahane geleitet und bei Erich Reiss, Berlin, verlegt. Die erste Nummer erschien am 26. August 1911. In den Jahrgängen 1-4, 1911-1915 ist kein Beitrag Balls veröffentlicht.

Freiburger Stadttheater] *Nr. 4* – »Dr. Legband«.

8. An Ida Pres, 12.6.1911

H: Hs. Bildpostkarte, einseitig beschrieben. Motiv: »Jugend«-Postkarte, Serie XXIII: M[ax] Feldbauer: »Gutsherrn-Tochter«. Adresse: Frau Ida Pres / Pirmasens-Rheinpf. / Landauerstr. **F:** HBS. **DV:** Original.

Liebe Ida] Der Kartengruß ist an Hugo Balls zweitälteste Schwester Ida Pres, geb. Ball (1879-1963), und deren Familie gerichtet.

erhältst] Unsichere Lesart.

9. An Maria Hildebrand, 30.10.1911

H: Hs. Bildpostkarte, einseitig beschrieben. Motiv: Lochhaus (Vogtl. Schweiz). Adresse: Frau / Maria Hildebrand / Pirmasens Rhpfalz / Pfälzische Bank. **F:** HBN. **DV:** Original.

Hs. Postskriptum von Kurt Zander: »Ein fröhliches Kikeriki vom Zeichner-Zander.«

Rentzschmühle] Im Original: »Renschmühle«. Mit der Errichtung des Haltepunktes Rentzschmühle an der Bahnstrecke Gera-Weischlitz entwickelte sich die Annexe von Ruppertsgrün zu einem vielbesuchten Touristenziel.

Zander] Gemeinsam mit Kurt Zander unternahm Ball von Plauen aus diesen Ausflug zur Rentzschmühle.

Händel-Matinee] Am Sonntag, 29. Oktober 1911, fand die Händel-Feier im Stadttheater Plauen statt. Hugo Ball hielt einen kurzen Vortrag über Georg Friedrich Händel (1685-1759).

10. An Maria Hildebrand, 5.11.1911

H: Hs. Brief; 2 Bl., 6 S. Adresse: Frau / Maria Hildebrand / *Pirmasens-Rheinpfalz* / Pfälzische Bank. – Absender: Hugo Ball / *Plauen i/V.* **F:** HBN. **E:** Briefe, S. 17 f. **DV:** Original.

Beilage: Separatdruck »Am Morgen«, Gedicht von Hugo Ball.

Hans Sachs Matinée] Am 5. November 1911, 11.15 Uhr, fand die Sonntags-Feier »Hans Sachs« statt. Das Ende war für 12.15 Uhr vorgesehen. Nach dem Veranstaltungsplakat hatte Hugo Ball die Ansprache gehalten, drei Schwänke von Hans Sachs gesprochen und das Fastnachtsspiel ›Das Kälberbrüten‹ inszeniert.

auf die Kritik gespannt] Der ›Vogtländische Anzeiger‹, Nr. 259 vom 7.11., Blatt 5 berichtet: »Zweifellos gehörte die Veranstaltung zu den Bestgelungenen, was nach dieser Richtung hin bisher unser Stadttheater bot. [...] Vortrefflich war die Auswahl der dargebotenen Kostproben aus der fast überreichen Hinterlassenschaft des Nürnberger Meistersängers, besonders glücklich aber die Anordnung des Fastnachtsspiels ›Kälberbrüten‹ als einer Komödie in der Komödie«. Über Hugo Ball äußert sich die Zeitung: »Herr Hugo Ball hielt dann eine echte und rechte Geburtstagsrede auf Hans Sachs, in der er einen Lebensabriß des Gefeierten bot und daran erinnerte, wie ein Goethe, ein Wagner den halb schon Vergessenen seinem Volke wiedergeschenkt hätten.«

Erler] Theodor Erler (um 1859-1925), Komponist, Kapellmeister u.a. in Wiesbaden, Kiel, Düsseldorf, Wien. Seit 1899 in Plauen/Vogtl. als Direktor des Stadttheaters tätig. Erler war in Plauen verantwortlich für die gesamte Oberregie und für die musikalische Oberleitung (Theater-Almanach 1912).

Bubnow in Gorkis Nachtasyl] Vgl. *Nr. 4*. Im Drama wird der Mützenmacher Bubnow von seiner Frau betrogen und um seine Werkstatt gebracht.

Rückseite des Theaterzettels] Laut Auskunft des Plauener Stadtarchivs sind keine Programm- oder Theaterzettel vorhanden.

Mein nächstes Drama] Welchem Thema Ball sich in seinem nächsten Drama zuwenden wollte, ist nicht sicher. Im Dezember 1912 (Nr. 21) erwähnt Ball, daß er »Geschäfte und Schreibereien« mit seinem neuen Stück habe. Es könnte sich um Balls ›Henker von Brescia‹ gehandelt haben.

gewisser Föhse] Hans Föhse, Schauspieler. Föhse spielte im Rahmen der Hans-Sachs-Matinée die Rolle des Pfaffen in dem Fastnachtsspiel ›Das Kälberbrüten‹ von Hans Sachs.

Sache mit der Mondnacht] Dem Brief Nr. 10 war der Separatdruck eines Gedichts von Hugo Ball beigelegt. Ob dieses Gedicht dem Brief ursprünglich beilag oder erst nachträglich hinzugefügt wurde, kann nicht festgestellt werden. Nachfolgend wird das Gedicht abgedruckt:

»Am Morgen.
Früh', eh' der Tag seine Schwingen noch regt
Alles noch schlummert und träumet und ruht,
Blümchen nocht [sic] nickt in der Winde Hut
Eh' noch im Forste ein Vogel schlägt
Schreitet ein Engel
Durch's tauweiße Land

Breitet rings seinen Segen
Mit schimmernder Hand –

Und es erwachet die Au und der Wald,
Blümchen bunt reiben die Aeuglein sich klar,
Staunen und flüstern in seliger Schar
Aufstrahlt die Sonne, ein Amselruf schallt –
Aber der Engel zog
Längst schon landaus,
Flog wieder heim
In sein Vaterhaus.

Hugo Ball.«

Die hier zu kommentierende Textstelle: »Sache mit der Mondnacht« bezieht sich wohl kaum auf das Gedicht ›Am Morgen‹. Es könnte sich um eine ähnliche »Sache« – ähnliches Gedicht – gehandelt haben. Vielleicht hatte Maria auf ihre Kosten ein weiteres frühes Gedicht Balls zur Freude ihres Bruders drucken lassen und damit ein Versprechen »wa[h]r gemacht«.

Heiner] Heinrich Karl Alexis Ball (1891-1962), Rufname Heiner, ist der jüngste Bruder Balls (vgl. HBK, Nr. 15, S. 49).

drunten] Siehe *Nr. 4* – »die drüben«.

Heinrich und die Gretel] Die Grüße waren an Marias Ehemann, Heinrich Hildebrand (*Nr. 4*), und an Tochter Margarete Hildebrand, verh. Luce – Rufname Gretel – (geb. 1904), gerichtet.

11. An Maria Hildebrand, 22.12.1911

H: Hs. Brief; 1 Bl., 2 S. Adresse: Frau / Maria Hildebrand / *Pirmasens Rheinpfalz.* / Pfälzische Bank. **F:** HBN. **DV:** Original.

Freundin Sagan] Vgl. *Nr. 4*.

Teplitz] Leontine Sagan war in den Spielzeiten 1911/12 und 1912/13 am Stadttheater Teplitz-Schönau in Böhmen engagiert.

Straussens »Salome«] Die Oper ›Salome‹ (nach Oscar Wilde) wurde 1905 in Dresden uraufgeführt. Sie gilt als das erste entscheidende Ereignis auf der deutschen Musikbühne nach Wagner. – Unter »Neuheiten« des Stadttheaters Teplitz-Schönau wird auch die Oper ›Salome‹ von Richard Strauß (1864-1949) im ›Neuen Theater-Almanach‹, Jg. 23, 1912 genannt.

Goldhäarchen] Über dieses Theaterstück konnte nichts ermittelt werden.

für die drunten]Vgl. *Nr.4* – »die drüben«.

12. An Willy Deutschmann, 29.7.1912

A: Ms. Abschrift; 1 S. **F:** HBN. **DV:** Abschrift.

29.7.[19]12] Aus dem ersten Halbjahr 1912 sind keine Briefe Balls bekannt. Von den Briefen Nr. 12 bis Nr. 17 dieses Jahres – addressiert an Willy und Ketty Deutschmann – sind nur Abschriften vorhanden. – Nach Ende der Spielzeit 1911/12 wechselte Ball vom Stadttheater Plauen zum Münchener Lustspielhaus, das unter dem neuen Namen »Münchener Kammerspiele«

am 11. Oktober mit Leonid Andrejews ›Das Leben des Menschen‹ die neue Spielzeit eröffnete.

Dr. R[obert]] Direktor des Münchener Lustspielhauses. Dr. Eugen Robert Weiss (1877-1944) nennt sich später Dr. Eugen Robert. Als Jurist ist er zunächst Theaterreferent des ›Pester Lloyd‹, danach bis 1910 Direktor des neugegründeten Berliner Hebbel-Theaters. Im Januar 1911 wird er Direktor des Münchener ›Lustspielhauses‹, umbenannt in »Zum großen Wurstel«. Dieser recht unglückliche Theatername schaffte bei den seriösen Schriftstellern einige Irritationen und so fand Robert zunächst wieder zu dem Namen ›Lustspielhaus‹ zurück, bis zu Beginn der Spielzeit 1911/12 der endgültige Name »Kammerspiele« gefunden wurde. Robert inszenierte überwiegend erfolgreich. Aus recht fadenscheinigen Gründen – überraschend für das Münchener Theaterpublikum – hatte der Aufsichtsrat der Münchener Theatergesellschaft Eugen Robert am 18. April 1913 seines Amtes als Direktor der Münchener Kammerspiele entbunden (darüber ausführlich: Wolfgang Petzet: ›Theater. Die Münchener Kammerspiele: 1911-1972.‹ S. 50 ff.).

kommt bald] Das Ehepaar Deutschmann plante den Umzug von Petersbächel nach München. Willy Deutschmann lernte seine spätere Ehefrau Jekatarina, geb. Burkewitsch (1872-1954) in München kennen. Ketty, wie Ball sie nannte, war eine russische Malerin. Das Künstlerpaar wohnte ab etwa 1910 in Petersbächel bei Fischbach, nahe der französischen Grenze und ca. 25 km von Pirmasens entfernt. Vorher aber – etwa ab 1908 – verbrachten sie die Sommermonate in diesem abseits gelegenen Ort.

13. An Willy Deutschmann, 1912

A: Ms. Brief, Anfang fehlt; 1 S. **F:** HBN. **DV:** Abschrift.

etc. Das Künstlertheater] Im Ball-Nachlaß wird der Text dieses Briefteils als selbständiger Brief registriert. Es ist aber durchaus möglich, daß dieser Brieftext Teil von Nr. 12 ist; über das »Künstlertheater« vgl. *Nr. 6* – »Münchener Reliefbühne«.

Zeichnung] Die Zeichnung der Abschrift zeigt das Motiv des Münchener-Künstler-Theaters.

besseren Entwurf] Ball bittet Deutschmann um einen Entwurf für das Programmheft des Münchener Lustspielhauses. Deutschmann scheint nicht sofort Zeit für dieses Objekt gehabt zu haben. Denn in Nr. 15 bat Ball dringlich um die Entwürfe, dann jedoch für die Münchener Kammerspiele.

14. An Jekatarina u. Willy Deutschmann, 11.9.1912

A: Ms. Abschrift; 1 S. **F:** HBN. **DV:** Abschrift.

Debschitz und Weinhold] Es könnte sich um Künstlerkollegen Deutschmanns handeln: Wilhelm von Debschitz (1871-1948), Maler, Illustrator, Kunstgewerbler, und Carl Weinhold (1867-1925), Bildnis- und Landschaftsmaler sowie Radierer.

L.sp.H ist G m. b. H. geworden] Das Münchener Lustspielhaus war 1912 eine GmbH geworden. Seit Juli 1912 ist Hugo Ball Mitglied des Ensembles (HBK, S. 69).

Könnte Deine Frau] Ball fragte an, ob Deutschmanns Frau, deren Muttersprache ja Russisch war, einen nur in russischer Sprache vorliegenden Text Leonid Andrejews übersetzen könne.

Andrejew] Leonid Nikolajewitsch Andrejew (1871-1919), Dramatiker und Erzähler, hat sein Drama ›Das Leben des Menschen‹ 1907 veröffentlicht. Im selben Jahr erfolgte in Moskau die Uraufführung. 1908 erschien die bisher einzige deutsche Übersetzung von August Scholz. – In diesem Stationendrama folgen dem Prolog fünf Bilder, die das ›Leben des Menschen‹ dramatisierten: Geburt, Liebe und Armut, Reichtum, Unglück und Tod. Bereits 1908 hatte Andrejew – vom letzten Bild selbst nicht überzeugt – eine Variante geschrieben, der er ein Vorwort beigegeben hat. Beide Fassungen sind erstmals im Bd. 1 (S. 213-230) der Werkausgabe: ›Polnoe sobranie soeinenij v vos‹mi tomach‹ (St. Petersburg 1913) veröffentlicht. Eine deutsche Übersetzung der zweiten Fassung ist nicht bekannt. – Alle deutschsprachigen Ausgaben fußen auf der Übersetzung von August Scholz von 1908. Ball bat Ketty Deutschmann um Übersetzung des ›letzten Bilds‹ vom ›Leben des Menschen‹ am 11. September. Aber bereits am 11. Oktober erfolgte die Erstaufführung des Dramas in den Kammerspielen. – Wenn Ball schrieb »wir hörten«, so lag ihm eine Druckfassung vermutlich gar nicht vor. Die Bearbeitung Andrejews war ihm also nur vom Hörensagen bekannt. In der Kürze der Zeit wäre eine solide Übersetzung nur schwerlich möglich gewesen. Außerdem hätte der Text auch noch einstudiert werden müssen. Angesichts der kurzen Zeitspanne wird Ball bald die Unmöglichkeit der Realisierung bemerkt haben. Er kam auf dieses Anliegen in seiner Korrespondenz nicht wieder zurück.

zur Eröffn.] Mit Andrejews Stationendrama ›Das Leben des Menschen‹ wird die Spielzeit 1912/13 bei den Kammerspielen eröffnet. Die deutsche Erstaufführung findet am 11. Oktober 1912 statt (HBK, S. 71).

15. An Willy Deutschmann, 12.9.1912

A: Ms. Abschrift; 1 S. **F:** HBN. **E:** Briefe 1957, S. 19. **DV:** Abschrift.

Kammerspiele ist mein Vorschlag] Auch in der ›Flucht‹ (S. 14) beansprucht Ball die Urheberschaft bei der Umbenennung des »Lustspielhauses« in »Münchener Kammerspiele«.

Neuesten] ›Münchner Neueste Nachrichten‹.

16. An Willy Deutschmann, 1.10.1912

A: Ms. Abschrift; 1 S. **F:** HBN. **E:** Briefe 1957, S. 19. **DV:** Abschrift.

allein Dramaturg] Wie Ball schrieb, erhielt er von der Direktion des Lustspielhauses/der Kammerspiele am 1. Oktober 1912 einen Dramaturgenvertrag.

Wegen Wohnung sehe ich] Von den Deutschmanns gebeten, suchte Ball eine gemeinsame Unterkunft. Die Mutter Balls riet – wie der Text vermuten läßt – davon ab.

Der Entwurf ist] In den Briefen Nr. 13 und Nr. 15 bat Ball Deutschmann um Einband-Entwürfe für die Programme der Münchener Kammerspiele.

Entweder kam der Entwurf zu spät oder aber fand keinen Anklang. Der Entwurf Deutschmanns ist verschollen.

17. An Jekatarina Deutschmann, 10.10.1912

A: Ms. Brief; 1 S. **F:** HBN. **DV:** Abschrift.

im selben Verschluß] In der Briefabschrift: selber.

am 15.ten umziehen] Statt in die Georgenstraße ist Ball, laut Eintrag im Polizeimeldebogen vom 18. Oktober 1912, in die Luisenstraße 62 umgezogen.

Tribut] Ball hatte, wie der Brieftext ergibt, von den Deutschmanns ein Paket mit Naturalien erhalten.

diese Bude] Ball wohnte zum Zeitpunkt, als er diesen Brief schrieb, in der Theresienstraße 65/1.

Paska di hanna] Pasta/Paschka, russ. Osterschmaus. Paska di hanna ist vielleicht eine spezielle Süßspeise der aus Rußland stammenden Jekatarina Deutschmann.

Morgen ist Première] Am 11. Oktober 1912 war Premiere von Leonid Andrejews ›Das Leben des Menschen‹ in den Münchener Kammerspielen.

18. An Herbert Eulenberg, 28.10.1912

H: Ms. Brief; 1 Bl., 2 S. Kopfbogen: Münchener Kammerspiele / Münchener Lustspielhaus / Direktion: Dr. Eugen Robert. / Augustenstrasse 89. – Die [bisweilen am Ende einer Zeile] fehlenden Buchstaben sind seinerzeit mit Stift ergänzt worden. Die Rückseite ist komplett (ET 2.9.93). **F:** Nachlaß H. Eulenberg, Düsseldorf. **E:** HBA 1979, S. 9 ff., HBK, S. 72. **DV:** Original.

Eulenberg] Herbert Eulenberg (1876-1949) war zunächst Jurist, später Dramaturg in Düsseldorf, ab 1920 Direktor des Wiener Burgtheaters. Neben seinen dramatischen Werken ist Herbert Eulenberg durch seine ›Schattenbilder‹ (1910), bekannt geworden.

Hauptmannfeier] Infolge der Ereignisse – der Aufsichtsrat der Münchener Theatergesellschaft hatte am 18. April 1913 Dr. Eugen Robert von seiner Funktion als Direktor der Münchener Kammerspiele entbunden – kam von den beabsichtigten Matineen nur die Gerhart Hauptmann-Feier am 24. November 1912 zur Durchführung.

Rüderer] Joseph Ruederer (1861-1915), naturalistischer Dramatiker, urwüchsig-grotesker und satirischer Schriftsteller, dessen Dramen im bayerischen Volkstum wurzeln.

Verhaeren] Émilie Adolphe Gustave Verhaeren (1855-1916), französisch-belgischer Dichter, Vorläufer der Naturisten und des Unanimismus.

Dauthendey] Max Dauthendey (1867-1918), Kunstmaler und impressionistischer Lyriker und Erzähler.

»Belinde«] Dieses Schauspiel war Eulenbergs größter Bühnenerfolg. Die Uraufführung fand am 22. Oktober 1912 gleichzeitig in München, Dresden und Leipzig statt. Für ›Belinde‹ erhielt Eulenberg den Volksschillerpreis. In diesem Liebesstück steht eine Frau zwischen zwei Männern, die sie beide liebt.

19. An Maria Hildebrand, 17.12.1912

H: Hs. Brief; 1 Bl., 2 S.; von fremder Hand: »München, 17.12.1912« und »Was mich selbst betrifft und meine«. F: HBN. E: Briefe 1957, S. 19 f. DV: Original.

München, 17.12.1912] »München, 17.12.1912. Was mich selbst betrifft und meine«: Dieser Briefanfang ist nachträglich von fremder Hand dem Original zugefügt worden. Der Briefanfang ist verschollen.

kein Schauspieler bin] Hugo Ball legte augenscheinlich größten Wert darauf, daß die Pirmasenser erfuhren, er sei kein Schauspieler und er träte auch nicht auf, sondern er sei »allein Dramaturg«. Der Beruf des Schauspielers hatte in dieser Epoche keinen großen Stellenwert.

Arthur Schohl] (geb. 1887) war der Sohn von Julius II Schohl (Lederhändler) und Johanna, geb. Bodenheimer.

Frau Roland] Unter diesem Namen spielte Ida Gräfin Coudenhove-Kalergi (1881-1951) als Star an den bedeutendsten Bühnen des deutschen Sprachgebiets. An den Münchener Kammerspielen – befreundet mit Eugen Robert – war sie 1911/12 und 1912/13 engagiert.

Wedekinds Franziska] Das »moderne Mysterium« in fünf Akten: ›Franziska‹ von Frank Wedekind (1864-1918) wurde am 30. November 1912 in den Münchener Kammerspielen uraufgeführt. Unter der Regie von Eugen Roland spielten als Gäste in den Hauptrollen: Tilly und Frank Wedekind.

Beurteilung meines Michelangelo] Eine Beurteilung von Balls Schauspiel durch Wedekind ist nicht bekannt.

namens Matzko] Unsichere Lesart.

Dr. Friedrich] Hans Friedrich war Mitbegründer und -herausgeber der Münchener Halbmonatsschrift für Literatur, Kultur, Kritik: ›Janus‹. In zwei Jahrgängen (1911/12 und 1912/13) erschienen insgesamt 41 Ausgaben dieser Zeitschrift. Von Hugo Ball wurde im ›Janus‹ kein Beitrag abgedruckt.

Zur Jugend] Mit der ›Jugend. Münchener illustrierte Wochenschrift für Kunst und Leben‹ nahm Ball zwar Kontakt auf, statt Gedichten wurden aber ›Aphorismen‹ (Jg. 18, 1913, Bd. 1., Nr. 13, S. 363) veröffentlicht.

Ettlinger Karlchen] Karl Emil Ettlinger (1882-1939) schrieb u.a. unter dem Pseudonym »Karlchen« Satiren, Humoresken und Parodien für die Wochenschrift ›Jugend‹. Auch Verfasser von Lustspielen.

20. An Maria Hildebrand, 21.12.1912

H: Hs. Brief; 1 Bl., 2 S. F: HBN. DV: Original.

Willy ... bescheidene Photographie meines edlen Äusseren im engl. Garten] Willy Deutschmann hatte Ball im Englischen Garten in München fotografiert. Das Positiv, das Ball seiner Mutter schenkte, hat sich erhalten und ist abgebildet im HBK, Kat. Nr. 39, S. 64 u. 69. Das Foto ist signiert mit »WW« für Willy Würth. Mit diesem Namenskürzel signierte Willy Deutschmann auch seine frühen Kunstwerke. Würth war der Geburtsname von Deutschmanns Mutter.

Berta Semler] Berta Semler (1881-1921), geb. Kopp, verheiratet mit dem Schuhgrossisten Johann Ludwig Wilhelm Semler, wohnte 1911 in der Landauer Str. 15. Der Brief ist verschollen beiliegende Anzeige] Nicht überliefert.

21. An Maria Hildebrand, 30.12.1912

H: Hs. Brief; 1 Bl., 3 S. **F:** HBN. **DV:** Original.

Onoma-Papier] Das Warenzeichen »Onoma« wurde von der Firma Carl Kujaht, Dresden-Altstadt, zu Beginn des Jahres 1912 in die Warenzeichenrolle (Nr. 153000 der Klasse 27) eingetragen. Es handelte sich um eine völlig neue Papiersorte, die Hugo Ball geschenkt bekam.

Sie sagt: Danke nein] Wegen der entstehenden Kosten hatte Balls Mutter einen Vorschlag abgelehnt.

Lina] Josephine Salomea Brofft (1876-1962), Rufname Lina, älteste Schwester Balls, wohnte mit ihrer Familie in Mönchengladbach (damalige Schreibweise: München-Gladbach).

neuen Stück] Ball war mit seinem Schauspiel ›Der Henker von Brescia‹ beschäftigt. Als Textvorlage benutzte er die Erzählung ›Das Frauenhaus von Brescia‹ (1911) von Karl Hans Strobl (ausführlich darüber Gerhard Schaub in HBA 1978, S. 127-173).

22. An Maria Hildebrand, 2.7.1913

H: Hs. Brief; 1 Bl., 2 S. **F:** HBN. **DV:** Original.

vom Erfolg meines Stücks] Damit könnte Ball seinen ›Henker von Brescia‹ gemeint haben.

Hof] Um die Jahrhundertwende ersteigerte die Familie Ball den Krottenhof bei Petersbächel, der bis 1923 im Besitz der Familie blieb. Der Krottenhof, auch als Unterpetersbächler Hof benannt, war die ›Sommerfrische‹ der Balls.

Frau Paqué] Im ›Adreßbuch der Stadt Pirmasens‹ von 1911 wird nur der Schuhfabrikant Emil Paqué, Luisenstr. 47, genannt. Balls Grüße galten sicherlich dessen Ehefrau Luise.

23. An Artur Kutscher, 26.9.1913

H: Hs. Postkarte, beidseitig beschrieben. Adresse: Herrn Privatdozenten / Dr. Artur Kutscher / Mauerkirchstrasse $6^{IV.}$ **F:** DLA. **DV:** Original.

Kutscher] Artur Kutscher (1878-1960), Theaterwissenschaftler. Nach dem Studium der Literaturwissenschaft wurde Kutscher 1907 in München Privatdozent. Er nahm Kontakte zu literarischen Kreisen auf und brach mit dem bis damals geltenden Grundsatz der Literaturwissenschaft, nur über verstorbene Schriftsteller Vorlesungen zu halten. Im Sommersemester 1909 belegte Ball bei Kutscher die Vorlesung »Uebungen in Beurteilung von Dichtungen verschiedener Stilperioden der Vergangenheit«. In der kurzlebigen Zeitschrift ›Phöbus‹ war Kutscher ebenso wie Ball Mitarbeiter. Als Professor in Leipzig stand Kutscher in enger Verbindung zu Kurt Wolff, desssen akademischer Lehrer er war.

24. An Maria Hildebrand, 6.10.1913

H: Hs. Bildpostkarte. Motiv: München, Marienplatz. Adresse: Frau / Maria Hildebrand / Pirmasens. Rhpfalz. / Pfälzische Bank. **F:** HBN. **E:** Briefe, S. 20. **DV:** Original.

Hs. Postskriptum von Heinrich Ball auf der Bildseite: »Liebe Schwester! Fühle mich sehr wohl und hoffe das Gleiche von Dir und H[einri]ch. Herzlichst Heiner.«

die neue Zeitschrift] Mit der neuen Zeitschrift war die ›Revolution‹ (vgl. Nr. 26) gemeint, die ebenfalls im Bachmair-Verlag erschien, deren erste Nummer am 15. Oktober 1913 herauskam.

Die Neue Kunst] Vgl. *Nr. 25* – »Bachmairs ›Die neue Kunst‹«

17ten bin ich in Berlin] Seine Reise nach Berlin unterbrach Ball in Dresden. Er besuchte die Futuristen-Ausstellung, die ihn stark beeindruckte. Seine Eindrücke beschreibt er in dem Text ›Die Reise nach Dresden‹ (›Revolution‹, München. Nr. 3 vom 15. November 1913). In Berlin verhandelte Ball mit Franz Blei über die Uraufführung von dessen Schauspiel ›Die Welle‹.

25. An Maria Hildebrand, 9.10.1913

H: Ms. Brief mit eigenh. Unterschrift; 2 Bl., 4 S. **F:** HBN. **E:** Briefe, S. 20 f. **DV:** Original.

Mara] Violaine und Mara sind die weiblichen Hauptpersonen in Paul Claudels ›Verkündigung‹. Ball, der sich mit Claudel beschäftigte, wurde vielleicht bei der Lektüre des Dramas angeregt, seine Schwester mit Mara anzureden.

kraggelige Feder] So im Original.

Heiner ist gut aufgehoben] Balls jüngerer Bruder war nach München umgezogen und die Familie erwartete, daß sich Hugo um ihn kümmere.

Auskramen dieser Dinge] Balls Mutter tauchte, für Hugo ganz überraschend, in München auf. Die Lebensumstände, in denen sie ihn vorfand, müssen für die Mutter entsetzlich gewesen sein. Die Aussprache gipfelte in dem ›versteckten Vorwurf‹, der Sohn sei eine ›verfehlte Existenz‹. Vermutlich hatte die Mutter heftigste Vorwürfe über Balls bisheriges Leben erhoben und darüber Rechenschaft gefordert.

Bachmairs »Die neue Kunst«] Anfang Oktober 1913 muß Ball Heinrich F.S. Bachmair (1889-1960) kennengelernt haben. Erst etwas später (Nr. 26) berichtete Ball ausführlicher über Bachmair. Gemeinsam starteten sie vor dem Ersten Weltkrieg in München verschiedene literarische Aktivitäten. Wie aus der weiteren Korrespondenz zu ersehen ist, scheiterten die meisten Vorhaben an Geldmangel oder am Kriegsausbruch. Bachmair gründete im Oktober 1911 seinen ersten Verlag in Berlin und brachte von Johannes R. Becher (vgl. *Nr. 58*) ›Der Ringende‹ heraus. 1912 wechselte Bachmair nach München. Neben seiner Verlegertätigkeit war Bachmair auch Schriftsteller. Von der Zweimonatsschrift ›Die Neue Kunst‹ erschienen insgesamt drei Nummern, die erste Ausgabe im Juli 1913. Die zweite Nummer, die – so Ball – »demnächst sechs meiner besten Gedichte« brachte, kam im Dezember heraus. Der 1. Akt des ›Henker von Brescia‹ kam im dritten und letzten Heft (März 1914) zum Abdruck. Neben den Mitherausgebern Josef Amberger, Johannes R. Becher und Karl Otten veröffentlichten auch Gottfried Benn, Max Brod, Leonhard Frank Walther Hasenclever, Jakob van Hoddis, Else Lasker-Schüler und Paul Zech in der ›Revolution‹.

Theaterschrift] Nach eigener Aussage war Ball im Oktober mit der Abfassung einer ›Theaterschrift‹ beschäftigt. Diese ist aber nicht identisch mit dem 1914 geplanten Almanach, der den Titel ›Das Neue Theater‹ oder ›Expressionistisches Theater‹ tragen sollte.

Claudel] Paul Claudel (1868-1955), bedeutender Dichter und Dramatiker Frankreichs, der als moderner Mystiker versuchte, »zu Gott zurück[zu]-führen«. Von der »symbolistisch-raumrhythmischen und spielrhythmischen Inszenierungskunst« (Kindermann 8, S. 776) in Glucks ›Orpheus‹ war Claudel so sehr begeistert, daß er 1913 seine 1912 in Paris uraufgeführte ›Verkündigung‹ in Hellerau inszenieren ließ. – Anläßlich eines Dresdenaufenthalts sah Ball am 19. Oktober 1913 die deutsche Erstinszenierung von Claudels ›Verkündigung‹ und lernte dabei auch den Claudel-Übersetzer und Verleger Jakob Hegner kennen.

Wedekind] Frank Wedekind (1864-1918). Neben Kandinsky übte während der Münchener Zeit der Dramatiker und Schauspieler Wedekind auf Ball den ›stärksten Eindruck‹ aus. »Ich sah ihn auf vielen Proben und in fast allen seinen Stücken. Sein Bemühen war, die letzten Reste einer ehedem fest gegründeten Zivilisation und sich selbst auf dem Theater ins Nichts aufzulösen.« (Flucht, S. 7). Zu Wedekinds 50. Geburtstag schrieb Ball neun Reminiszenzen, die unter dem Titel ›Wedekind als Schauspieler‹ in der Monatsschrift für Aesthetik und Kritik des Theaters ›Phöbus‹, München (Jg. 1,. H.3 vom Juni 1914, S. 105-108) erschienen.

Gorsleben] Rudolf John von Gorsleben (1881 od. 1883-1930) wurde bekannt durch sein Drama ›Der Rastaquär‹ (Uraufführung 29. Oktober 1913 in Köln). Als Herausgeber der ›Allgemeinen Flugblätter deutscher Nation‹ zeigte sich Gorsleben als Antisemit und Nationalist. – Ball und Leybold sahen sich veranlaßt zu dem Gedicht – eine Literatursatire – ›Der Rasta-Querkopf‹ (›Aktion‹, Berlin. Jg. 4., Nr. 27 vom 4.7.1914, Sp. 582-583).

Kyser] Hans Kyser, vgl. *Nr. 4*.

Phönix-Vertrieb] Wie Ball schrieb, war er am 8. Oktober 1913 ›literarischer Lektor‹ des neuen Münchener Phönix-Vertriebs geworden. Ball bat die Schwester, davon die Mutter in Kenntnis zu setzen, um, wie es den Anschein hat, in den Augen der Mutter besser dazustehen.

Comödia] Ball war auch Vertreter des Wiener Bühnenvertriebs Comödia.

Jarolymek] Edmund Jarolymek (Ball fälschlich »Jarolinek«) war Privatsekretär des Fürsten Eulenburg und heiratete dessen Tocher Augusta (geb. 1882). Von Jarolymek sind drei Bücher erschienen: ›Von Leidenden und Befreiten‹ (1908); ›Ich lebte in Nah-Ost‹ (1942) und ›Das andere Iran‹ (1951).

Bing] Benno Bing (1874-1942 Auschwitz) war 1913 zunächst geschäftlicher Vertreter der Theatergesellschaft mbH bei den Kammerspielen. Nach der Entlassung von Eugen Robert (April 1914) wird Bing, neben dem künstlerischen Direktor Erich Ziegel, gleichberechtigter Direktor der Münchener Kammerspiele. 1926-1933 Vertreter der Münchner Kammerspiele in Berlin, 1928-1929 auch Stellvertretender Direktor an den Berliner Barnowsky-Bühnen. 1934 Flucht vor den Nationalsozialisten nach Prag.

Schohl] Es kann nur vermutet werden, daß Arthur Schohl (Nr. 19) Ball insgesamt 2000 Mark zugesagt hatte, die in Raten überwiesen werden sollten. Der Grund für die Zahlung ist unbekannt.

26. An Maria Hildebrand, 4.11.1913

H: Ms. Brief mit eigenh. Unterschrift; 3 Bl., 6 S. **F:** HBN. **E:** Briefe, S. 22-24. **DV:** Original.

Bühnenvertrieb] Bereits im Brief vom 9. Oktober 1913 zeigte Ball seiner Schwester Maria an, daß er beim Phönix- und beim Comödia-Bühnenvertrieb mitarbeitet. Hinzu kommt nun auch noch der Bühnenvertrieb beim Bachmair-Verlag. In einer Anzeige in der ›Revolution‹ (Nr. 2 vom 1.11. u. Nr. 3 vom 15.11.1913) schrieb der Verleger: »Ich habe meinem Buch-Verlag einen Bühnenvertrieb angegliedert, für dessen Leitung der Dramaturg der Münchener Kammerspiele Herr Hugo Ball gewonnen wurde.«

Leybold] Hans Leybold (1892-1914) und Ball lernten sich bei den Vorbereitungen zur Gedächtnisfeier zum 50. Geburtstag Gerhart Hauptmanns kennen. Dabei kam das ›Helios‹-Fragment zur Uraufführung. Hans Leybold wird Balls bester Freund im Vorkriegs-München. Für Balls persönliche und literarische Entwicklung war der sechs Jahre jüngere Leybold von eminenter Wichtigkeit. Gemeinsam verfaßten sie Gedichte unter dem Pseudonym Ha Hu Baley. Leybolds Selbstmord traf Ball tief. Die ›Totenrede‹ auf Hans Leybold erschien in den ›Weißen Blättern‹, Leipzig (Jg. 2, H. 4 vom April 1915, S. 525-527; ausführlich Eckhard Faul in seiner Dissertation ›»Aber Betrieb muß sein«. Der expressionistische Schriftsteller Hans Leybold (1892-1914)‹. Bonn 2003).

Revolution] Von der expressionistischen Zweiwochenschrift ›Revolution‹ erschienen fünf Nummern in der Zeit vom 15. Oktober bis 20. Dezember 1913 im Münchener Verlag Bachmair. Herausgeber war Hans Leybold, die Nummer 5 gab Franz Jung heraus. Zu den Mitarbeitern zählten unter anderen Johannes R. Becher, Erich Mühsam, Gottfried Benn, Klabund, Else Lasker-Schüler, Max Brod, Leonhard Frank, Richard Huelsenbeck.

»Neue Verein«] Der Neue Verein ist hervorgegangen aus dem »akademisch-dramatischen Verein«, der wegen des Skandals um Arthur Schnitzlers ›Reigen‹ 1903 aufgelöst worden war. Die Absicht des Vereins war ursprünglich, das Publikum durch Vorträge und Theateraufführungen mit moderner Literatur bekanntzumachen. Inzwischen erschien der nachwachsenden Literaturgeneration dieser etablierte Verein antiquiert.

Bleis »Die Welle«] Franz Blei (1871-1942) war durch seine Vielseitigkeit eine der Schlüsselfiguren der deutschen Literaturszene in den ersten Jahrzehnten des 20. Jahrhunderts. Außer seinem eigenen literarischen Schaffen – besonders seiner biographischen Essayistik – war Blei auch Übersetzer, Herausgeber, Lektor und Förderer noch unbekannter Autoren. – Nach Aussage Bleis hatte er ›Die Welle‹ etwa 1898 geschrieben. Bei seinem Berlinaufenthalt im Oktober 1913 hatte Ball die Zustimmung erhalten, das Schauspiel aufführen zu können. Außer der Uraufführung am 10. Dezember 1913 fand keine weitere Aufführung statt. Vorher aber waren aufgrund erotischer Szenen von der ›Münchener K. Polizeidirektion‹ Streichungen im Text veranlaßt worden (HBK, Kat.Nr. 47-52, S. 75-78).

Spavento] Aus dem Programmheft: »Erste Veranstaltung der Zeitschrift ›Die Neue Kunst‹«, Uraufführung ›Die Welle‹ von Franz Blei, ist zu ersehen, daß der Autor statt des Grafen Spavento die Rolle des Edgar Freiherrn von Roßla Dühna übernommen hatte. Leontine Sagan spielte ›Die Prinzessin‹.

unseren Vertrieb] Ball meint hier den Bühnenvertrieb des Bachmair-Verlags.

meines Gedichts in der 1. Revolution] Wegen Balls Gedicht ›Der Henker‹ wurde die Nummer 1 der ›Revolution‹ konfisziert. Die Staatsanwaltschaft erhob den Vorwurf der Obszönität. Der anschließende Prozeß ging über das Landgericht München I bis zum Reichsgericht. Die Gründe für den Freispruch: »Die Zurückweisung des Antrags auf Unbrauchbarmachung des Gedichts ›der Henker‹ beruht auf der Feststellung, daß das Gedicht unverständlich ist und infolgedessen eine schamverletzende Wirkung nicht hervorruft.« (HBK, Kat. Nr. 71, 75 u. 76, S. 102-104; ausführlich, Eckhard Faul in HBA 11, 1987, S. 1-86).

Robert – Sem Benelli – Neuer Verein] Nach seiner Entlassung als Direktor der Münchener Kammerspiele hatte Eugen Robert einen Konflikt mit seinem bisherigen Arbeitgeber hervorgerufen, »indem er mit dem Vorstand des Neuen Vereins eine Vorstellung von Sem Benellis ›Das Mahl der Spötter‹ vor geladenen Gästen im Künstlertheater vereinbarte. Die Aufführungsrechte aber lagen, wenn auch von Robert seinerzeit erworben, bei den Kammerspielen, und das angerufene Landgericht München I verbot die Vorstellung.« (Wolfgang Petzet: ›Theater. Die Münchener Kammerspiele 1911-1972‹, 1973, S. 61).

Halbe] Max Halbe (1865-1944), Dramatiker. Lebte seit 1895 als freier Schriftsteller in München. Seine bekanntesten Dramen sind ›Jugend‹ (1893) und ›Der Strom‹ (1904).

Unsere Stellungnahme] In der Nummer 2 der ›Revolution‹ steht von Bachmair der Artikel ›Der Neue Konsum-Verein‹. Der Artikel schließt mit dem Satz: »Ueber die ›Neugründung‹ ist Näheres von der Geschäftsstelle der ›*Revolution*‹ zu erfahren.« Die Notiz über den »Bühnenvertrieb« steht ebenfalls auf der vorletzten Seite der Nummer 2.

Dehmel] Richard Dehmel (1863-1920) geriet durch die Thematik seines lyrischen Werkes – Eros im Widerstreit zwischen Trieb und Vernunft – wiederholt mit der Zensur in Konflikt.

Je m'en fiche] Das ist mir Wurst.

Przybyszewski] Stanisław Przybyszewski (1868-1927) lebte 1906-1919 vorwiegend in München und setzte sich für eine polnisch-deutsche Verständigung ein.

Frau Ketty] Jekatarina Deutschmann, vgl. *Nr. 12* – »kommt bald«.

Mereschkowski] Dimitri Sergejewitsch Mereschkowski (1865-1941), russischer Schriftsteller. Seit 1917 Emigrant in Paris. Epiker und Essayist.

Dr. Eliasberg] Alexander Eliasberg (1878-1924), Literatur- und Kunsthistoriker lebte von 1905-1923 in München, übersetzte zahlreiche Werke aus dem Russischen.

Kósar] Josip Kósar (1879-1961), kroatischer Schriftsteller. Neben Prosa schrieb Kósar auch Dramen.

Simpl] Volkstümliche Abkürzung für die Künstlerkneipe ›Simplicissimus‹.

Dresdner Bericht] Siehe *Nr. 24* – »17ten bin ich in Berlin«.
Versuchung des heiligen Antonius] Dieses Gedicht wurde nicht in der 4. Nummer der ›Revolution‹, sondern in der ›Aktion‹, Berlin. Jg. 4, Nr. 3 vom 17. Januar 1914, Sp. 56-57 veröffentlicht.

27. An Maria Hildebrand, 10.11.1913

H: Hs. Brief; 3 Bl., 3 S. Bedruckter Briefkopf: Hotel Excelsior Berlin. Berlin SW 11, DEN / Königgrätzerstrasse 112-113 / Gegenüber dem Anhalter Bahnhof / 3 Minuten vom Potsdamer Bahnhof. Telephon: Amt Nollendorf, 466-79. **F:** HBN. **E:** Briefe, S. 24 f. **DV:** Original.

Datierung: Das Datum »10. Nov. 1913« ist von fremder Hand hinzugefügt.

Franz Blei] Ball war nochmals nach Dresden und Berlin gefahren, um letzte Fragen über die Uraufführung von ›Die Welle‹ zu besprechen. Ball war noch immer überzeugt, daß Blei den Spavento spiele.
die Sagan] Vgl. *Nr. 4*.
zwischen 1. und 15. Dezember] Die Uraufführung von Franz Bleis ›Die Welle‹ fand am 10. Dezember 1913, abends ½ 9 Uhr, in den Münchener Kammerspielen statt.
über meine Gerichtssache] Balls Aktivitäten waren durch die Konfiskation seines Gedichts ›Der Henker‹ beeinträchtigt.
Conrad] Michael Georg Conrad, vgl. *Nr. 29*.
in der nächsten Nummer abgedruckt] Von Wedekind, Halbe, Artur Kutscher, Hans Ludwig Held (1885-1954) und Blei sind keine Äußerungen über das Gedicht ›Der Henker‹ bekannt. In der Nummer 3 der ›Revolution‹ sind neben dem Brief von Conrad noch Pressestimmen (Berliner Tageblatt, Pasinger Zeitung, Tägliche Rundschau) abgedruckt.
Schwabach] Erik-Ernst Schwabach (1891-1938), Schriftsteller, Verleger, gründete und finanzierte die Monatsschrift ›Die Weißen Blätter‹. Schrieb unter dem Pseudonym Ernst Sylvester. Einen großen Teil seines Vermögens verlor er während der Inflation.
Gegenverein] Nach den Stellungnahmen gegen den »Neuen Verein«, der beabsichtigten ›Konkurrenz‹ und der erwähnten, denkbaren »Neugründung« im Brief vom 4. November 1913, werden hier konkrete finanzielle ›Pläne‹ über den ›Gegenverein gegen den Neuen Verein‹ erörtert.
Verträge auch mit den Kammerspielen] Unklar ist hier, welche Verträge Ball meint. Möglich wären die Verträge betreffend ›Die Welle‹. Da Ball in Berlin auch weitere Verhandlungen für den Bachmair-Verlag, der ja die Reise finanzierte, führt, könnten auch diese möglichen Verträge gemeint sein.
Ziegel] Erich Ziegel (1876-1950), Schauspieler, Regisseur, war von April 1913 – August 1916 künstlerischer Direktor der Münchener Kammerspiele. Mit der Schauspielerin Mirjam Horwitz (1882-1967) war Ziegel beruflich wie auch privat eng verbunden. In der Spielzeit 1913/14 fanden 26 Premieren statt, die Mißerfolge überwogen.
Theater ist an der Pleite] Die Premierenmißerfolge schafften finanzielle Probleme. Die Direktion versuchte mit Boulevardstücken Erfolge einzuspielen. Bei der Auswahl bewies Erich Ziegel keine glückliche Hand.
Dr. Hiller] Kurt Hiller (1885-1972), Publizist und Journalist, war Mitgründer

des ›Neuen Clubs‹ in Berlin. 1912 veröffentlichte er die expressionistische Anthologie ›Der Kondor‹.

wegen Matineen] Vom Bachmair-Verlag beauftragt, war Ball bemüht, mit Else Lasker-Schüler, Kurt Hiller und Gottfried Benn literarische Matineen zu verabreden.

Zavřel] František Zavřel (1879-1915), tschechischer Regisseur. In der Spielzeit 1913/14 war Zavřel Mitdirektor und Oberregisseur am Berliner Theater am Nollendorfplatz, ebenso am Münchener Künstlertheater. Als Gastregisseur in Prag (1914) wies er »dem tschechischen Theater den Weg zu einer konsequenten Regiearbeit« (Kindermann 10, S. 186).

28. An Maria Hildebrand, 11.1.1914

H: Hs. Brief; 2 Bl., 4 S. **F:** HBN. **E:** Briefe, S. 25 f. **DV:** Original.

Alberttheater] Das Alberttheater wurde am 1. August 1913 in eine Aktiengesellschaft umgewandelt. Nach erfolgtem Umbau bot das Alberttheater 1300 Personen Platz.

Direktor René] Maxim René (1873-?), kgl. sächs. Hofschauspieler, war Direktor des Alberttheaters. Während des Ersten Weltkriegs Leiter der Fronttheater. Später nahm er die Idee der »Wandernden Schaubühne« auf und wurde Intendant der Sächsischen Landesbühne.

Dr. Vetter] Rechtsanwalt Dr. Rudolf Vetter war Vorstand der Albert-Theater-Akt.-Gesellschaft.

Hoftheater] Das Königliche Hoftheater Dresden untergliederte sich, unter gemeinsamer General-Direktion, in das Kgl. Opernhaus u. das Kgl. Schauspielhaus. Von 1873 bis 1913 diente das Alberttheater dem Kgl. Hofschauspiel. Daraus lassen sich die engen Beziehungen beider Häuser erklären.

Geheimrat Zeiss] Dr. Karl Zeiß (1871-1924) war als artistischer Leiter des Schauspiels, neben Nikolaus von Seebach, Mitglied der General-Direktion des Kgl. Hoftheaters. 1916 wurde Zeiß Generalintendant in Frankfurt a.M., später war er in München tätig.

Exc. Seebach] Nikolaus Graf von Seebach (1854-1930) war von 1894-1919 General-Direktor des Kgl. Hoftheaters in Dresden.

glänzendsten Empfehlungen] Im HBN befinden sich vier Empfehlungsschreiben, die im HBA, 1979. S. 17-21, abgedruckt sind. Es handelt sich um Empfehlungen von Otto Eisenschitz (1863-1942 Deportation Theresienstadt) – Dramaturg und Regisseur des Josefstädtertheaters Wien und des Parisiana-Theaters Wien –, Franz Blei, Herbert Eulenberg und Benno Bing (als Direktor der Münchener Kammerspiele) zur Unterstützung von Balls Bewerbung um die Direktion des Dresdener Alberttheaters.

Thoma] Ludwig Thoma (1867-1921), polemisch-satirischer Erzähler und Dramatiker. Thoma war Redakteur der satirischen Zeitschrift ›Simplicissimus‹ und veröffentlichte bis 1906 unter dem Pseudonym Peter Schlemihl. Die Figur des Landtagsabgeordneten Jozef Filser (›Jozef Filsers Briefwechsel‹, 1909-1912) und die ›Lausbubengeschichten‹ (1904-1907) machten Thoma bekannt.

Prof. Reuschel] Karl Theodor Reuschel (1872-1924), Professor an der TH in Dresden, Literaturhistoriker.

Justizrat Bondi] Es könnte sich um Julius Bondi handeln, der 1930 in Venedig verstarb.

29. An Michael Georg Conrad, 12.1.1914

H: Hs. Brief; 1 Bl., 4 S. **F:** Handschriftenabteilung Stadtbibliothek München. **E:** HBA 1979, S. 13 f. **DV:** Fotokopie des Originals.

Adressat] Michael Georg Conrad (1846-1927), Romanschriftsteller, Hauptvertreter des Münchener Naturalismus, Feuilletonist und Theaterkritiker; 1864-68 Studium in Genf, Neapel, Paris; 1878 Journalist in Paris und Bekanntschaft mit Emile Zola, journalistischer Mitarbeiter mehrerer deutscher Zeitungen, gründete 1885, nach München zurückgekehrt, die frühnaturalistische Zeitschrift ›Die Gesellschaft‹; 1896-98 nationalliberaler Reichstagsabgeordneter. Conrad schrieb eine Stellungnahme zur Konfiskation des Gedichts ›Der Henker‹, die in der ›Revolution‹, Nr. 3 vom 15.11.1913, veröffentlicht wurde.

30. An Maria Hildebrand, 13.1.1914

H: Hs. Brief; 2 Bl., 6 S. **F:** HBN. **DV:** Original.

Dr. Dohrn] Wolf Dohrn (1878-1914), seit 1907 organisatorischer Leiter des »Deutschen Werkbundes für Handwerkskunst«, zugleich Gründer der »Bildungsanstalt für Musik und Rhythmus« in Hellerau.

Hellerau] Nach dem Flurnamen »der Heller« entstand ab 1909, nach Plänen von Prof. Richard Riemerschmid, die Gartenstadt Hellerau. Das Streben nach Naturnähe war zugleich ein Protest gegen den damals überwiegenden Mietskasernenbau.

Rechtsanwalt Benndorf] Franz Benndorf (1874-1933). Von 1913 bis 1927 war er Syndikus des Verbandes der Metallindustriellen in Dresden.

»Hinter Mauern«] Schauspiel in vier Akten von Henri Nathansen (1868-1944). Mit diesem Schauspiel gelangen dem dänischen Dichter internationale Erfolge. Das Hauptwerk von Nathansen ist das vierbändige ›Aus Hugo Davids Leben‹ (1917).

Hegner] Jakob Hegner (1882-1962), Drucker, Verleger und Übersetzer (Paul Claudels, Francis Jammes', Georges Bernanos', Bruce Marshalls u.a.). Nach mehrjährigem Aufenthalt in Florenz zog Hegner nach Hellerau und gründete den »Hellerauer Verlag Jakob Hegner«. 1930 fand sein Verlag in Leipzig eine neue Heimat. 1936 emigrierte Hegner zunächst nach Wien und 1938 nach London.

»Neuen Blätter«] Von der Folge 1 (1912) wurden die Hefte 1-6 von Carl Einstein herausgegeben. Für die restlichen Hefte 7-12 dieser Folge und für die zweite Folge, die ebenfalls 1912 erschien, war Jakob Hegner Herausgeber. Danach folgten andere Herausgeber, bis Weihnachten 1913 mit 5/6 der dritten Folge das Erscheinen eingestellt wurde. Erscheinungsort war Berlin. Ab Folge 2, Heft 7 bis Heft 1/2 der Folge 3 wird zusätzlich Hellerau aufgeführt.

Dalcroze] Emile Jaques-Dalcroze (1865-1950), eigentl. Jakob Dalkes, Schweizer Musikpädagoge und Komponist, leitete von 1911-14 die ›Bildungsanstalt Jaques Dalcroze‹ in Hellerau bei Dresden.

Commerzienrats Bienert] Theodor Bienert (1857-1935), Müllereiunternehmer. Bienert war Ehrensenator der Technischen Hochschule in Dresden.

Justizrat Eibes] Bernhard Eibes (1867-1942) gehörte dem Aufsichtsrat einer Reihe von Industriegesellschaften an.

Prof. Friedmann] Siegwart Friedmann, einer der Vorsitzenden des Aufsichtsrats.

ecco] Ital., hier: siehe da.

Dr. Portius] Der Rechtsanwalt und Notar Albert Portius (gest. 1935) war, ebenso wie Prof. Friedmann, Vorsitzender des Aufsichtsrats.

31. An Maria Hildebrand, 18.1.1914

H: Hs. Brief; 1 Bl., 4 S. **F:** HBN. **DV:** Original.

Frau Commerzienrat Bienert] Bertha Bienert (geb. Suckert), Ehefrau von Theodor Bienert.

32. An Maria Hildebrand, 18.1.1914

H: Hs. Brief; 1 Bl., 3 S. **F:** HBN. **DV:** Original.

33. An Maria Hildebrand, 31.1.1914

H: Hs. Postkarte, beidseitig beschrieben. Adresse: Frau / Maria Hildebrand / Pirmasens. Rhpfalz. / Pfälzische Bank. **F:** HBN. **DV:** Original.

34. An Maria Hildebrand, 11.2.1914

H: Hs. Brief; 3 Bl., 3 S. **F:** HBN. **E:** Briefe, S. 26 f. **DV:** Original.

Röbbeling] Hermann Röbbeling (1875-1949) war, bevor er seine Berufung zum Alberttheater erhielt, Direktor des Stadttheaters Frankfurt a.d.O. Allerdings war er nur kurz beim Alberttheater. Ab der Spielzeit 1914/15 war Adolf Edgar Licho Direktor dieses Theaters. – Röbbeling war von 1914-1932 beim Thalia-Theater in Hamburg und von 1932-1938 beim Burgtheater in Wien in jeweils leitender Funktion.

René] Nach der Entlassung Renés durch die Theater-Aktiengesellschaft wurden noch weitere 35 Mitglieder des Ensembles des Alberttheaters entlassen, die sich mit René solidarisiert hatten. René pachtete das Dresdner Volkswohltheater und eröffnete es am 5. April 1914 mit Maxim Gorkis ›Nachtasyl‹.

Schohl] In Balls gesamter Korrespondenz wird im Brief Nr. 19 nur einmal zu dem Namen Schohl der Vorname Arthur angefügt. Ob allerdings Ball jeweils, wenn er ›Schohl‹ schrieb, von derselben Person spricht, ist nicht sicher, aber möglich. – Im ›Adressbuch der Stadt Pirmasens 1911‹ sind drei Lederhändler mit dem Namen Schohl aufgeführt, deren Adressen Exerzierplatzstr. 14, Hauptstr. 88 und Zweibrücker Str. 12 waren. – Ab 1901 war Ball bei dem Lederhändler Ferdinand Schohl (Hauptstr. 88) in der Lehre, die er aus gesundheitlichen Gründen 1903/04 abbrechen mußte. – Arthur Schohl, ein Jahr jünger als Ball, war der Sohn von Julius II Schohl, der seine Lederhandlung in der Exerzierplatzstr. 14 hatte. Hugo Ball und Arthur Schohl kannten sich, so ist anzunehmen, bereits von ihrer Schulzeit her. Denn beide besuchten, zwar in unterschiedlichen Jahrgängen, das Königl. Progymnasium in Pirmasens. In Arthur Schohls Schulklasse war auch Theodor Schohl (geb. 6. März 1888), Sohn von Julius I Schohl (Zweibrücker Str. 12). Weshalb Schohl Ball Geld versprach und dann die Summe nicht in vollem Umfang zahlte ist unklar.

Sagan ist nach Wien engagiert] Leontine Sagan wechselte mit der Spielzeit 1914/15 zur »Neuen Wiener Bühne« (Wasagasse 33). Vorher scheint sie mit Direktor René zum Dresdener Volkswohltheater gegangen sein.

Heiratspapiere] Das Standesamt Pirmasens hatte am 19. Dezember 1913 eine Geburtsurkunde Hugo Balls ausgestellt. Dieses Dokument befindet sich im Ball-Nachlaß. Es ist vorstellbar, daß Ball seine Schwester bat, dieses »Heiratspapier« zu besorgen.

35. An Maria Hildebrand, 14.2.1914

H: Ms. Brief mit eigenh. Unterschrift; 2 Bl., 3 S. **F:** HBN. **E:** Briefe, S. 27. **DV:** Original.

36. An Maria Hildebrand, 25.2.1914

H: Ms. Brief mit eigenh. Unterschrift und hs. Nachsatz. 1 Bl., 2 S. **F:** HBN. **DV:** Original.

das Bildchen von Dir] Ein Foto der Schwester Maria mit deren Tochter ist in diesem Band auf S. 673 abgebildet.

37. An Maria Hildebrand, 26.2.1914

H: Ms. Brief mit eigenh. Unterschrift; 2 Bl., 4 S. **F:** HBN. **E:** Briefe, S. 27 f. **DV:** Original.

Verhandlung mit dem »Neuen Verein«] Ball, an der Stellungnahme (Nr. 32) gegen den »Neuen Verein« beteiligt, wurde von dem kritisierten Verein zur Zusammenarbeit aufgefordert.

Frau v. Willemoes] Helene von Willemoes-Suhm (geb. 1861 in Wien), Dichterin.

Frau Prof. Selenka] Margarethe Leonore Selenka (1860-1923), Übersetzerin japanischer Dramatik, Pazifistin.

Chiushingura] Der vollständige Titel des Dramas für das Puppentheater in zwölf Akten lautet: ›Kana-dehon Chûshingura‹ (1748) von Takeda Izumo (1688-1756).

schreitet das Theaterbuch fort] Ganz offensichtlich verfolgte Ball das Projekt seiner Theaterschrift weiter. Obwohl er etwas mehr berichtet, gibt er auch hier keine inhaltlichen Auskünfte. Die »2 Kapitel« haben sich im Nachlaß nicht finden lassen. – Denkbar wäre, nachdem Ball, wie es scheint, die ›Theaterbuch‹-Idee aufgab oder aber keinen Verlag dafür fand, einzelne Teile in Form von Aufsätzen veröffentlichte (HBB, Nr. 107-110).

»Der Henker«] Erstmals erwähnt Ball seinen ›Henker von Brescia‹ im Brief Nr. 21. Das Schauspiel sollte bei Bachmair erscheinen. Der erste Akt kam im Heft 3, März 1914, der Zeitschrift ›Die Neue Kunst‹ zum Abdruck. Nachdem »Bachmair seinen Verlag verkauft hat«, schrieb Ball am 27. Mai 1914, »blieb der Henker liegen«. Der 2. und 3. Akt blieben sogar verschollen, bis sie in der Bachmair-Ausstellung von 1989 auftauchten (Viesel, Hansjörg: ›Der Verleger Heinrich F.S. Bachmair: 1889-1960‹. Ausstellung der Akademie der Künste. Ausstellung u. Katalog: Hansjörg Viesel. Berlin 1989). Das Manuskript des Schauspiels ist im Besitz der Hugo-Ball-Sammlung in Pirmasens.

1000 Seiten langen Brief] Nach Brief hat Ball hs. gestrichen »nach Odessa«.

38. An Josephina Ball, 18.4.1914

H: Ms. Brief; 1 Bl., 2 S. Adresse: Familie Carl Ball / *Pirmasens Rheinpfalz* / Bahnhofstrasse 2 [9]. **F:** HBN. **DV:** Original.

Beilage: Münchner Neueste Nachrichten, Jg. 67, Nr. 190 vom 14.4.1914, S. 1-2. Von Hugo Ball angekreuzt und mit Bleistift angefügt »14. April« beim Artikel ›Münchner Künstlertheater‹ (S. 1).

Eberlein] Dr. August Eberlein (1877-1949) war seit 1905 Direktor der Höheren Mädchenschule in der Pirmasenser Alleestraße. 1911 hatte er seine Dissertation über ›Landgraf Ludwig IX. von Hessen-Darmstadt und seine Pirmasenser Militärkolonie‹ veröffentlicht.

Saal im Luitpold] Das Café Luitpold befand sich in der Hauptstraße, am unteren Schloßplatz, gegenüber dem Rathaus. In diesem renommierten Lokal verkehrte die vornehme Pirmasenser Gesellschaft. Auch fanden in diesem Haus Veranstaltungen von Vereinen, insbesondere auch Vorträge statt.

die »Neuesten« von neulich] Der Aufruf, von dem Ball spricht, ist veröffentlicht in den »Münchner Neuesten Nachrichten« vom 14.4.1914, faksimiliert nachgedruckt im HBK, S. 16.

Münchener Künstlertheater] Wie in den Vorjahren beabsichtigte auch 1914 der Verein »Ausstellungspark«, das Münchener Künstlertheater an ein auswärtiges Theaterunternehmen zu verpachten. Es lag bereits ein Antrag des Düsseldorfer Schauspielhauses vor. Münchener Künstler protestierten dagegen und forderten, daß im Sommer 1914 das Münchener Künstlertheater »wieder den Münchener Künstlern gehören soll«. Angeführt von Hugo Ball war der öffentliche Aufruf von zahlreichen Persönlichkeiten unterzeichnet (»Münchner Neueste Nachrichten«, 14.4.1914).

Prof. Fuchs] Georg Fuchs (1868-1949) war Mitbegründer des Münchener Künstlertheaters und später Direktor dieser Institution.

39. An Maria Hildebrand, 18.4.1914

H: Ms. Postkarte mit eigenh. Unterschrift, beidseitig beschrieben. Adresse: Frau Maria Hildebrand / Pfälzische Bank / Pirmasens Rheinpfalz. **F:** HBN. **DV:** Original.

Wie stehts mit dem Hof] Ball wollte informiert werden, wann die Familie im Frühjahr/Sommer 1914 auf dem Krottenhof (Unterpetersbächler Hof) zu wohnen beabsichtigte.

40. An Richard Dehmel, 21.5.1914

H: Ms. Brief; 1 S. **F:** Hamburgische Staats- und Universitäts-Bibliothek, Dehmel-Archiv. **E:** Der Monat, Jg. 16, 1964, Heft 191, S. 68 f. **DV:** Fotokopie des Originals.

Zu diesem Brief, vgl.: a) HBK, Nr. 88, S.111. b) HBA 1979, S. 32-37.

Sehr geehrter Herr!] Gleichlautende Briefe hatten Hugo Ball und Klabund, an die »beschlagnahmten Autoren« geschrieben und zur Mitarbeit an der

Anthologie ›Die Konfiszierten‹ eingeladen. Außer dem Brief an Richard Dehmel, der hier beispielhaft abgedruckt wird, und dem an Arthur Schnitzler (DLA) liegen noch zwei weitere vor, die auf den 30. Mai 1914 datiert und an Ludwig von Ficker (1880-1967) und an Heinrich F.S. Bachmair (1889-1960) gerichtet sind. In der zweiten Fassung vom 30. Mai 1914 sind noch zusätzlich 18 weitere Autoren hinzugekommen. Der Text dieser Briefe weicht allerdings an drei Stellen von der hier abgedruckten Fassung ab:

1. Nach dem Satz: »Eine kleine Anmerkung wird jeden Autor in seinem besonderen Kampf mit Staatsanwalt und Zensur charakterisieren« fügten die Herausgeber ein: »Wir bitten Sie dazu ergebenst um Material.«

2. Während in diesem Schreiben von »einem ersten Verlag« gesprochen wird, so wurde im Schreiben vom 30. Mai der Verlag »Georg Müller-München« präzise genannt.

3. Als neu hinzugekommene Mitarbeiter wurden aufgezählt: Angel [es könnte sich um Ernst Angel (1894-1986) handeln], Michael Georg Conrad (vgl. *Nr. 29*), Max Dauthendey (vgl. *Nr. 18*), Franz Dülberg (1873-1934), Kasimir Edschmid (1890-1966; vgl. auch *Nr. 41* – »auch zwei Gedichte ...«), Max Halbe (vgl. *Nr. 26*), Karl Friedrich Henckell (1864-1929), Karl Kraus (vgl. *Nr. 42*), Hans Leybold (vgl. *Nr. 26*), John Henry Mackay (1864-1933), Kurt Münzer (1879-1934), Erich Mühsam (1878-1934), Alfred Richard Meyer (vgl. *Nr. 47*), Franz Pfemfert (vgl. *Nr. 41* – »Aktion«), René Schickele (vgl. *Nr. 51a*), Wilhelm Schmidtbonn (1876-1952), Peter Scher (1884-1953) und Herwarth Walden (vgl. *Nr. 45*). Über den Rahmen dieser Autorenliste hinaus wurde die Einladung zur Mitarbeit an weitere Schriftsteller versendet. Zumindest ist mit Ludwig von Ficker (1880-1967, Herausgeber der Zeitschrift ›Der Brenner‹) ein Beispiel bekannt.

schon aus Zeitungsnotizen] In der ›Aktion‹, Jg. 4, Nr. 22 vom 30.5.1914, begrüßt der Herausgeber Franz Pfemfert den Aufruf von Hugo Ball und Klabund an deutsche Dichter, sich an der ›Anthologie der Konfiszierten‹ zu beteiligen und damit »gegen die Tyrannei des Zensors« zu »demonstrieren«.

Blei] Franz Blei, vgl. *Nr. 26*.

Dehmel] Richard Dehmel, vgl. *Nr. 26*.

Hardekopf] Ferdinand Hardekopf (1876-1954), bis 1916 Reichstagsstenograph. Hardekopf veröffentlichte zunächst in Zeitschriften unter dem Pseudonym Stefan Wronski. Das literarische Werk von Hardekopf ist nur schmal. Hauptsächlich war er Mitarbeiter an zahlreichen expressionistischen Zeitschriften. Seine erste Buchveröffentlichung erschien 1913: ›Der Abend. Ein kleines Gespräch‹ (›Der jüngste Tag‹. Bd. 4). Es folgte 1916 das Heft ›Lesestücke‹ (›Aktions-Buch der Aeternisten‹. Bd. 1). Hardekopf war Übersetzer französischer Autoren: Georges Duhamel, André Gide, Jean Giono u.a. Vgl. auch Raabe, S. 187-189.

Kerr] Alfred Kerr (1867-1948) war von 1900-1919 Theaterkritiker am ›Tag‹ (Berlin) und ab 1920 beim ›Berliner Tageblatt‹. 1933 Emigration.

Kyser] Hans Kyser, vgl. *Nr. 4*.

Lautensack] Heinrich Lautensack (1881-1919), Dramatiker und Lyriker. Mitglied der »Elf Scharfrichter«, Hrsg. der Zeitschrift ›Die Bücherei Maiandros‹.

Panizza] Oskar Panizza (1853-1921), Schriftsteller. Wegen verhöhnender Schriften 1895 zu einer Gefängnisstrafe verurteilt und 1902 wegen Majestätsbeleidigung angeklagt.

Przybyszewski] Stanisław Przybyszewski, vgl. *Nr. 26*.

Queri] Georg Queri (1879-1919), Humorist und Kulturschilderer Bayerns.

Sternheim] Carl Sternheim (1878-1942) übte scharfe Gesellschaftskritik in seinem Dramenzyklus ›Aus dem bürgerlichen Heldenleben‹.

Unruh] Fritz von Unruh (1885-1970), Dramatiker und Erzähler, wurde durch die Erfahrungen des Ersten Weltkriegs zum Pazifisten. 1915 erhielt er den Kleistpreis und 1927 den Schillerpreis. Unter dem Pseudonym Fritz Ernst erschien sein erstes Drama ›Jürgen Wullenweber‹ (1910).

Thoma] Ludwig Thoma, vgl. *Nr. 28*.

Wedekind] Frank Wedekind, vgl. *Nr. 25*.

Klabund] D. i. Alfred Henschke (1890-1928). Vor dem Ersten Weltkrieg verkehrten Ball und Klabund in der Münchener Boheme. Gemeinsam mit der Muse Marietta schrieben Ball und Klabund Gedichte unter dem Pseudonym Klarinetta Klaball. Beide, Ball und Klabund, planten gemeinsam im Frühjahr 1914 die Anthologie ›Die Konfiszierten‹. In der ›Revolution‹ Nr. 2 vom 1.11.1913 rezensierte Ball Klabunds Gedichtband ›Morgenrot Klabund! Die Tage dämmern‹, Ball lobte: »Man wünscht diese Gedichte eines jungen Menschen in viele junge Hände, weil die Welt hier so hell geschaut wird und so souverain.« Ball und Klabund blieben, wenn auch unregelmäßig, in Verbindung.

41. An Maria Hildebrand, 27.5.1914

H: Ms. Brief mit eigenh. Unterschrift; 4 Bl., 7 S. **F:** HBN. **E:** Briefe, S. 28 f. **DV:** Original.

Kaufmännischen Vereins] Ursprünglich ein Standesverein, der nur Kaufleute und Kaufmannsgehilfen aufnahm, um deren Weiterbildung zu fördern. Durch vielfältiges Vortragswesen diente der Verein später auch überwiegend kulturellen Zwecken. 1914 war Max Diehl Vorstand dieses Pirmasenser Vereins. – Heiner, Balls Bruder, hatte sich, obwohl nicht beauftragt, um einen Vortrag Balls im Kaufmännischen Verein bemüht.

seinen Prozess zusammen mit Kerr] Wegen zweier Gedichte Klabunds, die in der von Alfred Kerr herausgegebenen Zeitschrift ›Pan‹ (Jg. 3, Nr. 21 vom 21.2.1913) erschienen waren, wurde Anklage wegen Verbreitung unzüchtiger Schriften erhoben. Nach dem erstinstanzlichen Freispruch Kerrs schränkte das Reichsgericht den Freispruch als »nicht rechtlich bedenkenfrei« ein.

Stück Klabunds] Um welches Theaterstück Klabunds es sich handelte, konnte nicht ermittelt werden. Über ein frühes Stück Klabunds plauderte Marietta di Monaco in ihren Erinnerungen ›Ich kam – ich geh‹ (München: Süddeutscher Verlag 1962). Sie erwähnte Klabunds Lustspiel ›Kleines Kaliber‹, das in den »Münchner Kammerspielern aufgeführt wurde« (S. 86f.). Ob es sich dabei um dieses Stück handelte, das »dieser Tage vom Zensor verboten« wurde, kann nur vermutet werden. ›Kleines Kaliber‹ gilt als verschollen. Weder in der Ausgabe ›Werke‹, Bd. 6: Dramen und Bearbeitungen, hrsg. von Christian von Zimmermann (Heidelberg: Elfenbein Verlag 2001) noch in der Ausgabe ›Sämtliche Werke‹, Bd. 3: Dramen und Szenen, hrsg. von Henning Niemeyer-Lemke (Würzburg: Königshausen u. Neumann 1998 u. 2000) ist dieses Stück Klabunds erwähnt.

Mein hiesiger Protest] In der kurzlebigen Münchener Theaterzeitschrift ›Phöbus‹ (Jg. 1, Nr. 2 vom Mai 1914, S. 87) hatte Ball diesen Protest gegen die Konfiskation dreier Nummern der ›Aktion‹ veröffentlicht. Neben Hugo haben noch 28 Persönlichkeiten – keine 40 – diesen Protest mitunterzeichnet.

Aktion] Franz Pfemfert (1879-1954) gründete 1911 die weit links stehende Zeitschrift ›Die Aktion‹, die er als Sprachrohr der Oppositionsliteratur betrachtete. Auch war sie ein Sammelbecken expressionistischer Kunst und Literatur. Hugo Balls Mitarbeit erstreckte sich vom 5. Juli 1913 bis zum 1. August 1914. Danach kam es zum Zerwürfnis. In dem Brief vom 9. April [1915] bekannte Ball, daß er die ›Aktion‹ als ein »Zwirnblättchen« und einen »nihilistischen Ableger von Rußland 1861« bezeichnet hatte (Nr. 67). Pfemfert dagegen schrieb am 9. April 1915 in der ›Aktion‹, Jg. 6, 1916. Nr. 7/8, Sp. 104: »Ich bin genötigt festzustellen: Die AKTION hat mit dem Herrn Schriftsteller Hugo Ball nichts zu tun, keine Gemeinschaft, und der Herr Schriftsteller hat nicht die Güte zu haben, sich als Mit-Arbeiter der AKTION zu bezeichnen«. – Von Ball erschienen in der ›Aktion‹ sechs Gedichte, eine Glosse und zwei Briefe von Ball und Klabund. Gemeinsam von Ball und Hans Leybold wurden sechs Gedichte unter dem Pseudonym Ha Hu Baley veröffentlicht.

auch zwei Gedichte von mir] Die Konfiskation nur eines Gedichts von Ball und Leybold (Ha Hu Baley) ist bekannt (vgl. Nr. 67). Kasimir Edschmid, expressionistischer Prosaist, erinnerte sich: »Es war das Frühjahr 1914. Die Nummer der ›Aktion‹ wurde beschlagnahmt. [...] Und da man gerade beim Anklagen war, wurde auch ein Gedicht von Hugo Ball, der damals noch nicht Dadaist in Zürich [...] war und in seinem Gedicht das Wort Bidet auf ein ähnlich klingendes Wort gereimt hatte, in das Verfahren miteinbezogen (wegen Veröffentlichung unsittlicher Schriften) [...]. Pfemfert und Ball mußten 20 oder 30 Mark zahlen.« (K. Edschmid: ›Tagebuch. 1958-1960‹. München, Wien, Basel 1960, S. 313 f.)

blieb der Henker liegen] Das Drama ›Der Henker von Brescia‹ kam nicht bei Georg Müller, München, wie Ball annahm, heraus. Auch die Leipziger Druckerei Oskar Brandstetter hatte nur den 1. Akt und 6 Szenen des 2. Aktes gesetzt und das Stück lag nicht »fix und fertig« im Druck vor. (Vgl. *Nr. 37* – »Der Henker«).

Ephraim Frisch] Ephraim Frisch (1873-1942) war 1912-13 Verlagslektor bei Langen Müller und von 1914-25 Herausgeber der Monatsschrift ›Der Neue Merkur‹.

»Phöbus«] Von der Theaterzeitschrift ›Phöbus‹ erschienen nur drei Hefte. Neben Aufsätzen zur Theatertheorie und Aufführungskritiken wurden auch literarische Texte vorgestellt. Darüber hinaus wurde die Zeitschrift mit Szenen- und Bühnenbildentwürfen illustriert. Zu den Mitarbeitern zählten Artur Kutscher, Georg Hecht, Kurt Kersten, Albert Ehrenstein, Johannes R. Becher, Georg Trakl. Mit zwei theoretischen Aufsätzen zum Theater, nämlich ›Das Münchener Künstlertheater‹ und ›Das Psychologietheater‹, und dem Beitrag ›Wedekind als Schauspieler‹ beteiligte sich Ball an dieser Theaterzeitschrift. Außerdem war Ball Mitunterzeichner des Aufrufs ›Für die Aktion‹ (S. 87).

dort draussen] Hier meinte Ball sicherlich das ›Münchener Künstlertheater‹ im Ausstellungspark (Nr. 6 u. Nr. 38).

Kandinsky] Wassily Kandinsky (1866-1944), Wegbereiter der abstrakten Malerei und einer der Mitbegründer des ›Blauen Reiter‹, übte auf Ball starken Einfluß aus. In der Galerie Dada hielt Ball am 7. April 1917 seinen ›Kandinsky‹-Vortrag, erstmals vollständig gedruckt in: ›Deutsche Vierteljahrsschrift für Literatur- und Geistesgeschichte‹. Jg. 51, 1977, S. 688-703. Auch in der ›Flucht‹ hat Ball Kandinsky sehr häufig erwähnt und dessen Einfluß auf die Kunst vor dem Ersten Weltkrieg deutlich zu machen versucht. Ball sah Kandinsky als einen »Propheten der Wiedergeburt«.

Marc] Franz Marc (1880-1916), Mitbegründer des ›Blauen Reiter‹. Ball hatte Marc eingeladen, sich am Münchener Künstlertheater zu beteiligen. Marc antwortete am 18.IV.1914 (HBK, S. 80): »Ich habe nicht die geringste Lust, an einer halben Sache mitzuwirken. Ich bin neugierig, wie sie weiter läuft.«

Thomas von Hartmann] Thomas Alexandrowitsch von Hartmann (1885-1956), ukrainischer Komponist und Dirigent. War mit einem Beitrag (›Über Anarchie in der Musik‹) in der Programmschrift ›Der Blaue Reiter‹ vertreten.

Fokin] Michail Michailowitsch Fokin (1880-1942), russischer Choreograph und Tänzer.

Bechtejeff] Wladimir Georgiewitsch Bechtejeff (1878-1971), russischer Maler, Zeichner u. Illustrator. Mitbegründer der »Neuen Künstlervereinigung München«.

ein Buch »Das Neue Theater«] In der ›Flucht‹ (S. 15) hatte Ball eine detaillierte Inhaltsübersicht über das expressionistische Theater aufgestellt: »Theoretisch sollte das Künstlertheater etwa folgendermaßen aussehen:

Kandinsky	Gesamtkunstwerk
Marc	Szenen zu ›Sturm‹
Fokin	Über Ballett
Hartmann	Anarchie der Musik
Paul Klee	Entwürfe zu ›Bacchantinnen‹
Kokoschka	Szenen und Dramen
Ball	Expressionismus und Bühne
Jewrenow	Über das Psychologische
Mendelsohn	Bühnenarchitektur
Kubin	Entwürfe zu ›Floh im Panzerhaus‹«

Ball wollte mit dieser geplanten Sammlung von Texten zum Theater und mit Bühnenbildentwürfen eine analoge Programmschrift zum ›Blauen Reiter‹ schaffen. Selbst bei der Auswahl der Mitarbeiter griff Ball auf Kandinsky, Marc und von Hartmann zurück, die bereits im ›Blauen Reiter‹ mit Beiträgen vertreten waren.

Stanislawskij] Konstantin Sergejewitsch Stanislawskij (1863-1938), russischer Schauspieler und Regisseur, Mitbegründer des Moskauer Künstlertheaters.

»Internat. Gesell. für Neue Kunst«] Nach Erscheinen der Sammlung ›Das Neue Theater‹ plante Ball die Gründung einer Internationalen Gesellschaft für Neue Kunst. Mit Kandinsky hatte Ball dieses Vorhaben besprochen.

Straussens »Josephslegende«] Die ›Josephslegende‹ von Richard Strauß wurde 1914 in der Pariser Oper uraufgeführt. Michail Fokin hatte die Choreographie übernommen.

König von Sachsen] Friedrich August III., seit 1904 König von Sachsen, nach der Novemberrevolution 1918 gestürzt.

»Die rote Nelke« von Földes] Erich Ziegel beauftragte Ball mit der Regieführung bei der deutschen Uraufführung des Schauspiels ›Die rote Nelke‹ des ungarischen Dramatikers Emmerich Földes. Die Premiere war am 12. Juni 1914. Emmerich (Imre) Földes (1881-1958), Verfasser zahlreicher Theaterstücke, erhielt den Kóczán-Preis der Ungarischen Wissenschaftlichen Akademie. Földes größter Erfolg war die Operette ›Victoria und ihr Husar‹ (1930), Musik von Paul Abraham (1892-1960).

Vortrag nicht kommen] Denkbar ist, daß die Schwester Maria ihren Bruder Hugo auf einen Vortrag von August Eberlein (vgl. *Nr. 38*) in Pirmasens hingewiesen hatte.

Düsseldorfer draussen] Der Verein Ausstellungspark hatte das Künstlertheater für den Sommer 1914 an das Düsseldorfer Schauspielhaus verpachtet.

Gräfin von Holnstein] Marie von Holnstein, geb. Apouchkinne (1869-1924), verheiratet seit 1894 mit Graf Ludwig Karl von Holnstein.

Tanzabend Sacharoff] Alexander und Clotilde (eigentl. von Derp) Sacharoff waren ein ständig gemeinsam auftretendes Tänzerehepaar. 1911 stellten sich beide zum ersten Mal dem Publikum in München vor.

Battistiniabend] Mattia Battistini (1856-1928), italienischer Sänger (Bariton).

42. An Karl Kraus, 4.6.1914

H: nicht bekannt. Adresse: Herrn Karl Kraus / Wien III/2 / Hintere Zollamtsstraße 3.
E: Die Aktion, Jg. 4, Nr. 25 vom 20.6.1914, Sp. 539. **DV:** Erstdruck.

Karl Kraus] Kraus (1874-1936) gab von 1899 bis 1936 die Zeitschrift ›Die Fackel‹ heraus. Er war wie die anderen ›konfiszierten‹ Autoren eingeladen worden, sich an der geplanten Anthologie zu beteiligen. Statt Kraus antwortete der Verlag ›Die Fackel‹:

»Wien, 3. Juni 1914
Herren Ball und Klabund
München
Auf Ihre an Herrn Karl Kraus gerichtete Aufforderung, Ihnen Beiträge für eine Anthologie ›von ausschließlich beschlagnahmten Autoren‹ zu liefern, beehren wir uns zu erwidern, daß Herr Karl Kraus ihr nicht nur deshalb nicht entsprechen kann, weil er für kein Druckwerk außer für sein eigenes Beiträge liefert, sondern auch, weil er nicht zu den ›beschlagnahmten Autoren‹ gehört. Dagegen fordern wir Sie auf, aus der Reihe der von Ihnen ›in Aussicht genommenen Mitarbeiter‹ den Namen des Herrn Karl Kraus unverzüglich zu streichen. Es kann Ihnen zwar nicht verboten werden, irgend jemand ›in Aussicht zu nehmen‹, es ist aber durchaus ungehö-

rig, dies öffentlich zu tun und den Namen eines Autors, dessen Zustimmung nicht eingeholt wurde, mit dem Anschein, als ob dies geschehen wäre oder mit Erfolg geschehen könnte, zu einem Zweck und in einer Umgebung, die ihm möglicherweise nicht passen, anzuführen. Sollten Sie dieser Aufforderung nicht Folge leisten, so würden Sie in die Lage kommen, Herrn Karl Kraus als beschlagnahmenden Autor anzusehen, da wir vielleicht eine Konfiskation Ihres Zirkulars erwirken würden. Gegen eine etwa geplante Aufnahme dieses Schriftstückes in Ihre Anthologie hätten wir indes nichts einzuwenden.

Hochachtungsvoll
Verlag ›DIE FACKEL‹,
Wien III/2,
Hintere Zollamtsstraße 3.«

Muskete] Wiener satirische Wochenschrift.

43. An Richard Dehmel, 22.6.1914

H: Ms. Brief mit eigenh. Unterschrift; 1 S. Adresse: Herrn Dr. Richard Dehmel *Blankenese.* **F:** Hamburgische Staats- und Universitätsbibliothek, Dehmel-Archiv. **DV:** Fotokopie des Originals.

benannten Stücken] Richard Dehmel schrieb seine Zustimmung, sich an der Anthologie zu beteiligen, am 25. Mai 1914 (HSB, Dehmel-Archiv) an die Herausgeber. Dreimal, so schrieb Dehmel, habe er »unter der Anklage auf Unsittlichkeit gestanden«. Er nennt »als besonders geeignet für Ihre Absicht, auch im Hinblick auf die poetische Form: Nicht doch – Überraschung – Bitte – Gottes Wille – Mit heiligem Geist – Drei Ringe – Das entschleierte Schwesternpaar – Loke der Lästerer (nach Strindberg) – Venus Anadyomene, Primitiva, Pandemos, Socia, Bestia, Maculata, Mystica, Mors – und die rhapsodische Novelle: Das Gesicht.« Die Nachdruckerlaubnis hat aber erst Gültigkeit – so schrieb Dehmel weiter –, »nachdem Ihr Verlag die Bedingungen des Nachdrucks mit dem Kartell lyrischer Autoren (p. Adr. Geschäftsstelle der ›Feder‹, Berlin W., Elssholzstr. 8) vereinbart hat [...]. Unerläßliche Bedingung ist: *Korrektursendung* vor dem Abdruck.«

44. An Maria Hildebrand, 23.6.1914

H: Hs. Brief mit ms. Nachsatz. 2 S. Anschrift Balls: Schellingstr. 64 II. Durchgestrichener Briefkopf. Adresse: Frau Maria Hildebrand / *Pirmasens. Rheinpfalz.* / Pfälzische Bank **F:** HBN. **E:** Faks. in HBK, S. 97. Briefe, S. 31 f. **DV:** Fotokopie des Originalbriefs und des Originalbriefumschlags.

Beilage: ›Münchner Neueste Nachrichten‹. Jg. 67, Nr. 196 vom 17.4.1914, S. 1-2. Von Hugo Ball angezeigt und mit Bleistift angefügt »17. April« beim Artikel ›Theater und Musik. Münchner Künstlertheater‹ (S. 2).

Hab heut einen guten Tag gehabt] Ball zählte seiner Schwester sieben verabredete Vorhaben auf, die allesamt durch den Ausbruch des Ersten Weltkrieges scheiterten.

Matinéen mit dem Neuen Verein] Wie ein Notizblatt Balls belegt, waren ursprünglich acht Matineen geplant: Japanische Matinee, Kandinsky, Kokoschka – [unleserl. Name], Lautensack – [unleserl. Name], »Aktion«, Futuristen, Hardekopf-Hiller, Claudel. Die terminliche Aufstellung auf der Rückseite erwähnt die Futuristen nicht mehr (HBK, S. 94). Tatsächlich wurden mit dem »Neuen Verein« nur sechs Matineen vereinbart.

Verlag Piper] Der Münchener Publizist und Verleger Reinhard Piper (1879-1953) hatte 1912 den Almanach ›Der Blaue Reiter‹ herausgebracht.

Anthologie expressionistischer Lyrik] Zu diesem Projekt vgl. Nr. 49a, Nr. 49b und Nr. 51a.

Larrinaga] Robert Forster-Larrinaga (1880-1932), ursprünglich Pianist und Komponist, wirkte auch als Charakterdarsteller an den Münchener Kammerspielen.

Huelsenbeck] Der Psychoanalytiker und Schriftsteller Richard Huelsenbeck (1892-1974) und Hugo Ball hatten sich spätestens 1913 – laut Huelsenbeck 1912 – in München kennengelernt, wo beide an der Zeitschrift ›Revolution‹ mitgearbeitet haben. Als Ball im Herbst 1914 nach Berlin übersiedelte, sind sie oft zusammen. Gemeinsam veranstalteten sie 1915 in Berlin literarische Abende. Am 27. Februar 1916 traf Huelsenbeck nach Aufforderung Balls in Zürich ein, um im Cabaret Voltaire aktiv mitzuwirken. Wie wichtig Ball für Huelsenbeck war, drücken die nachfolgenden Sätze aus: »Ich fühlte, daß ich ohne Ball nicht würde existieren können. Oder vielmehr, daß meine literarische und persönliche Entwicklung ohne Balls Hilfe auf das entscheidendste unterbrochen würde.« (R. Huelsenbeck: ›Reise bis ans Ende der Freiheit‹. Heidelberg 1984, S. 101; ausführlich über Ball und Huelsenbeck: Reinhard Nenzel im HBA, 1990, S. 115-226).

Manuskript meiner *Gedichte*] Abgesehen von den ganz frühen Gedichten, die in der Zeitschrift ›Der Pfälzerwald‹ 1905 und 1908 (HBB, Nr. 187-192) erschienen, sind 1913 bis Juni 1914 nur 10 veröffentlichte Gedichte Balls bekannt (HBB, Nr. 193-202).

Soeben, kurz vor dem Wedekind-Bankett] Dem hs. Brief folgt dieser ms. Nachsatz. Im Juni 1914 war das dritte und letzte Heft der kurzlebigen Theaterzeitschrift ›Phöbus‹ erschienen.

45. An Wassily Kandinsky, 26.6.1914

H: Ms. Brief mit eigenh. Unterschrift; 1 Bl., 2 S. **F:** Städtische Galerie im Lenbachhaus, München, Gabriele Münter-Nachlaß. **E:** HBA 1978, S. 66 f. **DV:** Fotokopie des Originals.

Datierung: Nachdem Ball bereits am 23. Juni seiner Schwester das Projekt ›Expressionistisches Theater‹ (mit dem Verlag Piper) als »perfekt« verabredet beschreibt (vgl. Nr. 44), und Ball seine Reise nach Berlin ankündigte, muß der Brief am 26. Juni 1914 geschrieben worden sein.

für die Sache] Ball meinte hier sicherlich die geplante »Internationale Gesellschaft für neue Kunst«. Weiter unten im Brief sprach Ball das Thema nochmals an, als er erwähnt, daß er davon Walden nichts erzählen wolle.

Walden] Herwarth Walden, eigentlich Georg Levin (1878-1941 Straflager Saratow/Wolga), Schriftsteller, Herausgeber, Übersetzer. Walden gründete 1910 die expressionistische Zeitschrift ›Der Sturm‹, die er bis 1932 herausgab. Er emigrierte in die Sowjetunion und lebte als Sprachlehrer in Moskau. Verhaftung 1941.

zurück 1. August] Ball kam bereits am 23. Juli aus Berlin zurück (Nr. 50).

46. An Maria Hildebrand, 30.6.1914

H: Hs. Brief; 1 Bl., 2 S. **F:** HBN. **E:** Briefe, S. 32. **DV:** Original.

Dresden 30ten [Juni 1914]] Wie in Brief Nr. 45 angekündigt, fuhr Ball Ende Juni, wahrscheinlich am 27., nach Berlin. In Dresden unterbrach er die Reise.

Claudels Tausch] Paul Claudel hatte das Drama 1893/94 geschrieben. Die Uraufführung erfolgte in Paris am 22. Januar 1914. 1910 war die erste deutsche Übersetzung von Franz Blei erschienen.

Fischer vom Hoftheater] Unter der artistischen Leitung von Dr. Karl Zeiß waren Ernst Lewinger (geb. 1851) und Hanns Fischer (geb. 1865) während der Spielzeit 1913/14 gleichberechtigte Regisseure beim Kgl. Schauspielhaus Dresden.

an unsrem Theater] Münchener Kammerspiele.

meiner Wirtin 60 Mark Miete] Ball wohnte, laut Münchener Polizeimeldebogen ab 3. Juni 1914 bis 18. September 1914 (Abmeldung nach Pirmasens) in der Schellingstr. Nr. 64/2.

Dr. Hübner] Es könnte sich um Friedrich Markus Huebner (1886-1964) gehandelt haben. Huebner promovierte 1910 mit dem Thema ›Paul Bourget als Psychologe‹. Er wohnte als freier Schriftsteller in München und veröffentlichte Beiträge in Zeitschriften, so auch, ebenso wie Hugo Ball, in der kurzlebigen Zeitschrift ›Phöbus‹. Ein wichtiges Werk schrieb Huebner über das Selbstverständnis des Expressionismus (›Europas neue Kunst und Dichtung‹, 1920).

meiner ehemaligen Wirtin] Am 28. Februar 1911 (Brief Nr. 5) war Ball umgezogen in die Lietzenburgerstraße 8 zur Untermiete bei Frau Stade. Offensichtlich wohnte die Vermieterin inzwischen in der Darmstädter Str. 3.

47. An Maria Hildebrand, 6.7.1914

H: Hs. Brief; 1 Bl., 2 S. **F:** HBN. **E:** Briefe, S. 33. **DV:** Original.

R. Meyer] Alfred Richard Meyer (1882-1956) veröffentlichte unter dem Pseudonym »Munkepunke«. Gründete einen eigenen Verlag und förderte durch seine ›Lyrischen Flugblätter‹ zahlreiche expressionistische Autoren. Im Verlag A. R. Meyer und von ihm auch hrsg. erschien 1919 ›Der neue Frauenlob‹ mit dem Gedicht ›Baleys Liebeslied für Euphemia‹.

Rubiner] Ludwig Rubiner (1881-1920), expressionistischer Dichter, Herausgeber und Übersetzer. Verheiratet mit Frida Rubiner-Ichak (vgl. *Nr. 125* – »Frau Rubiner«). Mitstreiter von Franz Pfemfert. 1915 Emigration in die Schweiz, Herausgeber des ›Zeit-Echos‹ (1917/18), Lektor des Gustav Kiepenheuer Verlags in Potsdam (1919/20). Von Rubiner erschien 1917: ›Der Mensch in der Mitte‹.

Else Hadwiger] Else Hadwiger (geb. 1877), Übersetzerin. Von ihr übersetzt, erschienen 1912 Marinettis ›Futuristische Dichtungen‹ im Verlag A.R. Meyer (Berlin). Else Hadwiger war verheiratet mit dem Schriftsteller Victor Hadwiger (1878-1911).

Gleizes] Albert Gleizes (1881-1953), französischer Maler. Gemeinsam mit Jean Metzinger erste theoretische Abhandlung über den Kubismus ›Du Cubisme‹ (1910). In den dreißiger Jahren Hinwendung zu christlichen Themen.

Mense] Carlo (Carl) Mense (1886-1965), deutscher Maler, stand der »Neuen Sachlichkeit« nahe.

Metzinger] Im Original: »Menzinger«. Jean Metzinger (1883-1956), französischer Maler, Entwicklung vom Kubismus hin zum »konstruktiven Realismus«.

Chagall] Marc Chagall (1887-1985) französischer Maler russischer Herkunft. Mitbegründer des Surrealismus.

Delaunay] Robert Delaunay (1885-1941) französischer Maler, der über den Fauvismus und Kubismus zur abstrakten Malerei gelangte.

48. An Maria Hildebrand, 9.7.1914

H: Hs. Bildpostkarte. Motiv: César Klein: Zeichnung (Paar in Landschaft mit Flasche). Sonderabdruck aus der ›Aktion‹. Adresse: Frau / Maria Hildebrand / Pirmasens. Rhpfalz / Pfälzische Bank. **F:** HBN. **DV:** Original.

Programm des Kaufm[ännischen] Verein] Ein Programm des Kaufmännischen Vereins Pirmasens ist nicht erhalten. Somit bleibt auch das verabredete Thema, über das Ball zu sprechen beabsichtigte, unbekannt. Der Ausbruch des Ersten Weltkriegs verhinderte die Realisierung dieses Vortrags.

49. An Maria Hildebrand, 12.7.1914

H: Hs. Postkarte, beidseitig beschrieben. Auf der Textseite: Emmy Hennings: Aquarellierte Kohlezeichnung eines Frauengesichts (Emmy Hennings?). Adresse: Frau / Maria Hildebrand / Pirmasens. Rhpfalz / Pfälzische Bank. **F:** HBN. **DV:** Original.

49a. An Hermann Hendrich, 13.7.1914

H: Ms. Brief mit eigenh. Unterschrift; 1 Bl., 2 S. **F:** Akademie der Künste (ADK), Berlin. **DV:** Fotokopie des Originals.

Hermann Hendrich] Keine biographischen Daten ermittelt. Hendrich lebte vor dem Ersten Weltkrieg als Übersetzer französischer Literatur in Auderghem-Bruxelles. Von Hendrich erhielt Ball »am 29. Juli« 1914 »ein Postpacket französischer Lyrik« (Flucht, S. 15).

ersten deutschen Verlag] Verlag Piper & Co., München, vgl. Nr. 44.

lyrische Anthologie] Über dieses Projekt, vgl. Nr. 44.

Kandinsky] Vgl. *Nr. 41*.

Einstein] Carl Einstein (1885-1940), Erzähler, Essayist, Kritiker. Programmatisch schrieb Ball: »Carl Einsteins ›Dilettanten des Wunders‹ bezeichneten die Richtung.« (Flucht, S. 15). Der vollständige Titel des Werks lautet: ›Bebuquin oder die Dilettanten des Wunders‹ und es erschien 1912 im Verlag der Wochenschrift ›Die Aktion‹ (Berlin-Wilmersdorf). Obwohl eine persönliche Bekanntschaft Balls und Einsteins nicht zu belegen ist, sind Begegnungen aber doch nicht auszuschließen. Über die Wechselbeziehungen zwischen Ball und Einstein gibt der Aufsatz ›Wundersüchtig‹ von Andreas Kramer (HBA, 1989, S. 63-100) Auskunft, in dem versucht wird, »die Beziehungen zwischen den beiden Autoren in mehreren, einander ergänzenden Aspekten zu rekonstruieren« (S. 63).

Hardekopf] Vgl. *Nr. 40.*

Rubiner] Vgl. *Nr. 47.*

Ihre damalige Anthologie] Ball bezog sich auf: ›Anthologie jüngster französischer Lyrik‹. Ausgewählt und übersetzt von Hermann Hendrich. In: ›Die Aktion‹, Berlin. Jg. 3, H. 37 (Sondernummer) vom 13.9.1913. Die Titelseite dieser ›Aktions‹-Nummer führt die beteiligten Autoren auf: »Henri Martin Barzun, Nicolas Beauduin, Blaise Cendrars, Jean Clary, Tristan Derème, Léon Deubel, Fernand Divoire, Henri Hertz, Louis Mandin, F.T. Marinetti, Alexandre Mercereau, Florian Parmentier, Lucien Rolmer, Jean Royère, Valentine de Saint-Point, Theo Varlet«.

Henri Martin Barzun] (geb. 1881); französischer Schriftsteller: Lyriker, Essayist.

Nicolas Beauduin] (geb. 1880); französischer Schriftsteller.

Blaise Cendrars] Vgl. *Nr. 104.*

Max Jacob] (1876-1944); französischer Dichter und Maler.

Louis Mandin] (1872 oder 1875-1944); französischer Lyriker.

Marinetti] Filippo Tommaso Marinetti, vgl. *Nr. 69.*

»Chagall«] Das Gedicht von Blaise Cendrars wurde in französischer Sprache in der Zeitschrift ›Der Sturm‹, Berlin. Jg. 4, 1914. Nr. 198/199 (2. Februarheft), S. 183, veröffentlicht.

in einer Theatersache] Ball nahm an, Pfemfert habe Balls Adresse an Hendrich wegen der Aufführung eines Theaterstückes gegeben. Nr. 51a läßt aber vermuten, Hendrich beabsichtigte nach München zu wechseln.

Derème] Tristan Dérème (1889-1941, eigentl. Philippe Huc); französischer Lyriker.

Mercereau] Alexandre Mercereau (geb. 1884); französischer Schriftsteller.

49b. An Hermann Hendrich, 18.7.1914

H: Ms. Brief mit eigenh. Unterschrift; 1 Bl., 2 S. **F:** Akademie der Künste (ADK), Berlin. **DV:** Fotokopie des Originals.

betreffenden Versbücher] Vgl. Nr. 51a.

Apollinaire] Guillaume Apollinaire, vgl. *Nr. 69.*

Romains] Unsichere Lesart. Über den maschinenschriftlichen Text hat Ball eine unleserliche handschriftliche Ergänzung beigefügt. Es könnte sich um Jules Romains (1885-1972, eigentl. Louis Farigoule), französischer Schriftsteller, handeln. Romains war der maßgebende Vertreter des Unanimismus.

50. An Maria Hildebrand, 23.7.1914

H: Hs. Postkarte, beidseitig beschrieben. Adresse: Frau / Maria Hildebrand / Petersbächel-Fischbach / Rheinpfalz. **F:** HBN. **DV:** Original.

Swinemünde] Ball besuchte in Swinemünde Hans Leybold. Über diesen Besuch siehe *Nr. 79* – »Gespräch in Swinemünde«.

51. An Maria Hildebrand, 29.7.1914

H: Hs. Brief; 3 Bl., 6 S. **F:** HBN. **E:** Briefe, S. 33 f. **DV:** Original.

Datierung: Der Brief muß auf den 29. Juli 1914 datiert werden, da Ball noch nicht weiß, wovon er im August leben soll. Auch erwähnt er – wie bereits in Nr. 49 – »Kandinsky fährt dieser Tage nach Moskau«.

wenn ich am 5.ten reise] Ball zog in Erwägung, wohl von seiner Familie dazu ermuntert, am 5. August nach Pirmasens zu fahren.

in seinen Beirat eingetreten] Im Brief Nr. 41 hatte Ball seinen möglichen Eintritt in den Beirat des »Neuen Vereins« angedeutet.

Leitung der Matineen] Im Brief Nr. 44 vom 23. Juni 1914 nannte Ball seiner Schwester nur die Anzahl der Matineen. Ein Notizblatt Balls (HBK, S. 94) nennt acht Matineen, zusätzlich waren es noch die »Futuristen« und »Hardekopf-Hiller«.

Unser Theater] Im Gegensatz zum Brief Nr. 47, in dem Ball die Kammerspiele als »schäbige Gesellschaft« bezeichnete, schrieb er hier geradezu enthusiastisch seinem Theater gegenüber.

Wedekindcyklus] Der 50. Geburtstag von Frank Wedekind am 24. Juli 1914 war Anlaß für einen Aufführungszyklus an den Münchener Kammerspielen. Gemeinsam traten Frank und Tilly Wedekind bei einigen Aufführungen auf.

Prinz aus Theben] Pseudonym Else Lasker-Schülers.

Franziska] Siehe *Nr. 19* – »Wedekinds Franziska«.

Der violette Vorhang] Kandinsky schrieb am 6. Juli 1914 an Ball: »So werde ich Ihnen statt dem ›Gelben Klang‹ mein neues Stück überlassen. Ich muß es mir aber noch überlegen. Es wäre dann notwendig, dem Stück 2 fertige Dekorationsskizzen beizugeben. Wenn das Buch keine Broschüre *ad hoc* sein wird, sondern etwas Bleibendes (wie z.B. ›Bl.R.‹), so werde ich mich leichter zu dieser Übergabe entschließen.« (HBK, S. 91). Obwohl Kandinsky den Titel des ›neuen Stücks‹ nicht nennt, kann es sich nur um den ›Violetten Vorhang‹ handeln, den Ball auch in seinem ›Kandinsky‹-Vortrag (HBB, Nr. 183) namentlich nennt. Er erwähnt, daß diese ›Bühnenkomposition‹ noch ungedruckt sei. Will Grohmann schreibt in seiner ›Kandinsky‹-Monographie (1958, S. 98): »Ein viertes Stück, ›Violett‹ (in Deutsch), ist vermutlich von 1911, ein Fragment daraus, datiert 1914, erschien in der Bauhaus-Zeitschrift 1927. Drei Bühnenbilder (Aquarelle), die Kandinsky für die Aufführung machte, befinden sich im Nachlaß Paris. Mit Ausnahme von ›Violett‹, das bis zu einem gewissen Grade realistisch genannt werden kann, sind die Bühnenkompositionen naturfern, opernhaft und als Unterlagen für eine musikalische Komposition gedacht.«

Mary Dietrich] (geb. 1890 in Berlin), Schauspielerin, ab 1909 am Friedr.-Wilhelmstädt. Schauspielhaus Berlin, anschließend beim Deutschen Theater Berlin engagiert. Bevorzugte Rollen: Penthesilea, Kassandra, Jungfrau von Orleans, Judith, Gräfin Gleichen. Seit 1916 verh. mit dem Kunsthistoriker und Schriftsteller Alois Schardt.

Mirakel] Max Reinhardt inszenierte Karl Gustav Vollmoellers Pantomime ›Das Mirakel‹ 1914 im Zirkus Schumann in Berlin. Vor der Berliner Aufführung gastierte Reinhardt in London, Wien, Prag, Leipzig und Dresden (Sept. 1913).

Penthesilea] Kleists Trauerspiel wurde 1911/12 von Friedrich Kayßler und Felix Hollaender am Deutschen Theater in Berlin inszeniert.

Dresdener Bericht] Ball meint hier seinen Artikel ›Die Reise nach Dresden‹ (›Revolution‹. Nr. 3 vom 15.11.1913). Er beschreibt darin eine Aufführung von Paul Claudels ›Verkündigung‹ – ohne Autor und Titel zu nennen –, daß die »Köpfe ersten Ranges abgesagt« hatten und nur »Mary Dietrich als Narzissenwunder ›Violaine‹« »lieblichste, simpelste Emotion« »entfaltete«. In der ›Flucht‹ schreibt Ball: »In Hellerau sah ich eine Aufführung der ›Verkündigung‹ von Claudel und hörte ein Privatissimum Hegners über den damals noch neuen französischen Dichter und Konsul. Niemand konnte aus tieferer Verehrung und besserer Kenntnis über ihn sprechen als Hegner, der zugleich sein Übersetzer und sein Verleger war.« (S. 9). Ball muß die dritte und letzte Aufführung von Claudels ›Verkündigung‹ am 19. Oktober 1913 in Hellerau gesehen haben. – Während am 3. und 5. Oktober Eva Martersteig die »Violaine« und Mary Dietrich die »Mara« darstellten, übernahm am 19. Oktober Mary Dietrich die Rolle der »Violaine«.

51a. An Hermann Hendrich, 29.7.1914

H: Ms. Brief mit eigenh. Unterschrift; 2 Bl., 4 S. **F:** Akademie der Künste (ADK), Berlin. **DV:** Fotokopie des Originals.

Ihre schöne Sendung] In der ›Flucht‹, S. 15, bestätigte Ball das Eintreffen der Materialien: »Gedichte von: Barzun, André Spire, Dérème, Marinetti, Florian-Parmentier, Anthologie Lanson, Mandin, Veyssié, 3 Bände ›Vie des Lettres‹, 8 Nummern ›Soirées de Paris‹ (Privatanthologie des Übersetzers Hermann Hendrich, Brüssel).« In der Ausgabe der ›Flucht‹ von 1992 hat Bernhard Echte in den Anmerkungen (S. 321) diese Sendung kommentiert.

wie die Aktion sie brachte] Vgl. *Nr. 49a* – »Ihre damalige Anthologie«.

Carl Sternheim] Vgl. *Nr. 40.* Carl und Thea Sternheim erwarben Ende 1912 im belgischen La Hulpe ein Grundstück, das sie im Juli 1913 bezogen und »Clairecolline« nannten. Sie bewohnten das Anwesen mit Unterbrechungen bis zum Ende des Ersten Weltkriegs.

Boitsfort] Wegen Umbau- und Neubauarbeiten auf ihrem Anwesen »Clairecolline« übersiedelten die Sternheims im Juni 1914 in eine Mietvilla nach Boitsfort, einen südlichen Vorort von Brüssel, wo sie bis zum Kriegsausbruch wohnten.

Dr. Franz Blei] Vgl. *Nr. 26.*

Schickele] René Schickele (1883-1940), elsässischer Journalist und Schriftsteller; nach journalistischer Tätigkeit in Berlin und Paris und Reisen durch Europa, Kleinasien und Indien 1910 Chefredakteur der Straßburger ›Neuen Zeitung‹; Ende 1914 in Berlin Leiter der expressionistischen Zeitschrift ›Die weissen Blätter‹, die seit April 1916 in der Schweiz erscheint; von September 1915 bis 1919 als Emigrant, Pazifist und Herausgeber der ›Weißen Blätter‹ in der neutralen Schweiz; 1919 Rückkehr nach Deutschland, wo er von 1922 bis 1932 in Badenweiler lebt; danach als Emigrant an der französischen Riviera, zunächst in Sanary-sur-mer, dann in Vence.

Aufführungen bei Reinhardt] Carl Sternheims Stücke: ›Die Hose‹ (uraufgeführt am 15.2.1911 u.d.T. ›Der Riese‹); ›Die Kassette‹ (24.11.1911); ›Bürger Schippel‹ (5.3.1913); ›Der Snob‹ (2.2.1914) wurden in den Kammerspielen des Deutschen Theaters Berlin (Direktion: Max Reinhardt) uraufgeführt. Max Reinhardt führte bei der Uraufführung von ›Bürger Schippel‹ Regie.

52. An Maria Hildebrand, 7.8.1914

H: Hs. Postkarte, beidseitig beschrieben. Adresse: Frau / Maria Hildebrand / Pirmasens. Rhpfalz / Pfälzische Bank. **F:** HBN. **E:** Briefe, S. 34 f. **DV:** Original.

M[ünchen] 7. August] Ball hatte, um seiner Schwester die neuesten Informationen nach Ausbruch des Ersten Weltkriegs mitzuteilen, zwei Postkarten geschrieben. An den Poststempeln ist zu sehen, daß Ball sie auch gleichzeitig bei der Post aufgab (Postst.: München 2; 7.8.14. 8-9 V.) Denkbar ist, daß Ball nur frankierte Postkarten vorrätig hatte und beim Schreiben bemerkte, daß der Platz auf einer nicht ausreichte.

ich mich als *Kriegsfreiwilliger*] Gemeinsam mit Klabund meldete Ball sich freiwillig.

53. An Maria Hildebrand, 7.8.1914

H: Hs. Postkarte, beidseitig beschrieben. Adresse: Frau / Maria Hildebrand / Pirmasens. Rhpfalz / Pfälzische Bank. **F:** HBN. **E:** Briefe, S. 35. **DV:** Original.

Fortsetzung der Postkarte Nr. 52 vom gleichen Tage.

II. Dazu kommt] Um seiner Schwester die Reihenfolge der Postkarte zu erleichtern, hatte Ball diese mit »II.« numeriert.

Heiner] Heinrich Karl Alexis Ball, vgl. *Nr. 10*.

54. An August Hofmann, 5.9.1914

A: Ms. Abschrift durch August Hofmann; 1 S. **F:** Privatbesitz. **E:** Briefe, S. 35. **DV:** Ms. Abschrift.

August Hofmann ergänzte hs. zu diesem Brief: »Ich war im Rekrutendepot Bellheim / Germersheim; schwere Artillerie.«

Lieber G[usti]] Hugo Ball lernte den Studienprofessor für Mathematik und Physik August Hofmann (1890-1974) erst mit Beginn seines Studiums in München kennen. Er ist der Sohn von August Heinrich Kilian Hofmann (1853-1924), einem Vetter Hugo Balls, der mit seiner Familie im Ostbahnhof wohnte. Ihre gemeinsamen Interessen ließen sie rasch Freunde werden. Während seiner Münchener Studienjahre war Ball fast täglich mit August Hofmann zusammen. Später standen beide in regem Briefwechsel.

Pirmasens, 5. September] Ball war, wie er in Nr. 53 ankündigte, im Laufe des Monats August 1914 zu seiner Familie gefahren. Nach seiner Zurückstellung vom Kriegsdienst aus gesundheitlichen Gründen und nach Schließung der Theater war der Aufenthalt in München nicht mehr zweckmäßig.

Wanderung nach Dieuze] Ball beschreibt diese »Wanderung« in seinem dokumentarischen Reisebericht ›Zwischen Dieuze und Luneville‹ (›Pirmasenser Zeitung‹, 7.9.1914; nachgedruckt in HBA, 1990, S. 4-19.) Vom 29. August bis zum 1. September war Ball, so ist aus seinem Bericht zu erfahren, unterwegs an der lothringischen Front.

komme ich mal rüber] August Hofmann war im Rekrutendepot Bellheim stationiert. Die Entfernung von Pirmasens nach Bellheim beträgt etwa 60 km.

von Kluck] Alexander von Kluck (1846-1934), führte zu Beginn des Ersten Weltkriegs die 1. Armee bis kurz vor Paris.

55. An August Hofmann, 18.10.1914

H: Hs. Postkarte, beidseitig beschrieben. Adresse: Herrn August Hofmann / Kriegsfreiwilliger I. Fuss-Artillerie / Bellheim b/Germersheim / Rekrutendepot III. **F:** HBS. **DV:** Original.

Gth.] Gartenhaus? Unsichere Lesart.

bin ich nach Berlin übergesiedelt] Nach dem Aufenthalt in Pirmasens wechselte Ball September/Oktober nach Berlin.

»Zeit im Bild«] Moderne illustrierte Wochenschrift, Berlin. Abgesehen von einigen früheren Beiträgen war Ball ab Herbst 1914 bis zum 9. Mai 1915 kontinuierlich in der illustrierten Wochenschrift mit Texten vertreten. Die Theaterkritiken, historischen Miniaturen und Buchrezensionen gehörten zu seinen journalistischen Tagesaufgaben (siehe HBB, Nr. 112-125 und 127, S.7 f.).

Oscar, Heinrich, Max] Brüder von August Hofmann: Oscar Hofmann (1886-1958), Studienrat Heinrich Hofmann (1882-1916), Handelsvertreter Maximilian Hofmann (1895-1929).

Rami, Bock gscherta] Rami (Rammel), im bayerischen Dialekt dem Wortsinn nach ein Bock, auch Geschlechtsteil männlicher Zuchttiere, ›g'schert‹ wird für ›grob, derb‹ verwendet. »G'scherter Rammel« ist ein gebräuchliches Schimpfwort.

56. An August Hofmann, 23.11.1914

H: Hs. Postkarte, beidseitig beschrieben. Adresse: Herrn August Hofmann / Kriegsfreiwilliger / Bellheim / b/Germersheim. Pfalz. / I. Fussartillerie. Depot III. **F:** HBS. **E:** Briefe, S. 35. **DV:** Original.

Becher] August Hofmann hat »Erinnerungen an Hugo Ball« (HBK, S. 255) niedergeschrieben, die im HBA 1997/98, S. 77-120 veröffentlicht sind. Darin gibt er weiterführende Informationen. Hinter »Becher« steht in eckigen Klammern »Joh. R.« (S. 110) und auf S. 113: »Ich erinnere mich nicht, je einen Band von Johannes R. Becher durch Ball erhalten zu haben.« Zu Johannes R. Becher vgl. *Nr. 58.*

Bachmairs Ableben] Diese Information hatte Ball vermutlich von August Hofmann erhalten, der ebenfalls wie Bachmair in Bellheim stationiert war. Hofmann erinnerte sich: »Bachmair war im gleichen Rekrutendepot wie ich. Er war an einem Transport an die Front beteiligt, und es hatte sich das Gerücht verbreitet, er sei dabei gefallen.« (HBA 1997/98, S. 113) Ball sprach im Brief an Bachmair (Nr. 58) diese Fehlinformation an und beglückwünschte Bachmair zu seiner Rückkehr vom »Feldzug«.

Kropotkin] (Krapotkin): Peter Kropotkin (1842-1921), russischer Anarchist, der die Abschaffung des Privateigentums und des Staates anstrebte und eine Gesellschaft der gegenseitigen Hilfe aufbauen wollte.

Leybold gefallen] Ball wußte wohl beim Abfassen dieses Briefs noch nicht, daß Hans Leybold am 8. September 1914 in Itzehoe Selbstmord begangen hatte.

Tiers état] Dritter Stand, Bürgertum. In der Zeitschrift ›Die Aktion‹, Berlin, erschienen Gedichte mit dem Titel: ›Le tiers état‹: Georg Heym (Jg. 3, Nr. 2 vom 8.1.1913., Sp. 46 f.) und Hans Leybold (Jg. 4, Nr. 38/39 vom 26.9.1914, Sp. 785 f.).

57. An August Hofmann, 12.12.1914

H: Ms. Brief mit eigenh. Unterschrift; 1 Bl., 2 S. **F:** HBS. **DV:** Original.

einliegend ein Brief für Bachmair] Bei dem ›einliegenden‹ Brief handelt es sich um Nr. 58.

Sammelband der »Neuen Kunst«] Bachmair hatte Restexemplare zu Sammelbänden: »Erstes Jahr/Erster Band« aufbinden lassen.

Pfemfert bringt demnächst einen neuen Baley] In der ›Aktion‹ erschien nach dem 1. August 1914 kein Ha Hu Baley mehr.

Lutherglosse] ›»Luther« im Deutschen Künstlertheater‹ – eine Theaterkritik zur Uraufführung von August Strindbergs ›Luther (Die Nachtigall in Wittenberg)‹ am 5.12.1914 – erschien in ›Zeit im Bild‹, Jg. 12 Nr. 52 vom 27.12.1914. In der ›Aktion‹ wurde sie nicht nachgedruckt.

Gustav Landauer] (1870-1919), Erzähler, Kulturkritiker und Übersetzer. Landauer war ein wichtiger Theoretiker des deutschen Anarchismus; 1919 Teilnehmer an der Münchener Räterepublik, in deren Wirren er den Tod fand. Da Balls »Lutherglosse« erst am 27. Dezember gedruckt vorlag, Ball Nr. 57 aber bereits am 12. Dezember an August Hofmann schrieb, muß er sein Manuskript Landauer zum Lesen gegeben haben, der sich dann, wie Ball hier zitiert, mündlich geäußert haben mag (über Ball und Landauer ausführlich: Hubert van den Berg, im HBA, 1995, S. 121-181).

58. An Heinrich F.S. Bachmair, 12.12.1914

H: Ms. Brief; 1 Bl., 2 S. **F:** DLA. **E:** HBA 1979, S. 37-40. **DV:** Original.

Datierung: Nach der Datierung des Briefes Nr. 57 durch August Hofmann muß dieser »einliegende« Brief ebenfalls auf den 12.12.1914 datiert werden.

mein Neffe] Gemeint ist August Hofmann.

Leybolds Sachen] Ball beabsichtigte die Texte von Hans Leybold herauszugeben. In der ›Revolution‹ waren von Leybold zwei Texte erschienen: ›Der Vortragsreisende Roda Roda‹ in Nr. 1 vom 15. Oktober und ›Ulrich Rauscher und die Neue Lyrik‹ in Nr. 2 vom 1. November.

Becher] Johannes R(obert) Becher (1891-1958), Lyriker und Epiker. Becher war ein bedeutender Dichter des Expressionismus. 1918 trat er dem Spartakusbund und später der KPD bei. 1933 emigrierte er über Prag in die Sowjetunion. Nach der Rückkehr nach 1945 war Becher Präsident des Kulturbundes und ab 1954 Minister für Kultur in der DDR.

nachdem der Krieg jetzt vorbei ist] Möglich, daß Ball, nachdem er vom Kriegsdienst zurückgestellt wurde, für sich den Krieg als »vorbei« betrachtete.

59. An August Hofmann, 18.12.1914

H: Ms. Brief mit eigenh. Unterschrift; 2 Bl., 3 S. Adresse: Herrn / August Hofmann / I. Fuss-Artillerie Regiment / Rekrutendepot III. / *Bellheim b/Germersheim* Rhpfalz. **F:** HBS. **E:** Briefe, S. 35 f. **DV:** Original.

Abonnement gebe ich Montag an Pfemfert] Auf Anraten Balls hatte August Hofmann die ›Aktion‹ abonniert.

Bakunin] Michail Alexandrowitsch Bakunin (1814-1876), als anarchistischer

Agitator war er seit 1840 bei revolutionären Bestrebungen und Bewegungen in Westeuropa aktiv. Ball beschäftigte sich mit Leben und Werk Bakunins in den folgenden Jahren sehr ausführlich. Bereits 1915 trug er sich, so Emmy Ball-Hennings, mit der Absicht ein »großes Lebensbild Bakunins zu entwerfen« (HBA 1995, S. 12).

Mereschkowski (»Der Zar und die Revolution«)] Neben Dmitri Mereschkowskis Aufsatz ›Religion und Revolution‹ – der umfangreichste Text dieses Bandes – sind noch Zinaida Hippius und Dmitri Philosophoff mit Beiträgen vertreten. In der ›Flucht‹ (S. 20 f.) notierte Ball seine Gedanken zu diesem Buch, das 1908 in 2. Aufl. bei R. Piper & Co, München u. Leipzig, erschien.

Strindberg] August Strindberg (1849-1912), schwedischer Dichter. In der ›Zeit im Bild‹ schrieb Ball drei Theaterkritiken zu Strindberg-Aufführungen in Berliner Theatern: Außer der Uraufführung von ›Luther (Die Nachtigall in Wittenberg)‹ (vgl. Nr. 57) sind es noch »Strindbergs ›Rausch‹«, in Nr. 48 vom 26.11.1914, S. 2016, und »›Ostern‹ von Strindberg« in Nr. 16 vom 18.4.1915, S. 384.

Bei Reinhardt] Diesen Satz übernahm Ball wörtlich aus seiner »Lutherglosse«. Es handelt sich um folgende Berliner Theater:

1. Deutsches Theater (Schumannstr. 13a), Direktion: Max Reinhardt;
2. Theater an der Königgrätzer Straße (Nr. 57/58), Direktion: Carl Meinhard u. Rudolf Bernauer;
3. Deutsches Künstler-Theater Sozietät (Nürnberger Str. 70/71, künstlerische u. geschäftliche Leitung: Willy Grunwald, Rudolf Ritter, Oscar Sauer.

Kerrsche Kritik] Alfred Kerr veröffentlichte in der Berliner Tageszeitung ›Der Tag‹ am 10.12.1914 seine Theaterkritik ›Luther‹; nachgedruckt in Alfred Kerr: ›Gesammelte Schriften‹. Reihe 1, Bd. 3, Berlin 1917, S. 22-26.

»Bua mit der Lerche in der Brust«] Diese Textstelle kann nur unzulänglich kommentiert werden. Wer mit dem »Bua« gemeint sein kann, läßt sich nur vermuten. Denkbar sind Johannes R. Becher oder auch Klabund. Das Zitat, als solches hat Ball es deutlich gemacht, könnte ein schriftliches, aber ebenso ein mündliches gewesen sein. Von Balls Briefen fertigte August Hofmann maschinenschriftliche Abschriften, denen er, zwar nur spärlich, ergänzende Informationen anfügte. An dieser Textstelle unterließ er es, weil ihm keine Erläuterung erforderlich erschien. Deshalb ist zu vermuten, daß es sich um eine Person handeln muß, die im Umfeld Ball/Hofmann zu suchen ist.

60. An Maria Hildebrand, 22.12.1914

H: Hs. Brief; 1 Bl., 2 S. **F:** HBN. **DV:** Original.

Datierung: Das Datum des Briefkopfs läßt sich auf den 22. Dezember komplettieren, da der beiliegende Brief an Balls Mutter »am Weihnachtsabend« übergeben werden sollte. Die Zuordnung 1914 ist sicher, da sich Ball im Dezember dieses Jahres in Berlin aufhielt.

beiliegenden Brief] Der Brief an Hugo Balls Mutter, Josephina Ball, ist verschollen.

Aktion] Hugo Ball hat nach dem 1. August 1914 weder unter seinem Namen noch unter dem »Psychofakt« Ha Hu Baley Texte in der ›Aktion‹ veröffentlicht.

61. An Emmy Hennings, vor d. 17.1.1915

H: Nicht erhalten. **F:** HBN. **E:** Des Brieftextes in: Briefe, S. 37; des ›Lieds für ein gefangen Kind‹ in: Die Zone, Paris. Jg. 1, 1933/34, H. 2, S. 7. **DV:** Fotokopie des Typoskripts ›Rebellen und Bekenner‹ (S. 30) von Emmy Ball-Hennings, entstanden etwa 1931/32.

Datierung: Nach den folgenden Erläuterungen befand sich Emmy Hennings vom 18. Dezember 1914 bis kurz vor dem 25. Januar 1915 erneut im Münchner Gefängnis Am Neudeck. Nach Bechers Brief vom 25. Januar 1915 an Bachmair wurde sie vor diesem Tag »aus dem Gefängnis entlassen« (Kühn-Ludewig, S. 72). Ball verfaßte den vorliegenden, undatierten Brief vor seinem Besuch in dem Münchner Gefängnis, also vor Emmys Entlassung, das heißt wohl Anfang oder Mitte Januar 1915. Nach Echte fiel Emmys damaliger Gefängnisaufenthalt in die Zeit vom 18. Dezember 1914 bis 17. Januar 1915 (vgl. EBH Katalog, S. 89).

Abweichend von der Druckvorlage erscheinen im Brieftext die Anredepronomina in Großschreibung; im Liedtext wurde die Kleinschreibung beibehalten.

Lied für ein gefangen Kind] Zu diesem »Lied« heißt es in einem handschriftlichen Zusatz von Emmy Ball-Hennings, den sie einem als Typoskript hergestellten, 1944 Hans Grossrieder überreichten Konvolut mit Gedichten Hugo Balls beifügte: »erstes Gedicht von Hugo an Emmy, ihr ins Gefängnis Neudeck zu München gebracht« (Kopie des Konvoluts in der HBS, Pirmasens). Erstdruck des »Lieds« (ohne Titel und ohne Strophengliederung) in der Zeitschrift ›Die Zone‹, Paris, Jg. 1, 1933/34, Heft 2, S. 7; danach in: Briefe, S. 36 f. Ball hat Emmy Hennings das Gedicht in das Münchner Gefängnis Neudeck mitgebracht, in dem sie vom 18. Dezember 1914 bis kurz vor dem 25. Januar 1915 inhaftiert war. Der Grund ihrer damaligen Inhaftierung war wahrscheinlich Beihilfe zur Flucht: Franz Jung war nach einem Kurzurlaub am 12. Dezember 1914 nicht zu seiner Einheit zurückgekehrt. Im Zusammenhang mit seiner Desertion wurden Jungs Ehefrau Margot, seine Freundin Claire Otto und der Maler Georg Schrimpf wegen des Verdachts auf Fluchthilfe in München eingesperrt. Zuvor hatte Emmy Hennings Jungs erste Ehefrau Margot zur Beantragung von Pässen aufs Münchner Polizeipräsidium begleitet, so daß die Vermutung naheliegt, daß auch sie wegen Beihilfe zur Flucht inhaftiert wurde (vgl. EBH Katalog, S. 89 sowie Reetz, S. 112). – Die traumatischen Gefängniserlebnisse der Jahre 1914/15 – vor ihrer Haft im Dezember/Januar 1914/15 ist Emmy Hennings wahrscheinlich nach einem Beischlafdiebstahl in Hannover ertappt und dort kurze Zeit inhaftiert worden, ehe sie wegen dieses Delikts in München im August 1914 in Untersuchungshaft genommen wurde, wonach sie zwischen dem 20. September und 19. Oktober 1914 die im Prozeß verhängte Strafe abbüßte (vgl. Reetz, S. 104 f., 111 f.) – haben im literarischen Werk von Emmy Hennings tiefe

Spuren hinterlassen. Zu ihrer Verarbeitung des Gefängnistraumas vgl. den Tagebuch-Roman ›Gefängnis‹ (1919); die Erzählungen ›Das Haus im Schatten‹ (Untertitel: ›Eine Erzählung aus dem Gefängnis‹; auszugsweise abgedruckt in: HBA 1994, S. 104-135) und ›Das graue Haus‹ (unveröffentlicht); die Prosaskizze ›Aus dem Gefängnis‹ (EBH Frühe Texte, S. 42 f.); sowie die Gedichte ›Gefängnis‹ (EBH Frühe Texte, S. 21) und ›Im Gefängnis‹ (EBH Frühe Texte, S. 26).

Die rote Korallenkette / Die dir ein Fremder gab] Nach Reetz (S. 132) klingt in diesen Versen an, daß Emmy Hennings, das inhaftierte »Kind«, »auch eine Hure ist, die sich von fremden Männern für ihre Dienste bezahlen läßt«.

Rechtsanwalt] Als Emmy Hennings im August/September 1914 im Münchner Gefängnis Neudeck in Untersuchungshaft saß, haben ihr Erich Mühsam und Johannes R. Becher »den Dr. Kahn als Anwalt bestellt« (Mühsam, S. 105; Tagebucheintrag vom 6. August 1914).

bei meinem Besuch] Der geplante Besuch im Münchener Gefängnis hat stattgefunden: Emmy Hennings schreibt in einem undatierten Brief aus dem Gefängnis [Januar 1915] an Hugo Ball: »ich war so unendlich glücklich über Deinen Besuch heute, ich danke Dir vieltausendmal. Mein Herz tut vor Freude weh, weil Du mir wieder Hoffnung gemacht hast und das ist das, wovon man im Gefängnis lebt.« (HBA 1984, S. 133; gekürzter Abdruck des Briefes). Zu Emmys Gefängnisaufenthalt vgl. auch HBA 1994, S. 88, 91.

Anliegen ... das man kaum wagt sich selber vorzutragen] Nach Reetz (2001, S. 131) war Balls Anliegen, Emmy Hennings »möge ihr Leben mit dem seinen verbinden«.

Behalt nur das Köppi oben] In ihren Aufzeichnungen ›Aus dem Leben Hugo Balls 1886-1914‹ erinnert sich Emmy Hennings an den Besuch Balls im Gefängnis und an dessen positive Wirkung auf sie: »Wie man sieht, befand ich mich in einer recht aussichtslosen Position, die ich für kontinuierlich hielt. Um so größer war daher meine Freude, als Hugo Ball zu mir kam und mich mündlich und schriftlich und herzlich bat, doch ja nicht ›den Kopf zu verlieren‹. Darum aber hatte ich plötzlich nicht die geringste Sorge mehr. Mein Kopf ging mich überhaupt nichts mehr an. Als ich zum ersten Mal Hugo hinter Gittern sah, vergaß ich alle Gefängnisse der Welt und diese dazu in einem Augenblick.« (HBA 1994, S. 88).

62. An August Hofmann, 10.2.1915

H: Ms. Brief mit eigenh. Unterschrift; 1 S. Adresse: Herrn August Hofmann Kanonier / I. Bayrisches Fuss Artill. Reg. / Ers. Bataillon 4. Batt. / *Mittelhausbergen b/Strassburg i/Els.* Absender: Hugo Ball, Berlin, Uhlandstrasse 31. **F:** HBS. **E:** Briefe, S. 37. **DV:** Original.

Beilagen: Einladungskarte, 12. Februar 1915.
Programm zur Gedächtnisfeier, 12. Februar 1915.
Rezension des ›Rappelkopf‹, 14. Februar 1915.

dass Du hinausmusst] An die Westfront (vgl. die Adresse Hofmanns auf dem Kuvert von Nr. 64).

beiliegenden Karte] Die Einladungskarte zu der am 12. Februar 1915 stattfindenden ›Gedächtnisfeier für die gefallenen Dichter‹.

Der Abend findet diesen Freitag statt. Ich eröffne ihn] Dem Brief liegt außerdem das gedruckte ›Programm zur Gedächtnisfeier für gefallene Dichter‹ bei ((Faksimile in diesem Band, S. 675 f.).

Die Namen der Mitwirkenden] Außer Ball wirkten an der ›Gedächtnisfeier‹ mit: Alfred Richard Meyer, Kurt Hiller, Resi Langer und Richard Huelsenbeck. In München hat August Hofmann mit Sicherheit Richard Huelsenbeck, der 1911/12 und 1913/14 in der Isarstadt studierte, und wohl auch dessen Freundin Resi Langer kennengelernt.

Kritiken wie die beiliegende, für »Zeit im Bild«] Dem Brief liegt Balls Besprechung der Max Reinhardt-Inszenierung von Ferdinand Raimunds Theaterstück ›Rappelkopf‹ bei, das unter dem Titel ›Der Alpenkönig und der Menschenfeind‹ erschienen ist. Balls Theaterkritik ist aber erst vier Tage, nachdem er seinen Brief abgeschickt hat, am 14. Februar 1915 in der ›Zeit im Bild‹ (Jg. 13, Nr. 7, S. 168) erschienen. Wahrscheinlich hat August Hofmann die Kritik des ›Rappelkopf‹ erst später dem Brief beigelegt. Die von Ball seinem Brief beigefügte Kritik muß vor dem 10. Februar 1915 in der ›Zeit im Bild‹ veröffentlicht worden sein. In Frage kommt nur eine der unter den Nummern 112-120 in der Ball-Bibliographie (vgl. HBB, S. 7) angeführten Besprechungen.

Pfemfert Deine Adresse … die Zeitung nachschicken ins Feld] Ball hatte August Hofmann dazu gebracht, Franz Pfemferts ›Aktion‹ zu abonnieren, und das Abonnement im Dezember 1914 an Pfemfert weitergegeben (vgl. Nr. 59). In seinen ›Erinnerungen an Hugo Ball‹ schreibt Hofmann: »Die Aktion bezog ich auch im Feld noch, natürlich unter Beanstandungen von Seite der Offiziere. Es ist aber naiv, einen Leser nach seiner Lektüre zu identifizieren.« (HBA 1997/1998, S. 113)

63. An Maria Hildebrand, 8.3.1915

H: Hs. Brief; 1 Bl., 4 S. **F:** HBN. **E:** Briefe, S. 38 f. **DV:** Original.

»Frankfurter Zeitung«, in der … etwas über meinen Aufruf für die Volksbühne stand] In der ›Frankfurter Zeitung‹ vom 2. März 1915 (Nr. 61, Zweites Morgenblatt, S. 2) findet sich unter der Rubrik ›Kleines Feuilleton‹ folgender Bericht: »Für die Sache der *Freien Volksbühnen* in Berlin, die, wie man weiß, unlängst ein eignes Theater errichtet haben, erläßt jetzt eine Reihe von bekannten Persönlichkeiten, darunter Franz Blei, Loris Corinth, Prof. Max Dessoir, Maximilian Harden, Julius Hart, Wolfgang Heine, Arthur Kampf, Max Liebermann, Paul Schlenther usw. einen *Aufruf*. Das Institut ist nämlich durch den Krieg in seinem Weiterbestande gefährdet. Eine Sympathiekundgebung für die bedrohte Volksbühne am Bülowplatz soll nun in die Wege geleitet und ein Komitee gebildet werden, das in Gemeinschaft mit der Verwaltung die Zukunft des Instituts beraten wird. Wer ein Interesse am ungestörten selbständigen Fortbestehen der Volksbühne hat, möge Namen und Adresse den Herren Hugo Ball und Richard Huelsenbeck, Berlin W 15 (Uhlandstraße 31) mitteilen. Die Leitung des Theaters ist, dem ›Berliner Tageblatt‹ zufolge, *Max Rein-*

hardt angeboten worden.« Über seinen – von der Presse nicht einhellig boykottierten – Aufruf schreibt Ball am 14. März 1915 in seiner Glosse ›Das Theater am Bülowplatz‹ in der ›Zeit im Bild‹ (Jg. 13, Nr. 11, S. 264): »Ein in letzter Stunde von Hugo Ball und Richard Huelsenbeck für die Volksbühne und ihre bedrohte ideelle und geschäftliche Situation erwirkter Aufruf, dem sich u.a. die Herren Franz Blei, Lovis Corinth, Maximilian Harden, Wolfgang Heine, Alfred Kerr und Max Liebermann angeschlossen hatten, wurde von seiten der Volksbühne abgelehnt und in der Presse verhindert.«

Reinhardt hat die Sache inzwischen übernommen und damit ist auch diese Hoffnung (eines politischen Theaters in Deutschland) dahin] Zu Max Reinhardt, den er in seinem Aufsatz ›Das neue Volkstheater am Bülowplatz‹ (in: ›Zeit im Bild‹. Jg. 13, Nr. 8 vom 21.2.1915, S. 184) einen »ganz unpolitischen Kopf« nennt, äußert sich Ball in seinem Artikel ›Das Theater am Bülowplatz‹ (in: ›Zeit im Bild‹. Jg. 13, Nr. 11 vom 14.3.1915, S. 263 f.) wie folgt: »Die Direktion des Theaters am Bülowplatz ist in die Hände Max Reinhardt übergegangen. Die Sachlage ist die: Reinhardt wird für den Verein ›Freie Volksbühnen‹ [...] Vereinsvorstellungen geben, und zwar bestimmt Reinhardt zehn Stücke in der Saison, die Verwaltung der Volksbühne zwei (bei denen Reinhardt das Einwandsrecht hat). Die Pacht des Theaters durch Reinhardt ist projektiert für zwei Jahre; die Selbständigkeit und Eigenart des Theaters (das ursprünglich als Proletariatstheater gedacht war) damit aufgehoben. [...] So sehr zu bedauern ist, daß das Projekt eines politischen Theaters in Berlin nicht zu halten war, so sehr ist zu wünschen, daß durch die Transaktion der Bühne mit Reinhardt die momentane Situation wirklich saniert wird.«

Heiner] Heinrich Ball (vgl. *Nr. 10*).

Kritiken zu unserem 1. Abend] Zu Balls und Huelsenbecks erstem Berliner Abend, d.h. zur ›Gedächtnisfeier für gefallene Dichter‹ vom 12. Februar 1915, sind in der Berliner Presse vier Besprechungen erschienen: im ›Berliner Börsen-Courier‹ (Abend-Ausgabe), Nr. 74, 13. Februar 1915, S. 6; in der ›Vossischen Zeitung‹ (Abend-Ausgabe), Nr. 81, 13. Februar 1915; in der Zeitung ›Der Tag‹ (Ausgabe A, Morgen-Ausgabe), Nr. 82/83, 14. Februar 1915; in der ›Täglichen Rundschau‹ (Morgen-Ausgabe), Nr. 81, 14. Februar 1915, S. 2/3. Diese Kritiken sind wiederabgedruckt in: Schaub 1985/86, S. 144 bis 152 und Füllner 1986, S. 3-9. Abgesehen von dem – mit dem Kürzel »R. Sch.« unterzeichnenden – Kritiker des ›Berliner Börsen-Couriers‹ (vgl. Schaub 1985/86, S. 83 f.) war die Reaktion der zumeist überforderten Kritiker auf den »1. Abend« distanziert-zurückhaltend bis unverhohlen ablehnend.

Die Leybold-Rede] Balls ›Totenrede‹ auf Hans Leybold, gehalten auf der »Gedächtnisfeier für gefallene Dichter« am 12. Februar 1915, erschien im April-Heft der ›Weißen Blätter‹ (Jg. 2, Heft 4, 1915, S. 525-527) unter der Rubrik ›Glossen‹. Wiederabgedruckt in: Schriften, S. 25-28.

Projekt unsres 2. Abends ... von Huels. über »Spanien«, von mir über »Russland«] Gemeint ist damit der am 26. März 1915 im Café Austria (Potsdamer Straße 28) stattfindende ›Politische Abend‹, an dem nach der Ankündigung des Berliner Börsen-Couriers vom 23.3.1915 Richard Huelsenbeck über »Spaniens Politik« und Hugo Ball über »Rußlands revolutionäre Idee« sprachen (vgl. HBK, S. 20).

In Zürich soll viel internationales Leben sein] Erster Hinweis Balls auf Pläne, in die Schweiz zu emigrieren.

an Otto schreiben] Balls älterer Bruder Otto Karl Ball (vgl. *Nr. 4*) lebte damals in Zürich. Von ihm erhoffte sich Ball Informationen über die politischen Aktivitäten und die Lebenshaltungskosten in der Stadt.

Ida] Ida Pres (vgl. *Nr. 8*).

Geburtstagsgrüsse] Ball feierte am 22. Februar 1915 seinen 29. Geburtstag.

Seit gestern ist Emmy Hennings wieder hier] Emmy Hennings ist also am 7. März 1915 nach Berlin gekommen. Aus einem Brief Johannes R. Bechers an Bachmair vom 25. Januar 1915 geht hervor, daß Emmy Hennings offenbar bereits im Januar 1915 aus dem Gefängnis entlassen worden ist (vgl. Kühn-Ludewig, S. 72).

64. An August Hofmann, 10.3.1915

H: Hs. Brief; 1 Bl., 2 S. Adresse: Herrn / Kanonier August Hofmann / 4. Batterie I. Bayr. Fuss.-Artill. Reg. / Mittelhausbergen b/Strassburg i/Elsass. Absender: Hugo Ball. Berlin W 15 / Uhlandstrasse 31. **F:** HBS. **E:** Briefe, S. 39. **DV:** Original.

melancholisch-skurrile Cakewalk Melodieen] Der Cake-Walk ist ein grotesk gestalteter, im synkopischen 2/4-Takt stehender Tanz der Scnwarzen in Nordamerika, der um 1870 aufkam.

Du musst wiederkommen] Ball war in großer Sorge um seinen vier Jahre jüngeren »Vetter« August Hofmann, der in seinen ›Erinnerungen an Hugo Ball‹ schreibt: »Wieder ganz zufällig begegnete ich ihm [Ball] noch einmal, als ich gerade im Begriff war, in Milbertshofen bei der schweren Artillerie einzurücken. Er war sichtlich bedrückt. ›Wir sehen uns wieder‹, waren seine Abschiedsworte.« (HBA 1997/1998, S. 108).

»Musik machen«] Vgl. Nr. 59: »Du musst Musik machen, dass es nur so kracht.«

Vortrag. Etwa am 20.ten. »Opposition in Rußland« oder ähnlich] Den Vortrag hielt Ball am 26. März 1915 auf dem ›Politischen Abend‹ und zwar über »Rußlands revolutionäre Idee«.

letzten Sachen] Letzten Kompositionen.

65. An Familie Karl Ball, 12.3.1915

H: Hs. Postkarte, beidseitig beschrieben. Adresse: Familie / Karl Ball / Pirmasens. Rheinpfalz. / Bahnhofstr. 29. **F:** HBN. **E:** Briefe, S. 42. **DV:** Original.

Datierung: Die Datierung auf den 12. März steht im Widerspruch zu dem Hinweis auf die dem Brief beiliegende »letzte Nummer (N. 11)« der ›Zeit im Bild‹, die am 14. März 1915 erschienen ist.

Der Aufsatz über den Mann ... Pseudonym] Balls Aufsatz ›Berthold Schwarz, der Erfinder des Schießpulvers‹ erschien unter dem Pseudonym »Ottokar Böhm« in der Wochenschrift ›Zeit im Bild‹, Jg. 13, Nr. 10 vom 7.3.1915, S. 230-232. Wieder abgedruckt in: Schriften, S. 153-160.

Aufsatz übers Volkstheater] Der Aufsatz ›Das neue Volksthater am Bülowplatz‹ erschien unter Balls Namen in: ›Zeit im Bild‹, Jg. 13, Nr. 8 vom 21.2.1915, S. 183 f. Wieder abgedruckt in: HBA 1997/1998, S. 56-63.

Aus der letzten Nummer (N. 11)] In der Nr. 11 vom 14.3.1915 erschien von Hugo Ball in ›Zeit im Bild‹ (Jg. 13, S. 263 f.) die Notiz: ›Das Theater am Bülowplatz‹. Wieder abgedruckt in: HBA 1997/1998, S. 64.

Beteiligung der »jungen aktiven Köpfe«] In seinem am 21.2.1915 in der ›Zeit im Bild‹ (Jg. 13, Nr. 8, S. 183 f.) erschienenen Beitrag ›Das neue Volkstheater am Bülowplatz‹, in dem er sich gegen die drohende Entpolitisierung der ›Freien Volksbühne‹ wendet, plädiert Ball für ein »Experimentiertheater«, wobei er unter anderem postuliert: »Sich allem Neuen offen halten, radikal sein, zukunftsfreudig. Hinzuziehen aller tatsächlichen aktiven Köpfe, deren man habhaft werden kann.«

Die Zensur] Dazu äußert sich – wohl etwas verharmlosend – Richard Huelsenbeck: »Die Zensur dieser Tage lag – man war noch nicht sehr verfeinert – in den Händen der Revierschutzleute, und wir mußten alle mit unseren Manuskripten dorthin gehen und um das placet der seehundsbärtigen, jedoch nicht ungutmütigen Männer in blauer Uniform bitten.« (Huelsenbeck 1984, S. 69)

Freitag oder Samstag nächste Woche] Der ›Politische Abend‹ fand am Freitag, dem 26. März 1915, statt.

66. An Maria Hildebrand, 13.3.1915

H: Ms. Brief mit eigenh. Unterschrift; 3 Bl., 6 S. **F:** HBN. **E:** Briefe, S. 39-41. **DV:** Original.

Welche Nummer der »Frankf.-Zeitung«] Vgl. *Nr. 63* .

Russland] Bei Ball ist seit Ende 1914/Anfang 1915 eine russo-, allgemeiner: slawophile Einstellung festzustellen. Zur Slawophilie in Deutschland nach dem Ersten Weltkrieg (Thomas Mann, Oswald Spengler) vgl. Felix Philipp Ingold: ›Licht aus dem Osten? Thomas Mann und Oswald Spengler über Rußlands Verhältnis zu Europa‹. In: ›Frankfurter Allgemeine Zeitung‹, Nr. 181 vom 7.8.2002. In einer autobiographischen Notiz zu späteren Auflagen der ›Menschheitsdämmerung‹ schrieb Karl Otten nach dem Ersten Weltkrieg, er liebe Rußland ebensolange, wie er die deutsche Bourgeoisie hasse; für ihn kam »das Heil« lange Zeit »von Osten«.

Am Samstag wird unser Abend sein] Der zweite, zusammen mit Huelsenbeck in Berlin veranstaltete Abend, ein »Politischer Abend«, fand nicht am Samstag, dem 20. März, sondern am Freitag, dem 26. März statt, und zwar »abends ½ 9 Uhr […] im unteren Saale des Café Austria, Potsdamer Straße 28« (HBK, S. 20).

voraussichtlich … über »Die russische Revolution 1905« oder über »Michael Bakunin«] Tatsächlich sprach Ball über »Rußlands revolutionäre Idee«, wie einer Ankündigung des Abends im ›Berliner Börsen-Courier‹ (Nr. 137 vom 23.3.1915; vgl. HBK, S. 20) und Nr. 67 zu entnehmen ist. Aus Balls Schreiben vom 24. Oktober 1916 (Nr. 109) an Käthe Brodnitz geht hervor, daß es in Balls Vortrag wohl hauptsächlich um »Bakunins Stellung zu Bismarck und Marx« ging. Das Manuskript dieses Vortrags ist verschollen.

Korrektur meiner Leybold-Rede] Vgl *Nr. 63*.

Die Kritik dieser »ersten öffentlichen« Rede] Ball bezieht sich hier wohl vor allem auf die positive Kritik im ›Berliner Börsen-Courier‹ (Abend-Ausgabe, Nr. 74 vom 13.2.1915, S. 6), in der besonders die Leybold-Rede als gelungener Beitrag zur ›Gedächtnisfeier‹ hervorgehoben wird: »Hugo Ball [...] erzählte über Hans Leybold. Es war nicht Wirrnis, wie es scheinen konnte im Vergleich zu den beiden vorhergegangenen Reden. Es waren Worte, Sätze, Fetzen aus Gesprächen, Stücke aus Gedichten, Anekdoten, Verhöhnung, Haß, Zweifel, Drang. Es war die einzige Form, über Leybold zu sprechen.« (Zit. nach: Schaub 1985/86, S. 145)

gründliche Kenntnis Berlins und alles Deutschen] Beginn der Auseinandersetzung Balls mit der Deutschland-Thematik, der »deutschen Mentalität«.

Dr. Löwenstein] Karl Konstantin Löwenstein war von 1911 bis 1915 Schriftleiter der Wochenschrift ›Zeit im Bild‹.

breitgesässig] Ball und seine Freunde (wie Huelsenbeck und Leybold) wandten sich vehement gegen alles Behäbige, Bequeme, Beharrende, Seßhafte, gegen alles, »was gegen das Gesäß, gegen die Verdauung und gegen das Finanzherz gerichtet ist« (Schriften, S. 25), sie kämpften »gegen Seiendes, für Keimendes« (Leybold in der Glosse ›Gegen Zuständliches‹, in: Faul 1989, S. 34) und sie dekretierten wie Huelsenbeck (im ›Dada Almanach‹, S. 40): »Dadaist sein, heißt [...], gegen jede Sedimentsbildung sein, ein Moment auf einem Stuhl gesessen, heißt, das Leben in Gefahr gebracht haben.« Noch in der ›Kritik der deutschen Intelligenz‹ (S. 65) spricht Ball abwertend von der »deutschen Gesässigkeit«.

Evoe!] Jubelruf der Bacchantinnen.

67. An Käthe Brodnitz, 9.4.1915

H: Ms. Brief mit eigenh. Unterschrift; 5 Bl., 9 S. Adresse: Frl. Prof. Dr. Käthe Brodnitz / Wheaton College / *AMERIKA. NORTON. MASS.* **F:** DLA. **E:** Sheppard 1972, S. 37-43. **DV:** Original.

Frl. Brodnitz] Käthe Brodnitz (1884-1971), deutsche Schriftstellerin und Literaturwissenschaftlerin; studierte Germanistik und Philosophie in Freiburg im Breisgau und München, wo sie 1912 mit der Arbeit ›Der junge Tieck und seine Märchenkomödien‹ bei Franz Muncker promoviert wurde; gehörte zum Münchener Kreis um Artur Kutscher, in dem sie einige frühexpressionistische Schriftsteller kennenlernte; unterhielt eine engere Beziehung zu Balls Freund Hans Leybold, mit dem sie wohl auch Heiratspläne schmiedete, die jedoch durch Leybolds Freitod im September 1914 zunichte gemacht wurden; unterrichtete zwischen 1913 und 1915 an zwei amerikanischen Colleges; besuchte Ball und Emmy Hennings Ende 1915 in Zürich, mit denen sie am 17. Dezember 1915 einen ›Abend deutscher Autoren‹ veranstaltete; korrespondierte zwischen April 1915 und Oktober 1916 mit Ball, den sie wiederholt finanziell unterstützte, so bei der Gründung des Cabaret Voltaire: »Sie sind meine ganz besondere Mäzenatin und Ihrer Hilfe verdankt Zürich sein neues literarisches Cabarett« (Nr. 84); lebte in den zwanziger und dreißiger Jahren in Berlin, von wo sie 1938 wegen ihrer Herkunft in die USA floh; arbeitete dort als Sprachlehrerin und Dozentin in New York und New Haven (Connecticut). Veröffentlichungen: die Novelle ›Ich bin dir treu!‹ (1911); ein Gedicht in der ›Aktion‹, Prosa-›Skizzen‹ in der ›Zukunft‹; ein spätexpressionistisches Drama ›Mysterien‹ (1931). Vgl. Faul 2003, S. 384-386.

Comme vous voyez] Wie Sie sehen.

»Jäger« geworden] Ball hatte sich am 6. August 1914 »als *Kriegsfreiwilliger* beim 1. Schweren Reiterregiment« gestellt (vgl. Nr. 52).

die Kriegsbeorderung] Im Nachlaß Balls befindet sich die vom ›Königlich Preussischen Bezirkskommando V Berlin‹ ausgestellte ›Kriegsbeorderung‹: »Der Landsturmpflichtige Hugo Ball, Charlottenburg, Uhlandstr. 31 b/ Haart, hat sich am 14. Okt. 1915 vorm. 7 Uhr in Berlin-Schöneberg, General-Papestraße, Hof der Landwehr-Dienstgebäude bei Tafel Nr. 17 zu gestellen.«

Ihre Novellen] Vgl. die letzte Erläuterung zu diesem Brief.

die Sachen von Hans – sammle ich] In seiner ›Totenrede‹ auf Hans Leybold vom 12. Februar 1915 fordert Ball die Zuhörer auf: »Kaufen Sie seine nachgelassenen Glossen und Gedichte, die ich herausgeben werde.« (Schriften, S. 28) Balls Plan einer Ausgabe der Schriften Leybolds wurde nicht verwirklicht.

Einen zweiten Abend] Den »Politischen Abend« vom 26. März 1915 (vgl. *Nr. 63* – »Projekt unsres 2. Abends«).

30 Leute waren da, fast nur Bekannte] Der Erfolg des ›Politischen Abends‹ in der Öffentlichkeit war enttäuschend: »Die Presse, die in dieser Zeit um den 1. April herum eine Anzahl von Bismarckfeiern zum 100. Geburtstag zu besprechen hat und sich ansonsten mehr für das österliche Kuchenbackverbot interessiert, reagiert überhaupt nicht.« (Füllner 1983, S. 68).

ein uns allbekannter Herr namens Pfemfert] Ball war damals mit dem Herausgeber der ›Aktion‹ irgendwie »›übers Kreuz‹« (vgl. Nr. 70).

Zwirnblättchen] ›Die Aktion‹, die von Franz Pfemfert herausgegebene »Wochenschrift für Politik, Literatur, Kunst« (1911-1932).

nihilistischen Ableger von Russland 1861] Anspielung auf die sich 1861 formierende Bewegung der ›Volksfreunde‹ oder Narodniki, die – im Jahre der Aufhebung der Leibeigenschaft in Rußland – mit Flugblattaktionen und der Verbreitung von Zeitungs- und Zeitschriftenartikeln versuchte, die Unruhe, in die das Land geraten war, in breitere Schichten der Bevölkerung zu tragen. Die von Studentenunruhen begleitete Bewegung der Narodniki nutzte die Erregung über die Unzulänglichkeit der Bauernbefreiung, die den Bauern zwar die Freiheit brachte, das Land jedoch bei den Gutsbesitzern beließ.

Porträtstudien eines gestorbenen Bekannten] Mit diesem »Bekannten« hat Ball bestimmt nicht Hans Leybold, seinen im September 1914 gestorbenen Freund, gemeint, den er sonst Käthe Brodnitz, der Geliebten von Leybold gegenüber, sicher beim Namen genannt hätte. Außerdem sind von Leybold seit März 1915 keine »Porträtstudien« in der ›Aktion‹ erschienen, deren Herausgeber, Pfemfert, solche »Studien«, hätte er sie besessen, gewiß publiziert hätte.

Pfemfert … verurteilt worden wegen »Ein und kein Frühlingsgedicht« (Baley)] Das unter dem »Psychofakt« Ha Hu Baley erschienene Gedicht ist am 28. März 1914 in Pfemferts ›Aktion‹ (Jg. 4, Nr. 13, Sp. 267) veröffentlicht worden. Ha Hu Baley steht für: Hans Leybold und Hugo Ball. Zum Prozeß gegen Pfemfert und die ›Aktion‹ vgl. *Nr. 41* (»auch zwei Gedichte von mir«), Faul 2003, S. 376, sowie Kasimir Edschmid: ›Lebendiger Expressionismus‹. Frankfurt a.M., Berlin 1964 (= Ullstein Buch Nr. 465), S. 36: »Ich wurde im Jahre darauf [1914] wegen der Übersetzung eines altfranzösischen Gedichts zusammen mit Franz Pfemfert, dem Herausgeber der ›Aktion‹, und dem Schriftsteller Hugo Ball in den berühmten Prozeß gegen diese Zeitschrift verwickelt, der sich, was Ball und mich betraf, gegen die Unzucht in unseren Versen richtete. [...] Ich wurde im Gegensatz zu Pfemfert und Ball freigesprochen.«

Ich schreibe nebenbei über »China«, »Napoleon«, »Finnland«] Längere Aufsätze Balls zu diesen Themen lassen sich in der Wochenschrift ›Zeit im Bild‹ nicht nachweisen. Zu zahlreichen in der Wochenschrift ›Zeit im Bild‹ abgedruckten Photos und Abbildungen hat Ball Bildunterschriften verfertigt, eine davon lautet: »Napoleon auf der Militärschule in Brienne« (vgl. HBK, S. 112, Nr. 90). Vielleicht meinte Ball mit den Stichworten solche Bildlegenden.

Kerr hat den »Pan« wieder erscheinen lassen] Nach längerer, fast einjähriger Pause – die Nr. 1 des Jahrgangs 4 (1914/15) war am 13. Mai 1914 herausgekommen – ist Alfred Kerrs Zeitschrift ›Pan‹ dann erst wieder am 1. April 1915 mit der Nr. 2/3 des Jahrgangs 4 erschienen.

Oscar Kaufmann] Ungarisch-deutscher Architekt (1873-1956), einer der führenden Theaterbaumeister im 1. Drittel des 20. Jahrhunderts, hat den Theaterbau in Berlin wesentlich geprägt. Hauptwerke in Berlin: Theater in der Königgrätzer Straße (1907), Volksbühne am Bülowplatz (1913/14), Oper am Platz der Republik (1923), Theater ›Die Komödie‹ (1924 sowie das Renaissancetheater (1926).

Ein Aufruf ... wurde unterdrückt (von der Presse)] Vgl. *Nr. 63* – »meinen Aufruf für die Volksbühne«.

Corinth] Lovis Corinth (1858-1925), deutscher Maler, Hauptvertreter des deutschen Impressionismus, Mitglied der Berliner Sezession; änderte unter dem Einfluß des Expressionismus und Fauvismus seine Malweise (Walchensee-Landschaften).

Liebermann] Max Liebermann (1847-1935), deutscher Maler und Graphiker, gehört mit Lovis Corinth und Max Slevogt zu den drei wichtigsten Vertretern des deutschen Impressionismus; ausgebildet in Berlin, Weimar, Paris und Barbizon, war er von 1878 bis 1884 in München und seitdem hauptsächlich in Berlin tätig, dort von 1920 bis 1933 als Präsident der Preußischen Akademie der Künste.

Dessoir] Max Dessoir (1867-1947), deutscher Philosoph, Psychologe, Mediziner; nach Promotionen in Philosophie (1889) und Medizin (1890) erfolgte 1892 die Habilitation in Philosophie an der Universität Berlin; dort 1897 zunächst außerordentlicher und 1920 ordentlicher Professor der Philosophie und Ästhetik; begründete 1906 die ›Zeitschrift für Ästhetik und Allgemeine Kunstwissenschaft‹ und 1909 die Gesellschaft für Ästhetik und Allgemeine Kulturwissenschaft; 1934 wurde ihm die Herausgabe seiner Zeitschrift von den Nationalsozialisten verboten, die ihn aus dem Lehrkörper der Berliner Universität entfernten (DBE 2, S. 498 f.).

Th. Wolff] Theodor Wolff (1868-1943), deutscher Journalist und Schriftsteller; gründete 1889 mit Otto Brahm, Maximilian Harden und Samuel Fischer den Berliner Theaterverein ›Die Freie Bühne‹; verfaßte Reisefeuilletons, Romane, Schauspiele, Literatur- und Theaterberichte; wurde 1894 Pariser Korrespondent des ›Berliner Tageblatts‹, als dessen Chefredakteur er seit 1906 fungierte; unter seiner Ägide avancierte das ›Berliner Tageblatt‹ in der Weimarer Republik zum fortschrittlich-liberalen Hauptblatt Deutschlands; mußte nach dem Reichstagsbrand aus Deutschland fliehen, ging ins Exil nach Frankreich; wurde im Mai 1943 in Nizza von Italienern verhaftet, die ihn an die Gestapo auslieferten (DBE 10, S. 577).

Kerr im neuen »Pan«] Unter der Überschrift ›Volksbühne‹ findet sich in dieser Nummer des ›Pan‹ ein längerer Artikel Kerrs (S. 50-53), in dem von dem »dankenswerten Hilfsversuch zweier jungen Schriftsteller (Hugo Ball und Richard Huelsenbeck) zugunsten der Volksbühne am Bülowplatz« die Rede ist. In Kerrs Artikel werden Ball und Huelsenbeck noch zweimal lobend erwähnt.

Biographie Müntzers] Ansätze zu einer Neubewertung und Aufwertung des religiösen Sozialrevolutionärs Thomas Müntzer (1490-1525) bei gleichzeitiger Abwertung Luthers finden sich schon in Balls Aufsatz ›Der große Bauernkrieg 1525‹ (erschienen in: ›Zeit im Bild‹, Jg. 13, Nr. 5, 31.1.1915, S. 105-109; wiederabgedruckt in: Schriften, S. 161-169). Noch zweieinhalb Jahre später – am 26. September 1917 in seinem ersten Beitrag für die ›Freie Zeitung‹ – sieht Ball es als lohnende Aufgabe »für einen jungen, sozialistisch geschulten Philologen« an, eine »vollständige und genaue Biographie Thomas Münzers«, die zugleich ein »Buch gegen Luther« sein müßte, zu verfassen (Schriften, S. 170 f.). Da er keinen geeigneten, philologisch und »sozialistisch geschulten« Co-Autor fand, scheint Ball zu diesem Zeitpunkt (Herbst 1917) den Plan einer Müntzer-Biographie aufgegeben zu haben.

Extrakt aus dem Lebenswerk *Bakunins*] Nachdem Ball im Spätherbst 1914 in Berlin auf den russischen Anarchisten Bakunin aufmerksam geworden ist (vgl. Nr. 59), spricht er im April 1915 erstmals von dem Plan zu einem Bakunin-Brevier, der ihn bis 1918 immer wieder beschäftigen wird. Resultat dieses Projekts ist das 1918 abgeschlossene Werk ›Michael Bakunin. Ein Brevier‹.

(in den »Weissen Blättern«) »1913« gelesen, von Sternheim?] Carl Sternheims Drama ›1913‹ (›Ein Schauspiel in drei Aufzügen‹) ist im Februar-Heft des Jahrgangs 1915 der ›Weißen Blätter‹ erschienen (Jg. 2, S. 137-185).

in der »Aktion« den unerhörten Angriff auf Hiller] Pfemferts anonym erschienener, gegen Kurt Hiller gerichteter Leitartikel ›Der Meliorist‹, in: ›Die Aktion‹, Jg. 5, Nr. 9/10 vom 27.2.1915, Sp. 103-106.

Man darf heute in Deutschland nur sprechen nach Maassgabe der Zensur] Die ›Weißen Blätter‹ hatten nach Kriegsausbruch ihr Erscheinen für vier Monate eingestellt. Damit sie ab Januar 1915 überhaupt wieder erscheinen konnten, bedurfte es wegen der drohenden Zensur einiger Tarnung. »Kriegskritische Beiträge mussten im Glossenteil oder im Reklameanhang versteckt werden und tauchten nur gelegentlich im Hauptteil auf.

Um die Tendenz der Zeitschrift zu verschleiern, räumte Schickele auch kriegsbejahenden Texten Platz in den ›Weißen Blättern‹ ein, kommentierte sie hingegen kritisch. [...] Im März- und im Aprilheft 1915 unternahm Schickele den Versuch, ohne Tarnung auszukommn. Die Mehrzahl der Beiträge richtete sich offen gegen den Krieg, was zur Folge hatte, dass die Zensur wieder verstärkt auf den Plan gerufen wurde. In den nächsten vier Nummern trat daher die Kriegskritik zunehmend in den Hintergrund.« (Debrunner, S. 15 f.).

eine neue Zeitschrift »Mistral«] Prädadaistische, futuristische Tendenzen und Positionen vertretende Zeitschrift, die in drei Nummen im März und April (26.) 1915 in Zürich erschien. Herausgeber von Nr. 1 (3. März) und Nr. 2 (21. März): Hugo Kersten und Emil Szittya; Herausgeber von Nr. 3 (26. April): Dr. Walter Serner. Als neuer Herausgeber der Nr. 3 suchte Serner für diese und weitere geplante Nummern des ›Mistral‹ neue Mitarbeiter.

Aufforderung zur Mitarbeit] Diese Aufforderung bzw. Einladung, der offenbar die erste (vielleicht auch die zweite) Nummer des ›Mistral‹ beilag, war für Ball ein wichtiger Beweggrund, nach Zürich zu emigrieren, eröffnete sie ihm doch die Möglichkeit, durch journalistische und literarische Arbeiten etwas Geld zu verdienen.

Dr. Walter Serner] Geburtsname: Walter Eduard Seligmann, seit 1909 nach Übertritt zum katholischen Glauben: Walter Serner (1889-1942), österreichischer (seit 1920 tschechischer) Schriftsteller; Dadaist, Individualanarchist, Dandy, Abenteurer, Flaneur; 1913 Promotion zum Dr. jur. in Greifswald; lebte von Februar 1915 bis Oktober 1920 in der Schweiz (Zürich und Genf); schloß sich 1917 dem Dada-Kreis an, trat am 9. April 1919 auf der 8. Dada-Soirée im Züricher Saal zur »Kaufleuten« auf, veröffentlichte im Mai 1919 in der ›Anthologie Dada‹ sein Manifest ›Letzte Lockerung‹, das – erweitert um fünf Kapitel – 1920 bei Steegemann in Hannover in der Reihe ›Die Silbergäule‹ (Bd. 62-64) erschien; bis 1927 zahlreiche Publikationen (Romane, Kriminalgeschichten, Stücke), anschließend Rückzug in die Anonymität; in den zwanziger und dreißiger Jahren ständig wechselnde Aufenthaltsorte in Deutschland, Österreich, in der Schweiz und der Tschechoslowakei, seit 1938 in Prag, von dort wurde er im August 1942 zunächst nach Theresienstadt deportiert und kurz darauf in einem Vernichtungslager ermordet.

mindestens 5 junge Deutsche aus dem Aktionskreis] Wen Ball mit den »5 jungen Deutschen« meinte, ist – abgesehen von Walter Serner (Anmeldung bei der Züricher Einwohnerkontrolle am 11. Februar 1915) und Hugo Kersten (der sich Ende Oktober 1914 in Zürich angemeldet, sich aber bereits im April 1915 wegen Anarchismusverdachts fluchtartig aus Zürich wieder abgesetzt hat) – nur schwer zu ermitteln. Vielleicht dachte Ball außerdem an Serners damalige Freundin Angela Hubermann, die wie Kersten und Serner zum »Aktionskreis« gehörte.

Franzosen arbeiten mit, Italiener] Guillaume Apollinaire, Antoine Huré; Filippo Tommaso Marinetti, Carlo Quadroni.

Ihre letzte Novelle: »Raben«] Als letztes von fünf kleinen Prosastücken hat Käthe Brodnitz den Prosatext ›Die Raben‹ unter dem Genre-Begriff

›Skizzen‹ am 5. Februar 1916 in Maximilian Hardens Wochenschrift ›Die Zukunft‹ veröffentlicht (Bd. 94, 1916, S. 65 f.). Die Titel der ersten vier ›Skizzen‹ lauten: ›Das Schreiberlein‹, ›Lachen‹, ›Witwe‹, ›Weltstück‹.

68. An August Hofmann, 11.6.1915

H: Hs. Postkarte, beidseitig beschrieben; Adresse: Herrn Gefr. *August Hofmann* / I. Bayr. Res. Armeekorps / I. Bayr. Res. Fuss-Artill. Reg. II. Bat. / 5. Batterie / Germersheim. Rhpfalz [letzteres von fremder Hand gestrichen und »mobil« beigefügt]. / (nachsenden!!). **F:** HBS. **E:** Briefe, S. 45; HBK, S. 122: Faksimile der Adressenseite. **DV:** Original.

Arras] Im Ersten Weltkrieg heftig umkämpft, wurde die nordfranzösische Stadt Arras Ende Oktober 1914 nach vorübergehender Besetzung durch die Deutschen von den Franzosen zurückerobert und in der Folgezeit von den Ententetruppen dauerhaft behauptet.

Ich bin hier in Zürich] Hugo Ball und Emmy Hennings waren Ende Mai 1915 in die Schweiz emigriert.

Ob Du die Karte bekommst?] August Hofmann in seinen ›Erinnerungen an Hugo Ball‹: »Ich erhalte seine Briefe aus der Schweiz, ungeöffnet, unzensiert, auf dem Virny-Rücken an der Westfront.« (HBA 1997/1998, S. 117).

Ich trete nächstens hier in Versammlungen auf] Für Ball, wie überhaupt »für einen Teil der Dadaisten«, »war der Auftakt in Zürich politisch« (Meyer, S. 14). Ball hatte sich schon im März 1915 bei seinem Bruder Otto erkundigt, ob in Zürich »Versammlungen stattfinden [...], ob die Arbeiter, die Sozialisten, die Friedenspartei irgendetwas unternehmen?« (Vgl. Nr. 63). Ob Ball in Zürich in politischen Versammlungen als Redner aufgetreten ist, läßt sich weder nachweisen noch ausschließen. Daß er an solchen Veranstaltungen zumindest als passiver Sympathisant teilgenommen hat, läßt sich aus seinem im Juli 1915 erschienenen Bericht über ›Zürich‹ schließen, in dem sich eine recht anschauliche und detaillierte Beschreibung einer Versammlung »unter freiem Himmel« findet (vgl. Schriften, S. 29). – Aus einem ›Tagebuch‹-Eintrag vom 24. Februar 1923 geht hervor, daß Ball bei einem politischen Vortrag Fritz Brupbachers am 11. Juni 1915 in Zürich anwesend war und daß er dabei möglicherweise, ja »sogar wahrscheinlich« Lenin sprechen hörte.

Adresse: Zürich, »Hotel Weisses Kreuz«] Emmy Hennings schreibt in ihrem Tagebuch aus der frühen Züricher Zeit (1915): »Wir wohnen Hotel ›Weisses Kreuz‹ in der Seefeldstraße. Das klingt nicht trist, und es ist hier gut sein. Wir wissen nicht, ob wir es wagen können, Privatzimmer zu nehmen, da wir nicht sicher sind, ob man uns ›dauernden Aufenthalt‹ gewähren wird. Man muß nämlich sagen, wovon man lebt, und das ist doch so schwer. Vorerst wissen wir es ja. Wir haben, wenn wir sparsam leben, für drei Wochen Geld.« (HBA 1995, S. 6).

69. An Kurt Wolff, 11.6.1915

H: Hs. Brief; 1 Bl., 2 S. **F:** Kurt Wolff-Briefarchiv, The Beinecke Rare Book and Manuscript Library, New Haven/Connecticut. **E:** Kurt Wolff: Briefwechsel eines Verlegers 1911-1963. Hrsg. von Bernhard Zeller und Ellen Otten. Frankfurt a.M. 1966, S. 13. **DV:** Fotokopie des Originals.

Zusammenstellung einer lyrischen Anthologie] Schon ein Jahr zuvor hatte Ball geplant, zusammen mit Hans Leybold eine »Anthologie expressionistischer Lyrik« herauszugeben, die im Piper Verlag erscheinen sollte (vgl. Nr. 44, 49a, 49b, 51a), jedoch wegen des Ausbruchs des Ersten Weltkriegs und des Todes von Leybold nicht zustandekam. Diese Anthologie sollte zwar schwerpunktmäßig expressionistische Tendenzen dokumentieren, aber sie wollte zugleich auch futuristische und kubo-futuristische Tendenzen in der neuesten Literatur präsentieren, wie die geplante Aufnahme von Marinetti und Apollinaire zeigt (vgl. dazu besonders Nr. 49a und Nr. 49b).

Zusagen von Kandinsky ... und Rubiner] Ob Ball im Frühjahr 1915 eine Zusage von Kandinsky bekommen hat, ist fraglich, da damals ein brieflicher Kontakt zwischen beiden wegen des Krieges kaum möglich war. Jedenfalls hat Ball damals von Kandinsky keine neuen, unveröffentlichten Gedichte für seine Kurt-Wolff-Anthologie erhalten, denn die beiden von Ball Ende Mai 1916 im ›Cabaret-Voltaire‹-Heft veröffentlichten Gedichte von Kandinsky (›Blick und Blitz‹ und ›Sehen‹, S. 21) sind keine Erstdrucke, sondern Nachdrucke aus Kandinskys Texte und Holzschnitte kombinierendem Künstlerbuch ›Klänge‹ (München: Piper, 1913). Hätte Ball 1915/16 ungedruckte Kandinsky-Gedichte zur Verfügung gehabt, er hätte sie – wie die Texte von Marinetti und Apollinaire (vgl. die beiden folgenden Erläuterungen) – bestimmt im ›Cabaret-Voltaire‹-Heft publiziert.

Marinetti] Fillipo Tommaso Marinetti (1876-1944), Begründer, Propagandist und bedeutendster Literat des Futurismus. – Balls Brief an Marinetti, mit dem er sich (wohl im Mai oder Juni 1915) um Beiträge für seine expressionistisch-futuristische Lyrik-Anthologie an den Futuristen-Chef wandte, ist nicht erhalten bzw. unauffindbar. Unwahrscheinlich, daß Ball schon am 11. Juni eine Zusage von Marinetti hatte, denn dieser antwortet auf Balls Anfrage erst am 5. Juli 1915 mit folgendem, hier ins Deutsche übersetzten Brief aus Rom (Dada 15/25, S. 22): »Mein lieber Kollege, anbei futuristische Gedichte, die zu den progressivsten gehören; wir können ihnen keine *vers libres* schicken, da wir dem *vers libre* heute keine Bedeutung mehr zumessen. Ich sende ihnen deshalb *parole in liberta*, absolute Lyrik, von Prosodie und Syntax befreit. Es ist mir äußerst wichtig, daß der Futurismus in ihrer Lyrik-Anthologie durch wirklich futuristische Werke repräsentiert wird. Mit vielem Dank im voraus versichere ich sie meiner lebhaftesten Sympathie F.T. Marinetti«. – Diesen Brief nebst beiliegenden »futuristischen Gedichten« erhält Ball laut Eintrag in seinem Tagebuch am 9. Juli 1915: »Marinetti schickt mir ›Parole in libertà‹ von ihm selbst, Cangiullo, Buzzi und Govoni.« (Flucht, S. 39). Die Gedichte von Marinetti und Francesco Cangiullo veröffentlichte Ball knapp ein Jahr später in der Ende Mai 1916 erschienenen ersten Dada-Anthologie ›Cabaret Voltaire‹ (S. 22 f., 30); die ›Parole in libertà‹ von Paolo Buzzi und

Corrado Govoni werden im ›Katalog der Ausstellung Cabaret Voltaire‹ (S. 32) als Exponate aufgeführt.

Apollinaire] Guillaume Apollinaire (1880-1918), französischer Dichter und Kunstkritiker polnisch-italienischer Herkunft; propagierte seit 1910 die kubistische Ästhetik und unterstützte den Futurismus mit einem eigenen Manifest. Wahrscheinlich hat Ball für die geplante Lyrik-Anthologie von Apollinaire das Gedicht ›Arbre‹ zugeschickt bekommen, das Ball – ebenso wie die futuristischen ›Parole in libertà‹ – in das von ihm herausgegebene ›Cabaret-Voltaire‹-Heft (S. 11) aufgenommen hat. Diese ›Sammlung künstlerischer und literarischer Beiträge‹ (so der Untertitel der Anthologie ›Cabaret Voltaire‹) ist als modifizierte, um »künstlerische« Beiträge bereicherte, mit dadaistischem Akzent versehene Fortführung und Weiterentwicklung der für 1915 geplanten expressionistisch-futuristischen Lyrik-Anthologie zu begreifen. Dafür sprechen nicht nur die an beiden Anthologien mitarbeitenden Autoren Kandinsky, Marinetti und Apollinaire, sondern auch der internationale Mitarbeiterkreis, um den sich Ball bei beiden Anthologien bemühte. In den »redactionellen Notizen« zum ›Cabaret Voltaire‹-Heft hebt Ball die Internationalität seiner ›Sammlung‹ stark hervor.

Rubiner] Von den vier in diesem Brief Genannten hat Ball als einzigen Ludwig Rubiner (1881-1920) nicht in das Heft ›Cabaret Voltaire‹ aufgenommen. Offenbar ist es in der Zwischenzeit (Juni 1915 bis Mai 1916) zwischen ihm und Ball zu Differenzen gekommen (vgl. Nr. 103 und Nr. 104). Als Ball diesen Brief schrieb, in den ersten Wochen der Züricher Zeit, war sein Verhältnis zu Rubiner, den er damals näher kennenlernte, noch ungetrübt, wie seine Tagebuch-Eintragung vom 29. Mai 1915 belegt: »L.R. ist auch da. Soeben angekommen, traf ich ihn mit seiner Frau beim Café Terrasse. [...] Wir werden vielleicht Freunde sein.« (Flucht, S. 27).

Franzosen, Italiener und Russen] Mit der Einbeziehung von Autoren wie Apollinaire, Barzun, Jacob, Marinetti und Kandinsky hatte sich Ball bereits ein Jahr zuvor darum bemüht, seiner »lyrischen Anthologie« einen dezidiert internationalen Zuschnitt zu geben. Nicht zufällig hat er sie in Nr. 49a als »die erste internationale Anthologie« bezeichnet, »die unserer gegenwärtigen Zeit wirklich auf den Leib rückt«.

für expressionistische Tendenzen immer eingetreten] Kurt Wolff (1887-1963) gilt nicht zu Unrecht, obwohl er sich dagegen verwahrte, als wichtiger Verleger des literarischen Expressionismus. Viele als Expressionisten bezeichnete Autoren sind in seinem Verlag erschienen. Die von ihm herausgegebene Schriftenreihe ›Der Jüngste Tag‹ versammelt fast alle namhaften Expressionisten.

Sie würden angefeindet werden] Wegen der Internationalität der Beiträger.

Seefeldstrasse 5] Verlängerung der zum Bellevue-Platz führenden Theaterstraße. In der Seefeldstraße 5 wohnte zeitweise auch Walter Serner (vgl. Dada-Plan von Zürich).

70. An Käthe Brodnitz, 24.6.1915

H: Hs. Brief; 1 Bl., 4 S. Adresse: Frl. / Dr. Käthe Brodnitz / Berlin. / Klopstockstrasse 21[I]. Absender: Hugo Ball, Zürich / Seefeldstr. 5. **F:** DLA. **E:** Sheppard 1972, S. 43 f.; HBK, S. 124: Faksimile der 1. und 4. Seite. **DV:** Original.

Lusitania-Wirbel] Am 7. Mai 1915 war der britische Passagierdampfer ›Lusitania‹ vor der Südküste Irlands durch das deutsche Unterseeboot ›U-20‹ versenkt worden. Dabei kamen 1198 Personen, darunter 120 US-Amerikaner, ums Leben. Die Versenkung der ›Lusitania‹ löste in vielen Ländern, besonders in Großbritannien und den USA, große Empörung aus. Die US-amerikanische Regierung protestierte gegen die Versenkung und forderte die deutsche Regierung auf, den U-Boot-Krieg in der Nordsee einzustellen.

den »Mistral« mitzuübernehmen] Daß aus Balls Mitarbeit an der Zeitschrift ›Mistral‹ nichts wurde, hat verschiedene Gründe: Zum einen wurde die Zeitschrift nach der am 26. April 1915 erschienenen Nr. 3 nicht fortgeführt, zum anderen gab es offenbar Differenzen zwischen Ball und Serner, u. a. wohl wegen Balls und Huelsenbecks ›Literarischem Manifest‹ vom 12. Februar 1915 (vgl. HBK, S. 116), das Ball nach Erhalt der ersten ›Mistral‹-Nummer an die Herausgeber des ›Mistral‹ (Kersten, Szittya und Serner) nach Zürich geschickt hatte und gegen das sich Serner wegen der in ihm vertretenen Haltung der Richtungslosigkeit und »Gaukelei« deutlich ausgesprochen hatte, und zwar in seinem am 1. März 1916 in der Züricher Zeitschrift ›Sirius‹ (Nr. 6) erschienenen Aufsatz ›Die Alten und die Neuen‹. Serner dürfte seine in diesem Artikel vertretenen Vorbehalte gegenüber Ball mündlich schon früher, wohl bald nach dessen Ankunft in Zürich, geäußert haben.

Bericht für die »Weissen Blätter«] Höchstwahrscheinlich handelt es sich um Balls Bericht über ›Zürich‹, der im Juli-Heft der ›Weißen Blätter‹ (Jg. 2, 1915, S. 937-939) erschienen ist.

Bericht Leonhard Franks über unsern letzten Berliner Abend] Nicht erschienen. Zu Frank vgl. *Nr. 82*. – Der ›Expressionistenabend‹ fand am 12. Mai 1915 im Berliner Harmoniumsaal statt. Er war die dritte und letzte Veranstaltung, die Ball gemeinsam mit Richard Huelsenbeck 1915 in Berlin organisierte und durchführte. An diesem Abend trug Huelsenbeck zum ersten Mal eigene Gedichte, vor allem sogenannte »Negergedichte«, öffentlich vor. Zum ›Expressionistenabend‹ vgl. Füllner 1983, S. 69-74; Füllner 1986, S. 10-14.

71. An Käthe Brodnitz, 30.6.1915

H: Hs. Postkarte, beidseitig beschrieben. Adresse: Frl. / Dr. Käthe Brodnitz / Berlin. / Klopstockstrasse 21. **F:** DLA. **E:** Sheppard 1972, S. 44. **DV:** Original.

Ich bat Klabund München [...], einige Manusk die ich nicht mitnehmen konnte, an Ihre Adresse zu schicken] Nach Auskunft von Annemarie Schütt-Hennings, der Tochter von Emmy Hennings, »hatte Hugo Ball vor seiner Emigration in die Schweiz einen Koffer mit Manuskripten und Unterlagen in München« (offensichtlich bei Klabund) »deponiert« (Henker, S. 64 f.; Editorische Notizen von Franz L. Pelgen). Die Manuskripte

Balls sind damals tatsächlich in die Hände von Käthe Brodnitz gelangt (vgl. Nr. 82). Über ihren weiteren Verbleib ist nichts bekannt. Klabund und Käthe Brodnitz waren in der Münchner Vorkriegszeit eng befreundet (vgl. Faul 2003, S. 385 f.).

Hiller schrieb mir von einem Vortrag über »aktivistische Jugenderziehung«] Unter eben diesem Titel ist der Vortrag erschienen in: ›Der Neue Merkur‹, Jg. 2 (August 1915), S. 555-572. Der Brief Hillers an Ball ist im HBN nicht vorhanden.

C[afé] d[es] W[estens]] Am Kurfürstendamm/Ecke Joachimsthaler Straße gelegenes Künstlercafé; »in den ersten beiden Jahrzehnten dieses Jahrhunderts« wichtiger »Treffpunkt der Schriftsteller, Künstler und Journalisten Berlins« (Ludwig Meidner: ›Dichter, Maler und Cafés‹. Hrsg. von Ludwig Kunz. Zürich 1973, S. 13).

72. An Käthe Brodnitz, 7.7.1915

H: Hs. Postkarte, beidseitig beschrieben. Adresse: Frl. / Dr. Käthe Brodnitz / Berlin. / Klopstockstr. 21. **F:** DLA. **E:** Sheppard 1972, S. 45. **DV:** Original.

Frank Holt ... Attentat] »Pseudonym für Erich Muenter, der an der Cornell-Universität im September 1914 promovierte. Im Weltkrieg für Deutschland freundlich gesinnt, protestierte er gegen die Ausfuhr amerikanischer Munition nach Europa, indem er J.P. Morgan den Jüngeren, der Munition für die britische Regierung aufkaufte, am 3. VII. 1915 zu erschießen versuchte. Nach der Verhaftung gestand er, die Bombe gelegt zu haben, die das Empfangszimmer des Washingtoner Senats am 2. VII. zertrümmert hatte. Offenbar geistesgestört, beging er am 6. VII. 1915 im Gefängnis Selbstmord.« (Sheppard 1972, S. 45, Anm. 39) In seinem erstmals die Frage der Kriegsschuld aufwerfenden Aufsatz ›Das wahre Gesicht‹, der am 5. November 1915 in der ›Neuen Tribüne‹ erschien, erklärt Ball, daß es »die Erkenntnis Frank Holts, des Attentäters auf Pierpont Morgan«, gewesen sei, »vom Kapital die Beendigung des Krieges zu fordern«, da die Regierungen »ohne die Banken und Großkapitale« machtlos seien (zit. nach: HBA 1999, S. 15).

Brief und Karte] Nr. 70 und 71.

73. An Fritz Brupbacher, 1.8.1915

H: Hs. Brief; 1 Bl., 2 S.; bedruckter Briefkopf: Café de la Couronne / 16, Grand-Quai, 16 / Genève / Edgar Faurax / Propr. **F:** Internationaales Instituut voor Sociale Geschiedenes, Amsterdam; Brupbacher-Nachlaß. **E:** HBA 1977, S. 1-3. **DV:** Fotokopie des Originals.

Postskriptum von Emmy Hennings: Sehr verehrter Herr Doktor! / ich erlaube mir Sie zu grüssen herzlich und dankbar / Ihre / Emmy Hennings.

Dr. Brupbacher] Fritz Brupbacher (1874-1944), Züricher Arbeiterarzt, Psychiater, Schriftsteller, permanenter Rebell mit »anarchistischer Ader«, Verfechter der Frauenemanzipation, Mitbegründer der linkssozialistischen Zeitschrift ›Der Revoluzzer‹, wurde als Anarcho-Syndikalist sowohl aus der Sozialdemokratischen als auch aus der Kommunistischen Partei ausgeschlossen. Für seine Arbeit am Bakunin-Brevier lieh sich Ball bei Brupbacher die große Bakunin-Biographie von Max Nettlau, die Bakunin-Gesamtausgabe sowie eine Reihe weiterer Schriften zum Anarchismus aus.

Wir mussten uns ganz plötzlich zur Abreise *entschliessen*] Ball hat sich am 30. Juli 1915 bei den Züricher Behörden unter falschem Namen registrieren lassen, wobei er den Paß des Kunstmalers John Höxter (1884-1938), eines Bekannten aus der Berliner Boheme, benutzte, in den Ball seine Fotografie geklebt hat (vgl. HBK, S. 126 f.). Um sich polizeilichen Kontrollen und einer drohenden Verhaftung zu entziehen, entschlossen sich Ball und Emmy Hennings kurzerhand zur Flucht nach Genf, die noch am 30. Juli, dem Tag der polizeilichen Anmeldung in Zürich, oder am 31. Juli erfolgte (mehr zu Balls Paßaffäre und seiner aus ihr resultierenden Verhaftung in Zürich: *Nr. 74*).

Revoluzzer] ›Der Revoluzzer‹, von Januar 1915 bis August 1916 in Zürich erscheinende »Sozialistische Zeitung«, Herausgeber und Verleger: Dr. Minna Tobler-Christinger. Organ des Züricher Linkssozialismus, der linken Oppositionsbewegung in Zürich. Die Mitarbeiter des ›Revoluzzers‹ rekrutierten sich mehrheitlich aus dem Kreis um Brupbacher, durch den Ball Zugang zum ›Revoluzzer‹ fand. Gedruckt wurden darin von Ball folgende Texte: Der Aufsatz ›Die junge Literatur in Deutschland‹ (Jg. 1, Nr. 10 vom 14. August 1915), das pazifistische Antikriegslied ›Totentanz 1916‹ (Jg. 2, Nr. 1 vom Januar 1916) sowie zwei weitere Gedichte (›Einer Verdammten‹, Jg. 1, Nr. 12 vom 16. Oktober 1915; ›Die Ersten‹, Jg. 2, Nr. 4/5 vom Mai 1916).

einen Kreis von so lieben und interessanten Menschen] Im ›Weißen Schwänli‹, einem unscheinbaren Wirtshaus am Eingang zur Predigergasse, versammelte sich jeden Montagabend um Brupbacher ein offener Diskussionskreis aus Arbeitern und einigen Intellektuellen, in dem Ball seit Juni 1915, d.h. sogleich nach seiner Ankunft in Zürich, gern verkehrte. In seinem im Juli 1915 in den ›Weißen Blättern‹ erschienenen Bericht über ›Zürich‹ hat Ball den ›Schwänli‹-Kreis mit merklicher Sympathie geschildert (vgl. Schriften, S. 30 f.). Der Kreis war ein Diskussionsforum, das Bildung nicht – wie die Schweizer Sozialdemokratie – »als positives Sachwissen«, sondern »als Fähigkeit zum kritischen Denken und zum produktiven geistigen Arbeiten« (Lang, S. 225) vermitteln wollte.

30-50 frcs. zu borgen ... etwas Anschluss verschaffen] Ball äußert hier zwei für Emigranten typische Anliegen: die Bitte um Geld und um einige »Anschluß« versprechende »Adressen«. Im Bericht zweier Denunzianten heißt es über Balls Vor-Dada-Zeit in Zürich: »Das Concubinatspaar [Hugo Ball und Emmy Hennings] lebte, weil niemand arbeitete, in großer Armut. Von Dr. Bruppacher, in Zürich, bekannter Anarchist, erhielten sie unterstützung. Sie gaben ihn auch als Reverenz an.« (Züricher Polizeianzeiger Nr. 295 vom 16.12.1915; zit. nach: Reetz, S. 142) Ball hat »von Genf aus« auch Leontine Sagan – allerdings vergebens – um Geld gebeten (vgl. Nr. 76).

Herrn Rieder ... (in redaktionellen Dingen)] Fritz Rieder war seit kurzem, nachdem Hans Itschner im Juli 1915 als Hauptredaktor des ›Revoluzzers‹ zurückgetreten war, offenbar verantwortlicher Redaktor am ›Revoluzzer‹.

wegen weiterer Gefängnisaufzeichnungen von Frau Hennings] Außer dem Gedicht ›Im Gefängnis‹ (Jg. 1, Nr. 12 vom 16.10.1915), das der Redaktion zu diesem Zeitpunkt (1. August) vielleicht bereits vorlag, sind von Emmy Hennings im ›Revoluzzer‹ keine »weiteren Gefängnisaufzeichnungen« erschienen, weder in Versen noch in Prosa.

Wann erscheint die nächste Nummer] Die nächste Nummer des ›Revoluzzers‹, die Nr. 10, ist am 14. August 1915 erschienen, mit Balls Aufsatz ›Die junge Literatur in Deutschland‹ als wichtigstem Beitrag. Die letzte Nummer, die Nr. 9, war am 9. Juli 1915 herausgekommen.

Hotel de l'Union] Das Hotel, ein christliches Haus, »alkoholfrei«, war eines der preiswertesten in Genf (vgl. Baedekers Schweiz 1920, S. 246): die Übernachtung kostete um 1920 von drei Franken an. Was Emmy Hennings in dem christlichen Hospiz in Genf tat, um sich und Hugo Ball in ihrer »sehr schwierigen Lage« etwas Geld zu beschaffen, hat sie in einem Brief vom Januar 1929 an Ninon Dolbin (1895-1966), die spätere dritte Ehefrau von Hermann Hesse, launig berichtet: »Das [ihre Hospizerlebnisse] war in Genf auch so, da hab ich im Hospiz gewohnt, und da hab ich die Bibel antiquarisch verkauft, weil in jedem Zimmer eine Bibel lag und genug Exemplare vorhanden. ich hab nur zwei Franken bekommen und bin mit Steffgen Café trinken gegangen, hab aber nicht gesagt, wie es kommt, daß wir so gut finanziell gestellt sind. Es ist mir schlecht bekommen, denn die Bibel wurde zurückgebracht, weil hineingedruckt war: ›Eigentum des christlichen Hospiz‹, und die haben mir nicht glauben wollen, daß ich selbst das christliche Hospiz bin, weil ich wohl nicht danach aussah grad. Der Wirt aber hat mir eine Predigt gehalten, und ich dachte schon, ich komme mal ausnahmsweise in ein Genfer Gefängnis, aber ich hab Bibelsprüche zitiert – ›Richtet nicht‹ und sammelt mottenfreie Schätze –, kurz ich wußte verschiedenes, und da hat mich die Bibel selbst gerettet, und den Kaffee hatten wir ja genossen ...« (EBH Katalog, S. 100).

74. An Maria Hildebrand, 30.8.1915

H: Hs. Brief; 3 Bl., 8 S. **F:** HBN. **E:** Briefe, S. 45-47. **DV:** Original.

»drückenden« Verhältnissen ... die 14 Tage Haft] Nach seiner Rückkehr aus Genf wurde Ball in Zürich sofort verhaftet und in ein Gefängnis in »Zürich-Selnau« gesteckt. Laut Polizeiprotokoll wurde Ball dann am 27. August »wegen wiederholtem wissentlichen Gebrauch eines auf einen andern Namen lautenden Ausweispapieres zu einer Woche Gefängnis verurteilt« (zit. nach: Dada in Zürich, S. 67, Anm. 52). Da er zu diesem Zeitpunkt bereits 14 Tage inhaftiert ist, gilt die Haftstrafe von »einer Woche Gefängnis« als abgegolten, so daß Ball Ende August wieder auf freiem Fuß ist.

Mein Aufenthalt in Genf dauerte leider nicht sehr lange] Ball kehrte wegen finanzieller Schwierigkeiten am 14. August 1915 von Genf nach Zürich zurück, meldete dort sein Paßvergehen und wurde daraufhin in Untersuchungshaft genommen.

schicke einen Bericht dieser Tage nach Deutschland] Über Genf ist kein Bericht von Ball in einer deutschen Zeitung oder Zeitschrift erschienen.

mein Bericht über Zürich] Erschienen im Juli-Heft der ›Weißen Blätter‹ (Jg. 2, H. 7, 1915, S. 937-939). Wiederabgedruckt in: Schriften, S. 29-31.

Die »Weissen Blätter« bringen demnächst ... Gedichte von mir und Skizzen] Abgesehen von Übersetzungen sind seit dem Juli 1915 (Abdruck des Berichts über ›Zürich‹) von Ball keine literarischen Arbeiten mehr in den ›Weißen Blättern‹ publiziert worden.

sozialistischen Zeitung] ›Der Revoluzzer‹ hat diesen Untertitel.

neues Zimmer ... gemietet: Kirchgasse 21] Vorher, d.h. in den Monaten Juli und August bis zu seiner Entlassung aus dem Gefängnis (Ende August), wohnte Ball in der »Schoffelgasse 7« (vgl. HBK, S. 126). Sie liegt ganz in der Nähe der Spiegelgasse. Die Kirchgasse befindet sich im Niederdorf rechts des Limmat-Flusses. Sie führt vom Hirschengraben hinunter zur Schifflände und zum Sonnen-Quai am rechten Ufer der Limmat.

Sternwarte] Ball hat sich die Attraktion der seit 1907 im Zentrum der Stadt an der Uraniastraße befindlichen Volkssternwarte ›Urania‹ gewiß nicht entgehen lassen. Das Observatorium ist unter der Kuppel eines 50 Meter hohen Turmes untergebracht. Von dort hat man eine gute Aussicht auf die Stadt, den See und die Alpen. Die Sternwarte war zu Balls Züricher Zeit täglich geöffnet, bei klarem Himmel bis 23 Uhr (vgl. Baedekers Schweiz 1920, S. 37).

suche ... Stellung] Zu Balls und ihrer Stellungssuche in dieser schwierigen Zeit schreibt Emmy Ball-Hennings später: »Wir lasen zwar täglich den Arbeitsnachweis des Tagesanzeigers [...] und meldeten uns auch in Fabriken, Geschäften, überall, wo Hilfe gesucht wurde, aber meistens konnten es die Arbeitgeber ohne uns machen« (EBH Ruf, S. 63). »Ein paar Tage« hätten sie beide »hinter geschlossenen Türen« ihrer Wohnung »Knöpfe auf Karton« genäht (EBH Ruf, S. 63). »Aus erbarmen« mit ihrer finanziellen Notsituation wurden – nach einem Bericht der Züricher Polizei – »zuerst Emmy Hennings und nachher auch Hugo Ball bei Concertunternehmen ›Marcelli‹ angestellt« (zit. nach: Reetz, S. 142). Nach Meyer (S. 21) war Emmy Hennings »im Laufe des September« 1915 »im ›Marcelli‹-Ensemble tätig«.

Hungerkur] Über ihr Hungerleben mit Ball in der frühen Züricher Zeit schreibt Emmy Ball-Hennings später: »Der Aufenthalt für unbemittelte Ausländer, wie wir sie eben waren, erschwerte sich von Woche zu Woche. Beschäftigung, Verdienstmöglichkeit gab es nicht. Die kleine Geldsumme, die wir [aus Deutschland] mitgebracht hatten, war bald verbraucht. Wir verkauften Kleider, Bücher, Ring, Uhr, alles was wir hatten, und gerieten in kürzester Zeit in eine Verlegenheit, die nicht überboten werden kann, da wir eben gar nichts hatten. [...] In dieser Situation saßen wir oft nachts auf einer Bank in den Anlagen [...], während wir am Tage den Schwänen und Möven am Kai zusahen, nicht frei von Neid, wenn die schönen Tiere gefüttert wurden. Wovon wir selbst uns genährt, scheue ich mich zu sagen« (EBH Weg, S. 50 f.).

Papa soll Dir den Brief zeigen] Nicht überliefert.

Adresse Deutschmanns ... Verbindung mit Russland] Balls Jugendfreund Willy Deutschmann (vgl. *Nr. 1*) und seine Frau, die russische Malerin Jekatarina, geb. Burkewitsch (vgl. *Nr. 12*), waren Anfang Januar 1914 nach Rußland gereist. Als Beweggründe ihrer Reise haben eine Rolle gespielt:

Erbschaftsangelegenheiten (die Familie von Jekatarina Deutschmann besaß eine Zuckerfabrik bei Kiew und scheint vermögend gewesen zu sein), ein längst fälliger Besuch bei der Familie, vor allem bei einer Schwester von Frau Deutschmann in Odessa, sowie erhoffte Malaufträge für Willy Deutschmann durch russische Freunde. Durch den Ausbruch des Ersten Weltkriegs Anfang August 1914 weitete sich der Besuch zu einem unfreiwilligen, langen Rußland-Aufenthalt aus – die Deutschmanns wurden während des Krieges interniert –, der bis Mai 1918 dauerte, als das Malerpaar nach einer langen Odyssee durch russische Internierungslager nach Deutschland zurückkehren konnte.

Lina-Schwesterlein] Josephine Salomea Brofft (1876-1962), Hugo Balls älteste Schwester.

Ida] Ida Pres, geb. Ball (1879-1963), zweitälteste Schwester Hugo Balls.

Ströbele] Franz Ströbele, Balls Vermieter in der Kirchgasse 21, war Schneidermeister und selbst Mieter in der Kirchgasse 21, als welcher er an Ball ein Zimmer untervermietete (vgl. Adressbuch der Stadt Zürich von 1915, S. 542).

75. An Maria Hildebrand, 15.9.1915

H: Hs. Bildpostkarte. Adresse: Frau / Maria Hildebrand / Pirmasens. Rheinpfalz / Pfälzische Bank. – Bildpostkarte des Verlags ›Die Aktion‹, Motiv: EGON SCHIELE: Der Dichter Charles Péguy (Aus der Péguy-Gedächtnis-Nummer der AKTION). **F:** HBN. **DV:** Original.

Nächstens Brief] Damit kündigt Ball wohl den folgenden, lediglich mit »September« datierten Brief an (Nr. 76).

Charles Péguy. Über ihn schreibe ich demnächst] Charles Péguy (1873-1914), französischer Schriftsteller, schloß sich in der Dreyfus-Affäre der Linken an; bekannte sich seit 1908 wieder zum Katholizismus, jedoch auf undogmatische Weise mit kritischen Vorbehalten gegenüber der Amtskirche, die er als Sachwalterin bourgeoiser Interessen kritisierte; kam als Offizier in der Marne-Schlacht (4. September 1914) ums Leben. – Ball ist auf Péguy wahrscheinlich durch die ›Aktion‹ aufmerksam geworden, deren Mitarbeiter Péguy war (vgl. ›Aktion‹ Nr. 19 vom 8.5.1912, Sp. 581-583: Charles Péguy: ›Republikanisches Heldentum‹) und die den gefallenen französischen Dichter durch eine Todesanzeige (Nr. 40/41 vom 10.10.1914, Sp. 809), durch einen Nachruf (Nr. 42/43 vom 24.10.1914, Sp. 823) und durch eine von Egon Schiele angefertigte Porträt-Zeichnung (»Bildnis des gefallenen Dichters Charles Péguy«) ehrte, welche auf dem Titelblatt der Péguy-Gedächtnis-Nummer der ›Aktion‹ (Nr. 42/43 vom 24.10.1914) abgebildet ist. Von dieser Zeichnung hatte die ›Aktion‹ eine Bildpostkarte hergestellt, die Ball hier an seine Schwester verschickt. Bei der ›Gedächtnisfeier für gefallene Dichter‹ (12. Februar 1915) hat Richard Huelsenbeck die Totenrede auf Charles Péguy gehalten.

für das »Forum« (München)] In der von dem Publizisten Wilhelm Herzog (1884-1960) herausgegebenen, für Völkerverständigung eintretenden, gegen den Krieg gerichteten Monatsschrift ›Das Forum‹ ist von Ball kein Beitrag über Péguy erschienen, wahrscheinlich weil die Zeitschrift im September 1915, nach dem August-Heft des 2. Jahrgangs, für die Dauer des Krieges verboten wurde; sie kam erst wieder ab Oktober 1918 heraus.

76. An Maria Hildebrand, nach d. 15.9.1915

H: Ms. Brief; 2 Bl., 3 S. **F:** HBN. **E:** Briefe, S. 47 f. **DV:** Original.

Datierung: Dieser Brief folgt auf Balls Karte Nr. 75 vom 15. September 1915. Folglich ist er nach dem 15. September 1915 geschrieben worden.

Mein Leben hier ist jetzt sehr interessant ... Eine Laute haben wir jetzt auch. Ich spiele und Emmsi singt dazu] Diese Passage bezieht sich wahrscheinlich auf Balls und Emmy Hennings' Mitwirkung im Züricher Marcelli-Ensemble, bei dem die beiden im September 1915 engagiert waren (vgl. *Nr. 74* – »suche ... Stellung«). In den September-Eintragungen seines Tagebuchs ›Die Flucht aus der Zeit‹ ist vom Marcelli-Ensemble nirgends die Rede (vgl. Flucht, S. 41-43). Im Maxim-Ensemble des Ernst Alexander Michel, alias Flamingo (vgl. *Nr. 81* – »bei der Direktion ... der Direktor«) sind Ball und Hennings erst seit Oktober 1915 aufgetreten. In Balls Tagebuch taucht Flamingo erst im Oktober 1915 auf (vgl. Flucht, S. 44 f.). Außerdem spielte Ball im Maxim-Ensemble nicht Laute, sondern Klavier. Die Laute hatte sich Emmy Hennings damals von ihrer Mutter schicken lassen (vgl. Emmy Ball-Hennings: ›Aus dem Leben Hugo Balls‹. 3. Kapitel [Zürich 1915]. In: HBA 1995, S. 38, 40 f.).

Emmsi] Mit dem Namen »emsi« hat Emmy Hennings ihre Briefe an den mit ihr befreundeten Maler und Graphiker Rudolf Reinhold Junghanns (1884-1967) unterzeichnet (vgl. EBH Katalog, S. 62, 63, 72, 99). Ball verwendet die Namenform »Emsi« auch in seinem Brief Nr. 78 vom 12. November 1915 an Maria Hildebrand.

Frl. Sagan] Vgl. *Nr. 4*.

Ich habe Dir ... von Nürnberg aus ein sehr zartes, mädchenhaftes Bild geschickt] In Nürnberg hatte sich Ball – zu seiner Flucht aus Deutschland – am 20. Mai 1915 einen Paß auf den Namen des Bohemiens, Zeichners und Dichters John Höxter (vgl. *Nr. 73*) ausstellen lassen. Dazu hatte ihm der dauerhaft dienstuntauglich geschriebene Höxter seinen Landsturmschein zur Verfügung gestellt, den Ball zur Ausstellung eines Passes benötigte. Für den Paß brauchte Ball ein Paßbild, das heißt eine Fotografie, die er in den Paß von Höxter einklebte. Wahrscheinlich handelte es sich bei dem »zarten, mädchenhaften Bild« um das von ihm in Nürnberg gemachte, vielleicht etwas androgyn geratene Paßbild.

eine Zeitschrift haben] Eine eigene Zeitschrift herauszugeben, hatte Ball schon in Nr. 70 ins Auge gefaßt.

77. An Maria Hildebrand, 26.10.1915

H: Hs. Postkarte, beidseitig beschrieben. Adresse: Frau / Maria Hildebrand / Pirmasens. Rhpfalz. / Pfälzische Bank. **F:** HBN. **DV:** Original.

nach Basel gehe] Ball reiste mit dem Maxim-Ensemble Anfang November 1915 zu einem Gastspiel nach Basel, das vom 2. bis 30. November dauerte (vgl. HBK, S. 132). Am 1. November 1915 hat sich Ball bei der Basler Polizei angemeldet (vgl. HBK, S. 131).

Tribüne ... eine neue Nummer] ›Die neue Tribüne‹, Untertitel: (Unabhängige) Wochenblätter für Kultur und (Friedens-)Politik, kurzlebige, vom September bis November 1915 (Nr. 1-9) in Zürich erscheinende, pazifistische Wochenzeitschrift. Nach und neben dem ›Revoluzzer‹ das zweite Publikationsorgan, in dem Ball seit seiner Ankunft in Zürich veröffentlichte. Die seiner Schwester in Aussicht gestellte »neue Nummer« ist wohl die Nr. 7 vom 29. Oktober 1915, in der Balls Rezension des Buches ›Nous et eux‹ des französischen Kulturkritikers und Essayisten André Suarès (1868-1948) erschienen ist. Die ›alte‹, letzte Nummer der ›Neuen Tribüne‹, die Ball seiner Schwester in einem früheren Brief vom Oktober zugeschickt hat, ist die Nr. 4 vom 8. Oktober 1915; in ihr findet sich Balls Übersetzung des Schlußkapitels des Buches von Suarès: ›Die Klage von Reims‹ (HBK, S. 129). – In seinem dritten und letzten Beitrag für die ›Neue Tribüne‹ (abgedruckt als Editorial in der Nr. 8 vom 5. November 1915) setzt sich Ball unter dem Titel ›Das wahre Gesicht‹ erstmals mit der Frage der Kriegsschuld Deutschlands am Ersten Weltkrieg und mit dem deutschen Geist auseinander.

Krasnojarsk] Russische Stadt am Jenissej im südlichen Sibirien.

Astrachan] Russische Stadt am Wolgadelta, ca. 80 km vom Kaspischen Meer entfernt.

Ich lebe hier mitten unter den kleinen Leuten] Gemeint ist das Milieu der Cabarets und Varietés im Züricher Vergnügungs- und Unterhaltungsviertel Niederdorf, insbesondere die Atmosphäre im Maxim-Ensemble von Ernst Michel-Flamingo, bei dem Ball vom Oktober bis Ende Dezember 1915 als Pianist und Schreiber kleiner Szenarien engagiert war. Die große Bedeutung der Varieté-Zeit mit dem Maxim-Ensemble für Hugo Ball hat Emmy Hennings hervorgehoben. Sie ist fest davon überzeugt, daß Ball durch die Mitglieder des Maxim-Ensembles »stärker beeinflußt wurde, als durch manche Heiligengeschichte« (HBA 1984, S. 113): »Seine Hingabe war überall vollendet, ja für den Zuschauer erschreckend. Im Varieté hätte man meinen können, er gehört zu diesen Leuten.« (HBA 1984, S. 105).

die Memoiren des Fürsten Krapotkin] Schriften des russischen Anarchisten Peter Kropotkin (1842-1921) hat Ball schon seit November 1914 in Berlin gelesen (vgl. Flucht, S. 16 f. sowie Nr. 56 und 59). Die ›Memoiren‹ Kropotkins kannte Ball offenbar – Namensform und Adelsbezeichnung »Fürst Peter Krapotkin« deuten darauf hin – in der deutschen Erstausgabe: Fürst Peter Krapotkin: ›Memoiren eines Revolutionärs‹. Autorisierte Uebersetzung von Max Pannwitz. 2 Bände. Stuttgart 1900.

Kaufmänn. Verein] Vgl. *Nr. 41*.

Heinrich Heine liebe ich über alles] Erste Erwähnung Heines in Balls Briefen. Ähnlich enthusiastische Äußerungen über Heine auch in den Briefen Nr. 81, 88 und 105.

78. An Maria Hildebrand, 12.11.1915

H: Hs. Brief; 1 Bl., 4 S. **F:** HBN. **E:** Briefe, S. 48 f. **DV:** Original.

einliegenden Brief schrieb ich im September] Nr. 76.

kleinen Roman] Wahrscheinlich meint Ball hiermit nicht den erst ein Jahr später niedergeschriebenen Varieté-Roman ›Flametti‹, den er ebenfalls wiederholt als »kleinen Roman« bezeichnete (vgl. Nr. 106, Nr. 115 und Nr. 119), sondern den erst 1967 unter dem Titel ›Tenderenda der Phantast‹ erschienenen »Phantastenroman«, aus dem Ball einen Monat nach diesem Brief, am 17. Dezember 1915 auf dem ›I. Abend deutscher Autoren‹, zwei Kapitel rezitierte. Im ›Programm‹ zu diesem Abend heißt es: »Zwei Kapitel aus einem imaginären Roman: ›Café Sauvage‹, ›Das Carousselpferd Johann‹« (vgl. *Nr. 81* – »Programm unserer neulichen Soiree«).

Kapellmeister] Abgesehen von seiner Aufgabe als Stückeschreiber betätigte sich Ball im Maxim-Ensemble vor allem als Pianist. Über dessen Relevanz äußert sich Emmy Hennings in ihren Erinnerungen an die Varieté-Zeit: »Der Klavierspieler eines solchen Ensembles ist der am meisten Beschäftigte und das Klavier darf er während einer Vorstellung nicht verlassen. Er muß auch in den Pausen entweder den Mississippi-Marsch oder irgend eine Operette spielen. Das Klavier darf nur in später Nacht oder in früher Morgenstunde ruhen. Und der Spieler auch, wenn ihn nicht die vielen Töne bis in den Traum verfolgen. Nachts, um zwei Uhr, sagte Hugo manchmal, wenn er zu arbeiten versuchte: ›Das Klavier hats gut. Es weiß nicht um die Melodien, die in ihm liegen, nur ich, nur ich. Das steht jetzt da unten im Lokal, tot und stumm. Nur meine Ohren hängen noch am Lärm!« (HBA 1984, S. 105 f.).

kleine Stücke für das Ensemble (eine Apachennummer, eine Haremsnummer)] Nach Anzeigen des Maxim-Ensembles im ›Tagblatt der Stadt Zürich‹ und in der Basler ›National-Zeitung‹ (vgl. Dada in Zürich, S. 67, Anm. 54 sowie HBK, S. 132) haben die beiden von Ball verfaßten Stücke folgende Titel: ›Die Delawaren Indianer‹ und ›Der Sultan von Marokko oder: Im Harem‹. Im 4. Kapitel seines autobiographischen Varieté-Romans ›Flametti‹ hat Ball die Premiere des Ausstattungsstücks ›Die Indianer‹ bzw. ›Die Delawaren‹ ausführlich beschrieben. Die ›Harems‹-Nummer wird im Roman nur kurz erwähnt (Flametti, S. 138).

ein hübsches Zimmer im Varieté-Restaurant] Über dieses Zimmer schreibt Emmy Ball-Hennings in ihren Erinnerungen: »Wir bekamen das größte und beste Zimmer. Ball sagte allerdings, es sei ›kahl wie ein Operationsraum in einem Krankenhaus dritter Klasse‹ gewesen [...]. Wir hatten einen großen Kachelofen, der eine freundliche Wärme gab und unsere Kollegen hatten in ihren Zimmern kaum eine Heizgelegenheit. Daher kam man abends auch zu uns, um sich zu erwärmen, und auch tagsüber hielt man sich bei uns auf. Um den Ofen waren Schnüre gespannt, auf denen wurden die Spitzenkleider, die in der Bühnengarderobe feucht geworden, hingehängt.« (HBA 1984, S. 111 f.)

Zwei Aufsätze sind wieder erschienen von uns] Die Rezension des Buches von Suarès (in: ›Die neue Tribüne‹, Nr. 7 vom 29.10.1915) und der Aufsatz ›Das wahre Gesicht‹ (in: ›Die neue Tribüne‹ Nr. 8 vom 5.11.1915). Vgl. *Nr. 77* – »Tribüne«.

Ein eigenes Ensemble haben ... bis ein richtiges Theater daraus wird] Erster Hinweis Balls auf sein Vorhaben, in Zürich etwas Ambitionierteres auf die Beine zu stellen, als im Maxim-Ensemble als Tingeltangel-Artist aufzutreten. Ende Dezember konkretisiert Ball diesen Plan: Er will in Kürze

»ein literarisches Cabarett« aufmachen (vgl. Nr. 82), das er später auf den Namen ›Cabaret Voltaire‹ taufen wird.

Am 1. Dez. sind wir wieder in Zürich] Balls Gastspiel mit dem Maxim-Ensemble in Basel dauerte bis zum 30. November 1915. An diesem Tag war die Abschiedsvorstellung des Ensembles in Basel, gleichzeitig lief für Ball und Emmy Hennings die Aufenthalts- und Arbeitsbewilligung der Basler Polizei ab (vgl. HBK, S. 131 f.).

den kleinen Band ihrer Gedichte] Es handelt sich um den lediglich 11 Seiten umfassenden Gedichtband ›Die letzte Freude‹ von Emmy Hennings, der 1913 als 5. Band der berühmten expressionistischen Buchreihe ›Der jüngste Tag‹ im Kurt Wolff Verlag, Leipzig, erschien.

79. An Käthe Brodnitz, 16.11.1915

H: Hs. Brief; 3 Bl., 9 S. Adresse: Frl. / Dr. Käthe Brodnitz / *Berlin. Keithstrasse 16* [Straßenname und Nummer durchgestrichen; darüber und darunter von fremder Hand: »NW 23« und »Klopstockstr. 21 1 Tr. links«]. **F:** DLA. **E:** Sheppard 1972, S. 45-48. **DV:** Original.

Münchener Prozess … Herrn Dr. Leybold in Hamburg meine Zeugenschaft angetragen] Die Münchnerin Josephine (»Finny«) Morstadt hatte am 23. August 1914 einen wahrscheinlich von Hans Leybold gezeugten Sohn (Vorname »Hans«) geboren, um den eine Vaterschaftsklage angestrengt wurde. Da Hans Leybold am 8. September 1914 gestorben war, wurde der Prozeß 1915 vor dem Amtsgericht München (Vormundschaftsgericht) gegen dessen Vater Dr. Wilhelm Leybold (1860-1938) geführt. Da die Akten vom Amtsgericht München eingestampft wurden, ist über das Gerichtsverfahren, seinen Verlauf und sein Ergebnis nichts überliefert (vgl. Faul 2003, S. 19 f.). Daß auch Ball in den Fall verwickelt war, geht aus einem Eintrag Erich Mühsams in sein Tagebuch vom 20. Juli 1915 hervor: »Mit neunzehn Jahren wird sie [Finny Morstadt] selbst (von Leybold) schwanger, muß, um der ›Schande‹ zu entgehen, in der Schweiz entbinden, bekommt durch die Anstrengungen der Reise und die Verhinderung, das Kind selbst zu nähren, Gebärmuttersenkung. […] Finnys Kleiner wird hertransportiert, und nun sitzt das Mädel […] in München herum und macht sich verflucht wenig Gedanken um Vergangenheit und Zukunft. Ich strebe an, auch die Vormundschaft über ihren kleinen Jungen zu kriegen, um den Großvater Leybold sowohl wie auch Herrn Hugo Ball zum Alimentezahlen zu zwingen. Der alte L. weigert sich zu zahlen, weil aus einem Brief Balls an Leybold hervorging, daß auch er mit Finny in der Konzeptionszeit zu tun hatte. Aus dem Brief ging aber auch hervor, daß Ball den Koitus nur herbeiführte, um dem Freunde Hans Leybold von der Alimentationspflicht zu helfen.« (Mühsam, S. 150 f.).

Gespräch in Swinemünde] Vor der Rückreise von Berlin nach München hatte Ball um den 20. Juli 1914 einen Abstecher an die Ostsee nach Swinemünde gemacht (vgl. Nr. 50), um dort seinen Freund Hans Leybold zu treffen.

nach München zurück] Am Morgen des 23. Juli 1914 (vgl. Nr. 50).

er glaube syphilitisch zu sein] Daß Leybold glaubte, unheilbar an Syphilis erkrankt zu sein und daher keinen Ausweg mehr aus seiner Situation sah, ist wohl das wahrscheinlichste Motiv für seinen Freitod am 7. September 1914 in seiner Garnison Itzehoe, wo er sich erschoß.

Huelsenbeck, der damals sich ich glaube in Berlin aufhielt] Ball irrt sich nicht: Huelsenbeck hat sich, von München kommend, am 5. Mai 1914 an der Universität in Berlin immatrikuliert, wo er zumindest bis August 1914 in der Wilmersdorfer Uhlandstraße 31 wohnte (vgl. Nenzel, S. 96). Dies war auch Balls Berliner Adresse vor seiner Emigration in die Schweiz (vgl. Balls Briefe vom 10. Februar 1915 (Nr. 62) und vom 10. März 1915 an August Hofmann (Nr. 64). Huelsenbeck ist damals offenbar bei seinem Freund Ball in die Uhlandstraße 31 eingezogen.

Ohrenleiden ... Verwundung] Die Familie Leybolds gab, um den skandalösen Selbstmord des Sohnes zu vertuschen, ein Ohrenleiden als Todesursache an. Freunde und Bekannte glaubten, er sei an einer Verwundung gestorben, die er sich an der belgischen Front im August 1914 zugezogen hatte. Auch Ball insinuiert in seiner ›Totenrede‹ auf Leybold (vom 12. Februar 1915), obwohl er spätestens seit Ende Juli 1914 von der Syphilis seines Freundes wußte, eine Verwundung als Ursache für dessen Tod: »Eines Tages, mitten im Krieg, stürzte er vom Pferd, vor der Stadt Namur, kam zurück nach Berlin [...] und begab sich in seine Garnison Itzehoe, von wo er depeschieren ließ, er sei mit dem Tode abgegangen.« (Schriften, S. 28). Leybold ist zwar an der Front in Belgien verwundet, aber schon nach einem zweiwöchigen Lazarettaufenthalt am 4. September 1914 wieder als »dienstfähig« zur Truppe entlassen worden (vgl. Faul 1989, S. 111 f.).

was ihn abhielt, sein Leben so mit dem Ihrigen zu verbinden] Seine Syphiliserkrankung und die Gefahr, die Freundin Käthe Brodnitz damit anzustecken.

eine andre Adresse] Berlin, Keithstraße 23.

Mit dem »Schreiberlein« hatte ich kein Glück] Käthe Brodnitz hat die »Novelle« kurze Zeit später selbst untergebracht: in Maximilian Hardens Wochenschrift ›Die Zukunft‹ vom 5. Februar 1916 (Bd. 94, 1916, S. 62 f.), in der die Novellette ›Das Schreiberlein‹ zusammen mit vier weiteren kleinen Prosastücken unter dem gemeinsamen Gattungsbegriff ›Skizzen‹ erschienen ist, den Käthe Brodnitz auch später für ihre kleinen Prosatexte benutzte (vgl. ›Die Zukunft‹ vom 15. Juli 1916 [Bd. 96, 1916, S. 38-42: ›Drei Skizzen‹] und vom 29. September 1916 [Bd. 96, 1916, S. 391 f.: Skizzen]). Käthe Brodnitz hat die Novellette (unter dem Titel ›Das revolutionäre Schreiberlein‹) am ›1. Abend deutscher Autoren‹ am 17. Dezember 1915 in Zürich vorgelesen (vgl. Beilage im Kommentar zu Nr. 81 vom 20. Dezember 1915).

Die Zeitung hat eine sozialistische Redaktion] Gemeint ist die von Januar 1915 bis August 1916 in Zürich erscheinende sozialistische Zeitung ›Der Revoluzzer‹.

kleinen (Vorstadt-)Varieté] Dem Briefkopf und Anzeigen des Ensembles in der Basler ›National-Zeitung‹ (vgl. HBK, S. 132) ist zu entnehmen, daß Ball in Basel mit dem Maxim-Ensemble im »Varieté-Glock« bzw. in der »Konzerthalle Glock« in der »Äschenvorstadt 45« aufgetreten ist. Diese Lokalität war zugleich die Adresse, unter der die Mitglieder des Ensembles in Basel wohnten (vgl. HBK, S. 131). Zu dem Lokal, in dem gespielt wurde, und zu dem von Ball und ihr bewohnten »Glock«-Zimmer vgl. Emmy Ball-Hennings' Schilderung in ihren Erinnerungen ›Rebellen und Bekenner‹ von etwa 1931/32 (HBA 1984, S. 106, 111-113). Die »Äschenvorstadt« genannte Straße geht vom Äschenplatz in Richtung Marktplatz ab. Die Verlängerung der Äschenvorstadt ist die direkt zum Marktplatz führende Freie Straße.

Schlangenmenschen, Feuerfresser, Drahtseilkünstler] Der im Maxim-Ensemble als »Schlangenmensch« auftretende Artist hieß Gottfried Kiener (vgl. HBA 1982, S. 145, 138; vgl. auch HBA 1984, S. 108), sein fiktiver Bruder in Balls Roman ›Flametti‹ heißt Bobby Piener. – Als »Feuerfresser« trat der Direktor des Maxim-Ensembles auf: »Flamingo« mit Künstler-, Ernst Michel mit bürgerlichem Namen – der »Flametti« in Balls gleichnamigem Roman (vgl. HBA 1982, S. 144 sowie HBA 1984, S. 106). – Die »Drahtseilkünstlerin« des Maxim-Ensembles nannte sich »Arabella« (vgl. HBA 1982, S. 145 f. sowie HBK, S. 132 f.), in Balls Roman ›Flametti‹ heißt sie »Raffaëla«.

Apachen] Um 1900 aufgekommenes, umgangssprachliches Modewort, zunächst auf die Pariser »Apachen« (les apaches), d.h. auf Gestalten der Pariser Halb- und Unterwelt bezogen. Das Wort wird schnell auch in Kreisen der deutschsprachigen Boheme und Subkultur gebräuchlich, es bedeutet etwa: Strolch, Gauner, Zuhälter, Großstadt-Ganove. In seinem Boheme-Roman ›Flametti‹, den er als »Apachenbuch« bezeichnet (vgl. Nr. 106), verwendet Ball den Begriff »Apachen« bzw. »Pariser Apachen« an mehreren Stellen (vgl. Flametti, S. 29, 56, 134, 210). Emmy Hennings hat 1915 in der ›Aktion‹ ein ›Apachenlied‹ veröffentlicht (vgl. EBH Katalog, S. 97) und 1917 eine nie erschienene Sammlung ›Verse und Prosa‹ zusammengestellt, in der sich weitere ›Apachenlieder‹ finden (vgl. EBH Katalog, S. 149). Zu weiteren ›Apachen‹-Belegen wie »Apachensprache«, »Apachenviertel«, »Apachenpfiff« vgl. Flucht, S. 48, HBA 1990, S. 33 und HBA 1991, S. 82.

80. An Maria Hildebrand, 9.12.1915

H: Hs. Postkarte, beidseitig beschrieben. Adresse: Frau / Maria Hildebrand / Pirmasens. Rhpfalz. / Pfälzische Bank. **F:** HBN. **DV:** Original.

einen aus Basel] Nr. 78.

einen neulich von hier] Ein Brief aus Zürich vom Anfang Dezember 1915 an Maria Hildebrand hat sich nicht erhalten.

Samstag und Sonntag sind wir in Baden] Das Maxim-Ensemble gastierte demnach am 11. (Samstag) und 12. (Sonntag) Dezember 1915 in dem etwa 20 km nordwestlich von Zürich gelegenen Kurort.

Hotel Hirschen] Das Hotel und Cabaret ›Hirschen‹, in dem das Maxim-Ensemble mit Emmy Hennings und Hugo Ball im Herbst 1915 auftrat, lag an der Niederdorfstrasse 13 (vgl. Dada-Plan von Zürich, Nr. 9).

Gretel] Margarete Hildebrand (vgl. *Nr. 10*).

Wann muss Heinrich fort] Es geht hier um die Einberufung von Balls Schwager Heinrich Hildebrand (vgl. *Nr. 4*) zum Kriegsdienst.

wieder neue Arbeiten von mir] Die einzige literarische Arbeit von Ball, die zum Jahreswechsel 1915/16 herauskam, ist das pazifistische Soldatenlied ›Totentanz 1916‹, das Anfang Januar in der ersten Nummer des zweiten Jahrgangs des ›Revoluzzers‹ erschienen ist.

81. An Maria Hildebrand, 20.12.1915

H: Ms. Brief mit eigenh. Unterschrift; 2 Bl., 3 S. **F:** HBN. **E:** Briefe, S. 50. **DV:** Original.

Beilagen: Programm zum ›I. Abend deutscher Autoren‹ (Abbildung in diesem Band, S. 681 f.).
Undatierter, bisher ungedruckter Brief von Else Lasker-Schüler:

»Kleine Emy, vielen Dank, auch Herrn Hugo Ball für die schwarze Karte. Diese Negerin möchte ich auch mal sehen, eine Riesendame in Schwarz. Wie schön von Ihnen, Emyli, daß ich mit Euch singen soll – gern sing ich, aber wie der Vogel singt.
Vielleicht reise ich mal in die Schweiz und komm plötzlich in Euer Theater. Grüßt indessen die Negerin von mir und seien Sie beide gegrüßt vom Prinzen Jussuf von Theben«.

Hs. Postskriptum von Emmy Hennings: »Liebe und verehrte Frau Hildebrand! Herzliche Weihnachtsgrüße Ihre Emmy Hennings.«

Bemühungen bei der lieben Mutter] Balls Mutter hatte den ›verlorenen‹ Sohn im November überraschend in Basel besucht. Zu diesem für alle Beteiligten unerfreulichen Besuch bemerkt Emmy Ball-Hennings in ihren Erinnerungen: »Seine Mutter hat ihn hier für einen Tag in Basel besucht, um ihn zu bewegen nach Deutschland zurückzukehren. Daß sie, eine in gut bürgerlichen Verhältnissen lebende Frau, erschrocken war, ihren Sohn in der Umgebung von Varietéleuten zu sehen, läßt sich denken. Sie war eine glühende Patriotin und verlangte, daß ihr Sohn sich ›dem Vaterland zur Verfügung stelle‹. Er protestierte: ›Ja, auf meine Weise, nur auf meine Weise.‹ Er möge sich einreihen lassen. Er aber ließ sich nicht so einfach einreihen. Die Mutter hat unser Zimmer [in der ›Glock‹] nicht gesehen, konnte auch nicht ins Herz und in den Kopf ihres Kindes hineinsehen und dieses konnte sich erklären, soviel es wollte, es konnte nicht verstanden werden. Bei alledem war Hugo das Sorgenkind seiner Mutter gewesen, die gewiß tief betrübt in die Heimat zurückgereist ist.« (HBA 1984, S. 117)

Programm unserer neulichen Soiree] Das gedruckte Programm zu diesem ›I. Abend deutscher Autoren‹, der am 17. Dezember 1915 stattfand, liegt dem Brief bei (vgl. Abb. in diesem Band, S. 681 f.).

Der Besuch aus Berlin … Die beiden Damen] Käthe Brodnitz und Elisabeth von Schmidt-Pauli (siehe unten).

Hotel Bellevue und auf der Terrasse] Am Bellevue-Platz gelegenes Hotel, in dessen Nähe, am Limmatquai 3, sich das Café ›de la Terrasse‹ befand. Hier verfaßten Hans Arp, Tristan Tzara und Walter Serner gemeinsam das automatische Simultangedicht ›Die Hyperbel vom Krokodilcoiffeur und dem Spazierstock‹.

Samstag früh] 18. Dezember 1915.

Frl. v. Schmidt-Pauli] Elisabeth von Schmidt-Pauli (1882-1956), produktive religiöse Schriftstellerin, vor allem Hagiographin und Biographin. Seit 1909 Studium der Theologie, Philosophie, Geschichte und Germanistik in Bonn, München, Straßburg und Berlin; 1914 Aufenthalt in den USA, wo sie wahrscheinlich Käthe Brodnitz kennenlernte; 1919 Bekanntschaft mit Rainer Maria Rilke in München, über den sie zwei Bücher schrieb; neben schriftstellerischer vor allem karitative Tätigkeit; gehörte zum Kreis um den Münchener Kardinal Michael von Faulhaber (1869-1952). Daten nach DLL 15, Sp. 443-445.

Dr. Marcuse aus München] Julian Marcuse (geb. 1862), Nervenarzt und Schriftsteller; studierte in Zürich, Breslau und Würzburg Medizin (Promotion 1887); war von 1905-1923 Chefarzt des Sanatoriums Ebenhausen (bei München) und praktizierte danach als Nervenarzt in München. Zahlreiche Publikationen zur Diätetik, Hydrotherapie, Hygiene und zur sexuellen Aufklärung.

Dr. Hochdorf] Max Hochdorf (1880-1948), Journalist, Schriftsteller, Übersetzer. Wurde 1920 mit einer Arbeit über Gottfried Keller an der Universität Fribourg (Schweiz) promoviert. War von 1918-1933 Theaterkritiker des sozialdemokratischen ›Vorwärts‹, zwischenzeitlich Auslandskorrespondent des ›Berliner Tagblatts‹ in Brüssel und Paris. Kritisierte in dem 1932 erschienenen Buch ›Die große Trommel‹ den Nationalsozialismus. Floh 1933 nach Brüssel. Ließ sich 1936 in Ancona (Italien) nieder. Lebte während der deutschen Besetzung 1941-1944 unter falschem Namen in Brüssel. Verfaßte Biographien, Sachbücher, Romane, Novellen und übersetzte Balzac, Hugo und Henri Barbusse (›Die Hölle‹, 1919) ins Deutsche (vgl. DBE 5, S. 80). – Hochdorf hat 1919 Balls Roman ›Flametti‹ rezensiert in: ›Sozialistische Monatshefte‹, Jg. 25, Bd. 53, Heft 17/18 vom 4.8.1919 (vgl. HBB, Nr. 1046, S. 63).

Emmys Roman] Gemeint ist der mit dem Arbeitstitel ›Dagny‹ versehene Roman, aus dem Emmy Hennings auf dem ›I. Abend deutscher Autoren‹ am 17. Dezember 1915, den Max Hochdorf offensichtlich besuchte, vorgelesen hat. Unter den unpublizierten Werkmanuskripten im Nachlaß finden sich drei ›Dagny‹ betitelte Prosatexte – ›Dagny III‹, ›Dagny IV‹ und ›Dagny (ein Fragment)‹ –, in denen Emmy Hennings ihre Erlebnisse aus der Zeit vor der Emigration in die Schweiz literarisch verarbeitet. Aus ihnen zitiert Bärbel Reetz (S. 114 f., 126, 344 f.) in ihrer Emmy Ball-Hennings-Biographie mehrere Passagen. Schon in ihrer autobiographischen Prosaskizze ›Die Kellnerin‹, die im März 1914 im dritten Heft der Zeitschrift ›Die Neue Kunst‹ (S. 274-276) erschien, hatte Emmy Hennings für die Titelfigur den Namen »Dagny« verwendet. Auch die als Alter ego fungierende Ich-Erzählerin ihres Tagebuch-Romans ›Das Brandmal‹ (1920) heißt Dagny, wie übrigens auch eine Nebenfigur in ihren Jugenderinnerungen ›Blume und Flamme‹ von 1938 (vgl. letztes Kapitel ›Im Atelier Leise‹). Auch bei anderen expressionistischen Autoren kommt Dagny als literarische Figur vor (vgl. besonders Franz Jung: ›Dagne‹. In: ›Die Aktion‹, Jg. 3, Nr. 12 vom 18. März 1913 sowie Johannes R. Becher: ›Um Dagny heulen wir Gespenster‹. In: J. R. B.: ›Verfall und Triumph‹. 2. Teil: ›Versuche in Prosa‹. Berlin 1914, S. 109-118). Reales Vorbild all dieser literarischen Dagny-Figuren war die erste Frau des polnischen Dichters und Bohemiens Stanisław Przybyszewski, die Norwegerin Dagny Juel, die Przybyszewski 1893 in Berlin heiratete und die 1901 in Georgien von einem jungen Liebhaber erschossen wurde. Ausgestattet mit großer erotischer

Attraktivität, war Dagny Juel bis ins expressionistische Jahrzehnt *die* Verkörperung der Femme Fatale (vgl. Michael Rohrwasser: ›DAGNY JUEL. Collage mit Rahmen‹. In: ›Hommage à Franz Jung. Der Torpedokäfer‹. Hrsg. von Lutz Schulenburg. Hamburg 1988, S. 57-67).

seinem Verlag (Fleischel & Co.)] Max Hochdorf hat im Verlag Egon Fleischel & Co., Berlin, unter anderem den Novellenband ›Dunkelheiten‹ (1908) und den Roman ›Die Träume der Nathalie Braunstein‹ veröffentlicht. Der Verlag wurde am 1. Juli 1903 in Berlin gegründet. Seine Inhaber waren Egon Fleischel und Fritz Th. Cohn. 1909 ging ein Teil des Verlags an Cotta, Stuttgart, der Rest 1921 an die Deutsche Verlags-Anstalt, Stuttgart, über.

Fritz Engel] Fritz Engel (1867-1935), deutscher Redakteur, Theaterkritiker und Schriftsteller; Studium der Literatur in München und Berlin; seit 1890 Redakteur des ›Ulk‹, einer Beilage des ›Berliner Tageblatts‹, bis 1933 Redakteur des ›Berliner Tageblatts‹ und seiner ›Zeitgeist‹-Beilage; 1911 zusammen mit Richard Dehmel Gründer und bis 1933 Vorsitzender der Kleiststiftung, Vorstandsmitglied der Kleistgesellschaft, Mitglied zahlreicher kultureller Vereinigungen; Bearbeiter der Bände über Bernhard Shaw, Rolf Lauckner, Oscar Wilde, Fritz von Unruh und Shakespeare für die Sammlung ›Schneiders Bühnenführer‹ (1921/22); Verfasser des Lustspiels ›Der Kompagnieball‹ (1894) und der Gedichtbände ›Und draußen ist Krieg!‹ (1915) und ›Wir sind jung! Zeitgedichte‹ (1916). Angaben nach: ›Lexikon deutsch-jüdischer Autoren‹, Bd. 6. München 1998, S. 366-371.

Dr. Korrodi] Eduard Korrodi (1885-1955), seit 1904 Studium der Deutschen Sprache und Literatur in Berlin und Zürich; Promotion im WS 1911/12 an der Züricher Universität mit der Arbeit ›Stilstudien zu C.F. Meyers Novellen‹ (Leipzig 1912); danach einige Zeit Deutschlehrer an einem Züricher Gymnasium; wohl seit Herbst 1915 bei der ›Neuen Zürcher Zeitung‹ beschäftigt, schon damals oder später als Redakteur des literarischen Teils der NZZ. – Eine Kritik Korrodis zu einer Vorstellung des Maxim-Ensembles oder später zu einer Dada-Soirée ist in der NZZ nicht erschienen (vgl. Dada in Zürich, S. 60-62, S. 77, Anm. 227). Dies bedeutet jedoch nicht, daß Korrodi und die NZZ, wie Huelsenbeck (1957, S. 60) rückblickend vermutete, den Dadaisten »feindlich gesinnt« gewesen seien.

Den Weihnachtsabend] An einem Vorweihnachtsabend des Jahres 1915 hat der Maler Christian Schad die Soubrette Emmy Hennings bei einem Auftritt des Maxim-Ensembles im ›Hirschen‹ erlebt. In seinen ›Erinnerungen um Walter Serner‹ schreibt er über sie: »Sie wirkte zerbrechlich und oft etwas verloren und wie verweht. An diesem Abend aber war sie auffallend freudig erregt und voll sprühender Ideen. [...] Als sie ihre Sammelrunde gemacht hatte – wie alle Mädchen des Ensembles mußte sie ab und zu mit einer Muschel von Tisch zu Tisch gehen und Geld sammeln – setzte sie sich neben mich und verriet mir leise, daß Ball ihr zu Weihnachten – sie war damals Morphinistin und wurde von Ball darin kurz gehalten – eine zusätzliche Spritze erlauben würde, und das mache sie so glücklich.« (Christian Schad: ›Relative Realitäten. Erinnerungen um Walter Serner‹. In: Walter Serner: ›Die Tigerin. Eine absonderliche Liebesgeschichte‹. München 1971, S. 225 f.).

bei der Direktion ... der Direktor] Auf einem Plakat des Maxim-Ensembles (vgl. HBK, S. 130) ist zu lesen: »Direktion: E. Michel-Flamingo«. Mit bürgerlichem Namen hieß der unter dem Künstlernamen »Flamingo« auftretende Direktor: Ernst Alexander Michel. Er wurde am 2. April 1881 in Bern geboren, wo er am 26. März 1945 starb (vgl. HBA 1982, S. 135 f., Anm. 7). Michel heiratete am 10. August 1915 zum zweiten Mal, und zwar Katharina Wilhelmina Weichel, die 1933 in Bern starb. In seinem Varieté-Roman hat Ball den Direktor Michel-Flamingo unter dem Namen »Flametti« porträtiert. Emmy Hennings ist Michel-Flamingo, ihrem »Freund und Brotgeber von einst«, später noch dreimal begegnet: Im März 1919 auf dem Berner Bahnhof, bei welcher Gelegenheit Ernst Michel »auf das Wohl« seines »Dichters« Hugo Ball getrunken hat (vgl. HBA 1984, S. 138 f.), am 16. Oktober 1922 in Agnuzzo (vgl. Balls Eintrag ins Tagebuch unter diesem Tag) und Ende April 1926 auf dem Marktplatz von Lugano (vgl. HBA 1984, S. 66-69).

Aufsätze ... über die »Junge Literatur« ... was ich Dir damals schickte] Ball hat seiner Schwester den Aufsatz über ›Die junge Literatur in Deutschland‹ geschickt, der am 14.8.1915 im ›Revoluzzer‹ (Jg. 1, Nr. 10, S. 3 f.) erschienen ist. Wiederabgedruckt in: Schriften, S. 32-35.

Heine über Ludwig Börne] Unter dem vom Verleger Julius Campe eigenmächtig geänderten Titel ›Heinrich Heine über Ludwig Börne‹ erschien im August 1840 in Hamburg Heines öffentliche Replik auf die gegen ihn gerichteten Angriffe Börnes. Der von Heine autorisierte Titel seines Börne-Buches lautet: ›Ludwig Börne. Eine Denkschrift von H. Heine‹.

Karte für die Museumsgesellschaft] Wegen ihrer Bibliothek und der Lesesäle mit einem reichhaltigen, internationalen Zeitschriftenangebot wurde die Museumsgesellschaft am Limmatquai 62 von Emigranten häufig und gern benutzt. Während des Ersten Weltkriegs verkehrten dort unter anderen: Lenin, Leonhard Frank, Ludwig Rubiner, Ferdinand Hardekopf, Tristan Tzara. Im Jahresbericht 1915 der Museumsgesellschaft heißt es: »Das zweite Jahr des furchtbaren Krieges hat im Betriebe unserer friedlichen Gesellschaft stärkere Spuren hinterlassen als das Jahr 1914. [...] Manchem ist beim Gedanken an die frühere Bequemlichkeit unserer Lesesäle das Gedränge recht unangenehm [...]. Das Erscheinen so vieler fremder Gesichter trägt nicht zur gesuchten Beruhigung bei.« (zit. nach: Dada in Zürich, S. 85)

82. An Käthe Brodnitz, 29.12.1915

H: Ms. Brief mit eigenh. Unterschrift und hs. Postskriptum. 2 Bl., 4 S. **F:** DLA. **E:** Sheppard 1972, S. 48 f. **DV:** Original.

Ihre Teilnahme am Abend] Am ›I. Abend deutscher Autoren‹, der am 17. Dezember 1915 stattfand.

am 1. Jan. kündigen wir] Ende 1915 machte Ernst Michel-Flamingo mit seinem Maxim-Ensemble Pleite. Ball kündigte zum 1. Januar 1916 und gründete mit Emmy Hennings für kurze Zeit ein neues Varieté-Ensemble, das Arabella-Ensemble. Vgl. dazu *Nr. 84* .

die Polizei keine Konzessions-Schwierigkeiten macht] Der Polizeivorstand der Stadt Zürich machte keine Schwierigkeiten. Am 28. Januar 1916 verfügte er, daß dem Gesuch des Wirtes der ›Meierei‹ vom 19. Januar 1916 zur Einrichtung einer Künstlerkneipe »auf Zusehen hin« entsprochen werde (Dada in Zürich, S. 23, 68, Anm. 68).

in einer entzückenden kleinen Weinstube ein literarisches Cabarett aufmachen] Hinweis auf die bevorstehende Einrichtung einer Künstlerkneipe, des später sogenannten Cabaret Voltaire, im Lokal der holländischen ›Meierei‹ an der Züricher Spiegelgasse. Es war freilich nicht die Weinstube selbst, sondern der seit einiger Zeit leerstehende, der Weinstube angegliederte Saal mit Bühne und Platz für etwa 50 Personen, in dem die Künstlerkneipe in der ›Meierei‹ eingerichtet wurde.

gar keine Kritiken erschienen] Zum ›I. Abend deutscher Autoren‹ (17. Dezember 1915) gab es in der Züricher Presse lediglich Veranstaltungshinweise in der ›Züricher Post‹ vom 16.12.1915, Nr. 508, im ›Volksrecht‹ vom 16.12.1915, Nr. 294 und in der ›Neuen Zürcher Zeitung‹ vom 14.12.1915, Nr. 1713 (vgl. Dada in Zürich, S. 76 f., Anm. 224, 226, 227).

wir zwei Andern] Emmy Hennings und Hugo Ball. Die Formulierung könnte darauf hindeuten, daß außer den beiden Maxim-Mitgliedern noch *zwei* weitere Personen an dem ›I. Abend deutscher Autoren‹ mitwirkten: nicht nur – wie im ›Programm‹ angekündigt – Käthe Brodnitz, sondern auch die aus Berlin nach Zürich mitgereiste Elisabeth von Schmidt-Pauli.

Aufnahme in den Zürcher Presseverein] »Der Verein der Schweizer Journalisten verfügt über keine Dokumente, die Aufschluss über eine Mitgliedschaft von Ball geben könnten.« (Dada in Zürich, S. 78, Anm. 238)

Inzwischen war auch René Schickele noch einmal hier] Auf seiner Reise durch die Schweiz, die er nach seinem ersten Aufenthalt in Ludwig Binswangers Kuranstalt Bellevue (Mitte bis Ende September 1915) angetreten hatte, war Schickele Anfang Oktober 1915 das erste Mal in Zürich. Ein zweites Mal für einen Tag am 2. Dezember 1915 wegen eines Termins beim Konsulatsarzt in Zürich. Und ein weiteres Mal, worauf sich das »inzwischen« in Balls Brief bezieht, vor Weihnachten 1915 (vgl. Debrunner, S. 24, 36, 38 f.). Begegnet sind sich Ball und Schickele in Zürich höchstwahrscheinlich Anfang Oktober und vor Weihnachten 1915.

Leonhard Frank] Der deutsche Schriftsteller Leonhard Frank (1882-1961) verfaßte vor allem Romane (›Die Räuberbande‹, 1914; ›Der Bürger‹, 1924; ›Die Jünger Jesu‹, 1949) und Erzählungen (›Die Ursache‹, 1915; ›Der Mensch ist gut‹, 1917; ›Karl und Anna‹, 1927); ließ sich ab 1905 in München als Kunstmaler ausbilden und verkehrte dort in der Münchner Boheme um den Psychoanalytiker Otto Gross; lebte seit 1910 in Berlin, wo er vermutlich Hugo Ball begegnete (vgl. HBK, S. 176); veröffentlichte 1913 erste Erzählungen in den expressionistischen Zeitschriften ›Revolution‹ und ›Die Neue Kunst‹, in denen auch Ball publizierte; nachdem er im Mai 1915 einen Journalisten, der die Versenkung der ›Lusitania‹ durch ein deutsches U-Boot als »größte Heldentat der Menschheitsgeschichte« bezeichnete, in Berlin öffentlich geohrfeigt hatte, emigrierte der aktivistische Pazifist und Sozialist im Sommer 1915 in die Schweiz, wo er sich zunächst meistenteils in Zürich aufhielt und im ›Schwänli‹-Kreis um den Züricher Arbeiterarzt Fritz Brupbacher erneut mit Ball zusammentraf (vgl. Dada in Zürich, S. 83 f.); besuchte Ende März / Anfang April 1916 das Cabaret Voltaire (vgl. Flucht, S. 86); geriet im Oktober 1916 wegen Beziehungs- und Schreibproblemen in eine schwere, auch durch die Kriegsereignisse bedingte existentielle Krise, in der ihm Ball, der auf einen »ängstlichen Brief« Franks sofort von Ascona nach Zürich reiste (vgl. Flucht, S. 127), nach Kräften beistand; in dieser Zeit sind beide »tief Freunde geworden« (vgl. Nr. 113). Trotz Verstimmungen zwischen dem »Moraliker« (Frank) und dem »Ästhetiker« (Ball) – Frank weigerte sich, bei der ›Sturm‹-Soirée in der Galerie Dada am 14. April 1917 »seine Friedens-Novelle ›Der Vater‹ [aus seiner Novellensammlung ›Der Mensch ist gut‹] lesen zu lassen« (Flucht, S. 159) – brachen die Kontakte auch in der Berner Zeit Balls nicht ab. Im November 1918 mußte Frank aus politischen Gründen die Schweiz verlassen. Er kehrte nach Deutschland zurück, flüchtete im Frühjahr 1933 in die USA und lebte von 1950 bis zu seinem Tod in München.

Der für Sie reservierte Lehrstuhl] Mit der Anrede »Sie« ist wahrscheinlich Hugo Ball gemeint, den Käthe Brodnitz in ihrer am Anfang dieses Briefes erwähnten »Karte aus Berlin« (oder gesprächsweise in Zürich) wohl ermuntert hatte, eine Lehrtätigkeit an der Züricher Universität ins Auge zur fassen. Käthe Brodnitz plante, an der Züricher Universität »zu dozieren« (Nr. 81). Hugo Ball spielte damals kurze Zeit mit dem Gedanken, sein Studium abzuschließen, das heißt: »nachträglich« in Zürich »zu doctorieren«, weshalb er seine Schwester Maria um Zusendung der »Urkunden« über seine »Universitätsstudien in München und Heidelberg« bat (Nr. 83). Wegen der fehlenden finanziellen Mittel verfolgte Ball den Plan einer Promotion an der Universität Zürich nicht weiter.

Stadler] Ernst Stadler (1883-1914), deutscher Dichter des Frühexpressionismus, Übersetzer, Literaturwissenschaftler; 1906 Promotion, 1906-1908 Stipendiat in Oxford, 1908 Habilitation; danach Privatdozent in Straßburg, 1910 Ruf an die Université libre in Brüssel, wo er bis 1914 lehrte; Anfang August 1914 zum Wehrdienst einberufen, fiel er am 30. Oktober 1914 bei Zaandvoorde, südöstlich der westbelgischen Stadt Ypern. – Ball und Huelsenbeck richteten Stadler und vier anderen »gefallenen« Dichtern am 12. Februar 1915 eine Gedächtnisfeier aus, bei der Alfred Richard Meyer über Ernst Stadler sprach und Resi Langer Verse von ihm rezitierte. Seine wichtigste Publikation zu Lebzeiten: die »René und Lannatsch Schickele« gewidmete Gedichtsammlung ›Der Aufbruch‹, 1914 im Leipziger Verlag der weißen Bücher erschienen.

Resi Langer] eigentl. Maria Theresia Langer (geb. 1890 in Breslau, gest. in New York, Todesjahr unbekannt), bedeutende deutsche Vortragskünstlerin, eine der ersten ihres Faches. Heiratete 1908 den Berliner Verleger Alfred Richard Meyer, von dem sie am 11. August 1915 geschieden wurde. Wirkte nicht nur an den Autorenabenden des A.R. Meyer Verlags als Vortragende mit, sondern veranstaltete auch eigene Vortragsabende, auf denen sie klassische und zeitgenössische Dichtungen rezitierte. War seit 1912 eng mit Ernst Stadler befreundet. Ball kannte Resi Langer persönlich spätestens seit dem 12. Februar 1915, als sie auf der von ihm veranstalteten ›Gedächtnisfeier für gefallene Dichter‹ Verse und Prosa der Gefallenen rezitierte, darunter Texte von Ernst Stadler. Auf dem Expressionistenabend am 12. Mai 1915 las sie Verse des gefallenen Dichters Alfred Lichtenstein. R. Langer war 1914/15 eine Zeitlang mit Richard Huelsenbeck liiert, der ihr »Geliebter« wurde (Huelsenbeck 1984, S. 188). Auch Hugo Ball »schätzte« sie »sehr«, »so daß sie eines Tages nicht mehr wußte, wen sie mehr schätzte, Hugo oder mich [Huelsenbeck].« (Huelsenbeck 1984, S. 99). Sie publizierte 1919 in Hannover ›Kinotypen. Vor und hinter den Filmkulissen. Zwölf Kapitel aus der Kinderstube des Films‹. Ihre Flucht vor den Nationalsozialisten führte sie über Italien und die Philippinen nach New York, wo sie ihren Lebensabend in einem katholischen Altersheim verbrachte. Zu Resi Langer vgl.: ›Ernst Stadler und seine Freundeskreise. Geistiges Europäertum zu Beginn des Zwanzigsten Jahrhunderts mit Bild- und Textdokumenten‹ dargestellt von Nina Schneider. Hamburg 1993, S. 195-203, 313.

Dr. Hochdorf] Vgl. *Nr. 81*.

Herr Hack, der »Bücherwurm«] Johannes (bzw. Hans) Hack (1886-1921), deutscher Buchhändler und Antiquar in Zürich; wichtige Randfigur des Züricher Dadaismus. Sein Antiquariat »Zum Bücherwurm« (Adresse: zunächst Oetenbachgasse 26, später Predigerplatz 14) war Treffpunkt der Emigranten und Dadaisten sowie Hauptumschlagplatz ihrer Schriften.

die Manuskripte, die Sie mir aufzubewahren versprachen] Es handelt sich um jene in München zurückgelassenen Manuskripte, die Ball bei seiner Emigration in die Schweiz nicht mitnehmen konnte und die Klabund auf Balls Bitte an Käthe Brodnitz geschickt hatte, bei der sie Ball »besser aufgehoben« glaubte als in München bei Klabund (vgl. Nr. 71).

83. An Maria Hildebrand, 3.1.1916

H: Hs. Postkarte; beidseitig beschrieben. Adresse: Frau / Maria Hildebrand / Pirmasens. Rhpfalz. / Pfälzische Bank. Im Adressfeld Stempel: »Geprüft«. **F:** HBN. **E:** Briefe, S. 50 f. **DV:** Original.

Papieren … dazumal aus Berlin sandte] Dies war wahrscheinlich Ende Mai 1915, als Ball gemeinsam mit Emmy Hennings in die Schweiz nach Zürich emigrierte.

Urkunden über meine Universitätsstudien in München und Heidelberg] Ball war im Winter-Semester 1906/07 und im Sommersemester 1907 an der Ludwig-Maximilians-Universität München und im Winter-Semester 1907/08, im Sommer-Semester 1908, im Sommer-Semester 1909 und im Winter-Semester 1909/10 an der Ruprecht-Karl-Universität Heidelberg immatrikuliert. Was Ball an Veranstaltungen in diesen Semestern belegt hat, geht aus den Belegbögen hervor, die Philip Mann im HBA 1979 (S. 1-6) veröffentlicht und kommentiert hat.

nachträglich hier zu doctorieren] 1909/1910 hatte Ball in Schnaitsee bei Wasserburg am Inn an seiner Dissertation gearbeitet, die den Titel ›Nietzsche in Basel‹ trug. Wahrscheinlich wollte er in Heidelberg promovieren, wo er seit 1907 begonnen hatte, sein Dissertationsvorhaben zu entwickeln (vgl. HBK, S. 12). – Käthe Brodnitz hat bei ihrem Besuch in Zürich Ball offenbar auf die Idee gebracht, nachträglich in Zürich zu promovieren (vgl. Nr. 82). Aus dem Plan wurde nichts.

meine Briefe zu Weihnacht] Der Brief vom 20. Dezember 1915 (Nr. 81) an seine Schwester Maria Hildebrand und der in diesem Brief erwähnte »ausführliche Weihnachtsbrief« vom selben Tag an seine Mutter.

84. An Käthe Brodnitz, 27.1./8.2.1916

H: Ms. Brief mit eigenh. Unterschrift; 3 Bl., 6 S. Adresse: Frl. Dr. Käthe Brodnitz / Berlin. Keithstrasse 16 [Strasse und Nummer durchgestrichen; von fremder Hand darunter: »15/2 Klopstockstr. 21. / N.W. 23«]. **F:** DLA. **E:** Sheppard 1972, S. 50-52. **DV:** Original.

Beilagen: Dem Brief liegen vier Zeitungsausschnitte zu den ersten Veranstaltungen des Cabaret Voltaire sowie eine ms. Pressenotiz bei, die wohl von Ball selbst stammt. Von den vier Ausschnitten hat Sheppard später in dem Heft ›Dada in Zürich in Zeitungen‹ nur drei veröffentlicht und zwar die am 3., 4. und 9. Februar 1916 in der NZZ erschienenen Ankündigungen bzw. Kurzbesprechungen (vgl. Sheppard 1992, S. 8-10). Eine weitere Ankündigung hat Sheppard nicht publiziert, sie lautet:

»*Künstlerkneipe Voltaire*. (Mitg.) Samstag 12. Februar, abends 8 Uhr, wird im Saale der ›Meierei‹ aus futuristischen Dichtungen vorgetragen, denen u. a. Rezitationen aus den Werken von Altenberg, Verlaine und Mallarmé folgen.«

Unveröffentlicht ist bisher auch die ms. Pressenotiz:

»*Hugo Ball*, der frühere Dramaturg, der *Münchener Kammerspiele*, der auch einige Zeit in Berlin wirkte und hier lebhaften Anteil an der Bewegung hatte, die das neue Volksbühnenhaus in Reinhardts Kreise brachte, ist nach *Zürich* übersiedelt und hat dort jetzt ein *künstlerisches Kabarett* eröffnet, *das ›Voltaire‹* heisst. Die Eröffnungsvorstellung, in der *Ball* selbst als Rezitator auftrat – er brachte u.a. eigene Dichtungen und Gedichte *Wedekinds* – ist von der Züricher Presse wohlwollend besprochen worden, umsomehr als sie auch sehr neutral gehalten war: u.a. wirkte auch ein Balalaika-Orchester mit, das aus *sechs Russen* gebildet war.«

seit 14 Tagen von unserem Ensemble weg] Ball und Emmy Hennings wären demnach bis zum 13. Januar 1916 beim Maxim-Ensemble gewesen, was jedoch unwahrscheinlich ist, da sie bereits am 8., 9. und 10. Januar 1916 mit ihrem »eigenen Ensemble« (vgl. folgende Erläuterung) am Bodensee auf Tournee waren.

eigenes Ensemble ... am Bodensee gastiert] Nach ihrer Kündigung beim Maxim-Ensemble gründeten Ball und Emmy Hennings – unterstützt von einigen Mitgliedern des aufgelösten Maxim-Ensembles – im Januar 1916 ein »eigenes Ensemble«, das »Arabella-Ensemble«, benannt nach der Spitzen- bzw. Drahtseiltänzerin der Varieté-Gruppe, mit der sie in verschiedenen Städten am Bodensee und in der Nordschweiz gastierten, u.a. in Arbon, Amriswil und Baden bei Zürich. Gastspiele des Arabella-Ensembles sind für den 8., 9. und 10. Januar 1916 bezeugt (vgl. HBK, S. 133). Zum »Arabella-Ensemble« vgl. auch HBA 1984, S. 129 f.

Marcel Slodki ... aus der »Aktion« ... schönes Plackat] Marcel Slodki (1892-1943), polnischer Maler und Graphiker; war 1915 im 5. Jahrgang der ›Aktion‹ (Sp. 281 f., Sp. 329 f., Sp. 474, Titelblatt der Nr. 43/44 vom 23.10.

1915, Sp. 538, Sp. 541 f.) mit sechs Holzschnitten vertreten. Die letzte Arbeit Slodkis in der ›Aktion‹ erschien am 22. Januar 1916 (Sp. 35 f.) Im ›Cabaret Voltaire‹-Heft (S. 27) findet sich ein Original-Holzschnitt von ihm. Der Katalog der Ausstellung Cabaret Voltaire (vgl. ›Cabaret Voltaire‹-Heft, S. 32) verzeichnet fünf Holzschnitte (Affiche Cabaret Voltaire, Dostojewski, Tolstoi, Interieur I und II) von Slodki. Auch in anderen Ausstellungen der Züricher Dadaisten (so in der 1. Dada-Ausstellung im Januar 1917 in der Galerie Corray und in der Graphik-Ausstellung der Galerie Dada im Mai 1917) waren Werke von Slodki zu sehen. – Das Plakat (ein Holzschnitt) zur Eröffnung der ›Künstlerkneipe Voltaire‹ (100,5 × 63,3 cm), von dem Abzüge durch die Züricher Kunsthandlung H. Hack zu beziehen waren (vgl. Sheppard 1992, S. 9), ist abgebildet in: Dada in Zürich, S. 79; Dada, S. 120, Nr. 98; Dada global, S. 269, Nr. 267. Über das Plakat schreibt die ›Zürcher Post‹ am 26.4.1916 (Morgen-Ausgabe): »Das Plakat des Cabarets Voltaire, ein Holzschnitt von *M. Slodki*, stellt eine Gesellschaft in einem enthusiastisch bewegten Raume dar – es ist sozusagen eine instruktive Einleitung in den Kubismus –, zugleich läßt es tief in das Innere des Holzes hineinsehen: man sieht das Holz in vielen Adern leben.« (Sheppard 1992, S. 12) In der weißen Dame des Plakats, die zwischen zwei dunklen Männern aus der Züricher Halbwelt postiert ist, ist unschwer Emmy Hennings zu erkennen.

eine recht stimmungsvolle Dekoration (Decke blau, Wände schwarz)] Die Dekoration ist von Hans Arp.

eine kleine Ausstellung] Der Saal der ›Meierei‹ diente seit der Eröffnung der Künstlerkneipe Voltaire auch als Ausstellungsraum. Nach Balls Vorankündigung des Premierenabends in der NZZ vom 4. Februar 1916 haben folgende Künstler Arbeiten von sich zur Verfügung gestellt: Hans Arp, Otto Baumberger, Augusto Giacometti, Edwin Keller, Leo Leuppi, Konrad Meili, Max Oppenheimer, van Rees, Karl Schlegel, Arthur Segal, Marcel Slodki und Henry Wabel. Dazu kamen Radierungen von Picasso und Zeichnungen von Eli Nadelmann (vgl. Sheppard 1992, S. 9). Ein Katalog der im Cabaret Voltaire ausgestellten Werke findet sich im ›Cabaret Voltaire‹-Heft (S. 32).

Ist R[ené] Sch[ickele] in Berlin? ... er sich in der Schweiz sehr schlecht fühlte] Schickele hielt sich, um sich von einem in Berlin erlittenen Nervenzusammenbruch zu erholen, vom 18. September bis 22. Dezember 1915 in der Schweiz auf, wo er die meiste Zeit – abgesehen von einer Rundreise durch die Schweiz im Oktober – in Ludwig Binswangers Kuranstalt Bellevue in Kreuzlingen verbrachte, ohne daß sich sein Gesundheitszustand entscheidend gebessert hätte. Schickele reiste dann Weihnachten – mit einem ihn armeeverwendungsunfähig erklärenden Attest – zu seiner Familie nach Berlin, blieb dort für sechs Wochen und kehrte Anfang Februar 1916 wieder in die Schweiz zurück (vgl. Debrunner, S. 17-44).

Resi Langer ... im Februar in Frankfurt am Schauspielhaus matiniert] Im ›Deutschen Bühnen-Jahrbuch‹ 1916 (Jg. 27, S. 732) wird die Schauspielerin und Vortragskünstlerin Resi Langer mit Adresse (Berlin-»Wilmersdorf, Kaiserallee 48a«) und Telefonanschluß (»Uhland 970«) angeführt.

Wir versprechen uns gerade von ihrem Auftreten viel fürs Cabarett] In seinem

Tagebuch ›Die Flucht aus der Zeit‹ berichtet Ball nichts von einem Auftritt Resi Langers im Cabaret Voltaire.

An den Eröffnungstagen] 5. (Samstag) und 6. (Sonntag) Februar 1916.

Ich las aus dem »Roman«] Aus seinem posthum (1967) erschienenen Roman ›Tenderenda der Phantast‹ las Ball am 7. Februar 1916 das erste Kapitel ›Der Aufstieg des Sehers‹, außerdem den Text ›Cafe Sauvage‹ (vgl. Flucht, S.78). Bereits am Eröffnungsabend (5. Februar) hatte Ball aus eigenen Werken gelesen (vgl. Sheppard 1992, S. 9). Aus welchen, ist nicht bekannt.

Dr. Korrodi tut jetzt wirklich was] Der Feuilletonredakteur der NZZ hatte zunächst, d.h. im Dezember 1915, nichts für Ball und dessen Bestreben, im literarisch-künstlerischen Leben Zürichs zu reüssieren, getan (vgl. Nr. 81 und 82), worüber Ball offensichtlich enttäuscht war, zumal ihm Korrodi eine Kritik über eine Vorstellung des Maxim-Ensembles in Aussicht gestellt hatte. Bei der Pressekampagne zur Eröffnung der Künstlerkneipe Voltaire hat Korrodi dann Hugo Ball jedoch tatkräftig unterstützt, indem er am 3. und 4. Februar 1916 zwei von Ball verfaßte, ausführliche Vorankündigungen der Premiere der neuen ›Künstlerkneipe‹ unter »Eingesandt« in der NZZ abdrucken ließ (vgl. Sheppard 1992, S. 8 f.). Einen Tag nach dem vorliegenden Brief vom 8. Februar erschien in der NZZ eine positive Kritik des Eröffnungsabends der Künstlerkneipe Voltaire (vgl. Sheppard 1992, S. 9 f.)

einige Notizen] Vgl. die unter ›Beilagen‹ zu diesem Brief erwähnten bzw. abgedruckten Presseberichte.

Karl Kraus in der Schweiz] Im Januar und Februar 1916 hielt sich Karl Kraus (1874-1936) bei seiner großen Liebe Sidonie Nádherny von Borutin (1885-1950) in St. Moritz im Engadin auf, wo die beiden bei einer »gemeinsamen Schlittenfahrt« ins Fexthal eine Zeit »reinsten Glücks« verbrachten (Karl Kraus: ›Briefe an Sidonie Nádherny von Borutin 1913-1936.‹ Bd. II. München 1977, S. 206; Eintrag von Sidonie Nádherny in ihr Blaues Heft). Kein Wunder, daß Kraus auf Balls briefliche Einladung, im Cabaret Voltaire zu lesen, nicht antwortete. Auf der Hinreise nach (5. Januar 1916) und der Rückreise von St. Moritz hat Kraus Station in Zürich gemacht und von dort am 2. März 1916 ein Telegramm an die Geliebte gesandt (vgl. Karl Kraus: ›Briefe an Sidonie Nádherny von Borutin‹. Bd. I. München 1977, S. 298). Am 4. Mai 1916 hat Karl Kraus im Züricher Schwurgerichtssaal aus eigenen Schriften und aus Shakespeares ›Timon von Athen‹ gelesen (vgl. ›Züricher Post‹ vom 6.5.1916, Nr. 212).

Busoni ist hier und Oppenheimer will sehen, ob er nicht einmal bei uns spielt] Ferruccio Busoni (1866-1924), italienischer Komponist und Pianist; lebte und wirkte seit 1894 in Berlin, von 1915 an während des Ersten Weltkriegs in Zürich, danach wieder in Berlin. Ein Auftritt Busonis als Pianist im Cabaret Voltaire ist nicht nachweisbar. Der Maler Max Oppenheimer kannte Busoni in der gemeinsamen Züricher Zeit sehr gut, und dieser saß ihm in der ersten Jahreshälfte 1916 für das Ölgemälde ›Bildnis Ferruccio Busoni‹ (1916) in vielen Sitzungen Modell (vgl. Katalog Oppenheimer 1994, S. 31, 128 f.).

Oppenheimer] Max Oppenheimer (1885-1954), nannte sich ab 1912 »MOPP«, österreichischer Maler, Zeichner, Graphiker; schuf zusammen mit Egon

Schiele und Oskar Kokoschka eine österreichische Spielart des bildkünstlerischen Expressionismus; im äußeren Habitus ein immer schwarz gekleideter Dandy mit Stöckchen; emigrierte Anfang 1915 in die neutrale Schweiz, wo er sich zunächst in Zürich, dann ab Juli 1915 in Bern und im Februar 1916 wieder in Zürich niederließ. Ball und Oppenheimer könnten sich bereits im Juni 1915 im ›Schwänli‹-Kreis um Fritz Brupbacher kennengelernt haben. Als einer der ersten sagte MOPP Anfang 1916 seine Mitarbeit an der am 5. Februar 1916 eröffneten ›Künstlerkneipe Voltaire‹, dem später sogenannten ›Cabaret Voltaire‹, zu (vgl. Echte 1993, S. 66). Nicht auszuschließen, daß Oppenheimer, der Voltaire-Verehrer, sogar der Namensgeber der Kneipe war (vgl. Echte 1995, S. 38). Immerhin fertigte er sogleich einen Holzschnitt mit dem Kopf des französischen Philosophen an, von dem Anfang Februar 1916 100 Exemplare abgezogen wurden (vgl. Echte 1995, S. 38). MOPP gilt neuerdings zu Recht als eines der Gründungsmitglieder des Cabaret Voltaire, denn er unterstützte Hugo Ball in der Anfangsphase der »Künstlerkneipe« auf vielfältige Weise, was dieser sowohl privat als auch öffentlich deutlich ausgesprochen hat (vgl. Nr. 85 und Balls Vorwort zum ›Cabaret Voltaire‹-Heft). Er stellte ihm das Ölgemälde ›Remboursement‹, das später ›Der Weltkrieg‹ betitelt wurde, für die Ausstellung im Cabaret Voltaire zur Verfügung (vgl. ›Cabaret Voltaire‹-Heft, S. 32), ließ eine Zeichnung im ›Cabaret Voltaire‹-Heft (S. 8) abbilden und trug auf der Bühne im ›Cabaret‹ am 12. Februar 1916 »Skizzen und unveröffentlichte Gespräche von Peter Altenberg« (Sheppard 1992, S. 10) und am 18. März 1916 Texte französischer Dichter vor (vgl. Sheppard 1992, S. 11). Mit dem zunehmenden Einfluß Huelsenbecks und Tzaras auf das Programm des Cabarets und das turbulente Geschehen in ihm zog sich Oppenheimer von den Züricher Dadaisten zurück, ohne daß der enge Kontakt zu Ball abbrach: MOPP unterstützte Ball finanziell im Herbst 1916 (vgl. Nr. 106), und Ball hatte im Februar 1917 vor, über die Bilder des Malers »zu schreiben« (vgl. Nr. 124). Mitte September 1917 verließ MOPP Zürich und übersiedelte nach Genf, wo er sich bis Ende 1923 aufhielt. Nach längeren Aufenthalten in Wien, Berlin und wieder Wien emigrierte er nach dem ›Anschluß‹ Österreichs an das Deutsche Reich Anfang 1939 in die USA nach New York, wo er am 19. Mai 1954 vereinsamt starb.

Gestern … wundervolle Liszt-Rhapsodie] Unter dem 7. Februar 1916 notiert Ball in sein Tagebuch: »13. Rhapsodie von Liszt« (Flucht, S. 78). Der vorliegende Brief datiert folglich vom 8. Februar 1916.

Vergangenen Sonntag 6 junge Russen, die zur Balaleika sangen] Am Sonntag, dem 6. Februar 1916, spielte nach Balls Tagebuch ein aus zwanzig Russen bestehendes Balalaika-Orchester in der Künstlerkneipe (vgl. Flucht, S. 78). Am Eröffnungsabend des 5. Februar bestand das Balalaika-Orchester laut NZZ vom 9. Februar 1916 aus »sechs russischen Herren« (Sheppard 1992, S. 9). Bei der Angabe des Wochentags »Sonntag« scheint Ball sich geirrt zu haben.

Der Wirt] Johann (Jan) Martin Ephraim (geb. 1878, gest. wahrscheinlich vor November 1931), in Holland geborener Gastwirt, ehemaliger Seemann und Afrikareisender, hat 1913 das Eckhaus in der Spiegelgasse 1 erworben, in dem er seitdem ein Lokal, die ›Meierei‹ oder ›holländische Weinstube‹, betrieb. 1922 hat er das Haus für eine stattliche Summe weiterverkauft (vgl. Nenzel, S. 169, Anm. 15).

Der Wirt hat zum grösstenteil den Profit] Daß die Voltaire-Kabarettisten um Ball mit ihrer ›Kneipe‹ kaum etwas verdienten, geht aus dem Gesuch Ephraims (vom 19. Januar 1916) zur Errichtung einer Künstlerkneipe hervor: »Jeder Erwerbszweck seitens der jungen Leute ist ausgeschlossen. Von meiner Seite besteht kein Konsumationszwang und ich habe weder die Absicht noch die Aussicht, mich durch die geplanten Veranstaltungen zu bereichern. Die Künstler erheben eine Garderobengebühr von 50 Centimes (kein Eintrittsgeld, keine Kassierung, keine Geschäftstaxe) zur Dekkung ihrer Unkosten (als da sind: Dekoration, Plackat, Ausschmückung des Saales).« (Zit. nach: Dada in Zürich, S. 68, Anm. 67) – Um ins Cabaret Voltaire zu gelangen, mußte man durch Ephraims Weinstube, so daß der Wirt der ›Meierei‹ wohl auch ohne »Konsumationszwang« durchaus von den Gästen des Cabaret Voltaire profitierte. Den Voltaire-Künstlern blieb zunächst lediglich die Garderobengebühr. Später wurden Eintrittspreise erhoben – offenbar, nachdem man den Vertrag mit dem Wirt Ephraim revidiert hatte.

einen entzückenden Raum] Richard Huelsenbeck beschreibt das Interieur der Künstlerkneipe ganz anders: »Das ›Cabaret Voltaire‹ [...] bestand nur aus einem einzigen Raum. Es hatte keine Kleiderablage und keine Toilette. Es war nichts als ein Raum, der früher zu Wohnzwecken gedient hatte und wo man nun die Fenster mit undurchsichtigem Papier beklebt hatte. Die Beleuchtung, die aus einer, in der Mitte des Zimmers hängenden Gaslampe bestand, war ausgesprochen dürftig. Der Zigarren- und Pfeifenrauch war so dicht, daß ich beim Eintreten nur die Umrisse von menschlichen Körpern sehen konnte.« (Huelsenbeck 1984, S. 113).

Ich habe Hebbel einmal sehr geliebt ...] Der Großvetter und Freund August Hofmann berichtet über Balls Münchner Studentenzeit: »Auf dem Tisch seines Zimmers standen und lagen griffbereit die Werke Friedrich Hebbels nebst dessen Tagebüchern. Hebbel war und blieb lange Zeit der Abgott seines dichterischen Gewissens.« (HBA 1997/1998, S. 88) Vgl. auch EBH Ruf, S. 29 f.

Hardekopf ... war lange Frau Hennings sehr freund] Beide waren längere Zeit miteinander mehr als befreundet. »1910 unternahmen sie eine Frankreichreise, an deren Ende Emmy Hennings in Paris an Typhus erkrankte. In den folgenden Jahren waren sie abwechselnd in Berlin und München zusammen. Die meisten der Gedichte, die Emmy Hennings in ihre erste Publikation ›Die letzte Freude‹ aufnahm, sind Hardekopf gewidmet, wie sie umgekehrt die Frauenfigur seines Dialogs ›Der Abend‹ inspiriert hat.« (EBH Katalog, S. 32).

Gibt Alfred Kerr momentan eine Zeitung heraus?] Alfred Kerrs Wochenschrift ›Pan‹ hatte mit der Nr. 2/3 des 4. Jahrgangs am 1. April 1915 ihr Erscheinen eingestellt. Danach hat er während des Ersten Weltkriegs keine Zeitung oder Zeitschrift mehr herausgegeben.

85. An Maria Hildebrand, 1.3.1916

H: Ms. Brief mit eigenh. Unterschrift; hs. unter Ort und Datum: »Schützengasse 22 / Worni.«; 2 Bl., 4 S. **F:** HBN. **E:** Briefe, S. 51 f. **DV:** Original.

Leitartikel ... über mich ... in einer hiesigen Zeitschrift ... Dr. Serner ...] Ball hat den soeben (am 1. März 1916) in der Züricher Zeitschrift ›Sirius‹ (Jg. 1, Nr. 6) erschienenen Artikel ›Die Alten und die Neuen‹ von Walter Serner gelesen. In dem Artikel äußert sich Serner jedoch keineswegs – wie Ball seiner Schwester gegenüber zu insinuieren scheint – positiv über Ball. Im Gegenteil: Serner zählt Ball zu den »Neuen« und kritisiert an ihnen, daß sie »nicht einmal« eine »Richtung« hätten, daß ihnen »der Geist zur Frage« würde und daß sie darum meinten, »ihn [den Geist] zu haben.« Im weiteren zitiert Serner einen Satz aus Balls und Huelsenbecks ›Literarischem Manifest‹ vom 12. Februar 1915 und fährt fort: »Sie glauben nicht mehr an den Geist und sein Wort und nicht einmal daran und vollführen wieder eine Gaukelei: sie geben zu, daß sie gaukeln.« (Serner, S. 191 f.). – Ball war sich natürlich über die kritische Stoßrichtung des Sernerschen Artikels durchaus im Klaren (vgl. Flucht, S. 81; Tagebucheintragung vom 2. März 1916).

eine kleine Französin, die entzückende französische Liedchen singt] Madame le Roy bzw. Madame Leconte (le Comte), die Chansonette, war neben Emmy Hennings der Publikumsliebling der Künstlerkneipe. Möglicherweise ist Madame Leconte mit der »blonden Genevoise« identisch, die Marietta di Monaco in ihren Erinnerungen erwähnt: »Weil wir keine echte Französin finden konnten, engagierten wir eine blonde Genevoise, die einige aktuelle französische Lieder sang in einem reizend bescheidenen Tonfall: ›Près de la Porte de Saint Denis – – – jusque la porte Saint Martin.‹« (Marietta di Monaco: ›Ich kam – ich geh‹. München 1962, S. 76).

Oppenheimer (der Maler, der die Aktionspostkarten gezeichnet hat ...)] MOPP war *der* Illustrator der Zeitschrift ›Aktion‹. Seine »markanten Portraits wurden bald zu einer Art Markenzeichen der *Aktion*, wie auch umgekehrt deren Renommé auf den Künstler abstrahlte« (Bernhard Echte in: Oppenheimer 1995, S. 27). Auf Aktions-Werbepostkarten zeichnete Oppenheimer unter anderen die Portraits von Heinrich Mann, Carl Einstein, Egon Schiele und Albert Paris Gütersloh.

Rumänen] Tristan Tzara (1896-1963), Marcel Janco (1895-1984), dessen Bruder Georges Janco (geb. 1899) und Arthur Segal (1875-1944).

Russen, die sangen »Sarafan, Sarafan«] Nach Balls Tagebuch sangen die Russen am 27. Februar 1916 (nicht am 29. Februar) »im Chor den ›Roten Sarafan‹« (Flucht, S. 79).

ich spielte Musik von Debussy] Die »Musik von Debussy« spielte Ball nicht »gestern«, d.h. am 29. Februar, sondern am 27. Februar 1916 im Cabaret Voltaire. Es war »eine ›Berçeuse‹ von Debussy, konfrontiert mit ›Sembre et Meuse‹ von Turlet« (Flucht, S. 78). Das von Ball gespielte Klavierstück des französischen Komponisten Claude Debussy (1862-1918) heißt ›Berceuse héroique‹, es stammt aus dem Jahr 1914.

Der Totentanz, den ich Dir schickte, ... hat grossen Erfolg ... (nach der Melodie »So leben wir«)] Balls Antikriegslied ›Totentanz 1916‹ ist Anfang Januar 1916 in der Zeitung ›Der Revoluzzer‹ auf der Titelseite von Nr. 1

des 2. Jahrgangs erschienen (Faksimile der Titelseite in: HBK, S. 128). Ein Exemplar dieser Ausgabe hat Ball seiner Schwester Maria geschickt. Am 6. Februar 1916 zum ersten Mal im Cabaret Voltaire vorgetragen (vgl. Flucht, S. 78), avancierte der ›Totentanz‹ schnell zu einem Kabarettschlager, nicht zuletzt wegen des eindringlichen, ›erschütternden‹ Gesangvortrags durch Emmy Hennings. Ende Februar/Anfang März 1916 hat Ball eine offenbar größere Anzahl von Postkarten mit dem Text des ›Totentanzes‹ drucken lassen (Text- und Adressenseite der Postkarte sind erstmals reproduziert bei: Schaub 1985, S. 36). Emmy Hennings hat das pazifistische Soldatenlied ›Totentanz 1916‹ nach der Melodie des Dessauer Marsches gesungen, benannt nach dem »Alten Dessauer«, dem preußischen Truppenführer und Feldmarschall Fürst Leopold I. von Anhalt-Dessau (1676-1747), der 1706 bei seinem Einzug in Turin mit diesem Marsch italienischen Ursprungs empfangen wurde. Der später zu dem Dessauer Marsch verfaßte, aus alter Soldatenüberlieferung stammende Text lautet: »So leben wir, so leben wir / So leben wir alle Tage / In der allerschönsten Saufkompagnie. / Des Morgens bei dem Branntewein, / Des Mittags bei dem Bier, / Des Abends bei dem Mägdelein / Im Nachtquartier.« Zur Entstehung, Interpretation und Rezeption des ›Totentanzes‹ vgl. Schaub 1985, S. 29-52.

in die Lesebücher] Die Prognose hat sich bewahrheitet: Der ›Totentanz 1916‹ ist in eine Reihe von Anthologien und auch in zwei Schullesebücher aufgenommen worden (vgl. HBB, S. 13 f., Nr. 205).

René Schickele ist wieder hier] Anfang Februar 1916 war Schickele aus Berlin in die Schweiz nach Zürich zurückgekehrt (vgl. Debrunner, S. 45). Er besuchte Veranstaltungen des Cabaret Voltaire (vgl. Dada in Zürich, S. 55), in dem am 19. Februar 1916 Texte von ihm vorgelesen wurden (vgl. Dada in Zürich, S. 85).

die »Weissen Blätter« jetzt hier in Zürich] Ab April 1916 sind die ›Weißen Blätter‹ in Zürich im Verlag Rascher & Cie. erschienen.

Pfemfert ... hat mich angegriffen] Im ›Kleinen Briefkasten‹ seiner ›Aktion‹ vom 19. Februar 1916 (6. Jg., Nr. 7/8, Sp. 104) sah sich Franz Pfemfert »genötigt, festzustellen: Die AKTION hat mit dem Herrn Schriftsteller Hugo Ball nichts zu tun, keine Gemeinschaft, und der Herr Schriftsteller Hugo Ball hat nicht die Güte zu haben, sich als Mit-Arbeiter der AKTION zu bezeichnen.« Zu dem Zerwürfnis zwischen Ball und Pfemfert ist es wahrscheinlich gekommen, weil Ball den »unerhörten Angriff« Pfemferts auf Kurt Hiller kritisiert hatte (vgl. Pfemferts Leitartikel ›Der Meliorist‹, in: ›Die Aktion‹, 5. Jg., Nr. 9/10 vom 27.2.1915, Sp. 103-106) und im Zusammenhang damit von »Leuten« gesprochen hatte, »die dieses Angriffs wegen die ›Aktion‹ abbestellt« hätten (vgl. Nr. 67). Auf solche von Ball kolportierten Gerüchte reagierte Pfemfert dann offenbar mit seiner polemischen ›Feststellung‹ im »Kleinen Briefkasten«.

Er schreibt doch sein Blättchen] Die von Pfempfert seit Februar 1911 herausgegebene Zeitschrift ›Die Aktion‹.

Redaktor Trog] Hans Trog (1864-1928), Journalist und Kunstkritiker; von 1901 bis 1928 Feuilletonredaktor und Theaterkritiker der NZZ (vgl. Blaser II, S. 1202 und Lydia Burger: ›Hans Trog als Theaterkritiker‹. Zürich 1955).

Samstag ... russische Soiree] Wie von Ball angekündigt, fand diese Soirée am Samstag, dem 4. März 1916 statt. Die Ankündigung im Züricher ›Volksrecht‹ vom 3. März 1916 lautete: »Samstag, den 4. März, abends 8 Uhr, in der ›Meierei‹: Russische Soiree. Programm: Rezitationen aus Werken von Apuchtin, Andrejew, Nekrassow und Ka[n]dinsky (russisch und deutsch). Russische Märchen. Balaleika-Orchester und Quartette. Klavierstücke von Rachmanineff [sic] und Skrjabin. Der Reinertrag ist für die Unterstützungszwecke bestimmt.« (Sheppard 1992, S. 11). – Vgl. weiterhin: Flucht, S. 82; Dada in Zürich, S. 86.

Rachmaninoff] Sergej Rachmaninoff (1873-1943), russisch-amerikanischer Komponist, Pianist, Dirigent. Verließ nach dem Ausbruch der Revolution 1917 Rußland, lebte zunächst in Paris und ab 1935 in den USA.

Skrjabin] Alexander Nikolajewitsch Skrjabin (1871-1915), russischer Komponist und Pianist; komponierte vor allem Klavierwerke; verfaßte daneben auch Entwürfe zu einem Opernlibretto, die Dichtung ›Poema ekstaza‹ und literarisch-philosophische Aufzeichnungen. Klaviermusik von Skrjabin war am 4. März 1916 im Cabaret Voltaire auf der Russischen Soirée zu hören (vgl. Flucht, S. 82; Sheppard 1992, S. 11).

Ropschin] Pseudonym von: Boris Wiktorowitsch Sawinkow (1879-1925), russischer Schriftsteller und Sozialrevolutionär, Mitglied einer Terroristengruppe, Gegner des Kommunismus; seine vielgelesene und häufig aufgelegte Erzählung ›Das fahle Pferd‹ (Kopenhagen 1909), in der ein vorrevolutionärer russischer Terrorist in Tagebuchform über die Ermordung des Moskauer Generalgouverneurs reflektiert, wurde später ungekürzt unter dem Titel ›Erinnerungen eines Terroristen‹ und sowohl unter seinem eigentlichen Namen als auch unter seinem Pseudonym ›Ropschin‹ herausgegeben. Zu Sawinkow alias Ropschin vgl. auch: Flucht, S. 202, Eintrag vom 22. September 1917.

Stepniak] Pseudonym für Sergej Michajlovič Kravčinskij (1851-1895), russischer Schriftsteller und Revolutionär; nach dem gelungenen Attentat auf einen hohen Beamten der politischen Polizei im August 1878 emigrierte er über die Schweiz nach London. Seine Schriften (›Underground Russia‹, 1882; ›The Russian peasantry‹, 1888; der Roman ›Career of a Nihilist‹, 1889) waren zumeist Tatsachenberichte des revolutionären Kampfes in Rußland und der Mißbräuche des dortigen Regimes. Spielte eine wichtige Rolle bei der Organisation der ›English Society of the Friends of Russian Freedom‹ und gründete den ›Russian Free Press Fund‹, der im westlichen Ausland Werke von russischen Autoren veröffentlichte, welche die verschiedenen ideologischen Positionen der oppositionellen Bewegung in Rußland vorstellten.

Apuchtin] Aleksej Nikolaevič Apuchtin (1841-1893), russischer Lyriker; schrieb wehmütig-melancholische Verse und einige Novellen, welche die Stimmung der sozialen und kulturellen Stagnation ihrer Zeit wiedergeben. Viele seiner beliebten Verse wurden von russischen Komponisten wie Tschaikowsky und Mussorgsky vertont.

Nekrassow] Nikolai Nekrassow (1821-1877), russischer Tendenzlyriker (Gedichte, Versnovellen, Versepen), wichtiger sozial-anklägerischer Dichter der russischen Literatur im 19. Jahrhundert.

Auch von Kandinsky lese ich] Es waren Prosagedichte aus Kandinskys Künstlerbuch ›Klänge‹ (München 1913).

aus den Gedichten, die wir Dir schickten, »Ätherstrophen« und »Krankenhaus«] Im Brief vom 12. November 1915 (Nr. 78) hatte Ball seiner Schwester versprochen, ihr »nächstens« die unter dem Titel ›Die letzte Freude‹ erschienene Lyriksammlung (Leipzig 1913) von Emmy Hennings zu schikken. Darin, auf den Seiten 5 und 12, die Gedichte ›Ätherstrophen‹ und ›Im Krankenhause‹.

Daneben neue Sachen] Dies waren möglicherweise die von Emmy Hennings im ›Cabaret Voltaire‹-Heft veröffentlichten Gedichte ›Gesang zur Dämmerung‹ und ›Morfin‹ (S. 12) sowie die Prosaminiatur ›Die vielleicht letzte Flucht‹ (S. 28).

Richard Huelsenbeck ... Er liest Verse von Georg Heym und eigene] Nach Ausweis des amtlichen Züricher Melde-Formulars ist der Ankunftstermin Huelsenbecks in Zürich der 29. Februar 1916 (vgl. Nenzel, S. 170). Nach einer Pressenotiz vom 25. Februar 1916 im Züricher ›Volksrecht‹ wurden aber bereits am 26. und 27. Februar 1916 Gedichte von Georg Heym rezitiert und »eigene Sachen« von Richard Huelsenbeck gelesen (vgl. Sheppard 1992, S. 11). Demnach müßte Huelsenbeck bereits um den 25. Februar in Zürich eingetroffen sein. Polizeilich angemeldet hat er sich offenbar erst einige Tage nach seiner tatsächlichen Ankunft.

Vorgestern las ich (mit Emmy zusammen) von Andrejew »Das Leben des Menschen«] Wenn die Datierung des Briefes (1. März 1916) stimmt, müßte die Lesung am 28. Februar 1916 gewesen sein. Nach Balls Tagebuch fand sie jedoch am 29. Februar statt. Die Züricher Zeitung ›Volksrecht‹ hat die Lesung aus Andrejews ›Das Leben des Menschen‹ am 25. Februar 1916 für »Dienstag, den 1. März« 1916 angekündigt (vgl. Sheppard 1992, S. 11).

nächsten Donnerstag die Vorlesung wiederholen] Die Züricher Zeitung ›Volksrecht‹ kündigte am 3. März 1916 an: »Die Vorlesung von Andrejews Spiel ›Das Leben des Menschen‹ (deutsch von August Scholz) wird Donnerstag, den 9. März, wiederholt.« (Sheppard 1992, S. 11).

(in München hatten wir das Stück an den Kammerspielen gespielt; noch unter Robert)] Mit der deutschen Erstaufführung von Andrejews Stationendrama ›Das Leben des Menschen‹ am 11. Oktober 1912 wurde die Spielzeit 1912/13 bei den Münchener Kammerspielen eröffnet. Regie führte deren Direktor Eugen Robert (vgl. HBK, S. 71).

Schweizer kommen wenige zu uns] Nach der Schweizer-Soirée am 5. März 1916 notierte Ball am 7. März in sein Tagebuch: »Die Schweizer Jugend [...] ist zu bedächtig für ein Kabarett.« (Flucht, S. 83) Huelsenbeck über die Schweizer im Zürich des Jahres 1916: »Ich habe von den eigentlichen Schweizern damals in Zürich wenig gesehen. Wir hatten das Gefühl, daß sie uns nicht gern mochten, daß sie sich in ihrer ängstlichen Ruhe gestört fühlten und daß wir eigentlich alles Wesentliche gegen ihre Ansicht durchdrücken mußten. [...] Schweizer sind damals in Zürich gar nicht vorhanden gewesen.« (Huelsenbeck 1994, S. 66, 70) – Zum – gar nicht so geringen – Anteil von Schweizer Künstlern an der Züricher Dada-Bewegung vgl. Dada in Zürich, S. 30-40 (›Schweizer im Dada-Kreis‹).

eine Phantasie von César Franck] César Franck (1822-1890), französischer Komponist deutsch-belgischer Herkunft, komponierte eine Reihe von Phantasien für Klavier und Orgel.

man spielt eine Toccata von Schumann] Robert Schumann (1810-1856), deutscher Komponist; bekannt ist seine Toccata C-Dur für Klavier op. 7 (1829/32). Die Toccata spielte »Herr *Oser*, ein künftiger Zürcher Pianist«, »mit schöner Präzision des Tones« (Sheppard 1992, S. 12).

86. An Käthe Brodnitz, 21.3.1916

H: Hs. Brief; 2 Bl., 8 S. **F:** DLA. **E:** Sheppard 1972, S. 53-55. **DV:** Original.

meinen letzten ausführlichen Brief ... (mit den Ausschnitten)] Balls Brief an Käthe Brodnitz vom 27. Januar 1916 (abgesendet am 11. Februar 1916) lagen vier Zeitungsausschnitte und eine ms. Pressenotiz Balls bei (vgl. *Nr. 84* unter ›Beilagen‹).

Mutter von Frau Hennings ist gestorben] Emmys Mutter, Anna Dorothea Cordsen, geb. Zielfeldt (geb. 1842), ist am 20. März 1916 in Flensburg gestorben.

Pass ... der dänische Konsul ... verweigert ihn] Während des Ersten Weltkriegs nahm Emmy Hennings selber eine Zeitlang die dänische Staatsbürgerschaft an, so daß sie sich wegen eines Passes an den dänischen Konsul in Zürich wenden mußte (vgl. EBH Katalog, S. 11, 66). Zu den Gründen, warum Emmy Hennings damals sowohl ein dänischer als auch ein deutscher Paß verweigert wurde, vgl. Nr. 88.

Hardekopf wird nicht abkommen können] Ferdinand Hardekopf war bis 1918 hauptberuflich Reichstagsstenograph; er mußte, um in die Schweiz reisen zu können, Urlaub nehmen. Vgl. René Schickeles Tagebucheintrag vom 15. Februar 1918: »Auf der Straße traf ich Hardekopf [...]. Er weiß nicht, wo er hin soll: die alte ewige Rücksicht auf den Reichstag, der ihm seinen Urlaub wieder verlängert hat.« (René Schickele: ›Werke in drei Bänden‹. 3. Band. Köln, Berlin 1959, S. 1024).

Paula Friedrichsen] Paula Cäcilie Caroline Friedrichsen, geb. Cordsen (1878-1954), Halbschwester von Emmy Hennings.

Die Kleine ... schon 8 Jahre alt] Annemarie Hennings, die Tochter von Emmy Hennings, wurde am 11. August 1906 in Penzig bei Görlitz in Schlesien geboren; sie war also im März 1916 bereits neuneinhalb Jahre alt. Nach dem Tod ihrer Großmutter Anna Dorothea Cordsen, die das uneheliche Kind ihrer Tochter Emmy in Flensburg aufgezogen hat, kam Annemarie Ende Mai 1916 zu ihrer Mutter nach Zürich. Hugo Ball übernahm auf vorbildliche Weise die Vaterrolle bei ihr, so daß sie ihn zeitlebens als »Vater« bezeichnete. Künstlerisch sehr begabt, zeichnete, malte und dichtete sie, stellte in der Galerie Dada im Mai 1917 »Kinderzeichnungen« aus, fand 1919 in Walter Benjamin einen frühen Verehrer ihrer Malerei, bildete sich in Italien als Keramikerin aus (Keramik-Arbeiten von ihr wurden zum ersten Mal 1925 in einer Ausstellung in Zürich gezeigt), studierte von 1928 bis 1930 am Bauhaus in Dessau Kunstweberei (die sie bis in die siebziger Jahre betrieb), arbeitete nach 1930 in einer Weberei in Zürich und als freie Künstlerin. 1932 heiratete sie den Journalisten und

Übersetzer Gottfried Schütt, mit dem sie drei Kinder hatte, und lebte mit der Familie bis 1943 in Rom. Von dort Flucht nach Dresden zu den Eltern ihres Mannes, der in den Wirren der letzten Kriegsmonate ums Leben kam. Beim Einmarsch der Roten Armee erneute Flucht; Aufenthalt in mehreren Flüchtlingslagern in Deutschland und Österreich; im Januar 1948 Einreise in die Schweiz mit ihren Kindern, Niederlassung im Tessin, wo sie bis zu ihrem Tod am 9. Juli 1987 lebte. – Nach dem Tod ihrer Mutter Emmy Ball-Hennings (10. August 1948) übernahm Annemarie Schütt-Hennings bis kurz vor Vollendung ihres 80. Lebensjahres (11. August 1986) die Betreuung und Verwaltung der Nachlässe von Hugo Ball und Emmy Ball-Hennings. Als Nachlaßverwalterin hat sie Briefsammlungen ihrer Mutter (›Briefe an Hermann Hesse von Emmy Ball-Hennings‹. Frankfurt a.M. 1956) und Hugo Balls (Hugo Ball: ›Briefe 1911-1927‹. Einsiedeln 1957) sowie dessen ›Gesammelte Gedichte‹ (Zürich 1963) herausgegeben. ›Stationen ihres Lebens und Wirkens‹ hat Franz L. Pelgen in seinem Beitrag im HBA 1987, S. 138-177 nachgezeichnet.

Barhinterlassenschaft] Emmy Hennings in ihren Erinnerungen ›Aus dem Leben Hugo Balls 1916-1920‹: »Wir bekamen [...] eine kleine Geldsumme aus dem Nachlaß meiner Mutter« (HBA 1991, S. 71).

ein schuldenfreies kleines Haus] Das Elternhaus in Flensburg an der Steinstraße hat Emmy Hennings laut Testament zu gleichen Teilen mit ihrer Halbschwester Paula Friedrichsen geerbt (vgl. EBH Katalog, S. 252).

Dora Tilgner] Dorothea Catharina Tilgner, geb. Jürgensen (geb. 1885, gest. nach 1932).

Der Kritiker der Neuen Züricher Zeitung war da] In der NZZ sind bis zum 21. März 1916 folgende Artikel zur Künstlerkneipe Voltaire erschienen: unter »eingesandt« drei Zuschriften (wahrscheinlich von Ball), die auf Veranstaltungen des ›Cabaret Voltaire‹ hinweisen (vgl. Sheppard 1992, S. 8-10), und eine am 9. Februar 1916 veröffentlichte, mit den Initialen »J. S.« unterzeichnete positive Kritik des Eröffnungsabends am 5. Februar 1916 (vgl. Sheppard 1992, S. 9 f.).

Der Chef- und Feuilletonredakteur der »Züricher Post«] Feuilletonredaktor an der ›Züricher Post‹ war seit November 1915 Salomon David Steinberg (vgl. *Nr. 98*).

»Züricher Post« ... gerade von Emmys Sachen ganz entzückt] Am 26. April 1916 erschien in der ›Züricher Post‹ (Morgen-Ausgabe) ein längerer, mit »L.E.« (= Lisa Ertel?) gezeichneter Artikel über das Cabaret Voltaire, in dem es über Emmy Hennings heißt: »Der Stern dieses Cabarets aber ist Frau Emmy *Hennings* – Stern wie vieler Nächte von Cabarets und Gedichten –, wie sie vor Jahren am rauschend gelben Vorhang eines Berliner Cabarets stand, die Arme über den Hüften emporgerundet – reich wie ein blühender Busch, so leiht sie auch heute mit immer mutiger Stirn denselben Apachenliedern einen Körper, seither nur wenig ausgehöhlt von Schmerz.« (Sheppard 1992, S. 12). Diese Passage hat Ball später in sein Tagebuch aufgenommen (vgl. Flucht, S. 95).

87. An Maria Hildebrand, 22.3.1916

H: Hs. Brief; 1 Bl., 4 S. **F:** HBN. **E:** Briefe, S. 53 f. **DV:** Original.

Datierung: 22. März [1916]] »16« von fremder Hand.

Postskriptum von Emmy Hennings: »Liebe und sehr verehrte Frau Hildebrand. ich bin so traurig, daß ich Sie für dieses Mal nur herzlich grüßen kann. Ihre Emmy Hennings.«

geschrieben an Ferdinand Hardekopf und Frl. Brodnitz] Vgl. Nr. 86.
das Kind möchten wir hier haben] Laut Emmy Hennings »drängte« Hugo Ball darauf, daß ihre Tochter Annemarie »zu uns in die Schweiz kommen sollte« (HBA 1991, S. 68).

88. An Maria Hildebrand, 13.4.1916

H: Ms. Brief mit eigenh. Unterschrift und hs. Postskriptum; 1 Bl., 2 S. **F:** HBN. **E:** Briefe, S. 54 f. **DV:** Original.

Emmy ... ihrer ersten Ehe mit einem Dänen] Emmy Hennings, geb. Cordsen, war in erster Ehe mit dem Schriftsetzer Joseph Hennings verheiratet (Heirat: 13. Februar 1904), der sie nach kurzer Zeit verließ. Die Ehe wurde am 13. Juni 1907 geschieden.
Klabund ist seit ein paar Wochen hier] Der Dichter hielt sich seit Ende März 1916 in Zürich auf, wo er im Elite-Hotel logierte.
Leonhard Frank (der Verfasser von »Räuberbande« und »Die Ursache«, Mitarbeiter der »Weissen Blätter«) traf dieser Tage ein] Frank zog offiziell erst am 11. Dezember 1916 von Kreuzlingen am Bodensee nach Zürich (vgl. Nenzel, S. 290, Anm. 6), hielt sich jedoch, wie der vorliegende Brief zeigt, schon vorher in der Stadt an der Limmat auf. Nach der Dada-›Chronologie der Ereignisse‹ von Raimund Meyer kam er Ende März 1916 nach Zürich (vgl. Dada in Zürich, S. 87). Sein Roman ›Die Räuberbande‹ erschien 1914 bei Georg Müller in München, seine Erzählung ›Die Ursache‹ 1915 beim selben Verlag. In den »Weißen Blättern« erschienen 1915 und 1916 als Vorabdruck die Erzählung ›Die Ursache‹ und die pazifistischen Novellen ›Der Kellner‹ und ›Die Kriegswitwe‹; die beiden letzteren gingen in die Novellensammlung ›Der Mensch ist gut‹ ein, die als Buch 1917 bei Rascher & Co. in Zürich publiziert wurde.
Seine Frau] Lisa Frank, geb. Ertel (Erdelyi), heiratete Leonhard Frank am 4. Februar 1915. Sie starb am 16. März 1923.
In Holland und Bukarest hat man über uns geschrieben] Im Ball-Hennings-Nachlaß existiert ein zweiseitiges Typoskript mit einer ausführlichen, wahrscheinlich in der ›Nieuwen Amsterdamer‹ erschienenen Besprechung der ›Künstlerkneipe Voltaire‹, bei der es sich um eine holprige Übersetzung aus dem Niederländischen handelt. Die Besprechung ist überschrieben: »Eine Künstlerkneipe in Zürich«. Darunter die ungenaue Quellenangabe: »Niuwe [!] Amsterdamer«. A. B. van Tienhoven. (Freundlicher Hinweis von Bernhard Echte). Die bisher nicht nachgewiesene Besprechung oder Anzeige über das Cabaret Voltaire in einer Bukarester Zeitung oder Zeitschrift haben wohl Tzara und Janco lanciert.

ein kleines Buch der Kneipe herausgeben] Die von Ball herausgegebene, am 31. Mai erscheinende, 32 Seiten umfassende Anthologie ›Cabaret Voltaire‹ (vgl. Dada in Zürich, S. 208-210, Nr. 85).

Ich treibe viel französisch ... einiges übersetzt. Vielleicht bringt es Schickele] In Schickeles ›Weißen Blättern‹ sind zwischen Oktober 1916 und Januar 1917 folgende Übersetzungen Balls aus dem Französischen erschienen: André Suarès: ›Über Charles Péguy‹ (Oktober 1916), René Gillouin: ›Intellektuelle Apologeten‹ (Dezember 1916), André Suarès: ›Don Quichote‹ (Januar 1917).

Ganz verliebt in Heine] Zu Heinrich Heines ›Buch Le Grand‹ schuf Oppenheimer zehn Illustrationen (Kaltnadelradierungen), die als 12. Druck der Pan-Presse 1914 bei Paul Cassirer in Berlin erschienen (vgl. Katalog Oppenheimer 1995, S. 32, 142).

Rimbaud lesen wir zusammen in der Kneipe] Aus Werken von Arthur Rimbaud (1854-1891) haben Ball und Max Oppenheimer am 19. Februar und 18. März 1916 gelesen (vgl. Sheppard 1992, S. 10 f.). – Zur Bedeutung Rimbauds für Ball und das Cabaret Voltaire vgl. Balls Tagebucheintragungen vom 20. Juni und 14. Dezember 1916 (Flucht, S. 102-104, 142 f.).

Dieser Tage erwarten wir auch Frl. Annemarie] Emmys Tochter Annemarie ist Ende Mai 1916 in die Schweiz nach Zürich gekommen. Anfang Juni berichtet Ball in zwei Briefen (vgl. Nr. 90 und 91), daß Annemarie »inzwischen« in Zürich eingetroffen ist.

89. An Tristan Tzara, 29.4.1916

H: Ms. Brief mit eigenh. Unterschrift, hs. »DaDa« und ms. Postskriptum; 1 Bl., 1 S. **F:** Bibliothèque Littéraire Jacques Doucet, Paris. **E:** Briefe, S. 52 f. **DV:** Fotokopie des Originals.

Herr Tzara] Tristan Tzara, eigentlich Samuel Rosenstock (1896-1963), aus Rumänien stammender, französischer Schriftsteller; veröffentlichte 1912/13 Gedichte in rumänischer Sprache in der von ihm, Marcel Janco und Ion Vinea gegründeten Bukarester Avantgarde-Zeitschrift ›Simbolul‹; kam im Herbst 1915 nach Zürich; war Mitbegründer der Künstlerkneipe Voltaire, in der er zunächst französische Gedichte von Verlaine, Mallarmé, Apollinaire, Max Jacob, André Salmon und Jules Laforgue und seit Ende März 1916 als literarische Novitäten wiederholt »poèmes simultans« (zusammen mit Janco und Huelsenbeck) sowie am 14. Juli 1916 einzelne »poèmes mouvementistes«, »poèmes voyelles« und »poèmes bruitistes« vortrug; verlas auf verschiedenen Dada-Soiréen drei Manifeste, hielt in der Galerie Corray und in der Galerie Dada mehrere Vorträge über moderne, alte und afrikanische Kunst (»Negerplastik«); publizierte im ›Cabaret Voltaire‹-Heft zwei Gedichte und in der künstlerisch-literarischen Reihe ›Collection Dada‹ zwei schmale Bändchen mit Versen und Prosa; gab in Zürich vier Nummern der Zeitschrift ›Dada‹ heraus (1917-1919); rezitierte wiederholt »Negerverse« und »Negerlieder« (»chantes nègres«), stellte eine ihm gehörende »Negerplastik« aus und führte »Negertänze« auf. – Tzara war der Chefpropagandist, der Aktivist, Manager und Promoter des Dadaismus in Zürich und anderswo, er machte aus Dada eine Kunstrichtung, eine Bewegung (»Mouvement Dada«). Genau dies wollte Ball nicht, der implizit gegen Tzara gerichtet bereits am 11. April 1916 in sein Tagebuch eintrug: »Man soll aus einer Laune nicht eine Kunstrichtung machen.« (Flucht, S. 90) Diese und andere Differenzen und Konflikte mit Tzara führten Mitte Juli 1916 und dann Ende Mai 1917 zu Balls endgültigem Bruch mit dem Züricher Dadaismus. Gleichwohl rissen nach 1917 die Kontakte mit Tzara nicht gänzlich ab, mit dem Ball 1924 wieder korrespondierte (vgl. Nr. 394). Tzara ging Anfang 1920 nach Paris, den Dadaismus als Exportartikel im Gepäck, engagierte sich für ›Dada Paris‹, beteiligte sich zeitweilig am Pariser Surrealismus, korrespondierte seit 1916 mit der halben Welt, nahm auf republikanischer Seite am Spanischen Bürgerkrieg teil und veröffentlichte zahlreiche schriftstellerische und poetische Werke, die er von bedeutenden Künstlern wie Arp, Max Ernst, Alberto Giacometti, Klee, Matisse, Miró und Picasso illustrieren ließ.

wegen des Buchs] Wegen der Ende Mai 1916 erscheinenden Anthologie ›Cabaret Voltaire‹.

an Herrn Arp] Das ›Cabaret Voltaire‹-Heft enthält keine literarischen Beiträge von Hans Arp, dafür auf den Seiten 15 und 29 Abbildungen von zweien seiner bildnerischen Werke. Auch das Titelblatt des Heftes hat Arp entworfen.

nach München] Ball schrieb an den Verlag Piper und Co. nach München, um sich die Genehmigung zum Abdruck zweier Gedichte von Kandinsky einzuholen, die in dem bei Piper erschienenen Band ›Klänge‹ (1913) erstveröffentlicht worden sind (vgl. die ›Redactionellen Notizen‹ am Ende des ›Cabaret Voltaire‹-Heftes).

die Titel der Bilder des Herrn Janco] Außer vier kleinformatigen Zeichnungen (Porträts der Voltaire-Kabarettisten Emmy Hennings, Hugo Ball, Tristan Tzara, Richard Huelsenbeck) ist im ›Cabaret Voltaire‹-Heft von Janco nur noch folgende Zeichnung abgebildet: ›Affiche pour le »Chant Nègre« du 31ième mars 1916‹ (S. 17). – Marcel Janco (1895-1984), rumänischer Maler, Graphiker, Masken-, Kostüm- und Bühnenbildner und Architekt, war Gründungsmitglied der ›Künstlerkneipe Voltaire‹ (5. Februar 1916); seit 1922 bis Ende der dreißiger Jahre mit seinem Bruder Jules Janco (geb. 1896) Inhaber eines Architekturbüros in Bukarest. Janco kam im Juni 1914 nach Zürich, wo er zunächst Chemie an der Universität und dann ab Oktober 1915 Architektur an der ETH studierte; wirkte seit der Eröffnung der Künstlerkneipe Voltaire bis Ende 1919 an zahlreichen Veranstaltungen, Ausstellungen, Publikationen und Projekten der Züricher Dadaisten aktiv mit: als Holz- und Linolschneider, als Maler von Öl- und Gipsbildern (darunter das verlorengegangene Gemälde ›Cabaret Voltaire‹), als Entwerfer und Hersteller von Dada-Plakaten, als Masken- und Kostümbildner (das berühmte kubistische Karton-Kostüm, in dem Ball seine Lautgedichte vortrug, hat höchstwahrscheinlich Janco entworfen), als Redner und Theoretiker über »Cubismus« und »Principes de l'architecture ancienne (Brunelleschi)«, Interpret von eigenen Bildern sowie Sänger und Darsteller auf Dada-Soiréen. Ende 1919 Wegzug aus Zürich nach Paris; von dort Ende 1921 Rückkehr nach Rumänien; im Februar 1941 Emigration nach Palästina; im neugegründeten Staat Israel lebte und arbeitete er seit 1953 abwechselnd in der von ihm gegründeten Künstlerkolonie Ein

Hod, einem Dorf im Carmelgebirge bei Haifa, und in Tel Aviv, wo er am 21. April 1984 starb.

Monsieur Jacob] An den französischen Dichter, Maler und Kunstkritiker Max Jacob (1876-1944), der mit Picasso, Braque, Modigliani und Apollinaire befreundet war, sollte (wollte) sich Tristan Tzara wohl wenden, um ihn um Gedichte für das ›Cabaret Voltaire‹-Heft zu bitten, in dem freilich nichts von Jacob veröffentlicht wurde. Tzara hat am 28. Februar 1916 aus ›La Côte‹ von Max Jacob und am 14. März 1916 (auf der Französischen Soirée) »Verse von Max Jacob« im Cabaret Voltaire gelesen (Flucht, S. 79, 85). Den Kontakt zwischen Jacob und den Voltaire-Kabarettisten hat wohl Hans Arp geknüpft, der Max Jacob im Sommer 1914 in Paris kennengelernt hatte.

Ihre Verse] Tzara hat Ball daraufhin wahrscheinlich die beiden im ›Cabaret Voltaire‹-Heft veröffentlichten Gedichte ›Il fait soir‹ (S. 16) und ›La Revue Dada 2‹ (S. 19) für die Publikation zur Verfügung gestellt.

Druckerei] Das ›Cabaret Voltaire‹-Heft wurde in der »Buchdruckerei Jul. Heuberger, Weinbergstrasse 25, Zürich 1« gedruckt (Hinweis auf der hinteren Innenseite des Heftes). Wilhelm Julius Heuberger (1888-1965) war der Drucker aller weiteren dadaistischen (und zuvor der prädadaistischen) Publikationen in Zürich (mit Ausnahme des ›Zeltweg‹). Heuberger druckte außerdem fast alle Presseerzeugnisse der Kommunistischen Partei in Zürich, zu deren Gründungsmitgliedern er gehörte. Zu verschiedenen Zeiten wegen »bolschewistischer Umtriebe« von der Polizei observiert, wurde Heuberger mit anderen führenden Parteimitgliedern wiederholt verhaftet, unter anderem wegen »Gehilfenschaft bei Meuterei« (vgl. Nenzel, S. 292 f., Anm. 9).

Slodki gesprochen] Mit Marcel Slodki sollte wahrscheinlich wegen eines Beitrags von ihm für das soeben in Druck gegebene ›Cabaret Voltaire‹-Heft gesprochen werden, das einen »Original-Holzschnitt« von Slodki enthält (S. 27).

90. An August Hofmann, 2.6.1916

H: Ms. Brief mit eigenh. Unterschrift; 1 Bl., 2 S. Adresse: Herrn U.O. A. Hofmann / I. Bayr. Fussartillerie-Regiment / Ers. Batl. R.D.I. / *Mainz.* **F:** HBS. **E:** Briefe, S. 56-58. **DV:** Original.

habe inzwischen auch eine Tochter bekommen] Annemarie Hennings, die Tochter von Emmy Hennings, war Ende Mai 1916 von Ferdinand Hardekopf nach Zürich gebracht worden.

Strawinsky] Igor Strawinsky (1882-1971), russischer Komponist; Exponent der Neuen Musik in der ersten Hälfte des 20. Jahrhunderts; lebte 1910-1914 zeitweise in der Schweiz (Clarens), von 1920 bis zum Ausbruch des Zweiten Weltkriegs in Frankreich, dann vor allem in den USA (1945 amerikanische Staatsbürgerschaft). Hatte enge Beziehungen zu bekannten Künstlern und Schriftstellern in der französischen Hauptstadt: Picasso, Matisse, Jean Cocteau, André Gide.

Ravel] Maurice Ravel (1875-1937), französischer Komponist. Trat als Pianist nur mit eigenen Kompositionen und als Begleiter von Sängern hervor.

Schätzte unter Musikerkollegen besonders Eric Satie, Claude Debussy und Alexandr Borodin. Im Cabaret Voltaire spielte Hans Oser am 18. März 1916 Klavierstücke von Ravel.

Skrjabin] Vgl. *Nr. 85* .

Strawinsky hat in Paris ungeheure Erfolge gehabt] Mit der Uraufführung seines Balletts ›Le sacre du printemps‹ am 29. Mai 1913 im Pariser Théâtre des Champs Élysées verursachte Strawinsky einen in solcher Heftigkeit bis dahin nicht gekannten Theaterskandal, der sich in den nachfolgenden vier Aufführungen noch steigerte. Erst als Pierre Monteux im April 1914 im Casino de Paris den ›Sacre du printemps‹ in einer konzertanten Aufführung wiederholte, stellte sich der Erfolg für das Ballettwerk ein, das heute zu den Meisterwerken der klassischen Musikmoderne zählt.

Reger] Max Reger (1873-1916), deutscher Komponist; 1905 Lehrer für Komposition und Orgel an der Königlichen Akademie der Tonkunst in München; 1907 Kompositionslehrer am Leipziger Konservatorium; 1911 Hofkapellmeister in Meiningen, 1913 Generalmusikdirektor. – In (und seit) der Münchener Studentenzeit (1906/07) war Ball ein glühender Verehrer der Musik Regers. August Hofmann in seinen ›Erinnerungen an Hugo Ball‹: »Ball hat uns Reger entdeckt, etwa 1907. Wir schwelgten von da an förmlich in Regers Musik. Ball beglückte mich zum Weihnachtsfest mit Regers ›Variationen und Fuge über ein Thema von J. S. Bach‹, welchem Werke alsbald die einzigartige große Sonate in C für Violine und Klavier nachfolgte. Reger konnte gar nicht schnell genug für uns produzieren. Wir schätzten Regers verfeinerte, differenzierte Empfindung über alles.« (HBA 1997/1998, S. 106 f.).

Und dass er Gott mitbringt … und Seelenbräutigam und »Aquarelle«] Reger komponierte 1898 »5 Aquarellen« (op. 25).

Danse des delphines] Ball meint Claude Debussys Klavierstück ›Danseuses de Delphes‹. Es gehört zur ersten Serie der zwölf ›Préludes‹, die Debussy 1910 komponierte. Zu Debussys ›Danseuses de Delphes‹ tanzte am 12. April 1917 Clotilde von Derp auf einem Tanzabend im Züricher Stadt-Theater (vgl. Dada in Zürich, S. 268, Nr. 133). ›Danseuses de Delphes‹ hat »den Charakter einer Fantasie und bezieht sich auf die Bacchantinnen einer griechischen Säule im Louvre Museum« (Wenzel White, S. 85).

Jumbos Wiegenlied (die Berceuse eines Elefanten)] Klavierstück von Claude Debussy aus der Suite ›Children's Corner‹ (1906-1908): ›Jimbo's Lullaby‹. Nach Wenzel White (S. 83) lieferte dieses Stück die Vorlage für Balls Lautgedicht ›Karawane‹.

Etwas davon hören wir auch in unserem Cabaret] Von Debussy wurden im Cabaret Voltaire nachweislich eine »Berceuse« (Flucht, S. 78) und diverse »Klavierstücke« gespielt (Sheppard 1992, S. 11).

Ein junger Schweizer … hat in Paris studiert … spielt ab und zu bei uns eigene Sachen] Hans Heusser (1892-1942), Schweizer Pianist und Komponist; nach einer Lehre in einer Züricher Musikalienhandlung Musikstudium am Konservatorium in Zürich und an der Schola cantorum in Paris u.a. bei Debussy und Vidor; Lehrer an einer privaten Musikschule in Zürich; trat regelmäßig bei den Soiréen des Cabaret Voltaire und später in der Galerie Dada auf; die »Soirée Hans Heusser« am 25. Mai 1917 war ausschließlich ihm gewidmet; »ab 1919 engagierte sich Heusser [...] ausschließlich für das musikalische Vereinsleben und wurde zu einem der gekrönten Komponisten schweizerischer Marschmusik!« (Dada in Zürich, S. 36).

Borodin] Alexandr Borodin (1833-1887), russischer Komponist und Chemiker; komponierte Symphonien, eine unvollendet gebliebene Oper, Streichquartette, Romanzen und Klavierstücke, von denen Ball einige im Cabaret Voltaire spielte. Neben Tschaikowsky gilt Borodin als einer der bedeutendsten Symphoniker Rußlands im 19. Jahrhundert.

Rachmaninoff] Vgl. *Nr. 85*.

Grosse Regerkonzerte ... zum Gedächtnis] Reger war am 11. Mai 1916 in Leipzig gestorben. Orgelkonzerte zum Gedächtnis an Max Reger gaben damals in Zürich: Ernst Isler am 30. Mai 1916 in der Fraumünsterkirche (vgl. NZZ, Nr. 855 vom 29. Mai 1916, 1. Morgenblatt und Nr. 895 vom 5. Juni 1916, 1. Morgenblatt) und Prof. Paul Hindermann am 3. Juni 1916 im Großmünster (vgl. NZZ, Nr. 923 vom 9. Juni 1916, 3. Mittagblatt).

Orgelvariationen über »Bach«] Ball meint Regers 1900 entstandene Phantasie und Fuge über B-A-C-H (op. 46), das heißt über die vier den Namen Bach bildenden Noten. Dieses Orgelwerk hatte die NZZ am 29. Mai 1916 (Nr. 855) als Ausklang des Reger-Abends mit Ernst Isler angekündigt.

Deutsche, Rumänen, Polen, Russen, Holländer] »Um einer nationalen Interpretation« seiner ›Cabaret Voltaire‹-Anthologie vorzubeugen, erklärt Ball auf der letzten Seite des Heftes »ausdrücklich, dass er sich dagegen verwahrt, zur ›deutschen Mentalität‹ gerechnet zu werden«, worauf er darauf hinweist, daß die Sammlung aus Beiträgen besteht »von Franzosen (G. Apollinaire, B. Cendrars), Italienern (F. Canguillo, F. T. Marinetti, L. [!] Modigliani), Spaniern (P. Picasso), Rumänen (M. Janko [!], Tr. Tzara), Deutschen (Hans Arp, J. van Hoddis, R. Huelsenbeck), Holländern (O. von Rees), Oesterreichern (Max Oppenheimer), Polen (M. Slodki), Russen (W. Kandinsky) und Heimatlosen (Emmy Hennings)«. Auffällig an Balls Aufzählung in seinem Brief ist, daß er die Franzosen vergißt bzw. unterschlägt.

Klabund war neulich hier] Klabund hielt sich ab Ende März 1916, von Davos kommend, in Zürich auf (vgl. Klabund in Davos, S. 30-37). Nach einer Pressenotiz im Züricher ›Volksrecht‹ vom 28. März 1916 hat Klabund am 30. März 1916 im Cabaret Voltaire aus eigenen Werken gelesen (vgl. Sheppard 1992, S. 11 f.).

Monsieur Szittya] Emil Szittya, eigentlich Adolf Schenk (1886-1964), aus Budapest stammender Schriftsteller, Publizist, Kunstschriftsteller und Maler; Bohemien und Außenseiter der literarischen Moderne; vagabundierte zwischen 1900 und 1926 von einer europäischen Metropole zur anderen, vor allem in Wien, Paris, Berlin und Zürich, wo er zwischen 1915 und 1919 lebte (seit dem 13. Januar 1915 war er in Zürich polizeilich gemeldet), ehe er sich 1927 in Paris niederließ; gab mehrere Zeitschriften heraus: zusammen mit Blaise Cendrars ›Les Hommes Nouveaux‹ (Paris 1911/12), mit Hugo Kersten die prädadaistische Zeitschrift ›Der Mistral‹ (Zürich 1915), die ›Horizont-Flugschriften‹ und ›Horizont-Hefte‹ (Wien/Berlin 1919), die antifaschistische Revue mensuelle ›Die Zone‹ (Paris 1933/34). In einem Tagebucheintrag vom 3. Juni 1916 charakterisiert ihn Ball wie folgt: »Szittya ist aufgetaucht. Er ist ein Greis mit einem Jungensgesicht; ein Bettler, der die Finessen der letzten Systeme in sich bekämpft. Ein rührender, lächelnder, zerbrochener Tänzer unserer lieben Frau, der unter Tränen seine unorthographischen Gebete hermault und den die Madonna so lange streicheln wird, bis er all seine kindischen Fluchereien vergißt und einschläft. In der Rocktasche hat er Annemarie ein verkrümeltes Stück Erdbeertorte mitgebracht. Er lächelt immer und man weiß dann nicht, ob er ein Satyr oder ein heiliger Seraphin ist.« (Flucht, S. 97). Unter dem Pseudonym Karl Stammer hat Szittya 1919/20 fünf Beiträge in der von Ball redigierten ›Freien Zeitung‹ veröffentlicht. In seinem unter Zeitzeugen umstrittenen Buch ›Das Kuriositäten-Kabinett‹ (Konstanz 1923, S. 281) zeichnet Szittya ein sympathisches Portrait von Ball. Ende 1926/ Anfang 1927 hat Ball drei Briefe und eine Kurzmitteilung an Szittya gerichtet (vgl. Nr. 703, 711, 717 und 730).

ein kleiner Jude mit schmutzigen Fingernägeln und Hemdärmeln. Aber sehr amü- und interessant] Lajos Kassák (1887-1967), der ungarische Dichter und Maler, über seine erste Begegnung mit Szittya: »Ein schlechtrasiertes Männchen mit Künstlermähne und Künstlerkrawatte baute sich vor mir auf. Der kleine Mann blickte mich mit stechenden Augen an und zog den Mund affektiert zusammen. Aus seinen Rocktaschen sahen überall Zettel hervor.« (Kassák: ›Als Vagabund unterwegs‹. Budapest 1979, S. 70 f.).

Kersten] Hugo Kersten (1892-1919), expressionistischer, prädadaistischer, individualanarchistischer Schriftsteller und intellektueller Bohemien; Verfasser von Gedichten, Glossen, Kritiken, Polemiken, Pamphleten und – höchstwahrscheinlich – Autor des unter dem Pseudonym »A. Undo« erschienenen Manifests ›Der Impertinentismus‹ (4. September 1915), das – wie auch Balls und Huelsenbecks ›Ein literarisches Manifest‹ vom 12. Februar 1915 – als ein »Schlüsseldokument des Übergangs zwischen Frühexpressionismus und Dada« gilt (Michael Stark in: ›Impertinenter Expressionismus. Texte von Hugo Kersten‹. Hrsg., kommentiert und mit einem Nachwort versehen von Michael Stark. Stuttgart 1980, S. 156). Kersten veröffentlichte seit Anfang 1914 vor allem in der ›Aktion‹ und gab mit seinem Freund Emil Szittya im März 1915 die ersten beiden Nummern der Zeitschrift ›Der Mistral‹ in Zürich heraus. Zuvor war er als Kriegsgegner in die neutrale Schweiz zunächst nach Ascona und dann ab Oktober 1914 nach Zürich gegangen, von wo er sich laut Polizeiprotokoll Ende März 1915 »bei Nacht und Nebel und mit Hinterlassung einer Schuld von 10.– Fr. unbekannt wohin« und unbekannt warum fluchtartig absetzte (Dada in Zürich, S. 65, Anm. 32). Spätestens 1917 war er wieder in Berlin, wo er am 5. Oktober 1919 Selbstmord beging.

satirisch-phantastisch-pamphletistisch-mystischen Roman] Dem 1914 begonnenen, 1920 beendeten »Phantastenroman« ›Tenderenda der Phantast‹, der erst 1967 aus dem Nachlaß veröffentlicht wurde. In der Künstlerkneipe Voltaire hat Ball wiederholt aus dem »phantastischen Roman« ›Tenderenda‹ gelesen (vgl. Flucht, S. 85). Im ›Cabaret Voltaire‹-Heft ist ein Kapitel des Romans, ›Das Carousselpferd Johann‹, abgedruckt (S. 8 f.).

Mit den Berlinern ... »Aktionierer«] Gemeint sind die Differenzen mit Franz Pfemfert und dem Kreis um die expressionistische Zeitschrift ›Die Aktion‹.

Ihre Grossgehirnrinden sind Käserinden] Vgl. Tenderenda 1967, S. 98: »Und entmutigt sagte der Famulus: ›Sie wollen hier sitzen bleiben und ihre Großgehirnrinde verzehren.‹«

»Aeternistenbücher«] Franz Pfemfert gab seit April 1916 in seinem Verlag die Schriftenreihe ›Aktions-Bücher der Aeternisten‹ heraus (Bde. 1-10, Berlin 1916-1921). In der Reihe erschienen Buchveröffentlichungen von Aktions-Mitarbeitern, denen Pfemfert eine Bedeutung über den Tag und die Gegenwart hinaus beimaß. 1916 kamen vier Bände heraus: Ferdinand Hardekopf: ›Lesestücke‹. – Carl Einstein: ›Anmerkungen‹. – Franz Jung: ›Opferung‹. Ein Roman. – Franz Jung: ›Saul‹. – Unter dem Pseudonym Stefan Wronski verfaßte Ferdinand Hardekopf für die Reihe im April 1916 einen Prospekt: ›Die Aeternisten. Eine Proklamation des Aeternismus‹.

Da kamen die Tintenfische und lachten. Da kamen die Stinkklaviere und schnupperten an ihm] Vgl. das fünfte Kapitel ›Satanopolis‹ von Balls Roman ›Tenderenda der Phantast‹: »Da kamen die Tintenfische aus ihren Löchern und lachten. Da kamen die Zackopadoren und schnupperten an ihm.« (Tenderenda 1967, S. 47). Die Ähnlichkeit der beiden zitierten Stellen läßt die Vermutung zu, daß das ›Satanopolis‹-Kapitel des Romans etwa zur gleichen Zeit (Mai/Juni 1916) wie der Brief geschrieben wurde.

Guten Tag, Herr Schmidt; guten Tag Herr Spanagel! Guten Tag, Herr Meyer!] Vgl. das ›Satanopolis‹-Kapitel im Roman ›Tenderenda der Phantast‹: »›Sie haben da einen schönen Kanidklopfer‹, sagte Herr Schmidt zu Herrn Schulze. ›Spinöser Affront!‹ sagte Herr Meyer zu Herrn Schmidt« (Tenderenda 1967, S. 41).

Deutscher Seesiech beim Skaggerag] In den frühen Morgenstunden des 1. Juni 1916 endete die am 31. Mai begonnene Seeschlacht vor dem Skagerrak in der Nordsee, die erste Seeschlacht zwischen der deutschen Hochseeflotte und der britischen Grand Fleet während des Ersten Weltkriegs. In der Schlacht haben die Deutschen – bei zahlenmäßiger Unterlegenheit – mehr Schiffe versenkt als die Briten. Ein entscheidender Erfolg ist der deutschen Hochseeflotte jedoch versagt geblieben. Bilanz der Seeschlacht: Die Briten verloren insgesamt 117000 t Schiffsraum, die Hochseeflotte insgesamt 60730 t. 6094 britische und 2563 deutsche Seeleute fanden am Skagerrak den Tod.

schlechtesten Gassen der Stadt] Reminiszenz an die schlimme Zeit der ersten Monate in Zürich, als Ball und Emmy Hennings in verschiedenen Gassen des Züricher Niederdorfs wohnten, von denen die Schoffelgasse einen besonders schlechten Ruf hatte. Von dort schrieb Emmy Hennings im Sommer 1915 an den Maler Rudolf Reinhold Junghanns: »ich wohne in einer sehr schmalen Gasse, in der verrufensten glaube ich. Man sieht sich gegenseitig in die Fenster und zwei Mäuse sind in emsis Zimmer, vor denen sie grosse Angst hat.« (EBH Katalog, S. 99).

Wir haben in den schmutzigsten Varietés gespielt] Vom Oktober 1915 bis Januar 1916 sind Hugo Ball und Emmy Hennings mit dem Maxim-Ensemble und dem Arabella-Ensemble im Varieté Hirschen, im Café Niederdorf in Zürich, im Varieté Glock in Basel sowie in Arbon und Baden aufgetreten.

(nach meinen letzten Sachen ...)] Wohl hauptsächlich Balls um diese Zeit (Ende Mai/Anfang Juni 1916) entstandenen ›Lautgedichte‹.

Haschisch ... Morfin ... Mir ist aller Wein zuwider] In seinen ›Erinnerungen an Hugo Ball‹ schreibt August Hofmann, der Adressat dieses Briefes: »[...] für Bier oder Wein war er [Ball] schon gar nicht zu haben, überhaupt nicht für Rauschmittel« (HBA 1997/1998, S. 94).

den unglücklichen Johannes Xaver Felix Bachmair] Gemeint ist der Verleger Heinrich Franz Seraphikus Bachmair (vgl. *Nr. 25* und *56*), der sich im Oktober 1914 freiwillig in den Krieg meldete, an dem er bis November 1918 teilnahm. Was Bachmair 1916 als Soldat »getan« hat, konnte nicht ermittelt werden. Der Kontext (»Ich kannte ihn gar nicht ›von der Seite‹. Ja ja, so als Soldat!«) legt jedoch die Vermutung nahe, daß es sich bei dem ›Vergehen‹ Bachmairs um sexuelle Eskapaden gehandelt haben könnte.

91. An Käthe Brodnitz, 3.6.1916

H: Ms. Brief mit eigenh. Unterschrift und hs. Postskriptum; 2 Bl., 3 S. **F:** DLA. **E:** Sheppard 1972, S. 55-57. **DV:** Original.

Soirée ... Conzert bruitiste] Als Concert bruitiste hat Ball sein ›Simultan Krippenspiel‹ bezeichnet. Die Soirée, auf der das ›Krippenspiel‹ uraufgeführt wurde, fand – nach zwei am 24. und 30. Mai 1916 in der ›Züricher Post‹ erschienenen Zeitungsannoncen (vgl. Sheppard 1992, S. 13 f.) – am Mittwoch, dem 31. Mai 1916, im Cabaret Voltaire statt. Beide Annoncen führen unter den Programmnummern der ›Großen Soirée‹ vom 31. Mai Balls »›Krippenspiel‹ (Concert bruitiste)« an. In seinem Tagebuch ›Die Flucht aus der Zeit‹ erwähnt Ball sein ›Krippenspiel‹ drei Tage nach der Uraufführung in einer Eintragung vom 3. Juni 1916: »Annemarie durfte uns zur Soiree begleiten. Sie geriet ob all der Farben und des Taumels außer Rand und Band. Sie wollte sogleich auf das Podium und ›auch etwas vortragen‹. Wir konnten sie nur mit Mühe davon abhalten. Das ›Krippenspiel‹ (Concert bruitiste, den Evangelientext begleitend) wirkte in seiner leisen Schlichtheit überraschend und zart. Die Ironien hatten die Luft gereinigt. Niemand wagte zu lachen. In einem Kabarett und gerade in diesem hätte man das kaum erwartet. Wir begrüßten das Kind, in der Kunst und im Leben.« (Flucht, S. 97). Erstdruck des ›Krippenspiels‹ in: ›Hugo Ball (1886-1927)‹: Simultan Krippenspiel. Karl Riha: »›Als Enthusiast wurde ich geboren«. Zu Hugo Balls »Herkunft«. Anläßlich seines hundertsten Geburtstags.‹ Siegen 1986, S. 3-12. Vgl. auch: Dada in Zürich, S. 273 f., Nr. 139.

viele Luxusexemplare] Im Druckvermerk des ›Cabaret Voltaire‹-Heftes (auf der hinteren Innenseite) heißt es: »Cabaret Voltaire erscheint in einer Auflage von 500 Exemplaren und ist zum Preise von Fr. 3.– für das kartonierte, Fr. 2.– für das geheftete Exemplar zu beziehen bei allen Buchhandlungen. [...] Eine numerierte Sonderausgabe von 50 Exemplaren handkoloriert und signiert, kostet Fr. 15.– das Exemplar.« Da von der im Druckvermerk und in Balls Brief erwähnten Vorzugsausgabe im Antiquariats- und Kunsthandel bisher kein Exemplar bekannt geworden ist (vgl. Dada in Zürich, S. 208), läßt sich nicht mit Sicherheit sagen, ob eine Luxusausgabe des ›Cabaret Voltaire‹ überhaupt erschienen ist.

Die »Neue Züricher Zeitung« … Besprechung von Huelsenbeck] Das ›Cabaret Voltaire‹-Heft ist in der NZZ nicht besprochen worden.

Auch andere Zeitungen werden schreiben] Die Berliner Monatsschrift ›Neue Jugend‹ zeigte im August-Heft 1916 (8. Heft) die Anthologie ›Cabaret Voltaire‹ unter der Rubrik ›Neue Bücher‹ an, und sie brachte im September-Heft 1916 (9. Heft) unter ›Mitteilungen‹ ein detailliertes Verzeichnis des Inhalts der Anthologie.

Eine ganze Anzahl Exemplare nach Berlin schicken] Ball ließ die Exemplare des ›Cabaret Voltaire‹-Heftes von Tristan Tzara an Hugo Kersten und Wieland Herzfelde nach Berlin schicken (vgl. Nr. 96).

eine französische Ausgabe mit französischer Vorrede] Diese Ausgabe des ›Cabaret Voltaire‹-Heftes unterscheidet sich von der deutschen nur durch die ins Französische übersetzte Vorrede Balls und durch den französischen Untertitel des Titelblattes: ›Recueil littéraire et artistique‹.

Zeitschrift »Dada«] Die erste Nummer der von Tristan Tzara herausgegebenen Zeitschrift ›DADA‹ ist erst im Juli 1917 erschienen.

Budapest … neuerdings eine Einladung, auch dorthin zu kommen] Vgl. Nr. 90 vom Vortag: »Monsieur Szittya […] hat in Budapest viele Freunde bei der Presse und ein Correspondenzbüro und möchte uns gerne in Budapest haben.«

neue Sachen auszuprobieren] Zu den literarischen Novitäten, die Ball seit Anfang Juni 1916 ausprobierte, gehörten in erster Linie die im Juni entstandenen »›Verse ohne Worte‹ oder Lautgedichte«, die Ball am 23. Juni 1916 zum ersten Mal im Cabaret Voltaire »in kubistischem Kostüm« vortrug (vgl. Flucht, S. 105-107).

Die Schwester] Paula Friedrichsen, vgl. *Nr. 86*.

»Leybold-Nummer«] Seiner »Drohung« entsprechend, hat Pfemfert kein Sonderheft zu Hans Leybold in der ›Aktion‹ herausgebracht.

Schwester seines »Mitarbeiters«] Hans Leybold hatte drei Schwestern (vgl. Faul 2003, S. 419), eine ältere (Eva, geb. 1890) und zwei jüngere: Clara (1894-1981) und Paula (1898-1977). Der Brief von Pfemfert war wahrscheinlich an Clara, die Lieblingsschwester Leybolds (vgl. Faul 2003, S. 13 f.), gerichtet.

»Kümmerlein«] Ein Text Leybolds mit diesem Titel ist in der ›Aktion‹ nicht erschienen.

das liebe Frl. Leybold] Gemeint ist wohl Clara Leybold (s. o.: Erläuterung zu »Schwester seines ›Mitarbeiters‹«).

kleines selbstgefertigtes Bändchen ihrer letzten Verse] Solche Bändchen mit eigenen Gedichten hat Emmy Hennings im Laufe ihres literarischen Lebens immer wieder manuell hergestellt: Um sie zu verkaufen, aber auch zu verschenken. In einem Brief vom Juli 1916 an Hugo Ball schreibt sie: »Ich habe einige Gedichte mit der Hand abgeschrieben, eingerahmt, wollt sagen eingebunden, und Blumen und Sterne auf den Umschlag gemalt und ein paar Gräser aus Glanzpapier darauf geklebt. Gold wollte ich nicht wagen zu kaufen. Einige Exemplare habe ich in einem Schreibmaschinengeschäft abgeschrieben.« (EBH Leben, S. 41). In der Künstlerkneipe Voltaire hat Emmy Hennings »in den Pausen ihre selbstgetippten, ärmlich präsentierten Gedicht-Sammlungen« verkauft, »um für sich und Hugo Ball […] etwas Geld zu verdienen« (Dada in Zürich, S. 275, Nr. 141).

Gibt Kerr den »Pan« noch oder wieder heraus] Vgl. *Nr. 84* – »Gibt Alfred Kerr momentan eine Zeitung heraus?«

Frank und Frau] Leonhard Frank und Lisa Frank.

René Schickele ist jetzt in »Mannenbach, Thurgau«] Schickele wohnte 1916 zunächst in Zürich am Höhenweg und dann ab Ende Mai/Anfang Juni 1916 bis Ende des Jahres in Mannenbach, der westlich von Ermatingen am Untersee (Bodensee) gegenüber der Insel Reichenau gelegenen kleinen Ortschaft; seit 1979 Munizipalgemeinde Salenstein.

ersten Züricher-Nummer »W[eisse] Bl[ätter]«] Offiziell erschienen die ›Weißen Blätter‹ seit dem April-Heft des 3. Jahrgangs (1916) im Züricher Verlag Rascher & Cie, inoffiziell wohl bereits seit Anfang 1916. Gemeint ist hier also das 4. (April-)Heft des Jahrgangs 1916 (vgl. Flucht, S. 94; Eintrag vom 21. April 1916). Unter der Überschrift ›Zürcher Tagebuch‹ enthält das Heft u.a. vier Glossen von René Schickele (S. 79-85).

über meine Publikation ... in den »W[eissen] Bl[ättern]« schreiben zu dürfen] Über das ›Cabaret Voltaire‹-Heft ist in den ›Weißen Blättern‹ nichts erschienen.

Kurt Wolff wieder in Leipzig, oder noch im Felde, oder auf Urlaub] Der Verleger Kurt Wolff nahm vom August 1914 bis zum Sommer 1916 am Ersten Weltkrieg teil. »Im Mai 1916 führte ihn ein Urlaub zum ersten Mal wieder für kurze Zeit nach Leipzig, wo er sich bemühte, in größter Eile Ordnung und Klärung in alle schwebenden Verlagsverhältnisse zu bringen. Vom Felde her den Verlag zu steuern, war nur in sehr beschränkter Weise möglich gewesen. Doch Wolff blieb es erspart, den ganzen Krieg an der Front und in militärischen Diensten verbringen zu müssen, denn der Großherzog Ernst Ludwig von Hessen ließ ihn zur Fortsetzung seiner verlegerischen Tätigkeit anfordern und setzte es durch, daß er im September 1916 mit Urlaub von unbestimmter Dauer entlassen wurde.« (Bernhard Zeller: ›Der Verleger Kurt Wolff‹. In: ›Kurt Wolff. Briefwechsel eines Verlegers 1911-1963‹. Hrsg. von Bernhard Zeller und Ellen Otten. Frankfurt a.M. 1966, S. XXVIII).

Franz Werfel] Österreichischer Schriftsteller (1890-1945); war 1912-1914 Lektor im Kurt Wolff Verlag und Mitherausgeber der expressionistischen Buchreihe ›Der Jüngste Tag‹, in der 1913 als fünfter Band die erste Buchpublikation von Emmy Hennings (›Die letzte Freude‹) erschien; nahm am Ersten Weltkrieg teil; wurde im Sommer 1917 ins Wiener Kriegspressequartier abkommandiert, das ihn zu Propagandazwecken auf eine Vortragsreihe in die Schweiz schickte (Mitte Januar bis April 1918), wo er mit Hugo Ball zusammentraf; lebte bis 1938, bis zum ›Anschluß‹ Österreichs an das Deutsche Reich, in Wien; flüchtete danach über die Schweiz, Frankreich und Portugal 1940 ins amerikanische Exil.

92. An Emmy Hennings, 17.7.1916

H: Ms. Brief; 1 Bl., 2 S. Am Ende des Briefs, nach: »Was hast Du alles«, Textverlust. Ergänzt nach EBH Leben, S. 40. **F:** HBN. **E:** EBH Leben, S. 39 f.; auch in: Briefe, S. 58 f. **DV:** Original.

Hack] Vgl. *Nr. 82*.

Madame] Wohl die Frau von Hack.

meine Abreise] Sogleich nach dem »I. Dada-Abend« am 14. Juli 1916 im Zunfthaus zur Waag, an dem er seine Lautgedichte vortrug (vgl. HBK, S. 153), bereitete sich Ball darauf vor, nach Luzern zu Emmy Hennings abzureisen, um mit ihr, die zur Sondierung des Terrains vorgereist war, in Hotels am Vierwaldstätter See auf eigene Faust ›Moderne literarische Cabaret-Abende‹ zu veranstalten.

von Davos aus] Vgl. *Nr. 95*.

Kritiken … für das Repertoire] Für die in der Zeit zwischen dem 19./20. Juli und Ende Juli 1916 veranstalteten ›Modernen literarischen Cabaret-Abende‹ ließ Ball ein Programm-Faltblatt drucken, das auf einer Seite das Programm der ›Cabaret-Abende‹ und auf der anderen Seite »Besprechungen«, d.h. Ausschnitte aus Zeitungskritiken über Emmys und seine eigenen Kabarettaktivitäten enthält. Das Programm-Faltblatt liegt Balls Brief an August Hofmann vom 7. Oktober 1916 bei (Nr. 106); es wurde als Faksimile reproduziert im HBA 1981, S. 98 f. und ebendort von Jürgen F.E. Bohle kommentiert und analysiert (vgl. HBA 1981, S. 100-116).

Rigi-Kaltbad] Über die Cabaret-Tauglichkeit von Rigi-Kaltbad, dem auf dem Gebirgsmassiv des Rigi in 1440 m Höhe gelegenen Luftkurort mit seinen ausgedehnten Hotelanlagen, schreibt Emmy Hennings in einem undatierten (offenbar nach dem 17. Juli verfaßten) Brief aus Luzern: »Rigi-Kaltbad habe ich mir nur von draußen angesehen, das ist auch ein größeres Anwesen. Eine Viertelstunde, bis Du das Hotel, die Front abgegangen hast. Es wohnen ja gewiß viele Leute mit vielem Geld dort, aber ich bin doch nicht sicher, ob das Haus gerade für uns gebaut ist. Mal sehn, wie es mit meiner Courage steht.« (EBH Leben, S. 42). – Das von Emmy Hennings erwähnte Hotel ist das Grand Hotel Rigi-Kaltbad mit 260 Betten, von 6 fr. an, Pension, d.h. Tagespreis für Unterkunft und Verpflegung, von 17 fr. an, »mit Aussichtsterrasse, Parkanlagen, kath. u. evang. Gottesdienst, Kurarzt im Hause« (Baedekers Schweiz 1920, S. 105).

Ich erkundigte mich auch wegen Annemiezes Geld] Annemaries Großmutter Anna Cordsen hatte für ihr Enkelkind Geld gespart. »Noch im Herbst 1935 gibt es ein Sparbuch bei der Creditbank Flensburg, das die fürsorgliche Großmutter auf Annemaries Namen angelegt hat.« (Reetz, S. 153)

Huinink … Herrn Heeremann] »Die Herren waren Nachbarn von uns« in Zürich, merkt Emmy Ball-Hennings 1930 zu dieser Briefstelle an (EBH Leben, S. 40). Den Namen des zweiten Herrn liest und schreibt sie »Höremann«.

Einer … hat seinen Schirm stehen lassen] Emmy Hennings in ihrem undatierten Antwortbrief aus Luzern: »Den Regenschirm von Herrn Höremann oder wer es ist, den nimm nur mit in Gottes Namen. Es hat hier nämlich schon zweimal geregnet und wir können ja den Schirm, wenn wir es zu Geld gebracht haben, wieder zurückschicken.« (EBH Leben, S. 41)

Frau Eichler] Das Adressbuch der Stadt Zürich 1917 (S. 123) verzeichnet: »Eichler, Klara, Näherin, 1 Scheitergasse 8.« Beruflich paßt »Frau Eichler«, die Näherin, zu Frau Marass, der Schneiderin (vgl. folgende Erläuterung); auch ist der Wohnsitz von Frau Klara Eichler in der Scheitergasse nicht weit vom Predigerplatz, dem Wohnsitz der Frau Marass, entfernt.

Marass] Theresia Marass, Vermieterin Balls, dessen Züricher Adresse vom 7. April 1916 bis August 1916 »Predigerplatz 44« bei der Schneiderin Marass war. In ihren Erinnerungen an die Dada-Zeit schreibt Emmy Ball-Hennings: »In unseren kleinen Zimmern am Predigerplatz ging es hoch und immer höher her. Dem ›Wiener Chic‹ der Frau Thesa [gemeint ist Theresia Marass] machten wir die absurdeste Konkurrenz. Ball entwarf Kostüme aus Pappe, die mit Glanzpapier in allen Farben beklebt wurden.« (HBA 1991, S. 67). Ball als Kostümbildner: ein weiteres Talent des in der Dada-Zeit besonders vielseitigen Künstlers. Für den ›Cubistischen Tanz‹, der am 14. Juli 1916 beim ›I. Dada Abend‹ im Zunfthaus zur Waag aufgeführt wurde, hat Ball die »Kostüme« entworfen (vgl. das Programm dieses Abends, faksimiliert in: HBK, S. 153).

Kritiken sind noch keine erschienen] Zu dem am 14. Juli 1916 im Zunfthaus zur Waag stattgefundenen »1. Dada-Abend«, d.h. zur ersten Veranstaltung der Züricher Dadaisten außerhalb des Cabaret Voltaire, bei der Hugo Ball und Emmy Hennings tatkräftig mitwirkten, ist die erste und einzige Kritik am 18. Juli 1916 in der NZZ erschienen (vgl. Sheppard 1992, S. 15 f.).

93. An Tristan Tzara, 31.7.1916

H: Hs. Bildpostkarte: Hugo Ball im kubistischen Kostüm beim Vortrag der »Verse ohne Worte«, 23. Juni 1916; einseitig beschrieben. Adresse: Herrn / Tristan Tzara / Zürich / Fraumünsterplatz 21. **F:** Bibliothèque Littéraire Jacques Doucet, Paris. **E:** Briefe, S. 60. **DV:** Fotokopie des Originals.

Vira-Magadino] Zwei benachbarte Tessiner Orte (einstige Fischerdörfer), am südöstlichen Ufer des Lago Maggiore, an der Riviera del Gambarogno, gegenüber Locarno gelegen.

Madonna del Sasso] Oberhalb von Locarno auf einem Felsen gelegene Wallfahrtskirche (›Muttergottes auf dem Felsen‹), von deren Terrasse man eine herrliche Aussicht auf Locarno und den Lago Maggiore hat. Die nach einer Muttergotteserscheinung im Jahr 1480 gegründete Kirche wurde im frühen 17. Jahrhundert neu erbaut und im 19. Jahrhundert mit kostbarem Dekor üppig ausgestattet. Der Kirche angeschlossen ist das Kapuzinerkloster, in dessen Museum wertvolle Handschriften und andere kostbare Gegenstände sakraler Kunst aufbewahrt werden. – Einen »Besuch« Balls bei der Madonna del Sasso findet sich in seinem Tagebuch erst unter dem 17. Oktober 1916 (vgl. Flucht, S. 126).

Quanto è bella, quanto è nobile!] Wie ist sie doch so schön, wie ist sie doch so anmutig! – Über seine Ankunft in Vira notiert Ball am 1. August 1916 in sein Tagebuch: »Wir landeten hier, von Locarno kommend, wie Robinson an seiner Papageien-Insel. Diese ganze unberührte Landschaft – quanto è bella! Stahlblaue Berge über Rosengärten. Kleine Inseln, die im Frühlicht schimmern.« (Flucht, S. 108).

Dostojewski] Am 11. August 1916 trägt Ball in sein Tagebuch ein: »Wir haben das ›Totenhaus‹ von Dostojewski gelesen.« (Flucht, S. 112).

Man predigt den Fischen im Lago Maggiore] Was Ball, ein neuer Antonius von Padua, den Fischen predigte, hat er Tzara auf seiner Postkarte (Nr. 97) vom 16. August 1916 verraten: »J´ai prêche aux poissons du Lago Maggiore: ›O messieurs, si vous connaisseriez la perfidie bêtardieuse de monde!‹«

94. An Hans Arp, 31.7.1916

H: Hs. Bildpostkarte: Hugo Ball im kubistischen Kostüm beim Vortrag der »Verse ohne Worte«, 23. Juni 1916; einseitig beschrieben. Adresse: Herrn / Hans Arp / Zürich / Forchstrasse 114. **F:** Fondation Arp in Clamart. **E:** HBK, S. 149; dort auch (S. 148 f.) Faksimiles der Text- und Bildseite der Postkarte. **DV:** Foto vom Original.

Herr Arp] Hans (Jean) Arp (1886-1966), deutsch-französischer Maler, Bildhauer, Graphiker und Dichter; gründete 1911 mit den Malern Walter Helbig und Oskar Lüthy in Weggis die Künstlergruppe ›Der Moderne Bund‹, mit der er bis 1913 drei Ausstellungen organisierte; beteiligte sich 1912 an Kandinskys Almanach ›Der Blaue Reiter‹ und an dessen Ausstellung im Juli 1912; ging über Berlin und Köln nach Ausbruch des Ersten Weltkriegs Anfang August 1914 nach Paris, wo er Pablo Picasso, Max Jacob, Guillaume Apollinaire und Amedeo Modigliani kennenlernte, und im Mai 1915 in die Schweiz, zunächst nach Ascona zu seinen Malerfreunden Arthur Segal und Otto van Rees und im Spätsommer 1915 nach Zürich, wo er im November 1915 in der Galerie Tanner neue, abstrakte Arbeiten ausstellte; gehörte zu den Gründungsmitgliedern der Künstlerkneipe Voltaire und beteiligte sich auf vielfältige Weise an zahlreichen Aktivitäten und Veranstaltungen der Züricher Dadaisten: durch Lesungen eigener und fremder Texte, durch Präsentationen eigener Werke in fast allen Ausstellungen des Cabaret Voltaire und der Galerie Dada, durch »Erläuterungen zu eigenen Bildern«, durch eine Führung durch die Galerie Dada, durch bildnerische und literarische Beiträge in Dada-Zeitschriften und Dada-Anthologien (›Cabaret Voltaire‹-Heft, ›Dada 1-4/5‹, ›Der Zeltweg‹), durch Illustrationen (Holzschnitte, Zeichnungen) in Einzelpublikationen von Tzara und Huelsenbeck. Arp lieferte zwischen 1916 und 1920 »den zweifellos wichtigsten (bild-)künstlerischen Beitrag des Züricher Dadaismus« (Dada in Zürich, S. 121). Balls Distanzierung von Dada, sein politisches Engagement bei der FZ in Bern und sein Rückzug ins Tessin taten der Freundschaft zwischen ihm und Arp keinen Abbruch. Sie trafen sich nach der gemeinsamen Dada-Zeit (1916/17) nachweislich noch dreimal: in der Woche vor dem 26. März 1922 in München, bei welcher Gelegenheit Arp Hugo Ball dazu drängte, seine »Verse und Prosa aus der Zürcher Zeit zu sammeln« (Nr. 286) und – illustriert mit Holzschnitten von ihm (vgl. Nr. 292) – im Roland Verlag zu veröffentlichen; im November 1922 in Agnuzzo (vgl. HBK, S. 205, Nr. 200) und im April 1925 in Vietri Marina bei Salerno, wo Hans Arp und seine Frau Sophie Taeuber um Ostern zwei Wochen als »Nachbarn« Balls verbrachten (vgl. HBK, S. 220 f., Nr. 226-228). Ball schätzte die Gedichte Arps, besonders die aus der ›wolkenpumpe‹ (vgl. ›zweiklang. sophie taeuber-arp / hans arp‹. Hrsg. von Ernst Scheidegger.

Zürich 1960, S. 12), und Arp die Vers- und Prosa-Texte (vgl. Dada 15/25, S. 63) und das 1927 erschienene Tagebuch Balls, über das er in seinen ›Erinnerungen‹ schreibt: »›Die Flucht aus der Zeit‹ von Hugo Ball ist ein philosophisches und religiöses Tagebuch voll hoher Betrachtungen. In diesem Buch stehen die wesentlichsten Sätze, die bisher über Dada geschrieben worden sind.« (Hans Arp: ›Unsern täglichen Traum ... Erinnerungen, Dichtungen und Betrachtungen aus den Jahren 1914-1954‹. Zürich 1955, S. 20) An anderer Stelle seiner ›Erinnerungen‹ (ebd., S. 53) charakterisiert er Ball wie folgt: »Die großen Matadoren der Dada-Bewegung waren Ball und Tzara. Ball ist nach meinem Dafürhalten einer der größten deutschen Schriftsteller. Er war lang und ein wenig dürr und hatte das Antlitz eines Pater Dolorosus.« Vom Briefwechsel sind außer der vorliegenden Postkarte nur noch vier Briefe bekannt (vgl. Nr. 321, 523, 684 und 691).

noch mehr in die Berge] Im August 1916 versuchte Ball vergebens, in einem der oberhalb von Vira am Monte Gambarogno gelegenen Bergdörfer – wie etwa in Piazzogna (vgl. Nr. 102) – eine Wohnung zu mieten.

95. An Tristan Tzara, 4.8.1916

H: Hs. Postkarte des Verlags »DIE AKTION« mit einem Portrait Heinrich Manns, »für die AKTION gezeichnet von Max Oppenheimer«. Adresse: Herrn Tristan Tzara / Zürich / Fraumünsterplatz 21. **F:** Bibliothèque Littéraire Jacques Doucet, Paris. **E:** Dada 15/25, S. 48. **DV:** Fotokopie des Originals.

Postskripta: »Viele Grüsse Ihre emmy hennings.« »Lieben Gruß f. Tzara-Dada u. f. Janco Herzl. Grüße«

die hübsche Überraschung] Tzara hat Ball die Ende Juli 1916 erschienene, erste Buchpublikation der Züricher Dadaisten geschickt, mit der Tzara die Reihe ›Collection Dada‹ eröffnete: ›La première aventure céléste de Mr Antipyrine par Tristan Tzara‹. Avec des bois gravés et coloriés par Marcel Janco. (Zurich, Imprimerie J. Heuberger, 28 juillet 1916). – (Collection Dada).

sehr descriptive, zeichnerische Sachen] Vgl. Balls Tagebucheintrag vom selben Tag: »Sie [die Dadaisten in Zürich] schreiben mir über die neuen Materialien in der Kunst (Papier, Sand, Holz und so). Und ich antworte ihnen, daß ich mich in den taubstummen Kuhhirten verliebt habe und deskriptive, zeichnerische Dinge suche, um mir ›reale Garantien‹ zu schaffen für meine Gegenwart.« (Flucht, S. 108).

Davos] In seinem Brief Nr. 105 vom 6. Oktober 1916 schreibt Ball, daß er und Emmy Hennings »die Absicht« hatten, nach Davos zu gehen, um »dort Cabaretabende zu geben« (wie Ende Juli am Vierwaldstätter See). Diesen Plan haben die beiden dann aber aufgegeben. Balls Freund Klabund, der an Tuberkulose litt, hatte von Mitte Februar bis Ende März 1916 sechs Wochen in dem Höhenkurort Davos verbracht, wohin er im August 1916 für acht Monate bis April 1917 zurückkehrte. Klabund hat im Juli 1916 mit Ball Briefe gewechselt (vgl. HBK, S. 107), in denen er Ball offenbar für Davos interessierte.

auch die weiteren Publikationen] Auf der hinteren Umschlagseite von Tzaras erster Dada-Publikation ›La première aventure céléste de Mr Antipyrine‹ wird für zwei geplante (aber nicht erschienene) Publikationen geworben, für die sich Ball interessiert: »NPALA GARROO; poèmes par Tristan Tzare avec des dessins de h arp ...« – »Album contenant 10 gravures sur bois par Marcel Janco ...« (vgl. Dada in Zürich, S. 202, Nr. 81).

Grüssen Sie die Bekannten ... *Janco* besonders] Am 24. Mai 1916 notierte Ball in sein Tagebuch: »Gegenwärtig ist mir Janco besonders nahe. Er ist ein großer schlanker Mensch, der auffällt durch die Eigenschaft, für alle Art fremder Torheit und Bizarrerie Verlegenheit zu empfinden und dann mit einem Lächeln oder einer zärtlichen Bewegung um Nachsicht oder Verständnis zu bitten. Er ist der Einzige unter uns, der keine Ironie braucht, um mit der Zeit fertig zu werden. Ein melancholischer Ernst gibt seinem Wesen in unbewachten Momenten eine Nuance von Verachtung und süperber Feierlichkeit.« (Flucht, S. 95). Vgl. auch Nr. 123: »umarme Janco für mich. Ihn liebe ich sehr.« Die Wertschätzung beruhte auf Gegenseitigkeit. Auf die Frage eines Interviewers »Wer, glauben Sie, war die am meisten verantwortliche Person für den internationalen Anspruch Dadas? War es Tzara?« antwortete Janco: »Der am meisten für Dada Verantwortliche war Hugo Ball. Er gründete die Bewegung und leitete ihr Aktivitäten auf allen Feldern kreativer Erfahrungen.« (zit. nach: Dada 15/25, S. 38). Vgl. auch Jancos Beitrag ›Schöpferischer Dada‹ für die Publikation ›Dada. Monographie einer Bewegung‹. Hrsg. von Willy Verkauf, Marcel Janco, Hans Bolliger. Teufen AR 1965, S. 25-28.

Seine Dessins sind entzückend gekommen] Tzaras Publikation ›La première aventure céléste de Mr Antipyrine‹ ist mit acht Linolschnitten von Marcel Janco versehen; davon sind sechs zweifarbig (schwarz und grünblau) gedruckt (vgl. Dada in Zürich, S. 202 f.).

alle Publikationen] Der Reihe ›Collection Dada‹.

mit deutschen Lettern] Die erste Buchpublikation Tzaras ist in der Antiqua, der sog. lateinischen Schrift gedruckt.

96. An Tristan Tzara, 5.8.1916

H: Hs. Bildpostkarte. Motiv: Zürich und die Alpen. Adresse: Herrn / Tristan Tzara / Zürich / Fraumünsterplatz 21. **F:** Bibliothèque Littéraire Jacques Doucet, Paris. **DV:** Fotokopie des Originals.

Wieland Herzfelde] Eigentlich Wieland Herzfeld (1896-1988), deutscher Schriftsteller und Verleger, Bruder des Fotomontage-Künstlers John Heartfield, mit dem er gemeinsam mit Heinz Barger 1916/17 die Zeitschrift ›Neue Jugend‹ herausgab. Nach deren Verbot Leiter des Malik Verlags und Mitherausgeber verschiedener dadaistischer Zeitschriften. Ging 1933 ins Prager Exil, gründete 1944 in New York mit Brecht u.a. den deutschsprachigen Aurora Verlag. Übersiedelte 1949 in die DDR, wo er eine Professur für Literatur in Leipzig übernahm.

Publikationen] Die von Ball herausgegebene, am 31. Mai 1916 erschienene Anthologie ›Cabaret Voltaire‹ und das am 28. Juli 1916 herausgekommene Bändchen von Tristan Tzara ›La première aventure céléste de Mr Antipyrine‹.

97. An Tristan Tzara, 15.8.1916

H: Hs. Postkarte; beidseitig beschrieben. Adresse: Monsieur / Tristan Tzara / Zürich / Fraumünsterplatz 21. / Centralhof 21. **F:** Bibliothèque Littéraire Jacques Doucet, Paris. **E:** Dada 15/25, S. 65 (Übersetzung ins Deutsche); Marc Dachy: Tristan Tzara domteur des acrobates. Paris 1992, S. 54 (franz. Text). **DV:** Fotokopie des Originals.

Übersetzung (von Karl Hölz, Trier):

»Lieber Herr Tzara,

Unmöglich, ein Manifest auf Französisch für die ›Neue Jugend‹ zu drukken. Stellen Sie sich dagegen vor, daß eine französische Zeitschrift etc. Aber ohnedies: er hat mein eigenes Manifest Dada und noch zwei Dadamanifeste: das wäre soweit unmöglich. Verstehen Sie?

Aber ein anderer Vorschlag: Übersetzen Sie einige meiner Prosastücke für die Soiréen, und ich übersetze einige Verse und die Prosa (wenn Sie wollen) für die ›Neue Jugend‹. Übertragen Sie mich, wenn Sie wollen. Es würde mich freuen, Ihre gesamten Werke zu übersetzen. –

Ach, Herr Tzara, das Leben ist kompliziert wie das Bumm Bumm der Glocken von Vira in meinem armen Kopf. Ich werde mich in die Berge zurückziehen, um für die Bauern den verachtungswürdigen Gott Dada zu spielen. Ich habe den Fischen des Lago Maggiore gepredigt: ›Oh, meine Herren, wenn sie die kaulquappige Perfidie der Welt kennen würden!‹ Glauben Sie mir: Jeder Dadaismus ist Lakritzensauce. Oh diese Geräuschtöpfe meiner kleinen Kirche in Vira. Entschuldigen Sie!

Ihr

Hugo Ball«

il a mon propre manifeste Dada] Mit dem »er« ist der in Nr. 96 namentlich erwähnte Wieland Herzfelde, der damalige Schriftleiter und (ab 1917) Herausgeber der ›Neuen Jugend‹, gemeint. »Mon propre manifeste Dada« ist Balls ›erstes dadaistisches Manifest‹ (abgedruckt in: Schriften, S. 39 f.), das er auf dem ›Autoren-Abend‹ am 14. Juli 1916 im Züricher Zunfthaus zur Waag vorgetragen hat (vgl. HBK, S. 154 f.).

98. An Emmy Hennings, 16.8.1916

H: Hs. Brief; 1 Bl., 2 S. **F:** HBN. **DV:** Original.

Datierung: Nach dem Hinweis im Brief, das jedes Jahr am 15. August stattfindende »Madonna del Agosto-Fest« sei »gestern« gewesen, ist der Brief zweifelsfrei auf den 16. August (1916) zu datieren.

Plattenstr. 50 I Pension Fellpopo] An dieser Adresse vermietete Mathilde Novochatzki, geb. Haller, Zimmer. Im gleichen Haus wohnte die verwitwete Büroangestellte Maria Fellmeth, geb. Hutter.

Steinberg] Salomon David Steinberg (1889-1965), Schweizer Dichter, Journalist und Pädagoge. Nach der Promotion zum Dr. phil. 1913 in Zürich kurze Zeit Journalist und Mitarbeiter im Verlag Ullstein in Berlin; von 1915 bis 1921 Feuilletonredaktor der ›Züricher Post‹, hatte als solcher Verbindung zu vielen Emigranten und fungierte als Vermittler zwischen der schweizerischen und der deutschen Literatur der Emigranten; danach bis 1925 freier Schriftsteller in Berlin; 1925 Berufung an das Institut Minerva, eine private

Mittelschule in Zürich, der er vierzig Jahre als Direktor vorstand; verfaßte expressionistische Lyrik (›Untergang‹, 1917; ›David. Biblische Gedichte‹, 1919) und Kurzprosa (›Der kleine Spiegel‹, 1919) und gab Anthologien mit pazifistischen Texten heraus (›Lyrisches Bekenntnis. Zeitgedichte‹, 1918; ›So war der Krieg. Ein pazifistisches Lesebuch‹, 1919). Steinberg stand vor allem in der Zeit als Feuilletonredaktor an der ›Züricher Post‹ in regem Kontakt mit namhaften Schriftstellern aus Deutschland und Österreich, wie Briefe an ihn von Rilke, René Schickele, Stefan Zweig, Oskar Loerke und Else Lasker-Schüler bezeugen (Angaben nach: Hansjörg Diener: Salomon David Steinberg, in: ›Helvetische Steckbriefe. 47 Schriftsteller aus der deutschen Schweiz seit 1800‹. Zürich und München 1981, S. 228-233).

Madonna del Agosto-Fest] Ferragosto; das Fest wird zu Ehren Mariä Himmelfahrt am 15. August gefeiert; in Italien und dem italienisch geprägten Tessin eines der wichtigsten kirchlichen Feste.

Sie bimmelten mit ihren Lärmtöpfen] Gemeint sind die Glocken der Kirche von Vira. Vgl. Nr. 97: »la vie est compliquée comme le boum boum des cloches de Vira dans ma pauvre tête. […] O ces pots de bruit de ma petite église de Vira.«

Frau Marass] Vgl. *Nr. 92*.

99. An Emmy Hennings, 17.8.1916

H: Hs. Brief; 1 Bl., 4 S. [August 16] von Annemarie Schütt-Hennings hs. ergänzt. **F:** HBN. **DV:** Original.

Datierung: Vira, 17.ten [August 1916]] Donnerstag.

Ermatingen … Frank] Nachdem Leonhard Frank Anfang Juni 1916 von Ascona nach Zürich zurückgekehrt war (vgl. Nr. 91), übersiedelte er im Sommer (Juli/August) 1916 vorübergehend nach Ermatingen in das am Südufer des Untersees 7 km westlich von Kreuzlingen gelegene Fischerdorf. Dort sollte Emmy Hennings von Zürich aus Frank wegen ihres im Entstehen begriffenen Romans ›Gefängnis‹ besuchen.

Becher] Johannes R. Becher.

das Kind] Annemarie Hennings.

Einakter] Der im Sommer 1916 niedergeschriebene Einakter ›Die Nacht‹ bezieht seinen Stoff, sein Thema und sein Personal aus der Basler Zeit, in der Ball im November 1915 mit dem Maxim-Ensemble im ›Varieté Glock‹ aufgetreten ist. Über das sehr stark autobiographisch gefärbte Theaterstück schreibt Ball im Brief vom 6. Oktober 1916: »Dies kleine Stück ist sehr persönlich, vielleicht zu persönlich, geschrieben, und keine Zeile davon ist erfunden.« Nachdem sich die Hoffnung auf eine Veröffentlichung zerschlagen hat, schickt und schenkt Ball am 6. Oktober 1916 seiner Freundin Käthe Brodnitz das Manuskript des Stücks (vgl. Nr. 105), das inzwischen verschollen ist.

Dein Buch fertigmachen] Bei dem hier und in den folgenden Briefen immer wieder erwähnten Buch von Emmy Hennings handelt es sich wahrscheinlich um den 1919 bei Erich Reiss in Berlin erschienenen Roman ›Gefängnis‹.

Dein Buch … für Wolff] Von diesem Buchprojekt für den Kurt Wolff Verlag ist noch ein halbes Jahr später, im Brief vom 6. Februar 1917 an Emmy

Hennings (Nr. 125), die Rede: »Ich antwortete ihm [Hardekopf]: Du stelltest ein Buch zusammen, das wohl für Kurt Wolff sich eignen würde.« Ob es sich dabei um den Roman ›Gefängnis‹ handelt, ist ungewiß.

Meine Novelle] Von dieser Novelle, die auch im folgenden Brief (Nr. 100) erwähnt wird und die am 17. August schon so weit »fertig« war, daß sie nur noch »vom Schluß her« korrekturbedürftig war, scheint sich nichts erhalten zu haben. Unwahrscheinlich, daß Ball mit der Novelle den im Entstehen begriffenen Roman ›Flametti‹ gemeint hat.

100. An Emmy Hennings, 17.8.1916

H: Hs. Brief; 1 Bl., 4 S. Von Annemarie Schütt-Hennings hs. ergänzt: 1916 August. **F:** HBN. **E:** Briefe, S. 60 f. **DV:** Original.

Datierung: 17.ten [August 1916].

Signora Galli] Balls Wirtin und Vermieterin in Vira.

Verbombaschierst dort das Geld] Was Hugo Ball über Emmy Hennings' Umgang mit Geld dachte, hat seine spätere Frau 1934 öffentlich mitgeteilt: »Mein Mann war nun zwar der Ansicht, daß man mir mancherlei anvertrauen könne, aber bei Geld sei entschieden Vorsicht geboten.« (EBH Katalog, S. 133).

Eine wundervolle Opium-Geschichte von Ali Mechmed Bei aus Aleppo] Die Geschichte findet sich im 2. Kapitel von Balls Roman ›Flametti‹ (S. 49-55; vgl. auch Flametti, S. 65, 71 f., 167). – Emmy Hennings bestätigt, daß Hugo Ball seinen Varieté-Roman ›Flametti‹ – jedenfalls einen größeren Teil desselben – »am Strand von Magadino« und Vira schrieb (HBA 1991, S. 71).

Lombroso] Cesare Lombroso (1836-1909), italienischer Mediziner, Psychiater und Anthropologe, gilt als Begründer der Kriminologie. Dessen Hauptwerk ›Genie und Irrsinn‹ (1864; deutsche Übersetzung 1887 bei Reclam) hat Ball im August 1916 gelesen. Laut Tagebucheintragung vom 8. August hat er das Werk »von der Bibliothek« in Locarno entliehen (Flucht, S. 111).

Feien!] Elliptischer Ausruf z. B. statt des Satzes ›Das ist fein!‹, in dem das Adjektiv ›fein‹ prädikativ gebraucht wird. In gesprochener Sprache wird durch Dehnung mittels eines eingefügten ›e‹ unter anderem Begeisterung, Wohlempfinden, Ironie oder Ähnliches ausgedrückt. Das Adjektiv ›fein‹ ist ein Lieblingswort Balls. Dies hängt wohl mit seinem Aufenthalt in der Deutschschweiz seit Ende Mai 1915 zusammen. Deutschschweizer, wenn sie besondere Qualitäten herausstreichen wollen, verbinden ihre Aussage gern mit diesem Adjektiv (vgl. Scholz, S. 39).

Grotto Rodolfo] Wohl ein neues, von Ball ins Auge gefaßte Quartier in Vira oder Umgebung (vgl. auch Nr. 101).

Miezi … Geburtstagswünsche] Annemarie Hennings, Emmys Tochter, hatte am 11. August Geburtstag.

Huelsenbeck schreibt nur um Manuskript und Beteiligung] Huelsenbeck drängte Ball zur Abgabe eines Manuskripts für die Schriftenreihe ›Collection Dada‹. Wegen seiner inneren und äußeren Distanzierung vom Dadaismus lehnte Ball eine Beteiligung an diesem Unternehmen ab (vgl. Nr. 103: »Ich fürchte, Huelsenbeck hat mir verübelt, dass ich bei der Collektion mich nicht beteiligte.«).

101. An Emmy Hennings, 19.8.1916

H: Hs. Brief; 1 Bl., 2 S. **F:** HBN. **DV:** Original.

Datierung: Von Annemarie Schütt-Hennings hs. ergänzt: »19. Aug. 16.«

Annemieze … Miezel … Mietzeli] Annemarie Hennings.

Bellinzona] Hauptstadt und Regierungs- und Verwaltungssitz des Kantons Tessin. Wichtiger Verkehrsknotenpunkt, das Tor zu den drei Nord-Süd-Verbindungen, den Pässen Sankt Gotthard, Lukmanier und San Bernadino.

Flamingo] Vorläufiger Arbeitstitel des später unter dem Titel ›Flametti oder Vom Dandysmus der Armen‹ (1918) erschienenen Romans. »Flamingo« war der Künstlername von Ernst Alexander Michel (vgl. HBK, S. 132), dem Gründer und Leiter des Maxim-Ensembles. In seinem Roman hat ihn Ball unter dem Namen »Flametti« porträtiert.

Miezi sehr oft an den Strand mitnehmen] Ein Foto zeigt Annemarie Hennings mit ihrer Mutter am Strand von Ascona, um 1916/17 (vgl. EBH Katalog, S. 129).

102. An Emmy Hennings, 20.8.1916

H: Hs. Brief; 2 Bl., 4 S. Auf im oberen Drittel bedruckten Blättern der Firma: Confiserie-Pâtisserie / Tea-Room / E. SCHEURER / LOCARNO / TÉLEPHONE 1.87. **F:** HBN. **E:** Briefe, S. 61 f. **DV:** Original.

Datierung: Sonntag] 20. August 1916. Von Annemarie Schütt-Hennings hs. ergänzt: »20. Aug.«

ein kleines Haus am See] Die sogenannte Casa Abbondio (vgl. Balls Adreßangaben am Schluß der Briefe Nr. 103, 105 und 108).

Segal] Arthur Segal (1875-1944), rumänischer Maler; nach dem Besuch der Kunstakademien in Berlin (seit 1892) und in München (seit 1896) seit 1899 selbständiger Maler, zunächst unter dem Einfluß des Neo- und Nachimpressionismus. 1910 Mitbegründer der ›Neuen Secession‹ in Berlin. Enge Kontakte zum ›Sturm‹-Kreis um Herwarth Walden wie auch zu den Münchener Expressionisten. Nach dem Ausbruch des Weltkriegs im September 1914 Emigration in die Schweiz; Wohnort für die nächsten vier Jahre: Ascona, wo Segal und seine Frau ein weiträumiges Haus mieten, die »Casa all'Angolo«, mit einem großen Garten auf dem Hügel Collina – wohl kaum identisch mit dem »kleinen Haus am See«, in dem nach Balls Brief Segal 1916 gewohnt haben soll. Nach dem Krieg, im Februar 1920, Rückkehr Segals nach Berlin, wo er Mitglied der ›Novembergruppe‹ wird und eine Malschule eröffnet, die er nach 1933 auch im englischen Exil in London und Oxford unterhält. – Die Verbindung zwischen Ball und Segal hat Hans Arp hergestellt, der Ball für die Ausstellung im Cabaret Voltaire Bilder seines Freundes Segal vermittelte (Compositie, Holzschnitte I-III). Arbeiten Segals sind in folgenden Dada-Publikationen erschienen: ›DADA 3‹ (zwei Holzschnitte), ›Der Zeltweg‹ (eine Theorie der »Gleichwertigkeit« aller bildnerischen Elemente).

den Schein] Den in Nr. 101 erwähnten Aufenthalts- oder Heimatschein.

Piazzogna] Oberhalb von Vira, an der Nordflanke des Monte Gambarogno gelegenes Terrassendorf (350 m. ü.d.M.).

San Lazaro] Gemeint ist wahrscheinlich San Nazzaro, der am Südufer des Lago Maggiore gegenüber Ascona gelegene Ort, der nur wenige Kilometer von Piazzogna entfernt ist.

ein deutsches Kaffeehaus] Wahrscheinlich die auf dem Kopf des von Ball benutzten Briefpapiers firmierende »Confiserie-Pâtisserie – Tea Room – E. Scheurer – Locarno«.

das Schiff geht] Ball fuhr mit dem Dampfboot von Locarno nach Magadino über den Lago Maggiore (vgl. Baedekers Schweiz 1920, S. 463).

103. An Tristan Tzara, 15.9.1916

H: Ms. Brief mit eigenh. Unterschrift; 1 Bl., 2 S. Adresse: Herrn Tristan Tzara / Zürich. Fraumünsterplatz 21. / Centralhof 21. Absender: Hugo Ball, Ascona, Casa Abbondio. **F:** Bibliothèque Littéraire Jacques Doucet, Paris. **E:** Briefe, S. 62 f. **DV:** Fotokopie des Originals.

in der Dobrudscha abgestochen] Nach den Kriegserklärungen Rumäniens an Österreich-Ungarn (27. August 1916) und des Deutschen Reiches an Rumänien (28. August) sowie dem Vorstoß rumänischer Truppen in das ungarische Siebenbürgen kommt es im September 1916 zur Gegenoffensive der Mittelmächte und ihrer Verbündeten: Am 6. September erobern deutsche und bulgarische Truppen die festungsartig ausgebaute Stadt Tutrakan an der Donau (wobei 20 000 Rumänen in Gefangenschaft geraten), und am 10. September wird im Süden Rumäniens, in der Dobrudscha, die Donaufestung Silistria durch die Heeresgruppe des preußischen Generalfeldmarschalls August von Mackensen eingenommen. Der Feldzug gegen Rumänien wird im Dezember 1916 mit der Einnahme Bukarests durch die Mittelmächte beendet. – Durch den Eintritt Rumäniens in den Krieg geriet der Rumäne Tzara in eine prekäre Situation: Es drohte ihm die Einberufung zum Militärdienst, und er war wohl seit August 1916 – wie sein rumänischer Landsmann Marcel Janco (vgl. Seiwert, S. 444) – von den finanziellen Zuwendungen seiner Familie in Bukarest abgeschnitten.

Ein Pack Aktionen] Exemplare der expressionistischen Zeitschrift ›Die Aktion‹.

»Und dass der nächstverwandte Gott uns hebt wie hemmt«] Herkunft des Zitats nicht ermittelt.

Herr Rubiner … hat mich angemault] In der Vers-Glosse ›Hören Sie!‹, die am 8. Juli 1916 in der ›Aktion‹ (6. Jahrg. Nr. 27/28, Sp. 377-380) erschien, hält Ludwig Rubiner ein Plädoyer für den von vielen Seiten diffamierten und attackierten »Literaten«. Hugo Ball, der Gründer der Künstlerkneipe Voltaire, bezog den folgenden Langvers aus Rubiners Glosse zu Recht auf sich selbst: »Der Gründer von Kneipen mit humanitärem Augenaufschlag, der zwecks Empfehlung die Redaktionen besteigt« (Sp. 378). Im Tagebuch (Eintragung vom 15. September 1916) wehrt sich Ball gegen den Vorwurf Rubiners, zu den »Literaten«-Verächtern zu gehören: »Rubiner verteidigt in der ›Aktion‹ den Literaten gegen verschiedene imaginäre und wirkliche Angriffe. Auch ich gehöre zu den Angreifern, gegen die man sich wehren muß. […] – Es ist aber gar nicht richtig, daß auch ich zu den

Angreifern gehöre; auch für mich ist das Wort ein Ehrentitel. Der Literat ist einer, der das Wort um seiner selbst willen pflegt.« (Flucht, S. 115).

Madame] Emmy Hennings.

Apollinaire etwas über Cabaret Voltaire geschrieben] Guillaume Apollinaire, im ›Cabaret Voltaire‹-Heft mit dem Gedicht ›Arbre‹ vertreten (S. 11), hatte ein Belegexemplar der Anthologie bereits im Juni 1916 erhalten (vgl. Dada 15/25, S. 45). Über das ›Cabaret Voltaire‹-Heft hat sich Apollinaire öffentlich nicht geäußert.

Huelsenbecks Buch] Gemeint ist wohl Huelsenbecks zweite Buchpublikation, die im September 1916 erschienenen ›Phantastischen Gebete‹ (vgl. Dada in Zürich, S. 190 f., Nr. 74). Die erste Buchpublikation von Huelsenbeck (›Schalaben schalabai schalamezomai‹) ist im August 1916 erschienen (vgl. Dada in Zürich, S. 189, Nr. 73).

nichts übersetzen] In seiner Postkarte vom 15. August 1916 (Nr. 97) hatte Ball Tristan Tzara aufgefordert: »Traduisez quelque prose de moi pour les Soirées«. Vgl. auch Nr. 104.

sie haben in dieser Zeit mit Holz, Sand, Papier gemalt, weil sie das Geld nicht mehr hatten, Ölfarben zu kaufen] Vgl. Balls Tagebucheintrag vom 4. August 1916: »Sie [die Züricher Dadaisten] schreiben mir über die neuen Materialien in der Kunst (Papier, Sand, Holz und so).« (Flucht, S. 108).

ein bisher unbekanntes Vergnügen, zu »arbeiten«] Vgl. Balls Tagebucheintrag vom 18. September 1916: »Frank meint: man muß arbeiten bis zur Gehirnhautentzündung, bis man vom Schreibtisch fällt. Bis einen Ekel und Abscheu vor der Arbeit erfüllen. Dann ist die Arbeit fertig. Flaubert hat das schon gesagt. Es ist der Sprachkünstler als Asket.« (Flucht, S. 117)

»Antipyrine«] Tzaras erste Buchpublikation und zugleich die erste Publikation in der ›Collection Dada‹: ›La première aventure céléste de Mr Antipyrine‹ (Zürich 1916).

Herzfelde … im Septemberheft über Cabaret Voltaire geschrieben] Im September-Heft der Monatsschrift ›Neue Jugend‹ (1. Jahr, 1916; Schriftleiter: Wieland Herzfelde) ist zwar keine Besprechung von Herzfelde, wohl aber eine Anzeige des ›Cabaret Volaire‹-Heftes mit Angabe der Titel und Autoren aller Beiträge erschienen. – Vgl. auch Brief Nr. 106: »In der ›Neuen Jugend‹ Berlin ist […] eine Besprechung des ›Cabarets‹ erschienen«.

Collektion] In der Schriftenreihe ›Collection Dada‹ (Zürich: Buchdruckerei Julius Heuberger) sind bis einschließlich September 1916 drei Buchpublikationen erschienen: Tristan Tzara: ›La première aventure céleste de Mr Antipyrine‹ (Juli 1916); Richard Huelsenbeck: ›Schalaben schalabei schalamezomai‹ (August 1916); R. Huelsenbeck: ›Phantastische Gebete‹ (September 1916).

Ascona … eine Menge schafblöder Naturmenschen, die in Sandalen und römischer Tunica wandeln] Wenn die Monteveritaner hinunter ins Fischerdorf Ascona kamen, »dann trugen sie ein langes Netzgewand, das um die Hüften von einer Kordel zusammengehalten wurde, wie jenes des Hl. Franziskus. An den Füßen hatten sie Sandalen.« (Monte Verità, S. 83).

Copieen vom Maskentanz] Bei der ›Großen Soirée‹ im Cabaret Voltaire am 31. Mai 1916 ist ein »›Maskentanz‹ nach Motiven aus dem Sudan« mit »Masken von M. Janco« zur Aufführung gekommen (vgl. Sheppard 1992, S. 14). Auf den ›Modernen Literarischen Cabaret-Abenden‹, die Hennings und Ball in der zweiten Juli-Hälfte (1916) in Hotels am Vierwaldstätter See veranstalteten, standen »Dada-(Masken) Tänze« nach »Musik von Hugo Ball« auf dem Programm (faksimiliert in: HBA 1981, S. 98). Ball hat wahrscheinlich von Zürich aus Kopien bzw. Repliken von Dada-Masken auf die Zwei-Personen-Tournée an den Vierwaldstätter See mitgenommen und diese dann von Ascona an Janco nach Zürich zurückgeschickt.

104. An Tristan Tzara, 27.9.1916

H: Ms. Brief mit eigenh. Unterschrift; 3 S. Adresse: Herrn Tristan Tzara / *Zürich. Fraumünsterplatz 21* / Zentralhof 21. **F:** Bibliothèque Littéraire Jacques Doucet, Paris. **E:** Briefe, S. 63-65. **DV:** Fotokopie des Originals.

»La guerre« ... Besprechung des Herrn Guilbeaux] Die Kritik von Henri Guilbeaux erschien unter dem Titel ›L'Art de demain‹ in der Genfer Tageszeitung ›La Guerre mondiale‹ (Jahrg. 6, Nr. 580, 18. Juli 1916, S. 4633 f.). Die Kritik richtet sich gegen das Ende Mai 1916 publizierte ›Cabaret Voltaire‹-Heft und seine – nach Ansicht Guilbeaux' – ›dekadenten‹ und ›blasphemischen‹ Tendenzen – Vorwürfe, die sich Ball zu eigen macht, indem er in seinem Brief die Begriffe ›Dekadenz‹ und »Blasphemie« übernimmt. Folgende Sätze der Kritik werden Ball besonders beschäftigt haben: »il faut combattre ce périodique parce qu'il est un symptôme – le symptôme de la désagrégation artistique et littéraire – parallèle à la désorganisation de la société actuelle, [...] je dénonce sans pitié la persévérance des efforts représentant la décadance et la putréfaction. Cet ›art‹ est la négation de l'art véritable – il est la négation de l'art robuste, humain, dynamique et zimmerwaldien dont auront besoin les multitudes; cet art est un blasphème, une profanation de la vie.« (Zit. nach: HBA 1982, S. 149). Übersetzung des Artikels ins Deutsche in Dada 15/25, S. 61. – Henri Guilbeaux (1884-1938), französischer Schriftsteller, Übersetzer und politischer Publizist, bemühte sich um die Vermittlung zwischen französischer und deutscher Literatur und Kultur; verstand sich als Sozialist, Internationalist, Pazifist und – seit seiner Bekanntschaft mit Lenin im April 1916 – für längere Zeit als »Leninist«; verließ Anfang Juni 1915 Frankreich und ging nach Genf, wo er im Januar 1916 die politische Monatsschrift ›Demain‹ gründete; unterhielt Kontakte zu zahlreichen deutschen Kriegsgegnern in der Schweiz; zog sich aufgrund seiner vor allem gegen den Imperialismus der Entente gerichteten Kommentare den Haß nationalistischer Kreise in Frankreich zu; wurde im Frühjahr 1918 wegen Hochverrats angeklagt und im Februar 1919 in Paris wegen geheimen Einvernehmens mit dem Feind in Abwesenheit zum Tode verurteilt; verbrachte daraufhin fast drei Jahre in Moskau, nahm im Sommer 1922 seinen Aufenthalt in Berlin, wo 1923 die deutsche Ausgabe seiner Lenin-Biographie erschien; ging im August 1932 illegal nach Paris, wurde dort inhaftiert und Ende Januar 1933 in einem Revisionsprozeß freigesprochen. In einem ungezeichneten, von Bertolt Brecht verfaßten ›Aufruf für Henri Guilbeaux‹, der am 20. April 1929 in der Zeitschrift ›Die Menschenrechte‹ veröffentlicht wurde, hatten sich 18 deutsche Schriftsteller und Intellektuelle – darunter außer Brecht auch Alfred Döblin, Albert Einstein, Sigmund Freud, Gerhart Hauptmann, Ernst Toller und

Stefan Zweig – für eine Amnestierung Guilbeaux' eingesetzt (alle Angaben nach: Klaus-Dieter Krabiel: Bertolt Brechts ›Aufruf für Henri Guilbeaux‹. Ein unbekannter Text, ein vergessener Autor und eine denkwürdige Affäre. In: ›Etudes Germaniques‹ 55, 2000, S. 737-761).

Ecrasez!] Jetzt reicht's!

Bruder Wolf] Eine Legende erzählt, wie Franz von Assisi bei der Stadt Gubbio einen grimmigen Wolf zähmte, den er immer wieder als »frate lupo«, als »Bruder Wolf« anredet (vgl. Franz von Assisi: ›Legenden und Laude‹. Hrsg. von Otto Karrer. Zürich 1945, S. 450-459). Ball redet sich hier selbst als »Bruder Wolf« an, der sich vom grimmigen Dada-Raubtier in einen gezähmten, ›graziösen‹ Wolf gewandelt zu haben glaubt. In einer Anmerkung der ›Kritik der deutschen Intelligenz‹ spricht Ball vom »›Bruder Wolf‹ des Franz von Assisi«, dem »bei Novalis ein ›Schwester Blume‹« entspreche (Kritik, S. 263, Anm. 150). Zur Selbstcharakterisierung Balls als »Bruder Wolf« vgl. auch Brief Nr. 123 sowie Brief Nr. 126, den Ball eigenhändig mit »Steffgen. Hugo. (Bruder Wolf)« unterschreibt.

Nichts mehr gegen die Literaten ... Herr Rubiner] Vgl. *Nr. 103* – »Herr Rubiner ... hat mich angemault«.

Cendrars] Von dem schweizerisch-französischen Dichter Blaise Cendrars (1887-1961), der eigentlich Frédéric Louis Sauser hieß, hat Ball in sein ›Cabaret Voltaire‹-Heft (S. 26) das Gedicht ›Crépitements‹ aufgenommen. Manuskripte von Cendrars hat Ball möglicherweise von dessen Freund Guillaume Apollinaire erhalten, der im ›Cabaret Voltaire‹-Heft (S. 11) ebenfalls mit einem Gedicht vertreten ist. – Cendrars verließ mit 15 Jahren seine Familie, vagabundierte als Schausteller, Matrose, Journalist durch fast alle Kontinente, befreundete sich in Paris (1912/13) mit Apollinaire, Chagall, Picasso, trat im Ersten Weltkrieg der Fremdenlegion bei, verlor 1916 die rechte Hand, ließ sich nach dem Ersten Weltkrieg in Paris nieder, von wo aus der literarische Abenteurer immer wieder Reisen unternahm. Sein literarisches Werk umfaßt Lyrik, Prosa und Hörspiele. Mit der ›Anthologie nègre‹ (1921) gehört er zu den Mitentdeckern der literarischen ›Neger‹-Kunst. John Dos Passos und Henry Miller schätzten Cendrars aus innerer Wahlverwandtschaft.

die futuristischen Manuskripte ... man hat sie mir geschickt] Im ›Cabaret Voltaire‹-Heft sind Texte der Futuristen Filippo Tommaso Marinetti (S. 22 f.) und Francesco Cangiullo (S. 30) abgedruckt. In der Ausstellung in den Räumen des Cabaret Voltaire waren futuristische ›Parole in libertà‹ außer von Marinetti und Cangiullo auch von Paolo Buzzi und Corrado Govoni zu sehen. Unter dem 9. Juli 1915 heißt es in Balls Tagebuch: »Marinetti schickt mir ›Parole in libertà‹ von ihm selbst, Cangiullo, Buzzi und Govoni. Es sind die reinen Buchstabenplakate« (Flucht, S. 39).

übersetzen Sie nichts von mir. Ich habe das damals so geschrieben] Vgl. Nr. 97 und Nr. 103.

Heute ... Ihren gemeinsamen Brief vom Café des Banques. Sehr schmeichelhaft] Vgl. Balls Tagebucheintrag vom 3. Oktober 1916: »Tzara, Arp und Janco haben mir aus Zürich einen Brief geschrieben, ich müsse unbedingt kommen; meine Anwesenheit sei dringend erwünscht.« (Flucht, S. 122). – Das Grand Café des Banques (Bahnhofstr. 70/72) in der Nähe des Züricher Hauptbahnhofs war ein beliebter Treffpunkt der Dadaisten. Dem Café angegliedert war das Cabaret ›Bonbonnière‹, in dem Emmy Hennings am 2. Juni 1915 zum ersten Mal in Zürich als Diseuse auftrat (vgl. Dada-Plan von Zürich, Nr. 8 und 21).

Madame] Emmy Hennings.

En vain] Vergeblich.

Trauben dick wie Kinderköpfe] Vgl. Balls Eintrag in sein Tagebuch vom 26. September 1916: »Die blauen Edeltrauben hängen rund und reif über die Hügel herunter. Jetzt weiß ich doch auch, wohin man aus Zürich noch flüchten kann: in den Tessin.« (Flucht, S. 119 f.).

Madame Hennings schreibt ein so interessantes Buch] Gemeint ist wohl der 1919 erschienene Roman ›Gefängnis‹.

neuen Zeitschrift] Von der geplanten Zeitschrift ›DADA‹ erschien erst im Juli 1917 die erste Nummer. Bereits unter dem 18. April 1916 notierte Ball in sein Tagebuch: »Tzara quält wegen der Zeitschrift. Mein Vorschlag, sie Dada zu nennen, wird angenommen.« (Flucht, S. 94).

L'Elan ... Revue] In Paris erscheinende Monatsschrift (Untertitel: ›Revue mensuelle‹); Erscheinungsdauer: Januar 1915 – Oktober [?] 1916.

105. An Käthe Brodnitz, 6.10.1916

H: Ms. Brief mit eigenh. Unterschrift; 3 Bl., 3 S. Adresse: Frl. / Dr. Käthe Brodnitz / *Berlin W. Kaiserin Augustastr. 71.* – Absender: Ball, Ascona, Casa Abbondio. **F:** DLA. **E:** Sheppard 1972, S. 57-60. **DV:** Original.

Collektion Dada ... zwei kleine Hefte von Tzara und Huelsenbeck, das letztere erst dieser Tage] Von Tristan Tzara: ›La première aventure céléste de Mr Antipyrine‹ (Zürich, 28. Juli 1916) und von Richard Huelsenbeck: ›Phantastische Gebete‹. Zürich, im September 1916. Im August 1916 war von Huelsenbeck in der Collection Dada das Versbändchen ›Schalaben schalabei schalamezomai‹ erschienen, das Ball unbekannt geblieben ist oder das er übersehen oder unterschlagen hat.

Dostojewski] Vgl. *Nr. 93*.

Heine] Zur erneuten Heine-Lektüre ist Ball möglicherweise durch Oppenheimers Vorliebe für Heine angeregt worden (vgl. *Nr. 88* – »Ganz verliebt in Heine«).

kleinen Einakter] ›Die Nacht‹; vgl. *Nr. 99*.

kleinen Roman ... aus meiner Varietézeit] ›Flametti oder Vom Dandysmus der Armen‹. Berlin 1918.

ich bin jetzt gewillt, mir einen Namen zu machen] Zu Balls großem, schon früh (Oktober 1913) und dann immer wieder artikuliertem Ehrgeiz, sich im Literatur- und Kulturbetrieb »einen Namen zu machen«, vgl. Nr. 25, Nr. 41 und Nr. 46. Dieser Ehrgeiz resultiert nicht zuletzt aus dem schlechten Gewissen Balls seiner Mutter (und der Familie in Pirmasens) gegenüber, die den ›verlorenen Sohn‹ gern als Gymnasiallehrer in einem bürgerlichen Beruf gesehen hätte.

Suarès-Übersetzung von mir] André Suarès: ›Über Charles Péguy‹. Auswahl und aus dem Französischen von Hugo Ball. In: ›Die Weißen Blätter‹, 3. Jg., Heft 10 vom Oktober 1916, S. 49-54.

Heinrich Manns »Madame Legros«] Manns ›Drama in drei Akten‹, so der Untertitel des Stücks, ist in Heft 8 der ›Weißen Blätter‹ im August 1916 erschienen (S. 119-190).

Erfolg in der »Zukunft«] Im jüngsten Heft von Maximilian Hardens Wochenschrift ›Die Zukunft‹ (Bd. 96, 1916, S. 391 f.) hatte Käthe Brodnitz soeben, am 29. September 1916, zwei ›Skizzen‹ veröffentlicht (›Allzumenschliches‹ und ›Der stagnirende Sumpf‹). Weitere ›Skizzen‹ von Käthe Brodnitz waren bereits am 5. Februar 1916 (Bd. 94, 1916, S. 62-66) und am 15. Juli 1916 (Bd. 96, 1916, S. 38-42) in der ›Zukunft‹ erschienen.

Ascona ... Naturmenschen, die hier ihr langhaariges Wesen treiben] Vgl. *Nr. 103* – »Ascona«.

mit ihrem Buch] Ihrem ersten, ›Gefängnis‹ betitelten Roman.

ein kritisches Buch] Erster Hinweis auf das 1919 unter dem Titel ›Zur Kritik der deutschen Intelligenz‹ erschienene Buch.

106. An August Hofmann, 7.10.1916

H: Ms. Brief mit eigenh. Unterschrift; 3 Bl., 3 S. Adresse: Herrn Vicefeldwebel Aug. Hofmann / 1. bayr. Fussart. Rgt. Ersatz-Bataill. / R.D.I. / *Mainz.* **F:** HBS. **E:** Briefe, S. 65-67. **DV:** Original.

Beilage: Als Anlage lag dem Brief bei: ›Moderne Literarische Cabaret-Abende‹ (vgl. HBK, S. 152). Das beidseitig bedruckte Programmblatt ist auf S. 686 f. dieses Bandes abgebildet.

elliptischen Funktionentheorieen] Terminus technicus aus der mathematischen Analysis. – Ball bezieht sich hier auf einen nicht erhaltenen Brief August Hofmanns, in dem dieser offensichtlich den mathematischen Fachbegriff benutzt hatte. Hofmann studierte Mathematik und Physik und war dann Studienprofessor für diese Fächer an einem Gymnasium (vgl. *Nr. 54*).

einige Musik gemacht (Negermusik und Dadatänze)] Zu »drei Dada-Tänzen«, getanzt von Emmy Hennings mit Masken von Marcel Janco, die am 14. Juli 1916 beim ›I. Dada-Abend‹ (im Zunfthaus zur Waag) aufgeführt wurden, hat Ball die Musik komponiert (vgl. Dada in Zürich, S. 255).

kleinen Roman gemacht] ›Flametti oder vom Dandysmus der Armen‹.

»Die Indianer«] Bis zur Findung des endgültigen Titels ›Flametti oder Vom Dandysmus der Armen‹ war dies der Arbeitstitel des »kleinen Romans«. ›Die Indianer‹ heißt das subversive Gesangstableau, das vom Flametti-Varieté-Ensemble auf dem Höhepunkt der Romanhandlung aufgeführt wird.

Ascona ... viele Deutsche in Form von Naturmenschen] Daß unter den auf dem Monte Verità oberhalb von Ascona lebenden »Naturmenschen« von Anfang an so »viele Deutsche« waren, ist auffällig. Erklären läßt sich dies damit, »daß organisierte und industrialisierte Staaten« (wie Deutschland), in denen jeder Fortschritt mit neuen Zwängen einherkommt, ein Potential nichtanpassungsbereiter Menschen hervorbringen, die nicht nur ihren Protest wenn auch noch so verbogen oder verborgen zu Protokoll geben, sondern ihn ausleben wollen« (Monte Verità, S. 60).

unsere Tochter nach Locarno in die Schule geht] Arthur und Ernestine Segal konnten, als sie zur gleichen Zeit wie die Balls in Ascona lebten, ihre Kinder nicht nach Locarno in die Schule schicken, da sie »die Kosten nicht aufbringen konnten, und die Schule in Ascona war sowohl wegen des Sprachproblems [in der Asconeser Schule wurde Italienisch gesprochen] als auch ihres niedrigen Niveaus indiskutabel« (Segal, S. 91).

Übersetzung von mir (Suarès über Péguy] Vgl. *Nr. 105*.

In der ›Neuen Jugend‹ ... Besprechung des ›Cabarets‹] Vgl. *Nr. 103*.

»La guerre mondiale«] In dieser Genfer Tageszeitung ist am 18. Juli 1916 die vernichtende Kritik von Henri Guilbeaux erschienen (vgl. *Nr. 104*).

die kleine Tochter ... Ungarin von Vaterseite] Der Vater von Annemarie Hennings war höchstwahrscheinlich der aus Ungarn stammende Wanderschauspieler Wilhelm Vio (vgl. HBA 2000, S. 204, 213 f., 221-223), mit dem Emmy Hennings seit Herbst 1905 liiert war und mit dem sie zwischen 1905 und 1907 an verschiedenen Orten in Schleswig-Holstein auftrat. In ihrem Erinnerungsbuch ›Das flüchtige Spiel‹ (1940) nennt sie ihn »Ravelli« (vgl. EBH Katalog, S. 22 f., 250 f.).

»Steffgen«, das ist kleiner Sohn des Teufels] Ball nennt sich in vielen späteren Briefen selbst sehr gern »Steffgen«.

107. An Käthe Brodnitz, 12.10.1916

H: Telegramm aus Locarno, auf Formblatt: Telegraphie des Deutschen Reichs; Berlin, Haupt-Telegraphenamt. Aufgenommen den 12.10.1916 um 1 Uhr 58 Min. Adresse: kaete brodnitz / kaiserin augustastrasse 71 berlin. Mit Zusatzstempel: Angehalten / Absender benachrichtigen. **F:** DLA. **E:** Sheppard 1972, S. 60. **DV:** Original.

108. An Käthe Brodnitz, 20.10.1916

H: Ms. Brief mit eigenh. Unterschrift; 1 Bl., 2 S. **F:** DLA. **E:** Sheppard 1972, S. 61 f. **DV:** Original.

Ihre Hilfe anboten zu einem Ziel ...] Käthe Brodnitz hatte Ball Ende 1915 auf die Idee gebracht, nachträglich in Zürich zu promovieren, wozu ihm jedoch die »Mittel« fehlten (vgl. Nr. 82). Um dieses Ziel zu erreichen, hat sie Ball möglicherweise eine finanzielle Unterstützung in Aussicht gestellt.

Fischer] Emmys Roman ›Gefängnis‹ ist nicht bei S. Fischer, sondern bei Erich Reiss erschienen.

Klabund hat uns ... allerhand Winke gegeben für die Publikation] Womöglich den ersten Hinweis auf den Erich Reiss Verlag (Berlin), dessen Autor Klabund seit 1913 war und in dem dann 1918/19 die Romane von Hugo Ball (›Flametti‹) und Emmy Hennings (›Gefängnis‹) erschienen sind.

Emmy geht es wieder ein wenig besser] In ihrem ungedruckten Brief vom 24. Oktober 1916 an Käthe Brodnitz spricht Emmy Hennings von einer »schmerzhaften Ohrenentzündung« (Nachlaß Brodnitz, DLA).

de[n] erste[n] Brief] Im Original: »der erste Brief«.

im Winter ... in Zürich zu wohnen] Wie seine beiden Briefe vom 28. Oktober 1916 (Nr. 110 u. 111) zeigen, ist Ball bereits Ende Oktober nach Zürich gereist. Der Grund für seine vorschnelle Abreise aus dem Tessin war ein verzweifelter, Selbstmordabsichten bekundender Brief von Leonhard Frank vom Oktober 1916, in dem es heißt: »Mir geht es schlecht. Sehr schlecht. In den letzten Tagen ist viel eingestürzt. Der Hauptinhalt meines

Lebens ist versunken. Ich stehe im Blut dieser Katastrophe. Ob aus ihr ein Weg wegführt, weiß ich nicht mehr. Mir scheint, daß die Einsamkeit eine langsam sich bewegende Revolverkugel ist, die jedoch tödlich sicher trifft. Rat und Hilfe für mich von irgend einer Seite ist ausgeschlossen.« (Fotokopie des Briefs in der Hugo Ball-Sammlung, Pirmasens; vgl. HBK, S. 177, Nr. 153). In Ermatingen trägt Ball am 2. November 1916 ins Tagebuch ein: »Vier Tage war ich in Zürich mit Frank, auf dessen ängstlichen Brief hin ich reiste. Seine ›Einsamkeit‹. Ich sei der einzige, der so empfinde und denke wie er.« (Flucht, S. 127).

109. An Käthe Brodnitz, 24.10.1916

H: Hs. Schreiben Hugo Balls auf der Rückseite eines Briefes von Emmy Hennings an Käthe Brodnitz vom 24. Oktober 1916. **F:** DLA. **E:** Sheppard 1972, S. 62. **DV:** Original.

das kleine Stück] Den Einakter ›Die Nacht‹ hatte Ball Käthe Brodnitz als Geschenk geschickt (vgl. Nr. 105). Der Einakter ist verschollen.

russischen Vortrags ... in Berlin damals las] Einen Vortrag über ›Rußlands revolutionäre Idee‹ hat Ball am 26. März 1915 im Berliner Café Austria auf dem von ihm und Huelsenbeck veranstalteten ›Politischen Abend‹ gehalten (vgl. HBK, S. 20). Das Manuskript dieses Vortrags ist verschollen.

über Bakunins Stellung zu Bismarck und Marx ... schreiben] Der Aufsatz für die ›Weißen Blätter‹ ist nicht zustande gekommen. Statt des Bakunin-Aufsatzes nimmt Ball seit Ende Dezember 1916 im Auftrag Schickeles seinen älteren Plan für ein Bakunin-Brevier auf.

110. An Emmy Hennings, 28.10.1916

H: Hs. Brief; 2 Bl., 8 S. Bedruckter Briefkopf: Wiener Café Central, darunter: Abbildung des Cafés. **F:** HBN. **DV:** Original.

im Café] Treffpunkt Balls mit Franks war wohl das »Wiener Café Central«, dessen Briefpapier Ball für den vorliegenden Brief benutzte. Das »Wiener Café« lag an der Züricher »Bahnhofstr. 81« (vgl. Baedekers Schweiz 1920, S. 36).

Schaksel] In Nr. 112 schreibt Ball den Namen mit »ck«. Gemeint sein könnte: Julius Schaxel (1887-1943), Professor für Zoologie und allgemeine Biologie in Jena. Schaxel hatte Kontakte zu Leonhard und Lisa Frank wie auch zu dem Kreuzlinger Psychiater Ludwig Binswanger, der sich 1921 darum bemühte, Schaxel als Zoologe an die Universität Bern berufen zu lassen (vgl. ›Paul Häberlin – Ludwig Binswanger. Briefwechsel 1908-1960‹. Im Auftrag der Paul Häberlin-Gesellschaft hrsg. und kommentiert von Jeannine Luczak. Basel 1997, S. 154 f., Anm. 1). Schaxel war mit der Psychoanalytikerin Hedwig Schaxel-Hoffer (1888-1961) verheiratet. Im Brief Nr. 112 heißt es, »Schacksels« seien in Zürich gewesen.

das Buch] ›Flametti‹.

sprach ihm von seinem Buch] ›Der Mensch ist gut‹. Das aus fünf Erzählungen bestehende Antikriegsbuch Franks, geschrieben 1916 bis Frühling 1917, ist 1917 im Züricher Max Rascher Verlag erschienen.

Von seinem neuen Buch] Es handelt sich wahrscheinlich um eine verschollene oder verlorengegangene Frühfassung des 1924 erschienenen Romans ›Der

Bürger‹. Über ihn notiert Ball in Ermatingen am 5. November 1916 in sein Tagebuch: »Frank las mir im Hotel aus seinem Bürgerroman vor.« (Flucht, S. 128). Vgl. auch Flucht, S. 129 f. (Eintrag vom 8. November 1916). Schon in Nr. 108 ist mit dem »neuen Buch« von Leonhard Frank wohl dessen »Bürgerroman« gemeint.

Mein Roman ... Wenn Schickele den Erstdruck brächte] Gemeint ist ein Vorabdruck des ›Flametti‹ in Schickeles Zeitschrift ›Die Weißen Blätter‹; vgl. auch Nr. 111.

Terrasse] Café »de la Terrasse«, Limmatquai 3.

in Rumänien passieren furchtbare Dinge] Nach der Niederlage der 1. rumänischen Armee bei Hermannstadt (29. September) und der Eroberung von Kronstadt in Siebenbürgen durch deutsche und österreichisch-ungarische Verbände (9. Oktober) müssen die rumänischen Truppen den Rückzug antreten. Über die harten Kämpfe bei der Eroberung Kronstadts wird in vielen Zeitungen berichtet.

dass er einrückt ... von Strasser transportunfähig melden lassen] In seinen Erinnerungen an Dada erzählt Friedrich Glauser, wie er Tzara zu einer Musterung vor einem ärztlichen Gremium nach Bern begleitete: »Rumänien brauchte Soldaten. Tristan Tzara hatte den Befehl bekommen, sich zu stellen. Aber ... ein Zürcher Psychiater hatte über ihn ein Gutachten abgegeben: *Dementia praecox*, Jugendirresein. Mit diesem Gutachten bewaffnet, mußte Tzara sich einem ärztlichen Gerichte vorstellen, das in Bern tagte. Und mich hatte er zu seinem Begleiter ausersehen. Unterwegs lasen wir das Gutachten des Psychiaters: es war sehr amüsant. Als Beweis für den Irrsinn seines Patienten hatte der Seelenarzt Gedichte seines Patienten zitiert, die mehr als deutlich beweisen sollten, daß es sich hier um einen krassen Fall von Verblödung handeln müsse. [...] Tzara spielte seine Rolle ausgezeichnet.« (Glauser, S. 44 f.).

Strasser] Charlot (eigentlich: Karl Ludwig) Strasser (1884-1950), Schweizer Psychiater, Schriftsteller, Sozial- und Kulturpolitiker; nahm 1913 seine Tätigkeit als niedergelassener Psychiater in Zürich auf. Selber ein ›expressionistischer‹ Schriftsteller (etwa mit der pazifistischen Novelle ›In Völker zerrissen‹, 1915), hatte Strasser intensive Kontakte zur Gruppe der in die Schweiz emigrierten Literaten, ja er darf als intimer Kenner der Züricher Dada-Szene gelten. Sein Schlüsselroman ›Geschmeiss um die Blendlaterne‹ (1933) legt davon Zeugnis ab. Zu Strassers ›Patienten‹ aus dem Dada-Kreis gehörten: Friedrich Glauser, dem Hugo Ball einen Termin bei Strasser vermittelte, Christian Schad, Tristan Tzara und Richard Huelsenbeck, der sich von Strassers Frau Vera Strasser-Eppelbaum (1884-1941) behandeln ließ. Hugo Ball zählte Strasser – neben Leonhard Frank, Albert Ehrenstein und René Schickele – zu »den um Rubiner versammelten Moralikern« (Nr. 139).

Huelsenbeck ist nach Deutschland abgereist] Als »Datum des Rückzuges« von Huelsenbeck nach Deutschland hat Nenzel (S. 174) den »28. Sept. 1916« ermittelt.

Tzara ... will heute nach Bochum schreiben] In Bochum lebten die Eltern von Huelsenbeck, der Tzara wahrscheinlich die Bochumer Adresse seiner Eltern gegeben hatte, bevor er aus der Schweiz nach Deutschland zurückkehrte.

Mopp … arbeitet Porträts] Der seit Februar 1916 in Zürich lebende Maler Max Oppenheimer hat 1916 eine ganze Reihe von Porträts geschaffen (vgl. Kat. Oppenheimer 1995, S. 32, 39, 40, 41, 91, 115, 121): drei Ölbildnisse (des Geigers Karl Klingler, des Pianisten und Komponisten Ferruccio Busoni, der Jenny Brown, der Frau des Industriellen Sidney W. Brown), zwei Kaltnadelradierungen (Busoni, Jenny Brown nach den Ölgemälden), zwei Bleistiftzeichnngen (Busoni, Jenny Brown) und einen Holzschnitt (Voltaire). Für das Bildnis Jenny Brown erhielt Oppenheimer nach einer Abmachung vom 7. Oktober 1916 Fr. 3600, für die nach dem Gemälde angefertigte Radierung Fr. 500 (vgl. Kat. Oppenheimer 1995, S. 90).

»Quellen«] Geldquellen, Geldgeber.

Meinen *Roman* will ich fertig machen] Balls Angabe in seinem für den Druck überarbeiteten Tagebuch ›Die Flucht aus der Zeit‹, er habe am 13. Oktober 1916 seinen ›Flametti‹-Roman »beendet« (Flucht, S. 125), kann nach dem vorliegenden Brief nicht stimmen.

im »Bären«] Gasthof Bären, Limmatquai 58. In Betracht kommt auch das ›Hotel Schwarzer Bär‹ in der Bärengasse 10 (Griebens Schweiz 1925, S. 45).

Gang durch die Fuchsweide] Im 2. Kapitel seines Romans ›Flametti‹ beschreibt Ball den »Gang« des Titelhelden »durch sein Revier«, den Züricher Kiez, würden wir heute sagen: »Dieses Revier nannte sich ›Fuchsweide‹ und war der Konzert- und Vergnügungsrayon aller lebenslustig-abseitigen Kreise der Stadt. Treffpunkt der grossen Welt, Schlupfwinkel einiger unsicherer Elemente, zugegeben.« (Flametti, S. 43 f.).

die Gebirgsgemse und den Auerhahn … Schild um den Hals gehängt] Auf seinem Gang durch die Fuchsweide kehrt Max Flametti im Gasthaus ›Zum Vogel Strauß‹ ein, »wo die ausgestopfte Gebirgsgemse und der balzende Auerhahn standen, rechts und links vom Entrée.

Der Auerhahn trug die Fischkarte mit beigedruckten Preisen um den Hals gehängt.« (Flametti, S. 46 f.).

Herrn Carolyi] Im 4. Kapitel des Romans ›Flametti‹ figuriert ein »Herr Farolyi«. Er ist »Ungar«, »Kunstreiter« und »Direktor« vom »Zirkus Donna Maria Josefa« und außerdem ein »erklärter Freund« Flamettis, auf dessen Ausstattungsstück ›Die Indianer‹ er eine flammende Lobrede hält, in der er sich in geschickter politischer Camouflage zugleich gegen die Unterdrücker und für die Freiheit ausspricht (vgl. Flametti, S. 124-128).

111. An Emmy Hennings, 28.10.1916

H: Hs. Brief; 2 Bl., 8 S. **F:** HBN. **E:** EBH Leben, S. 61; auch in: Briefe, S. 68. **DV:** Original.

Revolver und Aufhängen] Das Selbstmord-Motiv kommt in Franks Frühwerk häufiger vor, so in seinem ersten Roman ›Die Räuberbande‹ (1914) und in seinen Erzählungen ›Der Erotomane und diese Jungfrau‹ (1913) und ›Gotik‹ (1913/14).

Zürich ist scheusslich] Stefan Zweig (Brief vom 28. April 1918 an Emil Ludwig) bezeichnet Zürich und Bern als »diese Schlangennester der Intrigue, wo Propaganda, Revolutionsgelüste und Spionage sich schwisterlich verstricken« (Zweig 1998, S. 218).

Frank hat mir viel von Fischer erzählt. Er hat dort wohl *sehr* großen Einfluss]

Wie groß während des Ersten Weltkriegs Franks Einfluß bei dem Verleger Samuel Fischer (1859-1934) war, ist nicht bekannt. Erschienen ist im 1886 gegründeten S. Fischer Verlag von Frank lediglich ein Buch: der Roman ›Von Drei Millionen Drei‹ (Berlin 1932). Franks Einfluß bei S. Fischer könnte auf dessen Mitwirkung als Preisrichter bei der Verleihung des Fontane-Preises an Frank für den Roman ›Die Räuberbande‹ (1914) zurückzuführen sein.

Vorabdruck in den »Weißen Blättern«] Von Balls Roman ›Flametti‹ ist kein Vorabdruck in Schickeles Zeitschrift erschienen.

Gespräche ... in der Predigerplatz-Wohnung mit ihm hatten] Die Gespräche mit Frank, der Ende März 1916 mit seiner Frau nach Zürich kam (vgl. Dada in Zürich, S. 87), fanden wahrscheinlich Ende März oder im April 1916 statt, da Ball in dieser Zeit am »Predigerplatz 44« wohnte (vgl. Nr. 86). Fremdenpolizeilich gemeldet war Ball am Predigerplatz 44 vom 17. April bis 21. August 1916.

im »Schwanen«] Das Restaurant zum ›Weißen Schwan‹ (»Schwänli«) am Predigerplatz 34 hatte wohl auch einige Zimmer zum Übernachten. Der ›Weiße Schwan‹ war das Stammlokal der freiheitlichen Sozialisten und der ›Revoluzzer‹ um den Arzt Fritz Brupbacher. Häufige Gäste auch: Leonhard Frank, Max Oppenheimer u.a.

hier grosse Schwierigkeiten ... mit dem Aufenthalt] Es geht hier wieder einmal um das leidige Problem einer Aufenthaltsbewilligung für Emmy Hennings, die in einem Brief aus dieser Zeit an Hugo Ball von den Schwierigkeiten spricht, als ›Vaterlandslose‹ einen »Heimatschein« in Locarno zu bekommen (vgl. Briefe 1915-1917, S. 75 f.). Im ›Cabaret Voltaire‹-Heft (S. 32) figuriert Emmy Hennings als »Heimatlose«.

Wie denkst Du über Ermatingen? Liegt am Bodensee] Ermatingen liegt nicht am Bodensee, sondern am Untersee. Die beiden Seen sind durch den Seerhein im Bereich der Stadt Konstanz voneinander getrennt wie auch miteinander verbunden.

Frau Binswanger ... etwas für Annemieze tun] Hertha Binswanger, geb. Buchenberger (1880-1971), seit 1908 Ehefrau des Schweizer Psychiaters Ludwig Binswanger. Als gelernte Krankenpflegerin leitete sie in der Kreuzlinger Klinik »Bellevue« ihres Mannes die Arbeitstherapie. Dazu gehörten die Weberei und Knüpferei, später auch die Buchbinderei wie überhaupt alle Arten kunstgewerblicher und künstlerischer Betätigung. Kunstgewerblich wie künstlerisch sehr begabt, wäre Annemarie Hennings bei Frau Binswanger gut aufgehoben gewesen.

Cityhotel ... *wöchentlich* 96 Frank] Nach Baedekers Schweiz von 1920 (S. 35) damals zweitteuerstes Hotel von Zürich, Sihlstraße, 110 Betten, von 7 fr. an, Pension von 18 fr. an.

Tzara bringe und seine Freundin und dass wir dann unten bleiben] Vor der Realisierung der Idee, Tzara mit nach Ascona zu bringen, warnt Emmy Hennings eindringlich ihren Lebensgefährten: »Ich denke mit Tzara in Ascona oder gleichwo ist nichts für dich, was in Betracht kommt ...« (Briefe 1915-1917, S. 74).

Frick (wer ist das?)] Das ist Ernst Frick (1881-1956); Schweizer Maler, Bildhauer und – jahrzehntelang – Monteveritaner; in seiner Jugend anarchistischer Aktivist; nach Verbüßung einer einjährigen Gefängnisstrafe Rückzug von der aktiven Bewegung und Existenz als Bildhauer, Maler und Amateurarchäologe auf dem Monte Verità bei Ascona; 1924 Mitbegründer der Asconeser Künstlergruppe ›Der große Bär‹; seit 1911 in Ascona mit der Frau des Psychiaters Otto Gross liiert (vgl. Monte Verità, S. 44, 113, 138, 158).

Frau Gross] Frieda Gross, geb. Schloffer (1876-1950), seit 1903 mit Otto Gross (1877-1920) verheiratet. Mit dessen Einverständnis lebte Frieda Gross mit Ernst Frick seit 1911 in Ascona zusammen (vgl. Monte Verità, S. 113).

Er denkt moralisch, ich denke ästhetisch] Vgl. Brief Nr. 139: »In Zürich ist jetzt die ganze Berliner Literatur und man konstruierte einen sehr interessanten, wenn auch unfruchtbaren Gegensatz zwischen uns Ästhetikern (Arp, Ball, Janco, Hennings, Tzara) und den um Rubiner versammelten Moralikern (Ehrenstein, Frank, Strasser, Rubiner, Schickele).«

112. An Emmy Hennings, 29.10.1916

H: Hs. Brief; 3 Bl., 12 S. **F:** HBN. **DV:** Original.

Datierung: jetzt im Herbst] Hinweis auf die Richtigkeit der erschlossenen Datierung.

Baden ... Du erinnerst Dich] Die nordwestlich von Zürich gelegene »berühmte Bäderstadt am linken Ufer der reißenden Limmat.« (Baedekers Schweiz 1920, S. 16). – In Baden haben Ball und Emmy Hennings mit dem Maxim-Ensemble am 11. und 12. Dezember 1915 ein Gastspiel gehabt (vgl. Nr. 80). Wahrscheinlich haben sie dort auch im Januar 1916 mit ihrem Arabella-Ensemble gastiert (vgl. HBA 1984, S. 129).

»Adler«] Hotel Adler in Ermatingen (Fruthwilerstraße 2 und 4), zählt zu den ältesten Gasthäusern der Schweiz; urkundlich erstmals 1270 erwähnt; zur Zeit Balls verfügte es über mehr als 100 Betten (vgl. Baedekers Schweiz 1920, S. 29); zum ›Adler‹ gehörten mehrere Dependancen, darunter die ›Villa Seefeld‹ mit einem in der Nähe stehenden ›Chalet‹ (vgl. *Nr. 116* – »Das Chalet gehörte zu Franks Hotel« sowie Abb. in diesem Band S. 688). Zum »Adler«, seiner Geschichte und seinen Gästen vgl. Hans Heeb: ›Illustre Gäste im Adler zu Ermatingen‹, in: ›Thurgauer Zeitung‹ vom 29.8.2002.

Amann] In der Schweiz ist der Ammann (Ball schreibt ihn mit einem »m«) in der Regel der Gemeindevorsteher; hier: der Vorsteher der Gemeinde Ermatingen. Gemeindeammann von Ermatingen war von 1880 bis 1917 August Kreis, der 1917 gestorben ist (nach einer Liste der Gemeindeammänner von Ermatingen aus den letzten 200 Jahren, die Hans Heeb freundlicherweise zur Verfügung stellte).

Marietta] eigentlich Marie Kirndörfer, Künstlername: Marietta di Monaco (1893-1981), Malermodell, Diseuse, Bohemienne in der Schwabinger Vorkriegszeit; Kollegin von Emmy Hennings im ›Simplicissimus‹ der Kathi Kobus (vgl. Klabund: ›Marietta. Ein Liebesroman aus Schwabing‹. Hannover 1920). Kam im Februar 1915 nach Zürich, etwa zur gleichen Zeit wie Walter Serner, dessen Freundin sie in den Jahren 1915/16 war. Trat in den Züricher Cabarets ›Bonbonnière‹ und ›Pantagruel‹ auf, vom März 1916 an auch wiederholt in der Künstlerkneipe Voltaire. Blieb bis Mai 1917 in Zürich. War seit Juni 1917 wieder in München gemeldet, wo sie 1917 oder 1918 den holländischen Millionär Anton van Hoboken (1887-1983) kennenlernte, mit dem sie seitdem verbunden war. – Ball kannte Marietta seit der Münchner Zeit (1912 ff.). Zusammen mit ihr und Klabund hat er unter dem Pseudonym »Klarinetta Klaball« drei Gedichte verfaßt (vgl. HBB, Nr. 270, S. 24). Für Marietta hat Ball 1916 das Gedicht ›O Marietta-Kripistika!‹ verfaßt, das sie in ihren Erinnerungen ›Ich kam – ich geh‹ (München 1962, S. 78) zitiert.

Die Stadt ist so überfüllt von allerhand zweifelhaften Existenzen] Leonhard Frank in seinen romanhaften Erinnerungen ›Links wo das Herz ist‹ (Frankfurt a.M. 1976, S. 67 f.): »In Zürich waren jetzt [1916] Spione der Kriegsführenden, ein Rudel von Glücksrittern jeglicher Art, reiche Leute, die ihr Vermögen in Sicherheit gebracht hatten, Valutaspekulanten aus allen Ländern Europas, gefolgt von Mädchen für Geld, die auftauchen, wo ihr Geschäft einträglich ist, und aus Frankreich und Deutschland trafen mehr und mehr Kriegsgegner ein, die glaubten, in der Schweiz wirksamer gegen den Krieg arbeiten zu können. Die fremden Vögel, aus den verschiedensten Gründen durch den Krieg in die Schweiz gespült, hatten das Straßenbild, besonders in der eleganten Bahnhofstraße, verändert und mit Unruhe durchsetzt. Hotels und Cafés waren überfüllt.«

Mopp ... vermögend geworden ... zwei Reitpferde ... ein ganzes Häusel ... arrogant] »Vermögend geworden« ist Max Oppenheimer damals wohl nicht zuletzt durch den seit 1916 eng gewordenen Kontakt zur Industriellenfamilie Brown in Baden bei Zürich, von der er für das Ölporträt der Jenny Brown 4000,– Fr. (mit Rahmen) erhielt (vgl. Katalog Oppenheimer 1995, S. 90). – Mopp war ein ausgezeichneter Reiter; er liebte es, dandyhaft als Herrenreiter aufzutreten, im »Reitanzug«, »sporenklirrenden Stiefeln« und »mit einer Reitpeitsche bewaffnet« (Glauser, S. 39), und wenn ihm das Geld einmal ausgegangen war, pflegte er im Zirkus die Hohe Schule vorzuführen (vgl. Katalog Oppenheimer 1995, S. 89). – Das von Mopp gemietete »Häusel« war der zum Bodmerhaus gehörende Gartenpavillon an der Züricher Schönberggasse 15, in dem Mopp vom 4. September 1916 bis 15. September 1917 logierte (vgl. Katalog Oppenheimer 1995, S. 89). In dem Pavillon bewohnte der Maler »drei Parterreräume: ein großes Atelier in der Mitte zwischen zwei kleineren Räumen, deren einer als Schlafzimmer diente [...], deren anderer als Bibliothek gedacht war« (Glauser, S. 39). – Zum ›arroganten‹ Oppenheimer vgl. Echte 1993, S. 63-79.

Moissi] Alexander Moissi (1879-1935), österreichischer Schauspieler albanisch-italienischer Herkunft; gefeierter Charakterdarsteller; vor dem Ersten Weltkrieg Engagements in Wien, Prag und Berlin. Kam während des Ersten Weltkriegs das erste Mal in die Schweiz. »Als Fliegerleutnant gefangengenommen, wurde er krankheitshalber in das Internierungslager nach Arosa geschickt, wo er bald an Veranstaltungen zugunsten der Mitgefangenen teilnahm. In der Folgezeit spielte er – immer noch als Internierungsgefangener – in Zürich, Bern, Basel [...], teils als Gast in Schweizer Ensembles, teils im Rahmen der Reinhardt-Gastspiele, bis er 1917 als Austauschgefangener aus der Internierung entlassen wurde.« (Deutsches

Theater-Lexikon II, S. 1504 f.) Im Oktober und November 1916 gab Alexander Moissi drei Gastspiele am Züricher Stadt-Theater als Hamlet (18. Oktober), Jedermann (21. Oktober) und Figaro (Mitte November) mit Elisabeth Bergner als Ophelia, Buhlschaft und Susanne in den weiblichen Hauptrollen (vgl. Völker, S. 42, 44, 89).

Wirt des »Adler«, der auch ein Dichter ist] Besitzerin des Hotels Adler war von 1904 an für ein halbes Jahrhundert Frau Maria Elise Heer (1873-1960). Ihr Bruder war der Schweizer Schriftsteller Jakob Christoph Heer (1859-1925), einer der »unentwegtesten Gäste« im ›Cabaret Voltaire‹ (vgl. Flucht, S. 86). Maria Elise Heer war von 1911 bis 1925 (Scheidung) mit Carl Heinrich Maurer verheiratet, einem Bürger von Aarau, der vor der Eheschließung in Zürich wohnte. Maurer hat bei der Heirat als Beruf »Schriftsteller« angegeben (freundlicher Hinweis von Hans Heeb, Ermatingen, in einem Brief vom 23. März 2003). Hugo Ball depeschierte Ende September 1917 wegen Geldsorgen an Schickele und einen Mann namens Maurer »nach Ermatingen« (vgl. Nr. 151), und er scheint Anfang Oktober Geld von beiden bekommen zu haben (vgl. Nr. 156). Dieser von Ball erwähnte »Maurer« aus Ermatingen dürfte mit Carl Heinrich Maurer, dem ›Adler‹-Wirt und Ehemann von Maria Elise Heer identisch sein.

Albert Ehrenstein, der Tubutschdichter] Österreichischer Schriftsteller (1886-1950), Lyriker, Erzähler, Übersetzer; Mitarbeiter vieler expressionistischer Zeitschriften. 1911 erscheint sein Erstlingsbuch, die Erzählprosa ›Tubutsch‹, die seinen literarischen Ruhm begründet. Nach Entlassung aus dem österreichischen Heeresverband zunächst im Verlag Kurt Wolff in Leipzig, dann (ab Sommer 1916) im S. Fischer Verlag in Berlin als Lektor tätig. Ende 1916 Übersiedlung nach Zürich, wohin er seiner unglücklich Geliebten, der Schauspielerin Elisabeth Bergner, gefolgt ist und wo er sich bis September 1918 aufhält. Nach dem Ersten Weltkrieg Reisen durch Europa, Afrika und Asien; seit etwa 1930 Nachdichtungen chinesischer Lyrik und Prosa. 1932 Übersiedlung in die Schweiz, 1941 in die USA nach New York.

Deine Kurt Wolff-Publikation] ›Die letzte Freude‹. Gedichte. Leipzig: K. Wolff, 1913 (= Der jüngste Tag, Bd. 5).

Deine neuen Verse im Cabaretheft] Von Emmy Hennings sind die Gedichte ›Gesang zur Dämmerung‹ und ›Morfin‹ im ›Cabaret Voltaire‹-Heft erschienen (S. 12).

Schacksels] Vgl. *Nr. 110* – »Schaksel«.

Frau und Herr Guttmann] Wilhelm Simon Guttmann (1891-1990), in Wien geborener expressionistischer Schriftsteller, Publizist und später Presseagent; Mitglied des proto-expressionistischen ›Neuen Clubs‹; Mitarbeiter an der postumen Ausgabe von Georg Heyms ›Umbra Vitae‹ (Leipzig 1912); im München der Vorkriegszeit mit Emmy Hennings befreundet; lebte während des Ersten Weltkriegs in der Schweiz, wo er die Schriftstellerin Angela Hubermann (1890-1922) heiratete (vgl. *Nr. 174*); nach dem Krieg war er als Journalist und Presseagent in Berlin tätig; während des Zweiten Weltkriegs in Frankreich, von wo er 1943 nach England entkam; gründete 1946 in London die Presse-Photo-Agentur ›Report‹.

Bonbonnière] Das dem ›Grand Café des Banques‹ angegliederte Cabaret ›Bonbonnière‹ lag an der Bahnhofstraße 70/72. In diesem Cabaret ist

Emmy Hennings zum ersten Mal in Zürich am 2. Juni 1915 als Diseuse aufgetreten.

Abbondio am Maggiore] In Ascona bewohnte Ball »ein kleines Haus am See«, die »Casa Abbondio« (vgl. Nr. 102 und 103).

113. An Emmy Hennings, 31.10.1916

H: Hs. Brief, Textende fehlt; 1 Bl., 4 S. **F:** HBN. **E:** EBH Leben, S. 62. **DV:** Original.

Seepferdlein] Kosename für Emmy Hennings, mit dem sie sich selbst bezeichnete (vgl. Briefe 1915-1917, S. 41, 76) und den Ball wiederholt für sie benutzte (vgl. Nr. 127).

Dein Brief] Ball antwortet auf Emmy Hennings' undatierten Brief vom Ende Oktober 1916 (»So sehr es mich drängt ...«), der mit Kürzungen abgedruckt ist in: Briefe 1915-1917, S. 71-74.

Annemie den ganzen Karl May] Lila B[elensson], eine Bekannte von Emmy Hennings, hatte deren Tochter Annemarie die Werke Karl Mays geschenkt (vgl. Briefe 1915-1917, S. 72), die weiter unten in diesem Brief erwähnten »wilden schönen Bücher«.

Es stand ... schlimm mit mir, als wir Deutschland verliessen] Über Balls Befindlichkeit zur Zeit seiner Emigration in die Schweiz schreibt Emmy Hennings in ihrem Manuskript ›Rebellen und Bekenner‹: »Als ich Ball um Pfingsten 1915 in Berlin wieder traf, fand ich ihn als einen hochgradig erregten Menschen wieder. Er war in Belgien [recte: in Lothringen] gewesen, hatte die ersten Schrecken des Krieges gesehen und war äußerst erschüttert, so daß er nicht mehr daran dachte, Kriegsfreiwilliger zu sein. [...] Wenngleich er das Wort ›Vaterlandsliebe‹ nicht gerne aussprach, so habe ich bei seiner Flucht ins Ausland am stärksten gespürt, wie erfüllt er von leidender Liebe war. [...] Er hatte in den Tagen, da wir unsere Reise in die Schweiz vorbereiteten, das Gesicht mehr denn je fahl wie Asche, erregt flackernde Augen.« (HBA 1995, S. 1-3).

mit Deinem grossen Buch] Mit dem Hugo Ball gewidmeten Roman ›Gefängnis‹.

Herr Hardekopf uns begrüsste] Bevor Ball nach Zürich abreiste, ist es in Ascona zu einem Zusammentreffen zwischen Ferdinand Hardekopf und Hugo Ball / Emmy Hennings gekommen. Diese Begegnung war insofern heikel, als Hardekopf einer der früheren Liebhaber von Emmy Hennings war. Im vorliegenden Brief bezieht sich Ball auf einen kurz nach seiner Abreise von Ascona geschriebenen Brief von Emmy Hennings, in dem sie von einer erneuten Begegnung mit Hardekopf berichtet: »Wie ich von der Bahn nach Hause [...] und am Café vorbei ging, rief mich Fräulein B[elensson], die Freundin Hardekopf's hinein. Obgleich ich mir vorgenommen hatte, Hardekopf nicht ohne Dich zu begegnen, hielt ich es doch für weniger harmlos, dieser Begegnung nicht auszuweichen. Das erste Wort Hardekopf's war, ob Du ihm böse seist, daß er uns begrüßt habe. Ich sagte, nein, ich glaube, es sei Dir angenehm gewesen. Und dann sagte er etwas zögernd: ›Ich möchte, daß Du Ball meinen Gruß aufträgst, er braucht mir nicht böse zu sein.‹ Ich: ›Er ist es nicht‹« (Briefe 1915-1917, S. 71 f.).

wie sehr ich ihn verehre] Die Sympathie Balls wurde von Hardekopf erwidert, der in Form eines Sonetts einen Nekrolog auf Ball verfaßte (vgl. Ferdinand Hardekopf: ›Gesammelte Dichtungen‹. Hrsg. von Emmy Moor-Wittenbach. Zürich 1963, S. 118).

danke Herrn H[ardekopf] sehr für seinen Brief] Nachdem zwei Schweizer Beamte in Ascona sich nach Balls »Militärangelegenheiten« erkundigt hatten, über die Hardekopf jedoch »keine Auskunft« gab, meinte dieser »erregt«, man müsse Ball »sofort benachrichtigen, und zwar nicht telegraphisch«, d.h. brieflich (vgl. Emmy Hennings' Brief an Hugo Ball vom Ende Oktober 1916, in: Briefe 1915-1917, S. 73).

ein neues Reisekleid hast Du bekommen, Schuhe, Strümpfe?] Emmy Hennings hatte Ball zuvor brieflich aus Ascona mitgeteilt: »Lila B[elensson] hat mir ein Kleid gekauft, Schuhe, Strümpfe, ich habe Reisegeld bekommen, um zu Dir zu kommen, dafür bekam ich es wohl, denn ich kann ja so jammern« (Briefe 1915-1917, S. 72).

Emmely, *Du* bist meine kleine Frau] In dem undatierten Brief (vom Ende Oktober 1916), auf den Ball hier antwortet, hat Emmy Hennings ihren Lebensgefährten gefragt: »Ich glaube, in diesem Augenblick flammte ich vor Stolz, weil ich Deine Frau bin und darf ich das sein, Hugo?« (Briefe 1915-1917, S. 72). Auf Heiratspläne der beiden deutet womöglich eine Meldebescheinigung für Emmy Hennings hin, die ihr »zum Zwecke der Eheschließung« am 21. Januar 1916 von der Flensburger Polizeiverwaltung ausgestellt wurde (vgl. EBH Katalog, S. 122).

114. An Tristan Tzara, 7.11.1916

H: Hs. Postkarte. Adresse: Herrn / Tristan Tzara / Zürich / Frauenmünsterplatz 21. / Centralhof 21. **F:** Bibliothèque Littéraire Jacques Doucet, Paris. **E:** Dada 15/25, S. 72. **DV:** Fotokopie des Originals.

Villa Seefeld] Das Haus liegt ungefähr zweihundert Meter vom Hotel Adler entfernt, zu dem es früher eine Dependance war. Es wurde später umgebaut. Heute befinden sich ein Architekturbüro und Wohnungen in der Villa. Vgl. *Nr. 116* – »Das Chalet gehörte zu Franks Hotel«.

Annonce … Fundbüro … Manuskripte ersetzen] Den Sachverhalt klärt eine Notiz vom 2. November 1916 in Balls Tagebuch auf: »In Zürich: Tzara liest und gibt mir, da ich zerstreut bin, eine Anzahl neuer Gedichte. Auf dem Nachhauseweg verliere ich den ganzen Pack. Ich habe gar keine Erinnerung mehr, wo ich die Verse könnte gelassen haben, schlafe schlecht, stehe auf und bin morgens um vier in Niederdorf, um mit den Straßenkehrern im Rinnstein nach den Gedichten zu suchen. Umsonst. Fundbüro, Zeitung, alles umsonst. Die Manuskripte sind verloren; ich wage kaum, es ihm zu sagen.« (Flucht, S. 127).

115. An Lila Belensson, zw. d. 1. u. 20.11.1916

H: Hs. Fotopostkarte: Emmy Hennings (en face). Frankiert, aber nicht abgestempelt. Adresse: Frau / Lila Belensson / Locarno . / Poste restante. **F:** HBN. **DV:** Original.

Datierung: Ball hielt sich in der Zeit vom 1. bis ca. 20. November 1916 zusammen mit Emmy Hennings in Ermatingen am Untersee auf (vgl. *Nr. 117* – »3 Wochen in Ermatingen«). Nach freundlicher Auskunft von Bernhard Echte war die Adressatin der Postkarte um 1916 die Freundin von Ferdinand Hardekopf, der im Herbst 1916 »auch in Ermatingen wohnen« wollte (vgl. Nr. 113). Für die Datierung in die Ermatinger Zeit spricht, daß Ball im Rückblick auf die in Ermatingen verbrachten Wochen die von ihm und Emmy dort bewohnten »schönen Empirezimmer« als »Strindbergzimmer« bezeichnet (vgl. Nr. 116), eine Kennzeichnung, die Ball auch auf der vorliegenden Portraitpostkarte für seine Unterkunft verwendet. Daß die Gegend um Ermatingen nach Emmy »etwas Ähnlichkeit mit ihrer friesischen Heimat« hat, ist kaum zu bestreiten.

Sehr verehrte gnädige Frau] Lila Belensson war nach Bernhard Echte Tänzerin. Sie wird in Briefen von Ferdinand Hardekopf und Emmy Hennings gelegentlich erwähnt; so in einem Brief Hardekopfs vom 30. Juni 1919, in dem es heißt: »Lila Belensson ist jetzt in München, wo sie den Winter zu verbringen gedenkt. Sie hat auf ihre, in die Schweiz geplante Reise verzichten müssen, wegen des schlechten Geldstandes.« (HBN). Vgl. auch Emmys Brief an Hugo vom Ende Oktober 1916: »Lila B[elensson] hat mir ein Kleid gekauft, Schuhe, Strümpfe, ich habe Reisegeld bekommen, um zu Dir zu kommen, dafür bekam ich es wohl« (Briefe 1915-1917, S. 72). Lila Belensson gehörte wahrscheinlich zum Kreis um die Laban-Schule. Nach dem Programm eines Abends mit ›Tänzen und Pantomimen‹ der Laban-Schule am 5. November 1917 im Züricher Saal zur ›Kaufleuten‹ trat eine »Raya Belensson« als Tänzerin eines »türkischen Lieds« auf (vgl. Suzanne Perrottet: ›Ein bewegtes Leben‹. Text und Bilder bearbeitet und ausgewählt von Giorgio J. Wolfensberger. Weinheim, Berlin 1995, S. 147). Die Tänzerin erwähnt Ball lobend in seinem Aufsatz über den Kongreß des ›Ordo Templi Orientalis‹ (erschienen in: ›Berner Intelligenzblatt‹ vom 15. November 1917) neben Mary Wigman und Sophie Taeuber als eine der »drei Begabungen«, die heute innerhalb der Laban-Schule »Vorbildliches leisten« (Schriften, S. 55 f.). Raya Belensson ist wahrscheinlich die Schwester von Lila Belensson.

Strindbergzimmern] Zu Aufführungen von Stücken August Strindbergs verfaßte Ball 1914/15 drei Theaterkritiken (vgl. *Nr. 59*). Strindberg thematisiert in einigen Dramen den in geschlossenen Räumen sich abspielenden Geschlechterkampf (z. B. in ›Fräulein Julie‹).

116. An Maria Hildebrand, 28.11.1916

H: Ms. Brief mit eigenh. Unterschrift; 2 Bl., 4 S. **F:** HBN. **E:** Briefe, S. 68-71. **DV:** Original.

wohne ganz vor der Stadt] Nach Nr. 117 vom selben Tag wohnte Ball damals in der Hornbachstraße, die im Vorort Riesbach am rechten Zürichseeufer in unmittelbarer Nähe des Zürichhorns liegt.

Die Mutter wird Dir erzählt haben] Ball hatte seiner Mutter in einem verschollenen Brief über seine Unterbringung in Ermatingen geschrieben.

Napoleon III. als Sommeraufenthalt] Unter »Ermatingen, 2. XI.« 1916 heißt es in Balls Tagebuch: »Der dritte Napoleon hatte ein Lustschlößchen in dieser Gegend. Arenenberg oder so.« (Flucht, S. 127) Baedekers Schweiz von 1920 (S. 29) notiert zu dem bei Mannenbach auf einem Hügel gelegenen Schloß Arenenberg: »1832-37 von der Königin Hortense, der Mutter Napoleons III., bewohnt, 1906 von der Kaiserin Eugenie dem Kanton Thurgau geschenkt, mit zahlreichen Erinnerungen an die Napoleoniden.«

Fünf Minuten entfernt wohnt R[ené] Schickele] Im nahegelegenen Ort Mannenbach, wo Schickele vom Juni 1916 bis Anfang 1917 sein Domizil hatte. Ein Foto aus dieser Zeit zeigt Ball und Schickele in Mannenbach (vgl. ›Expressionismus am Bodensee. Literatur und Bildende Kunst‹. Eggingen 2001, S. 39). Schickele versuchte hier, zusammen mit Freunden und Schriftstellerkollegen seinen Traum von einer ›Civitas Hominum‹ zu leben (vgl. hierzu Debrunner, S. 80-88: »Utopisten am Untersee«).

Das Chalet gehörte zu Franks Hotel] Das von Ball und Emmy Hennings bewohnte Chalet ist nicht die in Nr. 114 erwähnte »Villa Seefeld«. Das um 1960 abgerissene Chalet lag in der Nähe und etwas unterhalb der Villa Seefeld zum Ufer des Untersees hin. Beide Häuser waren Dependancen zum Hotel Adler (vgl. das Foto mit den beiden Dependancen unter den Abbildungen). Wenn Ball am Kopf der Postkarte Nr. 114 »Villa Seefeld« als seine Ermatinger Adresse angibt, so könnte das bedeuten, daß er zunächst in der Villa Seefeld wohnte und dann in das gegenüber liegende Chalet umzog. Vielleicht wohnte er jedoch von Anfang an in dem Chalet, das postalisch zur Villa Seefeld gehörte.

Seine Frau ist auch krank] In seiner Roman-Autobiographie ›Links wo das Herz ist‹ (1952) läßt Leonhard Frank die Krankheit seiner Frau Lisa durch den Arzt wie folgt diagnostizieren: »Lisa, täglich von neuem erschüttert über die ungeheuren Verluste in der Schlacht um Verdun und unfähig, ihr Mitgefühl zurückzudämmen, war herzleidend geworden – durch den Krieg, hatte der Arzt gesagt.« (Frank: ›Links wo das Herz ist‹. Frankfurt a.M. 1976, S. 70)

lange Jahre in Frankreich, Indien, Ägypten] Als Zeitungskorrespondent hielt sich Schickele 1909/10 längere Zeit in Paris bzw. im Pariser Vorort Meudon auf. Vom Winter 1913/14 bis April 1914 unternahm er, auf Einladung der Hapag, eine Indienreise, die ihn über Griechenland und Ägypten führte.

die gegenwärtig modernste und beste deutsche Revue] ›Die Weißen Blätter‹.

nach Ermatingen kamen deutsche Internierte] Ihretwegen mußten das Chalet und das Hotel, in denen die Balls und Franks wohnten, geräumt werden. In seinem Buch ›Landarzt und Maler am Untersee‹ (2. Aufl. St. Gallen 1960, S. 26) schreibt der ehemalige Ermatinger Dorfarzt Max Boller: »Der Erste Weltkrieg brachte Ermatingen eine kleine Garnison internierter deutscher Offiziere und Soldaten. Im Adler fühlten sie sich wohl und pflegten hier einen geselligen Kreis.«

Frank ... wieder aus dem Sanatorium kommt ... in Kreuzlingen] Der Schweizer Psychiater Ludwig Binswanger (1881-1966) leitete seit 1911 (bis 1956) in Kreuzlingen sein berühmtes Sanatorium, die Nervenheilanstalt Bellevue, in die sich der unter schweren Depressionen leidende Leonhard Frank damals begab. Frank hatte sich bereits im Sommer 1915 für längere Zeit in Ludwig Binswangers Kuranstalt Bellevue zur Behandlung begeben. Während des Ersten Weltkriegs hat Binswanger vielen kriegskritischen deutschen Schriftstellern und Intellektuellen, die in die Schweiz emigriert waren, zu Attesten und Bescheinigungen verholfen, um sie der Verfolgung des deutschen Staates zu entziehen. In Binswangers Sanatorium hielten sich damals unter anderen die Schriftsteller René Schickele (Ende 1915) und Otto Flake (Sommer 1918) sowie der Maler Ernst Ludwig Kirchner (1917/18) für einige Zeit auf.

in Zürich haben wir das leibhaftige Café des Westens (Berlin)] In seinem ›Schweizer Reise‹ betitelten Feuilleton vom 4. April 1918 aus Zürich schreibt Otto Flake (1880-1963) an die ›Norddeutsche Allgemeine Zeitung‹ nach Berlin (7. April 1918, Nr. 176): »Wenn man sonst ins Café des Westens ging, um jemand zu treffen, so reist man jetzt nach Zürich. Ein boshafter Kopf meinte neulich, Zürich, das sei nur das erweiterte Café des Westens. Mag sein, dann ist es doch ein ganz interessantes Café.« (Zit. nach: Flake und Dada, S. 23). Zum Topos ›Zürich als Café des Westens‹ vgl. auch Stefan Zweigs Brief vom 29. März 1918 an Victor Fleischer: »Zürich ist auf die Dauer doch zu belebt und zu viel Café des Westens.« (Zweig 1998, S. 213).

Schickele wird ihn vielleicht drucken ... den Vorabdruck *meines* Romans] Schickele druckte Balls Roman ›Flametti‹ weder in Fortsetzungsform in seinen ›Weißen Blättern‹ noch in Buchform.

ein französischer Schriftsteller über den Don Quichotte ... übersetze daraus] Ball übersetzte das Don Quichote-Porträt des französischen Essayisten, Kulturkritikers und Dichters André Suarès (1868-1948). Die Übersetzung erschien im Januar 1917 in den ›Weißen Blättern‹ (Jahrg. 4, Januar-Heft, S. 37-47).

Emmy wohnt ... in einem kleinen Hotel in der Stadt] Im ›Goldenen Stern‹ (vgl. Nr. 121). Vgl. auch Emmys Brief vom Dezember 1916 an Hugo Ball, in: Briefe 1915-1917, S. 88.

Velhagen] Balls Schwester hatte ›Velhagen & Klasings Monatshefte‹ abonniert, die von 1891/92 bis 1944 und 1952/53 im Verlag Velhagen & Klasing (Bielefeld, Berlin, Leipzig) erschienen.

ist Heinrich eingezogen worden?] Ball fragt nach Heinrich Hildebrand (vgl. *Nr. 4*), dem Ehemann seiner Schwester Maria.

Grünewald-Mappe] Wohl die mit einem Vorwort von Paul Schubring versehene Mappe: ›Matthias Grünewalds Isenheimer Altar zu Colmar‹. In farbigen Reproduktionen nach den Originalen. Leipzig 1911 (= Seemanns farbige Künstlermappen 4).

Gretl] Maria Hildebrands Tochter Margarete (vgl. *Nr. 10*).

Emmy ist immer ein wenig krank und schwach. Das fanatische Denken und Schreiben strengt ihre zarte Gesundheit sehr an] Anfang des Jahres 1917 scheint sich Emmys Gesundheitszustand gebessert zu haben. Ferdinand Hardekopf schreibt am 19. Januar 1917 an Olly Jacques: »Und auch Emmy habe ich [in Zürich] getroffen. Sie sieht gut aus und hat sich wohl ein bischen beruhigt von all ihren erregenden Ideen.« (Sheppard 1976, S. 134).

die kleine Bettina] Bettina von Arnim.

Das »Berliner Tageblatt« und der »Berner Bund« Sachen von ihr] In der Auswahlbibliographie Emmy Ball-Hennings (vgl. HBK 1984, S. 169-223) sind keine in diesen Zeitungen erschienenen Arbeiten von Emmy Hennings aus dem Jahr 1916 nachgewiesen.

Im Sommer ... gastiert in einigen Hotels am Vierwaldstättersee] Vgl. *Nr. 92* – »meine Abreise« – »Kritiken ... für das Repertoire«).

unser Programm ... die angehefteten Kritiken] Das Programm-Faltblatt ›Moderne Literarische Cabaret-Abende‹ mit den Zeitungskritiken über die Kabarettauftritte von ihm und Emmy Hennings hat Ball am 7. Oktober 1916 (Nr. 106) auch seinem Freund August Hofmann zugeschickt.

117. An August Hofmann, 28.11.1916

H: Hs. Postkarte; beidseitig beschrieben. Adresse: Herrn Vizefeldwebel / *August Hofmann* / Ers.-Bat. 1. bayr. Fussartil. Reg. / Res. D. I. / Mainz. **F:** HBS. **DV:** Original.

3 Wochen in Ermatingen] Wenn Ball tatsächlich am 1. November nach Ermatingen gereist ist (vgl. Brief vom 31. Oktober: »Morgen früh fahren wir«), dann trifft die Angabe »3 Wochen in Ermatingen« wohl eher zu als die im Brief vom 28. November an Maria Hildebrand: »in Ermatingen vierzehn sehr schöne und interessante Tage verlebt«, zumal er ja auf der vorliegenden Postkarte erklärt, er sei »erst seit einigen Tagen« wieder in Zürich.

Stück von René Schickele ... »Hans im Schnakenloch«] Schickeles »Schauspiel in vier Aufzügen«, so der Untertitel des Dramas, kam als Buchausgabe 1915 im Verlag der Weißen Bücher (Leipzig) heraus. Obwohl das Drama als Buch ausgedruckt war, wurde es – nach Schickele – »weder dem Buchhandel übergeben, noch an die Bühnen verschickt.« (Zit. nach: ›René Schickele. Leben und Werk in Dokumenten‹. Hrsg. von Friedrich Bentmann. 2. Aufl. Nürnberg 1976, S. 96). Das Januar-Heft 1916 der ›Weißen Blätter‹ (S. 1-100) brachte einen vollständigen Abdruck des Stücks ›Hans im Schnakenloch‹.

in dem Fräulein Sagan spielt] Leontine Sagan (vgl. *Nr. 4*) war in der Spielzeit 1916/17 (vgl. ›Deutsches Bühnen-Jahrbuch‹ 28, 1917, S. 406) und auch danach bis zur Sommerspielzeit 1921 am Neuen Theater in Frankfurt a.M. als Schauspielerin engagiert.

in Frankfurt am Neuen Theater] Die Uraufführung des Stücks fand am 17. Dezember 1916 (einem Sonntag) im Frankfurter Neuen Theater wohl in einer geschlossenen Vorstellung als Matinée statt. Die erste öffentliche Aufführung des ›Hans im Schnakenloch‹ erfolgte einen Tag später, am 18. Dezember 1916, im selben Theater (vgl. Julie Meyer: ›Vom elsässischen Kunstfrühling zur utopischen Civitas Hominum. Jugendstil und Expressionismus bei René Schickele [1900-1920]‹. München, S. 222, 271, 339 Anm. 23). – Tagebucheintrag Balls am 16. November 1916: »Sch[ickele] bittet mich, ihm ›Hans im Schnakenloch‹ für die Aufführung am ›Neuen Theater‹ zurechtzustreichen.« (Flucht, S. 131). Zu Schickeles Theaterstück und seiner Frankfurter Aufführung vgl. Debrunner, S. 97-112.

Herrn Plotke ... Dramaturg] Georg Jakob Plotke (1888-1919), Dramaturg der Städtischen Bühnen in Frankfurt a.M. (1916-1919), Lyriker, Literaturwissenschaftler (›Heinrich Heine als Dichter des Judentums‹. Dresden 1913, Diss. über ›Paul Heyses epische und novellistische Anfänge‹. Münster 1914). Herausgeber eines wichtigen expressionistischen Theater-Jahrbuchs: ›Deutsche Bühne. Jahrbuch der Frankfurter Städtischen Bühnen‹. Erster Band: Spielzeit 1917/1918. Frankfurt a.M. 1919. – Von 1911/12 bis Herbst 1913 enge Freundschaft mit Richard Huelsenbeck, der Plotke »über alles« verehrte und durch den Ball in München wohl Plotke kennenlernte. In den komplizierten Freundschaftsverhältnissen Huelsenbecks war Ball so etwas wie der Ersatz und Nachfolger Plotkes, von dem sich Huelsenbeck nach dessen Verlobung getrennt hat (vgl. Nenzel, S. 57, Anm. 6, S. 69, S. 483 f.). – Wie es zu der Frankfurter Aufführung des Stücks gekommen ist, hat René Schickele in einem Brief an die ›Straßburger Post‹, abgedruckt in der Nummer vom 17.4.1917, geschildert: »[...] der Dramaturg des Frankfurter Neuen Theaters hatte den Hans in den Weißen Blättern gelesen. Er schrieb mir, daß er es aufführen wollte. Ich war sehr krank und von der Außenwelt abgeschlossen; er bekam keine Antwort. Er versuchte es ein zweites und drittes Mal, mit demselben Ergebnis, und dann erwarb er, ohne mein Wissen, das Aufführungsrecht vom Verlag. Die (militärische) Zensur erhob keine Einwendungen. Das Drama hatte Erfolg.« (Zit. nach: ›René Schickele‹. Hrsg. von Friedrich Bentmann. 2. Aufl. Nürnberg 1976, S. 96).

118. An Tristan Tzara, 11.12.1916

H: Hs. Postkarte. Adresse: Herrn / Tristan Tzara / Hier / Fraumünsterplatz 21 / Centralhof 21. **F:** Bibliothèque Littéraire Jacques Doucet, Paris. **DV:** Fotokopie des Originals.

Übersetzung (von Karl Hölz, Trier):

»Lieber Herr Tzara,

unmöglich vor morgen Abend zu kommen. Gehen wir gemeinsam zu Herrn Richter? Ich werde um halb Acht kommen.

Ich grüße Sie herzlich

Ihr

Hugo Ball.«

M. Richter] Hans Richter (1888-1976), deutscher Maler, Graphiker, Filmemacher, Filmtheoretiker; von Februar 1915 bis Januar 1918 Mitarbeiter der ›Aktion‹; begab sich 1916 wegen einer Kriegsverletzung zur Rekonvaleszenz in die Schweiz nach Zürich, wo er im Herbst zum Kreis der Züricher Dadaisten stieß; entwarf im Januar 1917 ein Plakat zur ersten Dada-Ausstellung in der Galerie Corray in der Züricher Bahnhofstraße; beteiligte sich an der dritten Ausstellung in der Galerie Dada (2.-29. Mai 1917); veröffentlichte in Zeitschriften der Züricher Dadaisten (›Dada 4/5: Anthologie Dada‹. Zürich 1919; ›Der Zeltweg‹. Zürich 1919); entwarf – wohl auf Anregung Balls – 1917 das Signet des ›Freien Verlags‹ (vgl. *Nr. 214*), fertigte eine Reihe von Illustrationen zu Emmy Hennings' erstem Roman ›Gefängnis‹ an und schuf Portraits von Hugo Ball (abgebildet in: HBA 1992) und Emmy Hennings, zu denen er 1917/18 enge Kontakte unterhielt; lebte von 1919/20 bis 1933 zumeist in Berlin; emigrierte als politisch aktiver Künstler 1936 zunächst in die Schweiz und 1941 über Lissabon in die USA; kehrte 1956 ins Tessin zurück, wo er 1976 starb. Publikationen zur Dada-Bewegung: ›Dada Profile‹. Zürich 1961; ›DADA – Kunst und Antikunst‹. Köln 1964; ›Dada 1916-1966‹. Köln o. J.; ›Begegnungen von Dada bis heute‹. Köln 1973.

119. An Tristan Tzara, 13.12.1916

H: Hs. Brief; 1 Bl., 2 S. Adresse: Herrn / Tristan Tzara / Hier / Fraumünsterplatz 21 / Centralhof 21. **F:** Bibliothèque Littéraire Jacques Doucet, Paris. **E:** Briefe, S. 71. **DV:** Fotokopie des Originals.

Autorenabend] Wegen einer Mitarbeit bei dem geplanten »literarischen Abend« hat Tzara im Dezember 1916 auch bei Lucien Hermann Neitzel, dem Freund Arps, angefragt, der auf Tzaras Projekt jedoch hinhaltend reagierte (vgl. Dada 15/25, S. 75; Brief Neitzels an Tzara vom 16. Dezember 1916). – Mit dem »Saal« sind die Räume der am 3. Dezember 1916 eröffneten ›Galerie Corray‹ in der Bahnhofstraße 19 gemeint (vgl. Dada in Zürich, S. 71, Anm. 140). Diese Räume haben Ball und Tzara im März 1917 von Han Coray übernommen und darin am 17. März die ›Galerie Dada‹ eröffnet.

Herr Coray] Han Coray (1880-1974), schrieb seinen Familiennamen von 1912 bis 1920 mit zwei ›r‹ (hier wird durchweg die ›richtige‹, offizielle Namensform ›Coray‹ verwendet); Schweizer Reformpädagoge, Lehrer, Galerist, Antiquar, Sammler, Mäzen, Hotelier, Autor und Verleger; ließ um 1914 an der Züricher Fehrenstraße 15 nach eigenen Plänen eine Privatschule, die ›Pestalozzischule‹, erbauen, als deren Direktor er fortschrittliche pädagogische Ideen, wie Freiluftunterricht und Betonung des Musischen, in die Tat umsetzte (vgl. Dada in Zürich, S. 37-40; S. 71, Anm. 135-139); den Vorraum seiner Schule ließ er Ende 1915 von Otto van Rees und Hans Arp mit abstrakten Wandmalereien ausstatten; führte 1916/17 in Basel und Zürich zwei Galerien; in der Züricher ›Galerie Corray‹ an der Bahnhofstraße 19 (im Sprünglihaus) fand im Januar/Februar 1917 die erste Dada-Ausstellung statt, in der zum ersten Mal in der Schweiz schwarzafrikanische Objekte als Kunst gezeigt wurden; die Galerie Corray wurde im März 1917 im fliegenden Wechsel von den Züricher Dadaisten übernommen und in Galerie Dada umbenannt; bei der Galerie Dada war Coray ein wichtiger Geburtshelfer; 1917 unterhielt er in Zürich eine moderne Buchhandlung mit Antiquariat, die zusammen mit seiner Galerie und der ›Pestalozzischule‹, in der es zu künstlerischen Darbietungen kam, zu wichtigen Treffpunkten der künstlerischen Avantgarde in Zürich avancierte; von den dadaistischen Veranstaltungen scheint er sich wenige Wochen nach der Eröffnung der Galerie Dada zurückgezogen zu haben; in den zwanziger Jahren trug Coray eine große und bedeutende Sammlung schwarzafrikanischer Kunst zusammen, die allerdings 1931 wegen dessen Verschuldung gepfändet, beschlagnahmt und 1940 von der Schweizerischen Volksbank zum größten Teil an das Völkerkundemuseum der Universität Zürich verkauft wurde (heute im Museum Rietberg, Zürich); 1930 ließ er sich in Agnuzzo am Luganer See nieder, wo er einen großen Hotelbetrieb aufbaute; in den sechziger Jahren ließ er die letzten zwei der insgesamt vier zu Lebzeiten veröffentlichten Gedichtbände im Eigenverlag erscheinen. – Coray scheint mit Ball (wie auch mit Emmy und Annemarie Hennings) besonders eng verbunden gewesen zu sein (vgl. Dada in Zürich, S. 38). 1917 wollte er Balls Kandinsky-Vortrag zusammen mit einem Vortrag Neitzels und einigen Reproduktionen drucken lassen (vgl. Dada in Zürich, S. 39). Im März und Mai 1918 war Balls ›Tochter‹ Annemarie (und vielleicht zeitweise auch Emmy Hennings; vgl. Glauser, Briefe I, S. 30, Anm. 5) für längere Zeit bei Frau Domenica Coray in Zürich untergebracht (vgl. Nr. 173, 174, 176, 190 und 204).

wie Goltz sie in München machte] Hans Goltz (1873-1928), Kunsthändler und Galerist in München, Förderer der avantgardistischen Kunst seiner Zeit; eröffnete im Oktober 1912 die Galerie ›Neue Kunst – Hans Goltz‹ am Odeonsplatz 1, die er um die Jahreswende 1914/15 aufgeben mußte; verlegte die Galerie Anfang 1915 in das Gebäude seiner 1910 übernommenen ›Buch- und Kunsthandlung‹ in der Briennerstraße 8 (im Luitpoldblock), wo über der Buchhandlung sechs große Ausstellungsräume zur Verfügung standen. In den Galerieräumen wurden ab August 1916 Autorenabende veranstaltet, bei denen unter anderen Theodor Däubler, Salomo Friedlaender (Mynona), Franz Kafka und Else Lasker-Schüler aus ihren Werken lasen. Vgl. Katrin Lochmaier: ›Die Galerie »Neue Kunst – Hans Goltz« in München‹. In: ›Avantgarde und Publikum. Zur Rezeption avantgardistischer Kunst in Deutschland 1905-1933‹. Hrsg. von Henrike Junge. Köln, Weimar, Wien 1992, S. 103-110.

120. An Maria Hildebrand, 19.12.1916

H: Hs. Brief; 2 Bl., 7 S. **F:** HBN. **E:** Briefe, S. 71-73. **DV:** Original.

dass man mich *gelten* lässt] Vgl. Balls ›Vorwort‹ seines Romans ›Flametti‹: »der Existenzen, die am leichtesten übersehen werden können, die gar nichts gelten und zu gelten scheinen.« – »indem man ihn [den Einzelnen] anerkennt, gelten lässt, ihm Mut macht zu sich selbst« (HBA 1990, S. 30 f.).

Ich glaube glühend nur mehr an die *Ohn*-Macht, an das Kleine, Unterdrückte] Vgl. Balls ›Vorwort‹ zu seinem Roman ›Flametti‹: »schien es mir wichtig [...], den Wert gerade der kleinsten Leute zu betonen, den Wert gerade der unscheinbarsten Existenzen« (HBA 1990, S. 30). – »Der Kleinste – wie wichtig kann er sein, wenn ihm Mut und Liebe, Klarheit und Bewusstsein eignen.« (HBA 1990, S. 32).

meine Philosophie] Die »Philosophie«, die Ball hier skizziert, weist zahlreiche inhaltliche Übereinstimmungen mit dem ›Vorwort‹ seines Romans ›Flametti‹ auf, den er nicht zufällig im vorliegenden Brief erwähnt. Die Parallelen werden dem Verlauf des Brieftextes folgend notiert, wobei das ›Vorwort‹ nach dem ersten vollständigen Druck im HBA 1990, S. 29-35 zitiert wird.

Das Bürgertum schätze ich nicht mehr] Vgl. ›Vorwort‹: »Ich hatte dabei die Endabsicht, einen Tritt zu versetzen, jenem geheiligten Götzen, das [!] sich bürgerliche Kultur nennt.« – »Ich wollte auf diese Weise das Bürgertum treffen, das indianisch bleibt« (HBA 1990, S. 30 f., 35).

im Sommer wird mein Roman erscheinen] Der Roman ›Flametti‹ ist erst 1918 erschienen.

Ich mache keine Tournée mehr] Wie die Tournée ›Moderne Literarische Cabaret-Abende‹ »in einigen Hotels am Vierwaldstättersee« (Sommer 1916), von der Ball seiner Schwester bereits in Nr. 115 berichtet hat.

Liebe für die, die am Boden liegen. Für die Ausgestossenen, die Zertretenen] Vgl. ›Vorwort‹: »Ich versuchte, Eigenleben, Selbstwert. Ueberzeugung, Sinn und Vernunft aufzuzeigen unter Menschen winziger Grösse, unter Grundeln, die auf dem Boden schwimmen und im Sumpf, unter den Allerkleinsten.« (HBA 1990, S. 30).

mein Buch ist angenommen (man zahlt mir bereits ein monatliches Fixum für ein zweites Buch)] Ball hatte zu diesem Zeitpunkt noch keinen Vertrag mit einem Verleger für seinen Roman ›Flametti‹. Auch das »monatliche Fixum« scheint eher Wunschtraum als Realität zu sein.

Annemarie ... Sie sieht sehr hübsch aus ... Etwas ungarisch] Vgl. *Nr. 106* – »Ungarin von Vatersseite.«

unseren polnischen Freunden Leon Richter und Frau] Laut Meldekarte der Züricher Einwohnerkontrolle wurde der polnische Schriftsteller, Übersetzer und Schauspieler Robert Leo Richter-Hauser am 12. Juli 1885 geboren. Er kam im Sommer 1916 in die Schweiz (Lausanne). Am 23. November 1916 meldete er sich in Zürich an (Kieselgasse 8). Reiste mit Ball am 16. Januar 1917 ins Tessin nach Ascona (vgl. *Nr. 122*). In der Folgezeit 1917/18 ist es zu schweren Differenzen und Zerwürfnissen zwischen Ball und Richter gekommen, in die auch Emmy Hennings mit einer Leon-»Affaire« verwickelt war (vgl. Nr. 147 und 148). Zum letzten Mal begegneten sich Ball und Richter am 30. Juli 1923 zufällig auf dem Kurfürstendamm in Berlin, wo Richter damals als Filmstatist arbeitete (vgl. ›Tagebuch‹, 30. Juli 1923).

Emmy wohnt mit dem Kind im Hotel] Im ›Goldenen Stern‹ (vgl. Nr. 121).

das kleine Lied für die Soldaten ... das ich gedichtet habe] Balls Antikriegslied, der ›Totentanz 1916‹ (»So sterben wir, so sterben wir«), ist Anfang 1916 im ›Revoluzzer‹ und bald danach als Einzeldruck auf einer Postkarte der Künstlerkneipe Voltaire erschienen. Der ›Totentanz 1916‹ ist ein durch und durch kritisches ›Soldatenlied‹, das als solches zugleich eine Parodie auf das deutsche Soldatenlied und insbesondere auf affirmative Weltkriegslyrik darstellt (vgl. Schaub 1985, S. 44 f.).

Lo] Lo Richter, die »kleine schlanke Frau des Polen-Richters« mit den »blauen Puppenaugen«, hat sich nach Balls ›Tagebuch‹-Eintrag vom 18. Juni 1922 im Februar 1921 mit Gas vergiftet.

121. An Tristan Tzara, 6.1.1917

H: Ms. Postkarte mit eigenh. Unterschrift »H. B.« Adresse: Monsieur / TRISTAN TZARA / Hier. / Fraumünsterplatz 21 / Centralhof 21. **F:** Bibliothèque Littéraire Jacques Doucet, Paris. **DV:** Fotokopie des Originals.

Übersetzung (von Karl Hölz, Trier):

»Lieber Herr Tzara,

ich habe [die Übersetzung Ihres Essays] an Herrn Heuberger geschickt. Ein Exemplar hielt ich für Herrn Schickele zurück.

Sagen Sie mir bitte, wie ich den die Ausstellung betreffenden Essay nennen soll.

Wenn ich Sie morgen Nachmittag telefonisch nicht erreichen kann, hinterlassen Sie bei Frau Hennings eine Nachricht (Goldener Stern).
Herzliche Grüße
Ihr H. B.«

Heuberger] Ball hat seine Übersetzung des »Essays« von Tzara (vgl. folgende Erläuterung) an Julius Heuberger, den Buchdrucker fast aller Dada-Publikationen, in die Züricher Weinbergstraße 25 geschickt.

l'essai en relation avec l'exposition] Gemeint ist wahrscheinlich Tristan Tzaras Beilage-Text zum Katalog der ›Ersten Dada-Ausstellung: Modernste Malerei, Negerplastik, Alte Kunst‹ in der Galerie Corray im Januar/Februar 1917; die Ausstellung wurde nach Hans Richter am 7. Januar 1917 eröffnet (vgl. Sheppard 1976, S. 134, Anm. 9). Den Text Tzaras hat Hugo Ball aus dem Französischen übersetzt; er blieb titellos. Abgedruckt ist der Text in: Dada 15/25, S. 79 f. sowie – leicht gekürzt – in: Dada in Zürich, S. 259. Tzaras Vorwort ist der Text der dritten der drei in der Ausstellung am 13., 20. und 27. Januar 1917 gehaltenen ›Conférences sur l'Art Moderne faites par Tristan Tzara‹: ›Les artistes exposants‹. In seinem Brief vom 1. Februar 1917 an Francesco Meriano (1896-1934) spricht Tzara von seinem ›Essay über die moderne Kunst und einige Maler‹ (Dada 15/25, S. 81), der wohl identisch ist mit seiner dritten Conférence ›Les artistes exposants‹.

téléphonique] Im Original: »telephoniquement«.

Mme Hennings (Goldner Stern)] Emmys Domizil, der ›Goldne Stern‹ – »Freieckgasse 1, 25 B[etten], von 3 fr. an« (Baedekers Schweiz 1920, S. 35) –, gehörte damals zu den preiswertesten Gasthöfen in Zürich.

122. An Tristan Tzara, 15.1.1917

H: Hs. Postkarte. Adresse: Herrn / Tristan Tzara / Hier / Fraumünsterplatz 21. / Centralhof 21. **F:** Bibliothèque Littéraire Jacques Doucet, Paris. **E:** Dada 15/25, S. 78. **DV:** Fotokopie des Originals.

die Neger] Tristan Tzara arbeitete seit Anfang Dezember 1916 »an einem Buch über Negerliteratur (afrikanische und ozeanische)«, für das er einen Verleger suchte (vgl. Dada 15/25, S. 74; Brief Tzaras an Meriano vom 8. Dezember 1916). Noch im April 1917 sprach Tzara von seinem »Buch über Neger-Literatur«, das den Titel ›Negerkunst, Musik, Dichtung, Erzählungen, Zeichnungen, Skulpturen etc.‹ tragen sollte (vgl. Dada 15/25, S. 96; Brief Tzaras vom 21. April 1917 an Meriano). Parallel zu diesem Buch stellte Tzara damals unter dem Titel ›MPALA GAROO‹ eine Sammlung mit ›Negerversen‹ (›Vers nègres‹) zusammen (vgl. Dada 15/25, S. 73; Brief Tzaras an Meriano vom 8. Dezember 1916), die offenbar bereits Ende 1916 in Druck gehen sollte. Eines der beiden Projekte Tzaras scheint Ball Ende 1916/Anfang 1917 als Arbeitsmanuskript oder -typoskript in Händen gehabt zu haben.

Ich reise morgen für einige Monate ins Tessin] Ball reiste also am 16. Januar 1917 ins Tessin, und zwar »mit Freunden«, wie Ferdinand Hardekopf am 19. Januar 1917 seiner Freundin Olly Jacques mitteilt (Sheppard 1976, S. 134). Bei den »Freunden« handelt es sich wahrscheinlich um die »polnischen Freunde Leon Richter und Frau«, die Ball in Nr. 120 erwähnt. Ball blieb nur kurze Zeit, vom 16. Januar bis Anfang Februar 1917, im Tessin.

123. An Emmy Hennings, 28.1.1917

H: Ms. Brief; 4 Bl., 4 S. **F:** HBN. **DV:** Original.

Datierung: Die Datierung auf den 28. Januar 1917 ergibt sich aus der von Ball erwähnten »Kubistenbesprechung«, die an diesem Tag in der NZZ erschienen ist. Ball hatte sie also am Tag ihres Erscheinens in Händen. Der 28. Januar 1917 war, wie Ball selbst angibt, ein »Sonntag«.

Geht es Dir körperlich wieder gut] Rückblickend auf einen Zwischenfall, der sich vor dem 16. Januar 1917 in Zürich zutrug, als sich Ball noch dort aufhielt, schreibt er unter dem 1. Februar 1917 in sein Tagebuch: »Emmy ist auf der Straße ohnmächtig geworden. Wir warteten unter einer Laterne auf die Elektrische. Sie lehnte sich an die Mauer, schwankte und sank leise in sich zusammen. Ich rief Passanten an und wir trugen sie zur Sanitätswache im nahen Polizeigebäude. Ihr kleiner Kopf liegt, während ich sie trage, so still und heimatlich an meiner Schulter.« (Flucht, S. 145).

Diese Aktion mit diesem Herrn] Hierbei handelt es sich möglicherweise um die Geldangelegenheit mit einem Herrn »B.«, den Emmy nach ihrer unveröffentlichten Postkarte vom 23. Januar 1917 (HBN: »Liebster! ich hatte vergessen«) bat, ihr »das nötige Geld zu geben, um Trappist zu werden«. Tatsächlich zog sich Emmy Hennings im Januar/Februar 1917 für einige Zeit zum ungestörten Arbeiten und Meditieren nach Einsiedeln zurück (vgl. Nr. 125, 127, 129). Das Geld benötigte Emmy für ihren dortigen Aufenthalt wie auch für die Unterbringung ihrer Tochter Annemarie in einem Erziehungs-Institut am Walensee (vgl. Erläuterung zu diesem Brief: »Von Annemarie erwarte ich Brief«).

die Briefe Ogarjoffs] Bei der Vorbereitung seines Bakunin-Breviers las Ball damals ›Michail Bakunins Sozialpolitischen Briefwechsel mit Alexander Iw. Herzen und Ogarjow‹. Mit einer biographischen Einleitung, Beilagen und Erläuterungen von Prof. Michail Dragomanow. Stuttgart 1895. Am Tag vor seiner Abreise ins Tessin hat sich Ball bei Fritz Brupbacher mit Bakunin-Literatur versorgt, die er mit nach Ascona nahm. Laut Balls Tagebucheintrag vom 15. Januar 1917 waren dies: »die Gesamtausgabe der Bakunin-Werke«, »die große handschriftliche Biographie Nettlaus (4 Bände) und anderes.« (Flucht, S. 145) Unter dem 10. Februar 1917 heißt es in Balls Tagebuch: »Emmy diktiert mir aus dem Briefwechsel [Bakunins] mit Herzen und Ogarjow.« (Flucht, S. 148).

meine Übersetzungen] Gemeint sind Balls für die ›Weißen Blätter‹ angefertigten Übersetzungen zweier Texte von André Suarès: ›Über Charles Péguy‹ und ›Don Quichote‹, die im Oktober 1916 (›Über Charles Péguy‹) und im Januar 1917 (›Don Quichote‹) in den ›Weißen Blättern‹ erschienen sind.

Hardekopf sollte … statt Verslein *Aufsätze* in den »W[eissen] Bl[ättern]« veröffentlichen] Im Jahrgang 1916 der ›Weißen Blätter‹ (1. Quartal, S. 107) hat Hardekopf lediglich ein Gedicht (›Spät‹) veröffentlicht. »Aufsätze« von Hardekopf sind in den ›Weißen Blättern‹ weder 1916 noch 1917 erschienen.

Frau Richter (Maler)] Elisabeth (Liesl, Lieska) Steinert (gestorben 1923), heiratete Hans Richter am 2. September 1916 in Berlin; Trennung und Scheidung der beiden ca. 1920; 1921 heiratete Richter seine zweite Frau Maria von Vanselow, von der er sich 1922 scheiden ließ. Im September 1922 lernte er seine dritte Frau Erna Niemeyer kennen (Heirat 1927, Scheidung 1929). Zu Richters Frauengeschichten vgl. ›Hans Richter by Hans Richter‹. Edited by Cleve Gray. New York, Chicago, San Francisco 1971, S. 28 f., 42 f.

Hans Richter ... schlecht weggekommen in der Kubistenbesprechung] Im Januar/Februar 1917 fand in der Züricher ›Galerie Corray‹ (Bahnhofstraße 19, Eingang Tiefenhöfe) die »Erste Dada-Ausstellung« statt, die auf dem Ausstellungsplakat von Janco wie folgt annonciert ist: »1re Exposition Dada, Cubistes, Art Nègre« (Dada in Zürich, S. 276, Nr. 142). Ausgestellt waren Werke von Hans Arp, Marcel Janco, Hans Richter u.a. sowie afrikanische Skulpturen. Am 28. Januar 1917 erschien in der ›Neuen Zürcher Zeitung‹ (Drittes Sonntagsblatt) eine Besprechung der ›Kubisten‹-Ausstellung, in der es im Hinblick auf Hans Richter und Johann Wilhelm von Tscharner heißt: »Man könnte auf sie einen Satz in dem geistreichen und in mancher Hinsicht sehr aufschlußreichen Essay Daniel Henrys ›Der Kubismus‹ [...] anwenden: ›Unter denen, die sich dem Kubismus anschlossen, sind begabte Maler und unbegabte: auch im Kubismus blieben sie, was sie waren.‹ Die Nutzanwendung auf die Arbeiten der Genannten mag sich jeder selbst in der Ausstellung machen.« (Sheppard 1992, S. 18)

Janco hatte Erfolg] Über ihn schreibt der Ausstellungskritiker der ›Neuen Zürcher Zeitung‹ am 28. Januar 1917: »Ein interessantes Bild von geistreicher, höchst ausdrucksvoller Bewegtheit ist das Tanzbild *Jancos* (von 1915); es wird vor Zuschauern getanzt; am obern Rand des Bildes ahnt man die Kapelle; das Ganze ist völlig in die Fläche gelegt. Die Expressivkraft in der Schilderung des bewegten Lebens ist eine ungewöhnliche; auch nach der farbigen Seite hat das Bild seine Qualitäten.« (Sheppard 1992, S. 18). – Bei dem gelobten »Tanzbild« handelt es sich um das Ölgemälde ›Bal à Zurich‹ von 1915; es befindet sich im Tel Aviv Museum (vgl. Seiwert, S. 446, 587 f., 696).

die Versammlung der Erzengel] Bei dem Gemälde Jancos könnte es sich um das im ›Katalog der Ausstellung Cabaret Voltaire‹ aufgeführte Bild ›Caracterul arhanghelilor‹ handeln (vgl. ›Cabaret Voltaire‹-Heft, S. 32), das im Juni 1916 im Cabaret Voltaire ausgestellt war und seitdem verschollen ist. Möglich auch, daß es eine Serie von Janco-Bildern gab, die um das Erzengel-Thema kreisten (freundliche Hinweise von Harry Seiwert, Rom).

Unsere Briefe] Briefe Balls und des Ehepaars Leon und Lo Richter.

Mein Zimmer bei Poncini] Vgl. Nr. 141: »Wir wohnen jetzt wieder in Ascona (Casa Poncini).«

Von Annemarie erwarte ich Brief] Nach Hardekopfs Brief vom 19. Januar 1917 an Olly Jacques wollte Emmy Hennings am 20. Januar »ihr Kind in ein Institut nach Weesen am Walensee bringen. Sie möchte gern eine Zeit lang mit ihren Gedanken allein sein. Finanziel[l] scheint wenigstens keine momentane Not zu herrschen; das Geld für das Erziehungs-Institut ist vorhanden« (Sheppard 1976, S. 134).

Don Quichote] Die Selbstapostrophierung als »Don Quichote« erklärt sich aus Balls Übersetzung des gleichnamigen Aufsatzes von André Suarès, der in der Januarnummer der ›Weißen Blätter‹ publiziert wurde (vgl. Flucht, S. 145).

124. An Emmy Hennings, 28.1.1917

H: Ms. Brief, unvollständig; 2 Bl., 2 S. **F:** HBN. **DV:** Original.

Datierung: Durch den Datumsersatz »Sonntag II« am Briefkopf hat Ball den Brief selbst als Fortsetzung bzw. Teil II des Sonntagsbriefes vom 28. Januar 1917 gekennzeichnet, so daß er wie dieser auf den 28. Januar 1917 zu datieren ist.

»Guillotinen-Märsche schnellen durch mein Blut«] Aus welchem Gedicht oder Prosatext von Emmy Hennings dieses Zitat stammt, konnte nicht eruiert werden.

ich muss trockene Katechismen lesen] Wohl Anspielung auf die Lektüre bei der Arbeit am Bakunin-Brevier.

»Catherina Godwin bespricht ›Timur‹ von Kasimir Edschmid«] Vgl. ›Die Weißen Blätter‹, Jg. 4, 1917, Januar-Heft, S. 77-79, unter Glossen.

Max Herrmann-Neisse sieht in Christian Schad, Meidner und Kokoschka »Edelrepräsentanten«] Vgl. Herrmann-Neißes Artikel ›Christian Schad‹, in: ›Die Weißen Blätter‹, Jg. 4, 1917, Januar-Heft, S. 76 f.: »Kokoschka und Meidner sind mir Edelrepräsentanten solcher Seligmachungen.« Im Januar-Heft 1917 der ›Weißen Blätter‹ ist auch Balls Übersetzung von André Suarès' Aufsatz über ›Don Quichote‹ erschienen.

Ausstellung bei Coray] Die »Erste Dada-Ausstellung« in der Galerie Corray im Januar/Februar 1917.

den kleinen ›Heiligen drei König‹: Tzara] In Balls ›Simultan Krippenspiel‹, einem ›Concert bruitiste‹, das am 31. Mai 1916 im Cabaret Voltaire aufgeführt wurde, gab Tristan Tzara einen der Heiligen Drei Könige (vgl. HBA 1999, S. 107-111).

Nummern der allerneuesten »Neuen Jugend«] Heft 10 der von Wieland Herzfelde herausgegebenen Monatsschrift ›Neue Jugend‹ ist im Oktober 1916 erschienen; das darauf folgende Doppelheft 11 und 12 erst im Februar/März 1917.

125. An Emmy Hennings, 6.2.1917

H: Ms. Brief mit eigenh. Unterschrift; 2 Bl., 5 S. **F:** HBN. **E:** Briefe S. 74 f. (gekürzt). **DV:** Original.

schwarzen Madonna … lass Dirs gut gehen dort] Emmy Hennings war damals in Einsiedeln (vgl. Nr. 129), dem weltberühmten Wallfahrtsort im Kanton Schwyz. In der barocken Stiftskirche der Benediktinerabtei Maria Einsiedeln befindet sich »freistehend die 1815 im klassizistischen Stil erbaute *Gnadenkapelle* aus schwarzem Marmor, die das reich geschmückte wundertätige Marienbild aus schwarzem Holz enthält« (Baedekers Schweiz 1920 S. 89), das Gnadenbild der ›Schwarzen Mutter Gottes‹.

schick mir bald, was ich Dir abschreiben soll] Emmy Hennings schickte ihm umgehend ihre Novelle ›Hans von Kalleby‹ zum Abtippen (vgl. Nr. 127).

Frau Rubiner] Frida Rubiner-Ichak (1879-1952), litauische Mathematikerin, Publizistin und Übersetzerin; Ehefrau von Ludwig Rubiner; kam mit ihrem Mann im Herbst 1915 nach Zürich; war Mitglied der Schweizer Gruppe der Zimmerwalder Linken; war bei der Eröffnungsfeier der Galerie Dada am 29. März 1917 »im Publikum« (vgl. Flucht, S. 153); übersetzte Werke von Lenin und Tolstoj ins Deutsche; veröffentlichte in der ab Mai 1917 von ihrem Mann in der Schweiz herausgegebenen Zeitschrift ›Zeit-Echo‹ einen Aufsatz über ›Ferne Länder‹, d.h. über das Elend in den von deutschen Truppen okkupierten Gebieten von Litauen (Juni-Heft 1917) und ihre Übersetzung von Tolstojs Dialog ›Der Fremde und der Bauer (August/September-Heft 1917) sowie in Buchform Übersetzungen von Gogol (›Abende auf dem Gutshof bei Dikanda‹, München, Leipzig 1910) und Tolstoj (›Tagebuch 1895-1899‹, Zürich 1918).

Frau Jacques] Olly Jacques, geb. Hübner (1878-1949), deutsche Schauspielerin und Bohemienne; von 1909 bis 1912 erste Ehefrau des luxemburgischen Schriftstellers Norbert Jacques (1880-1954), dessen berühmtestes und folgenreichstes Buch ›Dr. Mabuse, der Spieler‹ (1921) ist; langjährige Freundin und Vertraute von Ferdinand Hardekopf; las am 29. März 1917 bei der Eröffnungsfeier in der Galerie Dada »Prosa von Mynona« (Flucht, S. 153). Nach der Scheidung von ihrem Mann machte Olly Jacques das von ihr bewohnte alte Schulhaus in Salenstein (bei Mannenbach) zu einem Zentrum der literarischen Bohème am Untersee. Während des Weltkriegs gingen hier unter anderen Ferdinand Hardekopf, Hans Richter, Ludwig Binswanger, Salomon Grumbach, Ludwig Rubiner und René Schickele ein und aus (vgl. Debrunner, S. 82). Bei ihrer Rückkehr aus Deutschland in die Schweiz im Spätsommer 1920 waren Hugo und Emmy Ball einige Tage zu Gast bei Olly Jacques in Muzzano (bei Lugano), von wo aus sie mit Hilfe ihrer Freundin ein Haus zum Mieten suchten, das sie im nahegelegenen Dorf Agnuzzo fanden (vgl. Reetz, S. 210 f.).

Ehrenstein] Albert Ehrenstein (vgl. *Nr. 112*) traf im Dezember 1916 in Zürich ein, war dort eine Zeitlang als Sekretär für Alfred Adlers Verein für Individualpsychologie tätig (vgl. Dada in Zürich, S 75, Anm. 207), trat nach Tzaras ›Chronique Zurichoise‹ am 29. März 1917 bei der Eröffnungsfeier der Galerie Dada mit Rezitationen auf (vgl. Dada Almanach, S. 16), las am 14. April 1917 auf der ›Sturm Soirée‹ »eigene Verse« und sprach bei der selben Veranstaltung »über Kokoschka« (Dada in Zürich, S. 261, Nr. 125). Ball zählte Ehrenstein in seinem Brief Nr. 139 zu den »um Rubiner versammelten Moralikern«.

um Verlängerung seines Urlaubs] Als Reichstagsstenograph konnte Hardekopf nicht frei über seine Zeit verfügen.

Debatten über die Zeitschrift] Möglicherweise ging es um die bis zum 2. Jahrgang literarisch-künstlerisch ausgerichtete Münchner Zeitschrift ›Zeit-Echo‹, deren Erscheinen mit Heft 15 des Jahrgangs 2 (1915/16) im Sommer 1916 vorläufig eingestellt wurde und die dann mit Jahrgang 3 unter Beibehaltung der äußeren Gestalt, aber unter völlig anderen (nämlich: aktivistisch-politischen) Aspekten im Mai 1917 in der Schweiz mit Ludwig Rubiner als neuem Herausgeber fortgeführt wurde. So könnte es Anfang Februar 1917 um die Fortführung des ›Zeit-Echos‹ in der Schweiz gegangen sein. Dafür spricht auch die Tatsache, daß die an den »Debatten über die Zeitschrift« beteiligten Hauptpersonen (Hans Richter, Albert Ehrenstein, Leonhard Frank) in den vier von Mai bis August/September 1917 erschienenen Doppelheften des neuen ›Zeit-Echos‹ publiziert haben (vgl. Dada in Zürich, S. 236-239, Nr. 99-102).

»Tubutsch«] Titel des ersten Prosabandes (Erzählungen) von Albert Ehrenstein mit zwölf Zeichnungen von Oskar Kokoschka; erschienen: Wien, Leipzig 1911, 2., veränderte nichtillustrierte Ausgabe: München 1914. – In einem undatierten, wahrscheinlich im Dezember 1916 verfaßten Brief an Hugo Ball schreibt Emmy Hennings: »Albert Ehrenstein, der Tubutsch, hat mir Brotmarken geschenkt, ein lieber Mensch und dabei so begabt. Ich habe auch seinen ›Tubutsch‹ mit den Zeichnungen von Kokoschka bekommen. Das ist auch Dein Buch, Steffgen.« (Briefe 1915-1917, S. 91).

Mopp ... über seine Bilder zu schreiben] Aus diesem Vorsatz ist nichts geworden.

der junge Glauser] Friedrich Glauser (1896-1938), österreichisch-schweizerischer Schriftsteller, bedeutender Kriminalautor (Schöpfer des »Wachtmeisters Studer«). Im November 1916 von Max Oppenheimer in den Kreis der Dadaisten eingeführt, hatte Glauser 1917 engen Kontakt zu den Züricher Dadaisten, insbesondere zu Hugo Ball und Emmy Hennings, mit denen er im Juni 1917 einige Wochen in Magadino und anschließend auf der Alp Brusada im Maggio-Tal verbrachte. Über den von ihm sehr geschätzten Ball schreibt Glauser in seinen Dada-Erinnerungen: »Ball war einer jener so seltenen Menschen, denen Eitelkeit und Pose vollkommen fremd sind. Er stellte nicht vor, er *war*. Während die anderen [aus dem Dada-Kreis] mir sehr fremd blieben [...], ist Ball der einzige, der wie ein ruhiger, älterer Bruder wirkt.« (Glauser, S. 51) In seinem Brief vom 22. Dezember 1935 fragt Glauser die Adressatin Martha Ringier: »Haben Sie eigentlich Hugo Ball gekannt? Das war ein Mensch von einer Sauberkeit, wie sie wohl alle hundert Jahre nur einmal vorkommt.« (Glauser, Briefe II, S. 105)

Aufsatz über Léon Bloy] Nach eigenem Bekunden hat Glauser den französischen Schriftsteller Léon Bloy (1846-1917) bereits in seiner Genfer Collège-Zeit (1913 bis Anfang 1916) »entdeckt« (Glauser, Briefe II, S. 115). Als Chemiestudent in Zürich hatte er im Sommer 1916 das Kolleg geschwänzt und »dafür Bloy und Strindberg« gelesen (Glauser, Briefe II, S. 168). Am 28. April 1917 hat Glauser auf dem Dada-›Abend Neuer Kunst‹ aus Léon Bloys Werk ›Exégèse des lieux communs‹ (Paris 1902 und 1913) ausgewählte und von ihm übersetzte Passagen vorgelesen (vgl. Dada in Zürich, S. 262). Auszüge aus Glausers Essay über Léon Bloy, der wohl Anfang des Jahres 1917 entstanden ist, hat Ball in seinem Tagebuch unter dem 6. Februar 1917 überliefert (vgl. Flucht, S. 146 f.). Von Glausers Essay haben sich nur Balls Exzerpte erhalten (vgl. Friedrich Glauser: ›Mattos Puppentheater‹. Das erzählerische Werk. Bd. I: 1915-1929. Hrsg. von Bernhard Echte und Manfred Papst. Zürich 1992, S. 444).

Hornbachstrasse] Dies war Balls Adresse seit Ende November 1916 (vgl. Nr. 117 sowie *Nr. 116* – »wohne ganz vor der Stadt«).

126. An Tristan Tzara, 7.2.1917

H: Hs. Karte. **F:** Bibliothèque Littéraire Jacques Doucet, Paris. **DV:** Fotokopie des Originals.

Datierung: Sie erfolgt nach der Angabe »morgen *Donnerstag*« und nach dem Hinweis des folgenden Briefes vom Donnerstag, dem 8. Februar 1917 an Emmy Hennings, Hochdorf sei »zurück aus Deutschland« und Glauser bekomme (von Hochdorf) ein »Pass-Visum«. Der 7. Februar 1917, an dem die Karte geschrieben wurde, war ein Mittwoch.

Schulhausstr.] Die Straße liegt im Stadtteil Enge im Nordwesten von Zürich, unweit des Belvoir-Parks und der Villa Wesendonck, in der seit den fünfziger Jahren des 20. Jahrhunderts das Museum Rietberg mit seiner Sammlung außereuropäischer Kunst untergebracht ist.

127. An Emmy Hennings, 8.2.1917

H: Ms. Brief mit eigenh. Unterschrift; 2 Bl., 7 S. **F:** HBN. **E:** Briefe S. 75-77. **DV:** Original.

›Hans von Kalleby‹] Das Manuskript dieser Novelle ist verschollen. In ihrem Erinnerungsbuch ›Blume und Flamme‹ gibt Emmy Ball-Hennings einen Hinweis auf den Arbeitstitel (Kapitel ›Die Schule‹): »Wir würden Borsdorfer Äpfel auflesen und blaue Pflaumen, wie sie in üppiger Fülle in den Obstgärten von Kalleby gediehen.« (EBH Blume, S. 59). Kalleby ist ein Dorf in der Gemeinde Quern, etwa 20 km östlich von Flensburg und 3 km von der Flensburger Förde entfernt gelegen.

er schickt mir 200 Francs (für Januar und Februar …)] Für seine beiden in diesen Monaten in Schickeles ›Weißen Blättern‹ erschienenen Suarès- und Rubakin-Übersetzungen. Ball erhielt von Schickele offensichtlich 100 Franken Honorar für jeden längeren Aufsatz. Vgl. Flucht, S. 131 unter dem 15. November 1916: »Ich soll für den Aufsatz hundert Franken bekommen«.

Roman] ›Flametti‹.

Reiss] Erich Reiss (1887-1951), deutscher Verleger mit Schwerpunkt expressionistische Literatur; gründete Anfang 1909 in Berlin den Erich Reiss Verlag, der bis 1936/37 existierte – ab 1933 durften nur noch jüdische Autoren in dem Verlag publizieren. Höhepunkte in der Produktionsentwicklung des Verlags waren die Jahre 1918 bis 1922 (mit 25, 33, 58, 35 und 35 Titeln pro Jahr), also jene Jahre, in denen Ball und Emmy Hennings ihre Bücher bei Reiss veröffentlichten. Außer Einzeltiteln brachte Reiss die expressionistische Schriftenreihe ›Tribüne der Kunst und Zeit‹ (1919-1922 in 29 Heften) sowie diverse Zeitschriften heraus. Nach Inhaftierung in einem KZ (November/Dezember 1938) emigrierte Reiss mit Hilfe des schwedischen Königs und der schwedischen Gesandtschaft nach Schweden und 1939 in die USA, wo er in New York starb. – Literatur: Hans Adolf Halbey: ›Der Erich Reiss Verlag 1908-1936. Versuch eines Porträts‹. In: ›Archiv für Geschichte des Buchwesens‹ 21, 1980, Sp. 1127-1256. – Reiss nahm Balls Roman ›Flametti‹ an und veröffentlichte ihn 1918.

Annette Kolb] Deutsche Schriftstellerin und Femme de Lettres (1870-1967); Verfasserin von Romanen, Erzählungen, Essays und Biographien. Hauptanliegen der geborenen »Deutsch-Französin« (Vater Münchner, Mutter Pariserin) war die Aussöhnung zwischen Deutschland und Frankreich. Ihre mutigen, für Verständigung zwischen den Völkern plädierenden ›Briefe einer Deutsch-Französin‹ sind 1916 bei Erich Reiss erschienen. Den Kontakt seiner Freundin zu Reiss nutzend, gab René Schickele den Roman Balls an die Kolb weiter, der es offenbar zu verdanken ist, daß ›Flametti‹ bei Reiss veröffentlicht wurde. Als engagierte Pazifistin emigrierte Kolb 1916 in die Schweiz, wo sie bis 1919 hauptsächlich in Bern lebte. Dort lernte sie Hugo Ball kennen. 1933 mußte sie erneut aus Deutschland emigrieren – zunächst über die Schweiz nach Frankreich, dann ab 1941 nach New York. Nach 1945 hatte sie ihren Wohnsitz in Paris, Badenweiler und München.

Frl. Sagan] Vgl. *Nr. 4.*

20 Cabaretthefte ... ich habe keine mehr] Spätestens im Mai 1917 verfügte Ball wieder über Exemplare des ›Cabaret Voltaire‹-Heftes (vgl. Nr. 131).

Bern, Pension Herter] Die Pension lag in der Berner Altstadt, Kramgasse 5. Sie hatte 25 Betten (vgl. Baedekers Schweiz 1920, S. 147). Über ihre Berner Zeit berichtet Annette Kolb in ihren tagebuchartigen Aufzeichnungen ›Zarastro. Westliche Tage‹ (Berlin: S. Fischer Verlag, 1921). In der Pension Herter hatte Schickele zu Beginn seiner Berner Zeit im Januar 1917 logiert (vgl. Debrunner, S. 113).

Herrn N[obs] vom »Volksrecht«] Ernst Nobs (1886-1957), Schweizer Journalist und Politiker; wurde 1910 Redaktor beim sozialdemokratischen ›Demokrat‹ in Luzern und 1915 beim Züricher ›Volksrecht‹ (bis 1935), dem offiziellen Publikationsorgan der sozialdemokratischen Partei der Schweiz und des Kantons Zürich; 1916 Wahl ins Züricher Stadtparlament und in den Kantonsrat; 1919 Einzug in den Nationalrat; 1935 Züricher Regierungsrat und 1942 Züricher Stadtpräsident; von 1943 bis 1951 Schweizer Bundesrat; nebenbei Betätigung als Schriftsteller und Maler (vgl. Schweizer-Lexikon, Bd. 4, S. 819).

Léon Bloy ist einer der stärksten Franzosen] Nach Friedrich Glauser kannte Ball, als sich die beiden im Januar oder Anfang Februar 1917 kennenlernten, den Franzosen Bloy »gar nicht«; er, Glauser, habe ihn »damals darauf gebracht« (Glauser, Briefe II, S. 115). Im Widerspruch hierzu steht die Bemerkung Balls, er möchte »schon lange« etwas von Bloy übersetzen. Für die Richtigkeit der Zeitangabe (»schon lange«) spricht allerdings Balls Tagebucheintrag vom 6. Oktober 1916, worin er aus einem Brief Huelsenbecks zitiert: »Einen Franzosen gefunden, der außerordentlich ist: Léon Bloy.« (Flucht, S. 124). Demnach ist es Huelsenbeck gewesen, der Ball als erster auf Bloy aufmerksam gemacht hat.

jene Sätze ... die R[ubiner?] über Prostitution schrieb, lächerlich platt sind gegenüber den Sätzen, die Bloy dafür findet] In seinem Tagebuch (Eintrag vom 6. Februar 1917) notierte Ball aus Glausers Aufsatz über Bloy neben anderen folgende Sätze (Bloys) über Prostitution: »›Dirnen werden zu Heiligen, nur im Volk findet man wahre Größe. Man muß mit jenen leben, die nur ein Kleid haben, das verwaschen ist von unzähligen Regengüssen, steif ist von jahrelangem Schmutz, um Menschen zu finden.‹« (Flucht, S. 146). Ob Rubiner etwas über Prostitution geschrieben hat, kann nicht belegt werden.

Ich möchte schon lange etwas von ihm übersetzen und werde es nächsten auch tun] Ball scheint von Bloy nichts übersetzt zu haben. Die vage Auskunft Balls in Nr. 139, René Schickele habe ihn für die ›Weißen Blätter‹ »innig« engagiert »mit Übersetzungen« französischer Schriftsteller, darunter Léon Bloy, läßt keinen Schluß auf eine tatsächliche Bloy-Übersetzung durch Ball zu.

diesen Aufsatz hat Schickele refüsiert] Tagebucheintrag Balls am 6. Februar 1917: »Clauser [sic] hat mir einen Aufsatz über Bloy gebracht. Da ihn niemand drucken mag, will ich die Hauptsachen daraus notieren.« (Flucht, S. 146). Es folgt eine gute Druckseite mit Exzerpten aus Glausers Aufsatz.

die Zeitschrift] Vgl. *Nr. 125*.

neulich bei der Debatte bei Richter] Die Debatte fand am 5. Februar 1917 statt (vgl. Brief Nr. 125).

die Grashalme] ›Leaves of Grass‹ (deutsch: Grashalme), Hauptwerk des amerikanischen Lyrikers Walt Whitman (1819-1892). Aus der Erstausgabe der ›Leaves of Grass‹ (1855), einer Sammlung von zwölf Gedichten, entwickelte sich über mehrere revidierte und erweiterte Fassungen bis zur Ausgabe letzter Hand (1891/92) ein umfangreicher Zyklus von fast 400 Gedichten. – Deutsche Übersetzung: ›Grashalme. Gedichte in Auswahl‹. Übersetzt von K. Knortz und T.W. Rolleston (1889).

128. An Tristan Tzara, 13.2.1917

H: Ms. Brief mit eigenh. Unterschrift; 1 Bl., 1 S. Adresse: Monsieur / Tristan Tzara / 21 Fraumünsterstrasse 21 / Centralhof / *Zürich*. **F:** Bibliothèque Littéraire Jacques Doucet, Paris. **E:** Briefe S. 59 f. **DV:** Fotokopie des Originals.

Ausstellung] Zwei Ausstellungen kommen in Frage: die ›Sturm-Ausstellung‹ (I. Serie) der Galerie Corray in Basel, die vom 7. Februar bis 7. März 1917 dauerte (vgl. Dada in Zürich, S. 245 f., Nr. 107), oder die Erste Dada-Ausstellung ›Modernste Malerei, Negerplastik, Alte Kunst‹, die im Januar und Februar 1917 in der Züricher Galerie Corray veranstaltet wurde. Außer Werken von Arp, de Chirico, Janco, van Rees, Richter, Tscharner u. a. wurden afrikanische Skulpturen gezeigt. Auf dem Beiblatt zum Katalog der Ausstellung findet sich eine Art Vorwort von Tristan Tzara, das Ball aus dem Französischen übersetzt hat (vgl. HBK, S. 157; Dada in Zürich, S. 89, 245, Nr. 106).

Goltz] Vgl. *Nr. 119* – »wie Goltz sie in München machte«.

dieses Buch] Das »Buch«, für das Ball einen Verleger sucht, ist ein nicht realisiertes Buchprojekt Tristan Tzaras, von dem – unter wechselnden Bezeichnungen (»Anthologie«, »Album«, »Veröffentlichung«) – im Februar 1917 im Züricher Dada-Kreis öfter die Rede ist (vgl. Dada 15/25, S. 81 f., 83). Tzara selbst spricht in einem Brief vom 24. Februar 1917 von der geplanten »Publikation«: »Sie wird *Manifestationen neuer Kunst und Literatur* heißen und mindestens 160 Seiten umfassen (Format *Cabaret Voltaire*) samt vielen Illustrationen. Was die finanzielle Seite betrifft, so hat die kleine Zahl der Züricher Mitarbeiter entschieden, um jeden Preis diese Publikation erscheinen zu lassen, mit dem Schweiße ihres Blutes. [...] Wir wollen die Synthese all dessen vorstellen, was in den letzten Jahren an Interessantem gemacht wurde, all die Forschungen, Erfahrungen und, in gewissem Maße, die erzielten Resultate.« (Dada 15/25, S. 83) – In Balls Tagebuch heißt es unter dem 10. Februar 1917: »Die Freunde planen eine ›Manifestation international d'art et de litérature‹« (Flucht, S. 147).

Piper] Reinhard Piper (1879-1953), deutscher Verleger, gründete 1904 den Verlag R. Piper & Co. in München. Mit Piper hatte Ball schon im Sommer 1914 wegen der Herausgabe einer lyrischen Anthologie verhandelt (vgl. Nr. 44, 49a und 49b).

Das »Siegeslied« des Abdullahi dan Fodio] Abdullahi dan Fodio (ca. 1767-1829), westafrikanischer (Fulani) Gelehrter, Jurist, Dichter, Politiker, Muslim und Islamist; jüngerer Bruder von Usman (Uthman) dan Fodio (1754-1817), dem Gründer des Kalifats von Sokoto im Norden des heutigen Nigeria, eines militanten, neuen Muslim-Reiches, das im 19. Jahrhundert der größte unabhängige Staat in Afrika südlich der Sahara war. Abdullahi dan Fodio beteiligte sich am heiligen Krieg (Dschihad) seines Bruders Usman; er wurde 1813 Hauptverwalter der westlichen Territorien des durch den Dschihad etablierten islamischen Großstaates (Emir von Gwandu). Von Abdullahi dan Fodio sind zahlreiche wissenschaftliche und literarische Werke überliefert, darunter solche über Sufismus, Theorie der islamischen Regierung, arabische Grammatik und Morphologie sowie mehrere Gedichte über verschiedene in Schlachten des Dschihad errungene Siege (vgl. ›Handbuch der Orientalistik‹. Erste Abteilung: Der Nahe und Mittlere Osten. 13. Band: ›Arabic Literature of Africa‹. Volume II: ›The Writings of Central Sudanic Africa‹. Compiled by John O. Hunwick. Leiden, New York, Köln 1995, S. 86-113, bes. S.101, 103, 104, 109 f.). Welches »Siegeslied« von Abdullahi dan Fodio Hugo Ball für die ›Weißen Blätter‹ glossierte, konnte nicht ermittelt werden.

Schickele die Glosse bringt] Eine Glosse Balls über das »Siegeslied« des Abdullahi dan Fodio ist in Schickeles ›Weißen Blättern‹ nicht veröffentlicht worden. Ball führt die Glosse in einem von Hugo oder Emmy Ball nach 1923/26 getippten ›Verzeichnis der Dokumente‹ (HBN) unter der Nummer 87 an: »Abdullahi dan Fodio (1917, fuer ›Weisse Blaetter‹)«. Sie ist im Nachlaß nicht auffindbar.

Schickele ... bitten ... eine entsprechende Notiz bringt] In den von ihm von Anfang 1916 bis Mitte 1917 (Jg. 3 und 4) im Züricher Rascher Verlag herausgegebenen ›Weißen Blättern‹.

129. An Emmy Hennings, 15.2.1917

H: Ms. Brief; 1 Bl., 3 S. **F:** HBN. **E:** Briefe, S. 55 f. **DV:** Original.

Datierung: Der von Ball zeitlich nur auf einen »Donnerstag« fixierte Brief, den Annemarie Schütt-Hennings auf »Frühling 1916« datierte (Briefe, S. 55), ist nach den folgenden Erläuterungen (vgl. besonders die zu dem »Aufsatz Glausers«) nach dem 8. Februar 1917, höchstwahrscheinlich am 15. Februar 1917 abgefaßt worden.

100 Francs ... von Deiner Schwester] Emmy Hennings stand in erbrechtlichen Streitereien mit ihrer Schwester. – In Nr. 245 findet sich eine Passage, die evtl. noch auf diesen Hintergrund zurückzuführen ist: »Morgen reise ich nach Stettin, wo ich Tante Paula und Onkel Theodor treffen werde, um mit ihnen wegen Flensburg zu sprechen.«

Geld von Sch[ickele]] Vgl. Nr. 127: »Und heute früh auch ein Brief von Schickele. [...] er schickt mir 200 Francs (für Januar und Februar; das ist doch sehr gut!)«.

Fräulein vom Hotel] Wohl des Hotels ›Goldener Stern‹, in dem Emmy Hennings Ende 1916/Anfang 1917 logierte (vgl. *Nr. 116* – »Emmy wohnt ... in einem kleinen Hotel«).

Einsiedeln] Daß sich Emmy Hennings im Februar 1917 in Einsiedeln aufhält, ist schon Nr. 125 zu entnehmen (vgl. die Erläuterung dort zur »schwarzen Madonna«).

Hochdorf ... gesprochen] Das Gespräch fand am 8. Februar 1917 um 14 Uhr statt (vgl. Nr. 127).

das Visum] Es handelt sich um ein Visum für Friedrich Glauser, um das sich Hochdorf bemühte (vgl. Nr. 125 und Nr. 127).

Suarès-Übersetzungen] Balls Suarès-Übersetzungen sind im Oktober 1916 (André Suarès: ›Über Charles Péguy‹; Jg. 3, S. 49-54) und im Januar 1917 (André Suarès: ›Don Quichote‹; Jg. 4, S. 37-47) in den ›Weißen Blättern‹ erschienen (vgl. HBB, S. 24, Nr. 272, 276). – Der vorliegende, undatierte Brief kann also frühestens nach Ende Januar 1917 geschrieben worden sein.

Packet ... mit den Hymnen] Das Paket mit einer Ausgabe von Walt Whitmans epischem, lyrisch-hymnischem Gedichtzyklus ›Grashalme‹ hat Ball am 8. Februar abgeschickt (vgl. Nr. 127).

meinen Brief mit dem Aufsatz Glausers] In Nr. 127 vom 8. Februar 1917 hat Ball Emmy Hennings den »Aufsatz des jungen Glauser über Léon Bloy« geschickt. Der vorliegende Brief ist also nach dem 8. Februar geschrieben worden, und zwar höchstwahrscheinlich am 15. Februar 1917 – Balls undatierter Brief weist im Briefkopf die vage Angabe »Donnerstag« auf, und der nächste Donnerstag nach dem 8. Februar war 1917 der 15. Februar.

Mit Richter (Maler) habe ich den Brief an den Anwalt aufgesetzt -... den Prozess durch Richter führen zu lasssen] Es handelt sich wahrscheinlich um einen Prozeß wegen Erbschaftsangelegenheiten mit Emmys Halbschwester Paula Friedrichsen.

Unger ... Rechte studiert] Erich Unger (1887-1950), deutscher Schriftsteller, Kulturkritiker, Philosoph; Mitbegründer des ›Neuen Clubs‹, dessen Geschäftsführer bis zur letzten Veranstaltung des Clubs (29. Januar 1914) er war; Beiträger für das Neopathetische Cabaret; während des Ersten Weltkriegs in der Schweiz; gründete Mitte der zwanziger Jahre in Berlin mit Oskar Goldberg (1885-1952) u.a. die sog. ›Philosophische Gruppe‹; 1933 Emigration nach Paris, 1936 nach England.

auf der Bibliothek] Die Züricher Zentralbibliothek, welche die Stadt- und Kantonsbibliothek unter einem Dach vereinigte, im eigenen, neuen Gebäude am Zähringerplatz wurde am 30. April 1917 dem Betrieb übergeben. Wenn Ball vor dem 30. April 1917 von der Züricher Bibliothek spricht, meint er die Stadtbibliothek, von der er Bücher in der Züricher Museumsgesellschaft einsehen und wohl auch ausleihen konnte (vgl. Nr. 81).

die Patres … das Seepferdlein in der Bibliothek … schnüffeln lassen] Für Frauen scheint damals die Besichtigung und Benutzung von Klosterbibliotheken in der Schweiz recht schwierig, wenn nicht gar unmöglich gewesen zu sein. Zur Bibliothek des Benediktinerklosters in Engelberg vermerkt ›Baedekers Schweiz‹ von 1920 ausdrücklich: »Die Erlaubnis zur Besichtigung der reichen Klosterbibliothek wird nur Herren erteilt.« (S. 129) – Die zur Benediktinerabtei Maria Einsiedeln gehörende »*Stiftsbibliothek* […] besitzt 62000 Bände, viele Wiegendrucke und wertvolle Handschriften des VIII.-XII. Jahrhunderts« (Baedekers Schweiz 1920, S. 89).

130. An Marcel Heinrich Samuel Sulzberger, 16.4.1917

H: Ms. Brief mit eigenh. Unterschriften von Ball und Tzara; 1 Bl., 1 S. Stempel: GALERIE DADA / Zürich, Bahnhofstrasse 19. **F:** Nachlaß Marcel H.S. Sulzberger, Zentralbibliothek Zürich. **DV:** Original.

Sulzberger] Marcel Heinrich Samuel Sulzberger (1876-1941), Schweizer Pianist, Musikschriftsteller und Komponist. Widmete sich nach einem Studium der Philosophie in Zürich und Paris ab 1910 ausschließlich der Musik; war Schüler von Charles-Marie Widor und Claude Debussy und gehörte als Anhänger Busonis dessen Züricher Kreis an; profilierte sich als Liszt-Interpret; wandte sich mit seinen Kompositionen als einer der ersten Schweizer von der Tonalität ab.

Mitwirken an unserer »Sturm«-Soirée] Diese Soirée fand im Rahmen der vom 9. bis 30. April 1917 geöffneten ›Sturm-Ausstellung. II. Serie‹ in der Galerie Dada statt, und zwar am 14. April 1917 als »geschlossene Veranstaltung« unter der Leitung von Hugo Ball und Tristan Tzara. Laut Programm spielte Sulzberger auf der Soirée das von ihm komponierte Klavierstück ›Cortège et fête‹ (vgl. Dada in Zürich, S. 261, Nr. 125). Sulzberger ist bei keiner weiteren Veranstaltung der Züricher Dadaisten aufgetreten.

131. An Emmy Hennings, 27.5.1917

H: Hs. Brief; 1 Bl., 2 S. Möglicherweise fehlt das Briefende. **F:** HBN. **E:** Briefe, S. 77 f. **DV:** Original.

dass ich hier bin … ganz erschöpft und kraftlos … mit meiner Gesundheit …] Der Hauptgrund für Balls fluchtartige Abreise von Zürich nach Magadino war sein offenbar ruinierter Gesundheitszustand in der letzten Züricher Zeit. Emmy Hennings spricht von einer »Versagung seiner Kraft, die so entsetzlich am Ende« sei, daß sie »darüber weinen möchte« (Briefe 1915-1917, S. 133 f.). Die psychosomatische Krise, in die Ball im Mai 1917 geraten ist, war eine Folge seiner Überbeanspruchung durch die Galerie Dada, um deren Belange sich hauptsächlich Hugo Ball kümmern mußte, weil sein Galerie-Kompagnon Tristan Tzara »am wenigsten arbeitete«, so daß »allmählich die ganze Last der neuen Kunstbewegung« auf ihm »allein lag« (vgl. Nr. 139).

Mietzeli] Annemarie.

den Garten und die beiden Damen] Die Verwendung der bestimmten Artikel (»*den* Garten« – »*die* beiden Damen«) deutet darauf hin, daß Ball hier auf Bekanntes anspielt, auf Gegebenheiten und Personen in Magadino, die Emmy Hennings bekannt waren. Und in der Tat: Aus einem in Magadino abgeschickten Brief von Emmy Hennings an Tristan Tzara vom 19. Mai 1917 (vgl. Dada 15/25, S. 137) geht hervor, daß sie sich um diese Zeit in Magadino aufhielt, wahrscheinlich im »Hôtel Suisse Magadino« (vgl. Nr. 134), in dem auch Ball Ende Mai/Anfang Juni 1917 logierte.

Annemarie hat Dir ... nicht das Richtige geschickt] Sie schickte nicht die Sterbeurkunde, sondern die »Todesanzeige« der Mutter von Emmy Hennings »in der Zeitung« (vgl. Briefe 1915-1917, S. 140; vgl. auch ebd., S. 135). Die Briefe von Hugo Ball und Emmy Hennings vom Pfingstsonntag und Pfingstmontag (27./28. Mai 1917) überkreuzten sich.

wann H[ennings] geboren ist ... die Familie aus Fredericia ... die Leute Dänen waren] Joseph Paul Hennings, erster Ehemann von Emmy Hennings (Heirat am 13. Januar 1904, Scheidung am 13. Juni 1907), wurde am 30. Dezember 1882 in Flensburg geboren. Sein Vater war von Fredericia/Dänemark nach Flensburg gekommen. Aufgrund der Herkunft der Familie Hennings aus Dänemark wurde der Sohn Joseph Paul Hennings im Flensburger Melderegister von 1905 als »Däne« bezeichnet (vgl. Dieter Pust, in: HBA 2000, S. 138).

Cabarethefte] Vgl. *Nr. 127*. Emmy Hennings schickte Ball die ›Cabaret Voltaire‹-Hefte sowie einige ihm gehörende Bücher nach Magadino ins Tessin (vgl. Briefe 1915-1917, S. 137).

132. An Tristan Tzara, 28.5.1917

H: Hs. Brief, 1 Bl., 2 S. **F:** Bibliothèque Littéraire Jacques Doucet, Paris. **E:** Briefe, S. 78. **DV:** Fotokopie des Originals.

Brief, der Samstag abend ankam, gab den Ausschlag] Demnach ist Ball sogleich am nächsten Morgen, Pfingstsonntag, 27. Mai, von Zürich nach Magadino abgereist, wo er gegen Mittag oder am frühen Nachmittag eintraf und am Abend den Brief Nr. 133 an Emmy Hennings schrieb. Was für ein Brief den »Ausschlag« für Balls Abreise ins Tessin gab, ist nicht bekannt. Auch Emmy Hennings erwähnt in einem Brief von Pfingsten 1917 »einen Brief« an Hugo Ball, der ihn »zur sofortigen Abreise« von Zürich »bestimmt« habe (Briefe 1915-1917, S. 132). Möglicherweise hatte er eine Kriegsbeorderung erhalten oder sein Heimatschein war abgelaufen. Der ihn zur raschen Abreise ins Tessin veranlassende Brief könnte tatsächlich mit seinem Heimatschein zusammenhängen, schreibt ihm doch Emmy Hennings an Pfingsten aus Zürich: »Deinen Heimatschein schicke ich Dir eingeschrieben« (Briefe 1915-1917, S. 138).

Falk] Sally Falk (1888-1962), Mannheimer Textilfabrikant, Kunstsammler, Mäzen (besonders von Wilhelm Lehmbruck und George Grosz); vermachte der Mannheimer Kunsthalle Ende März 1917 als Grundstock der späteren erweiterten Stiftung Sally Falk sechs Lehmbruck-Plastiken; verpflichtete sich, die Leihgaben spätestens am 21. Januar 1921 schenkungsweise der Stadt Mannheim zu überlassen; ließ sich 1917/18 »wohl aus

Angst vor Verfolgung durch die Finanzbehörden sowie aus Furcht, zum Kriegsdienst eingezogen zu werden, in das Lungensanatorium in Altein in Arosa einweisen« (›Stiftung und Sammlung Sally Falk‹. Kunst und Dokumentation 11. Städtische Kunsthalle Mannheim. 1994, S. 16); ließ sich um 1920 in Genf nieder; hielt sich während des Zweiten Weltkriegs zeitweilig in Lyon auf, wo er sich nur durch Flucht der Gestapo entziehen konnte; lebte später in San Remo. – Nach Nr. 135 äußerte Falk »*den Wunsch*«, »*die Kandinskys zu kaufen*«, nachdem er sie »in der Galerie Dada« gesehen hatte. In Falks Privatsammlung befanden sich vier oder fünf Gemälde und Aquarelle von Kandinsky (vgl. ›Stiftung und Sammlung Sally Falk‹, S. 163 f.).

Frl. Chrusecz] Maya Chrusecz (geb. 1890 in Hamburg; Todesjahr unbekannt), deutsche Modistin; Kunstgewerblerin; entwarf und schneiderte Kleider für die Laban-Schule in Zürich; lernte Tzara am 10. März 1917 auf einem Kostümfest bei Mary Wigman kennen; blieb Tzaras Freundin bis 1922; verkehrte nach dem Krieg im Kreis um Hans Henny Jahnn in Hamburg (vgl. Dada 15/25, S. 11, 86 f., 385). – In der Zeitschrift ›Dada 1‹ vom Juli 1917 schreibt Tzara über sie in der Notiz ›L'École de danse Laban‹: »Les costumes que Mlle Chrusecz fait pour l'école: forme et couleur dans la pureté du rythme; sévère nécessité ligne droite clarté chaude simple.« Tzaras Gedicht ›Pays Voir Blanc‹ (in: Dada 1) ist Maya Chrusecz gewidmet. Die Tänzerin und Tanzpädagogin Suzanne Perrottet (1889-1983) hat sich über sie wie folgt geäußert: »Man sagte mir, Maya Chrusecz würde die Dadaisten mit Geld unterstützen, da sie gut verdiente, als private Haute Couturière. Sie sei schön, witzig, lebhaft und charmant. Ich lernte sie kennen [...]. Sie hat uns geholfen, sie hat der Wigman schöne Kleider gemacht, die viel repräsentieren mußten, ein schönes Abendkleid, einen Mantel für das Theater, und für mich hat sie ein sehr einfaches Tailleur gemacht, nach meinem Sinn. Sie hat das wunderbar gemacht, und sie war immer sehr nett zu uns allen.« (zit. nach: Dada 15/25, S. 87).

133. An Emmy Hennings, 28.5.1917

H: Hs. Brief; 1 Bl., 2 S. **F:** HBN. **E:** Briefe, S. 78 f. (gekürzt) **DV:** Original.

Du meinst gewiss Frau Gyr] Ball stellt hier den Namen jener Frau richtig, die Emmy in ihrem Brief vom Vortag (27. Mai) unter dem Namen »Grieg« als Geldgeberin genannt hat: »das Geld [für die Tilgung eines Teils der Galerie-Schulden] will Frau Grieg zahlen, der Galerie, – schenken, wohlverstanden.« (Briefe 1915-1917, S. 135) Weiter unten heißt es in Balls Brief: »Ich hoffe, Frau Gyr hilft Euch über die Schwierigkeiten weg.« Im Tagebuch erwähnt Ball unter dem 10. Mai 1917 eine »Frau Dr. Gyr«, die an einem in der Galerie Dada veranstalteten »Nachmittagstee« teilgenommen habe (Flucht, S. 165). Das Adressbuch der Stadt Zürich für 1917 (S. 199) führt unter dem Namen »Gyr« zwanzig Personen an. Da Ball in der Tagebuchnotiz von »Frau Dr. Gyr« spricht, kommt am ehesten die Frau von Dr. jur. Adelrich Gyr (Beckenhofstrasse 44) in Betracht.

Walden] Herwarth Walden, Herausgeber der Zeitschrift ›Der Sturm‹.

Colsman] Auf einer vermutlich von Emmy Hennings getippten, aus der Zeit der Galerie Dada stammenden Liste mit Namen und Adressen von Personen finden sich: »Else Colsman Pension Delfin, Mühlebachstrasse 69« und »Helene Colsman Wietikonerstrasse 41« (HBN). – Die Liste diente wohl als eine kleine Kartei von Förderern, Kunden und Besuchern der Galerie Dada.

Mde Chrusecz] Vgl. *Nr. 132*.

Lass früh die Schreibmaschine abholen] Damit sie nicht den am nächsten Tag (Dienstag, 29. Mai) zu erwartenden »Schuldnern« in die Hände fällt. Zum Gerangel um die Schreibmaschine, die Ball aus Tzaras Pension wieder an sich nahm, vgl. Nr. 136 und Nr. 138.

die Miete] Für die Räume der Galerie Dada, die an den Vermieter, den Hauseigentümer und Schokoladenfabrikanten David Richard Sprüngli, zu zahlen war (vgl. Nr. 136). Das Verhältnis zwischen den Mietparteien war von Anfang an gespannt: Bereits am 31. März 1917 hatte Sprüngli seinen neuen Mietern die Benutzung der Galerieräume wegen nicht erfolgter Mietvertragsunterzeichnung und nicht geleisteter Vorauszahlung untersagt, was jedoch für die Galeristen ohne Folgen blieb (vgl. Dada in Zürich, S. 89). Am 30. April 1917 unterrichtete Sprüngli Ball und Tzara über Klagen anderer Mieter wegen zu starker Lärmbelästigung und drohte ihnen mit Kündigung (vgl. Dada in Zürich, S. 90). Trotz solcher Androhungen von Seiten des Vermieters kam es nicht zu einer Kündigung.

den Roman … an Reiss] ›Flametti‹.

134. An Hedwig Hofmann, 29.5.1917

H: Hs. Bildpostkarte: »Hôtel Suisse Magadino – Lago Maggiore.« Adresse: Frl. Hedwig Hofmann / München. / Wörthstrasse 5.III. **F:** HBS. **E:** HBK, S. 177. **DV:** Original.

Hotel Suisse] Auf der von Ball beschriebenen Bildpostkarte steht »Hôtel Suisse Magadino – Lago Maggiore«. Baedekers Schweiz von 1920 (S. 463) bezeichnet das Hotel als »Hotel-Pension«. Es hatte 30 Betten. Der Tagespreis für Unterkunft und Verpflegung betrug »5-6 fr.«.

Liebe Hedwig] Hedwig Hofmann (1888-1973), August Hofmanns Schwester (vgl. *Nr. 376*).

Gusti] August Hofmann, der Bruder von Hedwig Hofmann.

Mein Buch erscheint in wenigen Wochen] Balls Roman ›Flametti‹ ist nicht 1917, sondern erst 1918 erschienen.

135. An Emmy Hennings, Ende Mai/Anfang Juni 1917

H: Hs. Brief, unvollständig; 1 Bl., 2 S. **F:** HBN. **E:** Briefe, S. 80 f. **DV:** Original.

Datierung: Der Brief wurde im Zusammenhang mit der Auflösung der Galerie Dada durch Emmy Hennings geschrieben und zwar in Magadino (»Preisliste, die ich zufällig mitgenommen habe« – »die Sachen werden … an mich hierher weitergeschickt«). Er ist auf die Zeit zwischen den Pfingstbriefen an Emmy Hennings und Tristan Tzara (Nr. 131-133) und der Postkarte Nr. 136 vom 7. Juni 1917 zu datieren (vgl. Erläuterung zum vorliegenden Brief »Nach Basel könnt Ihr die Bilder Frachtgut schicken«).

nach einem Packer um] Der Briefanfang fehlt, damit auch der Briefkopf incl. evtl. vorhandener Datierungen. Am Kopf des erhaltenen ersten Bogens – der vermutlich der zweite des vollständigen Briefes sein dürfte – ist der folgende Briefkopf: »Zürich, den / Möhrlistrasse 17«. Aller Wahrscheinlichkeit nach muss der Brief jedoch, wie ein hs. Kommentar Annemarie Schütt-Hennings' angibt, im Mai oder Juni 1917 in Magadino entstanden sein.

die Kandinskys … bei uns gesehen] Bilder von Kandinsky wurden sowohl in der ›Sturm-Ausstellung. I. Serie‹ (17. März bis 7. April 1917) als auch in der ›Sturm-Ausstellung. II. Serie‹ (9. bis 30. April 1917) in der Galerie Dada gezeigt (vgl. Dada in Zürich, S. 260 f., Nr. 123, 125). Die Bilder stammten aus der Sturm-Galerie Herwarth Waldens in Berlin.

Richter … Passus für den Brief an Goltz … diktieren] Der Maler Hans Richter hatte vom 7. Juni bis 8. Juli 1916 in der von Hans Goltz geführten Galerie ›Neue Kunst‹ in München seine erste umfassende Ausstellung. Zu ihr erschien ein Katalog mit einem Vorwort von Richter, in dem dieser sich kritisch mit der bürgerlichen Auffassung von Kunst auseinandersetzt. In der Korrespondenz mit Hans Goltz ging es wahrscheinlich um die Rücksendung von Katalogen der Richter-Ausstellung, die Goltz an die Galerie Dada nach Zürich geschickt hatte. Eine Liste mit dem »Buecher-bestand« der Galerie Dada vom 29. April 1917, die im Ball-Nachlaß aufbewahrt wird, führt unter dem Namen »Goltz« den »Katalog: hans Richter« an.

Mappen, die an Verlag »Neue Jugend«, Berlin zurückgehen müssen] Der Verlag ›Neue Jugend‹ hat 1916/17 eine Reihe von Künstler-Mappen, von »graphischen Publikationen« herausgebracht, die er in den Heften seiner gleichnamigen Monatsschrift sowie im ›Almanach der Neuen Jugend auf das Jahr 1917‹ anzeigte: ›Ornamenta Spiritus. Sieben Holzschnitte von H. John Hoexter‹; ›Acht Köpfe. Lichtdrucke nach Zeichnungen von Ludwig Meidner‹; ›Erste George Grosz-Mappe. Neun Original-Lithographien‹. Ball und Tzara hatten die Mappen für die Ausstellungen und Soiréen in der Galerie Dada in Kommission bestellt und mußten die unverkauften Mappen nun nach der Auflösung ihrer Galerie nach Berlin zurückschicken.

Segals Kinderzeichungen] In der ›Ausstellung von Graphik, Broderie, Relief‹, die vom 2. bis 29. Mai 1917 in der Galerie Dada lief, waren Werke von Arthur Segal und »Kinderzeichnungen« zu sehen (vgl. Dada in Zürich, S. 263 f., Nr. 127).

Neitzel] Lucien (Ludwig) H. Neitzel (1887-1963), elsässischer, in Saverne geborener Kunstkritiker und Schriftsteller; Randfigur des Züricher Dadaismus, Freund von Hans Arp, mit dem er 1913 das Buch ›Neue französische Malerei‹ herausgab; Ball erwähnt ihn in der ›Flucht aus der Zeit‹ an mehreren Stellen als Rezitator von Arp-Gedichten (»auf einem Teppich als Derwisch sitzend«) auf einem Kostümfest bei Mary Wigman am 18. März 1917 und bei der Eröffnungsfeier in der Galerie Dada am 29. März 1917 (vgl. Flucht, S. 151, 153); außerdem war er bei den Vorbereitungen zur ›Ausstellung von Graphik, Broderie, Relief‹ im Mai 1917 in der Galerie Dada behilflich (vgl. Flucht, S. 166); er hielt in der Basler Galerie Corray, die er im Februar/März 1917 leitete (vgl. Dada 15/25, S. 83), eine Reihe von Vorträgen über ›Kunstschauen und Kunstschaffen‹ (vgl. Dada in Zürich, S. 246), und im März und April 1917 machte er Führungen durch die Galerie Dada (vgl. Dada in Zürich, S. 89, 214); mit Tristan Tzara wechselte er zwischen Ende 1916 und September 1919 eine Reihe von

Briefen (vgl. Dada 15/25, S. 75 f., 82 f., 85, 147, 223, 241); bei der Werkbund-Ausstellung in Bern, wo ihn Ball wieder traf, scheint er »angestellt« gewesen zu sein (vgl. Nr. 150 und 152); in den zwanziger Jahren arbeitete er einige Zeit als Farmer in Abessinien (vgl. *Nr. 321*) und um 1950 »bei den Franzosen in Baden« (Otto Flake: ›Es wird Abend‹. Frankfurt a.M. 1980, S. 562).

Rascher] Max Rascher (1883-1962), Schweizer Verleger; gründete 1908 den 1973 aufgelösten Max Rascher Verlag in Zürich, der im Ersten Weltkrieg Weltgeltung erlangte mit der Publikation von Antikriegsbüchern wie ›Das Feuer‹ (Henri Barbusse), ›Menschen im Krieg‹ (Andreas Latzko) und ›Der Mensch ist gut‹ (Leonhard Frank); verlegte ab 1917 die Werke von C. G. Jung; Schwerpunkte des Verlags: Belletristik, Psychologie, Philosophie und Kunst. »Die Ehrenzeit Zürichs als geistige Emigrantenstadt zwischen 1914 und 1918 ... ist nicht zuletzt auch eine Ehrenzeit des Hauses Rascher.« (Willy Haas, zit. nach: Huonker, S. 37; vgl. ebd, S. 37-48).

Nach Basel könnt Ihr die Bilder Frachtgut schicken] Es handelte sich um ›Sturm‹-Bilder aus der Berliner Galerie ›Der Sturm‹, die in Basel in der Galerie Corray auf der ›Sturm-Ausstellung‹ vom 7. Februar bis 7. März 1917 zu sehen waren. Diese Ausstellung wurde anschließend in die von Ball und Tzara geleitete Galerie Dada übernommen, in der sie vom 17. März bis 7. April 1917 und vom 9. bis 30. April 1917 gezeigt wurde. Die ›Sturm‹-Bilder mußten nach Basel in die dortige ›Galerie Corray‹ zurückgeschickt werden (vgl. Briefe 1915-1917, S. 141), welche nach Arps Brief an Hilla von Rebay vom 19. Februar 1917 nunmehr von Lucien Neitzel geleitet wurde (vgl. Dada 15/25, S. 83). Nach Nr. 136 vom 7. Juni 1917 waren »die Bilder ›Sturm‹« zu dieser Zeit bereits »in Basel«. Der vorliegende Brief muß demnach vor der Postkarte vom 7. Juni geschrieben worden sein.

Janco soll auch seine Sachen holen lassen] Die von ihm in der ›Ausstellung von Graphik, Broderie, Relief‹ (2.-29. Mai 1917) gezeigten »Sachen«. Janco half Ball bei den Vorbereitungen für diese Ausstellung (vgl. Flucht, S. 166).

oben in der Mansarde] Des Sprünglihauses am Paradeplatz.

keine Galerie mehr gibt] Die von Ball und Tzara Mitte März 1917 übernommene Galerie Corray, die sie in ›Galerie Dada‹ umbenannten, schloß nach Tzaras ›Chronique Zurichoise 1915-1919‹ am 1. Juni 1917 ihre Räume (vgl. Dada Almanach, S. 20). Über Pfingsten (27./28. Mai) war die Galerie noch geöffnet (vgl. Briefe 1915-1917, S. 135).

136. An Emmy Hennings, 7.6.1917

H: Hs. Postkarte, beidseitig beschrieben. Adresse: Frau / Emmy Hennings / Magadino. Tessin / Hotel Suisse. **F:** HBN. **DV:** Original.

Schalk] Johann Schalk, Randfigur des Züricher Dada-Kreises; Inhaber einer Buchhandlung an der Züricher Kirchgasse (früher Rosengasse), in Nebentätigkeit Mitarbeiter des ›Kunstsalon Rembrandt‹; war befreundet mit Tristan Tzara und Walter Serner, mit dem er ein Antiquariat eröffnen wollte (vgl. Brief von Hans Richter an Tristan Tzara vom 3. November

1918, in: Sheppard 1981, S. 127). Wegen Mißbrauchs eines Holzschnittstocks von Marcel Janco, der vom ›Kunstsalon Rembrandt‹ widerrechtlich zu Reklamezwecken verwendet wurde, kam es Ende 1918 zum Streit zwischen Schalk und den Züricher Dadaisten (vgl. Walter Serner: ›Gesammelte Werke in zehn Bänden‹. Hrsg. von Werner Milch. Bd. II: ›Das Hirngeschwür, Dada‹. München 1988, S. 241 f., 253 f.). In einer im HBN erhaltenen Liste mit Namen und Adressen von potentiellen Besuchern und ›Sponsoren‹ der ›Galerie Dada‹ wird »Schalk. Weite Gasse 2« angeführt. Schalk war einer der Mitwirkenden bei der Aufführung von Balls bruitistischem ›Krippenspiel‹, das am 31. Mai 1916 im Cabaret Voltaire Premiere hatte. Er machte »muh« in der Szene im Stall zu Bethlehem und erzeugte Geräusche mit Schlüsseln und Klappern in der Kreuzigungsszene (vgl. HBA 1999, S. 110, 112).

zu Remington] Wahrscheinlich in das Schreibmaschinen-Geschäft von Anton Waltisbühl im »Remington-Haus« an der Züricher Bahnhofstraße 46. Unter dieser Adresse annoncierte Waltisbühl am 16. Dezember 1916 als »Weihnachtsgeschenk« seine »Remington ›J‹«, ein »kleines Modell« für 350,– Fr., »besonders geeignet für kleinere Geschäfte, Aerzte, Apotheker, Lehrer, Schriftsteller, Pfarrer, Private etc.« (vgl. NZZ vom 16.12.1916, Nr. 2047, 4. Mittagblatt, S. 4). Die amerikanische Waffen-Firma Remington hat ab 1874/75 als erste eine Schreibmaschine, den ›Type Writer‹, in Serie produziert. Die ›Remington‹ war lange Zeit die in allen Ländern der Erde am weitesten verbreitete Schreibmaschine.

seine Pension] Der Dada-Plan von Zürich gibt die Namen und Adressen von zwei Pensionen an, in denen Tzara in seiner Züricher Zeit wohnte: Pension Altinger (Fraumünsterstr. 21) und Pension Furrer (Zürichbergstr. 19).

Die Miete bei Sprüngli ist bezahlt] Bezugnehmend auf ein Schreiben Balls vom 31. Mai 1917 teilte David Richard Sprüngli (1851-1944) am 9. Juni 1917 seinem früheren Mieter mit, daß Tristan Tzara den Rest des schuldigen Mietzinses für die Galerie Dada (85 SFr.) bezahlt habe, daß Tzara jedoch für eine zerbrochene Scheibe noch 4 SFr. vergüten müsse.

Die Bilder »Sturm« sind in Basel] Vgl. *Nr. 135* – »Nach Basel könnt Ihr die Bilder Frachtgut schicken.«

Janco ... will zeugen *gegen* Tz[ara]] Bei den Querelen um die Schließung der Galerie Dada stand Marcel Janco unmißverständlich auf der Seite von Ball. Emmy Hennings hatte Ball in ihrem Brief vom Ende Mai aus Zürich geschrieben: »Janco läßt Dich grüßen, und Du sollst Dich gut erholen. Er hat in meinem Beisein Tzara und Gruschek erklärt: er hielte Dich keiner schlechten Handlung für fähig. Er kenne Dich lange genug, um das zu beurteilen und wir sollten Dir alle Ruhe gönnen und froh sein, daß wir das Geld bekommen. Ich glaube, Tzara ist wütend über Janco's Meinung« (Briefe 1915-1917, S. 139).

Herr Rosenstock] Samuel Rosenstock ist der Geburtsname von Tristan Tzara (vgl. *Nr. 89*), der einer »wohlhabenden, jüdischen Kaufmannsfamilie« (Dada 15/25, S. 10) aus Rumänien entstammt. Das Pseudonym »Tristan Tzara« (nach tara, rumänisch für Land, also: trauriges Land, traurig im Land) benutzte er erstmals über einem Gedicht, das im Oktober 1915 in der Zeitschrift ›Chemarea‹ (›Der Ruf‹) erschien (vgl. Dada 15/25, S. 10).

Korrodi sprach ich, alles gut Rascher spreche ich morgen früh] Vgl. Erläuterung zu »An Richter ... depeschierte ich Verabredung für morgen ...«

An Frau Frank schickte ich das Geld] In Nr. 138 erklärt Ball gegenüber einem Züricher Anwalt, er habe »den Posten Frau Frank 10 Francs nicht als« von sich »bezahlt gebucht«, sondern er habe den Betrag, den er erst auf sein »Privatkonto übernommen hatte, zurückgebucht«.

An Richter ... depeschierte ich Verabredung für morgen und nach der Unterredung mit Rascher gehe ich zum Rechtsanwalt] Die Zusammenkunft mit Hans Richter am 8. Juni 1917 hat stattgefunden. An diesem Tag schreibt Richter an Tristan Tzara:

»Lieber Herr Tzara!
Herr Ball ist soeben bei mir u[nd] ich habe mich mit ihm über die ›Dada‹ Affaire nocheinmal unterhalten. Aus dem was er mir sagt geht Folgendes hervor.
1) Wir haben ihm eine Abrechnung *nicht* geschickt.
2) Wir haben keine Eintragungen ins Rechnungsbuch gemacht.
3) Wir haben für die Gallerie Geld einkassiert (was einwandfrei feststeht) ohne eine Eintragung zu machen zu der wir verpflichtet wären. Ihre jetzige Stellung zu Herrn Ball, dem Sie bei Korrodi, Rascher und vielen Bekannten Existenzmöglichkeiten im ziemlichen Umfang versichert haben, ist so daß Herr Ball Sie verklagen wird u[nd] einen Rechtsanwalt beauftragt hat, damit ihn ein Gerichtsspruch vor Allen, mit denen Sie gesprochen haben, rechtfertige.
Wie *ich* die Angelegenheit übersehe, scheint mir als *einwandfrei*, festzustehen, daß *Sie bestraft werden*, da Sie *entgegen* Ihrer *Verpflichtung*, keine *Eintragungen* von Geldern die Ihnen nicht allein gehörten gemacht haben. Das ist strafbar und ich gebe Ihnen mit dem letzten Interesse für diese Affaire den *dringenden* Rat sich mit Herrn Ball zu verständigen, denn das Licht, in das Sie durch *Nicht Einsenden* der Abrechnung u[nd] Nicht Eintragen der Gelder kommen wäre für Sie das *Nachteiligste*.
Falls Sie ein paar ruhige Worte mit mir sprechen wollen und Ihnen an meinem Rat in dieser Sache, die ich (vom Gesetzstandpunkt zum mindesten) jetzt übersehe, etwas liegt. Kommen Sie bitte zu mir u[nd] teilen Sie mir mit *wann*.
Besten Gruß
Hans Richter«.
(Erstmals abgedruckt in: Sheppard 1981, S. 122 f.).

zum Rechtsanwalt] Vgl. Nr. 138.

137. An Leo von Meyenburg, 14.6.1917

H: Hs. Brief; 1 Bl., 4 S. **F:** HBN. **DV:** Original.

Sehr geehrter Herr] Der Adressat des Briefes ist der Schweizer Schriftsteller und Übersetzer Leo von Meyenburg (1886-1936). Er studierte zunächst Theologie, dann romanische Philologie; war Lehrer, 1920/21 Redakteur bei der Zeitschrift ›Schweizerland‹, seit 1922 Journalist in Paris; veröffentlichte 1916 den expressionistischen Gedichtband ›Leidende Landschaften‹,

1923 und 1925 die Romane ›Gilles, der Weichherzige‹ und ›Der Hagestolz‹. In der prädadaistischen Züricher Zeitschrift ›Der Mistral‹ (No. 1 vom 3. März 1915), herausgegeben von den deutschen, ungarischen und österreichischen Emigranten Hugo Kersten, Emil Szittya und Walter Serner, war Leo von Meyenburg als einziger Schweizer mit einem Beitrag vertreten (›Sehnsucht nach Frankreichs Königtum‹).

Herr Dr. Strasser] Vgl. *Nr. 110*. Strasser war mit dem Züricher Verleger Max Rascher befreundet, in dessen Verlag 1915 seine Novelle ›In Völker zerrissen‹ erschien.

Herrn Rascher] Vgl. *Nr. 135* – »Rascher«.

etwa 70 Seiten die im April und Mai erschienen] Die beiden von Ball übersetzten Kapitel aus dem Roman ›Le Feu‹ von Barbusse sind erschienen im April-Heft (Henri Barbusse: Das Feuer) und im Mai-Heft des vierten Jahrgangs 1917 der ›Weißen Blätter‹ (S. 16-33, S. 117-146). Daß Ball der Übersetzer der beiden Kapitel ist, wird in den ›Weißen Blättern‹ (4. Jahrgang 1917, Quartal April-Juni) an keiner Stelle erwähnt.

Herrn Nobs vom »Volksrecht«] Vgl. *Nr. 127*.

Flammarion] Bei E. Flammarion in Paris ist 1916 ›Le Feu‹ von Henri Barbusse erschienen. Bereits im Mai 1917 zeigten die ›Weißen Blätter‹ (4. Jg., 2. Quartal, S. 176) den Druck des 70. Tausends von ›Le Feu‹ an.

Herr von Meyenburg ... mit Herrn Rascher sich einigen sollten] Die Einigung mit dem Verleger Rascher kam zustande. Bei ihm erschien 1918 die deutsche Erstausgabe von ›Le Feu‹: Henri Barbusse: ›Das Feuer (Tagebuch einer Korporalschaft)‹. Alleinberechtigte deutsche Übertragung von L[eo] von Meyenburg. Zürich: Rascher, 1918 (= Europäische Bücher).

Ich bereite einen Roman ... vor] ›Tenderenda der Phantast‹.

138. An einen Anwalt in Zürich, 26.6.1917

H: Ms. Brief, unvollständig; 1 Bl., 4 S. **F:** HBN. **DV:** Original.

Puppen, die Frau Hennings für die Galerie arbeitete] Es existiert ein Photo, das Emmy Hennings mit einer von ihr entworfenen und gespielten Puppe zeigt (vgl. Dada in Zürich, S. 34). Im ›Cabaret Voltaire‹-Heft (S. 20) sind zwei Puppen von ihr abgebildet, mit denen sie auf Cabaret-Abenden in der Spiegelgasse agierte.

Frau Hennings, die allein in der Galerie wohnte] Nach Ausweis einer Züricher Meldekarte wohnte auch Hugo Ball eine Zeitlang, vom 22. Mai bis 28. Juni 1917, in der Galerie Dada (»Bildergalerie«), d.h. im Sprünglihaus am Paradeplatz, Tiefenhöfe 12.

Arp und Janco ... Masken und Inszenierung] Janco war *der* Maskenbildner für die Dada-Abende im Cabaret Voltaire und in der Galerie Dada (vgl. Seiwert, S. 312 f., 316-325): Bei der Eröffnungsfeier der Galerie am 29. März 1917 führte Sophie Taeuber abstrakte Tänze nach Gedichten von Ball in »Masken von Janco« auf (vgl. Dada in Zürich, S. 89), und bei der ›Sturm-Soirée‹ am 14. April 1917 schuf Janco für die von fünf Personen aufgeführte ›Musique et danse nègres‹ die Masken sowie für die Première des Einakters ›Sphinx und Strohmann‹ von Oskar Kokoschka die Masken, Kostüme und Inszenierung (vgl. Dada in Zürich, S. 261, Nr. 125). Außer

Janco hat auch Hans Arp Masken für Tänze von Sophie Taeuber hergestellt; vgl. Balls Tagebucheintrag vom 29. März 1917: »Abstrakte Tänze (von Sophie Täuber; Verse von Ball, Masken von Arp).« (Flucht, S. 153). Vgl. auch Dada in Zürich, S. 76.

139. An August Hofmann, 26.6.1917

H: Hs. Brief; 2 Bl., 8 S. Adresse: Fräulein / Hedwig Hofmann / München. Wörthstrasse 5.III. Stempel: Militärischerseits unter Kriegsrecht geöffnet. **F:** HBS. **E:** Briefe, S. 81-83. **DV:** Original.

Übersetzungen (... Laforgue, Bloy ...)] Von Jules Laforgue und Léon Bloy hat Ball nichts übersetzt. Dafür hat Friedrich Glauser auf Bitten Balls im April 1917 Texte von Laforgue (›Lohengrin‹) und Bloy (›Extraits des l'exégèse des lieux-communs‹) übersetzt (vgl. Flucht, S. 163); letzteren hat Glauser auf der 3. Dada-Soirée ›Abend Neuer Kunst‹ am 28. April 1917 in der Galerie Dada gelesen (vgl. Dada in Zürich, S. 262).

Bakunin-Brevier ... (er hat es bereits angezeigt)] Im Mai-Heft des 4. Jahrgangs 1917 seiner ›Weißen Blätter‹ hat Schickele folgende Anzeige veröffentlicht (2. Quartal, S. 176): »*Hugo Ball* bereitet für die ›Weißen Blätter‹ ein Bakunin-Brevier vor.«

Die Galerie ... 4 Räume mitten in der Hauptstrasse Zürichs, im Hause des Millionärs Sprüngli] Ball und Tzara hatten Mitte März 1917 die Räume der mit schönen alten Möbeln und Teppichen ausgestatteten Galerie Corray übernommen und in ihnen am 17. März die Galerie Dada mit einer ›Sturm-Ausstellung‹ eröffnet (vgl. Flucht, S. 151). Die Galerie befand sich an einem zentralen Punkt von Zürich, am Paradeplatz an der vornehmen Züricher Bahnhofstraße 19 und zwar im Hause des Schokoladenfabrikanten David Richard Sprüngli (Abb. in: Dada in Zürich, S. 40), in dem zunächst Han Coray und dann Ball und Tzara auf der zweiten Etage »eine große, helle Fünfzimmerwohnung« gemietet hatten, die Coray für seine Galerie »zu einem eleganten Kunstsalon« umbaute (Koella, S. 100). Emmy Hennings spricht im Mai 1934 von der »schönen Acht-Zimmer-Etage an der Bahnhofstraße«, die Sprüngli »ohne jegliche Garantie uns vermietete« (Briefe 1915-1917, S. 188 f.).

Rubiner sein »Zeitecho« publizierte] Ab dem 3. Jahrgang übernahm Ludwig Rubiner im Jahr 1917 die Redaktion der nunmehr aktivistisch orientierten Zeitschrift ›Zeit-Echo‹, die er mit dem 1. und 2. Maiheft 1917 in der Schweiz fortführte.

Hardekopf am selben Abend bei uns las] Am 19. Mai 1917 wurde in der Galerie Dada unter dem Titel ›Alte und Neue Kunst‹ die 5. Dada-Soirée (öffentliche Wiederholung der 4. Soirée vom 12. Mai) veranstaltet, mit einer Lesung von Ferdinand Hardekopf aus seiner ›Manon‹ als Programmergänzung (vgl. Dada in Zürich, S. 90 und Flucht, S. 169).

Roman schreiben, der den Untertitel: »Geschichte einer Kunstbewegung« führt] Aus dem geplanten Roman ist nur »eine kleine Sache [...] über Dadaismus« geworden, die Ball später geschrieben (vgl. Nr. 193), die sich aber nicht erhalten hat.

Herrn Reiss inzwischen in Zürich gesprochen] In der Zeit zwischen Anfang und Mitte Juni 1917, als sich Ball in Zürich aufhielt.

Reiss … will auch meine Verse bringen … »Plimplamplasko der hohe Geist« … Dabei ist auch ein Zyklus »Gadji Beri Bimba«, Lautgedichte] Auf der 4. Dada-Soirée ›Alte und Neue Kunst‹ in der Galerie Dada trug Ball am 12. Mai 1917 neben anderen Prosa- und Verstexten (wie ›Elefanten I‹, ›Der chinesische Tod‹ und ›Tanz‹) auch ›Plimplamplasko, der hohe Geist‹ vor (vgl. Dada in Zürich, S. 263, Nr. 127). Die auf dieser Soirée rezitierten Texte, darunter ›Elefanten I‹ (vgl. das unter dem Titel ›Zug der Elefanten‹ reproduzierte Original-Typoskript Balls in: Dada 15/25, S. 107), das später ›Karawane‹ betitelte Lautgedicht (»jolifanto bambla ô falli bambla«), bildeten wahrscheinlich den Grundstock der geplanten Publikation bei Reiss, die jedoch nicht realisiert wurde. Der Titel der projektierten Verssammlung geht auf die ohne Angabe des Verlegers und des Druckorts 1780 anonym in Basel erschienene Satire ›Plimplamplasko, der hohe Geist‹ zurück, eine Satire auf die Geniebewegung, deren Verfasser Johann Kaspar Lavater (1741-1801), Jakob Sarasin (1742-1802) und vor allem der Sturm-und-Drang-Dichter Friedrich Maximilian Klinger (1752-1831) sind. Zur Bedeutung des Titels ›Plimplamplasko‹ für Balls Gedicht-Sammlung und seine sich damals grundlegend wandelnde Philosophie vgl. Philip Mann: ›*Plimplamplasko, der hohe Geist*: Friedrich Maximilian Klinger, Jean-Jacques Rousseau and Hugo Ball‹. In: Sheppard 1981, S. 75-84.

nach diesen Versen in der Galerie sehr bizarre Tänze getanzt … Taeuber … tanzte in hohen bizarren Masken] Bei der Feier zur Eröffnung der Galerie Dada am 29. März 1917 tanzte Sophie Taeuber abstrakte Tänze nach Balls Lautgedichten in Masken von Marcel Janco (vgl. Dada in Zürich, S. 89 und Flucht, S. 153 f.).

Frl. Professorin Taeuber] Sophie Taeuber (1889-1943), Schweizer bildende Künstlerin und (bei Rudolf von Laban ausgebildete) Tänzerin; seit November 1915 mit Hans Arp befreundet und seit dem 20. Oktober 1922 dessen Ehefrau; war von 1916 bis 1929 Leiterin der Textilklasse an der Kunstgewerbeschule Zürich, an der sie (als Lehrerin, »Professorin«) in acht Wochenstunden Komposition, Sticken und Weben unterrichtete. – In seinem Aufsatz ›Über Okkultismus, Hieratik und andere seltsam schöne Dinge‹, der am 15. November 1917 im ›Berner Intelligenzblatt‹ erschien, hat sich Ball überaus lobend über die Tänzerin Sophie Taeuber geäußert (vgl. Schriften, S. 56 f.).

Passacaglien schreiben und den Überbau, der zu diesen Bässen gehört] Passacaglia: ein im 16. Jahrhundert auf dem Wege der Chitarramusik nach Italien gelangter spanischer Tanz, oft eine über bestimmte Töne gearbeitete Periode, die mehrfach variiert wird.

Band Gedichte »Graue Fahnen« erscheint von ihr … in München] Nicht erschienen.

»Jungfrau von Orléans unsere« sagt Becher in einem seiner Versbände] In dem Band ›Verbrüderung‹. Gedichte von Johannes R. Becher. Leipzig: Kurt Wolff, 1916 (= Der jüngste Tag); darin (S. 10) das Gedicht ›Emmy‹, dessen letzte Verse lauten: »O! Jungfrau von Orleans unsere! / Fahnen: Gesänge hüllen dich.«

Fürstin Lichnowsky] Mechtilde Fürstin Lichnowsky (1879-1958), deutsche Schriftstellerin (Romane, Erzählungen, Essays, Aphorismen und Gedichte), als deren bedeutendstes erzählerisches Werk der autobiographische Roman ›Kindheit‹ (1932) gilt; heiratete den Fürsten Lichnowsky, den sie nach London begleitete, als er dort von 1912 bis 1914 deutscher Botschafter war; lebte anschließend in Berlin, München, Südfrankreich und der Tschechoslowakei, erwarb die englische Staatsangehörigkeit und siedelte 1937 nach London über; trat als entschiedene Gegnerin des Nationalsozialismus auf, so daß ihre Werke im Dritten Reich verboten wurden.

Tochter Annemarie ... »Künstlerin« ... ausgestellt in der Galerie] In der ›Ausstellung von Graphik, Broderie, Relief‹, die vom 2. bis 29. Mai 1917 in der Galerie Dada lief, wurden – nach Ausweis des Titelblatts des Programms der Ausstellung – auch »Kinderzeichnungen« gezeigt (vgl. Dada in Zürich, S. 264). Ob diese von der damals knapp elfjährigen Annemarie Hennings stammten, ist ungewiß. Zu den Bildern ihrer Tochter Annemarie schreibt Emmy Ball-Hennings in ihren Erinnerungen ›Aus dem Leben Hugo Balls 1916-1920‹ (HBA 1991, S. 51-119): »In der Galerie wurde noch eine Ausstellung von Kinderbildern veranstaltet, die auch von Annemarie ›beschickt‹ wurde. Die schönsten Aquarelle waren Steffgen, so wurde Hugo genannt, gewidmet, und das war außen auf der Bildseite vermerkt, damit beim Publikum kein Irrtum entstehen konnte. Ein Bild wurde verkauft, und das Geld von Annemarie für einen blauen Leinenanzug für Steffgen ›beiseite‹ gelegt. Beim ›besten, ernsten Bild‹, das Himmel und Erde darstellen sollte, war nur zu lesen ›Für Hugo Ball, unverkäuflich‹.« (HBA 1991, S. 69)

140. An Walter Schiller, 12.7.1917

H: Hs. Brief; 1 S. Nachschrift zu einem Brief Friedrich Glausers an seinen Vormund Walter Schiller vom 12. Juli 1917. **F:** Stadtarchiv Zürich (Amtsvormundschaftsakten Friedrich Glauser). **E:** Glauser, Briefe 1, S. 17. **DV:** Original.

Datierung: HBK, S. 179: 13. Juli. Neben der Anrede »Sehr geehrter Herr Anwalt« Stempel: 13. JUL. 1917.

Maggia] Kleines Pfarrdorf im Maggiatal »mit hochliegender Kirche und malerischem Wasserfall« (Baedekers Schweiz 1920, S. 461), 13 km von Locarno bzw. Ascona entfernt. Nach Glausers Bericht über ›Dada‹ und ›Die Flucht in den Tessin‹ von 1931 gingen die ›Alpisten‹ »nur einmal in der Woche« von ihrer Alp »nach Maggia hinab, um Lebensmittel zu holen und die Post« (Glauser, S. 61), die sie dort – wie die beiden Schreiben von Glauser und Ball an den Züricher Anwalt – auch aufgaben. Mit »zwanzig Paketen Philos-Cigaretten und drei Paketen Kaisers Kaffee« haben sie sich bei ihrem Aufstieg zur Brusada-Alp in Maggia vorsorglich eingedeckt (vgl. HBA 1991, S. 75).

Herr Anwalt] Der Züricher Anwalt Walter Schiller (1880-1964) wurde am 25. Mai 1917 durch die Amtsvormundschaft Zürich zu Glausers »Beistand« ernannt, ehe er – nach der Entmündigung Glausers am 18. Januar 1918 – von 1918 bis 1934 als dessen Vormund fungierte. Seinem Brief an Walter Schiller vom 3. August 1917 legte Glauser »eine Karte von Hugo Ball« bei (vgl. Glauser, Briefe I, S. 21), die nicht erhalten ist.

Herr Glauser reist] Er reiste Mitte Juli 1917 zunächst zu seiner zweiten Stiefmutter Louisa Jenny Glauser nach Montricher/Morges am Genfer See und dann nach Genf, wo er eine Zeitlang als Milchausträger tätig war. Der Grund seiner Abreise war – wie Glauser in seinem Schreiben an Walter Schiller angibt – »durchaus ein finanzieller«: »Herr Ball weiß nicht, wie er sich und seine Familie weiterhin unterhalten soll, da erwartete Geldsendungen nicht eingetroffen sind. Es ist daher für beide Teile besser auseinanderzugehen«, da ihm, Glauser, die kleine, von Schiller überwiesene Summe von 80 frs. »nicht genügt, um weiterhin allein durchzukommen«. Von dieser Summe hat Glauser, wie er Walter Schiller am 1. August 1917 mitteilte, 55 frs. an Hugo Ball übergeben, um ihn für seinen Aufenthalt auf der Tessiner Alp »ein wenig zu entschädigen« (Glauser, Briefe I, S. 18). – Bärbel Reetz (S. 174 f.) vermutet, daß »die schnelle Abreise Glausers [...] sicher andere als die im Brief angegebenen Gründe« hatte. »War er noch immer ›verliebt‹ in Ball? Oder gab es ein Verhältnis mit Emmy, das Ball nicht bereit war zu tolerieren? Diese Vermutung legt ein wenige Wochen später geschriebener Brief Emmys an Hugo Ball nahe, in dem sie Vergangenes bedauert und ihn fortan ihrer Ehrlichkeit versichert.«

vorstehenden Schilderung des Herrn Glauser] Der Brief Glausers an Walter Schiller vom 12. Juli 1917 lautet:

»Geehrter Herr Doktor,
ich bestätige Ihnen hiermit den Empfang von 80 frs. und danke Ihnen vielmals für die schnelle Sendung. Folgendes hat sich zugetragen: Es ist mir unmöglich, hier weiterhin mit Herrn Ball zu leben; und zwar ist der Grund durchaus ein finanzieller. Herr Ball weiß nicht, wie er sich und seine Familie weiterhin unterhalten soll, da erwartete Geldsendungen nicht eingetroffen sind. Es ist daher für beide Teile besser auseinanderzugehen, da mir die kleine Summe nicht genügt, um weiterhin allein durchzukommen. Ich habe nun folgenden Entschluß gefaßt und hoffe, daß Sie, geehrter Herr Doktor, damit einverstanden sind. Ich fahre zu meiner Mutter, die in Montricher/Morges wohnt, und werde sie bitten, mir zu ermöglichen, daß ich bei meinen Vettern in Baulmes Aufnahme finde. Diese sind Bauern, und ich hoffe, ihnen bei der Ernte und weiteren landwirtschaftlichen Arbeiten behilflich sein zu können. Dies würde mir ermöglichen, meinen Lebensunterhalt zu verdienen; sicher könnte ich auch nebenbei literarisch weiterarbeiten. Eine beendete Novelle schicke ich in den nächsten Tagen an Herrn Dr. Strasser mit der Bitte, sie Dr. Korrodi zu übergeben. Es wäre mir angenehm, Ihr Urteil über diesen Entschluß zu hören; wollen Sie bitte so gut sein und mir nach Montricher berichten. Ich habe mich so plötzlich entschließen müssen, da mir wenigstens jetzt noch genügend Reisegeld zur Verfügung steht, während ich in einem Monat, fast mittellos, Herrn Ball nur zur Last fallen würde.
Nochmals vielen Dank für all Ihre Mühe.
Mit Hochachtung Glauser«
(Glauser, Briefe I, S. 16 f.).

Herr Glauser hat in der kurzen Zeit viel gearbeitet] »Ich war sehr faul und schrieb nur selten eine Seite«, behauptet dagegen Glauser in seiner autobiographischen Erzählung ›Dada‹ im Hinblick auf seine literarischen Aktivitäten auf der Tessiner Alp in der Gegend von Brusada oberhalb des Dorfes Maggia (Glauser, S. 61). Gearbeitet hat Glauser während seines zwölftägigen Aufenthalts auf der Alp wohl nur an der Erzählung ›Der Heide‹, die er Anfang August 1917 an eine Züricher Zeitung schickte (vgl. Glauser, Briefe I, S. 14, 22). Die Übersetzungen von Bloy- und Laforgue-Texten, die Glauser nach Emmy Hennings auf der Brusada-Alp anfertigte (vgl. HBA 1991, S. 84), waren bereits im April 1917 abgeschlossen (vgl. Flucht, S. 163).

seinem Herrn Vater] Dr. phil. Charles Pierre Glauser (1868-1937). Die Konflikte mit seinem Vater waren möglicherweise Gegenstand eines ›Vater‹ betitelten, nicht erhaltenen Gedichts, das Friedrich Glauser am 28. April 1917 auf der 3. Dada-Soirée in der Galerie Dada vortrug (vgl. Dada in Zürich, S. 262).

141. An Maria Hildebrand und Selma Arnold , 7.8.1917

H: Hs. Bildpostkarte, beidseitig beschrieben. Motiv: Locarno Rivaplana. Adresse: Frau Maria Hildebrand / Frl. Selma Arnold / *Rheinpfalz. / Deutschland!* [gestrichen:] Petersbächel b/Fischbach / Petersbächler Hof; dafür von fremder Hand: Pirmasens / Pfälz. Bank. **F:** HBN. **DV:** Original.

Postskripta: »Annemarie«. – »Herzl. Gruß erlaubt sich Ihre Emmy Hennings«.

7. August] Nach seinem Tagebuch sind Hugo Ball, Emmy Hennings und ihre Tochter Annemarie bereits am 2. August 1917 nach Ascona gegangen (vgl. Flucht, S. 182).

Tante] Selma Arnold, Schwester von Balls Mutter Josephina, geb. Arnold; Lieblingstante Balls, die bei ihrem Neffen – da die Mutter »so streng im Glauben und in ihrer Lebensführung« war – »die ganze Herzenserziehung« übernommen hat (vgl. Nr. 608).

Wir wohnen jetzt wieder in Ascona (Casa Poncini)] Bei Poncini hatte Ball schon in der Zeit von Mitte Januar bis Anfang Februar 1917, als er sich in Ascona aufhielt, ein Zimmer gemietet (vgl. Nr. 123). Zum Ortswechsel von der Brusada-Alp nach Ascona am Lago Maggiore schreibt Emmy Ball-Hennings in ›Ruf und Echo‹: »Unser Geld, mit dem wir sehr schonend umgingen, wurde knapp und immer knapper, so daß wir uns genötigt sahen, die Alm zu verlassen und wieder talwärts zu wandern. Weil die Reise nicht weit war, zogen wir zunächst nach Ascona, wo wir uns in der Casa Poncini am See Zimmer mieteten. Ascona war, wenigstens für Hugo, nur eine Übergangsstation. Er fuhr bald nach Bern, um sich dort nach einer Verdienstmöglichkeit umzusehen, während ich mit meiner Tochter in Ascona blieb.« (EBH Ruf, S. 113). Ausführlicher schildert Emmy Hennings die »Übergangsstation« Ascona (Anfang August bis Anfang September 1917) in ihren etwa 1931/31 entstandenen Erinnerungen ›Aus dem Leben Hugo Balls 1916-1920‹): »Als auf der Alp [Deva im Gebiet Brusada] unser Geld zur Neige ging, wohnten wir eine Zeitlang in Ascona am Lago Maggiore in der Casa Poncini unter einfachen Landleuten. Diese, unsere Nachbarn, obwohl wir nie etwas über unsere finanzielle Situation geäußert haben, abgesehen davon, daß wir kaum italienisch sprechen konnten, waren so gütig zu uns, daß sie uns mehrmals zu essen gegeben haben und gerade dann, wenn wir es am allernötigsten brauchten. Eine Bäuerin brachte eine Schüssel voll Minestra und sagte: ›Nur zum Probieren‹, aber es war sehr viel. Auch gab man uns um wenig Geld Gemüse. Das Holz sammelten wir am Strand und Brombeeren von den Bergabhängen, und täglich badeten wir im See.« (HBA 1991 S. 90).

Auf der Alm war alles viel zu beschwerlich] Den Aufenthalt der Balls und Glausers auf der Alpe Deva (in der Gegend von Brusada oberhalb des Dorfes Maggia) hat Emmy Hennings auf recht idyllisierende, beschönigende und poetisch übertreibende Weise beschrieben (vgl. HBA 1991, S. 71-86). Zur Episode auf der Tessiner Alp vgl. die einiges zurechtrükkende ›LiteraTour 10‹: ›Dadas Flucht auf die Alpe Deva. Auf Hüttensuche mit Hugo Ball, Emmy Hennings und Friedrich Glauser‹ in dem Sammelband von Beat Hächler (Hrsg.): ›Das Klappern der Zoccoli. Literarische Wanderungen im Tessin‹. Zürich 2000, S. 155-163.

142. An Emmy Hennings, 7.9.1917

H: Hs. Postkarte, beidseitig beschrieben. Adresse: Frau / Emmy Hennings / Ascona / Casa Lucia Poncini. **F:** HBN. **DV:** Original.

Bern, 7. Sept.] Ball über Bern im Tagebuch, Eintrag vom 7. September 1917: »In Zürich die ästhetische, hier [in Bern] die politische Hälfte; ich aber fühle mich in meinen Interessen so geteilt, daß ich eigentlich auf dem Punkte stehe, den Ästheten der Politik zu opfern.« (Flucht, S. 197). Eintrag vom 11. November 1917: »Bern ist ein trockenes Milieu mit all seinen Rationalisten. Aber es ist gegenwärtig die beste politische Bibliothek, die man in Europa finden kann, und wird es von Tag zu Tag mehr.« (Flucht, S. 212). Ball muß vor dem 7. September in Bern eingetroffen sein, denn an diesem Tag notiert er in sein Tagebuch, er habe René Schickele in Bern »flüchtig gesprochen«, bevor dieser »nach Beatenberg« reiste (Flucht, S. 197). Und von dort schreibt Schickele am 7. September 1917 einen Brief an Ferruccio Busoni.

Deine vollkommene Freiheit] Vgl. Nr. 143: »Ich wünsche und segne Dir Deine Freiheit, mein Liebling.« Ein wichtiger Grund für die Trennung des Paares im September 1917 war wieder einmal das große Freiheitsbedürfnis der Emmy Hennings. Zu ihrem Bedürfnis nach Freiheit und Alleinsein, ihren Ausbruchsversuchen, ihrer »Weglaufsucht« und Reiselust vgl. Reetz, S. 154, 166, 169, 186, 233, 262.

Dein Buch] Emmy Hennings' Roman ›Gefängnis‹ (Berlin 1919).

die Mansarde] Nach dem Kopf des Briefes an Brupbacher vom 9. September 1917 (Nr. 144) lag die »Mansarde« in der 4. Etage eines Hauses in der Berner »Laupenstrasse 4a. IV«. Die Mansarde war Balls erste Berner Wohnung.

die letzte Freude] Titel der ersten Einzelpublikation (Gedichte) von Emmy Hennings, deren 1. Auflage im Mai 1913 bei Kurt Wolff in Leipzig erschien. Die 2. Auflage wurde Ende März 1918 publiziert.

die Aufenthaltsangelegenheit] Vgl. *Nr. 143* – »schliesst ihn gleich ein ... das Ding ... der Heimatschein«.

Gritzi gritzi] Statt »gritzi« schreibt Ball gelegentlich »grützi« (vgl. Nr. 190).

Im Zürichdeutschen ist »gruezi!« tagsüber die allgemeine Begrüßungsformel: Grüß Gott (vgl. Zürichdeutsches Wörterbuch, S. 111).

143. An Emmy Hennings, 9.9.1917

H: Ms. Brief mit eigenh. Unterschrift; 2 Bl., 4 S. **F:** HBN. **E:** EBH Leben, S. 63 f.; auch in: Briefe, S. 87 f. (jeweils Auszug). **DV:** Original.

Datierung: In der Postkarte Nr. 142 vom 7. September 1917 ist von der wohl hauptsächlich Emmy Hennings betreffenden »Aufenthaltsangelegenheit« die Rede, die sich nach dem vorliegenden Brief inzwischen erledigt hat: Emmy Hennings hat den für ihre Aufenthaltsberechtigung notwendigen »Heimatschein«, »das Ding« erhalten (vgl. Erläuterung zu: »schliesst ihn gleich ein ... das Ding ... der Heimatschein«). Der Brief ist also nach der Postkarte vom 7. September 1917 geschrieben worden. Im vorliegenden Brief erklärt Ball seine Absicht: »An Richter will ich heute schreiben«. Und in der Postkarte Nr. 145 vom »Montag«, dem 10. September 1917 heißt es: »Auch an Richter habe ich geschrieben, gestern schon«, d.h. am »Sonntag«, dem 9. September 1917.

schliesst ihn gleich ein ... das Ding ... der Heimatschein] Gemeint ist der im dritten Abschnitt des Briefes beiläufig erwähnte »Heimatschein«, den Emmy Hennings und wohl auch ihre Tochter Annemarie (»zwei Däninnen«) damals nach »2 ½ Jahren« des Bemühens bekommen haben. ›Heimatschein‹, eine Besonderheit der Schweiz, ist im Ersten Weltkrieg »das Schlüsselwort für den Aufenthalt eines jeden Ausländers in der Schweiz«; er ist »ein damals übliches spezielles Legitimationspapier, das alle meldepflichtigen Fremden außer dem Paß vorlegen mußten. Nach heutigen Kriterien entspricht dieses Dokument dem ›Staatsbürgerschafts-Ausweis‹. Es hatte den Sinn, sicherzustellen, daß sich der Reisende in Vergangenheit und Gegenwart nach dem Ermessen seines Herkunftslandes ordnungsgemäß im gesetzlichen Rahmen bewegte und daß in der Zwischenzeit keine Beanstandungen seines Lebenswandels vorgekommen waren. Zu beantragen war dieses Papier bei derselben Gemeinde, die auch den Reisepaß ausgestellt hatte.« (Nenzel, S. 172)

die Annahme von Reiss] Ball hoffte auf die Annahme seines Bakunin-Breviers durch den Verleger.

siehe: Euch ist eine grosse Freude widerfahren] So wendet sich beim Evangelisten Lukas (2,10) der Engel des Herrn an die Hirten auf dem Felde und kündigt ihnen die Geburt Christi an: »Fürchtet euch nicht! Siehe, ich verkündige euch große Freude, die allem Volk widerfahren wird.«

die Abschrift ist fertig ... 114 Seiten] Es handelt sich höchstwahrscheinlich um die Abschrift des ersten Teils des Bakunin-Breviers, von dem Ball am 8. August 1917 »die ersten 100 Seiten« an »einen Verleger«, d.h. an Reiss geschickt hat (Flucht, S. 182).

Wolff-Almanach ... ein kleines Fragment »Die Künstlerin Fröhlich«] Das »Fragment« stammt von Heinrich Mann; es ist im Verlagsalmanach ›Der neue Roman‹, Leipzig: Kurt Wolff, 1917, S. 162-174 erschienen; Hinweis am Schluß des Textes: »Aus dem Roman: ›Professor Unrat‹, der 1905 publiziert wurde« und aus dessen sechstem Kapitel die Passage im Almanach stammte.

Kino, Unterseebootkrieg] 1917 wurde ein Dokumentarfilm mit Spielhandlung hergestellt mit dem Titel: ›U-Boote heraus – Mit U-Boot 178 gegen den Feind‹ (143 m; Fragment). Vgl. Peter Bucher (Bearb.): ›Wochenschauen und Dokumentarfilme 1895-1950 im Bundeswehr-Filmarchiv‹. Koblenz 1984 (= Findbücher zu Beständen des Bundesarchivs, Bd. 8), S. 241.

Anlagen] Wohl die ›Englischen Anlagen‹ am Ufer der Aare nördlich der Marienstraße.

Spitalgasse] Straße im westlichen Teil der Berner Altstadt; touristische Attraktion der Dudelsackpfeiferbrunnen aus dem Anfang des 16. Jahrhunderts.

Suche nach Schlössern] Schickele hatte eine Vorliebe für schön gelegene Landsitze. Vor dem Ersten Weltkrieg bewohnte er mit seiner Familie eine geräumige Villa in Fürstenberg, einer Kleinstadt nordöstlich von Berlin; im Sommer 1917 bezog er ein Sommerdomizil, das ›Chalet Rütli‹, in Beatenberg oberhalb des Thunersees; und ein Jahr später das ›Chalet des Sapins‹ in Spiez am Thunersee, das der Verleger Max Rascher für die Ehepaare Schickele und Cassirer gemietet hatte (vgl. Debrunner, S. 11, 141, 190 f.).

Stipedier] Spediere.

den Brief von Dr. Otzeret lege ich Dir bei] Den von Ball auf seiner Postkarte vom 7. September 1917 erwähnten Brief.

meinem Zimmer ... Es ist zwar hoch, aber ich habe einen Lift] Die in Nr. 142 erwähnte »Mansarde«. Sie lag im 4. Stock eines Hauses an der Laupenstraße 4a (vgl. Kopf des Briefes Nr. 144); Logisgeber war Frau Emma Bönzli-Zurflüh, Witwe, Privatiere (Berner Adressbuch 1917).

wie ein Greco-Engel in den Wolken] El Greco (um 1541-1614), griechisch-spanischer Maler in der Formensprache des Manierismus. Der Kunstschriftsteller Julius Meier-Graefe (›Spanische Reise‹, 1910) und der Museumsleiter Hugo von Tschudi haben El Greco um 1910 für die kunstinteressierte Öffentlichkeit in Deutschland entdeckt.

Frau Göhrig] In Nr. 147 schreibt Ball an Emmy Hennings: »Ich freue mich sehr, dass Ihr Euch gut zurechtgefunden habt in Frau Göhrings [!] Stube.«

144. An Fritz Brupbacher, 9.9.1917

H: Ms. Brief mit eigenh. Unterschrift; 3 Bl., 5 S. **F:** Nachlaß F. Brupbacher, Internationales Institut für Sozialgeschichte, Amsterdam. **DV:** Fotokopie des Originals.

Datierung: Wenn sich Ball an seinen im Brief Nr. 143 vom 9. September 1917 geäußerten Vorsatz hielt, er wolle »heute« auch »an Brupbacher« schreiben, ist der vorliegende Brief ebenfalls am 9. September 1917 abgefaßt worden.

Nettlau] Am 15. Januar 1917 hat sich Ball von Fritz Brupbacher »die große handschriftliche [Bakunin-]Biographie Nettlaus« ausgeliehen (Flucht, S. 145): Max Nettlau: ›The Life of Michael Bakounine. Michael Bakunin. Eine Biographie‹. 3 Bde. London 1896-1900. Das 1291 Seiten umfassende Manuskript wurde auf einer Vervielfältigungsmaschine in 50 Exemplaren abgezogen, wovon 35 Exemplare an Freunde und Bibliotheken gesandt wurden. Ein Exemplar besaß Fritz Brupbacher. Reprint: Milano: Feltrinelli 1971. 2 Bde.

Mazzini] Giuseppe Mazzini (1805-1872), italienischer Freiheitskämpfer. Bakunin veröffentlichte 1865/67 mehrere Artikel gegen Mazzini und Garibaldi. Ball bezeichnet Bakunin in der ›Kritik der deutschen Intelligenz‹ als Mazzinis »mächtigsten Gegner« (Kritik, S. 136).

Dekabristen] Teilnehmer an dem Offiziersaufstand für eine konstitutionelle Verfassung in Rußland im Dezember 1825. Dekabrist: Wortbildung zu: dekabr' = Dezember, also eigentlich = Dezembermann.

Varnhagens von Ense] Karl August Varnhagen von Ense (1785-1858) lernte Bakunin 1840 in Berlin kennen, unterhielt eine dauerhafte Verbindung zu ihm und erwähnte ihn häufig in seinen Tagebüchern.

Nettlau schreibt, dass die toskanischen Logen damals einen erbitterten Kampf gegen das Papsttum führten] Vgl. Balls ›Kritik der deutschen Intelligenz‹ (S. 276, Anm. 28): »Gerade die toskanische Freimaurerei, an die Bakunin Empfehlungen von Mazzini hatte, führte damals einen heftigen Kampf gegen das Papsttum.«

»Antithéologisme«] Vgl. Michel Bakounine: ›Œuvres. Fédéralisme, Socialisme et Antithéologisme. Lettres sur le Patriotisme. Dieu et l'Etat‹. Paris 1895. In seinem 1867/68 entstandenen Werk ›Fédéralisme, Socialisme et Antithéologisme‹ legte Bakunin seine sozialistischen Auffassungen für die internationale Liga für Frieden und Freiheit nieder.

päpstlichen Syllabus] In der katholischen Kirche päpstliche Auflistung kirchlich verurteilter religiöser, philosophischer und politischer Lehren. – Vgl. Balls Anm. 28 zum dritten Kapitel seiner ›Kritik der deutschen Intelligenz‹ (S. 276): »Die ersten Aufzeichnungen [Bakunins] zu ›Antithéologisme‹ und ›Dieu et l'Etat‹ entstanden als Antwort auf einen päpstlichen Syllabus vom Winter 1864.«

Dolfi] Giuseppe Dolfi (1818-1869), italienischer Demokrat, Freund von Mazzini und Garibaldi, einflußreichstes Mitglied der lokalen Freimaurerloge in Florenz, war mit Bakunin während dessen Aufenthalt in Florenz befreundet. In seiner ›Kritik der deutschen Intelligenz‹ (S. 139) stellt Ball die These auf, daß zwei Schriften Bakunins (›Antithéologisme‹ und ›Dieu et l'état‹) »aus der toskanischen Feimaurerei« hervorgegangen seien, »mit der Bakunin durch ihren Grossmeister Dolfi in Verbindung trat«.

Gubernatis] Angelo De Gubernatis (1840-1913), italienischer Gelehrter, Professor für Sanskrit und Literatur in Florenz. Gubernatis gehörte zu den Florentinern, die Bakunin für seine Internationale Bruderschaft, eine revolutionäre Geheimgesellschaft, zu gewinnen trachtete. Später überwarf sich Bakunin mit ihm. Ball kannte die Schilderung von Gubernatis über sein Zusammentreffen mit Bakunin aus ›Michail Bakunins sozialpolitischer Briefwechsel mit Alexander Iw. Herzen und Ogarjow‹. Stuttgart 1895, S. LXXXVII-LXXXIX.

Weitling] Wilhelm Weitling (1808-1871), deutscher Frühsozialist und einer der Begründer des deutschen Kommunismus; stieß 1835 in Paris zum ›Bund der Geächteten‹; Mitglied und führender Kopf des ›Bundes der Gerechten‹ in Paris; dort 1838 Publikation der programmatischen Schrift ›Die Menschheit, wie sie ist und wie sie sein sollte‹; ging 1841 zur Agitation seiner ›kommunistischen‹ Ideen in die Schweiz, wo er 1843 in Zürich Bakunin kennenlernte, der ihn als »ersten deutschen Sozialisten oder richtiger Kommunisten« bezeichnete und der durch ihn mit dem Kommunismus bekannt wurde; veröffentlichte 1845 in Bern sein ›Evangelium der armen Sünder‹ und emigrierte nach Zwischenstationen in London, Brüssel, Berlin und Hamburg und nach seinem Zerwürfnis mit Marx und Engels Ende 1849 endgültig in die USA. – Ball, der Weitling in diesem Brief nur beiläufig erwähnt, sieht in seiner Anfang 1919 erschienenen ›Kritik der deutschen Intelligenz‹ in Weitling einen wichtigen, mit Sympathie betrachteten Gegenpol zu Marx und stellt ihn in eine Reihe mit Thomas Münzer, Lamennais und Tolstoi, die »den Begriff des christlichen Anarchisten, Demokraten, Republikaners und Revolutionärs« schufen (Kritik, S. 129). Weitlings ›Evangelium der armen Sünder‹ sei »eines der schönsten und rührendsten Zeugnisse deutschen Geistes« (Kritik, S. 156); sein »religiöser Kommunismus« (Kritik, S. 158) sei keine »Hassphilosophie« (Kritik, S. 160) wie bei Marx und »keine Interessenpolitik«, »zu der Marx und Lassalle ihn umgestalteten«, sondern »eine Philosophie des Elends« (Kritik, S. 162).

das Statut der »Fraternité« … nach freimaurerisch hierarchischem Vorbild entstand] Vgl. Balls Tagebucheintrag am 22. August 1917: »Ich habe Bakunins Statut der ›Fraternité international‹ übersetzt. Mit diesen etwa dreißig Paragraphen hat der Anarchismus seine Konspiration begründet. Der Titel ›Fraternité‹ verweist in die Zeit, da B. sich mit der Freimaurerei beschäftigte; ihr vielleicht angehörte.« (Flucht, S. 188).

Dragomanow] Michail Dragomanow (1841-1895), aus der Ukraine stammender Historiker und föderalistischer Sozialist; verlor 1875 aufgrund seiner demokratischen Überzeugungen seinen Lehrstuhl an der Universität Kiew; ließ sich in der Folgezeit in Genf nieder; übernahm 1889 eine Professur für Geschichte in Sofia; gab 1895 ›Michail Bakunins sozial-politischen Briefwechsel mit Alexander Iw. Herzen und Ogarjow‹ heraus.

Kulczicky] Ball las das umfangreiche Werk des polnischen Historikers Ludwig Kulczicki (1866-1941), ›Geschichte der russischen Revolution‹ (3 Bde. Gotha 1910-1914) Ende August 1917 in Ascona, kurz bevor er Anfang September nach Bern übersiedelte (vgl. Flucht, S. 189, Notat vom 29. August 1917).

Tschernischewsky] Nicolaj Gawrilowitsch Tschernischewsky (1828-1889), russischer revolutionärer Publizist, Literaturkritiker, sozialistischer Theoretiker und Schriftsteller. Übte als Redakteur der Zeitschrift ›Der Zeitgenosse‹ (›Sovremennik‹) und als Autor des utopischen Romans ›Was tun?‹, den er nach seiner Verhaftung (1862) im Gefängnis schrieb, großen Einfluß auf die revolutionäre Intelligenz Rußlands aus. Wurde 1864 bis 1883 nach Sibirien verbannt.

Gesellschaft »Land und Freiheit«] Die russische Geheimorganisation ›Land und Freiheit‹ (›Zemlja i volja‹) entstand 1861 nach Alexander Herzens gleichnamiger Parole als Ausdruck eines revolutionären Aktivismus der radikalen Intelligentsia. Die Geheimorganisation ›Zemlja i volja‹ lebte 1876 wieder auf, spaltete sich jedoch wenig später in einen terroristischen und einen nichtterroristischen Flügel. Die nichtterroristische Gruppe ›Schwarze Umteilung‹ (›Tschorny Peredel‹) beschränkte ihre Tätigkeit auf Agitation mit dem Ziel einer gerechten Aufteilung des Landes, während die terroristische Gruppe (›Narodnaja volja‹) eine politische Umwälzung und soziale Revolution anstrebte.

Herzen] Alexander Ivanovic Herzen (1812-1870), russischer Revolutionär, Literaturkritiker und Schriftsteller; lebte nach 1847 als Emigrant im Ausland; wurde durch seine in Rußland weit verbreiteten antizaristischen Zeitschriften ›Die Glocke‹ (›Kolokol‹) und ›Der Polarstern‹ (›Poljarnaja Zvezda‹) zum einflußreichsten russischen Publizisten; lernte im Dezember 1839 Bakunin kennen, mit dem ihn eine lebenslange Freundschaft verband. Zeugnis dieser Freundschaft ist ›Michail Bakunins sozial-politischer Briefwechsel mit Alexander Iw. Herzen und Ogarjow‹. Stuttgart 1895 (Reprint: Berlin 1977).

Wietochin] Gemeint ist Pawel Alexandrowitsch Wetoschnikow [Vetosnikov] (um 1831-?), russischer Handlungsangestellter, Revolutionär. Wurde im Juli 1862 bei seiner Rückkehr aus London in Sankt Petersburg verhaftet; die Geheimpolizei des Zaren war darüber informiert, daß er Briefe von Herzen, Ogarjow und Bakunin mit sich führte, darunter auch einen Brief von Alexander Herzen, der Tschernischewsky als Herausgeber der Zeitschrift ›Der Zeitgenosse‹ (›Sovremennik‹) belastete. Wetoschnikow wurde 1864 zur Verbannung nach Sibirien verurteilt und 1865 dorthin abtransportiert (Angaben nach: ›Dejateli revoljucionnogo dvizenija v Rossii‹, t. I, 2: ›Sestidesjatye gody‹. Moskwa 1928; N. G. Tschernischewsky: ›Polnoe sobranie sotschinenij‹. Bd. 14: ›Pis'ma 1838-1867‹. Moskwa 1949, S. 835).

Kritik Tschernischeswkys über »Rudin«] Tschernischeswky hat heftig gegen die Art und Weise polemisiert, wie der russische Schriftsteller Iwan Sergejewitsch Turgenjew (1818-1883) in seinem Roman ›Rudin‹ (1855; 2. Aufl. 1860) den Anarchisten Bakunin porträtiert, d.h. karikaturistisch überzeichnet. Die Kritik Tschernischewkys ist abgedruckt in: ›Unterhaltungen mit Bakunin‹. Nördlingen 1987, S. 177-179.

Anzeige in den »Weissen Blättern«] Vgl. *Nr. 139*.

Aufsatz von Mehring in der »Aktion«] Franz Mehring: ›Michael Bakunin‹. In: ›Die Aktion‹, 7. Jg., Nr. 26, 30. Juni 1917, Sp. 339-346.

Guillaume-Anekdoten] James Guillaume (1844-1916), Schweizer Historiker, Sozialist und Bakunist; Organisator der Arbeiterbewegung im Schweizer Jura; spielte eine wichtige Rolle in der ersten Internationale. Sein Werk ›L'Internationale. Documents et Souvenirs‹ (4 Bde. Paris 1905-1910) über die Internationale von 1864-1878 enthält zahlreiche Anekdoten über und Erinnerungen an Bakunin.

die Übersetzung der Selbstbiographie (Fragment)] Von Bakunins Autobiographie ist nur ein Fragment erhalten; es erschien im September 1896 in: ›La Société Nouvelle‹, Brüssel, S. 310-313. Deutsche Übersetzung in: ›Unterhaltungen mit Bakunin‹. Nördlingen 1987, S. 3-8.

Vorrede zur Übersetzung der hegelschen Gymnasialreden] Bakunins Vorwort zu seiner Übersetzung der Hegelschen Gymnasialreden wie auch seine Übersetzung derselben sind in der Zeitschrift ›Moskovskij Nabljudatel‹ (Moskauer Beobachter) 1838, Teil XVI, 4. Jahr, S. 5 ff. erschienen. Deutsche Übersetzung des Vorwortes in: Michail Bakunin: ›Frühschriften‹. Eingeleitet, übersetzt und mit Anmerkungen versehen von Rainer Beer.

Köln 1973, S. 49-68. Die von Bakunin übersetzten Hegelschen Gymnasialreden sind die erste Übersetzung eines Hegeltextes ins Russische.

»Staatstum und Anarchie« ... irgendwo übersetzt ... Etwa französisch] Das Werk erschien 1873 anonym in der Schweiz (Zürich,Genf) unter dem Titel ›Gosudarstvennost' i anarchija‹. Es ist die umfangreichste Schrift, die Bakunin auf russisch verfaßt, und das einzige Buch, das er in russischer Sprache veröffentlicht hat. 1917 waren lediglich etwas mehr als 20 Seiten des Werkes ins Französische übersetzt. Diese Übersetzung ist 1878 unter dem Titel ›Le Gouvernementalisme et l'anarchie‹ in der Zeitschrift ›L'Avant-Garde‹ (La Chaux-de-Fonds) erschienen. Die erste vollständige französische Übersetzung kam 1967, die erste vollständige deutsche Übersetzung 1972 heraus; letztere in: Michail Bakunin: ›Staatlichkeit und Anarchie und andere Schriften‹. Hrsg. und eingeleitet von Horst Stuke. Frankfurt a.M., Berlin, Wien 1972, S. 417-658.

der von Guillaume angezeigte VIII. Band der Schriften] In der Ausgabe: Michel Bakounine: ›Œuvres‹. Bd. 1, hrsg. von Max Nettlau. Paris 1895. Bde. 2-6, hrsg. von James Guillaume. Paris 1907-1913 ist weder ein 7. noch ein 8. Band erschienen.

mein kleiner Roman] ›Flametti‹.

Roman eines anderen jüngeren Deutschen, Max Brod] Entweder der historische Roman ›Tycho Brahes Weg zu Gott‹ (Leipzig 1916) oder ein 1917 noch unveröffentlichter Roman Brods, aus dem in dem Wolff-Almanach ›Der neue Roman‹ (Leipzig 1917) ein Vorabdruck unter dem Titel ›Die neuen Christen‹ erschienen ist (S. 1-74-186), den Ball in Nr. 147 lobend erwähnt.

Leon Richters Übersetzung will Rascher bringen] Max Raschers Verlagschronik ›Fünfundzwanzig Jahre Verlagstätigkeit der Rascher & Cie. A. G. 1908-1933‹ (Zürich, Leipzig, Stuttgart 1933) führt kein von Leon Richter übersetztes Werk an.

Buch des Deutschen Nicolai ... »Biologie des Krieges«] Das Buch des Mediziners und Pazifisten Georg Friedrich Nicolai (1874-1964), ›Die Biologie des Krieges. Betrachtungen eines deutschen Naturforschers‹, ist 1917 in Zürich bei Orell Füssli erschienen. Im Juni-Heft des Jahrgangs 1917 der ›Weißen Blätter‹ hat Schickele eine längere Passage »aus dem soeben erschienenen Buch ›Die Biologie des Krieges‹ von Prof. G. F. Nicolai« abgedruckt (S. 154-261). Zu Nicolai vgl. *Nr. 234*.

die »Weissen Blätter« verboten] Mit dem Juliheft von 1917 hatte Schickeles Zeitschrift ihr Erscheinen vorerst eingestellt.

so etwa unsere »Glocke«] Ball vergleicht die ›Weißen Blätter‹ mit der revolutionären, 1865 von Alexander Herzen gegründeten, 1870 als Wochenzeitung herausgekommenen Zeitschrift ›Die Glocke‹ (›La cloche‹ – ›Kolokol‹), die vom 2. April bis 9. Mai 1870 in Genf unter dem dreisprachigen Obertitel mit dem Untertitel ›Organe pour la liberté russe‹ erschienen ist (vgl. Blaser I, S. 580).

Dr. Michaelis] Dr. jur. Georg Michaelis (1857-1936), deutscher Reichskanzler und preußischer Ministerpräsident (vom 14. Juli bis 31. Oktober 1917); Nachfolger des von den Militärs gestürzten Theobald von Bethmann Hollweg; Karriere als fähiger Beamter altpreußisch-konservativen

Zuschnitts; im Ersten Weltkrieg Organisator der staatlichen Lebensmittelversorgung; Anfang 1917 Ernennung zum Staatssekretär für Volksernährung. Obwohl er nicht ihr Kandidat war, akzeptierte und protegierte die Oberste Heeresleitung den neuen Reichskanzler, dessen Schwäche und Unerfahrenheit sie zu nutzen hoffte. Die Ernennung von Michaelis zum Reichskanzler nannte Theodor Heuss (1963) einen »Verlegenheitsgriff in das preußische Ministerialbeamtentum« (vgl. NDB 17, S. 432-434).

145. An Emmy Hennings, 10.9.1917

H: Hs. Postkarte, beidseitig beschrieben. Adresse: Frau / Emmy Hennings / Ascona. / Casa Lucia Poncini. **F:** HBN. **DV:** Original.

Das Manuskript ist weg] Das einen Tag zuvor, am 9. September, in einer sauberen »Abschrift« (vgl. Nr. 143) fertiggestellte Manuskript des ersten Teils des Bakunin-Breviers, von dem es in Balls Tagebucheintrag vom 10. September 1917 heißt: »Ich habe jetzt ein gebundenes Exemplar des Bakunin-Manuskripts. Es enthält nur die erste, die demokratische Hälfte.« (Flucht, S. 199). Dieses »gebundene Exemplar« hat Ball am 10. September an den Verleger Erich Reiß geschickt, nachdem er ihm bereits am 8. August 1917 »die ersten 100 Seiten« (Flucht, S. 182) des Bakunin-Breviers (wohl ungebunden in einer ersten Fassung) zugesandt hatte.

ein adretter Brief an Reiss] Jener Brief, den Ball am Vortag, d.h. am 9. September an Reiss schreiben wollte und offenbar auch geschrieben hat.

Hamatscha] Annemarie Hennings.

146. An Emmy Hennings, 15.9.1917

H: Hs. Postkarte, beidseitig beschrieben. Adresse: Frau / Emmy Hennings / Ascona. / Casa Poncini. **F:** HBN. **DV:** Original.

jenen lateinischen Text unter dem Münzer-Bild] Im folgenden Brief vom 19. September 1917 bedankt sich Ball bei Emmy Hennings »für die Münzer-Notiz«, die ihm »sehr zu statten« kommt. Ball brauchte sie für sein in eben diesem Brief erwähntes »Artikelchen« (vgl. *Nr. 147*), in dem er den »lateinischen Text unter dem Münzer-Bild« zitiert:

»Vor mir hängt ein kleiner Kupfer aus dem 16. Jahrhundert:
Thomas Munzer
Stolbergensis Pastor Alsted
Archifanaticus Patronus et Capitaneus
Seditiosorum Rusticorum
Decollatus Anno 1525.«
(Schriften, S. 170).

Der Kupferstich mit dem Bildnis Thomas Münzers und dem darunter stehenden lateinischen Text befindet sich in der HBS, Pirmasens.

die beiden anderen (grünen) Hefte noch: »*Archiv für Geschichte des Sozialismus*«] Es handelt sich um Hefte der von Carl Grünberg seit 1910 herausgegebenen Zeitschrift ›Archiv für die Geschichte des Sozialismus und der Arbeiterbewegung‹ (Leipzig 1910 ff.). Ball hatte sich einzelne Hefte bzw. Bände der Zeitschrift von Fritz Brupbacher ausgeliehen, dem er am 24. Januar 1919 (vgl. Nr. 225) »2 Bände Sozialarchiv« zurückschickte.

Packet (das ich gestern bekam …)] Das Paket enthielt Bücher, die ihm nach Bern zu schicken Ball in Nr. 143 gebeten hatte.

Bildchen von Annemarie] Aus einem undatierten Brief Emmys (»Oh, geht es Dir gut«; HBN) geht hervor, daß »Mietzmaus« Annemarie für Hugo Ball zwei Bilder gemalt hatte, die wie folgt betitelt waren: »Trennung, oh, wie schwer bist Du« und »Himmel und Erde werden vergehen, aber meine Worte werden nicht vergehen«.

Ich will sie Richter zeigen] Dem Maler und Graphiker Hans Richter.

Morcote] Am Luganer See südlich von Melide am Südfuß des Monte Arbostora gelegenes Städtchen; über dem Ort die Wallfahrtskirche Santa Maria del Sasso; einer der malerischsten Orte der Schweiz.

Nettlaus Adresse. Sie eröffnet mir einen sehr interessanten Kreis in Genf] In Nr. 144 hatte sich Ball nach der Adresse Nettlaus erkundigt und sie von Brupbacher in dessen Antwortbrief offenbar auch erhalten. Balls am 22. September 1917 in Genf abgestempelte Postkarte (Nr. 149) zeigt, daß er Nettlau in Genf aufgesucht hat.

Honorar von der »Fr[eien] Zeitung«] Für seinen ersten in der FZ am 26. September 1917 erschienenen Artikel ›Aufgabe für einen deutschen Philologen. (Zur Reformationsfeier)‹.

Das »Tageblatt« hat nicht geantwortet? Schade, wegen Laban] Vom ›Berliner Tageblatt‹ erwartete Ball das Honorar für einen abgelieferten, angenommenen und gesetzten, aber nicht gedruckten Artikel (vgl. Nr. 161; vgl. auch *Nr. 156* – »Geld von Berlin … Tageblatt«). In dem für das ›Berliner Tageblatt‹ gedachten Artikel könnte es um Auftritte der Züricher Kunst- und Tanzschule des Rudolf von Laban beim Kongreß des ›Ordo Templi Orientalis‹ im August 1917 in Ascona gegangen sein. Über Veranstaltungen der Laban-Schule bei diesem Kongreß hat Ball unter dem Titel ›Über Okkultismus, Hieratik und andere seltsam schöne Dinge‹ am 15. November 1917 einen Aufsatz im ›Berner Intelligenzblatt‹ veröffentlicht, der wohl mit dem an das ›Berliner Tageblatt‹ geschickten Artikel identisch ist. Im Unterschied zu dem eher freundlichen Aufsatz im ›Berner Intelligenzblatt‹ hat sich Ball in einer Tagebuchnotiz vom 23. August 1917, die nicht in der ›Flucht aus der Zeit‹ veröffentlicht wurde, aber in einer Fotokopie erhalten ist (HBS, Pirmasens), sehr distanziert und mokant über den Kongreß des ›Ordo Templi Orientalis‹ auf dem Monte Verità geäußert: »Arp nennt ihn nach den Anfangsbuchstaben nur den ›gnostischen Otto‹. Die Labanschule beteiligt sich sehr lebhaft am Programm. Schön waren Mary Wigmans Kulttänze. Aber im übrigen ist es ein eklektizistischer Bazar. Bei einer Art Sonnenwendfeier tanzte man im Freien auf dem Rasen ›Die untergehende Sonne‹, ›Die Dämonen der Nacht‹, ›Die aufgehende Sonne‹. Hier ist also auch die direkte Verbindung der neueren Kunst mit der Gnosis. Laban und Mary Wigman gehören der Loge an; von den Dadaisten kann ich indessen verbürgen, dass keiner die Kelle trug.«

147. An Emmy Hennings, 19.9.1917

H: Ms. Brief mit eigenh. Unterschrift; 5 Bl., 7 S. **F:** HBN. **E:** EBH Leben, S. 50-54; auch in: Briefe, S. 89-92. **DV:** Original.

Datierung: Ball bedankt sich im vorliegenden Brief für die »Münzer-Notiz«, die ihm Emmy Hennings zugeschickt hat, nachdem er sie in Nr. 146 vom 15. September 1917 aufgefordert hatte, ihm »jenen lateinischen Text unter dem Münzer-Bild zu schicken«. Der nächste »Mittwoch« nach dem 15. September war der 19. September 1917. Auch daß Ball in diesem Brief Emmy Hennings noch einmal daran erinnert, ihm »die *beiden grünen Hefte*« des ›Archivs für Geschichte des Sozialismus‹ zu senden, um die er sie bereits in der Postkarte vom 15. September 1917 gebeten hatte, spricht für die Datierung auf Mittwoch, den 19. September 1917.

»hinuntergelassen«] Vgl. Nr. 143: »Mit meinem Zimmer bin ich sehr zufrieden. Es ist zwar hoch, aber ich habe einen Lift, der sehr schön funktioniert.«

Ringlottenbaum] Österreichisch für Reneklode (Prunus italica), Pflaumenbaum mit gelbgrünen, saftig süßen Früchten.

das Denkmal eines uralten kupferroten Ritters] Das von dem Berner Bildhauer Volmar geschaffene Reiterbild Rudolfs von Erlach, des Führers der Berner in der Schlacht bei Laupen 1339, steht auf dem Münsterplatz (vgl. Baedekers Schweiz 1920, S. 150).

die Zirri Zittig] ›Neue Zürcher Zeitung‹.

den Bund] ›Der Bund‹, seit 1850 erscheinende Tageszeitung, Untertitel seit 1911: ›Organ der freisinnig-demokratischen Politik – Eidgenössisches Zentralblatt und Berner Zeitung‹ (vgl. Blaser I, S. 226 f.).

die Zeitschrift ... erst im November] Wenige Tage später, am 22. September 1917, notierte Ball in sein Tagebuch: »Schickeles neue Zeitschrift soll im November erscheinen. Ich bleibe also in Bern.« (Flucht, S. 202). Eine »neue«, politisch-literarische Zeitschrift in der Schweiz herauszugeben, die nicht durch die deutsche Regierung, sondern durch private Geldgeber finanziert werden sollte, war ein seit Ende November 1916 diskutierter Plan von Harry Graf Kessler, dem Chef der deutschen Kulturpropaganda in der Schweiz. Gedacht war an eine Wochenschrift mit Leitartikeln von den besten Schriftstellern etwa zur demokratischen Neugestaltung Mitteleuropas und zu einem Friedensbund der Völker sowie mit Notizen, Novellen und Gedichten von jungen Dichtern. Als Herausgeber der geplanten Zeitschrift hatte Kessler René Schickele gewonnen, der das Projekt bis in den September 1917 hinein mit großem Interesse und Engagement verfolgte (vgl. Debrunner, S. 93-114, 125) und der dafür als wichtigen Mitarbeiter offenbar Hugo Ball vorgesehen hatte. Der Hauptgrund, warum Ball Anfang September 1917 nach Bern ging, wo Schickele seit Anfang 1917 lebte und die neue Wochenschrift erscheinen sollte, war wahrscheinlich das Angebot Schickeles, an der geplanten Zeitschrift mitzuarbeiten. Warum das Zeitschriftenprojekt nicht zustande kam, ist unbekannt.

Brief von Brupbacher] Wohl die Antwort Brupbachers auf Nr. 144.

Ich schicke Dir den Brief, aber Du musst ihn mir bald wiedergeben] Auf Balls Schreiben mit dem beiliegenden Brief von Brupbacher antwortete Emmy Hennings umgehend: »Liebster, herzlichen Dank für Deinen

Brief. ich send Brupbachers Brief zugleich retour, er ist so interessant, dass es mir beihnahe schwer fällt, ihn Dir geschwind wieder zu senden, aber Du wirst ihn brauchen.«

Heinrich Manns Roman ist erschienen (soeben)] Sein Roman ›Die Armen‹ ist am 1. September 1917 in der Reihe ›Der Neue Roman‹ im Kurt Wolff Verlag Leipzig erschienen (vgl. ›Börsenblatt für den Deutschen Buchhandel‹, Nr. 200 vom 28. August 1917).

»Freien Zeitung« ... eine sehr distinguierte Villa] Die Redaktion der FZ hatte von 1917 bis zur Schlußnummer vom 27. März 1920 ihre Räume in einer Villa in der Zieglerstraße 8. Abb. der Villa in: HBK, S. 183.

stellvertretenden Redaktor ... er war »Revoluzzer«-Redaktor] Möglicherweise der in Nr. 151 namentlich erwähnte »Itschner«.

mein Artikelchen ... die Notiz ... (es sind nur 2 Seiten)] Hierbei handelt es sich um Balls ersten Beitrag für die FZ, in der am 26. September 1917 sein Artikel ›Aufgabe für einen deutschen Philologen. (Zur Reformationsfeier.)‹ erschien. In ihm wirbt Ball für seinen Anfang 1915 gefaßten Plan einer – von einem »jungen, sozialistisch geschulten Philologen« zu schreibenden – Biographie Thomas Münzers, die zugleich ein »Buch gegen Luther« wäre. Nachdruck des Artikels in: Schriften, S. 170 f.

Leon Richter] Vgl. *Nr. 120*.

Konjakowskymemoiren] Möglicherweise handelt es sich um Felix (Feliks) Kon (1864-1941), den polnischen Schriftsteller, Ethnographen, Journalisten und kommunistischen Politiker, der 1884 zur Zwangsarbeit nach Sibirien verbannt wurde; nach seiner Rückkehr nach Polen (1904) nahm er dort in der sozialistischen Partei eine führende Stellung ein; veröffentlichte in polnischer Sprache zwei Memoirenwerke aus seiner sibirischen Gefangenschaft; lebte von 1914-1917 in der Schweiz; ging nach der Februar-Revolution nach Rußland, wo er der kommunistischen Partei beitrat und ein führender politischer Journalist wurde; seine Memoiren erschienen 1932-1934 in vier Bänden in Moskau. – Die Depesche Balls ist wohl so zu interpretieren, daß der Pole Leon Richter, um zu Geld zu kommen, die Memoiren Kons ins Deutsche übersetzen und bei Rascher in Zürich veröffentlichen sollte.

Leong] Robert Leo Richter.

ernstlich überhoben] In einem undatierten Brief (»Gestern konnte ich«) schreibt Emmy Hennings an Hugo, sie habe sich »beim Umzug überhoben«.

Ropschin ... ist Leiter des Marineministeriums in Russland geworden ... Die Romane werden dort also Wirklichkeit] Unter dem Datum des 22. Septembers 1917 schreibt Ball in sein Tagebuch: »Die Romane werden Wirklichkeit. Leiter des revolutionären Marineministeriums ist Ropschin (Savinkow), der Verfasser von ›Das fahle Pferd‹. Er ist es, der die 10 000 Gewehre an die Maximalisten verteilte.« (Flucht, S. 202).

Streit zwischen Kerensky und Kornilow] Am 7. September 1917 putschte der Oberkommandierende der russischen Truppen, General Lawr G. Kornilow, ein Anhänger des Zaren und Gegner jeder demokratischen Entwicklung, gegen die dritte provisorische Regierung von Alexandr F. Kerensky, worauf dieser am 9. September den Kriegszustand über Petrograd verhängte, die Putschisten unter Kornilow festnehmen ließ, sich selbst am 12. September zum neuen Oberbefehlshaber der Armee ernannte und am 14. September Rußland zur Republik ausrief.

im Almanach »Die neuen Christen« von Brod] Max Brod: ›Die neuen Christen‹. In: ›Der neue Roman. Ein Almanach‹. Leipzig: Kurt Wolff, 1917, S. 174-186 (»Aus einem unveröffentlichten Roman«).

die beiden grünen Hefte] Vgl. *Nr. 146*.

der Papst und Wilson sich über den Frieden geeinigt haben] Papst Benedikt XV. hatte sich in einer vom 1. August 1917 datierten Note an alle kriegführenden Länder gewandt, in der er einen Frieden ohne Annexionen und Kontributionen verlangte. Die Friedensnote wurde vom Deutschen Reich, den USA und den anderen kriegführenden Mächten abgelehnt.

148. An Emmy Hennings, 21.9.1917

H: Hs. Postkarte, beidseitig beschrieben. Adresse: Frau / Emmy Hennings / Ascona / Casa Poncini. **F:** HBN **DV:** Original.

sehr gefreut mit Euren Bildchen] Vgl. Nr. 147.

diese hässliche Affaire] In ihrer Antwort auf Nr. 147 hat sich Emmy Hennings andeutungsweise zu der Leon-Richter-»Sache« geäußert: »was Du von Leon schreibst, stimmt vollkommen und ich bin der gleichen Ansicht [...]. An H[ans] Richter hab ich geschrieben eine Erklärung und freundschaftlich, wie ich zu der Leonsache stehe [...]. Du weisst jede L[eon] Richter Sache ist lang, und ich hab ihm gesagt und sag auch Dir, ich habe keine Zeit für die Kapitel und das ist der tiefste Grund: ich helfe gern, bin aber gegen jegliche sogenannte Schiebung. Ohne viel Worte zu machen, man erwartet wol hier, wie dort, dass ich meine Stellung zu Leon angebe, da er in der Gefahr, verhaftet zu werden war, und es wäre meine Pflicht gewesen für ihn einzuspringen und zu verteidigen.« (Undatierter Brief Emmys, beginnend: »herzlichen Dank für«).

Bümpliz] 4 km westlich vom Berner Zentrum gelegener Vorort, der heute zu Bern gehört. Nach einjähriger Unterbrechung erschienen die von René Schickele herausgegebenen ›Weißen Blätter‹ ab Juli 1918 (Jg. 5) im eigenen ›Verlag der Weißen Blätter‹ in Bern-Bümpliz. Die Redaktion der ›Weißen Blätter‹ befand sich seit Juli 1917 in der Junkerngasse 19. Ball ist Anfang September 1917 – abgesehen davon, daß Emmy Hennings ›ihre‹ Freiheit haben wollte – wohl hauptsächlich Schickeles wegen nach Bern gezogen, den er dort laut Tagebucheintrag vom 7. September 1917 »flüchtig gesprochen« hat, bevor dieser »nach Beatenberg« oberhalb des Thuner Sees reiste (Flucht, S. 197). Schickele scheint Ball Hoffnungen auf eine engere Mitarbeit bei der Herausgabe einer »neuen Zeitschrift« gemacht zu haben, die im November 1917 erscheinen sollte (vgl. Flucht, S. 202; Eintrag vom 22. September 1917).

149. An Emmy Hennings, 22.9.1917

H: Hs. Postkarte, beidseitig beschrieben. Adresse: Frau / Emmy Hennings / Ascona. / Casa Poncini. **F:** HBN. **DV:** Original.

Geneve] Vgl. *Nr. 146* – »Nettlaus Adresse …«.
Deinen Brief bekommen] Emmys undatierten, nach dem 19. und vor dem 22. September 1917 zu datierenden Brief (»herzlichen Dank für«), in dem sie Ball die Leon-Richter-»Sache« zu erklären versucht.
Richter … Dieser Herr ist ein Parasit] Leon Richter.
bei R[ichter] Zürich] Hans Richter.
Es ist unverzeihlich, dass Du depeschiert hast] Emmy Hennings weist diesen Vorwurf in ihrem kurz nach dem 22. September geschriebenen Brief (»ich hab mir«) entschieden zurück: »Liebster Hugo, Du musst nicht zu mir schreiben, es sei unverzeihlich, dass ich die Depesche geschickt habe. Diesen Vorwurf kann ich nicht ertragen und kränkt mich, ich kann ihn erst recht nicht ertragen, wo ich krank bin.« Aus Nr. 150 geht hervor, daß Emmy Hennings für Leon Richter Depeschen herumgeschickt hat, wahrscheinlich, um Geld für ihn aufzutreiben (vgl. Hans Richters Depesche an Hugo Ball im Brief Nr. 147 vom 19. September 1917).

150. An Emmy Hennings, um d. 21./22.9.1917

H: Hs. Brief; 2 Bl., 4 S. **F:** HBN. **DV:** Original.

Datierung: Inhaltliche Parallelen mit dem Brief Nr. 147 vom 19. September und den Postkarten Nr. 148 und 149 vom 21. und 22. September 1917 (vor allem mit letzterer) zeigen: Der undatierte Brief wurde im Zusammenhang mit der Leon-Richter-Affaire um den 21./22. September 1917 geschrieben, ob vor oder nach der Postkarte vom 22. September, ist schwer zu entscheiden.

(Glauser)] Friedrich Glauser (vgl. *Nr. 125*). Der unstete Glauser hielt sich von Ende August bis in den Spätherbst 1917 in Zürich auf, wo er im Antiquariat von Han Coray arbeitete und von Charlot Strasser unterstützt wurde.
Richter den wahren Sachverhalt] Gemeint ist der Maler Hans Richter.
Beatenberg] Luftkurort im Berner Oberland (1150 m Höhenlage), oberhalb des nördlichen Ufers des Thuner Sees gelegen. In Beatenberg hatte Schickele seit Juni/Juli 1917 ein Sommerdomizil, das ›Chalet Rütli‹ (vgl. Debrunner, S. 141). In Balls erster Berner Eintragung in sein Tagebuch ›Die Flucht aus der Zeit‹ heißt es unter dem 7. September 1917: »Hierhergefahren, um den Herausgeber zu sehen, habe ich ihn flüchtig gesprochen, dann reiste er nach Beatenberg.« (Flucht, S. 197). Mit dem »Herausgeber« ist René Schickele als Herausgeber der geplanten »neuen Zeitschrift« gemeint, die dann nicht erschienen ist (vgl. *Nr. 147* – »die Zeitschrift … erst im November«).
Wenn mir Richter nicht depeschiert hätte] Vgl. Nr. 147: »Eine fulminante Depesche von Hans Richter bekam ich.«

151. An Emmy Hennings, 25.9.1917

H: Hs. Postkarte, beidseitig beschrieben. Adresse: Frau / Emmy Hennings / Ascona. / Casa Poncini. **F:** HBN. **DV:** Original.

Maurer] Möglicherweise der Ehemann von Frau Maria Elise Heer, der Besitzerin des Hotels Adler in Ermatingen (vgl. *Nr. 112* – »Wirt des ›Adler‹, der auch ein Dichter ist«).

Itschner] Hans Itschner (1887-1965), Schweizer Journalist und Politiker; »eine interessante und wichtige Figur in der Geschichte der Züricher Linken während des Weltkrieges« (Lang, S. 238); gehörte zum ›Schwänli‹-Kreis um Fritz Brupbacher, aus dem sich viele Mitarbeiter der sozialistischen Zeitung ›Der Revoluzzer‹ rekrutieren; trat im Juli 1915 als Hauptredaktor des ›Revoluzzers‹ zurück; vertrat in Diskussionen der Züricher Sozialdemokratie über den Burgfrieden den antimilitaristischen und internationalen Standpunkt und brachte eine Resolution ein, welche den Burgfrieden ablehnte; war nach Brupbacher »ein geborener Revolutionär« (Lang, S. 242), in dem »die Ungeduld, der Aktionismus und Optimismus des frühen revolutionären Syndikalismus« (Lang, S. 246) wieder auflebten. Aus Nr. 153 geht hervor, daß Itschner im September 1917 in Vertretung von Siegfried Streicher eine Zeitlang die FZ redigierte.

»Neue Zeitung«] Ball schreibt irrtümlicherweise »Neue« statt ›Freie Zeitung‹.

Ich danke Dir ... mein armes Pferdlein, für Deinen Brief] Für Emmys undatierten Brief (»Soeben komme ich«; HBN), den sie mit »Emmypferdli« unterschreibt.

Annemarie für das Bildchen] In Nr. 147 hatte sich Ball von Annemarie »ein schönes Wandgemälde« erbeten. Emmy an Hugo in ihrem undatierten Brief (»Soeben komme ich«), der zwischen dem 19. und 25. September 1917 zu datieren ist: »Annemie hat ein wunderschönes Bild gemalt. Das schicken wir Dir.«

152. An Emmy Hennings, Ende Sept. 1917

H: nicht nachweisbar. **A:** Ms. Abschrift; 1 S. **F:** HBN. **E:** EBH Leben, S. 48-50. Druckvorlage: Ms. Abschrift von Emmy Ball-Hennings. **DV:** Ms. Abschrift.

Datierung: Die Angaben in diesem Brieffragment, daß »die Bücher angekommen sind« und daß Emmy »das Wäschepaket jetzt nicht« unfrankiert schicken soll, da es Ball aus Geldmangel derzeit nicht auslösen könne, lassen eine vage Datierung auf die Zeit nach dem 21. September 1917 zu. An diesem Tag schrieb Ball auf einer Postkarte (Nr. 148), das »*Bücher-* und *Wäschepacket*« seien noch nicht in Bern eingetroffen. Für die Datierung in die zwanziger Tage des September 1917 spricht weiterhin, daß einige der hier nicht abgedruckten, weil in Originalbriefen überlieferten Passagen des in ms. Abschrift vorliegenden Briefkompilats ebenfalls aus dieser Zeit stammen, und zwar aus den Briefen Nr. 151 vom 25. September, Nr. 153 (26.-29. September) und Nr. 155 vom 29. September 1917.

Der nur in einer ms. Abschrift erhaltene ›Brief‹, der in EBH Leben (S. 48-50) abgedruckt wurde, ist eine Kompilation aus mindestens vier Briefen vom Frühherbst 1917 und vom Ende März/Anfang April 1918. Die aus den im

Original überlieferten Briefen (Nr. 151, 153, 155 und 178) mehr oder weniger wörtlich übernommenen Sätze und Textpassagen werden hier weggelassen, da sie in den genannten Briefen in authentischer Textgestalt abgedruckt sind. Eliminiert man diese Textstellen aus dem Briefkompilat, so bleibt als Textpassage, für die in den in dieser Briefausgabe veröffentlichten Briefen keine Vorlage bzw. Entsprechung ermittelt werden konnte, nur der erste Abschnitt dieses Briefkompilats übrig. Bei diesem Abschnitt handelt es sich offenbar, wie die Schlußwendung zeigt (»Innigst, Putzlein, Dein Hugo«), um die Schlußpassage eines nicht erhaltenen Briefes. In der hier abgedruckten Passage werden drei in kleinerem Schriftgrad gesetzte Texttransplantate aus überlieferten Originalbriefen belassen und als solche in den Erläuterungen nachgewiesen, um an einer Stelle des Kommentars beispielhaft das kompilatorische Textherstellungsverfahren von Emmy Ball-Hennings zu dokumentieren.

Du bist gewiss nur aus Entbehrung so erschöpft ...] Vgl. Nr. 155: »Oh Du bist gewiss ganz erschöpft und schwach«.

Annemarie soll Fleisch kaufen] Womöglich variierende Übernahme eines Satzes aus Brief Nr. 155: »und schickst vor allem Annemarie etwas einholen.«

Morgen schreibe ich Dir einen ausführlichen Brief] Vgl. Nr. 151 vom 25. September 1917: »Morgen kriegt Ihr grossen Brief.«

153. An Emmy Hennings, zw. 26. u. 29.9.1917

H: Ms. Brief mit einer Bleistiftzeichnung von Balls Hand; 2 Bl., 4 S. **F:** HBN. **E:** Teilveröffentlichung in EBH Leben, S. 48-50, 107-109; ebenfalls in Briefe, S. 120 f. **DV:** Original.

Datierung: Sie ergibt sich aus mehreren der folgenden Erläuterungen.

nach Locarno ... dort zu dem Buchhändler bei der Post] Dies war der Buchhändler B. Carlson, der seine Buchhandlung an der Piazza Grande neben der Post hatte (vgl. Baedekers Schweiz 1920, S. 458).

Rubiner-Buch] Höchstwahrscheinlich Ludwig Rubiners Buch ›Der Mensch in der Mitte‹, das 1917 im Verlag der Wochenschrift ›Die Aktion‹ in Berlin-Wilmersdorf erschienen ist. Pfemfert hat das Buch von Rubiner seit dem 30. Juni 1917 wiederholt als »soeben erschienen« in seiner ›Aktion‹ angezeigt. Ball hatte das Buch, als er von Anfang August bis Anfang September 1917 in Ascona lebte, bei dem Buchhändler im nahegelegenen Locarno bestellt. Er »bekam« das Buch später von René Schickele (vgl. Nr. 193).

Bei dem Herrn von der Presse war ich – zweimal] Vgl. Nr. 151: »Morgen will ich noch zu einem Herrn von der Presse gehen«. Da es unwahrscheinlich ist, daß Ball an einem Tag »zweimal« bei dem Herrn von der Presse war, dürfte der vorliegende Brief vom 27. oder 28. September datieren.

Schickele ... mit Herrn Cassirer] Beide waren seit Anfang der zehner Jahre eng befreundet. Schickele war Mitarbeiter an der von Paul Cassirer 1910 begründeten Halbmonatsschrift ›Pan‹ und veröffentlichte zwischen 1910 und 1920 zwölf Bücher im Verlag von Paul Cassirer (Gedichte, Romane, Erzählungen, Betrachtungen und ein Schauspiel).

die Jungfrau] Mit 4158 m ist die Jungfrau der höchste Berg des Jungfraumassivs im Berner Oberland.

Herrn Cassirer] Paul Cassirer (1871-1926), deutscher Kunsthändler, Verleger, Auktionator; eröffnete 1898 in Berlin gemeinsam mit seinem Vetter Bruno Cassirer (1872-1941) die ›Kunst- und Verlagsanstalt‹ Cassirer, die 1901 getrennt wurde: Paul Cassirer übernahm die Kunsthandlung, Bruno Cassirer den Verlag; wurde gleichzeitig alleiniger Geschäftsführer der Berliner Secession, als welcher er wichtige Ausstellungen französischer (und deutscher) Impressionisten organisierte (Edgar Degas, Auguste Renoir, Paul Cézanne, Max Liebermann); gliederte seiner Kunstanstalt 1908 die Verlagsanstalt Paul Cassirer an; gründete 1909 die berühmte Handdruck-Presse ›Pan‹, ein Jahr später die gleichnamige literarische Halbmonatszeitschrift; meldete sich im Juli 1914 als Kriegsfreiwilliger, kehrte 1916 als Gegner des Krieges zurück; richtete 1917 eine Filiale seiner Kunsthandlung in Zürich ein; verlegte mit Max Rascher in Zürich englische, französische und deutsche pazifistische Autoren; wurde Mitte 1917 von Harry Graf Kessler, dem Leiter der deutschen Kulturpropaganda in der Schweiz, als deutscher Kulturpropagandist auf Schweizer Boden engagiert: Graf Kessler versuchte durch die guten Verbindungen Paul Cassirers nach Paris zu sondieren, ob Frankreich, wenn es Elsaß-Lothringen zurückerhielte, mit Deutschland Frieden schließen würde; kehrte nach dem Ende des Ersten Weltkriegs aus der Schweiz nach Deutschland zurück, wo er sich Anfang 1926 das Leben nahm.

Maurer] Vgl. *Nr. 151*.

im »Werkbund«, einer grossen deutschen Malerei-Ausstellung] Drei Jahre nach der berühmten ersten Ausstellung des Deutschen Werkbundes (16. Mai bis 6. August 1914) in Köln fand vom 18. August bis 30. September 1917 auf dem Kirchenfeld in Bern die zweite Ausstellung des Deutschen Werkbundes statt. Claire Studer hat am 29. September 1917 in der FZ einen Bericht über ›Die deutsche Werkbundausstellung‹ in Bern veröffentlicht. Die Berner Werkbund-Ausstellung war viel eher eine Kunstgewerbe- als eine Malerei-Ausstellung: An Malerei hatte sie lediglich, wenn auch im Festsaal, ein großes Gemälde (›Trauernde Frauen‹) von Willi Geiger (1878-1971) und zwölf Bilder von Moriz Melzer (1877-1966) zu bieten.

gestern diesen Itschner auf der Strasse getroffen] Vgl. Nr. 151: »Ich habe 10 Francs bekommen von Itschner«.

Streicher] Siegfried Streicher (1893-1966) war der »presserechtlich erforderliche schweizerische Leiter« (Korol, S. 239) der FZ, in der er am 26. Mai 1917 zwei Artikel veröffentlichte. Er war vom 18. April 1917 bis zum 13. Oktober 1917 verantwortlicher Redakteur der FZ. Nach seinen Erinnerungen (›Begegnungen‹. Basel 1933, S. 75) hat er Hugo Ball zum ersten Mal »Ende 1917 in Bern« getroffen. Später war Streicher Bezirksrichter in Arlesheim und Redakteur der ›Schweizer Rundschau‹.

für meine Glosse … Die Glosse ist jetzt erschienen … die neue Nummer mit der Glosse] Gemeint ist Balls Glosse ›Aufgabe für einen deutschen Philologen. Zur Reformationsfeier‹, die am 26. September 1917 in der FZ abgedruckt wurde. In ihr regt Ball an, »eine in lesbarem Deutsch geschriebene, vollständige und genaue Biographie Thomas Münzers herzustellen«. Da Ball die »neue Nummer« der FZ mit seiner Glosse mit gleicher Post an Emmy Hennings schickte und die nächste Nummer der FZ am 29. September 1917 erschien, muß der vorliegende Brief auf die Zeit zwischen dem 26. und 29. September 1917 datiert werden.

pickanten Genuss ... momentan von amerikanischem Revolutionspropaganda-Geld zu leben] Otto Flake berichtet in seiner Autobiographie (›Es wird Abend. Bericht aus einem langen Leben‹. Frankfurt a.M. 1980, S. 250), Ball habe ihm versichert, »die ›Freie Zeitung‹ sei unabhängig, und Schlieben, ihr Herausgeber [...] einwandfrei«. Zur Finanzierung und zu den vermutlich vor allem aus den USA und Frankreich fließenden Geldquellen der FZ vgl. Korol, S. 242-244.

neue Nummer der »Aktion« ... Franz Mehring ... eine Marx-Biographie vorbereitet] In der ›Aktion‹ vom 22. September 1917 druckte Pfemfert das erste Kapitel aus Mehrings »in Vorbereitung befindlicher Marxbiographie« ab (vgl. ›Die Aktion‹, 7. Jg., 1917, Sp. 497-505: ›Marxens junge Jahre‹. Von Franz Mehring). Die nächste Nummer der ›Aktion‹ erschien am 6. Oktober 1917, so daß der vorliegende Brief in der Zeit zwischen dem 22. September und 6. Oktober 1917 geschrieben worden sein muß. Mehrings ›Karl Marx. Geschichte seines Lebens‹ erschien 1918 im Verlag der Leipziger Buchdruckerei AG.

Flesch] Siegfried Flesch (geb. 1883, Todesjahr unbekannt), österreichischer Publizist und Schriftsteller; verfaßte mehrere Dramen: ›Ornella. Schauspiel in vier Aufzügen‹ (1909); ›Brutus. Trauerspiel in fünf Aufzügen‹ (1910); ›Erna Pilgram. Schauspiel in drei Aufzügen‹ (1912); übertrug ›Politische Schriften‹ von Giuseppe Mazzini ins Deutsche (1911); war bis 1914 Herausgeber der Zeitschrift ›Die kritische Tribüne‹; schrieb für die FZ 17 Artikel, davon sechs über die österreichische Frage; publizierte in der Berner Zeit zwei Broschüren: ›Österreichs Stellung in Europa‹. Lausanne: Payot, 1918; ›Die Republik. Eine prinzipielle Untersuchung‹. Bern: Der Freie Verlag, 1918. – Die Formulierung in Nr. 155 vom vermutlich 29. September 1917: »Es war wirklich eine Fügung, dass ich ihn traf«, deutet darauf hin, daß er Flesch wenige Tage zuvor getroffen hat. Am 28. September 1917 notiert Ball in sein Tagebuch: »Jemand klopft mir, während ich unter den Arkaden spaziere, auf die Schulter: Siegfried Flesch. Vor dem Kriege war er im Aufsichtsrat der Münchener Kammerspiele und publizierte als Herausgeber Mazzinis bei Wehner in Leipzig eine republikanische Zeitschrift. [...] Ich bin sehr froh, einen alten Bekannten zu treffen und er erzählt mir in kurzen Worten seine Geschichte. Da er gerade in diesen Tagen eine Artikelserie über Österreich publiziert, lasse ich mich von ihm über dieses sein Lieblingsthema unterrichten, was doppelt interessant ist, weil ich dabei über Mazzini manches mir Neue zu hören bekomme.« (Flucht, S. 203 f.).

Bruno Götz [...] hatte in der »Fr[eien] Z[ei]t[ung] einen mit Recht sehr empörten Aufsatz] Der Aufsatz des baltischen Schriftstellers, Übersetzers und Publizisten Bruno Götz (1885-1954) ist unter dem Titel ›Die Schändung der Jugend I‹ am 22. September 1917 in der FZ (Nr. 47, S. 193) erschienen. Götz lebte nach Studien in Wien und München in Berlin, Zürich und Italien, seit den zwanziger Jahren in Überlingen am Bodensee und seit 1946 in Zürich (vgl. DLL 6, Sp. 542).

Den Herrn, der auf dem Monte die Bombe warf] Vgl. Emmys kurz vor dem 26. September 1917 geschriebenen Brief (»Gestern konnte ich«): »Auf dem Monte Verita ist jemand verhaftet, der eine Bombe geworfen hat, eine fürchterliche Detonation. Der Bürgermeister hat gesagt, wenn das in Ascona passiert wäre, es wäre in die Luft geflogen.«

Hans Richter jetzt selbst nichts hat] In Nr. 147 hat Ball von einer »fulminanten Depesche von Hans Richter« berichtet, mit der dieser für den »in grösster Gefahr« befindlichen Leon Richter »200 Francs« aufzutreiben versuchte, wobei er hinzufügte, er selbst, Hans Richter, sei freilich »ohne Geld«.

jene Arbeit annehmen … nur dann, wenn Du nicht täglich nach Locarno gehen musst] In einem Brief aus diesen Tagen (»ich hab mir«), der möglicherweise auf das obige Lemma Bezug nimmt, schreibt Emmy Hennings: »ich nehme ab kommende Woche Stellung in der Fabrik an. ich habe mich jetzt erkundigt genau, und ich kann zu Hause arbeiten, nachdem ich mich 5 Tage dort in der Fabrik [in Locarno] unterweisen lasse.«

Nikola] Frau di Nikola hatte ein »Gemischtwarengeschäft«, in dem Emmy Hennings einkaufte und gelegentlich größere Geldscheine in »Fünf- und Zweifrankenscheine« umwechselte (vgl. Emmy Hennings' undatierten Brief in: EBH Leben, S. 84).

Wassersuppen] Emmy Hennings hat sich offenbar immer wieder von Wassersuppen ernährt (vgl. EBH Leben, S. 69).

154. An Emmy Hennings, Sept. 1917

H: Verschollen. **A:** Ms. Abschrift; 2 Bl., 2 S. Ende fehlt, Anfang vermutlich auch. **F:** HBN. **E:** EBH Leben, S. 107-109; auch in: Briefe, S. 120 f. **DV:** Ms. Abschrift.

Datierung: Aus dem in einer ms. Abschrift überlieferten Briefkompilat werden – wie in den anderen Fällen – nur diejenigen Passagen abgedruckt, die in den Originalbriefen nicht nachgewiesen werden können. Der erste Briefabschnitt enthält mehrere Textstellen (zu Anfang und gegen Ende), die Nr. 153 (zwischen 26. und 29. September 1917) entnommen sind und daher hier entsprechend unserer editorischen Entscheidung eliminiert werden. Die verbleibenden Passagen dieses Abschnitts, die aus einem anderen, eigenständigen, im Original nicht erhaltenen Brief (vielleicht waren es auch mehrere) übernommen wurden, könnten etwa zur gleichen Zeit wie Nr. 153 geschrieben worden sein. Sie werden mit Vorbehalt auf Ende September 1917 datiert und als Fragment eines eigenständigen Briefes chronologisch nach Nr. 153 eingeordnet. Für die folgenden Abschnitte 2, 3 und 4 des Briefkompilats lassen sich keine Anhaltspunkte für eine auch nur annähernd exakte Datierung finden. Sie werden daher im Zusammenhang mit dem ersten Textabschnitt belassen. Da diese Abschnitte an mehreren Stellen drei Pünktchen aufweisen, die – wie die anderen Briefkompilate – Texteingriffe von Emmy Ball-Hennings markieren, könnten sie aus verschiedenen, nicht erhaltenen Originalbriefen ›montiert‹ worden sein. Thematisch zusammengehalten werden sie freilich durch Balls Loblied auf Emmy Hennings' Qualitäten als singende Kabarettistin, das den drei Abschnitten eine deutliche Textkohärenz verleiht. Das Lob der Stimmkünstlerin wird zwar im fünften und letzten Abschnitt fortgeführt, aber seine letzten drei Sätze passen chronologisch nicht zu dem vorhergehenden Text (falls dieser tatsächlich vom Herbst 1917 datiert), da in ihnen Kurt Eisners ›Gesang der Völker‹ anzitiert wird, den

Ball erst im Dezember 1918 zur Kenntnis nehmen konnte (vgl. *Nr. 219*). Die Schlußpassage wird daher als eigenständiges Brieffragment unter dem mutmaßlichen Datum ›Ende 1918‹ abgedruckt.

gaminhaften] Das französische Wort ›gamin‹ bedeutet ›kleiner Junge, Frechdachs, Bengel‹, das Femininum ›gamine‹ entsprechend ›kleines Mädchen, kesse Göre‹.

Bubu von Montparnasse] Titel eines in der Pariser Halbwelt spielenden Milieuromans des französischen, dem Naturalismus nahestehenden Schriftstellers Charles-Louis Philippe (1874-1909): ›Bubu de Montparnasse‹ (1901). Unter dem Titel ›Bübü. Roman‹ Übersetzung ins Deutsche von Max Hochdorf, Berlin: Egon Fleischel, 1913. In neuer Übersetzung von Camill Hoffmann erschien der Roman 1920 im Kurt Wolff Verlag München. Zur erstaunlichen Wirkung und Popularität Philippes und seines Romans ›Bubu de Montparnasse‹ in Deutschland während der zehner Jahre des 20. Jahrhunderts vgl. Livia Z. Wittmann: ›»Um Dagny heulen wir Gespenster …« Die künstlerische Gestaltung in Johannes R. Bechers früher Prosa und ihre Anreger‹. In: ›Jahrbuch der deutschen Schillergesellschaft‹ 22, 1978, S. 617 f.

Bubu von Montparnasse und Jesu von Nazareth werden staunen ob Deiner Inbrunst Fahnenversammlung] Selbstzitat Hugo Balls aus seinem Gedicht ›Pulzinell meiner Nächte‹, das Emmy Hennings am 17. Dezember 1915 auf dem ›I. Abend deutscher Autoren‹ in Zürich rezitierte. Das Gedicht wurde später in ›Der Schlaf, unser Schlaf‹ umbenannt. Es war für Balls Roman ›Tenderenda der Phantast‹ vorgesehen (vgl. Tenderenda 1999, S. 79), wurde dann aber von Ball aus dem Inhaltsverzeichnis der letzten Fassung des Romans von 1922 gestrichen (vgl. Tenderenda 1999, S. 79, 93). Die letzten beiden Verse der dritten Strophe des Gedichts lauten: »Bubu von Montparnasse und Jesus von Nazareth / Staunen ob Deiner Inbrunst Fahnen.« (Erstveröffentlichung des Gedichts ›Pulzinell meiner Nächte‹ in: Tenderenda 1999, S. 73)

wie Du singen konntest, als Deine liebe Mutter starb] Emmys Mutter ist am 20. März 1916 gestorben. Möglicherweise ist Emmy Hennings bereits auf dem »Faschingsfest« am 23. März und am 26. März 1916 in der Künstlerkneipe Voltaire als Diseuse aufgetreten, nachweislich jedoch auf der Tanzsoirée mit Kabarett-Programm am 30. März 1916 (vgl. Dada in Zürich, S. 86).

»Totentanz« … das erstemal vorgesungen … in der grauen Schoffelgasse in Zürich] Balls Antikriegslied ›Totentanz 1916‹ (»So sterben wir, so sterben wir«) ist höchstwahrscheinlich in den Monaten Juli und/oder August 1915 entstanden, als Ball und seine Lebensgefährtin in der Züricher Schoffelgasse 5 wohnten (vgl. Schaub 1985, S. 33).

Forstfamilie] Balls Großvater väterlicherseits, Heinrich Ball, war Oberförster im Odenwald. Ihm soll Hugo »in der Statur« geähnelt haben, und für ihn zeigte er »ein besonderes Interesse«, das sich darin dokumentierte, daß er sich in der Münchener Studienzeit »eine Kopie von dem Foto des Oberförsters anfertigen« ließ (August Hofmann: ›Erinnerungen an Hugo Ball.‹ In: HBA 1997/1998, S. 83). Vgl. auch *Nr. 608* – »Vater stammt aus«.

154 a. An Emmy Hennings, 27.9.1917

H: Telegramm aus Bern, auf Formblatt: Schweizer Telegraphen- und Telephonverwaltung. Aufgegeben den 27.9.1917 um 2 Uhr 10 Min. Adresse: Hennings / Casa Poncini / Ascona. **F:** HBN. **DV:** Original.

155. An Emmy Hennings, vermutl. 29.9.1917

H: Ms. Brief mit eigenh. Unterschrift; 2 Bl, 2 S. Der Brief ist unvollständig überliefert: vor der ersten überlieferten Seite Textverlust, ebenso zwischen der ersten und zweiten Seite. **F:** HBN. **E:** EBH Leben, S. 55 f.; auch in: Briefe, S. 89. **DV:** Original.

Datierung: In Bern ist Ball auf der Straße Neitzel begegnet, der bei der Werkbund-Ausstellung auf dem Berner Kirchenfeld angestellt ist und der Ball eingeladen hat, »dorthin zu kommen«, wohin Ball »dann gleich gehen« wollte (vgl. Nr. 153, zwischen 26. und 29. September 1917). Im vorliegenden Brief heißt es dann, er habe Neitzel in der Werkbund-Ausstellung getroffen. Demnach ist der Brief ebenfalls nach dem 26. September, wahrscheinlich am 29. September 1917 geschrieben worden (vgl. *Nr. 153* – »Flesch«).

Gestern hat er seinen Scheck bekommen] Wahrscheinlich Siegfried Flesch.

seiner Frau] Anna Schickele, geb. Brandenburg (1882-1973), seit August 1904 mit René Schickele verheiratet. Dieser lebte seit 1917 in Bern, wohin er seine Familie aus Berlin nachkommen ließ.

Wenn Du nur noch Deine Brotkarte bekommst] In ihrer Antwort auf Nr. 146 hat Emmy Hennings an Ball geschrieben: »ich muss mich anmelden, fünf Franken zahlen, da ich sonst am 1ten Okt. kein Brot erhalte, da dann Brotkarten eingeführt sind ab 1ten Okt. Dies gilt auch für Dich, Hugo.« (Undatierter Brief Emmys, »Liebster, herzlichen Dank«).

Auch ich bin entschlossen, eine Arbeit anzunehmen] In zwei undatierten Briefen (»ich hab mir« – »Gestern konnte ich«), die wahrscheinlich vom Ende September/Anfang Oktober 1917 datieren, hat Emmy Hennings ihrem Lebensgefährten mitgeteilt, sie wolle eine »Stellung« in einer Fabrik in Locarno annehmen: »ich habe mich jetzt erkundigt genau, und ich kann zu Hause arbeiten, nachdem ich mich 5 Tage dort in der Fabrik unterweisen lasse.« (»ich hab mir«) Doch auf dem Weg zu der Fabrik, in der sie sich um die Stellung bemühen wollte, erlitt sie einen Schwächeanfall, so daß sie den ›Job‹ erst gar nicht antreten konnte.

Sache in Maggia] Betrifft eine nicht geklärte Angelegenheit zwischen Ball und Schickele, die sich offenbar während Balls Aufenthalt auf der Brusada-Alp oberhalb des Tessiner Dorfs Maggia im Juli 1917 abspielte.

[fehlende Briefseite]] Der Rest dieser fehlenden Seite, an den sich der hier folgende Satz des vorliegenden Briefes (»uns alle wichtig ...«) nahtlos anschließt, ist in der ms. Abschrift erhalten, die Emmy Ball-Hennings in ihrer Ausgabe ›Hugo Ball. Sein Leben in Briefen und Gedichten‹ (Berlin 1930) dem dort abgedruckten Brief von Hugo Ball zugrunde legte (vgl. EBH Leben, S. 55 f.). Diesen von ihr hergestellten Brief läßt Emmy Ball-Hennings wie folgt beginnen: »Oh, nun schreibe mir einen guten, lieben Brief und sage mir, wie es Dir geht. Ich bin so unglücklich, nicht bei Dir sein zu können, aber ich glaube, es ist für uns alle wichtig, dass ich für die nächsten Monate hier in Bern bleibe und Euch einmal besuchen kann.«

156. An Emmy Hennings, vermutl. 1.10.1917

H: Ms. Brief mit eigenh. Unterschrift; 1 S. **F:** HBN. **E:** EBH Leben, S. 48 (gekürzt); genauso auch in: Briefe, S. 88. **DV:** Original.

Datierung: Nach Ausweis des Tagebuchs sind sich Ball und Siegfried Flesch zufällig am Freitag, dem 28. September 1917, unter den Arkaden der Berner Altstadt begegnet (vgl. Flucht, S. 203). Ball erwähnt im vorliegenden Brief, daß »gestern«, also wohl an einem Sonntag, »die Post geschlossen« war. Demnach wäre der Brief an einem Montag geschrieben, wofür auch die Bemerkung spricht, er habe »seit Samstag« nur seine »Milch und ein paar Birnen«. Ist der Brief kurz nach der am 28. September erfolgten Begegnung mit Flesch geschrieben, so kommt als (Montags-)Datum des Briefes der 1. Oktober 1917 in Betracht. Ball hätte Flesch dann am Sonntag, dem 30. September, zwei Tage nach dem Wiedersehen unter den Arkaden der Altstadt, in Geldangelegenheiten aufgesucht.

Diese Bestie, bei der ich wohne rechnete mir heute die Milch ab … 60 Centime für den Liter … davon 12 (für zwanzig Tage der Wirtin zahlen)] Ball beschwert sich hier über seine erste Berner Wirtin, Frau Emma Bönzli-Zurflüh (vgl. *Nr. 143* – »meinem Zimmer …«), die ihm die Mansarde in der 4. Etage des Hauses in der Berner Laupenstraße 4a vermietete und bei der er sich zunächst recht »wohl« fühlte, weil sie ihm pro Tag einen Liter warmer Milch servierte (vgl. Nr. 143).

Zahlt … nichts in den Geschäften. Holt Euch – doch das wisst Ihr ja] Mit anderen Worten: kauft auf Kredit.

157. An Emmy Hennings, Anfang Okt. 1917

H: Ms. Brief (fragmentarisch, ohne Unterschrift); 1 Bl, 2 S. **F:** HBN. **DV:** Original.

das ganze 3. Kapitel] Wohl das 3. Kapitel des Bakunin-Breviers, an dem Ball seit September 1917 arbeitete (vgl. Nr. 147).

Holzschnitzerei. Das ist wohl Segalschule] Annemarie Hennings fertigte für Hugo Ball einen Holzschnitt an, der offenbar in der Manier des rumänischen Malers Arthur Segal (vgl. *Nr. 102*) gearbeitet war. Annemarie war damals häufiger bei der Familie Segal in Ascona (vgl. Emmys undatierte Briefe »ich hab mir« und »Gestern konnte ich«). Segal lebte von 1914 bis 1918 in Ascona, wo er Privatunterricht im Malen erteilte und eine ganze Reihe von Holzschnitten herstellte (vgl. Segal, S. 237, 375 f.). Eine regelrechte Malschule als Institution konnte Segal erst 1920 in Berlin gründen.

das Kloster, das ich mir immer wünschte] An Emmy Hennings, die sich damals in Einsiedeln bei katholischen Schwestern aufhielt, hatte Ball schon am 8. Februar 1917 (Nr. 127) geschrieben: »Für mich hatte das Klosterleben immer einen mystischen Reiz dem ich nur schwer widerstehen kann.«

Schickele … zurück ist von Zürich] Wegen seiner geschäftlichen und politischen Verbindungen zu Max Rascher und Paul Cassirer, die in Zürich wohnten, fuhr Schickele, der seit Anfang 1917 seinen Wohnsitz in Bern hatte, häufig von Bern nach Zürich.

Zeitschrift … Im November soll sie herauskommen] Vgl. Balls Tagebucheintrag unter dem 22. September 1917: »Schickeles neue Zeitschrift soll im November erscheinen. Ich bleibe also in Bern.« (Flucht, S. 202) Zu der geplanten »neuen Zeitschrift«, an der Ball mitarbeiten sollte, vgl. *Nr. 147* – »die Zeitschrift ... erst im November«.

Sie machen grossdeutsche Propaganda ... diese deutsche Hure, der Werkbund] Balls harsches Urteil über die Berner Werkbund-Ausstellung ist nicht ganz aus der Luft gegriffen: sie diente, wie alles, was von offizieller Seite im Ausland gefördert wurde, kultur-propagandistischen Zwecken, denn der Deutsche Werkbund hatte sich seit Kriegsbeginn immer tiefer in politisch-nationalistische Projekte verstrickt; sie diente vor allem der Abwehr der Anschuldigungen des Auslands wegen »deutscher Barbarei«, sie sollte zeigen, daß Deutschland auch in künstlerischen Dingen führend sei und wurde überwiegend vom Deutschen Auswärtigen Amt subventioniert. Mit dem »Dreck«, der in der Berner Ausstellung hing, meinte Ball sicher auch die Bilder der Maler Willi Geiger und Moriz Melzer, von denen heute kaum jemand mehr spricht.

die Durieux] Tilla Durieux, eigentl. Ottilie Godefroy (1880-1971), deutsche Schauspielerin französisch-kroatischer Abstammung; seit 1910 in zweiter Ehe mit Paul Cassirer verheiratet; emigrierte 1934 über Prag nach Zagreb; kehrte nach dem Zweiten Weltkrieg nach Berlin zurück, wo sie in den zehner und zwanziger Jahren als Darstellerin leidenschaftlicher Frauenfiguren (Salome, Judith, Lulu) ein Bühnenstar war; trat nach 1945 auch als Filmschauspielerin in Erscheinung. Über die Schweizer Zeit berichtet Tilla Durieux in ihren Lebenserinnerungen ›Eine Tür steht offen‹ (Erstdruck 1954; Berlin 1968, S. 199-215) in dem Kapitel ›1917/18. Schweiz‹. – In einer Replik auf Kurt Tucholskys Kritik an der Schauspielerin Tilla Durieux hatte Ball 1914 Partei für die Durieux ergriffen (vgl. seine Glosse ›Jenner Tucholsky im Geschlechtskampf‹, in: ›Die Aktion‹, Jg. 4, Nr. 9 vom 28. Februar 1914, Sp. 185 f.; Nachdruck in: HBA 1997/98, S. 48-50).

Schickele, das ist ein ganzer Kreis] Dieser Kreis, dessen Zentrum Harry Graf Kessler als Leiter der deutschen Kulturpropaganda in der Schweiz war, stand in enger Verbindung zur deutschen Botschaft in Bern, die 1917/18 unter anderen auch René Schickele damit betraute, Kontakte zur französischen Regierung herzustellen, um die Bedingungen für einen deutsch-französischen Friedensschluß zu eruieren. Balls mitunter gespanntes Verhältnis zu Schickele rührt wohl vor allem aus dessen Verbindung zur deutschen Botschaft in Bern her, mit der sich Ball auf keine Kompromisse einließ.

Bildchen geworden? Willst Du mir sie nochmal schicken ... und möchte auch die aus Deutschland wieder haben] Emmy antwortet in einem undatierten Brief (»Ich hat mir«; HBN): »Deine Mutter kann gern die Bilder behalten, wenn sie will, ich werde Dir dieselben noch einmal senden.« Schon am 19. September (Nr. 147) hatte Ball eine Fotografie von Emmy und Annemarie an seine Eltern nach Pirmasens geschickt: »Darf ich das Bildchen nachhaus schicken, Emmylein? Natürlich muss man mirs wiedergeben.«

158. An Emmy Hennings, Okt. 1917

H: Ms. Brief mit eigenh. Unterschrift; 1 S. Letzte Seite eines unvollständig überlieferten Briefes. **F:** HBN. **DV:** Original.

Datierung: Aufgrund inhaltlich-sachlicher Übereinstimmungen mit Nr. 160 vom Oktober 1917 ist das vorliegende Schreiben auf die Tage vor oder nach diesem Brief zu datieren. In beiden Briefen ist die Rede von Emmys Arbeit in einer Fabrik; von ihrem im Entstehen begriffenen Buch ›Gefängnis‹, das sie abschließen soll; von ihrem angeschlagenen Gesundheitszustand; von Balls Wunsch, Emmy möge von »unten«, das heißt aus dem Tessin, nach Bern kommen.

dann kommst Du … hierher … ob Du auftreten willst] Emmy hat in einem Brief an Hugo aus dieser Zeit (»Gestern konnte ich«; HBN) ein Engagement in einem Berner Cabaret ins Auge gefaßt: »Uebrigens kann ich in Bern Engagement in den Cabarets bekommen, die dort sämtlich einem Besitzer gehören. […] ich würde in diesem Fall nach Bern kommen sofort, wo ich sicher Engagement bekomme und uns wäre geholfen.«

Dein gar feines Büchlein] Den Roman ›Gefängnis‹.

lass diese unsinnige Wäscherei … jetzt hast Du Dich krank gemacht damit] Zuvor hatte Emmy Hennings in einem undatierten Brief (»Gestern konnte ich«) an Hugo Ball geschrieben: »Meine Krankheit wird schnell behoben sein, ich fühle mich nur furchtbar schwach. ich glaube, ich habe mich bei der Wäsche gründlich übernommen, die ich gekocht und gewaschen und gebleicht habe […], damit wir sie ev. in gutem Zustand in Bern benutzen.« Emmy unternahm die »Wäscherei« im Hinblick auf ein geplantes Engagement in Berner Cabarets, zu dem es wahrscheinlich nicht gekommen ist.

Nestquack] Kosewort für Emmy Hennings. Der »Quack« ist einer, der einen Quack oder einen ähnlichen Ton hören lässt, z. B. der Frosch oder der Rabe; Nestquack ist ein kleiner Quack, hier auf Emmy bezogen: ein kleiner Vogel, heißt es doch im übernächsten Satz: »Dann fliegt er auch weg.«

159. An Emmy Hennings, vor d. 17.10.1917

H: Ms. Brief, 2 S. **F:** HBN. **DV:** Original.

Datierung: Sie erfolgt nach dem Erscheinungsdatum von Balls zweitem Aufsatz für die FZ (17. Oktober 1917); vgl. Erläuterung: »für die ›Freie Zeitung‹ wieder einen Aufsatz fertig«. Balls Brief datiert von einem »Donnerstag«. Vor dem 17. Oktober 1917 kommen an Donnerstagen in Betracht: der 4. und 11. Oktober 1917.

jene Briefe an Hardekopf] Im Herbst 1917 standen Emmy Hennings und Ferdinand Hardekopf im Briefwechsel. Von Hardekopf haben sich aus dieser Zeit drei Briefe an Emmy in deren Nachlaß erhalten (»Das war mir«, 14. Oktober; »nicht wahr, Du«, 15. November; »mein armer Liebling«, ca. 20. November 1917).

für die »Freie Zeitung« wieder einen Aufsatz fertig … Zusage … einen dritten] Bei dem neuen »Aufsatz« handelt es sich um Balls zweiten Artikel für die FZ, der am 17. Oktober 1917 unter dem Titel ›Die deutsche »Demokratie« und Rußland‹ in ihr erschienen ist (Nachdruck in: Schriften, S. 203-207). Da der Aufsatz zwar »fertig«, aber noch nicht gedruckt war, muß der vorliegende Brief vor dem 17. Oktober 1917 geschrieben worden sein. Balls dritter Aufsatz (›Österreichs Kulturmission‹) ist am 21. November 1917 in der FZ erschienen.

eine Arbeit annehmen ... sehe ich mich nach einer Arbeit für uns um] Vgl. *Nr. 158* – »dann kommst Du ... hierher ... ob Du auftreten willst«.

Prof. Granello] Luigi Granello (Lebensdaten nicht ermittelt). Im Branchenteil des Berner Adressbuchs von 1919 ist Granello (wie auch Ball) unter der Rubrik ›Redakteure, Journalisten, Literaten‹ als Journalist eingetragen, wohnhaft in der Waldheimerstraße 43. 1920 erscheint sein Name nicht mehr im Adressbuch.

bei Marcelli] Bei dem »Concertunternehmen« Marcelli in Zürich waren Emmy Hennings und wohl auch Hugo Ball bereits im September 1915 engagiert (vgl. *Nr. 74* – »suche ... Stellung«). Im Frühherbst 1917 ist Emmy wieder einmal als Diseuse aufgetreten, aber nicht »bei Marcelli«, wie sie selbst in einem Brief aus dieser Zeit (»Endlich komme ich«) schreibt: »ich gehe nicht zu Marcelli. ich spiele jeden Samstag und Sonntag mit einem kl. Ensemble (Maurer), sehr nette Leute [...].«

160. An Emmy Hennings, 3. oder 10.10.1917

H: Ms. Brief; nach dem Satz am Ende der Nachschrift: »Sowie ich Antwort habe, depeschiere ich.« hs. Zusatz. 2 Bl., 4 S. **F:** HBN. **DV:** Original.

Datierung: Nach der Erläuterung zu »kannst ... in Zürich wohnen« wurde der Brief vor Mitte Oktober 1917 geschrieben. Wenn Ball mit dem »langen Brief«, den er an Emmy »wegen Franks und über Franks« geschickt hat, den fragmentarischen Brief Nr. 159 meint, so muß dieser Brief vor dem vorliegenden verfaßt worden sein. Nr. 160 wurde an einem Mittwoch (»heute ist Mittwoch«) in der ersten Oktoberhälfte, also am 3. oder 10. Oktober 1917, geschrieben.

einen langen Brief geschrieben wegen Franks und über Franks] Dieser Brief ist höchstwahrscheinlich der unvollständig erhaltene, vor dem 17. Oktober 1917 geschriebene Brief (Nr. 159), in dem es um Leonhard und Lisa Frank geht. Von Nr. 159, dem vermutlich »langen Brief«, hat sich nur ein zweiseitiges Typoskript erhalten.

nimm nur an für Annemarie nach Kreuzlingen] Durch Vermittlung von Lisa und Leonhard Frank, der sich selbst als Patient und Freund mehrere Male in Ludwig Binswangers Kuranstalt Bellevue in Kreuzlingen aufhielt, wollten Hugo Ball und Emmy Hennings im Herbst 1917 ihre ›Tochter‹ Annemarie bei den Binswangers in Kreuzlingen unterbringen (vgl. auch Nr. 159). Daraus scheint aber nichts geworden zu sein, heißt es doch in Nr. 165*:* »Soll sie [Annemarie] nicht lieber hierher [nach Bern] als nach Kreuzlingen? [...] In Kreuzlingen fühlt sie sich vielleicht etwas allein und man kommt schwerer hin.«

Dein Buch] ›Gefängnis‹.

kannst ... in Zürich wohnen] Zum Zeitpunkt des Briefes war Emmy also noch immer in Ascona. Nach einem ungedruckten Brief Ferdinand Hardekopfs (»Das war mir«; HBN) ist Emmy Hennings um Mitte Oktober nach Zürich gezogen. Der vorliegende Brief ist demnach auf die Zeit vor Mitte Oktober 1917 zu datieren.

Zeitecho] Im Jg. 3 des ›Zeit-Echos‹, hrsg. von Ludwig Rubiner, erschienen vom Mai bis August/September 1917 vier Doppelhefte. Danach stellte das Blatt sein Erscheinen ein.

Pfemfert einen Brief zu schreiben] Ball war seit längerem mit Pfemfert »übers Kreuz« (vgl. Nr. 70). Wenn er nun Pfemfert trotz aller Differenzen einen Brief schreiben wollte, den er wenig später auch tatsächlich geschrieben hat (vgl. Nr. 162), so hängt dies wohl damit zusammen, daß Pfemfert im Frühherbst 1917 an Tuberkulose erkrankt war (vgl. Pfemfert, S. 32, 257, 583; vgl. ebd. S. 257 besonders Pfemferts Brief an Rudolf Grossmann vom 7. Oktober 1917: »ich bin sehr krank«). Emmy Hennings schreibt in einem undatierten Brief (»Soeben hab ich«; HBN) aus dieser Zeit an Hugo: »Die Pfemfert Angelegenheit stimmt, aber ist Geheimnis. Man kann nicht darüber sprechen, und ist auch nicht nötig.« Mit der »Pfemfert Angelegenheit« ist wohl dessen Erkrankung an Tuberkulose gemeint. Die ›Züricher Post‹ (Nr. 502) brachte am 25. Oktober 1917 die alarmierende Nachricht, Franz Pfemfert sei »an einem Lungenleiden so schwer erkrankt, daß mit seiner Genesung kaum mehr gerechnet werden kann. Mit Pfemfert […] würde die junge, geistige Generation ihren repräsentativsten Vertreter und Förderer verlieren.«

Heinrich Mann wird ihm eine grosse Enttäuschung gewesen sein] In der Rubrik ›Kleiner Briefkasten‹ hatte Franz Pfemfert in der ›Aktion‹ vom 25. August 1917 (Jg. 7, Nr. 33/34, Sp. 468) folgende Notiz gebracht: »Heinrich Mann, den ich bisher zu meinen Mitarbeitern zählte, ist Mitglied der ›Deutschen Gesellschaft 1914‹ geworden; er selbst hat es mir bestätigt, als ich danach fragte.« Vgl. auch Pfemferts Briefkastennotiz in der ›Aktion‹ vom 22. September 1917 (Jg. 7, Nr. 37/38, Sp. 520).

1914 in meiner Leyboldglosse] Balls ›Totenrede‹ auf Hans Leybold ist nicht 1914, sondern 1915 erschienen, und zwar im April-Heft der ›Weißen Blätter‹.

Herr Einstein in einem Brief an ihn] Ball zitiert hier aus Carl Einsteins ›Brief‹ an Franz Pfemfert, der am 8. September 1917 in dessen Zeitschrift ›Die Aktion‹, 7. Jg. Nr. 35/36, Sp. 489 f. abgedruckt wurde. Die erste Stelle lautet korrekt: »Also Zukunft. Aber um zu Realisierendes. Um Denken, das Verantwortung enthält.«

sie sind Schwäger] Franz Pfemferts Ehefrau Alexandra Ramm (1883-1963, Heirat 1911) und Carl Einsteins Ehefrau Maria Ramm (1890-1975, Heirat 1913) waren Schwestern. Maria Ramm heiratete in zweiter Ehe den Schriftsteller Heinrich Schaefer.

Stefjen] So im Original.

Plan mit der Fabrik] In einem von Annemarie Schütt-Hennings auf »November 1917« datierten Brief schreibt Emmy Hennings an Hugo Ball: »Vielleicht kann ich in der Textilwaren-Fabrik ankommen. Ich werde sehr bitten und mir Mühe geben, aber ich weiß gar nicht, was Textil ist und ich geniere mich zu fragen.« (Briefe 1915-1917, S. 155).

Es wird schon] Großschreibung von »Es« gegen den hs. Befund.

161. An Emmy Hennings, zw. d. 7. u. 9.11.1917

H: Ms. Brief mit eigenh. Unterschrift, unvollständig; 1 Bl., 2 S. **F:** HBN. **DV:** Original.

Datierung: Vgl. Erläuterung zum vorliegenden Brief: »Fleschs Aufsatz in der vorletzten ›Freien Zeitung‹ (über Österreich)«.

nach Ascona geschrieben ... Cabaretheften ... keine 200 mehr] Antwort Balls auf einen Brief Emmys (»Soeben hab ich«), in dem es heißt: »ich schreibe jetzt nach Ascona, dass man Dir die Kiste schickt. Da sind noch viele Cabarethefte drin, wenigstens 100.« Am 27. Mai 1917 hatte Ball aus Magadino an Emmy nach Zürich geschrieben (Nr. 131), sie solle nicht vergessen, »die Cabarethefte einzupacken« und ins Tessin an seine Adresse zu schicken.

Auch bei Schickele habe ich jetzt ein Manuskript ... Für seine kleine Bibliothek (politisch)] Bei dem an Schickele übergebenen »Manuskript« handelt es sich um Balls Exposé für ein Buch über die »Deutschen Intellektuellen«, das zu schreiben ihm René Schickele nahegelegt hat (vgl. Flucht, S. 211 f.; Eintrag vom 9. November 1917). Das geplante Buch sollte in der von Schickele im Züricher Rascher-Verlag herausgegebenen Reihe der »Europäischen Bibliothek« erscheinen. Doch bereits am 14. November 1917 notiert Ball in sein Tagebuch: »Es sollte ein Buch werden über die modernen Intellektuellen, etwa über die Autoren der ›Weißen Blätter‹, und es ist ein Aufriss der deutschen Entwicklung und eher ein Entwurf gegen das ›Manifest der 93 Intellektuellen‹ geworden. Ich habe kein Geschick, einen Auftrag auszuführen. In der ›Europäischen Bibliothek‹ wird Sch[ickele] es nicht bringen können. Vielleicht bringt es Orell Füssli.« (Flucht, S. 212 f.). Das von Schickele in Auftrag gegebene Buch »über die modernen Intellektuellen« wurde die Keimzelle für Balls Pamphlet ›Zur Kritik der deutschen Intelligenz‹.

im Hotel] Nach ihrem Brief vom Anfang November 1917 an Hugo Ball hatte sich Emmy Hennings damals »wieder für einige Tage« im Züricher Hotel ›Goldener Stern‹ einquartiert (vgl. Briefe 1915-1917, S. 155), in dem sie bereits im Dezember 1916 wohnte (vgl. Briefe 1915-1917, S. 88, 91).

an die »Freie Zeitung« wieder etwas schicke] Höchstwahrscheinlich den Beitrag ›Österreichs Kulturmission‹, der am 21. November 1917 in der FZ publiziert wurde (Nachdruck in: Schriften, S. 172-176).

im Intelligenzblatt etwas erscheint] Im ›Berner Intelligenzblatt. Tagesanzeiger für Stadt und Kanton Bern‹ (Jg. 84, Nr. 314) erschien am 15. November 1917 Balls Aufsatz ›Über Okkultismus, Hieratik und andere seltsam schöne Dinge‹ (Nachdruck in: Schriften, S. 54-57).

Fleschs Aufsatz in der vorletzten »Freien Zeitung« (über Österreich)] Sein Aufsatz ›Die österreichische Frage‹ ist am 3. November 1917 in der FZ erschienen. Dies war – vom Abfassungsdatum des Briefes aus gesehen – die »vorletzte« Ausgabe der FZ. Die ›letzte‹ Ausgabe der FZ ist am 7. November und die nächste Ausgabe ist am 10. November herausgekommen. Der Brief muß daher also zwischen dem 7. und 9. November geschrieben worden sein.

Wir beide sind in dieser Frage nun Spezialisten] In der Österreich-Frage: Flesch mit seinem Aufsatz ›Die österreichische Frage‹ (FZ vom 3.11.1917) und Ball mit seinem Beitrag ›Österreichs Kulturmission‹ (FZ vom 21.11. 1917).

bleibt im Hotel; wenn es dort warm ist] Emmy hat zuvor in einem undatierten Brief (»Soeben hab ich«) an Ball geschrieben: »Am liebsten gehe ich nicht aus diesem Hotel [dem ›Goldenen Stern‹] raus. Es ist warm und diese schmutzigen Tapeten, die defekten Gardienen regen mich an. Mir fehlt nur eine Kleinigkeit, um berauscht zu sein, wie da dm da da (um zu schreiben).«

hole Dir Deinen Koffer von der Bahn] Einige Tage nach ihrer Ankunft in Zürich hatte Emmy von dort über ihre miserable Lage an Hugo geschrieben (undatierter Brief »Endlich komme ich«): »Und diese unglückselig viele Arbeit hinderte mich am Schreiben. Kein Fleckschen, das mir gehört, mein Koffer noch auf der Bahn – alles in Unordnung«.

an diesem Buch (Brevier) übernommen. Ich hätte, ohne eine Garantie zu haben, dass man es druckt, keine so grosse … Sache arbeiten sollen] Um den 9. November 1917 hat Schickele an Ball die »Friedens- und Freiheitsliga« zurückgegeben (vgl. Flucht, S. 211 f.), d.h. den ersten Teil von Balls Bakunin-Brevier, »das bis zum Austritt Bakunins und seiner Anhänger aus der ›Liga für Frieden und Freiheit‹ auf der Berner Konferenz von 1868 reichte« (Echte 1992, S. 338 f.). Die Ablehnung des Bakunin-Breviers durch Schickele war für Ball sicherlich überraschend und enttäuschend, hatte Schickele doch im Mai 1917 in seiner Zeitschrift ein von Ball für die ›Weißen Blätter‹ vorbereitetes »Bakunin-Brevier« angekündigt. Als Ersatz für das abgelehnte Bakunin-Brevier legte Schickele Hugo Ball »den Gedanken nahe«, ihm »ein Buch über die ›Deutschen Intellektuellen‹ zu schreiben« (Flucht, S. 212).

das Eslein trabe wacker zur Seite der bucklichten Schindmähre] Anspielung auf Cervantes Roman ›Don Quijote de la Mancha‹ (1605/1615), den Ball später in der Reclam-Ausgabe an Emmy Hennings geschickt hat (vgl. Nr. 172). Sancho Pansa (= Emmy Hennings, der »kleine Kamerad«) reitet die Eselin Dulcinea, Don Quijote (= Hugo Ball) die »Schindmähre« Rosinante.

162. An Emmy Hennings, Nov. 1917

H: Ms. Brief ohne Unterschrift, unvollständig; 3 Bl., 3 S.
A: Vgl. 1917.28. **F:** HBN. **E:** Briefe, S. 88 f. (nur einige Passagen) **DV:** Original.

Datierung: Nach der Erläuterung zu »Rascher-Abenden« wurde der Brief nach dem 18. Oktober 1917 geschrieben, wohl erst im Laufe des November.

an Pfemfert zu schreiben] Noch im Oktober 1917 (vgl. Nr. 160) sah sich Ball außerstande, »Pfemfert einen Brief zu schreiben«, da er »den Ton« nicht finden konnte.

Zürcher »Kameradschaft« … Humanitäts-Propaganda] Anspielung auf den Kreis um René Schickele, Harry Graf Kessler, Annette Kolb und Ludwig Rubiner, mit dem sich Ball immer wieder kritisch auseinandersetzte. Schon im Juni 1917 hatte Ball von dem »sehr interessanten, wenn auch unfruchtbaren Gegensatz zwischen uns Ästhetikern (Arp, Ball, Janco, Hennings, Tzara) und den um Rubiner versammelten Moralikern (Ehrenstein, Frank, Strasser, Rubiner, Schickele)« gesprochen (vgl. Nr. 139).

Broschüre, und ärgere mich ein wenig, dass Flesch sie unterschreibt] Bei dieser von Siegfried Flesch ›unterschriebenen‹, das heißt unter seinem Namen veröffentlichten Broschüre handelt es sich möglicherweise um die 31seitige Schrift ›Die Republik. Eine prinzipielle Untersuchung‹. Bern: Der Freie Verlag, 1918. Dagegen dürfte die unter dem Namen »S. Flesch« im Verlag Payot & Co. in Lausanne erschienene Schrift ›Österreichs Stellung in Europa‹ (1918) tatsächlich von Siegfried Flesch, dem Österreich-»Spezialisten« (vgl. Nr. 161), stammen.

Frl. Wigman ... sie wird viel zu tun haben] Mary Wigman (1886-1973), deutsche Tänzerin und Tanzpädagogin; Mitschöpferin und bedeutendste Vertreterin des Ausdruckstanzes; Schülerin bei Emile Jaques-Dalcroze in Hellerau (1910-1912) und bei Rudolf von Laban auf dem Monte Verità (1913); sie stand 1917 am Anfang ihrer Karriere als Solo-Tänzerin und war dementsprechend viel beschäftigt: am 18. Juni 1917 erster Solotanzabend in einem Züricher Theater, im August 1917 Mitwirkung als Tänzerin und Vortragende am Internationalen Kongreß des ›Ordo Templi Orientalis‹ auf dem Monte Verità, am 10. Oktober 1917 zweiter Solotanzabend in der Laban-Schule in Zürich.

Else Lasker] Else Lasker-Schüler hielt sich im Herbst 1917 längere Zeit in der Schweiz auf. Am 5. Oktober 1917 schrieb sie an den Schriftsteller Adolf von Hatzfeld: »Ich reis 14 Tage Schweiz *dann* Berlin« (Lasker-Schüler, S. 139). Seit dem 18. Oktober 1917 logierte sie im Hotel Elite in Zürich (vgl. Escherig, S. 129), wo sie nach dem vorliegenden Brief im November mit Emmy Hennings zusammentraf. Auch im Dezember 1917 war sie noch in Zürich. Am 18. Dezember erschien im Inseratenteil der NZZ eine Anzeige: »Else Lasker-Schüler wird Mittwoch, den 19. Dezember im Schwurgerichtssaal aus ihren Dichtungen vortragen.« (Zitiert nach: Escherig, S. 130) Vgl. die Besprechung dieses Lasker-Schüler-Abends von Eduard Korrodi in der NZZ vom 21. Dezember 1917, Nr. 2399, 2. Mittagblatt, S. 1.

Rascher-Abenden habe ich gelesen] Der Züricher Verleger Max Rascher veranstaltete im Herbst und Winter 1917/18 eine Reihe von Leseabenden mit Autoren seines Verlags, die immer am Samstagabend im Züricher Rathaussaal stattfanden. In einer Anzeige, die am 18. Oktober 1917 im Inseratenteil der ›Züricher Post‹ (Nr. 489, S. 6) erschien, wurden für die I. Serie sechs Abende mit folgenden Autoren angekündigt: 20. Oktober 1917: Konrad Falke. – 3. November 1917: Eduard Korrodi. – 17. November 1917: Andreas Latzko. – 1. Dezember 1917: Leonhard Frank. – 15. Dezember 1917: Charlot Strasser. – 29. Dezember 1917: Tilla Durieux. Für die II. Serie der Autoren-Abende hatten laut dieser Anzeige folgende Autoren ihre Mitwirkung zugesagt: Salomon David Steinberg, René Schickele, Esther Odermatt, Ludwig Rubiner, Maria Waser und Hans Ganz. Von den geplanten Abenden der II. Serie scheinen nur die Abende mit Maria Waser (26. Januar 1918) und René Schickele (9. März 1918) stattgefunden zu haben, da sich zu den anderen Abenden keine Besprechungen in der ›Züricher Post‹ und der NZZ finden. Die beiden von Ball im Zusammenhang mit den Rascher-Abenden erwähnten Autoren Schickele und Rubiner konnte er wohl nur in der Anzeige vom 18. Oktober 1917 in der ›Züricher Post‹

gelesen haben, da sie sonst, etwa in der NZZ, nirgends angeführt werden. Für die Datierung des vorliegenden Briefes gibt die Annonce der Autoren-Abende keine näheren Hinweise außer dem, daß der Brief nach dem 18. Oktober 1917 geschrieben sein muß.

»Männerstolz vor Schweinebraten«] Parodistische Abwandlung einer Verszeile (V. 89) aus Schillers Ode ›An die Freude‹: »Männerstolz vor Königsthronen«. Die Verballhornung »Männerstolz vor Schweinebraten« benutzt Ball auch in seinem Aufsatz ›Siebzig Dokumente‹ von 1919 (vgl. HBA 2000, S. 78).

Schalk] Vgl. *Nr. 136*.

163. An Emmy Hennings, zw. d. 8. u. 17.11.1917

H: Ms. Brief; am Schluß des Briefes, nach: »Das macht immerhin 60 Francs im Monat, die«, hs. Zusatz [Fortführung] am linken Rand der 2. Seite. 1 Bl., 2 S. **F:** HBN. **E:** EBH Leben, S. 56-58 (gekürzt); genauso auch in: Briefe, S. 95 f. **DV:** Original.

Datierung: Nach der Briefpassage: »Er [Pedroso] wollte am 8.ten [November] wiederkommen und da sollte ich natürlich wieder heraus hier. Aber er wird Grenzschwierigkeiten haben«, war Ball am 8. November 1917 noch nicht aus Pedrosos Zimmer ausgezogen, was laut Tagebuch erst am 17. November 1917 geschah (vgl. Flucht, S. 213). Der Brief dürfte demnach zwischen dem 8. und 17. November geschrieben worden sein. Zur Einordnung des vorliegenden Briefes nach dem vorhergehenden (Nr. 162); vgl. Erläuterung zu: »musste nur die Broschüre noch fertig machen«.

wenn ich Samstag und Sonntag mitspiele] Anmerkung von Emmy Ball-Hennings: »Als Pianist im Varieté« (EBH Leben, S. 56).

Arbeit ... für die Internierten] Während des Ersten Weltkriegs arbeitete Hermann Hesse in Bern in der Kriegsgefangenenfürsorge. Er war 1916 beim ›Sonntagsboten für die Deutschen Kriegsgefangenen‹ und bei der ›Deutschen Internierten Zeitung‹ in der Redaktion tätig, hatte jedoch in dieser Zeit mit den deutschen Emigranten in der Schweiz so gut wie keine Verbindung.

Lilly] Anmerkung von Emmy Ball-Hennings: »Eine Frau vom Varieté« (EBH Leben, S. 56), möglicherweise: die Frau Ernst Alexander Michels, des Direktors des Maxim-Ensembles, die »von einigen Mitgliedern« der Truppe »zutraulich ›Lillymama‹ genannt« wurde. »Sie war die blonde Soubrette mit ›vollschlanker‹ Figur, mit einer ungemein weich-klingenden Stimme begabt.« (Emmy Ball-Hennings, in: HBA 1984, S. 107). In Balls Kiez-Roman ›Flametti‹ heißt die Frau des Varieté-Direktors Flametti, alias Ernst Alexander Michel, »Jennymama« (vgl. Flametti, S. 18, 115 f.) Ob die »Lilly« dieses Briefes mit Michels zweiter Ehefrau Katharina Wilhelmina Weichel (vgl. *Nr. 81* – »bei der Direktion ...«) identisch ist, ist ungewiß.

wegen des Auftretens] Emmy Hennings antwortet auf diesen Brief Hugo Balls: »Du sollst nicht auftreten ... Der Gedanke regt mich maßlos auf. Lieber werde ich Seiltänzerin und gehe in der Nacht über den Rheinfall von Schaffhausen ...« (EBH Leben, S. 58).

Monteo] Anmerkung von Emmy Ball-Hennings: »hatte gleichfalls [wie Ernst Alexander Michel] ein Ensemble« (EBH Leben, S. 56).

Michel] Ernst Alexander Michel (vgl. *Nr. 81*).

Du sollst Dich nicht dort zu tode hetzen und hungern] Von ihrem Hungern und ihrem ›gehetzten‹ Leben in dieser Zeit hatte Emmy zuvor in einem undatierten Brief (»Soeben hab ich«) berichtet: »Verzeih, das klingt bitter, aber wenn man so hetzen muss, wie ich hetze kommt man nicht zur Besinnung.«

der Roman oder das Brevier] ›Flametti‹ oder das Bakunin-Brevier.

Bellinzona hat keinen Sinn] Zu dem wohl von Leonhard Frank gemachten Vorschlag, nach Bellizona zu ziehen und dort ein Haus zu mieten, vgl. Balls Brief Nr. 161, der auf die Tage zwischen dem 7. und 9. November 1917 zu datieren ist.

Im Dezember komme ich bestimmt nach Zürich] Ball war über Neujahr kurze Zeit in Zürich (vgl. Nr. 168).

Herr Vayo] Julio Alvarez del Vayo (1891-1975), spanischer Politiker, Diplomat und Journalist; studierte Ökonomie in Madrid, London und Leipzig; ging im Ersten Weltkrieg von Berlin nach Zürich, wo er im Herbst 1917 Emmy Hennings begegnete, mit der es zu einer kurzen Liebesaffaire kam. Nach Hans Richters retrospektivem Bericht »verfolgte« Ball »die beiden mit einem Revolver in der Tasche (so sagte Emmy), und die beiden Liebenden verbargen sich in meiner Wohnung, wo sie mit knapper Not entkamen.« (EBH Katalog, S. 122) In Nr. 167 forderte Ball del Vayo förmlich auf, »den Gedanken« an Emmy Hennings, auf die er, Ball, nie »verzichten« werde, »aufzugeben«. Zur Affaire del Vayo/Hennings vgl. jetzt Reetz, S. 137, 180-182. In seinen Erinnerungen (›Give me Combat. The Memoirs of Julio Alvarez del Vayo‹. Foreword by Barbara W. Tuchman. Boston/Toronto 1973, S. 58) bezeichnet del Vayo die Hennings als »one of the most amusing and eccentric backers of the group«, d.h. der Dada-Bewegung. Alvarez del Vayo war Mitarbeiter der FZ, in der er am 15. September 1917 den Artikel ›Die revolutionäre Bewegung in Spanien‹ veröffentlichte. Im Feuilleton der ›Zürcher Post‹ (Nr. 477) publizierte er am 11. Oktober 1917 einen Artikel über ›Miguel de Unamuno‹. In den dreißigerr Jahren war del Vayo »der erste Botschafter der 2. spanischen Republik in Berlin« und »noch später ihr Außenminister« (Ludwig Meidner: ›Dichter, Maler und Cafés‹. Hrsg. von Ludwig Kunz. Zürich 1973, S. 14).

Herr Pedroso] Graf Emanuele di Pedroso, spanischer Journalist in Bern, Freund und Journalistenkollege von del Vayo. Anmerkung von Emmy Ball-Hennings: »Pedroso war verreist und hatte sein Zimmer leihweise Ball überlassen.« (EBH Leben, S. 57). Laut Tagebuch bewohnte Ball das Zimmer Pedrosos vom 22. September bis zum 17. November 1917 (vgl. Flucht, S. 202, 213). Bevor er ein anderes Zimmer in Bern bezog, notierte sich Ball, »was Petrosos Bibliothek (für Bedarfsfälle)« enthielt (vgl. Flucht, S. 213). Nach der Berner ›Anmeldungs-Kontrolle für Ausländer‹ wohnte Ball seit Ende November/Anfang Dezember 1917 bei Frau Waltersdorf, der Logisgeberin, in der Victoriastraße 91.

Frau Schickele] Vgl. *Nr. 155* – »seiner Frau«.

Brand] Heizmaterial.

Nicolai] Ball las in Pedrosos Bibliothek das in Deutschland verbotene, 1917 in der Schweiz erschienene Werk ›Die Biologie des Krieges‹ von Georg Friedrich Nicolai (vgl. *Nr. 144*).

Zurlinden] Samuel Zurlinden (1861-1926), Schweizer Journalist und Schriftsteller; von 1890 bis 1914 Redaktor der ›Zürcher Freitagszeitung‹; von 1921 an Sekretär für das deutsche Sprachgebiet der Schweizerischen Vereinigung für den Völkerbund, zugleich Redaktor der Monatsschrift dieser Vereinigung. Schrieb vom Mai 1917 bis Januar 1918 für die FZ zwölf Artikel. Selbständige Veröffentlichungen: ›Hundert Jahre. Bilder aus der Geschichte der Stadt Zürich in der Zeit von 1814 bis 1914‹. 2 Bde. Zürich 1914/15; ›Der Weltkrieg. Vorläufige Orientierung von einem schweizerischen Standpunkt aus‹. 2 Bde. Zürich 1917/18.

Fernau] Hermann Fernau (eigentlich Hermann Latt, geb. 1883), in Breslau geborener deutscher Schriftsteller und Journalist; überzeugter Pazifist und Radikaldemokrat; arbeitete seit 1903 als Schriftsteller in Paris; wurde im Mai 1915 nach Basel ausgewiesen; wies in seinem Werk ›Durch! ... zur Demokratie‹ (Bern 1917) die deutsche Schuld am Ersten Weltkrieg nach; hatte zuvor in der Publikation ›Gerade weil ich Deutscher bin!‹ (Zürich 1916) »Eine Klarstellung der in dem Buche ›J'accuse‹ aufgerollten Schuldfrage« (Untertitel) geliefert; in den acht Artikeln, die er zwischen Mitte April 1917 und Ende Juli 1918 in der FZ publizierte, hat sich Fernau vor allem mit den deutschen Junkern und der Schuldfrage auseinandergesetzt. In seiner ›Kritik der deutschen Intelligenz‹ (S. 204) lobt Hugo Ball Fernaus »Ostelbierbuch« ›Das Königtum ist der Krieg‹ (Bern 1918) als »einen ungeschminkten Abriss der preussischen Verfassungsgeschichte und des Junkertums«. Persönlich kennengelernt haben sich Ball und Fernau erst Ende April/Anfang Mai 1918 in Zürich (vgl. Nr. 205).

musste nur die Broschüre noch fertig machen] Da Ball in Nr. 162 erklärt, er »arbeite energisch an der Broschüre«, muß dieser Brief vor dem vorliegenden geschrieben worden sein.

164. An Emmy Hennings, zweite Novemberhälfte 1917

H: nicht nachweisbar. **A:** Ms. Abschrift; 2 Bl., 2 S. **F:** HBN. **E:** EBH Leben, S. 73-75; auch in: Briefe, S. 97 f. **DV:** Ms. Abschrift.

Datierung: Der nur in einer ms. Abschrift vorliegende ›Brief‹ ist eine wohl von Emmy Ball-Hennings hergestellte Kompilation aus mindestens zwei im Original nicht überlieferten Briefen, die mit großer Wahrscheinlichkeit zeitlich mehrere Monate auseinanderliegen. Die Abschnitte drei (»Ernst Bloch ... Einfach, grossartig!«) und fünf (»Gestern kam noch ... Jesuiten zu machen«) der ms. Abschrift, in denen es fast ausschließlich um die Philosophen Ernst Bloch und Max Scheler geht, stammen wahrscheinlich aus einem Brief vom Herbst (November) 1917, aus einer Zeit, in der Ball – laut Tagebucheintrag vom 18. November 1917 – Ernst Bloch persönlich kennengelernt hat: »Scheler war da [...]. Auch sehe ich mich jetzt öfters mit einem utopischen Freunde, E[rnst] B[loch], der mich veranlaßt, Morus und Campanella zu lesen, während er seinerseits Münzer studiert und den Eisenmenger.« (Flucht, S. 213 f.). Dies ist die erste, eindeutig datierbare Stelle im Werk Balls, in der Bloch namentlich, wenn auch unter einem Kürzel, genannt wird. Es wäre seltsam, wenn Ball den Philosophen Bloch nicht auch bereits in seinen Berner Briefen vom Herbst 1917 erwähnt hätte. Da in den im Original erhaltenen

Briefen Ernst Bloch erst ab Mitte März 1918 in Erscheinung tritt (vgl. Nr. 169 vom 15. März 1918), kommt als frühestes briefliches Dokument, in dem der Philosoph namentlich angeführt wird, nur der hier teilweise abgedruckte, als ms. Abschrift überlieferte ›Brief‹ in Betracht, wobei nicht auszuschließen ist, daß die Bloch-Abschnitte drei und fünf zwei verschiedenen Originalbriefen entnommen wurden. Sie werden hier jedoch als zusammengehörende Teile *eines* eigenständigen Briefes betrachtet und vage auf die zweite Novemberhälfte 1917 datiert. Diese Datierung orientiert sich an Balls Tagebucheintragung vom 18. November 1917, von der sich offenbar auch Annemarie Schütt-Hennings in ihrer Briefausgabe von 1957 bestimmen ließ, in der sie das ganze Briefkompilat mit dem erschlossenen Datum »Ende November 1917« versah (vgl. Briefe, S. 97). Dabei hat sie übersehen, daß der vierte Abschnitt des Kompilats (»Weißt Du ... nicht hier ist«) und wohl auch die ersten beiden Abschnitte nicht im November 1917 geschrieben wurden, sondern vermutlich erst Anfang April 1918. Diese drei Abschnitte werden aus dem Briefkompilat herausgelöst und gesondert als Teile eines eigenständigen, im Original nicht überlieferten Briefes der Chronologie gemäß eingeordnet und abgedruckt (vgl. Nr. 181).

Ernst Bloch] Ernst Bloch (1885-1977), deutscher Philosoph; seit 1905 Studium der Philosophie (Nebenfächer: Physik, Germanistik und Musik) in München, Würzburg (dort 1908 Promotion), Berlin und Heidelberg; ging im Frühjahr 1917 (zwischen März und Juni) mit seiner Frau Elsa von Stritzky (1883-1921), die er 1913 heiratete, als Refraktär in die Schweiz, wo die beiden zunächst bis zum Sommer in Locarno, dann bis zum Herbst in Bern, vom Herbst 1917 bis zum Mai 1918 in Thun und vom Juni 1918 bis zum Januar 1919 in Interlaken in ärmlichen Verhältnissen lebten. Bloch war Mitarbeiter an der FZ, in der er zwischen Herbst 1917 und Dezember 1918 (vgl. Korol, S. 152, 359) zum Teil unter Pseudonymen über 100 Artikel veröffentlichte (vgl. Korol, S. 173). In Balls Briefen wird Bloch hier zum ersten Mal erwähnt. Laut Tagebucheintrag unter dem 18. November 1917 (vgl. Flucht, S. 213 f.) haben sich Ball und Bloch im Herbst 1917 kennengelernt. Aus der Bekanntschaft der beiden gegensätzlichen, sich aber gegenseitig bewundernden Männer erwuchs eine Freundschaft, die auch die jeweiligen Frauen Emmy Hennings und Elsa von Stritzky miteinschloß. Wann und wodurch genau die Freundschaft endete: durch Balls Plagiat-Vorwurf an Bloch (vgl. *Nr. 211*) und/oder durch Balls antijüdische Äußerungen in seinem Aufsatz ›Die Umgehung der Instanzen‹ (erschienen am 16. November 1918 in der FZ), ist nicht mit letzter Eindeutigkeit zu ermitteln. Im Mai 1918 jedenfalls war die Freundschaft noch ungetrübt, denn damals regte Bloch an, die Balls sollten zum 1. Juni mit nach Interlaken ziehen, dort gebe es »ganz billige Wohnungen« und er, Bloch, wolle sehen, ob er auch für sie »etwas findet« (vgl. Nr. 208). Doch der Plan zerschlug sich, womöglich durch den erwähnten Plagiat-Vorwurf. Retrospektiv hat sich Bloch in einem Gespräch vom 22. Dezember 1967 sehr freundlich über Hugo Ball geäußert, den er als einzigen unter den Mitarbeitern der FZ als »anima candissima« bezeichnete (zit. nach: Korol, S. 361).

Scheler in Bern] Max Scheler (1874-1928), deutscher Philosoph; zu Beginn des Ersten Weltkriegs eher pazifistisch eingestellt, veröffentlichte Scheler 1915 das chauvinistische, kriegsphilosophische Buch ›Der Genius des Krieges und der deutsche Krieg‹, nach Ball eine »katholische Exaltation«, als deren Verteidigung Scheler 1917 sein Werk ›Die Ursachen des Deutschenhasses‹ folgen ließ (vgl. Kritik, S. 241, Anm. 4). 1917/18 kam Scheler als Sonderbeauftragter des Auswärtigen Amtes in die Schweiz, wo er in Bern mit Bloch und Ball zusammentraf. Ball distanziert sich in der ›Kritik der deutschen Intelligenz‹ dezidiert von Scheler: Er weist dessen Diktum zurück, Deutschland sei das »moralische Herz der Welt« (Kritik, S. 15), redet nicht, wie Scheler, »einer katholischen Renaissance« das Wort (Kritik, S. 20) und betrachtet ihn als »Hauptverteidiger« des »jünkerlichen Heroismus« (Kritik, S. 313, Anm. 81).

Einen verwesenden Menschen] Gemeint ist wohl: »verwesenderen«.

Rathenau] Walter Rathenau (1867-1922, ermordet), deutscher Politiker und Industrieller. Ball setzt sich in einem längeren Artikel über ›Walter Rathenau‹ (erschienen in: FZ, Jg. 2, Nr. 4, S. 17 f. vom 12. Januar 1918) kritisch mit dessen Buch ›Von kommenden Dingen‹ (Berlin 1917) auseinander. Dabei spielen nicht etwa antisemitische Ressentiments eine Rolle, als vielmehr Vorwürfe von Ball, Rathenau habe in seinem Buch die »jüdische Frage« und damit die Frage der jüdischen Emanzipation »mit keinem Wort« erwähnt, er sei »zum Renegaten« geworden »an seinen deportierten polnischen Brüdern«, er habe im Weltkrieg eine Preußifizierung des Wirtschaftsbetriebs« unternommen und »vor der preußischen Feudalität« gekatzbuckelt. Auch in der ›Kritik der deutschen Intelligenz‹ äußert sich Ball an vielen Stellen kritisch und polemisch zu Walter Rathenau.

Bloch sagte ihm die derbsten Despektierlichkeiten ins Gesicht] Bloch in einem Postscriptum zu seinem Brief vom 5. Mai 1918 an Annette Kolb: »Scheler war sehr unerfreulich; er machte den Eindruck eines geistig völlig zerfahrenen, ja verlorenen Menschen, schrecklich anzusehen!« (Bloch, Briefe I, S. 216)

Die Kirche hat einen guten Magen] Vgl. Faust I, Vers 2835.

Borchardt] Rudolf Borchardt (1877-1945), deutscher Schriftsteller, Essayist, Übersetzer; stand zeitweise dem Kreis um Stefan George nahe und war zeitlebens mit Hugo von Hofmannsthal befreundet; lebte meist – seit 1933 gezwungen – in Italien.

165. An Emmy Hennings, kurz vor d. 17.12.1917

H: Ms. Brief mit eigenh. Unterschrift; 2 Bl., 2 S. **F:** HBN. **E:** Briefe, S. 99 f. **DV:** Original.

Datierung: Nach Erläuterung zu »Montag abend« wurde der Brief kurz vor dem 17. Dezember, wahrscheinlich um den 15. Dezember 1917 geschrieben.

Montag abend] Dieser Montag war wahrscheinlich der 17. Dezember 1917. Der andere in Frage kommende Montag war der 24. Dezember; doch hätte Ball am Heiligabend Emmy wohl kaum gefragt: »Was werdet Ihr Weihnacht machen, Kinderleins?«

Kreuzlingen] Vgl. auch Nr. 160: »nimm nur an für Annemarie nach Kreuzlingen.«

Aurigeno] Ortschaft im unteren Maggiatal. Ball schreibt den Ortsnamen »Aurigheno«.

Vertrau mir nur das Manuskript an] Von Emmys Roman ›Gefängnis‹.

Ende Dezember ... wieder 300 Francs] Möglicherweise das Honorar für zwei Artikel, die am 12. Januar 1918 (›Walter Rathenau‹) und am 6. Februar 1918 (›Herr Pfarrer Bolliger‹) in der FZ erschienen.

Vielleicht kommst Du Neujahr] Emmy Hennings ist am Jahreswechsel 1917/18 auf Balls »Veranlassung nach Bern gefahren« (vgl. Nr. 167).

Die Sekretärstelle hab ich aufgegeben] Ob dies schon die Sekretärstellle bei Frederick Sefton Delmer war (vgl. *Nr. 169*), ist ungewiß. Bei Delmer war Ball 1918 längere Zeit (wieder?) als Sekretär beschäftigt. Diesen ›Job‹ hat Ball Ende April 1918 im »Einverständnis« mit Delmer aufgegeben (vgl. Nr. 202 und Nr. 203). Möglich, daß Ball schon im Herbst 1917 bei Delmer arbeitete, die Stelle aber Mitte Dezember 1917 aufgab, um sie dann im Frühjahr 1918 wieder anzunehmen.

mit meinem Buch] Bakunin-Brevier.

166. An Fritz Brupbacher, vermutl. Ende Dez. 1917

H: Hs. Brief; 1 S. **F:** Nachlaß F. Brupbacher, Internationales Institut für Sozialgeschichte, Amsterdam. **DV:** Fotokopie des Originals.

Datierung: Im November 1917 schreibt Ball an Emmy Hennings: »Im Dezember komme ich bestimmt nach Zürich« (Brief Nr. 163), wo er sich dann tatsächlich über Neujahr 1917/18 für kurze Zeit aufhielt (vgl. Nr. 167 und Nr. 168). Nr. 168 ist wie die vorliegende kurze Mitteilung an Brupbacher gerichtet. Die einleitenden Formulierungen in beiden Briefen ähneln sich auffällig: Heißt es in der undatierten Kurzmitteilung: »demnächst komme ich für einige Tage nach Zürich und würde mich freuen, Sie zu sehen«, so im Brief vom 26. Februar 1918: »immer hoffte ich, einmal nach Zürich zu kommen und Sie zu sehen. Als ich dann wirklich in Zürich war – Neujahr – war die Zeit so kurz, dass ich kaum zu Besuchen kam.« Die vorliegende Mitteilung könnte demnach vom Ende Dezember 1917 datieren, kurze Zeit, bevor Ball von Bern nach Zürich reiste.

167. An Julio Alvarez del Vayo, 1.1.1918

H: Hs. Brief; 1 Bl., 2 S. **F:** HBN. **DV:** Original.

Zürich] Ball hielt sich über Neujahr 1918 in Zürich auf (vgl. Nr. 166 und Nr. 168), um gegenüber dem Rivalen del Vayo, der mit Emmy Hennings in eine Liebesaffaire verstrickt war, seinen Anspruch auf seine Lebensgefährtin deutlich zu machen. Ob die beiden Männer in Zürich persönlich miteinander sprachen, wissen wir nicht.

Frau Hennings ... nach Bern gefahren] Ein am 1. Januar 1918 in Olten um 8.55 Uhr aufgegebenes Telegramm von Emmy an »Herrn Ball / Hotel / Schwert Zürich« dokumentiert, daß sie die Bahnfahrt nach Bern unterbrechen mußte. Der Text des Telegramms: »bitte dich nicht beunruhigen. ich wurde unterwegs krank. fahre entweder 10 uhr oder morgen früh bern. deine Emmy Hennings« (HBN).

Emmy Hennings Sie nie vergessen wird] Im Nachlaß von Emmy Hennings findet sich ein in ihr Tagebuch gehefteter Zeitungsausschnitt aus den dreißiger Jahren mit einem Foto von Alvarez del Vayo (vgl. Reetz, S. 185 und Abb. 14).

168. An Fritz Brupbacher, 26.2.1918

H: Ms. Brief mit eigenh. Unterschrift; 1 Bl., 2 S. **F:** Nachlaß F. Brupbacher, Internationales Institut für Sozialgeschichte, Amsterdam. **E:** HBA 1981, S. 124-126. **DV:** Fotokopie des Originals.

Hotel Gotthard] Auf der gedruckten Anschriftseite einer Postkarte, die Ball am 15./16. April 1918 an Emmy schrieb (Nr. 191), steht: »Bern, Garni Hotel St. Gotthard, am Bahnhof.«

Der Nettlau] Vgl. *Nr. 144*.

des Manuskripts] Des Bakunin-Breviers.

er will Vertrag machen] Die Vertragsverhandlungen wegen des Bakunin-Breviers zogen sich noch fast zwei Monate hin, bis Reiss das Brevier um den 20. April 1918 definitiv ablehnte (vgl. Nr. 194).

Dr. Lederer] Emil Lederer (1882-1939), deutscher Sozialökonom; seit 1908 Schriftleiter des ›Archivs für Sozialwissenschaft und Sozialpolitik‹, von 1922-1933 dessen Herausgeber.

Eduard Bernstein] Deutscher Schriftsteller und Politiker (1850-1932), Sozialdemokrat; Mitglied des Reichstags; stimmte ab Dezember 1915 im Reichstag gegen die Kriegskredite; rief am 19. Juni 1915 in der ›Leipziger Volkszeitung‹ in dem Artikel ›Das Gebot der Stunde‹ zu einem sofortigen Verständigungsfrieden und gegen jeden Eroberungskrieg auf; Mitglied mehrerer pazifistischer Organisationen.

das Material] Welches Material Ball für sein Bakunin-Brevier von Brupbacher entliehen hatte, geht aus Nr. 225 und Nr. 238 hervor.

Der Roman ...Er wird jetzt gedruckt bei Hallwag hier] Balls Roman ›Flametti‹ wurde 1918 beim Hallwag Verlag in Bern gedruckt. Im Roman findet sich kein Druckvermerk. Außer Balls Roman ließ Erich Reiss 1918 auch Maximilian Hardens ›Krieg und Friede‹, Bd. II und Klabunds Eulenspiegel-Roman ›Bracke‹ bei Hallwag in Bern drucken (vgl. Halbey, Sp. 1184). Ernst Bloch schreibt am 4. Juli 1918 an Muehlon: »Mein Verlag in Deutschland [Duncker & Humblot], ebenso Reiss und Diederichs, haben diesen Sommer die Buchproduktion, mit Ausnahme von unerledigten Manuskripten aus der Zeit bis Januar, eingestellt; Reiss läßt einiges allerdings noch in der Schweiz drucken und binden, aber nur Belletristisches.« (Bloch, Briefe I, S. 227).

Auf den »Rathenau« ... bin ich ziemlich stolz] Balls Portrait ›Walter Rathenau‹ ist am 12. Januar 1918 in der FZ (Jg. 2, Nr. 4, S. 17 f.) erschienen. Nachdruck in: Schriften, S. 208-212. Die ›Eidgenössische Presskontrollkommission‹ in Bern beanstandete in einem Schreiben vom 7. Februar 1918 an die FZ (Fotokopie in der HBS, Pirmasens) an Balls Leitartikel »eine Bemerkung, die über den Rahmen einer blossen Geschmacklosigkeit hinausgeht« (vgl. Schriften, S. 211) sowie – am Schluß des Abschnitts ›Der Weg des Willens‹ – »eine Wendung«, »mit der das deutsche Volk in der öffentlichen Meinung herabgewürdigt werden soll«. Diese »Wendung« am Schluß von Balls Artikel lautet: »Er [Rathenau] ist unerschütterlich Repräsentant jenes egozentrischen, deutschen Deliriums, das alles Unglück der Welt provoziert hat.« (Schriften S. 212) In seinem Antwortschreiben vom 15. Februar 1918 an die ›Eidgenössische Presskontrollkommission‹ (Fotokopie in der HBS, Pirmasens) wies Hans Huber, der Chefredakteur der FZ, den letzteren Vorwurf als »durchaus unzutreffend« zurück, räumte aber ein, daß die erstere, als ›geschmacklos‹ beanstandete »Bemerkung« Balls in dem Abschnitt ›Der Weg zur Sitte‹ – gemeint ist wohl der Satz: »Indem man die dralle Kokotte Germania am Reformationsbusen kitzelt« (Schriften, S. 211) – »geschmackvoller hätte zum Ausdruck gebracht werden können«. Zu Rathenau vgl. *Nr. 164*.

Reihe von Porträts] Weitere Porträts, die Ball in der FZ veröffentlichte, sind: ›Herr Pfarrer Bolliger‹ (in: FZ, Jg. 2, Nr. 11 vom 6. Februar 1918, S. 46), ›Der ausgenagelte Hindenburg‹ (in: FZ, Jg. 2, Nr. 36 vom 4. Mai 1918, S. 146), ›Romain Rolland‹ (in: FZ, Jg. 2, Nr. 53 vom 3. Juli 1918, S. 213).

Universalstaat unter Papst Wotan Wilhelm] Einen Monat nach diesem Brief veröffentlichte Ball in der FZ (Jg. 2, Nr. 26) vom 30. März 1918 seinen Artikel ›Vom Universalstaat‹, in dem sich Sätze wie diese finden: »Und heute erleben wir es, wie derselbe, auf die Besitzlosen, das Proletariat gegründete Universalstaat des Mittelalters von Berlin aus wiederaufersteht.« »Eine satanische Macht regiert heute Deutschland und sucht sich von dort aus die Welt zu unterwerfen.« (Schriften, S. 179) Den Artikel hat Ball fast wortwörtlich in die ›Kritik der deutschen Intelligenz‹ übernommen (vgl. Kritik, S. 14-17), wobei er zu dem oben zuerst zitierten Satz folgendes anmerkte: »Nichts anderes bedeutet der europäische Machtanspruch Wilhelms II., der sich zuhause auf die Kaisertreue, draussen aber auf die bolschewikische Propaganda stützt.« (Kritik, S. 242, Anm. 2). In einer anderen Anmerkung seiner ›Kritik‹ (vgl. S. 320, Anm. 117) bezeichnet Ball Wotan als »Kriegs- und Schlachtengott«.

169. An Emmy Hennings, 15.3.1918

H: Ms. Brief mit eigenh. Unterschrift; 2 Bl., 4 S. **F:** HBN. **E:** EBH Leben, S. 66 f.; auch in Briefe, S. 94 f. (jeweils Auszüge) **DV:** Original.

Datierung: Die Datierung auf den 15. »März« 1918 erfolgt nach dem Hinweis im Brief, daß Franz Werfel aus Bern »heute wieder weggefahren« ist. Werfel hielt sich vom 19. Januar bis 22. März 1918 in der Schweiz auf (vgl. Becher, S. 217, 227). Ein Aufenthalt in Bern ist bisher nur für den 24. Januar belegt (vgl. Becher, S. 220, 224). Bevor er am 20. März in Zürich den Befehl erhielt, seinen Schweizer Aufenthalt abzubrechen – zwei Tage später verließ er die Schweiz –, ist er nach Balls Brief ein weiteres Mal in Bern gewesen, und zwar am 15. März und wohl einige Tage davor.

Tschokitsch] In seinen Briefen schreibt Ball den Namen des serbischen Emigranten und Medizinstudenten in Bern Simeon Tschokitsch zumeist – so auch hier – »Tchokitch«. Im Personenregister seines Tagebuchs ›Die Flucht aus der Zeit‹ (1927), das er selbst erstellt hat (vgl. Nr. 611 und 646), führt Ball den Serben unter »Tschokitsch, Simeon« an (Flucht, S. 329). Diese korrekte Namensform wird in den folgenden Briefen der Jahre 1918/19 – oft entgegen dem hand- oder maschinenschriftlichen Befund – vereinheitlichend verwendet. – Tschokitsch war 1918 ein guter und hilfsbereiter Freund sowohl von Hugo als auch von Emmy. Kennengelernt hat ihn Ball in Bern bereits Ende September/Anfang Oktober 1917. Unter dem 2. Oktober 1917 notiert Ball in sein Tagebuch, »von den Serben und Kroaten«, mit denen er »den Mittagstisch« teile, gefalle ihm – wegen »seiner glühenden Intelligenz und seines Charakters« – »besonders Tschokitsch«: »Wir haben gemeinsame Berührungspunkte in der russischen und französischen Literatur und sind rasch Freunde geworden.« (Flucht, S. 204) Im Februar 1923 ›entdeckte‹ Ball, daß seine »Freundschaft für Tschokitsch eine Nachwirkung oder ein Begleitumstand« seiner »Bakuninstudien war. Die Serben sind die geborenen Verschwörer. Sie wissen, was der Krieg und was das Leben wert ist. Sie *sind* gefährlich. Die andern sind fahrlässig.« (›Tagebuch‹, 13. Februar 1923)

Bloch] Vgl. *Nr. 164*.

Dich nicht mehr anzutreffen] Emmy Hennings ist demnach kurz vor Mitte März 1918 von Bern nach Ascona abgereist.

Spieldose. Orgeln drauf den ganzen Tag] Die Spieldose, eine Kinderorgel (vgl. HBA 1991, S. 92), haben die Balls dem Ehepaar Bloch geschenkt. Ein solches »Spieldöslein«, das Ball morgens nun nicht mehr »weckt« (vgl. weiter unten im Brief), hat Emmy von Bern mit nach Ascona genommen (vgl. Nr. 177), aber es funktionierte offenbar nicht lange, denn am 14. April schreibt Ball an Emmy, er werde ihr »eine neue Spieldose« mitbringen, wenn er nach Ascona kommt (vgl. Nr. 188). Zur Bedeutung der Spieldose für Emmy Hennings auf Reisen vgl. das erste Kapitel (›Brunnen und Spieldose‹) ihres Italienbuchs ›Der Gang zur Liebe‹ (München 1926, S. 7-12).

Blochs Hexenbuch (vom Geist der Utopie)] Blochs erstes Buch ›Geist der Utopie‹ wurde im April 1915 begonnen und im Mai 1917 beendet. Erschienen ist das Buch Anfang Juli 1918 (vgl. Bloch, Briefe I, S. 226 f.) bei Duncker & Humblot in München und Leipzig. Als Ball im März 1918 »Blochs Hexenbuch« las, lag ihm ein Korrekturabzug oder ein ungebundenes Exemplar vor.

Er schreibt da über Musik] Das vierte, »Philosophie der Musik« überschriebene Kapitel von Blochs Buch ›Geist der Utopie‹ ist in der Erstausgabe von 1918 (S. 79-234) das weitaus umfangreichste der sechs Kapitel.

Fitzlibutzli] Vitzliputzli, entstellt aus dem Namen des obersten aztekischen (mexikanischen) Gottes Huitzilopochtli, der ein blutrünstiger Kriegsgott war und seine nächsten Verwandten, kaum war er geboren, sogleich ermorden ließ. Aufgrund dieser Tat nannte man ihn »das Schrecken« oder »den schrecklichen Gott«. Davon leiten sich die heutigen Bedeutungen her: Schreckgestalt, Kinderschreck; (verhüllend) Teufel. – Dem Heine-Kenner Ball war wahrscheinlich das lange Erzählgedicht ›Vitzliputzli‹ aus Heines Gedichtsammlung ›Romanzero‹ (1851) bekannt.

die Hexe von Endor] Alttestamentliche Wahrsagerin und Totenbeschwörerin (»Hexe«) aus dem südlich vom Berg Tabor gelegenen Ort Endor (heute Endur), die König Saul vor seiner letzten Schlacht gegen die Philister den Geist Samuels beschworen hat (nach 1. Sam. 28, 7 ff.).

Gasthaus am See] Wohl am Thuner See. Bloch wohnte mit seiner Frau Else Bloch von Stritzky (1883-1921) vom Herbst 1917 bis zum Mai 1918 in Thun (Thun-Burgegg 24).

mit den schweizer Abonnements allein kann er sie nicht halten] Die ›Weißen Blätter‹ hatten 1917, als sie mit dem Juliheft ihr Erscheinen vorerst einstellen mußten, nur noch eine Auflagenhöhe von 500 Exemplaren statt der anfänglichen 3 000 bis 5 000 (vgl. Debrunner, S. 123).

lieber aber in Lausanne oder in der Nähe davon] Zu Schickeles Plan, in die Westschweiz an den Genfersee zu übersiedeln, vgl. *Nr. 197* – »Schickele ... nach Genf gefahren«.

Die Lasker] Nach Unterlagen der Züricher Fremdenpolizei war Else Lasker-Schüler vom 4. Januar bis 20. März 1918 in Zürich gemeldet (vgl. Escherig, S. 127), von wo sie vor dem 15. März einen Abstecher nach Bern gemacht hatte. Aus Briefen an Max Gubler und Salomon David Steinberg geht hervor, daß Else Lasker-Schüler am 12. März von Zürich aus zu einer Lesung nach Bern reiste und am 15. März wieder zurück in Zürich war. In ihrem in Bern abgeschickten Brief an Steinberg schreibt sie: »Es war gräßlich hier.« (Nachlaß S. D. Steinberg; Zentralbibliothek Zürich).

Franz Werfel] Werfel hielt sich vom 19. Januar bis 22. März 1918 in der Schweiz auf.

die deutschen Erfolge und Räuberei in Russland] Am 3. März 1918 schlossen die Mittelmächte und die Sowjetregierung den vom Deutschen Reich und Österreich-Ungarn diktierten Friedensvertrag von Brest-Litowsk, durch den Sowjetrußland über 25% seiner Bevölkerung und etwa 27% seines wirtschaftlich nutzbaren Landes verlor (Verzicht Rußlands auf die baltischen Länder, Finnland und die Ukraine). Am 15. März 1918, dem Datum des vorliegenden Briefes, ratifizierte der VII. außerordentliche Sowjetkongreß in Petrograd mit knapper Mehrheit den Friedensvertrag von Brest-Litowsk vom 3. März.

Däublers »Lucidarium in arte musicae«] Der vollständige Titel des Buchs von Theodor Däubler lautet ›Lucidarium in arte musicae des Ricciotto Canudo aus Gioja del Colle.‹ Hellerau 1917. Das Buch enthält außer einer Vorrede vier Essays: Intermezzo Geburt des Musikdramas, Beethoven, Das gedankliche Drama, Wagner. In der ›Kritik der deutschen Intelligenz‹ (7. Abschnitt des 2. Kapitels) zitiert Ball aus Däublers ›Lucidarium‹ (vgl. Kritik, S. 101, 260, Anm. 130). – Theodor Däubler (1876-1934), in Triest geborener, zweisprachig aufgewachsener Lyriker, Prosaist und Essayist aus dem Umkreis des Expressionismus, war mit 17 Gedichten in der ›Menschheitsdämmerung‹, der repräsentativen expressionistischen Lyrik-Sammlung, vertreten; führte ein unstetes Wanderleben als Bohemien in vielen Ländern Europas; avancierte zu einer imponierenden Gestalt des literarischen Lebens; wurde 1928 in die Preußische Akademie der Künste berufen und zum Präsidenten der deutschen Sektion des PEN-Klubs gewählt; außer seinem Lebens- und Hauptwerk ›Das Nordlicht‹ (1910), einem lyrischen Epos in drei Bänden, verfaßte Däubler Gedichte, Erzählungen, Romane, Reisebilder und Aufsätze zur modernen Kunst.

einen Band Blei zufällig mitgenommen] Bei dem von Emmy aus Bern mitgenommenen »Band Blei« handelt es sich womöglich um Franz Bleis

›Menschliche Betrachtungen zur Politik‹ (München 1916), aus denen Ball in der ›Kritik der deutschen Intelligenz‹ eine Stelle zitiert (vgl. Kritik, S. 127, 272, Anm. 2). Vgl. auch Nr. 172.

von Hallwag höre ich, dass mein Roman nun nahezu gesetzt ist, und dass ich in diesen Tagen die *ganze* Korrektur bekomme] Die Druckerei-Korrekturen für Balls Roman ›Flametti‹ waren jedoch erst um den 28. April 1918 fertig (vgl. Nr. 202).

Villa Erika? In Ascona oder in Locarno?] Baedekers Schweiz von 1920 (S. 458) verzeichnet unter den Pensionen in Locarno-Muralto eine »Villa Erika« mit 20 Betten. Dieses Haus ist wohl die in Nr. 170 erwähnte »kleine Villa für 200 Francs jährlich [...] mit Einrichtung«.

Delmer] Frederic Sefton Delmer (1865-1936), australischer Sprach- und Literaturwissenschaftler, Publizist; war von 1902 bis 1914 ›Lecturer‹ für Englisch an der Friedrich-Wilhelms-Universität in Berlin, veröffentlichte ein Standardwerk für deutsche Schulen im Englisch-Unterricht: ›English Literature from Beowulf to Bernhard Shaw. For the Use of Schools‹. Berlin 1910 (39. Aufl. 1973); nach Ausbruch des Ersten Weltkriegs wurde er in Berlin interniert, jedoch im Mai 1917 aus der Internierung entlassen mit der Erlaubnis, nach England zu gehen; danach war er Berner Korrespondent der ›Daily Mail‹, als welcher er zwischen London und Bern hin- und herpendelte. In ihren Erinnerungen ›Rebellen und Bekenner‹ schreibt Emmy Ball-Hennings über die Zusammenarbeit von Delmer und Ball in der Berner Zeit: »Eines Tages [...] machte er [Ball] die Bekanntschaft mit einem englischen Professor namens Sefton Delmer, der ihn als Sekretär engagierte, in welcher Eigenschaft er die verschiedensten Zeitungen auf Kriegsnachrichten hin lesen und darüber Delmer allabendlich einen Bericht erstatten mußte. Es war das für Hugo eine nicht uninteressante Übung, sich mit der Tagespresse vertraut zu machen, was ihm später bei der Redigation der ›Freien Zeitung‹ gut zustatten kam.« (Emmy Ball-Hennings: ›Aus dem Leben Hugo Balls 1916-1920‹. In: HBA 1991, S. 94). Nach dem Krieg kehrte Delmer nach Deutschland zurück und verdiente um 1927 seinen Lebensunterhalt als freier Mitarbeiter für mehrere englische Zeitungen in Berlin.

Schlieben] Hans Schlieben (1865-1943), deutscher Diplomat, Mitglied des im November 1914 gegründeten, pazifistischen ›Bundes Neues Vaterland‹, Gründer und Herausgeber, als welcher er erst seit dem 17. September 1919 offen in Erscheinung trat, der ›Freien Zeitung‹; politisch »linksstehend, aber nichtbolschewistisch« (Korol, S. 396); er war nicht, wie Ball unter dem 9. November 1917 in der ›Flucht aus der Zeit‹ (S. 212) angibt, »bis zum Kriegsausbruch Konsul in Belgrad«, »vielmehr hatte er im Herbst 1913 wegen seiner proserbischen Haltung nach Quito (Ecuador) strafversetzt werden sollen und war daraufhin aus dem diplomatischen Dienst ausgetreten« (Echte 1992, S. 339). Ball lernte Schlieben im Herbst 1917 kennen (vgl. Flucht, S. 212). Er scheint ihn sehr geschätzt zu haben (vgl. etwa Nr. 243). Zusammen mit Schlieben, Muehlon, Bernstein und Foerster verfaßte Ball Anfang 1919 einen durch Herron weitergeleiteten Appell an den amerikanischen Präsidenten Wilson, in dem sich die fünf massiv über die deutschen Nachkriegsverhältnisse beschwerten (vgl. Korol, S. 397).

»Totentanz«. Der wird eine Luftpartie machen] Balls Antikriegslied ›Totentanz 1916‹, von dem eine mit dem Absender Künstlerkneipe Voltaire (Meierei, Spiegelgasse 1) versehene Postkarte hergestellt wurde (vgl. Schaub 1985, S. 35 f.), sollte »eine Luftpartie machen«, d. h. es sollte als Flugblatt von Flugzeugen oder Ballons der Entente über der deutschen Westfront abgeworfen werden (vgl. Schaub 1985, S. 36 f.). Bisher hat sich kein Exemplar des ›Totentanzes 1916‹ in Form eines solchen Flugblatts nachweisen lassen.

Schickele sitzt einsam herum, trinkt Roten und Weissen] Im März 1918 ist Schickele wieder einmal in eine ihn lähmende Schaffens- und Existenzkrise geraten, die sich durch Alkohol- und Tablettenmißbrauch nur noch verschlimmerte (vgl. Debrunner, S. 188 f.). – Emmy Ball-Hennings (und ihr folgend auch Annemarie Schütt-Hennings in: Briefe, S. 95) hat die Briefstelle verändert, das heißt entstellt, wiedergegeben: »René Schickele sitzt einsam, trinkt roten oder weißen Wein, weiß und rot und möchte, wie er sagt, am liebsten ein Spitzwegbild sein.« (EBH Leben, S. 67). Diese nichtauthentische Briefstelle kommentiert Debrunner (S. 156) wie folgt: »›Weiss und rot‹ ist der Titel einer Gedichtsammlung von René Schickele [Berlin 1920], weiss und rot sind die Farben des Elsasses. Besser hätte Ball die Zerrissenheit Schickeles nicht zum Ausdruck bringen können.«

170. An Emmy Hennings, vermutl. 16.3.1918

H: Ms. Brief mit eigenh. Unterschrift; 1 Bl., 2 S. **F:** HBN. **E:** Briefe, S. 101-103. **DV:** Original.

Datierung: Sie erfolgt nach den Erläuterungen zu: »Den Sweather werd ich Dir Montag schicken« und »das Buch ... in 6 Wochen fertig sein soll«.

dass Du gut an- und untergekommen bist] Nachdem sie sich einige Zeit in Bern aufgehalten hat, ist Emmy Hennings im März 1918 offensichtlich ins Tessin abgereist.

Den Sweather werd ich Dir Montag schicken ... habe mir für den Sonntag ... gekauft] Nach diesen Angaben dürfte der Brief an einem Samstag geschrieben worden sein. In Frage kommen: Samstag, der 9. März 1918 oder Samstag, der 16. März 1918. Gegen den 9. März spricht, daß Ball an diesem Tag schwerlich etwas von dem am selben Tag gestorbenen Wedekind erfahren haben kann (vgl. Erläuterung zu »Wedekind-Ausschnitte«), so daß der Brief wahrscheinlich vom 16. März 1918 datiert. Ab diesem Brief (vgl. auch Nr. 171, 184, 355, 591) schreibt Ball den Sweater immer mit »th«.

umasunst] Zürichdeutsch: umesuscht = umsonst (Zürichdeutsches Wörterbuch, S. 278).

die St. Gotthard-Marie die Rechnung] Ball hatte seit Februar 1918 ein Zimmer im Berner Hotel Gotthard (vgl. den Kopf des Briefes Nr. 168).

Delmer] Vgl. *Nr. 169*.

kleines Honorar ... Ist eine flaue Sache] Damit könnte Ball seinen Beitrag ›Die Philharmoniker‹ gemeint haben, der am 2. März 1918 in der FZ erschien (Nr. 18, S. 75; Nachdruck in HBA 1999, S. 23-28).

Das Buch ... in 6 Wochen fertig sein soll] Wenn die Datierung dieses Briefes auf den 16. März stimmt, sollte Balls Streitschrift ›Zur Kritik der deutschen Intelligenz‹ also bereits Ende April 1918 fertiggestellt sein. Für dieses geplante Abgabedatum des fertigen Manuskripts spricht auch Balls Hinweis in Nr. 171 vom (vermutlich) 20. März, er müsse »am 15. April [...] ⅔ vom Buch fertig haben«. Für das restliche Drittel würden ihm dann noch vierzehn Tage verbleiben, was ebenfalls auf Ende April 1918 als Abgabetermin hindeutet. Damit ist die Datierung des vorliegenden Briefes auf den 16. März mehr als wahrscheinlich.

Spompanadeln] Sperenzchen; aus dem gleichbedeutenden italienischen ›spampanata‹, österreichisch umgangssprachlich.

aus dem Brom ist Brause geworden] Aus dem eher ruhigen Flesch ist ein quicklebendiger Mensch geworden. Brom wurde früher als Beruhigungsmittel verwendet.

Wedekind-Ausschnitte .... eine kleine Ausstellung] Frank Wedekind ist am 9. März 1918 in München gestorben. Tschokitsch plante offenbar eine kleine Gedächtnis-Ausstellung aus Anlaß des Todes von Frank Wedekind. Der Brief muß demnach nach dem 9. März geschrieben worden sein.

eine kleine Villa für 200 Francs jährlich ... mit Einrichtung] Vgl. *Nr. 169* – »Villa Erika«.

Der Roman ist nahezu gesetzt] ›Flametti‹.

Frau Waltersdorf ... den Schlüssel gegeb[e]n, den ich noch hatte] Bei Frau Waltersdorf in der Victoriastraße 91 hatte Ball am 1. Dezember 1917 Logis genommen. Von dort war er spätestens im Februar 1918 in das Garni Hotel St. Gotthard am Bahnhof umgezogen.

Ankenbrand] Eduard Ankenbrand (Lebensdaten nicht ermittelt). Im Berner Adressbuch des Jahres 1917 taucht der Name Ankenbrand dreimal auf: Ankenbrand, Ed., i.Fa Ankenbrand & Cie., Gutenbergstraße 19; Ankenbrand & Cie., Auskunftei ›Fides‹, Spitalgasse 27; im Branchenteil unter ›Auskunfts-, Inkasso- u. Rechtsbureau‹: ›Fides‹, Bern (freundliche Auskunft von Michael Jänichen).

Bridges] Ball meint die ›breeches‹, die englische, mit Reitstiefeln getragene Reithose. In Mode gekommen sind die ›breeches‹ seit etwa 1900; ihr typischer Schnitt setzte sich erst in den zwanziger Jahren durch.

Gspassig] Zürichdeutsch: gespässig = lächerlich, sonderbar, zweifelhaft (vgl. Zürichdeutsches Wörterbuch, S. 117).

Frau Coray] Domenica Coray, geb. Hössli (1876-1956), erste Frau von Han Coray (Heirat 2. Mai 1904, Scheidung 15. Mai 1918); führte in der Pestalozzischule ihres Mannes eine Haushaltschule für Mädchen (vgl. Koella, S. 71); nach Han Corays Kündigung seiner Direktorenstelle an der Pestalozzischule zum 7. November 1917 und der wachsenden Entfremdung zwischen den Eheleuten wohnte Domenica Coray mit ihren Kindern zunächst noch weiterhin in der Pestalozzischule an der Fehrenstraße 15, ehe sie laut offiziellem Meldezettel im April 1918 in die Seefeldstraße 114 umzog (vgl. Koella, S. 76; vgl. auch Nr. 204). In der Seefeldstraße scheint Han Coray, der sich im Winter 1917/18 in die junge Holländerin Dorrie Stoop (1895-1928) verliebt hatte und sie im Mai 1919 heiratete, »nur sehr kurze Zeit oder überhaupt nie gewohnt zu haben« (Koella, S. 76).

Leon] Robert Leo Richter (vgl. *Nr. 120*).

Was macht denn das Drama] In sieben weiteren Briefen vom März und April 1918 (vgl. Briefe Nr. 171, 183, 185, 186, 188, 192, 193) spricht Ball von einem im Entstehen begriffenen »Drama« bzw. »Dialog« von Emmy Hennings, das jedoch nie erschienen ist und von dem sich im Nachlaß nichts erhalten hat.

Segals besucht] Arthur Segal, der Maler, und seine Frau Ernestine lebten von 1914 bis 1918/19 in Ascona.

Insektenprofessor in Locarno] Gemeint ist der Biologe Karl Soffel (vgl. *Nr. 183* – »Herrn Naturforscher«).

171. An Emmy Hennings, vermutl. 20.3.1918

H: Hs. Brief; 1 Bl., 3 S. **F:** HBN. **DV:** Original.

Datierung: Für die Datierung auf März 1918 sprechen: Ball sollte am 15. April 1918 Zweidrittel seines Buches ›Zur Kritik der deutschen Intelligenz‹ »fertig haben«. Bis »Ende des Monats« März sollten es »wenigstens 60 Seiten« sein, was ihm nach Nr. 176 vom 26. März 1918 auch gelungen ist, so daß er den vorliegenden Brief um Mitte März geschrieben haben dürfte. Zur genaueren Datierung des Briefes auf den 20. März 1918 vgl. Erläuterung zu: »hast Du den Sweather bekommen« und zu seiner chronologischen Einordnung im Hinblick auf Brief Nr. 172 vgl. Erläuterung zu »Sultansbrod«. Auch wegen der erbetenen und umgehend erhaltenen »Depesche« müssen die beiden Briefe Nr. 171 und 172 in unmittelbarer Aufeinanderfolge geschrieben worden sein.

heute und gestern keine Zeile von Dir] Über Balls häufige Klagen wegen ausgebliebener Post von ihr schreibt Emmy Ball-Hennings in ihren Erinnerungen ›Rebellen und Bekenner‹: »Wenn ich ihm nicht täglich schrieb, war er unglücklich. [...] Daß sein Wohlbefinden so sehr davon abhängig war, ob ich ihm täglich schrieb oder nicht, mag, abgesehen von seiner zärtlichen Neigung zu mir, seine große Einsamkeit illustrieren.« (HBA 1991, S. 93).

Sultansbrod] Ball erwähnt das »Sultansbrot«, das Tschokitsch in einem Päckchen an Emmy geschickt hat, auch in Nr. 172, und zwar in einer Weise, die klarmacht, daß der vorliegende Brief vor Nr. 172 geschrieben worden sein muß. – Mit ›Sultansbrot‹ ist wohl ein feines, köstliches Brot, das heißt ein Weiß- oder Tafelbrot gemeint, für das im älteren Deutsch der Begriff ›Herrenbrot‹ verwendet wird (vgl. Grimms ›Deutsches Wörterbuch‹). In Konditoreibüchern des 19. Jahrhunderts findet man Feingebäcke wie »Sultansschnitten«, »Sultanskuchen«, »Sultanstörtchen«, aber kein »Sultansbrot«, ein Wort, für das es in Wörterbüchern keine Belege zu geben scheint.

⅔ vom Buch] Von seinem im Entstehen begriffenen Pamphlet ›Zur Kritik der deutschen Intelligenz‹.

hast Du den Sweather bekommen] Vgl. Brief Nr. 170, der wahrscheinlich am 16. März 1918 abgefaßt wurde: »Den Sweather werd ich Dir Montag schicken«. Dieser »Montag« war, wenn die Datierung stimmt, der 18. März 1918. Der vorliegende, auf einen »Mittwoch« datierte Brief könnte somit am Mittwoch, dem 20. März 1918 geschrieben worden sein.

Ende des Monats wenigstens 60 Seiten fertig haben] In Nr. 176 vom 26. März 1918 ›vermeldet‹ Ball an Emmy Hennings: »das erste Kapitel, 60 Seiten des Buchs [›Zur Kritik der deutschen Intelligenz‹] sind fertig und rein geschrieben.« Im Erstdruck umfaßt das erste Kapitel (S. 14-51) 38 Seiten.

Dein Manuskript an Frank habe ich geschickt mit Brief] In den beiden folgenden Briefen fragt Ball, ob Emmy mit Frank schon über ihren als Manuskript vorliegenden Roman ›Gefängnis‹ gesprochen habe.

172. An Emmy Hennings, 20./21.3.1918

H: Hs. Brief; 1 Bl., 4 S. **F:** HBN. **E:** EBH Leben, S. 75 f.; auch in Briefe, S. 98 (2. Teil einer Kompilation aus zwei Briefen). **DV:** Original.

Datierung: Der Brief muß am 20. oder 21. März geschrieben worden sein, weil am 19. März im ›Berliner Tageblatt‹ ein Bericht über den Selbstmord des Berliner Rechtsanwalts Hugo Caro erschien, ein Bericht, von dem Ball in seinem Brief sagt, er lese ihn »soeben im Berliner Tageblatt«.

mein Buch] ›Zur Kritik der deutschen Intelligenz‹.

Was ich seit 5 Jahren gedacht habe, wird sich alles in diesem Buch konzentrieren] Demnach müßten sich erste Spuren des Ballschen Denkens, wie es sich in der ›Kritik der deutschen Intelligenz‹ manifestiert, bereits 1913 entdecken lassen. Balls erste Aufzeichnungen seines Tagebuchs ›Die Flucht aus der Zeit‹ stammen aus dem Jahr 1913 (vgl. Flucht, S. 5 ff.). Darin spricht er unter anderem von Walter Rathenaus Buch ›Zur Kritik der Zeit‹ (1912), dessen Titel ihn zu seiner Streitschrift ›Zur Kritik der deutschen Intelligenz‹ angeregt und provoziert haben könnte, zumal er sich damals notierte: »›Mit wirtschaftlichen und politischen Vorschlägen, wie Rathenau sie am Schlusse seines Buches entwickelt [...], ist es nicht mehr getan. Was nottut, ist eine Liga all derer, die sich dem Mechanismus entziehen wollen; eine Lebensform, die der Verwendbarkeit widersteht. Orgiastische Hingabe an den Gegensatz alles dessen, was brauchbar und nutzbar ist.‹« (Flucht, S. 5). Auch die Notiz zu einer Ausstellung in der Galerie Goltz mit Bildern von Heuser, Meidner, Rousseau und Jawlensky (um 1913): »Hier waren Gesamtausdrücke des Lebens erreicht ohne den Umweg durch den Intellekt. Der Intellekt als eine verruchte Welt war ausgeschaltet« (Flucht, S. 7), könnte man als eine Keimzelle für seine spätere Kritik an der deutschen Intelligenz betrachten.

Reklambändchen Don Quichote] Der ›Don Quichote‹ von Cervantes ist 1876-1878 in vier Bänden in Reclams Universal-Bibliothek erschienen und danach in vielen Nachdrucken (Übersetzung von Ludwig Tieck).

Berliner Tageblatt ... Rechtsanwalt Caro durch Gasvergiftung Selbstmord beging] Der Bericht findet sich im ›Berliner Tageblatt‹ vom 19. März 1918 (Morgenausgabe, S. 3):

»*Der Berliner Rechtsanwalt Hugo Caro* ist gestern in seiner Wohnung in der Nürnberger Straße 61/62 *tot aufgefunden* worden. Der Tod des bekannten Berliner Anwalts ist durch *Gasvergiftung* herbeigeführt worden. Der Hauptgashahn der Wohnung war geöffnet, und auch in dem Zimmer, in dem man Caro tot fand, war der Hahn einer Gasflamme offen. Ob es sich um einen *Unglücksfall* handelt, oder ob Caro freiwillig aus dem Leben geschieden ist, steht nicht fest. Hugo Caro war einst als Referendar bei

Dr. Fritz Friedmann beschäftigt und durch diese Tätigkeit, obgleich er am Kammergericht als Anwalt zugelassen war, auf die Bahn des Strafverteidigers gewiesen. Seine Klientel setzte sich in der Hauptsache aus Literaten und den Inhabern kleiner Bankgeschäfte zusammen. So war er u. a. der Hausanwalt des Bankiers *Friedberg*, der bekanntlich von den Berliner Strafgerichten zu einer hohen Gefängnisstrafe verurteilt wurde. Caro selbst wurde kurze Zeit nach der Verhaftung Friedbergs unter dem Verdacht der Beteiligung in Haft genommen, aber nach kurzer Zeit wieder auf freien Fuß gesetzt. Die Untersuchung ergab seine *Unschuld*, so daß eine Anklage überhaupt nicht erhoben wurde. In den letzten Jahren war Caro, der früher zu den beschäftigsten Anwälten Berlins gehörte, mehr und mehr in den Hintergrund getreten.«

Daß Ball diesen Bericht »soeben« im ›Berliner Tageblatt‹ las, deutet darauf hin, daß er eine aktuelle Ausgabe des ›Tageblatts‹ konsultierte. Der vorliegende Brief dürfte also kurz nach dem 19. März 1918 geschrieben worden sein. – Zu Caro, der gern unter Künstlern im ›Café des Westens‹ verkehrte und für jeden »ein liebenswürdiges Verständnis« hatte, vgl. Else Lasker-Schülers Nachruf ›Unser Rechtsanwalt Hugo Caro‹, in: Else Lasker-Schüler: ›Essays‹. Berlin 1920. Nach Lasker-Schüler handelte es sich bei dem Tod Caros um einen Unglücksfall.

In Berlin passieren jetzt tolle Dinge: 300 Diebstähle, Raubanfälle u.s.w. täglich] Unter der Überschrift ›Täglich 300 Diebstähle. Aus der Statistik der Versicherungsgesellschaften‹ veröffentlichte das ›Berliner Tageblatt‹ vom 10. März 1918 (Morgenausgabe, S. 3) darüber folgenden Bericht:

»Ueber die Anzahl der Einbrüche und Diebstähle, die jetzt in Berlin einen so beängstigenden Umfang angenommen haben, erhält man erst aus den statistischen Aufzeichnungen der Versicherungsanstalten ein klares Bild. Wie der Direktor einer der größeren Versicherungen einem unserer Mitarbeiter mitteilte, werden zurzeit dieser Versicherungsgesellschaft *täglich etwa 300 Einbrüche* gemeldet. Da ein großer Teil der bestohlenen Geschäfte und Haushaltungen *nicht* versichert ist, ist die Zahl der Diebstähle natürlich viel höher. Nach der Mitteilung des Direktors begann die auffällige Zunahme der Eigentumsdelikte im Herbst 1916. Von da ab vermehrten sich die Diebstähle von Tag zu Tag, so daß die Versicherungsgesellschaften in eine sehr schwierige Lage geraten sind. Die Prämien wurden wohl bei neuen Verträgen erhöht, eine große Anzahl der alten Verträge zu niedrigen Versicherungsprämien besteht aber noch und muß eingehalten werden, obwohl die *Wertsteigerung der Waren* außerordentlich groß ist. Kein Stadtbezirk ist vor den Einbrechern sicher. Sogar beim Kriegsminister und bei dem kommandierenden General in den Marken wurde eingebrochen. In drei Filialen eines großen Warenhauses wurden vor kurzer Zeit für etwa 150 000 Mark Waren gestohlen, in den Haushaltungen nehmen die Bodendiebstähle kein Ende. Die meisten Einbrüche werden in der Zeit von Freitag bis Sonntag verübt. Die Diebesgesellschaften rekrutieren sich, wie vielfach festgestellt wurde, aus Angehörigen der besetzten *polnischen Gebiete* und *Galiziens*, ehemaligen Zuchthäuslern und leider auch aus Fahnenflüchtigen, die die Uniform als Deckmantel für ihre lichtscheuen

Taten benutzen. Die Versicherungsgesellschaften haben die maßgebenden Behörden dauernd auf die überhandnehmenden Einbrüche aufmerksam gemacht, aber wenig Erfolg erzielt.
Leider werden die Verbrecher auch durch die gegenwärtigen Verhältnisse außerordentlich begünstigt. Die Zahl der Kriminalbeamten und Schutzleute ist nicht ausreichend, außerdem werden viel zu viel Beamte mit *Schreibarbeiten* beschäftigt, die recht gut von Frauen erledigt werden könnten. In den Geschäftshäusern fehlen die *Portiers*, und die alten Wächter sind kein genügender Ersatz. Eine Besserung der gegenwärtigen Verhältnisse kann nur dann eintreten, wenn die Armeeverwaltung eine große Anzahl der eingezogenen Schutzleute für ihren früheren Dienst freigibt. Auch die strengsten Strafen werden die Verbrecher nicht abschrecken. Der Krebsschaden ist das Hehlerunwesen, das immer größeren Umfang annimmt.«

Diesen Bericht hat Ball wohl noch im Kopf, als er am 26. Juni 1918 in der FZ einen Artikel über ›Majestät im Hauptquartier‹ veröffentlicht, in dem es heißt: »Zu Beginn des fünften Kriegsjahres, da […] in Berlin Raubmorde, Diebstähle, Hochstapeleien und Selbstmorde sich zu geselligem Auftreten verbinden« (Schriften, S. 219).

Dein Buch] Der Roman ›Gefängnis‹.

Werfel nur so kurz sprach, gerade vor seiner Abreise] Franz Werfel hielt sich in Diensten des Wiener Kriegspressequartiers vom 19. Januar bis zum 22. März 1918 zu einer Vortragsreise in der Schweiz auf (vgl. Becher, S. 217, 227). Belegt ist bisher nur *ein* Aufenthalt in Bern, wo Werfel am 24. Januar 1918 auf Einladung der Freistudentenschaft im Berner Bürgerratssaal aus seinen Werken las (vgl. Becher, S. 220, 224, Anm. 34). Vor seiner Abreise aus Zürich (22. März 1918) hat sich Werfel offenbar noch einmal in Bern aufgehalten. Über den nach seiner Rückkehr nach Österreich dort angeblich in Schutzhaft genommenen Werfel hat Ball unter dem Kürzel »H. B.« in der FZ (Jg. 2, Nr. 43, S. 174) vom 29. Mai 1918 einen kurzen Artikel mit der Überschrift ›Oesterreich setzt einen verheißungsvollen Dichter in Schutzhaft‹ geschrieben (Nachdruck in: HBA 1999, S. 33).

einen Band Blei] Vgl. *Nr. 169*.

Das kleine Büchel über Werfel] Gemeint ist ein Heft der Zeitschrift des Lesezirkels Hottingen ›Der Lesezirkel‹ (5. Jg., 5. Heft, Februar 1918), das einen Beitrag von Stefan Zweig mit dem Titel ›Franz Werfel. Ein einführendes Wort‹ (S. 65-68) enthält und der Schweizer Vortragsreise Franz Werfels gewidmet ist (vgl. Becher, S. 217).

Meyrink] Gustav Meyrink (1868-1932), österreichischer Schriftsteller; verfaßte phantastische Romane (bekanntestes Beispiel ›Der Golem‹, 1915) und satirisch-parodistische Erzählungen (›Des deutschen Spießers Wunderhorn‹, 1913).

Meyrink beim Schreiben … onaniert … jetzt verstehe ich es] Zu Balls erotischer Selbststimulanz, zu der er sich hier ziemlich offen bekennt, die er aber später vor Emmy verbergen wollte, vgl. Reetz, S. 249, 362 f. (Anm. 75).

173. An Emmy Hennings, 22.3.1918

H: Hs. Brief; 1 Bl., 4 S. **F:** HBN. **DV:** Original.

Datierung: Der Brief muß geschrieben worden sein: nach Nr. 172 vom 20./21. März 1918, an dem Ball »ein Reklam-Bändchen Don Quichote« an Emmy schickte, und vor Brief Nr. 174 vom Sonntag, dem 24. März 1918, in dem sich Ball erkundigt, ob Emmy das »marzipanerne« Paketchen erhalten habe. Dieses Päckchen mit den »Marzipan-Fischen« hat er am selben Tag wie den vorliegenden Brief vom »Freitag« abgeschickt. Als »Freitag« zwischen dem 20./21. März und dem 24. März 1918 kommt nur der 22. März in Frage.

»Tötchen«] Eine Kleinplastik, die eine aus verschiedenen Materialien (Elfenbein, Bronze, Holz, Knochen) gearbeitete Totenfigur darstellt. Der Kontext der Briefstelle (»Es soll fein säuberlich aufgezogen werden auf einen grau-schwarzen Karton«) deutet darauf hin, daß es sich bei dem »Tötchen« von Emmy Hennings wohl um einen Einblatt-Druck mit der graphischen Darstellung einer Totenfigur handelte. Ball erwähnt das inzwischen »ausgeschnittene ›Tötchen‹ auf einem Karton« noch einmal in Nr. 183.

zu immerwährendem Schock in Steffgens Zimmer hängen] Ein gewisser Totenkult verbunden mit der Mahnung zum Memento mori läßt sich bei Ball schon früh beobachten. In seiner Münchner Studienzeit veranstaltete er »in seinem verdunkelten Zimmer eine mysteriöse Karnevalsfeier«: »Nur eine Wachskerze schickt aus dem Hohlraum eines Totenschädels, den er aus Schnaitsee ›mitgebracht‹ hat, ihren spärlichen Schein durch die leeren Augenhöhlen in den Raum. Bei Vermouth und hauptsächlich Kaffee gibt dieses arme Totenseelchen das Thema an zu ernst und heiter wechselnden Variationen.« (August Hofmann: ›Erinnerungen an Hugo Ball‹. In: HBA 1997/98, S. 101). Über diesen Totenschädel aus Schnaitsee findet sich unter dem 11. Oktober 1915 folgender Eintrag in Balls Tagebuch: »Ich trug einmal früher von Stadt zu Stadt einen Totenkopf mit mir herum, den ich in einer alten Kapelle gefunden. Man hatte Gräber umgeschaufelt und dabei hundertjährige Skelette bloßgelegt. Auf die Schädeldecke schrieb man die Namen der Verstorbenen und den Geburtsort dazu. Die Backenknochen wurden mit Rosen und Vergißmeinnicht bemalt. Das caput mortuum, das ich so jahrelang mit mir führte, war der Kopf eines mit 22 Jahren anno 1811 verstorbenen Mädchens. Ich war in die 133jährige recht vernarrt und konnte mich schwer von ihr trennen. Schließlich aber, als ich in die Schweiz fuhr, habe ich sie doch in Berlin zurückgelassen.« (Flucht, S. 48 f.).

Totentanz ... eine Reise über die Schützengräben] Vgl. *Nr. 169* – »Totentanz ...«.

die dänische Übersetzung ... Der Brief Muehlons ist ausserordentlich wichtig] Aus Nr. 174 geht hervor, daß Emmys Übersetzung (aus dem Dänischen) von der FZ in Auftrag gegeben worden war, so daß ihr ein Honorar zustand. Da das ›Berliner Tageblatt‹ am 21. März 1918 den »Originaltext« abgedruckt hatte, mußte man nun in der FZ »natürlich das Original nehmen« (Nr. 174). Unter dem Titel ›Aus dem Briefe Dr. Muehlons‹ veröffentlichte die FZ am 27. März 1918 (Jg. 2, Nr. 25, S. 103 f.) den größten Teil dieses Briefes. Daß es sich bei Emmys Übersetzung aus dem Dänischen um den Brief Muehlons handelte, geht auch aus dem Brief Nr. 208

hervor, in dem es heißt: »Bloch hat heute Muehlon besucht, dessen Brief Du damals übersetzt hast.«

Hoffentlich bist Du in Locarno noch zum Arzt gegangen] Ball hatte Emmy Hennings schon im Brief Nr. 171 vom 20. März 1918 dringend aufgefordert: »wenn Dir etwas fehlt, nimm doch *ja* einen Arzt.« Die Zeitformen, in denen die beiden Arzt-Stellen formuliert sind, verdeutlichen, daß der vorliegende Brief nach dem Brief vom 20. März 1918 geschrieben wurde.

die Reklam-Bändchen] Vgl. *Nr. 172.*

Frau Coray ... Annemie] Emmys Tochter Annemarie war im Frühjahr 1918 bei Domenica Coray, der ersten Frau von Han Coray, in Zürich gegen Bezahlung der Unterhaltskosten untergebracht. Die Wahl dieser Bleibe scheint wohlüberlegt gewesen zu sein: Frau Coray hatte innerhalb der Schule ihres Mannes eine Haushaltsschule für Mädchen geleitet, und sie hatte drei Kinder, die mit Annemarie ungefähr gleichaltrig waren.

Frl. Bergner] Elisabeth Bergner, eigentlich Elisabeth Ettel (1897-1986), österreichische Schauspielerin, zunächst Bühnen-, dann auch (seit den zwanziger Jahren) gefeierte Filmschauspielerin; 1933 Emigration nach London und Heirat mit dem Regisseur Paul Czinner; seit 1975 wichtige Rollen im deutschen Fernsehen. Nach ersten Auftritten am Stadt-Theater Innsbruck (Spielzeit 1915/16) bekam E. Bergner in den Spielzeiten 1916/17 und 1917/18 ein Engagement am Stadt-Theater in Zürich, wo sie am 7./8. September 1916 eintraf und am 14. September zum ersten Mal auf der Bühne zu sehen war, in Halbes Liebesdrama ›Jugend‹ in der Rolle des Annchen (vgl. Völker, S. 42, 387); von September 1916 bis Sommer 1918 (ihr Züricher Engagement endete am 26. Juni 1918) hielt sie sich – von kurzen Unterbrechungen abgesehen – in Zürich auf, von wo sie Ende August 1918 nach Berlin ging (vgl. Völker, S. 404). Ball erwähnt die Bergner erstmals am 28. April 1917 in seinem Tagebuch ›Die Flucht aus der Zeit‹ (S. 163) unter den Besuchern der dritten Dada-Soirée ›Abend Neuer Kunst‹ – sie spielte Ende März und im April 1917 die Rosalinde in Shakespeares ›Wie es euch gefällt‹; in Balls Briefen aus der Berner Zeit kommt sie im Frühjahr (März/April) 1918 viermal vor, immer im Zusammenhang mit seiner damals in Zürich lebenden Pflegetochter Annemarie, die sich in jugendlich-pubertärer Schwärmerei in die zehn Jahre ältere, junge Schauspielerin verliebt hat: das »verwirrte Kind« in die »verwirrende Kindfrau« von »androgyner Schönheit« (Reetz, S. 179). Aus den vier undatierten Briefen ergeben sich nur zwei schlüssige Hinweise auf ihre Chronologie: Nr. 173 und Nr. 174 müssen vor dem Brief Nr. 176 vom 26. März 1918 geschrieben worden sein, denn in letzterem heißt es: »Frau Coray *schrieb*: sie [Annemarie] ist ganz verliebt, sieht und hört nichts mehr als Frl. Bergner«, während Ball in den beiden ersteren im Präsens bzw. Perfekt formuliert: »Ein Brief von Frau Coray ist gekommen« bzw. »Frau Coray schreibt«. Aus dem Brief Nr. 190 (um den 15. April 1918) geht hervor, daß Annemarie »nicht mehr so oft zu Frl. Bergner gehen kann«, so daß dieser wohl der letzte der vier Bergner-Briefe aus Balls Berner Zeit ist.

Hat Frank das Buch inzwischen bekommen?] Das ›Gefängnis‹-Buch (vgl. Nr. 172). Ball schickte Emmys Roman-Manuskript zunächst nach Zürich und hoffte, es werde Frank von dort nach Lugano »nachgeschickt«. Aber es kam sowohl aus Zürich als auch aus Lugano nach Bern als »unbestellbar« zurück, so daß es Ball schließlich von dort ans Café Scheurer in Locarno schicken ließ (vgl. Nr. 176).

von Molchen schreibst] Von dem Naturforscher Soffel (vgl. *Nr. 183* – »Herrn Naturforscher«) schrieb Emmy in einem Brief (»Hab innigen Dank; HBN), er sehe aus »wie ein Molch«.

Herr Dr. Markowitsch] Lazar Markowitsch (Markovic; 1882-1955); studierte Jura in Belgrad und Berlin; war dort nach der Promotion ab 1910 Dozent und von 1914 bis 1920 Professor an der Juristischen Fakultät in Belgrad; ab 1920 Parlamentsabgeordneter; bekleidete 1920-23 und 1939-41 verschiedene Ministerposten; war von 1911 bis 1914 Redakteur der Belgrader Zeitschrift ›Delo‹ (Zeitschrift für Wissenschaft, Literatur und öffentliches Leben); gründete in Genf die Zeitschrift ›La Serbie‹ (1916-19), in der Milovan Grba Balls ›Zur Kritik der deutschen Intelligenz‹ rezensierte (17. März 1919). Zahlreiche Veröffentlichungen auf den Gebieten des privaten und öffentlichen Rechts sowie der Politik in serbischer, deutscher, französischer und englischer Sprache. Hauptwerk: ›Bürgerliches Recht‹. I-III. Belgrad 1920-1930. Für die FZ verfaßte er: ›Die deutschen Professoren gegen Serbien. Glossen zum Attentat von Sarajevo‹ (5. Juli 1918) und ›Ein Wort zur Deklaration von Korfu‹ (5. Oktober 1918). – Über die Besprechung seines Pamphlets ›Zur Kritik der deutschen Intelligenz‹ in Markowitschs Zeitschrift ›La Serbie‹ freute sich Ball laut Tagebucheintrag vom 24. Mai 1919 »ganz besonders«: »zeigt sie mir doch, daß meine Neigung für diese ernste, opfermütige Nation erwidert wird. Ich weiß, die Besprechung ist eine Geste, aber ich will diese Geste keineswegs unterschätzen. Item: ich freue mich aufrichtig und habe dies auch Prof. Markowitsch sagen lassen.« (Flucht, S. 245).

174. An Emmy Hennings, 24.3.1918

H: Ms. Brief mit eigenh. Unterschrift und hs. Datierung »Sonntag«; 2 Bl., 2 S. **F:** HBN. **DV:** Original.

Datierung: Der Brief wurde kurz nach dem Brief vom 22. März 1918 geschrieben (vgl. *Nr. 173* – »die dänische Übersetzung ...« sowie Datierung zu diesem Brief). Der »Sonntag« nach dem 22. März war der 24. März.

Frl. Bergner] Vgl. *Nr. 173* – »Frl. Bergner«.

Ich schrieb ihr zurück, sie soll es ihr zweimal in der Woche erlauben, und das ist ja auch genug] Emmy Hennings dazu in einem undatierten Brief: »Was Du von Annemarie schreibst, ist so seltsam, ich glaube, es ist wenig zu machen. Wenn man ihr den Besuch bei Frl. Bergner verbietet oder einschränkt wirds noch schlimmer. Sie ist ja jetzt bald zwölf Jahre und das ist wohl die erste Schwärmerei« (zit. nach: Reetz, S. 180).

Tschokitsch ... [von] einem ihm feindlichen Staat Subvention beziehst ... 20 Kronen] Die Krone war von Januar 1900 bis September 1925 die österreichische Landeswährung (vgl. Zweig 1998, S. 523). Österreich-Ungarn hatte am 28. Juli 1914 Serbien den Krieg erklärt. Für den Serben Tschokitsch kam als »feindlicher Staat« mit der Krone als Währungseinheit nur Österreich-Ungarn in Betracht. Von diesem Staat hat Emmy Hennings damals ein Honorar für den Abdruck einiger bisher nicht nachgewiesener

Gedichte erhalten, die durch Vermittlung des österreichischen Dichters Albert Ehrenstein offenbar in einer Wiener (oder Prager) »Wochenschrift« erschienen sind.

Mit dem Beitrag für die »F[reie] Z[eitung]« hast Du ein bischen Malheur gehabt] Vgl. *Nr. 173* – »die dänische Übersetzung...«

das Berliner Tageblatt mit dem Originaltext] Der Brief Muehlons (vgl. *Nr. 173*) wurde am 21. März 1918 im ›Berliner Tageblatt‹ veröffentlicht.

es regnet Honorare. Was hattest Du denn Ehrenstein gegeben ?] Emmy antwortet hierauf in ihrem undatierten Brief »Hab vielen Dank« (HBN, nach dem 24. März 1918): »ich habe Ehrenstein meine Gedichte zukommen lassen. ich erhielt für eins 10 fr. Honorar.« Emmys Antwort auf seine Frage hatte Ball, bevor er in Nr. 178 (nach dem 27. März 1918) schrieb: »Das ist sehr nett von Dr. Ehrenstein, Dir das Honorar zu schicken.«

Frau Hubermann] Angela Hubermann (1890-1922), Schriftstellerin; Mitarbeiterin der Zeitschriften ›Die Aktion‹, ›Die Ähre‹ und ›Sirius‹; trug am 19. Mai 1917 in einer Soirée der Galerie Dada »chinesische Märchen« vor (vgl. Flucht, S. 169); heiratete später in der Schweiz den Schriftsteller und Journalisten Simon Guttmann (vgl. *Nr. 112*).

aus dem Hotel herauszukommen] Aus dem Berner Garni Hotel St. Gotthard, in dem Ball jedoch bis Ende Mai 1918 blieb. Emmy bestärkt Hugo in ihrem Antwortbrief (»Hab vielen Dank«; HBN) in seinem Vorhaben: »Könntest Du nicht einige Sachen im Hotel lassen und ein Zimmer nehmen. Es geht ja ins Endlose mit dem Geld.«

175. An Emmy Hennings, vermutl. 24.3.1918

H: Hs. Brief; 1 Bl., 4 S. Mit mehreren kleinen Zeichenfiguren am Ende der 4. Seite. **F:** HBN. **E:** EBH Leben, S. 115 und Briefe, S. 118 (kurze Passage von »Ich lese Nietzsche« bis »bereits eingehauen sind.«). **DV:** Original.

Datierung: Der Brief muß vor Nr. 183 vom 5./6. April 1918 geschrieben worden sein, denn darin rät Ball »nicht mehr«, was den Verleger von Emmys Roman ›Gefängnis‹ angeht, zu Reiss, wie noch im vorliegenden Brief, sondern zu Rascher (vgl. *Nr. 183* – »Wir müssen uns daran gewöhnen ...«). Außerdem wurde der vorliegende Brief, nach dem Reiss in seinem von Ball auszugsweise zitierten Brief davon spricht, er sei »zur Zeit mit der Lektüre« von Emmys Roman beschäftigt, vor Brief Nr. 179 (Ende März 1918) geschrieben, denn aus ihm geht hervor, daß Reiss »das Manuskript« des Romans nun »gelesen«, das heißt wohl: in Gänze gelesen hat, »aber zu einer Entscheidung noch nicht gekommen« ist. Ein briefinternes Indiz für die Datierung ist der Hinweis Balls, der von ihm mit zwei Sätzen zitierte Brief von Reiss datiere vom »17.ten«, womit nach der Einordnung des vorliegenden Briefes vor Nr. 183 und Nr. 179 nur der 17. März gemeint sein kann. Da Ball seinen Brief auf einen »Sonntag« datiert, kommt als Datum nur der erste Sonntag nach dem 17. März, also der 24. März 1918, in Frage.

auch Rascher für das Buch interessiert] Emmys Roman ›Gefängnis‹.

Vor 8 Tagen schon hat Schickele mir gesagt] Diese Zeitangabe könnte sich auf Balls Brief Nr. 169 vom 15. März 1918 beziehen, in dem es heißt: »Mit Schickele habe ich nun etwas genauer gesprochen.«

besseren Vertrag und weitere Verbreitung als durch Rascher ... Wenn Reiss einen kurzen Erscheinungstermin in den Vertrag aufnimmt, bin ich für Reiss. Denn in Deutschland müssen wir wirken, nicht in der Schweiz] Schon in Nr. 178 hat Ball seine Meinung geändert: »Wenn Rascher das Buch haben will, schliesse ruhig Vertrag ab«. Vgl. auch Nr. 183: »Zu Reiss rate ich Dir nicht mehr. [...] Es wäre sehr gut, wenn Rascher das Buch bringt. Wir müssen uns daran gewöhnen, dass wir in der Schweiz sind und mit denen zusammenarbeiten, die in unserer Nähe sind.«

ein Binsenhäusli möchts sich bauen? Eine solchene Druckerei können wir vielleicht rasch haben, wenn auch nicht auf der Alm] Von ihrem Plan, sich eine eigene Druckerei anzuschaffen, hat Emmy in mehreren undatierten Briefen an Hugo Ball berichtet. Vgl. besonders EBH Leben, S. 112: »Ich habe ihr [Frau Rubiner] dann erzählt, daß ich eine Druckerei einrichten möchte, damit wir unsere Bücher selbst publizieren können. Ein Stück Land bei Avegno habe ich schon ausgesucht und vorerst könnte ich eine Schilfhütte bauen und ein Feld anpflanzen.« Vgl. auch Emmys in ms. Abschrift erhaltenen Brief (»ich habe nicht so schnell«; HBN): »aber das Ziel – eine eigene Druckerei! – unbedingt. Die Verleger müssen weg.« Vgl. außerdem Emmys handschriftlichen Brief (»ich danke dir noch einmal«; HBN).

Ich lese Nietzsche momentan. Vor 10 Jahren kannte ich ihn halb auswendig] Ball hatte im Sommersemester 1908 an der Universität Heidelberg eine Vorlesung über ›Schopenhauer und Nietzsche‹ gehört (vgl. HBA 1979, S. 2) und 1909/10 in Schnaitsee bei Wasserburg am Inn seine nie eingereichte, erst 1978 veröffentlichte (vgl. HBA 1978, S. 1-58) Dissertation ›Nietzsche in Basel‹ ausgearbeitet.

Eventualitäten im Hotel] Ball benötigte den Brief von Reiss, um mit ihm im Hotel St. Gotthard seine Zahlungsfähigkeit in Aussicht und unter Beweis zu stellen.

176. An Emmy Hennings, 26.3.1918

H: Hs. Brief; 1 Bl., 4 S. **F:** HBN. **DV:** Original.

Datierung: Der Brief wurde nach dem Brief Nr. 171 vom (vermutlich) 20. März 1918 geschrieben, in dem Ball erklärt, er wolle »Ende des Monats wenigstens 60 Seiten« seiner ›Kritik der deutschen Intelligenz‹ »fertig haben«. Dieses Vorhaben hat Ball, da er mit der Arbeit an seinem Buch zügig vorankam (vgl. Nr. 172: »ich bin doppelt glücklich, dass mein Buch gut vorwärts geht«), fristgerecht realisiert, heißt es doch im vorliegenden Brief: »das erste Kapitel, 60 Seiten des Buchs sind fertig«. Als »Dienstag«, mit welcher Angabe der Brief datiert ist, kommt wohl nur der 26. März 1918 in Frage. Der nächste Dienstag war der 2. April 1918, der jedoch zu nahe am »8. April« liegt, an dem bereits das gerade begonnene zweite Kapitel seines Buches »fertig sein« sollte.

Ein soooo langer Brief und gar interessant] Ball antwortet mit dem vorliegenden Brief auf Emmys zwischen dem 22. und 25. März 1918 geschriebenen Brief (»Hab innigen Dank«; HBN).

Baron Erdberg ... freue mich ... diesen gewiss sehr lieben Menschen kennen zu lernen] Emmy hat Ball in ihrem Brief ausführlich und mit großer Sympathie von Erdberg erzählt: »Er ist wirklich der rührendste Mensch, den ich je gesehen habe […]. Du musst ihn kennen lernen, wenn du hierherkommst. […] Er fehlt bei keinem Begräbnis, das scheint eine ganz besondere Sache von ihm zu sein, und geht mit so tiefernst, als sei es ihm eine Ehrenpflicht, die er erfüllen müsse. […] ich glaube ich werde ihn einmal verewigen, vielleicht auch nicht. denn wer versteht diese seltsamen Kinder.« Nach Emmys Brief ist Erdberg damals 34 Jahre alt, und er erwartet einen Besuch seiner »Mutter aus Russland«. Mehr als aus ihrem Brief war über Erdberg nicht in Erfahrung zu bringen. Der in der DBE (Bd. 3, S. 139) und im DLL (Bd. 4, Sp. 397) angeführte Schauspieler, Nationalökonom und Erwachsenenbildner Robert von Erdberg-Krczenciewski (1866-1929), der 1918 bereits 52 Jahre alt war, ist mit dem »Baron Erdberg« nicht identisch.

Naturforscher-Ehe] Karl Soffel und seine Frau (vgl. *Nr. 183* – »Herrn Naturforscher« und »die Naturforscher selbst gefährlicher sind …«).

Du wirst von der Annemarie jetzt schon Nachricht bekommen] Über ihre schreibfaule Tochter hat sich Emmy in ihrem Brief an Ball beschwert: »Ja denk dir, Frau Coray und die Annemie, die ich flehend ersucht habe zu schreiben, antworten nicht. ich werde mir das nicht gefallen lassen.«

das Bild … aus Kattowitz] Ende 1912 war Emmy Hennings als Sängerin am Apollotheater in Kattowitz engagiert (vgl. EBH Katalog, S. 67 f.).

eine Ascona-Aufnahme … dass Du Sandalen trägst] Vgl. Nr. 103: »Es gibt [in Ascona] eine Menge schafblöder Naturmenschen, die in Sandalen und römischer Tunica wandeln« sowie die Erläuterung dazu.

Jeanne d'Arc] In dem Gedicht ›Emmy‹ aus dem Lyrik-Band ›Verbrüderung‹ (Leipzig: Kurt Wolff, 1916, S. 10) apostrophiert Johannes R. Becher seine Exgeliebte Emmy Hennings als »Jungfrau von Orleans unsere«. In ihrem Brief (»Hab innigen Dank«; HBN), auf den Ball mit dem vorliegenden Brief antwortet, erzählt Emmy von einem Zusammentreffen mit Else-Lasker-Schüler in Locarno, bei dem die Lasker »in einem herrlich bunten Kittel« und die Hennings »im Sweater barhäuptig a la Jeanne d'Ark« gekleidet waren.

Benjamin] Damit ist entweder Emmy Hennings oder wahrscheinlicher Else Lasker-Schüler gemeint. In dem erstmals im EBH Katalog (S. 154 f.) veröffentlichten Prosatext mit dem Titel ›Verloren‹ schreibt Emmy Hennings, sie habe Ähnlichkeit »mit Benjamin, dem kleinsten der zwölf Brüder« (vgl. auch Reetz, S. 102), das heißt, sie vergleicht sich mit dem jüngsten Sohn Jakobs und Rahels (vgl. 1. Mose 35, 18). Else Lasker-Schüler legte sich gern männliche Namen zu. Ihr Gedicht ›An den Prinzen Benjamin‹ (erschienen in der Anthologie ›Das bunte Buch‹. Leipzig 1914, S. 130) ist wohl an Franz Werfel gerichtet, dessen gezeichnetes Portrait sie mit »Prinz Benjamin« beschriftete (Abb. in: ›Die Aktion‹, Jg. 4, Nr. 8 vom 21. Februar 1914, Sp. 170).

Jetzt gehe ich an Nummer 2. Das soll fertig sein bis 8. April] Nach Nr. 189 war das 2. Kapitel der ›Kritik der deutschen Intelligenz‹ erst um Mitte April 1918 fertig.

Ideenkapaun] Der Kapaun ist ein kastrierter, gemästeter Hahn. Das Kompositum »Ideenkapaun« verwendet Ball auch in der ›Kritik der deutschen Intelligenz‹, hier in eher positivem Sinn: »Und sind die grossen Praktiker nicht ebenso ungerecht, hart, ja unmenschlich, wie die Träumer und Versunkenen, die aussichtslosen Idealisten und Ideenkapaune weltflüchtig und gerade aus Reichtum irreal sind?« (Kritik, S. 165)

Hat Frank jetzt das Manuskript bekommen] Vgl. *Nr. 173*.

Café Scheurer] Die »Confiserie – Pâtisserie – Tea Room – E. Scheurer«, ein »deutsches Kaffeehaus« in Locarno, hatte Ball schon bei seinem ersten Tessin-Aufenthalt im Sommer und Frühherbst 1916 aufgesucht (vgl. Nr. 102).

177. An Emmy Hennings, 28.3.1918

H: Hs. Bildpostkarte; beidseitig beschrieben. Motiv: Scherenschnitt-Ostergruß von Fèlicien Philipp, überschrieben mit »Heureuses Pâques« Adresse: Frau / Emmy Hennings / Ascona. Tessin. / Casa-Baggi. **F:** HBN. **DV:** Original.

Osterhaas] Ostern war 1918 am 31. März und 1. April.

kleinen Packetchen] Das in Nr. 180 erwähnte »Packetchen mit dem kleinen Eisbären«. In Nr. 183 bedauert Ball, daß Emmy »nicht mal gesehen« habe, »dass der Bär auch schreien kann, wenn man ihn in die Seite zwickt, wo die Marke ist«.

ropsen] Ball benutzt das Verb ›ropsen‹ in einem anderen Brief in substantivierter Form (vgl. Nr. 178: »sein klagendes Ropsen«) sowie als Kosewort in der Anrede: »mein Rops« (Nr. 190). Durchweg erscheinen die neologistischen Wörter in Bezug auf Emmy Hennings, im vorliegenden Brief in Bezug auf das von ihr geliebte »Spieldöslein«. Sie gehören offensichtlich ins private Lexikon der Ball-Henningsschen Liebes- und Zärtlichkeitssprache.

178. An Emmy Hennings, nach d. 27.3., spätestens Anfang April 1918

H: Hs. Brief, unvollständig; 1 Bl., 4 S. **F:** HBN. **E:** Erster Abschnitt des Briefes in: EBH Leben, S. 101 sowie Briefe, S. 116. **DV:** Original.

Datierung: Nach der letzten Erläuterung wurde der Brief nach dem 27. März 1918 geschrieben, entweder Ende März oder Anfang April 1918. Zu dieser Datierung vgl. auch Erläuterung zu »in *Unterhandlung* mit ihm seit August vorigen Jahres«.

den kleinen Zirkusmeister ...] Gemeint ist Emmy Hennings. Vgl. auch Nr. 183: »Du bist der zärtliche kleine Zirkusmeister. Wir andern – sind alle in Deiner Manege.« Als »Cirkusmeister«, der ein Spielzeug-Bärchen Kunststücke machen läßt, hat sich Emmy Hennings selbst in einem undatierten Brief bezeichnet (»Hab vorerst unendlich vielen Dank«; HBN). Vgl. *Nr. 183*.

Nun hat Flesch an Delmer heute geschrieben] Emmy hatte zuvor Ball in einem Brief fragend aufgefordert: »Willst du nicht Delmer schreiben.« (»Hab vielen Dank«; HBN)

Delmer ... am 15.ten nochmal Vorschuss zu bekommen] Delmer scheint einer der für Balls schriftstellerische Existenz wichtigen »Vorschussleute« (vgl. Nr. 170) gewesen zu sein. Den Vorschuß von Delmer erhielt Ball möglicherweise für seine seit Anfang des Jahres entstehende Streitschrift ›Zur Kritik der deutschen Intelligenz‹.

am 15.ten] Am 15. April 1918.

Weisst auch die Maschine konnte ich nicht eher wegbringen, weil Flesch *seine* Maschine jetzt braucht] Emmy hatte zuvor in einem Brief an Ball geschrieben (»Hab vielen Dank«; HBN): »Es tut mir leid, dass Du die Maschine versetzen musstest. Hast Du Fleschs Maschine jetzt?«

draussen auf der Redaktion] Die Redaktion der FZ logierte von 1917 bis zur letzten Nummer vom 27. März 1920 in der Zieglerstraße 8, die im westlichen Berner Stadtteil Mattenhof liegt.

Frank bat ich, meinen Brief an Reiss zu spedieren] Ball teilte am 14. April 1918 (Nr. 188) Emmy Hennings mit, daß er eine Depesche an Leonhard Frank nach Locarno geschickt habe mit der »Bitte, den Brief [an Reiss] nicht abzuschicken, weil ja inzwischen Antwort« von Reiss gekommen sei. Bei der Antwort könnte es sich um jenen Brief von Reiss gehandelt haben, den Ball wörtlich abschrieb, um die Abschrift in seinem Brief Nr. 179 an Emmy zu schicken. Dieser Brief wäre dann in die Zeit zwischen dem vorliegenden Schreiben und dem Brief vom 14. April 1918 zu datieren.

in *Unterhandlung* mit ihm seit August vorigen Jahres, das sind 8 Monate] Wenn Ball seit August 1917, d.h. seit acht Monaten, mit Erich Reiss wegen der Publikation seines Bakunin-Breviers verhandelte, muß der vorliegende Brief spätestens Ende März 1918 geschrieben worden sein.

Ich stimme Dir ganz zu: Wenn Rascher das Buch haben will, schliesse ruhig Vertrag ab, oder lass es durch Frank machen] Zuvor hatte Emmy an Ball geschrieben (»Hab vielen Dank«; HBN): »ich glaube, es ist besser, wenn wir mein Buch (›Gefängnis‹) Rascher überlassen; denn ich bekäme sofort Geld, man könnte schon einen geschickten Vertrag aufsetzen.« Leonhard Franks Antikriegsbuch ›Der Mensch ist gut‹ ist 1917 bei Max Rascher in Zürich erschienen.

Das Buch, an dem ich arbeite] ›Zur Kritik der deutschen Intelligenz‹.

Ich hatte ein wenig Zahnschmerzen] Im Brief Nr. 173 vom 22. März 1918 schreibt Ball im Präsens »Zahnschmerzen habe ich«. Nun sind sie vorbei. Der vorliegende Brief wurde also nach dem oben erwähnten geschrieben.

Honorar auch von der Freien Zeitung, sowie Dr. Schlieben zurück ist] Gemeint ist das Honorar für Emmys Übersetzung des Muehlon-Briefs aus dem Dänischen, die in der FZ erscheinen sollte (vgl. *Nr. 173* – »die dänische Übersetzung ...« sowie Nr. 174).

Das Manuskript schicke ich morgen an Dr. Ehrenstein] Vgl. Nr. 174: »Soll ich ihm [Ehrenstein] Dein Buch [›Gefängnis‹] schicken?«

»Jüngster Tag« war im »Berliner Tageblatt« neu angezeigt] Die Anzeige erschien am 27. März 1918 im ›Berliner Tageblatt‹ (Morgen-Ausgabe, S. 7). Unter den 39 angeführten Autoren der Reihe ›Der Jüngste Tag‹ findet sich auch der Name von Emmy Hennings.

179. An Emmy Hennings, Ende März 1918

H: Ms. Brief mit eigenh. Unterschrift; 4 Bl., 5 S. Hs. ab »Liebling, sprich von diesen Verlagsdingen ...« bis Ende. Hs. auch der Satz: »Aber das ist vielleicht nicht gut.« **F:** HBN. **E:** Briefe, S. 116 f. **DV:** Original.

Datierung: Wichtigster Anhaltspunkt für eine genaue Datierung ist der Hinweis Balls im vorliegenden Brief, die deutschen Militärs seien »heute wieder, seit den letzten Vorgängen im Reichstag vor 8 Tagen, mächtiger als je«, während die Opposition »überhaupt nichts mehr« bedeute. Mit den »letzten Vorgängen im Reichstag vor 8 Tagen« kann nur die 145. Sitzung der 13. Legislaturperiode des Deutschen Reichstags vom 22. März 1918 gemeint sein, in welcher der Reichstag den Diktatfrieden von Brest-Litowsk ratifizierte (Näheres zu dieser Reichstagssitzung in den Erläuterungen). Der vorliegende, acht Tage nach dieser Sitzung geschriebene Brief ist daher auf Ende März, genauer: auf den 29. oder 30. März 1918 zu datieren.

»Verzögerung meiner Antwort ... bin aber zu einer Entscheidung noch nicht gekommen«] In seinem Brief vom 17. März 1918 hatte Reiss geschrieben, Ball werde »in acht Tagen« eine »Entscheidung« von ihm über Emmys ›Gefängnis‹-Buch haben (vgl. Nr. 175). Ball erhielt den Brief von Reiss offenbar erst am 23. März und antwortete darauf, wenn die Datierung von Nr. 175 stimmt, am 24. März. Reiss antwortete auf Balls Brief mit einiger »Verzögerung«, konnte aber die in Aussicht gestellte »Entscheidung« über Emmys Buch auch jetzt noch immer nicht treffen.

damals der Reichstag »demokratische« Resolutionen gefasst hatte, unterm Eindruck der russischen Revolution im Frühjahr] Ausgelöst durch einen Generalstreik der Arbeiter in Petrograd und eine Meuterei der dortigen Soldaten, die sich mit den streikenden Arbeitern solidarisierten, fand die russische »Februar-Revolution« vom 8. bis 14. März 1917 statt. Abdankung des russischen Zaren Nikolaus II. am 15. März. Am 14. März 1917 veröffentlichte die Sozialdemokratische Arbeitsgemeinschaft (SAG) im Deutschen Reichstag eine Resolution, in der sie einen baldigen Friedensschluß, das Stimmrecht für Frauen und die Aufhebung der Ausnahmegesetze forderte.

Die Militärs sind heute wieder, seit den letzten Vorgängen im Reichstag vor 8 Tagen, mächtiger als je] In der Reichstagssitzung am 22. März 1918 (vgl. unter ›Datierung‹) stimmten Zentrum und Fortschritt dem am 3. März 1918 in Brest-Litowsk unterzeichneten ›Friedensvertrag‹ zu. Die oppositionelle SPD übte zwar Kritik, enthielt sich aber der Stimme. Die Konservativen um Kuno Graf von Westarp und sogar die Nationalliberalen um Gustav Stresemann forderten bei ihrer Zustimmung noch schärfere Bedingungen, vor allem Kriegsentschädigungen. Daß die Militärs im März 1918 wieder »mächtiger« geworden sind, zeigt die am Tag vor der Reichstagssitzung unter Hindenburg und Ludendorff begonnene große deutsche Frühjahrsoffensive an der Westfront. Die emphatische Unterstützung der Militärs durch das Parlament dokumentiert sich im Schlußwort des Vizepräsidenten des Reichstags, der im Anschluß an die Ratifizierung des Diktatfriedens zu Brest-Litowsk erklärte: »Wir haben den Frieden mit dem großen Ostreich zum Abschluß gebracht [...]. Wir haben alle Aussicht, bald noch weitere Friedensverträge zu schließen. Wir wissen alle, wem wir das danken: *unserem tapferen Heere und seinen Führern.* (Lebhaftes Bravo.) Diesen wollen und müssen wir von dieser Stelle den *Dank des Volkes* aussprechen. (Erneutes lebhaftes Bravo.)« (›Verhandlungen des Reichstags‹. XIII. Legislaturperiode: II. Session. Bd. 311. Stenographische Berichte. Berlin 1918, S. 4570)

Die Bernstein-Memoiren, die er herausgab] Die Memoiren von Eduard Bernstein sind 1918 unter dem Titel ›Aus den Jahren meines Exils (Völker zuhause). Erinnerungen eines Sozialisten‹ (1. Teil) im Erich Reiss Verlag in Berlin erschienen (Halbey, Sp. 1183). Bernstein hat seine Erinnerungen auf Veranlassung von René Schickele niedergeschrieben, der sie in zehn Fortsetzungen unter dem Titel ›Völker zu Hause‹ vom Dezember 1915 bis zum Juni 1917 in seinen ›Weißen Blättern‹ vorabdruckte.

Grumbachs Buch] Salomon Grumbach (1884-1952), elsässischer Sozialist und Journalist; kämpfte publizistisch für die Selbstbestimmung Elsaß-Lothringens und gegen das annexionistische Deutschland, besonders gegen den Gewaltfrieden von Brest-Litowsk; ging im Oktober 1919 nach Frankreich, wo er 1928 sozialistischer Abgeordneter wurde; 1948 war er Vorsitzender im Auswärtigen Ausschuß. Grumbach veröffentlichte sein Buch ›Das annexionistische Deutschland. Eine Sammlung von Dokumenten, die seit dem 4. August 1914 in Deutschland öffentlich oder geheim verbreitet wurden. Mit einem Anhang: Antiannexionistische Kundgebungen‹ 1917 bei Payot in Lausanne. Dieses Buch hatte er im April 1917 Hugo Ball zugeschickt (vgl. Flucht, S. 163). Bei der Feier zur Eröffnung der Galerie Dada am 29. März 1917 war Grumbach im Publikum (vgl. Flucht, S. 153).

Nicolais Buch] Georg Friedrich Nicolais ›Die Biologie des Krieges. Betrachtungen eines deutschen Naturforschers‹ ist 1917 in Zürich bei Orell Füssli erschienen.

»Menschen im Krieg«] Ohne Verfasserangabe veröffentlichte Andreas Latzko (1876-1943) unter dem Titel ›Menschen im Krieg‹ seinen Band mit sechs pazifistischen Erzählungen 1917 im Max Rascher Verlag (Zürich) in der Reihe ›Europäische Bücher‹.

das 3. Kapitel] Des Bakunin-Breviers.

den Roman zu beschleunigen] Balls Roman ›Flametti‹.

ein Buch Übersetzungen zusammenstellen ... Vielleicht ... Suarès] Von André Suarès hatte Ball in den Jahren 1915-1917 mehrere Texte aus dem Französischen übersetzt und in Zeitschriften (›Die neue Tribüne‹ und ›Die Weißen Blätter‹) veröffentlicht: ›Die Klage von Reims‹, 1915 (HBB Nr. 271, S. 24); ›Über Charles Péguy‹, 1916 (HBB Nr. 272, S. 24); ›Don Quichote‹, 1917 (HBB Nr. 276, S. 24). Diese Übersetzungen und wohl zusätzlich einige noch nicht übersetzte Texte von Suarès wollte Ball zu einem Buch zusammenstellen.

Schickele ... das Buch in Auftrag gegeben] Vgl. *Nr. 139* – »Bakunin-Brevier ...«.

180. An Emmy Hennings, 30.3.1918

H: Hs. Postkarte, beidseitig beschrieben mit zwei hs. Postskripta. Adresse: Frau / Emmy Hennings / Ascona. Tessin / Casa Baggi. **F:** HBN. **DV:** Original.

Postskripta von Flesch und Tschokitsch: »Meine liebe Emmy! Nicht böse sein! Ich fühle fast schuldbewusst wenn mich nicht ein gejagtes Leben entschuldigen würde. Dass ich recht viel an Sie denke wissen Sie. Sobald man es den Kriegsereignissen gegenüber verantworten kann komme ich hinunter. Einstweilen ist in Europa für Vergnügungsreisen wenig Platz. / Ihr Flesch. – Herzlichste Grüsse«

Feiertage] Gemeint sind die Osterfeiertage, Ostersonntag (31. März 1918) und Ostermontag (1. April 1918).

meine Briefe] Nr. 178 und 179.

das Packetchen mit dem kleinen Eisbären] Für das am 28. März (oder kurz davor) abgeschickte »Packetchen« (vgl. Nr. 177) mit dem »kleinen Eisbären« hat sich Emmy Hennings erst in einem undatierten, unveröffentlichten Brief (»Hab vorerst unendlich vielen Dank«; HBN) bedankt, der nach der vorliegenden Postkarte vom 30. März und vor dem ›bösen‹ Brief vom 3. April 1918 (Nr. 182), also Anfang April geschrieben worden sein muß.

Tuchei] Vgl. *Nr. 230* – »ein schönes Tuchei«.

181. An Emmy Hennings, vermutl. Anfang April 1918

H: Nicht nachweisbar. **A:** Ms. Abschrift; 2 Bl., 2 S. **F:** HBN. **E:** EBH Leben, S. 73 f.; auch in: Briefe, S. 97. **DV:** Ms. Abschrift.

Datierung: Vgl. Erläuterung zu diesem Brief: »ich muss am fünfzehnten ...«

Bändchen] Vgl. Nr. 187: »Danke schön [...] für das Seidenbändchen.«

ich muss am fünfzehnten einen Teil (die erste Hälfte!) der »Intelligenz« abliefern] Mit dem »fünfzehnten« kann nur der 15. April 1918 gemeint sein. Nach Nr. 171 sollte Ball am »15. April« zwei Drittel seiner Streitschrift ›Zur Kritik der deutschen Intelligenz‹ fertig haben. Bis Ende des Monats März wollte er selbst »wenigstens 60 Seiten« geschrieben haben. Letzteres ist ihm auch gelungen, denn bereits am 26. März (vgl. Nr. 176) schreibt er: »das erste Kapitel, 60 Seiten des Buchs sind fertig und rein geschrieben.« Er gehe jetzt ans zweite Kapitel, das »bis 8. April« fertig sein soll. Diesen Zeitplan konnte er jedoch nicht ganz einhalten, denn mit dem zweiten Kapitel, das heißt mit der Hälfte des aus vier Kapiteln bestehenden Buchs, wurde er erst um Mitte April 1918 fertig (vgl. Nr. 189 Mitte April 1918). Aus all diesen Angaben zur Entstehung der ›Kritik‹ ist zu schließen, daß Ball das hier abgedruckte Fragment aus einem verlorengegangenen oder verschollenen Originalbrief vermutlich Anfang April 1918 abgefaßt hat.

schon wegen der Moneten] Vgl. Nr. 178: »Nun hat Flesch an Delmer heute geschrieben, und auch hoffe ich am 15.ten nochmal Vorschuss zu bekommen.«

182. An Emmy Hennings, 3.4.1918

H: Hs. Brief; 1 Bl., 2 S. **F:** HBN. **DV:** Original.

Datierung: Zu ihrer Begründung vgl. Erläuterung zu »Frank einen Brief ins Café Scheurer geschrieben wegen *Reiss*«.

Du erlebst ein Gehirnauftauen und profitierst davon] Als Grund dafür, daß sie in den letzten Tagen so wenig schrieb, hatte Emmy zuvor in einem unveröffentlichten, undatierten Brief angegeben: »ich erlebe ein wundervolles Gehirnauftauen, von dem ich profitire, und infolgedessen ich nicht geschrieben habe.« (»Hab vorerst unendlich vielen Dank; HBN)

in acht Tagen nur 1 Brief] In einem undatierten Brief (»Hab vielen Dank«; HBN) aus dieser Zeit schreibt Emmy an Hugo: »ich hatte auch gar nicht 8 Tage nicht geschrieben, sondern 3.«

Ich schicke Dir die Brotkarte] In ihrer Antwort auf diesen Brief schreibt Emmy: »Lieber Hugo! Dein Brief tut mir so grenzenlos weh, daß ich am liebsten sterben möchte und in diesem Fall hättest du mir nicht die Lebensmittelkarten schicken brauchen, ganz abgesehen davon, daß diese nur für den Kanton Bern gelten, was du übrigens deutlich hättest lesen können« (HBN).

einige Marken ... Du schreibst nicht, weil die Marken so teuer sind!] Zu diesem Vorwurf äußert sich Emmy traurig in ihrem Gegenbrief: »Liebster, ich hatte wirklich vor einigen Tagen kein Geld für Marken, daß du das glossirst, treibt mir die Tränen in die Augen.«

Mir fällt dabei Zürich ein] Dazu Emmy in ihrem Antwortbrief: »und diese Anspielung auf Zürich tut mir so furchtbar weh, daß ich dir gar nicht beschreiben will.« Ball spielt hier wahrscheinlich auf Emmys Liebesaffaire mit dem Spanier Alvarez del Vayo an.

Frank einen Brief ins Café Scheurer geschrieben wegen *Reiss*] Es handelt sich um jenen Brief, den Ball in seinem nach dem 27. März 1918 geschriebenen Brief Nr. 178 erwähnt (»Frank bat ich, meinen Brief an Reiss zu spedieren.«). Der nächste »Mittwoch« nach dem 27. März war der 3. April 1918, auf den der vorliegende Brief zu datieren ist. Auf ihn antwortet Emmy mit ihrem undatierten, ungedruckten Brief (»Lieber Hugo! Dein Brief tut mir so grenzenlos weh«; HBN), in dem sie Ball auffordert, »lieber nicht« zu schreiben, »als ohne Gruß und ohne Anrede«.

183. An Emmy Hennings, vermutl. 7.4.1918

H: Hs. Brief; 2 Bl., 7 S. Zwischenblatt fehlt. **F:** HBN. **DV:** Original.

Datierung: Vgl. die erste Erläuterung zu diesem Brief.

war das denn so schlimm?] Ball spielt hier auf seinen Brief Nr. 182 vom 3. April 1918 an, der Emmy »so grenzenlos weh« tat, daß sie »am liebsten sterben möchte«. Demnach wurde der vorliegende Brief nach Balls Brief vom 3. April 1918 und nach Emmys Antwort darauf geschrieben, vermutlich am Sonntag, dem 7. April 1918. Zu dieser genaueren Datierung vgl. Erläuterung zu »Herr Paul Stefan in einem Feuilleton«. Zur Datierung auf einen Sonntag paßt es außerdem, daß Ball im vorliegenden Brief schreibt, er wolle am »Montag« die bei den Damen Schäublin zurückgelegten »Lebensmittel« abholen und sie dann Emmy sofort schicken.

Herrn Naturforscher] Karl Soffel (gest. 1948), Biologe; gestaltete auf dem Monte Verità das Sommerfest ›Afrikanische Nacht‹; gab mit Klabund 1920 die Anthologie ›Der Tierkreis. Das Tier in der Dichtung aller Völker und Zeiten‹ (Berlin: Erich Reiß Verlag) heraus (zu Soffel vgl. Monte Verità, S. 123, 155, 180). In drei ungedruckten und undatierten Briefen an Ball (»Hab innigen Dank« – »ich danke Dir« – »Dein Brief tut«; HBN) erwähnt Emmy Hennings den Naturforscher Soffel, der ihr »eine glühende Liebeserklärung geschrieben« hat (»Dein Brief tut«).

Schlangen leihst Du aus ... dem schrecklichen Herrn Naturforscher seine Schlange wiedergegeben hast] Um Dr. Lifschitz in Locarno zu beweisen, daß sie sich »nicht vor Schlangen« fürchtete, hatte sich Emmy Hennings von dem Naturforscher Soffel eine Schlange »ausgeborgt«, diese ihm aber »wiedergegeben, weil er sie auch wiederhaben wollte, und weil sie selten war« (Emmy in ihrer Antwort auf Nr. 182).

die Naturforscher selbst gefährlicher sind wie die Schlangen, besonders wenn ihre Frau nach Deutschland gefahren ist] Emmy hat Ball in einem Brief (»Hab innigen Dank«; HBN) erzählt, »wie begeistert« sie von der »sehr begabten hübschen Frau« des Naturforschers Soffel gewesen ist, die nun aber »fort« sei »in Deutschland«, und Soffel habe ihr zögernd gestanden, sie komme »wol nicht wieder«.

ich hab Dich nicht mehr lieb, wenn Du nicht mehr schreibst?] In ihrer Antwort auf Balls Brief vom 3. April hatte Emmy von ihrer »Angst« gesprochen, »nicht mehr arbeiten zu können« und daß Ball sie dann »nicht mehr lieb haben« werde.

so ein adrettes Büchlein] Emmys ›Gefängnis‹-Buch.

Notizen von mehreren Jahren ... Obs ein Drama wird, oder ein Tagebuch] Erster, vager Hinweis Balls auf den Plan, ein »Tagebuch« herauszugeben. Die Tagebuch-Idee nahm wohl erst 1923 konkretere Formen an: Am 6. August 1923 äußert Ball im bisher unveröffentlichten ›Tagebuch‹ gegenüber Ludwig Feuchtwanger, er wolle die »gegenwärtige Tagebuch-Arbeit« zugunsten einer Neuausgabe der ›Kritik der deutschen Intelligenz‹ zurückstellen.

Herr Paul Stefan in einem Feuilleton] Dr. Paul Stefan, eigentlich Paul Stefan Gruenfeldt (1879-1943), österreichischer Journalist und Musikschriftsteller; Chefredakteur des ›Anbruch‹, Redakteur der Wiener Tageszeitung ›Die Stunde‹ und der Wochenschrift ›Die Bühne‹; war mit Stefan Zweig befreundet und hielt sich wie dieser während des Ersten Weltkriegs eine Zeitlang als Kulturpropagandist des Wiener Kriegsarchivs in der Schweiz auf, wo er häufig für die NZZ schrieb. Stefan starb als Emigrant in New York. – Das von Ball erwähnte Feuilleton von Paul Stefan erschien am 7. April 1918 unter dem Titel ›Im Tessin‹ in der NZZ (Nr. 458, 2. Sonntagblatt, S. 1). Ball bezieht sich wohl auf folgende Passage in Stefans Feuilleton: »Es ist ein Morgen, Frühling glüht, die Sonne jubelt. Weiß und rosa schwanken die blühenden Bäume ins Licht, Kamelien und Magnolien prangen auf, Lorbeer gibt das währende Grün, Palme und Aloe flüstern von tropischer Ferne und an manchem Strauch lasten schwer im Gold die

Orangen.« – In einer Pressenotiz, die am 29. Mai 1918 in der FZ erschien, macht Ball die spitze Bemerkung, »Herr *Paul Stefan*« sei für die Kulturpropaganda in der Schweiz »besser« geeignet als Franz Werfel, der mit seinen Vorträgen in der Schweiz »den Anforderungen des österreichischen Propagandadienstes nicht entsprochen zu haben scheint«, weshalb er nach seiner Rückkehr aus der Schweiz »von den Wiener Behörden in Schutzhaft« genommen worden sei (zit. nach: HBA 1999, S. 33).

ein Schmock] Unseriöser Journalist (österreichisch, abwertend; vgl. ›Österreichisches Wörterbuch‹, Wien 1995, S. 376). Im Jiddischen bedeutet das Wort ›Penis‹.

wartet, und] Entgegen dem hs. Befund: »wartet. und«.

Du bist der zärtliche kleine Zirkusmeister] Von dem ihr zu Ostern geschenkten »Bärlein« hatte Emmy Hennings zuvor an Hugo Ball geschrieben, sie habe ihm »schon viele Turnkunststücke« beigebracht: »Das ist so mein Spiel, Cirkusmeister zu machen.« (»Hab vorerst unendlich vielen Dank«; HBN).

wann hast Du Geburtstag? Am 17.ten] Emmys Berner Freunde hatten sich damals vorgenommen, daß sie »wenigstens einmal in der Woche Geburtstag« haben solle (vgl. Nr. 181), um sie wenigstens einmal in der Woche zu beschenken.

Damen Schäublin] Anna und Ida Schäublin hatten eine Spezereihandlung am Falkenplatz 9 in Bern (vgl. Berner Adressbuch 1917).

Rascher das Buch bringt] Vgl. auch Nr. 178. Gemeint ist der Roman ›Gefängnis‹, der dann doch bei Reiss in Berlin erschienen ist.

Wir müssen uns daran gewöhnen, dass wir in der Schweiz sind und mit denen zusammenarbeiten, die in unserer Nähe sind] Durch den im wesentlichen von der deutschen Heeresleitung diktierten Friedensvertrag von Brest-Litowsk (3. März 1918) sind die deutschen Militärs wieder »mächtiger als je« geworden, so daß nunmehr für Ball »von Deutschland nicht viel zu erwarten« ist (Nr. 179). Die Konsequenz daraus formuliert er in Nr. 179 von Ende März 1918: »Ich meine für mich jetzt besonders (wo es sich um politische Dinge handelt): ob es nicht besser ist, gar nicht mehr mit Deutschland zu rechnen, sondern hier in der Schweiz unter der Opposition Boden zu suchen.«

Zeitschrift »Wissen und Leben« in Zürich] Renommierte, von 1907 bis 1955 (ab 1926 unter dem Titel ›Neue Schweizer Rundschau‹) erscheinende Schweizer Zeitschrift (bis 1925 Halbmonats-, dann Monatsschrift); politische Tendenz: »für die Erhaltung und Erneuerung der liberalen Prinzipien« (Blaser II, S. 1141).

Prof. Bovet … Redaktor] Professor Dr. Ernest Bovet (geb. 1870 in Lausanne) hatte nach dem Studium in Zürich, Rom und Berlin Lehraufträge an den Universitäten Rom und Zürich; war von 1914 bis 1923 Redakteur der Zeitschrift ›Wissen und Leben‹ (Blaser II, S. 1141), später Generalsekretär der Schweizerischen Völkerbundsvereinigung.

Die »Lebenslänglichen« könntest Du schicken und von den hymnenartigen Gedichten] Die hier angesprochenen Texte stammen wohl aus dem von Emmy Hennings 1917 in Ascona zusammengestellten Manuskript ›Verse und Prosa‹ (vgl. EBH Katalog, S. 149-156).

Den Bruder von Prof. Bovet ... Redakteur des »Démocrate«] R. Bovet war Redaktor der politischen, in Delémont seit 1877 erscheinenden Schweizer Tageszeitung ›Le Démocrate‹ (Untertitel: ›Journal politique suisse, organe de l'Association populaire et des radicaux du Jura‹); politische Tendenz: »radical-démocratique« (Blaser I, S. 287).

Eisbären] Ball hatte Emmy am 28. März ein Osterpäckchen mit einem »kleinen Eisbären« geschickt; vgl. Nr. 177 und Nr. 180.

184. An Emmy Hennings, nach d. 7.4.1918

H: Hs. Fragment eines Briefes mit Bleistiftzeichnungen von Balls Hand; 1 S. **F:** HBN. **DV:** Original.

Datierung: Nach den Erläuterungen ist der Brief nach dem vorhergehenden vom 7. April 1918 einzuordnen.

setz wirklich immer ein Mützchen auf, wenn Du ausgehst. Du hast die Kopfschmerzen sicher nur davon] Vgl. Nr. 183: »Sollst aber auch nicht barhäuptig gehen, sonst verkühlt das heisse Köppie«. Von einer »Kopfhautentzündung« und »rasenden Kopfschmerzen« hatte Emmy in ihrer Antwort auf Nr. 182 berichtet.

die weisse Jacke bekommen] Vgl. Nr. 170: »ich will Flesch nachher im Cafe fragen, ob er Dir die weisse Jacke aus Zürich schon hat besorgen lassen.«

Brief für Frank bemühen willst] Wohl Balls Brief an Reiss, den Frank an den Verleger weiterleiten sollte (vgl. Nr. 178). Siehe auch Nr. 182.

Ankenbrand] Vgl. *Nr. 170*.

185. An Emmy Hennings, zw. d. 9. u. 11.4.1918

H: Hs. Brief; 1 Bl., 4 S. **F:** HBN. **E:** EBH Leben, S. 98 f.; auch in Briefe, S. 103 f. **DV:** Original.

Datierung: Vgl. Erläuterung zu: »Deine Blümleins angekommen ...«. Zur genaueren Datierung dieses Briefes zwischen dem 9. und 11. April 1918 vgl. *Nr. 190* – »ich habe ihm gewiss Unrecht getan ...«.

Deine Blümleins angekommen ... in ein Wasserglas gesetzt] In Nr. 187 vom 13. April 1918 heißt es: »Und die Blümchens blühen immer noch im Wasserglas.« Der vorliegende Brief ist also auf einige Tage vor dem 13. April 1918 zu datieren.

Hoteldirektor] Des Hotels St. Gotthard.

Johann Gottlieb Fichte ... Bei dem sind wir jetzt angelangt] In der ›Kritik der deutschen Intelligenz‹ setzt sich Ball vor allem am Ende des dritten Abschnitts des zweiten Kapitels kritisch mit Fichte auseinander (vgl. Kritik, S. 73-75). An dieser Stelle seiner ›Kritik‹ war Ball damals offenbar angelangt.

Herr Palme ... Kann denn Herr P[alme] auch Dänisch?] Der bisher nicht identifizierte »Herr Palme« war also kein Däne. Nach Balls Frage in Nr. 188 »Bekommt Herr Palme denn regelmässig die schwedischen Zeitungen?« war Palme offenbar Schwede. Rückblickend auf seine Zeit im Tessin erinnert sich Hans Richter an den »riesigen Schweden *Palme*«, dem Olly Jacques »jeden Morgen ein Glas Grappa in die zitternden Alkoholikerhände geben« mußte, »um ihm zu helfen, es hinunterzuschütten, ehe er überhaupt aufstehen konnte.« (Hans Richter: ›Köpfe und Hinterköpfe‹. Zürich 1967, S. 91). Diesen »Herrn Palme«, der mit seiner Frau »jetzt nicht mehr bei Olly« Jacques wohne, erwähnt auch Ferdinand Hardekopf in drei ungedruckten Briefen an Emmy Hennings und Olly Jacques aus dem Jahr 1919 (HBN). In dem an seine Freundin Olly vom April 1919 ist von »Palme's Gemälde-Ausstellung« die Rede.

Also Arp ist in Ascona ?] Nach seinen Postkarten an Tristan Tzara hielt sich Hans Arp spätestens vom 8. April bis zum 21. oder (wahrscheinlicher) bis zum 28. April 1918 in Ascona auf (vgl. Dada 15/25, S. 152 f.).

Schriften Franz von Baaders] Franz von Baader (1765-1841), deutscher Philosoph und Laien-Theologe; nach einem Studium der Mineralogie, Chemie und Physik und einem vierjährigen Aufenthalt in England und Schottland (1792-1796) machte er Karriere im bayerischen Bergwerkswesen; vertiefte sich früh in die mystischen Schriften Jakob Böhmes und Claude de Saint-Martins; erhielt 1826 einen Ruf als Honorarprofessor an die neugegründete Münchner Universität, an der er über Natur-, Gesellschafts- und Religionsphilosophie las. – Wegen einer gewissen Nähe zu Anarchismus und Sozialismus wie auch wegen seines Antiklerikalismus und Antipapismus galt Baader lange Zeit als christlicher Außenseiter, als welcher er sich um eine Wiederversöhnung der getrennten christlichen Bekenntnisse bemühte. Im 20. Jahrhundert war Ball einer der ersten, der emphatisch auf »die einsam überragende Persönlichkeit Franz von Baaders« hinwies (vgl. Kritik, S. 38 f., 54, 57 f., 105 f., 118, 139-141, 158). – Baaders Schriften sind in 16 Bänden unter dem Titel ›Sämtliche Werke Franz von Baaders‹ (hrsg. von Franz Hoffmann) zwischen 1851 und 1860 in Leipzig erschienen.

Dada 3] Die Nummer 3 der Zeitschrift ›Dada‹ ist erst im Dezember 1918 erschienen (vgl. Dada in Zürich, S. 16, 65, 217 f.). Bei der Herausgabe von ›Dada 3‹ kam es zu Verzögerungen wegen der politisch bedingten Inhaftierung des Buchdruckers Heuberger, der sowohl in der Zeit der Züricher Novemberunruhen 1917 als auch während des Generalstreiks im November 1918 verhaftet wurde. ›Dada 1‹ ist im Juli, ›Dada 2‹ im Dezember 1917 herausgekommen.

Jo-hann Gott-lieb Seidelbast ... Kabarett-Anfechtungen] Ähnliches Namenspiel wie in Balls ›Erstem dadaistischen Manifest‹ vom 14. Juli 1916, in dem er aus Johann Wolfgang Goethe den entstellten Namen »Johann Fuchsgang Goethe« macht (vgl. Schriften, S. 40).

Askinesen] Lexikalisch nicht nachweisbares Nomen. Es könnte abgeleitet sein von dem jiddischen Substantiv der ›Aske‹, auch der ›Asken‹ (zu jidd. ›asken‹), das im Rotwelschen ›Beschäftigung, Handel, Bemühung, Diebstahl, Gelegenheit zum Diebstahl‹ bedeutet (vgl. Hans Peter Althaus: ›Kleines Lexikon deutscher Wörter jiddischer Herkunft‹. München 2003, S. 43). »Askinesen« wären demnach – auch der Kontext dieser Briefstelle spricht dafür – Diebe, Gauner, Kleinkriminelle. Die Wortneubildung »Askinesen« läßt sich auch als Kontamination aus ›Aschkenasim‹ (Plural, ost- und mitteleuropäische Juden) und ›Chinesen‹ erklären.

Mappe von Junghanns] Der Maler und Graphiker Rudolf Reinhold Junghanns (1884-1913) brachte 1913 im Kurt Wolff-Verlag eine Graphik-Mappe ›Variationen über ein weibliches Thema‹ heraus. Sie enthält eine Reihe von Aktdarstellungen und erotischen Zeichnungen, zu denen ihm Emmy Hennings Modell stand.

mit meiner Arbeit ... Vor Mitte Mai werde ich nicht fertig sein ... die Telligenz fertig ist] Mit der Arbeit an der ›Kritik der deutschen Intelligenz‹.

186. An Emmy Hennings, vermutl. vor Mitte April 1918

H: Hs. Brief; 1 Bl., 4 S. Auf der der letzten Textseite gegenüberliegenden Seite zwei vermutlich voneinander unabhängige, zeichnerisch gestaltete Motive; auf das erste Motiv bezieht sich, im Sinne einer Bildunterschrift, das »Allons enfants ...«. **F:** HBN. **E:** EBH Leben, S. 64 f. (mit kleinen Kürzungen); genauso auch in: Briefe, S. 100 f. **DV:** Original.

Datierung: Nach *Nr. 185* – »Also Arp ist in Ascona?« war Arp spätestens vom 8. April bis Ende April 1918 in Ascona. Die konkreteren Fragen im vorliegenden Brief »Was macht denn Arp? Ist die Taeuberin auch in Ascona?« deuten darauf hin, daß dieser Brief nach Nr. 185 geschrieben worden ist.

ist immer hinter den roten Tüchern her] »Mit roten Tüchern sind Hegel und Fichte gemeint, die aufreizend auf Hugo einwirkten«, so erläutert Emmy Ball-Hennings diese Stelle in ihrer Briefausgabe von 1930 (EBH Leben, S. 64).

das Buch] ›Zur Kritik der deutschen Intelligenz‹.

Tschokitsch liest Korrektur für mich] Wahrscheinlich für Balls im Satz befindlichen Roman ›Flametti‹. Um den 20. April 1918 (vgl. Nr. 193) hat Ball »wieder viele Korrekturen vom Roman bekommen«, bis »Seite 130«.

die Taeuberin] Sophie Taeuber (1889-1943), Freundin von Hans Arp, seit 1922 dessen Ehefrau.

etwas Gutes über die Französische Revolution geschrieben] Vgl. den 4. Abschnitt des 2. Kapitels in Balls ›Zur Kritik der deutschen Intelligenz‹ (Kritik, S. 75-79).

die Marseillaise] In der ›Kritik der deutschen Intelligenz‹ (S. 76) schreibt Ball über die französische Nationalhymne: »Die Carmagnole heult und die Marseillaise grollt. Brennende Köpfe, schäumende Lippen.«

das wundervolle Kapitel aus Deinem Buch ...: Mitmensch ... viel zu mir übergegangen] Vgl. Emmy Hennings: ›Gefängnis‹. Berlin 1919, S. 163: »Ich kann nie zugrunde gehen, solange ich noch einen Menschen sehe außer mir. Und ich glaube das Wort, das in der Bibel steht: ›Es ist nicht gut, daß der Mensch allein sei.‹

Mitmensch. Das ist es, was mich hält; was mich immer von neuem verführen wird zum Leben.«

In ›Zur Kritik der deutschen Intelligenz‹ schreibt Ball: »Der Übermensch muss dem Mitmenschen weichen« (S. 19) – »Denn siehe: euch wurde der Mitmensch geboren« (S. 76).

Allons enfants de la Patrie-e-e] Erster Vers der zuvor in Balls Brief erwähnten Marseillaise, der französischen Nationalhymne.

187. An Emmy Hennings, 13.4.1918

H: Hs. Brief; 1 Bl., 4 S., kurze Bemerkung auf Seite 4. **F:** HBN. **E:** EBH Leben S. 88 f.; Briefe, S. 107 (Auszüge). **DV:** Original.

Datierung: Der Brief ist aufgrund zahlreicher Parallelen eindeutig kurz vor Nr. 188 vom 14. April 1918 geschrieben worden (5 Francs-Feifliver; Ess- bzw. Lebensmittel; Geburtstagslöffel; Totentanzkarten; Übersetzung-Schlieben; Regenwetter). Da der vorliegende Brief von einem »Samstag« datiert, kommt nur der 13. April 1918 in Frage.

ein Honorar] Das Honorar könnte Ball für seinen Beitrag ›Vom Universalstaat‹ (erschienen in der FZ vom 30. März 1918) oder für seinen Artikel ›Preußen und Kant‹ (erschienen in der FZ vom 24. April 1918) erwartet haben.

Frl. Studer kennengelernt] Claire Studer, später Claire Goll (1890-1977), deutsche Schriftstellerin und Übersetzerin; publizierte in deutscher und französischer Sprache Gedichte, Novellen und Romane; heiratete 1911 den Schweizer Verleger Dr. Heinrich Studer, von dem sie sich bald wieder trennte; übersiedelte 1917 in die Schweiz, wo sie im Februar 1917 in Genf den Dichter Yvan Goll kennenlernte, den sie 1921 heiratete; lebte von Oktober 1917 bis Mitte April 1918 in Zürich, von Mitte April bis Anfang November 1918 in Ascona; übersiedelte im November 1919 mit Yvan Goll nach Paris; 1939 Flucht aus Frankreich nach New York; von dort 1947 Rückkehr nach Paris. Über ihre Zeit in der Schweiz (1917-1919) berichtet Claire Goll in den Kapiteln 3 bis 5 (S. 34-81) ihrer Autobiographie ›Ich verzeihe keinem. Eine literarische Chronique scandaleuse unserer Zeit‹. Bern und München 1978.

kleine Malheure] Eifersüchteleien zwischen Claire Studer und Emmy Hennings gab es dann wohl tatsächlich (vgl. *Nr. 211* – »Eifersüchtig ist Frl. Studer?«).

Herr Colombi] Die Berner Adressbücher für 1917 und 1918 führen zwei männliche Personen dieses Namens an: Emilio Colombi, Journalist, Wattenwylweg 23, Moserstrasse 6 und Plinio Colombi, Kunstmaler, Kirchdorf bei Wichtrach, Friedheimweg 24. Letzterer lebte von 1873 bis 1951 und war ein bekannter Schweizer Landschaftsmaler, Graphiker und Plakatkünstler. Der von Ball erwähnte »Herr Colombi« war aber wohl eher der Journalist Emilio Colombi.

Totentanzkarten] Sein erstmals im Januar 1916 im ›Revoluzzer‹ (Nr. 1) veröffentlichtes Antikriegslied ›Totentanz 1916‹ ließ Ball zur ›Cabaret-Voltaire‹-Zeit auf Postkarten der Künstlerkneipe ›Voltaire‹ drucken. Am 14. April 1918 (Nr. 188) schreibt Ball an Emmy Hennings: »Hier schicke ich Dir mein letztes Exemplar vom Totentanz.«

über Dich ein paar Zeilen schreiben in der »Aktion«] Claire Studer hat 1917 und 1918 in der Wochenschrift ›Die Aktion‹ fünf Gedichte, ein ›Porträt des Dichters Iwan Goll‹ und zwei Dialoge publiziert. Sie stand mit Pfemfert in brieflichem Kontakt. Ende Juli/Anfang August 1918 erschien ihr Gedichtband ›Mitwelt‹ als Bd. 20 in Pfemferts Reihe ›Der rote Hahn‹.

An Ehrenstein ... möchte ich nicht gerne schreiben wegen Wolff] Albert

Ehrenstein hatte gute Beziehungen zu Kurt Wolff, in dessen Verlag er von Februar bis April 1916 Lektor war. Außerdem publizierte er bei Kurt Wolff einen Gedichtband (›Der Mensch schreit‹) und einen Band mit Erzählungen (›Nicht da, nicht dort‹). Ehrenstein sollte sich wohl für eine Publikation des Romans ›Gefängnis‹ im Kurt Wolff Verlag einsetzen, in dem 1913 bereits Emmys Gedichtbändchen ›Die letzte Freude‹ veröffentlicht wurde.

knotig] Auf Menschen bezogen bedeutet das Adverb ›plump, roh‹.

das Honorar schicken für die erste] Gemeint ist wohl die erste Übersetzung Emmys aus dem Dänischen für die FZ, die zwar bestellt, aber nicht gedruckt wurde (vgl. *Nr. 173* – »die dänische Übersetzung ...«).

Dein Buch] Der Roman ›Gefängnis‹.

Geburtstagslöffel] In einem undatierten Brief schreibt Emmy an Hugo: »Zum Geburtstag wünsch ich mir aber doch einen Löffel zum Essen, so für vorkommende Fälle.« (EBH Leben, S. 70)

188. An Emmy Hennings, 14.4.1918

H: Hs. Brief; 1 Bl., 4 S. **F:** HBN. **E:** EBH Leben, S. 91 f. (Auszüge); auch in Briefe, S. 111 f. (Auszüge). **DV:** Original.

Datierung: Die von Hans Schlieben gegründete FZ erschien erstmals am 14. April 1917. Das »1jährige Stiftungsfest der Freien Zeitung«, von dem im Brief die Rede ist und das am Absendetag des Briefes von Flesch gefeiert wurde, wurde demnach am 14. April 1918 begangen, auf den der vorliegende Brief zu datieren ist.

Feifliver] In der Deutschschweiz – und hier besonders im Kanton Zürich – wird das Fünf-Franken-Stück »Foifliiber« genannt (vgl. Zürichdeutsches Wörterbuch, S. 88). In der Mischform »Fünfliver« verwendet Ball das Wort auch im Roman ›Flametti‹.

Emmy-Sammlung] Danach Zusatz von Emmy Ball-Hennings: »von Gedichten und Bildern« (EBH Leben, S. 91).

Ein sehr hübscher junger Amerikaner] Der Deutschamerikaner Frank Bohn (Lebensdaten nicht ermittelt), den Ball in späteren Briefen namentlich erwähnt (vgl. Nr. 195, 200-205 und 208). Bohn war Mitarbeiter des staatlichen ›Committee on Public Information‹ und der halbamtlichen Organisation der ›Friends of German Democracy‹ (vgl. Korol, S. 204). In der FZ veröffentlichte Franz Bohn in der Zeit zwischen dem 20. April und dem 2. Oktober 1918 vier Artikel.

Goll soll mir doch ein Buch schicken. Interessiert mich sehr] In Frage kommen folgende Bücher von Yvan Goll: ›Requiem. Für die Gefallenen von Europa‹ (Zürich/Leipzig 1917) sowie – falls sie im Frühjahr 1918 erschienen sind –: ›Der Torso. Stanzen und Dithyramben‹ (München 1918), ›Dithyramben‹ (Leipzig 1918), ›Der neue Orpheus. Eine Dithyrambe‹ (Berlin-Wilmersdorf 1918).

Frl. Studers Arbeiten] Von Claire Studer (spätere Goll) sind 1918 zwei Bücher erschienen: ›Mitwelt‹ (Gedichte), im Verlag der Wochenschrift DIE AKTION in der Reihe ›Der rote Hahn‹, Bd. 20 und ›Die Frauen erwachen. Novellen‹ im Verlag Huber (Frauenfeld).

Seepferden-Petschaft] Siegel oder Siegelring mit eingraviertem Seepferdchen. »Seepferd« ist ein Kosename für Emmy Hennings.
Buschen] Süddeutsch, österreichisch für: Strauß von Blumen oder Zweigen.
eifersüchtig] Hier in der älteren Bedeutung des Adverbs ›eifrig‹ = mit Eifer tätig, emsig bemüht, erpicht sein.
Notiz über Masaryk] Balls Notiz ist am 10. April 1918 unter der Rubrik ›Presseschau‹ in der FZ erschienen (Jg. 2, Nr. 29, S. 119). Da sie bisher nicht abgedruckt und auch noch nicht als Beitrag Balls identifiziert wurde, wird die Notiz hier in vollem Wortlaut wiedergegeben:

»Der ›elende, erbärmliche Massaryk‹.
Der gereizte Ton, mit dem Graf Czernin in seiner letzten Rede von dem ›elenden, erbärmlichen Massaryk‹ spricht, wirft bedenkliche Schlaglichter auf die innere Verfassung Österreichs und auf die geistige Verfassung des österreichischen Außenministers. Wir zitieren folgende Sätze aus einem Appell, den Professor Massaryk als Präsident des tschecho-slowakischen Nationalrats in London an die tschecho-slowakischen Gefangenen in Rußland richtete (›Zpravodaj‹, Paris, 25. Dez. 1917):
›Wenn die französische Revolution der europäische Kampf für Gleichheit, Freiheit und Brüderlichkeit des *Menschen* war, so hat sich die jetzige russische Revolution zu einem Weltausdruck unaufhaltsamen Strebens für Gleichheit, Freiheit und Brüderlichkeit der *Völker* entwickelt. Im zukünftigen demokratischen Europa wird es keine unterdrückten Völker geben; die selbstbewußten und entwickelten Völker haben das Recht der Selbstbestimmung und die kleinsten Völker sind gleichberechtigt. Ein jedes Volk, das sich nicht für seine Selbstbestimmung einsetzt und sie verteidigt, verwirkt sie. So hat die russische Revolution proklamiert.‹
Professor Massaryk, der Freund des Verstorbenen Tolstoi, ist einer der besten Kenner Rußlands und der slawischen Frage. Er brandmarkt die Czernins, nicht umgekehrt.«

Der tschechische Politiker und Philosoph Tomás Garrigue Masaryk (1850-1937) war der erste Staatspräsident der Tschechoslowakischen Republik (1918-1935), die er 1918 ausrief. In seinen zahlreichen Schriften vertrat er eine Philosophie, die sich aus einer Verbindung von deutschem Idealismus, französischem Rationalismus und einem von Karl Marx beeinflußten Sozialismus entwickelt hatte. In der ›Kritik der deutschen Intelligenz‹ hat sich Ball wiederholt und zumeist durchaus zustimmend auf Schriften Masaryks berufen (vgl. Kritik, S. 269, Anm. 182; S. 277, Anm. 33; S. 279, Anm. 37; S. 280, Anm. 45; S. 285 f., Anm. 63; S. 300 f., Anm. 30; S. 301, Anm. 34), am beifälligsten auf dessen Werk ›Die philosophischen und soziologischen Grundlagen des Marxismus‹ (Wien 1899), zu dem Ball anmerkt: »ein heute leider vergriffenes Buch, das zum Besten der Marx-Literatur gehört, weil es zugleich die Phraseologie des Edelprotestantismus aus der Feuerbach-Schule (bei Stirner, Marx, Nietzsche) und die eklektische Aphoristik des Marx'schen philosophischen Systems aufhellt.« (Kritik, S. 286, Anm. 63) Auf Masaryk hat Ball möglicherweise sein serbischer Freund Tschokitsch aufmerksam gemacht. Über ihn notiert Ball unter dem 2. Oktober 1917 in sein Tagebuch:

»Seiner glühenden Intelligenz und seines Charakters wegen gefällt mir besonders Tschokitsch. Wir haben gemeinsame Berührungspunkte in der russischen und französischen Literatur und sind rasch Freunde geworden. Seine ganze Verehrung gilt Prof. Masaryk, dessen Tätigkeit für die Befreiung der Tschechen er mit Spannung in allen erreichbaren Journalen verfolgt.« (Flucht, S. 204)

den Amerikaner] Frank Bohn.

eine kleine Sache von Bakunin in die F[reie] Z[eitung] gegeben] Ball ließ Michail Bakunins deutsch geschriebenen Essay ›Die Reaktion in Deutschland‹, der erstmals 1842 in den ›Deutschen Jahrbüchern für Wissenschaft und Kunst‹ publiziert wurde, in einer stark gekürzten Fassung am 13. April 1918 in der FZ abdrucken. Ball plazierte den Essay Bakunins mit Bedacht an den Schluß des von ihm herausgegebenen ›Almanachs der Freien Zeitung‹, Bern 1918, S. 301-305.

Bfüt Gott] In Nr. 193 schreibt Ball phonetisch korrekter »Pfüt Gott«. Dies ist in der bayerischen Mundart der Abschiedsgruß. Er leitet sich her von dem Verb ›pfüten‹ = behüten.

189. An Emmy Hennings, Mitte April 1918

H: Hs. Brief; 2 Bl., 6 S. **F:** HBN. **E:** Briefe, S. 104 f., S. 110 (Auszüge). **DV:** Original.

Datierung: Ball hat am Tag bzw. Folgetag der Niederschrift seines Briefes »120 Seiten«, »die Hälfte des Buchs«, das heißt die ersten beiden Kapitel seiner ›Kritik der deutschen Intelligenz‹, geschrieben, und zwar »alles schon Reinschrift«. Im Brief Nr. 186, der vor Mitte April 1918 zu datieren ist, heißt es, er sei »jetzt bei Seite 100« der ›Kritik‹ angelangt. Das Datum dieses Briefes ist der Terminus post quem, das heißt der Zeitpunkt, nach dem der vorliegende Brief verfaßt wurde. Terminus ante quem ist das Datum des um den 20. April 1918 geschriebenen Briefes Nr. 193, in dem Ball anmerkt, er »arbeite jetzt am III. Kapitel« seiner ›Kritik der deutschen Intelligenz‹. Der vorliegende Brief wurde demnach zwischen Nr. 186 und Nr. 193, das heißt um oder kurz nach Mitte April 1918, geschrieben – ob vor oder nach Nr. 190 und Nr. 192, ist schwer zu entscheiden.

Ich möchte so gerne, dass Du mein Buch liest, bevor ich es weggebe … und mir sagst, ob es nicht ungerecht oder frech ist] Emmy hat diesem Wunsch Balls, sein zur Hälfte fertiggestelltes Buch ›Zur Kritik der deutschen Intelligenz‹, so wie er es ihr im vorliegenden Brief in einigen Grundzügen vorstellt, kritisch zu kommentieren, in ihrem Antwortbrief (»ich habe nicht so schnell«; ms. Abschrift im HBN) entsprochen. Ihre Bemerkungen zu einzelnen Passagen von Balls Brief werden in den folgenden Erläuterungen zitiert.

Ich fürchte, es ist ein wenig zu eigensinnig] Dazu Emmy: »Eigensinnig muss doch jedes Buch irgendwie sein, den Stempel Deiner Persönlichkeit und Deines Willens tragen, und das muss sogar sehr betont werden, selbst, wenn es – derb – geschieht, wenn auch nicht scheltend.«

was heute vielleicht neu und vernünftig, morgen aber schon Gemeinplatz sein kann] Dazu Emmy: »Eine Wahrheit kann nie Gemeinplatz werden, ich sag selbst das Einfachste, glaube aber nicht, dass es je banal wirken kann.«

eine neue Idee des christlichen Ideals] Dazu Emmy: »Eine neue Idee des christlichen Ideals, ich weiss nicht genau, was es mit der deutschen Intelligenz zu tun hat.« Im ›Vorwort‹ seines Buchs ›Zur Kritik der deutschen Intelligenz‹ schreibt Ball: »Und da ich den religiösen Despotismus für das Grab des deutschen Gedankens hielt, versuchte ich, das neue Ideal ausserhalb des Staates und der historischen Kirche in einer neuen Internationale der religiösen Intelligenz zu begründen.« (Kritik, S. VI)

Nicht mehr »leidender Gehorsam« sondern leidender Wille] Dazu Emmy: »Der ›leidende Gehorsam‹? meinst Du Sklaventum, den militärischen Drill? Leidender Wille gibt es nicht nach meiner Meinung. Wille setzt sich durch, will, einfach, tut, aber leidend? hinkt scheint mir.«

jetzt 120 Seiten geschrieben, die Hälfte des Buches] Weiter unten im Brief schreibt Ball, er sei mit dem zweiten Kapitel »morgen« fertig. Er hatte also das erste und zweite Kapitel so gut wie vollendet. Im Erstdruck von 1919 bestehen die ersten beiden Kapitel aus 110 Seiten (S. 14-124). Die Angabe, er habe »jetzt 120 Seiten« geschrieben, ist also realistisch. Die zweite Hälfte der ›Kritik der deutschen Intelligenz‹, das heißt das dritte und vierte Kapitel des Buches, umfaßt im Druck ebenfalls genau 110 Seiten (S. 125-235), so daß die Feststellung, er habe die Hälfte des Buches fertiggestellt, durchaus wörtlich zu nehmen ist.

Heines Bücher über die deutsche Religion und Philosophie sowie über die deutschen Romantiker] Heines ›Zur Geschichte der Religion und Philosophie in Deutschland‹ erschien Anfang Februar 1835 in: ›Der Salon‹. Zweiter Band. Hamburg: Hoffmann und Campe, 1835. Heines ›Die Romantische Schule‹ kam Ende November 1835 (vordatiert auf 1836) bei Hoffmann und Campe in Hamburg heraus.

Unheil er angerichtet hat, indem er diese beiden Schriften nach Paris brachte] In französischer Übersetzung erschienen die beiden Werke Heines im April 1835 in Paris, und zwar unter dem Titel ›De l'Allemagne‹ (Bde. 1 und 2) im Rahmen der französischen Werkausgabe: ›Œuvres de Henri Heine‹ (Bde. V und VI). Ball warf Heine vor, daß er seine beiden Bücher sowohl in Deutschland als auch in Frankreich veröffentlichte. Ihre Publikation in Paris betrachtete er als »Unheil«. Ball selbst war da konsequenter. Als man ihm anbot, seine ›Kritik der deutschen Intelligenz‹ für ein hohes Honorar ins Französische zu übersetzen und in Frankreich herauszubringen, lehnte er nach Emmy Hennings »ohne jegliches Zögern« ab mit dem Argument, er habe sein Buch »für das deutsche Volk geschrieben« (HBA 1991, S. 104).

Ich will kein Verräter sein ... Man wird mich einen Hochverräter schimpfen] Dazu Emmy: »Verräter muss man sein, wenns zu verraten gibt. Wenn Judas nicht gewesen wäre, hätten wir kein Christentum ... Ich möchte gern Hochverräter sein, sehr gern. Bist Du vielleicht ein bisschen bürgerlich?«

Ich möchte aber auch nicht ein Extra-Boche sein, indem ich Anti-Boche bin] Dazu Emmy: »Ich weiss auch nicht, warum Du absolut nicht Extra-Boche sein willst, denn Du bist ja ein ganz absonderlicher Extra-Boche.«

die streitende Demokratie] Vgl. den 7. Abschnitt des 2. Kapitels von Balls ›Zur Kritik der deutschen Intelligenz: »Und auch das Motto einer heutigen Romantik: die Kirche hat einen guten Magen, sie kann selbst Aas und Verwesung vertragen, gilt nicht für die neue Kirche, die streitende Demokratie.« (Kritik, S. 107)

»Als wärs ein Stück von mir« heissts in jenem Soldatenlied] Zitat aus Ludwig Uhlands bekanntem, 1809 entstandenem, von Friedrich Silcher vertonten Soldatenlied ›Ich hatt' einen Kameraden‹ (letzter Vers der zweiten Strophe): »Eine Kugel kam geflogen, / Gilt's mir oder gilt es dir? / Ihn hat es weggerissen, / Er liegt mir vor den Füßen, / Als wär's ein Stück von mir.«

»Man muss zeigen, dass Könige Staatsgefangene und alle Reichen Pensionäre sind.« ... Der Autor heisst Franz von Baader] Ball fand diesen »wundervollen Satz« in Baaders ›Tagebüchern aus den Jahren 1786-1793‹. Hrsg. von Emil August von Schaden. Leipzig 1850, S. 253 (Neudruck: Aalen 1963). Die Tagebücher Baaders erschienen als Band 11 des Gesamtwerks: Franz Xaver von Baader: ›Sämtliche Werke‹. Hauptabteilung 2: Nachgelassene Werke, Bd. 1. Ball zitiert den Satz in der ›Kritik der deutschen Intelligenz‹ (7. Abschnitt des 2. Kapitels, S. 106, Quellenangabe: S. 266, Anm. 160). Sowohl in Balls handschriftlichem Brieftext als auch im Drucktext der Erstausgabe der ›Kritik‹ findet sich im Zitat hinter »Könige« ein sinnentstellendes Komma, das hier stillschweigend getilgt wurde. In Balls Quelle steht hinter »Könige« kein Komma.

Auch ich möchte ein Häusel haben und Ackergerät und Blumen und Salad ... Ich habe Raupen gezüchtet] Dazu Emmy: »Du höre, ich dachte nicht an eine Alm mit Blumen und Salat. Raupen züchten will ich nicht. Das kannst Du tun, wenn es Dir Spass macht. Ich will einige Quadratmeter Land, das Haus eventuell selbst bauen, oder eine Höhle. Aber die Erde! Gemüse bauen ein wenig, um zu leben.«

endgiltigen Titel gefunden ... Er heisst Flametti / oder / Vom Dandysmus der Armen] Dazu Emmy Hennings in einem in ms. Abschrift erhaltenen Antwort-Brief, der beginnt: »Der Titel Deines Buches ist entzückend! Ganz reizend!«

der Roman ... Emmy Hennings zugeeignet] Die Widmung findet sich in dieser Formulierung auf Seite 5 der Erstausgabe.

5 Fränklis] Wenn die Schweiz auch keineswegs ein »Land des Diminutivs« ist, so finden sich doch recht viele Verkleinerungsformen. Allerdings und bezeichnenderweise: »Bei Rappen und Franken wird die Verkleinerungsform strikt nicht angewandt.« (Scholz, S. 12) Wer von »Fränkli« und »Räppli« spricht, gibt sich unfreiwillig als Nicht-Schweizer zu erkennen.

Rousseau ist in armenischer Kleidung in Paris spazieren gegangen] Da Rousseau an chronischen Blasenbeschwerden litt und einen Katheter gebrauchen mußte, trug er meist ein weites Kostüm, das ihm ein armenischer Schneider in Frankreich empfohlen hatte. Seine auffällige Tracht, mit der er bei den Zeitgenossen Aufsehen erregte, bestand aus einem Kaftan, einem langen Überrock mit Gürtel und einer Pelzmütze, mit der ihn mehrere Künstler auf Portraits festgehalten haben (vgl. Georg Holmsten: ›Jean-Jacques Rousseau mit Selbstzeugnissen und Bilddokumenten‹.

16. Aufl. Reinbek bei Hamburg 2000, S. 136; Abb. mit armenischer Pelzmütze ebd., S. 127, 138 und auf dem Umschlag).

Wie hätte er das gekonnt ohne die Convention zu brechen?] Vgl. Nr. 190: »Gegen die Convention hat Rousseau geschrieben und das ganze Gebäude fiel zusammen.«

190. An Emmy Hennings, um d. 15.4.1918

H: Hs. Brief; 2 Bl., 8 S. **F:** HBN. **E:** Briefe, S. 106 f. **DV:** Original.

Datierung: Anhand der Erwähnungen des »Aufrufs für Frank« und der mit ihm identischen »kleinen Sache über Frank« (Nr. 192) läßt sich der Brief vage datieren. Während Ball im vorliegenden Brief schreibt, er habe sich »sofort daran begeben«, den Aufruf »abzutippen«, aber die Feder der Schreibmaschine sei kaputtgegangen, so daß er nun Flesch bitten werde, ihn »in seinem Büro [...] rasch tippen zu lassen«, berichtet er Emmy in Nr. 192 vom 15./16. April 1918, er habe die »kleine Sache über Frank [...] jetzt selbst abgeschrieben«, und zwar »gestern nacht noch spät«. Daraus läßt sich schließen, daß der vorliegende Brief kurz vor dem vom 15./16. April 1918 geschrieben wurde.

Zirri Zittig] ›Neue Zürcher Zeitung‹.

dies Buch] Balls ›Kritik der deutschen Intelligenz‹.

»Rousseau hat Frankreich revoltiert ... Rückkehr zur Heimat«] So nahezu wörtlich in Balls ›Kritik der deutschen Intelligenz‹ (Kap. II, Abschnitt 7; S. 100).

Zwei kleine Abschnitte, die in der Freien Zeitung erschienen sind] Wahrscheinlich: ›Vom Universalstaat‹, in: FZ (Jg. 2, Nr. 26, S. 105) vom 30. März 1918 und ›Preußen und Kant‹, in: FZ (Jg. 2, Nr. 33, S. 134) vom 24. April 1918. Der letztere Artikel war Mitte April noch nicht erschienen, so daß ihn Ball vermutlich als Durchschlag an Emmy schickte. Beide Artikel sind fast wörtlich in die ›Kritik der deutschen Intelligenz‹ eingegangen: der erste in das 1. Kapitel, Abschnitt 1 (Kritik, S. 14-17), der zweite in das 2. Kapitel, Abschnitt 5 (Kritik, S. 83-87).

Das Buch muss *auch* gelehrt sein ... Man muss *Argumente* bringen] Die Gelehrtheit, Wissenschaftlichkeit und Argumentativität seiner ›Kritik der deutschen Intelligenz‹ versucht Ball durch einen aufwendigen Anmerkungsapparat zu demonstrieren: er enthält auf 81 in ›Petit‹ gedruckten Seiten (S. 241-322) zahlreiche Quellennachweise, Belege und Zitate.

Rubiner ... »Mensch in der Mitte«] Ludwig Rubiner: ›Der Mensch in der Mitte‹. Berlin-Wilmersdorf: Verlag der Wochenschrift DIE AKTION, 1917.

Er nennt keine Namen ... Voltaire und Rousseau ... dass sie Namen nannten] Dazu Emmy in dem in ms. Abschrift überlieferten Briefkompilat (»ich freu mich«; HBN): »Ich bin ganz erstaunt, was Du schreibst über Namen nennen. Ich habe geschrieben gerade jetzt über das Anonyme.«

Voltaire und Rousseau ... die französische Revolution gemacht ... Namen nannten ... Polemik trieben ...] Vgl. Kritik, S. 77 (2. Kap., 4. Abschnitt): »Ja, die französische Revolution war praktische Philosophie. Zwei mächtige Schriftsteller hatten sie vorbereitet: Voltaire und Rousseau. Voltaire, das höchste Beispiel des écrivain: Die Einleitung durch den Eclat war das

Geheimnis seines Erfolges. Das Publikum und die Parteien nahmen Stellung in wilden Debatten, eh' noch das Werk da war. Der Entwurf schon war Auseinandersetzung mit allen Einwänden, Drohungen, Hoffnungen; Angst und Entzücken des Publikums. Nur in Frankreich ist so etwas möglich. Intrigen, Wetten, Duelle gingen der Publikation voraus. Das Erscheinen des Buches: nur noch Bestätigung, Urteil und Richtspruch.«

Kesslergasse] Die heutige Münstergasse liegt in der Berner Altstadt.

Thuner See] An den Thuner See zu gehen und dort »ein Häusli« zu mieten (vgl. Nr. 203) ist ein Plan, den Ball noch bis in den Mai hinein verfolgte (vgl. Briefe Nr. 203, 204 und 206). Wahrscheinlich hängt dieses Vorhaben mit Ernst Bloch und seiner Frau zusammen, die vom Herbst 1917 bis zum Mai 1918 in Thun am Thuner See lebten und in deren Nähe es Ball und Emmy Hennings damals zog.

nach Zürich zu fahren und nach dem Gemitz zu sehen] Ball reiste bereits am Abend des 29. April 1918 nach Zürich, blieb dort bis zum frühen Morgen des 2. Mai (vgl. Balls Briefe vom Ende April/Anfang Mai) und traf sich mit seiner Tochter Annemarie (Gemitz) am Morgen des 30. April für kurze Zeit (vgl. Nr. 204).

Franks Buch so wenig Erfolg hat. Aber nach Deutschland kann es nicht] Leonhard Franks Antikriegserzählungen ›Der Mensch ist gut‹ sind 1917 im Züricher Verlag Max Rascher erschienen. Von dem Buch kam bereits Ende 1917 das 6. bis 15. Tausend heraus. 1919 erschien bei Rascher das 16.-25. Tausend. In Deutschland konnte das Buch erst nach dem Ende des Ersten Weltkriegs publiziert werden. Es erschien 1919 im Verlag Gustav Kiepenheuer (1.-50. Tausend).

Schlieben wird sich sehr freuen über eine neue Mitarbeiterin] Ball schreibt am Anfang seines Briefes, er wolle Emmys »Aufruf für Frank« der FZ bringen. Hans Schlieben war der Gründer und Herausgeber der FZ, als welcher er maßgebend über die Annahme oder Ablehnung von Artikeln für seine Zeitung entschied. Ball hat um den 20. April 1918 den »Aufruf« von Emmy an Schlieben übergeben (vgl. Nr. 193), der die »kleine Frankrede« jedoch ablehnte (vgl. Nr. 200), so daß es Emmy Hennings versagt blieb, »Mitarbeiterin« der FZ zu werden.

ich habe ihm gewiss Unrecht getan, wenn ich sagte, er sei so verliebt] Dies hat Ball in seinem zwischen dem 9. und 11. April 1918 geschriebenen Brief Nr. 185 über Tschokitsch gesagt: »Er ist sehr lieb und bis über die Ohren verliebt in Dich.« In ihrer auf einen »Freitag« datierten Antwort auf diesen Brief (»Liebster Hugo! ich danke dir ...«; HBN) hat Emmy ihr Mißfallen über diese Äußerung Balls ausgedrückt: »du schreibst etwas, was mir nicht gefiel, nämlich, daß Cokic in mich verliebt sei bis über beide Ohren. ich will, daß man nach meinem Tode in mein Leben verliebt sein soll und in meinen Tod«. Der hier zitierte »Freitags«-Brief von Emmy Hennings wurde wahrscheinlich am 12. April 1918, einem Freitag, geschrieben, so daß man Balls Brief Nr. 185, auf den sie antwortet, genauer auf die Tage zwischen dem 9. (einem Dienstag) und dem 11. April 1918 (einem Donnerstag) datieren kann.

Jeanne d'Arc ist heilig gesprochen worden] Ihre Heiligsprechung erfolgte erst 1920.

Péguy hat ... sein Leben lang nichts anderes geschrieben als über Jeanne d'Arc. Ihr widmete er alle seine Bücher] Ball faßt hier Gedanken aus einem Buch von André Suarès über Charles Péguy zusammen, einem Buch, aus dem Ball im Oktober 1916 für die ›Weißen Blätter‹ fünf Abschnitte übersetzte: »Man bilde sich nicht ein, Jeanne d'Arc sei für Péguy ein literarisches Sujet. Jeanne d'Arc ist sein Lebenswerk, seine Aufgabe, seine Mission. Er betrachtete sich gesandt und geboren für Jeanne d'Arc [...]. Er gestand mir, daß er sein ganzes Leben über Jeanne d'Arc zu schreiben gedenke, sollte er hundert Jahre alt werden. Zwanzig und selbst dreißig andere Bände schreckten ihn nicht. Er widmete alles insgeheim Jeanne d'Arc, steigerte es in eine höhere Realität. Jeanne d'Arc war für Péguy zuletzt das passionierte Frankreich in seiner höchsten Gegenwart. Der wahre Christ lebt unaufhörlich in der Passion Jesu-Christi. Péguy ward nicht müde zu leben in der Passion unserer lieben streitbaren Frau von Orléans.« (›Die Weißen Blätter‹. 3. Jahrgang 1916, Quartal Oktober-Dezember, S. 51) Diesen Passus seiner Suarès-Übersetzung hat Ball in einer Anmerkung zum dritten Kapitel seiner ›Kritik der deutschen Intelligenz‹ (vgl. S. 279 f., Anm. 39) abgedruckt.

Scheler war hier] Zu Max Scheler vgl. *Nr. 164*.

Léong ist hier aufgetaucht] Robert Leo Richter, der polnische Schauspieler und Übersetzer (vgl. *Nr. 119*).

191. An Emmy Hennings, 15./16.4.1918

H: Hs. Postkarte; beidseitig beschrieben. Gedruckt auf der Anschriftseite: Bern, Garni Hotel St. Gotthard, am Bahnhof. Tel. 2616. Adresse: Frau / Emmy Hennings / Ascona. Tessin / Casa Baggi. Frankiert, aber nicht abgestempelt, also auch nicht abgeschickt. **F:** HBN. **DV:** Original.

Datierung: Nach den Erläuterungen zu Huelsenbecks großem Dada-Abend und zu der Kritik des Abends im ›Berliner Tageblatt‹ vom 14. April 1918 dürfte die undatierte Postkarte am 15. oder 16. April 1918 geschrieben worden sein.

das Buch ... mit Schickele gesprochen] In Nr. 187 hatte Ball an Emmy geschrieben: »Schickele hab ich noch nicht gesehen, aber es ist dafür gesorgt, dass er Dein Buch [›Gefängnis‹] liest.«

das Häusel] In Nr. 183 hatte Ball bei Emmy Hennings »ein ausgeschnittenes Bild [...] von der Casa Baggi« in Ascona bestellt, in der seine Lebensgefährtin seit kurzem wohnte.

Tschokitsch ... nächste Woche Dich besuchen] Tschokitsch ist tatsächlich in der Woche darau, am 24. April, ins Tessin gereist (vgl. Nr. 195 und 197).

Orselina] Oberhalb von Locarno gelegener Ort, zu dem die Wallfahrtskirche Madonna del Sasso gehört.

Huelsenbeck ... Dadaabend in Berlin] Der erste große Dada-Abend in Berlin – veranstaltet und bestritten von Richard Huelsenbeck, Raoul Hausmann, Else Hadwiger und George Grosz – fand am Freitag, dem 12. April 1918, um 20.30 Uhr in der Berliner Sezession (Kurfürstendamm 238a) statt. Diesem »Monstre-Abend« verdankt »das deutsche Dada« seine »große Berühmtheit« (DADA Almanach, Berlin 1920, S. 30).

grosse Besprechung im Berliner Tageblatt … »verdadädelt«. Zürcher Internationalisten etc. eine kleine Denunziation] Die »große«, von Adolf Lapp verfaßte Kritik erschien am Sonntag, dem 14. April 1918, im ›Berliner Tageblatt‹ (Nr. 189, Morgen-Ausgabe). Die beiden von Ball in seiner Postkarte anzitierten Textstellen der Besprechung lauten: »Ob man [!] eine tiefere mystische Beziehung waltet zwischen dem heiligen Kuhschwanz der Kruneger und jener neuen Geistesbewegung, die ihre Entstehung einigen vom Krieg nach Zürich verschlagenen, ausnahmsweise beschäftigungslosen Internationalisten verdankt, wage ich […] nicht zu entscheiden.« – »Und gegen wen schwingt man die Aschantitrommel und die Ratsche, wenn man nun wirklich Dadaist und alle Welt schon ganz verdadadätelt ist?« Nachdruck der von Ball zu Recht als »kleine Denunziation« bezeichneten Besprechung in: Goergen, S. 82 f.

192. An Emmy Hennings, 15./16.4.1918

H: Hs. Brief; 3 Bl., 12 S. **F:** HBN. **E:** Briefe, S. 108 f., 117 f. **DV:** Original.

Datierung: Der vorliegende Brief weist deutliche Parallelen (»das Häusel«, »Tschokitsch die Landschaft erklärt«) mit der Postkarte Nr. 191 auf, die zwar frankiert, aber nicht abgestempelt, d. h. nicht abgeschickt wurde. Der Brief ersetzt und erweitert um ein vielfaches die nicht abgesandte Postkarte, und er ist also wie diese auf die Zeit nach dem 14. April 1918 zu datieren. Ball antwortet mit diesem Brief auf den im EBH Katalog (S. 158) stark gekürzt abgedruckten Brief von Emmy Hennings.

Es gibt eine Hauptschuld in diesem Kriege] Der ständigen Kriegsschulddebatten in ihrem Umkreis überdrüssig, hatte Emmy Hennings in einem undatierten Brief, auf den Ball hier antwortet, sich Luft gemacht: »Ich halte diese ewige Schuldfrage nicht mehr aus … Was nutzt das, nachträglich so neugierig zu sein, wer Schuld oder Unschuld hat …« (zit. nach: EBH Katalog, S 158).

Die Gütepartei, wie Hardekopf so famos das genannt hat] In einem ungedruckten, undatierten, wohl im November 1917 geschriebenen Brief an Emmy Hennings (»mein armer Liebling«; HBN) spricht Ferdinand Hardekopf voll »Bitterkeit« von »den Erfindern der Brüderlichkeit und den Direktoren der Güte-Partei« um Leonhard Frank.

Politik … von der Du oft gesagt hast, dass sie Dich nicht interessiert] In ihrem Brief, mit dessen Positionen sich Ball hier kritisch auseinandersetzt, hatte Emmy Hennings ihren Überdruß an jeglicher Politik artikuliert: »Wenn doch die ganze Politik der Teufel holen wollte, dann wollte ich froh sein …« (zit. nach: EBH Katalog, S. 158).

Rubiners Buch] Das Buch ›Der Mensch in der Mitte‹ von Ludwig Rubiner ist 1917 im Verlag der Wochenschrift ›Die Aktion‹ in Berlin-Wilmersdorf erschienen.

Aufstand, Aktivismus] Ein Kapitel in Rubiners Buch ist ›Brief an einen Aufrührer‹ überschrieben (S. 37-46). In einem anderen Kapitel heißt es: »Der Dichter hat es nur mit dem Handeln der Menschen zu tun.« (S. 54) Konsequenterweise erhebt Rubiner darin den »Aktionsroman« zum Roman schlechthin: »Der Aktionsroman gibt das Leben der Menschen in den

Katastrophen der Gewißheit vom Geist.« (S. 63) – »Der Sinn aller Katastrophen im Aktionsroman ist: Den Menschen immer wieder, durch Zerstörung aller Trägheitslieblichkeit der Umwelt, unmittelbar in die fürchterliche Helligkeit des Geistes zu stellen; von der er stammt.« (S. 65) – »Diese immerwährende katastrophenrührende Aktivität des Geistigen: das Politische macht die Dichtung des Aktionsromans zu einem revolutionären Werk. Die Forderungen, die er stellt; seine Arbeit, die herrschend unberührte Änderung, Umschiebung, Knetung – *Umstürzung* – des Materialen, der Gesellschaft, machen ihn zur Stimme des Aufstandes.« (S. 66)

Mensch hinten und Mensch vorne] Den programmatischen Titel seines Buches erläutert Rubiner in den ›Vorbemerkungen‹ wie folgt: »Der Mensch die Mitte der Welt. Nicht mehr, nicht weniger. Aber das ist unendlich viel. [...] Der Mensch ist die Mitte der Welt – er sei die Mitte der Welt! Die stärkste Forderung des Menschen heißt: DER MENSCH IN DER MITTE« (S. 5 f.).

Wir sind nicht allesamt Mörder] »Wir sind doch alle Mörder wider Willen und treten auch Ameisen tot ...«, hatte Emmy Hennings zuvor an Ball geschrieben (zit. nach: EBH Katalog, S. 158).

Deshalb möchte ich auch nicht, dass die Zürcher Zeitung das bringt] Emmys »Aufruf für Frank«. Gegen eine Publikation des Aufrufs in der NZZ hatte sich Ball schon in Nr. 190 deutlich ausgesprochen.

wie die Fr[eie] Zeitung zur Schuldfrage steht] Die FZ vertrat die These von der Alleinschuld (jedenfalls der Hauptschuld) Deutschlands am Ersten Weltkrieg. Die Erörterung der Schuldfrage hielt Ball offenbar für das zentrale Anliegen der Zeitung. In das zweite, ›Zur Schuldfrage‹ überschriebene Kapitel seines ›Almanachs der Freien Zeitung‹ (S. 15-78), welches das umfangreichste des ›Almanachs‹ ist, nahm er zwölf Artikel auf.

das Halbwelt-Buch] Emmys Geschichte von dem Mädchen, das dem heiligen Aloysius den Rock auszieht (vgl. *Nr. 208* – »heiligen Aloysius und das nackichte Fräulein«).

Wachet und betet, sagte Christus ...] Vgl. Markus 14,38: »Wachet und betet, daß ihr nicht in Versuchung fallet!« (Christus zu Petrus im Garten Gethsemane) sowie Matthäus 26, 41.

die hübschen Pferdchen ..., die Arp in seiner Wohnung hielt] Es existiert ein Foto aus dem Jahr 1915, das Hans Arp mit drei Holzpferdchen im Kreis von Freunden zeigt (vgl. ›Arp 1886-1966‹. Ostfildern 1986, S. 286. Katalog zur Ausstellung im Württembergischen Kunstverein Stuttgart, 13.7.1986-31.8.1986).

Ankersteinbaukasten] Von Friedrich Ad. Richter Ende des 19. Jahrhunderts entwickeltes, in Rudolstadt seit 120 Jahren hergestelltes Spielzeug für Kinder und Erwachsene. Die Modellbausteine sind aus dem Material der Ankersteine gefertigt, sie bestehen aus feinstem Quarzsand, Kreide und Leinöl, verpackt im Holzkasten mit Schiebedeckel. Die Produktion der bei Alt und Jung beliebten Ankerbausteine wurde 1963 eingestellt, wegen der großen Nachfrage jedoch 1995 wiederaufgenommen.

Verstand und Vernunft sind sträflich und Hochmut: Sünde. [...] Intelligenz ist Dilettantismus] Vgl. den Beginn des zweiten Kapitels von Balls Roman ›Tenderenda der Phantast‹: »›Eines ist gewiß‹, sprach Benjamin. ›Intelligenz ist Dilettantismus. Intelligenz blufft uns nicht mehr.‹« (Tenderenda 1967, S. 21) Kritik an der Intelligenz, der »Intellektualität«, übt Ball bereits in seinem zusammen mit Richard Huelsenbeck verfaßten ›Literarischen Manifest‹ vom 12. Februar 1915, worin er sich »gegen die Intellektualität, gegen die Bebuquins, gegen die gänzlich Arroganten« ausspricht (zit. nach: HBA 1985/86, S. 86).

Antonius den Fischen] Zu den bekanntesten Legenden, die sich um den heiligen Antonius von Padua (1195-1231) ranken, gehört seine Predigt am Ufer von Rimini, welche die Einwohner nicht hören wollten, während die Fische sich versammelten und ihre Köpfe aus dem Wasser hoben. Dieses Wunder habe fast die ganze Bevölkerung der Stadt bekehrt.

Mit Flesch hab ich gesprochen, dass er reklamiert] Wohl wegen der weißen Jacke für Emmy.

193. An Emmy Hennings, um d. 20.4.1918

H: Hs. Brief; 1 Bl., 4 S. **F:** HBN. **E:** EBH Leben, S. 80 f. (stark gekürzt). **DV:** Original.

Datierung: Vgl. Erläuterung zu: »Ich arbeite jetzt am III. Kapitel«.

den Frank haben wir Dr. Schlieben gegeben] Emmys »Aufruf« für Leonhard Frank (vgl. Nr. 190), die »kleine Sache über Frank« (vgl. Nr. 192). Schlieben hat »die kleine Frankrede« um den 25./26. April 1918 an Ball zurückgegeben: »Er findet sie exzellent geschrieben, aber er kann sie nicht bringen aus den Gründen, die ich Dir vorher schon schrieb.« (Nr. 200)

für eine englische Zeitung schreibt übers Blatterl] Für welche englische Zeitung Ball etwas über die ›Freie Zeitung‹, das »Blatterl«, schrieb, ließ sich bisher nicht ermitteln.

Korrekturen vom Roman bekommen … Bis Seite 130] Gemeint sind Korrekturen von Balls Roman ›Flametti‹.

Ich arbeite jetzt am III. Kapitel] Der Streitschrift ›Zur Kritik der deutschen Intelligenz‹. Mit dem 2. Kapitel der ›Kritik‹ ist Ball um Mitte April 1918 fertig geworden (vgl. Nr. 189), so daß der vorliegende Brief danach geschrieben worden sein muß, wahrscheinlich um den 20. April.

»Der Mensch in der Mitte«] Vgl. *Nr. 190*.

Lo ist hier Lololi sozusagen. Sie haben mich wohl gesehen, aber darauf verzichtet, mich zu begrüssen] Mit »Lo« und »Sie« sind Leon Richter und seine Frau Lo gemeint, die Ball seit Dezember 1916 kannte (vgl. Nr. 119). Schon in Nr. 190 hatte Ball aus Bern Emmy mitgeteilt: »der Léong [Richter] ist hier aufgetaucht. Er ist mit Polen zusammen. Ich habe ihn nicht gesprochen. Er hat es auch nicht versucht.«

a schöne lange Rock oa, möchts das?] Emmy antwortet in einem undatierten Brief: »Ich brauche doch gar keinen langen Rock, Steffgen, der schleißt doch einmal.« (EBH Leben, S. 112)

so viele Literatten in Ascona] Schon in Nr. 176 schreibt Ball: »Ihr scheint ja eine ganze Literatur- und Dichterschule da unten zu sein.« Und in Nr. 187 fragt er: »Gibt es denn soviele Literaten, als jetzt da unten im Tessin zu sein scheinen.« Deutliche Vorbehalte gegenüber der Ansammlung von Literaten in Ascona und Locarno im letzten Kriegsjahr äußerte auch Stefan Zweig in einem Brief an Emil Ludwig vom 21. September

1918: »Ich bin Ihnen untreu geworden mit Locarno. Ich hatte doch Angst vor den vielen Literaten (ich kenne zuviel von früher!).« (Zweig 1998, S. 237)

194. An Emmy Hennings, um d. 20.4.1918

H: Hs. Brief; 1 Bl., 3 S. **F:** HBN. **E:** Briefe, S. 107 f. **DV:** Original.

Datierung: Emmy hat die ihr kurz zuvor zugeschickte Depesche von Reiss »wegen der Annahme« ihres Romans ›Gefängnis‹ erhalten (vgl. Nr. 193), so daß der vorliegende Brief wohl nur einen Tag nach dem vorhergehenden (Nr. 193) geschrieben wurde.

das Büchli] Emmy Hennings' Prosabuch ›Gefängnis‹.

auf das *Brevier* zu *verzichten*] Reiss hatte Ball für das Bakunin-Brevier noch im März 1918 2000 bis 2500 Mark Vorschuß geboten (vgl. Nr. 175). Aus einem Brief von Reiss, den Ball in Nr. 179 wörtlich zitiert, geht hervor, daß Reiss zu diesem Zeitpunkt noch keine definitive Entscheidung über die Annahme des Bakunin-Breviers gefällt hatte, so daß Ball »an diesem Buch zunächst nicht weiter« arbeiten wollte.

die Arbeit, mit der ich nun seit Monaten beschäftigt bin] Balls Streitschrift ›Zur Kritik der deutschen Intelligenz‹, an der er seit Ende 1917/Anfang 1918 arbeitete.

195. An Emmy Hennings, 23.4.1918

H: Hs. Brief; 1 Bl., 3 S. **F:** HBN. **E:** Briefe, S. 109 f. **DV:** Original.

Datierung: Zur Datierung dieses Briefes vgl. Erläuterung zu: »Heute … viel Lauferei … zu Grumbach«.

was schreibt das für artige Briefleins] Wie einige der folgenden Erläuterungen zeigen, bezieht sich Ball in dem vorliegenden Brief vor allem auf jenen Brief von Emmy, der mit den Worten beginnt: »ich freu mich« (ms. Abschrift im HBN).

Heute früh war Steffgen bei Dr. Schlieben, um den Herrn Palme angelegentlichst zu empfehlen. Der Artikel … war noch nicht angekommen] Emmy hatte zuvor in einem nur in ms. Abschrift überlieferten Brief (»ich freu mich«; HBN) an Ball geschrieben: »Du, die ›Freie Zeitung‹ kriegt was fabelhaft Gutes von Herrn Palme.«

die beiden letzten Briefe] Gemeint sind wohl Nr. 193 und 194.

beruuuuuhmt] Unsichere Lesart. In einem nur in einer ms. Abschrift erhaltenen, undatierten Brief (»ich freu mich«, HBN) schreibt Emmy am Schluß im Hinblick auf Hugo: »Und dabei so Berüuuuuuhmt!!!!«

Die kleine Sache für die englische Zeitung] Vgl. Nr. 193: »dass Steffgen ihm [Schlieben] auch für eine englische Zeitung schreibt übers Blatterl«, das heißt über die FZ.

sprich nicht von dem Interesse von Reiss für das Buch. Es ist noch nicht perfekt] Vgl. hierzu auch Nr. 196: »Ich bitte Dich um alles, sprich nicht von einer Annahme, bevor Du den Vertrag hast.«

Das ist ja entsetzlich mit dem Regenwetter] Emmys Wetterbericht aus Ascona in ihrem Brief vor dem 23. April 1918 (»ich freu mich«): »Du, es regnet immer noch, ich muss das nochmals schreiben. Es erscheint mir diesmal ein ganz besonderer Knalleffeckt der Natur zu sein, weil es gar nicht aufhört, wochenlang nicht.«

Zur F[reien] Z[eitung]] Die Redaktion der FZ befand sich in der Zieglerstraße 8 (vgl. HBK, S. 183, Nr. 165).

Heute ... viel Lauferei ... zu Grumbach] Im folgenden, auf den 24. April 1918 zu datierenden Brief Nr. 196 schreibt Ball, er sei »gestern« bei Grumbach gewesen. Demnach wurde der vorliegende Brief am 23. April 1918 geschrieben.

Zur Druckerei] Vom Februar 1918 bis Ende Juli 1919 wurde dieFZ bei der ›Schweizer Polygraphischen Gesellschaft‹ gedruckt (vgl. Korol, S. 252 f.).

zur Bibliothek] Die Berner Stadt- und Hochschulbibliothek an der Keßlergasse 41 war werktags von 10 bis 12 und von 14 bis 19 Uhr und samstags von 14 bis 17 Uhr geöffnet (Baedekers Schweiz 1920, S. 151).

zwanzig Fränklein hats bekommen] Emmy hat Ball in einem vor dem 23. April 1918 geschriebenen Brief (»ich freu mich«; ms. Abschrift im HBN) mitgeteilt: »Heute morgen erhielt ich einen Brief (einliegend 20 Frs. Honorar)«.

Tschokitsch ... morgen ... nach Locarno fährt] Nach Nr. 197 vom 25. April 1918 war Tschokitsch an diesem Tag bereits in Locarno. Nach dem vorliegenden Brief vom 23. April 1918 fuhr Tschokitsch »morgen«, das heißt am 24. April, nach Locarno.

Er freut sich ... Dich zu sehen – nach sechs Wochen] Tschokitsch und Emmy Hennings hatten sich zuletzt in Bern gesehen. Rechnet man vom 23. April sechs Wochen zurück, so muß dies um den 12. März 1918 gewesen sein. Daraus läßt sich schließen, daß sich Emmy bis kurze Zeit vor Mitte März in Bern aufhielt. Die ersten Briefe Balls an Emmy nach deren Abreise von Bern ins Tessin datieren von Mitte März 1918 (vgl. Briefe Nr. 169 und 170).

Wenn er nur schönes Wetter antrifft] Die Hoffnung auf besseres Wetter während Tschokitschs Aufenthalt im Tessin erfüllte sich nicht: »Leider hat er [Tschokitsch] Unglück, das Wetter ist immer regnerisch, und wenige Stunden hell; aber er will gerne was sehen und so muß man den feinen Nieselregen mit in Kauf nehmen.« (Emmy in ihrem Brief »Sehr traurig bin ich«; HBN, der vor Nr. 201 geschrieben wurde).

mit dem neuen Buch] Mit der Streitschrift ›Zur Kritik der deutschen Intelligenz‹.

Brotmarken] Im April 1918 meldeten die Schweizer Behörden, daß die Lieferung von Getreide aus den USA noch nicht gewährleistet sei und daß die Getreidevorräte der Schweiz voraussichtlich nur noch bis Ende Mai reichten. Zur Rationierung von Brot wurden deshalb in der Schweiz damals Brotmarken ausgegeben.

196. An Emmy Hennings, 24.4.1918

H: Hs. Brief; 2 Bl., 8 S. Am Briefende eine Zeichnung Balls: links eine Frau, die ein Spinnennetz an einer rechtwinkligen Konstruktion hochhält; rechts ein Mann mit Zipfelmütze, Rock und Stock mit Fahne; darunter steht: »Emmy und Steffgen 1918«. **F:** HBN. **E:** Briefe, S. 112-115. **DV:** Original.

Datierung: Ball schreibt auf seiner Postkarte Nr. 197 vom 25. April 1918 an Emmy: »Sei nicht ärgerlich über meinen gestrigen Brief. Aber Überzeugung gegen Überzeugung.« Mit diesem Brief, in dem er der ›pazifistelnden‹ Emmy die Leviten ließt, kann nur der vorliegende gemeint sein, der somit auf den 24. April zu datieren ist. Für diese Datierung spricht auch Balls Erwähnung seines Besuchs bei Salomon Grumbach am 23. April 1918 (vgl. *Nr. 195* – »Heute ... viel Lauferei ... zu Grumbach«), von dem Ball in diesem Brief sagt, er habe ihn »gestern« getroffen.

Correspondent der »Spinne«] Vgl. Emmy Hennings' Prosaskizze ›Die Spinne‹, veröffentlicht in: ›Züricher Post- und Handelszeitung‹, Jg. 38, Nr. 208 vom 4. Mai 1916 (Abend-Ausgabe), S. 2 f. Nachdruck der ›Spinne‹ in: EBH Katalog, S. 104-107. In einer Nummer des ›Maxim-Ensembles‹ trat Emmy Hennings im November 1915 in Basel als die von Pallas Athene in eine Spinne verwandelte Arachne auf. Die Nummer wurde als ›Arachne, die verzauberte Spinnerin‹ angekündigt (vgl. EBH Katalog, S. 106; ebd., S. 104 auch eine Fotografie der ›Arachne‹-Nummer). Korrespondent, das heißt Briefpartner, der »Spinne« ist Hugo Ball, die »Spinne« Emmy Hennings.

Napoliums-Karte] Wohl eine Postkarte mit einer Abbildung Napoleon Bonapartes, vielleicht mit einer Napoleon-Karikatur. »Napolium« ist eine besondere, latinisierte Form des Namens Napoleon. Von Wilhelm Busch gibt es eine Anleitung zum Zeichnen von Napoleon-Köpfen: ›Wie man Napoliums macht‹. Vgl. auch August Kutschke: ›Napolium-Lieder‹. 5. Aufl. 1870/71 sowie Karl Bleibtreu: ›Die grausam Moritat des Kaisers Napolium oder Feste druff!‹ Winterthur 1914.

Frauen-Kongress] Vom 15. bis 19. April 1918 fand in Bern eine internationale Frauenkonferenz für die Verständigung unter den Völkern statt. Nach Ludwig Quidde (S. 207) war das Treffen in Bern keine reguläre Konferenz, da die kriegführenden Regierungen mit Ausnahme der österreichischen und der ungarischen den Vertreterinnen der nationalen Frauenausschüsse die Pässe verweigerten, so daß nur die zufällig in der Schweiz sich aufhaltenden Frauen Mitte April 1918 zu einer Besprechung zusammenkommen konnten. Zur Berner Frauen-›Konferenz‹ vgl. den Bericht von Elsbeth Friedrichs: ›Internationale Frauenkonferenz für Völkerverständigung‹, in: ›Friedenswarte‹, 20. Jg. (1918), S. 132-136; vgl. auch Andreas Latzko: ›Frauen im Krieg‹. Geleitworte zur Internationalen Frauenkonferenz für Völkerverständigung in Bern. Zürich: Rascher, 1918. Latzkos ›Geleitworte‹ sind datiert: »Zürich im März 1918.« Stefan Zweig hielt auf dem Kongreß einen Vortrag über Bertha von Suttner (vgl. Zweig 1998, S. 214 f.).

deutschen Räuberei in Russland] Vgl. *Nr. 169* – »die deutschen Erfolge und Räuberei in Russland«.

Du willst Herrn von Hindenburg bekehren zur Menschenliebe?] Emmy hatte zuvor in einem undatierten Brief (»ach Steffgen, das«) an Hugo geschrieben: »Wie gefällt Dir meine kleine Ansprache an d. Mütter? Das ist noch nichts, aber Hindenburg, den krieg ich noch weich, pass mal auf.«

Genthaft sieht er aus] Gent: Abwertende Kurzform von gentleman; übertrieben modisch gekleideter, geckenhafter Mann.

Grumbach] Vgl. *Nr. 179* – »Grumbachs Buch«.

Hans Schickele] Hans Georg Richard Schickele (geb. 1914), zweiter und jüngster Sohn von Anna und René Schickele; reiste 1936 zu seinem schon 1933 ausgewanderten älteren Bruder Rainer Schickele (1905-1989) in die USA; war dort später als Architekt tätig; lebt heute in El Cerrito bei Berkeley/Kalifornien.

Sudermann] Zu Hermann Sudermann vgl. *Nr. 4*.

Frenssen] Gustav Frenssen (1863-1945), deutscher Schriftsteller, von 1890 bis 1902 Pastor; war besonders erfolgreich mit dem vielgelesenen Bauernroman ›Jörn Uhl‹ (1901); weiterer Roman: die Christusdarstellung ›Hilligenlei‹ (1905), die Christus ins Nordische überträgt.

Buffo] Sänger komischer Rollen in der Oper.

197. An Emmy Hennings, 25.4.1918

H: Hs. Postkarte; beidseitig beschrieben. Adresse: Frau / Emmy Hennings / Ascona. Tessin. / Casa Baggi. **F:** HBN. **DV:** Original.

neuen Titel ... Er hat wohl Angst, mein »Dandysmus« bezahlt sich nicht ... werde fest drauf bestehen] Vom neuen Titel ›Flametti oder vom Dandysmus der Armen‹ ließ Reiss sich schließlich doch noch überzeugen; vgl. Nr. 203: »Mit dem Flametti-Titel, den *ich* bestimmte, ist er jetzt einverstanden, nachdem ich es ihm plausibel machte.«

Schickele ist gestern nach Genf gefahren] Schickele wollte seinen Wohnsitz in die Westschweiz an den Genfer See verlegen, weil er dort mehr aus Frankreich zu erfahren hoffte. Er gab diesen Plan jedoch zugunsten des Thuner Sees auf, wo er im Mai 1918 in Spiez ein seinen Vorstellungen entsprechendes Haus entdeckt hatte, das Max Rascher für die Ehepaare Schickele und Cassirer mietete (vgl. Debrunner, S. 189-191).

Tschokitsch in Locarno] Nach Nr. 195 vom 23. April 1918 fuhr Tschokitsch am nächsten Tag, also am 24. April, nach Locarno.

Sei nicht ärgerlich über meinen gestrigen Brief. Aber Überzeugung gegen Überzeugung] Vgl. *Nr. 196* unter ›Datierung‹.

198. An Maria Hildebrand, 26.4.1918

H: Hs. Postkarte; beidseitig beschrieben. Adresse: Frau / Maria Hildebrand / Pirmasens. Rheinpfalz. / Pfälzische Bank. **F:** HBN. **DV:** Original.

zu hause bei Euch ... die kleine Stadt] Gemeint ist Balls Geburtsstadt Pirmasens, die 1918 rund 38000 Einwohner hatte.

Rathausturm] Das alte Rathaus von Pirmasens liegt am unteren Schloßplatz oder Rathausplatz, der durch die Jahrhunderte hinweg ein Ort politischer Ereignisse war. Der ursprünglich dreistöckige Rokokobau des alten Rathauses wurde 1774 vollendet. Durch Luftangriffe 1944 zerstört, blieb das

Alte Rathaus als Ruine bis Anfang der sechziger Jahre in diesem Zustand, bis es anläßlich der Zweihundertjahrfeier im Jahre 1963 rekonstruiert und abweichend vom Originalbau um eine Etage aufgestockt wurde. Seitdem wird es für kulturelle Einrichtungen und Veranstaltungen genutzt.

Korrekturbogen meines Erstlings] Um den 20. April 1918 hatte Ball »wieder viele Korrekturen« seines Romans ›Flametti‹ bekommen, »bis Seite 130« (vgl. Nr. 193). Und um den 28. April war er mit der Korrektur fertig (vgl. Nr. 202). Balls »Erstling« war allerdings nicht der Roman ›Flametti‹, sondern seine 1911 bei Rowohlt erschienene Tragikomödie ›Die Nase des Michelangelo‹.

199. An Emmy Hennings, um d. 26.4.1918

H: Hs. Brief; 1 S. **F:** HBN. **DV:** Original.

Datierung: Tschokitsch hält sich noch in Locarno bzw. Ascona auf, wo er bis etwa 27./28. April 1918 blieb. Daher vage Datierung »um den 26. April«.

meine Neuralgie] Der Hinweis auf seine »Neuralgie« ist ein Beleg dafür, daß der vorliegende Brief vor Nr. 201 (um den 27. April 1918) geschrieben wurde, da es Ball nach diesem Brief »wieder besser« geht.

Brissago] Am Westufer des Lago Maggiore, wenige Kilometer südlich von Ascona gelegener Ort, letzter schweizerischer Ort vor der schweizerisch-italienischen Grenze. – In einem undatierten Brief an Hugo Ball schreibt Emmy Hennings: »Mit Geld in den Jackentaschen klimpernd nach Brissago zu gehen, und dabei immer die Isola Bella vor sich zu haben, das ist zu schön.« (EBH Leben, S. 84)

Damen-Brevier] Das in diesem und im folgenden Brief erstmals erwähnte »Damen-Brevier« darf nicht mit Emmys »Damen-Aufruf«, mit dem sich Ball wegen seines naiven Pazifismus in mehreren Briefen (vgl. Nr. 196 und Nr. 201) kritisch auseinandersetzt (vgl. *Nr. 201* – »In welchem ›Forum‹ erscheint der Aufruf«), verwechselt werden. Dies geht aus dem folgenden Brief Nr. 200 hervor, in dem es heißt: »Das Damenbrevier wird gewiss etwas viel Artigeres«; zu ergänzen ist hier: als der Damen-Aufruf. Für das geplante, aber nie erschienene »Damenbrevier« von Emmy zeichnete Ball »Bildergens« (vgl. die beiden folgenden Briefe).

Reiterlein] Unsichere Lesart: es könnte auch »Katerlein« heißen.

Reiterlein … Der Affe auf dem Trapez] Bei diesen Motiven handelt es sich um Zeichnungen Balls für Emmys »Damen-Brevier«, die dem Brief wohl als separate Blätter beilagen. In einem undatierten Brief (»Hab innigen Dank«; HBN), mit dem sie auf den vorliegenden Brief sowie auf Nr. 201 reagiert, schreibt Emmy, sie habe »für das kl. Varieté« und Hugos »Selbstporträt einen Rahmen gekauft«.

Hofrat Rosenberg] Nicht identifiziert. Bei der Feier zur Eröffnung der Galerie Dada am 29. März 1917 war »Hofrat Rosenberg« im Publikum (vgl. Flucht, S. 153). Christian Schad hat 1915 in Zürich ein Portrait des Hofrats Dr. von Rosenberg in Holz geschnitten (13,9 × 10 cm), das 1918 in der ›Aktion‹ (8. Jg., Heft 31/32, 10. August 1918, Sp. 401) veröffentlicht wurde (vgl. Christian Schad: ›Druckgraphiken und Schadographien 1913-

1981‹. Herausgeber: Marie-Luise Richter. 2. korrigierte Aufl. Rottach-Egern 2001, S. 32).

Hexe] Ernst Bloch, der nach Ball mitunter »wie eine bösartige Hexen-Grossmacht aussah« und den er mit der »Hexe von Endor« verglich (vgl. Nr. 169).

Leong ist engagiert am Zürcher Stadttheater] Robert Leo Richter war vom 7. Januar bis 31. Juli 1918 in Zürich angemeldet. Er wohnte in der Seefeldstr. 5 und an der Schifflände 28. Die Berufsbezeichnung »Schriftsteller« ist auf der Anmeldekarte durchgestrichen und durch »Schauspieler« ersetzt. In einer Inszenierung der ›Antigone‹ von Sophokles, die am 26. Juni 1918 im Züricher Stadt-Theater über die Bühne ging, hatte Leon Richter eine Nebenrolle als Wächter. Elisabeth Bergner spielte die Titelrolle (vgl. Völker, S. 390).

Djöö] Im Zürichdeutschen Abkürzung von ›adjöö‹ = Adieu, auf Wiedersehen (vgl. Zürichdeutsches Wörterbuch, S, 24).

200. An Emmy Hennings, um d. 26.4.1918

H: Hs. Brief; 1 Bl., 4 S. Mit mehreren kleinen Zeichnungen zwischen S. 3 und 4 sowie einer Zeichnung (›Strandpromenade‹) am Briefende. **F:** HBN. **E:** Briefe, S. 115 f. **DV:** Original.

Datierung: Der Brief wurde nach Balls Nr. 196 vom 24. April 1918 geschrieben (vgl. Erläuterung zu: »meinen groben Brief wegen der Friedenspropaganda«), und zwar während Tschokitschs Aufenthalt im Tessin (24. bis 28. April 1918), denn von ihm heißt es im vorliegenden Brief: »Der frischgebügelte Tschokitsch in Holzschuhen beim Neubau – spassige Sache. So wirst Du ihn rasch vertreiben. Wann kommt er denn wieder?« Daß dieser Brief vor dem folgenden (Nr. 201, um den 27. April 1918) verfaßt wurde, läßt sich daraus schließen, daß Ball im vorliegenden Brief noch »eine torkelnde Influenza« hat und sich »täglich neu« erkältet, wogegen es ihm im folgenden Brief schon »wieder besser« geht und er nun keine »Schmerzen« mehr hat.

meinen groben Brief wegen der Friedenspropaganda] Damit kann nur der Brief Nr. 196 vom 24. April 1918 gemeint sein, in dem sich Ball kritisch mit der »Friedenspropaganda« deutscher Frauen im Ausland, mit Emmys pazifistischem »Damen-Aufruf« sowie mit der Problematik des Pazifismus ganz allgemein auseinandersetzt, um am Schluß seines Briefes Emmy Hennings fast väterlich zu ermahnen, sie solle »ja artig« sein und nicht an ihm herum-«pazifisteln«.

Gestern hat mir Dr. Schlieben die kleine Frankrede zurückgegeben] Ball hatte Emmys Frank-Rede um den 20. April 1918 an Schlieben zum Druck in der FZ übergeben (vgl. Nr. 193).

Aufruf an die Frauen, den man hier in den Buchläden findet] In ihrem Aufsatz über die vom 15. bis 19. April 1918 in Bern tagende ›Internationale Frauenkonferenz für Völkerverständigung‹, der im Mai 1918 in der ›Friedens-Warte‹ (20. Jg., 1918, S. 132-136) erschien, druckte Elsbeth Friedrichs einen ›Aufruf an die Frauen‹ ab (S. 135), der vermutlich als Flugblatt in Berner Buchläden auslag, wo ihn Ball entdeckte.

Das sind ja feine Aussichten, Ehrenstein, Fischer] Albert Ehrenstein war vom Juli bis November 1916 Lektor beim S. Fischer Verlag in Berlin, in dem 1917 sein Gedichtband ›Die rote Zeit‹ erschien. Möglicherweise sollte sich Ehrenstein beim S. Fischer Verlag für Emmys Roman ›Gefängnis‹ einsetzen.

Dein Buch eine Vorrede] Vgl. Nr. 175: »Ich finde, das Buch *braucht* keine Vorrede ...«

Land kaufen?] In einem undatierten Brief an Hugo Ball schreibt Emmy: »Ein Stück Land bei Avegno habe ich schon ausgesucht und vorerst könnte ich eine Schilfhütte bauen und ein Feld anpflanzen« (vgl. EBH Leben, S. 112).

mein neues Buch] ›Zur Kritik der deutschen Intelligenz‹.

Dr. Stürmer] Wahrscheinlich identisch mit jenem »Dr. H. Stürmer«, der in der FZ vom 10. Oktober 1917 (Nr. 52, S. 215: ›Die Nebenehe in Deutschland‹), vom 17. Oktober 1917 (Nr. 54, S. 224: ›Professorentum und Annexionismus‹) und vom 7. November 1917 (Nr. 60, S. 249: ›Kriegs-Christentum‹) Beiträge veröffentlicht hat.

Flesch ... gab mir eine kleine Sache über Elsass-Lothringen] Unter seinem Namen ist in der FZ kein Artikel von Flesch über die Elsaß-Lothringen-Frage erschienen.

ich kann ihm nicht gefällig sein ... will ich meine Ansichten *selbst* unterschreiben] Ball hat im November/Dezember 1917 »energisch« an einer »Broschüre« gearbeitet, die aber nicht unter seinem, sondern unter Fleschs Namen erschienen ist (vgl. Nr. 162 sowie die Erläuterung zu dieser Briefstelle). Ball scheint Flesch beim Verfassen von Artikeln für die FZ häufiger »gefällig« gewesen zu sein, so daß man bei den journalistischen Arbeiten Fleschs eine Koautorschaft Balls vermuten darf, falls er nicht in einigen Fällen sogar eine Art Ghost-Writer für Flesch war. Zu Balls Hang zur Anonymität vgl. EBH Weg, S. 33 f. Emmy Hennings gibt in ihrem ›Buch der Erinnerung‹ von 1931 als »Tatsache« an, daß Ball »zwei anerkannte Werke, die zu nennen mir hier begreiflicherweise versagt ist, so gut wie selbst geschrieben hat«, Werke, die ihn aber »nicht als Verfasser nennen« (EBH Weg, S. 33).

Spinnen Korrespondent] Vgl. *Nr. 196* – »Correspondent der ›Spinne‹«.

Mehrings Lessinglegende] Franz Mehring: ›Die Lessing-Legende. Eine Rettung‹. Nebst einem Anhange über den historischen Materialismus. Stuttgart 1893 (Erstausgabe). Ball benutzte – wie aus Anm. 82 zum vierten Kapitel seiner ›Kritik der deutschen Intelligenz‹ (S. 313) hervorgeht – die zweite Auflage, die einen neuen Untertitel trägt: ›Die Lessing-Legende. Zur Geschichte und Kritik des preußischen Despotismus und der klassischen Literatur‹. Zweite, unveränderte Aufl. Mit einem neuen Vorwort. Stuttgart 1906. Volker Knüfermann hat auf »inhaltliche« und »stilistische Gemeinsamkeiten« zwischen Mehrings ›Lessing-Legende‹ und Balls ›Kritik der deutschen Intelligenz‹ hingewiesen, wobei Ball häufig »verschweigt«, »wie eng er sich an sein Vorbild [Mehring] anlehnt« (HBA 1988, S. 40).

Mehrings Geschichte der deutschen Sozialdemokratie] ›Zur Geschichte der deutschen Sozialdemokratie. Ein historischer Versuch‹ erschien 1877 in erster Auflage, der 1878 und 1879 weitere Auflagen folgten. 1893/98 erarbeitete Franz Mehring die neue vierbändige ›Geschichte der Sozialdemokratie‹ (Stuttgart 1897/98).

201. An Emmy Hennings, um d. 27.4.1918

H: Hs. Brief; 1 Bl., 3 S. Auf der 4. Seite eine Zeichnung (»japanisches Steffgenporträt«). **F:** HBN. **DV:** Original.

Datierung: Der Brief ist nach Nr. 200 (vgl. unter ›Datierung‹) und vor Nr. 202 einzuordnen, da Ball in diesem Brief erklärt, er wolle »jetzt nicht mehr« zeichnen, nachdem er im vorliegenden Brief noch von einer »kleine[n] Seri« von Zeichnungen gesprochen hat. Emmy Hennings antwortet auf Balls Brief mit einem Schreiben (»Liebster Hugo! Vielgeliebtes Steffgen! Hab innigen Dank ...«; HBN), in dem sie sich für Hugos »japanesisches« Selbstportrait bedankt und darauf hinweist, daß Tschokitsch inzwischen nach Bern abgereist sei. Der eifersüchtige Ball bemerkt in seinem Brief mit warnendem Unterton: »Tschokitsch soll sich mal nicht so lange aufhalten.«

Deinen Brief] Ball bedankt sich für Emmys undatierten, im ›Caffé Svizzero‹ geschriebenen Brief (»Sehr traurig bin ich«; HBN). Zu den Belegen hierfür vgl. Erläuterung zu: »Seepferdchen ...« und »In welchem ›Forum‹ erscheint der Aufruf ...«.

Hexe aus Thun] Ernst Bloch. In Nr. 164 wird Bloch von Ball als »Hexe von Endor« und »Magier aus Thun« bezeichnet.

Es geht wieder besser. Die Schmerzen sind [weg], nur schlafen können wir nicht] Ball war spätestens seit dem 20. April längere Zeit krank; er war zunächst »krass verschnupft« (Nr. 193, um den 20. April), am 23. April war er »mal wieder malad« (Nr. 195), um den 26. April hatte er eine »torkelnde Influenza« und erkältete sich »täglich neu« (Nr. 200), um den 27. April ging es ihm dann »wieder besser«, und am 29. April schließlich »wieder ganz gut« (Nr. 203).

Heut nacht ham mer die kleine Seri gemacht die wir versprochen haben] Vgl. Nr. 199: »Wir möchten eine ganze Serie machen«, gemeint sind kleine Zeichnungen zu Emmys »Damen-Brevier«. Damit ist der vorliegende Brief nach Nr. 199 (um den 26. April 1918) einzuordnen.

was sagt Ihr zu dem japanesischen Steffgenportrait?] Ball zeichnete dieses Selbstportrait auf der vierten, unbeschriebenen Seite seines Briefes. Es ist abgebildet auf dem Umschlag der Erstausgabe des ›Tenderenda‹ von 1967. Emmy äußert sich zu dem Portrait in ihrem Brief mit der Anrede »Liebster Hugo! Vielgeliebtes Steffgen!« (HBN) wie folgt: »Du. Hugo ich hab für das kl. Variete u. Dein Selbstportrait einen Rahmen gekauft. Hängt überm Bett. Das Selbstportrait ist glänzend, japanisch u. leicht gezeichnet, elegant.«

kleiner Intern. Zirkus] Unsichere Lesart.

Feirefitz] So heißt der schwarz-weiß gefleckte Sohn der Mohrenkönigin Belakane und des weißen Ritters Gahmuret in Wolframs von Eschenbach höfischem Epos ›Parzival‹.

Tschokitsch soll sich mal nicht so lange aufhalten] Emmy in ihrem vorausgehenden Brief: »Cokic wird in diesen Tagen wieder [nach Bern] zurückfahren.«

In welchem »Forum« erscheint der Aufruf ...? In Deutschland? Das ist ja sehr gut ...] Mit dem »Aufruf« ist Emmys »Friedenspropaganda« betreibender »Damen-Aufruf« (nicht etwa ihr »Damenbrevier«) gemeint, den

Ball, der sich nicht als »Pazifist à tout prix« betrachtete (Nr. 196), wegen seines unreflektierten Pazifismus, vor allem aber deshalb ablehnte, weil ihn Emmy Hennings zunächst offenbar in der Schweiz, jedoch nicht in Deutschland, wie Ball es wünschte, veröffentlichen wollte: »Wenn Deine Aufrufe in Deutschland erscheinen könnten, wäre ich unbedingt auf Deiner Seite. Wenn sie in der Schweiz erscheinen sollen, bin ich ebenso unbedingt dagegen.« (Nr. 196) – Emmy hatte Hugo zuvor mitgeteilt: »Kaum wage ich Dir zu sagen, daß das Forum meinen Aufruf bringen wird, und daß durch Ellen Key meine Arbeiten nach Deutschland kommen können. Dies letztere wird ganz in Deinem Sinne sein, also sieh, ein Unheil kann meine Arbeit gar nicht anrichten.«

durch Frau Key Sachen hinüberbringen kannst] Ellen Key (1849-1926), schwedische Reformpädagogin und Schriftstellerin; Hauptwerk: ›Das Jahrhundert des Kindes‹ (1900, deutsche Übersetzung 1905). Mit diesem Werk leitete sie eine neue Epoche der Pädagogik ein. Sie vertrat darin die Auffassung, man solle Kinder in ihrer Natürlichkeit ohne Zwänge aufwachsen lassen. Herr Palme hatte Ellen Key in einem Brief von Emmy Hennings erzählt (vgl. Emmys nur in einer ms. Abschrift erhaltenen Brief: »ich freu mich«; HBN).

ausgenagelten Hindenburg] Am 4. Mai 1918 bringt die FZ (Jg. 2, Nr. 36, S. 146) Balls Beitrag ›Der ausgenagelte Hindenburg‹; Nachdruck in: Schriften, S. 213-215.

Dies III. Kapitel wird eine Sensation. Generalangriff auf das sozialdemokratische Judentum] Im dritten Kapitel seiner ›Kritik der deutschen Intelligenz‹ setzt sich Ball kritisch mit Karl Marx, Ferdinand Lassalle und der deutschen Sozialdemokratie auseinander, wobei er »die Gründung der deutschen Sozialdemokratie« in erster Linie als eine Etappe im jüdischen Emanzipationskampf« betrachtet (Kritik, S. 166, 168). Um Mißverständnissen vorzubeugen, schickt er seinen Ausführungen voraus, daß es ihm durchaus fernliege, »dem Antisemitismus und der Sozialistenhetze im geringsten Material zu liefern«, ja daß er sich »vielmehr glücklich schätzen« würde, »der sozialen, jüdischen und deutschen Emanzipation gleicherweise einen Dienst zu leisten« (Kritik, S. 165 f.). – Ball arbeitete spätestens seit Mitte April 1918 »am III. Kapitel« der ›Kritik der deutschen Intelligenz‹ (vgl. Nr. 193).

Tagebuch Tolstois (von Rubiner zusammengestellt)] Ludwig Rubiner gab Ende Januar 1918 Tolstois Tagebuch heraus (vgl. ›Die Aktion‹, 8. Jg., Heft 1/2 vom 12. Januar 1918, Sp. 1): Leo Tolstoi: ›Tagebuch 1895-1899‹. Nach dem geistigen Zusammenhang ausgewählt, hrsg. und eingeleitet von Ludwig Rubiner (Aus dem Russischen übersetzt von Frida Ichak-Rubiner.). 1.-5. Ts. Zürich: Rascher 1918 (= Europäische Bücher).

Dr. Fried] Alfred Hermann Fried (1864-1921), österreichischer Verleger, Publizist, Pazifist; erwarb sich als Autodidakt breites Wissen; gründete mit Bertha von Suttner 1892 die ›Deutsche Friedensgesellschaft‹; gab seit 1899 zunächst in Berlin und seit 1915 in Zürich die von ihm gegründete pazifistische Zeitschrift ›Die Friedens-Warte‹ heraus; erhielt 1911 für seine Bemühungen um den Weltpazifismus den Friedensnobelpreis und 1913 die Ehrendoktorwürde der Universität Leyden; zog sich nach dem

Ende des Ersten Weltkriegs enttäuscht über die Verfälschung seines Völkerbundideals in seine Heimatstadt Wien zurück. Fried veröffentlichte in der FZ vom 7. Januar 1920 (Nr. 2, S. 6) den Beitrag ›Die Randglossen des Kaisers‹.

Heut will Frank Bohn mich besuchen] Wohl um die Reise der beiden nach Zürich vorzubereiten; vgl. auch Nr. 202: »Dienstag fahre ich mit Frank Bohn nach Zürich, er hat mich eingeladen.«

202. An Emmy Hennings, um d. 28.4.1918

H: Hs. Brief; 1 Bl., 3 S. Briefkopf: Café Rudolf / Berne. 19 . **F:** HBN. **DV:** Original.

Datierung: Der Brief steht im zeitlichen Zusammenhang mit den beiden folgenden Briefen und der bevorstehenden Reise nach Zürich, die Ball am »Dienstag«, dem 30. April 1918, mit Frank Bohn antreten will. Er dürfte um den 28. April (Sonntag) 1918 geschrieben worden sein. Tschokitsch ist wieder zurück in Bern.

Café Dü] Das Grand Café-Restaurant du Théâtre liegt am Theaterplatz 7 (vgl. Baedekers Schweiz 1920, S. 147).

Dienstag fahre ich ... nach Zürich] Ball reiste nicht am Dienstag, dem 30. April, sondern bereits am Montagabend, dem 29. April 1918, nach Zürich (vgl. Nr. 203 sowie *Nr. 204* unter ›Datierung‹).

Druckerei-Korrekturen sind fertig] Vgl. Nr. 169: »Aber von Hallwag höre ich, dass mein Roman [›Flametti‹] nun nahezu gesetzt ist, und dass ich in diesen Tagen die *ganze* Korrektur bekomme.« Das Setzen und Korrekturlesen des Romans hat sich also über fast eineinhalb Monate hingezogen.

von Vertrag habe ich nichts gehört] Um welchen Vertrag für welches Buch es sich hier handelt, ist unklar. Vielleicht bemühte sich Ball damals beim Berner Hallwag Verlag um einen Vertrag für sein Bakunin-Brevier, das zu verlegen Erich Reiss kurz zuvor abgelehnt hatte (vgl. Nr. 194). Denkbar auch, daß Ball den Vertrag mit Reiss für Emmys ›Gefängnis‹-Roman meinte, von dem er im nächsten Brief (Nr. 203) schreibt: »ich kann mit dem Vertrag von Reiss nicht rechnen«.

Das Café Rudolf ... liegt günstig für mich] Das Café befand sich in einem Eckgebäude am Bubenbergplatz in der Laupenstraße 1 in der Nähe des Berner Hauptbahnhofs. Ball bewohnte 1918 mehrere Monate ein Zimmer im Garni Hotel St. Gotthard »am Bahnhof«.

Bovet] Wahrscheinlich Georges Bovet (1874-1946), schweizerischer Pazifist und Journalist; Mitglied des Internationalen Friedensbureaus und dessen ständiger Kommission; Generalsekretär der ›Ligue internationale de la Paix et de la Liberté‹.

»Friedenswarte«] ›Die Friedens-Warte‹, von Alfred Hermann Fried 1899 gegründete und bis zu seinem Tod 1921 herausgegebene Zeitschrift, die seit 1904 als Monatsschrift herauskam und seit März 1915 in Zürich erschien. Zunächst ein Sprachrohr ihres Herausgebers und seines ›organisatorischen Pazifismus‹, öffnete die Zeitschrift in der Schweiz ihre Spalten den republikanisch-pazifistischen Emigrantengruppen und vertrat dort eine zunehmend radikalere Tendenz. Autoren wie Friedrich Wilhelm Foerster und Hermann Fernau, die auch in der ›Freien Zeitung‹ veröffentlichten, sowie Fried selbst »verurteilten die ›rein national-egoistische‹ Politik seit Bismarck, forderten mit dem Sieg der Entente zugleich die Vernichtung des preußisch-deutschen Militarismus, die Umwandlung der Monarchie in eine demokratische Republik und erhoben Anklage gegen die kaiserliche Regierung als hauptschuldig am Kriege« (Donat/Holl, S. 151).

203. An Emmy Hennings, 29.4.1918

H: Hs. Brief; 1 Bl., 4 S. **F:** HBN. **DV:** Original.

Datierung: Zur Datierung dieses Briefes auf den 29. April 1918 vgl. Datierung des folgenden Briefes vom 30. April 1918.

Deine Briefe sind wie eine Arznei für dies Steffgen] Emmy antwortet hierauf in einem Brief (»Wenn ich Dich nicht schon so lieb hätte«; HBN), den Ball erst nach seiner Rückkehr aus Zürich nach Bern zur Kenntnis nehmen konnte, da er an seine Berner Adresse gerichtet war, wie folgt: »und Du bist doch so stark, Hugo, und beschämt mich irgendwie, wenn Du schreibst meine Briefe seien wie Arznei für Dich, und macht mich doch sehr glücklich, Liebster«.

Ich fühle mich kleiner und erbärmlicher von Tag zu Tag] Mit ihrer Antwort auf diesen Brief (»Wenn ich Dich ...«) versucht Emmy ihren von Selbstzweifeln geplagten Lebensgefährten wieder aufzubauen: »ich muss sagen, ich bin ein bischen verlegen, wenn Du schreibst, Du fühltest Dich klein u. so, ich mags gar nicht ausschreiben«.

Dr. Fried hatte in der »Friedenswarte« Franks Buch schon besprochen] Leonhard Franks Antikriegsbuch ›Der Mensch ist gut‹ (Zürich 1917) hatte Alfred Hermann Fried unter dem Pseudonym ›R. Friedmann‹ im Januar-Heft 1918 der ›Friedens-Warte‹ (20. Jg., S. 27 f.) rezensiert.

Schmock] Vgl. *Nr. 183*.

Hast Dich gefreut mit den 50 Fränklins? Das war Geld von Delmer] Emmy zuvor in einem ungedruckten Brief vom Ende April 1918 (»Liebster Hugo! Vielgeliebtes Steffgen!« HBN): »Hab innigen Dank für die riesen=Geldsendung! O Steffgen, ich bin ganz bestürzt vor Erstaunen. Herzlichen Dank. ich werde sehr sparsam sein.«

dies Buch] ›Zur Kritik der deutschen Intelligenz‹.

An Reiss habe ich nochmal geschrieben. Das sagte ich Dir, nicht wahr?] Vgl. Nr. 202: »An Reiss habe ich gestern nochmal geschrieben.«

Frank Bohn ... von dem ich Dir schrieb] Vgl. Nr. 188.

zwei Nummern der F[reien] Z[eitung] »Vom Universalstaat« ist die Einleitung zum 1. Kapitel] Balls Aufsatz »Vom Universalstaat« (Nachdruck in: Schriften, S. 177-179) ist am 30. März 1918 in der FZ erschienen. Er bildet – von kleinen Änderungen abgesehen – die Einleitung, d.h. den ersten Abschnitt des ersten Kapitels von ›Zur Kritik der deutschen Intelligenz‹ (S. 14-17).

Hat Kant Dir gefallen? Das ist nur ein kleines Stückchen aus dem Kapitel II] Mit »Kant« ist Balls Aufsatz ›Preußen und Kant‹ gemeint, der am

24. April 1918 in der FZ publiziert wurde (Nachdruck in: Schriften, S. 180-183) und der in das zweite Kapitel (5. Abschnitt) der ›Kritik der deutschen Intelligenz‹ (S. 83-87) eingegangen ist.

Das andre eine Glosse] Bei dieser Glosse handelt es sich höchstwahrscheinlich um Balls Beitrag ›Der ausgenagelte Hindenburg‹, der zwar erst am 4. Mai 1918 in der FZ (Nr. 36, S. 146) erschienen ist, den aber Ball wohl als Typoskript an Emmy schickte. Zu Balls Glosse über den ›ausgenagelten Hindenburg‹ schreibt Emmy in ihrem Antwortbrief: »Wenn ich Dich nicht schon so lieb hätte, hätte ich mich glatt auf die Glosse hin in Dich verliebt, Steffgen, glatt auf die Glosse hin, klingt doch famos, aber die Glosse ist so glänzend, ich hab Tränen gelacht. und alle Welt hier ist entzückt davon. Goll, Rubiners, Studer, alle, es ist ganz famos.«

204. An Emmy Hennings, 30.4.1918

H: Hs. Brief; 1 Bl., 2 S. Mit einer Zeichnung auf der letzten Seite, unterschrieben mit: CAFE TERASSE. **F:** HBN. **E:** EBH Leben, S. 118 (mit Kürzungen und Texteingriffen). **DV:** Original.

Datierung: Ball wollte zunächst am »Dienstag«, dem 30. April 1918, nach Zürich reisen, ist dann aber bereits am Montagabend, dem 29. April dorthin gefahren (vgl. die beiden vorhergehenden Briefe). An diesem Abend (im vorliegenden Brief: »Gestern Abend«) sprach er flüchtig Leonhard Frank und war mit Hans Arp, Otto Flake und Sophie Taeuber zusammen. Am folgenden Dienstagmorgen, dem 30. April, hat er dann seine ›Tochter‹ Annemarie getroffen, mit der er für den nächsten Tag »eine Ruder- oder Segelpartie« auf dem Züricher See plante. Dieser Tag war ein »Feiertag«, der »Arbeiterfeiertag« des 1. Mai. Der vorliegende Brief datiert also vom 30. April 1918.

Frau Coray wohnt jetzt Seefeldstrasse 114, ich glaubte Fehrenstrasse] Zum Wohnungswechsel von Domenica Coray im April 1918 vgl. *Nr. 170* – »Frau Coray«. Die Seefeldstraße 114 war eine der beiden Adressen (die andere war Kirchgasse 6), unter der Han Coray 1917 seine Moderne Buchhandlung und sein Antiquariat betrieb (vgl. die Abb. eines Inserats für seine Geschäfte, in: Dada in Zürich, S. 37).

Cityhotel] Das an der Sihlstraße gelegene Hotel war eines der größten und besten Hotels in Zürich: 110 Betten, von 7 fr. an, Tagespreis für Unterkunft und Verpflegung von 18 fr. an (Baedekers Schweiz 1920, S. 35).

Flake] Otto Flake (1880-1963), deutscher Schriftsteller; um in die Schweiz reisen zu können, haben die deutschen Militärbehörden von Flake verlangt, daß er sich »in der Schweiz als Gentlemanspion betätige und durch Verkehr in den Hotels oder Familien Nachrichten beitrage, die der Konsul in Zürich sammle«. Flake sagte, er würde sein »möglichstes tun, und machte den inneren Vorbehalt« (Otto Flake: ›Es wird Abend. Bericht aus einem langen Leben‹. Frankfurt a.M. 1980, S. 240).

Delaspaix] Grand Café de la Paix, Sonnenquai 10 (heute Limmatquai), in unmittelbarer Nähe von Café Odéon und Café de la Terrasse gelegen.

Reiss ... wegen des Buchs] Wegen des 1919 im Erich Reiss Verlag erschienenen Romans ›Gefängnis‹ von Emmy Hennings.

weisse Pattens] Die Patte: Tatze, Pfote; hier wohl auf Kleidung bezogen: abgefüttertes Stoffteil als Klappe an Taschen. In ihrer Briefausgabe von 1929 ersetzt Emmy Ball-Hennings »Pattens« durch »Schühlein« (vgl. EBH Leben, S. 118).

205. An Emmy Hennings, 2.5.1918

H: Hs. Brief (unvollständig); 2 Bl., 3 S. **F:** HBN. **DV:** Original.

Datierung: Aus dem undatierten, als Fragment überlieferten Brief geht hervor, daß Ball diesen Brief am 2. Mai 1918 in Bern geschrieben hat. Denn: »gestern«, d.h. am 1. Mai 1918, konnte er Annemarie Hennings, mit der er an diesem Tag »eine Ruder- oder Segelpartie« machen wollte (vgl. Nr. 204 vom 30. April 1918), in Zürich »nicht mehr sehen«, weil ihm Verabredungen und Besuche im Züricher Cityhotel dazwischengekommen waren. Für die Datierung auf den 2. Mai 1918 spricht weiterhin Balls Hinweis, daß »gestern« ein »Feiertag«, d.h. der 1. Mai, gewesen ist.

1 Paar Zoccoli] Typisches Tessiner Schuhwerk aus Holz mit einem Band aus Samt oder Leder zum Halten des Fußes. Hergestellt wurden die Zoccoli noch Anfang des 20. Jahrhunderts in Heim- und Winterarbeit von vielen Bauern für ihre Familien, gleichzeitig auch von spezialisierten Handwerkern und später von Fabrikanten. Das Klappern der Zoccoli gehörte bis weit ins 20. Jahrhundert hinein zur Geräuschkulisse Tessiner Dörfer, aus deren Straßenbild sie inzwischen verschwunden sind. Heutzutage findet man im Tessin keinen Handwerker mehr, der die Zoccoli herstellt.

Den Schein für Deine Jacken habe ich jetzt … endlich nach 3 Monaten die Sachen dann zu Dir kommen] Vgl. Nr. 204: »Deine Jacken bekommst Du jetzt […]. Um 1 Uhr bringt er mir den Schein«. Die lange ›Geschichte‹ mit der weißen Jacke von Emmy erwähnt Ball 1918 zum ersten Mal in Nr. 170: »ich will Flesch nachher im Cafe fragen, ob er Dir die weisse Jacke aus Zürich schon hat besorgen lassen.«

Hans Richter ist wieder mit seiner kleinen Frau zusammen] Vgl. auch Nr. 211.

Fiori] Ernesto de Fiori (1884-1945), italienischer Bildhauer; ursprünglich Maler, wandte er sich 1911 in Paris unter dem Eindruck Rodins und Maillols der Bildhauerei zu, in welcher er sich bei Hermann Haller (1880-1950) in Zürich weiterbildete. Als Flake am 25. März 1918 in Zürich eintraf, war sein Freund de Fiori, der in der Pension Tiefenau an der Züricher Steinwiesstraße wohnte, die Anlaufstelle für ihn. In einem Artikel, der am 10. Oktober 1918 (Nr. 1337) in der NZZ erschien, polemisierte de Fiori gegen »die geistige Minderwertigkeit dieser ›neuen Kunst‹ … Dadaismus genannt« (zit. nach: Dada in Zürich, S. 61).

Fernau] Vgl. *Nr. 163*. Fernau hatte sich – von Basel kommend – am 3. Mai 1916 in Zürich angemeldet, wo er noch 1917 in der Schindlerstraße 10 wohnte. Ob dies auch noch 1918 seine Züricher Adresse war, ist nicht bekannt.

Else Lasker sah ich flüchtig] Else Lasker-Schüler hielt sich vom 29. April bis 16. Mai 1918 erneut in Zürich auf (vgl. Escherig, S. 127). Zur Begegnung zwischen Hugo Ball und Else Lasker in Zürich bemerkt Emmy Hennings in einem undatierten, unveröffentlichten Brief (HBN: »heut abend wartete«): »Else Lasker hat mir am Sonntag erzählt, daß Du in Zürich so blaß gewesen seist, damals, und das hat mich irgendwie froh gemacht, weil ich denke, dass Du mich doch lieb hast.«

206. An Emmy Hennings, 6.5.1918

H: Hs. Bildpostkarte. Motiv: A. Delobbe: Une fille de la mer [...]. Adresse: Frau / Emmy Hennings / *Ascona*. Tessin. / Casa Baggi. **F:** HBN **DV:** Original.

Schaut vielleicht so unsere Emmy aus?] Die Frage bezieht sich auf das Motiv der vorliegenden Bildpostkarte: »Une fille de la mer ...«. In ihrer am 8. Mai 1918 in Ascona abgestempelten Postkarte an Hugo (HBN) bedankt sich Emmy Hennings »für das Kärtlein« mit der fille de la mer: »arg hübsch ist das u. hängt schon an der Wand«.

Tschokitsch] Tschokitsch war vom 24. bis etwa 28. April »in Locarno« und hat in dieser Zeit Emmy Hennings wiederholt getroffen.

Röckli] Ein »hübsches Röckli« hatte Ball seiner Emmy bereits in Nr. 204 in Aussicht gestellt. Vgl. auch Nr. 207.

207. An Emmy Hennings, nach d. 8.5.1918

H: Hs. Brief; 1 Bl., 4 S. **F:** HBN. **DV:** Original.

Datierung: Aufgrund der am 8. Mai 1918 abgestempelten Photo-Postkarte von Emmy Hennings an Ball (HBN), auf der ein Eselchen abgebildet ist und auf der Emmy von Tschokitschs Wirtin in Ascona schreibt, diese habe ihm »serbisch[es] Reisfleisch gekocht«, läßt sich der vorliegende Brief auf die Zeit kurz nach dem 8. Mai datieren, denn in ihm erwähnt Ball sowohl das »Eselein« auf der Postkarte, das er »Tschokitsch gezeigt« habe, als auch das »serbische Reisfleisch«, von dem er seinem serbischen Freund »das Gewünschte mitgeteilt« habe.

Hat Euch denn die Hindenburg-Glosse so gar gut gefallen?] Balls Glosse ›Der ausgenagelte Hindenburg‹ war am 4. Mai 1918 in der FZ erschienen (Nachdruck in: Schriften, S. 213-215). Über Balls Glosse schreibt Emmy Hennings in einem maschinenabschriftlich erhaltenen Brief: »... ich lese noch andauernd die Hindenburgglosse, sie ist von einer gurgenden, springenden Geistigkeit, die sich aus einer Art Verachtung für das Objekt Hindenburg, geruht in Scherz zu kleiden, dabei ist sie in ihrem leichten Witz trefflich, und schlägt mehr ein, blitzartig wie eine erregte, empörte Predigt. Es ist ganz famos.« (HBN)

so ein logisch-systematisches Buch] ›Zur Kritik der deutschen Intelligenz‹.

mein Bäuerlein] Als solches hatte sich Emmy in ihrer Antwort auf Balls Brief vom 29. April 1918 selbst bezeichnet (»Wenn ich Dich nicht schon so lieb hätte«).

wegen den verschiedenen Büchleins] Emmy hat Ball in ihrer Antwort auf Nr. 203 von ihren diversen Buch-Projekten berichtet: »ich schreib drei Bücher zugleich, vielleicht sinds sogar vier. ich komm mir wie Dein verrückter Onkel vor, der drei Sprachen zugleich studierte, nur mit dem Unterschied, dass mein System noch verrückter ist.«

Die Novelle wird gewiss wunderschön] Ball meint wahrscheinlich Emmys »Halbweltbuch« von der »Hure« und dem heiligen Aloysius, dem sie den Rock auszieht und damit spazierengeht. Diese kurze Inhaltsangabe hat sie Ball in ihrer Antwort auf Nr. 203 mitgeteilt. Vgl. auch Nr. 208.

Über Flesch hab ich ein hartes Wort geschrieben] In Nr. 203: »Flesch ist ein elender Schmock.«

Er zentralisiert jetzt die »Bewegung«] Vgl.Nr. 203: »Flesch gründet Zentralen.« Das Bestreben, Dada zum ›Mouvement Dada‹ zu zentralisieren, hatte Ball schon an Tristan Tzara gestört und kritisiert.

208. An Emmy Hennings, zw. d. 8. u. 12.5.1918

H: Hs. Brief; 1 Bl., 4 S. Auf Seite 3 am unteren Bogenrand eine Zeichnung, dazwischen das Wort »Propaganda«. Auf Seite 4 eine weitere Zeichnung, in der der linke Teil mit x angekreuzt scheint, wozu an der linken Längsseite des Bogens vermerkt ist: »(Das ist ein seltsamliches Tier, was?)«. **F:** HBN. **E:** Briefe, S. 93 f. **DV:** Original.

Datierung: Der Brief ist nach Balls Hinweis »Bloch hat heute *Muehlon* besucht« in die Zeit zwischen dem 8. und dem 16. Mai 1918 zu datieren. Bloch hatte in einer Postkarte vom 5. Mai 1918 Annette Kolb um »eine Empfehlung bei Dr. Muehlon« gebeten, um diesem in einem persönlichen Gespräch »einen sehr bedeutenden literarischen Plan« zu unterbreiten (vgl. Bloch, Briefe I, S. 215). Dieser Bitte Blochs kam Annette Kolb in einem Schreiben vom 8. Mai 1918 an Muehlon nach (vgl. Bloch, Briefe I, S. 216), so daß Bloch seinen künftigen Mäzen Muehlon frühstens am 8. oder 9. Mai in Gümlingen bei Bern besucht haben und damit der vorliegende Brief frühstens auf diese Tage datiert werden kann. Ein briefinternes Indiz für den Terminus ante quem ist der Hinweis Balls, Dr. Bohn habe ihn eingeladen, kommenden »Sonntag mit ihm nach Basel zu fahren«. Dieser »Sonntag« war aller Wahrscheinlichkeit nach der 12. Mai 1918. Der nächste Mai-Sonntag, der 19. Mai (Pfingstsonntag), kommt deshalb nicht in Frage, weil Ball an diesem Tag von Emmy in Bern besucht wurde (vgl. *Nr. 211* – »Morgen ist Pfingsten ...«). Außerdem hat Bloch bereits am 16. Mai 1918 nach seinem Besuch bei Muehlon diesem seinen ersten Brief geschrieben (vgl. Bloch, Briefe I, S. 217 f.), in dem er ihm seinen Plan der Herausgabe einer Schriftenreihe ›Bücher der Neuen Demokratie‹ schriftlich näher erläuterte. Der Brief wurde also zwischen dem 8. und 12. Mai 1918 geschrieben.

Heiligen Aloysius] Der heilige Aloysius (1568-1591) war Page Philipps II. in Madrid, trat 1583 in den neu gegründeten Jesuitenorden ein und starb bei der Pflege von Pestkranken in Rom. 1726 wurde er heiliggesprochen und 1729 zum Patron der studierenden Jugend erklärt. In ihren poetisch überhöhten Erinnerungen (vgl. EBH Blume, S. 165, und ›Das flüchtige Spiel‹. Frankfurt a.M. 1988, S. 138) wie auch in ihrem Tagebuch-Roman ›Das Brandmal‹ (Frankfurt a.M. 1999, S. 10-13, 257) kommt Emmy Ball-Hennings später immer wieder auf den heiligen Aloysius zu sprechen.

Heiligen Aloysius und das nackichte Fräulein, das in seinem Rock spazieren geht] In einem undatierten Brief (»Wenn ich Dich«) schreibt Emmy über ihr »neues Buch«: »In meinem Halbweltbuch gehts folgendermassen zu: Die Hure zieht dem heiligen Aloysius den Rock aus u. geht damit spazieren, und es ist die anmutigste Verbindung der Religion mit der Erotik.«

Aloysius] Ball schreibt irrtümlich: Antonius.

meine Schwester Zither spielte] Gemeint ist Balls älteste Schwester Josephine Salomea Brofft (genannt Lina), die sehr musikalisch war, Gesangsstudien trieb und längere Zeit als Lehrerin am Konservatorium in Mönchen-Gladbach arbeitete (vgl. ›Tagebuch‹, 3. August 1923).

Reiss ... fast ein Jahr lang hingehalten] Mit dem Bakunin-Brevier.

Dr. Brüstlein] Dr. jur. Alfred Brüstlein (1853-1924), Schweizer Advokat und Politiker; von 1883 bis 1891 Redaktor der ›Schweizer Grenzpost‹; von 1902-1911 Nationalrat als Angehöriger der sogenannten ›Kapelle Greulich‹; von 1896 bis 1918 selbständiger Anwalt in Bern; ab 1918 in Paris; galt als hervorragender Anwalt und geistreicher Parlamentarier (Schweizer Lexikon, Bd. 1, S. 735); Rechtsbeistand der FZ. Nach Korol (S. 261, Anm. 622) war Brüstlein »eine der schillerndsten Figuren« der politischen Szene in der Schweiz. »Als schweizerischer Sozialdemokrat stand er in engem Kontakt zu den französischen ›Sozialpatrioten‹, den Sozialisten also, die sich am Burgfrieden beteiligten. Er war befreundet mit Grumbach [...] und ein scharfer Gegner der Zimmerwalder, die in der Schweizer Sozialdemokratie starken Anhang hatten« (Korol, S. 261, Anm. 622). Unter dem 2. Mai 1918 notiert René Schickele in sein unveröffentlichtes Tagebuch (Nachlaß Schickele, DLA): »Beginn des ›Prozesses Brüstlein‹ in der Affaire gegen den Leiter der französischen Spionage Mougeot in Thonon[-les-Bains].« Zu den Hintergründen des Spionageprozesses gegen Brüstlein vgl. Schickeles Tagebucheintrag vom 26. März 1918, ausführlich zitiert von Debrunner, S. 201 f.

Cassation] Aufhebung eines Gerichtsurteils durch die nächsthöhere Instanz.

Grumbach ... erzählte so interessant von Lenin] Grumbach nahm an den Konferenzen von Zimmerwald (1915) und Kiental (1916) in der Schweiz teil, auf denen Lenin die These vertrat und sich damit durchsetzte, daß der Weltkrieg ein »allgemein imperialistischer« und daher Wilhelm II. nicht schuldiger sei als die Führer der anderen am Krieg beteiligten kapitalistischen Staaten (vgl. Korol, S. 12, Anm. 30, S. 14). Grumbach hingegen kritisierte diese These der Zimmerwalder Linken scharf. Er vertrat eine ententefreundliche und antibolschewistische Linie, womit er Ball nahestand.

Prof. Borgese ... seine italienischen Bücher] Giuseppe Antonio Borgese (1882-1952), italienischer Literaturwissenschaftler, Schriftsteller und Historiker. Ball erwähnt Borgese bereits unter dem 18. November 1917 in der ›Flucht aus der Zeit‹ (S. 213): »Prof. Borgese wird [in Bern] erwartet.« Kennengelernt hat er ihn nach Ausweis des vorliegenden Briefes allerdings erst im Frühjahr (April oder Mai) 1918. Am 15. April 1918 widmet er Borgeses Buch ›Italia e Germania. Il germanesimo, l'imperatore, la guerra e Italia‹ (Mailand 1915) einen längeren, durchaus zustimmenden Tagebucheintrag (vgl. Flucht, S. 221 f.) Borgeses ›Italia e Germania‹ befand sich in Balls Bibliothek. Weitere Bücher von Borgese sind unter anderen: ›Storia della critica romantica in Italia‹ (1905) und ›Studi di letterature moderne‹ (1915). Borgese emigrierte 1931 in die USA und heiratete dort

1940 Thomas Manns jüngste Tochter Elisabeth Veronika Mann-Borgese (1918-2002). Nach einem Treffen in Lugano Anfang März 1923 wechselten Ball und Borgese Briefe miteinander (vgl. Nr. 312 und 318).

Oscar Wilde] In Balls Tagebuch ›Die Flucht aus der Zeit‹ wird Oscar Wilde häufiger erwähnt, zumeist im Zusammenhang mit seinem »Dandysmus« und seinem heroischen Ästhetizismus (vgl. Flucht, S. 92, 169).

Muehlon] Johann Wilhelm Muehlon (1878-1944), deutscher Industrieller, Pazifist, Publizist und Mäzen Ernst Blochs; Studium der Rechts- und Staatswissenschaften in München, Berlin und Würzburg; vom Juli 1913 bis März 1915 Direktor der Abteilung für Kriegsmaterial bei der Essener Firma Krupp, von der er zunächst nur beurlaubt wurde; war 1915/16 im Auftrag des Auswärtigen Amtes in Rumänien und anderen Balkanstaaten diplomatisch tätig; übersiedelte im Spätherbst 1916 in die Schweiz, wo er vorerst freiwillig bei der deutschen Gesandtschaft in Bern mitarbeitete; brach nach der Ankündigung des uneingeschränkten U-Boot-Krieges (1. Februar 1917) den Verkehr mit allen amtlich tätigen Landsleuten in der Schweiz ab; sagte sich in einem Brief an Bethmann Hollweg vom Anfang Mai 1917, in dem er die deutsche militärische und politische Kriegsführung verurteilte, förmlich und endgültig von Deutschland los; ›Dr. Muehlons Brief an Bethmann-Hollweg‹ erschien am 4. Mai 1918 in der FZ, in der er fünf Artikel veröffentlichte; entschloß sich im Frühjahr 1918, seine Tagebuchaufzeichnungen aus den ersten Kriegsmonaten unter dem Titel ›Die Verheerung Europas‹ in Zürich bei Orell Füssli zu publizieren; nahm eine Mittel- und Schlüsselstellung zwischen den radikalen Demokraten um Ball, Bloch, Rösemeier und Stilgebauer und den pazifistisch-liberalen Demokraten um Fried, Leonhard Frank und Fernau ein; seine Versuche, zwischen diesen beiden Gruppen der deutschen Emigranten in der Schweiz zu vermitteln, scheiterten jedoch 1918; lehnte nach der Ermordung Kurt Eisners (21. Februar 1919) das Angebot, das Amt des bayerischen Ministerpräsidenten zu übernehmen, aus Bedenken darüber ab, daß sich »eine demokratische Regierung bilden ließe, die auf diktatorische Gewaltmaßnahmen im Innern verzichten und bei der Entente eine gewisse Vertrauensbasis gewinnen könnte« (Wolfgang Benz, in: Muehlon, S. 23).

Muehlon ... dessen Brief Du damals übersetzt hast] Zu Emmys Übersetzung des Muehlon-Briefes aus dem Dänischen vgl. *Nr. 173* – »die dänische Übersetzung ...«.

umeinand] Umenand = herum, umher (vgl. Zürichdeutsches Wörterbuch, S. 278).

Huber] Hans Huber (1874-1960), Schweizer Jurist und Journalist; Redakteur und Administrator beim ›Grütlianer‹ in Zürich (vgl. Korol, S. 477); Chefredakteur der FZ vom 17. Oktober 1917 bis 13. September 1919, in der er am 12. März 1919 den Artikel ›Konferenz der Enttäuschungen‹, eine Stellungnahme der FZ zum Versailler Vertrag, veröffentlichte; übernahm seit dem 1. Mai 1918 auch die Herausgabe der FZ (vgl. Korol, S. 477; Brief Schliebens an Muehlon vom 2. Mai 1918).

neue deutsche Offensive wieder angeht] Am 21. März 1918 haben Hindenburg und Ludendorff die große deutsche Westoffensive gegen die Franzosen begonnen. Der zwischen Arras und La Fère durchgeführte Angriff lief sich jedoch bald fest. Neue Offensiven im April, Ende Mai, Juni und Juli konnten die am 18. Juli 1918 begonnene Gegenoffensive der Entente nicht verhindern.

werde ich [wieder] anfangen] Im Original: »werde ich werde«.

Das Buch wird aus 4 deutschen Offensiven bestehen] Gemeint ist Balls Pamphlet ›Zur Kritik der deutschen Intelligenz‹. Es besteht aus vier Kapiteln. Militärische Metaphorik für die Wirkungsabsicht seiner ›Kritik‹ hat Ball auch in Nr. 190 verwendet: »Ich bin Euer schweres Geschütz, Herrschaften. Euer Oberfeuerwerker. Ich habe die Artillerie, die Euch Platz schafft.«

Roman] ›Flametti‹.

209. An Emmy Hennings, vermutl. 12.5.1918

H: Hs. Brief; 1 Bl., 4 S. **F:** HBN. **DV:** Original.

Datierung: Vgl. Erläuterung zu: »Dein Manuskript hab ich bekommen«.

Dein Manuskript hab ich bekommen] Gemeint ist das Manuskript mit der Geschichte vom heiligen Aloysius und dem »nackichten Fräulein«, das Ball in Nr. 208 (zwischen 8. und 12. Mai 1918) noch nicht in Händen hatte: »Wann schickt Ihr denn diese für ein Steffgen-Gemüt höchst ergötzlichen Begebenheiten?« Der vorliegende Brief wurde demnach wenige Tage nach Nr. 208 geschrieben, womöglich am Sonntag, dem 12. Mai 1918, denn Ball spricht in seinem Brief dreimal davon, er wolle Emmy »morgen« Geld bzw. ihre »Jacken« schicken und »morgen« werde der Brief von Reiss eintreffen. Mit »morgen« ist wahrscheinlich Montag, der 13. Mai 1918, gemeint.

heiligen Aloysius im Kölner Dom] An einem Pfeiler der Marienkapelle des Kölner Doms stand eine 1856 entstandene, von Peter Fuchs geschaffene, bemalte Holzskulptur des heiligen Aloysius (182 cm), die sich heute im Depot befindet (freundlicher Hinweis von Dr. Klaus Hardering, Kunsthistoriker in der Kölner Dombauverwaltung).

Bloy] Vgl. *Nr. 125* – »Aufsatz über Léon Bloy«, *Nr. 127* und *Nr. 139*.

Barbey d'Aurevilly] Jules-Amédée Barbey d'Aurevilly (1808-1889), französischer Schriftsteller, Literaturkritiker, ultramontaner Katholik und exzentrischer Dandy (›Du dandysme et de Georges Brummel‹, 1845; ins Deutsche übertragen und eingeleitet von Richard Schaukal, München 1909); sein Katholizismus, ein verbrämter Manichäismus, faszinierte Bloy, später auch Bernanos, Mauriac sowie Hugo Ball, der ihn in seinem Tagebuch an mehreren Stellen erwähnt und zitiert (vgl. Flucht, S. 64, 147, 226, 235).

Das neue Buch] Die oben im Brief erwähnte Geschichte des Mädchens und des heiligen Aloysius von Emmy Hennings.

Neuausgabe der »letzten Freude«] Emmy Hennings' Gedichtbändchen ›Die letzte Freude‹ (Erstausgabe: Mai 1913) ist im März 1918 in zweiter Auflage erschienen. Das ›Berliner Tageblatt‹ brachte am 27. März 1918 (Morgenausgabe, S. 7) eine Anzeige des Kurt Wolff Verlags, in der neben

Emmy eine Reihe weiterer Autoren der Bücherei ›Der Jüngste Tag‹ mit Neuauflagen ihrer Bände genannt wurden.

210. An Emmy Hennings, um d. 14.5.1918

H: Hs. Brief; 1 Bl., 4 S. **F:** HBN. **DV:** Original.

Datierung: Wie Ball in seinem Brief schreibt, soll Emmy Hennings »etwa Ende Mai« nach Bern kommen. Bis dahin sind es »noch 14 Tage«. Der Brief ist also auf Mitte Mai 1918 zu datieren. Wenn Ball das »Geld« und die »Jacken« tatsächlich, wie er in seinem vermutlich am 12. Mai geschriebenen Brief Nr. 209 ankündigte, am Montag, dem 13. Mai, oder Dienstag, dem 14. Mai, an Emmy geschickt hat (»Morgen oder übermorgen schicke ich Dir noch Geld«), dürfte der Brief um den 14. Mai 1918 geschrieben worden sein. Zur genaueren Datierung auf den 13. Mai vgl. Erläuterung zu: »Gestern war ich … bei Muehlon«.

hast Du das Geld inzwischen bekommen? Ist nicht gerade viel] Vgl. Nr. 209: »Morgen oder übermorgen schicke ich Dir noch Geld. Ich hatte gerade nicht viel mehr.«

Wir werden die kleine Wohnung von Prof. Granello bekommen] Schon um den 10. April 1918 hatte Ball an Emmy geschrieben, »dass Professor Granellos kleine Wohnung frei« werde, und sie gefragt, ob er sich »drum bewerben« solle (Nr. 185). Ob die beiden die Wohnung tatsächlich bezogen haben, ist nicht bekannt. Fest steht jedenfalls, daß Granello im April/Mai 1918 aus seiner Berner Wohnung auszog (freundlicher Hinweis von Michael Jänichen).

Anfangs Juli nach Interlaken] In Nr. 208 hatte Ball geschrieben, daß Ernst Bloch »für 1. Juni« eine Wohnung in Interlaken mieten und auch für ihn und Emmy dort »sehen« will, »ob er etwas findet. Das wäre gewiss sehr schön, Interlaken ist ja berühmt wegen seiner Lage«.

etwa Ende Mai kommen] Balls Telegramm vom 22. Mai 1918 (Nr. 212) und Emmys am selben Tag abgestempelte Postkarte, in der sie Ball in kindlicher Freude mitteilt: »Juhu! Djuhu! Hei! Wir kommen also«, zeigen, daß Emmy Hennings und ihre Tochter Annemarie nicht erst »Ende Mai«, sondern wahrscheinlich schon einige Tage früher, um den 24./25., nach Bern gekommen sind.

Gestern war ich … bei Muehlon] Ball schreibt in Nr. 208, er werde »übermorgen« das »Vergnügen und die Ehre haben, ihn [Muehlon] kennen zu lernen«. Wurde dieser Brief am Freitag, dem 10. Mai, geschrieben, so war »übermorgen« Sonntag, der 12. Mai 1918. Der vorliegende Brief mit Balls Angabe, er sei »gestern« bei Muehlon gewesen, müßte demnach drei Tage nach Nr. 208 geschrieben worden sein. Drei Tage nach dem 10. Mai war Montag, der 13. Mai 1918. Stimmt die Annahme, daß Nr. 208 vom 10. Mai datiert, so wurde der vorliegende Brief am 13. Mai 1918 geschrieben.

Muehlon übernimmt die Garantie bei Orell Füssli, dass wir alle 2 Monate einen Sammelband von 150 Seiten herausbringen können] Bei den »alle 2 Monaten« herauszugebenden Sammelbänden handelt es sich um ein Projekt Ernst Blochs und Hugo Balls, die mit finanzieller Unterstützung

Muehlons bei Orell Füssli in Zürich eine Schriftenreihe ›Bücher der Neuen Demokratie‹ herausgeben wollten (vgl. Blochs Brief an Muehlon vom 16. Mai 1918, in: Bloch, Briefe I, S. 217). Der Plan wurde nicht realisiert.

Monte Bré] Einer der beiden Hausberge von Lugano, 925 m hoch.

Ich komme jetzt auch wohl aus dem Hotel heraus] Emmys Postkarte vom 22. Mai 1918 an Ball (»Juhu! Djuhu! Hei!«) ist noch an das Berner Hotel St. Gotthard adressiert.

Druckerei] Ball ging wahrscheinlich in die Druckerei des Verlags Hallwag, um sich über die Drucklegung seines Romans ›Flametti‹ zu informieren, der offenbar immer noch nicht erschienen war.

211. An Emmy Hennings, 18.5.1918

H: Hs. Brief; 1 Bl., 4 S. **F:** HBN. **E:** Von »Darf ich das Manuskript behalten« bis »Schwamm zu liefern« in: Briefe, S. 119. **DV:** Original.

Datierung: Im Brief heißt es: »Morgen ist Pfingsten.« 1918 fiel Pfingsten auf den 19. und 20. Mai. Der Brief datiert also vom 18. Mai 1918.

Eifersüchtig ist Frl. Studer? Hat sie denn Grund dazu?] Eifersüchtig war Claire Studer wohl auf Emmy Hennings, die wahrscheinlich mit Claires Geliebtem Yvan Goll geflirtet hat.

Von Reiss der Brief ist noch nicht gekommen] Jener Brief, von dem Ball annahm, er werde »morgen«, das heißt wahrscheinlich am 13. Mai 1918, eintreffen (vgl. Nr. 209).

Hast Du einen Brief bekommen in dem ich von Flesch und Schlieben schrieb und einer neuen Arbeit? Und Besuchen?] Ball meint wahrscheinlich Nr. 203. Darin ist die Rede sowohl von Flesch und Schlieben, mit dem (und Frank Bohn) er »ganz bestimmte Dinge verabredet« hat, als auch von seiner unmittelbar bevorstehenden Reise nach Zürich, wo er seine ›Tochter‹ Annemarie »aufsuchen« wird.

Morgen ist Pfingsten … Ei, was wird das für eine Überraschung werden, von der Du schreibst?] Die Überraschung war Emmys Kurzbesuch in Bern über Pfingsten bei Hugo. In ihrem kurz nach Pfingsten 1918 verfaßten Brief schreibt Emmy Hennings, auf die Arbeitsüberlastung Balls anspielend: »Gelt ja? Du bist mir böse, daß ich es mir geleistet habe zu Dir zu kommen, es war ja Pfingsten« (EBH Leben, S. 95).

Meine Arbeit geht jetzt wieder so gut voran] Bereits in Nr. 210 (um den 14. Mai 1918) schreibt Ball: »Und jetzt arbeite ich wieder.« Wenige Tage vor diesen beiden Briefen hatte er noch mißmutig geäußert: »Ich bin ganz unlustig zur Arbeit. Macht mir keinen Spass.« (Nr. 208)

dieses Buch] ›Zur Kritik der deutschen Intelligenz‹.

Heute bekam ich neue Nummer der Freien Zeitung … Freund Bloch Steffgens Gedanken ohne Quellenangabe im Sperrdruck erscheinen lässt leitartikularisch] Ball spielt auf den am 18. Mai 1918 in der FZ (Jg. 2, Nr. 40, S. 161) unter dem Titel ›Minister am Grab‹ erschienenen Leitartikel an, den Ernst Bloch – wie Ball offenbar bekannt war – unter dem Pseudonym »Dr. Karl Becker, Karlsruhe« geschrieben hat (vgl. Korol, S. 453, 460-462) und der eine Reihe von Namen und Begriffen »im Sperrdruck« bringt. Einige der durch Sperrdruck hervorgehobenen Textstellen enthalten in der Tat Ballsches Gedankengut, wie es sich in der ›Kritik der deutschen Intelligenz‹ finden läßt, so insbesondere die Kritik an der »*Lehre Karl Marxens* als eines Schülers des preußischen Staatsphilosophen Hegel, wie sie durchaus *Gewalt*, *Massendiktatur* weitgehendster Art, *Staatsmacht* umgekehrter Ordnung predigt und dem *ökonomischen* Zwangsprinzip kein ebenso starkes persönliches Freiheitsprinzip entgegensetzt«, sowie die »Kritik an den *Marxenschen Sozialkonstruktionen*«, in denen »ein *Preußisches*, *Rathenausches*, *Autoritatives*, ein *Staatspfaffentum* und *total Systematisches*« wirke, »das sich weniger, wie es Marx tut, auf die alten kommunistischen Geistes als auf sein echteres sachliches Vorbild: auf den Zunftbau des Heiligen Römischen Reiches deutscher Nation berufen dürfte«. Korol (S. 453) druckte den Leitartikel von »Dr. Karl Becker« unter folgender Überschrift ab: »Artikel der Freien Zeitung, wohl von Ball oder Bloch verfaßt«. Richtiger wäre wohl: ›von Bloch *und* Ball (als Gedankengeber) verfaßt‹. In einem nur in ms. Abschrift erhaltenen Brief (»Soeben kommt das Paket«; HBN) antwortet Emmy auf Balls Plagiat-Vorwurf gegen Ernst Bloch: »Und hörmal, hier hole ich lang aus, ich bin sehr skeptisch, was Du über den … [die Auslassungspunkte stehen für Ernst Bloch] schreibst, das darfst Du Dir nicht gefallen lassen, halt lieber in Zukunft Deine kluge Zunge ein wenig im Zaum. Ich finde es nicht recht von ihm, meinem Hugo seine Gedanken zu veröffentlichen. Sei vorsichtig. Es ist nicht gleichgültig, ob Du oder er sie sagt, es sind Deine Gedanken, und Nachbeter, selbst, wenn sie noch so gut verstehen, wieder zu geben, sind gefährlich, weil ihnen doch das Leben und die Wärme fehlt.«

Frl. Studer … Buch geschrieben] Von Claire Studer sind 1918 zwei Bücher erschienen: ›Mitwelt‹ (Gedichte), Berlin: Verlag der Wochenschrift ›Die Aktion‹; ›Die Frauen erwachen‹ (Novellen), Frauenfeld: Huber & Co. Nach einem Brief von Franz Pfemfert an Claire Studer war der Versand ihres Gedichtbandes ›Mitwelt‹ am 20. Juli 1918 »bereits fertig«. In der kommenden Woche sollte sie ihre Freiexemplare bekommen (vgl. Pfemfert, S. 168).

Warum schreibt sie nicht mehr an der Freien Zeitung mit?] Zwischen Juni 1917 und Januar 1918 hat Claire Studer zehn Artikel in der FZ veröffentlicht. Der letzte (über ›Herwegh‹) erschien am 1. Januar 1918.

Hat sie einen Schreck bekommen über die Wernsdorf-Broschüre?] In seiner satirisch gegen die FZ gerichteten Broschüre ›Dies Buch gehört dem Bundesrat. Eine Studie über die »deutschen Republikaner in der Schweiz« während des Weltkrieges‹ (Zürich: Selbstverlag des Verfassers, [1918]) polemisiert Dr. Julius Wernsdorf gegen Claire Studer, deren Name zu »Suter« entstellt ist: »Am 14. April [1917] wurde das späte Republikanerkind [d. i. ›Die Freie Zeitung‹] geboren. Claire Suter […] war Hebamme, und als das Neugeborene sich naß gemacht hatte, legte sie ihm ihre gesammelten Manuskripte unter. Das tat dem Würmchen wohl, denn etwas so Trockenes wie diese Manuskripte war ihm noch nicht vorgekommen.« (S. 8)

212. An Emmy Hennings, 22.5.1918

H: Telegramm; hs. von dritter Person. Adresse: Hennings / Casa Bacchi / Ascona. **F:** HBN. **DV:** Original.

Manuskript] Auf ihrer Postkarte an Ball vom 22. Mai 1918 fragt Emmy: »Hast Du meine Arbeiten bekommen?« In Balls Mai-Briefen ist immer wieder von Emmys literarischen »Arbeiten« die Rede: von einer »Novelle« (Nr. 206), von ihren »Arbeiten« (Nr. 208, Nr. 210), die sie ihm schicken soll, und von einem »Manuskript«, das sie ihm geschickt hat (Nr. 211).

auf] Im Original: »auch«.

auf Wiedersehen] Emmy Hennings kündigt am selben Tag auf einer sich mit Balls Telegramm überschneidenden Postkarte an, daß sie nach Bern kommt. Wie Ball sein Telegramm, so schließt Emmy ihre Postkarte mit einem »Auf Wiedersehen«. Ihr Wiedersehen in Bern muß unmittelbar bevorgestanden haben. Emmy ist also nicht erst, wie in der Sekundärliteratur immer wieder behauptet wird (vgl. etwa EBH Katalog, S. 288, und Reetz, S. 188, 194), im August 1918, sondern bereits kurz nach dem 22. Mai 1918 von Ascona nach Bern wenn nicht übersiedelt, so doch gereist. Polizeilich angemeldet in Bern hat sie sich allerdings erst am 13. August 1918 (Gesellschaftsstr. 29), bevor sie am 2. Oktober 1918 in die Marzilistraße 23 zur Logisgeberin Bichsel umzog (vgl. EBH Katalog, S. 159). Von Ende Mai bis zum 13. August hat sie wahrscheinlich unangemeldet in Bern gelebt. In dieser Zeit haben sie und Ball keine Briefe miteinander gewechselt, was ebenfalls für einen früher anzusetzenden Aufenthalt Emmys in Bern spricht.

213. An Johann Wilhelm Muehlon, 21.8.1918

H: Ms. Brief mit eigenh. Unterschrift; 1 Bl., 1 S. Bedruckter Briefkopf: Die Freie Zeitung / Verlag / Zieglerstrasse 8 / Telephon 55.68. Stempel quer über dem Briefkopf: DER FREIE VERLAG / BERN / ZIEGLERSTR. 8 – TEL. 55.68. Gleicher Stempel rechts unten auf der beschriebenen Seite. **F:** Nachlaß J. W. Muehlon, Institut für Zeitgeschichte, München. **E:** HBA 1980, S. 62-64. **DV:** Fotokopie des Originals.

Dank für Vertrag und Brief] Ball bedankt sich für Muehlons Brief vom 19. August 1918 (abgedruckt in: HBA 1980, S. 61 f.), mit dem dieser ein unterzeichnetes »Exemplar des Vertrages über die italienische Ausgabe« seines Buches ›Die Verheerung Europas‹ (Zürich 1918) an Ball geschickt hat.

Der Verlag … Herr Hans Huber] Erste Erwähnung des von Ball gegründeten ›Freien Verlags‹, dessen Gründung offiziell erst Anfang Oktober 1918 von Ball angezeigt wurde (vgl. Korol, S. 253). Als Aufgaben des Verlags bezeichnete Ball die »Sammlung und Verbreitung demokratischer Ideen«. Weiter heißt es in dem auf der letzten Seite des ›Almanachs der Freien Zeitung‹ (Bern 1918) abgedruckten Werbetext: »Der Verlag sieht seine Aufgabe darin, dem breiteren Publikum Werke hervorragender Autoren in deutscher und fremder Sprache im Original und in Übersetzungen zu billigen Preisen zugänglich zu machen. Er hofft damit zum internationalen Verständnis und zur politischen Emanzipation beizutragen.« ›Der Freie Verlag‹ veröffentlichte vor allem Bücher und Broschüren von Mitarbeitern der FZ. – Aus presserechtlichen Gründen fungierte zunächst der Schweizer Hans Huber, der auch verantwortlicher Redakteur der FZ war, offiziell als Geschäftsführer des Verlags; später übernahm der Schweizer A. P. Müller-Frei diese Funktion (vgl. Korol, S. 253).

eigene Geschäftsräume] Die Geschäftsräume des ›Freien Verlags‹ befanden sich zunächst, wie die der ›Freien Zeitung‹, in der Zieglerstraße 8 (vgl. den Kopf des vorliegenden Briefes), bis der Verlag im Herbst 1918 an den Falkenplatz 22 umzog (vgl. HBK, S. 183 Nr. 166).

Übersetzung Ihres Buches ... Herr Pastor Calvino in Lugano] Gemeint ist die italienische Übersetzung von Muehlons Buch ›Die Verheerung Europas‹, die ohne Orts- und Jahresangabe unter dem Titel ›La devastazione dell' Europa‹ erschien (vgl. Muehlon, S. 30, Anm. 39; Einleitung von Wolfgang Benz). Im April 1919 ließ Muehlon bei Ball nachfragen, ob die italienische Übersetzung seines Werkes ›Die Verheerung Europas‹ bereits publiziert worden sei. Ball entschuldigte sich für die »unliebsame Verzögerung der Publikation« und informierte sich umgehend bei der Schweizer Druckerei, daß die »Broschüre sich beim Buchbinder befinde, der »in den nächsten Tagen die ersten Exemplare« schicken werde (vgl. Nr. 230). Daraus läßt sich schließen, daß die italienische Ausgabe von Muehlons ›Die Verheerung Europas‹ 1919 veröffentlicht wurde.

die Herren J'accuse und Hermann Fernau prinzipielle Zusagen für den Verlag gegeben] Dr. Richard Grelling (= J'accuse) hat Ende 1919/Anfang 1920 zwei Broschüren (›Die *Enthüllungen* des Prozesses Suchomlinow‹ und ›London-Berlin-Wien-Petersburg‹) im ›Freien Verlag‹ (Bern-Berlin) veröffentlicht (vgl. FZ vom 29. November 1919, 3. Jg. Nr. 94, S 376). Von Fernau läßt sich keine im ›Freien Verlag‹ erschienene Publikation nachweisen.

J'accuse] Pseudonym für Richard Grelling (1853-1929), deutscher Rechtsanwalt, Journalist und Schriftsteller; Verfasser sozialer Dramen, Syndikus des ›Deutschen Schriftstellerverbandes‹, Verteidiger des literarischen Naturalismus; Mitbegründer und 2. Vorsitzender der ›Deutschen Friedensgesellschaft‹; Autor der 1915 in Lausanne anonym erschienenen Anklageschrift ›J'accuse! Von einem Deutschen‹, die in zahlreiche Sprachen übersetzt und ein Welterfolg wurde; nach dem Kriegseintritt Italiens Mai 1915 Übersiedlung bis zum Frühjahr 1920 in die Schweiz; Mitarbeit bei der FZ (24 Artikel); Boykott seiner Publikationen in der Weimarer Republik; Beschränkung seiner Einflußmöglichkeiten auf die Friedensbewegung und die ihr nahestehenden linksoppositionellen Kreise.

214. An Johann Wilhelm Muehlon, 24.9.1918

H: Hs. Briefkarte; 1 S. **F:** Nachlaß J. W. Muehlon, Institut für Zeitgeschichte, München. **E:** HBA 1980, S. 64 f. **DV:** Fotokopie des Originals.

den ersten Bogen Korrektur] Die ersten Korrekturabzüge der Übersetzung von Muehlons Buch ›Die Verheerung Europas‹ ins Italienische, vgl. Nr. 213.

Das Verlagssignet] Den Entwurf für das Signet des ›Freien Verlags‹ zeichnete (mit Feder und Pinsel in Tinte und Deckweiß auf Velin) Hans Richter, der das Blatt unten rechts mit »HR 17« monogrammierte und datierte (Abb. des Entwurfs in: HBK, S. 186). Der ›Freie Verlag‹ wurde zwar erst Ende September/Anfang Oktober 1918 gegründet (erste Ankündigung der Verlagsgründung in der ›Freien Zeitung‹ am 25. September 1918). Aber bereits ein Jahr zuvor gab es konkrete Pläne zu seiner Gründung. In einem undatierten Brief vom Ende September/Anfang Oktober 1917 (»Gestern konnte ich«; HBN) schreibt Emmy Hennings an Hugo Ball: »Die Freie Zeitung gründet einen Verlag in der Schweiz mit amerikanischem Gelde für internationale Schriftsteller, deren Bücher in der Schweiz erscheinen und von dort vertrieben werden. Hartmann erzählte das vor einiger Zeit. Du, Hardekopf und Unruh stehen auf der Liste der Aufzufordernden. Du wirst also noch hören.« Hans Richter wird im Frühherbst 1917 den Auftrag zum Entwurf eines Signets für den ›Freien Verlag‹ bekommen haben. Das gedruckte Signet findet sich auf den Publikationen des ›Freien Verlags‹, so auf den Umschlägen und Titelblättern des ›Almanachs der Freien Zeitung‹ (1918) und des Pamphlets ›Zur Kritik der deutschen Intelligenz‹ (1919) von Hugo Ball.

jener französ. Herr] Korol (S. 501) vermutet, daß es sich bei diesem Herrn um Emile Haguenin (vgl. *Nr. 226* – »wir haben uns bereits gemeldet«) handeln könnte.

215. An Johann Wilhelm Muehlon, 11.10. 1918

H: Hs. Briefkarte; 1 S. **F:** Nachlaß J. W. Muehlon, Institut für Zeitgeschichte, München. **E:** HBA 1980, S. 65. **DV:** Fotokopie des Originals.

die drei ersten Publikationen unseres Verlages] Als soeben im ›Freien Verlag‹ erschienen wurden am 9. Oktober 1918 in der FZ (Jg. 2, Nr. 81, S. 328) angezeigt: Prof. G. F. Nicolai: ›Sechs Tatsachen zur Beurteilung der heutigen Machtpolitik‹. Prof. O. Nippold: ›Meine Erlebnisse in Deutschland vor dem Weltkriege (1909-1914)‹. Dr. Ernst Bloch: ›Schadet oder nützt Deutschland eine Niederlage seiner Militärs ?‹

216. An Johann Wilhelm Muehlon, 29.10.1918

H: Hs. Briefkarte; beidseitig beschrieben. **F:** Nachlaß J. W. Muehlon, Institut für Zeitgeschichte, München. **E:** HBA 1980, S. 66. **DV:** Fotokopie des Originals.

die jüngsten Publikationen des Verlags] Da Ball bereits am 11. Oktober 1918 die »drei ersten Publikationen« des ›Freien Verlags‹ an Muehlon geschickt hatte, handelt es sich bei den »jüngsten Publikationen« wohl um jene drei neuen Broschüren des Verlags, die am 9. November 1918 zum ersten Mal in der FZ (Jg. 2, Nr. 90, S. 364) angezeigt wurden: Dr. Hermann Rösemeier: ›Die Wurzeln der neudeutschen Mentalität‹. Privatdozent Dr. F. Lifschitz: ›Bismarck'sche Kriegsmethoden einst und jetzt‹. Prof. Dr. O. Nippold: ›Meine offene Korrespondenz mit Prof. Philipp Zorn, Prof. Ludwig von Sybel, Prinz Alexander zu Hohenlohe‹. Von diesen Titeln hatte Ball wahrscheinlich bereits Ende Oktober Vorabexemplare, die er am 29. Oktober an Muehlon verschickte.

Almanach] ›Almanach der Freien Zeitung 1917-1918‹. Hrsg. und eingeleitet von Hugo Ball. Bern: Der Freie Verlag, 1918. Der 29. Oktober 1918 (oder ein Tag kurz davor) ist das Erscheinungsdatum des ›Almanachs der Freien Zeitung‹. Erstmals angezeigt wurde der ›Almanach‹ am 20. November 1918 in der FZ (Jg. 2, Nr. 93, S. 376).

217. An Johann Wilhelm Muehlon, 31.10.1918

H: Hs. Briefkarte; 1 S. **F:** Nachlaß J. W. Muehlon, Institut für Zeitgeschichte, München. **E:** HBA 1980, S. 67 f. **DV:** Fotokopie des Originals.

Konstituierung eines »deutschen republikanischen Komitees«] Über ein solches »Komitee« ist sonst nichts bekannt. Wahrscheinlich hat es sich nie konstituiert. Daß sich Ball um die Mitarbeit Muehlons bei diesem Komitee bemühte, hängt womöglich damit zusammen, daß dieser im Juli 1918 die Gründung eines ›Bundes der Intellektuellen‹ plante (vgl. Muehlon, S. 22), an dem auch Ball mitwirken sollte. Zu Muehlons und Alfred H. Frieds vergeblichem Versuch, die verschiedenen Lager der Emigrantenszene in der Schweiz zu einem ›Bund‹ bzw. ›Konvent der Intellektuellen‹ zusammenzuschließen, vgl. Debrunner, S. 206-210.

Bricht erst der Bolschewismus aus, so wird man sich zu uns flüchten] Vgl. Nr. 218: »Der Bolschewismus ist eine Angelegenheit für Länder, die eine Niederlage zu liquidieren haben, in Ländern, wo man gesiegt hat, *kann* er ja keinen Boden finden.«

218. An Johann Wilhelm Muehlon, 21.11.1918

H: Ms. Brief mit eigenh. Unterschrift; 1 Bl., 2 S. Seite 1: bedruckter Briefbogen: DER FREIE VERLAG / TELEPHON 298; POSTSCHECKKONTO III 2402; FALKENPLATZ 22. **F:** Nachlaß J. W. Muehlon, Institut für Zeitgeschichte, München. **E:** HBA 1980, S. 68-71 (Brief an Muehlon), S. 72 f. (Anlage: Depesche an Haase). **DV:** Fotokopie des Originals.

Beilage: Depesche an Hugo Haase.

»Dringend
Kollationiert
An den Volksbeauftragten des Auswärtigen
Hugo Haase
Berlin

Entsprechend den vielfachen schwerwiegenden Anklagen der schweizerischen und gesamten ausländischen Presse gegen die hiesige deutsche Gesandtschaft, vertreten durch Personen, die sich von den Kaiserlichen Methoden schwer trennen können und noch heute mit den alten Ludendorffschen Propaganda-agenten arbeiten, haben wir uns entschlossen, im Einverständnis mit grossen Teilen der hiesigen Bevölkerung und der Presse des In- und Auslandes, diese für den Ruf der jungen deutschen Republik so bedauerliche und schädigende Tatsache Ihnen als dem Volksbeauftragten des Auswärtigen zur Kenntnis zu bringen, mit der dringenden Aufforderung, durch sofortige Abberufung des jetzigen imperialistischen Gesandtschaftspersonals diesem beunruhigenden Zustande ein Ende zu bereiten. Wir fühlen uns zu diesem unserem Schritte umso mehr berechtigt, nachdem wir unter schweren Bedrängungen seitens des offiziellen Deutschland hier während des alldeutschen Siegesjubels in der ›Freien Zeitung‹ und im ›Freien Verlag‹ die Fahne der Menschlichkeit und des Rechtes sowie die Prinzipien einer deutschen Republik und freien Völkerbundes verteidigt haben und dadurch das Vertrauen der freien Völker gewonnen und den Glauben an eine deutsche Wiedergeburt aufrecht erhalten haben. Die Interessen einer aufrichtigen deutschen Republik erfordern hier in der Schweiz als erste Massnahme eine moralische Tat, die wir hiermit hervorrufen möchten.«

Herrn Haase] Hugo Haase (1863-1919), deutscher Jurist und Politiker; 1887 Beitritt zur SPD; 1897-1907 und 1912-1919 Mitglied des Deutschen Reichstags; 1911 Wahl zum SPD-Parteivorsitzenden zunächst neben August Bebel, dann neben Friedrich Ebert; SPD-Fraktionsvorsitzender neben Philipp Scheidemann; als solcher aus Parteidisziplin zunächst Zustimmung zu den Kriegskrediten (4. August 1914); im Juni 1915 als Mitunterzeichner des Manifests ›Das Gebot der Stunde‹ offene Erklärung gegen die Kriegsziele der Reichsregierung; 1916 Begründer und Vorstandsmitglied der inneroppositionellen ›Sozialdemokratischen Arbeitsgemeinschaft‹; 1917 Mitbegründer der SPD-Abspaltung USPD; als deren Vorsitzender im November/Dezember 1918 zusammen mit Friedrich Ebert Vorsitzender des ›Rats der Volksbeauftragten‹; 1919 Mitglied der Nationalversammlung; starb an den Folgen eines Revolverattentats durch einen Geistesgestörten (›Lexikon deutsch-jüdischer Autoren‹, Bd. 10, S. 108-114).

Dittmann] Wilhelm Dittmann (1874-1954), deutscher Politiker; Mitglied des Reichstags für die SPD ab 1912; 1917 Mitglied im Zentralkomitee der USPD, dann deren Vorsitzender; wurde aufgrund seiner Teilnahme an den Streiks im Januar 1918 wegen versuchten Landesverrats zu fünf Jahren Festungshaft verurteilt, am 15. Oktober 1918 jedoch entlassen; im November/Dezember 1918 war er Mitglied im Rat der Volksbeauftragten; emigrierte 1933 in die Schweiz.

Platten] Fritz Platten (1883-1942), führender schweizerischer Sozialdemokrat; 1918/19 und 1921/22 Mitglied des schweizerischen Nationalrats; war an der Rückführung der Bolschewiki um Lenin aus der Schweiz nach Rußland beteiligt. Nach einer Meldung des deutschen Militärattachés in Bern vom 28. April 1918 bereitete Platten einen Propagandafeldzug in der Schweiz zur Revolutionierung Deutschlands vor. Zu diesem Zweck habe er in der Redaktion des ›Züricher Volksrechts‹ mit Ernst Nobs, dem Mitglied der Geschäftsleitung der Schweizerischen Sozialdemokratie, über den Druck mehrerer 100 000 Flugblätter gesprochen. Außerdem sei er zur Revolutionierung Deutschlands in Verbindung mit der FZ in Bern getreten (vgl. Korol, S. 327).

Grimm] Robert Grimm (1881-1958), Schweizer sozialdemokratischer Politiker; Teilnehmer der Zimmerwald-Konferenz (1915).

kaiserlichen Gesandtschaft] Mit der diesem Brief in Kopie beiliegenden Depesche an Hugo Haase setzte sich Ball im Namen der Redaktion der FZ für die »sofortige Abberufung« der kaiserlichen Gesandtschaft in Bern ein, die während des Krieges die Arbeit der FZ immer wieder behindert hatte.

Aktion gegen den geköpften, aber keineswegs toten Imperialismus in Deutschland] In seiner am 30. November 1918 in der FZ erschienenen Glosse ›An die in Berlin‹ schreibt Ball, daß der »deutsche Militarismus« gestürzt sei, treffe »auf die Materie zu, nicht aber auf den Geist« (Schriften, S. 236).

Spartakusgruppe] Am 1. Januar 1916 hat sich auf einer Geheimkonferenz in Berlin formell der Spartakusbund aus radikalen innerparteilichen Gegnern der ›Burgfriedenspolitik‹ der SPD etabliert. 1917 trat der Spartakusbund der im April gegründeten USPD bei, von der sich die Mitglieder des Spartakusbundes im Dezember 1918 trennten und Ende Dezember 1918/ Anfang Januar 1919 die Kommunistische Partei Deutschlands (KPD) gründeten. Die von Franz Pfemfert gegründete ›Antinationale Sozialisten Partei‹ (A.S.P.) fühlte sich dem Spartakusbund »verbrüdert« (vgl. Pfemferts Fußnote in: ›Die Aktion‹, 8. Jg., 30. November 1918, Heft 47/48, Sp. 624). Zur A.S.P. vgl. Erläuterung »Aufruf von Pfemfert«.

Der Bolschewismus in Rußland ist bereits eingekreist und wird in kurzer Zeit kapitulieren müssen] In dem Artikel ›Die Umgehung der Instanzen‹ schreibt Ball am 16. November 1918 in der FZ: »Nicht nur das kaiserliche System, auch der Bolschewismus ist besiegt. Es geht nicht an, die Methoden Ludendorffs weiter zu betreiben. Die [deutsche] Gesandtschaft in Bern muß verschwinden. Sie hat durch ihre Unterstützung der bolschewistischen Propaganda der Schweiz einen Generalstreik verschafft. Dem Bolschewismus bei uns selbst aber widerspricht jede ideelle Voraussetzung und jede Wünschbarkeit.« (Schriften, S. 232 f.)

Wir müssen die Hindenburg- und die Marxlegende zerstören] Damit hat Ball selbst bereits tatkräftig begonnen: in seiner Glosse ›Der ausgenagelte Hindenburg‹ (erschienen am 4. Mai 1918 in der FZ) und in seinem Pamphlet ›Zur Kritik der deutschen Intelligenz‹ (S. 178-203 in zwei längeren Abschnitten des vierten Kapitels).

Literatur hinüber zu schicken] Offensichtlich war es erst kurz nach dem Waffenstillstand von Compiègne am 11. November 1918 möglich, politische Literatur nach Deutschland zu schicken.

die erste Annonce des »Freien Verlags« im Vorwärts] Die Annonce ist am 17. November 1918 im Beilagenteil des ›Vorwärts‹ (Berliner Volksblatt. Zentralorgan der sozialdemokratischen Partei Deutschlands. 35. Jg., Nr. 317) erschienen. Text der Anzeige: Der Freie Verlag / Falkenplatz 23 Bern / dient der Sammlung und Verbreitung demokratischer Ideen. [Folgt Hinweis auf vier Neuerscheinungen von: Professor O. Nippold, Professor G.F. Nicolai, Leo Tolstoi und Karl Ludwig Krause.]

Die Aktion hat die Vertretung der »Freien Zeitung« und des »Freien Verlags« übernommen] In Pfemferts ›Aktion‹ finden sich in den November- und Dezember-Heften des Jahres 1918 keine Hinweise auf eine »Vertretung« der FZ und des ›Freien Verlags‹. Vielleicht lagen Ausgaben der FZ und Publikationen des ›Freien Verlags‹ in der von Alexandra Ramm, Pfemferts Frau, im November 1917 eröffneten ›Aktionsbuchhandlung‹ in der Berliner Kaiserallee 222 aus.

Finanzminister Jaffé] Edgar Jaffé (1866-1921), Professor für Nationalökonomie an der Universität München (1910-1918); vom 9. November 1918 bis zum 21. Februar 1919 bayerischer Finanzminister unter Kurt Eisner. Als Eisner am 8. November 1918 in der ersten öffentlichen Sitzung des provisorischen Nationalrates des Volksstaates Bayern die Mitglieder seiner provisorischen Regierung vorstellte, tat er dies im Hinblick auf Jaffé mit folgenden launigen Worten: »Die undankbarste aller Aufgaben soll, und daran ist vielleicht meine Abneigung gegen Professoren mit schuld, Herrn Professor Jaffé zufallen, nämlich die Finanzen. *(Bravo!)*«

Unsere nächsten drei Publikationen enthüllen die bolschewistische Intrige] An Broschüren des ›Freien Verlags‹ zur bolschewistischen Intrige wurden in der FZ als soeben erschienen angezeigt: am 30. November 1918 (Jg. 2, Nr. 96, S. 388): F. L. Burzev: ›Seid verflucht, Ihr, Bolschewiki!‹ (Offener Brief an die Bolschewiki) – am 4. Januar 1919 (Jg. 3, Nr. 2, S. 8): Khariton Chavichvily: ›Offener Brief an den Genossen Jean Longuet‹ (zur Beurteilung der Bolschewiki nach der russischen sozialdemokratischen Parteipresse) – und am 29. Januar 1919 (Jg. 3, Nr. 9, S. 36): ›Die Deutsch-Bolschewistische Verschwörung – 70 Dokumente über die Beziehungen der Bolschewiki zur deutschen Heeresleitung, Großindustrie und Finanz‹. Hrsg. vom Committee on Public Information of the USA. – Letzere Broschüre hat Hugo Ball zusammengestellt.

Aufruf von Pfemfert ... Internationale] ›Aufruf der Antinationalen Sozialisten Partei (A.S.P.) Gruppe Deutschland‹, erschienen in: ›Die Aktion‹, 8. Jg., 16. November 1918, Heft 45/46, Sp. 583-586, unterzeichnet von: Ludwig Bäumer, Albert Ehrenstein, J.T. Keller, Karl Otten, Franz Pfemfert, Heinrich Schaefer, Hans Siemsen, Carl Zuckmayer. Kritisch äußert sich Ball zu Pfemferts ›Aufruf‹ auch in der Glosse ›An die in Berlin‹, die am 30. November 1918 in der FZ erschien: »Sie, Franz Pfemfert, sollten jetzt keine ›antinational‹-sozialistischen Aufrufe ins Ausland senden, die Herr Dr. Ehrenstein unterschreibt und in denen zu lesen ist, der deutsche Militarismus sei gestürzt. Das trifft auf die Materie zu, nicht aber auf den Geist.« (Schriften, S. 236)

Herr von Gerlach] Helmut von Gerlach (1866-1935), deutscher Politiker, Jurist, Journalist und Pazifist; gründete 1908 mit Rudolf Breitscheid die Deutsche Volkspartei; seit dem Ersten Weltkrieg Mitglied der Deutschen Friedensgesellschaft, Ende 1914 Anschluß an den Bund Neues Vaterland; Ende 1918 Mitwirkung bei der Gründung der Deutschen Demokratischen Partei; vom November 1918 bis zum März 1919 Unterstaatssekretär im preußischen Innenministerium; vom März 1918 bis zum März 1920 Mitarbeiter an der FZ (acht Artikel); gegen Ende der Weimarer Republik Mitarbeit an Carl von Ossietzkys ›Weltbühne‹; Anfang März 1933 Flucht aus Deutschland über Österreich nach Frankreich ins Exil; dort publizistische Tätigkeit gegen das NS-Regime vor allem in der ›Neuen Weltbühne‹ und im ›Pariser Tageblatt‹. – Detaillierter als im vorliegenden Brief geht Ball in der am 30. November 1918 in der FZ veröffentlichten Glosse ›An die in Berlin‹ in direkter Anrede auf Helmut von Gerlach ein: »Und Sie, Herr von Gerlach, mögen nicht allzu sehr jubeln über ›das größte Glück für Deutschland, daß mir jetzt angesichts des Friedenskongresses eine sozialistische Regierung haben‹. Eine regierende deutsche Sozialdemokratie mit all ihrer reichlich konfusen Einstellung zur neuen demokratischen Idee ist keineswegs das höchste Glück auf Erden, und das Auswärtige Amt in Berlin ist noch immer nicht verhaftet, trotzdem es sich so energisch gegen die Veröffentlichung belastender Dokumente wendet.« (Schriften, S. 236)

219. An Emmy Hennings, Ende 1918

H: Verschollen. **A:** Ms. Abschrift. **F:** HBN. **E:** EBH Leben, S. 109; auch in: Briefe, S. 121. **DV:** Ms. Abschrift.

Datierung: Nach der Erläuterung zu »Gesang der Völker...« ist dieses Brieffragment, das aus dem Briefkompilat einer ms. Abschrift (vgl. Nr. 154) herausgelöst wurde und hier als Fragment eines eigenständigen, nicht erhaltenen Briefes abgedruckt wird, auf Ende 1918 zu datieren. Ein Indiz dafür, daß es sich bei diesem Fragment tatsächlich um ein Transplantat aus einem eigenständigen, nicht überlieferten Originalbrief handeln könnte, sind die drei Punkte am Anfang und Ende des Textes, mit denen Emmy Ball-Hennings auch sonst Eingriffe in die Brieftexte ihres Mannes und die Nahtstellen zwischen Passagen aus verschiedenen Briefen kennzeichnet.

Gesang der Völker »wir werben im Sterben um ferne Gestirne ...«] Die beiden Verse sind die Anfangszeilen des Lieds ›Gesang der Völker‹ von Kurt Eisner (1867-1919), dem bayerischen Ministerpräsidenten und Außenminister der provisorischen Regierung des von ihm ausgerufenen Freistaats Bayern (8.11.1918-21.2.1919). Das Lied nach der Melodie eines niederländischen Dankgebets wurde zur ersten bayerischen Revolutionsfeier am 17. November 1918 verfaßt. Es existiert eine handschriftliche Fassung von Eisner, die dieser seinem Sekretär, »dem Helfer Felix Fechenbach«, am 14. November 1918 widmete. In Buchform gedruckt wurde der ›Gesang der Völker‹ erstmals in Eisners Publikation ›Die neue Zeit‹, München: Georg Müller, 1919, S. 36 f. (Diese Informationen verdanke ich der freundlichen brieflichen Mitteilung von Frau Dr. Freya Eisner, München, vom 13. November 2001) Da Ball diese in seiner Bibliothek befindliche Broschüre, welche die Reden Eisners vom Ausbruch der Revolution am 7./8. November bis zur Versammlung der bayerischen Soldatenräte am 30. November 1918 enthält, bereits am 1. Januar 1919 in der FZ (Jg. 3, Nr. 1) überaus positiv besprach, muß ›Die neue Zeit‹ schon im Dezember 1918 erschienen sein. Ball ließ das dreistrophige Lied Eisners am 7. Dezember 1918 in der FZ auf der Titelseite abdrucken. Für die Datierung der Briefpassage mit dem Anfang von Eisners ›Gesang der Völker‹ bedeutet dies, daß sie nicht vor dem Dezember 1918 geschrieben worden sein kann. Im Anschluß an den Erstdruck der vorliegenden Briefkompilation druckte Emmy Ball-Hennings den ›Gesang der Völker‹ vollständig ab (vgl. EBH Leben, S. 110). In der von Annemarie Schütt-Hennings besorgten Briefausgabe von 1957 wurde das Lied weggelassen. Der ›Brief‹ wird darin auf Ende »1918« datiert.

220. An Emmy Hennings, Jan. 1919

H: Hs. Briefkarte, beidseitig beschrieben, in Briefumschlag. Auf dem Briefumschlag von Balls Hand: »Für Frau *Hennings*. vielleicht darf ich Sie bitten, liebe Schwester, Frau Hennings die einliegende Karte vorzulesen und sie innig zu grüssen. Besten herzlichen Dank Hugo Ball.« **F:** HBN. **DV:** Original.

Datierung: Januar 1919.

Auf der Umschlagrückseite: »Viele Grüsse von Tschokitch«.

Erlaubnis vom Arzt] Um den Jahreswechsel 1918/19 ist Emmy Hennings an der seit Mitte 1918 in Europa grassierenden Spanischen Krankheit, einer schweren Form der Grippe, lebensgefährlich erkrankt. Die Grippe-Epidemie forderte damals mehrere tausend Todesopfer. Emmy Hennings lag mehrere Wochen im Berner Spital »Lindenhof«, welches als Fotografie auf einer Postkarte abgebildet ist in: EBH Katalog, S. 162.

221. An Emmy Hennings, 17.1.1919

A: Ms. Abschrift; 1 Bl., 2 S. Zusatz der Abschrift: An Emmy im Lindenhof (Sanatorium in Bern). **F:** HBN. **E:** EBH Leben, S. 121 f.; auch in: Briefe, S. 121 f. **DV:** Abschrift.

Datierung: Sie erfolgt nach »heut hast Du Geburtstag«: 17. Januar.

Emmy Ball-Hennings legte das Original dieses Briefes in Hugo Balls Sarg (EBH Ruf, S. 129 f.)

heut hast Du Geburtstag] Emmy Hennings ist am 17. Januar 1885 in Flensburg geboren.

Mein Buch ist heute erschienen. Hier ist es] Balls dritte Buchpublikation ›Zur Kritik der deutschen Intelligenz‹ (Bern: Der Freie Verlag, 1919). Die FZ (Jg. 3, Nr. 7, S. 28) annoncierte Balls ›Kritik‹ erstmals am 22. Januar 1919. Die Monatsschrift ›Die Bücherkiste‹ (Nr. 3, Mai 1919) zeigte das Buch mit einem Werbetext an, der wohl von Hugo Ball stammt: »Der Verfasser verkündet eine Renaissance des Christentums außerhalb der staatlichen Despotie; ein Evangelium der Armen und Entrechteten, nach Beseitigung des Kastengeistes, der volksfremden Metaphysik und der Parteibevormundung.« ›Die Bücherkiste‹ erschien im Münchener Verlag des Ball-Freundes Bachmair. Eintrag in Balls Tagebuch am 12. Februar 1919: »Das erste Exemplar [der ›Kritik‹] brachte ich Emmy zu ihrem Geburtstag ins Krankenhaus, wo sie an einer schweren Lungenentzündung niederlag. Sie hatte hohes Fieber, erkannte mich kaum, streichelte aber über das Buch, das ich ihr brachte, und lächelte auf eine schmerzliche Weise, als ob sie für immer Abschied nähme. Es war wenige Tage vor der Krisis. Der Arzt wollte mir kaum erlauben, daß ich für einige Minuten das Zimmer betrat.« (Flucht, S. 237)

Winterrosen] Helleborus niger: schwarze Nieswurz, Christwurz, Christblume, Christrose, Weihnachts-, Schnee- oder Winterrose – mit großer weißer, später rötlicher Blüte, von November bis März blühend, wächst in der Waldregion der östlichen und südlichen Alpen, in der Provence, in Italien und Griechenland.

Weil es Dir Freude macht] Danach im Erstdruck (EBH Leben, S. 122) drei Auslassungspunkte sowie der Satz: »Wenn es nur Dir Freude macht.«

Lünglein ... Gripplein] Über ihre Erkrankung schreibt Emmy Hennings in ›Ruf und Echo‹: »[...] im Januar [1919] erkrankte ich an der Grippe. Eine doppelte Lungenentzündung kam hinzu. Mehrere Ärzte, die Ball in seiner Sorge zu Rat zog, zweifelten an meiner Genesung, und gerade an jenem Tage, da Hugos Buch, seine Kritik, soeben erschienen war, schien das Licht meines Lebens erlöschen zu wollen. Ich lag damals in Bern, im Krankenhaus ›Lindenhof‹, und Hugo selber brachte mir das Buch und einen Brief.« (EBH Ruf, S. 128) Dieser Brief ist der hier abgedruckte.

222. An Fritz Brupbacher, 19.1.1919

H: Ms. Brief mit eigenh. Unterschrift; 1 S. **F:** Nachlaß F. Brupbacher, Internationales Institut für Sozialgeschichte, Amsterdam. **E:** HBA 1981, S. 127. **DV:** Fotokopie des Originals.

Neubrückstr. 7b] Ball hatte dort seit dem 27. Juni 1918 ein Zimmer (Logisgeber: Albert Plüss); am 17. Februar 1919 zog er in die Schanzeneckstraße 19 um (Pension Berna, Inhaber: Familie Fritz Beyeler; vgl. Berner Adressbücher 1918 u. 1919).

ein Pamphlet] Balls gerade erschienenes Buch ›Zur Kritik der deutschen Intelligenz‹ (Bern 1919), von dem der Autor im ›Vorwort‹ allerdings selbst sagt, es habe ihm »fern« gelegen, »ein Pamphlet zu schreiben« (Kritik, S. V; vgl. auch Kritik, S. 4: »Die Ironie der Ereignisse erfordert dringlichere und produktivere Methoden als das Pamphlet.«).

Index ... Bakunin-Forschung] Im Index von Balls ›Kritik‹ (vgl. Kritik, S. 323) finden sich unter »Bakunin« 27 Seitenverweise. Nur Hegel und Luther werden in Balls ›Kritik‹ (nach Ausweis des Index) häufiger erwähnt.

Ihre Worte zu meinem »Flametti«] Eine Rezension von Brupbacher über Balls Roman ist bisher nicht nachgewiesen. Wahrscheinlich hat sich Brupbacher in einem Brief an Ball über dessen Roman geäußert.

223. An Johann Wilhelm Muehlon, 19.1.1919

H: Ms. Brief mit eigenh. Unterschrift; 1 S. Bedruckter Kopfbogen: DER FREIE VERLAG, Falkenplatz 22 [Bern]. **F:** Nachlaß J.W. Muehlon, Institut für Zeitgeschichte, München. **E:** HBA 1980, S. 73. **DV:** Fotokopie des Originals.

Datierung: Der Brief ist wegen des Jahreswechsels fälschlicherweise auf 1918 datiert.

224. An Emmy Hennings, einige Tage nach d. 17.1.1919

A: Ms. Abschrift; 2 S. Im direkten Anschluß an die Abschrift des Briefes vom 17.1.1919. **F:** HBN. **E:** EBH Leben, S. 122-124; auch in: Briefe, S. 122 f. **DV:** Abschrift.

Datierung: Der Brief ist einige Tage nach dem 17. Januar 1919 (wahrscheinlich in den zwanziger Tagen des Januar) geschrieben worden. Begründung dieser Datierung in den Erläuterungen.

Der Brief wird hier gegen die abschriftliche Überlieferung, die ihn als zweiten Teil des Briefes Nr. 221 vom 17. Januar 1919 präsentiert, als gesonderter Brief mit eigener Datierung abgedruckt. Ball erwähnt im vorliegenden Brief »einen so schönen Brief« von Emmy Hennings, den sie ihm als Antwort auf seinen Brief vom 17. Januar 1919 aus dem Krankenhaus ›Lindenhof‹ geschrieben hat. Auf diesen »schönen« Brief Emmys, den sie 1927 ihrem Mann »mit in den Sarg gab« (EBH Ruf, S. 129), antwortet Ball nun seinerseits mit dem hier abgedruckten Schreiben (vgl. EBH Ruf, S. 129). In ihrem Buch ›Ruf und Echo. Mein Leben mit Hugo Ball‹ präsentiert Emmy Ball-Hennings den vorliegenden Brief erstmals korrekt als gesonderten, eigenen Brief (vgl. EBH Ruf, S. 129 f.). Die Ausgabe der ›Briefe‹ von 1957 fällt wieder auf den Stand des Erstdrucks von 1930 zurück (vgl. EBH Leben, S. 121-124), indem sie die beiden Briefe Balls vom Januar 1919 (Nr. 221 und 224) zu *einem* Brief kompiliert (vgl. Briefe, S. 121-123).

an jenem Tage in Berlin, als Du Dich entschlossen hast, mit mir zu gehen] Wahrscheinlich war dies ein Tag im April oder Mai 1915, als sich Ball und Emmy Hennings entschlossen, in die Schweiz zu emigrieren (Ende Mai 1915).

jenen Engel vom Himmel ... dass er mit Jakob im Traume gerungen habe] Emmy Hennings verbindet hier – wohl in einer Fieberphantasie im Krankenhaus – zwei Bibelstellen aus dem Alten Testament (1. Mose 28,12 und 1. Mose 32,25-27): Jakobs Traum von der Himmelsleiter und Jakobs Kampf, sein Ringen, mit Gott, dem Herrn.

Ich lasse Dich nicht, Du segnest mich denn] 1. Mose 32, 27.

225. An Fritz Brupbacher, 24.1.1919

H: Ms. Brief mit eigenh. Unterschrift; 1 S. **F:** Nachlaß F. Brupbacher, Internationales Institut für Sozialgeschichte, Amsterdam. **E:** HBA 1981, S. 128 f. **DV:** Fotokopie des Originals.

Marzili[strasse] 30] Regulär angemeldet war Ball in der Marzilistraße 30 erst am 23. April 1919, davor am 17. Februar 1919 in der Schanzeneckstraße 19 und am 27. Juni 1918 in der Neubrückstraße 7b. Zu Balls Quartier in der Marzilistraße 30 und Emmys Domizil im Haus gegenüber in der Marzilistraße 23 vgl. HBA 1991, S. 96.

2 Bände Sozialarchiv] Gemeint ist wahrscheinlich die Zeitschrift ›Archiv für die Geschichte des Sozialismus und der Arbeiterbewegung‹, hrsg. von Carl Grünberg. Leipzig. Bde. 1-15. 1910-1930. – In der ›Kritik der deutschen Intelligenz‹ benutzt Ball den 4. Jahrgang (Leipzig 1913) dieses ›Archivs‹ (vgl. Kritik, S. 304, Anm. 50).

Ramus Freie Generation] Pierre Ramus (d. i. Rudolf Grossmann) war Herausgeber der Jahrbücher der ›Freien Generation‹.

2 Bände Kulczicky] Ludwig Kulczicky: ›Geschichte der russischen Revolution‹. 2 Bde. Gotha: F. A. Perthes, 1910. – In den Anmerkungen zur ›Kritik der deutschen Intelligenz‹ erwähnt Ball das Werk von Kulczicky (vgl. Kritik, S. 260, Anm. 129).

5 Bände Bakun[in] Werke] Es handelt sich um die sechsbändige Bakunin-Ausgabe in französischer Sprache: ›Œuvres‹. Bd. 1, hrsg. von Max Nettlau. Paris 1895. Bde. 2-6, hrsg. von James Guillaume. Paris 1907-1913. – Aus verschiedenen Bänden dieser Ausgabe hat Ball in der ›Kritik der deutschen Intelligenz‹ wiederholt ausführlich zitiert.

ehe ich wieder nach Deutschland gehe] Ball begab sich zwischen dem 11. und 15. März 1919 (vgl. Nr. 226) auf seine erste Deutschland-Reise nach dem Ersten Weltkrieg. Vor seiner Abreise aus Bern setzte er ein Schriftstück »für Herrn Hans Huber oder Müller-Frey, ›Freier-Verlag‹, Bern Falkenplatz 22« auf. Es lautet: »Falls mir meine Rückkehr aus Deutschland durch irgend welche Umstände dauernd oder für längere Zeit unmöglich werden sollte, bitte ich, Frau Emmy Hennings, Bern als meine Rechtsnachfolgerin zu betrachten und die mir aus diesen Verträgen zustehenden Summen an Frau Hennings auf ihren Wunsch auszuzahlen. Dieses Schriftstück gilt insbesondere für den Fall, dass es mir unmöglich ist, persönlich zu verfügen. Bern, 11. März 1919, Hugo Ball.« (HBN). Die wohl nicht unbegründete Sorge, es könnte ihm im revolutionären und konterrevolutionären Deutschland dieser Zeit etwas zustoßen, hat Ball wie auch Ernst Bloch (vgl. Bloch, Briefe I, S. 224) zu solchen Verfügungen bzw. Vollmachten bewegt. – In ihren Erinnerungen an die späte Berner Zeit des Jahres 1919 schreibt Emmy Ball-Hennings: »Täglich kamen Briefe ins Haus, Briefe, in denen man ihm [Hugo Ball] mitteilte, man würde ihn sofort töten, sobald er sich in Deutschland blicken lassen würde, und ich mag gestehn, daß ich gezittert und gebebt habe, als er um diese Zeit nach Berlin und München fuhr. Ich lag wegen Lungenentzündung und Fieber krank im Spital, aber ich erinnere mich der Erschütterung, die es mir verursachte, als ich ihn lebendig und gesund wieder vor meinem Bett stehen sah.« (HBA 1991, S. 103)

Pierre Ramus] Pseudonym des österreichischen Publizisten, Pazifisten und Anarchisten Rudolf Grossmann (1882-1942); wanderte als 13jähriger in die USA aus, wo er sich dem Anarchismus zuwandte; flüchtete nach einem Streik unter dem Pseudonym Pierre Ramus zunächst nach England und kehrte von dort 1907 nach Österreich zurück; versuchte dort erfolglos, durch Veröffentlichungen und Vorträge seine anarcho-syndikalistischen Ideen in der Öffentlichkeit zu propagieren; gründete die Kulturgemeinschaft ›Freie Generation‹; mußte sich während des Ersten Weltkriegs fast dauernd in seinem Haus in Klosterneuburg aufhalten; fand durch seinen Antibolschewismus und seine strikte Ablehnung jeglicher Macht und Gewalt weder in breiten Kreisen der Arbeiterschaft noch in Anarchistenzirkeln eine nennenswerte Anhängerschaft; gründete nach dem Krieg den ›Bund herrschaftsloser Sozialisten‹ und gab das Blatt ›Erkenntnis und Befreiung‹ heraus; mußte nach dem Anschluß Österreichs an Deutschland fliehen; erlag auf einem Schiff, das ihn nach Mexiko bringen sollte, am 27. Mai 1942 einem Herzschlag (vgl. HBA 1981, S. 122 f.).

Er plant ein grosses Werk »Engels, Marx, Bakunin« in Dokumenten] Eine Publikation Rudolf Grossmanns, die diesen oder einen ähnlichen Titel trägt, konnte nicht ermittelt werden. In der ›Kritik der deutschen Intelligenz‹ erwähnt Ball die in der ›Freien Generation‹ (Heft 4, 6, 8; 1906/07) erschienene Schrift ›Marx und Engels als Plagiatoren‹ von Pierre Ramus (vgl. Kritik, S. 283, Anm. 53).

226. An Emmy Hennings, 15.3.1919

H: Hs. Bildpostkarte. Motiv: München, Theatiner-Hofkirche. Adresse: Frau / Emmy Hennings / Bern Schweiz / Marzilistrasse 23. Fortsetzung der Karte folgt in Nr. 227. **F:** HBN. **E:** Briefe, S. 123. **DV:** Original.

Theatinerkirche] Hofkirche und Ordenskirche der Theatiner-Mönche; gelegen an der Theatinerstraße, unweit der Feldherrnhalle; erbaut ab 1663 (bis 1675/95) im Stil des italienischen Spätbarock, mit hoher Kuppel und zwei Türmen. In einem ungedruckten, undatierten, nur in einer maschinenschriftlichen Abschrift erhaltenen Brief von Emmy, den Ball vor dieser Postkarte bekommen haben muß, bittet sie Hugo, ihr eine »Ansichtskarte aus München, vielleicht die Theatinerkirche« zu schicken. Außerdem bestellt sie in ihrem Brief Grüße an Balls »liebe Eltern« in Pirmasens, zu denen Ball damals einen Abstecher machte (vgl. *Nr. 229* – »Erlaubnis, hinüberreisen zu dürfen«).

Wir haben uns bereits gemeldet und morgen Sonntag ist grosse Audienz] Balls erste Deutschlandreise nach dem Krieg, die ihn zunächst nach München führte, hatte einen eminent politischen Hintergrund: Am Sonntag, dem 16. März 1919, traf sich Ball in München mit Emile Haguenin, dem Leiter der im Februar 1919 eingesetzten französischen Beobachtermission im Nachkriegsdeutschland. Auf seinem Weg nach Berlin hat Haguenin Mitte März in München Station gemacht, von wo er am 16. März in einem Brief davor warnte, »Berlin nicht noch einmal Deutschland zentralisieren zu lassen« (zit. nach: Köhler, S. 275); statt der preußischen Metropole sollte man die Position Münchens stärken. »Dies geschähe am wirkungsvollsten [...] durch eine gezielte Lebensmittelhilfe, die über die Schweiz in alleiniger französischer Regie nach Süddeutschland zu leiten wäre, um daraus politisches Kapital zu schlagen. Die Chancen dafür« sah Haguenin »als ausgesprochen günstig an; denn selbst wenn eine kommunistische Republik hier installiert würde, so bin ich überzeugt, daß Frankreich in Bayern eine überzeugte Anhängerschaft finden würde!« (Köhler, S. 275) Ball diente Haguenin 1919 als Informant. Beide kannten sich seit der gemeinsamen Berner Zeit. Für Haguenin war Ball deshalb nützlich, »weil er über gute Beziehungen zum linken Milieu in Deutschland verfügte und sich auch in dessen radikalsten Verästelungen gut auskannte.« (Köhler, S. 278 f.) In einem Brief vom 19. März 1919 teilte Haguenin aus Berlin mit: »J'ai emmené ici Hugo Ball qui nous rend beaucoup de services. Il établit la liaison avec toute la gauche, jusqu'aux nuances les plus rouges.« (zit. nach: Köhler, S. 279, Anm. 32) Hieraus geht hervor, daß Ball damals von München aus mit Haguenin nach Berlin weitergereist ist. Daß Ball damals in politischer Mission nach Deutschland reiste, zeigt sich auch daran, daß er in München den Verkehrsminister im Kabinett Eisner, Heinrich von Frauendorfer, aufsuchte und ihm ein Exemplar seiner gerade erschienenen ›Kritik der deutschen Intelligenz‹ überreichte (vgl. HBA 1997/1998, S. 118).

Man kennt die Stadt kaum wieder] Nach dem Ersten Weltkrieg »sah sich München, wo der Krieg sicher nicht angezettelt wurde, durch den Friedensvertrag tiefer getroffen als Berlin« (Annette Kolb: ›1907-1964. Zeitbilder‹. Frankfurt a.M. 1964, S. 197). Otto Flake in seiner Autobiographie ›Es wird Abend‹ (Frankfurt a.M. 1980, S. 274) über das München in der Nachkriegszeit des Jahres 1919: »Die Häuser, fünf Jahre ohne Pflege dem rauhen Klima ausgesetzt, sahen verkommen aus. Die Stimmung war abscheulich.«

227. An Emmy Hennings, 15.3.1919

H: Hs. Bildpostkarte. Motiv: München, Siegestor. Adresse: Frau / Emmy Hennings / Bern Schweiz / Marzilistrasse 23. Fortsetzung von Postkarte 1919.5a. **F:** HBN. **DV:** Original.

Volksbad] Ball kannte aus der Münchner Studentenzeit das 1901 im Jugendstil erbaute Karl-Müller-Volksbad am rechten Isarufer in Haidhausen, in dem er »zum ersten Mal in seinem Leben einen Sportler vom etwa 4 m hohen Sprungbrett im sogenannten Hechtsprung ins Wasser schießen« sah. »Dieses Faktum verschlägt ihm die Rede. Man sieht ihn innerlich mit sich ringen. Auf einmal kollern ihm rasch die Worte heraus: ›Ich muß meinen Mut erproben.‹ Schon eilt er hin zur Steigleiter, steht gleich oben, atmet kurz tief ein und springt. Strahlend vor Siegesbewußtsein kehrt er aus dem Wasser zurück.« (August Hofmann: ›Erinnerungen an Hugo Ball‹. In: HBA 1997/1998, S. 99 f.)

228. An Emmy Hennings, 17.3.1919

H: Hs. Bildpostkarte. Motiv: Apsis mit Scheitelaltar. Adresse: Frau / Emmy Hennings / Bern / Marzilistrasse 23. **F:** HBN. **E:** Briefe, S. 125. **DV:** Original.

Datierung: Die undatierte Postkarte mit dem bis auf »München 8« unleserlichen Poststempel ist – nach ihrem ersten Satz »heute beginnt der Landtag wieder« – auf den 17. März 1919 zu datieren. An diesem Tag fand – nach einer Unterbrechung von 24 Tagen – die zweite öffentliche Sitzung des am 12. Januar und 2. Februar 1919 gewählten bayerischen Landtags in München statt, nachdem am 21. Februar 1919, dem Tag der Ermordung Kurt Eisners, die Eröffnungssitzung des Landtags wegen der Attentate auf Eisner und den Innenminister Erhard Auer unter Tumult und Panik aufgelöst worden war. – Ball hielt sich im März 1919, genauer: nach dem 11. März, einige Zeit in München auf, wo er seinen Freund und entfernten Verwandten August Hofmann aufsuchte, der in seinen ›Erinnerungen an Hugo Ball‹ über das Zusammentreffen berichtet: »Er [Ball] drückte mir *ein* Exemplar seiner ›Kritik der deutschen Intelligenz‹ in die Hand und mit dem anderen fuhren wir mit der Tram zum Minister [Heinrich von] Frauendorfer.« (HBA 1997/1998, S. 118)

Landtag ... den man vor einigen Wochen so blutig auseinander trieb] Gemeint sind die blutigen Vorgänge und Ereignisse um die Eröffnung des bayerischen Landtags am 21. Februar 1919. Als sich Kurt Eisner, der Ministerpräsident der provisorischen Regierung des Freistaats Bayern, an diesem Tag vom Außenministerium zu Fuß nach dem Landtagsgebäude begab, wurde er von dem Grafen Anton von Arco-Valley durch zwei Pistolenschüsse getötet. Trotz des Mordes an Eisner wurde der Landtag eröffnet; doch die Sitzung wurde mehrmals unterbrochen, und sie sollte schließlich mit Zustimmung aller Parteien vertagt werden, als ein Attentat auf den Innenminister Erhard Auer erfolgte, der schwer verletzt wurde. Es fielen Schüsse von der Tribüne des Hohen Hauses, und zwei Mitglieder des Landtags wurden tödlich getroffen. Der Landtag war in der Tat »blutig« zersprengt.

Kälbchen] Annemarie Hennings.

229. An Emmy Hennings, 1.4.1919

H: Hs. Bildpostkarte. Motiv: Mannheim, Hafenpartie. Adresse: Frau / Emmy Hennings / Bern Schweiz / Marzilistrasse 23. Zusatzstempel: Postüberwachungsstelle Freiburg i.B. / Geprüft. **F:** HBN. **E:** Briefe, S. 123. **DV:** Original.

Mannheim] Der Anlaß für den Aufenthalt in Mannheim war ein Vortrag, den Ball dort auf Einladung Moritz Lederers, des Herausgebers der in Mannheim erscheinenden Wochenschrift ›Der Revolutionär‹, über seine gerade publizierte Broschüre hielt: ›Die deutsch-bolschewistische Verschwörung. 70 Dokumente über die Beziehungen der Bolschewiki zur deutschen Heeresleitung, Großindustrie und Finanz‹ (Bern: Der Freie Verlag, 1919). Der Vortrag (vgl. Flucht, S. 244) über die ›Siebzig Dokumente‹ wurde in Lederers Zeitschrift ›Der Revolutionär‹ gedruckt (Jg. 1, Nr. 10 vom 28. Mai, 4. und 12. Juni 1919, S. 12-18; Nachdruck in: HBA 2000, S. 77-86.

Erlaubnis, hinüberreisen zu dürfen] Auf seiner ersten Deutschland-Reise nach dem Ersten Weltkrieg im März/April 1919 machte Ball von Mannheim aus Anfang April einen Abstecher in seine Geburtsstadt Pirmasens. Da die Pfalz seit Ende 1918 (bis Juli 1930) unter französischer Besatzung stand, benötigte Ball für die Reise nach Pirmasens eine Erlaubnis.

Herr Hänggi] Charles (Karl) Haenggi (1880-1965), im Elsaß geborener und dort auch die längste Zeit seines Lebens wirkender katholischer Journalist Schweizer Nationalität; von 1905 bis 1914 Redakteur beim ›Elsässer Kurier‹ in Mulhouse; wurde als schweizerischer Staatsangehöriger im August 1914 in der Schweiz eingezogen; trat im Januar 1916 in den Pressedienst der französischen Botschaft in Bern ein, wo er die ›Nouvelle Correspondance‹ redigierte und Hugo Ball kennenlernte; veröffentlichte 1918/19 in der FZ vier Artikel und 1918 in Bern die Schrift ›Die deutsche Propaganda in der Schweizer Presse‹; leitete von Februar bis September 1919 das ›Mittelrheinische Korrespondenz-Büro‹ im Stab der achten französischen Armee in Ludwigshafen (Ball nutzte seine Bekanntschaft mit Hänggi, um mit dessen Hilfe die Erlaubnis zur Weiterreise in die von den Franzosen besetzte Rheinpfalz zu erhalten); arbeitete von Oktober 1919 bis September 1946 als Redakteur und Chefredakteur an verschiedenen Zeitungen in Frankreich (hauptsächlich im Elsaß), während des Zweiten Weltkriegs und kurz danach als Redakteur bei ›Radio-France‹ in Algier und bei ›Radio-Strasbourg‹; war Offizier der Ehrenlegion; schrieb vorwiegend in deutscher Sprache (Angaben nach: ›Dictionnaire du Monde Religieux dans la France Contemporaine‹. Bd. 2: L'Alsace. Paris 1987, S. 181 f.).

in Frankfurt kam ich mitten in den Plünderer-Trubel ...] »Am 31. März 1919 kam es auf dem [Frankfurter] Börneplatz, wo seit langem ein regelrechter

Schwarzmarkt geduldet wurde, zu einem Aufruhr, der sich über die ganze Innenstadt fortpflanzte. Bei einer Razzia des Marine-Sicherheitsdienstes wurde einer der Matrosen von einer Abteilung abgedrängt, niedergeschlagen, schwer mißhandelt und schließlich in einem mit Steinen beschwerten Sack im Main ertränkt. Aufgeregte Menschenmassen zogen durch die Straßen, befreiten über 200 Untersuchungsgefangene aus dem Gefängnis in der Hammelsgasse und entwaffneten die anrückende Polizeitruppe. Nahezu alle Geschäfte in der Innenstadt wurden geplündert. Schließlich mußte gegen randalierende Horden und plündernde Banden, die sich in verschiedenen Gebäudekomplexen verschanzt hatten, mit Handgranaten und Maschinengewehren vorgegangen werden. Die Kämpfe dauerten bis zum nächsten Morgen an und forderten 20 Tote und 20 Schwerverletzte.« (Dieter Rebentisch: ›Frankfurt am Main in der Weimarer Republik und im Dritten Reich 1918-1945‹. In: ›Frankfurt am Main. Die Geschichte der Stadt in neun Beiträgen‹. Hrsg. von der Frankfurter Historischen Kommission. Sigmaringen 1991, S. 428) – In Frankfurt hörte Ball »einen Vortrag« (Flucht, S. 244) des Hauptmanns Hans-Georg von Beerfelde (1877-1960), »der die in der Kriegsschuldfrage belastende Lichnowsky-Denkschrift (›Meine Londoner Mission‹) verbreitet hatte« (HBK, S. 31 f.). Vom März bis November 1919 schrieb Beerfelde vier Artikel für die FZ.

230. An Annemarie Hennings, vermutl. Anfang bis Mitte April 1919

H: Hs. Bildpostkarte. Motiv: Schloß Berwartstein, Pfalz. Adresse: Frl. Annemarie / Hennings / Bern. Schweiz / Marzilistrasse 23. – Auf der Bildseite der Postkarte wahrscheinlich von der Hand der Mutter Balls: Herzlichste Grüße Frau Ball. **F:** HBN. **DV:** Original.

Datierung: Da das Datum des Poststempels unlesbar ist, muß die Datierung erschlossen werden. Am 1. April 1919 war Ball in Mannheim und wartete dort »auf die Erlaubnis«, nach Pirmasens in die von den Franzosen besetzte Rheinpfalz »hinüberreisen zu dürfen« (vgl. Nr. 229). Spätestens am 15. April war er wieder in Bern (vgl. Nr. 231). Die vorliegende Postkarte aus Pirmasens muß demnach zwischen Anfang und Mitte April 1919 geschrieben worden sein.

so schöne Schlösser gibt es in der Pfalz] Eins von ihnen, das Schloß Berwartstein bei Erlenbach in der Pfalz, ist auf der vorliegenden Postkarte abgebildet.

Die Grossmutter] Hugo Balls Mutter Josephina Ball.

ein schönes Tuchei] Zum bevorstehenden Osterfest (20. und 21. April 1919) brachte Ball aus Pirmasens seiner Pflegetochter Annemarie ein »Tuchei« mit, ein Geschenk, wie er es ihr schon ein Jahr zuvor zu Ostern gemacht hatte (vgl. Nr. 180).

die Mutter] Emmy Hennings.

231. An Johann Wilhelm Muehlon, 15.4.1919

H: Ms. Brief mit eigenh. Unterschrift; 1 S. Bedruckter Kopfbogen: DER FREIE VERLAG, Falkenplatz 22 [Bern]. Adresse auf Kopfbogen: Herrn Dr. W. Muehlon, Hofgut, *Gümligen*. **F:** Nachlaß J.W. Muehlon, Institut für Zeitgeschichte, München. **E:** HBA 1980, S. 74. **DV:** Fotokopie des Originals.

Übersetzung Ihres Werkes »Die Verheerung Europas«] Vgl. *Nr. 213* – »Übersetzung Ihres Buches ... Herr Pastor Calvino in Lugano«.

einige amerikanische Broschüren] Folgende amerikanische Broschüren sind in den ersten drei Monaten des Jahres 1919 im ›Freien Verlag‹ erschienen: ›Die Reden Woodrow Wilsons‹ (englisch und deutsch). Hrsg. vom Committee on Public Information of the United States of America. Angezeigt in der FZ, Jg. 3, Nr. 10, 1. Februar 1919, S. 40. – George D. Herron: ›Woodrow Wilson und der Weltfriede‹. Angezeigt in der FZ, Jg. 3, Nr. 25, 26. März 1919, S. 100. – ›Woodrow Wilson und die Liga der Nationen‹. Hrsg. vom Committee on Public Information of the United States of America. Angezeigt in der FZ, Jg. 3, Nr. 26, 29. März 1919, S. 104.

231 a. An Annemarie Hennings, 26.4.1919

H: Telegramm aus Heidelberg, auf Formblatt: Schweizer Telegraphen- und Telefonverwaltung. Aufgegeben den 26.4.1919 um 10 Uhr 30 Min. Erhalten: Telegraph Bern 27.IV.1919 (Stempel). Adresse: annemarie hennings marzillistr 23 bern schweiz **F:** HBN **DV:** Original.

kommunion] Annemarie feierte am Sonntag, dem 27. April 1919 ihre Erstkommunion. Die Kommunion wird traditionell am ersten Sonntag nach Ostern, am sogenannten Weißen Sonntag, gefeiert. Ostern fiel 1919 auf den 20. April.

232. An Emmy Hennings, 2.5.1919

H: Hs. Brief; 1 Bl., 4 S. Bedruckter Kopfbogen: Hotel Exzelsior Berlin / Gegenüber dem Anhalter Bahnhof / 3 Minuten vom Potsdamer Bahnhof / Berlin S.W. 11 / Königgrätzer Str. 112. **F:** HBN. **E:** Briefe, S. 124 f. **DV:** Original.

Cohn-Wieners] Ernst Cohn-Wiener (1882-1941), Dr. phil. Kunstkritiker und Kunsthistoriker; hielt zahlreiche Vorträge über Kunst, lehrte Kunstgeschichte an der Jüdischen Volkshochschule und an der Humboldt-Universität in Berlin; 1933 von den Nationalsozialisten entlassen, emigrierte er 1934 nach Indien und siedelte von dort aus 1939 in die USA über. Publikationen: ›Die Entwicklungsgeschichte der Stile in der bildenden Kunst‹ (2 Bde. Leipzig 1910); ›Das Kunstgewerbe des Ostens‹ (Berlin 1923); ›Asia: Einführung in die Kunstwelt des Ostens‹ (Berlin 1929); ›Die jüdische Kunst. Ihre Geschichte von den Anfängen bis zur Gegenwart‹ (Berlin 1929). Angaben nach: ›Lexikon deutsch-jüdischer Autoren‹, Bd. 5, 1997, S. 257-263.

Café des Westens] Wie es Ball damals in Berlin und im Café des Westens, das seit 1913 am Kurfürstendamm Nr. 26 lag, gefallen hat, geht aus einem Brief Ferdinand Hardekopfs an Olly Jacques (Anfang/Mitte Mai 1919) hervor. Darin berichtet er, was ihm Emmy Hennings, die für einen Tag von Bern nach Zürich zu Hardekopf gereist ist, wohl aufgrund eines nicht erhaltenen Briefes von Ball über dessen Berlin-Eindrücke erzählt hat: »Im Café des Westens sei der Fußboden so holperig und zerfetzt, daß man darüber stolpere und leicht hinschlagen könne. Nichts werde ausgebessert. Abends sei die Beleuchtung im Café so dürftig, daß die, die Zeitungen lesen wollen, ihre eigene kleine Kerze mitbringen und anzünden. Niemand trage mehr einen Kragen; man verhülle den Hals durch irgendein Tuch. Niemand wasche sich mehr; was sich ›Seife‹ nenne, sei körniger Sand. Ball, sonst doch nicht sentimental, habe im Café geweint, als er alles das sah. Alle Leute im Café seien völlig abgemagert, krank, geistig zerrüttet, apathisch, verwahrlost, verlottert – hoffnungslos verkommen, verkrustet, verlumpt, vertiert. –« (Sheppard 1976, S. 149)

unendliche Fahrt (40 Stunden)] Ball brach vor dem 26. April 1919 von Bern aus zu seiner zweiten Deutschland-Reise nach Berlin auf. Am 26. April gab er in Heidelberg ein Telegramm auf (vgl. Nr. 231a).

Ich war (vorgestern) bei einem Dada-Abend] Am 30. April 1919 fand im Berliner Harmonium-Saal eine Dada-Soirée mit Beteiligung der Berliner Dadaisten Richard Huelsenbeck und Raoul Hausmann sowie des russischen Musikers und Malers Jefim Golyscheff statt. Programm: »Huelsenbeck. Proclamation dada 1919. DADA-machinel: Simultan-Gedicht – 7 Personen, Bruitistisches Gedicht – Huelsenbeck. Hausmann: Seelenautomobile. Golyscheff: Antisymphonie, 3 Teile (Musikalische Kreisguillotine) a) provokatorische Spritze b) chaotische Mundhöhle oder das submarine Flugzeug c) zusammenklappbares Hyper-Fischendur« (›Dada in Europa. Werke und Dokumente‹. Städtische Galerie im Städelschen Kunstinstitut Frankfurt a.M. 10. November 1977 bis 8. Januar 1978. Berlin 1977, S. 3/181). – Ball trägt am 24. Mai 1919 in sein Tagebuch ein: »Ich schneite da eines abends (incognito, so glaubte ich) in eine Dada-Veranstaltung hinein und mußte mit in die Wohnung des Dr. Lubasch kommen, wo es recht bunt zuging: es tanzten ungefähr zwanzig Paare zu Grammophonmusik.« (Flucht, S. 244)

Frau Cohn-Wiener] Jenny Cohn-Wiener (Lebensdaten nicht ermittelt).

meine Depesche aus Heidelberg] Vgl. Nr. 231a.

Excelsior] Hotel in Berlin, Königgrätzer Str. 112/113, gegenüber dem Anhalter Bahnhof. Gehörte zwar nicht zu den »Häusern allerersten Ranges« wie das Hotel Adlon, aber zu den von Baedeker empfohlenen Hotels der zweitbesten Kategorie. Es hatte 200 Zimmer zum Preis von 3-8 Mark (um 1910; vgl. Karl Baedeker: ›Berlin und Umgebung‹. 16. Aufl. Leipzig 1910, S. 2 f.).

Huber] Vgl. *Nr. 208*.

Dr. Knöpfmacher] Gemeint ist eventuell: Hugo Knöpfmacher (geb. 1890), der als Übersetzer jüdischer Werke und Kenner der jüdischen Buchkultur nachweisbar ist: Achad Haam [d.i. Aser Ginzberg]: ›Am Scheidewege. Gesammelte Aufsätze‹. Übertragen aus dem Hebräischen von Hugo Knöpfmacher und Ernst Müller. Bd. 2. Berlin: Jüdischer Verlag, 1923. – Hugo Knöpfmacher: ›Das Testament des Rabbi Juda Ibn Tibbon. Ein Dokument der Liebe des Juden zum Buche‹. Teplitz-Schönau: Loge ›Freundschaft‹, 1929; in 160 Exemplaren für die Logenmitglieder anläßlich des Vortrages ›Die Juden, das Volk des Buches‹, gehalten von Dr. Knöpfmacher am 4. Mai 1929; auf Japan-Papier gedruckt.

»Kritik«] ›Zur Kritik der deutschen Intelligenz‹. Bern 1919.

»Dokumente«] Die von Ball herausgegebene Broschüre ›Die deutsch-bolschewistische Verschwörung. 70 Dokumente über die Beziehungen der Bolschewiki zur deutschen Heeresleitung, Großindustrie und Finanz nebst einer Anzahl photographischer Reproduktionen‹. Hrsg. vom Offiziellen amerikanischen Committee on Public Information. Bern 1919.

Müller] Der Schweizer Journalist A. P. Müller-Frei fungierte aus presserechtlichen Gründen nach außen als Geschäftsführer des ›Freien Verlags‹.

Nummern mit meinem Aufsatz] In der Nr. 33 der FZ vom 26. April 1919 ist Balls Aufsatz ›Die Schuld am Diktatfrieden‹ erschienen; Neudruck in: HBA 2000, S. 72-76.

Pension Bois Fl.] Baedekers Schweiz 1927 (S. 169) verzeichnet unter Berner Hotels Garnis: Bois Fleury, Riedweg 17, 30 Betten.

Sorgen wegen des Verlags] Wegen der Zukunft des ›Freien Verlags‹.

Anhalter Bahnhof] Dort lag das Hotel Excelsior, in dem Ball während seines Berlin-Aufenthalts logierte.

233. An Emmy Hennings, 3.5.1919

H: Hs. Bildpostkarte. Motiv: Maria Carmi [eine Nonne]. Adresse: Frau / Emmy Hennings / Bern Schweiz / Marzilistrasse 23. Zusatzstempel: Postüberwachungsstelle Freiburg i.B. / Geprüft. **F:** HBN. **DV:** Original.

Datierung: Der Monatstag auf dem Poststempel ist nicht zweifelsfrei lesbar. Es könnte auch eine »8« sein.

»Galgen«] ›Der Galgen. Internationale Zeitschrift für alle kulturellen Interessen‹. Offizielles Publikationsorgan der »Deutschen Sozialaristokratie«, Ortsgruppe Berlin. Bund des freien Deutschlands. Berlin 1918-1919 (Heft 1: Dezember 1918).

»Grosse Glocke«] ›Die Grosse Glocke. Deutsche freie Presse‹. Parteilose Wochenschrift. Berlin 1906-1922 (Jg. 1-17).

»Wahrheit«] In Frage kommen zwei Periodika: ›Die Wahrheit‹. »Bundesbanner der Menschheit«. Jg. 1, Wien 1919 (16 Nrn.), und: ›Die Wahrheit‹. Freies deutsches Wochenblatt. Jg. 15, Berlin 1919.

»Pleite«] ›Die Pleite‹, von Wieland Herzfelde (unter Mitarbeit von George Grosz und John Heartfield) im Malik Verlag (Berlin) herausgegebene satirische Zeitschrift. Bis Anfang Mai 1919 erschienen folgende Nummern: Nr. 1 (Februar 1919), statt Nr. 2 erschien Ende März das Heft ›Schutzhaft‹, Nr. 3 (Anfang April 1919), Nr. 4 (1. Mai 1919). Mit Erscheinen der Nr. 6 im Januar 1920 wurde die ›Pleite‹ verboten.

Herrn Jacobsohn] Siegfried Jacobsohn (1881-1926), Publizist, Theaterkritiker; Begründer und Herausgeber der zunächst als Theaterzeitschrift geführten, während des Weltkriegs allmählich auf einen pazifistischen und antinationalistischen Kurs gebrachten Wochenschrift ›Die Schaubühne‹ (1905 ff.), die sich ab 1913 politischen und wirtschaftspolitischen Themen zuwandte, im April 1918 in ›Die Weltbühne‹ umbenannt wurde und in den zwanziger Jahren zum bedeutendsten Organ der linken Intelligenz avancierte. – Warum Ball am 3. Mai 1919 Jacobsohn aufsuchte, ist nicht bekannt. Zwei Monate nach diesem Treffen, am 10. Juli 1919, erschien in der ›Weltbühne‹ Ernst Blochs Rezension der Ballschen Streitschrift ›Zur Kritik der deutschen Intelligenz‹. Vielleicht hat Ball damals mit Jacobsohn über eine Rezension seines Buches in der ›Weltbühne‹ gesprochen.

Deinem Buch] Emmy Hennings' autobiographischer Roman ›Gefängnis‹ war soeben, Ende April/Anfang Mai, im Berliner Erich Reiss Verlag erschienen. Zum Erscheinungstermin des Buches vgl. Ferdinand Hardekopfs Brief vom 2. Mai 1919 an Emmy Hennings, in: EBH Katalog, S. 163.

Reiss] Der Berliner Verleger Erich Reiss, bei dem Balls Roman ›Flametti‹ (1918) und Emmy Hennings' Roman ›Gefängnis‹ (1919) erschienen sind.

Direkt. Hugo Simon] Hugo Simon (1880-1950), Bankier und Politiker; Mitgründer und Mitinhaber verschiedener Banken; Mitglied der SPD, dann der USPD; während des Ersten Weltkriegs Kriegsgegner; maßgeblicher Vertreter des ›Bundes neues Vaterland‹, der sich gegen die deutsche Kriegspolitik richtete; November 1918 bis Januar 1919 Unterstaatssekretär im preußischen Finanzministerium, anschließend kurzfristig Finanzminister; Aufsichtsrat-Mitglied des S. Fischer Verlags; Kunstsammler und Förderer vor allem jüngerer avantgardistischer Künstler, befreundet u.a. mit Heinrich und Thomas Mann, Stefan Zweig; 1933 Emigration über die Schweiz nach Paris, 1940 über Spanien nach Brasilien. (Angaben nach: ›Biographisches Handbuch der deutschsprachigen Emigration nach 1933‹. Bd. 1. München u.a. 1980, S. 701.)

unsere Freunde in der Pension] In Nr. 232 hat Ball »unsere Freunde in der [Berner] Pension Bois Fl[eury]« grüßen lassen.

Verlag Berger] Erwin Berger war Inhaber bzw. Geschäftsführer zweier Verlage: des Erwin Berger Verlags, gegründet am 1. April 1919 und 1929 erloschen, und des Verlags Neues Vaterland, E. Berger & Co., gegründet am 20. Dezember 1918 und 1933 erloschen. Sitz beider Verlage war Berlin W 62, Kurfürstenstr. 125. Der letztere war der Hausverlag des ›Bundes Neues Vaterland‹, dessen Flugschriften er herausgab.

234. An Emmy Hennings, 7.5.1919

H: Hs. Bildpostkarte, beidseitig beschrieben. Motiv: Berlin. Bahnhof Friedrichstraße. Adresse: Frau / Emmy Hennings / Bern. Schweiz / Marzilistr. 23. Zusatzstempel: Postüberwachungsstelle Freiburg i.B. / Geprüft. **F:** HBN. **DV:** Original.

Max. Harden] Maximilian Harden, eigtl. Ernst Felix Witkowski (1861-1927), Schriftsteller und Publizist; Gründer und Herausgeber der Ein-Mann-Wochenschrift ›Die Zukunft‹ (1892-1922); wandelte sich vom Bismarckianer und Befürworter des deutschen Imperialismus ab Mai 1915 zum Oppositionellen und Pazifisten; sympathisierte zunächst mit der russischen Oktoberrevolution, mit der deutschen Revolution 1918/19 und der USPD. Im April und Mai 1919 wurden zwei Beiträge Hardens aus der ›Zukunft‹ in der FZ nachgedruckt: in Nr. 28 vom 4.4.1919 und in Nr. 37 vom 10.5.1919.

Kapit. Persius] Lothar Persius (1864-1944), deutscher Marineoffizier; nach seinem Austritt aus der Armee (1908) pazifistischer Publizist; Mitarbeiter der ›Weltbühne‹, für die er zahlreiche marinekritische Arbeiten verfaßte; sprach sich nach 1918 für die Klärung der Kriegsschuldfrage aus, forderte 1919 einen Staatsgerichtshof zur Aburteilung der Kriegsverbrechen (vgl. Donat/Holl, S. 302 f.). Unter dem 24. Mai 1919 notiert Ball in sein Tagebuch: »In Berlin fand ich freundlichste Aufnahme bei Witting und Persius, Gerlach und Ströbel.« (Flucht, S. 244)

Dr. Knöpfmacher] Vgl. *Nr. 232*.

Nicolai] Georg Friedrich Nicolai (1874-1964), Mediziner, Publizist, Kriegsdienstgegner; Verfasser der gegen den Krieg gerichteten, in Deutschland verbotenen Streitschrift ›Die Biologie des Krieges. Betrachtungen eines deutschen Naturforschers‹ (Zürich: Orell Füssli 1917); flüchtete – nach einer Serie von Strafversetzungen und Degradierungen – im Juni 1918 mit einem Flugzeug nach Kopenhagen (vgl. hierzu Balls Bericht ›Prof. Nicolais Flucht nach Dänemark‹, der unter der Rubrik ›Aus der Zeit‹ erschienen ist in: FZ, Jg. 2, Nr. 53 vom 3.7.1918, S. 214; Nachdruck in: HBA 1999, S. 41 f.); Anfang 1920 verhinderten nationalistische Studenten die Wiederaufnahme seiner medizinischen Vorlesungen an der Universität Berlin, die seine Beschwerde mit dem Entzug der Venia legendi beantwortete; verließ 1922 Deutschland und machte dann in Chile eine glänzende akademische Karriere. – Bei der widerrechtlich nachgedruckten Schrift Nicolais aus dem ›Freien Verlag‹ handelt es sich um die 37 Seiten umfassende Broschüre ›Sechs Tatsachen zur Beurteilung der heutigen Machtpolitik‹, die im November 1918 im ›Freien Verlag‹ erschienen ist (vgl. die Anzeige des ›Freien Verlags‹ im ›Vorwärts‹ vom 17. November 1918).

Dokumente] ›Die deutsch-bolschewistische Verschwörung. 70 Dokumente über die Beziehungen der Bolschewiki zur deutschen Heeresleitung, Großindustrie und Finanz‹ (Bern: Der Freie Verlag, 1919).

235. An Adolf Saager, Juni 1919

A: Ms. Abschrift; 1 S. **F:** HBN. **E:** Briefe, S. 125 f. **DV:** Fotokopie der Abschrift.

Datierung: Saagers Besprechung der ›Kritik der deutschen Intelligenz‹ – Ball erwähnt sie im Tagebuch (vgl. Flucht, S. 245) – ist am 1. Mai 1919 in der Basler National-Zeitung (Nr. 201) erschienen (vgl. HBB, S. 72, Nr. 1250). Ball ist Ende Mai 1919 von seiner zweiten Deutschland-Reise zurückgekehrt. Der Brief dürfte also im Juni 1919 geschrieben worden sein. Zur Datierung vgl. auch HBK, S. 32.

Adolf Saager] (1879-1949), schweizerischer Chemiker, Publizist, Schriftsteller; publizierte eine Vielzahl von Anthologien, Monographien, Biographien, Briefausgaben, Übersetzungen sowie Romane, Erzählungen, einen Lugano-Stadtführer (1923) und ›Tessiner Geschichten‹ (1922); vertrat seine pazifistischen Anschauungen in: ›Unser Feind, der Krieg‹ (1918), ›Menschlichkeit. Zukunftsroman vom Geiste des Völkerbunds‹ (1923), ›Versöhnung‹ (1926); half 1933-1945 vielen deutschen und italienischen Emigranten in der Schweiz; forderte 1945 vom Schweizerischen Schriftstellerverein die Offenlegung aller Beziehungen zwischen Schweizer Autoren und dem Nationalsozialismus (vgl. Schweizer Lexikon, Bd. 5, Luzern 1993, S. 463) – Saager war Mitarbeiter der FZ, für die er noch im

Februar 1920 den Aufsatz ›Die Vorbedingung für die Rettung Deutschlands‹ schrieb (vgl. Nr. 244), der wegen der Ende März 1920 erfolgten Einstellung der FZ nicht erscheinen konnte. Die Bekanntschaft Balls mit Saager entwickelte sich – mitbedingt durch die räumliche Nähe ihrer Wohnorte am Luganer See – zu einer Freundschaft.

Anregung ... nach dem negativen, ein positives System aufzubauen] Saagers Besprechung in der National-Zeitung vom 1. Mai 1919 gab Ball die erste Anregung zu seinem 1923 erschienenen Buch ›Byzantinisches Christentum‹. In seiner Besprechung fordert Saager Hugo Ball auf, »nach der Analyse« – wie sie letzterer in seiner ›Kritik der deutschen Intelligenz‹ vorgelegt hat – »eine Synthese zu geben und ein Buch zu schreiben über das, was er hier [in der ›Kritik‹] andeutet und was die einzige Rettung des deutschen Volkes sein kann«.

236. An Emmy Hennings, 9.7.1919

H: Hs. Bildpostkarte. Motiv: Die Jungfrauspitze (4166 m). Adresse: Frau / Emmy Hennings / Bern / Marzilistrasse 23. **F:** HBN. **DV:** Original.

Karte ... kleiner Vorgeschmack sein] Möglicherweise auf die bevorstehende Reise ins Tessin: vom Juli bis Anfang August (5./6.) 1919 hielt sich Ball in Melide am Luganer See auf (vgl. Nr. 237 sowie HBK, S. 32).

237. An Fritz Brupbacher, 1.8.1919

H: Hs. Brief; 1 S. **F:** Nachlaß F. Brupbacher, Internationales Institut für Sozialgeschichte, Amsterdam. **E:** HBA 1981, S. 130. **DV:** Fotokopie des Originals.

Melide (Lugano)] Vgl. Tagebucheintragung vom 19. Oktober 1919: »Ich war längere Zeit im Tessin (Melide) und möchte am liebsten immer in dieser paradiesischen Landschaft leben.« (Flucht, S. 265) Die fluchtartige Reise Balls ins Tessin hängt wahrscheinlich mit einem im Juli 1919 gegen ihn laufenden Ausweisungsbegehren der Züricher Polizei zusammen (vgl. *Nr. 238*).

diesen Mittwoch] Der 1. August 1919 war ein Freitag. Der folgende Mittwoch war der 6. August.

Den Nettlau] Vgl. *Nr. 144*. In Nr. 238 bezeichnet Ball das Werk von Nettlau als »eine unschätzbare Fundgrube«. Ball zitiert die große Bakunin-Biographie von Nettlau an vielen Stellen seiner ›Kritik der deutschen Intelligenz‹ (vgl. Kritik, S. 284, Anm. 57; S. 287, Anm. 68, 70, 74, 76; S. 293, Anm. 97; S. 294, Anm. 102; S. 302, Anm. 41).

238. An Fritz Brupbacher, 23.8.1919

H: Ms. Brief mit eigenh. Unterschrift; 1 Bl., 2 S. Adresse: Herrn / Dr. Fritz Brupbacher / *Zürich. Ekehardsteig 16* **F:** Nachlaß F. Brupbacher, Internationales Institut für Sozialgeschichte, Amsterdam. **E:** HBA 1981, S. 131-133. **DV:** Fotokopie des Originals.

Ausweisungsbegehren der Zürcher Polizei ... Aufgrund einer Nummer des Mannheimer »Revolutionär«] Zu dem Ausweisungsantrag gegen Hugo Ball (und Emmy Hennings) war es im Juli 1919 wegen eines Aufsatzes von Ball gekommen, der Ende Mai/Anfang Juni 1919 unter dem Titel ›Siebzig

Dokumente‹ (Nachdruck in: HBA 2000, S. 77-86) in Nr. 10 der Mannheimer Zeitschrift ›Der Revolutionär‹ erschien. Diese Nummer mit Balls Aufsatz, in dem er »gegen die Herren Agenten Parvus und Scheidemann schrieb«, wurde vom Wirt des Café ›Terrasse‹ der Stadtpolizei Zürich übergeben, die den Aufsatz zum Anlaß nahm, »frühere Zürcher Klatschgeschichten« über das »Concubinatspaar« Ball/Hennings aus dem Jahr 1915 wieder auszugraben, und die darüber einen Rapport an den eidgenössischen Untersuchungsrichter in Bern weiterleitete. Dieser beauftragte daraufhin am 7. Juli 1919 den Berner Detektiv Frey, gegen Ball wegen des Verdachts der Propagierung »revolutionärer Ideen« Erhebungen anzustellen. Frey lieferte am 15. Juli 1919 einen Bericht an das eidgenössische Untersuchungsrichteramt in Bern, worin er darauf hinwies, daß »weder gegen ihren Verlobten Ball noch gegen die Hennings [...] in Bern bis dato Anhaltspunkte festgestellt werden« konnten, »dass sie sich politisch oder in revolutionärer Richtung sich betätigen«. Gleichwohl möge die städtische Polizeidirektion in Bern »gegen Beide einen Ausweisungsantrag stellen, da sich Ball und die Hennings über ihre Erwerbsquellen zu wenig glaubwürdig ausweisen können« (der Rapport der Züricher Stadtpolizei und der Bericht des Berner Detektivs Frey werden nach Fotokopien in der HBS, Pirmasens, zitiert). Das Ausweisungsbegehren gegen Ball wurde von den Berner Behörden nicht unterstützt.

Parvus] Pseudonym des Publizisten, Schriftstellers und sozialistischen Theoretikers Alexander Helphand (1867-1924). Geboren und aufgewachsen in Rußland und nach Studium und Promotion in Basel, lebte Helphand seit 1891 überwiegend in Deutschland, wo er sich als Publizist, Redakteur und Verleger in der sozialdemokratischen Bewegung engagierte. Zwischendurch Ausweisungen als unerwünschter Ausländer aus verschiedenen deutschen Ländern und Aufenthalte in Rußland und in der Türkei (1910-1914). Durch Verquickung von Politik und Geschäft brachte er es im Ersten Weltkrieg zu großem Reichtum, so daß er nach Kriegsende als ›Kriegsgewinnler‹ verdächtigt wurde. Strikter Gegner des Zarismus, fungierte er seit März 1915 als wichtiger Vertrauensmann der deutschen Regierung beim Umsturz Rußlands durch die Bolschewiki. In Zusammenarbeit mit der Obersten deutschen Heeresleitung war er 1917 Mitorganisator der Rückreise Lenins aus der Schweiz durch Deutschland nach Rußland; er distanzierte sich jedoch später von der Oktoberrevolution (vgl. dem ausführlichen Helphand-Artikel im ›Lexikon deutsch-jüdischer Autoren‹, Bd. 11, S. 73-80). – In seinem Aufsatz ›Siebzig Dokumente‹ (vgl. vorangehende Erläuterung) zitiert Ball einen die »Agenten« Parvus und Scheidemann betreffenden Satz aus ›Dokument Nr. 4‹: »Die Sektion hat genaue Information erhalten, daß die Leiter der augenblicklich in Rußland herrschenden sozialistischen Partei durch Vermittlung der Herren Fürstenberg und Radek mit den Herren Scheidemann und Parvus in Korrespondenz stehen zwecks Vernichtung der Spuren der Geschäftsverbindungen der Partei mit der kaiserlichen Regierung.« (Zitiert nach: HBA 2000, S. 82)

Scheidemann] Philipp Scheidemann (1865-1939), deutscher sozialdemokratischer Politiker; seit 1903 Mitglied des Reichstags für die SPD; rief am

9. November 1918 vom Balkon des Reichstags die Republik aus, um der inzwischen ausgebrochenen Revolution entgegenzuwirken; leitete 1919/20 die erste demokratisch gewählte Reichsregierung, die sogenannte »Weimarer Koalition«; trat aus Protest gegen den Vertrag von Versailles von seinem Amt zurück.

frühere Zürcher Klatschgeschichten] In dem Rapport der Züricher Stadtpolizei vom 2. Juli 1919 – er betrifft das Ausweisungsbegehren gegen Ball und Hennings – ist die Rede von der »Unzucht der Hennings«, die von Ball begünstigt worden sei. Der Rapport schließt mit dem Hinweis, daß »wegen der Schriftenfälschung der Hennings und dem Zuhälterwesen des Ball« noch keine Untersuchung durchgeführt wurde (vgl. Dada in Zürich, S. 21 f., 67 Anm. 55).

im »Freien Verlag« unter dem Titel Michael Bakunin über Deutschland und Karl Marx] Auch dieses Bakunin-Projekt wurde nicht realisiert.

Ich habe ausserdem noch von Ihnen: 1 Nummer »Die neue Generation« 2 Bände Kulczicky und 3 Bände »Sozialarchiv« (Grünberg)] Zu den Titeln dieser Schriften bzw. Zeitschriften vgl. *Nr. 225*.

Franz Blei schrieb mir neulich: »Es lebe der Kommunismus und die katholische Kirche!«] Blei war mit 17 Jahren aus der katholischen Kirche aus- und 1919 wieder in sie eingetreten, um sich fortan für eine katholische Erneuerung der Welt einzusetzen. Als am 12. November 1918 von der provisorischen Nationalversammlung Österreichs die Republik ausgerufen wurde, befürwortete Blei die Revolution und sprach sich für die sozialistische Republik aus, weil er in ihr die rationellste Staatsform sah. 1918-1920 gab Blei zusammen mit [Albert] Paris Gütersloh die Zeitschrift ›Die Rettung. Blätter zur Erkenntnis der Zeit‹ heraus. Nach Erscheinen der letzten Nummer des 1. Jahrgangs der ›Rettung‹ am 21. März 1919 wurden die Hefte des 1. Jahrgangs nachträglich mit einem blauen Umschlag, einem Inhaltsverzeichnis und einem wohl von Blei verfaßten Schlußwort versehen, das mit dem provozierenden, auf allgemeines Unverständnis stoßenden Slogan »Es lebe der Kommunismus und die katholische Kirche!« endet. – Mit Franz Blei hat Ball im Frühjahr oder Sommer 1919 offenbar Briefe gewechselt. In einem mit B. unterzeichneten Artikel ›Chesterton‹, der in der 2. Nummer des 2. Jahrgangs der Zeitschrift ›Die Rettung‹ (1919, S. 26) erschienen ist, zitiert Blei aus einem Brief Balls: »Hugo Ball, der das ausgezeichnete Buch ›Zur Kritik der deutschen Intelligenz‹ geschrieben hat […], schreibt mir nach einer Rundreise durch deutsche Städte aus Bern: ›Ein tolles Volk ist das. Man sollte denken, die Zeiten des Bonifazius seien wieder da und es müsse ernstlich die Missionierung dieser Sachsen und Danubier wieder erwogen werden.‹«

zweier Reisen, durch das »sich umwälzende« Deutschland] Tagebucheintrag Balls vom 24. Mai 1919: »Zweimal bin ich inzwischen in Deutschland gewesen, anfangs März und anfangs Mai, und zwar in München, Berlin, Frankfurt und Mannheim.« (Flucht, S. 244)

239. An Rudolf Grossmann, 17.9.1919

H: Ms. Brief mit eigenh. Unterschrift; 1 S. Bedruckter Kopfbogen: DER FREIE VERLAG, Zieglerstrasse 8, Bern. Adresse auf Kopfbogen: Herrn Rudolf Grossmann / (Pierre Ramus), *Klosterneuburg N.Österr.* **F:** Nachlaß R. Grossmann, Internationales Institut für Sozialgeschichte, Amsterdam. **E:** HBA 1981, S. 134 f. **DV:** Fotokopie des Originals.

Grossmann] Vgl. *Nr. 225* – »Pierre Ramus«.

erste Nummer der »Freien Zeitung«, die von unserem Verlage herausgegeben wird] Dies war die Nr. 73 vom 17. September 1919, in deren Leitartikel es am Schluß heißt, daß »mit der heutigen Nummer der ›*Freie Verlag*‹ Bern die *Herausgabe* und Herr Konsul Dr. *H. Schlieben* die Verantwortung für die *politische Leitung* der ›*Freien Zeitung*‹« übernimmt.

Leitartikel] Der wahrscheinlich von Ball stammende Artikel trägt den Titel: ›*Freie Zeitung* und *Freier Verlag* in eigener Sache‹ (in: FZ, Jg. 3, Nr. 73, 17. September 1919, S. 289 f.). Er beschäftigt sich mit der »borussischen Propagandawelle« gegen die FZ und den ›Freien Verlag‹ in Deutschland und in der Schweiz. Der dreiteilige Artikel verteidigt im ersten Teil die in Kassel erscheinenden föderalistischen ›Hessischen Freiheitsblätter‹ und deren Herausgeber Fritz Stück, die dafür eingetreten sind, daß sich »Preußen nach Aufrollung der Schuldfrage dem Reiche« unterordnen müsse. Der zweite Teil wehrt sich vergebens gegen die Zurückweisung eines Inseratsauftrags an das ›Börsenblatt für den deutschen Buchhandel‹, das ein im ›Freien Verlag erschienenes Buch von F. G. Nicolai nicht anzeigte. Im dritten Teil geht es im wesentlichen um die Kampagne von »dunklen Elementen« gegen den literarischen Leiter des ›Freien Verlags‹ Hugo Ball, dessen Ausweisung aus der Schweiz unter dem Vorwand, daß »seine politische Haltung ›die bolschewistische Agitation begünstige‹(!)«, im Sommer 1919 beantragt wurde. Absurderweise stützte sich das Ausweisungsbegehren der Züricher Polizei auf einen Aufsatz Balls in der Mannheimer Zeitschrift ›Der Revolutionär‹, in dem Ball »gerade auf die eigentlichen Geburtshelfer des Bolschewismus, die deutschen Propagandachefs in der Schweiz und auf ihre Korrespondenten, einen verflossenen Ministerpräsidenten und dessen Intimus, Herrn Parvus-Helphant, hingewiesen hatte«. Über die detailliert geschilderten Vorgänge seiner Ausweisung war niemand bei der FZ so gut informiert wie der Betroffene selbst, so daß die Vermutung naheliegt, daß Ball der Verfasser, auf jeden Fall aber der Koautor des anonymen Leitartikels gewesen ist. Dafür sprechen auch stilistische und politisch-›ideologische‹ Indizien wie etwa die Betonung der »Schuldfrage«.

in Ihrer uns sehr interessierenden Zeitung] Höchstwahrscheinlich handelt es sich hierbei um das von Grossmann nach dem Ersten Weltkrieg herausgegebene Periodikum ›Erkenntnis und Befreiung‹.

Marx-Kritik] In ihrer Kritik an Marx stimmen Ball und Grossmann in ihren 1919 erschienenen Büchern überein: ›Zur Kritik der deutschen Intelligenz‹ – ›Die Irrlehre und Wissenschaftslosigkeit des Marxismus im Bereich des Sozialismus‹ (Wien/Klosterneuburg 1919).

in einer der nächsten Nummern eine Anzeige Ihres Buches durch unseren Mitarbeiter Herrn Walter Landauer] Das Buch von Grossmann rezensierte Landauer in der Nr. 74 der FZ vom 20. September 1919 unter dem Titel

›Gegen Karl Marx‹. Zwischen März 1919 und März 1920 erschienen in der FZ 18 Artikel von Walter Landauer.

Walter Landauer in Heidelberg] Nicht identifiziert. – Bei diesem Mitarbeiter der FZ kann es sich kaum um den gleichnamigen Verlagslektor und Verlagsleiter Walter Landauer (1902-1945) handeln, der 1919/20, als dessen Heidelberger Namensvetter für die FZ schrieb, das Mommsen-Gymnasium in Berlin besuchte, an dem er 1920 sein Abitur ablegte.

240. An Rudolf Grossmann, 19.11.1919

H: Ms. Brief mit eigenh. Initialen; 1 S. Bedruckter Kopfbogen: DIE FREIE ZEITUNG / Redaktion / Zieglerstrasse 8. Bern. Adresse auf Kopfbogen: Herrn Pierre Ramus, *Wien.* Stempel vor der Initialen-Unterschrift: DIE FREIE ZEITUNG / Redaktion. **F:** Nachlaß R. Grossmann, Internationales Institut für Sozialgeschichte, Amsterdam. **E:** HBA 1981, S. 136 f. **DV:** Fotokopie des Originals.

Artikel von Georges Renard aus »La France Libre«] Die französische Zeitung hatte den Untertitel ›Journal socialiste‹; sie erschien von 1918 bis 1938 in Paris. Georges Renard (1847-1930) war Historiker und marxkritischer Sozialist.

Ihr hervorragendes Buch gegen Marx] ›Die Irrlehre und Wissenschaftslosigkeit des Marxismus im Bereich des Sozialismus‹. Wien/Klosterneuburg 1919.

diesen Artikel in der »Freien Zeitung«] Unter dem Titel ›Die marxistische Intrige‹ hat Ball den Artikel Renards in der FZ (Jg. 3, Nr. 95, S. 377 f.) vom 3.12.1919 besprochen (Nachdruck von Balls Zeitungsartikel in: HBA 2000, S. 99-106). Darin geht er auch auf Grossmanns Buch ›Die Irrlehre und Wissenschaftslosigkeit des Marxismus‹ ein. Unter welchem Datum und welchem Titel der Artikel Renards in der Pariser Zeitung ›La France Libre‹ erschienen ist, geht aus Balls Beitrag ›Die marxistische Intrige‹ nicht hervor.

Hinweis auf mein Buch] Über Balls ›Kritik der deutschen Intelligenz‹ ließ sich bisher in Grossmanns Publikationsorgan ›Erkenntnis und Befreiung‹ keine Rezension ausfindig machen. Vielleicht war der »Hinweis« nur eine Anzeige des Buches.

Fourier und Proudhon] In seinem Buch ›Zur Kritik der deutschen Intelligenz‹ hat Ball die französischen Sozialisten Charles Fourier (1772-1837) einmal und Pierre Proudhon (1809-1865) elfmal erwähnt (vgl. Kritik, S. 128, 129, 146, 149, 158, 162, 186, 193, 194, 197, 200).

In einer der nächsten Nummern der »F[reien] Z[eitung]« ... Ihren Aufsatz »Die Entpreussung Deutschlands] Der Aufsatz Grossmanns erschien in der FZ vom 22. November 1919 (Jg. 3, Nr. 92) unter dem Titel ›Deutschlands Entpreußung‹.

241. An Rudolf Grossmann, 18.12.1919

H: Telegramm, geschrieben von fremder Hand. Adresse: Herrn Rudolf / Grossmann / kg [= Klosterneuburg] bei Wien. **F:** Nachlaß R. Grossmann, Internationales Institut für Sozialgeschichte, Amsterdam. **DV:** Fotokopie des Originals.

242. An Rudolf Grossmann, 30.12.1919

H: Ms. Brief mit eigenh. Initialen-Unterschrift; 1 Bl., 2 S. Bedruckter Kopfbogen: DER FREIE VERLAG / Falkenplatz 22 [Bern]. Adresse: Herrn Pierre Ramus / Klosterneuburg. Stempel über der Initialen-Unterschrift: DER FREIE VERLAG. **F:** Nachlaß R. Grossmann, Internationales Institut für Sozialgeschichte, Amsterdam. **E:** HBA 1981, S. 138-140. **DV:** Fotokopie des Originals.

über die Feiertage in Berlin] Über die Weihnachtszeit hielt sich Ball in Angelegenheiten des ›Freien Verlags‹ in Berlin auf, wo er mit dem dortigen Verlagsvertreter über die wirtschaftlichen Schwierigkeiten des Unternehmens sprach. Unter dem 30. November 1919 heißt es in Balls Tagebuch ›Die Flucht aus der Zeit‹ (S. 269): »Emmy sehnt sich nach Deutschland. Wir planen, über Berlin und Hamburg nach Flensburg zu reisen.«

Ihr Verlags-Anerbieten ... Bedeutung und Wichtigkeit der Publikation] Offenbar bot Grossmann dem ›Freien Verlag‹ ein Buch von sich zur Veröffentlichung an. Um welches Buch es sich handelt, konnte nicht festgestellt werden.

Herrn Berger] Vgl. *Nr. 233* – »Verlag Berger«.

243. An Ferdinand Hardekopf, 27.2.1920

D: Durchschlag; 1 Bl., 2 S. **F:** HBN. **E:** Briefe, S. 126-128. **DV:** Durchschlag.

den Aufsatz] Bei dem Aufsatz handelt es sich wohl um die »kurze Würdigung« der ›Correspondance‹ des belgischen Kardinals, Widerstandskämpfers (gegen die Deutschen im Ersten Weltkrieg) und Philosophen Désiré Mercier (1851-1926), die Hardekopf auf Anregung Balls für die ›Freie Zeitung‹ verfaßt und am 19. Februar 1920 brieflich an Hugo Ball übersendet hat. Seltsam ist nur, daß Ball die Sendung Hardekopfs vom 19. Februar am 27. Februar noch nicht erhalten hat. Wie sich Hardekopf die »kurze Würdigung« der ›Correspondance‹ von Mercier in Anbetracht seines angegriffenen Gesundheitszustandes vorstellte, hat er Ball in seinem Brief vom 5. Februar 1920 mitgeteilt: »Ob ich zu einer eingehenden Analyse des großen Mercier-Buches gelange, wird auch von meiner Gesundheit abhängen. Würde es etwa genügen, wenn ich nur, mit knapper Orientierung des Lesers, ein paar der charakteristischsten Briefe übersetzte? Ich kann nicht mehr versprechen. Sollte Ihnen aber, was mir das wahrscheinliche ist, eine genaue sachliche Würdigung des Werkes erwünscht sein, so müßte ich mir, mit Ihrer Einwilligung, erlauben, Ihnen das Buch (und die dazu übersandten Dokumente) zurückzusenden, damit eine standhaftere Feder diese Arbeit übernehme.« (HBN)

Dr. Rösemeier] Johann Hermann Friedrich Rösemeier (geb. 1870), deutscher Publizist und Redakteur (bei der ›Berliner Morgenpost‹); Promotion 1894 in Kiel; ging 1916 (vielleicht schon im September 1914) mit seiner Familie in die Schweiz; wurde neben Richard Grelling zum bekanntesten Gegner der deutschen Kriegspolitik in der Schweiz; veröffentlichte 1916 zwei Broschüren: ›Deutsches Volk, wach auf! Ein offener Brief an die Bürger und Arbeiter Deutschlands‹ und ›Die Vorgeschichte des Krieges‹ (Lausanne 1916); schrieb für die FZ 50 Artikel; im ›Freien Verlag‹ erschien 1918 von ihm: ›Die Wurzeln der neudeutschen Mentalität‹; im Oktober 1918 drohte ihm die Ausweisung aus der Schweiz, die aber zurückgenommen wurde (vgl. Korol, S. 233-237, 418, Anm. 7).

Prälat Mathies] Paul de Mathies (1868-1924), vor 1914 als Vertrauter von Papst Pius X. im diplomatischen Dienst des Vatikans, Züricher Studentenpfarrer, Prälat in Genf; verzichtete nach dem Einbruch der Deutschen in Belgien auf seine deutsche Staatsbürgerschaft; war an den Vorbereitungen zur Gründung der FZ beteiligt (vgl. Korol, S. 245-247), für die er 24 Artikel verfaßte; dazu kommen wohl noch 11 weitere, mit »Dr. P. M.« unterzeichnete Artikel, darunter eine am 19. Februar 1919 erschienene Rezension zu Balls ›Kritik der deutschen Intelligenz‹. Balls freundschaftliches Verhältnis zu Mathies kommt in einer Tagebucheintragung unter dem 30. März 1921 zum Ausdruck: »Brief des Prälaten Mathies aus Nizza. Er hat den Winter in Tunis verbracht und gratuliert zu den neuen Studien. Es ist dies die einzige Freundschaft und Korrespondenz von Bern her, die ich noch pflege.« (Flucht, S. 297)

Dr. Grelling] Vgl. *Nr. 213* – »J'accuse«.

Clarté-Büro] Clarté – von Henri Barbusse gegründete internationale Friedensgruppe, für die sich u.a. Romain Rolland, Anatole France, René Schickele, Fritz von Unruh, Kasimir Edschmid, Ludwig Rubiner, Paul Zech und Rudolf Leonhard einsetzten. Balls distanzierte, ablehnende Haltung vor allem gegenüber den deutschen ›Clartisten‹ ist aus dem vorliegenden Brief ersichtlich. Am 20. März 1920 erschien in der FZ (Nr. 23) ein von Karl Stammer alias Emil Szittya verfaßter, äußerst kritischer Artikel über die Friedensgruppe ›Clarté‹ (Untertitel: ›Glossen zum Thema der Poetenpolitik‹), dessen Einwände Ball geteilt haben dürfte: »Poetenpolitik«, Anspruch der geistigen Repräsentanz, Nichtbeachtung der für Ball und die FZ zentralen Schuldfrage.

des Bundes Neues Vaterland] Als Reaktion auf den Ausbruch des Ersten Weltkrieges im November 1914 in Berlin gegründete pazifistische Organisation, die sich gegen Annexionen und für die Respektierung der nationalen Souveränität der Staaten aussprach. Unter dem Vorwand angeblich landesverräterischer Aktivitäten untersagten die Militärs dem Bund Neues Vaterland im Februar 1916 für die Dauer des Krieges jede weitere Tätigkeit, so daß der Bund erst Ende Oktober 1918 wieder an die Öffentlichkeit treten konnte. 1922 wurde der Bund in ›Deutsche Liga für Menschenrechte‹ umbenannt. – Zum BNV vgl. Donat/Holl, S. 76-80.

in Deutschland ... etwa in Frankfurt a./M. ... im Freien Verlag eine Wochen- oder Halbmonatsschrift zu ermöglichen] Den Plan, in Deutschland eine neue Zeitschrift als Nachfolgerin der eingestellten FZ herauszugeben, hat Ball noch Ende März 1920 engagiert verfolgt. Für die geplante »neue Wochenschrift«, die in Stuttgart erscheinen sollte, hatte er bereits einen Titel: »Die Erneuerung« (vgl. Hardekopfs unveröffentlichten Brief vom 25. März 1920 an Hugo Ball; HBN).

Berger] Vgl. *Nr. 233* – »Verlag Berger«.

Noskeleute] Anhänger des zum rechten Flügel der SPD gehörenden Politikers Gustav Noske (1868-1946), der 1918/19 mehrere revolutionäre Aufstände in Kiel und Berlin niederschlagen ließ. Er war 1919/20 Reichswehrminister, von welchem Amt er nach dem Kapp-Putsch (März 1920) zurücktrat.

Leider ist auch meine Gesundheit ein wenig mitgenommen] In einem Brief vom 5. Februar 1920 hat Hardekopf an Ball geschrieben: »seien Sie vielmals bedankt für Ihre freundliche, vorgestrige Erkundigung nach meinem Befinden. Ich hatte nicht die Grippe, aber eine fieberhafte Bronchitis, die mich ungefähr vierzehn Tage im Bett hielt. Jetzt beginnt es wieder besser zu gehen. Ich bin nur noch etwas schwach, und leider noch nicht wieder imstande (was ich gern thäte): die französischen Blätter zu bearbeiten.« (HBN).

244. An Adolf Saager, 27.2.1920

A: Ms. Abschrift; 1 S. **F:** HBN. **E:** Briefe, S. 126. **DV:** Abschrift.

Datierung: Datierung ist bei der Abschrift in runde Klammern gesetzt: evtl. Hinweis darauf, daß die Datierung auf den Briefstempel zurückzuführen ist.

»Die Vorbedingung für die Rettung Deutschlands«] Ob der Aufsatz Saagers an anderer Stelle erschienen ist, konnte nicht eruiert werden.

die Freie Zeitung wird vom ersten April an nicht mehr erscheinen] Die letzte Ausgabe der FZ erschien am 27. März 1920.

nie wird soviel von der Zeitung ... gesprochen werden, als wenn sie nicht mehr erscheint] Ball täuschte sich gründlich in seiner optimistischen Erwartung.

noch nicht aller Tage Abend, und einige von uns, die nach Deutschland übersiedeln] Als Nachfolgerin der eingegangenen FZ wollte Ball in Deutschland – anscheinend am liebsten in Stuttgart – eine neue Wochenschrift mit dem Titel ›Die Erneuerung‹ etablieren (vgl. *Nr. 243*). Um dieses Vorhaben durchzuführen, wollte er wohl selbst nach Deutschland übersiedeln und auch andere Emigranten in der Schweiz, wie Ferdinand Hardekopf, als künftige Mitarbeiter des Blattes, dazu bewegen, sich wieder in Deutschland niederzulassen. Hardekopf aber reagierte skeptisch auf diese Pläne. Er wäre – falls überhaupt – lieber in das von den Franzosen »besetzte Gebiet« gezogen. Und auch Ball warnt er unmißverständlich vor einem solchen Schritt: »werden Sie sich in Deutschland nicht grosser Gefahr, oder, zum mindesten, dauerndem Bedrohtsein aussetzen, falls Sie die neue Publikation auch nur annähernd so klar-präcis stilisieren, wie die ›Freie Zeitung‹?« (Brief Hardekopfs an Ball vom 25. März 1920; HBN).

Der »Freie Verlag« bleibt zunächst noch bestehen] Balls Pläne, den ›Freien Verlag‹, dessen literarischer Leiter er seit 1919 war, in Berlin weiterzuführen, zerschlugen sich.

245. An Annemarie Hennings, kurz vor d. 10.3.1920

H: Hs. Bildpostkarte. Motiv: Berliner Stadtschloß vom Zeughaus gesehen. Adresse: Frl. / Annemarie Hennings-Ball / Lugano / Instituto St. Anna. Briefmarke mit Berliner Poststempel ist herausgeschnitten, dadurch das Postskriptum auf der Bildseite nicht vollständig erhalten. **F:** HBN. **DV:** Original.

Datierung: Die Postkarte wurde am 10.3.1920 in Lausanne zusätzlich abgestempelt. Sie wird daher am 8. oder 9. März 1920 geschrieben und abgesandt worden sein.

Tante Paula] Paula Friedrichsen, geb. Cordsen (1878-1954); Emmy Hennings' Halbschwester stammte aus der ersten Ehe des Vaters von Emmy.

Onkel Theodor] Der Kapitän Theodor Wiraldus Friedrichsen (1872-1956) war seit 1902 mit Emmys Halbschwester Paula verheiratet. Für Annemarie Hennings waren Paula und Theodor Friedrichsen Tante und Onkel.

wegen Flensburg zu sprechen] In den Stettiner Gesprächen mit Paula und Theodor Friedrichsen ging es offenbar um die Regelung von Erbschaftsangelegenheiten. Emmy Hennings hatte das Elternhaus in Flensburg zu gleichen Teilen mit ihrer Halbschwester Paula geerbt. »Beide leiteten« 1920 »den Verkauf des Hauses ein, der ein Jahr später abgeschlossen war« (vgl. EBH Katalog, S. 252).

Nächsten Donnerstag oder Freitag bin ich wieder in Bern] Da die Karte kurz vor dem 10. März 1920 in Berlin geschrieben wurde, ist die geplante Rückkehr Balls nach Bern auf Donnerstag, den 18., oder Freitag, den 19. März anzusetzen. Bevor Ball im April 1920 mit Emmy nach Flensburg reiste (vgl. Nr. 247), war er also nach Mitte März 1920 von seinem Deutschland-Aufenthalt in Berlin und Stettin für einige Zeit wieder nach Bern zurückgekehrt. Dies geht auch aus einem – auf Balls nicht erhaltenen Brief vom 22. März antwortenden – Brief Ferdinand Hardekopfs vom 25. März hervor (aufbewahrt im HBN), in dem er Ball mitteilt, er könne »jetzt nicht nach Bern« kommen und ihn dort nicht vor dessen »Abreise« nach Flensburg begrüßen, da Ball in seinen »vorläufig letzten schweizerischen Tagen« sicher überlastet sei.

Dr. Stilgebauer] Eduard/Edward Stilgebauer (1868-1936), deutscher Journalist und Schriftsteller; publizierte 1905 unter anderem den Roman ›Der Börsenkönig‹, in dem er den Untergang einer jüdischen Bankiersfamilie beschrieb; verfaßte für die FZ vom 30. Mai 1917 bis zum 18. Februar 1920 insgesamt 67 Artikel und war damit nach Ernst Bloch einer der am häufigsten gedruckten Autoren des Blattes; im ›Freien Verlag‹ veröffentlichte er im Januar 1919 die 134 Seiten starke Broschüre ›Sei mündig, Volk! Ein demokratisches Vademecum‹ (Bern 1919).

Das Buch der Mutter] Es handelt sich um Emmy Hennings' zweiten Roman ›Das Brandmal. Ein Tagebuch‹, der im November 1920 im Berliner Verlag Erich Reiss erschienen ist (vgl. Nr. 253 und 254). Unter dem 22. Februar 1920 heißt es in Balls Tagebuch: »Gestern ist auch die Abschrift von Emmys ›Brandmal‹ fertig geworden.« (Flucht, S. 271)

246. An August Hofmann, 5.4.1920

H: Hs. Bildpostkarte. Motiv: Pirmasens. Der Kugelfelsen. Adresse: Herrn Gusti Hofmann / p.A. Herrn Oberbau-Inspektor / August Hofmann / Pasing b/ München. **F:** HBS. **E:** HBK, S. 192. **DV:** Original.

Datierung: Die Monatsangabe auf dem Poststempel ist unleserlich. In ihren Erinnerungen schreibt Emmy Ball-Hennings: »Um Ostern [1920] fuhren wir nach Deutschland, zunächst in Hugos Heimat nach Pirmasens. Wir kamen über Heidelberg, wo wir uns zwei Tage aufhielten.« (HBA 1991, S. 109) Ostern fiel 1920 auf den 4. und 5. April. Als Datum der Postkarte kommt nur der 5. April 1920 in Frage.

für 2 Tage in München] Vgl. Nr. 247 vom 24. April an August Hofmann in München: »Es war hübsch, dass wir uns sahen.«

Hotel Wolff am Bahnhof] Das Hotel lag nördlich vom Hauptbahnhof an der Arnulfstraße.

247. An August Hofmann, 24.4.1920

H: Hs. Bildpostkarte. Motiv: Flensburg. Adresse: Herrn / August Hofmann / Nürnberg IV. / Arndtstrasse 4 I. Briefmarke mit Poststempel herausgeschnitten. **F:** HBS. **E:** EBH Leben, S. 127; auch in Briefe, S. 128. **DV:** Original.

kleines Häuschen in nächster Nähe der Ostsee] Anmerkung von Emmy Ball-Hennings hierzu in ihrer Briefausgabe von 1930 (EBH Leben, S. 127): »Emmys Geburtshaus.« Bei dem erhalten gebliebenen Haus handelt es sich um ein schmuckloses, einfaches Wohnhaus. Es liegt an der Steinstraße 5 in der Neustadt, dem Arbeiter- und Industrieviertel von Flensburg. In sein Tagebuch notiert Ball unter »Flensburg, 19.V.1920«: »Mit Mühe ist es uns gelungen, im eigenen Hause ein paar Stuben zu bekommen. Bei der Ankunft saßen wir förmlich auf der Treppe. Die Leute sahen uns wie Eindringlinge an.« (Flucht, S. 275) Zum Aufenthalt der Balls in Flensburg vgl. auch Emmy Ball-Hennings' Erinnerungen in: HBA 1991, S. 111 f.

248. An Rudolf Grossmann, 1.6.1920

H: Ms. Brief mit eigenh. Unterschrift; 1 S. **F:** Nachlaß Grossmann, Internationales Institut für Sozialgeschichte, Amsterdam. **E:** HBA 1981, S. 141-144. **DV:** Fotokopie des Originals.

»Erkenntnis und Befreiung«] Dieses Blatt war das Publikationsorgan des 1919 von Grossmann gegründeten ›Bundes herrschaftsloser Sozialisten‹. Es erschien von 1919 bis 1932 (Jg. 1-12) in Wien.

Mannheimer »Revolutionär«] ›Der Revolutionär‹. Hrsg. von Moritz Lederer. Jg. 1-5, Mannheim 1919-1923. Politisch-literarische Zeitschrift nach den Vorbildern der ›Aktion‹ (in der revolutionären Einstellung) und der ›Fackel‹ (in der polemischen Tendenz). Ziel der Zeitschrift war »eine Revolutionierung des Geistes«, sie vorzubereiten, ihre Aufgabe. Ball hat im ›Revolutionär‹ (Jg. 1, Nr. 10 vom 28. Mai, 4. u. 12. Juni 1919, S. 12-18) den Prosabeitrag ›Siebzig Dokumente‹ veröffentlicht.

unsere Zeitschrift noch zustandekommen] Aus einem Brief Hardekopfs vom 25. März 1920 geht hervor, daß Ball im Frühling 1920 den Plan einer »neuen Zeitschrift«, einer Fortsetzung der FZ unter neuem Titel verfolgte.

Die Zeitschrift, für die er Hardekopf als Mitarbeiter gewinnen wollte, sollte als »Wochenschrift« in Stuttgart erscheinen. Statt des von Ball favorisierten Titels ›Die Erneuerung‹ schlug Hardekopf in seinem Brief eine Reihe von Alternativ-Titeln vor. Wie so viele andere Projekte Balls zerschlug sich auch dieser Plan.

Hamburger »Vortrupp ... in einer seiner letzten Nummern eine Hochverrats-Denunziation ... gegen die Berner Emigranten] Die »Denunziation« erschien im ›Vortrupp‹, Jg. 9, Nr. 6, S. 141-154 unter dem Titel: ›Die Vermummten‹. Verfasser: Hermann M. Popert.

Herausgeber Popert] Hermann Martin Popert (1871-1932), Richter, Schriftsteller und Publizist. Gründete 1912 mit Hans Paasche die pazifistische Positionen diskutierende Zeitschrift ›Der Vortrupp‹. Aufgrund seiner unterschiedlichen Auffassung der Kriegsschuldfrage – er war überzeugt, daß Frankreich und Rußland den Krieg verschuldet hätten – distanzierte sich Popert während des Ersten Weltkrieges von der pazifistischen Bewegung und profilierte sich als Repräsentant eines »deutschen« Pazifismus (vgl. Donat/Holl, S. 308 f.).

»Hamburger Warte«] ›Die Hamburger Warte. Freie deutsche Wochenschrift‹. Vom 3. Jahrgang, 1920, konnte kein vollständiges Exemplar ermittelt werden.

mein Name ... alphabetisch an erster Stelle] Die alphabetische Liste mit Balls Name an der Spitze findet sich auf Seite 152 des Aufsatzes ›Die Vermummten‹.

Hans Paasche] (1881-1920), Kapitänleutnant, Schriftsteller, Journalist, Pazifist, Radikaldemokrat. Reichte 1908 – aufgrund seiner Erlebnisse bei der Niederschlagung von Aufständen in Deutsch-Ostafrika (1905) – seinen Abschied aus der kaiserlichen Marine ein. Engagierte sich für die Friedensbewegung und wandte sich mit der postumen Publikation ›Die Forschungsreise des Afrikaners Lukanga Mukara ins innerste Deutschland‹ (Hamburg 1921) gegen die imperialistisch-kolonialistischen Bestrebungen des Kaiserreichs. Zu Beginn des Ersten Weltkriegs als Soldat reaktiviert, wurde Paasche 1916 wegen seiner pazifistisch-ethischen Gesinnung aus der Kriegsmarine entlassen, 1917 wegen Anstiftung zum Hochverrat angeklagt, in ein Nervensanatorium gesteckt und am 9. November 1918 von revolutionären Matrosen befreit. Nach kurzer Tätigkeit im Vollzugsrat des Berliner Arbeiter- und Soldatenrats zog er sich ins Privatleben zurück. Während einer illegalen Hausdurchsuchung wurde er am 21. Mai 1920 auf seinem Gut Waldfrieden von Reichswehrsoldaten »auf der Flucht erschossen«, also ermordet. Kurt Tucholsky hat Hans Paasche ein Totengedicht (›Paasche‹) und zwei Gedenkartikel gewidmet (›Die Mordkommission‹, ›Am Grabe von Hans Paasche‹). – Von Paasche ist am 24. März 1920 ein Artikel, ›Die Legende von der Vertreibung der Kaiserin‹ , in der FZ erschienen. Ball kannte von Paasche höchstwahrscheinlich die beiden 1919 im ›Verlag Neues Vaterland‹ (Berlin) erschienenen Flugschriften ›Meine Mitschuld am Weltkriege‹ und ›Das verlorene Afrika‹.

Ich kannte ihn ... in Berlin noch vor wenigen Wochen] Ball hielt sich im März 1920 einige Zeit in Berlin auf (vgl. *Nr. 245* – »Nächsten Donnerstag oder Freitag ...«), wo er Paasche »bei einem befreundeten Arzt« kennenlernte.

Das Zeitalter der Katakomben scheint wieder anzubrechen] Die Auffassung, in einem neuen »Zeitalter der Katakomben« zu leben, hat Ball wahrscheinlich von Franz Blei übernommen, in dessen Aufsatz ›Die Krise der Kirche‹ (erschienen in: ›Die Rettung‹, 1. Jahrg., Nr. 8 vom 24.1.1919, S. 72) es am Schluß heißt: »Die Christkatholiken leben in der Katakombe.«

249. An August Hofmann, 2.6.1920

H: Hs. Postkarte. Adresse: Herrn August Hofmann / *Nürnberg* IV. / Arndtstrasse 4 I. **F:** HBS. **E:** EBH Leben, S. 127; auch in: Briefe, S. 128. **DV:** Original.

Huelsenbeck] Von Huelsenbeck sind 1920 vier selbständige Schriften erschienen: ›Dada-Almanach‹ (Erich Reiss Verlag), ›En avant Dada. Eine Geschichte des Dadaismus‹ (Paul Steegemann Verlag), ›Dada siegt! Eine Bilanz des Dadaismus‹ (Malik-Verlag), ›Deutschland muß untergehen!‹ (Malik-Verlag).

Hennings] Ball hat August Hofmann wahrscheinlich den 1919 erschienenen Roman ›Gefängnis‹ von Emmy Hennings geschickt. Deren zweites Prosabuch, ›Das Brandmal‹, ist erst im November 1920 herausgekommen.

Herron] George Davis Herron (1862-1925), amerikanischer Pazifist; zunächst Theologe, dann Mitglied der Sozialistischen Partei; lebte nach Kriegsbeginn in Genf, setzte sich engagiert für die Ideen des amerikanischen Präsidenten Wilson ein, unterhielt enge Kontakte zu den Mitarbeitern der FZ, in der vom August 1917 bis zum Dezember 1919 acht Artikel von ihm erschienen (vgl. Korol, S. 205). – Ball hat August Hofmann wohl Herrons 1919 im ›Freien Verlag‹ erschienene Publikation ›Woodrow Wilson und der Weltfriede‹ zugeschickt.

Plotin] Plotinos (204-270), griechischer Philosoph, Hauptvertreter des Neuplatonismus; versuchte mit Hilfe des Kaisers Gallienus, in einer campanischen Stadt den platonischen Idealstaat zu verwirklichen. Die Schriften Plotins (›Enneaden‹) gab sein Schüler Porphyrios heraus.

Augustin] Aurelius Augustinus (354-430), römischer Kirchenvater; wurde als Rhetoriklehrer in Mailand Christ; seit 395 war er Bischof der Stadt Hippo in seiner Heimat. Sein umfangreiches Werk umfaßt neben allen Gebieten der Theologie auch große Bereiche der damaligen Wissenschaften, z.B. Musiktheorie und Rhetorik. Die bekanntesten Werke sind seine ›Confessiones‹ und der ›Gottesstaat‹ (›De Civitate Dei‹).

Eckhart] Meister Eckhart (um 1260-1328), Mystiker und Theologe; gilt als Begründer der spekulativen Mystik des Mittelalters. Sein zentrales Thema: Die Vereinigung der Seele mit Gott durch die Geburt des Sohnes bzw. des Wortes (unio mystica). – Tagebuchnotizen vom 3. und 7. Juni 1920 (vgl. Flucht, S. 275, 278) belegen, daß sich Ball in der Flensburger Zeit (Ende April bis August 1920) mit Meister Eckhart beschäftigt hat. Auch Balls Auseinandersetzung mit der Philosophie Plotins fällt in die Flensburger Zeit (vgl. Flucht, S. 287-291). Wahrscheinlich hat August Hofmann seinem Jugendfreund Ball das eine oder andere Werk von Plotin und Meister Eckhart nach Flensburg geschickt.

Böhme] Jakob Böhme (1575-1624), deutscher Theosoph und Mystiker, in dessen zahlreichen Schriften sich gnostische Überlieferungen, die altdeutsche Mystik und die Naturphilosophie des Paracelsus zu einer neuen, eigenen Form verbinden. Seine Philosophie beeinflußte den deutschen Idealismus und die romantische Naturphilosophie. Hauptwerke: ›Aurora oder Morgenröte im Aufgang‹, ›Beschreibung der drei Prinzipien göttlichen Wesens‹. – Am 12. Mai 1917 hat in der Galerie Dada (4. Geschlossene Soirée) Hans Arp aus Schriften Böhmes gelesen (vgl. Flucht, S. 167).

250. An Emmy Ball, 30.6.1920

H: Hs. Postkarte, beidseitig beschrieben. Adresse: Frau / Emmy Ball / Flensburg / Steinstrasse 5. **F:** HBN. **E:** Briefe, S. 128 f. **DV:** Original.

Hotel Reichshof] Heute: Maritim Hotel Reichshof (Kirchenallee 34-36). Das 1910 eröffnete Hotel am Hauptbahnhof war mit 300 Zimmern das größte und modernste im Hamburger Hotelgewerbe. Der Einheitspreis für Zimmer mit Frühstück belief sich zunächst auf 3,50 Mark.

den Vortrag] »Auf der Rückfahrt [nach Flensburg] von einem zwischenzeitlichen Berlinaufenthalt machte Ball in Hamburg Station und hielt dort am 1. Juli vor der Ortsgruppe der Deutschen Friedensgesellschaft den Vortrag ›Abbruch und Wiederaufbau‹.« (HBK, S. 191) Erstdruck des Vortrags aus dem Ball-Nachlaß in: HBA 1980, S. 1-37.

rasch aus dem verfluchten Berlin wegzukommen] Ball hielt sich im Juni 1920 wegen Verlagsangelegenheiten eine Zeitlang in Berlin auf. Am 15. Juli 1920 notiert er in sein Tagebuch: »Ich bin inzwischen einige Tage in Berlin gewesen und habe nur einen verwahrlosten, undefinierbaren Eindruck davon nach Hause gebracht, wie nach einem wüsten Fasching, in dem alles auf Blut, Verbrechen und Schande gestimmt war. So viele Leute ich dort kenne, so fand ich doch niemanden mehr, mit dem ich mich offen und menschlich hätte verständigen können.« (Flucht, S. 280)

alles sei für den Donnerstag vorbereitet] Donnerstag war der 1. Juli.

Paula] Paula Friedrichsen, Emmys Halbschwester (vgl. *Nr. 245* – »Tante Paula«), lebte seit 1907 mit ihrem Mann Theodor Friedrichsen in Hamburg.

Die Manuskripte habe ich in Berlin noch erhalten] Wahrscheinlich die von dem Berliner Verleger Reiss an Emmy nach Flensburg geschickten Korrekturfahnen ihres Tagebuch-Romans ›Das Brandmal‹ (vgl. Reetz, S. 207), die sie wohl nach Durchsicht an Ball nach Berlin geschickt hatte mit der Bitte, sie an Reiss zum Druck zu übergeben. Die Abschrift, das heißt die Reinschrift, von Emmys ›Brandmal‹ war am 21. Februar 1920 in Bern fertig geworden (vgl. Flucht, S. 271). Ball hatte sie vor dem 10. März 1920 in Berlin persönlich dem Verleger ausgehändigt (vgl. Nr. 245).

251. An Rudolf Grossmann, 2.7.1920

H: Ms. Brief mit eigenh. Initialen-Unterschrift; 1 S. **F:** Nachlaß R. Grossmann, Internationales Institut für Sozialgeschichte, Amsterdam. **E:** HBA 1981, S. 145-149. **DV:** Fotokopie des Originals.

Die Nummern mit dem ... Hinweis auf die eingegangene Zeitung] Über die Ende März 1920 »eingegangene« FZ hat Grossmann in der Nr. 25 vom 16.-23.5.1920 seiner Zeitschrift ›Erkenntnis und Befreiung‹ (Jg. 2) folgendes geschrieben: »Die ›Freie Zeitung‹ ist dasjenige Blatt, das drei Jahre vom Ausland aus die Wahrheit verkündet hat über die Hauptschuldigen am Weltkrieg; es war das Sammelbecken derjenigen Männer der Demokratie, die die besten Traditionen derselben, wie sie von Jefferson, gleichwie von Karl Heinzen, Schurz, Kinkel und Blum ausgehen, gewahrt und bis heute bewahrt haben. Traditionen, die für mich in dem Begriff aufrechter Charakterfestigkeit und Wahrheitsliebe gelegen sind.«

Dr. H. Rösemeier, Lugano-Gentilino] Zu Rösemeier vgl. *Nr. 243*. Die wohl letzte Nachricht über ihn findet sich in einer Polizeiakte des Kantons Tessin vom 14. Februar 1922, wonach er in Gentilino ein Privatbureau unterhielt, sich mit Zeitungen beschäftigte und den deutschen Zeitungen einige Artikel schickte, von deren Erträgen er bescheiden lebte (vgl. Korol, S. 237).

Prälat Dr. P. von Mathies, Genf] Zu Paul von Mathies vgl. *Nr. 243*.

Dr. A. Saager, Lugano-Massagno] Zu Adolf Saager vgl. *Nr. 235*.

Dr. R. Grelling, Zürich] Zu Richard Grelling vgl. *Nr. 213* – »J'accuse«.

Diese Herren werden sich gewiss freuen ... Ihren Nachruf zu erhalten] Die genannten »Herren« waren (bis auf Ferdinand Hardekopf) allesamt Mitarbeiter der FZ, auf die Grossmann in seiner Zeitschrift ›Erkenntnis und Befreiung‹ (Jg. 2, 1920, Nr. 25) einen »Nachruf« verfaßt hatte.

Die andere Nummer (Paasche)] Es handelt sich um die Nr. 30 vom 20. bis 26. Juni 1920 der Zeitschrift ›Erkenntnis und Befreiung‹, in der Grossmann unter der Rubrik ›Aus der Internationale. Deutschland‹ einen Aufruf aus Anlaß der Ermordung Paasches abdruckt, der wie folgt eingeleitet ist: »Vom ›Bund Neues Vaterland‹ erhalten wir anläßlich der Ermordung Hans Paasches folgenden Aufruf, dem wir uns voll inhaltlich und von ganzem Herzen anschließen!«

Geheimrat R. Witting] Richard Witting (1856-1923), deutscher Politiker, Bankier, seit 1914/15 pazifistischer Publizist, Geheimer Regierungsrat; wurde 1902 Direktor und 1911 Aufsichtsratsvorsitzender der Nationalbank; Schwiegervater von Hans Paasche, der 1908 dessen Tochter, Ellen Witting, heiratete; überzeugt von der Schuld Deutschlands am Ausbruch des Ersten Weltkriegs und von der Reformunfähigkeit der Hohenzollernherrschaft, arbeitete Witting im Winter 1917/18 eine demokratische Verfassung aus, die später eine Grundlage für das Weimarer Verfassungswerk werden sollte (vgl. Donat/Holl, S. 420-422). Im Mai 1919 fand Ball in Berlin bei Richard Witting »freundlichste Aufnahme« (Flucht, S. 244).

Sibylle Witting-Schöpf] Jüngste Tochter von Richard Witting.

Frl. Dr. E. Rotten] Elisabeth Rotten (1882-1964), schweiz. Reformpädagogin, Pazifistin, Mitbegründerin mehrerer Kinderdörfer; gründete nach dem Ausbruch des Ersten Weltkrieges in Berlin die ›Hilfsstelle für Deutsche im Ausland und Ausländer in Deutschland‹; wurde 1918 Vorstandsmitglied des ›Bundes Neues Vaterland‹; wirkte als Lehrerin für Frauenbildung sowie im Rahmen der ›Deutschen Liga für Völkerbund‹ und der Ökumenischen Bewegung im Sinne der Völkerverständigung und des Friedensgedankens (vgl. Donau/Holl, S. 330 f.). Ball traf im Mai 1919 in Berlin öfters mit Elisabeth Rotten zusammen (vgl. Flucht, S. 244).

»The Crusader] Es könnte sich um die Zeitschrift ›Crusader‹ (Society of Socialist Christians) handeln. Sie ist von 1919 bis 1928 in London erschienen.

bezüglich des Verlags] Gemeint ist der ›Freie Verlag‹.

Ihr prächtiger Entwurf eines notwendigen Buches] Grossmann hatte Ball Ende 1919 ein Buch zur Publikation im ›Freien Verlag‹ angeboten, worauf ihn Ball aufforderte, dem Verlag zunächst »ein genaues Exposé des Buches« zu übersenden (vgl. Nr. 242). Vor Juni 1920 hatte Ball »verschiedene Fortsetzungen des Exposés« des Buches von Grossmann erhalten (vgl. Nr. 248 vom 1. Juni 1920). Mit dem Schwinden der Aussichten auf eine Fortführung des ›Freien Verlags‹ im Sommer 1920 schwand auch die Möglichkeit einer Veröffentlichung des Grossmannschen Buches in diesem Verlag.

252. An Joseph Englert, 18.10.1920

H: Hs. Postkarte, beidseitig beschrieben. Adresse: Herrn / Civilingenieur Englert / Cassarate – Lugano. **F:** CSSt. **DV:** Original.

Agnuzzo] Dorf am Nordostufer des Agno-Arms des Luganersees. »Agnuzzo ist ein kleines Dörfchen an einer verschollenen Ecke des Luganersees. Wir haben nur ein paar Schritte zum Wasser. Von diesem kleinen Dörfchen sogar sehen wir nur wenig. Unsere Front ist nach rückwärts, auf den See gerichtet.« (Brief Nr. 271 vom 6. August 1921) Auf der Rückseite einer Ansichtskarte von Agnuzzo schrieb Emmy Ball: »dies ist Agnuzzo, unser Byzanz-Dorf und Flucht aus der Zeit«. (Verlagsarchiv Duncker & Humblot, Berlin.) – Nach ihrer Rückkehr aus Deutschland mieteten die Balls im September 1920 die untere Etage mit Garten des Andreoli-Hauses (Casa Andreoli) in Agnuzzo. Der Vermieter hieß Donada. Die Balls wohnten in diesem Haus bis September 1924. In der ›Flucht‹ (S. 91) hat Ball seinen neuen Wohnsitz ausführlich beschrieben: »Agnuzzo, 18.IX. 20: Wir wohnen jetzt im kleinsten und friedlichsten Tessiner Dörfchen, das man sich denken kann. Der Postbote, Herr Donada, der einen alten ländlichen Palazzo verwaltet, stieß die seit Jahren nicht geöffneten Fensterläden auf, und Spinnen und Motten stoben hinaus in die Sommerluft. Über dem See liegt ein Garten und zu dem Garten führt eine breite Glyzinientreppe. Wir haben Schwalben, gemalt an der Decke und draußen über dem Fenchel. Der Blick reicht über das grüne Wasser, in dem sich die Birken spiegeln, bis weit hinüber nach Caslano und Pontetresa zur italienischen Grenze.« Über ›Agnuzzo‹ hat Emmy Hennings eine Prosaskizze veröffentlicht in: ›Lugano. Organo officiale della Società Albergatori e dell' Associazione Pro Lugano e Dintorni‹, Lugano. Jg. 30, 1924. Nr. 20

vom 20.6.1924. S. 6. Fotografie des Hauses in Agnuzzo in: EBH Katalog, S. 169.

Englert] Joseph Englert (1874-1957), Bauingenieur, Architekt, (Hobby-) Astrologe; 1903-1919 Oberingenieur bei der Basler Baugesellschaft; Bau des ersten Goetheanums (Johannesbau) in Dornach, Freundschaft mit Rudolf Steiner; 1919 schwere Erkrankung mit anhaltenden Folgen, zur Erholung Umzug nach Lugano, Freundschaft mit Hermann Hesse, dem er im Sommer 1919 ein Horoskop erstellt (vgl. Hesse, Briefe I, S. 573-576); Hesse hat Englert als »armenischen Sterndeuter« im ›Klingsor‹ und als »Jup den Magier« in der ›Morgenlandfahrt‹ porträtiert; seit September/Oktober 1920 Bekanntschaft mit Hugo Ball; Januar 1921 Übersiedlung von Lugano nach Zug, dort Anstellung als Stadtingenieur; 1926 Aufgabe der Stelle in Zug und seitdem wechselnde Domizile in Fiesole (bei Florenz), St. Moritz, Ascona, San Remo und schließlich in St. Jean Cap Ferrat (bei Nizza). Englert veröffentlichte 1921 den Gedichtband ›Geliebte Erde‹, aus dem im Februar 1922 im ›Hochland‹ (Jg. 19, Heft 5, S. 586) das Gedicht ›Nachtgewitter‹ abgedruckt wurde.

»Stimmen der Zeit«] Untertitel der Zeitschrift: ›Katholische Monatsschrift für das Geistesleben der Gegenwart‹ (Freiburg i. Br.: Herder). Ball blätterte wahrscheinlich in den Monatsheften des Jahrgangs 1920 (Halbjahresbände 98 und 99).

Das Werk des Paters Wilmers] Welches Werk des katholischen Priesters, Theologen und Schriftstellers Wilhelm Wilmers (1817-1899) die Balls gelesen haben, läßt sich nicht feststellen. In Frage kommen: ›Kurzgefaßtes Handbuch der katholischen Religion‹, 4. Aufl. Regensburg 1905; ›Geschichte der Religion als Nachweis der göttlichen Offenbarung und ihrer Erhaltung durch die Kirche‹. 2 Bde. 7. Aufl. Münster 1904; ›Lehrbuch der Religion‹. 4 Bde. 1851-1857 (bis 1924 acht Auflagen).

diesen Donnerstag] 21. Oktober 1920.

253. An Rudolf Grossmann, 15.11.1920

H: Hs. Postkarte, beidseitig beschrieben. Adresse: Herrn / Pierre Ramus / Wien – Klosterneuburg / Schiesstättegraben 237. **F:** Nachlaß R. Grossmann, Internationales Institut für Sozialgeschichte, Amsterdam. **E:** HBA 1981, S. 150. **DV:** Fotokopie des Originals.

wiederholte Besprechung meines Buches] In der von Grossmann herausgegebenen Zeitschrift ›Erkenntnis und Befreiung‹ (Jg. 2, Nr. 49) ist am 31.10.1920 Balls ›Kritik‹ anonym rezensiert worden: Danton: Hugo Ball: »Zur Kritik der deutschen Intelligenz« (vgl. HBB Nr. 1221, S. 71).

das erste Buch … »Gefängnis« so liebenswürdig aufgenommen] In Grossmanns Zeitschrift ›Erkenntnis und Befreiung‹ (Jg. 2, Nr. 14 vom 29.2.-6.3. 1920, S. 3) findet sich eine anonyme Besprechung von Emmy Hennings' erstem Roman ›Gefängnis‹ (vgl. HBA 1984, S. 204, Nr. 194).

254. An Hermann Bahr, 16.11.1920

H: Ms. Brief mit eigenh. Unterschrift; 1 S. **F:** Theatersammlung der Österreichischen Nationalbibliothek, Wien. **DV:** Fotokopie des Originals.

Sehr geehrter Herr] Hermann Bahr (1863-1934), österreichischer Dramatiker, Erzähler, Essayist und Kritiker; ließ sich von allen geistigen und literarischen Strömungen seiner Zeit, angefangen vom Naturalismus und Impressionismus bis zum Expressionismus, beeinflussen, dies aber, bevor sie Mode wurden; vom Marxismus beeindruckt, schrieb er zunächst für linke Blätter, kehrte 1914 zur katholischen Kirche zurück; war 1918/19 in Wien Erster Dramaturg des Burgtheaters. – Durch Ludwig Feuchtwanger, den Lektor des Duncker & Humblot Verlags, ließ Ball im März 1925 an Bahr einen Brief von sich und »einige Stimmen« über sein Byzanzbuch von 1923 zuschicken (vgl. Nr. 486).

freundliche Aufnahme meines Buches] Hermann Bahr hat am 2. März 1919 im ›Neuen Wiener Journal‹ (Jg. 27, Nr. 9098, S. 5 f.) Balls ›Kritik‹ unter dem Titel ›Tagebuch. 18. Februar‹ besprochen (vgl. HBB Nr. 1215, S. 71).

ein soeben erschienenes Buch »Das Brandmal«] Ob Bahr das Buch rezensiert hat, konnte nicht nachgewiesen werden.

eher der theologische, als der physische Grad der Verwandtschaft, der mich das Buch Ihnen senden lässt] Als Revertit zur katholischen Kirche war Bahr für den 1920 zum Katholizismus zurückgekehrten Ball der richtige Ansprechpartner.

255. An Familie Heinrich Hildebrand, 21.12.1920

H: Hs. Fotopostkarte: Lago di Lugano. Gandria e Monte San Salvatore. Adresse: *Germania*! Familie Direktor / Heinrich Hildebrand / Pirmasens. Rhpfalz. / Pfälzische Bank. **F:** HBN. **DV:** Original.

Hs. Gruß von Emmy Ball-Hennings und Tochter Annemarie: »Herzlichste Weihnachtsgrüße Eure Emmy u. Annemarie.«

256. An Joseph Englert, 24.12.1920

H: Hs. Fotokarte. Motiv: Portrait Hugo Ball. **F:** CSSt. **DV:** Original.

ein Gespenst in effigie] Auf dem Foto macht Ball tatsächlich einen ›gespenstigen‹ Eindruck.

257. An Joseph Englert, 18.1.1920

H: Hs. Brief; 1 Bl., 4 S. **F:** CSSt. **DV:** Original.

wir vermissen Sie immer mehr ...] Englert, der von 1919 bis Anfang 1921 in Lugano wohnte, ist am 14. Januar 1921 nach Zug umgezogen, wo er als Stadtingenieur arbeitete.

Frl. Holzleithner] Maria Theresia Holzleithner, Freundin von Englert, die er wohl im Sommer 1922 heiratete: in einer Postkarte vom 27. August 1922 (Nr. 297) redet Ball sie zum ersten Mal mit »Frau Englert« an. 1927 wurde die Ehe geschieden.

diesen Freitag] 21. Januar 1921.

Bigogno] Kleine, auf der Collina d'Oro gelegene Ortschaft zwischen Montagnola und Agra.

das Manuskript, das ich Ihnen hier sende] Höchstwahrscheinlich handelt es sich hierbei um das für das ›Byzantinische Christentum‹ vorgesehene (dann aber nicht berücksichtigte) Kapitel über den frühchristlichen Eremiten Antonius (251-356), den Ball weiter unten im Brieftext erwähnt. In zwei Briefen an Annemarie Hennings vom Juli und August 1921 (Nr. 267 und 269) spricht Ball ebenfalls von Antonius bzw. vom »Antoniuskapitel«.

Seit einigen Tagen ... auf der Bibliothek des Herrn Chiesa] Vgl. Balls Tagebucheintrag vom 10. Dezember 1920: »Ich gehe jetzt fast täglich nach Lugano auf die Kantonsbibliothek. Dort sind einige frühere Klosterbüchereien zusammengeflossen, die unter der Obhut des Prof. Chiesa stehen.« (Flucht, S. 293) Der Tessiner Dichter, Übersetzer und Literaturhistoriker Francesco Chiesa (1871-1973) war Leiter der Kantonsbibliothek Lugano.

Martyrologium Romanum Baronios] Das von Gregor XIII. in Auftrag gegebene, dann von Caesar Baronius bearbeitete und 1583 in Rom herausgegebene Martyrologium wurde 1584 der römischen Kirche als offizielles Martyrologium vorgeschrieben. Es erlebte viele Auflagen und Verbesserungen.

Vite dei Santi von 1829] Im ›Byzantinischen Christentum‹ (S. 10, Anm. 6) weist Ball auf das Werk: »Raccolta di Vite de' Santi«, t. III, Milano 1829 hin.

Acta Sanctorum] ›Taten‹ bzw. ›Werke der Heiligen‹: großangelegte Sammlung von Lebensläufen der christlichen Heiligen, nach dem Kalender angeordnet, seit der ersten Hälfte des 17. Jahrhunderts fast ausschließlich von belgischen Jesuiten geschaffenes, 67 stattliche Foliobände umfassendes Monumentalwerk (Antwerpen, später Brüssel 1643-1894). Angeregt und angekündigt von Heribert Rosweyde, wurde das hagiographische Werk von Jean Bollandus (1596-1665) und seinen Schülern in Angriff genommen und von späteren Bollandisten fortgeführt. Nach einer Unterbrechung des Unternehmens in den Jahren von 1794 bis 1837 wurden die ›Acta Sanctorum‹ Ende des 19. Jahrhunderts völlig neu angeordnet und unter der Leitung von Hippolyte Delehaye (1859-1941) und Paul Peeters (1870-1950) modernisiert. – Nach Emmy Hennings wurden die ›Acta Sanctorum‹ in Balls früher Agnuzzoer Zeit »seine Lieblingslektüre«, aus der er ihr »oft draußen im Garten in hellen Sommernächten übersetzte« (EBH Weg, S. 88). In den ›Drei Heiligenleben‹ seines ›Byzantinischen Christentums‹ bezieht sich Ball immer wieder auf die ›Acta Sanctorum‹ (vgl. etwa S. 10, Anm. 7; S. 174, Anm. 22; S. 254, Anm. 1).

Biographie des Styliten Simeon, auctore Antonio discipulo suo] Antonius war der bevorzugte Schüler und erste Biograph des Styliten Symeon. Im Symeon-Kapitel seines ›Byzantinischen Christentums‹ zitiert Ball wiederholt aus der Symeon-Biographie des Antonius (vgl. Christentum, S. 255, 273, 279).

was Sie bei »Antonius« gerne missen möchten] Ball hat Englert damals seine Charakteristik des hl. Antonius Eremita, des ägyptischen Eremitenabtes, zur Begutachtung zugeschickt. Laut Tagebuch beschäftigte sich Ball – angeregt durch die ›Acta Sanctorum‹ – seit Oktober 1920 mit dem hl. Antonius (vgl. Flucht, S. 291), der ihn im August 1921 »noch immer« nicht losließ (vgl. Flucht, S. 317). Ball plante seit Herbst 1920 ein neues Buch, das nach dem vorliegenden Brief zunächst »aus etwa 15 solchen Charakteristiken« (wie der des hl. Antonius) bestehen sollte. Dieser Plan einer Sammlung von etwa 15 Heiligenviten wurde später aufgegeben zugunsten einer Konzentration auf »drei Heiligenleben«, die 1923 unter dem Titel ›Byzantinisches Christentum‹ erschienen. Das an Englert geschickte Antonius-Kapitel, das nicht in das ›Byzantinische Christentum‹ aufgenommen wurde, ist wohl die »erste Fassung« des ›Antonius‹, mit der Ball laut Tagebucheintrag vom 8. März 1921 »nicht recht zufrieden« war (Flucht, S. 296). Eine bisher ungedruckte Fassung des ›Antonius‹-Kapitels hat sich im HBN in Zürich erhalten. – Der hl. Antonius Eremita teilte nach der Legende mit 20 Jahren seinen Besitz den Armen aus und lebte von da an in einem Felsengrab. Unterzog sich verschiedenen Prüfungen durch Dämonen. Gründete – dem Drängen seiner wachsenden Jüngerschar nachgebend – ein erstes Kloster. Wurde unter die besonders verehrten und häufig dargestellten Heiligen aufgenommen (vgl. Martin Schongauers Stich ›Versuchung des hl. Antonius‹ von 1480 und Matthias Grünewalds Darstellung auf dem Isenheimer Altar).

Frate Maturno] In der späteren Korrespondenz (vgl. Nr. 760) wie auch im ›Tagebuch‹ (17. Dezember 1926) schreibt Ball den Namen des Paters anders: Materno. Der Franziskanermönch betete vor dem Bild der schwarzen Madonna in der Loretokirche für die Genesung der an Typhus erkrankten Annemarie, der es am nächsten Tag gesundheitlich besserging.

in Loreto] Südlicher Ortsteil von Lugano, nördlich von Paradiso gelegen.

Prälaten M[athies]] Vgl. *Nr. 243*.

Welling] Georg von Welling (1652-1727), deutscher Theosoph, auf dessen ›Opus mago-cabbalisticum et theologicum‹ (1719) sich Ball hier wie auch in seinem Tagebucheintrag vom 29. Dezember 1920 bezieht (vgl. Flucht, S. 294).

Hesse … in Bern grossen Erfolg] Am Donnerstag, dem 13. Januar 1921, las Hesse im Berner Großratsaal Prosa aus ›Wanderung‹ und ›Klingsors letzter Sommer‹ sowie Gedichte (freundlicher Hinweis von Volker Michels).

258. An Joseph Englert, 3.2.1921

H: Hs. Postskriptum zu einem ms. Brief von Emmy Ball-Hennings. Adresse: Herrn Josef Englert. (J. E.) / *Zug* / Postfach. **F:** HBN. **DV:** Original.

Emmy hat Ihnen alles gesagt] In ihrem im Folgenden abgedruckten Brief an Joseph Englert vom 3. Februar 1921:

»Lieber Herr Englert!
Es ist so kalt, und meine Handschrift würde vor Zittern unleserlich werden, daher schreibe ich mit der Maschine, ich bitte Sie um Entschuldigung deswegen.
Vor Allem recht innigen Dank für Ihren lieben Brief, lieber Herr Englert, ich kann nur sagen, ich bewundere die gute Art, wie Sie sich hineinfinden in Ihr neues Leben. Vielleicht lebt in Zug schon ein Mensch, mit dem Sie

einmal Kontackt fühlen werden. Ich meine immer Sie werden für eine einsame Stunde dort einen Menschen finden, mit dem Sie gemeinsames bergen und tragen. Es wäre gewiss gut.
ich freue mich, dass Sie die Messe besuchen, dass sie Ihnen ein täglicher Trost ist und Kraft gibt. Das haben mir in Flensburg einmal Kinder erzählt, die täglich Zeugen des Hl. Opfers waren, dass sie sich das Leben gar nicht denken könnten ohne tägliche Messe, und aus Ihrem Briefe klingt nun auch das, was die Kinder sagten, das ist gut.
Dann danke ich Ihnen auch, dass Sie die Schönheit der dortigen Gegend gleichsam hierher verschenken, lieber Herr Englert, ich kann mir denken, und sehe ein, dass es schön ist dort.
Wir hatten im Januar sonnige Tage. Jetzt fällt freilich wieder der Schnee. Der Himmel ist wohl grau, aber er sieht doch nicht so konsequent aus. Vielleicht hat er bis zum fünften ein freundlich Einsehen.
Ja, die frohe Botschaft von Ihrer Ankunft weiss ich schon seit einigen Tagen. Wir freuen uns so sehr, dass Sie kommen, wenn wir Sie auch nur kurz sehen sollten, da Sie wol wenig Zeit haben werden, und diese in Bigogno ruhig verbringen wollen, lieber Herr Englert. Wir wollen uns auch freuen, wenn wir nicht das Glück haben sollten, Sie zu sehen. Ich glaube, es ist nicht nur gut, dass Sie kommen, ich glaube sogar es ist notwendig. Es wird das nicht zuviel gesagt sein, lieber Herr Englert. Frl. Holzleithner habe ich die helle Freude vom Gesicht gelesen, das war nicht schwer, aber ich dachte doch, was dem vorangegangen, denn das habe ich wol geahnt. Ich weiss nicht, ob es recht ist, dass ich das Ihnen verrate. Sie ist nicht einsam, Ihre liebe Freundin, aber ich empfinde sie so schüchtern, dass auch ich schüchtern werde, und doch liegt in mir der Wille zum Trost.
Wir hatten am 27. eine kleine Pilgerfahrt nach Riva San Vitale unternommen. Frl. Holzleithner stand mit phantastischer Pünktlichkeit ein Viertel nach sechs vor einer Trattoria auf dem Wege nach Melide, wo wir uns verabredet hatten. Hugo und ich waren – ich glaube das erste mal in unserem Leben – restlos pünktlich. Mit dieser Tatsache werde ich noch 30 Jahre renommieren. Bei Ihnen mache ich den Anfang, lieber Herr Englert.
Die Sterne standen alle am Himmel, aber deren Schönheit kennen Sie ja, und ich will nur sagen, dass unser Ziel der selige Manfredo war. Wir sind die ersten Fremden gewesen, die seine Benediktion begrüsst haben, sonst war nämlich niemand da. Hugo hatte uns ein langes Märchen gedichtet von Kardinälen in Seidenkleidern, Geflaggten Strassen, bunt verhangenen Häusern, und von vielen Wundern. Natürlich wir beiden Frauen waren gerne gläubig.
Das Wunder war, dass wir drei Kinder fremder Länder dem Tessiner Volksheiligen einzeln und verschwiegen hinter dem Altare, wo die Gebeine des Seligen im Glassarge ruhen, ihm jeder unsere kleinen Anliegen gesagt haben. Darauf sind wir wieder nach Hause gegangen, das heisst über die Königin der Berge sind wir noch geschritten – Carona – ich bin freilich mehr gewankt, wie geschritten, aber Frl. Holzleithner und Hugo sind gegangen wie am frühen Morgen.
Das Fest der Benediktion sollte am Sonntag stattfinden, aber die Widerholung der Wallfahrt wurde gar nicht erwogen, wahrscheinlich meiner

unerhörten Müdigkeit wegen. Nun bin ich aber am Sonntag mit Annemie hingegangen. Hugo hatte recht gehabt, als er sagte, ich wolle mich beim Heiligen einschmeicheln. Ich wollte schon das erste Mal gar nicht mehr weg, und ich wollte auch die andern beiden veranlassen dazubleiben, aber wenn Sie dann am fünften gekommen wären, ja, dann hätten Sie noch ein Stück weiter gehen müssen nach Riva San Vitale, darum wollte Frl. Holzleithner auch zurück nach Bigogno, glaub ich, sonst wäre gar kein Grund gewesen, nicht dazubleiben. Wir hatten Rucksäcke bei uns, darin Brot, Kafe, ein Kochtopf, ein Stückchen Seife, ein Thelöffel und einen Serviettenring, also alles, was man zum Leben braucht: Die Messbücher in der Tasche. Frl. Holzleithner hatte sogar einen Wanderstab in der Hand. Jetzt wissen Sie alles. lieber Herr Englert. Hoffentlich haben Sie das nicht alles schon einmal gehört. »Durch zweier Zeugen Mund, wird allemal die Wahrheit kund.«
Vom seligen Manfredo weiss man, dass er ein Büsser war, und das Materielle überwunden hat, sonst nichts, aber das ist ja auch genug, und viel. Lieber Herr Englert, ich sagte oben schon, dass ich nicht locker gelassen, und am Sonntag nochmal hingegangen war. Die Benediktion hab ich wieder nicht gesehn, die war am Nachmittag, und wäre das Warten zu spät geworden, aber das Wunder begann in aller Frühe bereits auf dem Wege, das ist das Seltsamste, was ich nicht begreife. Das will ich Ihnen im nächsten Brief erzählen, denn ich wage nicht Ihre Zeit länger in Anspruch zu nehmen. Hugo dankt Ihnen sehr für Ihren lieben langen Brief, eben kommt er in die kalte Küche, der Hugo nämlich, kommt höchst russisch daher, aber die Kälte ist auch russisch sibirisch. Hugo freut sich, über Ihr gütiges Urteil. Lassen Sie sich prophezeien, lieber Herr Englert, falls Sie es nicht schon in den Sternen gelesen haben, lesen Sie es hier: Der Stylit Simeon steht Ihnen bevor. Machen Sie sich gefasst! Vierzig Ellen war die Säule hoch! Berechnen Sie den Umfang, Aufbau, Grundriss! Lieber Herr Englert, es werden Ihnen noch viele Pläne vorgelegt werden! Machen Sie sich auf die Säule des Simeon gefasst. Hugo steigt stufenweise einzeln über jede Elle hinauf. Er steht jetzt schon seit Tagen auf der Säule, hält Ausschau in das Reich der Symbole, und will gar nicht wieder herunter. Sie werden nun bald Ihr Gutachten über das Phänomen abgeben müssen. Sie sind ja nicht nur Ingenieur für diesseitige Bauten.
Nun sagen Sie auch mal gelegentlich bitte, ob Sie nicht zuviel engagiert werden. Wir möchten Sie gerne am Sonntag, oder so, sehen, lieber Herr Englert, vielleicht erfahren wir die Möglichkeit durch Frl. Holzleithner, wenn Sie nicht mehr Zeit zum Schreiben haben. Wir würden ja gerne nach Bigogno kommen, sei es auch nur, um Ihnen kurz Guten Tag zu sagen. Für Heute, lieber Herr Englert die herzlichsten Grüsse von uns dreien

Ihre Emmy Ball«

259. An August Hofmann, 6.2.1921

H: Hs. Bildpostkarte. Motiv: Lago di Lugano. Brusino-Arsizio. Adresse: Herrn / Gusti Hofmann / Pasing b/München / Scharnitzstrasse 9a. Adresse von anderer Hand korrigiert in: Nürnberg / Sandrartstr. 50 IV / bei Vitzthum. **F:** HBS. **E:** Briefe, S. 133; Faksimile in: HBK, S. 199. **DV:** Original.

neues Buch ... »Das Brandmal«] Emmy Balls zweiter Roman mit dem Untertitel ›Ein Tagebuch‹ ist im November 1920 erschienen (vgl. Flucht, S. 292, Eintrag vom 21. November 1920).

»Durchs Leben?« Am Leben vorbei] Anklang an Rainer Maria Rilkes Novellen- und Skizzensammlung ›Am Leben hin‹ (Stuttgart 1898).

260. An Joseph Englert, 18.3.1921

H: Hs. Bildpostkarte, einseitig beschrieben. Motiv: Lago di Lugano: Morcote. Adresse: Herrn Stadtingenieur / Josef Englert / Zug. / Postfach. **F:** CSSt. **DV:** Original.

Namenstage] Joseph Englerts Namenstag ist der 19. März.

261. An Joseph Englert, 21.3.1921

H: Hs. Brief; 1 Bl., 2 S. Adresse auf Briefumschlag: Herrn Stadtingenieur / Josef Englert / *Zug.* / Postfach. **F:** CSSt. **DV:** Original.

Styliten] Im 1923 erschienenen ›Byzantinischen Christentum‹ ist das dritte und letzte Kapitel (S. 251-291) »Symeon dem Styliten« gewidmet.

Emmys neue Gedichte] Emmy Ball-Hennings' Lyrik-Bändchen ›Helle Nacht. Gedichte‹ ist 1922 bei Erich Reiss in Berlin erschienen.

mein Buch] Gemeint ist das ›Byzantinische Christentum‹.

Nachricht von Herrn Prälaten M[athies]: aus Tunis] Vgl. Flucht, S. 297 (Eintrag vom 30. März 1921): »Brief des Prälaten Mathies aus Nizza. Er hat den Winter in Tunis verbracht und gratuliert zu den neuen Studien. Es ist dies die einzige Freundschaft und Korrespondenz von Bern her, die ich noch pflege.«

das dritte Kapitel, »Dionysius Areopagita« (60 Seiten)] Im Erstdruck des ›Byzantinischen Christentums‹ (1923) bildet ›Dionysius Areopagita‹ das zweite, zentrale Kapitel (S. 63-247). Es ist in der endgültigen, gedruckten Fassung also viel umfangreicher, als es im März 1921 in der frühen Fassung war. Vgl. auch Balls Tagebucheintrag vom 6. Juli 1921: »Heute ist ›Dionysius‹ fertig geworden, im ersten Entwurf. Es sind 76 Seiten in vier Abschnitten.« (Flucht, S. 314)

Es handelt von der Hierarchie] Der längste Abschnitt des ›Dionysius Areopagita‹-Kapitels ist ›Die Dionysische Hierarchie‹ überschrieben (vgl. Christentum, S. 192-247).

das Priestertum und seine Metaphysik] Nach Ball hat Dionysius »das Priesterideal zu einer kaum zu überbietenden Höhe« geführt (Christentum, S. 199). Zum dionysischen Priesterideal vgl. Christentum, bes. S. 210-213.

die Lehre von den Engeln] Zur »Engelslehre« des Dionysius vgl. Christentum, S. 102, 138, 159, 233-247. In einer griffigen Formulierung bezeichnet Ball die dionysische »Lehre von den Engeln« als »das Übermenschentum des Christen« (Christentum, S. 245).

Ostern] 1921 am 27. und 28. März.

oben bei Frl. Holzleithner] Englerts Freundin wohnte damals in dem auf dem Höhenrücken der Collina d'Oro gelegenen Ort Bigogno, dem Nachbardorf von Montagnola (vgl. Nr. 257 vom 18. Januar 1921 an Joseph Englert).

262. An Hilda Brown, Mai 1921

H: Beilage zu einem Brief von Emmy Ball-Hennings an Hilda Brown. **F:** HBN. **DV:** Ms. Abschrift.

Frau Dr. Brown] Hilda Brown, geb. Goldschmid (1893-1963), seit 1916 zweite Ehefrau des Schweizer Firmengründers (Brown Boveri & Cie.), Erfinders und Technikers Charles E. L. Brown (1863-1924).

oben bei Ihnen in Montagnola] Charles E. L. Brown hatte 1916 in Montagnola die Villa »Roccolo« erworben, die er mit seiner Familie bis zu seinem Tod bewohnte.

meine byzantinischen Asketen] Ball arbeitete seit Herbst 1920 am ›Byzantinischen Christentum. Drei Heiligenleben‹, das 1923 erschien. Die drei darin behandelten byzantinischen Asketen sind: Joannes Klimax, Dionysius Areopagita und Symeon der Stylit.

Dank ... für das schöne Bild der Madonna] Nach einem Besuch bei den Browns in Montagnola schrieb Emmy Ball-Hennings am 14. März 1921 an Hilda Brown: »Von den Bildern haben mir die Madonnen am besten gefallen. Sie sind alle wunderbar, aber die Mutter Gottes von der immerwährenden Hilfe, die ist es besonders, die Ihr Haus schützt.« (HBN). Offenbar haben die Browns den Balls ein Madonnenbild aus ihrer Sammlung geschenkt.

nach Baden] In dem 25 km von Zürich limmatabwärts gelegenen Kurort Baden, dem Sitz seiner 1891 gegründeten Firma Brown Boveri & Cie., hatte sich Charles E. L. Brown 1898/99 von dem Architekten Karl Moser die Villa »Römerburg« errichten lassen, die er seit 1916 abwechselnd mit der Villa »Roccolo« in Montagnola bewohnte (vgl. *Nr. 267*).

Den Kleinsten aller Buddhas, Robin] Der zweitjüngste Sohn von Hilda und Charles Brown, Robin Wilfried (1917-1934), galt als musikalisches Wunderkind. Auf einer viermonatigen Weltreise, die ihn 1911/12 von Ceylon über Indien, Burma, Singapur und Hongkong nach Japan führte, entwickelte Charles E. L. Brown eine Vorliebe für buddhistische Kunst und Kultur. In Nr. 272 tituliert Hugo Ball den vierjährigen Robin Brown als »kleinen Buddha«.

263. An Hermann Hesse, Mai 1921

H: Hs. Brief; 1 Bl., 2 S. **F:** HBN. **E:** Briefe, S. 133. **DV:** Original.

Herr Hesse] Hermann Hesse (1877-1962). Ball und Hesse, die in den benachbarten Tessiner Dörfern Agnuzzo und Montagnola lebten, hatten sich am 2. Dezember 1920 bei Joseph Englert in Lugano-Cassarate kennengelernt. Zwei Tage später, am 4. Dezember 1920, besuchte Hesse die Balls in Agnuzzo (vgl. Flucht, S. 293). Aus der Bekanntschaft entwickelte sich schnell eine für beide Seiten überaus wichtige Freundschaft, für Ball wohl die wichtigste der letzten Jahre. Hesse hat Ball nach Kräften unterstützt und ihm Geld- und Arbeitgeber, u.a. Hans C. Bodmer, Theo Wenger und Dr. Charles L. E. Brown, vermittelt. Sie haben miteinander korrespondiert und übereinander geschrieben und publiziert: Ball zum 50. Geburtstag des Freundes die erste Hesse-Biographie ›Hermann Hesse. Sein Leben und sein Werk‹ (Berlin 1927), und Hesse u.a. einen ›Nachruf an Hugo Ball‹ (in: ›Die Neue Rundschau‹ 38, 1927, Heft 10) sowie ein Vorwort zu Emmy Ball-Hennings' Briefbuch ›Hugo Ball. Sein Leben in Briefen und Gedichten‹ (Berlin 1930).

grossen Stadt] Zürich, wo sich Hesse vom 18. Mai bis 29. Juni 1921 aufhielt und bei C.G. Jung in Küsnacht am Zürichsee erneut psychoanalytische Gespräche führte. Zu Hesses damaligem Aufenthalt in Zürich vgl. Hesse SW 11, S. 655-657.

Klingsors Sommer] ›Klingsors letzter Sommer. Erzählungen‹ von Hermann Hesse. Berlin: Fischer, 1920.

brûlantes Buch] Das französische Adjektiv ›brûlant‹ bedeutet: glühend, flammend, leidenschaftlich.

Zentifolien] Provence-Rose (Rosa centifolia = hundertblättrige Rose). Die Zentifolie ist ein 1-2 m hoher Strauch mit beiderseits behaarten, schlaffen Blättern und wohlriechenden Blüten in verschiedenen Rottönen oder Weiß.

Kastanien] Der wichtigste Baum des Waldes im südlichen Seebezirk des Tessin ist die Kastanie. Sie war lange Zeit (bis Anfang des 20. Jahrhunderts) eine der wichtigsten Grundlagen der Landwirtschaft im Tessin.

roter Kakteen] Gemeint ist wohl der im Tessin und Wallis vorkommende gewöhnliche Feigenkaktus (Opuntia humifusa) mit seinen roten, fleischigen, feigenförmigen Früchten. Rötlich-lilafarbene Blüten hat der in der Südschweiz vorkommende Baum-Feigenkaktus (Opuntia imbricata).

264. An Joseph Englert, 8.6.1921

H: Hs. Brief; 1 Bl., 4 S. Adresse auf Briefumschlag: Herrn / Stadtingenieur Josef Englert / *Zug*. / Postfach. **F:** CSSt. **DV:** Original.

Das »Mönchsleben«] Gemeint sein könnte eines der beiden Bücher von Odilo Wolff: ›Mein Meister Rupertus. Ein Mönchsleben aus dem zwölften Jahrhundert‹ (1920) oder: ›Beuron. Bilder und Erinnerungen aus dem Mönchsleben der Gegenwart‹ (5. Aufl. 1903), beide in der Herderschen Verlagshandlung in Freiburg i. Br. erschienen.

Dr. Müller] Dr. Friedrich (Fritz, Federico) Müller (1877-1948), Arzt und Zahnarzt, hatte seine Praxis in Lugano, wohnte mit seiner Familie in Montagnola. Emmy und Hugo Ball waren bei ihm in Behandlung und wurden von den Müllers oft eingeladen (vgl. Nr. 267 vom 12. Juli 1921). Müller nahm Hugo Ball die Totenmaske ab (vgl. HBK, S. 240, 244, Nr. 256).

Hesse … bevor er abreiste] Hesse hielt sich vom 18. Mai bis 29. Juni 1921 in Zürich auf, um sich bei C.G. Jung in Küsnacht einer erneuten Psychoanalyse zu unterziehen.

»Klingsor«] Der Band ›Klingsors letzter Sommer. Erzählungen‹ erschien im Mai 1920 in Berlin bei S. Fischer. Der Band enthält die Erzählungen: ›Kinderseele‹, ›Klein und Wagner‹ und ›Klingsors letzter Sommer‹.

wunderschönen stillen Gedicht] Wahrscheinlich meint Ball das in dem Klingsor-Kapitel ›Abend im August‹ abgedruckte Gedicht »Vom Baum des Lebens fällt / Mir Blatt um Blatt« (Hesse SW 8, S. 321). Unter dem Titel ›Vergänglichkeit‹ hat Hesse dieses Gedicht in die ›Stufen‹ betitelte Sammlung seiner ›Gedichte 1895 bis 1941‹ aufgenommen (Neudruck in: Hesse SW 10, S. 256). Ball zitiert das Gedicht im ›Klingsor‹-Kapitel seiner Hesse-Biographie (Berlin 1927, S. 204 f.).

Joannes Klimax] Das erste Kapitel des ›Byzantinischen Christentums‹ handelt von Joannes Klimax (S. 3-60). Laut Tagebuch vom 19. April 1921 hat Ball im April mit der Arbeit am Joannes Klimax-Kapitel begonnen (vgl. Flucht, S. 300).

Joannes Klimax ... sagt, alle Menschen sind krank vom Paradiese ...] Vgl. Christentum, S. 23: »Nach des Joannes Klimax himmlischer Therapie ist Eva krank vom Paradiese, das sie verloren hat; nicht aber krank von Kain, ihrem Sohne, der ihr verboten ist.« Vgl. auch Nr. 265.

Emmy bittet Sie ... ihr ein kleines Zeichen von dort ... mitzubringen] Englert brachte ihr aus Rom »eine Medaille der hl. Cäcilia aus den Katakomben« mit (Nr. 267).

265. An Hermann Hesse, Juni 1921

H: Hs. Brief; 1 Bl., 4 S. **F:** HBN. **E:** Briefe, S. 133-135. **DV:** Original.

Antwortbrief Hesses an Hugo Ball (Mitte Juni 1921) in: Hesse, Stationen, S. 154.

die kleine Frau hat Ihnen alles geschrieben] In einem kurz zuvor geschriebenen Brief hat sich Emmy Ball-Hennings bei Hesse für ein Paket aus Zürich, dem eine Karte und ein Brief von Hesse beilagen, herzlich bedankt. Ihr Brief ist gekürzt abgedruckt in: EBH, Briefe an Hesse, S. 22-24.

»Enthusiasmus und die Bussgewalt«] Karl Holl: ›Enthusiasmus und Bußgewalt beim griechischen Mönchtum‹. Leipzig 1898 (zu Holl vgl. *Nr. 315*).

Dommeln] Die Dommel, gekürzt aus älterem ›Rohrdommel‹, ist eine Reiherart.

Caslano] Am linken Ufer des westlichen Arms des Luganer Sees gelegenes Dorf.

Das »Haus Hesse« auf der Karte] Aus Hesses Antwort (Mitte Juni 1921) auf Balls Brief geht hervor, daß es sich bei dem auf einer Postkarte abgebildeten »Haus Hesse« um das von Hesse gebaute und 1907 von ihm bezogene Wohnhaus »Am Erlenloh« in Gaienhofen am Untersee des Bodensees handelt. Abb. des Hesse-Hauses in Gaienhofen in: Hesse 1979, S. 94.

das »Weisse Haus« von Bang] Herman Bang (1857-1912), dänischer Schriftsteller. Sein Roman ›Det hvide Hus‹ (1898) erschien 1902 (Berlin: S. Fischer) in deutscher Übersetzung: ›Das weiße Haus. Roman‹. Deutsch von Therese Krüger. Hesse hatte den Roman in seiner Sammelbesprechung ›Sommerlektüre‹ am 20. Juli 1912 in der Wochenschrift ›März‹ (Jg. 6, 1912, Bd. 3, S. 114) empfohlen (vgl. Hesse SW 17, S. 128 f.).

Englert hat auch geschrieben. »Die Dinge sind in Bewegung geraten«] Vgl. Nr. 264.

Da Sie nun einmal von meinem guten Vater Joannes hörten] Nach seinem Tagebuch ist Ball am 7. Mai 1921 »im Gespräch mit Hesse ... das Wesen des Johannes Klimax« aufgegangen: »Es ist klar, daß die Leute schon damals um die Psychoanalyse wußten. Sie hatten nur einen anderen Namen dafür. Die Therapeuten, von denen Philo erzählt, waren offenbar Analytiker.« (Flucht, S. 305).

er ist auch ein Analytiker. Aus der Zeit, in der man die Mönche noch Therapeuten nannte] Vgl. Flucht, S. 305 (Eintrag vom 8. Mai 1921): »Gestern abend im Gespräch mit Hesse ging mir das Wesen des Johannes Klimax auf. [...] Die Therapeuten [...] waren offenbar Analytiker.«

266. An Annemarie Hennings, vor d. 12.7.1921

H: Hs. Postskriptum zu einem hs. Brief von Emmy Ball-Hennings an ihre Tochter Annemarie. **F:** HBN. **DV:** Original.

Datierung: Datiert wird das Postskriptum Balls und der Brief von Emmy Hennings an ihre Tochter aufgrund der Angaben, die Ball in seinen Briefen vom 8. Juni (Nr. 264) und 12. Juli 1921 (Nr. 267) zu Joseph Englerts Reise nach Rom macht: Am 8. Juni ist Englert noch nicht nach Rom abgereist, am 12. Juli ist er wieder aus Rom zurück, und in ihrem undatierten Brief an Annemarie schreibt Emmy Hennings »Herr Englert ist in Rom«. Folglich muß dieser Brief und Balls Postskriptum in die Zeit zwischen dem 8. Juni und dem 12. Juli 1921 datiert werden. Da Ball am Beginn seines nächsten Briefes an Annemarie vom 12. Juli 1921 erwähnt, daß seine Feder »immer noch spritzt«, und er im vorliegenden Postskriptum von seiner ›entsetzlichen‹ Feder spricht, muß das Postskriptum in zeitlicher Nähe zum Brief vom 12. Juli, also wenige Tage vor diesem, geschrieben worden sein.

Undatierter Brief von Emmy Ball-Hennings an Annemarie Hennings: »Meine liebe Annemie! Wie geht es Dir, mein Liebling? Willst Du nicht öfter schreiben? ich hab ja so lange nichts von Dir gehört. Hoffentlich sind die Sachen inzwischen angekommen, sodaß Du alles hast. Höre, mein Annemie, sieh doch mal nach in den Büchern, besonders in einem der dünnen Bände vom Inselverlag, ob Du da nicht einige Blätter mit Notizen von Vater findest. Wenn ja, sende sie bitte sofort. / Hier ist noch alles beim Alten, wir arbeiten fleißig, sodaß wir uns kaum Zeit nehmen zum Baden zu gehn, obgleich die Tage jetzt schön sind. Nur abends gehn wir ein wenig. Machst Du wohl auch Spaziergänge mit den Großeltern, gell ja? Schreib mal davon. / Unsere Bücher machen gute Fortschritte, Gott sei dank. Vater und ich haben beide an die 120 Seiten. Saagers waren mal da, aber im allgemeinen können nicht uns Besuche [unleserliches Wort]. Du verstehst ja, gellt Schatz? Morgen, Sonntag, wollen wir nach Morcote in die Messe. / Herr Englert ist in Rom, der Arme jetzt, tschau Pepe sagen was.. drei Wochen Ferien. Frl. Holzleithner hat sich die Haare abgeschnitten und ist nach Wien gefahren. Sie hat bereits geschrieben, läßt Dich herzlich grüßen. Herr Hesse ist in Zürich. Vor 8 Tagen kriegten wir durch die Dame, bei der er wohnt, ein Eßpacket. Wills aus Schonung für Euch nicht beschreiben, wie gesagt, hauptsächlich Haferflocken u. Fett. Gell ja, das habt Ihr auch. Was ist denn dort knapp? – – Die Nachbarn lassen andauernd grüßen. Wenn ich in die Cooperativa gehe, werde ich täglich wenigstens dreimal nach Dir gefragt. Aber ich muß ja sogar den Donada fragen nach einem Brief von Putzen, der nicht kömmt. – Die Pina lebt noch wauwau, wir haben jetzt glücklich 5 Kätzchen. 2 Müslis sind gefangen und eine Ratte ist gut aufbewahrt in der Herdschublade. Ja, wir sind so vornehm. – Einmal hab ich die Browns getroffen, bin mit Auto gefahren, aber die große Tour nach Riva San-Vitale war doch lustiger. Weißt Du noch die 20 frz.-Geschichte, die könntest Du mal den Großeltern zum Besten geben. – Nach München haben wir geschrieben, u. erwarten die Antwort. – Bist Du jetzt in der Klosterschule, Liebling? – Wenn Du mir nur nicht gar zu tüchtig im Arbeiten nach Haus kommst. Verstehst Du? / Was hat Gusti Hofmann denn gesagt. Haben wir richtig geraten, daß er es war? O, mein kleiner süßer Schnuck, Agnuz-Putz, was machst Du eigentlich. Wenn Du nicht bald schreibst, wirst Du ja, wie im Märchen, schreib lieber aus welchem Bilderbuch Du herausgepurzelt bist, oder soll ich es so ganz allein wissen? / Laß Dirs gut gehen, mein Herz, und ich küß Dich in Gedanken recht gründlich ab, was kann ich Besseres mit Dir machen? Sag selbst? Und schreib bald. ich hab Dich lieb, mein Liebling, und das ist die Hauptsache, mit der ich jetzt schließen will.

Deine Mutter.«

267. An Annemarie Hennings, 12.7.1921

H: Ms. Brief; 2 Bl., 6 S. Hs. von »Der Herr Messdiener« bis »Molto bello!« Mit Zeichnungen am Briefkopf und Briefende. Jene am Briefkopf vegetabil, jene am Ende anthropomorph. **F:** HBN. **E:** EBH Leben, S. 127-130. **DV:** Original.

Datierung: »1921« hs. von Annemarie Schütt-Hennings ergänzt.

's bitzli Arbeiten] Bitzli ist im Schweizerdeutschen die Verkleinerungsform des Neutrums ›Bitz‹ = ein bißchen (vgl. Zürichdeutsches Wörterbuch, S. 36). Ins Hochdeutsche übersetzt, lautet der Satz: ›ein ganz klein wenig Arbeiten könnt nicht schaden‹.

wegen des Instituts] Wohl die »Klosterschule« in Pirmasens, von der Emmy Hennings in ihrem undatierten Brief vom Juni/Juli 1921 an ihre Tochter spricht (vgl. *Nr. 266*). Das im Volksmund »Kloster« genannte Institut (Klosterstraße 1-5) hieß damals ›Katholisches Armenkinderhaus‹ (heute: Nardinihaus). Zu ihm gehörte und gehört noch immer eine private Schule.

Cooperativa] Cooperativa svizzera di consumo, Lebensmittelkette in der Schweiz mit preisgünstigem Warenangebot.

Den Geburtstag ...: 10. August] Annemaries Geburtstag ist der 11. August (vgl. HBA 1987, S. 138 f.).

Frau Base Saager] Gemeint ist wohl Maria Saager, die Ehefrau von Adolf Saager, die Ball hier aus der Sicht seiner Pflegetochter Annemarie als »Base« = Tante bezeichnet.

Onkel Saschi] Adolf Saager.

Dr. Browns ... nach Baden b / Zürich. ... ein berühmter Architekt] Charles E. L. Brown (vgl. *Nr. 262*) hatte sich 1898/99 in Baden die Villa »Römerburg« errichten lassen, eine eklektizistische Synthese aus Jugendstil und toskanischen Elementen mit ägyptisch anmutenden Steinplastiken an der Fassade. Architekt war der in Baden geborene Karl Moser (1860-1936), der wohl bedeutendste Schweizer Baumeister in den ersten Jahrzehnten des 20. Jahrhunderts, zu dessen bekanntesten Bauten der Badische Bahnhof in Basel, Universität und Kunsthaus in Zürich und die in Eisenbeton errichtete Antoniuskirche in Groß-Basel gehören.

Klavierlehrerin ... Frl. Lange ... aus Russland] Das Adressbuch von Lugano für 1932 verzeichnet: »Lange Nedejda, pianista, via Somaini 9«. Der russische Vorname und die Berufsbezeichnung »pianista« deuten darauf hin, daß Robin Browns damalige Klavierlehrerin mit Nedejda Lange identisch ist. Ball schreibt den Namen ohne »e«.

Buch aus dem Jahre 1766, »Nuovo Leggendario delle Sante Vergini«] Das Buch stammt von Alonso de Villegas Selvago (1534-1615); es ist seit Ende des 16. Jahrhunderts in vielen Auflagen in Venedig unter dem Titel ›Nuovo leggendario della vita di Maria Vergine‹ erschienen.

Mutters Gedichtband erscheint im Herbst] Der Band ›Helle Nacht. Gedichte‹ von Emmy Hennings ist nicht 1921, sondern erst 1922 erschienen.

von meinem Buch ist wieder ein Kapitel fertig geworden] Gemeint ist das zweite, Dionysius Areopagita gewidmete Kapitel des ›Byzantinischen Christentums‹. Unter dem 6. Juli 1921 notierte Ball in seinem Tagebuch: »Heute ist ›Dionysius‹ fertig geworden, im ersten Entwurf. Es sind 76 Seiten in vier Abschnitten.« (Flucht, S. 314) Im Erstdruck von 1923 hat das zweite Kapitel fünf Abschnitte, die 185 Druckseiten umfassen. Es ist also nach dem Juli 1921 noch beträchtlich angewachsen.

Mönchsbibliothek in St. Gallen] Die in den Jahren 1758-1767 von Peter Thumb und Sohn erbaute Stiftsbibliothek St. Gallen mit ihren Deckengemälden, Stukkaturen und Holzarbeiten ist eine der schönsten Bibliotheken des Spätbarocks.

der heilige Notker] Notker Balbulus (um 840-912), Benediktinermönch im Kloster St. Gallen, Gelehrter und Dichter, verfaßte etwa 40 lateinische Sequenzen. – Am 19. April 1921 notiert Ball in sein Tagebuch: »Begonnen Klimax und Notker Balbulus ...« (Flucht, S. 300)

Besprechung aus der Frankf. Zeitung] Siegmund Bing: »Das Brandmal«. In: ›Frankfurter Zeitung‹ Nr. 333 vom 7. Mai 1921.

Besprechung vom Brandmal aus Prag] Die Kurzbesprechung des ›Brandmals‹ in der ›Prager Presse‹ (Morgen-Ausgabe) vom 4. Januar 1922 kann nicht gemeint sein, da sie ein halbes Jahr nach diesem Brief erschienen ist. Das ›Brandmal‹ muß also in Prag vor dem 12. Juli 1921 schon einmal besprochen worden sein.

Gusti Hofmanns Adresse] Von Annemarie erfährt Ball, daß August Hofmann »Studienrat in Zweibrücken« ist, was wohl als Adresse für einen Brief genüge (vgl. Nr. 271).

Der Herr Messdiener ... die hl. Catarina gemalt] Der taubstumme Meßdiener der Kirche in Agnuzzo hieß Giuseppe Careggi. Ihm widmet Ball unter dem 2. Juli 1921 in seinem Tagebuch einen längeren Eintrag (vgl. Flucht, S. 313 f.). In ihren Erinnerungen ›Aus dem Leben Hugo Balls 1920-24‹ schreibt Emmy Hennings ausführlich über Giuseppe (vgl. HBA 1992,

S. 4-7). Noch im Februar 1923 malte Giuseppe die heilige Katharina (vgl. Nr. 310).

268. An Johann Wilhelm Muehlon, 21.7.1921

H: Hs. Brief; 1 S. **F:** Nachlaß J.W. Muehlon, Institut für Zeitgeschichte, München. **E:** HBA 1980, S. 75. Ebd., S. 76: Faksimile des Briefes. **DV:** Fotokopie des Originals.

(nachdem die Politik vorüber ist)] Nachdem er Ende Februar 1919 das Angebot, nach der Ermordung Kurt Eisners das Amt des bayerischen Ministerpräsidenten zu übernehmen, abgelehnt hatte, zog sich Muehlon 1919/20 aus Enttäuschung über den unzulänglichen Systemwechsel in Deutschland von der politischen Bühne ins Privatleben in der Schweiz zurück, die ihm nach langer Wartezeit – Muehlon war bereits im Spätherbst 1916 in die Schweiz übergesiedelt – das Bürgerrecht erteilte. Zu Muehlons Leben und Wirken bis 1918/19 vgl. *Nr. 208.*

269. An Annemarie Hennings, 6.8.1921

H: Ms. Brief mit eigenh. Unterschrift; 2 Bl., 5 S. **F:** HBN. **E:** EBH Leben, S. 130-134 mit Kürzungen; auch in: Briefe, S. 135-137. **DV:** Original.

Datierung: »1921« hs. von Annemarie Schütt-Hennings ergänzt.

Mutz] Schweizerdeutsch: der Bär (vgl. Zürichdeutsches Wörterbuch, S. 174).

Cooperativa] Vgl. *Nr. 267.*

Colline d'Or] Ital. Collina d'Oro, südlich von Lugano gelegener Höhenrücken.

Penzig] Bei Görlitz in Schlesien gelegene Stadt, Geburtsort von Annemarie Hennings.

sie [die Liebe] hört nimmer auf, wie der Apostel sagt] Vgl. den ersten Brief des Paulus an die Korinther (13,8).

Besprechung aus dem Berliner »Börsenkurier« … ein Lektor vom Fischerverlag] Die Rezension des ›Brandmals‹ stammt von dem Dichter Oskar Loerke (1884-1941), der von 1917 bis zu seinem Tod Lektor des S. Fischer Verlags war. Sie ist erschienen in: ›Berliner Börsen-Courier‹, Jg. 53, 1921, Nr. 353 vom 31.7.1921, Sonntagsbeilage: Der Bücherkarren. Neudruck der Rezension in: Oskar Loerke: ›Der Bücherkarren. Besprechungen im Berliner Börsen-Courier 1920-1928‹. Hrsg. von Hermann Kasack. Heidelberg/Darmstadt 1965, S. 65 f.

Herr Hesse das Buch durch den Verlag überreichen liess] Zusatz von Emmy Ball-Hennings in Klammern: »Annemarie bekam Hermann Hesses ›Indien‹ vom Verlag mit der Karte ›Im Auftrag des Verfassers‹ geschickt.« (EBH Leben, S. 132) Hesses Reisetagebuch ›Aus Indien‹ ist 1913 bei S. Fischer in Berlin erschienen. 1919 wurde die 9. Auflage des Buches gedruckt.

mit Herrn Hesse eine sehr schöne Tour … zu seinen Freunden nach Carona] Diese oder eine spätere Tour zu den Wengers nach Carona hat Hesse in der Prosaskizze ›Das schreibende Glas‹ beschrieben (Erstdruck: NZZ vom 30. Juli 1922; auch in: Hesse SW 8, S. 357-361).

ein äusserlich sehr unscheinbares Bauernhaus … ein Patrizierhaus] Ball skizziert hier Details der Casa Costanza, des sogenannten Papageienhauses in Carona, das die Familie Wenger 1917 erworben und seitdem als Sommerwohnsitz genutzt hat. In dem Kapitel ›Der Kareno-Tag‹ seiner Erzählung ›Klingsors letzter Sommer‹ (1920) hat Hermann Hesse das Papageienhaus, in dem er 1919 Ruth Wenger, seine zweite Frau, kennenlernte, ausführlich beschrieben. Abbildung der Casa Costanza in: Hesse 1979, S. 181.

alten Saal, in dem ein Flügel steht … eine Wandmalerei mit Delphinen und Engeln aus einem früheren Jahrhundert] Hermann Hesse im Kapitel ›Der Kareno-Tag‹ der Erzählung ›Klingsors letzter Sommer‹: »Durch Räume mit Steinböden und offenen Bogen kam man in einen Saal, wo barocke wilde Stuckfiguren über hohen Türen emporflackerten und rundum auf dunklem Fries gemalte Delphine, weiße Rosse und rosenrote Amoretten durch ein dicht bevölkertes Sagenmeer schwammen. Ein paar Stühle und am Boden die Teile des zerlegten Flügels, sonst war nichts in dem großen Raum.« (Hesse SW 8, S. 304)

Frl. Wenger] Ruth Wenger (1897-1994), Schweizer Sängerin; Tochter von Lisa und Theo Wenger, seit Juli 1919 Bekanntschaft und bald Freundschaft mit Hermann Hesse, der von Januar 1924 bis Mai 1927 in zweiter Ehe mit ihr verheiratet war. In Hesses Erzählung ›Klingsors letzter Sommer‹ figuriert Ruth Wenger als »Königin der Gebirge« aus dem Papageienhaus (Hesse SW 8, S. 301). Daß sich hinter der »Königin der Gebirge« eine reale Person verbirgt, hat Ball in seiner Hesse-Biographie verraten (S. 201): »Von den andern greifbaren Figuren der Erzählung [›Klingsors letzter Sommer‹] ist die ›Königin der Gebirge‹ und ihr Papageienhaus in Careno auch in Wirklichkeit vorhanden; ich habe mich öfters davon überzeugt.«

Frau Lisa Wenger] Lisa Wenger, geb. Ruutz (1858-1941), Schweizer Malerin, Schriftstellerin und Frauenrechtlerin; war als junge Frau eine der wenigen Schülerinnen der renommierten Düsseldorfer Kunstakademie; betrieb in Basel eine Schule für Porzellanmalerei; heiratete 1890 den Fabrikanten Theo Wenger, zu dem sie nach Delsberg zog, wo sie zum Schreiben überging; veröffentlichte zunächst märchenhafte Texte wie das ›Blaue Märchenbuch‹ (1905), dann Romane und Erzählungen wie ›Prüfungen‹ (1908), ›Die Wunderdoktorin‹ (1910), ›Der Rosenhof‹ (1915) oder ›Der Garten‹ (1925; Tessiner Novellen), später autobiographische Bücher (›Im Spiegel des Alters‹, 1926; ›Was mich das Leben lehrte‹, 1927). Lisa Wenger war eine der meistgelesenen Schweizer Autorinnen ihrer Zeit.

das Haus von der andern Seite … oben am Giebel ein bunter Papagei] Hesse im Kapitel ›Der Kareno-Tag‹ seiner ›Klingsor‹-Erzählung: »Das Haus schien aber ohne Tor zu sein, nur rosig gelbe Mauer mit zwei Balkonen, darüber am Verputz des Giebels eine alte Malerei: Blumen blau und rot und ein Papagei.« (Hesse SW 8, S. 302)

Riva S. Vitale] Am Südende des Luganer Sees gelegene Ortschaft.

Salvatore] Monte San Salvatore, einer der beiden Hausberge von Lugano (912 m).

Septemberheft der »Neuen Rundschau« … zwei Gedichte] In diesem Heft der ›Neuen Rundschau‹ sind 1921 (Jg. 32, S. 1081) von Emmy Hennings die Gedichte ›Bekenntnis‹ und ›Die Heiligen sind‹ erschienen.

Gedichtband, den Reiss bringt ... 70 Seiten] Der Band ist 1922 unter dem Titel ›Helle Nacht. Gedichte‹ bei Erich Reiss erschienen (74 S.).

bei seinem alten Buch] Dem 1923 erschienenen ›Byzantinischen Christentum‹.

das Antonius-Kapitel noch einmal umarbeiten] Unter dem 5. August 1921 schreibt Ball im Tagebuch: »Ich glaube jetzt erst Antonius, der mich noch immer beschäftigt, verstanden zu haben.« (Flucht, S. 317)

heiligen Ignatius] Gemeint ist wohl der heilige Ignatius von Antiochien, der Bischof von Antiochien war und vermutlich Anfang des 2. Jahrhunderts in Rom als Märtyrer starb (vgl. LThK, 3. Aufl., Bd. 5, Sp. 407-409). Ball erwähnt ihn in Nr. 501 und in der ›Flucht aus der Zeit‹ (S. 318 f.) Im ›Byzantinischen Christentum‹ hat Ball entgegen seiner hier geäußerten Absicht nicht über Ignatius von Antiochien geschrieben.

Großvater] Gemeint ist Hugo Balls Vater Karl Ball (vgl. *Nr. 1*).

270. An Heinrich Bachmair, 6.8.1921

H: Hs. Postkarte, beidseitig beschrieben. Adresse: Herrn / Heinrich F.S. Bachmair / Pasing – München / Planeggstr. 5 [I]. **F:** Nachlaß Bachmair, DLA. **E:** HBA 1979, S. 41 f. **DV:** Original.

Die Postkarte wurde gelocht, deshalb die in eckige Klammern gesetzten Ergänzungen.

Hs. Postskriptum von Emmy Hennings: »Lieber Herr Bachmair, wie ich mich freue, daß Sie leben, ich freu mig sehr zu Ihnen, u. grüße Sie und alle Freunde Ihre Emmy / ich habe viel an Sie gedacht, es möge Ihnen gut gehen.«

Panizza-Buch] Welches der zahlreichen Bücher des deutschen Schriftstellers Oskar Panizza (vgl. *Nr. 40*) hier gemeint ist, konnte nicht ermittelt werden. Vielleicht war es sein skandalumwittertes Hauptwerk ›Das Liebeskonzil. Eine Himmels-Tragödie in fünf Aufzügen‹ (Zürich 1894).

Es waren die abenteuerlichsten Gerüchte über Sie verbreitet. Sie sind gewissermassen von den Toten auferstanden] Aktiv an der Münchner Räterepublik beteiligt, wurde der Verleger Bachmair nach deren Niederschlagung am 4. Juni 1919 wegen Beihilfe zum Hochverrat zu 1 ½ Jahren Festungshaft verurteilt. Wegen guter Führung wurde Bachmair bereits am 22. Juli 1920 aus der Haft entlassen.

271. An August Hofmann, 6.8.1921

H: Ms. Brief mit eigenh. Unterschrift; 1 Bl., 3 S. Adresse: Herrn August Hofmann / p. A. Frl. Hedwig Hofmann / *Engelsberg. Oberbayern.* **F:** HBS. **E:** EBH Leben, S. 137-139; auch in: Briefe, S. 137 f. **DV:** Original.

Dem Brief beigelegt war vermutlich das Foto HBK, S. 111. In der Abschrift dieses Briefs schreibt August Hofmann in einem Nachsatz »Mit einer Fotographie: Hugo Emmy und ???)« Die Fragezeichen von Annemarie Schütt-Hennings gestrichen und hs. »L. Frank« hinzugefügt. Bei der dritten Person handelt es sich um Hans Richter.

meine Frage nach Deiner Adresse] Vgl. Nr. 267.

Papa Stich, mein alter Rektor] Dr. Hans Stich, der Rektor des K. Humanistischen Gymnasiums Zweibrücken, hat Balls Gymnasial-Absolutorium am 14. Juli 1906 unterschrieben (vgl. HBK, S. 55).

Emmys Roman] ›Das Brandmal. Ein Tagebuch‹. Berlin: Reiss, 1920.

Sein Buch »Wanderung«] ›Wanderung. Aufzeichnungen‹. Berlin: Fischer, 1920. In seinem Aufsatz ›Wahlheimat‹ bezeichnet Hesse das Wander-Tagebuch als einen »Lobgesang an die Tessiner Landschaft« (Hesse SW 12, S. 128). In der Hesse-Biographie äußert sich Ball ausführlich und sehr lobend über Hesses ›Wanderung‹ (vgl. S. 207-211).

Hedwig] August Hofmanns Schwester (vgl. *Nr. 376* – »Hedwig samt Italo«).

An Deine Mutter besonders muss ich viel denken. Sie war sehr lieb zu mir] Über das gute Verhältnis zwischen seiner Mutter, Philippine Hofmann, geb. Wirsing (1856-1942), und Hugo Ball in dessen Münchner Studentenzeit schreibt Hofmann in seinen ›Erinnerungen‹: »Wenn meine fromme, aber gewiß nicht frömmelnde Mutter, der seine [Hugo Balls] freie Denkungsart nicht geheim blieb, ihm gelegentlich sanft ins Gewissen redete, so nahm er diese Leviten eigentlich gern und widerspruchslos an.« (HBA 1997/1998, S. 91 f.)

Schnaitsee] 1909/10 arbeitete Ball in dem oberbayerischen Dorf Schnaitsee bei Wasserburg am Inn an seiner Dissertation ›Nietzsche in Basel‹. August Hofmanns Schwester Hedwig, die in Schnaitsee als Lehrerin tätig war, hatte ihm dort »ein nettes Zimmer in der Villa eines Bauern« vermittelt (HBA 1997/1998, S. 95).

272. An Familie Charles Brown, 8.8.1921

H: Hs. Bildpostkarte. Motiv: Hugo und Emmy Ball auf der Freitreppe vor ihrem Haus in Agnuzzo sitzend (vgl. HBK, S. 203). Adresse: Frau und Herrn / Dr. Charles Brown / Baden / Schweiz. **F:** Elena Brown, Montagnola. **DV:** Fotokopie des Originals.

kleinen Buddha] Gemeint ist Robin Wilfried Brown, der älteste Sohn von Charles und Hilda Brown, den Ball bereits in Nr. 262 als »den Kleinsten aller Buddhas« bezeichnet hatte.

273. An Annemarie Hennings, vor d. 28.8.1921

H: Hs. Nachschrift zu einem Brief von Emmy Hennings an ihre Tochter Annemarie. **F:** HBN. **DV:** Original.

Datierung: Nach den zeitlichen Angaben »Du könntest vielleicht am *28.ten reisen*« und »Die Schule in Lugano beginnt am 4. September« wurde der Brief vor dem 28. August 1921 geschrieben.

Dein Schuhzeug ... Schuhe dort neu bekommen] Pirmasens hat sich im 19. Jahrhundert zur deutschen Schuhmetropole entwickelt.

Die Schule in Lugano] Die in Nr. 274 erwähnte »Sc[u]ola di Economia Lugano«.

Grosseltern] Es sind Balls Eltern gemeint.

274. An Joseph Englert, Sept. 1921

H: Hs. Postkarte, einseitig beschrieben; auf der Adreßseite eine Zeichnung Balls, unklaren Sinnes. Adresse: Herrn Stadtingenieur / Joseph Englert / Zug. **F:** CSSt. **DV:** Original.

Rudolf Steiner ... über die Bedeutung der Anthroposophie] Der Vortrag fand am 15. September 1921 statt; vgl. ›Berliner Tageblatt‹ (Morgen-Ausgabe, Nr. 432, 1. Beiblatt) vom 14. September 1921 sowie die folgende Erläuterung – Joseph Englert war mit Steiner befreundet. Er baute das erste Goetheanum, den Johannesbau, in Dornach. Zu Englert vgl. *Nr. 252*.

Das Berliner Tageblatt ... Begrüssungsartikel ... Heroldsbläserei seiner Adepten] Der ›Rudolf Steiner‹ überschriebene Artikel von Walther Nithack-Stahn (siehe vorherige Erläuterung) setzt sich vor allem mit den »Verehrern« und »Anhängern« des »Meisters« auseinander; an einer Stelle ist von einem »seiner Herolde« die Rede.

Die Besprechung des Philharmonie-Abends] Sie erschien am 19. September 1921 im ›Berliner Tageblatt‹, Abend-Ausgabe (Nr. 441, S. 3): *»m. Steiners Offenbarung.* Um Propheten richtig zu würdigen, muß man sich ihre Gemeinde ansehen. Bei *Steiners* Auftreten in der Philharmonie war das insofern schwierig, als eine derartige Menschenfülle zusammengekommen war, daß der bekannte Apfel nicht zur Erde fallen konnte. *Steiners* oratorisch glänzende Ausführungen waren natürlich nur für den verständlich, der ganz in seinen Vorstellungen lebt: man stelle sich seine Gedankengänge nicht etwa einfach vor. Ja, die wenigsten werden überhaupt neben ihrem Beruf Zeit und Ruhe genug haben, um die zum Verständnis seiner *Anthroposophie* nötigen Studien und Seelenübungen zu machen. Derartiges geht allenfalls in Klöstern, wo man ganz beschaulich leben kann. Aber man sah ja, wie die neue Lehre der Anthroposophie auf weite Kreise wirkt, die sicher nicht alle das vorgeschriebene geistige und seelische Training *Steiners* durchführen. Die große Zahl derer, denen die Naturwissenschaften nicht genug und die Kirche zu viel sagen und die den Menschen und die Welt tiefer ergründen wollen, lauscht *Steiners* Worten. Er möge getrost an sein ›Goetheanum‹ die Worte schreiben (falls sie etwa noch nicht daran stehen): ›Und wenn ihr euch nur selbst vertraut, vertrauen euch die andern Seelen.‹ Denn ohne Glauben an die äußerst verwickelten, nur bei oberflächiger Betrachtung leichtfaßlich erscheinenden Lehrsätze von *Steiner* geht es natürlich nicht. Das Für und Wider haben unsere Leser hier durch die Aufsätze von *Michel* und *Nithack-Stahn* erfahren. Im Grunde ist *Steiners* Anthroposophie nur eine neue Form der Naturphilosophie, die von jeher eine Zeitlang Anhänger gehabt hat. Das Streben nach dem »Erkenne dich selbst« hat man ja immer auf diesem Wege versucht; der Erfolg war nie restlos befriedigend und wird es natürlich auch bei der Steinerschen Modifikation nicht sein.«

mit unserem aus Deutschland wiedergekommenen Füllen] Annemarie Hennings hielt sich vom Juli bis September 1921 in Pirmasens bei Balls Eltern auf (vgl. Nr. 266, 267, 269 und 273 an Annemarie Hennings).

275. An Hermann Hesse, 6.10.1921

H: Ms. Brief mit eigenh. Unterschrift; 1 Bl., 2 S. **F:** HBN. **E:** Briefe, S. 139. **DV:** Original.

in Cappella adieu sagten] Von Freunden oder Bekannten verabschiedete sich Ball oder traf sich mit ihnen immer an der Station Cappella (benannt nach der Fontana Cappella), an der die Ponte-Tresa-Bahn von Ponte Tresa nach Lugano auch heute noch hält. Die Station Cappella ist die Agnuzzo und auch Montagnola zunächst gelegene Bahnstation (freundlicher Hinweis von Bärbel Reetz).

fiel für uns in Montagn[ola] eine Entscheidung] Ball hatte am 27. September 1921 brieflich bei Dr. Brown in Montagnola angefragt, ob er ihn und Emmy für 3/4 Jahre mit monatlich 300 SFr. unterstützen wolle (vgl. ›Tagebuch‹, 27. September 1921). Brown hatte die Anfrage am 29. September abgelehnt, worauf sich die Balls entschlossen, nach Deutschland zu reisen (vgl. ›Tagebuch‹, 29. September 1921). Über die Hintergründe seiner überraschenden Abreise nach Deutschland äußert sich Ball auch in Nr. 276.

drüben noch irgendwo sehen … nach Stuttgart noch einmal schreiben] Mit Ruth Wenger und dem Zigarettenfabrikanten und Begründer der freien Waldorfschule Emil Molt (1876-1936) ist Hesse Anfang Oktober im Auto nach Stuttgart, Calw und Maulbronn gereist.

Dienstag nächster Woche] 11. Oktober 1921.

über Zürich nach München] Aus Kostengründen sind die Balls nicht über Zürich, sondern über Basel, Delémont und Steinen (bei Lörrach) nach München gereist (vgl. Nr. 276).

einen Mieter zu finden] Hesse teilt Ball am 1. Februar 1922 brieflich mit: »In Ihrem Häuschen wohnt jetzt übrigens ein Herr Venner, Literat, der aber nichts tut, ein schöner kräftiger Mann, sieht aus wie Guglielmo Tell, ebenfalls natürlich ohne Geld, aber großer Zechbruder.« (DLA, Hesse)

Annemarie in Stellung geben] Laut ›Tagebuch‹ trat Annemarie Hennings am 5. November 1921 in München ihre »Stellung als Kinderfräulein bei Engerts« an (vgl. ›Tagebuch‹, 4. November 1921). Die Familie des Graphikers und Silhouettenschneiders Ernst Moritz Engert war in der Münchner Vorkriegszeit eng mit Emmy Hennings befreundet.

276. An Hermann Hesse, 20.10.1921

H: Hs. Brief; 1 Bl., 2 S. Bedruckter Kopfbogen: Hotel Deutscher Hof / (Fahrig's Hotel) / Haus ersten Ranges / In nächster Nähe des Hauptbahnhofes / am Karlstor [München]. **F:** HBN. **E:** Briefe, S. 139-141. **DV:** Original.

Ihre erste Karte in Agnuzzo … Ihre liebe Karte vorzufinden.] Die beiden Postkarten Hesses an Ball haben sich nicht erhalten.

eine Pension] Ball bezog am 5. November 1921 ein Zimmer in der Pension Burgheim, Schellingstrasse (vgl. ›Tagebuch‹, 4. November 1921).

An die Nationalzeitung … wegen einer Correspondenz aus München] In dieser Angelegenheit hatte Ball am 4. Oktober 1921 einen nicht erhaltenen Brief an die Basler ›National-Zeitung‹ geschrieben (vgl. ›Tagebuch‹).

Frau Saschi und Fräulein Holzleithner] Maria Saager (vgl. Nr. 267 – »Frau Base Saager«) und Maria Theresia Holzleithner (vgl. Nr. 257).

Franziska] Gemeint ist möglicherweise die Schweizer Schriftstellerin und Malerin Franziska Stöcklin (vgl. *Nr. 577*).

Steinen] Bei Lörrach im Südschwarzwald gelegener Ort.

Dr. Oppenheims] Eva Wenger (1891-1959), Tochter von Lisa und Theodor Wenger, war mit dem praktischen Arzt und Psychiater Erich Alphons Oppenheim (1881-1964) verheiratet, der 1914 als Mediziner in die deutsche Armee eingezogen wurde und nach dem Ersten Weltkrieg eine Arztpraxis in Steinen eröffnete. In den dreißiger Jahren floh Oppenheim vor den Nationalsozialisten in die Schweiz und ließ sich mit seiner Familie in Carona im Haus seiner Schwiegereltern nieder. Älteste Tochter von Erich und Eva Oppenheim war die Schweizer Künstlerin Meret Oppenheim (1913-1985).

277. An Joseph Englert, 27.10.1921

H: Hs. Brief; 1 Bl., 4 S. Adresse auf Briefumschlag: Herrn Stadtingenieur Englert / *Zug. Schweiz.* **F:** CSSt. **DV:** Original.

Dame in Schwabing … kleine dürftig möbilierte Atelierwohnung … Excellenz Maximoff] Nach Nr. 279 lag die Wohnung im Norden Schwabings in der Bismarckstraße 11 (bei Maximoff). Hugo und Emmy Ball wohnten zunächst, d.h. im November 1921, gemeinsam in der Bismarckstraße, ehe Hugo Ball Anfang Dezember in die Mauerkircherstraße nach Bogenhausen umzog.

Dr. Blei] Franz Blei (vgl. *Nr. 26*) arbeitete vom Herbst 1919 bis 1923 als Lektor des Georg Müller Verlags in München.

Am 16. oder 17. Nov. wird Emmy schon ihren ersten Vortragsabend haben] Der Leseabend fand am 17. November 1921 im Steinicke-Saal statt (vgl. *Nr. 278*).

Annemarie sogleich kommen lassen] Bei ihrer Ausreise aus der Schweiz hatten die Balls die »kleine Annemarie« in Delémont bei der Familie Wenger zurückgelassen (vgl. Nr. 276).

278. An Hermann Hesse, 30.10.1921

H: Hs. Bildpostkarte. Motiv: Lichterprozession in Altötting. Nach dem Gemälde von Franz Pol, München 1911. Adresse: Herrn / Hermann Hesse / Montagnola b/Lugano / *Schweiz*. Auf der Vorderseite schreibt Emmy Ball-Hennings: »Lieber Herr Hesse! Noch nicht in Deutschland, und nicht mehr im Tessin bin ich vor Sehnsucht krank, aber ich hoffe, daß ich, wenn ich am Bußtage lesen werde, mich ein wenig zu Hause fühlen kann. Wir lasen in den Zeitungen, wie freundlich Sie in Stuttgart aufgenommen, und wären sehr gern dabeigewesen. Lieber Herr Hesse, ich sende Ihnen meine besten Grüße. Ihre Emmy Ball.« **F:** DLA, Hesse. **DV:** Original.

Madonna von Altötting] Am Markt von Altötting, dem berühmten Wallfahrtsort östlich von München unweit der österreichischen Grenze, befindet sich die Heilige Kapelle, ein frühromanischer Zentralbau. Darin ein schwarzes wundertätiges Marienbild aus Holz vom Anfang des 14. Jahrhunderts. Aus Altötting brachten die Balls »eine kleine entzückende Madonna« mit, »schwarzes Gesicht und schwarzes Kindlein, meergrünes Kleid und rote Krone« (›Tagebuch‹, 5. November 1921).

letzte Karte aus Stuttgart] Hesses Postkarte, abgestempelt in Stuttgart am 22. Oktober 1921, Eingangsstempel: München, 24. Oktober 1921 (DLA, Hesse). – Im Oktober 1921 war Hesse mit Emil Molt und Ruth Wenger im Auto nach Stuttgart, Calw und Maulbronn gereist.

Dr. Geheeb] Reinhold Geheeb (1872-1939), Redakteur der satirischen Zeitschrift ›Simplicissimus‹ und Direktor des Münchner Verlags Albert Langen/Georg Müller; Freund Hesses. – In seiner Postkarte vom 22. Oktober 1921 hat Hesse auf der Adressenseite folgende Zeilen an Geheeb gerichtet: »Lieber Geheeb! Mein sehr lieber Freund H. Ball ist in München, u. wenn Du ihm in seinen Sorgen irgendwie helfen kannst, bitte ich sehr es zu tun! Ich wollte Dich besuchen, vertrug aber die Reise schlecht, war nur in Stuttgart u. muß gleich wieder heim. Aber bald komme ich doch. Herzlich Dein Hesse.«

Am 16. oder 17. Nov. hat Emmy einen Leseabend bei Steinicke] Die ›Münchner Neuesten Nachrichten‹ (Abendblatt) kündigten am 15. November 1921 unter der Rubrik ›Konzerte und Vorträge‹ im Feuilleton an: »Emmy *Hennings* liest Donnerstag, 17. November 8 Uhr, im Steinicke-Saal aus ihren dramatischen und lyrischen Schriften.« Am 18. November 1921 erschien in den ›Münchner Neuesten Nachrichten‹ (Abendblatt) eine Besprechung des Autorenabends: »Wer es noch nicht wußte, der durfte bei dem Leseabend im Steinickesaal sich dem Eindruck nicht verschließen, daß Emmy *Hennings* zu den besten deutschen Erzählerinnen der Gegenwart gehört. Was sie auszeichnet, ist vor allem eine für Frauen ungewöhnliche Leidenschaft der Dialektik. Diese Leidenschaft ist bestimmend für die große Feinfühligkeit und Biegsamkeit der Sprache, für die unendliche Melodie des Fragens, die das epische Geschehen durchsetzt, jede Szene aus der Begrenztheit des Eindrucks, des Zufälligen ins Raumlose, Schwankende, Ironische erhebt. Unter der Wirkung leidenschaftlicher Variation über ein Thema verändern sich unausgesetzt alle Umrisse der Erscheinung und Gestalt. In den Gedichten, die von Musik erfüllt sind, herrscht mehr Schauen als Sinnen vor. Am stärksten entfaltet sich die Eigenart der Autorin im Roman ›Brandmal‹, etwas abgeschwächt in ›Oktaven‹. Das Publikum nahm das Gebotene mit starkem Beifall auf!« Zu Emmys Leseabend vgl. auch Balls ›Tagebuch‹ vom 17. November 1921. Die Münchner Buchhandlung von Georg Carl Steinicke (1877-1939) in der Adalbertstraße 15 verfügte seit 1914 über einen großen Veranstaltungsraum, den sog. Kunstsaal, in dem häufig Leseabende mit Schriftstellern stattfanden (vgl. H. Arens: ›Unsterbliches München‹. München 1968, S. 630, 726, 787).

Ob ich Herrn Wolff besuchen werde] Mit seinem 1913 gegründeten Verlag war Kurt Wolff im Oktober 1919 von Leipzig nach München übersiedelt, wo er das einstige geräumige Haus des 1916 verstorbenen Verlegers der ›Jugend‹, Georg Hirth, gemietet hatte (Luisenstraße 31). Ball hat Wolff am 11. November besucht (vgl. ›Tagebuch‹, 11. November 1921).

279. An Joseph Englert, 5.12.1921

H: Hs. Brief; 1 Bl., 4 S. Adresse auf Briefumschlag: Herrn Stadtingenieur Josef Englert / *Zug. Schweiz.* Absender auf Briefumschlag: Hugo Ball, München / Mauerkircherstr. 24. p. **F:** CSSt. **DV:** Original.

Bildchen des Heiligen … und einem Vogel] Nach der Legende predigte der hl. Franziskus von Assisi auch den Tieren, besonders den Vögeln.

Kennen Sie … den Herzogspark?] Der Herzogpark liegt nördlich von Bogenhausen am rechten Ufer der Isar. Nach Nr. 280 wohnte Ball seit Anfang Dezember in der Mauerkircherstraße 24 in Bogenhausen.

Frau v. Jacobi] Luci von Jacobi (1887-1956), österreichische Schriftstellerin und Übersetzerin; veröffentlichte in der ›Schaubühne‹ und der ›Weltbühne‹ zwischen 1917 und 1930 vierzehn Artikel. Ball erwähnt im ›Tagebuch‹ (23. November 1921), daß Frau von Jacobi in der ›Weltbühne‹ »sehr frisch« über Robert Forster-Larrinaga geschrieben hat. Der Artikel erschien am 20. November 1919 (Nr. 48) in der ›Weltbühne‹.

Chinesischen Turm] 1789/90 im Englischen Garten errichteter, von Joseph Frey entworfener Turm, der 1951/52 originalgetreu wiederaufgebaut wurde.

Herr v. Schrenck] Albert von Schrenck-Notzing (1862-1929), wohnte seit Januar 1907 in München in der Max-Joseph-Straße 3 und führte dort eine Praxis als praktischer Arzt. Ball erwähnt von Schrenck-Notzing am 4. Dezember 1921 im ›Tagebuch‹, ebenfalls im Zusammenhang mit Emmy, die in einem Münchener Brief an Hermann Hesse vom 21. März 1922 von Schrenck und dessen »Villa« spricht (EBH, Briefe an Hesse, S. 27).

Dr. Marcuses] Vgl. *Nr. 81*.

Die Stadt … ist unheimlich tot] Im November 1921 hat sich Ball stichwortartige Notizen zu einem wohl in München spielenden Roman mit dem Titel ›Tote Stadt‹ gemacht (vgl. ›Tagebuch‹, 5. November 1921).

Hesse … entsetzt] Hesse hatte im Oktober 1921 seine erste Deutschlandreise nach dem Ende des Ersten Weltkrieges unternommen (vgl. *Nr. 275* – »drüben noch irgendwo sehen …«). In einem Brief vom 21. Dezember 1921 an Alfred Schlenker schreibt Hesse, er habe bei seiner Deutschlandreise »im ganzen gute Eindrücke« gehabt (Hesse, Briefe 1, S. 483).

»Das heimliche Deutschland«] Am 12. November 1921 hatte Ball einen Brief von Wilhelm Uhde und dessen Broschüre: ›Das flammende Reich. Ein Bekenntnis zum heimlichen Deutschland‹ (Burg Lauenstein in Oberfranken, »Die Freude« 1921) erhalten (vgl. ›Tagebuch‹, 12. November 1921). In der Broschüre entdeckte Ball Übereinstimmungen mit seiner ›Kritik der deutschen Intelligenz‹, die er Uhde am 14. November zuschickte (vgl. ›Tagebuch‹).

dies Buch] Das Ende 1920 begonnene ›Byzantinische Christentum‹ (1923).

unter den »kleinen« Leuten … Das ist mir ja nicht neu] Hinweis auf Balls Leben im Milieu des Züricher Maxim-Ensembles (Oktober bis Dezember 1915). Die Züricher Vor-Dada-Zeit bot Ball den Stoff für seinen Kleine-Leute- und Kiez-Roman ›Flametti‹ (1918).

Allerheiligen-Hofkirche] Die an der Ostseite der Residenz liegende, unter Ludwig I. 1826/37 erbaute, von Leo von Klenze entworfene Kirche im neobyzantinischen Stil wurde im Zweiten Weltkrieg zerstört.

Messe St. Raphaelis] Eine Messe zu Ehren des Erzengels Raphael, dessen Festtag der 24. Oktober ist. Möglicherweise handelte es sich um eine konzertante Aufführung einer St. Raphaels-Messe.

Theatinerkirche] Vgl. *Nr. 226*.

Messe von Palestrina] Giovanni Palestrina (um 1525-1594), italienischer Komponist; Kapellmeister an verschiedenen römischen Kirchen (S. Giovanni in Laterano, S. Maria Maggiore, Peterskirche), Komponist der päpstlichen Kapelle.

Per omnia saecula saeculorum] Von Ewigkeit zu Ewigkeit; Schlußformel vieler Gebete der katholischen Kirche, besonders der Praefationen.

Fatigue] Ermüdung, Strapaze.

280. An Hermann Hesse, 9.12.1921

H: Hs. Brief; 4 Bl., 4 S. **F:** HBN. **E:** Briefe, S. 141 f. **DV:** Original.

Datierung: In seinem auf den 9. Dezember datierten Brief schreibt Ball, Tim Klein habe »vorgestern« und Franz Blei »gestern« im Steinicke-Saal gelesen. Dies müßte am 7. bzw. 8. Dezember gewesen sein. Nach Ausweis der Ankündigungen in den ›Münchner Neuesten Nachrichten‹ (vgl. die folgenden Erläuterungen) las Klein jedoch am 6. und Blei am 7. Dezember. Bei der Datierung dürfte sich Ball also geirrt und den Brief bereits am 8. Dezember 1921 geschrieben haben. Dann nämlich stimmen seine Zeitangaben »vorgestern« bzw. »gestern«.

Ihr Brieflein ... und Ihre Karte] Hesses »Brieflein mit dem bunten Torbogen von Montagnola« hat sich im Hesse-Depositum in Marbach nicht erhalten. Die Karte von Hesse (DLA, Hesse) ist abgestempelt: Stuttgart, 18. November 1921.

Ihr Feuilleton in der »Zürcher Ztg.«] Höchstwahrscheinlich Hesses ›Vorrede eines Dichters zu seinen ausgewählten Werken‹, die am 20. November 1921 in der NZZ erschienen ist (wiederabgedruckt in: Hesse SW 12, S. 187-191). Über diese ›Vorrede‹ schreibt Ball in seiner Hesse-Biographie (S. 213), sie habe »vor allem ein Moralist geschrieben, der streng auf Wahrheit und Ausflucht sieht; sodann ein Kunstrichter, der die klassischen Formen des Romans und der Novelle zugrundelegt. Von beiden Gesichtspunkten aus fand Hesse sein Werk fragmentarisch und ungenügend. Das Resultat fiel für den Verlagsplan nicht zustimmend, sondern ablehnend aus; die volkstümliche, auf vier bis fünf Bände berechnete Auswahl unterblieb.«

»Ausgewählten Gedichte«] Im November 1921 sind Hesses ›Ausgewählte Gedichte‹ bei S. Fischer in Berlin erschienen. Dazu Ball in der Hesse-Biographie (S. 207): »Das Beste seiner Frühzeit will Hesse in ein schmales Bändchen ›Ausgewählter Gedichte‹ hinüberretten. Er geht mit seinen verjährten Gefühlen nicht eben zärtlich um. Nur etwa sechzig Gedichte von dreihundert, die in vier früheren Bänden enthalten waren, haben einen besonderen Bezug und sollen dauern.«

in die Ludwigstrasse ... zur Bibliothek] Ball arbeitete in der Bayerischen Staatsbibliothek in der Ludwigstraße 16.

Emmy ... ist tief verdrossen] Wohl nach Erhalt des vorliegenden Briefes mit seinen Hinweisen auf die Befindlichkeit der Balls in München schreibt Hermann Hesse in einem undatierten Brief an Carla Fassbind: »Leider aber kann ich Ihre Grüsse an Balls nicht mehr mündlich bestellen. Sie sind fort, der Hunger trieb sie weg, es ist für mich ein grosser Verlust, und Frau Ball sitzt ganz unglücklich in München, während Er sich schon eingewöhnt und die Sache überstanden hat.« (HBN).

Görres ... die 4 Bände] Ball hat Kurt Wolff eine Edition des umstrittenen Alterswerkes von Joseph Görres (1776-1848), ›Die Christliche Mystik‹, vorgeschlagen. Das Werk ist 1836-1842 in vier Bänden erschienen. Hesse hatte in einer Postkarte vom 5. November 1921 Ball aufgefordert: »Versäumen Sie Kurt Wolff lieber nicht! Ich riet ihm früher schon zu einer Neuausgabe der Mystik von Görres, er ist noch unentschlossen, aber wer weiß, ob nicht das etwas für Sie würde, oder daran sich Wertvolles für Sie anknüpfen kann?« (DLA, Hesse)

Hyperionverlag] Ende Februar 1921 übernahm Kurt Wolff alle Geschäftsanteile des Hyperion-Verlags, von dem er bereits im Juli 1917 Gesellschaftsanteile erworben hatte.

von meiner Arbeit] Am ›Byzantinischen Christentum‹.

Kiepenheuer in Liquidation] Der Gustav Kiepenheuer Verlag wurde am 1. April 1910 in Weimar gegründet. Verlagssitz war 1921 Potsdam-Wildpark. Die Liquidationsprobleme Kiepenheuers waren im Herbst 1921 keineswegs ein Gerücht, da der Verleger im September 1921 zur Abwendung des Konkurses die sogenannte Geschäftsaufsicht beantragen mußte.

Tim Klein von den »Neuesten«] In ihrer Ausgabe vom Dienstag, dem 6. Dezember 1921, kündigten die ›Münchner Neuesten Nachrichten‹ (Morgenblatt) an: »Heute, Dienstag [...] 8 Uhr im Steinicke-Saal liest Tim *Klein* sein Drama ›Thomas Münzer‹«. Unter der Überschrift ›Gelesenes Drama‹ erschien am 8. Dezember im gleichen Blatt eine positive Besprechung der Lesung. Dr. Tim Klein (1870-1944) war Feuilletonredakteur der ›Münchner Neuesten Nachrichten‹. Auf Kleins vernichtende Rezension der ›Folgen der Reformation‹ hat Hugo Ball in der ›Augsburger Postzeitung‹ vom 28.7.1925 (Nr. 170) mit einer polemischen Replik reagiert, in der er sich an die Lesung im Steinicke-Saal erinnert: »Herr Tim Klein ist ein temperamentvoller Kämpe. Ich hörte ihn einmal in München – so um 1922 – ein selbstverfaßtes Drama ›Thomas Münzer‹ rezitieren. Vom innigen Säuseln bis zum pompösen Gurgeln und Pusten stand ihm eine erhebliche Skala rhetorischer Töne zur Verfügung.« (Zitiert nach: HBA 2000, S. 107)

Gestern Franz Blei eine Einführung zu einem jungen Dichter, der ein Fritzenstück geschrieben hat] Am Montag, dem 5. Dezember 1921, annoncierten die ›Münchner Neuesten Nachrichten‹ (Abendblatt): »Mittwoch, 7. Dezember, Autorenabend des Georg Müller-Verlages. Im Steinicke-Saal liest Joachim *von der Goltz* eine ungedruckte Novelle; einleitend spricht Dr. Franz *Blei* über Hoffnungen in der Literatur.« Entgegen der Ankündigung las Joachim von der Goltz am 7. Dezember aus seinem Drama ›Vater und Sohn‹ vor. Vgl die Besprechung der Lesung in den ›Münchner Neuesten Nachrichten‹ vom 9. Dezember 1921 (Abendblatt).

Darin heißt es zu Bleis Beitrag zum Autorenabend: »Einleitend plauderte Dr. Franz Blei über ›Hoffnungen in der Literatur‹: Goethe im olympischen Gespräch mit Eckermann sich über deutsche Dichtung von Hebbel bis Sternheim kritisch ergehend. Vieles fein und amüsant. Bei einigen Werturteilen aber ward doch der Zweifel rege: ›Sollte Exzellenz das wirklich gesagt haben?‹ Eine telephonische Anfrage in den oberen Regionen, ob vielleicht ein Hörfehler bei – Professor Eckermann vorliege, blieb ergebnislos: Eckermann schlief schon.« Der »junge Dichter, der ein Fritzenstück geschrieben hat«, ist der Schriftsteller (Dramatiker, Lyriker, Erzähler, Kinderbuchautor) Joachim von der Goltz (1892-1972), dessen Stück ›Vater und Sohn. Ein Drama aus der Jugend Friedrichs des Großen‹, im gleichen Jahr bei Georg Müller erschienen war.

Becher] Ball und seine Frau trafen am 2. November 1921 mit Johannes R. Becher zusammen (vgl. ›Tagebuch‹, 4. November 1921).

Alfred Wolfenstein] (1883-1945), expressionistischer Lyriker, Erzähler, Dramatiker, Übersetzer, Anthologist; gehörte zum Aktivismus-Kreis um Kurt Hiller; lebte von 1916 bis 1922 als freier Schriftsteller in München; danach in Berlin; flüchtete 1933 nach Prag und von dort 1939 nach Paris, wo er im Januar 1945 Selbstmord beging.

Mary Wigman] Mit ihrer Kammertanzgruppe und dem expressionistischen Tanzdrama ›Die sieben Tänze des Lebens‹ gastierte Mary Wigman damals auch in München. Am 22. November 1921 hat Ball einen Wigman-Tanzabend besucht und darüber eine »hübsche«, allerdings etwas schmeichelhafte »Besprechung« geschrieben, die er am 25. November an die Basler ›Nationalzeitung‹ schickte (vgl. ›Tagebuch‹, 23. und 25. November 1921).

Carl Götz] Gemeint ist wohl der Schauspieler, Regisseur und Dramatiker Curt Goetz (1888-1960), der von 1911 bis 1922 am Berliner Lessing-Theater engagiert war und damals (Herbst 1921) in München gastierte. Thomas Mann am 1. Dezember 1921 in seinem Tagebuch: »Wir sahen [...] einen novellistischen Zweiakter Turgenjews mit dem vortrefflichen Schauspieler Goetz in der Hauptrolle« (Thomas Mann: ›Tagebücher 1918-1921‹. Hrsg. von Peter de Mendelssohn. Frankfurt a.M. 1979, S. 556).

Negerplastik] Carl Einsteins epochemachendes Werk ›Negerplastik‹ ist 1915 im Verlag der Weißen Bücher (Kurt Wolff), Leipzig, erschienen; 2. Auflage: München: Kurt Wolff, 1920. Hermann Hesse hat die ›Negerplastik‹ wiederholt besprochen: Eine Besprechung der 1. Auflage erschien unter dem Titel ›Die Plastik der Neger‹ in: ›Literarische Umschau‹. Beilage zur ›Vossischen Zeitung‹ (Berlin) vom 30. Juli 1915; und unter dem Titel ›Exotische Kunst‹ erwähnt Hesse die ›Negerplastik‹ in einem kleinen Essay in: ›Die Neue Rundschau‹, März 1922, Bd. 1, S. 335 f. (Neudruck des Essays in: Hesse SW 18, S. 314-316)

281. An Familie Heinrich Hildebrand, 20.12.1921

H: Hs. Weihnachtspostkarte mit hs. Postskriptum auf der Motivseite: »Weihnachtsgruss«. Motiv: Putto mit Nadelbaum auf Wolke im Sternenhimmel. Adresse: Familie / Heinrich Hildebrand / Pirmasens. Rhpfalz. / Pfälzische Bank. **F:** HBN. **DV:** Original.

Emmy in Schwabing, ich in Bogenhausen] Vgl. Nr. 280.

Gretel mal besuchen] Margarete Hildebrand, Tochter von Balls Schwester Maria, war bei den Grauen Schwestern in Nymphenburg. Weihnachten 1921 besuchte sie ihre Eltern in Pirmasens.

282. An Ida und Franz Josef Pres, vermutl. 20.12.1921

H: Hs. Bildpostkarte. Motiv: H. Huber-Sulzemoos: Weihnacht. Adresse: Frau Ida Pres / Pirmasens. Rheinpfalz / Landauerstrasse. **F:** HBS. **DV:** Original.

Datierung: Briefmarke und Poststempel sind auf der Karte entfernt. Sie ist wie Nr. 281 vom 20. Dezember 1921 eine Weihnachtskarte mit »herzlichsten Glückwünschen zu den Feiertagen«. Die Formulierungen der Einleitungssätze auf beiden Karten ähneln sich sehr, in beiden Karten stellt Ball seinen Verwandten einen Besuch in Pirmasens in Aussicht und beide sind mit bläulich-violetter Tinte geschrieben. Die vorliegende Postkarte datiert daher vermutlich vom selben Tag wie Nr. 281.

Ida] Balls zweitälteste Schwester (1879-1963).
Franz] Franz Josef Pres (1873-1947), Bankprokurist, Balls Schwager, verheiratet mit dessen Schwester Ida.

283. An Hermann Hesse, nach d. 16.12.1921, kurz v. Weihn.

H: Hs. Bildpostkarte. Motiv: Voltaire. Mopp fecit. Adresse: Herrn / Hermann Hesse / Adr. Familie Wenger / Delémont. Schweiz. / Solitude. **F:** DLA,. **DV:** Original.

Datierung: Datiert ist die Postkarte nach ihrem Inhalt (Weihnachtsgrüße, Aufenthalt Hesses bei Familie Wenger) sowie nach Hesses Brief an Ball vom 16. Dezember 1921 (DLA, Hesse). Darin teilt Hesse seinem Freund mit, daß er »über Weihnachten zu Wengers« nach Delémont gehen werde. Außerdem bezieht sich Hesse in seinem Brief auf einen Vortrag von Tim Klein in München, den Ball dort gehört hat, worüber Hesse aus Nr. 280 informiert war.

Diese Karte hier zeichnete Mopp für das Cabaret Voltaire] Gemeint ist der Maler und Zeichner Max Oppenheimer (1885-1954), der Anfang Februar 1916 vom Kopf des Philosophen Voltaire (Profil) einen Holzschnitt (18,1 × 12 cm) angefertigt und davon 100 Exemplare abgezogen hatte (vgl. Oppenheimer 1995, S. 38 f.; Abb. des Holzschnitts ebd., S. 39). Ob die Bildpostkarte mit dem Voltaire-Portrait bereits für die Eröffnung des ›Cabaret Voltaire‹ am 5. Februar 1916 oder erst später hergestellt wurde, konnte nicht eruiert werden. Oppenheimer hielt sich Ende 1921 in München auf. Nach einem Besuch der Alten Pinakothek schimpfte er in einem Brief »über den Unverstand der Restauratoren und über die in den Museen beschäftigten ›Kunsttrotteln‹« (Oppenheimer 1994, S. 193).
Apropos Tim Klein] In seinem Brief vom 16. Dezember 1921 (DLA, Hesse) hat Hesse den Feuilletonredakteur Tim Klein (vgl. Nr. 280) aufs Korn genommen: »Ich mußte lachen, als ich las, daß Sie einen Vortrag von Tim Klein gehört haben. Dieser Tim Klein hat vor einigen Wochen in den Münchner Neuesten dem Hermann Hesse den Kopf so schwer verhauen, daß er tot sein müßte, wenn er an dieser Stelle empfindlich wäre.« Der Hesse-Verriß von Tim Klein findet sich in dessen Aufsatz ›Hermann

Hesse, Wieland, Schiller‹, erschienen in: ›Münchner Neueste Nachrichten‹ vom 4. Oktober 1921.

Tim Klein ... in meiner »Kritik« praenumerando bestens angenagelt] Im 2. Kapitel seiner ›Kritik der deutschen Intelligenz‹ (1919) hatte Ball seine Kritik des preußischen Militarismus mit Zitaten aus Tim Kleins Buch ›Der deutsche Soldat. Zeugnisse von seinem wahren Wesen‹ (München 1916) belegt (vgl. Kritik, S. 257 f., Anm. 83, 92, 93, 95, 97, 98, 100, 102, 103, 105, 106, 107).

284. An Hermann Hesse, 18.1.1922

H: Hs. Brief; 3 Bl., 3 S. **F:** HBN. **E:** Briefe, S. 142 f. **DV:** Original.

kleinen Gedichtband] Ball bedankt sich für das im November 1921 bei S. Fischer erschienene, 89 Seiten umfassende Bändchen ›Ausgewählte Gedichte von Hermann Hesse‹. Berlin 1921.

Ihre l[ieben] Briefe] Nicht erhalten.

das Epitaphium für Knulp] Gemeint ist das in den ›Ausgewählten Gedichten‹ (S. 50) publizierte Poem mit dem Titel: ›Auf Wanderung (Dem Andenken Knulps)‹. Neudruck in: Hesse SW 10, S. 183. In der Hesse-Biographie (S. 146 f.) druckt Ball das zweistrophige Gedicht ab und vergleicht es mit Goethes »Über allen Gipfeln / Ist Ruh«, dessen Anfangsverse er falsch zitiert (»Wipfeln« statt »Gipfeln«): »Ich wüßte nicht zu sagen, ob Goethes Lied von der Ruh über allen Wipfeln tiefer empfunden, ob es reiner gestaltet ist.«

»Landstreicherherberge«] In: Ausgewählte Gedichte, S. 12 f. Neudruck in: Hesse SW 10, S. 88 f.

»Der Wanderer an den Tod«] In: Ausgewählte Gedichte, S. 81. Zuvor war das Gedicht in Hesses autobiographischen Aufzeichnungen ›Wanderung‹ erschienen (jetzt wiederabgedruckt in: Hesse SW 11, S. 28).

den Saletto] Eher il salotto (ital.) = Wohnzimmer, kleiner Salon, als la saletta (ital., Diminutiv von la sala = der Saal) = kleiner Saal

den tessinischen 'Αγαθὸς Δίμων] Den tessinischen guten Daimon.

Plan einer neuen Zeitschrift] Im ›Tagebuch‹ (17. Januar 1922) spricht Ball von »Plänen einer neuen Bachmair-Zeitschrift«, mit einem geschlossenen Mitarbeiterkreis, der aus Johannes R. Becher, Karl Theodor Bluth, Ball und Emmy Hennings bestehen sollte; als Redakteur war Bluth vorgesehen.

Dr. Bluth, Autor des Inselverlags] Karl Theodor Bluth (1892-1964), Schriftsteller, vor allem Lyriker; Studium der Philosophie und Literaturgeschichte; Promotion in Jena mit einer Arbeit über ›Philosophische Probleme in den Aphorismen Hardenbergs‹ (Jena 1914); lebte in den zwanziger Jahren in München, dann in Berlin; 1923 erschienen im Insel-Verlag (Leipzig) ›Dichtungen‹ von Bluth; Anfang der dreißiger Jahre medizinisches Zweitstudium, Thema der Med. Diss.: ›Medizingeschichtliches bei Novalis‹ (Berlin 1934). Nach 1933 in der Emigration: Arzt und Psychiater in London.

Rudolf Steiner] Rudolf Steiner (1861-1925), Gründer der Anthroposophischen Gesellschaft und des Goetheanums in Dornach bei Basel, startete am 16. Januar 1922 in München eine große Vortragsreise, die ihn bis zum 31. Januar in viele deutsche Städte führte. Sein Thema bei all diesen Vorträgen lautete: ›Das Wesen der Anthroposophie‹ bzw. ›Anthroposophie und die Rätsel der Seele‹. Die Vortragsserie fand schon bei Steiners erstem Vortrag in München großen Zuspruch.

»Vier Jahreszeiten«] Münchner Hotel in der Maximilianstraße 4.

las (gestern) Becher bei Steinicke] Ankündigung der Lesung in der Morgenausgabe der ›Münchner Neuesten Nachrichten‹ vom 17. Januar 1922: »Heute, Dienstag [...] 8 Uhr im Steinicke-Saal Vorlesung von Joh. R. *Becher.*« Besprechung der Lesung in der Abendausgabe der ›Münchner Neuesten Nachrichten‹ vom 18. Januar 1922: »Johannes R. Becher hat seine Hymnen ›Verfall‹, mit der eindrucksvollen Apostrophe an das Jahrhundert, gelesen [...]. Echte dichterische Schönheiten im einzelnen vermochten für den allgemeinen Eindruck der Verworrenheit und Ueberspannung nicht zu entschädigen.« Zu Bechers Lesung bei Steinicke vgl. auch ›Tagebuch‹, 17. Januar 1922.

Wilhelm Uhde ... plant eine neue Zeitschrift] Wilhelm Uhde (1874-1947), Schriftsteller, Kunsthistoriker; Monographien über Henri Rousseau (1911), Vincent van Gogh (1936); setzte sich für die zeitgenössische moderne Kunst ein, u.a. für Pablo Picasso und Georges Braque. Nach Veröffentlichung seiner Autobiographie ›Von Bismarck bis Picasso‹ (Zürich 1938) wurde ihm die deutsche Staatsbürgerschaft aberkannt. Uhde lebte und arbeitete vom Januar 1919 bis 1922/23 auf Burg Lauenstein in Oberfranken nahe der thüringischen Grenze, wo er eine Art weltlichen Orden etablieren wollte, der sich vor allem an die republikanische Jugend und die »Geistigen« seiner Zeit wandte. Ziel des geplanten Ordens war die geistige und politische Erneuerung Deutschlands nach dem Ersten Weltkrieg, die Errichtung eines neuen, föderalistischen Deutschland in deutlicher Absetzung vom alten »bismarckisch-zentralistischen«, »selbstzufriedenen preußischen Deutschland«. Die geplante Zeitschrift, welche ›Die Freude‹ heißen sollte, ist nur »einmalig als Almanach« erschienen. Die von Uhde auf Burg Lauenstein gegründete ›Akademie der Freude‹ veranstaltete im April 1922 eine Tagung (vgl. W. Uhde: ›Von Bismarck bis Picasso‹, S. 208, 210, 212).

nach Berlin ... Vortrag ... Reiss] Die Vortragsreise nach Berlin ist nicht zustandegekommen.

im Lauenstein aussteigen ...] Ball wollte, daß Emmy in das »weltliche Kloster« auf Burg Lauenstein ging, eher würde es »keine Ruhe« zwischen ihnen geben, eher würden beide »zu keiner geordneten Arbeit« kommen (›Tagebuch‹, 17. Januar 1922).

Frl. Wenger] Ruth Wenger (vgl. *Nr. 269*).

duftige] Unsichere Lesart.

Kirche von d'Ongero] Madonna d'Ongero, im 17. Jahrhundert erbaute Wallfahrtskirche, eine der stilreinsten Barockkirchen des Tessin; außerhalb des Dorfes Carona (am Luganer See) auf einer Waldlichtung gelegen, von der man einen prächtigen Blick über die Collina d'Oro bis zu den Walliser Alpen hat. Hesse in seiner ›Madonna d'Ongero‹ betitelten Prosaskizze (Erstdruck in: NZZ vom 12.8.1923; später aufgenommen in: H. Hesse: ›Bilderbuch‹. Berlin 1926) über den Ausblick von der Marienkirche: »Es gibt viel Schönes auf der Erde, Schöneres als dies gibt es nicht.« Hesses Aquarell ›Aufgang zur Kapelle Madonna d'Ongero‹ ist abgebildet in: H. Hesse: ›Tessin. Betrachtungen, Gedichte und Aquarelle des Autors‹. Hrsg. und mit einem Nachwort versehen von Volker Michels. Frankfurt a.M. 1993, S. 81. Ein Lob der Kirche singt auch Emmy Hennings in ihrer Prosaminiatur ›Madonna d'Ongero‹, veröffentlicht in: ›Lugano. Organo officiale della Società Albergatori e dell' Associazione Pro Lugano e Dintorni‹, Lugano. Jg. 29, 1923. Nr. 28 vom 13.9.1923. S. 2 f.

Frl. Maria Theresia] Maria Theresia Holzleithner, Freundin und später zweite Ehefrau Joseph Englerts.

285. An August Hofmann, 15.2.1922

H: Hs. Brief; 2 Bl., 2 S. Adresse auf Briefumschlag: Herrn / Studienrat August Hofmann / *Zweibrücken. Rheinpfalz.* / Bubenhauserstrasse 2 II. **F:** HBS. **E:** EBH Leben, S. 148 f.; auch in: Briefe, S. 143 f. **DV:** Original.

Prof. Niggl mit der Niggl-Buckelnase] In seinen ›Erinnerungen an Hugo Ball‹ schreibt August Hofmann über dessen Schulzeit in Zweibrücken am humanistischen Gymnasium: »In Zweibrücken waren neben anderen seine Lehrer einmal Rektor H[ans] Stich [...] und zum anderen der damals in Zweibrücken mit dem Spitznamen ›Die Buckelnase‹ bekannte und beliebte Germanist Niggl. Ball hat den Rektor Stich verehrt, und er hat sich gelegentlich auch der Buckelnase dankbar erinnert.« (HBA 1997 / 1998, S. 81)

Es gibt auch einige neue Gedichte] Im ›Tagebuch‹ findet sich unter dem 13. Februar 1922 der durchgestrichene Eintrag »Einige neue Gedichte gemacht«. »Die in dieser Zeit [...] und kurz darauf entstandenen Gedichte wurden zum größten Teil in die ›Gesammelten Gedichte‹ aufgenommen. Es sind ›Liebesgedichte‹ für Emmy, Gedichte über exotische Landschaften und religiöse Themen.« (Pelgen, S. 86)

Emmys Gedichtband] ›Helle Nacht. Gedichte‹. Berlin: Reiss 1922. Emmys zweiter Gedichtband ist Ende Mai 1922 erschienen (vgl. ›Tagebuch‹, 28. Mai 1922).

Wir lasen neulich zusammen Korrektur] In Emmys Schwabinger Zimmer in der Bismarckstraße Anfang Februar 1922 (vgl. ›Tagebuch‹, 2. Februar 1922).

Kritik] ›Zur Kritik der deutschen Intelligenz‹. Bern: Der Freie Verlag 1919.

Ich schäme mich, das Buch aus der Hand zu geben, ehe es überarbeitet ist] Konkretere Pläne zur Überarbeitung der ›Kritik der deutschen Intelligenz‹ datieren erst vom Sommer 1922 (vgl. *Nr. 292* – »Mit dem Vertrag wäre verbunden«).

Becher hat hier Hymnen gesprochen] Vgl. *Nr. 284* – »las (gestern) Becher bei Steinicke«.

Neulich haben wir lange zusammen gesprochen] Unter dem 2. Februar 1922 berichtet Ball im ›Tagebuch‹ von »Konversionsgesprächen« mit Johannes R. Becher, in denen dieser von seinen »Krankenhäusern, Morphium und Kokain« erzählte.

286. An Hermann Hesse, 29.3.1922

H: Ms. Brief mit eigenh. Unterschrift; 1 Bl., 2 S. **F:** HBN. **E:** Briefe, S. 144 f. **DV:** Original.

Emmy ... Ihnen ab und zu berichtet] Einer ihrer Briefe an Hesse aus dieser Zeit (21. März 1922) ist abgedruckt in: EBH, Briefe an Hesse, S. 24-28.

Heute lese ich in den »Neuesten« ...] Das folgende wörtliche Zitat stammt aus dem ›Ein Wendepunkt‹ überschriebenen Leitartikel der Morgenausgabe der ›Münchner Neuesten Nachrichten‹ vom 29. März 1922 (25. Jahrg. Nr. 133).

Er hat eine Gelegenheit beim Rolandverlag] Der Roland Verlag wurde am 1. April 1915 in Pasing bei München gegründet. Sein Inhaber war Dr. Albert Mundt. Der Berliner Verlag ›Die Schmiede‹ übernahm 1922/23 vom Roland Verlag acht Titel aus dessen Reihe ›Kleine Roland-Bücher‹. Arp hatte damals enge Kontakte zum Roland Verlag, in dem 1922 seine ›Flake-Mappe‹ erschien: ›Zehn Holzschnitte von Hans Arp aus den Jahren 1916-1921‹, mit einem Geleitwort von Otto Flake. München: Roland Verlag. Außer Arp war auch Richard Huelsenbeck Autor des Verlages, in dem 1918 seine Novelle ›Verwandlungen‹ erschienen ist. Auf einem höchstwahrscheinlich von Ball zusammengestellten Informationsblatt vom August 1922 zu einer Vortragsreise durch die Schweiz findet sich der Hinweis, daß »1922/23« Balls Phantastenroman ›Tenderenda der Phantast‹ »im Rolandverlag, München« erscheinen werde. In Nr. 292 heißt es: »Im Rolandverlag wird wohl ›Tenderenda der Phantast‹ erscheinen mit Schnitten von Hans Arp.« Und am 10. August 1922 in einer Postkarte (Nr. 294) an August Hofmann: »Nun erscheint definitiv ›Tenderenda‹ zu Weihnachten«. Aus der geplanten Publikation im Roland Verlag wurde jedoch nichts.

Emmys neues Buch ... Umfang, 100-120 Seiten] Gemeint ist wohl das 1923 erschienene Buch ›Das Ewige Lied‹, das 86 Druckseiten aufweist, im Manuskript aber einen Umfang von 100-120 Seiten gehabt haben kann.

Frau Kandinsky ... in ihr Häuschen nach Murnau eingeladen] Kandinskys Ehefrau war 1922 Nina von Andreewsky (1893-1980), die dieser am 11. Februar 1917 geheiratet hatte. Da sich Kandinsky und seine Frau, die Ende Dezember 1921 nach Deutschland zurückgekehrt waren, wo Kandinsky 1922 als Professor ans Bauhaus in Weimar berufen wurde, im Frühjahr 1922 nicht in Murnau aufhielten, kann mit »Frau Kandinsky« nur Gabriele Münter (1877-1962), die Schülerin und langjährige Lebensgefährtin Kandinskys, gemeint sein. Mit ihr bewohnte er von 1909 bis 1914 in den Sommermonaten ein von Gabriele Münter erworbenes Landhaus in Murnau, das seit 1999 eine Gedenkstätte sowohl ihrer als auch der Kunst Kandinskys ist. Im Münter-Haus sind noch heute zahlreiche Hinterglasbilder von Kandinsky sowie von ihm und Gabriele Münter gemeinsam bemalte Möbel zu sehen.

Arnold Schönberg] (1874-1951) begann um 1908 neben seinen musikalischen Arbeiten auch zu malen, vorwiegend Portraits und Visionen, von denen Kandinsky drei Ölstudien in die erste Ausstellung der »Redaktion ›Der Blaue Reiter‹« aufnahm und zwei Bilder im Almanach ›Der Blaue Reiter‹ reproduzierte. Schönberg hat Kandinsky und Gabriele Münter wiederholt in deren Murnauer »Häuschen« besucht, so Mitte September 1911 und im Sommer 1914.

Franz Marc] Vgl. *Nr. 41*.

Emmys Buch fertig ist ... ich werde demnächst auch soweit sein] Vgl. Emmys Brief an Hermann Hesse vom 21. März 1922: »Mein Buch ist beendet [...]. Hugo ist jetzt auch bald fertig.« (EBH, Briefe an Hesse, S. 26)

287. An August Hofmann, 11.4.1922

H: Hs. Postkarte, beidseitig beschrieben. Adresse: Herrn / Gusti Hofmann / b/ Familie Schmidt / Böchingen b/ Landau / Rheinpfalz. **F:** HBS. **E:** EBH Leben, S. 149. **DV:** Original.

Ich schicke Dir »Tenderenda« ... Es ist eine Arbeit von 6 Jahren] Die ersten Hinweise auf den ›Phantasten‹-Roman finden sich in Balls veröffentlichtem Tagebuch nicht erst 1916, sondern bereits Ende Juli und Anfang November 1915 (vgl. Flucht, S. 40, 60).

zu Ostern] 1922 am 16. und 17. April.

Die Gedichte von Emmy] Das Gedichtbändchen ›Helle Nacht‹ erschien Ende Mai 1922 (vgl. ›Tagebuch‹, 28. Mai 1922).

ihr neues Buch] Der Prosaband ›Das Ewige Lied‹.

Auch ich bin jetzt bald soweit] Mit dem ›Byzantinischen Christentum‹.

288. An Joseph Englert und Maria Theresia Holzleithner, 15.4.1922

H: Hs. Bildpostkarte, einseitig beschrieben. Motiv: Santo Cristo de Limpias. Adresse: Frl. Holzleithner und / Herrn Englert / Bigogno. / b / Lugano. Schweiz. **F:** CSSt. **DV:** Original.

Ostergrüsse] Ostern fiel 1922 auf den 16. und 17. April.

289. An Adele Gundert, 28.5.1922

H: Hs. Postskriptum auf einer Bildpostkarte von Marulla Hesse an Adele Gundert. Motiv: Brücke über den Würmkanal vor Schloß Nymphenburg. Adresse: Frau Pfarrer Gundert / Höfen a.d. Enz / Württemberg. **F:** Hermann Hesse – Editionsarchiv Volker Michels, Offenbach am Main. **DV:** Fotokopie des Originals.

Datierung: Aus Balls Brief Nr. 290 an Hermann Hesse vom 29. Mai 1922 geht hervor, daß Ball am Vortag dessen Schwester Marulla in Nymphenburg besucht und bei dieser Gelegenheit deren Postkarte an Adele Gundert ein Postskriptum hinzugefügt hat.

Frau Pfarrer] Adele Gundert (1875-1949), geb. Hesse, älteste Schwester von Hermann Hesse, heiratete 1906 ihren Vetter, den Pfarrer Hermann Gundert (1875-1956). – Balls Zeilen an Adele Gundert sind ein Postskriptum zu einer Bildpostkarte von Marulla Hesse (1880-1953), der jüngsten Schwester von Hermann Hesse. Dieser hat Ball im Brief vom 13. April 1922 mitgeteilt, daß seine jüngere Schwester Marulla seit kurzem in München, »im Hause eines Dr. Seyler« in Nymphenburg, lebt, und ihm dezent einen Besuch seiner Schwester nahegelegt.

derselbe Monat Mai] Adele Gundert traf sich am 14. Mai 1921 mit den Balls in einem Grotto »unten am See bei Agnuzzo«. Bei diesem Treffen war auch Hermann Hesse zugegen.

290. An Hermann Hesse, 29.5.1922

H: Ms. Brief mit eigenh. Unterschrift; 1 Bl., 3 S. **F:** HBN. **E:** Briefe, S. 145-147. **DV:** Original.

die Gedichte sind erschienen] Emmy Hennings' Gedichtband ›Helle Nacht‹, Berlin: Erich Reiss, 1922.

Ihre … Schwester] Maria Hesse, genannt Marulla (1880-1953), Hesses jüngere Schwester. Als Lehrerin ausgebildet, nahm sie verschiedene Lehrtätigkeiten wahr. – Im März 1922 hat Marulla Hesse eine neue Stelle (als Erzieherin oder Lehrerin) in München angetreten, wo sie Hugo Ball kennenlernte (vgl. Hesses Briefe an seine Schwestern Adele und Marulla vom 23. März 1922, in: Hesse, Briefe II, S. 13-15).

mein Buch] Das ›Byzantinische Christentum‹.

Der Titel … hat sich geändert] Laut ›Tagebuch‹-Eintrag vom 11. Mai 1922 sollte Emmys Prosabuch zunächst ›Der Traum vom Grunde‹ heißen.

Salomon Gessner-Aufsatz] Gemeint ist die Einleitung Hesses zu der von ihm herausgegebenen Ausgabe: S. Gessner: ›Dichtungen‹. Ausgewählt und eingeleitet von H. Hesse. Leipzig: Haessel 1922, wiederabgedruckt in: Hesse SW 18, S. 278-289.

Da's aber nicht kann sein] Vers aus der ersten Strophe des ›Wunderhorn‹-Lieds: »Wenn ich ein Vöglein wär, / Und auch zwei Flüglein hätt, / Flög ich zu dir; / Weils aber nicht kann sein, / Bleib ich allhier.« Das Lied wurde häufig vertont, u.a. von Beethoven, Robert Schumann und Max Reger.

Herrn Frankolino] Gemeint ist Hesses Kanonenöfchen in seiner Zwei-Zimmer-Wohnung in der Casa Camuzzi in Montagnola, das er in seiner kleinen Prosaskizze ›Gespräch mit dem Ofen‹ (1920) beschrieben hat. Erstdruck unter dem Pseudonym Emil Sinclair in der Zeitschrift ›Vivos voco‹ (Leipzig/Bern) vom Januar 1920. Erstmals in Buchform in: H. Hesse: ›Sinclairs Notizbuch‹. Zürich 1923. Die Skizze beginnt wie folgt: »Er [der Ofen] stellte sich mir vor, dick, breit, das große Maul voll Feuer. Er hieß Franklin. ›Bist du Benjamin Franklin?‹ fragte ich. ›Nein, nur Franklin. Francolino. Ich bin ein italienischer Ofen, eine vorzügliche Erfindung.‹« (Hesse SW 8, S. 334)

Der Strick ist zerrissen, der Vogel ist frei …] Vgl. Psalm 124, Vers 7: »Unsre Seele ist entronnen wie ein Vogel dem Stricke des Voglers; der Strick ist zerrissen, und wir sind los.« Dieser Psalmen-Spruch findet sich auf dem Grabstein von Hesses Vater, Karl Otto Johannes Hesse, der am 8. März 1916 in Korntal gestorben ist (freundlicher Hinweis von Volker Michels).

291. An Hermann Hesse, 1.7.1922

H: Ms. Brief mit eigenh. Unterschrift; 1 S. **F:** HBN. **E:** Briefe, S. 147 f. **DV:** Original.

Datierung: Datierung von fremder Hand: »1.VII.22«. – Als Geburtstagsbrief, der Hesse rechtzeitig am 2. Juli erreichen sollte, könnte der Brief bereits am 30. Juni geschrieben worden sein.

eine so unpassende und unangebrachte Krankheit] Hesse plagte damals die Gicht (vgl. Hesse, Briefe II, S. 20). Die Laiendiagnose »Nervenfolgen« bzw. »Neuralgie« stellte auch Emmy Ball-Hennings in ihrem Brief vom gleichen Tag an Hesse: »Hugo und ich denken immer darüber nach, und sprechen oft davon, und daß Sie eigentlich keine Gicht haben könnten, und woher Sie das wohl haben können. Ob es nicht doch vielleicht nur eine Neuralgie ist?« (EBH, Briefe an Hesse, S. 28)

vorsichtig gegen Emmys Rezepte] In ihrem Brief an Hesse vom 1. Juli 1922 schreibt Emmy Ball-Hennings: »Bei meiner Mutter ist es [die Gicht] auch vorübergegangen, sie hat gereinigtes Terpentin eingenommen, morgens und abends, und es hat ihr sehr gut geholfen, einen gehäuften Teelöffel voll. Daß aber der freundliche Landwein Ihnen schaden soll, der doch so leicht macht, das kann ich mit dem besten Willen nicht einsehen. […] Übrigens hebt Porreegemüse jede Alkoholwirkung auf.« (EBH, Briefe an Hesse, S. 28) – In einem Brief vom 5. Juni 1922 an Joseph Bernhard Lang spricht Hesse von seinen damals unternommenen »Versuchen der Abstinenz von Wein und Cigarre« (Hesse, Briefe II, S. 20).

Siddhartha] Hesses »indische Dichtung«, der Roman ›Siddhartha‹, erschien im Oktober 1922 bei S. Fischer in Berlin.

zum Geburtstag … auf einen Sonntag fällt] Hesses Geburtstag ist der 2. Juli, der 1922 ein Sonntag war.

Arzt … Dr. Oppenheim] Vgl. *Nr. 276.*

die Anstalt] Die im folgenden Brief vom 13. Juli 1922 erwähnte »Kunstanstalt«, in der Annemarie Hennings »als Häklerin« von »8 bis ½ 6« arbeitete.

292. An Hermann Hesse, 13.7.1922

H: Ms. Brief mit eigenh. Unterschrift; 2 Bl., 4 S. **F:** HBN. **E:** Briefe, S. 148-151. **DV:** Original.

kleine Novellenbibliothek] Es handelt sich um die von Hesse im Verlag Seldwyla (Bern) herausgegebene Reihe ›Merkwürdige Geschichten‹, in der 1922 fünf Bände erschienen sind: Bd. 1: ›Die wunderbare Gesellschaft in der Neujahrsnacht‹. Erzählungen von Jean Paul; Bd. 2: ›Novellino. Novellen und Schwänke der ältesten italienischen Erzähler‹; Bd. 3: ›Geschichten aus Japan‹; Bd. 4: ›Aus Arnims Wintergarten‹; Bd. 5: ›Mordprozesse‹. Neudruck der Nachworte Hesses zu diesen fünf Bändchen in: Hesse SW 18, S. 277 f., 297 f., 339 f., 347 f., 356 f.

Ihre lieben beiden Briefe mit dem bunten Mosaik-Medaillon] Gemeint sind die beiden Briefe, die Hesse am 5. Juli 1922 an Ball und an Emmy Ball-Hennings schrieb. Der an Emmy ist mit einem bunten »Häusermosaik« als ovalem Medaillon am Briefkopf versehen (DLA, Hesse).

Geburtstag des Herrn Wenger] Theo Wenger wurde am 3. Juli 1868 geboren, und er starb am 27. Juni 1928. Er war ursprünglich Pfarrer, bekam Probleme mit seiner Stimme und betrieb dann als Stahlwarenfabrikant eine Messerfabrik in Delémont (Delsberg). Nach Hesses Brief vom 9. September 1922 hat Theo Wenger die Balls finanziell unterstützt (vgl. Hesse, Briefe II, S. 33). Nach Balls ›Tagebuch‹-Eintrag vom 27. April 1922 hat Wenger den Balls damals 10000 Mark nach München geschickt.

recht besorgt … Herr W[enger] … Carona] Über den Gesundheitszustand von Theo Wenger war Ball durch Hesses Brief vom 5. Juli 1922 informiert: »Herr Wenger ist viel krank, es scheint mit ihm bergab zu gehen. Man sieht ihn wenig, aber die Frau, die ja sehr an ihm hängt, leidet natürlich viel darunter, schon darum ist es gut, daß Ruth für den Sommer in Carona bleiben will.« (DLA, Hesse)

Frl. Ruth mit dem Geislein] Hesse in seinem Brief vom 5. Juli 1922 an Ball: »Sie [Ruth Wenger] hat jetzt eine Geiß und arbeitet viel im Garten« (DLA, Hesse).

unseren Verlegersorgen ... Der Verlagsleiter ... Ob er sich aber entschliessen wird, das umfangreiche Buch ... zu bringen, weiss ich nicht] In die »›schwebenden‹ Verhandlungen« Balls mit dem Verlag Duncker & Humblot (er sollte gegen Ende des Monats Juli Bescheid erhalten) griff Hermann Hesse – ohne Wissen Balls – mit einem Brief vom 21. Juli 1922 an Ludwig Feuchtwanger ein, in dem er diesen »in aufrichtiger Überzeugung von dem hervorragenden Wert der literarischen Tätigkeit Balls« bat, »sein Werk«, d.h. das dem Verlag zur Prüfung vorliegende ›Byzantinische Christentum‹, »gut anzusehen«. Er, Hesse, schreibe den Brief »lediglich aus persönlicher Hochschätzung für Ball und für seine Arbeit« (Hesses Brief befindet sich im Verlagsarchiv Duncker & Humblot, Berlin).

neue Ausgabe von »Brandmal«] Die für den Herbst 1922 geplante »neue Ausgabe« des ›Brandmals‹ ist die »zweite Auflage« des Romans, von der sich ein Exemplar in der HBS Pirmasens befindet.

die bisher bei Bard erschienene Zeitschrift »Faust«] Aus dem Verlag Julius Bard hat Erich Reiss 1922 den ›Faust‹ übernommen, eine ›Monatsschrift für Kunst, Literatur und Musik‹. Durch Angliederung eines Sonderteils unter dem Titel ›Das Sammlerkabinett‹ versuchte Reiss der Zeitschrift ein neues Gesicht und zugleich auch mehr Gehalt zu geben. Bis Dezember 1922 lagen drei neue Hefte unter der Ägide von Reiss vor: Heft 6, Thema ›Faust‹; Heft 7, Thema ›Sport‹; Heft 8, Thema ›Ostasien‹. Heft 9, das Weihnachtsheft 1922, war der ›Liebe‹ gewidmet (vgl. Halbey, Sp. 1158).

Der Verlagsleiter, Dr. L[udwig] Feuchtwanger] Ludwig Feuchtwanger (1885-1947), Verleger, Redakteur, Verfasser zahlreicher Aufsätze, Essays und Rezensionen, jüngerer Bruder des Schriftstellers Lion Feuchtwanger (1884-1958); studierte Rechtswissenschaft und Volkswirtschaftslehre in München und Berlin, dort Promotion mit einer Arbeit über die ›Geschichte der sozialen Politik und des Armenwesens im Zeitalter der Reformation‹ (1908); trat am 1. Mai 1914 in den Verlag Duncker & Humblot ein; war als Verleger verantwortlich für die Herausgabe wichtiger Werke von Werner Sombart, Walther Rathenau, John Maynard Keynes, Ernst Bloch, Carl Schmitt und Hugo Ball: ›Byzantinisches Christentum‹ (1923), ›Die Folgen der Reformation‹ (1924), ›Die Flucht aus der Zeit‹ (1927); setzte sich zeit seines Lebens für eine deutsch-jüdische Symbiose ein; reagierte auf den Antisemitismus der Weimarer Republik mit einer verstärkten Besinnung auf die jüdische Tradition; verlor nach 1933 zunächst seine Zulassung als Rechtsanwalt, dann seine Stelle beim Verlag, der ihn bis 1936 als freien Mitarbeiter weiter beschäftigte; wurde 1938 nach der Reichspogromnacht in das Konzentrationslager Dachau eingeliefert (sechs Monate); emigrierte 1939 mit seiner Familie nach Großbritannien (1940 Internierung auf der Isle of Man), wo er – völlig mittellos – auf die finanzielle Unterstützung seines Bruders Lion angewiesen war. Angaben nach: ›Lexikon deutsch-jüdischer Autoren‹. Bd. 7. München 1999, S. 85-89.

Mit dem Vertrag wäre verbunden, dass auch die »Kritik« (mit geringen Änderungen) dort erscheint ...] Paragraph 12 des am 7. August 1922 unterzeichneten Vertrags zwischen dem Verlag Duncker & Humblot und Hugo Ball lautet: »Eine besondere Abmachung wird wegen des Verfassers Werk ›Zur Kritik der deutschen Intelligenz‹ getroffen. Und zwar in folgendem Sinne: Ohne dass für den Verlag oder den Autor schon heute eine bindende Verpflichtung entsteht, erklärt sich der Verlag bereit, eine Drucklegung auch dieses Werkes zu unternehmen, falls die Aufnahme des Werkes ›Byzantinisches Christentum‹ bei der massgebenden Kritik günstig ist und ein regulärer Absatz innerhalb 1 Jahres nach Erscheinen gesichert erscheint. Im Falle einer Drucklegung des Werkes ›Zur Kritik d. d. Intelligenz‹ würden hierfür dieselben allgemeinen und besonderen Bestimmungen gelten wie sie der Vertrag oben festsetzt. Der Verfasser würde sich zu einer Umarbeitung verstehen und den Nachweis erbringen, dass alle aus der ersten Auflage dieses Werkes herrührenden Verpflichtungen erloschen sind.«

vergangenen Winter … mit Kurt Wolff gesprochen] Vgl. Nr. 280.

Reichl in Darmstadt] Der Otto Reichl Verlag wurde am 1. Januar 1914 in Berlin gegründet; seit November 1918 war der Verlagssitz in Darmstadt.

Im Rolandverlag … »Tenderenda der Phantast«] Vgl. *Nr. 286*.

in die Bogen von Siddhartha schauen] Hesse hat Ball am 5. Juli 1922 mitgeteilt: »Den Siddhartha werden Sie wohl erst im Winter bekommen; aber vielleicht kann ich Ihnen auch Korrekturbogen senden lassen« (DLA, Hesse).

»Mittelalter und wir«] Auf dieses Buch von Paul Ludwig Landsberg, dessen genauer Titel ›Die Welt des Mittelalters und wir. Ein geschichtsphilosophischer Versuch über den Sinn eines Zeitalters‹ lautet (Bonn: Friedrich Cohen, 1922), hat Hesse Hugo Ball in seinem Brief vom 5. Juli 1922 hingewiesen. Hesse hat dieses Buch rezensiert (vgl. Hesse SW 18, S. 345 f.) und in Rezensionen über andere Bücher und in einem Vorwort lobend erwähnt (vgl. Hesse SW 18, S. 350, 427, 547), übrigens wiederholt in einem Atemzug mit Balls ›Byzantinischem Christentum‹.

»Die philosophische Mystik des Mittelalters« von J[oseph] Bernhart] Das Werk des katholischen Theologen, Philosophen und Kulturhistorikers Joseph Bernhart (1881-1969) ist 1922 in München erschienen; vollständiger Titel: ›Die philosophische Mystik des Mittelalters von ihren antiken Ursprüngen bis zur Renaissance‹. Bernhart vertrat dem Reformkatholizismus verwandte Ziele.

»Marcion« von Harnack (1921)] Dieses Werk (2. Aufl. 1924) ist die am stärksten persönlich gehaltene Schrift des evangelischen Kirchen- und Dogmenhistorikers Adolf von Harnack (1851-1930), der 1889-1924 Professor in Berlin, seit 1911 Präsident der Kaiser-Wilhelm-Gesellschaft, 1905-1921 Generaldirektor der Preußischen Staatsbibliothek war.

Menaggio] Am Westufer des Comer Sees gelegene italienische Stadt; von dort in westlicher Richtung sind es bis Lugano 25-30 km.

Herr Donada] Vgl. *Nr. 327*.

Das Leben ist … gerade dreimal so teuer geworden] Wegen der in Deutschland sich verschärfenden und bis Herbst 1923 andauernden Inflation.

Ihre l[iebe] Schwester] Marulla Hesse.

293. An Joseph Englert, 1.8.1922

H: Ms. Brief mit eigenh. Unterschrift; 2 Bl., 3 S. F: CSSt. DV: Original.

unsere … Bücher untergebracht] Hugo Ball hat im Sommer 1922 sein Buch ›Byzantinisches Christentum‹ beim Verlag Duncker & Humblot, Emmy Ball-Hennings ihr Buch ›Das Ewige Lied‹ beim Verlag Erich Reiss unter Vertrag gebracht.

kleinen Gedichtband] Emmy Ball-Hennings' Gedichtsammlung ›Helle Nacht‹. Berlin: Reiss, 1922 (74 S.).

Aufsatz aus den »Zürcher Nachrichten«] Nicht ermittelt.

das Buch] Balls ›Byzantinisches Christentum‹.

Lucie Christine … das Buch] Lucie Christine [Pseudonym]: ›Geistliches Tagebuch (1870-1908)‹. Hrsg. von August Poulain. Übersetzt von Romano Guardini. Düsseldorf: Schwann, 1921.

Weggis] Ort am Vierwaldstätter See, am Südwestfuß des Rigi; um 1920: 1800 Einwohner.

294. An August Hofmann, 10.8.1922

H: Ms. Postkarte mit eigenh. Unterschrift, beidseitig beschrieben. Adresse: Herrn August Hofmann / Engelsberg. Bayern. F: HBS. E: EBH Leben, S. 149 (Auszüge). DV: Original.

bis in die letzte Minute mit den Verträgen] Der Vertrag mit dem Verlag Duncker & Humblot wurde von Ball und Ludwig Feuchtwanger am 7. August 1922 unterzeichnet.

erscheint definitiv »Tenderenda« zu Weihnachten] Vgl. *Nr. 286* – »Rolandsverlag«.

Auch die »Kritik« wird wieder gedruckt werden] Vgl. *Nr. 292*. Die Umarbeitung der ›Kritik der deutschen Intelligenz‹ kam im Herbst 1924 unter dem Titel ›Die Folgen der Reformation‹ bei Duncker & Humblot heraus.

zu Weihnachten »Das Ewige Lied«] Das Prosabändchen von Emmy Hennings erschien im Sommer 1923.

»Helle Nacht«] Emmy Hennings' Gedichtsammlung ›Helle Nacht‹ ist 1922 bei Erich Reiss erschienen.

»Gertrud«] Damalige Bekannte, vielleicht auch die Verlobte von August Hofmann.

Ich reise voraussichtlich übermorgen] Ball ist um den 15. August 1922 von München abgereist (vgl. ›Tagebuch‹, 29. Juli 1922).

in den Tessin, wo wir erwartet werden] Die Balls haben von der Familie Wenger eine Einladung bekommen, die ersten Tage nach ihrer Rückkehr ins Tessin in deren Sommerhaus in Carona zu verbringen (vgl. Nr. 295).

Hedwig] Hedwig Hofmann (1888-1973), Schwester von August Hofmann.

Oscar] Oscar Hofmann (1886-1958), Bruder von August Hofmann.

Deine Mutter] Philippine Hofmann, geb. Wirsing (1856-1942).

295. An Hermann Hesse, 10.8.1922

H: Ms. Brief mit eigenh. Unterschrift »Balmelli«; 1 Bl., 2 S. **F:** HBN. **E:** Briefe, S. 151 f. **DV:** Original.

Bogen von Siddhartha getrennt, die ich am 4.ten nach Stuttgart schickte] Hesse am 21. Juli 1922 an Ball: »Wahrscheinlich […] erhalten Sie bald die Correcturbogen des Siddhartha. Ich bitte sie, wenn Sie sie gelesen haben, weiter zu leiten an Herrn Otto Rosenfeld, Stuttgart, Hohenzollernstr. 9.« (DLA, Hesse).

das ist alles] Im Original: »das ich alles«.

Das Emmybuch] ›Das Ewige Lied‹, Berlin 1923.

das Balmellibuch] Hugo Balls 1923 bei Duncker & Humblot gedrucktes Buch ›Byzantinisches Christentum‹. – »Balmelli«: So nennt Hesse seinen Freund Ball in dem Prosastück ›Das schreibende Glas‹ (Erstdruck in: NZZ vom 30.7.1922; jetzt in: Hesse SW 8, S. 357-361), in dem er einen zusammen mit Emmy und Hugo Ball unternommenen Besuch bei den Wengers in dem Bergdorf Carona schildert.

Den Vertrag habe ich in der Tasche] Der Vertrag mit dem Duncker & Humblot Verlag über das ›Byzantinische Christentum‹ datiert vom 7. August 1922. Eine Fotokopie des Vertrags befindet sich in der HBS Pirmasens.

Die liebe Einladung der Familie Wenger] Vgl. Hesses Brief vom 21. Juli 1922 an Ball: »Ob Wengers Ihnen schon schrieben, weiß ich nicht, aber es ist dort beschlossen, Sie bei Ihrer Durchreise für einige Tage nach Carona einzuladen […]. Ich teile Ihnen dies mit und bitte Sie, diese Einladung ja anzunehmen, ich freue mich sehr drauf.« (DLA, Hesse)

Freudenstadt, Baden-Baden … Davos, Engadin] Lesungen der Balls in diesen Städten sind nicht belegbar. Im ›Tagebuch‹ (Eintrag vom 13. September 1922) führt Ball folgende Orte als Stationen seiner Reise von München ins Tessin an: Basel, Zug, Engelberg, Luzern, Wolffenschiessen, Bürgenstock, Sonnmatt.

Die italienischen Lire haben unseren früheren Plan ins Wanken gebracht] Balls Reisepläne betrafen 1922 vor allem Italien, besonders Rom.

296. An Annemarie Hennings, 26. oder 27.8.1922

H: Hs. Postskriptum zu einem undatierten Brief von Emmy Hennings an ihre Tochter Annemarie; 1 S. **F:** HBN. **DV:** Original.

Datierung: Da Ball sowohl im vorliegenden Postskriptum als auch in der folgenden Postkarte schreibt, er und Emmy würden »heute abend« im Kurhaus Sonnmatt bei Luzern lesen, datiert das Postskriptum vom selben Tag wie die am 27. August 1922 abgestempelte Postkarte.

Engelberg] Gemeinde im Schweizer Kanton Obwalden (1050 m ü.d.M.), 20 km südlich des Vierwaldstätter Sees, Luftkurort und Wintersportplatz; bedeutendes Benediktinerkloster (gegr. 1120) mit Gymnasium und Bibliothek.

Wolfenschiessen] Gemeinde im Schweizer Kanton Nidwalden (514 m ü.d.M.), 10 km südlich des Vierwaldstätter Sees.

Kurhaus Sonnmatt] In einer Höhe von 600 m oberhalb der Stadt Luzern, »in schöner Lage am Walde« gelegene Pension (Baedekers Schweiz 1920, S. 91).

das verkaufte Kälbchen] Bei ihrer Übersiedlung in die Schweiz hatten die Balls Annemarie Hennings aus finanziellen Gründen in München zurücklassen müssen, wo Emmys Tochter ihre bezahlte »Stellung« zunächst beibehielt (vgl. Nr. 295).

dass Du der] Danach eine kleine, mit Feder ausgeführte, verwischte Porträtzeichnung eines weiblichen Kopfes, der die nicht näher bezeichnete Frau »Schwarz« darstellen soll.

297. An Maria Theresia und Joseph Englert, 27.8.1922

H: Hs. Postkarte, auf der Adreßseite von Emmy Ball-Hennings, auf der Rückseite von Hugo Ball beschrieben. Adresse (von Balls Hand): Herrn und Frau / J. Englert / Zug. / Neugasse 28. **F:** CSSt. **DV:** Original.

Emmy Ball-Hennings schrieb auf der Adreßseite der Postkarte an die Englerts: »Liebes, kleines Frau Spirkli Englert, lieber Herr Englert. Nach Fahrten und Irrfahrten sitzen wir am Bahnhof, und es ist schon wieder Sonntag, und wir wären gern im vergangenen Sonntag, wie wir im jungen Englert-Heim waren. Aber wir steigen heut auf Sonnmatt hinauf und lesen da was vor, und in den nächsten Tagen kommen unsereins nach Zug, Grüß Gott sagen, und Umzugsgrüßli abgeben, und dann rutschen wir südlich. Die ganze Geschichte ist traumhaft, aber es gefällt uns so. Herzliche Grüße Ihnen und dem neuen Friedenshäuschen. Ihre Emmy Ball.«

Frau Englert] Ball hatte noch im Brief Nr. 293 vom 1. August 1922 von »Frl. Holzleithner« gesprochen. Englert und seine Freundin dürften also im August 1922 geheiratet haben.

wieder in Ihre Gegend gekommen] Zug, der Wohnsitz Englerts, liegt nur knapp 40 km von Luzern entfernt.

einen lieben Bekannten] Dr. Johannes Voeste, der den Engelberger Abend der Balls besprach (vgl. folgende Erläuterung). Voeste rezensierte 1931 Emmy Ball-Hennings' Erinnerungsbuch ›Hugo Balls Weg zu Gott‹ (1931) in der Luzerner Zeitschrift ›Vaterland‹ (vgl. HBB, S. 37, Nr. 517).

unsere poetische Fahrt im »Vierwaldstättersee« verewigen will] In der Heimatzeitschrift ›Vierwaldstättersee. Fremdenblatt für Luzern‹ ist im Zeitraum von August bis Dezember 1922 kein Artikel über die Lesereise Balls erschienen. In seinem ›Tagebuch‹ erwähnt Ball eine Besprechung des Engelberger Abends durch Dr. Johannes Voeste (vgl. ›Tagebuch‹, 16. September 1922). Die überaus positive Besprechung ist unter der Überschrift ›Engelberger-Saisonchronik‹ am 1. September 1922 in den ›Luzerner Neuesten Nachrichten‹ (Nr. 205, Jg. 26) erschienen. Der Abend fand im intimen Konzertsaal des Engelberger Hotels Titlis statt. Am 7. Oktober 1922 schrieb Ball einen nicht überlieferten Brief an Voeste (›Tagebuch‹).

Vielleicht in Rigi-Klösterli] Erster Hinweis, daß Ball die Hotelière Carla Fassbind (vgl. *Nr. 317*) wohl schon im Sommer 1922 kannte: sie führte auf Rigi-Klösterli drei Gasthöfe, die ›Sonne‹, das ›Schwert‹ und die ›Krone‹, in denen befreundete Künstler und Schriftsteller häufig zur Unterhaltung der Gäste beitrugen. Rigi-Klösterli liegt auf dem Rigi, dem berühmtesten Aussichtsberg der Schweiz.

298. An den Verlag Duncker & Humblot, 9.9.1922

H: Hs. Postkarte. Adresse: Herren / Duncker & Humb[lot] / Verlag / München / Theresienhöhe 3. c. **F:** Verlagsarchiv Duncker und Humblot, Berlin. **DV:** Original.

Datierung: Ball hat die Postkarte irrtümlich auf den »9. Sept.« 1922 datiert. Abgestempelt ist sie am 6. September in Lugano, eingegangen am 8. September in München. Feuchtwanger beantwortete sie am 9. September 1922. Sie dürfte demnach am 6. September geschrieben worden sein.

Herr Dr. Feuchtwanger] Vgl. *Nr. 292*.

das 1. Kapitel (Klimax)] Danach von fremder (wahrscheinlich von Feuchtwangers) Hand: »Bl. 1-55«.

Die beiden andern Kapitel] Kapitel 2: Dionysius Areopagita; Kapitel 3: Symeon der Stylit.

299. An den Verlag Duncker & Humblot, 11.9.1922

H: Hs. Postkarte. Adresse: Herren Duncker & Hum[blot] / Verlag / München / Theresienhöhe 3. c. **F:** Verlagsarchiv Duncker und Humblot, Berlin. **DV:** Original.

beiden Sendungen richtig erhielten] Feuchtwanger bestätigte den Empfang der beiden Sendungen am 9. und 14. September 1922.

300. An Hans C. Bodmer, 27.9.1922

H: Hs. Brief; 1 S. **F:** Max Löw, Arlesheim. **DV:** Fotokopie des Originals.

Bodmer] Hans Conrad Bodmer (1891-1956), Dr. med., Musiker, Besitzer einer bedeutenden Sammlung Beethovenscher Werk mit kostbaren Handschriften; Mitglied des Verwaltungsrates der Züricher Papierfabrik an der Sihl; seit 1919 Freund und Mäzen Hesses; finanzierte 1931 für Hesse das Haus in Montagnola, das er ihm auf Lebenszeit zur Verfügung stellte.

Hesse … finanzielle Hilfe vermittelt] In einem Brief vom 9. September 1922 hat Hesse seinen Mäzen Bodmer um finanzielle Unterstützung für Hugo Ball und dessen Frau gebeten, um ihnen »zunächst für ein Jahr ein einfaches Leben« in einem Tessiner Dorf zu ermöglichen. Als Summe für ein Jahr nennt Hesse einen Betrag von »etwa 2500« Franken, worauf Bodmer kommentarlos 5000 Franken sandte. Bei seiner Hilfsaktion für die Balls räumt Hesse freimütig »ein egoistisches Motiv« ein: »natürlich läge mir ungeheuer viel daran, diese für mich so wertvollen, lieben und geistvollen Menschen in der Nähe behalten zu dürfen. Seit ihrem Wegzuge, vor einem Jahr, war ich geistig hier völlig vereinsamt.« (Hesse, Briefe II, S. 32 f.) Die Adresse von Bodmer in Zürich hatte Ball am 25. September 1922 von Hesse erhalten (vgl. ›Tagebuch‹, 25. September 1922). Nach einem Brief von 1929 an seinen Freund Max Thomann hat Hesse »dreimal im Lauf der Jahre versucht, wohlhabende Gönner auf Balls aufmerksam zu machen, jedesmal mit dem Erfolg einer einmaligen Unterstützung, für die wir dankbar waren, aber jedesmal mit dem Ende einer gegenseitigen Enttäuschung: der reiche Mann war enttäuscht, weil er fand, daß die Balls nun doch endlich einmal ihr Leben rationalisieren und vernünftig werden könnten – und Balls waren enttäuscht, weil sie sahen, daß der Gönner sie nun doch nicht verstanden habe.« (Hesse, Briefe II, S. 269)

»Byzantinisches Christentum« … dieses … Buch senden.] Ball hielt sein Versprechen. Laut ›Tagebuch‹-Eintrag vom 7. April 1923 schickte er Bodmer ein Exemplar.

301. An den Verlag Duncker & Humblot, 30.9.1922

H: Hs. Postkarte, beidseitig beschrieben. Adresse: Herren / Duncker & Humblot / Verlag / München / Theresienhöhe 3 c. **F:** Verlagsarchiv Duncker und Humblot, Berlin. **DV:** Original.

Manuskriptseiten 114-Schluß] Einer der drei Manuskriptsendungen vom 6., 11. oder 30. September 1922 lag wahrscheinlich der folgende undatierte, handschriftliche Zettel Balls bei:
»*bitte im Inhaltsverzeichnis ändern*
unter ›Dionysius Areopagita‹:
statt: Die Einheit Gottes und der gnost. Dualismus, *soll es heissen*:
Der Urgott und die Himmelsleiter«.
Die von Ball gewünschte Änderung wurde berücksichtigt, wie eine handschriftliche, vermutlich von Feuchtwanger hinzugefügte Notiz (»geänd., 4.X.22 F.«) und das gedruckte Inhaltsverzeichnis des ›Byzantinischen Christentums‹ dokumentieren.

diesen Teil des Manuskriptes noch zu bestätigen] Feuchtwanger tat dies mit seinem Antwortschreiben vom 3. Oktober 1922.

wann gedenken Sie nun das Buch in Angriff zu nehmen?] Auf diese Frage antwortete Feuchtwanger am 3. Oktober 1922: »Wir lassen nun mit dem Satz beginnen und nehmen an, dass die Satzarbeiten bis Ende des Jahres beendigt sind. Wie verabredet, wird dann das Buch selbst im Frühjahr, etwa März, dem Buchhandel übergeben werden können.«

302. An Hermann Hesse, 12.10.1922

H: Hs. Postkarte. Adresse: Herrn / Hermann Hesse / Kurhaus Sennrüti / Degersheim / St. Gallen. **F:** DLA. **DV:** Original.

die gewünschten Sachen] Aus Hesses Postkarte an Ball vom 14. Oktober 1922 geht hervor, daß er sich sein Rasierzeug nach Degersheim nachschikken ließ. Schon am 10. Oktober 1922 hatte Ball eine »Karte von Hesse« erhalten mit der Bitte, Ball möge veranlassen, daß seine Haushälterin ihm, Hesse, umgehend den »vergessenen Rasierapparat und Alaunstein« nachschickt (vgl. ›Tagebuch‹, 10. Oktober 1922).

Dienstag] 10. Oktober 1922.

Frau Natalina] Natalina Cavadini (1868-1942), Zugehfrau und Haushälterin bei Hesse in Montagnola von Oktober 1919 bis 1936. Über sie schreibt Hesse in einem Brief vom 17. Januar 1920 an Ludwig Finckh: »Ordnung machen, kochen, flicken und waschen tut mir seit Oktober eine kleine alte Witwe aus dem Dorf, die jeden Morgen kommt. Sie heißt Natalina und stört mich nicht, sie kennt mein Bedürfnis nach Ruhe und hat Respekt vor mir.« (Hesse, Briefe I, S. 439 f.)

gute Erholung] Vom 8./9. Oktober bis Mitte November 1922 hielt sich Hesse zu einer Badekur in Degersheim (bei St. Gallen) auf (vgl. ›Tagebuch‹, 7./8. Oktober 1922 sowie Hesse, Briefe II, S. 39, 42).

303. An Hermann Hesse, 28.10.1922

H: Ms. Brief mit eigenh. Unterschrift; 1 Bl., 2 S. F: HBN. E: Briefe, S. 152-154. DV: Original.

Annemarie mit den Resten unseres Haushalts eingetroffen] Emmys Tochter war, als die Balls Mitte August 1922 in die Schweiz reisten, zunächst in München geblieben (vgl. Nr. 294 und 295 vom 10. August 1922), wo sie eine Stellung innehatte.

Brief aus dem Kurhaus ... Degersheim] Im Oktober / November 1922 hielt sich Hesse zu einer Kur in Degersheim auf, einem großen Dorf (um 1920 mit 3500 Einwohnern) westlich von St. Gallen. In seiner Postkarte vom 14. Oktober 1922 an Ball gibt Hesse als Absender »Sennrüti Degersheim« an: die Kuranstalt Sennrüti hatte 70 Betten zu einem Tagespreis »von 7-8 fr an« (Baedekers Schweiz 1920, S. 57).

Gekneteten und Bestrahlten ... Quarzlampe] In seinem Brief an die Balls vom 25. Oktober 1922 schreibt Hesse: »Täglich zweimal begebe ich mich in die 5 Minuten entfernte Badeanstalt, dort bekomme ich abwechselnd Dampfbäder, Fichtennadelbäder, Glühlichtbäder, Massagen, Bestrahlungen mit der Quarzlampe etc. Die Kur ist streng u. angreifend, einige Tage war ich elend u. hatte ziemlich Schmerzen, auch konnte ich lange nicht schlafen, aber jetzt geht es besser und ich will mindestens noch 14 Tage fortfahren.« (DLA, Hesse) – In seinen ›Kurgast‹-Aufzeichnungen (vgl. *Nr. 317* – »für Ihre lieben Zeilen ... die Kur«) zählt Hesse die Quarzlampe zu den »heilsamen und amüsanten Dingen« seiner Badener Kur: »daß wir Patienten äußerlich gut aussehen und den Eindruck gedeihlichsten Wohlergehens machen, dafür sorgt materiell das üppige Essen und koloristisch die Quarzlampe, die uns auf das dekorativste bräunt, so daß wir aussehen wie Leute, die soeben blühend vom Hochgebirge zurückkehren.« (Hesse SW 11, S. 53, 92)

Karte aus St. Gallen] Es handelt sich um Hesses Postkarte vom 14. Oktober 1922, die in Degersheim bei St. Gallen abgestempelt ist (DLA, Hesse).

Hauff'[s]chen Schwarzwaldmärchen] Ein bekanntes Märchen von Wilhelm Hauff (1802-1827), ›Das kalte Herz‹, spielt im Schwarzwald; sein Held ist Peter Munk, ein junger Schwarzwälder Kohlenbrenner.

Frl. Ruth] Ruth Wenger.

häkelt dort weiter, wo sie in München aufhörte] Annemarie hatte bei der Münchner Firma »Hummelsheim« als Häklerin und Handnäherin gearbeitet (vgl. ›Tagebuch‹, 23. Oktober 1922).

Emmy hat ein kleines Öfchen bekommen] Das hatte Ball am 21. Oktober 1922 in Lugano für 24 Frcs. gekauft (vgl. ›Tagebuch‹, 21. Oktober 1922).

Ich blättre in alten Tagebüchern und nehme den Augustinus zur Hilfe, der sich seines guten Stils wegen anklagt] Ball trug sich im Oktober 1922 mit dem Gedanken, seine Tagebücher zu bearbeiten und zu veröffentlichen (vgl. ›Tagebuch‹, 22. Oktober 1922). Ende Oktober machte sich Ball zahlreiche Notizen zu und Exzerpte aus den ›Bekenntnissen‹ des Augustinus (vgl. ›Tagebuch‹, 24.-31. Oktober 1922).

Bettinas Briefe] Bettina von Arnims Briefroman ›Goethes Briefwechsel mit einem Kinde‹ erschien 1835 in Berlin. Möglicherweise las Ball aus folgender, 1922 im Insel-Verlag erschienener Ausgabe vor: ›Bettinas Briefwechsel mit Goethe. Auf Grund ihres handschriftlichen Nachlasses nebst zeitgenössischen Dokumenten über ihr persönliches Verhältnis zu Goethe‹. Zum ersten Mal hrsg. von Reinhold Steig. Laut ›Tagebuch‹ hatte Emmy bereits am 22. Oktober 1922 ihrem Mann von Bettina erzählt und ihm dann einige Briefe von ihr an die Frau Rat und ihren »Herrn Sohn« vorgelesen.

den Ofterdingen haben wir auch in unser Winterprogramm genommen] Als Lektüre hat Hesse »einige Bände Novalis und Arnim« in die Degersheimer Kur mitgenommen und in dieser Zeit »wieder einmal mit Andacht u. Freude den Heinrich von Ofterdingen«, das Romanfragment von Novalis, gelesen (Brief Hesses vom 25. Oktober 1922 an die Balls; DLA, Hesse).

kleinen Buddha] Robin Brown (vgl. *Nr. 262* – »Den Kleinsten aller Buddhas, Robin«).

Flametti hat uns besucht] Ernst Alexander Michel (1881-1945), alias Flametti alias Flamingo, der ehemalige Direktor des Maxim-Ensembles, in dem Ball in der Züricher Vor-Dada-Zeit als Pianist und Texter mitwirkte (vgl. *Nr. 81*), hatte Ball am 16. Oktober 1922 in Agnuzzo besucht. Auf dem Weg von Agnuzzo nach Sorengo erzählte er Ball »von seinen jetzigen Geschäften. Er tritt allein auf und zwar als Gedächtniskünstler, und übertrifft in seiner Nummer Malini.« (zit. nach: Schütt, S. 271)

den berühmten Malini] Max Malini, eigentlich Max Katz Breit (1873-1942), legendärer Zauberkünstler seiner Zeit. Geboren in Polen, aufgewachsen in New York, dort unterrichtet von Professor Seiden, einem Magier, Feuerfresser und Bauchredner, war Malini bereits mit fünfzehn Jahren ein professioneller Magier, der als Meister der Aufmerksamkeitslenkung mit seiner erstaunlichen Fingerfertigkeit und Bühnenpräsenz sein Publikum auf der ganzen Welt faszinierte und enthusiasmierte.

unser »Baudelaire«] Die Balls hatten am 5. Oktober 1922 aus Caslano eine fünf Monate alte Katze mit schwarzem Fell und gelben Augen nach Agnuzzo gebracht, »ein unwahrscheinlich schönes Tier«, in das Ball »ganz verliebt« war (vgl. ›Tagebuch‹, 5.-8. Oktober 1922) und das er wohl deshalb »Baudelaire« nannte, weil es in Baudelaires ›Fleurs du mal‹ (1857) zwei Gedichte gibt, die den Titel ›Le Chat‹ haben.

auf die Patten] Auf die Tatzen, die Pfoten.

escarpato] Lexikographisch nicht nachweisbare Wortform. Abgeleitet höchstwahrscheinlich von italienisch »scarpa« = Schuh. Hier also: mit Schuhen versehen, beschuht.

Nächsten Monat kommt Hans Arp] Es existiert ein von Hans Arp aufgenommenes Foto vom Herbst 1922, das Sophie Taeuber-Arp, Hugo Ball, Annemarie Hennings und Emmy Ball-Hennings zeigt (vgl. HBK, S. 205).

Arp … war bis vor wenigen Tagen in unserer nächsten Nähe, drüben in Pura bei Magliaso] Hans Arp und Sophie Taeuber hatten kurz zuvor, am 20. Oktober 1922, in Pura, einem Tessiner Dorf im Malcantone, geheiratet.

Otto Flake … neues Buch … »Deutsche Reden«] Das Buch erschien 1922 im Berliner Verlag Die Schmiede. Flake hatte es Anfang Oktober 1922 an Ball geschickt (vgl. ›Tagebuch‹, 5. Oktober 1922), der sich in seinem ›Tagebuch‹ (28. Oktober 1922) viele Stellen aus Flakes ›Deutschen Reden‹ notierte.

Er ... fichtelt; denn eigentlich waren es keine richtigen Reden] Anspielung auf Johann Gottlieb Fichtes ›Reden an die deutsche Nation‹ (Berlin 1808).

Frl. Diener] Olga Diener (1890-1963), Dichterin, u.a. des Bandes ›Die Liebesbahn. Gedichte.‹ Zürich und Leipzig 1934; Freundin Hesses, der sich »ganz privat« als »aufrichtigen Freund Olgas und ihrer Bücher« bezeichnete, »als Literat aber nicht fähig« sei, »sie einzuordnen.« (Hesse, Briefe II, S. 429)

Solitude] Das Haus der Wengers in Delsberg (Delémont).

304. An Adolf Saager, 1.11.1922

H: Hs. Abschrift Balls im ›Tagebuch‹ unter dem 1. November [1922], mit dem Zusatz: »Karte an Dr. S.: Freitag abzusenden: (Zerwürfnis mit Saagers)«. **F:** HBN. **DV:** Balls hs. Abschrift im ›Tagebuch‹.

Ihren Besuch zu verschieben] Zu einem (vorübergehenden) »Zerwürfnis« zwischen Ball und Saager ist es gekommen, weil Adolf Saager durch einen Artikel in der NZZ den Herausgeber der FZ, Hans Schlieben, kompromittiert hatte, was Ball dazu veranlaßte, Saager für einen »unsicheren Kantonisten« und »gefährlichen Freund« zu halten, zu dem er damals auf »mehr Distanz« gehen wollte (›Tagebuch‹, 23. Oktober 1922).

305. An Mimi Scheiblauer, 8.11.1922

H: Durchschlag eines ms. Briefs ohne Unterschrift; 1 Bl., 1 S. **F:** Elena Brown, Montagnola. **DV:** Kopie des Originals.

Frl. Scheiblauer] Mimi (Taufname: Marie-Elisabeth) Scheiblauer (1891-1968), Schweizer Rhythmikerin; Ausbildung als Pianistin am Konservatorium Basel; ab 1910 Rhythmikausbildung bei Jaques-Dalcroze in Dresden und Hellerau, dort 1911 Diplomprüfung zur Lehrerin der Rhythmischen Gymnastik; 1912 Berufung an das Konservatorium Zürich als Lehrerin für Rhythmik, Solfège und Klavier; an Han Corays ›Pestalozzischule‹ in Zürich unterrichtete sie wohl 1915/16 nebenbei rhythmische Gymnastik (vgl. Dada in Zürich, S. 71, Anm. 137), so daß sie Hugo Ball schon damals kennengelernt haben könnte; 1922 Beginn der musikpädagogischen Arbeit mit schwierigen und behinderten Kindern; später Gestaltung vieler Festspiele und Volksfeste, Tanzchoreographien am Stadttheater Zürich zu Opern von Gluck, Mozart, Honegger, Busoni und Schönberg (vgl. den Mimi Scheiblauer-Artikel im ›Lexikon der Rhythmik‹, Kassel 1997, S. 242-246).

Korrekturen] Aus dem ›Tagebuch‹ (Eintrag vom 31. Oktober 1922) geht hervor, daß Ball damals in Montagnola bei den Browns die »von einem anderen [wohl von Mimi Scheiblauer] aufgeschriebenen ersten 10 Stückli« ihres Sohnes Robin korrigierte und daß er dafür für jeden Tag in Montagnola 25 Franken erhielt. Laut ›Tagebuch‹ korrigierte Ball am 3. November 1922 wieder die Noten und Kopien von Frl. Scheiblauer, und noch am 6. November arbeitete er erneut den ganzen Tag an den Notenkorrekturen, ohne damit fertig zu werden. Am selben Tag schrieb er an Mimi Scheiblauer in Zürich den vorliegenden Brief, den er aber vorher noch Dr. Charles E. L. Brown zeigen möchte.

Dalcroze] Emile Jaques-Dalcroze (1865-1950), Schweizer Musikpädagoge; begründete zusammen mit dem Schweizer Bühnenentwerfer Adolphe

Appia (1862-1928) die europäische Bedeutung des Festspielhauses in Hellerau bei Dresden in der Zeit vor dem Ersten Weltkrieg; entwickelte im Zusammenhang mit den »Lebensreform«-Bewegungen der vorletzten Jahrhundertwende die »rhythmische Gymnastik«. Seine gleichnamige Publikation, eine Anleitung zu musisch-musikalischer Körperbildung, erschien 1906. Seine Schülerin im ersten Hellerauer Rhythmik-Lehrgang im Sommer 1910 war die Tänzerin Mary Wigman (1886-1973).

Kontrapunktiker] Unter dem 3. November 1922 heißt es in Balls ›Tagebuch‹, andere glaubten, es werde ein Dirigent aus Robin Brown werden, während Ball überzeugt sei, Robin werde ein Kontrapunktiker.

306. An August Hofmann, 16.11.1922

H: Ms. Brief mit eigenh. Unterschrift; 1 Bl., 1 S. Adresse: Herrn / Studienrat / August Hofmann / *Zweibrücken. Rheinpfalz* / Bubenhauserstr. 2[II.] **F:** HBS. **E:** EBH Leben, S. 150 f. **DV:** Original.

Brief der Portoersparnis wegen … durch meine Eltern besorgen] Von der Schweiz aus war es billiger, die Briefe an deutsche Empfänger gesammelt nach Pirmasens zu schicken, von wo sie Balls Eltern – mit Inlandporto frankiert – weiterexpedierten. Vgl. auch Nr. 308 .

eventuelle Notensendung … »Stückli« meines 5jährigen Freundes Robin Brown] Vgl. *Nr. 313*.

in diesen Tagen erscheint bei Reiss ihr neues Buch (»Das Ewige Lied«)] Der Prosaband von Emmy Hennings ist nicht im November 1922, sondern erst im Juni oder Juli 1923 erschienen (vgl. Nr. 324).

der erste Korrekturbogen der drei Byzantiner] Vgl. *Nr. 307*.

307. An den Verlag Duncker & Humblot, 16.11.1922

H: Ms. Brief mit hs. Unterschrift; 1 S. **F:** Verlagsarchiv Duncker & Humblot, Berlin. **DV:** Original.

Dank für Ihre Karte und den 1. Bogen] Ball bedankt sich für Feuchtwangers Karte vom 13. November 1922. Mit gleicher Post ist von München »der erste Bogen« von Balls ›Byzantinischem Christentum‹, »der bereits in erster Hauskorrektur überlesen« worden war, zusammen mit Balls Manuskript nach Agnuzzo verschickt worden. Die Sendungen von Feuchtwanger hat Ball am 15. November erhalten (vgl. Nr. 306).

fortlaufend *höchstens* bis zum Schluss der einzelnen (5) Abschnitte dieses Kapitels zu nummerieren] An diesen Wunsch Balls hat sich der Verlag bei der Drucklegung gehalten.

308. An den Verlag Duncker & Humblot, 21.12.1922

H: Hs. Brief; 1 S. **F:** Verlagsarchiv Duncker & Humblot, Berlin. **DV:** Original.

diese Bogen von Pirmasens Rheinpfalz aus senden] Der »Portoersparnis wegen« hat Ball auch Nr. 306 von Pirmasens aus weiterverschicken lassen.

309. An den Verlag Duncker & Humblot, 13.1.1923

H: Hs. Postkarte; beidseitig beschrieben. Adresse: Herren / Duncker & Humblot / Verlag / *München* / Theresienhöhe 3.c. **F:** Verlagsarchiv Duncker & Humblot, Berlin. **DV:** Original.

Datierung: Wie der Poststempel vom 13.1.1923 zeigt, irrte sich Ball – bedingt durch den Jahreswechsel – bei der Angabe der Jahreszahl. Auch bei der Tagesangabe ist Ball ein Irrtum unterlaufen: Die Karte wurde am 13. Januar 1923 abgestempelt, so daß sie spätestens an diesem Tag geschrieben worden sein muß.

den Haupttitel gerne mehr hervorgehoben wissen] Im Druck ist der Haupttitel ›Byzantinisches Christentum‹ gegenüber dem Untertitel ›Drei Heiligenleben‹ durch einen größeren Schriftgrad hervorgehoben.

310. An Josephina Ball, 15.2.1923

H: Ms. Brief mit eigenh. Unterschrift; 2 Bl., 4 S. Zusätzlich 2 S. mit Stichpunkten: »Merkzettel« / »In den Koffer soll« / »Die Maasse für den Anzug« / »Eventl. noch zu besorgen« / »Nicht vergessen«. **F:** Peter Pres, Bad Dürkheim. **DV:** Original.

Beilage: »*Merkzettel*

Adresse des Spediteurs: Lechner oder Lechler (Telefonbuch)
Man soll den Koffer abholen.
Dem Mann den Pass zeigen oder mitgeben?
(am Telefon erkundigen. Es sind Gegenstände des persönlichen Gebrauchs)
Fragen (am Telefon) ob der Pass dann in den Koffer gelegt werden kann.
Eventl. den Pass brieflich wieder schicken, oder durch den Spediteur schikken lassen. (Annemarie vergass, dem Spediteur ihren Pass in München zu geben. Und wir haben ihn von hier aus geschickt. Der Spediteur schickte den Pass an uns zurück)
Die Differenz mit Lechler, von der ich Euch einmal schrieb, hat sich später aufgeklärt.
Es steht also nichts im Wege.

Schlüssel zu Koffer hat Heiner. Aber ich lege ihn nochmals bei. Der Spediteur verschliesst und schickt den Schlüssel mit.

In den Koffer soll:

1) Der Anzug
2) Der Leitzordner
3) Die Nähmaschine
4) Ein Stoss Konzeptpapier
5) Von den Büchern: Latein-deutsches Wörterbuch
Die Brüder Karamasow 2 Bände
Dokumente der Gnosis
Le sentiment trag. de la vie (von Unamuno)
6) Tagebuchartige geschrieb. Bücher kleineren Formats mit z.T. bunten Einbände[n]
7) Alle Briefe (an Emmy oder mich), sowie Photographien und Photos

8) Annemaries Bilder
9) Die Bücher aus Hamburg
wenden!

[nächstes Blatt]
Die Maasse für den Anzug:
Hosenlänge
innere Hosennaht: 81 (4 ctm davon sind Umschlag unten; eigentlich also nur 77)
äussere Hosennaht: (vom Bund ab) 109 (eigentlich nur 105[)]
Taillenweite (am Körper): 88
Brustweite (» »): 95
Rückenlänge des Rocks (vom äussersten Kragenrand bis runter): 84
Aermellänge (vom Schulteransatz ab) : 62

Eventl. noch zu besorgen:
1) für Emmy 3-4 meter weicher, fleckiger Flanell (blau)
2) Zimmerteppich. Darf gebraucht sein oder Fehler haben (eventl. in den Koffer)
3) Rohr-Ottomane (braun), oder 2 gewöhnliche Liegestühle zum Zusammenklappen
4) Kinder-Farbkasten mit Wasserfarben. Schwarze Blechschachtel mit Pinsel.

Nicht vergessen:
1) Geld
2) Pass
3) Die Bücher aus Hamburg
4) Diesen Zettel
5) Kofferschlüssel«

Belgien ... wenn heute die Franzosen Rache üben] Anlaß für die politische Kontroverse zwischen Hugo Ball und seiner Mutter waren die repressiven und rechtswidrigen Maßnahmen der Franzosen und Belgier in dem von ihnen besetzten Rhein- und Ruhrgebiet im Februar 1923: Ausweisung von hohen und höchsten Beamten aus den besetzten Gebieten in das unbesetzte Deutsche Reich; wirtschaftliche Repressionen; Ausdehnung des Besatzungsgebiets am Rhein durch Franzosen und Belgier: die außerhalb der Besatzungszone liegenden oberrheinischen Orte Offenburg und Appenweier werden am 4. Februar durch französische Truppen besetzt; belgische Truppen besetzen am 13. Februar die niederrheinischen Städte Emmerich und Wesel, französische Einheiten die westfälische Stadt Gelsenkirchen.

Wenn man unseren Herrgott gar nicht mehr verstehen kann ... dann muss ein Fehler in der Rechnung sein] Diesen Satz trägt Ball unter dem 16. Februar 1932 in sein ›Tagebuch‹ ein.

Ria] Heinrich Balls Ehefrau Elisabeth Theodora Kath[arina?] Ball, geb. Kuby (1897-1938). Heirat mit Heinrich Ball 1918 in Ludwigshafen.

Heiner] Heinrich Karl Alexis Ball (1891-1962), Balls jüngster Bruder.

»Dokumente der Gnosis«] Wolfgang Schultz: ›Dokumente der Gnosis‹. Jena 1910. – Dieses Buch zitiert bzw. referiert Ball mehrere Male im ›Byzantinischen Christentum‹ (vgl. S. 93 f., Anm. 2 u. 3; S. 95, Anm. 5; S. 125, Anm. 49; S. 152, Anm. 31; S. 180, Anm. 28).

»Le sentiment tragique de la vie« ... von Unamuno] Miguel de Unamuno (1864-1936), spanischer Philosoph und Schriftsteller; sein wichtigstes Werk ›Del sentimiento trágico de la vida‹ ist 1913 erschienen. Übersetzung ins Französische: Paris: Ed. de le Nouvelle revue française, 1917. – In der Tagebucheintragung vom 22. Juni 1919 referiert Ball (teils zustimmend, teils kritisch) zentrale Thesen aus diesem Werk (vgl. Flucht, S. 257-259). Vgl. auch die Exzerpte aus Unamunos Hauptwerk in Balls ›Tagebuch‹ vom 14. August und 3. Oktober 1923.

Unsere Briefe und Tagebücher sind besonders wichtig ... Es sind die wertvollen Materialien, aus denen unsere Bücher entstehen] Ball benötigte seine Tagebücher, weil er im Februar 1923 den Entschluß gefaßt hatte, seine Tagebücher aus den Jahren 1913-1923 zu veröffentlichen, um so »den Zusammenhang« seiner Bücher zu erklären (vgl. ›Tagebuch‹, 11. Februar 1923).

Anzug für meine Besuche in Montagnola] Wohl vor allem für seine Besuche bei den Browns.

Wir haben von unseren Möbeln voriges Jahr manches verkauft] Vgl. Nr. 276. Bei ihrer Übersiedlung nach München im Herbst 1921 hatten die Balls Frau Lisa Wenger ihre »schwarzen Möbel« angeboten, durch deren Verkauf sie sich »für die nächsten Monate von materiellen Sorgen frei« wähnten. Vgl. auch Balls ›Tagebuch‹-Eintrag vom 4. November 1921.

Bauernjungen, der malt und der uns bei der Gartenarbeit hilft ... er malt die heilige Katharina] Gemeint ist Giuseppe Careggi, der taubstumme Meßdiener in der kleinen Dorfkirche von Agnuzzo, der Hugo Ball beibrachte, »wie man einen Garten anzulegen, wie man das Land zu bebauen hat« (Emmy Ball-Hennings: ›Aus dem Leben Hugo Balls 1920-1924‹. In: HBA 1992, S. 6 f.). Giuseppe hat die hl. Katharina bereits im Sommer 1921 gemalt (vgl. Nr. 267).

Fürs Frühjahr erwarte ich ein grosses deutsches Honorar] Für sein ›Byzantinisches Christentum‹, wofür Ball laut Vertrag mit dem Verlag Duncker & Humblot vom 7. August 1922 45 000 Mark bekam.

viel Arbeit: Montagnola] Ball hatte bei dem Industriellen Charles E. L. Brown in Montagnola verschiedene ›Jobs‹, unter anderen den, die kleinen Klavierstücke von dessen musikalisch begabtem Sohn Robin Ton für Ton ohne Zusatz oder Änderung zu notieren (vgl. HBK, S. 205 f.).

ein neues Buch] Unter dem 16. Februar 1923 notiert Ball in sein ›Tagebuch‹: »Ein Buch über Romantik, Individualismus und Satanismus.«

Freund Hesse in Lugano einen Vortragsabend] Am 25. Januar 1923 hatte Hesse in der Literarischen Gesellschaft Lugano im Grand-Palace-Hotel einen Vortragsabend, auf dem er aus ›Klingsors letztem Sommer‹, ›Piktors Verwandlungen‹ und ein Kapitel aus ›Siddhartha‹ las.

deutschen Konsul] Carl Franken (1865-1947). Das Konsulat in Lugano befand sich in der Via Loreto 14 (Baedekers Schweiz 1920, S. 470). Franken war auch bei Borgeses Vortrag am 3. März 1923 in Lugano anwesend (vgl.

Nr. 312). Die ›Münchner Neuesten Nachrichten‹ brachten im Februar 1923 einen Artikel über die FZ, in dem alle Mitarbeiter, auch die Pseudonyme genannt wurden, der Name Balls jedoch fehlte. Nach Balls ›Tagebuch‹-Eintrag vom 14. März 1923 hatte ein solcher Artikel in einer solchen Zeitung »die Bedeutung einer Denunziation«. Um so seltsamer kam es ihm vor, daß man ihn ausschloß. Er brachte die Angelegenheit »ein wenig mit dem Konsul in Lugano in Verbindung« und glaubte, daß dieser ihn »aus Informationsgründen« kennen lernen wollte. Zu Franken, der eigentlich nur Titularkonsul war, vgl. auch Balls ›Tagebuch‹-Eintrag vom 28. Juni 1923.

311. An den Verlag Duncker & Humblot, 23.2.1923

H: Ms. Postkarte mit eigenh. Unterschrift. Adresse: Herren Duncker & Humblot / Verlag / *München* / Theresienhöhe 3 c. **F:** Verlagsarchiv Duncker & Humblot, Berlin. **DV:** Original.

Anfang März ein provisorisches Exemplar] Der Verlag ließ Ball »je 1 Exemplar aller Aushängebogen« des ›Byzantinischen Christentums‹ zukommen (Antwort Feuchtwangers vom 26. Februar 1923). Unter dem 1. März 1923 notierte Ball in sein ›Tagebuch‹, das ›Byzantinische Christentum‹ sei ausgedruckt und Feuchtwanger schicke ihm die Aushängebogen.

namhaften italienischen Freund] Professor Giuseppe Antonio Borgese, den Ball in der Berner Zeit im Frühjahr 1918 kennengelernt hatte. Borgese in Lugano Anfang März 1923 zu treffen, hatte Ball bereits Ende Februar 1923 mit Hermann Hesse verabredet (vgl. ›Tagebuch‹, 26. Februar 1923).

Die Korrekturen (zuletzt Mitte Januar)] Vgl. Nr. 309 .

312. An Giuseppe Antonio Borgese, 7.3.1923

H: Hs. Abschrift Balls im ›Tagebuch‹ unter dem 7. März 1923. Adresse: Prof. G. A. Borgese, Milano, Via Pontaccio 12. **F:** HBN. **DV:** Balls hs. Abschrift im ›Tagebuch‹.

nachmittags ein wenig plaudern konnten] Ball hatte sich am 1. März 1923 für Sonnabend, den 3. März, nachmittags um 5 Uhr mit Borgese im Luganer Grand Hotel Splendide verabredet (vgl. ›Tagebuch‹, 1. März 1923). Man traf sich zum verabredeten Termin im Foyer des Hotels. Dort erzählte Borgese, er habe 1919 in seiner Mailänder Antrittsrede über Balls ›Kritik der deutschen Intelligenz‹ gesprochen und ihn mit Jacques Rivière verglichen (vgl. ›Tagebuch‹, 3. März 1923).

die wieder hergestellte Verbindung] Ball und Borgese hatten sich im April oder Mai 1918 persönlich in Bern kennengelernt (vgl. Nr. 208).

Inhalt Ihres Vortrags] Im Lyceo von Lugano hielt Borgese am Abend des 3. März 1923 einen Vortrag über Vittorio Alfieri, Alessandro Manzoni, Giacomo Leopardi und Giosuè Carducci: ›Die Erben des 19. Jahrhunderts‹ (vgl. ›Tagebuch‹, 3. März 1923).

Ihren Roman zu erhalten] Borgese hatte Ball versprochen, ihm seinen Roman ›Roubaix‹ [= ›Rubè‹] und Gedichte zu schicken (vgl. ›Tagebuch‹, 3. März 1923). Borgeses Roman ist 1921 in Mailand bei Treves und 1928 in deutscher Übersetzung von Curt Gutkind in Heidelberg erschienen.

ich sende in den nächsten Tagen die in Aussicht gestellten Sachen] Die Aushängebogen des ›Byzantinischen Christentums‹ (vgl. *Nr. 311*) sowie den ›Zarathustra‹ von Nietzsche, Hesses ›Siddhartha‹ nebst Aufsätzen von diesem sowie Emmy Hennings' Gedichtbändchen ›Helle Nacht‹ (vgl. ›Tagebuch‹, 22. März 1923).

»Il Humile Combattante«] »Der demütige Krieger«. Unter dem 3. März 1923 notierte Ball in sein ›Tagebuch‹, Borgese habe »das heisse Temperament und Aussehen des Tertullian und Augustin. Ein jähes Entflammen verbunden mit melancholischer Demut. Il humile combattante«.

der deutsche Konsul] Vgl. *Nr. 310*.

313. An August Hofmann, 7.3.1923

H: Ms. Brief mit eigenh. Unterschrift; 2 Bl., 2 S. Adresse: Herrn / Studienrat August Hofmann / *Zweibrücken. Rheinpfalz* / Bubenbergstrasse. Absender: Hugo Ball, Agnuzzo b/Lugano. / Schweiz. **F:** HBS. **E:** HBK, S. 206 (Auszüge). **DV:** Original.

Beilage: Robin Brown: »Stückli«. Juli 1922-8.2.1923. Hs. Notenbuch. 12 gez. Bl. (HBK Nr. 202, S. 206).

leider gab es damals Schwierigkeiten, sonst hättest Du diesen Brief und das Heftchen mit Robin Browns Stückli längst erhalten] Vgl. Brief Nr. 306, in dem Ball anfragt, ob Hofmann eine Notensendung mit »Stückli« von Robin Brown in Zweibrücken antreffen würde und ob er neugierig sei, »eine solche Sendung zu erhalten«.

man hat sich schon sehr verschiedentlich geäussert] Eine frühe Äußerung über Robin findet sich in einem Artikel mit dem Titel ›Wunderkinder‹, den Adolf Saager am 11. Januar 1921 in der ›National-Zeitung‹ veröffentlicht hat. Nach Balls ›Tagebuch‹-Eintrag vom 20. März 1923 hat sich Hans Jelmoli, ein Züricher Musiker, »als einer der ersten über Robins Stückli ausgesprochen«.

Gartenarbeit, Besuche, Korrekturen] Von Gartenarbeiten ist in Balls ›Tagebuch‹ aus dieser Zeit wiederholt die Rede (vgl. ›Tagebuch‹, 26. Februar, 4. und 7. März 1923); Besuche hatte er von Hesse, Borgese und dem Maler Albert Müller; die Korrekturen betrafen das ›Byzantinische Christentum‹.

Buschquartett] Der deutsche Violinist Adolf Busch (1891-1952) gründete 1919 das Busch-Quartett, dem neben ihm Gösta Andrasson (2.Violine), Karl Doktor (Bratsche) und P. Grümmer (Violoncello), von 1930 an für diesen Buschs Bruder Hermann, angehörten.

das erste deutsche Urteil zu hören ... Deinen Brief zu erhalten] In seinem Antwortbrief vom 1. April 1923 gibt August Hofmann ein positives Urteil über das »erstaunliche Talent« des jungen Komponisten ab, aus dem »bei richtiger Erziehung ein hervorragender Musiker« werden könne (›Tagebuch‹, 6. April 1923).

Unsere Bücher sind noch immer nicht erschienen] Balls ›Byzantinisches Christentum‹ ist am 31. Mai 1923 (vgl. *Nr. 322*), Emmy Hennings' Prosaband ›Das Ewige Lied‹ wahrscheinlich im Juli 1923 erschienen (vgl. *Nr. 324* – »Reiss ... das ›Ewige Lied‹ jetzt unterwegs«).

314. An Herrn und Frau Joseph Englert, 17.3.1923

H: Hs. Postkarte, auf der Adreßseite von Emmy Ball-Hennings, auf der Rückseite von Hugo Ball beschrieben. Adresse (von Balls Hand): Herrn und Frau / Joseph Englert / Zug. Schweiz. **F:** CSSt. **DV:** Original.

Emmy Ball-Hennings schreibt auf der Adreßseite der Postkarte an Herrn und Frau Englert:

»Lieber Herr, liebe Frau Englert!
Wir sind Landleute, verlernen wohl noch ganz das Schreiben und finden der blühende Baum sagts am besten. Lieber Herr Englert, morgen hat der treueste Heilige seinen Namenstag. Er möge Ihnen alles Liebe tun, dazu gehört auch, daß Frau Maria gesund bleibt. Hab für mich ihr manches Wort gesagt, nicht wahr, Sie wissens auch wenn ich nicht schreib? Sie fehlen hier unten, und gehn wir ein Stückchen über Montagnola hinaus wirds unsereiner merkwürdig weh. Was soll Bigogno? Sie selbst sinds, und sind wohl Morgen in der Kirche, mit uns zu gleicher Zeit. Jedenfalls treffen wir uns dort oft, und vielleicht sehn wir uns auch einmal wieder in die Augen. Herzl. Grüße, und besonders heut [unleserliches Wort] Ihre Emmy«.

zu ihrem Namenstage] 19. März.

Ihr Bild mitbringen] Auf Balls Grüße zum Namenstag schickte ihm Englert seine Fotografie (vgl. ›Tagebuch‹, 20. März 1923).

das Binsenhühnerhaus, das wir jetzt bauen] Zum Bau des Hühnerstalls besorgte sich Ball Pfähle, ging zum See hinunter und schnitt Binsen (vgl. ›Tagebuch‹, 15./16. März 1923). Fertig geworden ist das selbstgebaute Hühnerhaus am 19. März (vgl. ›Tagebuch‹, 20. März 1923).

Albicocca-Baum] Der Aprikosenbaum an Balls Fenster hatte am 16. März 1923 die ersten Blüten (vgl. ›Tagebuch‹, 16. März 1923).

315. An den Verlag Duncker & Humblot, 6.4.1923

H: Ms. Brief mit eigenh. Unterschrift; 1 Bl., 2 S. **F:** Verlagsarchiv Duncker & Humblot, Berlin. **DV:** Original.

Ihre Karte vom 28. März ... Versandliste der Rezensionsexemplare] Auf der Karte schreibt Feuchtwanger, daß Balls ›Byzantinisches Christentum‹ »in etwa 3 Wochen fertig aus der Buchbinderei kommen« dürfte und daß es eine Liste mit Namen und Adressen gebe, an die der Verlag Rezensionsexemplare verschicken werde, eine Liste, die Ball auf Wunsch zur Verfügung stehe.

Otto Flake] Vgl. *Nr. 204*.

München, Dachauerstr. 54 b/Beiger] Von fremder Hand durchstrichen und stat tdessen am Briefrand der handschriftliche Vermerk: »Berlin W 50 Nürnbergerstr. 65/II«.

Hermann Bahr] Vgl. *Nr. 254*.

Karl Wilker, »Das Werdende Zeitalter«] Das Periodikum ›Das Werdende Zeitalter‹ war die Vierteljahrsbeilage zur Zeitschrift ›Die Neue Erziehung‹. Jahrgang 1 der Vierteljahrsschrift erschien 1922 in vier Nummern, Jahrgang 2 ebenfalls in vier Heften 1923. Herausgeber war nicht der Pädagoge Karl Wilker (1885-1980), sondern Dr. Elisabeth Rotten. Zu Wilker vgl. DBE 10, S. 508.

René Schickele] Vgl. *Nr. 51a*. Schickele ist 1922 von Uttwil am Schweizer Bodensee nach Badenweiler umgezogen.

Franz Blei] Vgl. *Nr. 26* – Bleis »Die Welle«.

Dr. Elisabeth Rotten] Vgl. *Nr. 251*.

Freunde meiner »Kritik«] Von den sechs genannten »Freunden« der ›Kritik der deutschen Intelligenz‹ haben nur Otto Flake (vgl. HBB Nr. 1225-1228, S. 71) und Hermann Bahr (vgl. HBB Nr. 1215, S. 71) Rezensionen zu Balls ›Kritik‹ veröffentlicht. Freilich sind die sechs Exemplare des ›Byzantinischen Christentums‹ in Balls Auftrag vom Verlag verschickt worden, sie waren – wie Ball im vorliegenden Brief selbst schreibt – »also nicht eigentlich als Rezensionsexemplare« gedacht.

Dr. J. Stiglmayr] Joseph Stiglmayr (1851-1934), Patristiker, dozierte 1892-1919 klassische Sprachen am Kolleg Stella Matutina in Feldkirch, dann Spiritual am Klerikalseminar Dillingen. Hauptwerk: ›Das Aufkommen der pseudodionysischen Schriften und ihr Eindringen in die christliche Literatur bis zum Laterankonzil 649‹. Feldkirch 1895. Auf dieses Werk bezieht sich Ball im ›Byzantinischen Christentum‹ mehrere Male.

Prof. Hugo Koch] Hugo Koch (1869-1940), Dogmen- und Kirchenhistoriker, ab 1904 Prof. in Braunsberg; 1912 nach Konflikt mit der katholischen Kirche Entpflichtung; Heirat mit seiner Lebensgefährtin und Übersiedlung nach München; wurde bekannt durch sein Buch ›Pseudo Dionysius Areopagita in seinen Beziehungen zum Neuplatonismus und Mysterienwesen‹. Mainz 1900. Darin wies Koch nach, daß sich hinter Pseudo Dionysius Areopagita ein Mönch des 5. Jahrhunderts verbirgt. Ball weist im ›Byzantinischen Christentum‹ wiederholt auf Kochs ›Pseudo Dionysius Areopagita‹ hin.

(Tübingen?)] Von fremder Hand durchstrichen und am Rand der handschriftliche Vermerk: »München, Erhardtstr, 6/o«.

Prof. Rich. Reitzenstein] Richard Reitzenstein (1861-1931), klassischer Philologe und Religionshistoriker; Prof. in Straßburg, Freiburg i. Br. und seit 1914 in Göttingen; Mittelpunkt seiner Forschungen waren Mysterien, spätantiker Synkretismus und die Gnosis. Ball zitiert und referiert im ›Byzantinischen Christentum‹ immer wieder Reitzensteins Buch ›Die hellenistischen Mysterienreligionen‹. Leipzig 1910.

(Heidelberg?)] Von fremder Hand durchstrichen, am Rand handschriftlich: »Göttingen, Universität«.

Prof. Karl Holl] Karl Holl (1866-1926), evangelischer Kirchenhistoriker mit Schwerpunkt auf der Patristik; Prof. in Tübingen (1900), seit 1906 in Berlin. Ball benutzte für sein ›Byzantinisches Christentum‹ Holls Werk ›Enthusiasmus und Bußgewalt beim griechischen Mönchtum‹ (Leipzig 1898). als wichtige Informationsquelle.

(Verlag Herder?)] Von fremder Hand durchgestrichen, am Rand handschriftlich: »Berlin N 56, Französischstr. 34«.

Prof. C. G. Jung] Vgl. *Nr. 441*.

Prof. W. Foerster, Zürich] Friedrich Wilhelm Foerster (1869-1966), deutscher Pädagoge, Philosoph, Politiker, Universitätsprofessor; gab 1894/95 die Zeitschrift ›Ethische Kultur‹ heraus, in der er Wilhelm II. wegen dessen öffentlicher Beschimpfung der Sozialdemokraten als ›vaterlandslose

Rotte‹ angriff, wofür er 1895 zu Festungshaft verurteilt wurde; wirkte von 1901 bis 1911 an der Technischen Hochschule und an der Universität Zürich als Professor für Philosophie, Soziologie, Ethik und Moral-Pädagogik; lehrte dann 1913 in Wien und ab 1914 in München, wo er jedoch im Krieg wegen seiner Thesen zur deutschen Kriegsschuld suspendiert wurde; in die Schweiz zurückgekehrt, trat er entschieden für die Politik des amerikanischen Präsidenten Wilson ein; veröffentlichte in der FZ acht Artikel; wurde vom bayerischen Ministerpräsidenten Kurt Eisner zum Gesandten in Bern berufen; das Schicksal des 1922 von Rechtsradikalen ermordeten Walther Rathenau vor Augen, floh Foerster aus Deutschland, ließ sich zunächst in der Schweiz nieder, übersiedelte 1926 nach Paris und emigrierte 1940 schließlich in die USA, wo er bis 1963 lebte; publizierte rund 40 Bücher und Tausende von Artikeln und Aufsätzen (vgl. Donat/Holl, S. 118-120).

Prof. G. A. Borgese] Vgl. *Nr. 208*.

Giovanni Papini] Giovanni Papini (1881-1956), italienischer Schriftsteller und Kulturkritiker; Gründer und Mitarbeiter mehrerer literarischer Zeitschriften (u.a. ›La Voce‹, 1908-16; ›Lacerba‹, 1913-15); umstrittene und einflußreiche Leitfigur der italienischen Avantgarde; beteiligte sich zeitweise am Futurismus; nach anfänglicher Ablehnung des Christentums 1919 Hinwendung zum Katholizismus; wurde als begeisterter Faschist 1935 Prof. in Bologna; 1937 Leiter des italienischen Renaissanceforschungszentrums und 1939 Mitglied der italienischen Akademie (LThK, 3. Aufl., Bd. 7, Sp. 1326 f.).

Prälat Dr. von Mathies] Vgl. *Nr. 243*.

Prof. Bernoulli, Basel] Carl Albrecht Bernoulli (1868-1937), evangelischer Theologe, Dichter und Publizist; von 1922 bis 1926 Privatdozent und von 1926-37 außerordentlicher Professor für Kirchengeschichte in Basel . Wichtige Studien zu Nietzsche, Overbeck und Bachofen. In seiner nicht eingereichten Dissertation ›Nietzsche in Basel‹ von 1909/10 erwähnt Ball den »material- und geistreichen, aber unsystematischen Bernoulli« (HBA 1978, S. 30), dessen Werk ›Franz Overbeck und Friedrich Nietzsche‹ (2 Bde. Jena 1908) er für seine Studie benutzte. In dem Essay ›Der Künstler und die Zeitkrankheit‹ (1926) setzt sich Ball gründlich mit Bernoullis Buch ›Johann Jakob Bachofen und das Natursymbol‹ (Basel 1924) auseinander (vgl. Schriften, S. 139-148). Mit seinem Bachofen-Buch habe sich Bernoulli »in der nachdrücklichsten Weise zum Chorführer der gegen die Logik und das Bewußtsein, damit leider aber auch der gegen den Logos, die Sprache und die Person gerichteten Zeittendenzen« gemacht (Schriften, S.140).

Maurice Muret (»Journal des Débats«)] Maurice Muret (1870-1954), Schweizer Publizist, Essayist, Verfasser politischer und literarhistorischer Werke (›La Littérature allemande d'aujourd'hui‹, 1909; ›L'Esprite Juif‹, 1901; ›L'Orgueil allemand‹, 1915; ›La Littérature allemande pendant la guerre‹, 1920); Mitarbeiter am ›Journal des Débats‹ und an der ›Gazette de Lausanne‹; Offizier der Ehrenlegion, Korrespondent der ›Académie des sciences morales et politiques‹ von Paris. – Ball schickte Muret ein (Rezensions-) Exemplar des ›Byzantinischen Christentums‹, weil dieser im ›Journal des Débats‹ »ein 8 Spalten langes Feuilleton« über Balls Buch ›Zur Kritik der deutschen Intelligenz‹ veröffentlicht hatte (vgl. Hardekopfs unveröffentlichte Postkarte an Ball vom 12. Februar 1921), eine Besprechung, die in der HBB von 1992 (vgl. S. 71-73) nicht aufgeführt wird.

an einige Private] Unter diesen führt Ball in seinem ›Tagebuch‹ (7. April 1923) namentlich an: Brown, Wenger, Bodmer und Englert.

316. An den Verlag Duncker & Humblot, 15.4.1923

H: Ms. Brief mit eigenh. Unterschrift; 1 Bl., 1 S. **F:** Verlagsarchiv Duncker & Humblot, Berlin. **DV:** Original.

Datierung: Bei Balls Datumsangabe »16. April« wurde die »16« durchgestrichen und mit einem Fragezeichen versehen. Der Eingang des Briefs bei Duncker & Humblot wurde am »16. Apr. 1923« gebucht. Laut ›Tagebuch‹ hat Ball den Brief am 15. April 1923 geschrieben und abgesendet.

die Liste] Feuchtwanger hatte Ball am 10. April 1923 eine Abschrift der Besprechungsliste zugeschickt.

»Stimmen aus Maria-Laach«] Von fremder Hand unterstrichen und dahinter handschriftlich eingefügt: »= Stimmen der Zeit«.

»Prager Presse«] Von fremder Hand unterstrichen und am Rand handschriftlich die Adresse der Zeitung: »Prag III Neru dova 5«.

»Prager Presse« … kleinere Beiträge von mir] Einer dieser »kleineren Beiträge« ist Hugo Balls ›Lied für ein Kind‹, das am 11.12.1921 in der ›Prager Presse‹ (Jg. 1, 1921, Nr. 265, Morgen-Ausgabe, Sonntagsbeilage, S. [11]) erschienen ist.

Rektor F. Bloh … der meine »Kritik« in Hamburg zuerst begrüsste … in der »Pädagogischen Rundschau« anzeigen] Die Rezension des Volksschulrektors und pazifistischen Publizisten Friedrich Bloh (1854-1941) ist erschienen in: ›Pädagogische Reform‹, Jg. 44, Nr. 39 vom 29.9.1920. Beil. Hamburg 1920 (HBB Nr. 1220, S. 71). Ball verwechselt die ›Pädagogische Rundschau‹ wohl mit der ›Pädagogischen Reform‹, in der von Bloh allerdings keine Besprechung des ›Byzantinischen Christentums‹ gedruckt wurde.

Herr J. Bernhart … über mythisch-mittelalterliche Gegenstände] Vgl. *Nr. 292*. Außer in seinem Hauptwerk ›Die philosophische Mystik des Mittelalters‹ behandelt Bernhart mystisch-mittelalterliche Gegenstände unter anderem auch in: ›Eckhartische und Bernhardische Mystik‹ (1911); ›Eine deutsche Theologie. Der Frankfurter‹. Übertragen und eingeleitet von Joseph Bernhart. 2. Aufl. Leipzig 1922.

»Heinrich Sierp, München«] Heinrich (Matthias Emil) Sierp (1873-1955), deutscher Jesuit, Chemiker, Redakteur, Seelsorger; war nach dem Studium der Literaturwissenschaft, Philosophie und Theologie sowie der Chemie eine Zeitlang als Professor der Naturwissenschaften zunächst in Valkenburg, dann in Indien am St. Francis Xavier College der Universität Bombay tätig, wo er Ende 1915 von der britischen Kolonialverwaltung interniert und nach England gebracht wurde; von 1916 bis 1927 war er Chefredakteur der Zeitschrift ›Stimmen der Zeit‹; mußte dann wegen eines Augenleidens seine wissenschaftliche und publizistische Tätigkeit aufgeben, zog sich ins St. Ignatius-Haus in Essen zurück und betätigte sich später in der Pfarr- und Krankenhausseelsorge; veröffentlichte unter anderem: ›Demokratie und Weltanschauung‹ (1920), ›Um Indiens Freiheit‹ (1923), ›Inorganic Chemical Analysis‹ (3. Aufl. 1926). Angaben nach: DBE 9, S. 320.

»Stimmen der Zeit« in Freiburg i/B] Von 1869 bis 1914 unter dem Titel ›Stimmen aus Maria Laach‹, danach unter dem Titel ›Stimmen der Zeit‹ in Freiburg im Breisgau erscheinende, katholische Monatsschrift.

»Der Gral«, redig. von Muckermann S.J.] Die katholische Monatsschrift ›Der Gral‹ erschien von 1906-1937. Von 1920 bis 1931 wurde sie von dem der deutschen Jesuiten und Publizisten Friedrich Muckermann (1883-1946) herausgegeben, der das ›Byzantinische Christentum‹ im Jahrgang 17 (Juli 1923, H. 10, S. 448 f.) seiner Zeitschrift ›Der Gral‹ rezensierte (vgl. HBB Nr. 999, S. 61).

Otto Flake ..., in der »Neuen Rundschau« und in »Wissen und Leben«, Zürich] Flake hat Balls ›Kritik der deutschen Intelligenz‹ unter anderem rezensiert in: ›Wissen und Leben‹, Jg. 12, H. 19/20, Zürich 1919, S. 646 f. und in: ›Die Neue Rundschau‹, Jg. 30, Berlin 1919, S. 730-745.

Paul Baudisch] Eine Besprechung der ›Kritik der deutschen Intelligenz‹ veröffentlichte Paul Baudisch in der Wiener Zeitschrift ›Der Friede‹, Bd. 4, Nr. 82 vom 15.8.1919, S. 718 f. (vgl. HBB Nr. 1217, S. 71).

317. An Hermann Hesse, 27.5.1923

H: Hs. Brief; 1 Bl., 2 S. **F:** HBN. **E:** Briefe, S. 154f; Faksimile der 1. Seite in: HBK, S.207. **DV:** Fotokopie des Originals.

Am Mittwoch] 23. Mai 1923.

nach Agra, um vorzulesen] Agra ist eine kleine Ortschaft auf der Collina d'Oro, 2 km oberhalb von Montagnola. Die Balls lasen dort im ›Deutschen Haus Agra‹, einem im November 1914 eröffneten Sanatorium für Tuberkulosekranke. Über ›Die deutschen Heilstätten in Agra‹ hat Else Lasker-Schüler – ihr an Tuberkulose erkrankter Sohn Paul hielt sich im Frühjahr 1926 dort auf – ein fast schon werbendes Feuilleton verfaßt (vgl. Else Lasker-Schüler: ›Werke und Briefe. Kritische Ausgabe‹. Bd. 4.1: Prosa 1921-1945. Frankfurt a.M. 2001, S. 128-131). Der schwedische Schriftsteller Sven Stolpe (1905-1996) war in den Jahren 1927/28 als Patient im ›Deutschen Haus Agra‹. Über seinen dortigen Aufenthalt schrieb er den Roman ›Im Wartezimmer des Todes‹ (Frankfurt a.M. 1959; schwedische Originalausgabe: Stockholm 1930). Wegen einer Tuberkulose mußte Erich Kästner zwischen 1962 und 1964 das Lungensanatorium in Agra wiederholt aufsuchen.

Frl. Fassbind] Carla Milich-Fassbind (1887-1974), schweizerische Hotelière auf Rigi-Klösterli und in Lugano; von Jugend an im Hotelbetrieb ihrer Eltern mitarbeitend, leitete sie nach dem Tod ihres Vaters (1924) selbständig und ebenso geschäftstüchtig wie großzügig mehrere Hotels auf Rigi-Klösterli; ihre Hotels standen den verschiedensten Künstlern und Schriftstellern offen, von denen sie als Gegenleistung erwartete, daß diese zur Unterhaltung der Gäste etwas beitrugen; 1930 heiratete sie den polnisch-jüdischen Kunstmaler Adolphe Milich (1884-1964), mit dem sie seit Ende des Ersten Weltkrieges heimlich verlobt war. Wahrscheinlich durch Vermittlung Hermann Hesses müssen sich Carla Fassbind und die Balls bereits vor Mitte Oktober 1921, d.h. vor deren Übersiedlung nach München, im Tessin kennengelernt haben, schreibt doch Hesse Ende 1921 / Anfang 1922 an Frl. Fassbind, er habe ihre »Grüße an Balls nicht mehr mündlich bestellen« können, da sie inzwischen nach München gezogen seien. Die Kontakte zwischen den Balls und Carla Fassbind waren recht eng, die beiden waren häufig Gäste auf Rigi-Klösterli. Briefe von Hugo Ball an Carla Fassbind haben sich in deren Nachlaß nicht erhalten, dafür ein Gästebucheintrag und eine Fotografie von ihm mit handschriftlicher Widmung.

Der Mai war ein allgemeiner Besuchsmonat] Im Mai haben Ball in Agnuzzo besucht: Friedrich Fuchs, Joseph Englert und seine Frau Maria Theresia, Dr. Charles E. L. Brown und seine Frau Hilda (vgl. ›Tagebuch‹, 2. und 8. Mai 1923).

für Ihre lieben Zeilen … die Kur] Ball bedankt sich für Hesses Brief vom »Mai [19]23« (auszugsweise abgedruckt und faksimiliert in: HBK, S. 207, 234) aus Baden bei Zürich, wo sich Hesse vom 8. Mai bis Mitte Juni 1923 im Hotel Verenahof zur Behandlung seiner rheumatischen Gelenkschmerzen und seiner Ischias-Beschwerden aufhielt. Über seine damalige Thermalkur im Badener Kurhotel Verenahof verfaßte Hesse im Herbst 1923 sehr persönlich gehaltene Aufzeichnungen; sie erschienen im September 1924 als Privatdruck unter dem Titel ›Psychologia Balnearia oder Glossen eines Badener Kurgastes‹ und im April 1925 bei S. Fischer in Berlin unter dem abgewandelten Titel ›Kurgast. Aufzeichnungen von einer Badener Kur‹.

Herr Müller … in einem Wägelchen von Lugano] Gemeint ist entweder der Zahnarzt Dr. Friedrich Müller (vgl. *Nr. 264*) oder der Maler Albert Müller (vgl. *Nr. 321*).

Montag früh … erschienen Herr und Frau Brown] Unter dem 8. Mai 1923 heißt es in Balls ›Tagebuch‹: »Vormittags kamen überraschend Herr und Frau Dr. Brown.« Der 8. Mai 1923 war ein Dienstag.

Emmy war in Ligornetto und brachte von dort zwei prächtige Hennen mit] Unter dem 13. Mai 1923 schreibt Ball in sein ›Tagebuch‹: »Die drei brütenden Glucken: gelb, braun und weiss. Emmy brachte zwei davon im Rucksack aus Ligornetto.«

Ligornetto] Dorf im Mendrisiotto, dem südlichsten Zipfel der Schweiz. In Ligornetto wohnte der mit den Balls befreundete Maler Albert Müller bis Anfang November 1923 (vgl. *Nr. 321*).

die Lucilis] Wahrscheinlich eine der ca. zehn Unterarten der Hainsimse (lucula).

die Maikäfer … Abschied zu nehmen] Schon am 17. April 1923 hatte Ball laut ›Tagebuch‹ mit Robin Brown »Maikäfer geschüttelt«.

318. An Giuseppe Antonio Borgese, 3.6.1923

H: Hs. Abschrift Balls im ›Tagebuch‹ unter dem 3. Juni 1923. **F:** HBN. **DV:** Balls hs. Abschrift im ›Tagebuch‹.

Hesse hatte einen schlimmen Frühling … noch für etliche 14 Tage zur Kur in Baden] Vgl. *Nr. 317*. Zum Mißerfolg der Kur vgl. Nr. 323.

Rubè ist … ein rundes Meisterstück] Als Ball wenig später Hesse den Inhalt von Borgeses Roman erzählte, merkte er, daß das Buch »doch ein recht konventioneller Roman« und der Autor nicht frei von »Provinzialismen in seiner Denkart« ist (›Tagebuch‹, 22. Juni 1923).

C'è la salute … c'è tutto] Ball zitiert hier nicht korrekt. Der Originaltext lautet: »La salute prima di tutto, e quando c'è la salute – concluse ridendo grosso – c'è tutto, eroismo compreso.« (S. 56) – »›[…] Gesundheit vor allem! Denn wenn die Gesundheit da ist‹, schloß er laut auflachend, ›dann ist alles da, Heldentum inbegriffen.‹« (S. 91); deutsche Übersetzung: Carl Gutkind (1928) – Nicht der Abgeordnete Taramanna, in dessen Bureau die Titelfigur des Romans, Filippo Rubè, beschäftigt ist, spricht diesen Text, sondern Major Berti.

»I Vivi e i Morti«] Roman von Borgese. Milano: Mondadori 1923.

Meine Sendung (darunter Sachen von Hesse)] An Borgese hatte Ball am 22. März 1923 den ›Zarathustra‹ und ›Siddhartha‹ »nebst Aufsätzen von Hesse« geschickt (vgl. ›Tagebuch‹).

meine Byzantiner] Nach einer Notiz in seinem ›Tagebuch‹ (29. Mai 1923) ist Balls ›Byzantinisches Christentum‹ Ende Mai erschienen.

319. An Carl Albrecht Bernoulli, 8.6.1923

H: Hs. Abschrift Balls im ›Tagebuch‹ unter dem 8. Juni 1923. Adresse: C. A. Bernoulli, Arlesheim, Basel. **F:** HBN. **DV:** Balls hs. Abschrift im ›Tagebuch‹.

Sehr verehrter Herr] Zu Bernoulli vgl. *Nr. 315*.

ein Buch] Das ›Byzantinische Christentum‹.

Aufsatze über den Brand des Goetheanums] Bernoullis Aufsatz ist unter dem Titel ›Der Brand des Anthroposophentempels‹ am 3. Januar 1923 im Feuilleton der NZZ erschienen. Das erste Goetheanum in Dornach bei Basel, ein im wesentlichen aus Holz bestehendes Bauwerk, wurde in der Silvesternacht 1922/23 durch Brandstiftung vernichtet. Der Nachfolgebau, das heutige Goetheanum, wurde als einer der ersten Sichtbetonkomplexe der Welt in den Jahren 1925 und 1928 nach einem Modell Rudolf Steiners fertiggestellt.

320. An Albert Mundt, 8.6.1923

H: Hs. Abschrift Balls im ›Tagebuch‹ unter dem 8. Juni 1923. **F:** HBN. **DV:** Balls hs. Abschrift im ›Tagebuch‹.

Dr. Mundt] Dr. Albert Mundt (geb. 1883 in Naumburg a. d. Saale), Verlagsbuchhändler, Inhaber des Roland Verlags, München. Der Verlag besaß 1922 folgende Adressen: München, Rosenthal 3 und Pasing, Odilostraße 3.

Manuskript … vor Jahresfrist bei meiner Abreise aus München überliess] Durch Vermittlung von Hans Arp stand Ball seit Frühjahr 1922 in Kontakt mit dem Roland Verlag (vgl. Nr. 286), dessen Inhaber, Dr. Albert Mundt, Balls Roman ›Tenderenda der Phantast‹ veröffentlichen wollte (vgl. Nr. 294). Kurz vor seiner Abreise aus München Mitte August 1922 hatte Ball das Manuskript seines Romans an Mundt übergeben und am 10. August 1922 an August Hofmann geschrieben: »Nun erscheint definitiv ›Tenderenda‹ zu Weihnachten« (Nr. 294). Ball hatte bereits am 6. Oktober 1922 wegen ›Tenderenda‹ eine Karte an Dr. Mundt geschrieben (vgl. ›Tagebuch‹). Am 2. Juli 1923 schrieb er erneut an Mundt in München, wahrscheinlich wiederum wegen der Zurücksendung seines ›Tenderenda‹-Manuskripts (vgl. ›Tagebuch‹).

321. An Hans Arp, 8.6.1923

H: Ms. Brief mit eigenh. Unterschrift; 1 S. **F:** HBN. **DV:** Original.

Datierung: Der mit keiner Jahresangabe versehene Brief ist auf 1923 zu datieren, da am 31. Mai dieses Jahres Balls ›Byzantinisches Christentum‹ erschienen ist, das er Neitzel gerne zusenden möchte. Ball hat soeben vom Verlag die »ersten 10« Freiexemplare seines Buches bekommen (vgl. die nachfolgende Postkarte vom selben Tag).

wieder nach Pura] Vgl. *Nr. 303* – »Arp ... in Pura«.

so mitten im Weltuntergang] Anspielung auf die miserable wirtschaftliche, politische und soziale Lage im Deutschland des Jahres 1923: galoppierende Inflation, Teuerungswelle, Wirtschaftsmisere, Besetzung des Ruhrgebiets durch französische und belgische Truppen, Massenausweisungen aus den besetzten Gebieten.

Neitzel ... gegen die Mamelucken kämpfen] Lucien (Ludwig) H. Neitzel (vgl. *Nr. 135*) hielt sich nach Otto Flakes Lebensbericht ›Es wird Abend‹ (Frankfurt a.M. 1980, S. 253, 405) in den zwanziger Jahren eine Zeitlang als Farmer in Abessinien auf (heute: Äthiopien), wo es häufig zu Auseinandersetzungen zwischen Christen und Muslimen gekommen ist. Flake nennt Neitzel in ›Es wird Abend‹ (S. 192) »ein enfant Rimbaud«.

Das Buch hat einen guten Deckel ... einen feurigen Pappschild] Das ›Byzantinische Christentum‹ hat in der Erstausgabe einen festen, roten Pappeinband.

Gruß in einer Mannheimer Zeitung] Nach Balls ›Tagebuch‹-Eintrag vom 3. März 1923 ist Huelsenbecks Rezension über Emmys Gedichtband ›Helle Nacht‹ unter der Überschrift ›Die Dichterin Emmy Hennings‹ am 8. Februar 1923 im ›Mannheimer Tageblatt‹ erschienen. Diese Angabe konnte jedoch nicht verifiziert werden. Emmy hat Huelsenbecks Besprechung als Zeitungsausschnitt in ein Heft geklebt (HBN) und als Quellenbeleg darunter handschriftlich notiert: »Neue Rundschau, Berlin«. Auch diese Angabe ist nicht zutreffend. Huelsenbecks Rezension ist möglicherweise in der ›Neuen Badischen Landes-Zeitung‹ erschienen, deren Untertitel ›Mannheimer Zeitung‹ lautete.

Ausschnittbüro] Emmy Hennings hatte mehrere Ausschnittbüros beauftragt, ihr die zu ihren Werken erschienenen Rezensionen zuzuschicken (vgl. Reetz, S. 355, Anm. 98). Zwei dieser Büros waren: Adolf Schustermann.

Zeitungs-Ausschnitte. Grösstes deutsches Zeitungs-Ausschnitt-Büro. Berlin SO 16, Rungestrasse 22-24. – Metropol-Verlags-Gesellschaft. Abteilung: Zeitungs-Ausschnitt-Bureau. Berlin SW 68, Ritterstraße 52. Ball schrieb zwei Briefe an das Ausschnittbüro Schustermann (Nr. 532 und 547). Zahlreiche Ausschnitte der beiden Büros hat Emmy Ball-Hennings in mehrere Hefte mit Rezensionen zu ihren Publikationen ›Gefängnis‹, ›Das Brandmal‹ und ›Helle Nacht‹ eingeklebt.

in Danzig residiert … Seniorenausschuss für Kulturverbreitung] Huelsenbeck gründete im Februar 1923 zusammen mit Agnes Miegel, Rudolf Wolff, Willibald Omankowski u.a. in Danzig den »Ostdeutschen Kulturverband«. Vermutlich handelte es sich bei dem »Seniorenausschuss für Kulturverbreitung im Osten« um eine Verwechslung. Als Sonderveranstaltung des Ostdeutschen Kulturverbandes wurde Huelsenbecks Theaterstück ›Das Geld unter die Leute‹, das im Jahr 1922 entstand, am 13. Mai 1923 im Danziger Stadttheater uraufgeführt.

neulich träumte ich von ihm] Den Traum von Huelsenbeck notierte Ball ausführlich und in Einzelheiten deutlich abweichend von der Briefversion in seinem ›Tagebuch‹ unter dem 17. April 1923.

Kastans Panoptikum] Das Wachsfiguren- und Raritätenkabinett der Brüder Louis (1828-1908) und Gustav Castan (1836-1899), das sie ›Castan's Panopticum‹ nannten, galt seinerzeit als das größte und bedeutendste der Welt. Es befand sich seit 1873 in der Berliner Kaiser-Galerie, einer 128 m langen glasgedeckten Passage, ehe die zu klein gewordenen Ausstellungsräume im Herbst 1888 in den gegenüberliegenden Psorrpalast mit einer Ausstellungsfläche von 1800 qm verlegt wurden. 1899 verkauften die Brüder Castan das gesamte Unternehmen an Max Fincke, den Geschäftsführer der Schloßbrauerei Schöneberg, der das Panoptikum unter dem zum Begriff gewordenen Namen bis zur Schließung im Februar 1922 weiterführte. Die Gründe für die Liquidierung sind in der Wirtschaftskrise und vor allem in der übermächtigen Konkurrenz des Films zu sehen.

Sophie Taeuber … so schöne Puppen] Für das tragikomische Märchen ›König Hirsch‹ von Carlo Gozzi, das am 11. September 1918 auf der Schweizer Werkbundausstellung vom schweizerischen Marionettentheater uraufgeführt wurde, hat Sophie Taeuber 17 Marionetten bzw. Figurinen entworfen, die von ihren Züricher Dada-Freunden mit Begeisterung aufgenommen wurden und die noch heute in Ausstellungen als singuläre Beispiele moderner Marionetten gezeigt werden. Abbildungen der Marionetten in: Dada in Zürich, S. 33, 279. Aufbewahrt werden die Marionetten im Züricher Museum Bellerive (Höschgasse 3).

Basler Maler (Albert Müller)] Albert Müller (1897-1926), Schweizer Maler, Graphiker, Holzbildhauer. Künstlerische Ausbildung bei Cuno Amiet (1868-1961); Mitglied der Künstlergruppe Rot-Blau, in der sich Basler Künstler (Werner Neuhaus, Hermann Scherer, Paul Camenisch) zusammenschlossen; Künstlerfreundschaft mit Ernst Ludwig Kirchner (1880-1938). Ab 1920 hielt sich Albert Müller im Tessin, hauptsächlich in dem Dorf Ligornetto im Mendrisiotto, auf. Nach seiner Verheiratung mit Anna Hübscher (1900-1927) und der Geburt der Zwillinge Judith und Kaspar am 1. März 1923 zog die Familie Anfang November 1923 nach

Obino, einem zu Castel S. Pietro gehörenden Weiler, im Mendrisiotto, dem südlichsten Teil des Tessins. Albert Müller ist neunundzwanzigjährig am 14. Dezember 1926 an Typhus gestorben. Die Ehefrau Anna Müller, ebenfalls an Typhus erkrankt, starb am 10. Januar 1927. (Ausführl. Künstlermonographie von Beat Stutzer: ›Albert Müller (1897-1926) und die Basler Künstlergruppe Rot-Blau‹. Basel u. München 1981). Unter dem 6. September 1923 findet sich in Balls ›Tagebuch‹ ein längerer Eintrag über Albert Müller, dessen Besuche für die Balls »stets eine grosse Freude« sind.

Ihre neuen Gedichte] Von Hans Arp erschien erst 1924 der Gedichtband ›Der Pyramidenrock‹ (Erlenbach-Zürich, München: Eugen Rentsch).

322. An den Verlag Duncker & Humblot, 8.6.1923

H: Ms. Postkarte mit eigenh. Unterschrift. Adresse: Herrn Dr. L. Feuchtwanger / Duncker & Humblot Verlag / *München* / Theresienhöhe 3 c. **F:** Verlagsarchiv Duncker & Humblot, Berlin. **DV:** Original.

die ersten 10 Exemplare ... die übrigen bald zugehen zu lassen] Laut § 7 des Verlagsvertrages vom 7. August 1922 sollte Ball »5 gebundene und 25 geheftete Freiexemplare« seines Buches erhalten. Da sich der Verlag Duncker & Humblot später entschloß, »nur gebundene Exemplare« auszugeben (vgl. Feuchtwangers Karte vom 28. März 1923), reduzierte sich die Anzahl der Freiexemplare auf 15 (vgl. Feuchtwangers Karte vom 11. Juni 1923: »Wir haben Ihnen bisher 10 Freiexemplare zugehen lassen. 5 weitere Stücke folgen in den nächsten Tagen über Leipzig.«). Ball standen also am 8. Juni 1923 noch 5 Freiexemplare zu. – Erscheinungstermin des ›Byzantinischen Christentums‹ war der 31. Mai 1923, an welchem Tag das ›Börsenblatt des deutschen Buchhandels‹ das Werk anzeigte.

Ausschnitten über die Aufnahme des Buches] Feuchtwanger am 11. Juni 1923 an Ball: »Wir werden Sie natürlich sehr gerne über den Erfolg des Buches unterrichten und Ihnen Belege von Besprechungen übersenden. Bisher ist noch keine Rezension erschienen.« Erste Besprechung des ›Byzantinischen Christentums‹ im ›Stuttgarter Neuen Tageblatt‹ vom 30. Juni 1923 (vgl. HBB Nr. 1030, S. 62).

323. An Hermann Hesse, 11.6.1923

H: Ms. Brief mit eigenh. Unterschrift; 1 S. **F:** HBN. **DV:** Original.

Dr. Saager gab mir Ihren lieben Brief ... las Ihre lieben Zeilen und war sehr niedergeschlagen] Ball antwortet auf Hesses undatierten Brief aus Baden, der mit dem Satz beginnt: »Ich gebe Saager diesen Gruß für Sie mit.« Darin bedankt sich Hesse bei Ball für das ihm zugeschickte »Heiligenbuch«, d.h. für das Ende Mai/Anfang Juni 1923 erschienene ›Byzantinische Christentum‹, so daß der Brief Hesses auf Anfang Juni 1923 und nicht »Degersheim, Herbst 1922« (Werner-Birkenbach, S. 303) zu datieren ist. Hesse teilt Ball mit, daß ihn die Kur in Baden seit sechs Tagen »unerhört niedergeschlagen« habe: »ich mache nicht den kleinsten Spaziergang mehr, u. bin 90 Jahre alt geworden. Auf dem Gang vom Bad zum Bett, der 60 Schritte umfaßt, muß ich 2 mal ausruhen.« (DLA, Hesse) am Mittwoch] 6. Juni 1923.

all die schönen Sachen …, die aus Baden angekommen waren] Bei all den »schönen Sachen« handelt es sich um künstlerische und kunstgewerbliche Gegenstände aus Dr. Browns Badener Domizil, von denen Ball außer einem chinesischen Bild und einer kleinen goldenen Dose allerdings kaum etwas gefiel (vgl. ›Tagebuch‹, 8. Juni 1923).

Rokkolo] So heißt die 1916 von Charles E. L. Brown in Montagnola erworbene Villa. Roccoli sind die Tessiner Vogelfangtürme.

Die Schwester wird schon recht haben] Hesse an Ball in seinem Brief vom Anfang Juni 1923: »Als die Krankenschwester mir gestern sagte, nach der Kur werde ich dann ebensoviel jünger werden, als ich mich jetzt älter fühle, sagte ich ihr, dann müsste ich mir einen Kinderwagen besorgen.« (DLA, Hesse) Mit der »Krankenschwester« ist wahrscheinlich die »unermüdliche Mitarbeiterin des Doktors zur Diathermie«, die »freundliche, stets gutgelaunte, stets bereitwillige Helferin am Diathermie-Apparat« gemeint, der Hesse in den ›Kurgast‹-Aufzeichnungen ein kleines Denkmal gesetzt hat (Hesse SW 11, S. 66, 121).

Massagno] In dem nördlichen Vorort von Lugano wohnten Adolf Saager und seine Frau.

Salvatore] Der im Süden von Lugano-Paradiso gelegene Berg San Salvatore ist 912 m hoch.

Meiner Mutter geht es nicht gut] Ängstliche Briefe wegen des schlechten Gesundheitszustandes seiner Mutter hatte Ball bereits um den 25. April 1923 aus Pirmasens erhalten (vgl. ›Tagebuch‹, 25. April 1923). Ende Mai/Anfang Juni 1923 scheint zwar im Befinden seiner Mutter äußerlich eine Besserung eingetreten zu sein, aber die vermutete Diagnose des Arztes (»eine verschleppte Grippe mit Verdacht einer tuberkulösen Wendung«) machte Ball doch sehr besorgt (›Tagebuch‹, 8. Juni 1923).

Am 15.ten fährt Annemarie] Nach Balls ›Tagebuch‹-Eintrag vom 8. Juni 1923 reiste Annemarie Hennings am 14. Juni zu Carla Fassbind nach Rigi Klösterli, um dort in deren Hotel als Hilfskraft zu arbeiten. Am 12. September 1923 kehrte Annemarie Hennings vom Rigi zu ihren ›Eltern‹ nach Agnuzzo zurück (vgl. ›Tagebuch‹, 6. September 1923).

324. An Annemarie Hennings, Ende Juni/Anfang Juli 1923

H: Ms. Brief mit eigenh. Unterschrift; 1 S. **F:** HBN. **E:** Briefe, S. 155 [Teile]. **DV:** Original.

Datierung: Nach Erläuterung zu »Von Browns … einen Brief« muß der vorliegende Brief nach dem 26. Juni 1923, wahrscheinlich Ende Juni oder Anfang Juli, geschrieben worden sein.

Porza] Ortschaft nördlich von Lugano.

in Carona] Bei der Familie Wenger im ›Papageienhaus‹.

in Montagnola] Bei Hermann Hesse und/oder im Sommerhaus der Browns.

Reiss … das »Ewige Lied« jetzt unterwegs] Bei seinem Aufenthalt in Berlin am 30. Juli 1923 hat sich Ball von Emmys Verleger Erich Reiss ihr Prosabuch ›Das Ewige Lied‹ zeigen lassen. Es sei »sehr lieblos nichtssagend gebunden« und koste – die Inflation in Deutschland näherte sich ihrem Höhepunkt – »150000 Mark« (vgl. ›Tagebuch‹, 30. Juli 1923).

Von Browns ... einen Brief. Sie sind jetzt in einem kleinen Kurhotel in Appenzell] Hugo und Emmy Ball hatten sich am 26. Juni 1923 in Montagnola von den Browns verabschiedet, die zunächst nach Zürich und dann nach Weissbad in Appenzell reisten, wo sie etwa zwei Monate bleiben wollten (vgl. ›Tagebuch‹, 26. Juni 1923).

franchement] Entschlossen, rundheraus.

die Bücher droben ordnen] Gemeint sind die Bücher von Browns Bibliothek in dessen Sommersitz Rokkolo im oberhalb von Agnuzzo auf der Collina d'Oro gelegenen Montagnola. Die am 6. Juni 1923 in Montagnola eingetroffene Bibliothek von Dr. Brown umfaßte etwa 3000 Bände (vgl. ›Tagebuch‹, 8. Juni 1923). Zum Ordnen der Bücher kam Ball erst nach seiner Rückkehr von der Reise nach Deutschland am 8. August 1923. Unter dem 11. August notiert er in sein ›Tagebuch‹, er habe in Montagnola die ersten drei Schränke der Brownschen Bibliothek in Ordnung gebracht. Und am 17. September 1923 schreibt er in sein ›Tagebuch‹, Browns Bibliothek sei jetzt in neun großen Schränken »übersichtlich und greifbar untergebracht«.

die grusliche Pelzjacke] Frau Brown hatte Ball im Juni 1923 »eine Bärenhaut (Chauffeurmantel)« und dazu passende Handschuhe geschenkt und diese Kleidungsstücke für den Winter bestimmt, damit Ball im ungeheizten Zimmer arbeiten könne (›Tagebuch‹, 22. Juni 1923). Unter dem 30. Juni 1923 heißt es in Balls ›Tagebuch‹: »Die Pelzjacke macht mir viel Freude.«

sei recht tapfer bei der Sache. Ihr werdet jetzt viel zu tun haben] Annemarie Hennings hatte damals einen ›Job‹ als Servier- und Dienstmädchen in einem Hotel von Carla Fassbind auf Rigi-Klösterli, ein Jahr später auch in deren Luganer Hotel ›Continental‹. Wie sich Annemarie als Bedienung auf dem Rigi anstellte, hat Ball im ›Tagebuch‹ unter dem 7. August 1923 protokolliert.

325. An Joseph Englert, 1. oder 2.7.1923

H: Ms. Brief mit eigenh. Unterschrift; 1 S. **F:** CSSt. **DV:** Original.

Datierung: Aufgrund des ›Tagebuchs‹ ist der Brief auf den 1. oder 2. Juli 1923 zu datieren: Ball bemerkt in seinem Brief, daß er und Emmy »gestern abend« in der »ersten diesjährigen Sommernacht« zusammen mit Hermann Hesse »bei Dr. Müllers« in deren Haus in Montagnola gewesen sind. Dieses Zusammensein – es dauerte bis 23 Uhr – erwähnt Ball in seinem ›Tagebuch‹ unter dem 30. Juni 1923 (einem Samstag), wobei er – wie in seinem Brief – hinzufügt, es sei »die erste [...] Sommernacht« in diesem Jahr im Tessin gewesen. Am 2. Juli 1923 notiert Ball in sein ›Tagebuch‹, er habe »das Buch an Englerts« geschickt, offenbar die seinem Brief »beiliegende Sache über Papini«. Bereits am 4. Juli 1923 zitiert Ball im ›Tagebuch‹ aus dem Antwortbrief Englerts, der Ball mitteilt, ihn hätten die Artikel über Papini interessiert, er lese Papinis ›Omo Salvatico‹ seit einigen Tagen mit großem Vergnügen, wenn auch zum Teil mit Widerspruch.

beiliegende Sache über Papini] Nach Englerts Antwort auf diesen Brief, aus der Ball am 4. Juli im ›Tagebuch‹ zitiert, wohl ein Buch mit mehreren Artikeln über den italienischen Schriftsteller.

»Omo salvatico«] ›Dizionario dell'omo salvatico‹, hrsg. von Domenico Giuliotti und Giovanni Papini. Firenze: Vallecchi, 1923. Das Werk ist ein »satirisches Wörterbuch der modernen Zivilisationsbegriffe«. Wie die »neue Generation« in Italien ist es nach Friedrich Fuchs (›Der Papst und die neue Generation‹, in: ›Hochland‹ 20, August 1923, Bd. 2, S. 451 f.) »antimoderno« und »antiscientifico«.

Frau Spirkli] Kosename für Maria Theresia Holzleithner, die zweite Frau von Joseph Englert.

326. An Friedrich Fuchs, 9.7.1923

H: Ms. Brief mit eigenh. Unterschrift; 1 Bl., 2 S. Adresse (laut ›Tagebuch‹, 9. Juli 1923): München, Bayerstr. 57/59. **F:** HBN. **DV:** Original.

Dr. Fuchs] Friedrich (Fritz) Fuchs (1890-1948), Redakteur, Essayist, Herausgeber; Studium der Fächer Griechisch, Latein, Deutsch und Geschichte in München; 1922 Promotion bei dem Byzantinisten August Heisenberg mit dem Thema: ›Die höheren Schulen von Konstantinopel im Mittelalter‹ (Druck: Leipzig 1926); seit 1920 Mitglied der Redaktion bei der katholischen Monatsschrift ›Hochland‹, seit Oktober 1924 deren stellvertretender Redakteur, 1934 Hauptschriftleiter beim ›Hochland‹, aus dem er 1935 wegen politischer Differenzen mit Carl Muth ausschied; 1924 Heirat mit der Schriftstellerin Ruth Schaumann (1899-1975); 1927 Nachruf auf Hugo Ball im ›Hochland‹ (Jg. 25, Heft 3, S. 289-292); Verfasser des ersten Artikels über Ball in einem großen Lexikon (LThK, 1. Aufl. Bd. 1, Freiburg i. Br. 1930, Sp. 932 f.); Herausgeber von: ›Das unsterbliche Leben. Unbekannte Briefe von Clemens Brentano‹. Jena 1939; ›Die Andacht zum Menschenbild. Unbekannte Briefe von Bettine Brentano‹. Jena 1942 (Daten nach freundlicher Auskunft von Peter Fuchs, dem ältesten Sohn von Friedrich Fuchs, in einem Brief vom 8. Dezember 2001).

die Nummern des »Hochland«] Fuchs hat Ball wahrscheinlich die letzten ›Hochland‹-Hefte vom Mai, Juni und Juli 1923 zugeschickt. Wie die Blüher-Besprechung von Friedrich Fuchs (Oktober 1921) und der Aufsatz von Arrigo Levasti (Januar 1923) zeigen, waren jedoch auch ältere Hefte des ›Hochland‹ darunter.

»Leben Jesu« von Joseph Wittig] Seit April 1923 hat Wittig im ›Hochland‹ unter dem Titel ›Leben Jesu in Palästina, Schlesien und anderswo‹ eine Reihe von ›Geschichten‹ veröffentlicht, die im Inhaltsverzeichnis des ›Hochland‹ unter der Rubrik »Romane, Novellen und Gedichte« aufgeführt werden und die Ball in seinem Brief im positiven Sinne als Zeugnisse einer »›fiktiven‹ Theologie« kennzeichnet. (Jg. 20, April-September 1923, Bd. 2, S. 40-57, 142-157, 245-267, 363-389, 485-508, 616-633).

Ihre Besprechung des Blüher'schen Buches] Unter dem Titel ›Vom Übermenschen und vom Menschensohn‹ veröffentlichte Friedrich Fuchs im ›Hochland‹ (Jg. 19, Heft 1, Oktober 1921, S. 101-108) eine ausführliche Kritik von Hans Blühers Buch ›Die Aristie des Jesus von Nazareth. Philosophische Grundlegung der Lehre und der Erscheinung Christi‹ (Prien 1921), das er dort als eine »heidnische Christologie« bezeichnete. Zusammen mit anderen Aufsätzen aus dem ›Hochland‹ hatte Fuchs seine Rezension des Blüherschen Buches an Ball geschickt. Blühers Buch befand sich in Balls Bibliothek. – Hans Blüher (1888-1955), der philosophische Schriftsteller, gilt als einflußreicher Ideologe der deutschen Wandervogel- bzw. Jugendbewegung, auf die er durch seine zum Teil antisemitisch gefärbten Schilderungen homoerotischer Männergesellschaften einwirkte. Sein Hauptwerk: ›Die Rolle der Erotik in der männlichen Gesellschaft‹. 2 Bde. Jena 1917-1919.

abermals Wittig ... Die Frage der »pia fraus« und das Wiederauftauchen des Dionysius] Der Aufsatz von Joseph Wittig, eine ausführliche Besprechung zweier Bücher von Houston Stewart Chamberlain (›Mensch und Gott‹) und Karl Schmidt (›Gespräche Jesu mit seinen Jüngern nach der Auferstehung‹), trägt den Titel ›Neue Einblicke in die Entwicklung der christlichen Religion‹. Er ist im März 1923 im ›Hochland‹ (Jg. 20, Heft 6, S. 580-600) erschienen. Nach Wittig sprechen beide Autoren in ihren Büchern von ›pia fraus‹, »meinen damit aber nicht einen gewöhnlichen Betrug in frommer Absicht, sondern einen geschichtsnotwendigen Prozeß« (S. 580). Über Pseudo-Dionysius Areopagita heißt es in Wittigs Besprechung: »Ein Mystiker, der vielleicht wirklich Dionysius hieß, erkannte den Einklang der neuplatonischen und der christlichen Mystik. Sein Glaube war wunderbar reich geworden, sein Schauen überselig. Wenn nun aber dieser Glaube, der den einen Mann ergriffen hatte, auch die ganze Kirche ergreifen wollte, mußte die Frage beantwortet werden: ›Wo steht es geschrieben?‹ Es stand nicht so geschrieben in den heiligen Schriften, und auch bei den Vätern stand nicht alles geschrieben. Aber der Mystiker war überzeugt, daß schon Paulus und seine Schüler hätten so schreiben können. Darum schrieb er so einige Bücher, als hätte sie Dionysius von Athen, der ›Areopagite‹, geschrieben. War er ein Fälscher? Er fälschte nicht den christlichen Glauben, denn die ganze Christenheit freute sich über seine Bücher und fand in ihnen ihren unverfälschten Glauben. Er hatte seinem Glauben nur eine geschriebene Autorität unterbreitet, die für jene Zeit vollauf genügte. Wohl über tausend Jahre bewährte sich diese Autorität. Denn die Bücher hatten nicht nur diese äußere Autorität, sondern sie hatten *die innere Autorität des Glaubens*. Es ist bekannt, wie stark sie mit dieser äußeren und inneren Autorität unsere deutsche Mystik beeinflußt haben. Niemand würde wünschen, daß diese Bücher ungeschrieben geblieben wären.« (S. 589)

Hsi-Lung ... jener Autor seine Untersuchung aufbaut] In seiner »zweiten Sendung« hat Friedrich Fuchs Ball die Untersuchung ›Der rettende Menschentyp‹ von Hsi-Lung geschickt, die im Mai-Heft 1921 der Zeitschrift ›Hochland‹ (18. Jg., S. 129-141) erschienen ist. In diesem Essay unterscheidet Hsi-Lung drei »Grundtypen«, »die sich immer aufs neue zu Charakteren verbinden«: »*Den erobernden, den suchend-hingebenden und den überwindenden Menschen*« (S. 132). Mit seiner Typologie schließt sich Hsi-Lung, wie Ball zu Recht konstatiert, dem indischen Schriftsteller-Philosophen Tagore an, der in seinem Roman ›Heim und Welt‹ »drei ganz ausgeprägte Charaktere« differenziert: den »rücksichtslosen Eroberer«, das »opferbereite Weib« und den »überwindenden Mann der Pflicht« (S. 132). Aus Hsi-Lungs Essay hat sich Ball eine ganze Reihe von Textstellen in sein ›Tagebuch‹ notiert (2. Juli 1923).

das schöne Buch »Heim und Welt« von Tagore] Rabindranath Tagore (1861-1941), indischer Schriftsteller, Philosoph und Maler, erhielt 1913 für die Gedichtsammlung ›Gitanjali‹ (1910) den Nobelpreis für Literatur. Der psychologisch-realistische Roman ›Ghare-Baire‹ (1916) erschien 1920 unter dem Titel ›Das Heim und die Welt‹ in deutscher Übersetzung. Exzerpte aus Tagores Roman finden sich in Balls ›Tagebuch‹ unter dem 27. Juni 1923.

dritten Aufsatz … Notizen über die Neukatholiken um den Verlag Vallecchi] Der Aufsatz stammt von dem italienischen Philosophen Arrigo Levasti (vgl. *Nr. 336*). Er ist unter dem Titel ›Katholische Erneuerung in der italienischen Literatur‹ im ›Hochland‹ (20. Jg. Januar 1923, S. 337-348) erschienen. Die Bücher der von Levasti dem deutschen Publikum vorgestellten italienischen Autoren (Ball bezeichnet sie als »Neukatholiken«) sind im Florentiner Verlag Vallecchi herausgekommen.

Konversion Palazzeschis] Levasti hat in seinem Aufsatz ›Katholische Erneuerung in der italienischen Literatur‹ (vgl. vorangehende Erläuterung) Aldo Palazzeschi eine längere Passage gewidmet (S. 341 f.), in der er seinen Landsmann ausführlich zitiert, um im Anschluß an das Zitat fortzufahren: »Das ist noch kein wahres und eigentliches Glaubensbekenntnis, aber es ist fast eine Bekehrung und, was wichtig ist, eine Anerkennung des Wertes der Kirche.« (S. 342) – Aldo Palazzeschi (1885-1974), Pseudonym des italienischen Schriftstellers Aldo Giurlani; nahm von 1910 bis 1913 aktiv am Futurismus teil, trat im April 1914 aus der Bewegung aus und schloß sich enger an Ardengo Soffici und Giovanni Papini an; ließ sich nach dem ersten Weltkrieg in Rom nieder und revertierte wie Papini zum Katholizismus; verfaßte Gedichte, Manifeste, Erzählungen und Romane.

Verse von ihm kursierten 1914 in Berlin bei seiner damaligen Übersetzerin] Ball kannte Else Hadwiger, die Übersetzerin futuristischer Dichter, aus seiner Berliner Zeit 1914/15 (vgl. Flucht, S. 23, Eintrag: Neujahr 1915). Sie hat ›Futuristische Dichtungen‹ von Marinetti ins Deutsche übertragen und 1912 in der Schriftenreihe ›Lyrische Flugblätter‹ (Berlin-Wilmersdorf: A. R. Meyer, Nr. 24) veröffentlicht.

italienischen Bloy] In seinem Aufsatz spricht Levasti davon, daß man den italienischen Neukatholiken Domenico Giuliotti »gewöhnlich den italienischen Bloy« nenne (S. 345).

Hello in Italien eine Wirkung hat] Levasti über Domenico Giuliotti, der lange »nach der absoluten Wahrheit« gesucht habe, »ohne sie finden zu können«: »Eines Tages bekam er ein Buch Hellos in die Hand; es war für ihn eine Offenbarung. Auf diese Weise begann er, sich wieder dem Christentum zu nähern, das von nun an der Mittelpunkt seines Daseins und seiner Kunst wurde.« (S. 344 f.) – Ernest Hello (1828-1885), französischer Schriftsteller und Philosoph; engagierter Katholik (Mitbegründer der ›Revue du monde catholique‹), polemisierte gegen Liberalismus und

Determinismus, übersetzte Schriften von Mystikern wie Jan van Ruysbroeck.

als Sie hier waren] Friedrich Fuchs hatte Ball Ende April und/oder Anfang Mai 1923 in Agnuzzo besucht und ihm dabei, von Mailand zurückkommend, von der dortigen Universität des Franziskaners Gemelli erzählt (vgl. ›Tagebuch‹, 2. Mai 1923).

Ich fand mein Buch annonciert] Angezeigt war das ›Byzantinische Christentum‹ vor dem 9. Juli 1923 unter anderem im ›Börsenblatt‹ (31.5.1923), im ›Literarischen Echo‹ (15.6.1923) und im ›Hochland‹ (21.6.1923).

Neulich, an einem regnerischen Abend, hatten wir in Agra eine Vorlesung] Vgl. Nr. 317.

327. An Emmy Ball, 27.7.1923

H: Hs. Brief; 1 Bl., 2 S. **F:** HBN. **DV:** Original.

Datierung: Der Brief datiert vom Tag, genauer: vom Vortag, seiner Reise zur schwerkranken Mutter nach Pirmasens, einer strapaziösen und komplizierten Reise, die Ball in der Zeit vom 27./28. Juli bis 1. August 1923 von Lugano aus über Basel, Titisee, Donaueschingen, Mannheim, Frankfurt und Berlin in seine Heimatstadt führte und die er im ›Tagebuch‹ seiner ›Reise nach Pirmasens zur Mutter‹ detailliert dokumentiert hat. Abgereist von Lugano ist Ball in der Nacht vom 27. auf den 28. Juli 1923, und zwar um 0.42 Uhr. Dazu passen einige wichtige Details des Briefes, der an einem »Freitag nachmittag« geschrieben wurde. Der 27. Juli 1923 war ein Freitag. Ball will am Freitag abend, nachdem er sich in Agnuzzo »noch einige Stunden« hingelegt haben wird, zu seinem Freund Adolf Saager nach Lugano-Massagno gehen, um bei ihm – der nördliche Stadtteil Massagno liegt nicht weit entfernt vom Luganer Bahnhof – auf die Abfahrt seines Zuges um Mitternacht zu warten, denn sonst hätte er spät in der Nacht von Agnuzzo aus seinen »Koffer zu Fuss nach Lugano tragen« müssen.

Donada] Tessiner Postbote (vgl. Flucht, S. 292), Balls Vermieter in Agnuzzo, sein Vorname ist Alfonso (vgl. ›Tagebuch‹, 17. September 1922).

nach Agno zum Schuster] Den Schuster im nahe gelegenen Agno hatten Ball und Emmy am 8. April 1923 besucht (vgl. ›Tagebuch‹).

Cooperativa] Vgl. *Nr. 267*.

Cappellini] Im Original: »Kapellini«. Im ›Tagebuch‹ schreibt Ball den Familiennamen überwiegend »Cappellini«. Der Mann war Handwerker, möglicherweise Elektriker, der in dem von Ball gemieteten Andreolihaus Arbeiten ausführte; er wird von Ball gelegentlich auch im Zusammenhang mit Geldangelegenheiten erwähnt (vgl. ›Tagebuch‹, 1. Oktober 1922). Cappellini wohnte mit Frau und Kindern in einem Haus in der Nähe von Agnuzzo, das an einem Bach lag, zu dem später (1927) auch die Balls auf ihrem Grundstück Zugang hatten (vgl. Nr. 741).

cornetti] Grüne Bohnen.

Wenn Du einmal herunterkommst … Grüsse Hesse und Frl. Ruth] Emmy Ball begab sich am 27. Juli mit Ruth Wenger und Hermann Hesse hinauf nach Carona (vgl. ›Tagebuch‹, 26. Juli 1923), ein über 600 m hoch gelegenes Bergdorf oberhalb des Luganer Sees, in dem die Eltern von »Frl.

Ruth« ein Sommerhaus, das sogenannte Papageienhaus, besaßen. – Über ›Carona‹ hat Emmy Ball-Hennings am 8. November 1923 in ›Lugano‹, dem ›Offiziellen Fremdenblatt von Lugano und Umgebung‹, eine Prosaskizze veröffentlicht.

Giuseppe] Vgl. *Nr. 267* und *Nr. 310*.

Dr. Müller] Vgl. *Nr. 264*.

300 Franken weniger in Delémont] Theo und Lisa Wenger hatten ihren Hauptwohnsitz in Delémont (Delsberg). Bei den Geldangelegenheiten handelt es sich offenbar um eine Art Stipendium des Industriellen Wenger an Hugo Ball, der unter dem 11. August 1923 in sein ›Tagebuch‹ schreibt, er habe einen Brief von Theo Wenger vorgefunden, in dem dieser ihm mitteilte, daß Balls Konto in Delémont noch ca. 1250 Franken betrage. Die Balls mußten sich nun klar darüber werden, ob sie »diesen Rest des Stipendiums« in der Schweiz verbrauchen oder wie sie sich sonst – gemeint ist wohl in Italien – einrichten wollten. Am 6. September 1923 zeigte Ball seinem Freund Hesse seine Korrespondenz mit Wenger, die ihn ein wenig bedrückte (vgl. ›Tagebuch‹).

für die Reise 130 Franken] Die Reise nach Deutschland zu seiner schwerkranken Mutter wurde Ball auch durch eine finanzielle Unterstützung von Frau Brown und Dr. Friedrich Müller ermöglicht (vgl. ›Tagebuch‹, 26. Juni 1923).

Annemarie das Obst zu schicken] Annemarie Hennings arbeitete seit dem 15. Juni 1923 auf dem Rigi als Serviermädchen in einem von Carla Fassbinds Hotels (vgl. Nr. 317 und Nr. 323).

Frl. Ruth] Ruth Wenger (vgl. *Nr. 269*).

328. An Maria Hildebrand, 29.7.1923

H: Hs. Postkarte, beidseitig beschrieben. Adresse: Frau Maria Hildebrand / Pirmasens. Rheinpfalz / Schloss-Str. 13. **F:** HBN. **DV:** Original.

Mannheim … Hotel National] Ball ist am Samstag, dem 28. Juli 1923, abends gegen 22.00 Uhr mit dem Zug in Mannheim eingetroffen, wo er im Hotel National am Bahnhof übernachtete. Am Sonntag, dem 29. Juli 1923, begab er sich morgens gegen 10 Uhr zur Rheinbrücke, um nach Pirmasens in das von den Franzosen besetzte Gebiet der Rheinpfalz weiterzureisen. Da sein Paß nicht genügte, wiesen ihn die französischen Grenzposten (»Marokkaner«) an der Rheinbrücke zurück. Darauf telegrafierte er nach Pirmasens, man möchte ihm dort bei der Hohen Kommission einen Passierschein ausstellen. Ball wartete jedoch in Mannheim nicht auf dieses Dokument, sondern entschloß sich kurzerhand, mit dem nächsten Zug um 1 Uhr mittags nach Berlin zu fahren, um dort seine »französischen Freunde« um einen regulären Reisepaß für das besetzte Gebiet zu bitten (vgl. ›Tagebuch‹, 27., 28. und 29. Juli 1923).

bestenfalls Dienstag oder Mittwoch] Tatsächlich traf Ball am Mittwoch, dem 1. August 1923, abends um 21.30 Uhr in Pirmasens ein (vgl. ›Tagebuch‹, 1. August 1923).

329. An Maria Hildebrand, 29.7.1923

H: Hs. Postkarte, beidseitg beschrieben. Adresse: Frau Direktor / Maria Hildebrand / Pirmasens. Rheinpfalz / Schloss-Strasse 13. F: HBN. DV: Original.

in Frankfurt niemand angetroffen] Ball unterbrach seine Reise nach Berlin in Frankfurt, wo er um 15 Uhr ankam und seine Freundin, die Schauspielerin Leontine Sagan, besuchen wollte, die jedoch verreist war. Da er bis zur Abfahrt seines Zuges nach Berlin noch vier Stunden Zeit hatte, vertrieb er sich die Zeit in einem Frankfurter Kino (vgl. ›Tagebuch‹, 29. Juli 1923).

Reise heute nacht noch nach Berlin] Dort kam Ball gut ausgeschlafen – er hatte noch ein Bett im Schlafwagen ergattert – am Montag, dem 30. Juli, am Potsdamer Bahnhof an. Zweck seiner Reise nach Berlin war ein Reisepaß für die von Frankreich besetzte Rheinpfalz, den er am Morgen des 31. Juli 1923 – dank seiner guten Verbindungen zur französischen Diplomatie von der Berner Zeit her – auf dem französischen Konsulat in Berlin bekam. Die Zeit bis zum Erhalt des Passes nutzte Ball zu Begegnungen und Gesprächen mit alten Bekannten und Freunden, so mit dem Verleger Erich Reiss, mit Leon Richter, der damals Filmstatist in Berlin war, mit Waldemar Jollos aus Zürich und mit dem Maler Kurt Zander, bei dem er übernachtete, einen »ganzen Stapel früherer Tagebücher, Briefe, Zeitungsnotizen und Manuskripte« von und über sich aus den Jahren 1910-1920 sichtete und eine Reihe von Büchern, Manuskripten und Papieren mit in die Schweiz nahm (vgl. ›Tagebuch‹, 30./31. Juli 1923).

hoffe Dienstag in München zu sein] Am Dienstag, dem 31. Juli 1923, entschloß sich Ball in Berlin, nicht erst nach München, sondern über Frankfurt, Mannheim, Ludwigshafen und Landau auf »direktestem Wege« nach Pirmasens zur Mutter zu reisen (vgl. ›Tagebuch‹, 31. Juli/1. August 1923). Die Fahrt dauerte von 14.00 Uhr am 31. Juli bis 21.30 Uhr am 1. August 1923. Erst am Samstag, dem 4. August 1923, reiste Ball von Pirmasens (Abfahrt: 17.40 Uhr) nach München, wo er am 5. August um 13.30 Uhr eintraf und bis zum Abend des 6. August 1923 blieb (vgl. ›Tagebuch‹, 4., 5. und 6. August 1923). Von München fuhr er über Lindau, Friedrichshafen und Zürich nach Goldau am Fuße des Rigi, wo er am 7. August um 15.00 Uhr ankam und auf dem Rigi seine Pflegetochter Annemarie besuchte (vgl. ›Tagebuch‹, 7. August 1923). Am 8. August 1923 war Ball dann wieder in Agnuzzo.

Heiner] Hugo Balls jüngster Bruder Heinrich Karl Alexis (vgl. *Nr. 10*).

330. An den Verlag Duncker & Humblot, 10.8.1923

H: Ms. Brief mit eigenh. Unterschrift; 1 Bl., 1 S. F: Verlagsarchiv Duncker & Humblot, Berlin. DV: Original.

Sie stellten mir ... einige mehr als die Vertragsexemplare in Aussicht] Vgl. Feuchtwangers Brief vom 10. April 1923: »Einige Mehrexemplare für Widmungszwecke stellen wir Ihnen gerne zur Verfügung.«

Ein Exemplar ... Herrn Gemelli] Ball hatte offenbar vor, Gemelli (vgl. *Nr. 517*) ein Exemplar seines Buches persönlich in Mailand zu überbringen. Am 8. Juni 1923 (vgl. Nr. 321) hatte Ball an Hans Arp geschrieben:

»Ich möchte nächstens mal nach Mailand fahren und ein paar Tage dort bleiben.«

Herr Dr. Fuchs vom »Hochland« schreibt mir] Friedrich Fuchs hatte Ball in München »einen längeren Brief« angekündigt, auch über das Ende Mai/ Anfang Juni 1923 erschienene ›Byzantinische Christentum (vgl. ›Tagebuch‹, 6. August 1923). Aus diesem Brief, den Ball bei seiner Rückkehr nach Agnuzzo vorfand, zitiert er hier und weiter unten im vorliegenden Brief (vgl. ›Tagebuch‹, 8. August 1923).

Byzantinist ... Dr. Franz Dölger] (1891-1968), Bibliothekar, Byzantinist; seit 1921 Bibliothekar an der Münchner Universitätsbibliothek, deren Schlagwortkatalog er aufbaute und bis 1931 bearbeitete; 1926 Habilitation bei August Heisenberg, seitdem zugleich Privatdozent für mittel- und neugriechische Philologie an der Universität München; war von 1931 bis 1959 ordentlicher Professor in München; Hauptwerke: ›Aus den Schatzkammern des Heiligen Berges. 115 Urkunden und 50 Urkundensiegel aus 10 Jahrhunderten‹. München 1948; ›Byzanz und die europäische Staatenwelt. Ausgewählte Vorträge und Aufsätze‹. Ettal 1953 (DBE 2, S. 571 f.).

Heisenberg] August Heisenberg (1869-1930), Byzantinist; wurde 1910 nach dem Tod seines Lehrers Karl Krumbacher an der Universität München Inhaber des damals einzigen Lehrstuhls für Byzantinistik in Deutschland; gab die ›Byzantinische Zeitschrift‹ (1910-1927) und das ›Byzantinische Archiv‹ (1911-1927) heraus; Hauptwerk: ›Quellen und Studien zur spätbyzantinischen Geschichte‹. London 1973; Vater des Physikers Werner Heisenberg (1901-1976). Angaben nach: DBE 4, S. 550.

möchte das Buch gerne im »Liter. Zentralblatt« besprechen] Die von Dölger geplante Rezension des ›Byzantinischen Christentums‹ ist weder 1923 noch 1924 im ›Literarischen Zentralblatt für Deutschland‹ erschienen. Darin ist Balls Buch am 15. Juni 1923 (Nr. 23/34, Sp. 393) unter den vom 25. Mai bis 6. Juni 1923 neu erschienenen Werken lediglich angezeigt worden.

Philipp Funk] (1884-1937), katholischer Theologe, Publizist, Historiker; wurde 1918 Redakteur der ›München-Augsburger Abendzeitung‹ und später des ›Bayerischen Kuriers‹; war von 1920 bis 1926 Lektor des Kösel Verlags, gab den ›Literarischen Ratgeber für die Katholiken Deutschlands‹ heraus und arbeitete am ›Hochland‹ mit; ging 1926 als Professor der Geschichte nach Braunsberg und 1929 nach Freiburg im Breisgau; veröffentlichte 1925 ›Von der Aufklärung zur Romantik. Studien zur Vorgeschichte der Münchner Romantik‹. München 1925 (DBE 3, S. 542). Die unter der Sigle »F.« veröffentlichte, im ›Bayerischen Kurier‹ erschienene Besprechung des ›Byzantinischen Christentums‹ (vgl. HBB Nr. 976, S. 60) stammt von ihm. In seiner Antwort auf den vorliegenden Brief hat Feuchtwanger am 13. August 1923 an Hugo Ball geschrieben: »Funk ist der Rezensent des ›Bayerischen Kurier‹«. Diese Zeitung steht auf der Rezensionsliste des Verlags Duncker & Humblot.

Prof. C. A. Bernoulli] Vgl. *Nr. 315*. Ball hatte Bernoulli am 8. Juni 1923 sein ›Byzantinisches Christentum‹ mit einem kurzen Begleitschreiben zugeschickt (vgl. Nr. 319), mit dem er dem Adressaten zwischen den Zeilen eine Rezension seines Byzantinerbuches schmackhaft zu machen versuchte. Von Carl Albrecht Bernoulli ist keine Besprechung des ›Byzantinischen Christentums‹ nachgewiesen (vgl. HBB, S. 59).

331. An Friedrich Fuchs, 14.8.1923

H: Ms. Postkarte mit eigenh. Unterschrift, einseitig beschrieben. Adresse: Herrn Dr. Fr. Fuchs / Redaktion »Hochland« / München / Bayerstrasse 57/59. **F:** HBN. **DV:** Original.

so herzlich geschrieben] Bei seiner Rückkehr nach Agnuzzo am 8. August 1923 fand Ball den Brief von Friedrich Fuchs vor, den dieser bereits vor der Begegnung mit Ball in München geschrieben hatte (vgl. ›Tagebuch‹, 6. und 8. August 1923) und aus dem Ball in Nr. 330 zwei Passagen zitiert.

las ich Ihren Aufsatz] Wohl der Aufsatz von Friedrich Fuchs ›Der Papst und die neue Generation‹, der im August-Heft 1923 des ›Hochlands‹ erschien (S. 449-467).

dankbares Gefühl, in München gewesen zu sein] Bei seinem Aufenthalt in München führte Ball am 6. August 1923 wichtige Gespräche mit Friedrich Fuchs, Carl Muth und Ludwig Feuchtwanger, in denen es um Besprechungen, Emmys Mitarbeit beim ›Hochland‹ und die Neuausgabe der ›Kritik der deutschen Intelligenz‹ ging (vgl. ›Tagebuch‹, 6. August 1923).

Schmitts Schriften habe ich gelesen] Carl Muth, der Herausgeber der katholischen Zeitschrift ›Hochland‹, hatte Ball bei ihrer ersten Begegnung am 6. August 1923 in München gefragt, ob er nicht bereit wäre, die Schriften von Carl Schmitt für seine Zeitschrift zu besprechen. Ball, der den Denker und Gelehrten Schmitt ›tief verehrte‹ und an dem Verhältnis der Religion zur Politik sehr interessiert war, sagte sofort zu, und man einigte sich auf die folgenden drei Bücher von Schmitt: ›Politische Romantik‹ (München/Leipzig 1919), ›Politische Theologie‹ (Leipzig 1922) und ›Römischer Katholizismus und politische Form‹ (Hellerau 1923). Letztere Broschüre hatte Carl Schmitt im Juli 1923 an Ball geschickt (vgl. ›Tagebuch‹, Eintrag unter dem 22. Juli 1923). In die Lektüre dieser drei Werke hat sich Ball nach seiner Rückkehr ins Tessin am 8. August 1923 sogleich vertieft. Balls Arbeit an seinem Aufsatz über ›Carl Schmitts Politische Theologie‹, der im Juni 1924 im ›Hochland‹ erschien, begann also nicht erst »ab Oktober« (vgl. HBK, S. 35), sondern bereits im August 1923. – Carl Schmitt (1888-1985) gilt wegen seiner Verstrickungen in das nationalsozialistische Regime als der wohl umstrittenste deutsche Staatsrechtler des 20. Jahrhunderts. Nach der Habilitation (1916 in Straßburg) war er zunächst Privatdozent in München, wo ihn Ball 1919 kennenlernte (vgl. ›Tagebuch‹, 22. Juli 1923), und dann Professor für Staats-, Völker- und Verwaltungsrecht in Greifswald, Bonn und Berlin. Trat im Mai 1933 der NSDAP bei; bekleidete verschiedene leitende Ämter (Herausgeber der ›Deutschen-Juristen-Zeitung‹), Mitglied der Akademie für Deutsches Recht, Leiter der Gruppe Universitätslehrer im NS-Juristenbund); lieferte durch Publikationen der NS-Führung den erwünschten legalen Schein, so daß er lange Zeit als Kronjurist des NS-Staates galt; 1945 aller Ämter und Funktionen enthoben, lebte er nach einer längeren Untersuchungshaft zurückgezogen in seinem Geburtsort.

für eine Beurteilung unerlässlich ist sein Buch »Diktatur«] ›Die Diktatur. Von den Anfängen des modernen Souveränitätsgedankens bis zum proletarischen Klassenkampf‹ (München, Leipzig: Duncker & Humblot, 1921). Am 5. September 1923 notiert Ball in seinem ›Tagebuch‹, daß man ihm das Buch von Carl Schmitt geschickt habe. Es befindet sich – mit Marginalien von Ball versehen – im Hugo-Ball-Nachlaß des Robert Walser Archivs, Zürich. In seinem Aufsatz ›Carl Schmitts Politische Theologie‹ hat sich Ball fast ausschließlich mit den vier in dieser und der vorangehenden Erläuterung genannten Werken von Schmitt auseinandergesetzt.

Unamuno] Wohl Unamunos philosophisches Hauptwerk ›Del sentimiento trágico de la vida‹ (1913), das Ball in der französischen Übersetzung besaß (›Le sentiment tragique de la vie‹, Paris 1917) und das er sich im Februar 1923 von seiner Mutter nach Agnuzzo hat schicken lassen (vgl. *Nr. 310*).

332. An Natalie Baronin von Üxküll, 8.9.1923

H: Ms. Brief ohne Unterschrift; 1 S. **F:** HBN. **DV:** Durchschlag.

Frau Baronin] Natalie Elisabeth Karoline von Üxküll (1852-1935), verheiratet seit 1876 mit Karl Wilhelm von Riepenhausen (1852-1929), geschieden 1908, erhielt 1911 die Berechtigung, sich »Baronin von Üxküll« zu nennen. (Quelle: ›Gothaisches Genealogisches Taschenbuch der Freiherrlichen Häuser‹, Gotha. Teil A. Jg. 92, 1942. S. 538.) Die Verbindung zwischen Ball und der Baronin Üxküll hat Prof. Muth hergestellt (vgl. ›Tagebuch‹, 6. September 1923, sowie Nr. 334).

Ihre freundliche Einladung] Die Baronin von Üxküll hat Ball brieflich zum Tee in ihre Villa nach Paradiso, den am Luganer See gelegenen Vorort südlich von Lugano, eingeladen (vgl. ›Tagebuch‹, 6. September 1923).

»Wunder und Wunderliches«] ›Wunder und Wunderliches zur Erinnerung an den Trinitatissonntag 11. Juni 1911 in Mantara‹. Aus dem Französischen übersetzt. [Berlin 1914] Das Büchlein hatte Ball am 6. September von der Baronin von Üxküll per Post erhalten (vgl. ›Tagebuch‹).

Der Bericht des Paters Halabi, und auch das Zwiegespräch] Vgl. ›Wunder und Wunderliches‹, S. 10-17 (Bericht), S. 18-32 (Zwiegespräch).

Gedenkwort für »Deutschlands apostolischen Sitz«] Vollständiger Titel der Schrift: ›Ein Blatt der Erinnerung an Deutschlands apostolischen Sitz zu Trier‹. Als Manuskript gedruckt. Von [Natalie] Baronin [von] Üxküll. Säkingen 1923. Diese und die in der folgenden Erläuterung angeführte Broschüre hat die Baronin am 8. September Ball zugeschickt (vgl. ›Tagebuch‹).

»Rome et l'Orient« … Brief an Msg. Bisseti und die Briefe an Msg. Korum] ›Rome et l'Orient. Publications de Documents d'Exposés et de Lettres au de la Verité, de la Justice et de la Charité‹. Par La Baronne Uxkull. Tome Premier: Jésuites et Melchites. Berlin [1914]. – Der Brief an Msg. Bisseti ebd., S. 137-142, die Briefe an Msg. Korum ebd., S. 126-130, S. 136. Zum Titel der deutschen Ausgabe von ›Rome et l'Orient‹ vgl. *Nr. 337* – »Kyrillos VII«.

mein »byzantinisches« Buch] Professor Muth hat der Baronin von Üxküll

Balls ›Byzantinisches Christentum‹ empfohlen und ihr dessen Adresse gegeben (vgl. ›Tagebuch‹, 6. September 1923).

nach Ihrer Rückkehr] Frau von Üxküll kehrte am 1. Oktober 1923 nach Lugano-Paradiso zurück (vgl. ›Tagebuch‹, 6. September 1923).

333. An Maria Hildebrand, 15.9.1923

H: Ms. Brief mit eigenh. Unterschrift; 1 S. **F:** HBN. **DV:** Original.

Mutter so ruhig einschlief] Balls Mutter starb am 30. August 1923 in Pirmasens. Ihrem Tod widmet Ball einen längeren Eintrag in sein ›Tagebuch‹, 30. August 1923.

Herrn Dr. Pfister] Dr. Anton Pfister, Sanitätsrat und praktischer Arzt, hatte seine Praxis in der Blumenstr. 5, Pirmasens, und wohnte in Nr. 7.

334. An Friedrich Fuchs, 30.9.1923

H: Ms. Brief mit eigenh. Unterschrift; 1 S. **F:** HBN. **E:** Briefe, S. 156. **DV:** Original.

Ende August starb meine Mutter] 30. August 1923.

in diesen Tagen reist meine Frau mit Annemarie in eine italienische Stadt] Emmy und ihre Tochter sind am 1. Oktober 1923 nach Italien abgereist. Sie reisten über Ponte Tresa und Varese zunächst nach Mailand, dann über Genua und Pisa nach Florenz (vgl. ›Tagebuch‹, 2. Oktober 1923). In ihrem Italienreise-Buch ›Der Gang zur Liebe‹ (München 1926) hat Emmy Hennings die ersten Stationen ihrer damaligen Reise in genau dieser Reihenfolge beschrieben (vgl. S. 13-83).

mein kleiner Montagnola-Freund aus den Ferien zurück] Robin Brown und seine Eltern sind am 16. September 1923 aus den Ferien nach Montagnola zurückgekommen (vgl. ›Tagebuch‹, 6. und 16. September 1923).

die beiden letzten Nummern »Hochland« … Ihr Papini-Aufsatz] Das August- und das September-Heft der Monatszeitschrift ›Hochland‹. Darin von Friedrich Fuchs die Aufsätze: ›Der Papst und die neue Generation‹ (›Hochland‹ 20, August 1923, Bd. 2, S. 449-467) und ›Papinis *Storia di Cristo*‹ (›Hochland‹ 20, September 1923, Bd. 2, S. 650-654).

»Diktatur … habe ich erhalten] Vgl. *Nr. 331* – »für eine Beurteilung … sein Buch ›Diktatur‹«.

Den versprochenen Aufsatz] Es handelt sich um die im Auftrag der katholischen Monatsschrift ›Hochland‹ geschriebene, im Juni 1924 dort erschienene Abhandlung ›Carl Schmitts Politische Theologie‹ (›Hochland‹ 21, 1924, Bd. 2, S. 263-286).

Prof. Muth] Carl Muth (1867-1944), katholischer Publizist, dem König Ludwig III. von Bayern 1914 den Professorentitel verlieh; gründete 1903 und gab bis zu ihrem Verbot 1941 heraus: ›Hochland‹, die in München erscheinende ›Monatsschrift für alle Gebiete des Wissens, der Literatur und Kunst‹, ein Forum der katholischen Intelligenz, mit dem Muth die Wiederbegegnung von katholischer Kirche und Kultur in Deutschland förderte und zugleich die These von der kulturellen Inferiorität des Katholizismus zu widerlegen suchte. Mit seiner Zeitschrift warb Muth in der Weimarer Republik für eine Akzeptanz der demokratischen Staatsform;

vor und nach 1933 stand er in Opposition gegen die nationalsozialistische Ideologie. Er hatte Kontakte zu dem in seiner Bibliothek arbeitenden Hans Scholl und entging nach der Verhaftung der Widerstandsgruppe der ›Weißen Rose‹ 1943 nur knapp einer Festnahme. – Friedrich Fuchs hatte Ball am 6. August 1923 in München mit Carl Muth bekannt gemacht (vgl. ›Tagebuch‹, 6. August 1923).

einen Kursus in der höheren Politik] Ähnlich heißt es in Balls ›Tagebuch‹-Eintrag vom 11. September 1923, er habe bei der Baronin von Üxküll einen »Kursus in Kirchenpolitik« genommen, der ihn »in das Zentrum der Orient-Okzidentfrage« geführt habe.

das Buch von Unamuno ... das »Sentiment tragique«] Vgl. dazu *Nr. 310* und *Nr. 331*.

Von spanischen Freunden liess ich mir damals sagen, welches wohl die bedeutsamsten Publikationen des Unamuno seien] Der spanische Journalist Emanuel di Pedroso hatte Ball in der frühen Berner Zeit (September 1917) »die Schriften seines Landsmannes Unamuno« empfohlen, »insbesondere ›Le sentiment tragique de la vie‹« (Flucht, S. 202).

so liebenswürdig mit Frau von Üxküll in Verbindung gesetzt] Gleichlautende Formulierung in Balls ›Tagebuch‹ unter dem 2. Oktober 1923. Aufmerksam gemacht auf die Baronin von Üxküll wurde Ball bereits am 6. August 1923 in München von Friedrich Fuchs (vgl. ›Tagebuch‹).

335. An Emmy Ball und Annemarie Hennings, 7.10.1923

H: Ms. Brief mit eigenh. Unterschrift; 4 Bl., 4 S. **F:** HBN. **E:** EBH Leben, S. 156-159; Briefe, S. 156-159, jeweils mit Kürzungen und Ergänzungen. **DV:** Original.

Ergänzungen: Drei Passagen, die in EBH Leben, S. 156-159 und in Briefe S. 156-159 zu finden sind, nicht aber im Original:

Es ist mir, als wär ich dabei gewesen.] »Und, oh, Emmly, was Du über Nervi schreibst. Wie ist's möglich, daß Dir das so schnell eingefallen ist. Du schreibst so leicht und doch, als hättest Du viele Jahre über einen Satz nachgedacht. Dieser verschleierte Tag am Meer ist wunderschön. ›Ein korallenfarbener Schleier trennt mich von allen Wirklichkeiten.‹ Und das am Meer gesagt. Wie das hineinsinkt ins Meer und wie die Wellen Deine Verwandlungen begleiten. Ist's wohl das Seepferdlein, was sagt ›Die kleinen Seesterne umschweben mich und schenken mir von ihrem smaragdenen Schein ...?‹ Mein Menschlein, das hat dem Steffgen arg gut gefallen...«

weil es vom Herd so schön behaglich ist.] »Das Einkochen macht mir einen Heidenspaß. Wärst Du, Emmly hier, würdest Du mir vielleicht einiges dareinreden. So kann der Steffgen in aller Ruhe seine eventuellen Fehler genießen, aber ich glaube, es stimmt. Ich tue überall Salizyl daran, sonst werdens ja keine Konserven.«

Die Kritik, drei enge Seiten, steht in der Zeitschrift für katholische Theologie.] »Pardon, aber die Konfitüre ruft schon wieder. So. Jetzt hab ich den Kochtopf vom Herd genommen und setz ihn mir morgen wieder zu Feuer. (Kinder, teilt mir doch gelegentlich mit, wo ihr die Heu-Kochkiste hingetan habt. Der Steffgen könnt sie brauchen ...)«

Florenz] Vgl. *Nr. 334* – »in diesen Tagen reiste...«.

ein Zimmer habt Ihr] Emmy Ball schrieb am Donnerstag (es kann sich nur um den 4. Oktober 1923 handeln): »Ich hab ein Zimmer bekommen in einer kl. Pension, in der ich 150 Lire zahle im Monat, für alles, also nur ein Zimmer, das mir allerdings sehr zusagt. Die Dame, Signora Mugnaini, scheint uns gern zu mögen [...].« Am Ende des Briefs bat Emmy Ball: »Schreib mir, Liebling. Via Cavour 9 I, Pension Mugnaini«. (HBN: Emmy Ball an Hugo Ball, Brief vom [4. Okt. 1923]).

Aussichten für den guten Putzen] Emmy Ball am 8. Oktober 1923 an Hermann Hesse: »Annemie und ich [haben] uns in ein englisches Bureau begeben, von wo aus Annemie ein sehr gutes Engagement bekommen hat, bei einem Florentiner Kind, das Deutsch lernen soll« (EBH Hesse, S. 30). Entweder handelte es sich bei Balls Annahme »einer englischen Pension« um einen Irrtum oder um eine Alternative, die hier nicht erwähnt wird.

Nachtreisen] Emmy Ball beschrieb ihre und Annemaries Nachtreisen in ihrem ersten Brief aus Florenz (EBH Leben, S. 151-155): »In Mailand sind wir mehr aufgefallen, als daß Mailand uns aufgefallen wäre. Wir waren ein bißchen müde von der letzten durchwachten Nacht. [...] Der Kellner hat uns dann geholfen, aber gemeint, wir sollen doch lieber nach Venedig fahren, dort sei es so schön. Kann ja sein, aber vorerst nach Genua. Um ein Uhr in der Nacht ist der Zug gegangen.« (S. 153).

Nervi] Nach Genua besuchten Emmy Ball und Annemarie auch das Seebad Nervi an der italienischen Riviera. Emmy schrieb Anfang Oktober aus Florenz: »Über Nervi und über das Meer habe ich einen kleinen Aufsatz geschrieben, den Du vielleicht gütigst auch als Brief für Dich ansiehst.« (EBH Leben, S. 155). Der »kleine Aufsatz« erschien u.d.T. ›Oktober in Nervi‹ in: ›Berliner Tageblatt‹. Jg. 53. Nr. 495 vom 17. Oktober 1924.

Via Cavour] Unweit von Dom und Baptisterium; Parallelstraße zur Via Ricasoli.

Musch] Balls Katze.

Sachés] Familie Dr. Adolf Saager. Frau Maria Saager wird auch wiederholt Base Miez genannt.

Stiglmayr] Von Joseph Stiglmayr, vgl. *Nr. 315*, ist neben der von Ball erwähnten Rezension zum ›Byzantinischen Christentum‹ (›Zeitschrift für kath. Theologie‹, Innsbruck. Jg. 47, 1923, S. 580-583) noch eine weitere Besprechung (›Zeitschrift für Aszese und Mystik‹, Würzburg. Jg. 3, 1928, S. 75-79) erschienen.

Hierarchieen] So im Original. In der Reihe ›Bibliothek der Kirchenväter‹ erschien 1911 als Bd. 2: ›Des heiligen Dionysius Areopagita angebliche Schriften über die beiden Hierarchien‹, aus dem Griech. übers. von Joseph Stiglmayr.

Baden] Hermann Hesse hielt sich vom 18. September bis zum 19. Oktober zur Kur im Hotel Verenahof in Baden bei Zürich auf.

Frau von Üxküll] Vgl. *Nr. 332*.

Loretokirche] Madonna di Loreto, Via Loreto. »[...] die kleine Kirche San Loreto, mit ihrer entzückenden Säulenvorhalle, ihren reizenden Stukkaturen und interessanten Malereien«, so Adolf Saager, in: »Lugano (Tessin), Schweiz«, Berlin 1924. (Die Stadt. Monographien entwicklungsfähiger Städte), S. 12.

Monte Brè] Aussichtsberg von Lugano. Von dem Vorort Cassarate ist der Gipfel (933 m) leicht, mit einer Standseilbahn zu erreichen.

Wittig] Joseph Wittig (1879-1949), katholischer Theologe und Volksschriftsteller; ab 1912 Professor für Religionsgeschichte in Breslau. Wittig wandte sich gegen eine zu starre Dogmatik, 1925 wurde sein Werk teilweise indiziert (besonders umstritten sein Aufsatz ›Die Erlösten‹, der 1922 im ›Hochland‹ erschien, und sein Hauptwerk ›Leben Jesu in Palästina, Schlesien und anderswo‹, Bd. 1-2, 1925; vgl. Nr. 555 und Nr. 556). 1926 wurde Wittig exkommuniziert und erst nach dem Zweiten Weltkrieg wieder in die Kirche aufgenommen. In der Sammelbesprechung ›Neue religiöse Bücher‹ hat Wittig Balls ›Byzantinisches Christentum‹ im ›Hochland‹, Kempten und München. Jg. 21. Bd. 1, H. 4, Januar 1924, S. 415-430, besprochen (HBB, Nr. 1028, S. 62).

päpstl. Nuntius in Bern] Es müßte sich um ein Schreiben von Monsignore Luigi Maglione gehandelt haben, der ab 28.2.1918 provisorischer Vertreter des Hl. Stuhls in der Schweiz war und 1920 die neueröffnete Nuntiatur in Bern übernahm.

Broschüre über Trier] ›Ein Blatt der Erinnerung an Deutschlands apostolischen Sitz in Trier‹, vgl. *Nr. 332*.

»Rome et l'Orient«] *Nr. 332*.

Frau v. Chantal] Jeanne-Françoise de Chantal (1572-1641), Ordensgründerin, 1767 heiliggesprochen; mit Franz von Sales verband sie eine tiefe geistige Freundschaft, mit ihm gründete sie den Orden der Salesianerinnen.

Franz von Sales] (1567-1622), 1665 heiliggesprochen.

Cyrillos Makarius] Cyrillos Macaire: ›Rome et l'orient. La Constitution Divine de l'Église‹. Genf: Eggimann 1913.

»Orientreisen«] Unter dem Titel ›Syrische Briefe‹ wurde dieser Text (›Hochland‹, Kempten u. München. Jg. 22. Bd. 1, H. 3, Dezember 1924, S. 269-289 und H. 4, Januar 1925, S. 446-462) veröffentlicht.

Gesandten von Riepenhausen] Karl-Alexander James Robert von Riepenhausen (geb. 1876), Dr. jur., Herr auf Crangen u. Drenzig.

»Internationalen Katholiken-Liga«] Auf Initiative von Prof. Werner Arnold (Zug) entstand diese Vereinigung von katholischen Gelehrten aus Ländern, die am Ersten Weltkrieg beteiligt waren.

Villa Rosa] In diesem Anwesen in Calprino (ab 1928 Paradiso) wohnte Baronin von Üxküll.

Pazzallo] Am Nordwesthang des S. Salvatore gelegener Villenvorort von Lugano.

Küngelis] Schweiz., mundartliche Bezeichnung für Kaninchen.

336. An Emmy Ball, vermutl. 10.10.1923

H: Ms. Brief, hs. nur »Mittwoch früh«; 1 S. **F:** HBN. **DV:** Original.

Datierung: In Nr. 337 fragte Ball, ob Emmy den Brief mit der Empfehlung an Levasti schon erhalten habe. In Nr. 342 wird ein Besuch Emmy Balls im Hause Levasti erwähnt. Daher ist die Datierung dieses Briefes auf Mittwoch, den 10.10.1923 sicher. Bestätigt wird dies auch durch Hugo Balls ›Tagebuch‹, 9. u. 10. Oktober 1923.

Herrn L[evasti]] Arrigo Levasti (1886-1973), Philosoph. Mitarbeiter an zahlreichen Zeitschriften und Zeitungen; umfangreiche Herausgebertätigkeiten (Seneca, hl. Augustinus, Thomas a Kempis). Aus der umfangreichen Bibliographie hier nur einige Publikationen: ›I mistici‹, 2 Bde., Firenze 1925; 1923 erschien, von Levasti herausgegeben, H. Suso: ›Dialogo della verità‹. Sein Werk ›S. Caterina da Siena‹, Torino 1947, erfuhr zahlreiche Übersetzungen.

»Ewiges Lied«] 1923 erschien von Emmy Ball ›Das Ewige Lied‹ im Erich Reiss Verlag, Berlin.

Empfehlungskarte] Hugo Ball hatte von Friedrich Fuchs ein an Arrigo Levasti gerichtetes Empfehlungsschreiben erhalten, das er seiner Frau überließ (›Tagebuch‹, 8. u. 9. Oktober 1923).

Lies seinen Aufsatz] Welcher Aufsatz hier gemeint war, kann nicht mit Sicherheit gesagt werden. Denkbar wäre der Beitrag ›Katholische Erneuerung in der italienischen Literatur‹ von Arrigo Levasti, der im ›Hochland‹, Kempten u. München, Jg. 20, Bd. 1, H. 4, Januar 1923, S. 337-348, erschien. In diesem Beitrag beschäftigt sich Levasti u.a. mit Giosuè Borsi, Aldo Palazzeschi, Bruno Cicognani, Emilio Cecchi, Domenico Giuliotti, Giovanni Papini (vgl. *Nr. 326* – »dritten Aufsatz ....«).

Brief an Levasti] Weder der Brief an Arrigo Levasti noch die Kopie konnten gefunden werden.

337. An Emmy Ball, 11.10.1923

H: Ms. Brief mit eigenh. Unterschrift; 2 Bl., 3 S. **F:** HBN. **DV:** Original.

Datierung: Der 11. Oktober 1923 war ein Donnerstag.

Onkel Saché] Dr. Adolf Saager.

Dr. Hafner] Vermutlich handelte es sich um Theodor Hafner (1890-1951) aus Zug, der gelegentlich Rezensionen in den ›Zürcher Nachrichten‹ veröffentlichte.

»Stimmen der Zeit«] Freiburg i.B. Vgl. *Nr. 252* In der Sammelbesprechung ›Ringen um Gott‹ hat Erich Przywara Balls ›Byzantinisches Christentum‹ rezensiert (Bd. 107, 1923/24, H. 5, August 1924, S. 347-352; HBB, Nr. 1005, S. 61).

Spirkli] Uzname von Frau Maria Theresia Englert, geb. Holzleithner.

Stampati-Packet] Sendung mit Drucksachen.

Herbstgang] In Nr. 457 vom 1. Oktober 1923 erschien in den ›Basler Nachrichten‹ von Emmy Ball: ›Wanderung im Herbst‹.

Mugnaini] Emmy wohnte in Florenz die ersten Tage in einem Hotel und danach bei Signora Mugnaini, Via Cavour 9 (EBH Hesse, S. 30).

was ist der Herr Signore] Annemarie hatte durch Vermittlung eine Stellung bei der Familie Tedeschi erhalten. EBH schrieb am 8. Oktober 1923 an Hermann Hesse: »[...] Annemarie [hat] ein sehr gutes Engagement bekommen [...], bei einem Florentiner Kind [Carmen], das Deutsch lernen soll, ein gutes Haus ist's.« [EBH Hesse, S. 30.)

Ponte Vecchio] Ball schrieb fälschlich ›deccio‹. Es kann sich aber nur um »Ponte Vecchio« handeln.

Hochlandleute] Damit könnte Ball italienische Autoren wie Arrigo Levasti oder Giovanni Papini gemeint haben, die im ›Hochland‹ publizierten und die von Emmy Ball aufgesucht werden sollten.

Kyrillos VIII.] Nach Natalie von Üxküll (›Rom und der Orient‹, 1912) war für die Melchiten »Kyrillos VIII. Patriarch von Antiochien, Alexandrien, Jerusalem und von dem ganzen Orient« (S. VIII).

Schilderung der hl. Magdalena in der Mantara-Broschüre] Vgl. ›Wunder und Wunderliches zur Erinnerung an den Trinitationssonntag 11. Juni 1911 in Mantara‹ von Baronin Üxküll. [Berlin 1914], S. 7, 26.

Basilianermönch] Griechisch-orthodoxer Mönch, der der Regel Basilius des Großen folgt.

Nico Rost] (1896-1967), holländischer Journalist, Kritiker, Essayist und Übersetzer. Aktiv im antifaschistischen Widerstand; Juni 1944 bis April 1945 im Konzentrationslager Dachau. Die deutsche Ausgabe seiner Tagebuchnotizen erschien 1948 unter dem Titel: ›Goethe in Dachau. Literatur und Wirklichkeit‹. Rost schrieb am 2. Oktober 1923: »Ich interessiere mich sehr für Ihre Arbeiten, ebenfalls für Ihre früher erschienenen, und möchte gern eine grosse und eingehende Würdigung ihres Schaffens in einem der grössten holländischen Monatshefte veröffentlichen.« (HBN: Nico Rost an Hugo Ball, 2. Oktober 1923.) In der Rubrik ›Buitenlandsche Literatuur‹ veröffentlichte Nico Rost in der Zeitschrift ›Groot Nederland‹, Amsterdam, Jg. 22, H. Februari 1924, S. 219-220, einen kurzen Beitrag, wenn auch keine »eingehende Würdigung« über Ball.

Hesses Besprechung] Falls hier Ball Hesses Rezension des ›Byzantinischen Christentums‹ meinte, so lag Ball zu diesem Zeitpunkt höchstens Hesses Manuskript vor. Diese Ansicht wird durch die nachfolgende Briefstelle bestätigt: »Inzwischen ist übrigens auch Hesses [...] Besprechung erschienen. [...] Gesehen hab ich die Besprechung noch nicht (ich meine den Abdruck)« (Nr. 375). Die Druckfassung erschien erst im Dezember 1923. (›Die Neue Rundschau‹, Berlin u. Leipzig. Jg. 34, 1923. Bd. 2, S. 1149-1150; HBB, Nr. 985, S. 60).

Zucchetti] Plural von Zucchetto, in Deutschland unter dem Namen Zucchini bekannt.

über Frau Üxküll ebenfalls schreiben] Ball hat sich später nicht mehr zu dieser Absicht geäußert. Zumal er sämtliche Kontakte abbrach, als ihm Verleumdungen, die die Baronin Üxküll verbreitete, bekannt wurden (siehe Nr. 450).

Santa Maria Novella] Wichtigste Dominikanerkirche in Florenz, Piazza S.M. Novella (Nord-Seite).

338. An Hermann Hesse, 12.10.1923

H: Hs. Postkarte, beidseitig beschrieben. Adresse: Herrn / Hermann Hesse / Baden. Schweiz / Hotel Verenahof. **F:** DLA, Hesse. **DV:** Original.

kommen Sie] Hesse hielt sich vom 18. September bis 19. Oktober 1923 zu einer Nachkur in Baden bei Zürich auf.

Dienstag] 16. Oktober 1923.

339. An den Verlag Duncker & Humblot, 12.10.1923

H: Hs. Postkarte; beidseitig beschrieben. Adresse: Herrn / Dr. L. Feuchtwanger / Duncker & Humblot Verlag / *München* / Theresienhöhe 3 c. **F:** Verlagsarchiv Duncker & Humblot, Berlin. **DV:** Original.

Besprechung Dr. Stiglmayrs] Siehe *Nr. 335*.
Hermann Hesse] Siehe *Nr. 337*.
»Stimmen der Zeit«] Siehe *Nr. 337*.
»Hochland«] Siehe *Nr. 335* – »Wittig«.
Bearbeitung der »Kritik«] Siehe *Nr. 375* und *Nr. 377*.
Nico Rost] Siehe *Nr. 337*.

340. An Emmy Ball, 15.10.1923

H: Hs. Postkarte, beidseitig beschrieben. Adresse: Signora / Emmy Ball / Firenze. / 32 Via Senese 32. **F:** HBN. **DV:** Original.

Der Articul] Es handelt sich um Balls erste Fassung des Artikels ›Carl Schmitts Politische Theologie‹, der in erweiterter Form im ›Hochland‹, Kempten u. München. Jg. 21, Bd. 2, H. 9, Juni 1924, S. 263-286 (HBB, Nr. 174, S. 10) erschien. Vgl. Nr. 331 und HBK, S. 212: Balls »Mitarbeit [an der katholischen Kulturzeitschrift ›Hochland‹] erstreckt sich vom Juni-Heft 1924 bis zum Dezember-Heft 1926«. – »In diesem Aufsatz [Carl Schmitts Politische Theologie] interpretiert Ball das gesamte Frühwerk Carl Schmitts, das bis 1923 publiziert worden ist.« (HBK, ebd).
ich war mit Robin in der Kathedrale] Vgl. Nr. 342.
einen schönen Brief von Dir] Es muß sich um den Brief vom 8. Oktober 1923 handeln (EBH: Hesse, S. 30-33).
von Ruth kam ein Brieflein] Ruth Wenger (vgl. *Nr. 269* – »Frl. Wenger«).
Sign. Tedeschi] Vgl. *Nr. 337* – »was ist der Herr Signore«.
Jetzt, wo Du eine zuverlässige Bleibe hast] Durch Vermittlung erhielt Emmy Ball Unterkunft in der Villa Romana, Via Senese 32. Für kostenlose Unterkunft sollte Emmy Ball nur helfen, »die Suppe kochen«. Auch wollte man ihr beim Erlernen der italienischen Sprache behilflich sein. Tatsächlich war Emmy Ball mit häuslicher Arbeit so überlastet, daß ihr kaum eigene Zeit blieb. Über den Tagesablauf vgl. *Nr. 349*.

341. An Emmy Ball, vermutl. 16.10.1923

H: Hs. Brief; 1 Bl., 2 S. **F:** HBN. **E:** Briefe, S. 163. **DV:** Original.

Datierung: Laut ›Tagebuch‹, 18. Oktober 1923, schickte Ball am Dienstag, den 16.10., seinen Schmitt-Aufsatz nach München. Er hatte »ihn für den 15.ten versprochen« und »jetzt ist er glücklich weg«. Außerdem bezog sich Ball in Nr. 341 auf den Brief seiner Frau vom 12. Oktober (siehe Erläuterung). Nr. 341, von Ball auf einen Dienstag datiert, muß mit großer Wahrscheinlichkeit am 16. Oktober 1923 geschrieben worden sein.

Madonna von Santa Novella] Ball deutete hier an, daß wohl Emmy Ball den »stummen Gruß« an die »Madonna, Santa Maria Novella« (Nr. 337) weitergab und ihr dadurch dieses »Glück« geschenkt wurde. Er bezog sich hier auf die euphorischen Zeilen, die Emmy Ball um den 12. Oktober aus Florenz schrieb:

»Via Senese 32/ Mein lieber Hugo!
Gestern Abend war ich zu müd, um mein Schreibzeug auszupacken. Ich bin jetzt gut untergebracht, und ich glaub, daß wie es jetzt ist, die beste Lösung ist.
Ich hab ein schönes großes Zimmer, mit fließendem Wasser in freier, ruhiger Gegend, und Aussicht sehr schön. Also ich zahle fürs Zimmer nichts. Von ½ 12-½ 2 koch ich und habe gratis Mittagessen. Meine Wäsche wird mitgewaschen, und die Küche steht mir zur Verfügung, wenn ich mir eine Kafe [!], oder etwas Eßbares machen will. Ich brauch also nicht ins Cafe gehn.
Eine Schreibmaschine steht mir zur Verfügung. Ich hätte *Leihgebühr 90 - 100 Lire* monatlich im Geschäft für ein altes Ding 600 Lire hinterlegen müssen, war in den verschiedensten Geschäften, hörte überall das Gleiche. Ich hatte dem Herrn, dem die Maschine gehört, Herrn Lanz 50 Lire monatl. geboten, aber er wollte es nicht.
Also hab ich Maschine, Wohnung, Mittagessen, Wäsche frei. Das ist sehr viel, lieber Hugo, findest Du nicht auch?«

Stiefleins-Liedgen] Text des ›Liedgens‹:

»Stiefeli mußt sterben
Bist noch so jung, jung, jung …
Wenn das der Absatz wüßt,
Daß Stiefli sterben müßt,
Würd er sich grämen
Bis in den Tod.«

(EBH Leben, S. 177).

Im Herbst 1923 schrieb Emmy Ball aus Florenz an Hugo Ball, sie habe eine »Szene geschrieben ›Stiefeli muß sterben‹« (zit. nach Reetz, S. 238). Das »Stiefleins-Liedgen« könnte aus diesem verschollenen Werk stammen.

wunderlichen Büchern] Kommentar von Emmy Ball: »Mystik von Görres« (EBH Leben, S. 178). Nach Fertigstellung seines Aufsatzes ›Carl Schmitts Politische Theologie‹ las und exzerpierte Hugo Ball in diesen Tagen (›Tagebuch‹, 18. Oktober 1923) Theodor Haeckers Aufsatz ›Christentum und Kultur‹ (›Hochland‹, Jg. 21, 1923/24. H. 1, Oktober 1923, S. 1-24).

342. An Emmy Ball, vermutl. 17.10.1923

H: Hs. Brief; 5 Bl., 10 S. **F:** HBN. **E:** Briefe, S. 161 f. (nur die ersten drei Absätze bis: »das empfindlichste und verletzlichste Wesen«.) Auszug auch in: EBH Leben, S. 178-180 und verstreut in weiteren Briefen. **DV:** Original.

Datierung: Ball hatte den »Carl Schmitt«-Aufsatz am 16. Oktober (*Nr. 341 –* Datierung) nach München geschickt. In Nr. 342 schrieb er »Jetzt ist er gottlob wohl schon in München, […]« – Auch schrieb Ball: »Ihr seid doch schon 14 Tage weg.« Nr. 342 muß am Mittwoch, den 17. Oktober 1923, geschrieben worden sein.

Schlemihl] Umgangssprachlich: Pechvogel. Nach Adelbert von Chamissos ›Peter Schlemihls wundersame Geschichte‹ (1814).

Muzzano] Kleines Dorf über dem Laghetto di Muzzano gelegen; die dortige Poststelle war auch für Agnuzzo zuständig.

vergogna] Ital. = Schande, Schmach.

Noli me tangere] Joh. 20, 17.

Maria Maddalena de'Pazzi] (1566-1607) Mystikerin, 1669 heiliggesprochen. »In qualvollen körperl. u. seel. Leiden (1585-1590) wurde ihre von Sehnsucht nach Leiden erfüllte Seele geläutert« (LThK 7, S. 39).

Frau des Konsuls] Maria Franken, geb. Eyring (gest. 1934), Frau des deutschen Konsuls in Lugano.

Fieberli und die Flecken] Emmy Ball schrieb:

»Mir gehts in diesen Tagen gesundheitlich nicht so gut. Ich glaube, es ist das Reagieren auf die grosse Veränderung. Ich sehe ganz verdächtig aus im Gesicht, und die roten Flecke, ja ich kann nicht anders sagen sind eher schlimmer geworden, [...] aber nachmittags hab ich immer ein wenig Fieber, [...]« (HBN: Brief von Emmy Ball an Hugo Ball [wahrscheinlich 13. Oktober 1923]).

Via de Serragli] Führt von der Ponte alla Carraia zur Porta Romana.

Via Senese] Ausfallstraße nach Siena, beginnend an der Porta Romana.

Äffli – Rosa] Emmy Ball schrieb an Hermann Hesse:

»Ja und im Garten haben wir ein Äffchen, ach lieber Herr Hesse, wenn Sie das sehen könnten, ein ganz rührender Bursche ist das, und hat melancholische Augen, und sieht mich an, und ruft mir zu, und wenn ich ihr sage ›mia povera Rosa‹, so heißt sie, dann murmelt sie mich an [...].« (EBH: Hesse, S. 35 f.)

Base Miez] Frau Maria Saager, vgl. *Nr. 335* – »Sachés«.

Dr. Fuchs] Vgl. *Nr. 326*.

Grüsse für Herrn Levasti] Vgl. *Nr. 336* – »Empfehlungskarte«.

Lächeln in den Untergängen] Das Gedicht ›Lied zur Nacht‹, auch unter dem ersten Vers ›Es ist ein Lächeln in den Untergängen‹ veröffentlicht, wurde nachweislich erstmals in den ›Basler Nachrichten‹. Jg. 79, Beilage: Sonntagsblatt, Jg. 17, Nr. 23 vom 10. Juni 1923, S. 89, gedruckt.

Fremdenblatt brachte auch Dein Herbstgedicht] Emmy Balls Gedicht ›Herbst‹ erschien in ›Lugano. Offizielles Fremdenblatt‹, Nr. 31 vom 4.10. 1923.

Was ists mit dem Konsul] Ball meint hier den deutschen Wahlkonsul Bruno Stiller (geb. 1885), der von 1921 bis 1934 in Florenz diese Funktion wahrnahm.

Gehrlich vielleicht] Ball vermutete Albert Fritz Gehrlich (1883-1934 in Dachau ermordet), Journalist, wandte sich gegen Kommunismus und Faschismus. 1920 veröffentlichte er: ›Der Kommunismus als Lehre vom Tausendjährigen Reich‹ (München: H. Bruckmann).

Hochland-Nummer die ich Dir schicke] Ball sandte die ›Hochland‹-Nummer, Jg. 20. H. 12, September 1923. Darin die Beiträge: Paolo Arcari: ›Giovanni Papinis religiöse Entwicklung‹ (S. 599-615) und Friedrich Fuchs: ›Papinis ›Storia di Cristo‹ (S. 650-654).

Papini] Giovanni Papini. Vgl. *Nr. 315*.

Von Feuchtwanger erhielt ich heute die beiliegende Karte] Die erwähnte maschinenschriftliche Postkarte schrieb Ludwig Feuchtwanger am 15. Oktober , abgestempelt: München, 16.10.1923 (HBN):

»Sehr verehrter Herr Ball!
Vielen Dank für Ihre freundliche Karte. In der Neuen Rundschau habe ich die Besprechung von Hesse noch nicht gelesen; sie erscheint wohl in der unmittelbar bevorstehenden November-Nummer.
Prof. Schmitt, Bonn erzählte mir in diesen Tagen, welch grosser ideeller Erfolg Ihr Buch gerade in den westlichen katholischen Kreisen ist. Der *wirtschaftliche* Erfolg wird sich erst einstellen, wenn die Währungsverhältnisse in Deutschland wieder in Ordnung gebracht sein werden.
Vielen Dank für Ihre übrigen Mitteilungen!
Der Holländer Nico Rost (Berlin – Oranienburger Allee) ist mir nicht bekannt. Wir schicken ihm aber gerne ein Besprechungsstück. Es genügt wohl diese Adresse.
Mit vielen Grüssen und Empfehlungen
Ihr ergebenster
[handschriftl. gez.] L. Feuchtwanger.«

Für Ball war der Inhalt so bestätigend und wichtig, daß er die Karte gleich nach Erhalt an Emmy Ball nach Florenz weiterleitete. Erst nach Reklamationen – wie Nr. 347 und Nr. 352 belegen – hatte Ball die Postkarte am 11. November (Nr. 355) wieder in seinen Händen.

Eduard Bernstein] Vgl. *Nr. 168* und *Nr. 179*.

Messe in der Kathedrale] Ball besuchte zusammen mit Robin Brown die Kathedrale San Lorenzo in Lugano.

et cum spiritus tuo] Lat. = und mit Deinem Geiste.

Montagnola ... eigne alte Kirche entdeckt] Hermann Hesse berichtete Emmy Ball nach Albori am 31. Juli 1925 (DLA, Hesse): »Hier werden wir dieser Tage auch ein kleines Kirchenfest haben, denn der Eifer des Pfarrers von Gentelino hat es fertig gebracht, die alte verfallene Kapelle von San Nazzaro in Montagnola wieder einzuweihen [...].« Es könnte sich dabei um die »alte Kirche« gehandelt haben, die, wie Ball schrieb, entdeckt worden sei.

Annunziata] Emmy Ball bezeichnete sie als »Hugos kleine Dienerin« (EBH Leben, S. 161).

Giudit[t]a] Ital. Schreibweise für dt. Judith; die Tochter der Milchfrau.

Massagno] Vgl. *Nr. 323*.

Cinque Vie] Ein Platz und Quartier in Besso, einem Ortsteil von Lugano-Massagno.

Von Bloch ist ein neues Buch erschienen] ›Durch die Wüste. Kritische Essays‹ erschien 1923 bei Cassirer. Am 6. Oktober 1923 wurden von Ernst Bloch im ›Berliner Tageblatt‹ die Texte ›Geist der Zeit‹ und ›Die Erniedrigten und Beleidigten‹ veröffentlicht.

die Rheinlande sich zur Republik erklären] Vgl. Nr. 347.

Bäuerli hat ein Taubenhaus] Hugo Ball entlehnte die Textstelle einem Kinderlied. Der korrekte Liedanfang lautet: »Der Bauer hat ein Taubenhaus, da fliegen zwanzig Tauben raus [...]« Quelle: Carl Gottfried Wilhelm Taubert (1811-1891): ›Klänge aus der Kinderwelt‹, Heft II, N° 3 (N° 15).

Vielleicht Müllers] Damit könnte Albert Müller gemeint sein, der Hugo Ball im Oktober 1926 fotografierte (vgl. *Nr. 682* – »Lichtbild«).

an den vielen Hündens vorbei] »Ja, und wir haben auch fünf Hunde hier, Wolfshunde ... ich muß es nochmals sagen, daß ich nämlich keine Angst mehr vor Hunden habe, weil ich einmal so schrecklich traurig über ihr Schnauben und Bellen war, und dann dachte ich, sie sollen machen, was sie wollen, ich hätte mich ruhig zerreißen lassen, wenn das durchaus ihre Art ist.« (EBH: Hesse, S. 36)

Crepuscolo dei filosofi] Von Papini erschien 1906 im Mailänder Verlag Libreria Edit. Lombarda: ›Il Crepuscolo dei Filosofi‹. Eine deutsche Ausgabe konnte nicht ermittelt werden.

Ebenso [?] wird] Unsichere Lesart.

Ernest Hello] Vgl. *Nr. 326* – »Hello in Italien ...«.

Spaïni] Alberto Spaïni (1892-1975), Schriftsteller, Übersetzer und Journalist; Mitarbeiter an der Zeitschrift ›La Voce‹; Übersetzer aus dem Deutschen (Goethe, Hoffmann, Wedekind, Kafka, Expressionisten). Vgl. *Nr. 349.*

Secolo] Keine genaue Zuordnung möglich. In Mailand kämen folgende Zeitschriften in Frage: a) ›Il secolo illustrata della domenica‹, Milano, anno 12-19, 20; no. 1-50; b) ›Il secolo XX, rivista popolare illustrata‹, Milano (beide in: Cat. of Library of Congress).

Siegfriedo] Evtl. handelte es sich um den Jesuiten Viktor Cathreis, dessen Pseudonym Siegfried war.

In Florenz wohnt ja Dr. Grelling] Seit 1911 wohnte Richard Grelling (vgl. *Nr. 313* – »J'accuse«) in Florenz, Via Incontori 8, zuvor in Nr. 4 derselben Straße.

o salutaris] o salutaris hostia: Schlußstrophe des wahrscheinlich von Thomas von Aquin verfaßten Hymnus. Ebenso Strophenbeginn des gleichnamigen Lateinischen Gesangs (›Salve Regina. Gebet- und Gesangbuch für das Bistum Speyer‹. 1935. S. 542: Nr. 168).

343. An Emmy Ball, 18.10.1923

H: Ms. Brief mit eigenh. Unterschrift und hs. Postskriptum; 1 S. **F:** HBN. **DV:** Original.

Datierung: Vgl. Nr. 347 vom 24.10.1923, nach dem sich der Poststempel dieses Briefs erschließen läßt: 18.10.1923.

Chaib] Im Wörterbuch der Schweizer Mundarten hat das Wort »Chaib« viele Bedeutungen; hier könnte die Deutung »erkranktes, abgemagertes, elendes Tier« stimmen.

344. An den Verlag Duncker & Humblot, 19.10.1923

H: Ms. Postkarte mit hs. Unterschrift; beidseitig beschrieben; Adresse: Herrn / Dr. L. Feuchtwanger / Duncker & Humblot / *München* / Theresienhöhe 3 c. **F:** Verlagsarchiv Duncker & Humblot, Berlin. **DV:** Original.

Ihre Karte] Ludwig Feuchtwangers Postkarte vom 15. Okt. 1923 befindet sich im HBN.

Nachricht von Prof. Schmitt] Vgl. *Nr. 342* – »Von Feuchtwanger erhielt ich ...«

Gesamtdarstellung seiner letzten vier Schriften] Vgl. *Nr. 340* – »Der Articul«.

an den Holländer] Nico Rost, siehe *Nr. 337*.

Emil Szittya] Vgl. *Nr. 90*.

»Börsenkurier«] Es könnte sich um die Tageszeitung ›Berliner Börsen-Courier‹ gehandelt haben. Eine Rezension über das ›Byzantinische Christentum‹ wurde in dieser Zeitung bisher nicht ermittelt.

Frau von Urbanitzky] Vgl. *Nr. 345*.

345. An Emmy Ball, vermutl. 20.10.1923

H: Hs. Brief; 4 S. **F:** HBN. **DV:** Fotokopie des Originals.

Datierung: Ball irrte sich, als er »Samstag 19.ten« schrieb. Denn Hermann Hesse war am Freitag, den 19.10.1923 nach Montagnola zurückgekehrt und stattete Ball am folgenden Tag einen Besuch ab. Ball muß diesen Brief am Samstag, den 20. Oktober geschrieben haben.

Strasse der Frau Levasti] Levastis wohnten in der Viale G. Milton.

Herrn Lanz] Otto Lanz, geb. 1896 – zog 1927 nach Rom –, war Hausgenosse von Emmy Ball in der Villa Romana, Via Senese 32. Über ihn schrieb Emmy Ball: »Er ist ein Mensch von 26 etwa, studiert [Medizin] hier, gräbt seinen Garten, legt Elektrisch u. Wasserleitungen im Haus [...], also ein Mensch, der nebenbei furchtbar viel arbeitet, um Geld zu sparen. Er ist Frl. St[uparich] verlobt. Es sind unglaublich ernste Leute, die sehr viel arbeiten, sehr wenig Geld haben, sehr sparsam. [...] Herr Lanz kennt ganz Italien, spricht wie ein Florentiner und wär selig, wenn er aus d. Deutschen mal einen Aufsatz oder ein Buch ins Italienisch übersetzen könnte. [...]. Er ist der Sohn eines bekannten Professors.« (HBN: Emmy Ball an Hugo Ball [wahrscheinlich 6. November 1923]).

»Vom Lächeln«] Unter dem Kürzel »E.H.« erschien in: ›Lugano. Offizielles Fremdenblatt‹, Nr. 33 vom 18.10.1923 »die entzückende Skizze«: ›Über das Lächeln‹.

Hesse kam heut Nachmittag] Hesse war am 19. Oktober in Montagnola angekommen und besuchte Ball am folgenden Tag.

Gentilino] Villendorf auf der Collina d'Oro bei Lugano.

Herr Wenger] Theo Wenger (1868-1928), Vater von Ruth. Studium der Theologie, später Stahlwarenfabrikant (Schweizer Taschenmesser).

Frl. Philippi] Maria Philippi (1875-1944), Sängerin, Musikpädagogin, Lehrerin von Ruth Wenger.

Oppenheim-Kinder] Die Kinder von Eva Oppenheim, geb. Wenger, und Erich Alphons Oppenheim: Meret Elisabeth Oppenheim (1913-1985), die Künstlerin und Muse des Surrealismus, Kristin Oppenheim (1915-1984) und Burkhard Wenger (geb. 1919).

Deine Sachen aus den Nachrichten] Von Emmy Ball erschienen in den ›Basler Nachrichten‹ in den Monaten September/Oktober 1923: Nr. 442 vom 22.9.1923: ›Über das Lächeln‹; Nr. 467 vom 1.10.1923: ›Wanderung im Herbst‹.

Robin hat nur Donnerstag] Nach der Einschulung Robin Browns wurde der Donnerstag als Tag verabredet, an dem Ball wöchentlich zum Notenschreiben nach Montagnola kommen sollte.

Grete von Urbanitzky] In der Sammelbesprechung ›Bücher der Erhebung‹

wurde von Grete von Urbanitzky Balls ›Byzantinisches Christentum‹ rezensiert (Neues Wiener Abendblatt. Jg. 57. Nr. 272 vom 4.10.1923, S. 5; HBB, Nr. 1024, S. 62). Grete von Urbanitzky, verh. Passini (1893-1974), österreichische Schriftstellerin und Journalistin.

meiner Schwester L[ina]] Gemeint ist Balls Schwester Josephine Salomea Brofft (Rufname Lina), die in München-Gladbach (ab 1950 Mönchen-Gladbach) wohnte (HBK, Nr. 10, S. 46).

gleich wieder eingefangen bist] Ball könnte hier die häuslichen Tätigkeiten in der Villa Romana gemeint haben, die eine Einengung der beabsichtigten schriftstellerischen Vorhaben bedeuteten.

346. An Hermann Hesse, 23.10.1923

H: Ms. Postkarte mit hs. Unterschrift »H.B.«, einseitig beschrieben. Adresse: Herrn / Hermann Hesse / Montagnola. **F:** DLA, Hesse. **DV:** Original.

Erläuterungen

ältere Verabredung nach Calprino] Hugo Ball hatte einen Besuch bei Baronin von Üxküll zugesagt (vgl. Nr. 347).

347. An Emmy Ball, 24.10.1923

H: Ms. Brief mit eigenh. Unterschrift und hs. Postskriptum; 1 S. **F:** HBN. **DV:** Original.

Einschreibebrief vom vorigen Donnerstag] Der hier angesprochene Brief (Nr. 343) wurde am 18. Oktober geschrieben. Darin wird Annemaries Bluse erwähnt, die Ball mit gleicher Post senden wollte.

im Fremdenblatt ein Gedicht von Dir gelesen] Die Baronin von Üxküll dürfte Emmy Balls Gedicht ›Herbst‹ im Fremdenblatt ›Lugano‹ (Nr. 31 vom 4.10.1923) gelesen haben. Vielleicht blätterte sie auch in älteren Ausgaben und fand ›Erinnerung an einen Sommertag‹ (Nr. 27 vom 6.9.), ›Die Heiligen‹ (Nr. 24 vom 16.8.) oder ›Blaue Lilien‹ (Nr. 22 vom 19.7.).

die Rheinische Republik ist ausgerufen] Am 21. Oktober 1923 wurde von Separatisten in Aachen die Rheinische Republik ausgerufen. Unterstützt von der französischen Besatzungsmacht strebten die Putschisten einen Rheinstaat unter Schutzherrschaft Frankreichs an. Durch den Widerstand der Bevölkerung scheiterte die Rheinische Republik bereits im November. Am 12. November proklamierten die pfälzischen Separatisten die ›Pfälzische Republik‹. In der Nacht vom 12. auf den 13. Februar 1924 wurde in Pirmasens, Balls Geburtsstadt, das Bezirksamt, der Sitz des separatistischen »Regierungskommissars für den Bezirk Pirmasens«, von der aufgebrachten Bevölkerung gestürmt und niedergebrannt. Damit war auch das Ende der »Pfälzischen Republik« besiegelt.

348. An Emmy Ball, vermutl. 26.10.1923

H: Ms. Brief mit eigenh. Unterschrift und eigenh. Schlußsatz; 1 Bl., 2 S. **F:** HBN. **E:** Briefe, S. 160 (Auszug; ebd. auch Textstellen anderer Briefe). **DV:** Original.

Datierung: Balls Gegenbesuch bei Hesse muß am Donnerstag, den 25.10. erfolgt sein. Die wahrscheinliche Datierung dieses Briefes ist der 26.Oktober 1923.

Oswin] Oswin Brown (1922-1987), Ingenieur, Bruder von Robin Brown.

dann ging ich noch zu Hesse hinüber] Balls Gegenbesuch bei Hesse für dessen Besuch vom 22. Oktober 1923.

»Psychologia phantastica«] Diese Aufzeichnungen von einer Kur in Baden bei Zürich erschienen zunächst in einer Auswahl in der ›Neuen Rundschau‹, Berlin u. Leipzig. Jg. 35. H. 1-3, Januar bis März 1924 u.d.T. ›Psychologia Balnearia oder Glossen eines Badener Kurgastes‹. Nach einem Privatdruck (1924) in 300 Exemplaren erschien die Buchhandelsausgabe 1925 bei S. Fischer, Berlin, u.d.T. ›Kurgast. Aufzeichnungen von einer Badener Kur‹. (Gesammelte Werke in Einzelausgaben).

Hesse las mir einige Passagen aus Deinem Brief] Es handelte sich um den Brief vom 8. Oktober 1923 (EBH Hesse, S. 30-33), in dem Emmy Ball über Genua und Pisa berichtete.

in Muzzano nachfragen] Die zuständige Poststelle für Agnuzzo war Muzzano.

349. An Emmy Ball, 28.10.1923

H: Ms. Brief mit eigenh. Unterschrift; 3 Bl., 3 S. **F:** HBN. **E:** Briefe, S. 159 f. **DV:** Original.

Datierung: In Nr. 348 war sich Ball noch nicht sicher, ob er Hesse am Sonntag besuchen würde. Zu Beginn dieses Briefs (Nr. 349): »ich bin also doch noch bei Hesse gewesen.« Im ›Tagebuch‹, 29. Oktober 1923, notierte sich Ball zahlreiche Fakten und Informationen, die er auch in Nr. 349 seiner Frau mitteilte. Den Eintrag schloß Ball mit dem Hinweis, er habe »Emmy darüber geschrieben«.

»Orizzonte Italico«] ›Rivista mensile di letteratura e d'arte‹, Trieste. Anno II. Nr. 9 lag nicht vor. In Nr. 11 sind auch Beiträge von Stuparich und Spaïni. Anzunehmen ist, daß beide Autoren vielfach Beiträge in dieser Zeitschrift veröffentlichten.

Beitrag von Hesse] Erschien in ›Orizzonte Italico‹. Anno II, Numero 11, Novembre 1923. S. 27-30: ›Sulla letteratura tedesca contemporanea‹. Hugo Ball und Emmy Ball werden in diesem Beitrag genannt.

G. Stuparich] Giani Stuparich (1891-1961), italienischer Schriftsteller, gehörte zum Kreis um die Zeitschrift ›La Voce‹. Der Beitrag in ›Orizzonte Italico‹, Anno II. Numero 11: ›Dei tre poemetti di V. Giotti‹.

A. Spaïni] Alberto Spaïni (vgl. *Nr. 342*) las am 12. Mai 1917 in der Dada-Soirée ›Alte und Neue Kunst‹ von Jacopone da Todi: ›e anonimi popolari del XIII secolo‹, Corrado Alvaro: ›Cantata‹ und Francesco Meriano ›Gemma‹ vor. Im ›Orizzonte Italico‹, Anno II. Numero 11 erschien von Spaïni der Beitrag ›La gatta sacra‹.

Campigli] Massimo Campigli (1895-1971), italienischer Maler. Kindheit und Jugend in Florenz und seit 1907 in Mailand. Seit 1915 Kriegsteilnehmer; Flucht aus der Kriegsgefangenschaft und Rückkehr nach Italien. Mitarbeiter an verschiedenen Zeitschriften: ›La Lettura‹, der futuristischen Zeitschrift ›Lacerba‹, dem Mailänder ›Corriere della Sera‹, für den er 1919 als Korrespondent nach Paris geht. Dort kommt er in intensiven Kontakt mit der künstlerischen Moderne, in deren Umfeld er 1920 erste Bilder malt. Um 1926 gehört er zu den ›Sieben von Paris‹, die zum Umkreis der

École de Paris zahlen und für die Unabhängigkeit von jeder künstlerischen Bewegung stehen.

Frl. Stuparich in der Villa Romana] Ob die Mitbewohnerin in der Villa Romana mit dem Schriftsteller Giani Stuparich verwandt war, ist nicht bekannt.

Lavinia Mazzucchetti] Im Original »Mazzucchini«. Sie überschrieb ihren Beitrag: ›Hermann Hesse‹ in der Septemberausgabe 1923, S. 486-488 in: ›I libri del giorno‹, Milano.

Konsul] Vgl. *Nr. 342* – »Was ists mit dem Konsul«.

dass Du kochst] Für kostenlose Unterkunft in der Villa Romana sollte Emmy Ball nur von »½12-½2« das Mittagessen kochen. Tatsächlich wurde sie mit häuslicher Arbeit so überlastet, daß ihr kaum freie Zeit blieb. – Emmy Ball beschrieb den Tagesablauf: »[...] um drei Uhr Nachmittags, im besten Fall um halb Drei komm ich aus der Küche, verstaubt vom Holzkohlenfeuer und abgehetzt. Sieh, würde ich mich da waschen und schlafenlegen, dann würde es fünf bis sechs Uhr werden. Jetzt ist es sechs Uhr Früh. Um vier bin ich aufgestanden, schreib Dir, frühstücke und flicke Wäsche bis halb Elf. Dann Kochen, abwaschen.... Nachmittags mach ich mein Zimmer... Dann versuchen sie mich noch um allerlei Kleinigkeiten zu bitten und sind froh, wenn sie, wenn auch widerwillig aus mir herausgeschunden zu haben.« (HBN: Brief von Emmy Ball an Hugo Ball, undatierte Abschrift).

die Schwestern zu besuchen] Emmy Ball schrieb in einem unveröffentlichten Brief: »Ich ging zu Signora Benegotti, [...] und sie hat mir eine sehr herzliche Empfehlung für ein Kloster gegeben, [...] in der Nähe des Palazzo Pitti. Es ist ein Institut für junge Mädchen. Signora Benegotti bat, man möge mir vor allen Dingen, ein Zimmer für mich geben. Nun werd ich mal sehen.« (HBN)

Dezember-Nummer] Im ›Hochland‹, Kempten u. München, Jg. 21, H. 3, Dezember 1923, S. 216-217, erschien von Franz Herwig der Artikel: ›Emmy Hennings‹.

350. An Emmy Ball, 1.11.1923

H: Hs. Brief; 2 Bl., 4 S. **F:** HBN. **DV:** Original.

Frl. Scheiblauer] Vgl. *Nr. 305*.

an Deinem Buch arbeiten] An welchen Buch Emmy Ball arbeiten sollte, ist nicht sicher. Es könnte sich um ›Das graue Haus‹ oder, was wahrscheinlicher ist, um das »italienische Tagebuch« gehandelt haben; vgl. *Nr. 373* – »mit dem Manuskript«.

falls Du zurückkommen willst] Hugo Balls Argumentation über das Bleiben in Florenz oder die Rückkehr nach Agnuzzo beantwortete Emmy Ball im Brief: »Samstag abend« (wahrscheinlich 3. November 1923):
»Lieber Hugo, ich habe genau nachgefühlt und nachgedacht, es wäre verfehlt, wenn ich jetzt schon zurückreisen würde. [...]
Ich habe eine Ahnung, dass gerade, weil es mir hier so schwer gewesen ist, ich noch etwas schönes erreichen werde. Übersetzungen unserer Bücher, italienische Freundschaften. Ich habe mir vorgenommen, dass ich alles in

dieser Richtung unternehmen werde, was möglich ist. Ist es dann dennoch erfolglos, dann fahren wir in Gottes Namen zurück [...].
Und dennoch käme ich gern noch mit dem Nachtzuge heut Abend. Es wird schon klarer werden, was es für einen Sinn hat. Ich glaube aber nicht, dass ich hierhergekommen bin, um Museen und Bilder zu bewundern, ich fühle, es ist etwas anderes, es muss grösser sein.
Nun wollen wir in Ruhe noch einmal warten, lieber Hugo, und ich werde tun und unternehmen, was vernünftig ist, dann kanns nicht fehlen.
Wer weiss, wozu dieses seltsam bedrückende Milieu, in dem ich mich befinde gut sein soll. Ich bin ja nicht der Mensch, der sich nutzlos elend fühlen kann. [...]
Das ist aber bei jedem Anfang so, ich glaube, ich darf und darf mich nicht zurückschrecken lassen, es muss ausgehalten und erst richtig versucht werden, ich kenne ja noch nichts, und darum bin ich auch ungeduldig, das darf man nicht sein, ich werds mir abgewöhnen. Die Dinge gehen nicht auf einmal. [...] Schau, Du kennst mich ja, sobald mal etwas nicht nach Wunsch geht, dann finde ich gleich die ganze Welt für den Aschkasten reif, und Du solltest auch nicht gleich darauf so reagieren, und ich werd mich auch zusammennehmen.« (HBN: Emmy Ball an Hugo Ball, [3. November 1923]).

351. An Natalie von Üxküll, 2.11.1923

H: Hs. Abschrift Balls, ›Tagebuch‹, 2. November 1923. **F:** HBN. **DV:** ›Tagebuch‹, 2. November 1923.

Datierung: Die handschriftliche Briefabschrift findet sich in Hugo Balls ›Tagebuch‹, 2. November 1923.

gestrigen Besuche] Nach einem Besuch bei den Browns (Montagnola) ging Ball anschließend zu Hermann Hesse.
Inhalt jenes Kuverts] Das Kuvert enthielt 100 Franken (vgl. Nr. 350).
eine Nachricht habe] Hugo Ball war der Baronin von Üxküll bei der Überarbeitung ihrer ›Orientreisen‹ behilflich, die unter dem Titel ›Syrische Briefe‹ im ›Hochland‹ (vgl. *Nr. 335*) erschienen (vgl. auch Nr. 450)

352. An Emmy Ball, 2./3.11.1923

H: Ms. Brief, unvollständig; 1 S. **F:** HBN. **DV:** Original.

Datierung: Die Abreise Hermann Hesses aus Montagnola erfolgte am 3.11.1923. Am 2.11. machte Hesse seinen Abschiedsbesuch bei Ball. Nr. 352 begann Ball am 2.11., unterbrach, als Hesse kam, und schrieb am 3.11. weiter (›Tagebuch‹, 2. November 1923).

Geld an die Frau Baronin] Vgl. Nr. 351.
Ich will meine »Kritik« bearbeiten] Ball schrieb bereits im Februar 1922 an August Hofmann (Nr. 285), daß er sich schäme, »das Buch [Kritik] aus der Hand zu geben, ehe es überarbeitet ist«. Hugo Ball hatte am 6. August 1923, als er sich in München aufhielt, auch eine Begegnung mit Ludwig Feuchtwanger. Dieser war sichtlich über die gute Resonanz des ›Byzantinischen Christentums‹ erfreut, so der Eindruck Balls, und er erwartete

auch weiterhin guten Erfolg dieser Publikation. Um den Nachhall dieses Erfolges auszunutzen, wurde Ball von Feuchtwanger ermuntert, unverzüglich mit der Bearbeitung der Kritik zu beginnen, damit das Buch bald erscheinen könne. Bereits am 15. August 1923, so dokumentierte Ball in seinem ›Tagebuch‹, habe er daraufhin mit der Bearbeitung begonnen. Er ließ aber diese Arbeit liegen, um den ›Hochland‹-Aufsatz ›Carl Schmitts Politische Theologie‹ zu erarbeiten. Die zweite Fassung dieses Aufsatzes lieferte Ball (vgl. Nr. 358) Ende November 1923 ab. Erst danach begann er, wenn auch zunächst zögernd mit der Bearbeitung der Kritik (vgl. auch *Nr. 375* und *377*).

Annemusch heute das Buch senden] Vgl. *Nr. 354* – »jenen Balzac geschickt«.

seine letzte Stunde im Tessin] Hermann Hesse reiste am 3. November von Montagnola nach Basel.

Hesse hat mir gestern »Knulp« geschenkt] Die Buchausgabe von ›Knulp‹ erschien erstmalig 1915 bei S. Fischer als 6. Band der Reihe ›S. Fischers Bibliothek zeitgenössischer Romane‹.

353. An Joseph Englert, 5.11.1923

A: Abschrift; 2 Bl., 2 S. **F:** HBN. **DV:** Abschrift.

Ausschnitt aus dem Wiener Tageblatt] Rezension von Grete von Urbanitzky im ›Neuen Wiener Abendblatt‹, vgl. *Nr. 345*.

bei den Herz-Jesu-Schwestern] In Emmy Balls Korrespondenz aus Florenz wird die Absicht – in einem Kloster als Gast zu wohnen – öfter erwähnt. Aus Hugo Balls Briefen muß man aber annehmen, es war eher sein Wunsch. Am »Allerseelentag« (2. November) schrieb Emmy Ball (HBN): »Also, ich denke, ich gehe nächste Woche zu den Schwestern. [...] Ich könne ein eigenes Zimmer bekommen, dürfte mich einschliessen, und man wolle mir, wenn ich es wünsche, das Essen durch eine Schwester ins Zimmer bringen.« Einen Tag später, »Samstag abend« kam von ihr die Mitteilung (HBN): »Morgen ziehe ich in die Costa San Giorgio 45 ein. Ich bin bereits bei Umzugsvorbereitungen, daher ich nur kurz und bündig schreibe.« Am »Dienstag früh« (6. November) teilte Emmy Ball überraschend mit (HBN): »Ich wollte Dir nur sagen, daß ich noch hier in der Via Senese bleibe.« Als Hugo Ball Nr. 353 schrieb, war er über die neueste Entwicklung noch nicht informiert.

ich fuhr einmal ganz nahe bei Ihnen vorüber] Seit 1921 hatte Englert eine Anstellung als Stadtingenieur in Zug. Ball war ab 27. Juli 1923 für einige Tage nach Berlin, Pirmasens und München gefahren und fuhr mit der Eisenbahn auch an Zug vorbei (›Tagebuch‹, 27. Juli bis 8. August 1923).

Hochland brachte einige Aufsätze über Papini] Ball meinte das ›Hochland‹-Heft, Jg. 20. H. 12, September 1923. Vgl. *Nr. 342*.

was Hesse bei Spengler finden mag] In der Hesse-Biographie versuchte Ball die unterschiedlichen Auffassungen Hesses und Oswald Spenglers von der »Parole vom Untergang des Abendlandes« gegenüberzustellen (S. 184). Hesse selbst äußerte 1924 über Spengler: »Über diesen Autor wird von fast allen übrigen Literaten des Landes so wild und heftig geschimpft, daß man ihn schon daraus liebgewinnt. Und in der Tat ist sein Buch das gescheiteste, geistvollste der letzten Jahre.« (Zuerst in einem offenen Brief in italienischer Sprache u.d.T. ›Sulla letteratura tedesca contemporean‹ in: ›Orizzonte Italico‹, Trieste. Anno II. Nr. 11, Novembre 1923, S. 28. In deutscher Sprache erstmals in der ›Neuen Zürcher Zeitung‹, 7. Januar 1924; nachgedruckt in: ›Hermann Hesse: Eine Literaturgeschichte in Rezensionen und Aufsätzen‹. Hrsg. von Volker Michels. Frankfurt a.M., 2. Auflage 1979. S. 472).

Herr Stinnes] Hugo Stinnes (1870-1924), Großindustrieller.

354. An Emmy Ball, 8.11.1923

H: Hs. Brief; 2 Bl., 4 S. **F:** HBN. **E:** Briefe, S. 163 f. **DV:** Original.

Datierung: In Nr. 352 wollte Ball am 3.11. »das Buch für Annemusch einstecken«. In Nr. 354 hatte Ball »dem Annemusch [...] jenen Balzac geschickt.« Ball schleppte »von Montagnola ein Netz voll Birnen« herunter. In Nr. 355 ist Ball »noch ganz hin von den Birnen aus Montagnola«. Aus diesem Zusammenhang muß dieser Brief vor Nr. 355 verfaßt worden sein. Zusätzliche Bestätigung für die Datierung liefert der ›Tagebuch‹-Eintrag, 7. November 1923: es habe den ganzen Tag gewittert und gehagelt. Nr. 354 kann sicher auf Donnerstag, den 8. November 1923 datiert werden.

dass Du geblieben bist] So im Original. Im undatierten Brief »Dienstag früh« (wahrscheinlich 6. November) teilte Emmy Ball mit: »Ich wollte Dir nur sagen, daß ich noch hier in der Via Senese bleibe. Ich habe die Arbeit *voll*kommen abgegeben, das Zimmer gemietet, zahle mit Maschine 80 Lire im Monat. Herr Lanz wollte bloß 50, aber wenn ich hier in Ruhe arbeiten kann, eine Maschine habe, dann ist es für 80 Lire geschenkt«. (HBN) Vgl. auch *Nr. 353* – »bei den Herz-Jesu-Schwestern«.

Certosa] Emmy Ball und Annemarie machten einen Ausflug nach Certosa del Galluzzo, einem Kartäuserkloster, etwa 4 km von der Porta Romana entfernt: »Dort waren wir nämlich am Sonntag, in Certosa. Ein Mönch zeigte uns alles. Ich hätt ihm gern gesagt ›Du hast's flott, mein Lieber und bilde Dir nur nichts auf Deine einfache Lebensweise ein.‹ Ein Speisesaal mit köstlichen Bildern, Tische, Rosenholz, in Kreuzform war gedeckt, wie bei dem berühmten Abendmahl. Ein Platz isoliert in der Mitte, wo der Vorleser sitzt, der mit Legenden das Mahl begleitet. ›Obbedienza‹ stand über einer Tür, Gehorsam, ich sagte es so vor mich hin, während die andern Geführten neugierig die Tischkannen, das Linnen und Geschirr musterten. Wie ich so mehr für mich das Wort sagte, sah mich der Mönch seltsam tief an, und sagte ›Obbedienza, si signora‹, das war eigentümlich. ... Die Zellen, über jeder Tür ein Heiligenbild, wundervolle Fresken ... In der einen Zelle, die man sah ein Stich der heiligen Katharina, ein schönes Kruzifix, Betstuhl, Tischchen, Stuhl, alles schön, in herrlicher Form. Der Fensterblick, zuerst ein viereckiger Blumengarten, dann die weite, einsame graugrüne Campagna, Zedern und Zypressen Klostergänge traumhaft schön. [...] Eine Galerie haben sie, eine Bibliothek also zum Staunen ... Sie studieren und jeder beschäftigt sich seiner Begabung nach. Bedingung ist, dass jeder ein ganz kleines Stück Land bearbeitet.« (HBN: Emmy Ball an Hugo Ball, undatierte Abschrift.)

was ich von der Zeitschrift »Orizzonte Italico« schrieb] Vgl. Nr. 349.

Erlebnisse mit dem Taubstummen] Im undatierten »Dienstag«-Brief (6. November) beschrieb Emmy Ball die Begegnung mit einem Taubstummen. Nach der Schilderung dieses Vorfalls schrieb Emmy Ball: »Also das sind jetzt drei *taubstumme* Menschen, die mir begegnet sind. Ich finde es ganz eigenartig, und es hat mir einen tiefen Eindruck hinterlassen.« (HBN)

Mussolini- und Fascistenfest] Am 28. Oktober feierten die italienischen Faschisten mit dem »Marsch auf Rom« die Machtergreifung 1922. Emmy Ball und Annemarie Hennings könnten aber auch einem anderen Fest beigewohnt haben. Ebenfalls im »Dienstag«-Brief (6. November): »Am Montag saßen Annemarie und ich auf der Piazza Vittorio Emanuele [in Piazza della Republica umbenannt], es war National-Gardenfest und wir sahen phantastische Uniformen.« (HBN).

Perusia] Ball schrieb fälschlich »Perusa«. Er verwendete für Perugia die antike Benennung dieser Stadt.

Hesse einen Abschiedsbesuch machte] Hesse reiste am 3. November 1923 von Montagnola nach Basel.

Cademario] Dorf und Kurort westlich von Lugano, auf einer Anhöhe (780 m) gelegen.

holte ich die Pelzjacke hervor] Es könnte sich um die »Bärenhaut(Chauffeurmantel)« gehandelt haben, die Frau Brown Ball schenkte und für den Winter gedacht war, wenn Ball im ungeheizten Zimmer arbeitete (vgl. *Nr. 324* – »die grusliche Pelzjacke«) .

Innovazione] Auch heute noch bestehendes Kaufhaus in Lugano.

»Bel paese«] Milder italienischer Weichkäse.

von Montagnola ein Netz voll Birnen] In Nr. 355 vom 11. November ist er davon »noch ganz hin«, ein »Netz voll Birnen« aus Montagnola heruntergeschleppt zu haben.

Wegen des Fremdenblatts] Emmy Ball hatte dem Fremdenblatt ›Lugano‹ ihre Adresse mitgeteilt und »dabei geschrieben, wenns schicken Umstände mache, sollen sie das Honorar Dr. Saager geben, er kanns Dir geben, und Du kannst mir davon in Franken im Kouvert senden [...].« (HBN: Emmy Ball an Hugo Ball, [November 1923].) Adolf Saager war 1923 ständiger Mitarbeiter beim Fremdenblatt ›Lugano‹. Ab 1923, bis nachweislich 1933, veröffentlichte Emmy Ball zahlreiche Beiträge in dieser Zeitschrift.

Herr Lanz] Vgl. *Nr. 345.*

Adolf Hildebrand] (1847-1921), deutscher Bildhauer. Von 1872 bis 1892 lebte Hildebrand überwiegend in Florenz. Hier erwarb er ein Gebäude, das Hildebrandhaus (Piazza S. Francesco di Paola, 3), und gründete einen deutsch-italienischen Künstlerkreis, dem u.a. Arnold Böcklin und Hans von Marées angehörten.

jenen Balzac geschickt] Hugo Ball dürfte Honore de Balzacs Roman ›Beatrix‹ an Annemarie Hennings geschickt haben.

355. An Emmy Ball, vermutl. 11.11.1923

H: Hs. Brief; 1 Bl., 2 S. **F:** HBN. **DV:** Original.

Datierung: Nr. 355 wurde an einem Sonntag geschrieben. Am Sonnabend besuchte Ball die Baronin von Üxküll, und es wurde »Friedenspfeife« geraucht. Als Ball bei diesem Besuch Äpfel angeboten wurden, erinnerte er sich an die Birnen, die er am Donnerstag, den 8. November 1923, von Montagnola heruntertrug. Danach ging Ball zu den Saagers. Dabei erwähnte er, der »Samstagabend wird allmählich offiziell«. Die Pakete können erst, »da ja heute Sonntag ist«, schrieb Ball, am Montag zur Post gebracht werden. Die Datierung auf »Sonntag« muß aus den genannten Sachverhalten richtig sein. Im ›Tagebuch‹ rauchten Ball und die Baronin von Üxküll »Friedenspfeife« am 12. November 1923. Am selben Tag trug Ball das Geschenk der Saagers ein: »Fusswärmer [...] aus grauem Pelz« und »Filzpantinen«. Laut Brief wurde die »Friedenspfeife« am Sonnabend, den 10. November geraucht, laut ›Tagebuch‹ war es Montag, der 12. November. Dieser Zeitunterschied kann nur so erklärt werden: entweder irrte sich Ball im Datum, oder er trug unter dem 12. November 1923 die Ereignisse des Wochenendes nachträglich ins ›Tagebuch‹ ein.

Bildchen] Im vorhandenen Briefrest von Nr. 352 wird kein »Bildchen« erwähnt, es muß deshalb im verlorenen Briefteil hingewiesen worden sein. Um das ›komische‹ Foto kann es sich nicht gehandelt haben, denn Ball sah es erstmals am 22. 11. (Nr. 357) und die Abzüge mußten noch bestellt werden.

Karte des Dr. Feuchtwanger] Ball erhielt die Karte von Ludwig Feuchtwanger (*Nr. 342*) nach mehrfacher Reklamation zurück.

mit dem Meinen von Freitag] Vgl. Nr. 352.

L'Italie] Eine französische Zeitschrift, die in Rom erschien. Ein bibliographischer Nachweis dieser Zeitschrift konnte nicht ermittelt werden.

Frl. Rina] Tochter von Maria und Adolf Saager.

Annemies Bildern] An dieser Briefstelle, an den linken Seitenrand, schrieb zu einem späteren Zeitpunkt Annemarie Schütt-Hennings hs.: »natürlich verloren!! O, Emmy Mutter«. In Nr. 357 erkundigte sich Ball nach dem Erhalt der Bilder.

dicke Finken] Schweizerische mundartliche Bezeichnung für warme Hausschuhe. Die Geschenke von Saager werden auch im ›Tagebuch‹, 12. November 1923, erwähnt.

mezzo kilo pane] Ital. = ein halbes Kilo Brot.

356. An Emmy Ball, 17.11.1923

H: Ms. Brief mit eigenh. Unterschrift; 2 Bl., 4 S. **F:** HBN. **E:** EBH Leben, S. 186-189. **DV:** Original.

Datierung: Hugo Ball fragte in diesem Brief, der an einem Samstag geschrieben wurde, nach der neuen Stellung, die Annemarie am Mittwoch, dem 14.11. »antreten« sollte. Im ›Tagebuch‹, 17. November 1923, wird aus dem Brief von Kaspar Mayr an die Baronin von Üxküll zitiert und ausführlich das Auffinden des Skorpions in Balls Bett beschrieben. Deshalb muß dieser

Brief am Samstag, dem 17.11.1923 geschrieben worden sein. Unterstützend für diese Annahme: Auf einer Abschrift dieses Briefes steht von Annemarie Schütt-Hennings' Hand »17. Nov. 1923«.

Mittwoch sollte sie ihre neue Stellung antreten] Am Donnerstag, den 15. November trat Annemarie ihre Stellung bei Baron Dr. Castelli, Via Montebello, an. Durch Hinweise aus der Korrespondenz von Emmy und Hugo Ball ist anzunehmen, daß es sich bei Baron Dr. Castelli um einen praktizierenden Arzt handelte.

aus Davos eine Karte von Klabund] Klabund hielt sich zur Kur in Davos auf und war »sehr krank angekommen«. Hesse, der Klabunds Karte mitunterzeichnete, hatte am 14. und am 15. 11. Lesungen in Davos. Klabund deutete an, daß er »vielleicht nach Agra« kommen würde. In der Nähe von Agra »steht das Lungensanatorium Deutschlands, eine Filiale der Berliner Heilstätte in Davos« (J. Hardmeyer: ›Lugano und Umgebung‹. 5. Aufl. 1914, S. 60), vgl. *Nr. 317* – »nach Agra ...«.

Rousseau] Vgl. *Nr. 611* – »Jean Jacques«.

Kaspar Mayr] Ball verwechselte den Vornamen, als er »Karl Mayr« schrieb. Kaspar Mayr (geb. 1861 in Sondershausen), »Sekr. des internat. Versöhnungsbundes, Redakteur der Esperanto-Zeitschrift ›Kath. Mondo‹, London«. (›Kath. Literaturkalender‹, Freiburg i.B. Jg. 15, 1926, S. 231.) Von Kaspar Mayr sind u.a. erschienen: ›Der große Kulturkampf und die kath. Weltorganisation‹ (1924), ›Völkerrecht, Weltfriede, Internat. kath. Aktion‹ (1924). Am 5. Dezember 1923 bedankte sich Mayr für die Zusendung des ›Byzantinischen Christentums‹: »Ich habe Ihr Buch mit größtem Interesse gelesen und freue mich der Tiefe, die ich dort gefunden. [...] Wie schön wäre es, wenn Sie vielleicht noch einige solcher Lebensbilder wie das erste und 3te Ihres Buches zusammenstellen möchten.« (HBN: Kaspar Mayr an Hugo Ball, 5. Dez. 1923.) Dem Dankschreiben Mayrs fügte Ball handschriftlich hinzu: »Generalsekretär der Internat. Katholiken-Liga«.

Prof. Arnold] Werner Arnold (um 1888-1930). Professor am Knabeninstitut und Lehrerseminar zu St. Michael in Zug. Nach dem Ersten Weltkrieg bemühte sich Arnold, Gelehrte aus den kriegsbeteiligten Ländern in einer internationalen Vereinigung zu sammeln. Prof. Werner Arnold war Präsident dieser »Internationalen katholischen Liga«.

Papst gegen die Bolschewisten] Ball war mit der erweiterten Fassung seines Aufsatzes ›Carl Schmitts Politische Theologie‹ beschäftigt, vgl. *Nr. 358* und *365*.

Mit Skorpionen will ich Euch züchtigen] Ball bezog sich auf das AT: Chron 10,11.14; 1 Kö 12, 11.14.

gleich nach dem »salutaris hostia«] Ball könnte hier gemeint haben: gleich nach dem Besuch der Messe. Am 17. November versprach Ball dem Kirchendiener Giuseppe Careggi, »morgen« zur Messe zu kommen.

Trompeter ist untergebracht] Annemarie trat am 15. November eine neue Stelle an.

zwei schöne Tage] Am Freitag, dem 16. November 1923, schrieb Emmy Ball: »Annemarie war zwei Tage bei mir, es war das erste Mal, dass Italien überhaupt, meine ich, einen wirklichen tiefen, stillen Eindruck auf uns gemacht hat.« Am ersten Tag wanderten Emmy Ball und Annemarie von der Via Senese bis San Miniato, folgten dem »Kreuzweg hinab und kamen an die Porta San Niccolò, und dann in das alte Florenz [...].« »Am zweiten Tag blieben wir bis zum Abend zu Hause, machten Vorbereitungen für die neue Stellung [...].« (HBN, Emmy Ball an Hugo Ball, 16.[November 1923]).

357. An Emmy Ball, 22.11.1923

H: Hs. Brief; 3 Bl., 6 S. **F:** HBN. **E:** EBH Leben, S. 165 f.; Briefe, S. 164 f. (nur das letzte Drittel des vorliegenden Briefes ab »Ich bin noch immer bei der Jurisprudenz« als zweiter Teil des aus zwei Briefen kompilierten, auf den »23. November 1923« datierten Briefes [Briefe, S. 163-165]) **DV:** Original.

Datierung: Wenn Ball schrieb: »Du wirst lachen: ich bin noch immer bei der Jurisprudenz« meint er damit, daß er noch mit seinem Aufsatz: ›Carl Schmitts Politische Theologie‹ beschäftigt ist, dessen zweite Fassung er am 26. November (Nr. 358) nach München schickte. Im Vorbrief hatte Emmy Ball über ihre Begegnung mit Dr. Mittenzweig berichtet und eine mögliche Zusammenkunft mit Herrn Wolfskehl erwähnt. Denn in Nr. 359 erkundigte sich Ball: »Wie sieht denn Herr Wolfskehl aus?« Mit dem ›Hochland‹-Novemberheft 1923 beschäftigte sich Hugo Ball am 20. November 1923. Er las die Artikel von Franz Herwig (über Emmy Hennings) und von Friedrich Fuchs (über Ruth Schaumann) und machte sich über die Lektüre Notizen im ›Tagebuch‹, 20. November 1923. Die aufgeführten Fakten lassen eine Datierung von Nr. 357 auf Donnerstag, den 22. November 1923, als sicher erscheinen.

der guten Mutter] Gemeint ist Goethes Mutter: Katharina Elisabeth Goethe, geb. Textor (1731-1808).

Dr. Bodmer] Es handelte sich nicht um Hans C. Bodmer (vgl. *Nr. 300*), sondern um Heinrich Daniel Albert Bodmer (1885-1950), Schweizer Kunsthistoriker; Leiter des deutschen kunsthistorischen Instituts in Florenz 1922-1932. Bodmer trug zur Rückgabe des kriegsbedingten Einzugs des Instituts durch die italienischen Regierung bei und wurde mit der Wiedereröffnung zum 1. Oktober dessen neuer Direktor. Später war er Präsident des Circolo Svizzero in Florenz.

Konsul] Deutscher Wahlkonsul Bruno Stiller, vgl. *Nr. 342* – »Was ists mit dem Konsul«.

Kunstbibliothek] Es handelte sich nicht wie Ball schrieb, um ein »Kunstmuseum [...] verbunden mit einer Kunstbibliothek«, sondern um das Kunsthistorische Institut. Die Idee eines kunsthistorischen Instituts in Florenz wurde erstmals 1888 fixiert. 1897 kam es zu einer privaten Gründung, die schon 1898 in ein deutsches »Reichsinstitut« umgewandelt wurde. Im Zuge des Ersten Weltkrieges wurde das Institut am 16. Mai 1915 geschlossen, mit der Verwaltung der in Florenz ansässige Schweizer Fritz von Marcuard betreut und das Institut dem Schutz des Schweizer Konsuls Steinhäuslin anvertraut. 1916 wurde das Institut von der italienischen Regierung beschlagnahmt und das Inventar in die Uffizien überführt. Ab Herbst 1920 setzte sich der damalige Direktor für eine Rückgabe des Instituts ein. Der Kunsthistoriker Wilhelm von Bode nahm Verhandlungen mit der italienischen Regierung über die Rückgabe über den Schweizer Kunsthistoriker Heinrich Bodmer auf, der 1920 und 1921 »gleichsam in diplomatischer Mission des Vereins [zur Erhaltung der kunsthistor. Inst. in Florenz] in Italien weilte«. Am 10. August 1922 wurde das gesamte Eigentum des Instituts durch königliches Dekret bedingungslos zurückgegeben, am 1. Oktober erfolgte die offizielle Übergabe. Nachdem der bisherige Direktor im Herbst 1921 zurückgetreten war, wurde Heinrich Bodmer zum 1. Oktober 1922 neuer Direktor. Die eigentliche Wiedereröffnung des Instituts fand am 6. Oktober 1923 statt. (Quelle: ›Das kunsthistorische Institut in Florenz: 1888, 1897, 1925‹.)

Dr. Mittenzweig] Emmy Ball schrieb in ihrem Brief vom 18./19. November: »Heut Morgen war ich im Palazzo Pitti, um mal den Aretino von Tizian zu bewundern, ich hatte gar nicht lange Zeit dazu, da kam Herr Doktor Mittenzweig aus München, übrigens ein Freund Feuchtwangers, jedenfalls doch ein Bekannter von ihm, auf mich zu. Er sei auf einer Studienreise, fährt in den nächsten Tagen nach Rom [...].« (HBN). Bei »Mittenzweig« könnte es sich um Dr. Kuno Mittenzwey handeln, der auch unter den Pseudonymen Kuno Renatus und Peter Hlatki publizierte. Von Mittenzwey erschienen: ›Die zwölfte Stunde der Weltwirtschaft‹ (1931); ›Das neue Italien‹ (1933). Franz Blei plante im Herbst 1924 eine neue Zeitschrift (›Auf, auf, ihr Christen‹). Im Brief vom 8. Oktober 1924 an Carl Schmitt zählte er die gewünschten Mitarbeiter auf: »Also 28 Seiten für Sie [Carl Schmitt], Gütersloh, Musil, DR Mittenzwey, einen Dr. Eisner, für Ball (wo wohnt er?).« (Blei, S. 62).

Herrn Wolfskehl] Karl Wolfskehl (1869-1948), deutscher Schriftsteller und Übersetzer. Nach dem Studium lebte Wolfskehl in München, unterbrochen von zahlreichen Auslandsreisen. Inflationsverluste zwangen Wolfskehl, von Herbst 1922 bis März 1924 eine Hauslehrerstelle für die zwei Söhne der Baronin Editha von Münchhausen, geb. Müller von Schönaich (1884-1949), in Florenz anzunehmen. 1934 emigrierte Wolfskehl nach Italien, 1938 nach Neuseeland.

Annelie im Spitzenhäubchen] Nach dem Stellenantritt bei Baron Dr. Castelli am 15. November besuchte Emmy Ball ihre Tochter zum ersten Mal am 17. November: »Sie hatte sich seit unserem Beisammensein bereits wesentlich zu ihrem Vorteil geändert, sie war die Ak[k]uratesse selbst, und sah allerliebst aus, in einem Spitzenhäubchen, das das ganze Gesicht einrahmte, und bis über die Ohren, sie sah also besonders anmutig und schön aus, am liebsten hätt ich sie gleich photographieren lassen.« (HBN: Emmy Ball an Hugo Ball, [18./19. November 1923]).

in das Atelier kam] Emmy Balls Nachbarin in der Villa Romana, die ›Malerin‹, war »in einem Atelier für Glasmalerei beschäftigt, es werden [dort] Florentiner Vasen und Gläser bemalt, auch in Holz gebrannt und gemalt«, hatte gefragt, ob Annemarie »nicht dort im Atelier arbeiten wolle, sie solle dreihundert Lire monatlich haben, sie könnte dort viel technisches lernen.« Emmy Ball gab zu bedenken: »Ich glaube, ich sollte Annemarie nicht so früh in ein Atelier geben, ich weiss nicht recht, andererseits möchte ich natürlich eine günstige Gelegenheit, gerade hier in Florenz zeichnen und malen zu lernen, auch wiederum nicht entgehen lassen. […] Ich will mich noch genau erkundigen […].« (HBN: Emmy Ball an Hugo Ball, [18./19. November 1923].) In einem anderen Brief schrieb Emmy Ball: »Ich kann sie [Annemarie] im Augenblick auch nicht ins Atelier thun, […] es wäre mir auch nicht leicht [ge]fallen, ihr für dreihundert Lire alles zum Leben zu verschaffen […].« (HBN).

Annemies Malereien] Ball trennte sich, wie er in Nr. 355 schrieb, nur »ungern« von Annemaries Bildern.

Aufsatz über Ruth Schaumann] Ball las den Aufsatz von Friedrich Fuchs: ›Ruth Schaumann: Plastik und Dichtung‹, ›Hochland‹. Jg. 21. Bd. 1, H. 2, November 1923, S. 192-205. Im selben ›Hochland‹-Heft sind von Ruth Schaumann ›Gedichte‹ (S. 187-191) abgedruckt und drei Kunstbeilagen beigebunden, die Plastiken von Ruth Schaumann abbilden. Ruth Schaumann (1899-1975), verheiratet mit Friedrich Fuchs (vgl. *Nr. 326*); Schriftstellerin und Bildhauerin; siehe auch *Nr. 404*.

Mignonrollen] Vgl. *Nr. 358*.

neuen Stücken] Unsichere Lesart, vielleicht auch: »neuen Stückel«.

Müller] Vgl. Brief *Nr. 321* – »Basler Maler«.

große und der kleine Klaus] Ball bezog sich auf das Märchen von Hans Christian Andersen.

diese deutsche Bibliothek] Konsul Stiller bat Emmy Ball, bei der »Einrichtung« der Bibliothek zu helfen. Es handelte sich, wie Emmy Ball in einem undatierten Brief (HBN) schrieb – wahrscheinlich vom 20. November 1923 – um eine »Bibliothek der deutschen Kolonie«. Emmy Ball schrieb an Hugo Ball: »Herr Konsul [Stiller] möchte gerne, dass ich ihm bei der Einrichtung der Bibliothek ein bisschen helfe. Das macht mir schon Spass, und ist ja ganz anregend ein paar Stunden die Woche daran zu geben, mein ich. Ich möchte gerne, dass auch Hesse ein paar Bücher sendet. Soll ich, oder Du ihn bitten? Übrigens wieviel kostet Dein Buch in Schweizer Franken. Der Konsul sagte, man würde auch einiges gerne kaufen.« (HBN: Emmy Ball an Hugo Ball, [18./19. November 1923]).

Franz Herwig] (1880-1931), katholischer Schriftsteller und Kritiker. »Seit 1908 war er ständiger Mitarbeiter des von Carl Muth gegründeten und herausgegebenen ›Hochland‹; zu ihm trug er u.a. weit über 500 Buchbesprechungen bei. Im Verlag des ›Hochland‹ (Kösel-Pustet) gab er zwischen 1922 und 1927 nacheinander heraus die ›Hausschatzbücherei‹, die Erzählungssammlung ›Das Tor‹ und die belletristische Zeitschrift ›Der bunte Garten‹.« (NDB 8, S. 726) Im ›Hochland‹, Jg. 21, Bd. 1, H. 2, November 1923, S. 216-217 hatte Herwig über Emmy Ball geschrieben. Emmy Ball war über diese »Besprechung« wenig erfreut: »Die […] Besprechung hat mir wenig zugesagt. Die Leute verstehn mich nicht unterzubringen. Einer sagt Literatur, der andere das Gegenteil. Einer sagt, ich kann nicht schreiben, ein anderer, von ihr kann man schreiben lernen, es kommt mir kurios vor.« (HBS: Emmy Ball an Hugo Ball, Abschrift eines unpublizierten u. undatierten Briefs, vor dem 24. Dezember 1923).

kein literarisches Problem, sondern ein psychologisches] Ball zitiert hier falsch; richtig »sondern ein menschliches«.

Basler treuen Nachrichten haben Dein Herbstgedicht] In den ›Basler Nachrichten‹ erschien von Emmy Ball am 11. November 1923 in der Beilage Sonntagsblatt Nr. 45, S. 177 das Gedicht ›Herbst im Tessin‹.

Dr. Wilker] Zu Karl Wilker vgl. *Nr. 315*. Von Wilker aufgefordert, sandte Hugo Ball die Buchveröffentlichungen seiner Frau an die Vierteljahresbeilage ›Das Werdende Zeitalter‹ der Zeitschrift ›Die Neue Erziehung‹, Berlin (›Tagebuch‹, 10. August 1923). Weder in der Zeitschrift noch in der Beilage konnte im Jahrgang 1923 eine Rezension gefunden werden.

Ich bin noch immer bei der Jurisprudenz] Ball war, als er diesen Brief schrieb, mit der erweiterten Fassung seines Aufsatzes über Carl Schmitt beschäftigt.

Frau Marx] Unsichere Lesart. Es könnte sich um die Mutter von Frau Anna Müller gehandelt haben.

Frl. Lange] Vgl. *Nr. 267*.

kleine Trude] Ergänzt in EBH Leben, S. 166: »Müller«. Trude Müller war die Tochter von Dr. Friedrich Müller und Anna Müller.

Leonhard Frank »Der Bürger«] Bereits 1916, nicht 1917, notierte sich Ball, der sich in Ermatingen aufhielt, am 8. XI. in der Flucht: »F. diktiert mir in die Maschine: ›Jürgens Irrsinn‹. Jürgen, das ist der Bürger, der seine Seele verloren hat und der im Galopp ins Irrenhaus reitet, um sie dort wiederzufinden. Das ist eine Idee, wie nur Frank sie haben kann.« (S. 129) Ursprünglich hatte Frank im Bohemekapitel ›Todessprung im Zirkus‹, das in der Druckfassung unberücksichtigt blieb, für die Figur des Dichters Vorlang Ball zum Vorbild genommen.

Marass] Vom April bis August 1916 wohnte Ball bei der Züricher Schneiderin Theresia Marass, (vgl. *Nr. 92*). Im Original schreibt Ball den Namen hier fälschlicherweise »Marasch«.

Er hats getragen 7 Jahr] Ball dürfte sich auf Theodor Storms Ballade ›Archibald Douglas‹ (Strophe 1, Vers 1: »Ich hab' es getragen sieben Jahr«) bezogen haben.

358. An Emmy Ball, vermutl. 25.11.1923

H: Hs. Brief; 2 Bl., 4 S. **F:** HBN. **E:** Briefe, S. 166-168 (Teilabdruck). **DV:** Original.

Datierung: In Nr. 358 hatte Ball die zweite Fassung seines Aufsatzes ›Carl Schmitts Politische Theologie‹ fertig und wollte das Manuskript am Montag nach München an die Redaktion des ›Hochland‹ schicken. Aus München bestätigte Friedrich Fuchs am 7.12. (vgl. *Nr. 365*) den Erhalt und die freudige Zustimmung zum Aufsatz. Hugo Ball ging zur musikalischen Betreuung Robin Browns jeweils donnerstags nach Montagnola (Nr. 345) und erhielt am letzten Donnerstag im Monat sein Salär. Wenn Ball sein Honorar am 29.11. (Nr. 359) erwartete, müssen die Browns am 24.11. Hugo Ball besucht haben. Ball schrieb Nr. 358 am Sonntag, den 25.11.1923.

neuen Aufsatz geschrieben] Ball hatte am 15. Oktober das Manuskript von »Carl Schmitts Politische Theologie« an die Redaktion des »Hochlands« nach München »spediert«. Von dort wurde Ball aufgefordert, seinen Aufsatz umfassender darzustellen (vgl. auch *Nr. 365*).

Mignon. Apparat] Reproduktionsklavier vom Typ Welte-Mignon. Durch das nach 1900 entwickelte System Welte-Mignon wurde erstmals eine »anschlagsgerechte Wiedergabe über direkt eingespielte Notenrollen« möglich. Bei den »Künstlerrollen« – hier »Mignonrollen« – handelt es sich um Hartpapierrollen mit Schlitz- und Lochreihen. Durch diese »Künstlerrollen« haben sich bis heute Originalinterpretationen zeitgenössischer Musik erhalten. (›Lexikon Musikinstrumente‹. Hrsg. von Wolfgang Ruf. 1991. S. 424-425).

Brief von Suzanne] Ball erwähnte im ›Tagebuch‹, 25. April 1923, »Suzanne Pfanninger« [unsichere Lesart], die ihm aus der Hand wahrgesagt habe. Ball war erstaunt über die treffende Beschreibung der »vielen Widersprüche« seiner Natur. Er bedauerte, daß niemand diese wahrgesagten Sätze aufgeschrieben habe. Am 1. Mai 1923 notierte Ball nochmals »Suzanne« im ›Tagebuch‹: Sie habe bei Browns »ihre Sache gut gemacht«, denn Frau Brown schenkte Emmy zwei Kleider. Weitere Informationen zu Suzanne Pfanninger sind nicht bekannt.

Blätter von Alastair] (eigentl. Hans Henning Baron Voigt, 1887-1969), Zeichner und Illustrator.

Donnerstag bekomm ich droben das Honorar] Ball bekam regelmäßig am Ende eines jeden Monats sein Honorar fürs Notenschreiben. So erwartete er auch in Nr. 359, daß er am »Donnerstag, also am 29.ten« »droben« in Montagnola seinen Lohn erhalten werde.

»Carona« ist inzwischen] ›Lugano. Offizielles Fremdenblatt‹ Nr. 37 vom 8.11.1923 veröffentlichte unter dem Kürzel »E.H.« den Text ›Carona‹.

Rose von Peru] In der Skizze ›Carona‹ beschreibt Emmy Ball einen Aufenthalt in Carona, einem Tessiner Dorf auf dem Höhenrücken zwischen S. Salvatore und Monte Arbostora. Emmy Ball schrieb: »Sie [die Menschen] sind schöner wie die Steinengel in der Caronakirche. Sie sind viel schöner wie die Fresken des Michelangelo, die Kopien, die man hier sehen kann. Das Modell der Rose von Peru wohnt hier im Dorf. Ganz unbewusst und unschuldig geht sie hier in den Gassen, auf dem Felde, und weiss nicht wie schön sie ist. Halb Landmädchen, halb Nonne singt sie ein leises Lied in die klare Luft, und weiss nicht wen sie entzückt. Weiss nicht, wem sie vielleicht die Seele befreit.« (›Lugano. Offizielles Fremdenblatt‹. Jg. 29. Nr. 37 vom 8.Nov. 1923.) Ob es sich bei der »Rose von Peru« um ein Werk der Literatur oder um ein Kunstwerk handelt, läßt sich aus dem vorstehenden Text nicht klären. Auch wer das Modell war, ist nicht bekannt.

Via della Ninna] Straße zwischen den Uffizien und dem Palazzo Vecchio.

Paderewski] Ignacy Jan Paderewski (1860-1941), polnischer Pianist und Komponist.

D'Albert] Eugen D'Albert (1864-1932), deutscher Pianist und Komponist.

Valumbrosa] Es dürfte sich um das Kloster Vallombrosa handeln, das 1039 von Johannes Gualbertus, etwa 30 km von Florenz, Richtung Arrezo, entfernt, gegründet wurde. 1866 wurde das Kloster endgültig geschlossen, nur vier Mönche blieben zur Pflege der Kirche zurück. Laut Baedeker (›Italien von den Alpen bis Neapel‹, 6.Aufl. 1908) befand sich um die Jahrhundertwende im ehem. Kloster eine Forstlehranstalt.

359. An Emmy Ball, 27. oder 28.11.1923

H: Hs. Brief; 1 S. **F:** HBN. **DV:** Original.

Datierung: Ball erwähnte, daß er am Donnerstag, den »29.ten« sein Honorar fürs Notenschreiben »droben« in Montagnola erhalten werde. Auch war Ball froh darüber, daß »Annemusch in seinem warmen Nest« blieb. Aus der Korrespondenz Emmy Balls an Hugo Ball wird deutlich, daß Annemarie über ihr Arbeitsverhältnis bei Baron Dr. Castelli unzufrieden war. Möglicherweise bezog sich Ball hier aber auf den Brief seiner Frau vom [18./19.11.], in dem über ein Engagement in einem »Atelier für Glasmalerei« für Annemarie berichtet wird (Nr. 357). Aus den vorgenannten Textstellen ist dieser Briefrest nach Nr. 358 einzuordnen. Am ehesten kommen der 27. oder 28. November 1923 in Frage.

Hochland bei] Hugo Ball beabsichtigte das Novemberheft des ›Hochlands‹ dem nächsten Paket beizulegen.

Annemusch in seinem warmen Nest gelassen] Die Möglichkeit für Annemarie, in einem »Atelier für Glasmalerei« (Nr. 357) beschäftigt zu werden, hatte Emmy Ball ausgeschlagen und Annemarie in ihrem »warmen Nest« bei Baron Dr. Castelli gelassen.

Mynona] (eigentl. Salomo Friedlaender, 1871-1946), philosophischer Schriftsteller. Seine philosophischen Werke veröffentlichte er unter seinem richtigen Namen, dagegen seine literarischen unter dem Pseudonym. Mitarbeiter in den Zeitschriften ›Der Sturm‹ und ›Die Aktion‹.

Tobias] AT; Buch Tobias, 6, 1-9. Laut ›Tagebuch‹, 26. November 1923, beschäftigte sich Hugo Ball in diesen Tagen mit dem ›Buch Tobias‹.

360. An Emmy Ball, 28.11. oder 5.12.1923

H: Hs. Brief; 1 Bl., 2 S. **F:** HBN. **E:** Briefe, S. 168 f. **DV:** Original.

Datierung: Ball beabsichtigte Nr. 360 »noch in Montagnola« abzusenden und dem Brief 50 Franken beizulegen. Hugo Ball mußte also abwarten, bis er am 29.11. (vgl. Nr. 359) »droben« in Montagnola Geld erhielt. Auch erkundigte sich Ball nach dem Erhalt des »Pferdgens«, daß er, wie Ball in Nr. 355 vom 11.11. erwähnte, einem Paket beilegte. Ebenso war er froh, den Carl Schmitt-Aufsatz in München zu wissen. Diese Faktoren lassen Nr. 360 auf 28./29.11.1923 datieren. Andererseits schrieb Ball am 6. Dezember 1923 in sein ›Tagebuch‹, er »lese Heym und Baudelaire«. Diese Information läßt eine Datierung auch auf 5./6. Dezember möglich erscheinen.

Donnerstag abend] Ball schrieb dies irrtümlich. Es muß sich um Mittwoch handeln, da er äußerte, er werde »diesen Brief gleich morgen abend, wenn ich von B[rown]s komme, noch in Montagnola wegschicken«.

die Tagebücher liegen wieder da] Diese Textstelle ist ein Beleg dafür, daß Ball von vornherein nur einen überarbeiteten Tagebuchtext zu publizieren gedachte. Vgl. auch Nr. 183 von Anfang April 1918: »Notizen von mehreren Jahren, die ich so aufschrieb [...]. Obs ein Drama wird, oder ein Tagebuch oder was sonst, wird sich zeigen eines Tags.« Am 22. Oktober 1922 notierte Ball in seinem ›Tagebuch‹ die Idee, seine Tagebücher zu bearbeiten und zu veröffentlichen. Bereits am darauffolgenden Tag unterhielt er sich mit seiner Frau auf dem Weg nach Lugano über das »geplante Buch«, für das er bisher keine Form fand. »Aber einen objektivierten Roman will ich nicht schreiben. Ich will das Objektivieren ja gerade bekennen. Ein objektiver Roman enthält keine Verpflichtung. Er hält dem Autor Hintertüren offen. Ich will meine persönliche Verantwortung empfinden; nicht mehr Ideen spielen. [...] Ich möchte dies eben: *meine Einheit* zeigen. Aber ich fürchte, ich bin zu jung dazu.« (Zitiert nach Bernhard Echte: ›Nachwort‹ in ›Flucht‹, 1992, S. 305-306.) – Während seiner Deutschlandreise vom 27. Juli bis 7. August 1923 übernachtete Hugo Ball vom 30. zum 31. Juli bei Kurt Zander, Berlin, Emserstr. 24. Zander sammelte alle Materialien von und über Hugo Ball – primäre Veröffentlichungen, sekundäre Texte, Manuskripte, Anzeigen etc. – deren er habhaft werden konnte, und er verwahrte auch Bücher aus der Bibliothek Balls, als dieser 1915 in die Schweiz ausreiste. Kurt Zander verehrte Hugo Ball sehr und führte selbst Tagebuch, wohl besonders über die Berliner Zeit, als Ball 1910/11 in der Schauspielschule des Deutschen Theaters seine Ausbildung zum Dramaturgen erhielt, und ebenso über die späteren Berlinaufenthalte. Alle diese Materialien und zusätzlich die Korrespondenz zwischen Ball und Zander lieh Ball aus, um, wie er im ›Tagebuch‹, 30. Juli 1923, notierte, die Zeit von 1911 bis 1914 und seine Berlinaufenthalte fürs ›Tagebuch‹ rekonstruieren zu können. Als Ball am 6. August 1923 in München Ludwig Feuchtwanger traf, entschloß sich Ball, zunächst die Bearbeitung der Kritik in Angriff zu nehmen (vgl. Nr. 352) und die ›Tagebuch‹-Arbeit liegenzulassen.

Astres, je ne veux] Hugo Ball zitierte aus Jules Laforgues ›Éclair de gouffre‹ (›Œuvres complètes‹, Paris: Mercure de France. Bd. 1, 1922. S. 53). Bereits 1905 hatte Paul Wiegler in seiner essayistischen Einleitung das deutsche Publikum mit Jules Laforgue bekannt gemacht und das Zitat im Original seinem Text beigefügt (Jules Laforgue: ›Sagenhafte Sinnspiele‹. Stuttgart: Juncker, S. 7). Dieses Zitat fand auch Aufnahme in Hugo Balls ›Die religiöse Konversion‹ (vgl. Nr. 475), S. 321. Verse des französischen Symbolisten Laforgue (1860-1887) trug Tristan Tzara in der »Französischen Soirée« am 14. März 1916 vor (Flucht, S. 85), und auf Wunsch Balls übersetzte Friedrich Glauser den ›Lohengrin‹ Laforgues (Flucht, S. 163).

Ich bin so froh dass mein Aufsatz weg ist] Hugo Ball hatte am 26. November 1923 den Aufsatz ›Carl Schmitts Politische Theologie‹ in erweiterter Fassung nach München zum ›Hochland‹ geschickt.

»Würmern ohne Ohr und Aug] Ball bezog sich auf Charles Baudelaires Gedicht: ›Le Mort joyeux‹ (dt. ›Der frohe Tote‹): Strophe 3, Vers 1: »O vers! noirs compagnons sans oreille et sans yeux«. Welche Übersetzung Ball vorlag, ist nicht bekannt.

Gedicht von Heym »Der Schläfer«] Weiter unten im Brief zitierte Ball aus diesem Gedicht, dessen richtiger Titel »Die Schläfer« lautet, die ersten zwei Strophen (»Es schattet dunkler noch des Wassers Schoß ...«). Hugo Ball dürfte von Georg Heym (1887-1912) die Ausgabe ›Dichtungen‹, besorgt von Kurt Pinthus und Erwin Loewenson (München: Kurt Wolff Verlag 1922) vorgelegen haben, denn diese Ausgabe erwähnt er in Nr. 691.

mit dem Baron gesprochen] Emmy Ball meinte, nachdem Annemarie mit »geschwollenen Füßen« und körperlich erschöpft zu ihr kam, daß die »neue Stellung wieder nicht die richtige zu sein scheint«. Am kommenden Mittwoch wollte dann Emmy Ball mit Frau von Winkler und Baron Dr. Castelli über Annemaries Beschäftigung sprechen. (HBN: Emmy Ball an Hugo Ball, 18./19. November 1923.) In Emmy Balls Briefen an Hugo Ball konnten über diese Aussprache keine Hinweise gefunden werden. Offensichtlich einigte man sich, denn Annemarie blieb bis Ende Dezember in diesem Haushalt.

361. An Emmy Ball, 2.12.1923

H: Ms. Brief mit eigenh. Unterschrift; 3 Bl., 3 S. **F:** HBN. **DV:** Original.

Datierung: Im »Montag«-Nachtrag von Nr. 361 notierte Ball: »Heute früh kam ein Brief von Frl. Fassbind aus Arth.« Darin teilte Carla Fassbind mit, daß sie an Dr. Ignaz Klug in Passau Balls ›Byzantinisches Christentum‹ geschickt und Dr. Klug inzwischen begeistert geantwortet habe. Da Ball den Fassbind-Brief am Montag erhielt und am 4.12. an Hesse die Klugsche Begeisterung gleichfalls mitteilte, kann mit großer Sicherheit Nr. 361 auf den 2./3.12.1923 datiert werden.

während Du gelesen hast] Emmy Ball hatte in Florenz in der Pension der Baronin von Münchhausen gelesen. Die Lesung muß in den letzten Novembertagen stattgefunden haben.

Prof. Arcari] Paolo Arcari (1879-1955), italienischer Literaturwissenschaftler und Literat. Seit 1902 unterrichtete Arcari italienische Literatur an der Universität Freiburg (Schweiz), später an den Universitäten Lausanne und Neuchâtel. 1914 gründete Arcari in Mailand die Zeitschrift ›L'Azione‹. Das vielseitige literarische Werk umfaßt Essays, Novellen und Romane: ›Il cielo senza dio‹ (1922); ›Manzoni‹ (1923); ›Altrove‹ (1926) und zahlreiche weitere Publikationen.

un grazie ... conoscenza a Milano] Übers. der italienischen Passage: »wärmsten Dank für das Geschenk Ihres vortrefflichen Buches, verbunden mit dem herzlichen Wunsch, Sie bald persönlich in Mailand kennenlernen zu können.«

Bild von Mantegna] Andrea Mantegna (um 1430-1506), italienischer Maler.

stante pe] Eigentl.: stante pede; umgangssp. für »stehenden Fußes, auf der Stelle, sogleich«.

im Rokkolo zu schlafen] Villa Roccolo, Wohnsitz der Familie Brown in Montagnola.

erwartet Frau Englert ein Baby] Am 14. März 1924 Geburt der Tochter Eva Maria Jacqueline Englert in Zug.

Fra Angelico] (eigentl. Guido di Pietro, Ordensname Fra Giovanni da Fiesole, um 1387-1455), florentinischer Maler.

»drei grossen Doktoren«] Die drei Hierarchen – »drei Liturgisten« – gelten als Schöpfer der Liturgie der Ostkirche: Gregor von Nazianz d.J. (330-390), Bischof und Kirchenlehrer; Johannes Chrysostomus (zw. 344 u. 354-407), Kirchenlehrer und Patriarch von Konstantinopel; Basilius der Große (um 330-379), Kirchenlehrer und Erzbischof von Caeserea, zugleich Metropolit von Kappadokien. Über die Reisepläne der Baronin von Üxküll und über das »Bild der ›drei grossen Doktoren‹« berichtete Hugo Ball im ›Tagebuch‹, 6. Dezember 1923.

was machen wir mit Hesse] Hier geht es um das Hochzeitsgeschenk der Balls zur bevorstehenden Hochzeit Hermann Hesses mit Ruth Wenger.

Reverisca, donniciuola] So im Original. Im korrekten Italienisch: »La riverisco donnicciuola« = ich empfehle mich, Ihr Diener, kleine Frau. »Donnicciuola« bedeutete ursprünglich »kleine Frau«, bekam erst später einen negativen Sinn wie »albernes Weib, Klatschbase, Weibsstück«.

Frl. Fassbind aus Arth] In Arth am Zuger See war das Elternhaus von Carla Fassbind.

Dr. Klug aus Passau] Ignatius (Ignaz) Klug (1877-1929), Prof. für Moraltheologie und Sozialethik in Passau; zahlreiche Veröffentlichungen meist religiösen Inhalts.

362. An Hermann Hesse, 4.12.1923

H: Ms. Brief mit eigenh. Unterschrift; 1 Bl., 2 S. **F:** HBN. **E:** Briefe, S. 165 f. **DV:** Original.

Mit Knulp machten Sie mir] Hesse schenkte, bevor er am 3. November von Montagnola abreiste, Ball seinen ›Knulp‹ (vgl. Nr. 352).

bald Ihre Hochzeit feiern] Hermann Hesse und Ruth Wenger heirateten am 11. Januar 1924.

Orlando di Lasso] (1532-1594), franko-flämischer Komponist. Neben Palestrina der bedeutendste Komponist seiner Zeit. Neben Messen, Passionen, Hymnen komponierte er 1200 Motetten.

Franziskusbüchlein] Ball hatte vermutlich das Hesse-Buch ›Franz von Assisi‹, Berlin u. Leipzig: Schuster & Loeffler (1904), ausgeliehen.

»Fliessende Licht«] Denkbar sind die Aufzeichnungen mystischer Visionen, die 1869 unter dem Titel ›Offenbarungen der Schwester Mechthild von Magdeburg oder das fließende Licht der Gottheit‹. Im Nachlaß von Emmy Ball ist dieses Werk in einer Ausgabe, übersetzt von Wilhelm Oehl (Kempten u. München: Kösel 1911 = Sammlung Kösel. Bd. 48) vorhanden; versehen mit einer hs. Notiz von Hugo Ball: »Dies Büchlein gehört Emmy. München 8. November 1921«.

Barbey d'Aurevillys »Dandysme«] Vgl. *Nr. 209*. Ob Ball die französische Ausgabe ›Du Dandysme et de Georges Brummel‹ (1845) oder die deutsche Übersetzung, die Richard von Schaukal besorgte, ›Vom Dandytum und von G. Brummel‹ (1909), ausleihen wollte, ist nicht zu ermitteln.

Natalina] Natalina Cavadini; vgl. *Nr. 302*.

363. An Emmy Ball, 6.12.1923

H: Ms. Brief mit eigenh. Unterschrift; 1 S. **F:** HBN. **E:** EBH Leben, S. 198-199; Briefe, S. 169-171. **DV:** Original.

Datierung: Ball hatte am 4.12. (Nr. 362) an Hesse geschrieben. In Nr. 363 erwähnte Ball: »An Hesse habe ich einen ausführlichen Brief geschrieben [...].« Die Datierung auf Donnerstag, den 6. Dezember ist deshalb sicher.

in zerrissenen Schuhen, ohne Heizung] Emmy Ball schrieb: »Denk, ich war diesen unsäglich weiten Weg umsonst, Frau Baronin war nicht zu sprechen, krank, und DR. Wolfskehl war weg. Ich wollte um einen Petrolapparat bitten, den ich nötig brauche. […] Ach, Hugo, ich hab nasse Füsse. Meine Schuhe sind ganz durch. […] Zwanzig Lire für ein paar Schuh besohlen, ach Gott, ich muss halt mit den Löchern weiter laufen. […] Heut früh gearbeitet, Dir geschrieben, und bei strömendem Regen in zerrissenen Schuhen nach Vicolo San Marco hinaus, das ist als gingen wir nach Gandria. Ich bin ein Stück mit der Elektrischen gefahren freilich, aber die ist so theuer, und ich kann nicht so viel damit fahren.« (HBN: Emmy Ball an Hugo Ball, undatierter Brief).

eine Armbanduhr bekommen] Hugo Ball beabsichtigte, Annemarie zu Weihnachten eine Armbanduhr zu schenken. Emmy Ball sollte von dem überwiesenen Geld eine in Florenz kaufen. Sie antwortete: »Die billigste Armbanduhr kostet 190 Lire, 200 bekam ich, ich weiss nicht, was Du Dir denkst, lieber Hugo … selbstverständlich kauf ich keine …« (HBN: Emmy Ball an Hugo Ball, undatierte Abschrift.) Daraufhin empfahl Ball: »Mit der Armbanduhr das würde ich lassen, es scheint mir zu teuer.« (Nr. 367 vom 13. Dezember). Zwei Tage später schrieb Ball: »Ich hab ihr halb und halb die goldene Uhr meiner Mutter versprochen.« (Nr. 370)

niemals Deine Miete vorauszahlen] Anfang Dezember mußte Emmy Ball in der Via Senese den Mietzins zahlen. Im Vorbrief schrieb sie: »Meinen Zins hab ich im voraus zahlen müssen, nicht gern, aber ich muss ja immer denken, ich hab die Maschine, die kostet sonst allein zu leihen neunzig Lire, überall.« (HBN: Emmy Ball an Hugo Ball, undatiert).

Schnuddelwetter] So im Original.

Dr. Castelli schon wieder zurückkommt] Dr. Castelli war mit Frau von Winkler für drei Wochen nach Kufstein gefahren und kam, zum Entsetzen von Annemarie, vorzeitig zurück.

Hesse hab ich einen ausführlichen Brief geschrieben] Nr. 362.

Frau Wenger] Lisa Wenger, vgl. *Nr. 269*.

fliegenden Holländer] Das Gedicht ›Der fliegende Holländer‹ wurde erstmals in EBH Leben, S. 200, veröffentlicht.

364. An Joseph Englert, 10.12.1923

H: Hs. Postkarte, beidseitig beschrieben. Adresse: Herrn / Stadtingenieur / Josef Englert / Zug. Schweiz. **F:** CSSt. **DV:** Original.

nicht zu den Schwestern gegangen] Als Ball diese Zeilen schrieb, war er noch nicht über die neueste Entwicklung informiert. Denn an Hesse schrieb Emmy Ball am 10. Dezember 1923:

> »Gestern klopfte mein Herz in den Füßen – kennen Sie das? Nein, es war vorgestern, die Zeit geht ja weiter. Habe ich Ihnen vom Stummen erzählt, der mich in seinem Unglück verfolgt? Dieser Stumme kam in meine Wohnung, eigens um mich zu töten – wahrscheinlich um festzustellen, daß ich weiterlebe, wenn ich tot bin.
>
> Aber man hat's im Haus unten gemerkt und gesagt, ich ziehe das Unglück an …

Man hat mir gedroht, daß ich das Haus verlassen müßte, weil ich das Unglück anziehe. Gut, wenn ihr wollt, ich gehe.
Jetzt schlief ich eine Nacht heimlich bei Annemie. Ihrem Herrn, der sie engagiert hat, paßte es nicht, mich im Haus zu wissen. Er sagte zur Köchin, ich sei doch eine seltsame Frau, daß ich fremde Häuser als Fremdenheim auffasse, wo man einfach übernachten könne. Ich habe nichts dabei gedacht. In der nächsten Nacht hatte ich vergessen an die Nacht zu denken und mußte wieder dort schlafen. Ganz heimlich. Und um fünf Uhr früh bin ich fortgegangen, um niemanden zu belästigen.«

(EBH Hesse, S. 37).

Ebenfalls am 10. Dezember schrieb Emmy an Hugo Ball auf einer Postkarte: »Ab heute schlaf ich bei den Schwestern von San Niccolò [...] Ich bin froh, daß ich aus d. V. Senese fort bin.« Sie gibt auch ihre neue Adresse an: »Via San Niccolò 73«. »Aber wenn Du mir schreibst bitte, poste restante, da ich vielleicht 1-2 Tage bei d. Baronin bin: Vicolo San Marco Vecchio 14, Baronesse di Münchhausen.«

Suso] Heinrich Seuse, lat. Suso (1295-1366), deutscher Mystiker, seit 1308 Mitglied des Dominikanerordens, Schüler von Meister Eck(e)hart, dessen Mystik er mit dem ›Büchlein der Wahrheit‹ (um 1326) zu verteidigen suchte. Weitere Werke: ›Horologium Sapientiae‹; ›Büchlein der Ewigen Weisheit‹. Folgende Seuse-Ausgabe könnte Englert besessen haben, die Ball im ›Byzantinischen Christentum‹ (S. 276, Anm. 11) erwähnt: die Suso-Ausgabe von Melchior Diepenbrocks (Regensburg 1837).

365. An Emmy Ball, vermutl. nach d. 10.12.1923

H: Ms. Brief mit eigenh. Unterschrift; 1 Bl., 2 S. **F:** HBN. **DV:** Original.

Datierung: Als Ball Nr. 365 schrieb, mußte er die Postkarte von Emmy Ball (Poststempel: Firenze, 10.XII.1923, 13-14; MUZZANO, 11.XII.23) bereits erhalten haben, denn er ging auf den Inhalt dieser Karte ein (vgl. *Nr. 364* – »nicht zu den Schwestern gegangen«). Diesen Brief kann Ball deshalb frühestens am 11.12.1923, nach Erhalt der Postkarte von Emmy Ball, geschrieben haben. Den »drolligen Brief« von Annemarie und gleichfalls den Brief der Baronin Üxküll an Bischof Esser zitierte Hugo Ball im ›Tagebuch‹, 12. Dezember 1923. Zumindest wird dadurch die Datierung von Nr. 365 auf die Tage nach dem 10. Dezember 1923 sicherer.

Mein Aufsatz über Schmitt] Fuchs schrieb am 7. Dezember 1923: »[...] wir haben uns gar sehr über den neuen Aufsatz gefreut, Muth lässt Ihnen danken und sagen, dass der Aufsatz nun ganz das geworden ist, was er sich vorstellte, und er freut sich, dass er Sie rücksichtslos noch einmal bemühte. [...] Im Januarheft kommt Wittigs Besprechung des Byz. Christentums. Im Dezemberheft ist außerdem ein kurzer Hinweis auf ihr Buch.« (HBN: Friedrich Fuchs an Hugo Ball, 7. Dezember 1923)

Frankfurter Zeitung] In einer Sammelbesprechung rezensierte Alfons Paquet Balls ›Byzantinisches Christentum‹ am 7.12.1923 in der ›Frankfurter Zeitung‹. (HBB, Nr. 1004, S. 61).

Thomas Esser] (1850-1926), Titularbischof; Theologe, Kirchenrechtler, 1900-1917 Sekretär der Index-Kongregation.

Taubstummen-Erlebnis] Vgl. *Nr. 364* – »nicht zu den Schwestern gegangen«. Über Begegnungen mit Taubstummen hatte Emmy Ball bereits Anfang November berichtet (vgl. *Nr. 354*).

sind jetzt die Goldmark] So im Original. Zur Überwindung der Inflation wurde am 16. November 1923 mit der Ausgabe der neuen Rentenbanknoten begonnen. Der zwangsweise festgelegte Kurs für eine Rentenmark betrug 1 Billion Inflations(Papier)-Mark.

drolligen Brief] Auszüge aus Annemaries »drolligem Brief« zitierte Hugo Ball im ›Tagebuch‹, 12. Dezember 1923.

Das Bäuerli hat ein Taubenhaus] Vgl. *Nr. 342*.

366. An Emmy Ball, 12.12.1923

H: Hs. Brief; 2 Bl., 4 S. **F:** HBN. **E:** EBH Leben, S. 208-210 [Auszüge]; auch in Briefe, S. 171 f. [Auszüge]. **DV:** Original.

Datierung: Hugo Ball geht in diesem Brief nochmals auf die Postkarte ein, die Emmy Ball am 10.12.1923 (*Nr. 365* – Datierung) schrieb. Sie berichtete, daß sie wegen des Taubstummen am 8.12. die Villa Romana, Via Senese 32, verließ. (EBH Hesse, S. 37.) Im ›Tagebuch‹, 12. Dezember 1923, bestätigte Hugo Ball den Erhalt des »Expressbriefs« von seiner Frau, den er am 11.12. erhielt und aus dem er im ›Tagebuch‹ ausführlich zitierte. Auf zahlreiche Fakten im Brief seiner Frau bezog sich Hugo Ball in Nr. 366 (vgl. auch Erläuterungen). Nr. 366, an einem Mittwoch geschrieben, kann sicher auf Mittwoch, den 12. Dezember 1923 datiert werden.

Deinen Expressbrief] Am 12. Dezember 1923 bestätigte Hugo Ball im ›Tagebuch‹ den Erhalt des Briefs von »Emmy express«, den er am 11. Dezember erhielt.

dessen Buch sie umeinand zupsen] Hugo Ball zitierte im ›Tagebuch‹, 12. Dezember 1923, ausführlich aus dem Brief seiner Frau: »Du würdest hier für Dich, Dein Buch, alles erreichen was Du willst, wirklich, ohne optimistisch zu sehen. In der Pension (Münchhausen) hat es die Runde gemacht. Man war begeistert von Sprache, Inhalt, Auffassung. Ein enthus. Lob allgemein.«

Warum willst Du Dich denn nicht malen lassen?] In der Pension der Baronin von Münchhausen war, als Emmy Ball aus ihrem Werk las, auch ein Maler anwesend – dessen Name aber nicht genannt wird –, der Emmy Ball malen wollte (EBH: Leben, S. 174).

Wegen der Zigaretten] Ball schrieb am 10. Dezember 1923 (Nr. 364) an Englert, daß Emmy »nicht zu den Schwestern gegangen« sei, »weil sie dort keine Zigaretten rauchen darf«. Hier an dieser Briefstelle versuchte Ball nun seine Frau zu beschwichtigen, daß es in kirchlichen Kreisen nicht unüblich ist zu rauchen.

der Papst in einer feierlichen Erklärung] Papst Pius XI. veröffentlichte am 12. November 1923 eine Enzyklika »Ecclesiam Dei« zu Ehren des hl. Josaphat Kuncewycz, Erzbischof von Polock, der ruthenisch-unierten Kirche, der am 11. November 1623 als Märtyrer starb. Am 7. Dezember 1923 – nicht am 10. Dezember – empfing Pius XI. den ruthenischen Klerus in Rom (vgl. ›La Civiltà Cattolica‹, Roma. Anno 75, 1924. Vol. 1, S. 77 f.). In der französischen Zeitschrift ›L'Italie‹, Ausgabe 9.-10. Dezember 1923 (vgl. auch *Nr. 355*) fand Hugo Ball diese Information und exzerpierte aus diesem Artikel (›Tagebuch‹, 14. Dezember 1923).

mein kleiner Evangelist] Emmy Ball berichtete im »Expressbrief«, den Ball am 11. Dezember erhielt: »Mir ist als wäre ich nur nach Italien gereist um eine Kunde von Dir hierherzubringen, und das ist eine beseligende Mission. Mein Mann, mein Evangelium. Ich hoffe Dein guter Junge zu sein, der alles getan was er konnte.« (Zitiert nach ›Tagebuch‹, 12. Dezember 1923).

ganze Menge Gedichte gemacht] Ebenfalls im ›Tagebuch‹, 12. Dezember 1923, erwähnte Hugo Ball, er habe »eine Anzahl neue Gedichte geschrieben«. Er zählte auf: ›Mit weißen und roten Fahnen‹ (auch u.d.T. ›Mater admirabilis‹), ›Vor einem hellen Marienbild‹ (auch u.d.T. ›Legende‹), ›Siamesischer Bilderbogen‹ (Überarbeitung einer Fassung von 1915) und zwei Advent-Sonette.

Der Name jenes italien. Mystikers] Ball könnte sich auf die nachfolgende Briefstelle bezogen haben. Emmy Ball schrieb: »Herr Levasti sagte, er hätte Dein Buch einem der bedeut[en]sten, einflussreichsten Italiener gegeben, der auf diesem Gebiet viel versteht, er ist entzückt von Deinem Buch, ich hab den Namen vergessen, er wird schon wieder von sich hören lassen.« (HBN: Emmy Ball an Hugo Ball, undatiert [denkbar 8. Dezember 1923].) An anderer Stelle schrieb sie: »Arrigo Levasti sagte mir, daß Papini sehr angeregt sei durch Dich und Papini gilt, jedenfalls nach dem, was ich gehört habe, für den anerkanntesten Mystiker Italiens.« (EBH Leben, S. 184).

Merettlein] Ob Hugo Ball hier das »Meretlein« von Gottfried Keller aus dem ›Grünen Heinrich‹ (1. Teil, Kapitel 5) meinte, kann nur angenommen werden.

Geschichte vom Sakristan] Emmy Ball, die in Florenz zeitweise keine Unterkunft hatte und zwei Nächte hintereinander in der Wohnung von Baron Dr. Castelli, dem Arbeitgeber von Annemarie Hennings verbrachte, deponierte ihr Gepäck in der Franziskanerkirche Sante Croce. (EBH: Leben, S. 185).

»Politische Romantik«] München u. Leipzig: Duncker & Humblot 1919.

Annemarie hat mir ... Brief geschrieben] Vgl. *Nr. 365*.

5 Lire bei den Schwestern] Emmy Ball hatte geschrieben: »Morgen schlafe ich bei den grauen Schwestern in San Niccolo, da kostets aber fünf Lire. Ist ja nicht viel Geld, aber wenn man es sparen kann.« (EBH: Leben, S. 171)

367. An Emmy Ball, vermutl. 13.12.1923

H: Hs. Brief; 1 Bl., 2 S. Bedruckter Kopfbogen: Grand Café-Brasserie Gambrinus, Lugano, Piazza Riforma. **F:** HBN. **DV:** Original.

Datierung: In Nr. 369 vom 15.12. informierte Ball Hermann Hesse, daß er ein »Arrangement in Mont[agnola] beantragt« habe. Ball überschrieb Nr. 367 mit »Donnerstag«; der 13.12. ist wahrscheinlich. Unterstützt wird diese Vermutung durch die Postkarte von Friedrich Fuchs, die Ball spätestens am 12.12. erhielt (›Tagebuch‹, 12. Dezember 1923). Den Inhalt dieser Karte teilte Ball in Nr. 365 seiner Frau mit (vgl. *Nr. 365* – »Mein Aufsatz über Schmitt«

und *Nr. 450* – »Karte der Hochlandredaktion«). Aus dieser Information folgerte Ball, »dass ihre Reisen (durch meine Vermittlung) im Hochland gedruckt werden«.

Fiesole] »Heut lief ich überall in den Kirchen umher. Lief stundenweit bis Fiesole auf der Anhöhe. Da ist ein Franziskanerkloster. Es ist wunderbar schön dort. Die etruskische, seltsame Stadt, inmitten Zedernwäldern. Ein Franziskaner fragte mich, ob ich das Kloster sehen wolle. Ja, wenn Sie es mir zeigen wollen. Dafür bin ich jetzt da. Gut. Er führte mich umher. Zeigte mir die ärmlichen Zellen, die mit unsterblich schönen Bildern geschmückt sind. Die Bilder, die Landschaft, alles schön, aber sonst die grösste Armut. Er zeigte mir alles schnell, wohl um schnell ein kleines Geld zu bekommen. Er zeigte, was ein Missionar aus Indien mitgebracht. Kleine Buddhas, Vasen, Tassen, bunter Kram. Er bemerkte, dass mich der kleine Klostergarten mit den herrlichen Chrysanthemen, Rosen, Zypressen am meisten interessierte. Aus Terrakotta eine Franziskusstatue, und zu beiden Seiten waren Vogelkäfige aufgestellt, die Vögel sangen. Und Chrysanthemen und Blutstropfen alles schien gestellt für Sankt Franziskus, damit er es nur ja recht schön habe. Der kleine Garten machte einen tiefen Eindruck auf mich. Das Museum interessierte mich wenig. Dann kam noch ein Paar, das gleich mir geführt wurde, das war ein besseres Publikum für den jungen Bruder. In der Kirche war ein Bild von Giotto, wunderschön. Und die geöffnete Kirchentür zeigte ein herrliches Landschaftsbild auf die Campagna. Ich gab ein Zweilirestück und der Bruder bedankte sich sehr, sehr.« (HBS: Emmy Ball an Hugo Ball, undatierte Abschrift)

Ich packte also alle »Atteste«] Ball meinte hier: Rezensionen seiner Bücher, wichtige Schreiben und Dokumente.

Stipendium Rom] Darüber keine weitere Erwähnung in der nachfolgenden Korrespondenz.

Aufnahme in Florenz] Vgl. *Nr. 366* – »dessen Buch sie umeinand zupsen«.

368. An Bischof Thomas Esser, 14.12.1923

H: Hs. Abschrift Balls; ›Tagebuch‹, 14. Dezember 1923. **F:** HBN. **DV:** ›Tagebuch‹, 14. Dezember 1923.

Datierung: Obwohl Hugo Ball bereits in Nr. 366 vom 12.12. schrieb: »Heute ist mein Buch […] an den Bischof Esser […] abgegangen«, so muß, wenn Hugo Ball mit Nr. 368 vom 14.12. sein »Büchlein in Demut und Liebe« sandte, eine zeitliche Differenz festgestellt werden. Ins ›Tagebuch‹, 14. Dezember 1923, trug Hugo Ball den vollständigen Text von Nr. 368 vermutlich nachträglich ein.

den Orient aufgerufen] Ball bezog sich hier auf die Briefstelle, daß Papst Pius XI. »vor dem oriental. Klerus seine ›Vorliebe für den Orient und *für alles was den Orient betrifft*‹« erklärt habe (Nr. 366).

369. An Hermann Hesse, 15.12.1923

H: Hs. Postkarte, beidseitig beschrieben. Adresse: Herrn / Hermann Hesse / Basel. / Hotel Krafft. **F:** HBN. **DV:** Original.

Ihre liebe Karte] Hermann Hesses Postkarte vom 14. Dezember 1923 befindet sich im DLA, Hesse.

ohne dass ich recht wusste] Hesse am 14. Dezember 1923: »Lieber Freund, ich bin in Sorge wegen der lieben Emmy. Sie schreibt mir u. Ruth [EBH Hesse, S. 36-38] aus Florenz so, teils abwesend, teils verzweifelt, daß es nicht gut mit ihr steht. Nach meiner Meinung müßte sie jetzt von jemand der ihr nahe stehen kann, besucht wer[d]en, damit sie sieht, jemand liebt sie u. steht unbedingt zu ihr. [...] Verzeihen Sie mir diese Worte, ich meine es redlich u. ich glaube, es sollte etwas geschehen.«

370. An Emmy Ball, 15.12.1923

H: Hs. Brief; 2 Bl., 4 S. **F:** HBN. **DV:** Original.

Datierung: Ball unterrichtete Hesse am 15.12. (Nr. 369) darüber, daß Emmy Ball seit dem 14.12. in der Pension Münchhausen wohne. Auch über das beantragte »Arrangement in Mont[agnola]« berichtete Ball. In Nr. 370 bestätigte Ball den Erhalt des Expreßbriefes, in dem er erfährt, daß Emmy Ball ein Zimmer in der Pension der Baronin von Münchhausen bekommen habe. Dieser Brief, an einem Samstag geschrieben, kann mit großer Sicherheit auf den 15.12.1923 datiert werden.

bei der Baronin ein Zimmer] Wenige Tage vor Weihnachten 1923 schrieb Emmy Ball am Schluß eines undatierten und unveröffentlichten Briefs an Joseph und Maria Englert ihre Adresse: »Vicolo San Marco Vecchio 14/ Adr. Baronessa Münchhausen«.

goldene Uhr meiner Mutter versprochen] Vgl. *Nr. 363* und Nr. 393.

über Steinen (Oppenheims)] Eva Oppenheim, die Schwester von Ruth Wenger, wohnte mit ihrer Familie in Steinen b. Lörrach (Baden).

Über Fiesole] Über Fiesole konnten keine Veröffentlichungen gefunden werden. Im Nachlaß befindet sich kein Text.

Valumbrosa] Vgl. *Nr. 358.*

Montag kommen nun Englerts] Ursprünglich sollten Englerts bereits am 14. Dezember in Lugano eintreffen.

371. An Emmy Ball, vermutl. 20.12.1923

H: Hs. Brief, unvollständig; 1 Bl., 2 S. **F:** HBN. **DV:** Original.

Datierung: Am 15.12. (Nr. 369) schrieb Ball vom »beantragten Arrangement« in Montagnola bei Browns. Am Sonntag, dem 16.12. verhandelten Ball und Brown in einem »Handel von etwa 4 Stunden«. Aber erst am folgenden Donnerstag, dem 20.12., war Ball in der Lage, das Verhandlungsergebnis seiner Frau mitzuteilen. Balls gesundheitliche Situation, »alles zitterte in mir«, wird nicht näher beschrieben. Ball sollte am »nächsten Sonntag«, den 23.12., die »Weihnachtsfutterei« bei Browns abholen. Dieser Brief kann, nach Abwägung aller Fakten, nur am 20.12.1923 geschrieben worden sein.

alles zitterte in mir] An welcher Krankheit Hugo Ball erkrankt war, ist nicht bekannt. Zur gleichen Zeit muß auch Emmy Ball gesundheitliche Probleme gehabt haben.

»Turm« als Wohnung abgelehnt] Brown bot den Balls, als sie im September 1922 von München ins Tessin zurückkehrten, eine Wohnung im Turm eines Hauses an, das Hesses Casa Camuzzi gegenüberlag. Ball lehnte das Angebot ab, weil der Turm nicht heizbar war und sich im unteren Gebäudeteil die Kinderklinik von Dr. Friedrich Müller befand. Balls Küche wäre zugleich Wartezimmer gewesen. (›Tagebuch‹, 19. September 1922). Nachträglich bot Brown auch das Gärtnerhaus als Wohnung an. Aber Hugo Ball hatte bereits das Andreolihaus in Agnuzzo gemietet (›Tagebuch‹, 29. September 1922).

372. An Hermann Hesse und Ruth Wenger, 22.12.1923

H: Hs. Bildpostkarte, beidseitig beschrieben. Motiv: Assisi – Chiesa infer[iore] di S. Francesco. Presentazione di Gesú al Tempio (Giotto). Adresse: Herrn Hermann Hesse u. / Frl. Ruth Wenger / Delémont. Suisse / Solitude. **F:** DLA. **DV:** Original.

die drei Goldheiligen] Baronin von Üxküll hatte das vergoldete »Bild der ›drei großen Doktoren‹« (*Nr. 361*) über »die drei goldenen Väter der Ostkirche« (Nr. 362) Ball geschenkt (Nr. 373). Ursprünglich wollte Baronin von Üxküll das »Bild« Ball nur schenken, wenn er zusagen würde, über die drei Doktoren zu schreiben, und Ball trug sich zumindest mit dem Gedanken, darüber ein »Buch« zu schreiben (Nr. 366 und Nr. 377).

Glasmann im Märchen] Für eine plausible Interpretation dieser Textstelle bedanken sich die Herausgeber bei Bärbel Reetz: Im Märchen ›Das kalte Herz‹ von Wilhelm Hauff (vgl. *Nr. 304*) ruft der Kohlenbrenner Peter Munk den guten Geist: »Wünsche glückseligen Abend, Herr Glasmann«.

373. An Emmy Ball, 26.12.1923

H: Hs. Brief; 3 Bl., 6 S. **F:** HBN. **E:** EBH Leben, S. 201-205, hier auch Ausschnitt aus Brief Nr. 365 (S. 204 f.: »Annemarie schrieb mir […] das neueste Versli sollst Du auch noch haben. Dein Hugo.«; vgl. auch Briefe, S. 172-175. Ab »Dieses Gedicht« bis »Am Strande bei uns aus…« Quelle nicht bekannt (s. Ergänzung). **DV:** Original.

Datierung: Der zweite Weihnachtsfeiertag 1923 war Mittwoch, der 26.12.

Ergänzung: »Dieses Gedicht, Emmykind, habe ich nach einem Traum geschrieben. Etwas sehr Schönes, Wichtiges muß ich vergessen haben. Ich weiß den Traum nur ungenau.

In dunkelblauem Sunde
landeten wir spät.
Es stand,
eine rote Wunde,
Der Mond überm Rudergerät.

Wir nahmen ein wenig Zehrung
Aus einem schmalen Boot.
Wir kletterten über die Nehrung
Ins Morgenrot …

Durch wehende Oliven
Stiegen wir leicht hinan.
Wir sahen ringsum schlafen
Die Länder im Mittagsbann.

Wir sassen an steinernen Tischen
Und aßen uns weidlich satt.
Von Broten und von Fischen
Wurden die Lippen uns matt.

Um unsere Ohren stäubte
Das Meer – ein Muschelgetön.
Ein Veilchenduft betäubte
Die Sinne uns im Föhn…

Wir tauchten in die Fluten
Und schwammen weit hinaus.
Die Möwen kamen und ruhten
Am Strande bei uns aus…«

Für diesen Text aus EBH Leben (S. 25) konnte kein Original gefunden werden. Er kann deshalb auch keinem Brief zugeordnet oder als selbständiger Brief datiert werden.

mit dem Manuskript] Dem Brief Emmy Balls, den Ball am 1. Weihnachtsfeiertag 1923 erhielt, war das Manuskript ›Das graue Haus‹ beigelegt. In dem Begleitbrief schrieb Emmy Ball:

»Mein lieber Hugo, ich bin gespannt, was Du zu dem grauen Haus sagst. Ich habe dafür noch einiges Material, was ich mitbringe, meine aber, es wäre gut in dieser kürzeren Fassung.
Nun aber sollst Du wissen, dass ich beinahe noch ein zweites Buch fertig habe, das ich aber nicht schicken wollte, bevor es ganz fertig ist. Ich glaube nicht, dass es gut ist, so ganz ohne Aussprache zu arbeiten, ich entbehre das sehr. Dieses, was ich Dir geschickt, ist wieder ein Gefängnisbuch, ob es Dir recht sein wird.« (HBA, 1994, S. 136-137).

Welches Manuskript Emmy Ball »beinahe« fertig hatte, ist nicht bekannt. Allenfalls könnte es sich um Entwürfe für das »italienische Tagebuch« handeln, das Emmy Ball im Februar 1924 in Florenz »in Schönschrift […] abzuschreiben [sich] bemüh[t]e«. (HBN: Emmy Ball an Hugo Ball, undatierte Abschrift.) Vorher, bereits am 20. Januar 1924, hatte sie aus Rom geschrieben: »Ich möchte doch Rom mit in mein Buch haben.« Aus diesen Texten entstand das 1926 erschienene ›Der Gang zur Liebe. Ein Buch von Städten, Kirchen und Heiligen‹, der Arbeitstitel lautete zunächst: ›Die Heilige Stadt‹ und später ›Die Reise nach Rom‹.

Englerts und ging von ihrer Wohnung] Englerts Wohnung war in Lugano-Cassarate, Villa Urania.

»Laudes« … des Jacopone da Todi] Ball hatte die Ausgabe ›Lauden des Jacopone da Todi‹, übertr. von H. Federmann, München: Beck 1923, erworben. Jacopone da Todi (um 1230-1306) schrieb gegen Papst Bonifatius VIII.

gerichtete Satiren und wurde exkommuniziert, 1298 eingekerkert; eine Amnestie Benedikts XI. erließ ihm seine Strafen.

Tobiasbild] Emmy Ball schlug vor, nachdem Ball in Nr. 361 um Rat fragte, was sie Hermann Hesse zur Hochzeit schenken könnten: »Ich weiss nicht ob Dir das Tobiasbild besonders gefällt. Wenn nicht sollst Du ein schönes Bild von Fra Angelico bekommen, ich muss mich nur gut in der Stadt umsehen ... Wenn Dir das lieber ist, möchte ich den Vorschlag machen, dieses Tobiasbild für Hesse zu wählen, Hesse schrieb mir, er habe eine Vorliebe für dieses Bild ...« (HBN: Emmy Ball an Hugo Ball, undatierte Abschrift.)

Agra] Vgl. *Nr. 317*.

Frau Dr. Alexander] Hildegard Alexander (1885-1937) war die Ehefrau von Dr. med. Hanns Otto Alexander (1881-1955), ab 1922 leitender Arzt des ›Deutschen Hauses Agra‹.

374. An Emmy Ball und Annemarie Hennings, vermutl. 28.12.1923

H: Hs. Brief; 2 Bl., 4 S. **F:** HBN. **DV:** Original.

Datierung: Der Brief muß vor dem 1. Januar 1924 geschrieben worden sein, denn Ball schrieb darin: »Du wirst ja Annemarie am 1.ten bei Dir haben.« Ball antwortete mit Nr. 374 auf einen 9seitigen Bericht seiner Frau, den sie nach dem 24.12. aus Florenz schickte (HBN). Die Zitate in den nachfolgenden Erläuterungen stammen aus diesem Brief. Da Nr. 374 an einem Freitag, kurz vor dem Jahreswechsel geschrieben wurde, kann nur der 28.12.1923 in Frage kommen.

Gepaddel] Unsichere Lesart.

Annemarie am 1.ten bei Dir haben] Annemarie Hennings' Beschäftigung bei Baron Dr. Castelli endete am 31. Dezember 1923.

Vertrauen zu Annemarie haben] Emmy Ball: »Ich will ja Gott danken, wenn sie [Annemarie] hier noch nicht verführt ist, und wär froh, wenn ich mal meine Angstträume diesbezüglich los werde.«

Stante pe] Vgl. *Nr. 361*.

keine Wäsche mehr für mich] Emmy Ball: »Ich hab Dir hier Hemden gekauft, die Annemie mitbringt. Gestreifte, wie Du sie trägst. [...] Lieber Hugo, diese Sachen sind hier so auffallend billig, dass es nicht praktisch wäre, sie hier nicht zu kaufen, es ist etwas über die Hälfte billiger, manches in der Konfektion, wie in der Schweiz, drum überleg Dir, was Du wirklich brauchen kannst, und schick lieber ein paar Franken mehr, denn dort kauft man sich die Sachen ja doch nicht. Nachthemden, ein Schlafanzug tadellos für fünfzig Lire, bedenk, wenn Du mit Browns nach Zürich müsstest, es geht nicht an, dass Du so dürftig ausgestattet bist, wenn Du im Hotel bist, und besonders Hemden brauchst Du reichlich, damit Du nicht so ängstlich mit dem Wechseln sein musst.«

wegen dem Rock] Emmy Ball: »[...] Annemie hatte mir einen Rock genäht, Falten hineingebügelt, sich sehr angestrengt. Ich sagte, anstatt mich zu bedanken, anstatt enthusiastisch zu sein, ich hätte keinen Rock gebraucht, ich hab mir ein Tuch gewünscht. Schrecklich von mir! Aber ich war ganz überreizt. Nachher tats mir leid, und wir lachten schliesslich darüber, dass ich, wenn ich was geschenkt bekomme, zu schimpfen anfange, anstatt mich dankbar und gerührt zu benehmen, es war eine kuriose Stimmung.«

nach Zürich reisen] Weswegen Ball mit den Browns nach Zürich reisen sollte, ist nicht bekannt. Möglich wäre die musikalische Betreuung Robin Browns in Zürich oder im nahen Baden.

Waren die Verslis wirklich schön] Zum Weihnachtsfest schenkte Hugo Ball seiner Frau einige seiner neuen Gedichte. Emmy Ball: »O, wie wunderschön sind Deine Gedichte! Ich weiss nicht was ich dazu sagen soll, ich bin so tief erstaunt, Hugo. Verzeih, dass ich erstaunt bin. Es ist so ein stiller Klang darinnen, den ich nicht vermutet hatte, wenigstens nicht so schnell. [...] Die Gedichte lassen sich so schön sagen, singen und sehen kann man sie auch. Deine Gedichte waren mein eigentliches Weihnachtsfest. [...] Aus Deinen Gedichten sehe ich, dass Dir das Alleinsein gut tut, und das ist ein Grund für mich in Italien zu bleiben.«

375. An Emmy Ball, 3.1.1924

H: Hs. Brief; 3 Bl., 5 S. **F:** HBN. **DV:** Original.

Datierung: Ball berichtete in diesem Brief, daß er von Carla Fassbind am Sonntag (30.12.1923) eine Karte erhalten und sie daraufhin »am Sylvestertag« (Montag, den 31.12.) besucht habe. Ball schrieb Nr. 375 an einem Donnerstag nach Sylvester; der 3.1.1924 kann als sicher angenommen werden.

mit der Kritik] Ab Ende November/Anfang Dezember 1923 schob Ball die Bearbeitung der ›Kritik‹, nachdem er bereits im August 1923 begonnen hatte (vgl. *Nr. 352*) und zwischenzeitlich den Aufsatz ›Carl Schmitts Politische Theologie‹ verfaßte, vor sich her und konnte sich nicht entschließen, damit zu beginnen. Ausführlicher schrieb Ball am 8. Januar 1924 an Feuchtwanger, wie er sich eine Bearbeitung vorstelle (Nr. 377).

instinktiv Gedichte schreibe] Auch im ›Tagebuch‹, 10. Januar 1924, erwähnte Hugo Ball, er habe in den letzten Wochen ungefähr vierzig Gedichte geschrieben, dies seien mehr als in den letzten zehn Jahren.

Hesses Besprechung] Vgl. *Nr. 337*.

Er schrieb es mir gestern] Ein Brief Hermann Hesses an Hugo Ball vom Jahresende 1923/Jahresbeginn 1924 ist nicht überliefert.

»Psychologia Balnearia«] Siehe *Nr. 348* – »Psychologia phantastica« und *Nr. 378*.

austragen] Unsichere Lesart.

Dein neues Buch] ›Das graue Haus‹.

Ich werde über Dich schreiben] Diese Absicht hat Hugo Ball nicht realisiert.

376. An August Hofmann, 4.1.1924

H: Hs. Brief; 2 Bl., 4 S. Adresse: Herrn Studienrat / August Hofmann / Zweibrücken. Rheinpfalz / Hofenfelsstrasse 23 II. Absender: Ball, Agnuzzo-Lugano. **F:** HBS. **E:** EBH Leben, S. 206 f.; auch in Briefe, S. 175 f. **DV:** Original.

Elternhaus jetzt verschwunden] Hugo Balls Mutter starb am 30. August 1923. Sein Vater zog in das Haus (Schloßstraße 42), in dem die Tochter Maria wohnte. Die Wohnung von Balls Eltern (Hauptstraße 30) wurde aufgelöst.

im Sommer auch in München] Vgl. *Nr. 329* – »hoffe Dienstag in München zu sein«.

Januar-Februarheft] Der Aufsatz ›Carl Schmitts Politische Theologie‹ erschien erst im Juniheft 1924 des ›Hochlandes‹, Jg. 21. Bd. 2, S. 263-286.

Prof. Joseph Wittig] Siehe *Nr. 335*.

meinem Wunderkind] Robin Brown.

Schnaitsee] Vgl. *Nr. 271*.

Wasigenstein] Die Ruine Wasigenstein liegt im deutsch-französischen Grenzgebiet auf französischer Seite, nahe der Ortschaft Obersteinbach. Von Deutschland aus gelangt man von Petersbächel, dem Wohnsitz von Jekatarina und Willy Deutschmann, zum Wasigenstein. In unmittelbarer Nähe besaß die Familie Ball den Unterpetersbächler Hof. Es ist anzunehmen, daß Ball von dort aus Ausflüge zum nahegelegenen Wasigenstein machte. Der Wasigenstein ist – unbewiesen – auch Schauplatz des Waltharilieds.

Dr. Daffner] Hugo Daffner (1882-1941), deutscher Komponist. Studium der Musikwissenschaft, später der Medizin; gründete 1914 die Deutsche Dante-Gesellschaft. Daffner schrieb Kammermusik, Lieder und Opern.

Hedwig samt Italo] Hedwig Hofmann (vgl. *Nr. 271*); die Schwester von August Hofmann, lernte den italienischen Kriegsgefangenen Italo Zocchi kennen. Trotz starker Bedenken der Familie Hofmann kam die Ehe, die kinderlos blieb, zustande. Das Ehepaar lebte, bedingt durch die Übersetzertätigkeit Zocchis, häufig im Ausland. Seßhaft geworden, lehrte Hedwig Zocchi in Turin die deutsche Sprache.

377. An den Verlag Duncker & Humblot, 8.1.1924

H: Ms. Brief mit eigenh. Unterschrift; 1 Bl., 2 S. **F:** Verlagsarchiv Duncker & Humblot, Berlin. **DV:** Original.

Mitteilungen vom 4.ten] Diese »Mitteilungen« Feuchtwangers befinden sich als Durchschlag im Verlagsarchiv von D&H.

Besprechung von Herm[ann] Hesse] Es muß sich um Hesses Besprechung des ›Byzantinischen Christentums‹ gehandelt haben (vgl. *Nr. 337* und Nr. 375).

Die des »Hochlands«] Siehe *Nr. 335* – »Wittig« und *Nr. 376*.

Alf[ons] Paquet] Im Literaturblatt der ›Frankfurter Zeitung‹ vom 7. Dezember 1923 (HBB, Nr. 1004, S. 61) besprach Alfons Paquet das ›Byzantinische Christentum‹.

auch in Florenz] In Florenz hatte Balls Frau für das ›Byzantinische Christentum‹ geworben. So überreichte sie ein Exemplar Levasti, der es Papini gab. Auch in der Pension der Baronin von Münchhausen kursierte das Buch (*Nr. 366* – »dessen Buch sie umeinand zupsen«). Bereits in Nr. 357 bat Ball seine Frau, sie möchte sich bei Karl Wolfskehl nach einer »von Deutschen frequentierten« Buchhandlung in Florenz erkundigen, deren Adresse Ball Feuchtwanger mitteilen wollte.

S. Thompsen] Emmy Ball – so Hugo Ball im ›Tagebuch‹, 8. April 1923 – übersetzte aus dem Dänischen einen Aufsatz des »sehr begeisterten Verfassers« Thompsen über Hermann Hesse und die Jugend, der im ›Gards

Danske Magazin‹ zu lesen war. Über den Autor und den Aufsatz konnte nichts ermittelt werden.

»Gards Danske Magazin«] Die Zeitschrift erschien in Kopenhagen und wurde von Erik Rindom herausgegeben.

»L'Italie«] Der Artikel, den Ball beilegte, ist nicht bekannt (siehe auch *Nr. 355*).

Thomas Esser] Siehe *Nr. 365*.

Kaspar Mayr] Siehe *Nr. 356*. Bei der Ortsangabe Prag muß sich Ball geirrt haben. Mayr lebte zu dieser Zeit in Graz.

Was nun die Kritik betrifft] Feuchtwanger kam im Brief vom 4. Januar 1924 auf Gespräche im »August vor. Jrs. zurück« (vgl. *Nr. 352*): »Ich habe jüngst Ihr älteres Buch ›Zur Kritik der deutschen Intelligenz‹ wieder in der Hand gehabt und bitte Sie, mir zu sagen, ob Sie Lust haben, an die Umarbeitung, über die wir [...] uns voriges Jahr unterhalten haben, heranzugehen. Wir müssen jetzt unsere Dispositionen über die Verlagsproduktion des Jahres 1924 treffen, dazu wäre es uns wichtig, Ihre literarischen Pläne kennen zu lernen.« (Briefdurchschrift im Verlagsarchiv D&H.) Auf Balls Überlegungen in Nr. 377 antwortete Feuchtwanger am 18. Januar 1924 (HBN): »Ihr älteres Buch ›Kritik der deutschen Intelligenz‹ ist Gegenstand meiner fortgesetzten aufmerksamen Sorge. Was Sie über Ihre Ausgabepläne schreiben leuchtet mir durchaus ein. Ich schlage Ihnen nun vor, Ihre Absicht, das Buch zurechtzustreichen, sobald wie möglich auszuführen und mir die so bearbeitete Druckvorlage recht bald einzuschicken. Ich lese dann das Ganze in der neuen gedrungeneren Gestalt und lasse es noch einmal durch rasches Durchlesen auf mich einwirken; zu raten wäre Ihnen nur, wenn Sie auch den einmaligen Wurf, die Konturen, wie sie nun einmal seiner Zeit geworden sind, bestehen lassen müssen, sich in den Strichen keine Zurückhaltung aufzuerlegen. Ich weis sicher, dass Sie mich nicht missverstehen, und dass Sie mit mir darüber einig sind, dass grössere Straffheit des Inhalts, aus der sich dann auch die grössere Schlankheit des Buches von selbst ergibt, der allgemeinen Wirkung und Verbreitung nur zugute kommen können. Liegt mir dann das Buch in der endgültigen Gestalt vor, so kann ich mich sofort wegen der Verlagsübernahme entscheiden.«

Band meiner Gedichte] Über Balls Absicht, seine Gedichte zu veröffentlichen, sind, abgesehen von gelegentlichen Hinweisen in seiner Korrespondenz (vgl. Nr. 375 und *Nr. 393*) und im ›Tagebuch‹, keine konkreten Verhandlungen mit Verlegern bekannt.

»Tagebuch aus dem Exil«] Auf Balls Publikationsabsicht antwortete Feuchtwanger am 18. Januar 1924 (HBN): »Auch das ›Tagebuch aus dem Exil‹ interessiert mich sehr und ich wäre Ihnen dankbar, wenn sie uns das Manuskript anbieten wollten.« (Vgl. auch *Nr. 360* »die Tagebücher liegen wieder da«).

zweiten Band »Byzanz«] Diese Textstelle läßt vermuten, daß Ball sich noch mit der Absicht trug, über die »drei großen Doktoren« zu schreiben (vgl. Nr. 361 und Nr. 362).

378. An Hermann Hesse, 9.1.1924

H: Ms. Brief mit eigenh. Unterschrift; 1 S. **F:** HBN. **E:** EBH Leben, S. 207 f.; auch in Briefe, S. 176 f. **DV:** Original.

Datierung: Der 9. Januar 1924 war ein Mittwoch. Der Briefnachsatz »Mittwoch« läßt vermuten, daß dieser Brief bereits am Dienstag, den 8.1.1924 begonnen wurde.

lieben Brief] Hermann Hesses Brief ist nicht erhalten.

»Psychologia«] Später unter dem Titel ›Kurgast‹.

Tod des Herrn Burckhardt] Carl Burckhardt (1878-1923), schweizerischer Maler, Bildhauer und Kunstschriftsteller, starb am 24. Dezember 1923 in Ligornetto (Tessin).

Weihnachtsgruss] Natalina brachte Hugo Ball im Auftrag Hesses »ein Kistchen Stumpen und zwei gleichgiltige Bücher aus seinem Abfall« (Nr. 373).

Katzenberger] Hesse erinnert im Vorwort des ›Kurgastes‹ an Jean Pauls ›Dr. Katzenbergers Badereise‹.

Holländer] Kapitel in Hesses ›Kurgast‹. Im Nachbarzimmer des ›Kurgastes‹ Hesses, nur durch eine verschlossene Tür getrennt, wohnte vierzehn Tage lang ein Holländer mit seiner Frau. Störende Geräusche weckten in Hesse Unmut und steigerten sich in Haß, der wiederum zu Schuldgefühlen führte. In einer schlaflosen Nacht gelang es Hesse, den »wertlosen Haß abzubauen«, und eine »würdige Einstellung« gegenüber dem Holländer zu gewinnen. Der »Triumph war groß«, aber der Holländer reiste bald ab.

Nennt man die besten Namen] In der ›Neuen Zürcher Zeitung‹ Nr. 24 vom 7. Januar 1924 ist der Beitrag von Hermann Hesse ›Ueber die deutsche Literatur. Brief an Italo Zaratin in Triest‹ veröffentlicht, der zuerst in italienischer Übersetzung in ›Orizzonte Italico‹, Trieste, Anno II, Numero 11, November 1923 erschien (Nr. 349). Hesse umschrieb in diesem Artikel Balls ›Byzantinisches Christentum‹ als »ein so sublim frommes Buch«, und über Emmy Ball notierte Hesse, daß sie »träumend wie ein Blumenduft« schreibe.

379. An Emmy Ball, 12.1.1924

H: Hs. Brief; 1 Bl., 2 S. Bedruckter Kopfbogen: Grand Café-Brasserie Gambrinus, Lugano, Piazza Riforma. **F:** HBN. **E:** EBH Leben, S. 211 f.; auch in Briefe, S. 177 f. **DV:** Original.

Datierung: Im ›Tagebuch‹, 12. Januar 1924, bestätigt Hugo Ball die Ankunft von Annemarie Hennings aus Florenz. Nr. 379 wurde am Samstag, den 12. Januar 1924, geschrieben.

schon in Rom sein] Hugo Balls Wunsch war es, seine Frau möge nicht allein nach Rom fahren (vgl. auch Nr. 374).

Dr. Roesemeyer ... als er sein Katharina Katharina schrieb] Es ist zweifelhaft, ob es sich hier um Johann Hermann Friedrich Rösemeier (*Nr. 243*) handelt.

380. An Friedrich Fuchs, 12.1.1924

H: Ms. Brief mit eigenh. Unterschrift; 1 S. Adresse: Herrn / Dr. Friedr. Fuchs / Redaktion des »Hochland« / *München* / Bayerstrasse. **F:** HBN. **DV:** Original.

Ihre lieben Mitteilungen] Siehe *Nr. 365* – »Mein Aufsatz über Schmitt«.
Reisen der Baronin Üxküll] Vgl. *Nr. 335* – »Orientreisen«.

381. An Emmy Ball, vermutl. 19.1.1924

H: Hs. Brief; 2 Bl., 4 S. **F:** HBN. **DV:** Original.

Datierung: Emmy Ball fuhr am 16.1.1924 von Florenz nach Rom. Aus Rom, Poststempel: 19.1., schrieb sie eine Postkarte: »Seit gestern abend in Rom, heute war ich in Sankt Peter, worüber ich brieflich berichten werde.« (HBN) Ball erhielt »Samstag früh« eine Depesche von ihr, daß sie in Rom eingetroffen sei. Bei diesem »Samstag« kann es sich nur um den 19. Januar 1924 gehandelt haben.

Fliegenfängergeld] In einem undatierten Brief schrieb Emmy Ball aus Florenz an Hugo Ball, kurz vor ihrer Abreise am 16. Januar 1924 nach Rom: »So, mein Steffgen, jetzt geh ichs Köfferchen kaufen, es gibt hier auch eine Trödlerstrasse, die haben so feine, verdächtige Sachen, die Frau Wenger sagt, ich soll mir ›Fliegenfänger‹ kaufen. Du sagtest doch mal, Emmy kauft unnötiger Weise Fliegenfänger. Und ich hab geschrieben, wenn [ich] nur immer noch extra ein bisschen Fliegenfängergeld hab, dann gehts.« (HBN).

Frau Wenger hatte mich eingeladen] Zur Hochzeit Hermann Hesses mit Ruth Wenger, am 11. Januar 1924, hatte die Mutter der Braut, Lisa Wenger, Hugo Ball eingeladen. Lisa Wenger schrieb: »Lieber Herr Ball, heut war Ruth u. Hesse auf dem Standesamt. Die papierne Hochzeit ist also vorbei. Aber demnächst wollen sie ein kleines Fest feiern. Würden Sie kommen? Ich möchte Sie als Überraschung einladen, dazu 2 Tage in Basel im Hotel, den beiden zur Freude, Reise natürlich in der Einladung einbegriffen.« (HBN: Briefkarte von Lisa Wenger an Hugo Ball, undatiert)

Hesse sei ärgerlich geworden] Die Gründe seiner Verstimmung nannte Hermann Hesse in seinem Brief vom 24. Januar 1924 (DLA, Hesse) an Hugo Ball: »Und eigentlich hätten Sie ja zu unserem Bankett kommen sollen! Nun, das ging schief. Frau Wenger hatte Sie eingeladen, um mir eine Freude zu machen, denn ich war damals, eben von schweren Fiebern aufgestanden, ganz auf dem Hund. Aber sie machte dann den Fehler, mich nicht mit Ihrem Kommen zu überraschen, sondern es mir eine Woche vorher zu sagen und gewissermassen zu verlangen, dass ich mich nun auf dies Fest freue, was gar nicht der Fall war.«

Besprechung von Prof. Wittig] Die Novembernummer des ›Hochlands‹ (Jg. 21. Bd. 1, S. 319) kündigte an: »Umso freudiger weisen wir hier noch auf ein deutsches Originalwerk hin, über dessen Bedeutung hier demnächst von fachkundiger Seite ausführlich gehandelt werden soll: Hugo Ball, Byzantinisches Christentum (Duncker & Humblot, München, 8.–). Das Werk, das drei Heiligenleben aus einer uns fremden und doch mit magischer Gewalt anziehenden Welt: Joannes Klimax, Dionysius Areopagita und Symeon der Stylit, auf Grund exakter Studien darstellt, gehört zu den heute in Deutschland so seltenen gelehrten Büchern, die in die Literatur, somit in künstlerische Form eingegangen sind.« In der Dezembernummer erschien die »fachmännische Kritik«. In einer Sammelbesprechung besprach Joseph Wittig das ›Byzantinische Christentum‹ (›Hochland‹. Jg. 21. Bd. 1, H. 4, S. 418 f.) Ball zitiert nicht korrekt aus dem nachfolgenden Satz Wittigs: »Noch weniger mag ich von den Ergebnissen meiner fachwissenschaftlichen Stichproben hier etwas sagen, außer etwa, daß sie mich immer wieder in Erstaunen gesetzt haben.« (S. 419)

so lieb über die Verse] Emmy Ball: »Diese Gedichte sind nämlich so schön, und es liesse sich in dieser Art soviel sagen, aber die grosse Kühnheit, und die grosse Unschuld müssen miteinander gehn, immer da sein, finde ich.« (HBN: Brief von Emmy Ball an Hugo Ball, [15. Januar 1924]).

schizophrenen Sonetten] Emmy Ball schrieb: »Ich hab nochmals und nochmals Deine Gedichte gelesen, lieber Hugo, sie sind wirklich unerhört gut, bis auf das eine, der Schizophrene, der sich selbst logisch interpretiert, dieses eine Gedicht ist meiner Meinung nach nicht gut.
Er darf nicht aus seiner Verzauberung, von der [er] selbst nichts weiss, herausgehen, und das ist in ›Der Schizophrene‹ der Fall.« (HBN: Emmy Ball an Hugo Ball, [15. Januar 1924].) Verschiedene Hinweise in der Korrespondenz Balls lassen vermuten, daß die ›schizophrenen Sonette‹ im Winterhalbjahr 1923/24 entstanden sind. Ball schenkte Hermann Hesse, zu dessen Geburtstag am 2. Juli 1924, das Typoskript ›Sonette‹ (Nachlaß Hermann-Hesse-Depositum der Hermann-Hesse-Stiftung im Deutschen Literaturarchiv Marbach; HBB, S. 32. Nr. 409; HBK, S. 212. Kat.-Nr. 217.) Dieser »Kranz Sonette«, so der handschriftliche Zusatz Hugo Balls, enthält die nachfolgenden neun Sonette:
»I. Der grüne König,
II. Die Erfindung,
III. Der Pasquillant,
IV. Das Gespenst,
V. Der gefallene Cherub,
VI. Der Schizophrene,
VII. An lichtgewobner Kette [...],
VIII Der Büsser,
IX. Die Schlange Waga.«
In Nr. 399 vom 3. Juli 1924 an seine Frau spezifizierte Ball sein Geschenk an Hesse: »Hesse hatte gestern Geburtstag. Ich brachte ihm seine Bücher und schenkte ihm die schizophrenen Sonette«. In der Ausgabe der Gedichte, postum 1963 erschienen, werden sieben Sonette unter dem Oberbegriff ›Sieben schizophrene Sonette‹ veröffentlicht (S. 34-40). In gleicher Reihenfolge sind diese Sonette in dem Typoskript ›Gedichte‹ (HBB, Nr. 416, S. 32) angeordnet. Es ist nicht zu ermitteln, ob Hugo oder Emmy Ball dieses Typoskript schrieb und zusammenstellte. Von den neun ›Sonetten‹, die Ball Hesse schenkte, fehlen in dem Typoskript ›Gedichte‹ und damit ebenso in der gedruckten Ausgabe der Gedichte: ›Der gefallene Cherub‹, ›An lichtgewobner Kette [...]‹, ›Der Büsser‹ und ›Die Schlange Waga‹. Neu hinzugekommen sind ›Der Dorfdadaist‹ und ›Intermezzo‹.

d'Aurevilly] Vgl. *Nr. 209*.

Wittigs Buch »Meine Erlösten«] Joseph Wittig: ›Meine »Erlösten« in Buße, Kampf und Wehr‹. Habelschwerdt: Frankes Buchhandlung, J. Wolf. 4.-9. Tsd., 1923 (Bücher der Wiedergeburt). Dem Nachdruck des ›Hochland‹-Aufsatzes ›Die Erlösten‹ (Jg. 19, 1922. H. 7, April, S. 1-26) fügte Wittig seine Argumentation für diesen Text (ebenfalls ›Hochland‹. Jg. 19, 1922. H. 11, August, S. 585-597), die Meinung eines ungenannten Dogmatikers, ein bischöfliches Urteil und Äußerungen aus Presseorganen bei. Der Aufsatz ›Die Erlösten‹ gehörte zu den Schriften Wittigs, wegen denen er 1925 suspendiert und 1926 exkommuniziert wurde.

Frl. Simon] Emmy Ball schrieb: »Die Dame, Frl. Simon, die mich zuerst mit nach Neapel ha[ben?] möchte, bleibt vorerst noch hier, auch wollte ich erst Deine Antwort darüber hören, und wenn es Dir recht ist, dass ich Sie begleite, und ich mich entschieden habe, fahre ich in vierzehn Tagen von Rom nach Neapel, wo die Dame mich erwarten würde, von dort aus will sie dann nach Capri, Sizilien, alles in ein paar Wochen, aber Rom und Siena möchte ich allein für mich haben.« (HBN: Emmy Ball an Hugo Ball, [15. Januar 1924]).

Karte aus Arezzo] Auf der Fahrt von Florenz nach Rom warf Emmy Ball eine nicht erhaltene Karte in Arezzo (88 Bahnkilometer von Florenz entfernt) in den Briefkasten. Ob Emmy Ball sich dabei länger in Arezzo aufhielt, ist nicht bekannt.

Deinen Geburtstag in Rom] Emmy Ball feierte am 17. Januar Geburtstag.

noch einmal photographieren] Im November wurde Ball bei den Browns fotografiert. In Nr. 357 schrieb er, »das Photo, das Frau Brown machte, ist ganz komisch geworden«.

Frau Browns Mutter] Cora Emma Goldschmid, geb. Biedermann (1859-1937).

382. An Emmy Ball, vermutl. 22.1.1924

H: Ms. Brief mit eigenh. Unterschrift; 1 Bl., 2 S. **F:** HBN. **E:** EBH Leben, S. 212 f.; auch in Briefe, S. 178 f. **DV:** Original.

Datierung: Ball geht in diesem Brief auf das Schreiben Ludwig Feuchtwangers vom 18.1.1924 ein.
Seine Frau informierte Ball, daß er »nicht am 1.ten gleich wieder soviel Geld schicken« kann.
Dieser Brief, an einem Dienstag geschrieben, kann somit auf den 22. Januar 1924 datiert werden.

Zahnschmerzen] Auf der Reise von Florenz nach Rom erkältete sich Emmy Ball: »Zahnschmerzen, Neuralgien, Rückenschmerzen«. (HBN: Emmy Ball an Hugo Ball, undatierte Briefabschrift).

Perugia] Vgl. *Nr. 354* – »Perusia«. Perugia ist von Assisi etwa 25 Bahnkilometer entfernt.

Brief wegen Annemarie] Ball meint hier vermutlich Nr. 381.

Das erste Tausend] Ludwig Feuchtwanger hatte Ball in seinem Brief vom 18. Januar 24 mitgeteilt: »Nach unserer Zählung vom 1.1.24 hat mich der Absatz Ihres Byzant. Christent. seit Erscheinen einigermassen enttäuscht.

Es sind nur etwa 400 Ex. vom Lager abgegangen und davon sind 165 Freiex. und Besprechungsex. Das ist im Verhältnis zu den guten Kritiken und den vielen Anzeigen sehr wenig. Freilich der Preis von M 9.– (etwa 12.– s.frs.) für das geb. Ex. ist sehr hoch und muss vielleicht später herabgesetzt werden. Aber nach den Wiederbeschaffungskosten kalkuliert ist der Preis angemessen.« (HBN: Ludwig Feuchtwanger an Hugo Ball, 18. Januar 1924).

meinen Vorschlag »Kritik«] Vgl. *Nr. 377*.

forum romanum] »Bewundere Du mal mit Zahnschmerzen das Forum Romanum, da würdest Du finden, es sei ein hübscher Trümmerhaufen, der Dich gar nichts angeht.« (EBH Leben, S. 213 f.)

In 7 Tagen 100 Fränkli] Darauf antwortete Emmy Ball aus Neapel: »Oh, mein liebs, strenges Steffgen, Oh verflitscht, verflitscht, was zubst Ihr mich so arg? Es heisst in sieben Tagen hätten wir – wieviel? – hundert Fränklis gebraucht? Ei, verflitscht, verflitscht. Ab Morgen brauchen wir dafür nichts, absolut nichts.« (HBN: Emmy Ball an Hugo Ball, undatierte Abschrift).

383. An Emmy Ball, vermutl. 24.1.1924

H: Ms. Brief, unvollständig; 1 Bl., 2 S. **F:** HBN. **E:** EBH Leben, S. 214-216; auch in Briefe, S. 179 f. **DV:** Original.

Ergänzungen: Drei Passagen, die in EBH Leben, S. 214-216 und in Briefe, S. 179 f. zu finden sind, nicht aber im Original:

Blindenkonzert auf der Strasse] da ist's, als wärst Du sehr, sehr weit weg. Und doch da und nah …

dass es eine Hafenstadt] ist, in der Du Dich aufhältst, aber Du hast ja den Schutzengel. Ich glaube, man kann Dich nach Kamerun schicken. Da würde es zwar apart, aber doch gut gehn …

Und mach nur viele Notizen] Die kleinen Stichworte in Deinen Diarien sind immer so niedlich zu lesen … Ich sehne mich auch ein wenig in die Fremde, aber ich bin hier anders wie Du. Wer in die Fremde will wandern, der muß mit der Liebsten gehn … Du weißt ja, wie ich sang, als wir von Deutschland fortreisten …

Datierung: Eine Postkarte Emmy Balls, postalisch gestempelt: MUZZANO, 23.1.1924 – die Datierung des Poststempels NAPOLI ist nicht lesbar – bestätigt den Aufenthalt von Emmy Ball in Neapel zumindest am 23.1.1924. Ball erhielt, wie er in diesem Schreiben berichtet, zwei Briefe »heut früh« von seiner Frau, bevor er nach Montagnola ging. Da der Donnerstag Balls Montagnola-Tag bei Browns war, kann dieser Brief am 24. Januar oder – eher unwahrscheinlich – am 3.2. geschrieben worden sein.

Inseman in Napoli] Völlig überraschend war Emmy Ball von Rom nach Neapel gereist. Sie nahm eine Stellung bei der Familie Guerra an, um die italienische Sprache zu lernen.

Schoffelgasse] Hugo Ball und Emmy Hennings' erste Züricher Wohnadresse im Mai 1915: Schoffelgasse 7.

wie es bei den Schwestern ausschaut] Emmy Ball: »… ich wohne bis ich unter gekommen bin bei den Schwestern. Denk, ich musste gleich beten als ich ankam und sehr früh zur Messe. Die Schwestern wohnen in einem grossen weissen Haus, im Garten wogt es von Palmen, doch ist's kalt, kalt, aber trotz der Kälte wird eine Ewigkeit gebetet. Um sechs Uhr muss ich heim sein und um acht ins Bett.« (HBN: Emmy Ball an Hugo Ball, undatierte Abschrift).

Rheeder] »R. hier ist nicht Schiffsreeder, er ist Admiral und es ist ein ganz phantastisches Haus, ganz fremdländisch ausgestattet, unglaublich bunt farbig und die Leute grad so. Eine rothaarige neunzehnjährige Tochter ist da, die sich wie eine Katze auf Seidenkissen räkelt und ein Sohn von elf Jahren, Gerry heisst er, und die Tochter Gabriella, sie wird andauernd gemalt.« (HBN: Emmy Ball an Hugo Ball, undatierte Abschrift.) Über den ›Admiral‹, der nicht identifiziert werden konnte, berichtete Emmy Ball auch im Brief vom 14. Februar 1924 an Hermann Hesse: »Also um mit dem Admiral zurückzukommen [...]. Er wußte, daß ich mich hatte eben vor 5 Minuten bei d. Sizilianern engagieren lassen, und das kam mir prophetisch, wie ein höheres Wissen vor. Dann hat er mir seine Adresse gegeben, wenn ich ihn mal nötig brauche, möge ich kommen. Ich bin dann gekommen, und es wurde also ganz fürchterlich. Ich hab mit dem besten Willen nicht verstehen können, wie man dolce Napoli singen kann. Ich hab tausendmal, den ganzen Tag gedacht, wenn ich doch nur vorher radikal gestorben wäre. Das hab ich 8 Tage lang gedacht, und immer gearbeitet dabei. Dann bin ich in der Nacht weg, mit 30 Lire Haushaltungsgeld!« (HBN).

(Vomero)] Ein Stadtteil von Neapel, in erhöhter Lage (Piazza Vanvitelli, 195 m ü.d.M.).

Koperativaweg] Gemeint ist: »Cooperativaweg« (vgl. auch Nr. 387). In Lugano gab es keine Straße mit diesem Namen. Vielleicht war es in der Familie Ball üblich eine Straße, in der sich ein Lebensmittelgeschäft der ›Cooperativa svizzera di consumo‹ befand, ›Cooperativaweg‹ zu nennen. In Frage kämen Via Lucchini, Via Vegazzi, Via Pambio (Paradiso); außerdem gab es eine ›Cooperativa agricola ticinese‹, Via Vegazzi 5. (Quelle: Adreßbuch von Lugano, 1938).

384. An Hermann Hesse, 5.2.1924

H: Hs. Postkarte, beidseitig beschrieben. Adresse: Herrn / Hermann Hesse / Basel / Hotel Krafft. **F:** DLA, Hesse. **DV:** Original.

lieben Brief] Hesse an Ball, 24. Januar 1924 (DLA, Hesse).

Annemarie wird Ende Februar] Durch Vermittlung von Carla Fassbind konnte Annemarie am 23. Februar 1924 eine Stellung im ›Gartenhotel & Continental‹, Lugano, antreten.

analyt. Zeitschrift] Es ist nicht festzustellen, um welche Zeitschrift es sich handelte, die Ball bei Hesse auslieh. Es könnte sich um das ›Jahrbuch für psychoanalytische und psychopathologische Forschungen‹, Leipzig und Wien (Bd. 1, 1909 ff.) gehandelt haben, das Jung redigierte und das auch Beiträge von ihm enthält. Nach Auskunft des DLA befinden sich im Nachlaß Hesses keine Bände dieses Titels. Ball suchte offensichtlich Literatur über »Religionskritik« und »Exorzismus« im Werk C. G. Jungs. 1924 trug er sich mit der Absicht, einen Aufsatz über C. G. Jung zu schreiben (Nr. 441).

385. An Emmy Ball, 8.2.1924

H: Ms. Brief mit eigenh. Unterschrift und eigenh. Postskriptum; 1 Bl., 2 S. **F:** HBN. **DV:** Original.

Datierung: Ball war, wie er in diesem Brief erwähnte, mit der Bearbeitung des II. Kapitels von ›Zur Kritik der deutschen Intelligenz‹ beschäftigt. Er berichtete bereits in Nr. 384 an Hesse, Annemarie würde eine Stellung im Hotel Continental, Lugano, am 23. Februar antreten. Diese Information gab Ball in diesem Brief auch an seine Frau weiter. Auch berichtete er: »Heute bekam ich eine Karte von Hesse, dass er am 15.ten März kommen will [...].« Diese Karte trägt die Poststempel: Basel, 7.II.1924 und Muzzano, 8.II.1924 (DLA). Die genannten Daten und Fakten lassen Nr. 385 auf Freitag, den 8. Februar datieren.

einliegend 50 Franken] Ball legte diesem Brief 50 Franken bei, deren Erhalt Emmy Ball in ihrer Postkarte (Firenze, 12.II.1924) bestätigte (HBN).

das Buch bis spätestens 15. März] Ball versprach, bis 15. März die Bearbeitung von ›Zur Kritik der deutschen Intelligenz‹ beim Verlag abzuliefern (vgl. Nr. 377).

dann geh ich weiss Gott in ein Kloster] Emmy Ball erwiderte: »Lieber Hugo, Du sagst – drohst Du ? – in ein Kloster zu gehen, ich war in der Certosa und war bei den Franziskanern. Das, was die Menschen suchen – die Ruhe – das finden sie auf eine andere Weise, als sie erwarten. Du hast das, was Du ersehnst. So ruhig, wie Du hat es kein Mönch, glaub mir, ich bin einigen Mönchen nahe gekommen und habe es gehört.« (HBN: Emmy Ball an Hugo Ball, undatierte Briefabschrift).

Kannst Du denn nicht in Florenz aushalten] Nach Florenz zurückgekehrt, schrieb Emmy Ball: »Was ich in Napoli erlebt, ich kann Dir die Einzelheiten unmöglich schreiben, ich werde Dir alles erzählen. Ich hatte ungeheuer viel Arbeit, zehn mal zu schwer für mich. Aber das hat mich nicht mal fortgetrieben, sondern die unheimlichen Zustände, denen ich Nachts unterworfen war, und die mich allzu stark bedrängten.« (HBN: Emmy Ball an Hugo Ball, undatierte Briefabschrift).

Hesse, dass er am 15.ten März] Hesse schrieb am 7. Februar aus Basel, er hoffe »Mitte oder Ende März« nach Montagnola zu kommen. Er kam am 28. März 1924 (DLA).

Herrn F[assbind]] Walter Fassbind (geb. 1892), Hotelier.

386. An Emmy Ball, vermutl. 13.2.1924

H: Hs. Brief; 1 Bl., 2 S. **F:** HBN. **DV:** Original.

Datierung: In diesem Brief hatte Ball die Bearbeitung des II. Kapitels der ›Kritik‹ abgeschlossen. Deshalb ist dieser Brief nach Nr. 385 einzuordnen. Da die Seligsprechung der Katharina Emmerich am 9.2.1924 erfolgte, kann dieser Brief frühestens am Mittwoch, den 13.2.1924, geschrieben worden sein.

Malaria] Emmy Ball aus Florenz: »In diesen Tagen glaubte ich, ich hätte die Malaria, aber es scheint doch nicht so zu sein. Es geht mir einmal sehr gut und dann sehr schlecht …« (HBN: Emmy Ball an Hugo Ball, undatierte Briefabschrift).

Müllers-Kinder] Da das dritte ›Müller-Kind‹ erst Ende 1924 geboren wurde, kann Ball nur zwei, vermutlich Töchter, mit »Müller-Kinder« gemeint haben. Dr. Friedrich Müller schrieb am 27. Dezember 1924 an Ball: »Vor allem herzlichen Dank für liebes Gedenken in Buchformat und Ihrer Familie uns riesig freuende Gratulation zur Geburt unserer Jüngsten. Nun sind's 3 und alle guten Dinge sind bekanntlich 3, wie Glaube, Liebe und Hoffnung.« (HBN)

II. Kapitel ist jetzt auch fertig] Dies Kapitel ist in der Buchausgabe ›Die Folgen der Reformation‹ übertitelt ›Die intelligible Freiheit‹ (S. 35-65).

Seligsprechung der Katharina Emmerich] Am 9. Februar 1924, zum 100. Todestag, wurde Anna Katharina Emmerich in Rom seliggesprochen.

als Privatdruck erscheinen] 1924 erschien von Robin Brown: ›Klavierstücke‹ bei S.A. Arti Grafiche già Veladini & C., Lugano (HBK, Nr. 204, S. 206).

Maurice Barrès] (1862-1923), französischer Schriftsteller.

Antoniuskirche] Sant'Antonio, Lugano, Piazza Dante.

in der Pension] Emmy Ball logierte nach ihrer Rückkehr aus Neapel wieder in der Pension der Baronin von Münchhausen.

387. An Emmy Ball, vermutl. 17.2.1924

H: Hs. Brief; 1 Bl., 2 S. **F:** HBN. **DV:** Original.

Datierung: Ball schrieb: »[…] wir haben ja schon über Mitte Februar«. Diese Aussage läßt den Brief in die zweite Februarhälfte datieren. An einem Sonntag geschrieben, ist der 17. Februar 1924 wahrscheinlich.

was fehlt Dir nur?] Am 12. Februar schrieb Emmy Ball an Hermann Hesse: »[…] es ist alles gleich; aber ich bin jetzt ganz und gar krank, bis in die Haare. So krank, daß ich mich genier zum Arzt zu gehn, es ist eine Zumutung sich mit etwas so Aussichtslosem zu beschäftigen, ich hab das größte Mitleid mit dem Arzt, ich weiß nicht, ob ich diese eigensinnige Neuralgie, […] wenn ich hier noch eines reellen Zusammenbruchs überhaupt fähig bin, […].« (HBN)

Koperativaweg] Vgl. *Nr. 383*.

coraggio] Ital. = Mut, Tapferkeit; im Original: »corraggio«.

Maria] Maria Hildebrand, Balls Schwester (vgl. *Nr. 3*).

388. An Emmy Ball, vermutl. 20.2.1924

H: Hs. Brief; 1 Bl., 2 S. **F:** HBN. **E:** EBH Leben, S. 216 f. (Ausz.) **DV:** Original.

Datierung: Ball bat seine Frau, sie möge sich mit der Schreibmaschine nicht überanstrengen: »Etwa zu meinem dummen Geburtstag.« Balls Geburtstag war der 22. Februar. Auch berichtete Ball in diesem Brief: »Samstag muss A[nnemarie] nun im Continental antreten.« Da Annemarie Hennings am 23.2. (Nr. 384 und 385) ihren Arbeitsantritt hatte, muß Nr. 388 am Mittwoch, den 20.2.1924 geschrieben worden sein.

con forza] Ital. = kräftig.

Wirst Du darin reisen ?] Emmy Ball kam Ende Februar von ihrer Italienreise nach Agnuzzo zurück. Weder in der Korrespondenz noch in den Tagebüchern wird der Tag der Rückkehr Emmy Balls von ihrer Italienreise mitgeteilt.

Dolcis] Im korrekten Italienisch heißt es ›dolci‹ = Süßigkeiten.

Dadaist] Diese Person gab Ball Anregung für sein Gedicht ›Der Dorfdadaist‹. Im Brief schrieb Ball: »Der Dadaist mit der Kistchen-Laute und den bunten Bändern ist auch wieder dagewesen.« Im ›Dorfdadaist‹ heißt es in Strophe 3, Vers 1-2: »Er hat sich eine Laute aufgezimmert. // Aus Kistenholz und langen Schneckenschrauben.« Das Typoskript des ›Dorfdadaisten‹ ist abgebildet in HBK, Nr. 223, S. 218.

389. An den Verlag Duncker & Humblot, 15.3.1924

H: Hs. Postkarte; beidseitig beschrieben; Adresse: Herrn / Dr. L. Feuchtwanger / Duncker & Humblot / *München* / Theresienhöhe 3 c. **F:** Verlagsarchiv Duncker & Humblot, Berlin. **DV:** Original.

Balls Originalkarte ist aufgeklebt auf zwei darauffolgende Antwortschreiben Feuchtwangers.

in diesen Tagen fertig geworden] In Nr. 377 hatte Ball eine Bearbeitung von ›Zur Kritik der deutschen Intelligenz‹ bis »Mitte März« zugesagt.

neuen Titel] Ursprünglich wollte Hugo Ball der Neubearbeitung von ›Zur Kritik der deutschen Intelligenz‹ den Titel ›Die Stützen der Reformation‹ geben (›Tagebuch‹, 17. März 1924). Wenig später (›Tagebuch‹, 4. April 1924) zeigte er die Beendigung der Bearbeitung an und war im Zweifel, ob er den »alten Titel beibehalten oder einen neuen nehmen soll; etwa ›Der Lutheranismus. Die Geschichte einer Häresie‹«. Die Neuausgabe sollte nicht, wie Ball (Nr. 390) schrieb, »an das Buch von 1919« erinnern. Denn Feuchtwanger schrieb am 18. März 1924 an Ball: »Der Titel ›Kritik der deutschen Intelligenz‹ war doch sehr gut.« (HBN).

390. An den Verlag Duncker & Humblot, 12.4.1924

H: Ms. Brief mit eigenh. Unterschrift; 1 S. **F:** HBN. **DV:** Original.

Hugo Ball muß von Nr. 390 versehentlich eine Abschrift, ohne eigenh. Unterschrift, an Ludwig Feuchtwanger gesandt haben, denn der Originalbrief befindet sich im HBN.

ich schicke Ihnen das Buch] Der bearbeiteten ›Zur Kritik der deutschen Intelligenz‹ legte Ball Nr. 390 bei. Die Sendung wird bestätigt durch ›Empfangsschein‹, postalisch gestempelt: »Gentilino, 13.IV.24« (HBN). Am 17. April bestätigte Ludwig Feuchtwanger den Empfang und versprach »nächste Woche werde ich in der Lage sein, Ihnen ausführlich darüber zu schreiben« (HBN: Ludwig Feuchtwanger an Hugo Ball, 17. April 1924). Den versprochenen Brief schrieb Feuchtwanger erst am 22. Mai; vgl. *Nr. 395* – »Wie steht es mit der ›Kritik‹«.

Statt eines Vorworts soll nur die kurze Notiz stehen] Nach der Inhaltsangabe auf Seite 3 ist vermerkt: »Die vier Kapitel dieses Buches entstanden 1914/18«.

auf die andere Publikation warten] Vgl. Nr. 377.

391. An den Verlag Duncker & Humblot, 12.4.1924

H: Ms. Brief mit hs. Unterschrift (Initialen); 1 S. **F:** Verlagsarchiv Duncker & Humblot, Berlin. **DV:** Original.

Datierung: Nr. 391 traf, ebenso wie Nr. 390, laut Eingangsvermerk, beim Verlag Duncker & Humblot am 15.4.1924 ein. Auf Balls Anfrage über Franz Rudolf Merkel antwortete Feuchtwanger am 17.4.1924 (HBN).Im Verlagsarchiv D&H sind Nr. 390 und Nr. 391 durch eine Büroklammer zusammengehalten. Wahrscheinlich lag Nr. 391 dem Brief Nr. 390 bei.

wer ist Privatdozent Dr. Merkel?] Franz Rudolf Merkel (1881-1955), Studium der Philosophie, Theologie und Orientalistik; ab 1918 Privatdozent in Halle und ab 1922 in München; 1933 Prof. für Theologie und Religionswissenschaft in München. Feuchtwanger antwortete am 17. April 1924: »Herr Dr. M. referiert dauernd in den Münchner Neuesten Nachrichten und in anderen deutschen Blättern über religiöse Literatur. Ich kann kein Urteil über ihn fällen [...].« Merkel besprach das ›Byzantinische Christentum‹ in ›Ost und Süd‹, München. Jg. 2, 1924. Nr. 5 vom 2.2.24, S. 4 (HBB, Nr. 996, S. 61).

Der Herr teilt mit] Den Brief von Dr. Merkel erhielt Hugo Ball am 4. April 1924 (›Tagebuch‹).

392. An Hermann Hesse, 18.4.1924

H: Hs. Postkarte, einseitig beschrieben. Adresse: Herrn / Hermann Hesse / Montagnola. **F:** DLA, Hesse. **DV:** Original.

Hs. Notiz von Hermann Hesse: »Abends 7 zu Dr. Müller«. Nach dem Ausflug, an dem auch Hermann Hesse teilnahm, fuhr Carla Fassbind die Balls und Hermann Hesse zu Dr. Friedrich Müller in dessen ›Casa da vendere‹ in Montagnola (vgl. Nr. 393).

Frl. Fassbind kommt] Carla Fassbind kam mit dem Auto und lud die Balls zu einer Ausfahrt nach Caslano ein (Nr. 398).

2. Feiertag] 21. April 1924 (Ostermontag).

393. An Maria Hildebrand und Karl Ball, 25.4.1924

H: Ms. Brief mit eigenh. Unterschrift; 4 Bl., 4 S. **F:** HBN. **DV:** Original.

wir bringen Robins opus I heraus] Von Robin Brown erschien 1924, auf Veranlassung seiner Eltern, als Privatdruck ›Klavierstücke‹ in der Druckerei S. A. Arti Grafiche già Veladini & C., Lugano (HBK, Nr. 204, S. 206). Durch die Erkrankung von Robins Vater, Charles Eugene Lancelot Brown – er starb am 2. Mai 1924 –, mußte Hugo Ball verstärkt mit dem Drucker in Lugano verhandeln (›Tagebuch‹, 4. April 1924).

einen zweiten Band] Ball könnte hier, wenn er von »kleineren Sachen« schrieb, einen Gedichtband gemeint haben (vgl. Nr. 375 und Nr. 377). Es könnte sich aber auch um ›Tenderenda der Phantast‹ gehandelt haben. Laut eines von Ball zusammengestellten Textes, der neben biographischen Daten von ihm und seiner Frau auch bibliographische Angaben zu erschienenen und geplanten Publikationen aufzählt, ist ›Tenderenda‹ für »1922/23« im Roland Verlag, München, angekündigt.

Nuggatei] So im Original.

will ich der Mutter widmen] Weder ›Die Folgen der Reformation‹ (1924) noch ›Die Flucht aus der Zeit‹ (1927) oder die ›Hermann Hesse‹-Biographie (1927) widmete Ball seiner Mutter.

394. An Tristan Tzara, 25.4.1924

H: Ms. Brief mit eigenh. Unterschrift; 1 S. Adresse: Mr Tristan Tzara / Rédaction des »Feuilles Libres« / (Mr Marcel Raval) / *Paris* (16 e) / 81 avenue Victor Hugo. **F:** BLJD, Paris. **E:** Briefe, S. 180. **DV:** Fotokopie des Originals.

Faites vos jeux] Dieser Roman erschien in: ›Les Feuilles Libres. Lettres et arts‹. Hrsg.: Marcel Raval. N° 31, März/April 1923 – N° 36, März/Juni 1924 in Fortsetzungen. Nach der Lektüre des »Abschnittes«, den Ball von ›Faites vos jeux‹ in der N° 34 las, war er der Meinung, daß dieser Text in Buchform erscheinen würde. Nachgedruckt wurde ›Faites vos jeux‹ in den ›Œuvres complètes‹. Hrsg. von Henri Béhar. Paris: Flammarion 1975. Tom I, S. 241-299.

sind Sie mir noch böse] Nachdem Ball Ende Mai 1917 die Galerie Dada plötzlich verließ, nach Magadino (Tessin) abreiste und Emmy Hennings mit den Abschlüssen der Galerie beauftragte (vgl. Korrespondenz Mai/Juni 1917), fragte Ball in diesem Brief an, ob Tzara ihm deshalb »noch böse« sei. Zwischen Ball und Tzara sind nach 1917 keine brieflichen Kontakte bekannt. Nr. 394 war der erste Versuch Balls, mit Tzara wieder in Verbindung zu treten.

395. An den Verlag Duncker & Humblot, 17.5.1924

H: Ms. Postkarte mit hs. Unterschrift, beidseitig beschrieben; Adresse: Herrn Dr. L. Feuchtwanger / Duncker & Humblot, Verlag / *München* / Theresienhöhe 3 c. **F:** Verlagsarchiv Duncker & Humblot, Berlin. **DV:** Original.

Besprechung J. Bernhart] Joseph Bernhart (vgl. *Nr. 292* – »Die philosophische Mystik ...«). In der Sammelbesprechung ›Literatur zur Mystik‹ (›Deutsche Vierteljahrsschrift für Literaturwissenschaft u. Geistesgeschichte‹, Halle. Jg. 2, 1924, H. 2. S. 302-329) besprach er auf den Seiten 321-323 Balls ›Byzantinisches Christentum‹ (HBB Nr. 963, S. 59). Ende Mai/Anfang Juni 1924 hielten sich Joseph Bernhart und seine Frau im Tessin auf. Ball war überrascht, als er nur wenige Tage, nachdem er die Rezension Bernharts über das ›Byzantinische Christentum‹ erhalten und gelesen hatte, die persönliche Bekanntschaft Bernharts machte (›Tagebuch‹, 31. Mai 1924).

Romano Guardini] (1885-1968), katholischer Theologe, Religionsphilosoph; Prof. für katholische Religionsphilosophie und Weltanschauung in Berlin (1923-1939), in Tübingen (1945-1947) und München (1945-1947). ›Liturgische Bildung‹ erschien 1923 (Burg Rothenfels/Main: Verlag Deutsches Quickbornhaus). Am 12. Januar 1924 erbat Guardini beim Verlag Duncker & Humblot ein Rezensionsexemplar des ›Byzantinischen Christentums‹ für die Zeitschrift ›Schildgenossen‹ (Verlagsarchiv Duncker & Humblot: Postkarte von Romano Guardini an den Verlag Duncker & Humblot, 12. Januar

1924). Die Rezension erschien in: ›Die Schildgenossen‹, Rothenfels. Jg. 4, 1923/24 innerhalb der Sammelbesprechung ›Heilige Gestalt‹, S. 260-262 (HBB Nr. 979, S. 60).

Wie steht es mit der »Kritik«] Feuchtwanger antwortete am 22. Mai 1924: »Die neue Fassung Ihrer ›Kritik‹ habe ich erst einmal durchgelesen und will Ihnen nach der zweiten Lektüre recht bald Vorschläge über das verlegerische Schicksal der Schrift machen. Die jetzige Fassung hat mir *sehr gut* gefallen. Die Prägnanz des Sprachlichen und das Manifest- und Thesenhafte des Ganzen verfehlen nicht ihre Wirkung. Die frühere Verliebtheit in die antithetische Formulierung ist ganz weggefallen. Da das Buch zweckmässig nicht vor Frühherbst herauskommen soll, hatte die bisherige Verzögerung in dem endgültigen Entschluss des Verlages nichts zu sagen.« (HBN; Brief von Ludwig Feuchtwanger an Hugo Ball, 22. Mai 1924).

396. An Hermann Hesse, 17.5.1924

H: Hs. Postkarte, einseitig beschrieben. Adresse: Herrn / Hermann Hesse / Montagnola. **F:** DLA, Hesse. **DV:** Original.

397. An Mimi Scheiblauer, 27.5.1924

H: Hs. Brief; 1 S. **F:** HBN. **DV:** Original.

Mimi Scheiblauer] Siehe *Nr. 305*.

dieses plötzlichen Verlustes] Charles Eugene Lancelot Brown, Vater von Robin und Oswin, war am 2. Mai, im Alter von 60 Jahren überraschend gestorben. In der ›Freien Schweizer Presse‹, Baden, 7. Mai 1924, wurde über die Einäscherung und über die Feierstunde vom 5. Mai 1924 auf dem Kirchhofe von Lugano berichtet: »Herr Dr. Ball, der Vorleser und Vertraute des Dahingeschiedenen, ehrte als Freund die großen menschlichen und seelischen Qualitäten Charles Browns.«

398. An Carla Fassbind, 9.6.1924

A: Ms. Abschrift; 1 S. **F:** HBN. **DV:** Abschrift.

Osterfahrt nach Caslano] Vgl. *Nr. 265* Über den Ausflug siehe auch Nr. 392.

Frl. Lange] Vgl. *Nr. 267*.

Dr. Klug] Vgl. *Nr. 361*.

Kapitel Jean Vianney] Ignaz Klug stellt in dem Band ›Ringende und Reife. Lebensbilder vollendeter Menschen‹ (Paderborn: Schöningh 1921), S. 395-452 das Leben des hl. Jean Marie Baptiste Vianney, des Pfarrers von Ars (1786-1859), in einem biographischen Porträt vor.

Frau Dr. B[rown]] Von Annemarie Schütt-Hennings am Rand ergänzt: »rown«.

Brief für Baden] Denkbar wäre ein Brief an Hilda Brown, die sich mit den Kindern, nach dem Tod ihres Mannes, in Baden bei Verwandten aufgehalten haben könnte. Ob der hier erwähnte »Brief für Baden« im Zusammenhang mit dem Schuldbekenntnis Balls gegenüber Adolf Saager (»ich habe Ihnen Unrecht getan«, Nr. 452) steht, kann nur vermutet werden.

Dr. Silberroth] Moses Nachmann Silberroth (1888-1965), Rechtsanwalt und

Notar. Im Tagebuch Emmy Balls (Rom, Piazza Pollarola 19, am 16. Februar 1925) war im Eintrag vom 19. März 1925 ein Hinweis zu finden: »Der Dr. Rechtsanwalt Silberroth hat geschrieben, ob Hugo nicht eine Postkarte [...] senden möchte mit der Auskunft wo der Katalog der Brownschen Bibliothek sich befinde.«

Dr. J. Bernhart] Vgl. *Nr. 395*.

Zeichnungen bei Bruckmann] 1925 erschien von Ruth Schaumann: ›Werkblätter‹. Einleitung von Peter Dörfler. Burg Rothenfels a.M.: Verlag Deutsches Quickbornhaus; 16 Bildtaf. von Bildwerken. Druck: F. Bruckmann, München. Die Publikation führt keinen Nachweis einer Mitarbeit von Joseph Bernhart.

zwei neue Bücher von Emmy] Emmy Ball hatte die Manuskripte ›Das graue Haus‹, einen Gefängnisroman, und ›Reise nach Rom‹, 1926 als 1. Teil in der Publikation ›Der Gang zur Liebe‹ erschienen, fertiggestellt.

399. An Emmy Ball, 3.7.1924

H: Ms. Brief mit eigenh. Unterschrift; 1 Bl., 2 S. **F:** HBN. **DV:** Original.

Datierung: Ball schrieb diesen Brief einen Tag nach Hesses Geburtstag, der am 2. Juli war. Deshalb ist eine zuverlässige Datierung auf den 3. Juli 1924 möglich.

schizophrenen Sonette] Ball schenkte Hesse das Typoskript ›Sonette‹ und datierte es »2. Juli 24«. Das Original befindet sich im DLA, Hesse, vgl. auch *Nr. 381*.

Cavicz] Der Grotti Cavicc, nahe bei Montagnola, war der Lieblingsgrotti Hesses. Dorthin lud er gern Freunde ein. Grottis sind, so eine Definition Emmy Balls: »Osterien im Freien, unter Bäumen wird an Steintischen der leichte Landwein und Brot serviert« (HBA 1992, S. 19).

Carona] In Carona besaß die Familie Wenger ein Sommerhaus, das »Papageienhaus« in Hesses ›Klingsors letzter Sommer‹. Vgl. *Nr. 269* – »ein äusserlich sehr unscheinbares Bauernhaus«.

Dr. Oppenheims] Familie von Eva Oppenheim, geb. Wenger, Schwester von Ruth Wenger.

Dein früheres Zimmer bei Frau Bacchi] Emmy Ball hielt sich in Ascona auf. Nachweislich ab Mitte März 1918 (*Nr. 170* – »dass Du gut an- und untergekommen bist«) bis Ende Mai 1918 logierte Emmy Hennings in Ascona im Casa Baggi (Nr. 169). Das Telegramm Nr. 212 vom 22. Mai 1918 war adressiert an »Hennings / Casa Bacchi / Ascona«.

Madonna del Sasso] Vgl. *Nr. 93*.

Dein Italienbuch den zweiten Preis] Für ein Preisausschreiben der ›Kölnischen Zeitung‹ reichte Emmy Ball zwei Manuskripte ein: das ›Italienbuch‹ und ›Das graue Haus‹ (›Tagebuch‹, 21. Juni 1924).

Cornetti] Ital. = grüne Bohnen.

Eisners] Bruno Eisner (1884-1978), österreichischer Pianist. Studium am Wiener Konservatorium (1899-1901), Konzertreisen von 1903 bis 1910. Musiklehrer in Berlin und Hamburg, danach freischaffender Künstler mit Auftritten im In- und Ausland. Von 1930 bis 1933 lehrte Eisner an der Berliner

Musikhochschule. 1936 emigrierte er in die USA. Seine Ehefrau war die Konzertsängerin Olga Eisner, geb. Mauksch (geb. 1887). Die Familie Eisner war mit Carla Fassbind befreundet.

Rigi] Vgl. *Nr. 401.*

Frau Dr. Müller] Anna Müller (um 1885-1963), die Frau von Dr. Friedrich Müller, stammte aus Frankfurt a.M.

Airolo] Auf der Südseite des St. Gotthard gelegener Sommerkurort. Airolo ist Ausgangsort zahlreicher Bergwanderungen.

Bellevue] Hotel ›Bellavista Bellevue‹ in der Via Collina d'Oro, am Ortseingang von Montagnola. In diesem Albergo brachte Hesse häufig seine Gäste unter. Gern saß er auch mit Freunden auf der Terrasse des Hotels.

400. An den Verlag Duncker & Humblot, 8.7.1924

H: Hs. Postkarte, Motiv im Kleinstformat auf der Adreßseite: Hotel Waldrand bei Griesalp. Adresse: Herrn / Dr. L. Feuchtwanger / Duncker & Humblot Verlag / *München* / Theresienhöhe 3c. **F:** Verlagsarchiv Duncker & Humblot, Berlin. **DV:** Original.

Datierung: Die unversandte Postkarte, die sich im HBN befindet, ist fälschlich auf den 8. Juni 1924 datiert.

mit der »Kritik«] Feuchtwanger teilte Ball am 9. Juli 1924 mit: »Wir schicken Ihnen über das neue Buch anliegend einen Vertragsentwurf, der unseren Vorvereinbarungen in dem Vertrag über das ›Byzantinische Christentum‹ von vor 2 Jahren entspricht.« (D&H, Verlagsarchiv.) Am 14. Juli (Nr. 402) erklärte Ball sein Einverständnis zum Vertragsentwurf.

401. An Emmy Ball, 13.7.1924

H: Hs. Postkarte, beidseitig beschrieben. Bildmotiv auf der Adreßseite: DAVOS, am See/Graubünden. Adresse: Frau / Emmy Ball / Agnuzzo-Lugano. **F:** HBN. **DV:** Original.

auf dem Rigi] Vgl. *Nr. 297.* Während seines Ferienaufenthalts schrieb Hugo Ball ins Gästebuch:

»Liebe Carla Fassbind,
ich bin Ihnen gut –: weil die Schneemadonna Ihr Haus behütet; weil Sie die frohe Gesundheit lieben; weil Sie einen so schönen Kreis von Menschen um sich zu sammeln verstehen, und weil Sie in diesen Kreis mich aufgenommen haben.
Ihr
Hugo Ball
Rigi-Klösterli
24. 7. 24«

Mit »Schneemadonna« bezog sich Ball auf die Wallfahrtskapelle ›Maria zum Schnee‹ in Rigi-Klösterli.

Geiger Silzer] Walter und Robert Silzer trugen sich 1905 in Carla Fassbinds Poesiealbum ein. Die Brüder Silzer waren mit Pelzhandel beschäftigt. Ihre ständige Adresse war vermutlich Wien, Skodagasse 11. Ob einer der Silzers auch Geige spielte, ist nicht bekannt. Im ›Tagebuch‹ wird der »Geiger Silzer« nicht erwähnt. Dagegen nennt Ball als weiteren Rigi-Gast im

Hotel Sonne: Artur Fleischer von der Berliner Staatsoper (›Tagebuch‹, undatierter Eintrag vor dem 5. August 1924).

402. An den Verlag Duncker & Humblot, 14.7.1924

H: Hs. Brief; 1 Bl., 2 S. **F:** Verlagsarchiv Duncker & Humblot, Berlin. **DV:** Original.

»Folgen der Reformation« bereits in der Druckerei] Am 9. Juli 1924 (D&H, Verlagsarchiv) schrieb Feuchtwanger an Ball: »Das Manuskript Ihrer ›Folgen der Reformation‹ ist in der Druckerei und wird im Laufe der nächsten Wochen gesetzt. Haben Sie die Güte anzugeben, wohin die Verfasserkorrektur geht. Da die Niederschrift in der Formulierung sehr gefeilt und auch äusserlich in sehr gutem Zustande war, konnte der Druckerei der Auftrag zum glatten Satz gegeben werden.«

Vertragsentwurf] Ball unterzeichnete am 12. Juli 1924 den Vertrag über das Erscheinen seines Werkes ›Die Folgen der Reformation‹. Das unterzeichnete Vertragsexemplar befindet sich im Verlagsarchiv D&H; vgl. *Nr. 422* – »Vertragsexemplar«.

buchhändlerischen Erfolg] Feuchtwanger nannte im Brief vom 9. Juli 1924 die Absatzzahlen des ›Byzantinischen Christentums‹: »Der ausserordentliche ideelle Erfolg Ihres ersten Buches, der noch im Steigen begriffen ist, steht in einem Missverhältnis zu den Absatzziffern. Nach der Zählung vom 1. Juli waren noch 801 Stücke in Halbleinen, 163 Ex. in Halbpergament und 1660 Ex. roh von der Auflage von 3300 auf unseren Lagern. Mit anderen Worten es sind nur 600 Ex. seit Ausgabe fest verkauft und daneben ca. 150 Freiex. abgegeben worden. Das wäre für ein rein wissenschaftliches Buch ein schöner Erfolg, für ein Buch von so grossem Allgemeinwert ist dieser Absatz eigentlich erstaunlich gering.«

Guardini-Besprechung] Vgl. *Nr. 395*.

Besprechung in der »Literatur«] Feuchtwanger am 9. Juli 1924: »Ich habe jetzt wieder eine grössere Anzeige mit der Besprechung von Guardini in der *»Literatur«* (dem früheren »Literarischen Echo«) aufgegeben, die im nächsten Heft eine ausführliche, gute Besprechung bringen soll.« Die Rezension von Franz Strunz über Balls ›Byzantinisches Christentum‹ erschien im Septemberheft der ›Literatur‹, Stuttgart, Berlin (Jg. 26, H. 12, September 1924. S. 759; HBB, Nr. 1022, S.62).

403. An Carl Muth, 15.7.1924

H: Hs. Brief; 1 Bl., 2 S. **F:** HBN. **DV:** Original.

Dieser Brief wurde wahrscheinlich nicht abgeschickt. Dafür sprechen auch die hs. Notizen in Bleistift auf S. 2 von Balls Hand: »Pelikanstr. 15/ Dr. Hans Ganz«. Von fremder Hand: »Vogel in the field/ Walt Whitman.«. – Hans Ganz komponierte das Orchesterwerk »Seltsame Wacht (Virgil on the field)‹. Worte von Walt Whitman. Ganz war Mitte Juli 1924 für einen Tag Gast im Hotel Sonne in Rigi-Klösterli und spielte Hugo Ball dort die Partitur zu Whitmans ›Virgil on the field‹ auf dem Klavier vor. (›Tagebuch‹, undatierter Eintrag vor dem 5. August 1924).

Aufnahme meines Hochland-Aufsatzes] Über Balls Schmitt-Aufsatz schrieb Carl Muth: »bei ernsthaften Lesern, die sich die Mühe nehmen in die nicht eben leichte Materie einzudringen, findet Ihr Hochlandaufsatz über Carl Schmitt reichen Beifall. Er ist in der Tat eine Gesamterfassung einer Persönlichkeit und eines Werkes, wie sie von unseren Mitarbeitern nicht immer so glücklich erreicht worden ist. Um ihnen ein Echo von der Aufnahme, die Ihr Beitrag gefunden hat, zu vermitteln, setze ich wohl am besten einen Passus aus einem Briefe von Carl Schmitt selber hierher.« Muth zitierte aus Schmitts Brief: »›Nach mehrmaliger Lektüre und Besprechung mit Bekannten erscheint mir der Aufsatz von Ball inhaltlich und formal eine herrliche und reiche Arbeit, dabei in der Haltung so vornehm, dass niemals ein persönliches Missverständnis oder gar die Peinlichkeit einer Eloge naheliegt. Die Prosa ist wunderbar, in Deutschland ein ganz seltenes Phänomen. Ich glaube es kommt nicht darauf an, ob sich ein Teil der Leser überschätzt und daher vielleicht beleidigt fühlt.‹« (HBN: Carl Muth an Hugo Ball, 8. Juli 1924).

Einladung zu weiterer Mitarbeit] Im Brief vom 8. Juli wird Hugo Ball von Carl Muth zur weiteren Mitarbeit beim ›Hochland‹ eingeladen: »Ihr Beitrag über Carl Schmitt sollte im Hochland nicht isoliert stehen. Ich sehe vielmehr in ihm eine Verheis[s]ung und ein Unterpfand für andere Aufsätze.« Carl Muth nannte auch gleich zwei Themen, die er Hugo Ball zur Bearbeitung vorschlug: einen Aufsatz über Giuseppe Mazzini, der nach Meinung Muths »durch die liberale Geschichtsschreibung in ein falsches Licht gerückt« sei, und eine Besprechung von Alois Dempfs ›Weltgeschichte als Tat und Gemeinschaft‹.

Dr. Dempf] Alois Dempf (1891-1982) Studium der Philosophie in München; Professuren in Bonn (1926), Wien (1937), München (1949). 1924 erschien von Dempf ›Weltgeschichte als Tat und Gemeinschaft. Eine vergleichende Kulturphilosophie.‹ (Halle: Max Niemeyer). Die Rezension dieses Buchs wollte Carl Muth Hugo Ball übertragen. Nach dessen Ablehnung besprach Anton Hilckman (›Hochland‹. Jg. 23. Bd. 1, S. 349-353) diese Publikation.

Mazzini] Giuseppe Mazzini (1805-1872), italienischer Freiheitskämpfer, Publizist. Obwohl Ball das Thema »Mazzini« für einen ›Hochland‹-Aufsatz zunächst interessierte, bat er Carl Muth später, ihm »den Aufsatz über Mazzini zu erlassen« (vgl. Nr. 437).

404. An Emmy Ball, 15.7.1924

H: Hs. Brief; 2 Bl., 3 S. **F:** HBN. **E:** Briefe, S. 180 f. **DV:** Original.

Datierung: In Nr. 403, datiert auf Dienstag, den 15.7.1924, informierte Ball Carl Muth: »Gerade höre ich, dass morgen Herr Dr. Fuchs hier eintrifft.« Tatsächlich trafen Friedrich Fuchs und Ruth Schaumann aber bereits am 15. Juli in Rigi-Klösterli ein (›Tagebuch‹, undatierter Eintrag vor dem 5. August 1924).

meine Karte] Nr. 401.

Frl. Schaumann] Vgl. *Nr. 357.* In ihrem autobiographischen Roman ›Das Arsenal‹ (Heidelberg: Kerle 1968) erzählt Ruth Schaumann von ihrem und Friedrich Fuchs' Aufenthalt in Rigi-Klösterli und berichtet auch von der Begegnung mit Hugo Ball (S. 1066-71). Ruth Schaumann hat für die ›Neue Deutsche Biographie‹, Bd. 1, 1953, S. 559-560 den Beitrag über Hugo Ball verfaßt.

Brief, aus Montagnola] Hugo Ball hatte von Hilda Brown einen Geldbetrag erhalten. Aus dem Situationshintergrund – der Vorwurf ein Verhältnis zu Hilda Brown unterhalten zu haben (vgl. *Nr. 407* – »wenn wir jetzt sprechen«) – fühlte sich Hugo Ball veranlaßt, einen (nicht erhaltenen) Brief an Hilda Brown zu schreiben und den Geldbetrag zurückzugeben. Für welchen »Freundschaftsdienst«, der »gewiss nicht so zu entlohnen« sei, Ball diese Geldsumme erhielt, ist nicht bekannt. Denkbar wäre ein Dank für die Trauerrede, die Hugo Ball anläßlich der Einäscherung von Charles Eugene Lancelot Brown am 5. Mai 1924 hielt (vgl. *Nr. 397*). Möglich wäre aber auch ein Dank für die Bemühungen Balls bei der Herausgabe des Notenbandes ›Klavierstücke‹ von Robin Brown (vgl. *Nr. 393* – »wir bringen Robins opus I heraus«. Im August erhielt Ball vom Testamentvollstrecker René Lewin ein Schreiben (Nr. 420), daß Ball »namens der Erben von Dr. Charles Brown« einen Betrag von 3000.– Franken erhalte.

Gil Blas] Abenteuerroman des französischen Schriftstellers Alain-René Lesage (1668-1747).

Leon] Ob es sich dabei um Leon Richter (vgl. *Nr. 120*) handelte, kann nur vermutet werden. Nach den Zerwürfnissen 1917/18 trafen sich Ball und Richter am 30. Juli 1923 zufällig in Berlin. Ein Jahr vorher, am 18. Juli 1922, vermerkte Ball im ›Tagebuch‹: Lo Richter, die Frau des Polen-Richter, habe sich mit Gas vergiftet; Leon wohne in Warschau.

Wart Ihr schon in Ascona ?] Anfang Juli 1924 hielt sich Emmy Ball in Ascona auf und hatte ein Zimmer bei Frau Baggi/Bacchi gefunden (vgl. Nr 399). Sie muß aber in der ersten Julihälfte nach Agnuzzo zurückgekehrt sein, denn Ball adressierte Nr. 401 nach Lugano-Agnuzzo. Auch Nr. 405 und Nr. 406 belegen den Aufenthalt Emmy Balls in Agnuzzo.

405. An Emmy Ball, 16.7.1924

H: Hs. Brief; 1 Bl., 4 S. 1. Seite bedruckter Kopfbogen: Hotels Rigi-Klösterli / J. Fassbind, Bes. **F:** HBN. **DV:** Original.

Datierung: Diesen Brief schrieb Ball am »Mittwoch« und kündigte an: »Ich lege Dir einen Brief für Donada bei [...]« (Nr. 406). Da Ball den Donada-Brief mit »17. Juli 24« datierte, muß Nr. 405 am Mittwoch, den 16. Juli 1924 geschrieben worden sein.

Gianollas] Es könnte sich um Vormieter im Andreoli-Haus in Agnuzzo gehandelt haben (vgl. ›Tagebuch‹, 17. und 20. September 1922). Im April 1927 zogen die Balls wieder nach Agnuzzo, bezogen aber das »Turm«-Haus, dessen Vormieter ebenfalls Gianolla hieß (siehe *Nr. 738* – »Der Turm«).

Herr Behrens] Ergänzender Hinweis zu Behrens in Nr. 507: »Redaktor der Nationalzeitung«. Aufgrund dieser Angabe ist anzunehmen, daß es sich um den Journalisten Eduard Behrens (1884-1944) handelte (DBE 1, S. 401).

406. An Alfonso Donada, 17.7.1924

H: Hs. Brief; 1 Bl., 3 S. 1. Seite bedruckter Kopfbogen: Hotels Rigi-Klösterli / J. Fassbind, Bes. **F:** HBN. **DV:** Original.

Bei diesem Brief handelt es sich um den in Nr. 405 erwähnten Brief an Donada, den Annemarie übersetzen und übergeben soll.

Balmellis] Nicht identifiziert. Angeregt durch Hermann Hesse benannte Hugo Ball sich selbst Balmelli, vgl. *Nr. 249* – »Balmelli«.

407. An Emmy Ball, vermutl. 19.7.1924

H: Hs. Brief; 1 Bl., 4 S. 1. Seite bedruckter Kopfbogen: Hotels Rigi-Klösterli / J. Fassbind, Bes. **F:** HBN. **E:** EBH Leben, S. 224 f. (Auszüge) **DV:** Original.

Datierung: Ball beabsichtigte am Sonntag, dem 20.7., von Rigi-Klösterli abzureisen, wurde aber von Friedrich Fuchs überredet, mit ihm und Ruth Schaumann »am Dienstag nach Zug zu fahren«. Ball blieb bis Donnerstag, dem 24.7. in Rigi-Klösterli und reiste gemeinsam mit Friedrich Fuchs und Ruth Schaumann nach Zug. (HBN: Emmy Ball: Tagebuch ›Agnuzzo IX‹, Dezember 1923-August 1924.) Nach der Abreise von Fuchs/Schaumann nach München fuhr Ball am Dienstag, den 29.7. nach Einsiedeln.

wenn wir jetzt sprechen] Ende Februar 1924 (vgl. *Nr. 388*) kam Emmy Ball von ihrer Italienreise zurück. Aber wohl erst später – vermutlich Juli – wird ihr von Dr. Friedrich Müller zugetragen, Hugo Ball und Hilda Brown hätten ein Verhältnis (vgl. Reetz, S. 239 ff.). Möglicherweise erfuhr Emmy Ball von dieser Affäre kurz bevor Hugo Ball nach Rigi-Klösterli reiste. Denn vorher muß Ball noch einen Brief nach Montagnola an Hilda Brown geschrieben und ihr auch einen Geldbetrag zurückerstattet haben (vgl. Nr. 404). Ob bereits eine Aussprache vor seiner Abreise stattfand, ist ungewiß. Denn als Ball seiner Frau in Nr. 407 schrieb: »wenn wir jetzt sprechen, wirst Du mich schon verstehen«, muß diese Formulierung für sie eine Aufforderung gewesen sein, ihrem Mann nachzureisen. Als Resultat dieser Unterredung mit seiner Frau schrieb Hugo Ball einen Brief – vermutlich wiederum an Hilda Brown – der ebenso verlorenging wie die Kopie, die Hugo Ball Nr. 408 beilegte. Ball bat seine Frau die Briefkopie nicht »herumzuzeigen« und das »Thema hiermit [zu] begraben«. Es ist keineswegs sicher, ob der Vorwurf der Untreue den Tatsachen entsprach. Außer in Briefen Emmy Balls an Hermann Hesse und in ihren Tagebüchern sind in Balls Korrespondenz und ebenso in seinen ›Tagebüchern‹ – allerdings sind die Einträge zwischen dem 6. April und dem 30. Mai 1924 aus dem ›Tagebuch‹ überwiegend entfernt und verlorengegangen (28 handschriftliche Seiten) – keine Hinweise über Hugo Balls Verhältnis zu Hilda Brown zu finden. Anläßlich eines Vermittlungsversuchs zwischen den Balls und Hilda Brown von Carla Fassbind im April 1926 kam Emmy Ball noch einmal ausführlich auf diese Angelegenheit zurück und schrieb einen ängstlichen Brief an Hugo Ball, der sich in München aufhielt (vgl. *Nr. 628* – »alles in Ordnung«). Nach Balls Tod – inzwischen waren fünf Jahre vergangen – informierte Emmy Ball am 21. Februar 1929 Hermann Hesse von dem schuldhaften Verhalten des »infantile[n] Müller« und was er angerichtet habe: »Das hab ich von Hugo glauben können und ich hatte mich so geirrt, wie noch nie in meinem Leben zuvor.« (Zit. nach Reetz, S. 240).

»Knospengrund«] Der Lyrikband von Ruth Schaumann erschien 1924 im Münchner Theatiner-Verlag.

»Die Glasbergkinder«] Ebenfalls 1924 im Theatiner-Verlag erschienen.

Exerzitien] In EBH Leben S. 225: »Exerzitien des heiligen Ignatius«.

Pomidoros] Im korrekten Italienisch heißt es pomodori = Tomaten.

Dr. Ganz] Hans Ganz (1890-1957), wohnte 1924, wie Ball handschriftlich notierte, in Zürich, Pelikanstr. 15. Ganz studierte zunächst Philosophie und schloß 1917 sein Studium mit der Dissertation ›Das Unterbewußte bei Leibniz in Beziehung zu modernen Theorien‹ ab. Ob sein 1917 begonnenes Medizinstudium einen Abschluß fand, konnte nicht ermittelt werden. Die Vielseitigkeit von Ganz belegen auch Einträge in der Einwohnerkontrolle Zürich: 1920: Dr. phil., Schriftsteller; 1926: Dr. phil., Schriftsteller und Kunstmaler. Nach seinem Tod erschien: ›Hans Ganz: Eine Erinnerungsschrift von Carl Jacob Burckhardt, Fritz Ernst, Carl Seelig, Paul Leonhard Ganz, Armand Hiebner.‹ Pfäffikon: Verl. Oskar Schellenberg 1959.

Ich bin gezeichnet worden] Im Nachlaß von Hans Ganz (Zentralbibliothek Zürich) befindet sich kein Porträt Hugo Balls.

408. An Emmy Ball, 22.7.1924

H: Hs. Brief; 2 Bl., 4 S. **F:** HBN. **E:** EBH Leben, S. 221 f.; auch in Briefe, S. 182 (jeweils nur Auszüge). **DV:** Original.

Datierung: Ball hielt sich im Juli 1924, vermutlich ab 13.7. und bis 24.7., in Rigi-Klösterli auf. Der Brief muß am 22. Juli 1924 geschrieben worden sein.

bist Du gut nachhaus gekommen] Emmy Ball hatte Hugo Ball überraschend in Rigi-Klösterli besucht. Vielleicht war für Emmy Ball die Äußerung Hugo Balls »wenn wir jetzt sprechen« in Nr. 407 Anlaß, nach Rigi-Klösterli zu reisen; vgl. auch *Nr. 407*.

Ich schick Dir die Kopie] Vermutlich ein Brief an Hilda Brown, vgl. *Nr. 407* – »wenn wir jetzt sprechen«.

»der Wanderer und der Mond« von Schubert] Der Titel des Liedes lautet ›Der Wanderer an den Mond‹ (Deutsch-Verzeichnis 870). Schubert vertonte es 1826, Text Johann Gabriel Seidl (1804-1875).

409. An Emmy Ball und Annemarie Hennings, 29.7.1924

H: Hs. Fotopostkarte. Motiv: Zug. Adresse: Frau / Emmy Ball / Agnuzzo-Lugano. **F:** HBN. **DV:** Original.

Einsiedeln] Vgl. *Nr. 129*. Im Rokoko-Saal der Stiftsbibliothek arbeitete Ball während seines Aufenthaltes in Einsiedeln täglich (29.7 bis 1.8.1924).

Gruss von Zug] Josef Englert, den Ball hier besuchte, war im Januar 1921 nach Zug umgezogen (vgl. *Nr. 257* – »wir vermissen Sie immer mehr«) und wohnte in der Neugasse 22.

Münchner] Ruth Schaumann und Dr. Friedrich Fuchs.

die kleine Jacqueline] Englerts Tochter Jacqueline kam am 14. März 1924 in Zug zur Welt.

Tertiariern] Laien, die in einer weltlichen oder in einer klösterlichen Gemeinschaft leben, welche einem geistlichen Orden zugeordnet ist.

410. An Emmy Ball, 29.7.1924

H: Hs. Bildpostkarte. Motiv: Kloster Einsiedeln – Bibliothek. Adresse: Frau / Emmy Ball / Agnuzzo-Lugano. **F:** HBN. **E:** Briefe, S. 182. **DV:** Original.

Nr. 411 ist die Fortsetzung dieser Postkarte.

411. An Emmy Ball, 29.7.1924

H: Hs. Bildpostkarte, mit hs. Postskriptum auf der Bildseite. Motiv: [Klosterkirche] Einsiedeln. Adresse: Frau / Emmy Ball / Agnuzzo-Lugano. **F:** HBN. **E:** Briefe, S. 182 f. **DV:** Original.

Fortsetzung von Nr. 410.

3 000 Pilger] Von Montag, den 28., bis Donnerstag, den 31. Juli hielten sich über 3 000 Pilger aus dem Allgäu in Einsiedeln auf.

412. An Annemarie Hennings, 29.7.1924

H: Hs. Bildpostkarte. Motiv: Einsiedeln [Klosterkirche], Gnadenaltar. Adresse: Frl. / Annemarie Ball / Agnuzzo-Lugano. **F:** HBN. **E:** Briefe, S. 182. **DV:** Original.

Wunder-Madonna von Einsiedeln] Die »Einsiedler Gnadenmutter« ist eine stehende Madonna in Holz, gotisch, 120 cm groß. Es handelt sich vermutlich um eine süddeutsche Arbeit, die wohl Mitte des 15. Jh., als 2. Gnadenbild, nach Einsiedeln kam. Sie steht in der Gnadenkapelle über dem Altar.

413. An den Verlag Duncker & Humblot, 29.7.1924

H: Hs. Postkarte, einseitig beschrieben. Motiv im Kleinstformat links auf der Adreßseite: Lichtensteig. Adresse: Herrn / Dr. L. Feuchtwanger / Duncker & Humblot / München / Theresienhöhe 3.c. **F:** Verlagsarchiv Duncker &Humblot, Berlin. **DV:** Original.

Einblick in die Besprechungen] Feuchtwanger hatte Ball die beim Verlag Duncker & Humblot gesammelten Rezensionen über das ›Byzantinische Christentum‹ leihweise überlassen. Ball schickte sie mit Nr. 421 zurück.

414. An Maria Hildebrand, 30.7.1924

H: Hs. Bildpostkarte: Einsiedeln Kloster. Adresse: Frau Direktor / Maria Hildebrand / Pirmasens. Rhpfalz / Schloss-Strasse. **F:** HBN. **DV:** Original.

415. An Emmy Ball, 30.7.1924

H: Hs. Postkarte, beidseitig beschrieben. Bildmotiv auf der Adreßseite: ZOFINGEN (Rathaus). Adresse: Frau / Emmy Ball / Agnuzzo-Lugano. **F:** HBN. **E:** Briefe, S. 183. **DV:** Original.

Pater Bibliothecarius (Eduardus heisst er)] Ball irrte sich hier im Namen des Paters. Als Hugo Ball sich in Einsiedeln aufhielt, war das Amt des Stiftsbibliothekars nicht besetzt, da der bisherige Inhaber am 19. Dezember 1923 zum Abt gewählt worden war. Die Arbeit in der Bibliothek besorgte der Vizebibliothekar P. Edmund Brosy. Erst am 27. Oktober 1927 ernannte der Abt einen neuen Stiftsbibliothekar. Der Brief Hugo Balls gelangte demzufolge an Pater Edmund Brosy, Geburtsname Adelrich (1886-1934), Priester, Lehrer an der Stiftsschule 1912-19, Vizebibliothekar 1919-1927, Lehrer der Novizen 1920-26, Lehrer am Gymnasium 1921-27. Mit Gutheißung Roms 1928 aus dem Kloster und dem Orden entlassen.

Salve Regina] Lat. = »Gegrüßet seist Du Königin«; Anfangsworte eines Marienliedes zum Abschluß eines Stundengebets.

Ruth] Ruth Schaumann.

Pater Eberhard] P. Eberhard Crönlein, Geburtsname: Alfons Otto (1881-1973), 1907 zum Priester geweiht, Lehrer am Gymnasium, Studium der Liturgie in der Benediktinerakademie der Abtei Maria Laach, Korrektor des Volksmessbuchs »Bomm«.

Agnus Dei] Lat. = Lamm Gottes; Bezeichnung Christi nach Joh 1,29; Gebetshymnus im christlichen Gottesdienst.

Henoch-Liedern] Am Allerseelentag 1923 (2. November) schrieb Emmy Ball an Hugo: »Wir sind Eines in einer Zweisamkeit und zwei in Einigkeit, als ich an Dich dachte, dachte ich an mich, als ich Dein Buch wieder las. Da fiel mir ein:

›Ich bin gegangen nach allen Seiten
Und jeder Weg war weiß verschneit
Es wurden Wüsten meine Weiten
Und Wunder jede Einsamkeit ...‹

Das ist ein Reim aus den Henoch-Liedern, die ich Dir erst schenken will, wenn ich sehr alt geworden bin. Früher werde ich sie nicht beisammen haben.« (EBH Leben, S. 190).

416. An Emmy Ball, 31.7.1924

H: Hs. Postkarte, beidseitig beschrieben. Bildmotiv auf der Adreßseite: LICHTENSTEIG. Adresse: Frau / Emmy Ball / Agnuzzo-Lugano. / Tessin. **F:** HBN. **E:** Briefe, S. 184. **DV:** Original.

Tedeum] Bezeichnung des altkirchlichen sogenannten Ambrosianischen Lobgesangs: »Te Deum laudamus« = »Dich, Gott, loben wir!«

417. An Hermann Hesse, 31.7.1924

H: Hs. Bildpostkarte. Motiv: Kloster Einsiedeln – Bibliothek. Adresse: Herrn / Hermann Hesse / Montagnola / Tessin. **F:** DLA, Hesse. **DV:** Original.

418. An Annemarie Hennings, 31.7.1924

H: Hs. Brief; 1 Bl., 2 S. Bedruckter Briefbogen: Hotel & Restaurant St. Georg, Einsiedeln. **F:** HBN. **DV:** Original.

Datierung: Aufgrund von Balls Aussage in Nr. 416, er wolle Annemarie noch den versprochenen Brief schreiben, ist der vorliegende Brief auf den 31.7.1924 zu datieren.

Engelsbrot] Als das Volk Israel, von Moses geführt, hungernd durch die Wüste zog, war die Erde morgens mit Manna – Brot vom Himmel – bedeckt (2. Mose 16). Wahrscheinlich handelte es sich um die auf der Sinai-Halbinsel heimische Manna-Tamariske, deren süßer, körniger Ausfluß zur täglichen Nahrung dient.

419. An Carl Schmitt, 9.8.1924

H: Ms. Entwurf im Stadium der Überarbeitung, mit hs. Varianten zweier Textstellen; 1 S. **F:** HBN. **DV:** Entwurf.

Sie in Lugano zu sehen] Vom 19. August bis 9. September 1924 hielt sich Carl Schmitt im Tessin auf und logierte zunächst in Sorengo. In dieser Zeit begegnete er Hugo Ball mehrmals zumindest bis zum 3. September.

aus der Nordschweiz zurückgekommen] Nach Balls Rigi-Aufenthalt vom 13. bis 24. Juli 1924 (vgl. *Nr. 408* – Datierung) fuhr er in Begleitung von Ruth Schaumann und Friedrich Fuchs nach Zug und übernachtete gemeinsam mit ihnen im Hotel Rigi am See (›Tagebuch‹, 5. August 1924). Am Dienstag, den 29. Juli reiste Ball nach Einsiedeln, um sich in der Klosterbibliothek über Buchbestand und Ausleihmodalitäten zu orientieren. Am Freitag, den 1. August fuhr er weiter nach Zürich, übernachtete bei Coray in Erlenbach, und konnte, da die Bibliothek am Sonnabend den 2.8. geschlossen war, nur kurz den Katalogsaal benutzen. So trat Ball noch am selben Tag die Rückreise nach Lugano an. Vgl. auch *Nr. 436* – »eigens nach Zürich«.

Kongress der Internat-Katholiken-Liga] Vom 15.-20. August 1924 fand in Lugano ein katholischer Friedenskongreß der Internationalen katholischen Liga (IKA) statt. Etwa 250 Teilnehmer aus 20 Staaten nahmen teil. Die ›Schweizerische Kirchen-Zeitung‹, Luzern, Nr. 35 vom 28. August 1924, S. 283, berichtete: »Erscheinen auch manche am Kongress vertretenen Pläne stark idealistisch, so ist doch die gegenseitige Fühlungsnahme der Friedensfreunde der ehemals verfeindeten Länder wertvoll und kann gute Früchte zeitigen.«

420. An René Lewin, 11.8.1924

H: Ms. Brief; 1 S. Adresse: Herrn Dr. René Lewin, Baden (Schweiz), Parkstrasse 25. **F:** HBN. **DV:** Original.

Ball schrieb diese Antwort auf die im unteren Drittel freigebliebene Briefseite des Anwalts Lewin vom 9. August 1924, mit dem ihn dieser um Bestätigung des Empfangs der 3 000 Franken aus dem Erbe Brown bat.

421. An den Verlag Duncker & Humblot, 14.8.1924

H: Ms. Brief mit eigenh. Unterschrift; 1 S. **F:** Verlagsarchiv Duncker & Humblot, Berlin. **DV:** Original.

zwei ersten Korrektursendungen] Dem Brief beiliegend, sandte Hugo Ball Korrekturen von ›Die Folgen der Reformation‹ und gab Rezensionen über das ›Byzantinische Christentum‹ an den Verlag zurück.

Anmerkungen] Die Anmerkungen in den ›Folgen der Reformation‹ wurden »separat und am Ende des Buches« gebracht.

422. An den Verlag Duncker & Humblot, 26.8.1924

E: Ms. Brief mit eigenh. Unterschrift; 1 Bl., 2 S. **F:** Verlagsarchiv Duncker & Humblot, Berlin. **DV:** Original.

Briefe vom 20. und vom 23. August] Durchschriften dieser Briefe befinden sich im Verlagsarchiv D&H.

Vertragsexemplar] Unter Berücksichtigung von Balls Wünschen in Nr. 402 legte Feuchtwanger Ball einen neuen Vertrag zu den ›Folgen der Reformation‹ vor: »Wir möchten Ihren Vorschlag vom 14. Juli annehmen und Ihnen für 2 000 Ex. vorläufig Gm. 600.– honorieren. Dies entspricht einem Ladenpreis von M 3.– pro Ex. Sollte dieser Preis bei Ausgabe erhöht werden, so folgt *selbstverständlich die* Nachzahlung von 10 % der Differenz für 2 000 Stücke. Wir haben dementsprechend den von Ihnen bereits unterzeichneten Vertrag noch einmal formuliert und legen Ihnen Abschrift in 2 Ex. mit der Bitte um Unterzeichnung und Rücksendung eines Vertrages vor.« (Verlagsarchiv D&H: Brief von Ludwig Feuchtwanger an Hugo Ball, 20. August 1924).

Bogen auch Herrn Professor Schmitt] Carl Schmitt traf am 19. August 1924 in Begleitung von Duska Todorovič (1903-1950), Schmitts späterer Ehefrau, in Lugano ein, und er bat Ball schriftlich, zwei Einzelzimmer reservieren zu lassen. Zunächst wohnten Schmitt und seine Begleiterin in Sorengo, später zogen sie an den Monte Brè um. Als Carl Schmitt Hugo Ball in Agnuzzo besuchte, war dieser mit Korrekturarbeiten an den ›Folgen der Reformation‹ beschäftigt. Schmitt riet Ball dringend ab, diese Publikation erscheinen zu lassen. Ihm mißfiel Balls Einschätzung der Französischen Revolution – der »demokratischen Idee des Buches« –, außerdem sei das Buch nicht ausreichend dokumentiert. Schmitt, so schien es Ball, störten die politischen Gedanken des Buchs und es würde auch zur Unzeit erscheinen (›Tagebuch‹, 1. September 1924). Nachfolgend Carl Schmitts Erinnerungen an die Gespräche mit Ball: »[...] wir trafen uns regelmäßig in diesen etwas vierzehn Tagen, unterhielten uns vor allen Dingen über die Frage, die ihn damals quälte und die auch mich beschäftigte, ob er sein Buch ›Die Folgen der Reformation‹ veröffentlichen sollte oder nicht.« (Zitiert nach: Joachim Schickel: ›Gespräche mit Carl Schmitt‹. Berlin 1993, S. 33 f.) Ludwig Feuchtwanger schrieb am 20. August 1924 an Ball: »Ich glaube, Prof. Schmitt, der Sie in diesen Tagen aufsucht, wird noch einmal über das Ganze sprechen. Ich hielt mich nicht für befugt, ihm bei seiner Anwesenheit hier die Fahnen zu zeigen und bat ihn, sich mit Ihnen *darüber direkt* zu unterhalten. Ich rate aber davon ab, jetzt noch irgend welche Aenderungen im Text oder in den Anmerkungen wesentlicher Art vorzunehmen. Sollte irgend ein Novum durch Ihre Besprechung mit Prof. Schmitt nötig sein, so wäre dies in einem ausführlichen Vorwort zu erledigen.« In den Gesprächen zwischen Schmitt und Ball kam auch das Vorwort zur zweiten Auflage von Carl Schmitts ›Politischer Romantik‹ (1919) zur Sprache; vgl. *Nr. 445* – »Ihr Vorwort im ›Hochland‹«. Carl Schmitts und Duska Todorovič' Aufenthalt am Luganer See endete am 9. September.

»Parlamentarismus«] Von Carl Schmitt erschien im Sommer 1923 bei Duncker & Humblot: ›Die geistesgeschichtliche Lage des heutigen Parlamentarismus‹.

Florenz] Vor der Abreise nach Italien trug sich Ball mit der Absicht, mit seiner Familie in Florenz »den Winter [...] zu verbringen«. Tatsächlich reiste die Familie Ball am 15. oder 16. September zunächst über Venedig nach Florenz. Ball fand wohl hier keine geeigneten »Arbeitsmöglichkeiten«

(Nr. 423). Dies könnte er bei einem Besuch bei Arrigo Levasti am 18. September erkannt haben, von dem er auch »Adressen für Rom« erhielt. Nach nur wenigen Stunden Aufenthalt in Florenz reisten die Balls am späten Abend von Florenz nach Rom und trafen dort am 19. September am frühen Morgen gegen fünf Uhr ein.

423. An Maria Hildebrand und Karl Ball, 8.9.1924

H: Hs. Brief; 1 Bl., 4 S. **F:** HBN. **DV:** Original.

Postskriptum von Annemarie Hennings: »Addio cara Germania. Herzlichen Gruß von Mutter. Wir waren in Lugano um die Pässe zu besorgen. Wir schicken Ansichten di bell'Italia. Herzlichen Gruss an Gretel, Lisbeth, Tante Ida und alle andern«. Danach von Balls Hand: (auch von mir!). »Eure Anne-Marie«

Heinrich] Heinrich Hildebrand, Ehemann von Balls Schwester Maria (vgl. *Nr. 4* – »Heinrich«.

Lina] Josephina Salomea Brofft, geb. Ball, Schwester von Hugo Ball.

Marthel] Martha Schleußner, geb. Brofft, Tochter von Balls Schwester Josephina Salomea Brofft.

Gretel] Margarete Hildebrand, verh. Luce, Tochter von Balls Schwester Maria Hildebrand.

Lisbeth] Elisabeth Frank, geb. Pres, Tochter von Balls Schwester Ida Pres.

Tante Ida] Ida Pres, geb. Ball, Schwester von Hugo Ball.

424. An Pater Edmund Brosy, 9.9.1924

D: Ms. Durchschlag ohne Unterschrift; 1 Bl., 2 S. **F:** HBN. **DV:** Durchschlag.

Pater Bibliothekar] Den Brief erhielt der Vizebibliothekar P. Edmund Brosy, vgl. *Nr. 415* – »Pater Bibliothecarius ...«.

mein Buch »Byzantinisches Christentum«] Balls »Byzantinisches Christentum« befindet sich im Bestand der Stiftsbibliothek Einsiedeln und trägt die Signatur »HB 472«. Der Eintrag: »Geschenk vom Verfasser. / 12. /10.24.« stammt von Pater Edmund (Resultat eines Schriftvergleichs durch Pater Gebhard Müller).

die entliehenen 3 Bände noch] In sein ›Tagebuch‹, 4. September 1924, notierte sich Ball die bibliographischen Angaben der entliehenen Bücher:

1. ›Kurtzer Begriff des Lebens, der Tugenden und Wundern des Seligen Josephi von Copertino ...‹ Von Angelo Pastrovicchi, in das Teutsche übersetzt von Bernardo Ludovico Göldlin. Anhang: Von denen Processen der Selig- und Heiligsprechungen ... Lucern: Hautt 1753 (Sign.: Hb 1157).
2. Der Band ›Leitsterne auf der Bahn des Heils‹ (Sign.: Sd 764) enthält zwei Titel dieser Reihe, die 1835 im Verlag Manz (Landshut und Regensburg) erschienen sind: ›Der rechte Weg zum ewigen Leben, gezeigt von der Heiligen Angela von Foligny‹ (Bd. 9, Abt. 1 oder NF Abt. 1, Bd. 3); ›Der wahre Weg zur christlichen Tugend, gezeigt in ausgewählten Briefen der heiligen Katharina von Siena‹ (Bd. 9, Abt. 2 oder NF Abt. 2, Bd. 3).

3. Varia Heiligenleben (Sign.: Hb 1000), enthält zehn zusammengebundene Broschüren, von denen Ball Nr. 3 und 4 erwähnte: ›Die Wundenmale Jesu an den zwei noch lebenden Jungfrauen Dominika Laz[z]ari und Maria von Mörl ...‹. Hrsg. von Simon Buchfelner. Einsiedeln: Schönbächler 1841 (Sign.: Hb 1000.3). ›Maria von Mörl in Kaltern und Dominica Lazzari in Capriana‹. Bearb. von F. Th. C. Einsiedeln: Benziger 1848 (Sign.: Hb 1000.4).

Nach Auskunft von Pater Gebhard Müller (Stiftsbibliothek der Benediktinerabtei Einsiedeln) haben die Signaturen auch heute noch ihre Gültigkeit.

425. An Hermann Hesse, 11.9.1924

H: Hs. Postkarte, einseitig beschrieben. Adresse: Herrn / Hermann Hesse / Montagnola. **F:** DLA, Hesse. **DV:** Original.

426. An den Verlag Duncker & Humblot, 14.9.1924

E: Ms. Brief mit eigenh. Unterschrift; 1 Bl., 2 S. **F:** Verlagsarchiv Duncker & Humblot, Berlin. **DV:** Original.

Brief vom 10ten] Der Briefdurchschlag befindet sich im Verlagsarchiv D&H.

Besprechung der »Literatur«] Vgl. *Nr. 402*.

Unterhaltungen mit Prof. Schmitt] Feuchtwanger schrieb am 10. Oktober 1924: »Prof. Schmitt hat mir von den langen Besprechungen mit Ihnen geschrieben. Es bleibt richtig, dass kleine Retouchen hier gar keinen Zweck haben. Wollen wir daher bei dem Ganzen bleiben wie es ist. Es handelt sich um ein geschlossenes Dokument. Sint ut sunt aut non sint!«

bezgl. S. 50] Feuchtwanger bemängelte eine Textstelle in Balls ›Die Folgen der Reformation‹ (S. 50): »Ich erinnere mich an eine Stelle über den Verlag Eugen Diederichs, die ich gerne ausgemerzt hätte. Ich will mich jedoch nicht an Einzelheiten halten, aber ich höre schon Kritiker, die zu Ihrem Urteil, der Verlag Eugen Diederichs hätte mit der und der Schrift keine Ehre eingelegt, lange Gesichter machen und dann noch mehr tun.« Welche Änderung Ball daraufhin vornahm, ist, da weder das Manuskript noch die Korrekturseiten erhalten sind, nicht bekannt.

Historikertag] Die 14. Versammlung Deutscher Historiker fand vom 30. September bis zum 4. Oktober 1924 in Frankfurt am Main statt.

postrestant Rom] Im Gegensatz zu *Nr. 423* – »Wir reisen zunächst nach Florenz«, äußerte Ball hier den Wunsch, die Korrespondenz »postrestant Rom« zu senden. Ein längerer Aufenthalt in Florenz war also bereits zu diesem Zeitpunkt nicht mehr beabsichtigt.

über das neue Buch ein gross Geschrei anhebt] Möglicherweise bezog sich Ball auf Feuchtwangers Meinungsäußerung hinsichtlich der Einwände von Carl Schmitt zu den ›Folgen der Reformation‹.

427. An Hermann Hesse, 18.9.1924

H: Hs. Bildpostkarte. Motiv: Venedig, Palazzo Ducale. Adresse: Herrn / Hermann Hesse / Montagnola. – / Lugano. Svizzera. **F:** DLA, Hesse. **DV:** Original.

Grüße von Emmy Ball und Annemarie Hennings.

Venezia] Falls die Italienreise tatsächlich, wie in Nr. 426 erwähnt, am 15. September begann, trafen die Balls vermutlich noch am selben Tag in Venedig ein, besuchten den Markusplatz und quartierten sich »spät am Abend« ein.

Corte Scotti] Unsichere Lesart. »Für ›Straße‹ gibt es außer *calle* und *ruga* noch folgende Dialektausdrücke: [...], *corte* (eigentlich Hof) Durchgang, [...].« (Baedeker, Karl: ›Oberitalien mit Ravenna, Florenz und Livorno‹, Leipzig, 18. Aufl. 1911, S. 303).

428. An Hermann Hesse, 18.9.1924

H: Hs. Postskriptum auf einer hs. Bildpostkarte von Emmy Ball. Motiv: Chioggia – Canal Vena e Pescheria. Adresse: Herrn / Hermann Hesse / *Montagnola* / presso di Lugano. **F:** DLA, Hesse. **DV:** Original.

Chioggia] Stadt am Südeingang der Lagune von Venedig. Ball schrieb diese Karte bei einem Ausflug nach Chioggia auf der Piazzetta, in der Nähe der Anlegestelle des Dampfbootes, das die Balls gegen Abend nach Venedig zurückbrachte.

Vaporetto] Ital. = Dampfer, Dampfboot.

429. An Hermann Hesse, 18.9.1924

H: Hs. Postskriptum auf einer hs. Bildpostkarte von Emmy Ball, mit weiterem hs. Postskriptum von Annemarie Hennings. Motiv: Firenze – Veduta del Lungarno. Adresse: Herrn Hermann Hesse / Montagnola / presso di Lugano. **F:** DLA, Hesse. **DV:** Original.

Firenze] Am 18. September reisten die Balls von Venedig nach Florenz, fuhren »in einem Wäglein« durch die Stadt und besuchten Levasti. Noch am selben Tag fuhren sie nach Rom weiter und kamen am 19. September gegen 5 Uhr dort an (vgl. *Nr. 422* – »Florenz«).

sein Buch über Suso] Übersetzt und eingeführt von Arrigo Levasti, erschien 1923 im Verlag Carabba, Lanciano, von Heinrich Seuse (latinisiert: Suso): ›Dialoge della verità‹.

430. An Maria Hildebrand, 21.9.1924

H: Hs. Bildpostkarte, Motiv: Roma – Piazza e Basilica di S. Pietro. Adresse: *Germania!* / Familie / Direktor Hildebrand / Pirmasens Rheinpfalz / Schloss-Strasse. **F:** HBN. **DV:** Original.

Hs. Postskriptum von Emmy Ball: Liebe Maria, herzliche Grüße Euch allen. Eure Emmy Anne-Marie.

Morgen suche ich nun die Bibliothek auf] Erst am 8. Oktober suchte Hugo Ball die Bibliotheken auf: Vatikanische Bibliothek, Camposanto Teutonica, Bibl. Vittorio Emanuele, Bibl. Hertziana, Bibl. des Collegium Germanium u.a. (›Tagebuch‹, 8. Oktober 1924).

431. An Hermann Hesse, 21.9.1924

H: Hs. Bildpostkarte. Motiv: Roma – Il Colosseo (lato Settentrionale). Adresse: Herrn / Hermann Hesse / *Montagnola* / Ticino *Svizzera*. **F:** DLA, Hesse. **DV:** Original.

Postskriptum: Mit einem hs. Gruß Emmy Balls.

Albano] Amtl. Albano Laziale. Der südöstlich von Rom gelegene Villenvorort Roms ist ein bekanntes Ausflugsziel.

Frascati] An den Hängen der Albaner Berge gelegener Villenort, südöstlich von Rom; bekannte Weinlage.

Piazza Pollarola] Bevor die Balls die Wohnung in der Piazza Pollarola fanden, wohnten sie bis zum 1. Oktober im Albergo di Provinzia Romana (›Tagebuch‹, 5. Oktober 1924). Die Piazza Pollarola liegt, so Emmy Ball, »ganz nahe dem alten Campo dei Fiori. Wir bekamen zwar nur zwei schmale Zimmer, in denen wir auch tagsüber bei der Arbeit Licht brennen mußten, und ich hatte die Küche auf einem Vorplatz, der auch als Durchgang von den übrigen Bewohnern benutzt wurde, aber wir waren gleichwohl überaus glücklich.« (EBH Weg, S. 120).

S. Maria Nova] Im 15. Jh. erhielt die Kirche den heutigen Namen S. Francesca Romana (Piazza S. Francesca Romana). In der Krypta wird ein Marmorrelief der römischen Heiligen Francesca Romana bewahrt.

Francesca Romana] Hl. Franziska von Rom (1384-1440), gründete 1425 die Compagnie delle Oblate da Monastero Olivetano die Santa Maria Nova für karitative Tätigkeit; sie erlebte zahlreiche Visionen und Wunder.

432. An Joseph Englert und Frau, 21.9.1924

H: Hs. Bildpostkarte; einseitig beschrieben. Motiv: Roma – Statua di S. Pietro nella Basilica di S. Pietro. Adresse: Herrn / Stadtingenieur / Josef Englert u. Frau / Zug. Svizzera. **F:** CSSt. **DV:** Original.

Mit hs. Postskriptum von Emmy Ball.

433. An den Verlag Duncker & Humblot, 3.10.1924

H: Ms. Brief mit eigenh. Unterschrift, 1 S. **F:** Verlagsarchiv Duncker & Humblot, Berlin. **DV:** Original.

interessanten Ausschnitt] Der Ausschnitt war, so Feuchtwanger am 17. September 1924, eine Besprechung des ›Byzantinischen Christentums‹ aus der ›Neuen Badischen Landeszeitung‹. Laut einer Zusammenstellung des Verlags Duncker & Humblot (Verlagsarchiv) war der Rezensent Willy Oeser. Die Rezension konnte nicht ermittelt werden. Bekannt ist nur eine Rezension von Oeser in: ›Germania‹, Berlin. Jg. 54, 1924. Nr. 296 vom 19.7. Beilage: ›Das neue Ufer‹. S. 4. (HBB Nr. 1002, S. 61).

Buchbergers »Kirchliches Handlexikon«] ›Kirchliches Handlexikon. Ein Nachschlagebuch über das Gesamtgebiet der Theologie‹. Hrsg. von Michael Buchberger. Bd. 1-2. Freiburg i. Br.: Herder 1907-1912. Obwohl beim Verlag vergriffen, konnte Ludwig Feuchtwanger den »gewünschte[n] ›Buchberger‹ [...] ausfindig machen« und ließ ihn an Balls »römische Adresse« senden. Vgl. *Nr. 442* – »Betrag von 31,40« (HBN: Ludwig Feuchtwanger an Hugo Ball, 11. Oktober 1924). Das Werk befindet sich im HBN.

434. An Carl Schmitt, 4.10.1924

EH: Ms. Briefentwurf ohne Unterschrift mit hs. Korrekturen; 1 Bl., 2 S. **F:** HBN. **E:** Briefe, S. 187. **DV:** Original.

grazie e benedizione di Dio] Den Anfang des Briefes »grazie e benedizione di Dio« bis »der einem überall begegnet« trug Ball textgleich ins ›Tagebuch‹, 5. Oktober 1924, ein.

Kirche des Filippo Neri] Der Florentiner Heilige Filippo Neri (1515-1596), Gründer des Oratorianerordens.

die des Ignatius] Mit dem Bau der Kirche S. Ignazio (Piazza di S. Ignazio) wurde 1626, vier Jahre nach der Heiligsprechung des Ignatius von Loyola (1491-1556) begonnen. Nach Il Gesù ist S. Ignazio die zweite große Jesuitenkirche in Rom.

der erste Freundesgruss] Schmitts Brief vom 28. September 1924 ist abgedruckt in Wacker, S. 215 f.

Karte des würdigen Pater Beda] Pater Beda Ludwig, Geburtsname Alexander (1871-1941), Studium der Philologie, der Philosophie und der Theologie in Gießen und München. Priesterweihe 1897. 1897-1900 Kaplan in Erling, 1900-1910 Kooperator und Katechet. 1911-1917 Lehrer an der St. Nikolaus-Anstalt Andechs, 1917-1925 Wallfahrtspriester und Subprior in Andechs, 1925-1928 Auxiliarius in Scheyern, 1928-1933 Lehrer an der St. Gregorius-Anstalt in Rothenfeld, ab 1933 Auxiliarius in Andechs. (Quelle: Bibliographie der deutschsprachigen Benediktiner 1880-1980. Studien und Mitteilungen zur Geschichte des Benediktinerordens. Erg. Bd. 29,1. S. 67.) – Auswahl seiner Schriften: ›Reiseerinnerungen aus Lucca am Grabe der stigmatisierten Jungfrau und Dienerin Gottes Gemma Galgani‹, Hausen 1914; ›Die Heiligung der Woche als Weltapostolat‹, Oberginingen 1917; ›Tugendschule Gemma Galganis‹, Andechs 1920; ›Gemma Galgani, eine Passionsblume des 20. Jahrhunderts‹, München 1931. – Dem Brief Carl Schmitts vom 28. September beigelegt war die Postkarte von Pater Beda an Schmitt, 24. September 1924 (HBN). Pater Beda teilt darin Schmitt mit: »Jenes Buch, das ich schrieb, ist keine Biographie, sondern eine Bearbeitung des Tugendlebens der stigm. Jungfrau Gemma Galgani, von der in einigen Monaten die 4. und 5. Auflage erscheint. Das Buch für Jungfrauen geschrieben und lediglich asketischer Natur, dürfte wohl kaum jenes Interesse bei dem gelehrten Herrn Ball finden, das Sie voraussetzen.«

Prof. Neuss] Wilhelm Neuß (1880-1965), katholischer Theologe. 1917-1949 Prof. für Kirchengeschichte, Geschichte der christlichen Kunst und rheinische Kirchengeschichte. Werke u.a.: ›Die katalanische Bibelübersetzung um die Wende des ersten Jahrtausends und die spanische Buchmalerei‹, Bonn und Leipzig: Schröder 1922 (= Veröffentlichungen des romanischen Auslandsinstituts der rheinischen Friedrich Wilhelms Universität. Bd. 3), ›Die Anfänge des Christentums im Rheinlande‹ (1923), ›Die Kunst der alten Christen‹ (1926). Carl Schmitt teilte Hugo Ball in einem Brief vom 28. September 1924 mit: »Anfang Oktober, spätestens vom 4. bis zum 20. ist ein Freund von mir in Rom, Prof. Neuss. Er hat den lebhaften Wunsch, Sie kennen zu lernen, nachdem er schon im vorigen Jahr Ihr Byzantinisches Christentum gelesen hat. Sein Fach ist Kirchengeschichte und kirchliche Kunstgeschichte, durch seine Entdeckungen spanischer Bibelillustrationen aus dem 10. Jahrhundert (großartigen Miniaturen und Zeichnungen der Apokalypse) hat er sich auf seinem Gebiet einen internationalen Namen gemacht. Seine Adresse in Rom ist Camposanto Teutonico, Via Sacristia, 17 (direkt am Vatikan).« (Zitiert nach Wacker, S. 216).

Monte Cassino] Schmitt schlug Ball in seinem Brief vom 28. September 1924 vor, er solle Prof. Neuss fragen, »ob er [...] nicht eine Einladung nach Monte Cassino vermitteln kann.« (Wacker, S. 216.) Anfang März 1925 fuhr Hugo Ball mit seiner Familie »über Monte Cassino« nach Vietri sul Mare. Über einen Aufenthalt Balls in Monte Cassino und im dortigen Benediktinerkloster ist nichts bekannt (vgl. Nr. 476).

Maria Laach] Carl Schmitt beabsichtigte den Abt des Klosters Maria Laach, Ildefons Herwegen OSB (1874-1946), zu fragen, ob Ball für einige Wochen im Kloster wohnen könne (Brief Schmitts vom 28. September 1924).

Nach Bonn] »Ich hoffe immer noch, daß es mir gelingt, Sie für ein Semester nach Bonn zu ziehen.« (Wacker, 1996, S. 216).

vielleicht ergibt es sich] Unsichere Lesart.

schwierigen Punkt Ihres Briefes] Schmitt schrieb: »Endlich das Schwierigste: Eine gute, langjährige Bekannte, die Frau eines mir besonders nahestehenden Freundes, Frau v. Schnitzler, in Frankfurt, die ich auf meiner Heimreise besuchte, möchte, aus reiner, aufrichtiger Dankbarkeit für Ihr Buch über die byzantinischen Heiligen, Ihnen regelmäßig einen Betrag überweisen. Ich kenne ihre Begeisterung für das Buch seit langem, sie ist eine innerlich vornehme, begeisterungsfähige Frau, ganz westdeutscher Art (eine geborene v. Mallinckrodt) und ich stehe für ihre Motive ein.« (Wacker, 1996, S. 216 f.). Frau Lily von Schnitzler (1889-1981) und ihr Gatte Georg (1884-1962) waren mit Schmitt befreundet.

Bücher, die bei Frl. Todorovič blieben ?] Duska Todorovič (vgl. *Nr. 422*). Bei dem Buch von G. A. Borgese handelte es sich vermutlich um die italienische Ausgabe des Romans ›Rubè‹.

435. An Hermann Hesse, 18.10.1924

H: Ms. Brief mit eigenh. Unterschrift; 2 Bl., 4 S. **F:** HBN. **E:** EBH Leben, S. 230-232; auch in Briefe, S. 187-189. **DV:** Original.

Corso Umberto] Heute Via del Corso, mittlere der drei von der Piazza del Popolo südwärts verlaufenden Straßen.

Heiligen Aloysius] Hl. Aloysius von Gonzaga (1568-1591), sein Grabmal steht im rechten Arm des Querhauses von S. Ignazio.

Giovanni Berchmans] Johannes Berchmans (1599-1621), 1888 heiliggesprochen; kam 1618 zum Studium nach Rom und starb dort bald nach dem Examen.

Stanislaus Koszka] Stanislaus Kostka (1550-1568), gemeinsam mit Aloysius von Gonzaga 1726 heiliggesprochen.

Jesuitenpater Baldinuzzi] Anton Baldinucci (1665-1717); 1893 seliggesprochen. Nach Lehrtätigkeit ab 1695 als Volksmissionar in Mittelitalien (LThK 1, Sp. 1204).

»Camposanto teutonico«] Via della Sagrestia 17, eine deutsche Stiftung in Rom. Kaiser Karl der Große schuf ein Hospiz, Kirche und Friedhof für

Pilger seines Reichs. 1461 folgte die ›Erzbrüderschaft U. L. Frau auf dem Campo Santo Teutonico neben St. Peter in Rom‹, noch heute Trägerin der Stiftung. 1876 wurde ein Priesterkolleg mit Studienmöglichkeiten der christl. Archäologie und der Kirchengeschichte und benachbarter Fachrichtungen gegründet; eine Fachbibliothek ist angeschlossen.

Prälat Ehrhard] Albert Joseph Maria Erhard (1862-1940), Priester; Prof. für Kirchengeschichte, zuletzt 1920-27 in Bonn. Er unterzog die Kirchengeschichte einer neuen Periodisierung. Sein wichtiges Werk ›Der Katholizismus und das 20. Jahrhundert‹ (1901) trug ihm schwere Anfeindungen ein, die in einer Aberkennung des Prälatentitels gipfelten.

Vaticana] Erstmals besuchte Hugo Ball am 8. Oktober 1924, von Prälat Ehrhard begleitet und eingeführt, die Vatikanische Bibliothek (›Tagebuch, 8. Oktober 1924). »Heute früh in der *Vatikana* blätterte ich ein wenig im Heiligen Lexikon und suchte mich im allgemeinen zu orientieren. Darauf werde ich einige Vormittage noch verwenden müssen. Idee, das ganze Buch vielleicht aus Mariengestalten zusammenzustellen (Maria v. Agreda, Margareta Marie Alacoque, Maria Domenica Lazzari etc.) Begegnung mit Bernhard v. Clairvaux, für den ich seit frühester Kindheit eine innige Hinneigung empfinde (es kommt wohl von meiner damaligen Kreuzzuglektüre). Wohltuend im Vatikan die Sorgfalt mit der die Zulassung zu den Büchern überwacht und kontrolliert wird. Das Bewusstsein dass eine Bücherei eine Schatzkammer ist und Schicksale bestimmt, Lebensschicksale von Heiligen oder von Ketzern, von ewiger Seligkeit oder Verlassensein des Gefühls und Bewusstsein ist hier noch sehr lebendig.« (›Tagebuch‹, 11. Oktober 1924; Emmy Ball zitierte, mit geringfügigen Änderungen diesen ›Tagebuch‹-Eintrag in EBH Weg, S. 124.)

Prof. Krebs] Engelbert Krebs (1881-1950), katholischer Theologe, Priester, ab 1919 Prof. für Dogmatik in Freiburg i.B. Von Krebs erschienen u.a.: ›Grundfragen der kirchl. Mystik‹ (1921); ›Die Protestanten und wir‹ (1922); ›Die Kirche und das neue Europa‹ (1924); ›Dogma und Leben‹ (1921, 1925).

Dr. Josi] Enrico Josi (um 1885-1975), christlicher Archäologe. Josi war langzeitig Inspektor der römischen Katakomben; Rektor des Päpstl. Instituts für Christl. Archäologie, Leiter des Museo Pio Cristiano. Josi bemühte sich, die Denkmäler des frühen Christentums einer breiten Öffentlichkeit zugänglich zu machen. Er ist Verfasser zahlreicher Publikationen und Aufsätze, so für zahlreiche Stichwortartikel für die ›Enciclopedia Cattolica‹, Beiträge im ›Osservatore Romano‹ und in anderen Zeitungen. Ball beschrieb den 39jährigen Katakombenpräfekten und Ausgrabungsleiter Dr. Josi als »äusserst lieben und kollegialischen Führer« (›Tagebuch‹, 10. Oktober 1924) durch die römischen Katakomben: Praetextatus (am 9. Oktober), Pamphili (am 10. Oktober), Priscilla (am 11. Oktober) und Domitilla (am 16. Oktober). An den Katakombenführungen nahmen u.a. teil: Prof. Dr. Wilhelm Neuß, Prälat Albert Joseph Maria Ehrhard, die evangelischen Theologen Prof. Dr. Hans Achelis (1865-1937) und Prof. Dr. Hans Lietzmann (1875-1942), vgl. *Nr. 462*.

Prätextatus] Praetextatus-Katakombe (Via Appia Pignatelli 11). Nach dem Zwölftafelgesetz von 450 v. Chr. waren Bestattungen innerhalb der Stadtmauern Roms verboten. So entstanden u.a. an der Via Appia Grabstätten. Ursprünglich waren die Katakomben (= frühchristl. unterirdische Begräbnisstätten) nur Familiengräber, die auch den Glaubensbrüdern zur Verfügung gestellt wurden. Die Katakomben blieben bis Anfang des 5. Jahrhunderts als Friedhöfe im Gebrauch. Später wurden diese zu Wallfahrtsstätten. Ab dem 9. Jahrhundert – nachdem die Märtyrerreliquien in die Kirchen Roms überführt wurden – verfielen die Katakomben und gerieten in Vergessenheit. Erst im 16. Jahrhundert und besonders ab dem 19. Jahrhundert begann die Erforschung dieser unterirdischen Grabstätten. In der Praetextatus-Katakombe wurden u.a. der heilige Quirin und die Begleiter der Heiligen Cäcilie begraben.

Pamphili] Via Salaria Vecchia bei der Via Paisiello. Außer dem Märtyrer Pamphilius – über ihn ist sonst nichts bekannt – sind in dieser Katakombe auch die Märtyrer Quirinus und Candidus begraben.

Priscilla] Die Priscilla-Katakombe (Via Salaria 430) ging aus einer römischen Begräbnisstätte hervor. Namensgeberin dieser Katakombe ist eine Priscilla, die höchstwahrscheinlich aus der Senatorenfamilie der Acilier stammte, welche hier eine unterirdische Familiengruft besaßen.

Cubiculi] Unkorrekter Plural von lat. cubiculum = Schlafgemach, Schlafkammer; ein Cubiculum ist eine Grabkammer in den Seiten der unterirdischen Gänge der Katakomben.

Domitilla] Die Domitilla-Katakombe (Via delle Sette Chiese 282) gilt als die größte Katakombe Roms. Sie erhielt ihren Namen von der Nichte des Kaisers Domitian.

Fiasco] Strohflasche.

rieten lächelnd die Zahl unserer Lebensjahre] Hugo Ball war überrascht, als Achelis ihn auf 54 Jahre schätzte. Ball bemerkte dazu (›Tagebuch‹, 17. Oktober 1924), er sei doch erst 38 Jahre, ein Jahr jünger als Dr. Josi.

Franz Pallenberg] Franz Pallenberg (1873-1949), Maler, Bildhauer; Schwiegersohn des Malers Arnold Böcklin (1827-1901). Pallenberg malte für Assisi ein Altarbild.

italienische Freunde] Die Bekanntschaft mit Pallenberg geschah durch Vermittlung des italienischen Schriftstellers und Literaturkritikers Emilio Cecchi (1884-1966). Hier an dieser Textstelle bezeichnete Ball Cecchi und seine Frau als »italienische Freunde«, die er im ›Tagebuch‹, 17. Oktober 1924, namentlich benennt.

Aussicht für Annemarie] Franz Pallenberg nahm Annemarie Hennings ab dem 25. Oktober vorübergehend in sein Atelier in der Via Nomentana als Schülerin auf (›Tagebuch‹, 25. Oktober 1924).

Cestiuspyramide] (Porta S. Paolo). An der Straße nach Ostia ließ der Volkstribun Gaius Cestius Epulo im 1. Jh. v. Chr. eine Pyramide als Grabmal erbauen.

Besprechungen aus rheinischen Blättern] Carl Schmitt schrieb im Brief vom 12. Oktober 1924, daß er »einige Drucksachen« (Wacker, S. 221) dem Brief beilege. Dabei könnte es sich um Rezensionen des ›Byzantinischen Christentums‹ gehandelt haben (HBB, Nr. 960, 968, 981, 995, 1014, 1016, 1039).

von Blei kam ein Brief] Franz Bleis (zu Blei vgl. *Nr. 26)* Brief vom 8. Oktober 1924 an Carl Schmitt befindet sich im HBN. Blei, dem Balls Adresse nicht bekannt war, bat Schmitt, diesen Brief weiterzuleiten. »Tun Sie mir die Liebe, diesen Brief an Ball zu schicken.« Blei beschrieb im Brief seine Überlegungen zur Herausgabe eines neuen Wochenblattes: »Es ist mir ein Wochenblatt in die Hand gegeben, es nach meinem Dünken zu schreiben. Achtunddreissig zweispaltige Quartseiten in der Woche, von denen auf acht Seiten ein Roman fortgesetzt werden soll und zwei Seiten dem Finanzreferenten gehören. Also 28 Seiten für Sie, Gütersloh, Musil, DR Mittenzwey, einen Dr. Eisner, für Ball (wo wohnt er?). Stofflich gibts keine Begrenzung. Formal die der Güte, der Präcision, der Deutlichkeit und des Esprit[s]. Wenn es ginge, würden die Hefte nur von den Genannten zu schreiben sein. Keine ›Mitarbeiter‹ der Gelegenheit. Keine Redaktion, die das dumme Eingesandte liest. Gedruckt wird ungelesen was die Genannten schreiben. Kann man auf die Nennung der Verfassernamen verzichten, wie seinerzeit im Losen Vogel, um so besser. Ich habe viel für diese Aufhebung der ›Namen‹, die in der Wirkung immer falsch mitspielen. Man könnte das Blatt vielleicht ›Auf, auf, ihr Christen‹ nennen.« Ball, so fährt Blei fort, möge diesen Brief als »dringende Einladung betrachten […]. Er möge die Zeitschrift als die publicistische Weiterführung dessen betrachten, was er in seinem Buch über die deutsche Intelligenz sagt: da hat er den Umkreis der Themen und ihrer Behandlung.« (Balls Antwort: Nr. 439.) In der Sekundärliteratur zu Franz Blei und in den Zeitschriftenbibliographien ist das Erscheinen der Wochenschrift ›Auf, auf, ihr Christen‹ weder bekannt noch nachzuweisen. Vielleicht blieb die Herausgabe auch deshalb nur Absicht, weil Blei ab 1925 Herausgeber des Berliner Wochenmagazins ›Roland‹ wurde. Es ist kaum anzunehmen, daß es sich bei ›Auf, auf, ihr Christen‹ und ›Roland‹ um ein und dasselbe Wochenblatt handelte, da die angesprochenen Themen, die Absichten, die Autoren und auch die Gliederung sich stark unterscheiden.

Gütersloh] Albert Paris Gütersloh, richtiger Name: Albert Conrad Kiehtreiber (1887-1973), österr. Erzähler, Lyriker, Essayist. Durch Vermittlung von Franz Blei erschienen im Verlag Jakob Hegner in Hellerau von Gütersloh: ›Die Vision vom Alten und vom Neuen‹ (1921), ›Der Lügner unter Bürgern‹ (1922), ›Innozenz oder Sinn und Fluch der Unschuld‹ (1922) und ›Die Rede über Blei oder Der Schriftsteller in der Katholizität‹ (1922).

in Baden einen höflichen Herbst] Hermann Hesse informierte Ball am 24. September 1924 aus Montagnola (DLA, Hesse): »In spätestens 8 Tagen geh ich nach Baden u. bin wieder 3 bis 4 Wochen im Hotel Verenahof.« (Vgl. auch *Nr. 335* – »Baden«).

436. An Friedrich Fuchs und Ruth Schaumann, 18.10.1924

H: Ms. Brief mit eigenh. Unterschrift; 2 Bl., 3 S. **F:** HBN. **E:** Briefe, S. 189 f. **DV:** Original.

Jodocus] In den Unterlagen zur Ausgabe der Briefe (1957) notierte sich Annemarie Schütt-Hennings: »Jodocus, so nannte R[uth] S[chaumann] – H[ugo] B[all]«; möglicherweise Anspielung auf den Priester und Eremiten Jodocus (gest. um 699), der 665 am Ort der späteren Benediktinerabtei St-Josse-sur-Mer (Montreuil) eine Einsiedelei gründete.

Knospengrund] Vgl. *Nr. 407*.

Advent-Sonett] Das Sonett erschien im ›Hochland‹, Kempten und München. Jg. 22, 1924/25. H. 2, November 1924. S. 156.
Rezension von Herwig] Vgl. *Nr. 357*.
Mazzini-Aufsatz] Vgl. Nr. 403 und Nr. 437.
eigens nach Zürich] Vgl. auch *Nr. 419* – »aus der Nordschweiz zurückgekommen«.
Herr von Hildebrand] Vermutlich handelte es sich um Dietrich von Hildebrand (1889-1977), ab 1918 Dozent und ab 1924 Prof. der Philosophie in München, Vertreter der phänomenologischen Schule.

437. An Carl Muth, 18.10.1924

H: Ms. Brief mit eigenh. Unterschrift; 1 S. **F:** HBN. **DV:** Original.

Aufsatz über Mazzini] Vgl. Nr. 403.
Aufsatz schon angezeigt] Eine Anzeige des Mazzini-Aufsatzes war in der gebundenen Ausgabe des ›Hochlands‹, Jg. 22, 1924/25, wobei die Anzeigen-Seiten nicht mitgebunden wurden, nicht aufzufinden.

438. An Carl Schmitt, 21.10.1924

H: Ms. Brief mit eigenh. Unterschrift; 1 Bl., 2 S. **F:** Nordrhein-Westfälisches Hauptstaatsarchiv Düsseldorf, Carl Schmitt-Nachlaß. **DV:** Fotokopie des Originals.

Ostia-Scavi] Scavi di Ostia Antica. Emmy Ball schrieb über diese Besichtigung: »An einem herrlichen Oktobertag fuhren wir mit Professor Neuß nach dem alten Ostia hinaus und sahen die ausgegrabene Römerstadt, den Tempel, die Kasernen, das Theater, die Thermen: Es war ein einzigartiges Erlebnis für Ball.« (EBH Weg, S. 125).
Janiculus] Gianicolo (ital. Benennung), 84 m ü.d.M., Hügel Roms, dem Vaticanus (66 m) benachbart. Vom Gianicolo hat der Rombesucher einen Panoramablick auf die Stadt.
Basilika S. Clemente] (Piazza S. Clemente / Via S. Giovanni in Laterano). Die Kirche ist dem dritten Nachfolger Petri, dem hl. Clemens, gewidmet. Nach Zerstörung wurde sie 1099-1118 neu erbaut. – »Heute früh las Prof. Neuss in *S. Clemente* eine Messe für den verstorbenen Theologen Clemens Bäumker. [...] Er merkte mich wohl und wandte sich beim Segen mit dem Kreuzzeichen zu mir hin.« (›Tagebuch‹, 19. Oktober 1924; Emmy Ball zitierte, mit geringfügigen Änderungen diesen ›Tagebuch‹-Eintrag in EBH Weg, S. 125).
Klemens Baeumker] Clemens Baeumker (1853-1924), katholischer Philosophiehistoriker, ab 1912 Professor in München, zuvor in Breslau, Bonn, Straßburg, erforschte die Philosophie des Mittelalters. Baeumker war am 7. Oktober 1924 verstorben. In der ›Flucht‹ notierte Ball am 18. November 1919: »An Büchern hatte ich nur die ›Geschichte der christlichen Philosophie des Mittelalters‹ von Bäumker und Léon Bloys ›Quatre ans de Captivité‹ mitgenommen.« (S. 268)
Göller] Emil Göller (1874-1933), Priester; Kirchen- und Rechtshistoriker, ab 1909 Prof. in Freiburg i.B.
Einladung des Herrn Dr. Blei] Vgl. *Nr. 435* – »von Blei kam ein Brief«.

für die Drucksachen] Bei den zugesandten »Drucksachen« handelte es sich (›Tagebuch‹, 17. Oktober 1924) um die Publikation Kurt Singers ›Staat und Wirtschaft seit dem Waffenstillstand‹ (siehe unten und *Nr. 445*), um ein Heft der ›Zeitschrift der Savigny-Stiftung für Rechtsgeschichte‹ (siehe unten) und um zwei Rezensionen über Balls ›Byzantinisches Christentum‹: von Alfred Ludwig Schmitz (›Kölnische Volkszeitung‹, siehe unten) und von Waldemar Gurian. Obwohl Ball den Zeitungsausschnitt mit der Rezension Gurians handschriftlich mit »Kölnische Volkszeitung« ergänzte, wußte Ball (›Tagebuch‹, 17. Oktober 1924) nicht, in welcher Tageszeitung diese Rezension erschienen war (vgl. auch *Nr. 442* – »beide Besprechungen«).

»Volkszeitung«] Kölnische Volkszeitung; bekannt ist nur die Rezension von Alfred Ludwig Schmitz von Balls ›Byzantinischem Christentum‹ in den Ausgaben Nr. 766 vom 2.10.1924 und Nr. 782 vom 8.10.1924 (HBB, Nr. 1014, S. 61).

Aufsatz über den Summepiskopat] Der Summepiskopat war bis 1918 in den deutschen protestantischen Kirchen die oberste Kirchengewalt der Landesfürsten. Gemeint ist der Aufsatz von Johannes Heckel: ›Die Entstehung des brandenburgisch-preußischen Summepiskopats‹ (›Zeitschrift der Savigny-Stiftung für Rechtsgeschichte‹, Weimar. Bd. 44, Kan. Abt. XIII, 1924, S. 266-283). Ball hatte im ›Tagebuch‹, 11. September 1924, den Aufsatz exzerpiert.

Kurt Singer] (1886-1962), Volkswirtschaftler, Geisteswissenschaftler; ab 1920 Dozent und ab 1924 Prof. in Hamburg, nach Auslandsaufenthalten wieder in Hamburg (1958). Der exakte Titel des Buches lautet: ›Staat und Wirtschaft seit dem Waffenstillstand‹. Jena: G. Fischer 1924.

im neuen Hochland Theodor Haecker] Der 1. Teil des Aufsatzes von Theodor Haecker ›Ueber Francis Thompson und Sprachkunst‹ in: ›Hochland‹, Kempten u. München Jg. 22, H. 1, Oktober 1924. S. 68-80. Teil 2 folgte im H. 2, November 1924, S. 206-215. – Theodor Haecker (1879-1945), katholischer Schriftsteller, Essayist, Philosoph (NDB 7, S. 425-427). Bedeutender Übersetzer und Interpret der Werke Vergils, Sören Kierkegaards, Francis Thompsons, John Henry Newmans. Konvertierte 1921 zum Katholizismus; Gegner des Nationalsozialismus, ab 1935 Redeverbot und ab 1938 Publikationsverbot.

439. An Franz Blei, 9.11.1924

H: Ms. Brief mit eigenh. Unterschrift; 1 Bl., 2 S. **F:** Bernhard Echte, Zürich. **DV:** Fotokopie des Originals.

Beilage: Dem Brief Balls beigelegt war ein Brief von Emmy Ball an Franz Blei, datiert 9.11.1924, der sich auf die von Ball angesprochenen Manuskripte sowie auf »Das graue Haus« bezieht.

durch Herrn Prof. Schmitt] Siehe Nr. 438.

die beiden Manuskripte] Die zwei von Emmy Ball mitgesandten Manuskripte waren ›Reise nach Rom‹ und – wie sie in ihrem Brief vom 9. Nov. 1924 an Franz Blei (im Besitz Bernhard Echte, Zürich) mitteilte – ›Das graue Haus‹, ein Gefängnisroman. Blei schrieb am 28. November 1924 an

Schmitt: »Von Ball's bekam ich Briefe und zwei MS-Bücher (noch nicht seine erwartete neue Auflage), diese gab ich dem Propyläenverlag, meine persönlichen Einwendungen gegen das ›Russische‹ darin unterdrückend.« (Blei, S. 64.) Blei schrieb weiter: »Russland drängt den wenigen deutschen Geist aus dem Denken in die ohnedies schon hypertrophierten untern Seelengegenden, Emmigration [!] nach Innen.«

440. An den Verlag Kösel & Pustet, 9.11.1924

D: Ms. Durchschlag mit hs. Korrektur, ohne Unterschrift; 1 S. Adresse: Herren Kösel & Pustet Verlag *Kempten*. **F:** HBN. **DV:** Durchschlag.

Kösel & Pustet] Der Verlag Josef Kösel ging aus der im Jahre 1593 gegründeten Druckerei des fürstäbtlichen Stiftes Kempten hervor. Josef Kösel erwarb 1805 dieses Unternehmen. Der Vorläufer des Verlags Friedrich Pustet ist 1598 in Salzburg nachzuweisen. Erst im 20. Jahrhundert wird der Druckerei ein Verlag angeschlossen. Von 1920 bis 1927 fusionierten die Verlagsbuchhandlung Pustet, Regensburg (mit Niederlassungen in Wien, Rom, Köln, Leipzig) und der Kösel-Verlag. Die so entstandene Kommanditgesellschaft trug den Verlagsnamen: Verl. Josef Kösel & Friedrich Pustet, Kempten – München – Regensburg.

441. An Carl Gustav Jung, 11.11.1924

D: Ms. Durchschlag, hs. vor der Anrede von Hugo Ball: C. G. Jung Küssnacht; 1 S. **F:** HBN. **DV:** Durchschlag.

Carl Gustav Jung] (1875-1961). In seinem Aufsatz ›Der Künstler und die Zeitkrankheit‹ (›Hochland‹, Jg. 24, 1926, H. 2 und 3, S. 129-142, 325-344) interpretiert Ball einige Aspekte des Jungschen Werks: »Jung unterscheidet zwischen Seele und Psyche. ›Unter Psyche‹, sagt er, ›verstehe ich die Gesamtheit aller psychischen Vorgänge, der bewußten sowohl wie der unbewußten. Unter Seele dagegen verstehe ich einen bestimmten, abgegrenzten Funktionskomplex, den man am besten als eine ›Persönlichkeit‹ charakterisieren könnte‹ (›Psychologische Typen‹, Rascher & Co., Zürich 1921, S. 661 ff., Definition 48). Unter Bezug auf Phänomene, wie Persönlichkeitsspaltung, Hypnotismus und Double conscience, setzt Jung sodann Persönlichkeit und Charakter einander völlig gleich (also auch Seele und Charakter) […]. Im selben Buche (den ›Psychologischen Typen‹) stellt Jung zwei menschliche Grundcharaktere, zwei Seelentypen, auf: den intro- und den extravertierten Typus, den Typus der nach innen und der nach außen gerichteten Libido. Er bemüht sich, beide Typen aus der Natursphäre zu einer sublimierten (kulturellen) Bedeutung zu erheben. Sein tieferes Bemühen gilt offenbar dem Versuch, den sozialen (extravertierten) und den psychologischen (introvertierten) Normtypus zu ermitteln und beide miteinander in Einklang zu bringen. Die mit großer Gelehrsamkeit geistreich auf bedeutende Dichter, Philosophen und Religionssysteme ausgedehnte Analyse gelangt jedoch nirgends dazu, den ›Charakter‹ über die Maske hinaus zur Persönlichkeit zu erheben und die letztere als Garantie einer Norm erscheinen zu lassen. So bleibt ein großartiges Unternehmen ganz im Proteischen einer Ideenschau stecken. Auf einer Art Synthese der beiden Charaktertypen sollte ein symbolisch-ästhetischer Kulturbegriff begründet werden. Es blieb aber zweifelhaft, nach welchem Maßstabe und Einheitspunkte hin sublimiert werde, es sei denn der allgemeinste der Sublimierung selbst und ihres Bezugs auf die Gesellschaft. Das ist der Geniebegriff der Romantik, und in der Tat steht Nietzsche überall im Mittelpunkt der Betrachtung. De facto aber hat bei gleichgerichteten Versuchen und Voraussetzungen das Leben der Hölderlin, Nietzsche, van Gogh u. a. die Auflösung der Person und das Verschlungenwerden des Individuums durch die Kollektivpsyche ergeben.« (S. 331 f.)

grösseren Aufsatz] Über einen ›Hochland‹-Aufsatz Balls über Jung ist in der Korrespondenz mit Carl Muth und Friedrich Fuchs nur ein Hinweis zu finden. Fuchs erwähnte in seinem Brief vom 1. August 1924: »Auch für die anderen Themen, besonders für Jung, aber auch für Baader und Bloy interessiert er [Carl Muth] sich sehr.« Es kann angenommen werden, daß sich Ball und Fuchs bei dem gemeinsamen Aufenthalt in Rigi-Klösterli (Juli 1924) über mögliche Aufsatzthemen Balls – so auch über Jung – fürs ›Hochland‹ verständigten.

442. An den Verlag Duncker & Humblot, 12.11.1924

H: Ms. Brief mit eigenh. Unterschrift; 1 Bl., 2 S. **F:** Verlagsarchiv Duncker & Humblot, Berlin. **DV:** Original.

Buchberger] Siehe *Nr. 433*.

avisierten Autorenexemplare] Feuchtwanger am 6. November 1924: »Wir liessen Ihnen über Leipzig an Ihre letzte römische Adresse Ihre 30 Freiexemplare der ›Folgen‹ übersenden.« (Verlagsarchiv Duncker & Humblot: Ludwig Feuchtwanger an Hugo Ball, 6. November 1924).

Betrag von 31,40] Feuchtwanger rechnete im Brief vom 6. November 1924 mit Ball das Honorar ab:

»Der Ladenpreis des Exemplares beträgt M 3.50, so dass für die ersten 2 000 ein Honorar von *700.–* auf Sie entfällt.
Danach stellt sich unsere Abrechnung wie folgt:

Unsere Zahlung vom 23.August 1924:		Gm. 600	
5 Ball, Christentum, Halbl. & Porto	ges. 18.IX.24		24.60
1 Buchberger, Kirchl. Lexikon u. Porto	» 18.XI.24		44.–
		Gm.	668.60
Ihr Honoraranteil 10% v. Ladenpreis f. 2 000 Ex. im voraus			700.–
Saldo zu Ihren Gunsten		Gm.	31.40«

»Gm« ist die Abkürzung für Goldmark.

Dr. Franz Blei] Vgl. *Nr. 26*.

Prof. Carl Schmitt] Vgl. *Nr. 331*.

René Schickele] Vgl. *Nr. 51a*.

Frau Abgeordnete Hessberger] Maria Heßberger, vgl. *Nr. 491*.

Prof. Krebs] Engelbert Krebs, vgl. *Nr. 435*.

Emil Szittya] Vgl. *Nr. 90*.

Dr. A. Saager] Adolf Saager, vgl. *Nr. 235*.

Rezensenten des Byzanzbuchs] Bis Herbst 1924 waren fast 40 Rezensionen über das ›Byzantinische Christentum‹ erschienen; vgl. HBB Nr. 960-1040, S. 59-62.

Prof. C. G. Jung] Carl Gustav Jung, vgl. *Nr. 441*.

»beide Besprechungen] In der ›Kölnischen Volkszeitung‹ ist nur die Rezension von Adolf Ludwig Schmitz (vgl. *Nr. 438* – »Volkszeitung«) nachweisbar. Von Waldemar Gurian ist nur die Veröffentlichung in der ›Augsburger Postzeitung‹ (Jg. 1924. ›Literarische Beil.‹. Nr. 45 vom 5.11.; HBB Nr. 980, S. 60) bekannt. Im HBN befindet sich ein Zeitungsausschnitt mit der Gurianschen Rezension des ›Byzantinischen Christentums‹ – textgleich mit der Rezension in der ›Augsburger Postzeitung‹ – ergänzt von Balls Hand: »Kölnische Volkszeitung«. Auf der Rückseite dieses Zeitungsausschnitts sind Wirtschaftsnachrichten vom »26. Sept.« 1924 zu lesen, so muß die Rezension unmittelbar danach, am 27. oder 28. September 1924 erschienen sein. Weder in der ›Kölnischen Volkszeitung‹ noch in der ›Kölnischen Zeitung‹ konnte der Artikel ermittelt werden (vgl. auch *Nr. 438* – »für die Drucksachen«).

Jesuiten *Przywara*] Erich Przywara (1889-1972), katholischer Religionsphilosoph. In der Sammelbesprechung ›Ringen um Gott‹ (›Stimmen der Zeit‹, Freiburg i.B. Bd. 107, 1923/24, S. 347-352; HBB Nr. 1005, S.61) besprach Przywara das ›Byzantinische Christentum‹ (S. 351 f.).

443. An den Verlag Duncker & Humblot, 13.11.1924

H: Ms. Postkarte mit eigenh. Unterschrift; Adresse: Herrn / Dr. L. Feuchtwanger / Duncker & Humblot, Verlag / *München* / Theresienhöhe 3 c. **F:** Verlagsarchiv Duncker & Humblot, Berlin. **DV:** Original.

Dr. Fr. Fuchs] Friedrich Fuchs, vgl. *Nr. 326*.

Heinrich Ball] Vgl. *Nr. 10* – »Heiner«.

444. An den Verlag Duncker & Humblot, 19.11.1924

H: Ms. Postkarte mit eigenh. Unterschrift; Adresse: Herrn / Dr. L. Feuchtwanger / Duncker & Humblot / *München* / Theresienhöhe 3.c, **F:** Verlagsarchiv Duncker & Humblot, Berlin. **DV:** Original.

Exemplare von »Byzant[inisches] Chr[istentum]«] Ball hatte in Nr. 442 um eine »Anzahl von Exemplaren des ›Byz[antinischen] Chr[istentums]‹« gebeten. Feuchtwanger schrieb am 18. November 1924: »Hoffentlich sind die Ihnen am 10.XI. zugesandten Autorenexemplare Ihres Buches inzwischen bei Ihnen angekommen. Als Ausgleich Ihres Guthabens von Gm. 31.40 lassen wir Ihnen weitere 5 broschierte und 5 gebundene Ex. nachträglich über Leipzig zugehen.« (Verlagsarchiv Duncker & Humblot: Ludwig Feuchtwanger an Hugo Ball, 18. November 1924.) Deshalb vermutete Ball, daß ihm weitere 10 Exemplare der ›Folgen der Reformation‹ zugehen würden.

445. An Carl Schmitt, 19.11.1924

H: Ms. Brief mit eigenh. Unterschrift; 1 Bl., 2 S. **F:** Nordrhein-Westfälisches Hauptstaatsarchiv Düsseldorf, Carl Schmitt-Nachlaß. **E:** Briefe, S. 190 f. **DV:** Fotokopie des Originals.

Zu diesem Brief liegt noch eine Entwurf-Fassung (HBN) vor.

als Ihre Karte kam] Hugo Ball erhielt Carl Schmitts Postkarte am 16. November 1924 (Wacker, S. 222 f.).

Ihr Vorwort im »Hochland«] Schmitts Vorwort zur 2. Auflage seiner ›Politischen Romantik‹, München/ Leipzig 1925, erschien zunächst als Vorabdruck im ›Hochland‹ (Jg. 22. H. 2, November 1924, S. 157-171) unter dem Titel ›Romantik‹. Dazu schrieb Schmitt an Ball: »Leider hat Muth die Bezeichnung Vorwort gestrichen, aber bei der Konfusion aller Kategorien, die eine Folge der Romantik ist, merkt heute niemand den Unterschied von Vorwort und Aufsatz.« (Wacker, S. 223). Als Resultat der Gespräche und Diskussionen mit Ball, so Carl Schmitt, wolle er im Schlußabsatz des Vorworts der 2. Auflage seiner ›Politischen Romantik‹ einen Hinweis zum »privaten Priestertum« bringen, und Ball überraschte Schmitt damit, daß er Baudelaire, Wagner und Nietzsche als Romantiker bezeichnete (›Tagebuch‹, 1. September 1924). Am 3. September las Schmitt Ball die erste Hälfte des Vorworts vor (›Tagebuch‹, 4. September 1924). Schmitt, der Wagner durch Byron ersetzte, beendete das Vorwort mit den Sätzen: »Im privaten Priestertum liegt die letzte Wurzel der Romantik und der romantischen Phänomene. [...] Man muß die drei Menschen sehn, deren entstelltes Antlitz durch den bunten romantischen Schleier hindurchstarrt, Byron, Baudelaire und Nietzsche, die drei Hohenpriester und zugleich die drei Schlachtopfer dieses privaten Priestertums.« (S. 171)

Mein Sonett] Balls ›Sonett im Advent‹ erschien auf Seite 156, ebenfalls im Heft 2, November 1924 des ›Hochland‹.

Aufsatzfolge von Kurt Singer] Kurt Singer (vgl. *Nr. 438*) beschreibt in »gesammelten Beiträge[n] zur Geschichte der deutschen Staats- und Wirtschaftskrisis« (Vorwort Singers, S. III) die Entwicklung nach dem Waffenstillstand vom November 1918 bis 28. März 1924.

Keynes und Dubois] John Maynard Keynes (1883-1946), englischer Nationalökonom und Louis Dubois (1859-1946), französischer Politiker (1920-1922 Vorsitzender der Wiedergutmachungskommission) waren, neben fünf weiteren Währungssachverständigen, Mitglieder einer von der deutschen Reichsregierung berufenen Kommission, die beraten sollte, wie die Stabilisierung der Reichsmark eingeleitet werden soll. Kurt Singer interpretiert dieses Vorgehen in dem Kapitel: »Das Gutachten der ausländischen Währungs-Sachverständigen und der Stand des Reparationsproblems, nebst einem Vorschlag« (S. 158-163).

Ernesto Buonaiuti] (1881-1946), Priester; Prof. für Kirchengeschichte in Rom von 1915-32, Vertreter des katholischen Modernismus, 1921 und 1924 exkommuniziert, 1926 als vitandus erklärt. Verfasser u.a. von: ›Lutero et la Riforma in Germania‹ (1926); ›Le modernisme Catholique‹ (1927). (Vgl. Theol. Literaturzeitung, Jg. 83, 1958. Sp. 11-18.) Von Buonaiuti befinden sich drei Werke, alle erschienen bei Libreria di Cultura in Rom, im HBN:

›Frammenti gnostici‹ (1923); ›Saggi sul cristianesimo primitivo‹ (1923, Exemplar mit Randnotizen Hugo Balls versehen); ›Detti extracanonici di Gesù‹ (1925). Als Hugo Ball am 11. November Ernesto Buonaiuti in der Via Alberoni 7 besuchen wollte, traf er ihn nicht an (›Tagebuch‹, 11. November 1924). Erst bei seinem zweiten Besuch am 19. November traf er ihn an. Von Buonaiuti erhielt Ball ein Empfehlungsschreiben an Prof. Sante De Sanctis (siehe *Nr. 446*), bei dem Ball psychiatrische und psychoanalytische Studien treiben könne (›Tagebuch‹, 19. November 1924).

Versuch für die Bühne] In seinem ›Tagebuch‹ (19. November 1924) erwähnt Ball, ohne den Titel zu nennen, daß Emmy Ball mit dem 1. Akt des Theaterstücks bald fertig sein werde.

Frau von Schnitzler] Vgl. *Nr. 434* – »schwierigen Punkt Ihres Briefes«.

Urteil der Guardini-Jugend] Auf der Postkarte vom 16. November 1924 an Ball schrieb Schmitt, daß er die ›Folgen der Reformation‹ »2 intelligenten Katholiken meines politischen Seminars (es sind nahe Freunde von Guardini)« weitergeben würde. Einer der »intelligenten Katholiken« war sicherlich Waldemar Gurian (vgl. *Nr. 460*).

446. An Hermann Hesse, 1.12.1924

H: Ms. Brief mit eigenh. Unterschrift; 1 Bl., 2 S. **F:** HBN. **E:** EBH Leben, S. 232-234; auch in Briefe, S. 191 f. **DV:** Original.

Zu diesem Brief liegt noch eine Entwurf-Fassung (HBN) vor.

Prof. Sante De Sanctis] (1862-1935), Prof. an der Universität Rom. Der bedeutende italienische Psychiater war ein medizinisch ausgebildeter Experimentalpsychologe. De Sanctis »wandte [...] sich der Psychiatrie zu, der er sich schließlich als Inhaber des Lehrstuhls für Neuropsychiatrie in Rom ganz widmete«. (Eugenio Gaddini: ›Psychoanalyse in Italien‹. In: ›Die Psychologie des zwanzigsten Jahrhunderts‹. Bd. 3: Freud und die Folgen 2. Zürich 1977, S. 79.) Ball begegnete De Sanctis in Rom und schrieb am 24. November 1924 in sein ›Tagebuch‹: »[...] besuchte heute Prof. Sante de Sanctis, der mich einlud, ihn nach Belieben in seinem Laboratorium (Via dell'Università N 14[a]) zu besuchen und dort zu studieren. Er ist der einzige Psychiater Neurologe in Rom, der sich mit psychoanalyt. Fragen beschäftigt, sein Assistent ist ein Österreicher und spricht also deutsch. Er schien es sehr zu begrüssen, dass ich mich für die Zusammenhänge zwischen Psychiatrie und Theologie interessiere, stellte mir in Aussicht, dass ich in seinem Laboratorium, wenn irgendwo in Rom, die einschlägige Literatur finde, und will gerne schicken und kommen lassen, – was fehlt um das Thema gründlich zu studieren.« (›Tagebuch‹, 24. November 1924; Emmy Ball zitierte, mit geringfügigen Änderungen, diesen ›Tagebuch‹-Eintrag in EBH Weg, S. 127 f.) 1924 erschien von Sante De Sanctis: ›La conversione Religiosa‹ bei Zanichelli in Bologna. Ball rezensierte dieses Werk in seinem Aufsatz ›Die religiöse Konversion‹ (siehe *Nr. 475*). Im HBN befindet sich De Sanctis' Werk mit der Widmung: »Roma, 20 gennaio 1925 – Al D. Hugo Ball a ricordo del sua gradito soggiorna nel Laboratorio Sante De Sanctis.«

Gentilezza] Ital. = Liebenswürdigkeit.

Ordo Exorzistarium] »Das Sakrament der Priesterweihe gliederte sich in zwei Gruppen: Höhere Weihen (Bischof, Priester, Diakon) und Niedere Weihen (Akoluthat, Exorcistat, Lektorat, Ostiariat). Nur die Höheren Weihen sind wirkliches Sakrament, die Niederen Weihen sind Sakramentalien. Sie werden heute nicht mehr unter dem Sakrament der Priesterweihe aufgezählt. Sie existieren aber heute noch, indem der Bischof (nicht ein Pfarrer) Personen eine ständige Beauftragung für die niederen Stufen gewährt. Das Exorzistat wird nur Priestern übertragen. Es steht einem Bischof frei, solche zu ernennen oder nicht. Die andern Tätigkeiten werden Laien übertragen.« (Pater Gebhard Müller, Stiftsbibliothek Einsiedeln, Brief an die Herausgeber, 3. April 1997).

»Manuale Exorzistarum« des Franziskaners Brognoli] Candidus Brognoli (1607-1677); ›Manuale exorcistarum ac parochorum, hoc est tractatus de curatione, ac protectione divina.‹ Ausgabe: Bergamo 1651; Lyon 1658. Im ›Tagebuch‹, 27. November 1924, reflektierte Ball: »Das *Manuale des Brognoli* ist eine Interpretation des ganzen christlichen Glaubens aus dem *Punkte der Magie* und des *Exorzismus*. Es ist erstaunlich zu sehen, wie scharf der Gegensatz in unendlich vielen Schrift- und Väterstellen sich mitteilt. Wie sehr der Exorzismus im Mittelpunkt der ganzen katholischen Lehre steht. Ich empfand das instinktiv als ich das ›*Byzant. Christentum*‹ zu schreiben begann.« (Emmy Ball zitierte, mit geringfügigen Änderungen, diesen ›Tagebuch‹-Eintrag in EBH Weg, S. 130 f.)

Abt Theodosios] Es könnte sich um Theodosios Cönobiarch (Koinobiarches) handeln, der allerdings im 5. Jahrhundert lebte; geb. um 424, gest. 529. Nachdem Theodosios zunächst in verschiedenen Klöstern und als Einsiedler lebte, entwickelte sich aus der Einsiedelei das nach ihm benannte Kloster. Er erbaute Unterkünfte für Alte, für Bedürftige und für Geisteskranke. (Vgl. LThK 10, Sp. 48 f.)

Ihre liebe Schwester] Hermann Hesse unternahm Ende November bis 10. Dezember 1924, begleitet von seiner Ehefrau Ruth, eine Lesereise durch Süddeutschland. Hesses Schwester Adele Gundert (vgl. *Nr. 289* – »Frau Pfarrer«) kam zum Vortragsabend nach Stuttgart.

447. An Werner Hegemann, 6.12.1924

H: Ms. Briefentwurf ohne Unterschrift im Stadium der Überarbeitung; 1 S. **F:** HBN.
DV: Original.

Hegemann] Werner Hegemann (1881-1936; Pseud.: Manfred Maria Ellis), Stadtplaner, Übersetzer, Kulturschriftsteller. Studium des Städtebaus und der Kunstgeschichte in Berlin, München, Paris. Danach Studium der Nationalökonomie in Paris, Pennsylvanien, Berlin, Straßburg und München. 1909-1911 verantwortlich für die internationalen Städtebauausstellungen in Boston, Berlin und Düsseldorf. Hegemann suchte zu Beginn des 20. Jahrhunderts nach Lösungen für die Wohnprobleme großer Städte, insbesondere verwarf er, seinem sozialen Gewissen folgend, die Berliner Mietskasernen (vgl. sein Werk ›Das steinerne Berlin – Geschichte der größten Mietskaserne der Welt‹, Berlin 1930). Während des Ersten Weltkriegs hielt er sich überwiegend in den USA auf. Ab 1923 war er Schriftleiter der Zeitschrift ›Wasmuths Monatshefte für Baukunst‹ (1930 vereinigt mit der Zeitschrift ›Städtebau‹). 1924 erschien unter dem Pseudonym Manfred Maria Ellis das dreibändige Werk ›Deutsche Schriften‹, der kontrovers aufgenommene dritte Band erschien nochmals ohne Pseudonym in veränderter und erweiterter Auflage 1925 unter dem Titel ›Fridericus oder Das Königsopfer‹. In dem Kapitel ›Persönlichkeit des Kritikers‹ schrieb Hegemann: »Zur Zeit [...] arbeitete Manfred [Maria Ellis] an einem größeren Aufsatz ›Über das Königsopfer‹. [...]. Das Hauptstück dieses Aufsatzes, überschrieben ›Friedrichs II. von Preußen große Felonie und die deutsche Barbarei‹, faßte die Entwicklung des deutschen Geisteslebens, wie sie etwa Friedrich Nietzsche in seinen heute nicht mehr ›Unzeitgemäßen Betrachtungen‹ aufgedeckt hat, als ein schädliches Naturereignis, das wenigstens zum Teil aus gewissen preußischen Verirrungen erklärt werden könne. Ähnliches hat neuerdings (1924) Hugo Ball in seinem geistreichen Buche ›Die Folgen der Reformation‹ versucht, wobei er, ein frommer Katholik, aber zu ganz anderen Schlüssen kam als Ellis, der nicht Katholik, sondern eher Schüler des ›Heiden‹ Goethe genannt werden kann.« (S. 23 f.) Ball rezensierte Hegemanns ›Fridericus oder Das Königsopfer‹ in seinem ›Hochland‹-Aufsatz: ›Drei Geschichtswerke‹ (vgl. *Nr. 529*). »Die Legende von Friedrich dem Großen wird in dem Buche dieses hervorragenden, bisher kaum bekannten Schriftstellers in alle Winde zerblasen. Hat man diese 500 Seiten im Fluge durchgelesen, so hat man eine neue deutsche Antithese erlebt: Goethe oder Preußen. Aus dem großen König aber ist ein armer Teufel geworden, der einen mit Augen des Neurotikers anblickt. Immer ist er tätig und tüchtig gewesen, bald hier, bald da, stets auf dem Sprunge, immer am falschen Fleck. Ein König, der eine Würde repräsentieren sollte, weil er in große Kombinationen unseligerweise verwickelt ist, und der doch kaum eine Achtung seiner selbst, geschweige seiner Umgebung aufbringt. [...] Hegemanns These lautet folgendermaßen: Friedrich II., dem das Ausland für erwiesene Dienste den Titel ›der Große‹ verliehen hat, war einer der größten Schädlinge der deutschen Nation. Ein Verschleuderer von Nationalgut im großen; ein Mietling der Engländer und Franzosen, welch letztere ihn mit seiner bereitwilligsten Zustimmung für eine großzügigste, gegen das damalige Reich und sein Kaiserhaus gerichtete Politik benützten.« (S. 361 f.)

Dr. Blei hatte wohl das Empfinden] Hegemann schrieb an Ball: »Auf Veranlassung von Dr. Franz *Blei* übersendet Ihnen der Sanssouci-Verlag, Berlin, die bisher erschienenen drei Teile der Deutschen Schriften von Manfred Maria Ellis, deren Herausgeber ich bin.« (HBN: Brief von Werner Hegemann an Hugo Ball, 25. November 192[4]).

Manfred Maria Ellis] Vgl. Werner Hegemann. Ball hatte, als er diesen Brief schrieb, noch keine Kenntnis davon, daß Manfred Maria Ellis ein Pseudonym von Werner Hegemann war.

448. An Carl Gustav Jung, 9.12.1924

H: Ms. Brief mit eigenh. Unterschrift; 1 S. **F:** HBN. **DV:** Original.

Ihren Brief vom 20. Nov.] Carl Gustav Jung antwortete auf Balls Brief vom 11. November 1924 (Nr. 441): »Mit religiösen Fragen habe ich mich wohl am meisten im Typenbuch beschäftigt, das Sie jedenfalls kennen. Das Problem habe ich wohl öfters gestreift in meinem Buch Wandlungen und Symbole der Libido, jedoch habe ich dort hauptsächlich die neurotischen Verzerrungen der religiösen Einstellung behandelt. Eine ausschliesslich religionspsychologische Arbeit habe ich nie geschrieben, jedoch finden sich in meinen Schriften hie und da Dinge die dieses Gebiet berühren.« (HBN: Brief von C. G. Jung an Hugo Ball, [20.] Nov. 1924).

»Collected Papers«] ›Collected Papers on Analytical Psychology‹. Ed. by Constance E. Long. New York: Moffat, Yard; London: Bailliére, Tindall & Co. Ins ›Tagebuch‹, 24. November 1924, notierte Hugo Ball als Erscheinungsjahr 1922. In der Jung-Bibliographie (›Gesammelte Werke‹, Olten u. Freiburg i.B. Bd. 19, 1983) werden nur Ausgaben von 1916 und die 2. Ausgabe von 1917 aufgeführt.

449. An Carla Fassbind, 9.12.1924

H: nicht erhalten. **A:** Ms. Abschrift; 1 S. **F:** HBN. **DV:** Abschrift.

Tode Ihres Vaters] Der Vater von Carla Fassbind, Josef Alois Fassbind (1859–1924), Regierungsrat und Landamtmann des Kantons Schwyz, war am 3. Dezember verstorben.

von hier Grüsse gesandt] Nicht erhalten.

450. An Natalie Baronin von Üxküll, 14.12.1924

H: Ms. Brief; 1 Bl., 2 S. Adresse auf Briefumschlag: Frau Baronin v. Üxküll / *Lugano-Paradiso* / Villa Rosa / *Svizzera. – Raccomand.* Hs. Baronin von Üxküll: Annahme verweigert Baronin Üxküll. Stempel: Annahme verweigert. Refusé. Respinto. Absender: Hugo Ball, Rom, Piazza Pollarola 19. **F:** Bayerische Staatsbibliothek, Handschriften- und Inkunabelabteilung, München **DV:** Fotokopie des Originals.

Abschrift eines Briefes von Herrn Dr. Fuchs] Friedrich Fuchs und Ruth Schaumann – beide heirateten Ende September 1924 – hielten sich gemeinsam mit Hugo Ball im Juli 1924 im Fassbind-Hotel ›Sonne‹ in Rigi-Klösterli auf. Bei diesem Zusammentreffen erzählte Fuchs von einem Ball verleumdenden Brief der Baronin Üxküll, den ein unbekannter Adressat Professor Muth »vertraulich zum Lesen« gab. Der wiederum überließ Friedrich Fuchs diesen Brief zur Lektüre. Fuchs schrieb am 1. August 1924 an Ball zwei Briefe. Der eine war nur für Ball bestimmt und informierte ihn über die Hintergründe und über das Bedauern von Friedrich Fuchs, »vorschnell das Redaktionsgeheimnis gelüftet« zu haben. Fuchs: »Sie könnten mit der Berufung auf mich und mit dem Briefe, den ich als schriftliche Unterlage beifüge, ebenso viel erreichen, wie mit dem besagten Uxkullbrief.« (HBN: Brief Friedrich Fuchs an Hugo Ball, 1. August 1924). Der zweite Brief, den Fuchs »als schriftliche Unterlage« beifügte, wird nachfolgend vollständig wiedergegeben:

»Dr. Fritz Fuchs / München, den 1. August 1924. / Ismaningerstrasse 98/II/ Herrn / Hugo Ball / Agnuzzo – Lugano (Schweiz) /
Lieber Herr Ball, /
die persönliche Angelegenheit, die wir kürzlich auf dem Rigi miteinander besprochen haben, liegt mir so sehr am Herzen und scheint mir so wichtig zu sein, dass ich aus der Schweiz zurückgekehrt Ihnen den Inhalt unserer Aussprache schriftlich bestätigen möchte. Ich teilte Ihnen Aussagen mit, welche die Frau Baronin von Uxkull kurz zuvor mir gegenüber in Gegenwart ihrer Pflegetochter Fräulein Sander in München über Ihre Person gemacht hatte. Da diese Aussagen mir geeignet schienen, Ihren guten Namen und Ihre publizistische Tätigkeit schwer zu gefährden, hielt ich mich zu dieser Mitteilung an Sie verpflichtet, um Ihnen die Möglichkeit einer Rehabilitierung – nicht vor mit, sondern vor weiteren Kreisen – zu verschaffen. Da überdies die Aussagen der Frau Baronin eine Unterredung zwischen ihr und Ihnen betrafen, glaubte ich auch den ›andern Teil‹ hören zu müssen und auch zu dürfen, ohne der Frau Baronin zu nahe zu treten. Der deutsche Konsul in Lugano, so erklärte die Frau Baronin erstens, habe ihr gesagt, dass Sie während des Krieges in französischem Solde gestanden hätten. Sie erklärte zweitens, dass Sie diese Bezahlung durch die Franzosen, als sie, die Baronin, sie Ihnen vorgehalten habe, zugegeben und mit Ihrer damaligen wirtschaftlichen Notlage entschuldigt hätten. Sie haben mir demgegenüber versichert, dass Sie von französischer Seite kein Geld empfangen und eine dahingehende Behauptung der Frau Baronin ausdrucklich [!] bestritten hätten. Ich teilte Ihnen noch weiter mit, dass ich aus der Unterredung der Frau Baronin den Eindruck gewonnen hatte, dass sie auch mit Herrn Arnold, einer führenden Persönlichkeit der IKA in Zug, über Ihre Person in diesem Sinne – wenn ich auch nicht weiss, in welchem Umfange – gesprochen haben dürfte.
Andere Dinge, welche finanzielle Auseinandersetzungen zwischen der Frau Baronin Uxkull und Ihnen betreffen, halte ich demgegenüber für zu geringfügig, um auf sie hier noch einmal zurückzukommen, zumal ich mich aus der mir von Ihnen gezeigten Korrespondenz Ball-Uxkull überzeugt habe, dass die Darstellung dieser Dinge durch die Frau Baronin irrig ist.
Wollen Sie von diesem Briefe den Gebrauch machen, der Ihnen gutdünkt, um eine rasche, geräuschlose und endgültige Erledigung der Angelegenheit herbeizuführen.
Mit den herzlichsten Grussen /
Ihr in Hochschätzung ergebener /
Dr. Friedr. Fuchs«

Karte der Hochlandredaktion] Am 7. Dezember 1923 ging Friedrich Fuchs auf Balls Anregungen ein: »Was Sie von den ›Orientreisen‹ der Baronin Uxkull schrieben, hat Muth sehr interessiert, er fragt sich, ob sie nicht für eine Veröffentlichung im Hochland in Betracht kommen. […] Vielleicht schreiben Sie uns, ob Sie die Orientreisen dafür geeignet halten und veranlassen die Baronin, uns Einblick in das Ms. zu gewähren. Wegen ›Rom u. Orient‹ will Prof. M[uth] beim Verlag sondieren.« (HBN: Postkarte Friedrich Fuchs an Hugo Ball, 7. Dezember 1923).

Ihre »Syrischen Briefe«] Vgl. *Nr. 335* – »›Orientreisen‹«

bedarf dazu nur eines Briefes an Herrn Dr. Fuchs] Baronin Üxküll schrieb am 23. April 1925 an Friedrich Fuchs: »Eben vom Orient zurückgekehrt, sende ich Ihnen diese zwei Briefe. Ich nehme kein Wort von dem zurück, was ich gesagt habe. Die Wiedergabe aber ist nicht genau. Ich habe keinen Grund gefunden, mit ihm und seiner Frau zu verkehren und habe es abgelehnt. Dies ist der wahre Grund seiner Erregtheit über mich. Er hat kein Recht, mich zu beleidigen, denn ich habe ihm nur Gutes erwiesen, während er in einer keineswegs freundlichen Gesinnung die Arbeiten hingezogen und mich dabei sehr wenig freundlich und zuvorkommend behandelt hat.« (Briefabschrift HBN.) In einem weiteren Brief an Friedrich Fuchs (20. Mai 1925) ergänzte sie: »Ich habe die Annahme des Briefes verweigert und hat er nur durch Umwege erreicht, mir denselben zur Oeffnung zu senden. Als Einlage war Ihr Brief in demselben. Ich habe ebensowenig Verwendung für Ihre Korrespondenz mit ihm.
Die ›Angelegenheit‹, die Sie für sich als erledigt ansehen, ist für mich nicht vorhanden. Sollte von irgend einer Seite etwas gegen mich vorliegen, so steht der Rechtsweg ja offen.« (Briefabschrift HBN).

Rom, 25. Jan. [19]25] Durch die Mitwirkung von Joseph Englert, dessen Annahme die Baronin zunächst verweigert hatte, in Zug gelangte der Brief erst beim zweiten Versuch an die Adressatin (vgl. Nr. 464).

Nachricht von Herrn Konsul Franken] Die Antwort Carl Frankens ist abgedruckt in *Nr. 451*.

451. An Carl Franken, 14.12.1924

H: Ms. Abschrift mit ms. Unterschrift; 1 S. **F:** HBN. **DV:** Abschrift.

Carl Franken] Vgl. *Nr. 310* – »deutschen Konsul«. Die Antwort Carl Frankens lautete: »Lugano, den 17. Dezember 1094 [!]. / Sehr geehrter Herr Ball! / Auf Ihre gefällige Anfrage vom 14. d. M., die heute hier eingegangen ist, kann ich nur antworten, dass ich niemals der Frau Baronin Uexküll, noch sonst jemandem gesagt habe, dass Sie während des Krieges in französischem Solde gestanden hätten. / In vorzüglicher Hochachtung / Ihr / ergebener / [handschriftl. gez.] Carl Franken.«

452. An Adolf Saager, 15.12.1924

D: Ms. Durchschlag; 1 S. **F:** HBN. **DV:** Durchschlag.

ich habe Ihnen Unrecht getan] Auf diese Selbstbezichtigung Balls antwortete Adolf Saager mit einem nicht erhaltenen »blumenreichen Brief« (vgl. Nr. 463). Ball informierte auch seinen Tessiner Freundeskreis über den Brief an Hilda Brown. So Hermann Hesse (Nr. 463) und auch Dr. Friedrich Müller, der Ball am 27. Dezember 1924 riet: »Über die beiden Schreiben B[rown] – S[aager] hätte ich ruhig noch einige Nächte, bis ich mich zu deren Absendung oder Vernichtung entschlossen hätte – geschlafen! [...] Und gar Ihr Schreiben an Fr. B[rown] ist ein wenn auch gut gemeinter ›fauxpas‹, da Sie das heutige Verhältnis von S[aager] zu B[rown], d.h. ihre gegenseitigen Beziehungen und was es sonst noch zwischen beiden Contrahenten zu regeln gibt – gar nicht kennen und wäre meines Erachtens besser unterblieben.« (HBN: Brief von Friedrich Müller an Hugo Ball, Montagnola 27. Dezember 1924.) Mit der Postkarte am 22. Mai 1925 kommt Saager auf dieses Thema zurück: »Zeit eilt. Zeit heilt auch, indem sie Einsicht bringt. Jetzt erst ist mir die Geschichte ganz klar u. damit auch Ihr Brief v. Dez. auf den Goldenen Hügel. Ich weiss jetzt, wer an all dem Unglück schuld war, wer Verwirrung und Verblendung erzeugte. Trau schau einem Engelsgesicht! Oder irre ich mich abermals? [...] Hätte ich den Sinn Ihres letzten Besuchs bei uns damals nicht als Höhe der Falschheit, sondern richtig ausgelegt, so hätte ich Frau Emmy nachher nicht in Lugano geschnitten.« (HBN: Adolf Saager an Hugo Ball, 22. Mai 1925.) Balls Brief an Adolf Saager vom 20. Juli 1924 (Nr. 527) erhellt das Zerwürfnis nur wenig. Er macht nur deutlich, daß es sich Balls und Saagers Beziehungen zum Hause Brown in Montagnola ging. Wer sich hinter dem »Engelsgesicht« verbarg, von dem Adolf Saager schrieb, ist nicht bekannt. Auf Balls Brief Nr. 527 antwortete Adolf Saager: »Besten Dank für Ihre Nachrichten. Ich ersehe daraus, dass Sie meine Anfrage richtig verstanden – ich dachte nicht daran, von Finanziellem zu reden. Da ich keinerlei Verbindung mit Montagnola mehr hatte und habe, sehe ich in jener traurigen Geschichte immer noch nicht ganz klar. Wenn wir uns einmal wiedersehen, werden wir zuerst über jene Geschichte uns unterhalten müssen, damit alles noch Unklare ins Reine kommt, und das könnte ja nur mündlich geschehen.« (HBN: Adolf Saager an Hugo Ball, 5. August 1925.) Weder Ball noch Saager, zumindest läßt sich dieses aus beider Korrespondenz entnehmen, wollten sich zu den Verstimmungen schriftlich äußern. Auch im ›Tagebuch‹ hat Hugo Ball keine Aufklärung gegeben.

453. An August Hofmann, 17.12.1924

H: Ms. Postkarte mit eigenh. Unterschrift; beidseitig beschrieben. Adresse: Herrn August Hofmann / *Pirmasens. Rheinpfalz.* / Turnstrasse 21/I / bei Habermehl. *Germania.* **F:** HBS. **DV:** Original.

Hs. Postskriptum von Emmy Ball: »Lieber Herr Hofmann! Wir haben Sie auf dem Balkon in München viel zu kurze Zeit gesehn. Sie müssten nocheinmal kommen, aber vielleicht kommen wir einmal, ich wünsche Ihnen frohe Weihnachten und ein recht gutes neues Jahr Ihre Emmy Ball.«

von Dir zu hören] August Hofmann schrieb am 12. Dez. 1924: »Seit einem Vierteljahr bin ich in Pirmasens am humanistischen Gymnasium; es gefällt mir in Deiner Vaterstadt so so lala. Ich bemühe mich erfolgreich die Stadt mit den Werken ihres besten Sohnes bekannt zu machen. Das Byzant. Christentum geht um; ich fürchte fast es nicht mehr zurückzubekommen. Ich höre, ein neues Werk sei im Erscheinen oder bereits heraus.« (HBS: August Hoffmann an Hugo Ball, 12. Dezember 1924) Studienrat August Hoffmann unterrichtete vom 1. September 1924-30. April 1926 am Humanistischen Gymnasium Pirmasens als Lehrer für Mathematik.

Texte, die Dr. Daffner komponiert hat?] Vgl. *Nr. 376.* Am 12. Dezember 1924 schrieb Hofmann auch, daß Daffner Texte von Emmy Ball vertont habe. Im Nachlaß Hugo Daffners (Bayerische Staatsbibliothek München) befindet sich das Autograph einer Sammlung von Liedern (Signatur Mus.ms. 9540/1), welche auch eine Vertonung von Emmy Balls Gedicht: ›Blaue Lilien‹ enthält (Emmy Hennings: ›Helle Nacht. Gedichte‹. Berlin: Erich Reiss 1922. S. 40).

neue Adresse meiner Schwester] Im ›Adressbuch der Stadt Pirmasens 1922‹ wohnte Maria Hildebrand mit ihrer Familie in der Schloßstraße 42, im Gebäude der Rheinischen Kreditbank, deren Direktor Heinrich Hildebrand war. Nach dem Tod der Mutter Josephina Ball – am 30. August 1923 – zog auch Hugo Balls Vater, Karl Ball, in dieses Gebäude. Laut ›Adressbuch der Stadt Pirmasens 1925/26‹ wohnten die Hildebrands inzwischen in der Landgrafenstraße 2, Karl Ball war noch in der Schloßstraße 42 registriert. Er zog für seine letzten Lebensjahre zur Familie seiner Tochter Ida, verh. Pres, in die Landauer Str. 54.

ist Papa noch in Pirmasens] Von der hier angedeuteten Absicht, daß Karl Ball zu seinem Sohn Heiner Ball nach München umziehen wollte, ist nichts bekannt. Karl Ball starb am 22. November 1929 in Pirmasens.

454. An Friedrich Fuchs, 21.12.1924

D: Ms. Durchschlag; 1 S. **F:** HBN. **E:** Briefe, S. 193. **DV:** Durchschlag.

mein Gedicht] ›Sonett im Advent‹ (›Hochland‹, Jg. 22. H. 2, November 1924. S. 156).

ein kleiner Druckfehler] In Nr. 445 an Carl Schmitt spezifizierte Ball diesen Fehler: »In der vorletzten Zeile bitte ich ›vor‹, statt ›in‹ der Sonne Schild zu lesen.«

Brief vom 18. Oktober] Ball erkundigte sich nach Brief Nr. 436, der ohne Antwort blieb. Erst am 24. April 1925 antwortete Fuchs: »seien Sie mir nicht böse, weil ich so lange nichts von mir hören liess. Ich war im März mit meiner Frau in Sizilien und in Rom und hatte damit gerechnet, Sie zu sehen.« (HBN).

455. An Friedrich Fuchs, 21.12.1924

D: Ms. Durchschlag; 1 S. Adresse auf Textseite: Herrn Dr. Fr. Fuchs, / Redaktion des »Hochlands«, / München. **F:** HBN. **DV:** Durchschlag.

Ihres Briefes an mich vom 1. August] Ausführlich darüber in *Nr. 450* – »Abschrift eines Briefes von Herrn Dr. Fuchs«.

»Syrische Briefe«] Vgl. *Nr. 335* – »Orientreisen«.

an den deutschen Konsul] Nr. 451. Die Antwort Carl Frankens ist in den Erläuterungen abgedruckt.

wie an Frau Ü[xküll] selbst zu schreiben] Vgl. Nr. 450 vom 14. Dezember 1924 mit Nachsatz vom 25. Januar 1925.

456. An Karl Ball, 22.12.1924

H: Ms. Brief mit eigenh. Unterschrift; 1 S. **F:** HBN. **DV:** Original.

Hs. Postskriptum von Emmy Ball: »Lieber Papa! Hoffentlich geht es Dir recht. Wo Du nun auch bist wünsche ich Dir von Herzen ein recht [unsichere Lesart] gemütliches Weihnachtsfest Deine Emmy«.

Hs. Postskriptum von Annemarie Hennings: »Lieber Großvater! Vor allem recht frohe Weihnachten und ein glücklich neues Jahr. Ich gehe jetzt in die scuola libera der Akademie, und bin sehr froh, daß ich jetzt zeichnen u. malen lernen kann. Ich bin die jüngste, es war ein Examen und das war ziemlich schwer. Die Stadt ist wundervoll. Wenn ich ein schönes Bild davon gezeichnet oder gemalt habe schicke ich es Dir. Wie gehts denn in Pirmasens. Viele herzliche Grüße an Tante Marie, Tante Ida, Gretel, Lisbeth und alle anderen besonders an Dich Dein Kindchen / Anne=Marie.«

mein neues Buch] ›Die Folgen der Reformation‹.

noch in Pirmasens bist] Vgl. Nr. 453.

Gusti Hofmann schrieb mir] August Hofmann schrieb an Hugo Ball am 12. Dezember 1924 eine Postkarte. Auszugsweise ist der Text in den Erläuterungen zu Nr. 453 zitiert.

mit Deiner Unterstützung] Heiner Ball war eine Zeitlang arbeitslos. Vermutlich hatte Karl Ball seinen Sohn finanziell unterstützt.

Am heiligen Abend] Ball wollte mit seiner Familie der Eröffnung des heiligen Jahres beiwohnen. Ins Tagebuch schrieb er: »Am heiligen Abend gingen wir erst nach St. Peter, weil wir glaubten die Apertura der Porta Sancta finde statt. Aber statt abends war sie vormittags um 10 Uhr gewesen.« (›Tagebuch‹, 26. Dezember 1924; Emmy Ball zitierte, mit geringfügigen Änderungen, den ›Tagebuch‹-Eintrag in EBH Weg, S. 135).

457. An Ernesto Buonaiuti, 28.12.1924

D: Ms. Durchschlag; 1 S. **F:** HBN. **DV:** Durchschlag.

Datierung: Die in ›Briefe‹ vorgenommene Datierung auf Dezember 1925 kann nicht zutreffen, da die Balls zu diesem Zeitpunkt nicht in Rom lebten. Der »Tag der heil. Familie« ist der 1. Sonntag nach dem Weihnachtsfest. 1924 war es der 28. Dezember.

Ernesto Buonaiuti] Vgl. *Nr. 445*.

schweren Konflikt] Buonaiuti wurde 1924 zum zweiten Mal exkommuniziert, bevor er 1926 zum vitandus erklärt wurde. Buonaiuti starb 1946 unversöhnt mit der Kirche. Vor dem 7. Januar 1925 vermittelte Ball ein Zusammentreffen von Carl Muth und Ernesto Buonaiuti. Bei einem weiteren Treffen offenbarte Buonaiuti, er sei exkommuniziert (›Tagebuch‹, 9. Januar 1925). Rückblickend schrieb Ball am 21. März 1925 (Nr. 483) an Carl Muth: »Was Buonaiuti betrifft, so fällt es auch mir schwer, an ein Fechtkuns[t]stück zu glauben. [...] Ich habe B[uonaiuti] damals, noch ehe das Verdikt erschien, dringend geschrieben, ihn beschworen seine Demut zu beweisen. Er hat mir nicht geantwortet. Aber er liess mich wissen, dass mein Brief ihn bewegte.«

Berengar] Berengar von Tours (gest. 1088) wurde wegen seines symbolisch-spiritualistischen Eucharistiebegriffs auf mehreren Synoden verurteilt.

458. An Carl Muth, vermutl. 28.12.1924, denkbar auch 6.1.1925

D: Ms. Durchschlag; 1 S. **F:** HBN. **DV:** Durchschlag.

Datierung: Siehe Lemma »Herr Professor«.

Herr Professor] Es handelte sich eindeutig um Carl Muth, der sich, wie Hugo Ball am 5. Januar 1925 (Nr. 460) schrieb, zum Jahreswechsel 1924/25 mit seiner Tochter und ihrem Ehemann in Rom aufhielt. Bei einem erfolglosen Besuch Carl Muths bei den Balls ließ er seine Visitenkarte zurück und notierte darauf handschriftlich: »Ich komme morgen Vormittag zwischen 11 u. 12 Uhr. Corso Umberto 270[II] Pensione Clievo. Herzlichen Gruß!« (HBN, Visitenkarte von Carl Muth.) Auch die ›Tagebuch‹-Einträge vom 28. Dezember 1924 und 9. Januar 1925 lassen keine eindeutige Datierung zu.

Fred Hardt] Fred B. Hardt (geb. 1869 in Leipzig), lebte als Schriftsteller, Übersetzer und Herausgeber in Rom. U. a. erschienen von Hardt ›Italien nach dem Kriege‹ (1923); ›Mussolini und der Faszismus‹ (1926). (Quelle: ›Kath. Literaturkalender‹, Freiburg i. B. Jg. 15, 1926. S. 124 f.) Hardt, den Ball am 31. Oktober 1924 besuchte, sei »einer der jüngsten Konvertiten«. Sein herzliches Wesen sei »ein Gemisch von Hebräer, Preusse und Katholik« (›Tagebuch‹, 1. November 1924).

Via 24 Maggio] In der Via Ventiquattro Maggio steht die Kirche San Silvestro al Quirinale.

Café Latour] Piazza SS. Apostoli 67/68, im Palazzo Colonna.

459. An Emma Jung, 2.1.1925

D: Ms. Durchschlag; 1 S. **F:** HBN. **DV:** Durchschlag.

Adressatin] Emma Jung, geb. Rauschenbach (1882-1955), seit 1903 mit Carl Gustav Jung verheiratet.

Buch von Flügel] Bei der Lektüre des ›Byzantinischen Christentums‹ vermißte Emma Jung die bibliographischen Angaben zu Gustav Leberecht Flügel: ›Mani, seine Lehre und seine Schriften‹. Leipzig 1862. In der Erstausgabe vom ›Byzantinischen Christentum‹ steht nur: »Flügel, ›Mani‹« (S. 95).

freundliche Aufnahme] »Im Auftrag von Dr. Jung« schrieb dessen Ehefrau Emma Jung am 17. Dezember 1924 an Hugo Ball: »Gleichzeitig möchte ich Ihnen sagen, dass ich das ›Byzantinische Christentum‹ mit grossem Interesse u. ebensolchem Gewinn gelesen habe. Sie geben ein so lebendiges Bild vom Geiste jener Männer u. ihrer Zeit, wie es mir selten so eindrucksvoll begegnet ist.« (HBN: Emma Jung an Hugo Ball, 17. Dezember 1924.)

460. An Carl Schmitt, 5.1.1925

H: Ms. Brief mit eigenh. Unterschrift; 1 Bl., 2 S. Zusätzlich existieren im HBN ein Durchschlag und eine Abschrift. **F:** Nordrhein-Westfälisches Hauptstaatsarchiv Düsseldorf, Carl Schmitt-Nachlaß. **E:** Briefe, S. 193-195. **DV:** Fotokopie des Originals.

Ms. Original, da einzige unterschriebene der drei erhaltenen Versionen. Dazu existiert ein Durchschlag. Außerdem existiert noch ein Durchschlag einer Variante dieses Briefes, zu der das Original nicht erhalten oder deren Standort unbekannt ist.

Ihren letzten Brief] Carl Schmitts Brief vom 7. Dezember 1924 ist abgedruckt in: Wacker, S. 225 ff.

Aufsatz fürs Hochland] Ball – der hier seine Themen ausbreitet, mit denen er sich in den Monaten in Rom und später in Vietri und Albori beschäftigte – beabsichtigte zunächst, so deutet diese Briefstelle an, in einem ›Hochland‹-Aufsatz die Themen zusammenzufassen. Die Ausweitung des Stoffes sollte in dem geplanten Werk ›Die Therapie der Kirche‹ erfolgen.

Prof. Muth ist gerade hier in Rom] Prof. Muth besuchte zum Jahreswechsel seine Tochter Luise Maria – gen. Lulu – (1897-1961), die mit dem Kaufmann Jacob Friedrich Muth (1885-1968), Halbbruder von Carl Muth, verheiratet war. In der späteren Korrespondenz unterschied Ball: Direktor Muth (Jacob Friedrich) und Prof. Muth (Carl). Der Schwiegersohn Carl Muths wohnte zu dieser Zeit mit seiner Ehefrau in Fiumicino.

womit ich Dr. Feuchtwanger] Vgl. *Nr. 466* – »Darlehen zu vermitteln«.

Ihre Nachrichten über die »Folgen der Reform[ation]«] Schmitt schrieb am 7. Dezember 1924: »Inzwischen habe ich die ›Folgen der Reformation‹ erhalten und seit einer Woche mit zahlreichen Lesern darüber gesprochen. Einige junge Katholiken sind begeistert. Die gelehrten Herren, wie Neuss und Prof. Peterson (ein protestantischer Theologe sympathischer Art) bewundern Einzelheiten und ärgern sich über die ungründliche Dokumentierung, am meisten, daß bei Luther nicht einmal Denifle herangezogen ist. Ein junger Russe, Dr. Gurian, schreibt ausführlich darüber, ich schicke Ihnen den Aufsatz zu. Sie wissen, was ich über die Publikation denke. Aber so etwas prachtvoll Treffendes wie den Abschnitt Seite 129/130 habe ich doch in deutscher Sprache selten gelesen. Daß eine so wichtige Mitteilung, die wichtigste vielleicht, wie Ihre Äußerung über Bakunin sich in der Anmerkung der letzten Seite verbirgt, hat mich etwas irritiert. Es ist möglich, daß das Buch zu vielen öffentlichen Auseinandersetzungen führt, dann hätte es ja seinen Zweck erreicht und eine Rechtfertigung gefunden.« (Wacker, S. 225 f.)

Denifle] Heinrich Suso Denifle (1846-1905), Dominikaner, Kirchenhistoriker. Von Denifle erschien 1904/1906 der erste Band von ›Luther und das Luthertum in ihrer ersten Entwicklung‹; 1909 folgte der 2. Band. Ergänzend zu diesem Werk kam 1905 das Quellenwerk ›Die abendländischen Schriftausleger bis Luther…‹ heraus.

Jülicher, Holl, Seeberg] Die drei hier genannten ev. Theologen hatten das ›Byzantinische Christentum‹ im Laufe des Jahres 1924 ablehnend rezensiert. Adolf Jülicher (1857-1938), evangelischer Theologe; bis 1923 Prof. für Neues Testament und Kirchengeschichte in Marburg. (HBB Nr. 989, S. 60) – Karl Holl (vgl. *Nr. 315*; HBB, Nr. 988, S. 60) – Erich Seeberg (1888-1945), ev. Kirchen- und Theologiehistoriker, Prof. in Breslau, Königsberg, Halle und ab 1927 in Berlin. (HBB, Nr. 1015, S. 61).

Dr. Gurian] Waldemar Gurian (1902-1954), in Petersburg als Sohn jüdischer Eltern geboren, kam mit seiner Mutter und seinen Schwestern 1911 nach Deutschland. Die Mutter Clara trat zum katholischen Glauben über, Sohn Waldemar folgte 1914. In seinem Denken wurde er, neben Romano Guardini und Max Scheler vor allem von Carl Schmitt beeinflußt. »Seine erste berufliche Stellung war die eines Redakteurs bei der ›Kölnischen

Volkszeitung‹, einem führenden Organ der Zentrumspartei. Aber bald gab er diese Position auf, um ganz als freier Schriftsteller zu leben. Von 1924 an erschienen in kaum zu überblickender Fülle seine Artikel und Buchbesprechungen, in denen der junge Publizist ›die Musik der Zeit‹ zu erspüren versuchte.« (Heinz Hürten: ›Waldemar Gurian‹. In: ›Zeitgeschichte in Lebensbildern‹. Hrsg. von Rudolf Morsey. Bd. 2: ›Aus dem deutschen Katholizismus des 20. Jahrhunderts‹. Mainz: Matthias-Grünewald-Verl. 1975, S. 115.) Hürten charakterisiert Gurian in seinem Essay folgendermaßen: »Unter den Gestalten, die im deutschen Katholizismus der Zwischenkriegszeit an hervorragender Stelle standen, nimmt Waldemar Gurian eine Sonderstellung ein. Ein dezidierter Vertreter des katholischen ›Milieus‹ in Jugendbewegung, Presse und Literatur, war er doch kein Mann des Verbandswesens. Er blieb vielmehr trotz rasch erworbener Publizität ein auf sich gestellter Einzelgänger, für den die Kirche und die Gemeinschaft der in der Öffentlichkeit wirkenden Katholiken stets den tragenden Grund seines Lebens bildeten, aber in beruflicher Praxis und individuellem Dasein fügte er sich wenig in die Kategorien, die als typisch für den deutschen Katholizismus gelten können.« (S. 114.) – (Vgl auch: Heinz Hürten: ›Waldemar Gurian‹. Mainz: Matthias-Grünewald-Verl. 1972).

Direktor der Volkszeitung] Das Kölner Adreßbuch von 1925 gibt über die Leitung der ›Kölnischen Volkszeitung‹ folgende Auskunft: Verlag und Geschäftsleitung: Justizrat Hugo Mönnig, Rechtsanwalt Julius Stocky und Konsul Heinrich Maus. Prokuristen: B. Gutberlet, J. Schäfer, H. Sombetzky. Wen Ball als »Direktor« bezeichnete bzw. wer von diesen Personen in Rom weilte, ist nicht bekannt.

Prof. Holzhausen] Paul Holzhausen (1860-1943), Kulturhistoriker. Bei einem der »Ausschnitte«, die Schmidt sandte, handelte es sich offensichtlich um den in mehreren Teilen publizierten Aufsatz: ›Stigma, Stigmatisationen und Stigmatisierte‹ von Holzhausen, veröffentlicht in: ›Kölnische Zeitung‹. Beilage: ›Literatur- und Unterhaltungsblatt‹. Nr. 777 vom 4.11., Nr. 783 vom 6.11., Nr. 789 vom 8.11. und Nr. 795 vom 11.11.1924. Carl Schmitt dürfte aber nur die zweite Fortsetzung (Nr. 789 vom 8.11.) gesandt haben, die sich mit Katharina Emmerich, auch im Hinblick auf eine schizophrene Erkrankung, beschäftigt. Ball bestellte die restlichen Folgen des Artikels direkt bei der »Kölnischen Zeitung«, die er Anfang Februar 1925 erhielt (›Tagebuch‹, 2. Februar 1925). In seinem ›Hochland‹-Aufsatz ›Die religiöse Konversion‹ geht Ball auf diese Artikelserie von Holzhausen ein (Jg. 22, 1925. H. 10, Juli, S. 475).

Maria von Agreda] Maria de Jesus de Agreda (1602-1665), ab 1627 Äbtissin des Klarissenklosters von Agreda. Ihre Visionen, insbesondere über die Heilige Jungfrau, beschrieb sie in dem Werk ›Mística ciudad de Dios‹ (1670), dt. u.a.: ›Die geheimnisvolle Stadt Gottes‹, Regensburg 1853; 1925. Vermutlich verwies Ball auf dieses Buch, das ihm durch intensive Beschäftigung mit Joseph Görres (›Die christliche Mystik‹. Bd. 1, 1836. S. 482-495) bekannt wurde.

461. An Wilhelm Neuß, 6.1.1925

D: Ms. Brief mit eigenh. Unterschrift; 1 Bl., 1 S. Adresse auf Briefumschlag: *Germania* / Herrn Prof. Wilhelm Neuss / *Bonn* a/Rhein / Humboldtstrasse 9. / Absender: Ball. Rom. Piazza Pollarola 19. **F:** Universitäts- und Landesbibliothek Bonn, Handschriftenabteilung: Nachlaß Wilhelm Neuß. **DV:** Fotokopie des Originals.

Tre Magi] Fest der heiligen drei Könige: 6. Januar.

diese schöne Überraschung] Von der Dresdner Bank, Filiale Bonn, erhielt Ball am 24. Dezember 1924 folgende Mitteilung: »Beifolgend empfangen Sie auftrags des Herrn J. Mombauer, wegen Herrn Prof. Neuss, Lit. 550,– i. Scheck a/Mailand zur gefl. Bedienung.« (HBN) Am 8. Februarr 1925 schrieb Wilhelm Neuß an Ball: »Auf Ihre letzten Zeilen habe ich noch nicht geantwortet, obwohl ich sogleich etwas richtig zu stellen hatte. Nämlich bez. der kleinen Weihnachtssendung. Sie ging von Schmitt und mir gemeinsam aus, und zwar war es Schmitt, der sie angeregt hatte. Ich hab die Sache nur besorgt, weil Schmitt verreiste, und dachte, er hätte Ihnen geschrieben.« (HBN)

Ihr lieber Brief] Ball bezog sich auf den Neuß-Brief »Bonn, Weihnachten 1924« (HBN). Ausführlich äußerte sich Neuß darin über Balls ›Die Folgen der Reformation‹: »Ich habe heute Ihr Buch über die Folgen der Reformation zu Ende gelesen. Ich konnte es im Drängen der Arbeiten der letzten Wochen nicht in einem Zuge zu Ende lesen, und das ist nicht der letzte Grund, weshalb ich in diesen Wochen auch den Brief an Sie immer wieder aufgeschoben habe. Ich hielt es nicht für richtig, Ihnen zu schreiben, ohne auch von dem Buche Ihnen zu sagen, welchen Eindruck es auf mich gemacht hat. Das ist nun nicht ganz leicht zu sagen. Daß es Ihnen viele Feinde schaffen wird, spricht ja mehr für als gegen es. Mich ergreift auch tief der Mut und der Ernst, mit dem Sie die falschen Folgerungen, die aus der falschen Voraussetzung hervorgehen mußten und hervorgegangen sind aufdecken. Es sind viele großartige Stellen darin und es ist mit Herzblut geschrieben.«

Einmal begegnete ich Ihrem Blick] Über die Totenmesse in der Basilika S. Clemente vgl. *Nr. 438* – »Basilika S. Clemente«.

462. An Alfred Ludwig Schmitz, 7.1.1925

D: Ms. Durchschlag; 1 S. **F:** HBN. **DV:** Durchschlag.

Dr. Schmitz] Alfred Ludwig Schmitz (geb. 1896 in Düsseldorf); christl. Archäologe, Privatgelehrter, Bibliothekar in einer Privatbibliothek. (Quelle: ›Kürschners deutscher Gelehrtenkalender‹. Berlin/Leipzig: Jg. 4, 1931. Sp. 2616).

Ihre so liebevoll eingehende Besprechung] Vgl. *Nr. 438* – »Volkszeitung«.

ägyptische Wüste] Der Brief von Schmitz kam aus »Assuan (Egypt.) Mission catholique«. (HBN: Alfred Ludwig Schmitz an Hugo Ball, 18. Dezember 1924).

Symeon-Porträt] Schmitz fragte bei Ball an: »In der Darstellung des Simeon Stylites sprechen Sie von einem Bild, einem Portrait des Heiligen. Leider ohne irgendwelche Details.« Er bezog sich dabei auf folgende Textstelle: »In den Hauptstädten des Römerreiches ist sein Bildnis verbreitet; es erinnert an die Büsten des Äschylus und des Homer.« (Christentum, S. 266).

Karl Holl] Vgl. *Nr. 460*. Der Aufsatz ist abgedruckt in: ›Philotesia. Paul Kleinert zum 70. Geburtstag‹, Berlin 1907, S. 51-66. Ball irrte sich beim Erscheinungsjahr der Festschrift.

Acta San[c]t.] ›Acta Sanctorum‹ (vgl. *Nr. 257*). Ball zitierte aus: Acta SS., Januarii. Tom I.

Assemani] Joseph Simonius Assemani (1687-1768), syrischer Orientalist in ›Acta Sanctorum Martyrium orientalium et occidentalium‹. Tom. II, S. 227-412.

Prof. Lietzmann] Hans Lietzmann: ›Das Leben des Heiligen Simeon Stylites‹. Leipzig 1908 (= Texte u. Untersuchungen zur Geschichte der altchristlichen Literatur. Bd. 32. H. 4).

Delehaye] Hippolyte Delehaye: ›Les Stylites – Saint Syméon et ses imitateurs‹. In: ›Revue des questions historiques‹, Paris. Jg. 29. NS. Tom. 13. Bd. 57, 1895, S. 52-103. Ball meinte mit der neuen Ausgabe vermutlich: ›Les saints stylites‹, Brüssel 1923.

463. An Hermann Hesse, 10.1.1925

H: Ms. Brief mit eigenh. Unterschrift; 1 Bl., 2 S. Zu diesem Brief liegt noch eine ms. Entwurffassung mit hs. Korrekturen vor. **F:** HBN. **E:** EBH Leben, S. 234-236; auch in Briefe, S. 195 f. **DV:** Original.

Annemarie hatte Ferien] Ball berichtete in Nr. 446, daß er Annemarie am 1. Dezember »zum Examen für die Scuola libera der Academia d. Belle Arti« brachte. Am 14. Februar 1925 (Nr. 475) informierte Ball August Hofmann: »Annemarie zeichnet in der Scuola libera«. Offensichtlich hatte Annemarie Hennings das Examen bestanden und war an der Schule angenommen worden. Weihnachten und zum Jahreswechsel hatte sie »Ferien«. Zumindest bis Mitte Februar 1925, wahrscheinlich bis zur Abreise der Familie Ball aus Rom Ende Februar war Annemarie zur Ausbildung in der Scuola libera.

Muth uns begrüsste] Vgl. *Nr. 458*.

»Reise nach Rom« angenommen] Dem Brief Nr. 440 hatte Ball das Manuskript ›Reise nach Rom‹ von Emmy Ball beigelegt. 1926 erschien es als erster Teil in der Publikation ›Der Gang zur Liebe. Ein Buch von Städten, Kirchen und Heiligen‹ bei Kösel & Pustet. Auch im ›Hochland‹ sollten ursprünglich ausgewählte Kapitel erscheinen. Carl Muth schrieb am 10. März 1925 an Emmy Ball: »Gestern schickte mir Franz Herwig die erste Nummer seines ›Bunten Garten‹ und teilt mir mit, er habe sich entschlossen, Ihre ›Reise nach Rom‹ vollständig im ›Bunten Garten‹ abzudrucken. Ohne mich zu verständigen, hat er damit gleich begonnen und zwar gerade mit dem Teil, der mir für das ›Hochland‹ bei bruchstückhafter Wiedergabe vor allem wichtig schien. Unter diesen Umständen habe ich mich mit ihm dahin geeinigt, dass er nunmehr das Ganze nehme; ich kann mich nicht mit ihm, nachdem er mir vorgegriffen hat, in eine Teilung einlassen.« (HBN)

Ihren lieben Briefe] Hesses Briefe »nach der Rückkehr von Stuttgart und Ludwigsburg« sind verschollen.

Weihnachtsabend verbrachten] Wie die Balls die Weihnachtstage in Rom verbrachten, schrieb Hugo Ball in sein ›Tagebuch‹, 26. Dezember 1924. Emmy Ball zitierte daraus in EBH Weg, S. 135-137; HBA 1993, S. 15-18.

Lämpchen aus der Katakombe] »Er [Hugo Ball] bekam ein Grablämpchen geschenkt, das ihm nach vieltausendjähriger Ruhe zu duften schien, und das zum Gebrauch als ewiges Lämplein zu seiner großen Freude noch vollständig intakt war.« (EBH Weg, S. 124 f.).

Santa Maria Maggiore] (Piazza S. Maria Maggiore), bedeutende kirchen- und kunstgeschichtliche Muttergotteskirche in Rom. Ball im ›Tagebuch‹, 26. Dezember 1924: »Wir gingen also zu Fuss – da keine elektr. Bahnen gingen – hinaus nach S. Maria Maggiore, wo um 11 Uhr eine feierliche Prozession mit dem Jesukind (S. Presepio) statt fand. Der sonnengelbe Traghimmel wie er geisterhaft durch die Basilika schwebte. In der Basilika war es recht laut und bunt. Gruppen sassen auf den Säulensockeln, auf 2 Altarstufen, andere standen neugierig über Brüstungen gelehnt, wieder andere plauderten, debattierten und schimpften sogar.« (Emmy Ball zitierte, mit geringfügigen Änderungen, den ›Tagebuch‹-Eintrag in EBH Weg, S. 135).

Santa Prassede] (Via Urbana). Die dreischiffige Basilika, Titelkirche des 5. Jh., wurde der hl. Praxedis geweiht. Ball im ›Tagebuch‹, 26. Dezember 1924: »Wir gingen aus dem Drängen und Treiben weg und kommunizierten drüben in S. Prassede, wo wir sogar noch Stühle fanden. Vormittags waren wir in der Kirche S. Gesù zum ersten Mal in Rom zur Beichte gegangen. Bei der hl. Kommunion ergab es sich zu meiner grossen Freude so, dass wir trotz des grossen Andrangs neben einander zu knieen kamen, ich in der Mitte. Es war ½ 2 als wir nach hause kamen.« (Emmy Ball zitierte, mit geringfügigen Änderungen, den ›Tagebuch‹-Eintrag in EBH Weg, S. 135 f.)

S. Pietro in Vincoli] (Piazza S. Pietro in Vincoli). Die Kirche befindet sich oberhalb des Kolosseums, in der Nähe des Goldenen Hauses von Nero. Am 9. Januar 1925 schrieb Ball in sein ›Tagebuch‹: »In der Kirche S. *Pietro in Vincoli*, sahen wir heute zum ersten Mal einen wirklichen lebendigen Riesen: den *›Moses‹ von Michaelangelo*. Er sieht aus, als hab er eben das Gesetz verkündet und wolle nun aufstehen um sich zu überzeugen, wie es von den Richtern angewandt und vom Volke befolgt wird. Er gibt das Gesetz, oder vielmehr er hat es gegeben und wacht nun darüber. Er ist Gesetzgeber und Wächter in Einem: Moses und Michael.« (Emmy Ball zitierte, mit geringfügigen Änderungen, den ›Tagebuch‹-Eintrag in EBH: ›Aus dem Leben Hugo Balls‹, veröffentlicht in HBA 1993, S. 24).

S. Croce in Gerusalemme] (Piazza di S. Croce in Gerusalemme). Die Basilika gehört zu den sieben Hauptkirchen Roms; seit 1561 Zisterzienserklosterkirche. Ebenfalls am 9. Januar 1925 trug Ball in sein ›Tagebuch‹ ein: »In der Basilika *S. Croce in Gerusalemme* (die Umgebung und die Fassade haben etwas wahrhaft Orientalisches) kamen wir gerade zum Altar, als die hl. Hostie erhoben wurde. Wir sahen dann noch mit einem Dominikaner die Kapelle der hl. Helena. Unter dem rötlichen Fussboden, den ich allein betreten durfte, liegt Erde vom Kalvarienberg. Frauen ist der Eingang bei Strafe der Exkommunikation verboten. Die Reliquien (Finger des hl. Thomas, Kreuzteile, zwei Dornen von der Dornenkrone, Kreuzestafel und Kreuzesnagel) konnten wir nicht mehr sehen, weil es schon dunkel war. Die Apostelfiguren der Laterankirche hoben sich so zierlich vom rötlichen Abendhimmel ab.« (Emmy Ball zitierte, mit geringfügigen Änderungen, den ›Tagebuch‹-Eintrag in EBH: ›Aus dem Leben Hugo Balls‹, veröffentlicht in HBA 1993, S. 24 f.)

Es hängt dies von einem Brief ab] Vgl. *Nr. 466.*

Dr. Massagno] Es kann sich nur um Dr. Adolf Saager handeln, der in Lugano-Massagno wohnte. In Nr. 452 schrieb Ball vom »Unrecht«, das er Adolf Saager angetan, und diesem Brief, »die Abschrift eines Briefes an Frau Dr. Brown« beigelegt habe. Über diese Angelegenheit vgl. *Nr. 452.* Auch Hermann Hesse war informiert: »Dieser Tage schrieb mir Saager, Sie hätten ihm Ihr Bedauern wegen der Geschichte damals ausgesprochen. Das freut mich sehr.« (DLA, Hesse: 25. Dezember 1924.) Hesse fand das unnachgiebige Verhalten Balls gegenüber Saager unverständlich und war nun froh »über diese Nachricht«.

Herr Papagei] Mit »Herr Papagei« dürfte Theo Wenger, der Schwiegervater Hermann Hesses, gemeint sein. In Carona besaß die Familie Wenger ein Haus, das in Hesses ›Klingsors letzter Sommer‹, im Kareno-Kapitel, als »Papageienhaus« beschrieben wird (vgl. Nr. 269 – »ein äusserlich sehr unscheinbares Bauernhaus ...«)

464. An Joseph Englert, 25.1.1925

H: Ms. Brief mit eigenh. Unterschrift; 1 Bl., 2 S. Im HBN existiert ein ms. Brief mit eigenh. Unterschrift (und einigen Textvarianten), der als Entwurf zu qualifizieren ist. **F:** CSSt. **E:** EBH Leben, S. 236-238. **DV:** Original.

Beilage: Nr. 450 an Baronin Natalie von Üxküll.

klein ›Schaggi‹] Eva Maria Jacqueline Englert, geb. am 14. März 1924, Tochter von Joseph und Maria Theresia Englert.

Dr. Banissoni] Ferruccio Banissoni (1888-1952); in Triest geboren, begann Banissoni sein Medizinstudium in Wien und hörte zwei Jahre unter anderen auch Vorlesungen bei Sigmund Freud. In Rom beendete er sein Studium und wurde Assistent bei Prof. De Sanctis. 1926 erhielt Banissoni eine Privatdozentur für Experimentalpsychologie. 1948 wurde er Professor an der Universität Triest.

Avviso] Ital.= Meldung, Bericht.

S. Andrea delle Fratte] (Via di S. Andrea/Via Capo le Case). Die Kirche, erstmal im 12. Jh. erwähnt, ist, in der heutigen Gestalt, im 16. Jh. entstanden.

Ratisbonne] Der Jude Marie-Alphonse Ratisbonne (1812-1884) konvertierte am 20. Januar 1842 in S. Andrea delle Fratte zum katholischen Glauben. Hugo Ball hat sich mit Ratisbonne in seinem Aufsatz ›Die religiöse Konversion‹ beschäftigt. Ebenso nachzulesen bei Emmy Ball in ›Der Gang zur Liebe‹, München 1926. S. 154 f.

Veuillot] Louis-François Veuillot (1813-1883), französischer Schriftsteller; bekannte sich zum Ultramontanismus. »Durch eine Romreise mit Audienz bei Gregor XVI gläubig geworden, wurde er 1843 Redakteur am ›Univers‹, den er zum Weltblatt ausbaute. In den geistigen u. polit. Auseinandersetzungen Frk.s kämpfte er als Verfechter der unnachgiebigen ›ultramontanen‹ Richtung gg. die versöhnliche ›liberale‹. Während des

Ersten Vatikanischen Konzils setzte er sich intensiv für ein extremistisches Unfehlbarkeitsdogma gg. dessen franz. u. andere Gegner ein.« (LThK 10, Sp. 759-760.) Ball erwähnte Veuillot erstmals in seinem Vortrag ›Abbruch und Wiederaufbau‹ (HBA 1980, S. 4). Nochmals im Aufsatz ›Carl Schmitts Politische Theologie‹ (›Hochland‹. Jg. 21. H. 9. S. 263-286): »Es ist kein Zufall, wenn Schmitt gegen Sorel die lebendige Eschatologie einiger neuerer Katholiken (Veuillot, Bloy, Cortes, Robert Hughes Benson) verteidigt.« (S. 285.)

Angelika Kauffmann] (1741-1807), Malerin, lebte seit 1782 in Rom. Am 14. März 1788 notierte sich Goethe, anläßlich seines zweiten römischen Aufenthaltes: »Mein Abschied von hier betrübt drei Personen innigst. Sie werden nie wieder finden, was sie an mir gehabt haben, ich verlasse sie mit Schmerzen. In Rom hab' ich mich selbst zuerst gefunden, ich bin zuerst übereinstimmend mit mir selbst glücklich und vernünftig geworden, und als einen solchen haben mich diese dreie in verschiedenem Sinne und Grade gekannt, besessen und genossen.« – Zu den »drei Personen« ist, ohne an dieser Stelle namentlich genannt zu werden, Angelika Kauffmann zu zählen.

S. Nicola in Carcere] (Via del Teatro di Marcello). Erbaut über dem Forum Holitorium. In der südlichen Wand der Kirche sind dorische Säulen des antiken Tempels zu erkennen. Ende des 16. Jahrh. erhielt S. Nicola die heutige Form.

Maria di Guadalupe] 1531 erschien dem Indianer Juan Diego in Guadalupe die Gottesmutter. Noch im selben Jahr fand die feierliche Aufstellung des Gnadenbildes statt. Fest: 12. Dezember.

in den Mithrastempel] Papst Siricius (384-399) erbaute S. Clemente auf einem Heiligtum des Mithras.

Porta Maggiore] Ursprünglich ein Straßenübergangsbogen der Aqua Claudia.

Apollotempel gefunden] Gemeinsam mit Wilhelm Neuß (*Nr. 434*) besichtigte Hugo Ball die »neugefundene heidnische Basilika« an der Porta Maggiore. »Sie soll«, so notierte sich Ball, »einen Apollotempel aus dem 1. Jahrhundert präsentieren« (›Tagebuch‹, 12. Oktober 1924). Dem Deutschen Archäologischen Institut Rom ist in der Umgebung der Porta Maggiore kein Apollotempel bekannt. Es könnte sich »um die 1917 beim Eisenbahnbau gefundene ›Basilica sotterranea‹ handeln, deren Funktion nach wie vor nicht geklärt ist. Sie wurde wegen der Malereien (auch Apollondarstellungen) als Versammlungsraum der Neuphytagoreer interpretiert.« (Brief an die Herausgeber, Rom, 28.2.1997).

S. Jesù] Il Gesù, Piazza del Gesù, Hauptkirche der Jesuiten. Die prunkvolle Barockkirche ließ Kardinal Alessandro Farnese von 1568-1575 durch die Baumeister Vignòla (1605-1573) und Giacomo della Porta (1541-1604) erbauen.

S. Sabina] (Piazza Pietro d'Illiria). Im 5. Jh. von Petrus von Illyrien errichtete Pfeilerkirche.

Königin Tuja] Im Original: »Königin Tua«. Laut ›Tagebuch‹, 29. Januar 1925, hatte Hugo Ball eine Abbildung der Königin Tuja, Mutter Ramses' II., für Joseph Englert erworben.

Prof. B[uonaiuti]] Vgl. *Nr. 445* und *Nr. 457*.
beiliegenden Brief] Nr. 450.

465. An Carl Schmitt, 27.1.1925

H: Ms. Brief mit eigenh. Unterschrift; 1 Bl., 2 S; im HBN befindet sich der Durchschlag ohne Unterschrift. **F:** Nordrhein-Westfälisches Hauptstaatsarchiv Düsseldorf, Carl Schmitt-Nachlaß. **E:** Briefe, S. 196 f. **DV:** Fotokopie des Originals.

Schriften des Manfred Maria Ellis] Die ›Deutschen Schriften‹ von Werner Hegemann erschienen 1924 zunächst unter dem Pseudonym Manfred Maria Ellis. Über Werner Hegemann vgl. *Nr. 447*.

Frau von Schnitzler] Vgl. *Nr. 434* – »schwierigen Punkte Ihres Briefes«. Das »Geschenk« waren 500 französische Franken (›Tagebuch‹, 10. Januar 1925).

Prof. Peterson] Erik Peterson (1890-1960). Es könnte der Aufsatz ›Zur Theorie der Mystik‹ (›Zeitschrift für Systematische Theologie‹, Gütersloh. Jg. 2, 1924, 1. Vierteljahrsheft, S. 146-166) gemeint sein. (Wacker, S. 225 u. 232).

Prof. Ehrenberg] Hans Philipp Ehrenberg (1883-1958), evangelischer Theologe; Prof. für Philosophie in Heidelberg. Zahlreiche Veröffentlichungen; 1923 u. 1925 erschien das zweibändige Werk ›Östliches Christentum. Dokumente‹. Bd. 1: Politik. In Verbindung mit Nicolai von Bubnoff hrsg. von Hans Ehrenberg. Bd. 2: Philosophie. Hrsg. von Nicolai von Bubnoff und Hans Ehrenberg. Das Nachwort, das Ball anspricht, hat den Titel: ›Die Russifizierung Europas oder die Frage der Trinität‹ (S. 378-407). Eingeteilt ist das Nachwort in vier Kapitel: 1. Die russischen Religionsphilosophen. 2. Die babylonische Gefangenschaft der Universität. 3. Die Scheinorthodoxie der evangelischen Kirche. 4. Das trinitarische Denken.

Rezension der ›Volkszeitung‹] Im ›Tagebuch‹, 10. Januar 1925, bestätigte Hugo Ball den Eingang eines eingeschriebenen Briefs von Carl Schmitt – der aber verschollen ist – und notierte sich den Inhalt des Briefes: Ball wurde von Schmitt falsch informiert, daß die Rezension von Gurian bereits in der ›Köln Volkszeitung‹ erschienen sei (siehe auch *Nr. 468* – »Jetzt hat Herr Dr. Gurian«).

war es das Beiliegende] Carl Schmitt sandte offensichtlich die »kürzere Besprechung« (Nr. 470) über ›Die Folgen der Reformation‹ aus der ›Kölnischen Volkszeitung‹ (Jg. 66, 1925. Nr. 18 vom 8.1.1925: Literarische Beilage, Nr. 2), die unter dem Autorenkürzel »K.P.« erschien.

466. An den Verlag Duncker & Humblot, 1.2.1925

A: Ms. Brief mit eigenh. Unterschrift; 1 S. **F:** Verlagsarchiv Duncker & Humblot, Berlin. **DV:** Original.

Verlagskatalog] Im Verlagskatalog Duncker & Humblot aus dem Jahre 1924 werden Hugo Balls Publikationen angezeigt und kurz vorgestellt. ›Die Folgen der Reformation‹: »Das erste Buch über Luther und Preußentum ist eine erschütternde Kritik der tiefen Entartung in dem modernen bürgerlich-protestantisch-demokratisch-kapitalistischen Lebensstil.« – ›Byzantinisches Christentum‹: »Das zweite Buch über das östliche Christentum zeigt, daß Ball nicht nur ein scharfsinniger Kritiker, sondern auch ein wissenschaftlich und sprachlich schöpferischer großer Schriftsteller ist.« Es folgen noch drei prägnante Sätze aus drei Rezensionen über das ›Byzantinische Christentum‹.

Herausgeber der ›Deutschen Schriften‹] Werner Hegemann, vgl. *Nr. 447*.

Manfred Maria Ellis] Vgl. *Nr. 447* – »Werner Hegemann«.

Darlehen zu vermitteln] Bereits in den Briefen Nr. 460 und Nr. 463 hatte Ball von seiner Absicht geschrieben, Ludwig Feuchtwanger um »eine Subvention« zu bitten. Feuchtwanger antwortete: »Auf Ihre spezielle Bitte, um ein Darlehen oder eine Art Vorschuss, kann ich Ihnen, wie ich auch die Sache hin und her drehe, keinen günstigen Bescheid geben. Es ist leider in Deutschland nicht mehr wie früher, dass überhaupt die Möglichkeit bestünde, Geldbeträge über den Konsumbedarf der Einzelwirtschaft hinaus, aus dem Geschäft, einer Anlage, einem Betrieb zu ziehen. Mir liegt hier seit langem ein von mir ausgearbeitetes, ausführliches und schönes Verlagsprogramm vor. Aber zur Ausführung fehlt es an flüssigen Mitteln; und so geht es überall bei allen Verlagen. Was an Büchern zustande kommt, ist entweder auf den Tagesbedarf und raschen Umsatz – rein kommerziell kalkuliert – zugeschnitten, oder stammt mit Hilfe der technischen Betriebe (Druckerei etc.), die immer mehr die Hauptakteure werden, aus den wahrlich knappen Erübrigungen des allgemeinen Verkaufes, soweit diese von den allgemeinen Kosten des Apparates nicht verschlungen werden. Wie sollte da der Einzelne oder der Betrieb ein paar tausend Mark erübrigen, um seinen Autoren auf die Beine zu helfen!« (HBN: Ludwig Feuchtwanger an Hugo Ball, 4. Februar 1925).

467. An Werner Hegemann, 2.2.1925

D: Ms. Durchschlag; 1 S. **F:** HBN. **DV:** Durchschlag.

Werner Hegemann] Vgl. *Nr. 447*.

»Friedrich als Reichsverderber«] In diesem Brief und noch weitere dreimal (Nr. 469, 486 und 487) verfälschte Ball den Titel von Manfred Maria Ellis (Pseud. von Werner Hegemann): ›Deutsche Schriften‹. Bd. 1. Teil 3: ›Friedrich II. als Werther, Christi Rettung vom Opfertod. Die letzten vier der sieben Gespräche über das Königsopfer‹. Berlin. Sanssouci-Verlag 1924. Im HBN befindet sich, mit Randnotizen versehen, dieser Band und ebenso der Teil 2 dieses Werks: ›Iphigenienromantik, Friedrichslegende, Sühneopferwahn‹. Zunächst las Ball dieses Buch (›Tagebuch‹, 25. Januar 1925) um wenige Tage später Zitate und eigene Gedanken darüber – Umfang achteinhalb Seiten – ins ›Tagebuch‹, 29. Januar 1925, einzutragen. Wahrscheinlich fanden diese Notizen Verwendung in Balls Aufsatz ›Drei Geschichtswerke‹ (vgl. Nr. 529).

Pastor Dietrich] Im Kapitel ›Korporalstock und Schnürleib‹ erläutert Werner Hegemann: »Hans Dietrich ist ein Deckname, der wirkliche Name auf Bitte seines berühmten Trägers unterdrückt.«

468. An Carl Muth, 6.2.1925

H: Ms. Brief mit eigenh. Unterschrift; 1 Bl., 2 S; im HBN existiert ein ms. Durchschlag; außerdem existiert ein Entwurf. **F:** München, Handschriften- und Inkunabelabteilung Bayer. Staatsbibliothek: Carl-Muth-Nachlaß. **E:** Briefe, S. 198-200. **DV:** Fotokopie des Originals.

»Die Wiedergeburt] Carl Muth: ›Die Wiedergeburt der Dichtung aus dem religiösen Erlebnis. Gedanken zur Psychologie des katholischen Literaturschaffens‹. Kempten & München: Jos. Kösel'sche Buchhandlung 1909. Das Geschenkexemplar befindet sich im HBN und trägt die Widmung: »In aufrichtiger Hochschätzung / Herrn Hugo Ball / Carl Muth / M'chen, d. 24.1.25«.

›Konfession und Dichtung‹] Kapitel V in Muths Buch, S. 46-58.

»Leider sind unsere Glaubensstreitigkeiten] Das Zitat Heinrich Laubes (1806-1884), Wortführer des Jungen Deutschland, ist auf Seite 47 nachzulesen.

»Die ganze deutsche Literatur] Muth zitiert auf Seite 49 aus einer Rede des katholischen Theologen Ignaz von Döllinger (1799-1890), die dieser 1880 in Linz hielt (›Kleinere Schriften‹. Hrsg. von F. H. Reusch. Stuttgart 1890).

Erich Przywara] Vgl. *Nr. 442.*

Clemens Alexandrinus] Klemens von Alexandria (150-211?); altchristlicher Kirchenschriftsteller; Hauptwerk ›Stromateis‹.

Jetzt hat Herr Dr. Gurian] Hier und in der nachfolgenden Korrespondenz wird immer wieder Waldemar Gurians Rezension in der ›Kölnischen Volkszeitung‹ erwähnt, die nicht ermittelt werden konnte. Allerdings schrieb Waldemar Gurian am 28. Januar 1925 an Ludwig Feuchtwanger (Verlagsarchiv D&H): »Anbei die Ball-Besprechung, die vorläufig ausser der R[hein]-M[ainischen]-V[olkszeitung] noch die Deutsche Reichszeitung in Bonn gebracht hat.« Während die »RM-V« für den Zeitraum Januar 1925 nicht erhalten blieb, konnte die Rezension Gurians in der ›Deutschen Reichs-Zeitung‹, Bonn (Jg. 54, 1925, Nr. 18 vom 23.1. und Nr. 20 vom 26.1.), gefunden werden. Ein wortgleicher Nachdruck erschien in der ›Augsburger Postzeitung‹. Sonntagsbeil. Nr. 5 vom 30.1. 1925. In der Folge wird aus dieser Veröffentlichung zitiert.

mein Verantwortungsgefühl] In der Gurianschen Kritik stehen die diffamierenden Sätze: »Der Vorwurf des mangelhaften Verantwortungsgefühls ist der schwerste, den man gegen einen Menschen erheben kann. Es ist schwer, ihn gegen Ball nicht zu erheben.«

»Christentum oder Europa«] Der Aufsatz ›Die Christenheit oder Europa‹ von Novalis ist abgedruckt in ›Schriften‹. Bd. 3: Das philosophische Werk II. Stuttgart 1968. S. 507-524; über Entstehungsgeschichte und Textinterpretation dieses Werkes S. 497-506.

»Reise nach Rom«] Vgl. *Nr. 463.*

»Neuen Merkur«] Emmy Ball an Hesse (Februar 1925): »Ich hab jetzt ein Adreßbuch, und ein Buch in dem meine Aufträge und Annahmen verzeichnet sind, das sieht doch bald wie ein Büro aus, gell ja?« (EBH Hesse, S. 31.) In diesem »Adreßbuch« (hs. von Emmy Ball: »Emmy Ball-Hennings, Rom Piazza Pollarola, Okt. 24.«), das sich im Nachlaß befindet, wird der Kontakt zum ›Neuen Merkur‹ bestätigt. Neben der Adresse (»Der neue Merkur, München, Theresienstr. 12, Ephraim Frisch«) steht unter der Rubrik: »Abgesandt: Der neue Merkur, d. 11. Okt., San Marco in Florenz, Museum Bilder Fra Angelico«, später hinzugefügt: »nicht zurück, aber um größere Ausschnitte gebeten«.

469. An Werner Hegemann, 7.2.1925

D: Ms. Durchschlag; 1 S. **F:** HBN. **DV:** Durchschlag.

»Friedrich als Reichsverderber«] Vgl. *Nr. 467*.
Dr. Hans Rost] (1877-1970), Studium in Würzburg, Leipzig und München; Doktor der Staatswissenschaften, 1906-1933 Redakteur der wissenschaftlichen Beilage der ›Augsburger Postzeitung‹. (DLL 13, Sp. 338 f.)
»Wandlungen in der Wertschätzung] Die Artikelserie von Hans Rost ist veröffentlicht in: ›Hochwacht. Christlichsoziales Tagblatt der Schweiz‹, Winterthur. Jg. 5. Nr. 15-17 vom 19.-21.1.1925 (HBB, Nr. 1109, S. 66).
für die Ellis-Schriften] Auf Balls Wunsch, die »Ellis-Schriften« an die genannten Personen zu versenden, antwortete Hegemann am 2. März 1925: »Sehr gern möchte ich an die von Ihnen freundlich angegebenen Adressen Exemplare senden, doch muss ich auf die neue Auflage warten. Die alte ist vergriffen.« (HBN).

470. An Hermann Hesse, 9.2.1925

H: Ms. Brief mit eigenh. Unterschrift; 1 Bl., 2 S. **F:** HBN. **E:** EBH Leben, S. 238 f.; auch in Briefe, S. 200. **DV:** Original.

kürzere Besprechung] Siehe *Nr. 465* – »war es das Beiliegende«.
Schmitt-Dorotić] Carl Schmitt, in erster Ehe seit 1915 mit Pawla Dorotič verheiratet, publizierte einige Jahre unter diesem Doppelnamen.
Prof. Schmitt an Weihnachten] Ball bezog sich auf Hesses Information vom 25. Januar 1925: »Kurz vor Neujahr bekam ich eine Karte von Prof. Schmitt, der damals in Lugano war und mir ein Zusammentreffen vorschlug, ich sass aber in Delsberg.« (DLA, Hesse)
den Jean Paul] Die Balls erhielten Jean Pauls ›Siebenkäs‹. Mit einem Nachwort von Hermann Hesse. Leipzig: List 1925 = ›Epikon‹. Eine Sammlung klassischer Romane (›Tagebuch‹, 2. Februar 1925).

471. An den Verlag Duncker & Humblot, 9.2.1925

A: Ms. Brief mit eigenh. Unterschrift; 1 S. **F:** Verlagsarchiv Duncker & Humblot, Berlin. **E:** Briefe, S. 201. **DV:** Original.

meinen Brief abschlägig] Feuchtwangers Antwort wird zitiert in Nr. *466*.
Prof. Guardini von mir abrückt] Feuchtwanger schrieb am 4.2.1925: »Mancher Rezensent, so Guardini und Nötzel, möchte jetzt zurücknehmen, was er lobend über das ›Byzant. Christentum‹ gesagt hat, und die meisten sind der Meinung, dass das Erscheinen des neuen Buches dem alten geschadet hat. Ich musste mich in vielen Briefen oder mündlichen Unterhaltungen vor Sie stellen und verteidigte den Verlag auf den Vorwurf ›Wie konnten Sie so etwas nehmen‹ mit dem Hinweis, dass der Autor eines hervorragenden, allgemein anerkannten und bewunderten Buches ein Recht auf freie Meinungsäusserung habe und dem Verlag kein Zensuramt obliege.« (HBN.) Vorausgegangen war Guardinis Brief vom 21. Dezember 1924

an den Verlag Duncker & Humblot (Verlagsarchiv). Darin bemängelte Guardini, daß bei der Verlagswerbung ein einseitiges Zitat aus seiner Rezension über das ›Byzantinische Christentum‹ abgedruckt sei. Bei diesem Zitat seien nur die lobenden Sätze ausgewählt und einige Sätze, in denen er eine »sehr wesentliche Einschränkung gemacht« habe, würden fehlen. »Ich habe in jenen Sätzen zum Ausdruck gebracht, dass ich eine Verantwortung für eine letzte religiöse Wesenhaftigkeit des Buches nicht übernehmen kann. [...] Ich würde hierauf nicht so sehr bestehen, wenn nicht das neue Buch von Hugo Ball ›Folgen der Reformation‹ jenes Bedenken für mich noch verstärken würde. Mit diesem Buch kann ich mich durchaus nicht einverstanden erklären, und es ist mir sehr unlieb, dass es durch den Abdruck bloss jener lobenden Sätze auf dem Umschlag den Anschein gewinnt, als stehe ich ganz bejahend zu der Haltung des Verfassers.«

die kleine Mappe] Dem Brief vom 4.2.1925 beigelegt, schickte Feuchtwanger die »eingegangenen Besprechungsbelege mit der Bitte um baldige Rückgabe, da ich sie zu weiteren Anzeigen verwenden muss« (HBN).

472. An Hans Rost, 11.2.1925

D: Ms. Durchschlag; 1 S. **F:** HBN. **DV:** Durchschlag.

Aufnahme meines Buches] Ball bedankte sich bei Rost für die Rezension, die in ›Hochwacht‹ (Nr. 1925.9: Erl.; HBB, Nr. 1109, S. 66) erschienen war. Auf Balls Dank erwiderte Rost: »Für mich sind die Konsequenzen, die Sie in Ihrem Buche über die Reformation ziehen, ganz klar und einwandfrei. Sie nennen die Dinge offen beim richtigen Namen, was freilich vielen Leuten in Deutschland nicht passt. Deshalb wird Ihr Buch auch auf protestantischer Seite wahrscheinlich totgeschwiegen und auf katholischer Seite von manchen Leuten mit tausend Einschränkungen und Bemängelungen aufgenommen werden.« (HBN).

eine Publikation zugehen zu lassen] Ball hatte in Nr. 469 Hegemann gebeten, »ein Exemplar von ›Friedrich als Reichsverderber‹ an Herrn Dr. Hans Rost [...] zu senden.«

welche Quelle das Faktum] Rost antwortete: »Was das Faktum des grossen Kurfürsten anbelangt, so hat derselbe nach der Eroberung Schlesiens sofort verfügt, dass katholische Amtspersonen nicht mehr als 300 Thaler verdienen durften.«

»Evangelisches Gemeindeblatt«] In seiner Rezension über Balls ›Die Folgen der Reformation‹ (›Hochwacht‹) bezog Hans Rost den Beitrag ›Die gegenwärtige Lage des Protestantismus‹ von Dr. Schunck, Rektor des protestantischen Stifts und des Gymnasiums St. Anna, in seine Kritik ein, der in sechs Folgen im ›Evangelischen Gemeindeblatt für Augsburg und Umgebung‹, Augsburg. Jg. 11, 1924, Nr. 10 vom 9.3., Nr. 11 vom 16.3., Nr. 12 vom 23.3., Nr. 13 vom 30.3., Nr. 14 vom 6.4. u. Nr. 15 vom 13.4., erschien. Über Schuncks Beitrag schrieb Rost und zitierte dabei auch Schunck: »Schunck bezeichnet das äußere Gesamtbild des Protestantismus als ›in der Tat überaus düster‹. Für uns ist nun von hohem Werte seine Beurteilung der Einwände, die heute ja nicht nur von katholischer Seite dem Protestantismus in dem Sinne gemacht werden [...].

›Und es geschieht dem Protestantismus recht, denn ihm und im Grunde nur ihm ist alles Unheil zuzuschreiben, das seit langem über unser Vaterland gekommen ist. Der Protestantismus hat auf dem Gewissen die *Spaltung* unseres Volkes in zwei Lebenskreise, die sich immer mehr voneinander wegentwickeln; er ist damit als Urheber im wesentlichen schuld am *30jährigen Krieg* und an allem Elend und nationalem Unheil, das dieser im Gefolge hatte [...]‹.
Ein solches Eingeständnis von seite eines geistig hochstehenden protestantischen Gelehrten ist nicht alltäglich. Seine Bekenntnisse decken sich mit der Geschichtsauffassung, die sich in sieghafter Revision heute Bahn bricht.«

473. An Waldemar Gurian, 11.2.1925

H: Ms. Brief mit eigenh. Unterschrift; 1 S. Unter Absender und Datum: Herrn Dr. W. Gurian *Godesberg a/Rhein.* **F:** Library of Congress, Manuscript Division, Washington D.C.: Waldemar Gurian Papers, Cont. 4. **DV:** Fotokopie des Originals.

Im HBN befindet sich ein Durchschlag von Nr. 473 mit hs. Unterschrift.

»›Kölnische Volkszeitung‹«] In der Druckvorlage sind »Kölnische Volkszeitung« und »Schicklichkeit und Verantwortung« von Hand unterstrichen. Es ist nicht sicher ob Ball oder Gurian diese Unterstreichung setzte. Von Gurians Hand steht auf dem linken Seitenrand in Höhe von »Kölnische Volkszeitung«: »nie erschienen (!)«.

474. An Carl Schmitt, 11.2.1925

H: Ms. Brief ohne Unterschrift; hs. Nachsatz von Hugo Ball »nicht abgeschickt« (im Original unterstrichen); 1 Bl., 2 S. **F:** HBN. **E:** Briefe, S. 202 f. **DV:** Original.

Abfindung des Verlegers] Laut Wacker, S. 233, »bürgte Schmitts Freund Georg von Schnitzler« für »die Summe, die Schmitt angeboten hatte«. [...] »Schmitt war also schon vor seinem Besuch im Tessin über Balls neuestes Publikationsvorhaben unterrichtet gewesen.«

Ihre Gespräche mit mir] Schmitt hielt sich mit Duska Todorovič vom 19. August bis 9. September 1924 im Tessin auf (vgl. auch *Nr. 419*).

diese beiden Bücher sich einander ergänzen] August Hofmann gegenüber erläuterte Ball: »Ich bin sehr für die Selbstausschliessung. Das wollte ich im Byzanzbuch mit der Asketik, und in den ›Folgen‹ mit meiner Verneinung und Ablehnung der ›Kultur‹ in aller Bestimmtheit und Zuverlässigkeit ausgedrückt haben.« (Nr. 475).

475. An August Hofmann, 14.2.1925

H: Ms. Brief mit eigenh. Unterschrift und hs. Postskriptum; 1 Bl., 2 S. Beiliegend eine Fotobildpostkarte: Vietri sul mare – Panorama. Adresse auf Briefumschlag: Herrn August Hofm[ann] / *Pirmasens. Rheinpfalz* / Turnstrasse 21/I, bei Habermehl. / *Germania.* Absender: Hugo Ball, Vietri-Marina (Salerno) Italien. **F:** HBS. **E:** EBH Leben, S. 239-241; auch in Briefe, S. 203 f. **DV:** Original.

Beilage: Ansichtskarte: Vietri sul Mare – Panorama.

Vom Briefumschlag wurde die Briefmarke einschließlich Poststempel abgerissen. Durch den Nachsatz ist anzunehmen, daß dieser Brief später als am 14.2.1925 abgeschickt wurde; denkbar Ende Februar/Anfang März.

und die Musik] August Hofmann hatte seinem Brief, den Hugo Ball Ende 1924 erhielt, eine eigene Komposition mit dem Titel »4 Variationen über ein deutsches Volkslied« (›Tagebuch‹, 29. Dezember 1924) beigelegt.

vom 1. März an] Im Brief an Hesse (Nr. 470) war auch die Schweiz als mögliches Domizil der Familie Ball in Erwägung gezogen worden. Hier nun, fünf Tage später, ist davon keine Rede mehr. Als neuer Aufenthalt wird die Gegend von Neapel genannt. Durch den Briefnachsatz, »wir wollen hier mehrere Monate bleiben«, wird deutlich, daß der Brief erst Ende Februar/Anfang März abgesandt wurde.

Aracoeli] Die Kirche S. Maria in Aracoeli, Campidoglio (Kapitol), entstand auf den Trümmern des kapitolinischen Junotempels.

Antonius von Padua] Hl. Antonius von Padua (1195-1231); von Benozzo Gózzoli (1420-1497) gibt es ein Fresko des hl. Antonius von Padua in der Kirche S. Maria in Aracoeli.

»Religiöse Konversion«] Dies ist der erste Hinweis auf den Aufsatz Balls, der im ›Hochland‹, Jg. 22, H. 9 u. 10, Juni u. Juli 1925, erschien,. Ball wird Muth wohl zum Jahreswechsel 1924/25, als dieser sich in Rom aufhielt, das Thema fürs ›Hochland‹ vorgeschlagen haben. Bei Zusendung der Korrekturseiten wurde Ball von der Redaktion des ›Hochland‹ gebeten, »eine knappe inhaltliche Disposition [...] für ein künftiges Register« zur Verfügung zu stellen. Daraufhin konzipierte Ball den nachfolgenden Text:

»Hugo Ball

›Die religiöse Konversion‹

I.

Die allgemeine Situation und die Rückkehr zur Kirche ›La Conversione Religiosa‹ von De Sanctis. Die Religionspsychologie und das Gnadenproblem. Erfahrungsformen der Konversion. Theologie der Konversion. Das Unbewusste nach James, Myers und Freud. Die ›Verdrängung‹ im Konversionsprozess. Der Glaube als regenerative Grundenergie.

II.

Konversion und ›Sublimation‹. Die drei Mönchstugenden. Die Psychiater und der Konversionsprozess. Die Geisterunterscheidung der modernen Psychologen. Traditioneller, krankhafter und unreiner Mystizismus. Die Phänomene des traditionellen Mystizismus sind keine Halluzinationen im pathologischen Sinne. Anna Katharina Emmerich und die Pseudo-Psychiatrie.«

Gemma Galgani] (1878-1903), italienische Mystikerin. Die bei Lucca geborene Gemma Galgani wurde 1899 stigmatisiert. Nach der Seligsprechung 1933 wurde sie am 2. Mai 1940 heiliggesprochen (LThK 4, Sp. 492). In einem undatierten Brief an Pater Beda, vermutlich vom Oktober 1925, schrieb Emmy Ball: »In Rom [...] hab ich [...] einmal für meinen Mann zwei Gemmabücher besorgt, französisch und italienisch, aber ich habe keine fremden Sprachkenntnisse. In diesem Punkte bin ich ganz besonders unbegabt. Ja, da hat mein Mann sich denn alle Liebesmühe gegeben, mir einiges von Gemma zu übersetzen.« (HBN.) Aus welchem »Gemmabuch« Hugo Ball seiner Frau übersetzte – denkbar ist eine französische Ausgabe –, ist nicht bekannt, zumal sich im HBN keine dieser Ausgaben erhalten hat.

Vietri-Marina] Vietri sul Mare, Provinz Salerno. Die Hafenstadt ist bekannt für ihre Keramikprodukte.

476. An Maria Hildebrand, 3.3.1925

H: Hs. Bildpostkarte, beidseitig beschrieben. Motiv: Vietri sul Mare – Panorama. Adresse: Frau Direktor / Maria Hildebrand / *Pirmasens. Rheinpfalz* / Pfälzische Bank. / *Germania*. **F:** HBN. **DV:** Original.

Monte Cassino] In Balls Tagebuch ist kein Hinweis auf einen Besuch im Benediktinerkloster Monte Cassino (vgl. *Nr. 434*) zu finden. Zwischen dem 16. Februar und dem 25. März 1925 machte Ball keine Eintragungen.

Hier wohnen wir] Pfeil und Ankreuzung zeigen auf der Bildpostkarte auf ein Haus am Strand.

477. An Hermann Hesse, 3.3.1925

H: Hs. Bildpostkarte. Motiv: Vietri sul Mare – Panorama. Adresse: Herrn / Hermann Hesse / [gestr.: Basel / Lothringerstrasse 7] / *Svizzera*. Von fremder Hand: Montagnola. Switzerland. **F:** DLA, Hesse. **DV:** Original.

Cetara] Fischerdorf zwischen Vietri und Maiori gelegen. In Cetara sollen sich ab 879 einige Jahre die Sarazenen aufgehalten haben. (Eckhart Peterich: ›Italien‹. München 1961. Bd. 2, S. 743).

478. An den Verlag Duncker & Humblot, 3.3.1925

A: Hs. Bildpostkarte; Motiv: Vietri sul Mare – Panorama; Adresse: *Germania* / Herrn Dr. L. Feuchtwanger / Duncker & Humblot Verlag / *München* / Theresienhöhe 3c. **F:** Verlagsarchiv Duncker & Humblot, Berlin. **DV:** Original.

479. An den Verlag ›Die Schmiede‹, zw. März u. Aug. 1925

D: Ms. Durchschlag ohne Unterschrift; 1 S. **F:** HBN. **DV:** Durchschlag.

Datierung: Diese läßt sich aus dem Briefinhalt für die Zeit von März bis August 1925 eingrenzen. Während seines Romaufenthalts (ab Oktober 1924) erhielt Hugo Ball eine Sendung Bücher vom Verlag ›Die Schmiede‹. Als Ball Nr. 479 schrieb, erwähnte er, die Sendung habe er »im vorigen Jahre«, also 1924 erhalten. Er fügte an, er habe »einen grossen Teil« seiner Frau »zur Besprechung überlassen«. Von der Verlagsreihe ›Romane des 20. Jahrhunderts‹ besprach Emmy Ball fünf Werke in der ›Prager Presse‹ am 23.8.1925. Nach diesen Eckdaten erhielt Hugo Ball im »vorigen Jahr«, in Rom, also zwischen Oktober und Dezember 1924 die Rezensionsexemplare des Verlags ›Die Schmiede‹. Ball bedankte sich dafür frühestens im März 1925. Die Rezension der Bücher, die Ball seiner Frau überließ, erschien am 23.8.1925.

Verlag Die Schmiede] Nr. 479 ist mit großer Wahrscheinlichkeit an den Verlag ›Die Schmiede‹ gerichtet, da dieser Verlag die von Ball erwähnte Reihe ›Aussenseiter der Gesellschaft‹ herausbrachte. Der Verlag ›Die Schmiede‹ im November 1921 von Fritz Wurm, Julius B. Salter und Heinz Wendriner in Berlin gegründet, existierte bis 1931. Das Fundament des neuen Verlags bildete der Münchener Roland Verlag, dessen Titel übernommen wurden.

Das Verlagsprogramm bestimmte wesentlich Rudolf Leonhard (1889-1953), der dabei von Walter Landauer (1902-1945) unterstützt wurde (Wolfgang U. Schütte: ›Der Verlag Die Schmiede: 1921-1931‹ in: ›Marginalien‹, Berlin, H. 90, 1983, S. 10-19; Verlagsbibliographie: S. 19-35).

zur Besprechung überlassen] Emmy Ball: ›Romane des 20. Jahrhunderts‹, in: ›Prager Presse‹. Jg. 5. Nr. 230 vom 23.8.1925, S. 7 f. In dieser Sammelbesprechung stellte Emmy Ball Bände des Verlags ›Die Schmiede‹ (Reihe ›Romane des 20. Jahrhunderts‹) vor: Franz Kafka: ›Ein Hungerkünstler‹; Joseph Roth: ›Hotel Savoy‹; Joseph Roth: ›Die Rebellion‹; Karel Čapek: ›Das Absolutum oder die Gottesfabrik‹; Francis Carco: ›Der Gehetzte‹.

Romanserie »Aussenseiter der Gesellschaft«] Diese Verlagsreihe, hrsg. von Rudolf Leonhard, erschien im Verlag ›Die Schmiede‹, Berlin. Sämtliche Bände dieser Reihe wurden 1925 publiziert.

480. An Werner Hegemann, 11.3.1925

H: Frankierte, nicht abgestempelte ms. Postkarte ohne Unterschrift. Adresse: Herrn / Werner Hegemann / »Wasmuths Monatshefte« / *Berlin W. 8* / Markgrafenstrasse 31 / *Germania*. **F:** HBN. **DV:** Original.

Datierung: Mit Nr. 480 antwortete Ball auf Werner Hegemanns Brief vom 2. März 1925 (HBN.) Hegemann informierte Ball, daß er »in etwa 14 Tagen« nach Italien reisen, aber »nicht bis Rom vordringen« werde. Hegemanns Brief, nach Rom adressiert, wurde Ball nach Vietri nachgeschickt. Denkbar, daß Ball unmittelbar nach Erhalt von Hegemanns Schreiben antwortete, um Hegemann seine neue Adresse mitzuteilen. Offenbar hat Ball aber diese Postkarte nicht abgeschickt. Die Postkarte Nr. 480 ist sicher ins Jahr 1925 zu datieren.

481. An Hans Rost, 16.3.1925

H: Frankierte, nicht abgestempelte ms. Postkarte mit hs. Korrektur und eigenh. Unterschrift; 1 S. Adresse: Herrn / Dr. Hans Rost / »Augsburger Postzeitung« / *Westheim b/ Augsburg* / *Germa*nia. **F:** HBN. **DV:** Original.

Datierung: Ball teilte Hans Rost in dieser nicht abgesandten Postkarte mit, daß die »Ellis-Schriften« vergriffen seien. Diese Information hatte Ball von Werner Hegemann (vgl. *Nr. 469* – »für die Ellis Schriften«).
Durch Lochung wurde die zweite Ziffer der Tagesangabe überwiegend entfernt. Nach Prüfung des Originals kann aus dem restlichen Teil der zweiten Ziffer eine »6« vermutet werden. Der 16. März 1925 ist denkbar.

meinem Berliner Freunde] Werner Hegemann.

482. An Alfred Ludwig Schmitz, 21.3.1925

D: Ms. Brief ohne Unterschrift; 1 Bl., 2 S. **F:** HBN. **DV:** Original.

Sie zu sehen] Schmitz schrieb in einem undatierten Brief aus Assuan: »Mitte oder Ende April werde ich nach Rom kommen. Sind Sie dann noch dort? Wann u. wo erreicht man Sie?« Auch erkundigte er sich: »Kennen Sie eine vernünftige, nicht zu teure Unterkunftsmöglichkeit?« (HBN).

jene Besprechung] Über Rezensionen Ballscher Publikationen in der ›Kölnischen Volkszeitung‹ äußerte Schmitz: »Bedauert habe ich, dass die gleiche Zeitung, in der ich gerade die Ausgereiftheit Ihrer Arbeit betonen konnte, eine Besprechung des 2. Buches mit dem Hinweis auf eine gewisse Leichtfertigkeit der Publikation brachte.« (HBN).

483. An Carl Muth, 21.3.1925

H: Ms. Brief mit eigenh. Unterschrift; 1 Bl., 2 S. **F:** Bayr. Staatsbibliothek München: Carl Muth Nachlaß. **E:** Briefe, S. 205. **DV:** Fotokopie des Originals.

Ihren freundlichen Brief] Ball bedankte sich für Carl Muths Brief vom 10. März 1925, der sich im HBN befindet.

Aufsatz über die Konversion] Muth fragte am 10. März bei Ball an: »Wie steht es, lieber Herr Ball, mit dem kleinen Beitrag, zur ›Psychologie der Konversion‹, den Sie mir schreiben wollten? Wenn ich ihn noch haben könnte, bevor ich mit meiner Tochter nach Rom fahre, wäre es mir lieb.« Ball legte Nr. 483 das versprochene Aufsatzmanuskript – es erschien unter dem Titel ›Religiöse Konversion‹ (vgl. *Nr. 475*) – bei.

an die K[ölnische] V[olkszeitung]] Muth schrieb am 10. März: »Ich habe die Besprechung in der ›Kölnischen Volkszeitung‹ noch nicht zu Gesicht bekommen, aber dem Chefredakteur darüber geschrieben, dass mir in der Haltung der K. V. zuviel Politik stecke, zuviel Klugheit der ›Kinder der Welt‹ und zu wenig von jenem Geist, der die Welt überwindet.«

Haecker] Theodor Haecker (vgl. *Nr. 438*). Ursprünglich beabsichtigte Carl Muth »als Referenten« über Balls ›Folgen der Reformation‹ Theodor Haecker zu gewinnen. Muth muß aber seine Absicht geändert haben, denn am 10. März schrieb er an Ball: »Theodor *Haecker*, den ich eigentlich als Referenten über Ihr Buch ins Auge gefasst hatte, ist der Meinung, es ist verkehrt, heute das Schicksal der Zeit mit der Reformation zu verknüpfen; die grosse Frage sei heute nicht Luther und Rom, sondern Glaube und Unglaube.«

Frau v[on] Ü[xküll]] Muth erkundigte sich am 10. März bei Ball: »Haben Sie übrigens den Brief der Üxküll in die Hände spielen können, und wie hat Sie darauf reagiert?« Über die Angelegenheit Frau von Üxküll vgl. Nr. 450 und Nr. 451.

Was Buonaiuti betrifft] Dazu schrieb Carl Muth am 10. März: »Trotz der schlimmen Erfahrungen, die Buonaiuti gemacht hat, werde ich doch mein Versprechen ihm gegenüber einlösen und ihm die Bücher schicken. Ich werde ihm allerdings gleichzeitig zu bedenken geben ob es klug ist, wenn er gerade jetzt über Wittig schreibt, da man hieraus unter Umständen irgendwie geistige Verwandtschaft und andere Zusammenhänge erschliessen könnte. Wenn ich nur genau erfahren könnte, um welcher falschen Lehren willen Buonaiuti dies Schicksal bereitet wurde! Ich kann mir nicht vorstellen, dass das, was er in der Zeitschrift ›Bilychnis‹ erklärt, nur ein Fechter-Kunststück ist.« – Über Buonaiuti vgl. auch *Nr. 445* und *Nr. 457*; zu Wittig vgl. *Nr. 335*.

Werke Prof. Dölgers] Offensichtlich beabsichtigte Hugo Ball einen Beitrag über Franz Joseph Dölger (1879-1940), katholischer Religions- und Kirchenhistoriker (vgl. NDB 4, S. 19 f.) – nicht identisch mit Franz Dölger (1891-1968) siehe *Nr. 330* – zu schreiben. Im HBN befinden sich fünf Werke Dölgers: ›Der Exorcismus im altchristlichen Taufritual‹ (1909); ›Die Eucharistie nach Inschriften frühchristlicher Zeit‹ (1920); ›Die Sonne der Gerechtigkeit und der Schwarze‹ (1920); ›Sol Salutis. Gebet und Gesang im christlichen Altertum‹ (1920); außerdem von Dölger hrsg. ›Konstantin der Grosse und seine Zeit‹ (1913).

Verdruss mit ihrem Büchlein] Ball bezog sich auf Muths Brief vom 10. März 1925 (HBN) an Emmy Ball. Zum Hergang um die Herausgabe von Emmy Balls ›Gang zur Liebe‹ (vgl. *Nr. 463*) teilte Muth auch seine persönliche Meinung mit: »Alles in allem genommen, ist dieser Ausgang der Sache, so verdriesslich er mir im ersten Augenblick war, doch wohl der bessere; denn so recht froh bin ich des Bruchstücks, das im ›Hochland‹ erschienen wäre, nicht geworden, und das Ganze zu bringen, hätte mir bei dem Umfang des von April bis September zu bewältigenden neuen Romans zu viel Raum auf Kosten anderer Beiträge weggenommen.«

»Bunten Garten«] Von Franz Herwig herausgegeben, erschien ›Der bunte Garten. Wochenschrift für gute Unterhaltung‹ (ab Nr. 15: ›Halbmonatsschrift‹) im Verlag Josef Kösel & Friedrich Pustet K.-G., München. Die Mitarbeiter dieser Zeitschrift rekrutierten sich aus Autoren des publizierenden Verlags. Mit Heft 19 vom 15.9.1925 wurde das Erscheinen aus wirtschaftlichen Gründen eingestellt. Von Emmy Ball erschienen zehn Folgen, Ausschnitte aus ihrem Reisebuch ›Der Gang zur Liebe‹, hier noch angezeigt mit dem Titel ›Reise nach Rom‹. Die Fortsetzungsserie begann in Nr. 1 (4.4.1925), und der letzte Beitrag erschien in Nr. 17 (15.8.1925).In Nr. 7 vom 16. Mai sind außerdem vier Gedichte (S. 145) von Emmy Ball abgedruckt.

was ist denn mit Herrn Dr. Fuchs] Carl Muth informierte Ball mittels der Postkarte (Posteingangsstempel: Marina di Vietri, 4.4.1925): »Dr. Fuchs, der in Sizilien war, ist seit drei Tagen wieder hier. Er hat nichts gegen Sie und wird schreiben.« (HBN).

für Ruth Schaumann die Besprechung meiner Frau] In der ›Kölnischen Volkszeitung‹, Jg. 66, 1925, Nr. 62 vom 25.1., erschien von Emmy Ball eine Rezension über Ruth Schaumanns ›Knospengrund‹.

»Wir wollen uns] NT: Apg 6,4.

484. An Ida Pres, 23.3.1925

H: Ms. Postskriptum zu einem Brief von Emmy Ball an Ida Pres. **F:** Peter Pres, Bad Dürkheim. **DV:** Fotokopie des Originals.

Datierung: Emmy Ball datierte den Brief auf »Sonntag, den 23. März«. Das Jahr ist durch »Sonntag« und den Inhalt sicher auf 1925 zu datieren.

Franz] Franz Josef Pres, vgl. *Nr. 282*.

Ida mitkommt] Ohne Balls Schwester Ida reiste Franz Josef Pres mit dem ältesten Sohn Franz (1908-1994) im Frühjahr 1925 nach Italien und besuchte auch die Balls in Vietri-Marina.

485. An August Hofmann, 24.3.1925

H: Ms. Brief mit eigenh. Unterschrift; 1 Bl., 2 S. Adresse auf Briefumschlag: Herrn August Hofmann / *Pirmasens. Rheinpfalz* / Turnstrasse 21. I (bei Habermehl) / *Germania.* **F:** HBS. **DV:** Original.

Datierung: Poststempel und Briefdatierung differieren. Der Brief datiert einen Tag später als der Poststempel – entweder irrte Ball, oder die Post versäumte, den Poststempel richtig einzustellen.

»München-Augsburger Abendzeitung«] Unter der Überschrift ›Ein Spektakel‹ veröffentlichte Gottfried Traub in der ›München-Augsburger Abendzeitung‹, Nr. 73 vom 15. März 1925, S. 1-2 (HBB, Nr. 1113, S. 66) eine Rezension von Balls ›Folgen der Reformation‹.

Pfarrer Traub] Als Autor der Rezension ›Ein Spektakel‹ zeichnete »D. Traub«, wobei das »D.« für Ehrendoktor der evangelischen Theologie stehen dürfte. Es handelte sich um Gottfried Traub (1869-1956), evangelischer Pfarrer. Seit 1921 war Traub Herausgeber der ›München-Augsburger Abendzeitung‹ und bereits seit 1919 Herausgeber der ›Eisernen Blätter‹, Berlin, die den Text (Jg. 6, 1925. Nr. 40 vom 5.4., S. 755-758) nachdruckte.

Ostern nach München] Hofmann unterrichtete am Pirmasenser Humanistischen Gymnasium (vgl. *Nr. 453* – »von Dir zu hören«). Ball vermutete, daß Hofmann während der Osterferien zu seiner Familie nach München fahren würde.

486. An den Verlag Duncker & Humblot, 25.3.1925

D: Ms. Brief mit eigenh. Unterschrift und angeheftetem Notizzettel; 1 S. **F:** Verlagsarchiv Duncker & Humblot, Berlin. **E:** Briefe, S. 207 f. **DV:** Original.

Beilagen: Zettel als Nachtrag zum Brief; Brief Nr. 487 an Hermann Bahr

an den Herausgeber der »K[ölnischen]«] Vgl. *Nr. 483.*

Kenner der russischen Seele] Gottfried Traub schrieb in seiner Rezension ›Ein Spektakel‹ (vgl. Nr. 485): »Wir hätten das Buch mit dem Titel ›Die Folgen der Reformation‹ von Ball überhaupt nicht angefaßt, wenn uns nicht einer der besten Kenner der russischen Seele und Geschichte darauf aufmerksam gemacht hätte, mit der Bemerkung: ›Hier *müssen* Sie etwas sagen. Das ist ein zu starkes Stück!‹ Dazu kommt, daß dieses Machwerk erschienen ist – man höre und staune – im Verlag von Duncker und Humblot!«

Prof. Ehrenberg] Vgl. *Nr. 465.*

Hermann Bahr besprochen] Unter dem Tagebucheintrag: 20. Juni 1924 rezensierte Bahr die ›Deutschen Schriften‹ von Ellis (= Hegemann), nachgedruckt in H. Bahr: ›Der Zauberstab. Tagebücher 1924/26‹. Hildesheim 1927, S. 102-107. Einleitend schrieb Bahr: »Ein kurioses Werk, durch die Freiheit und Anmut des Dialogs entzückend, durch seine Lust an Paradoxen und den Übermut, mit dem es landläufige Meinungen hänselt, erheiternd, durch dreisten Spott über unsere liebsten Traditionen zum Widerspruch herausfordernd, wozu noch kommt, daß ja der Leser niemals einen leisen Verdacht los wird, mystifiziert zu sein.«

Bahr kennt die damalige »Kritik der deutschen Intelligenz«] Hermann Bahr besprach ›Zur Kritik der deutschen Intelligenz‹ im ›Neuen Wiener Journal‹, Jg. 27. Nr. 9098 vom 2.3.1919, S. 5-6; nachgedruckt in: H. Bahr: ›1919‹. Leipzig, Wien, Zürich 1919, S. 73-76 (HBB, Nr. 1215, S. 71).

Falls Sie die Sache ... noch bekommen könnte.] Diese Anmerkung hat Ball auf einem ms. Notizzettel dem Brief beigelegt.

487. An Hermann Bahr, 25.3.1925

D: Ms. Durchschlag; 1 S. **F:** HBN. **DV:** Durchschlag.

Hermann Bahr] Vgl. *Nr. 254*.

488. An Kurator Joseph Leufkens, 28.3.1925

D: Ms. Durchschlag ohne Unterschrift; 1 S. **F:** HBN. **DV:** Durchschlag.

Joseph Leufkens] (1879-1962), Studium der Philosophie und Theologie; Priesterweihe. Nach unterschiedlichen kirchlichen Tätigkeiten wurde Joseph Leufkens 1920 deutscher Seelsorger in Rom und seit 1921 auch Herausgeber der Zeitschrift ›Roma Aeterna. Kirchliche Nachrichten‹, Rom. Zurückgekehrt nach Deutschland, übernahm er im Juli 1934 als erster Rektor die Leitung der Rektoratskirche St. Servatii zur Ewigen Anbetung in Münster. Nach der Zerstörung der Kirche im Zweiten Weltkrieg war Prälat Leufkens mit der Wiedererrichtung von St. Servatii beauftragt. Bei Kösel & Pustet (München) erschien 1928 nach der italienischen Ausgabe des Enrico Rosa von Joseph Leufkens übersetzt und bearbeitet: ›Briefe und Schriften des hl. Aloysius Gonzaga‹.

meine Frau Sie besuchte] Laut ›Tagebuch‹, 25. März 1925, reiste Emmy Ball mit Malereien und Keramik von Annemarie Hennings und Herrn Nolde am 25. März nach Rom. Von dort muß sie Hugo Ball von ihrem Besuch bei Kuratus Leufkens informiert haben.

Unternehmen jüngerer Leute] Ball könnte das »Keramikunternehmen« (Nr. 500) gemeint haben. Bei den »jungen Leuten« dürfte es sich um Richard Dölker, Herrn Nolde und Frau Palme, die mit der Geschäftsführung zu tun hatte, gehandelt haben. Auch Annemarie Hennings gehörte dazu, die ja auch Teller und Platten bemalte. Richard Dölker (1896-1955), Sohn eines evangelischen Pfarrers, war Maler, Keramiker und Batik-Künstler; Ausbildung in der Kunstgewerbeschule in Stuttgart, Schüler von Bernhard Pankok, von 1923-1932 in Vietri sul Mare, eröffnete 1925 eine keramische Werkstatt. Er war »die zentrale Figur der damals aufblühenden ›deutschen Kolonie‹ der in der Vietreser Keramik tätigen Kunsthandwerker [...]. Zahlreiche seiner keramischen Arbeiten befinden sich heute im Museo della Ceramica in Vietri.« (Dieter Richter am 24.2.1997 an die Herausgeber.) Über Dölker schrieb Emmy Ball: »Richard Dölker, unser neuerworbener schwäbischer Freund, besuchte uns hier öfter, erzählte uns von seinem Leben in Italien. Er war überall gewesen, wußte Märchen aus Kalabrien und Sardinien. Er hatte, ähnlich wie wir, eine Stegreif-Existenz geführt. Er kannte sechs Gewerbe, als siebentes die Not. Eine etwas derbe, beinahe lustige Frömmigkeit war ihm eigen. Er war Protestant.

Er arbeitete in mehreren Keramikwerkstätten gleichzeitig. In jeder Werkstatt wird bei einem größeren Brand der Waren, die in Öfen gestellt werden, zum heiligen Antonius gebetet, damit die Arbeit gut gelingt. Bei solchen Feiern war Dölker stets dabei; ein überaus fleißiger Mensch mit hohem künstlerischen Geschmack, der nur das allzu viele Wandern liebte.« (EBH Weg, S. 141 f.) Emmy Ball weiter: »Noch vor Ostern fuhr ich für wenige Tage nach Rom, um dort einige Keramik von verschiedenen Künstlern zum Verkauf anzubieten.« (EBH Ruf, S. 250.) »Ich sitze mit meinen Heiligen im Koffer in Sankt Peter und außerdem stellt der Koffer noch Schreibtisch vor. Möge die fromme Gesellschaft doch helfen, daß ich sie los werde. [...] In der Ausstellung ›Roma aeterna‹ ist man nicht abgeneigt, die Platten in Kommission zu nehmen, aber die Arbeiten müssen tadellos sein.« (EBH Leben, S. 260 u. 262.) Zum besseren Verständnis ergänzte Emmy Ball diesen Brieftext in eckigen Klammern: »Emmy hatte Keramikplatten, auf denen Heilige gemalt waren, nach Rom genommen, um sie zu verkaufen oder auszustellen.« (EBH Leben, S. 260.) – Der Brief Balls läßt vermuten, daß Kurator Leufkens um Vermittlung beim Verkauf der mit religiösen Motiven bemalten Keramikgegenstände gebeten werden sollte.

zwei Gedichte] Von den zwei dem Brief beigelegten Gedichten (›Einzug in Jerusalem‹, ›Mater Divinae Gratiae‹) erschien das letztere unter dem Titel ›Mater Gloriosa‹ in ›Roma Aeterna‹, Rom. Jg. 5, Nr. 11 vom 1. Mai 1925, S. 236; in Gedichte, S. 89, unter dem Titel ›Mater admirabilis‹.

489. An die Redaktion des »Bayrischen Kurier«, 28.3.1925

D: Ms. Durchschlag; 1 S. Adresse: Redaktion des »Bayrischen Kurier« *München*. **F:** HBN. **DV:** Durchschlag.

Ihre Besprechung] Die »Besprechung« erschien in: ›Bayerischer Kurier‹, München. Jg. 69. Nr. 75 vom 16.3.1925. ›Literarische Beil.‹ Nr. 11, S. 6. (HBB, Nr. 976, S. 60).

»Wehe«, schreiben Sie] Abschließender Satz dieser Besprechung.

Initiale F.] Ball wußte zum damaligen Zeitpunkt noch nicht, daß sich hinter der »Initiale F.« Philipp Funk verbarg (vgl. Nr. *330*).

490. An Hermann Hesse, 29.3.1925

H: Ms. Brief mit eigenh. Unterschrift; 1 S. **F:** HBN. **E:** Briefe, S. 209 f. **DV:** Original.

Herr Dekan Traub über mein Buch] Vgl. *Nr. 485* – »›München-Augsburger Abendzeitung‹«.

Und der »Bayrische Kurier«] Vgl. Nr. 489.

Aufsatz über die »Religiöse Konversion«] Vgl. *Nr. 475*.

491. An Carla Fassbind, 4.4.1925

D: Ms. Durchschlag; 1 S. **F:** HBN. **DV:** Durchschlag.

Frau Hessberger] Maria Heßberger, geb. Berta (1870-1944), Abgeordnete des preußischen Landtags. Geboren in Fulda, zog Maria Heßberger nach ihrer Verheiratung nach Berlin. Dort war sie in führenden Funktionen für die katholische Frauenbewegung tätig. (Quelle: Ehlert, Margarete: ›Maria Heßberger. Wesen und Wirken einer kath. Frau‹. Berlin: Morus-Verl. 1949).

Riesenbaby, dem neuen Hotel] Bei Erbteilung, der Vater war am 3. Dezember 1924 gestorben, erhielt Carla Fassbind die Hotels auf Rigi-Klösterli (Sonne, Schwert und Krone).

Haben Sie Hesse schon] Am 1. April 1925 schrieb Hesse an Ball (DLA, Hesse): »Ich bin also wieder im Tessin, seit 14 Tagen [...].«

492. An Pater Beda Ludwig, 4.4.1925

D: Ms. Durchschlag; 1 S. **F:** HBN. **E:** Briefe, S. 208 f. **DV:** Durchschlag.

Brief vom 28. II.] Dieser Brief Pater Bedas befindet sich im HBN.

nicht ebenso das Buch] Durch Pater Bedas Brief vom 6.2.1925 (HBN) erhielt Ball Kenntnis von dem Werk Antoine Imbert-Gourbeyres ›La stigmatisation, l'extase divine et les miracles de Lourdes; réponse aux libres-penseurs‹. Clermont-Ferrand: L. Bellet [2]1898. In einem vorausgegangenen Brief Hugo Balls an Pater Beda, der verschollen ist, muß sich Ball nach der ›Tugendschule‹ (*Nr. 434*) erkundigt haben. Pater Beda antwortete am 6.2.: »Von der neuen Ausgabe der Tugendschule sind erst 4 Kapitel gedruckt.« Zusätzlich gab Pater Beda den Hinweis auf das 2bändige Werk von Imbert-Gourbeyre (1818-1912): »Der Autor ist Professor der Medizin und hat sein Werk gerade gegen ungläubige Mediziner geschrieben und mit ihnen derart abgerechnet, daß sie die Antwort schuldig blieben. [...] Es ist das allerbeste Werk auf diesem Gebiete. Wären Sie in Deutschland, würde ich das Werk sofort Ihnen senden, aber nach Italien getraue ich mir nicht.« Der Verlust einer anderen Sendung hatte Pater Beda ängstlich gemacht. In einem verschollenen Brief muß Ball dringlich um Zusendung gebeten haben. Denn am 28.2.1925 schrieb Pater Beda: »Ich habe mich nun doch entschlossen, im Interesse der Wichtigkeit der Sache Ihnen den II. Band von Prof. Imbert-Gourbeyre gleichzeitig mit diesem Brief zu senden. Der I. kommt für Sie nicht in Betracht, er enthält nur die historisch-biographischen Angaben über die der Kirche bekannten Stigmatisierten. Was im II. Bande für Sie von Wichtigkeit zu sein scheint, habe ich im Inhaltsverzeichnis angemerkt.« Pater Beda wird Ball die 2. Auflage von ›La stigmatisation‹ überlassen haben, denn aus dieser Ausgabe zitierte er in der 1926 erschienen 4.-5. Auflage seiner ›Tugendschule‹ (S. XXV).

ital. Biographie von G[emma]] P. Germano di S. Stanislao: ›Biografia della Serva di Dio Gemma Galgani‹. Roma: Tipografia Pontificia nell'Istituto Pio IX, 1915.

Briefe und Extasen] Vgl. Nr. 499.

meine Frau zur Charwoche nach Rom] Emmy Ball reiste am 25. März 1925 nach Rom und kehrte am Ostermontag, den 13. April, zurück.

Passionistenkloster] In der Basilika SS. Giovanni e Paolo (Piazza SS. Giovanni e Paolo) ruht unter dem Altar der hl. Paulus vom Kreuz, Stifter der Passionisten. Im nahen Kloster befindet sich sein Sterbezimmer.

geistlichen Stande] Pater Beda fragte im Nachsatz seines Briefes vom 28.2. 1925: »Gehören Sie dem geistlichen Stande an?« Auf Balls Antwort (Nr. 492) erwiderte Pater Beda am 27. April 1925 (HBN): »Warum verlegen zu sein, daß Sie nicht Priester sind? Haben Sie nicht ein großartiges Apostolat der Feder? Nützen Sie der Kirche nicht ebensoviel wie manche Priester und noch mehr? Ich habe damals nur gefragt, um zu wissen, wie ich Sie anzureden hätte.«

»Apokalypse und Apokalyptiker«] Pater Beda Ludwig publizierte im Verlag der Waisenanstalt (Schulbrüder), Kirnach-Villingen (Baden). In diesem Verlag erschien 1923 von A. Wolz: ›In Bälde. Schwarmlos über Apokalyptiker und Apokalypse‹.

Ihr Werk von dem hl. Gabriele Possenti] 1923 erschien, in einer autorisierten Übersetzung von Pater Beda Ludwig, das Werk des Passionisten P. Germano vom hl. Stanislaus: ›Leben und Briefe des hl. Gabriele Possenti von der schmerzhaften Jungfrau, Passionistenkleriker (1838-1862)‹, Regensburg: Manz.

493. An Emmy Ball, vermutl. 6.4.1925

H: Ms. Brief mit eigenh. Unterschrift; 1 Bl., 4 S. **F:** HBN. **E:** Briefe, S. 210. **DV:** Original.

Datierung: Die Information, daß »Muth [...] heute in Rom eintrifft«, hatte Ball durch Muths Postkarte vom [31.]3.1925 (HBN) erhalten. Ball schrieb Nr. 493 am Montag nach Palmsonntag. Der Brief kann sicher auf Montag, den 6.4.1925 datiert werden.

Hs. Postskriptum von Annemarie Hennings: »Liebes, süsses Mütterlein! Wie bist Du angekommen? Am Palmsonntag hat es geregnet. Aber heute ist es wieder schönes Wetter. Frau Palme hat mir einen kleinen Hund schenken wollen den sie geschenkt bekommen, aber Du magst keine Hunde und ich auch nicht. Frau Palme kann jetzt mit den Tellern in Rom spazieren gehn. Du kriegst noch einen langen Brief von mir. Es grüßt und küsst Dich 10.000 mal Deine Mutzputz.«

Muth, der heute in Rom eintrifft] Muth ließ Ball wissen: »Fahren 6. April Rom« (HBN: Carl Muth an Hugo Ball, [31.] März 1925).

1. Hälfte meines Aufsatzes] Ebenfalls am [31.] März teilte Muth mit: »Ms. erhalten und ersten Teil in Setzerei gegeben. Erscheint Maiheft gleichzeitig mit Besprechung ›Folgen d. Ref.‹«. Der erste Teil von Balls Aufsatz ›Religiöse Konversion‹ erschien erst im Juniheft im ›Hochland‹, und die Rezension von Alois Dempf über Balls ›Die Folgen der Reformation‹ folgte im Juliheft.

Fuchs habe nichts gegen uns] Vgl. *Nr. 483* – »was ist denn mit Herrn Dr. Fuchs«.

Feuchtwanger, sehr netter Brief] Der Durchschlag des Briefs Feuchtwangers vom 31. März 1925 befindet sich im Verlagsarchiv D&H.

das Buch von Pater Beda noch an] Vgl. *Nr. 492* – »nicht ebenso das Buch«.

Brief von Ruth] Ruth Hesse, geb. Wenger.

Fabrik von Avallone] Keramikmanufaktur in Vietri, an der Straße nach Cava.

O fratelli miei] Ital. = Oh, meine Brüder, vgl. auch *Nr. 752*.

dem armen Giovannotto] Der Verstorbene muß ein Bewohner Alboris gewesen sein.

494. An Emmy Ball, vermutl. 8.4.1925

H: Ms. Brief mit eigenh. Unterschrift; 1 Bl., 4 S. **F:** HBN. **DV:** Original.

Datierung: Nach den Inhalten muß Nr. 493 vor Nr. 494 geschrieben worden sein. In Nr. 493 teilte Ball seiner Frau mit, sein Aufsatz ›Religiöse Konversion‹, den Ball am 21. März nach München schickte, sei angenommen. In Nr. 494 berichtete Ball, er habe bereits die Korrekturen erhalten. In Nr. 493 traf am Palmsonntag (5. April 1925) das Werk von Imbert-Gourbeyre ein, das Pater Beda Ludwig an Hugo Ball auslieh. In Nr. 494 fand Ball das »Buch, das der Pater schickte, ist grossartig«. Nr. 494, an einem »Mittwoch« geschrieben, kann auf Mittwoch, den 8. April 1925, datiert werden, da Emmy Ball am Ostermontag, den 14. April, aus Rom zurückkam.

S. Trinita] Das Benediktinerkloster La Trinitá della Cava wurde 1025 gegründet.

Pönitentiar] Beichtvater, meist Mitglied des Domkapitels, Bevollmächtigter des Bischofs in Beicht- und Bußangelegenheiten.

Korrektur vom Hochland] Ball erhielt die Korrekturseiten des ersten Teils seines Aufsatzes ›Religiöse Konversion‹.

Herr und Frau Arp] Hans Arp und Sophie Taeuber-Arp besuchten die Balls in Vietri-Marina und wohnten 14 Tage lang nahe dem Quartier der Balls.

Dragonea] Ansiedlung in der Nähe von Vietri. Ball plante dorthin einen Ausflug mit den Arps.

Über dem Stephanusgrab] Emmy Ball schrieb: »In Sankt Laurentius habe ich eine Messe für Deine liebe Mutter bestellt. Erst wollte ich ein Anliegen für Dich durch eine Messe vorbringen lassen, doch hielt ich es dann für ›vorteilhafter‹, Deiner lieben Mutter zu gedenken, ihr vielleicht, wenn's nötig ist, zu einer tieferen Seligkeit zu verhelfen, und da wird sie ja dann auch an ihren Huggi denken. Ist's recht so, mein Liebling?« (EBH Ruf, S. 253 f.) Emmy Ball bestellte in der Basilika S. Lorenzo fuori le mura (Piazza S. Lorenzo) eine Messe für Balls Mutter; vgl. *Nr. 564* – »S. Lorenzo«.

Buch, das der Pater mir schickte] So im Original. Vgl. *Nr. 492* – »nicht ebenso das Buch«.

erwarten wir Dich (Montag)] Emmy Ball reiste am Ostermontag, den 13. April 1925, nach Vietri sul Mare zurück.

Arp machte Dir grosse Elogen] Offensichtlich hatte Emmy Ball den Text ihrer Rezension über Arps ›Pyramidenrock‹ – vor der Veröffentlichung – an Hans Arp geschickt. Der Erstdruck erfolgte in der ›Prager Presse‹ am 12.6.1925 (vgl. *Nr. 523*).

Prof. Fehr] Hans Fehr (1874-1961), schweizerischer Jurist und Rechtshistoriker. Studium in Würzburg, Bonn, Berlin und Bern. Seit 1906 Professor in Jena, 1912 in Halle, 1917 in Heidelberg und 1924-1944 in Bern. Von Fehr erschienen u.a. ›Deutsche Rechtsgeschichte‹ (1921), ›Das Recht im Bilde‹ (1923), ›Massenkunst im 16. Jahrhundert‹ (1924), ›Volk und Recht‹ (1925). Hans Arp an Tristan Tzara am 12. März 1925: »Ich bitte Dich, Herrn Dr. Fehr, Professor an der Berner Universität, mit deiner Freundschaft und deinen Beziehungen zur Verfügung zu stehen. Herr Fehr interessiert sich sehr für Malerei und Literatur und hat wundervolle Bücher über mittelalterliche Phantastik herausgegeben. Er besitzt eine der schönsten Noldesammlungen. Vielleicht kannst du Herrn Fehr zu Delaunay, Picasso oder Man Ray führen. In der großen Arpverfolgung, die wegen des Pyramidenrockes im Dezember letzten Jahres in der Schweiz ausbrach, war er einer der großen Bollwerke für den genannten.« (Quelle: ›Dada 15/25‹, S. 357).

495. An Hermann Hesse, 11.4.1925

H: Hs. Bildpostkarte. Motiv: Montecassino – Lato Nord e Nord-Ovest della Badia. Adresse: Herrn Hermann Hesse / *MONTAGNOLA*-Lugano / Svizzera. **F:** DLA, Hesse. **E:** HBK, S. 220; ebd. Faksimile der Bildseite der Postkarte. **DV:** Original.

Mit hs. Postskriptum von Annemarie Hennings: »Gruss Ihre Annemarie«, und hs. Postskriptum von Sophie Arp-Taeuber: »Viele Grüsse SH ArpTaeuber«. Mit einem ms. Postskriptum auf der Bildseite von Hans Arp: »lieber herr hesse der barocke faltenwurf meines pyramidenrockes wird durch die klassischen städte schwer bedrängt. – hoffentlich geht es ihnen wieder gut. herzlichen gruss ihr ergebener hans arp.«

496. An Hermann Hesse, 22.4.1925

H: Hs. Textzusatz von Hugo Ball auf hs. Bildpostkarte von Emmy Ball. Motiv: Vietri sul Mare – Stabilimenti Balneari. Adresse: *Svizzera* / Herrn Hermann Hesse / Montagnola-Lugano. **F:** DLA, Hesse. **DV:** Original.

Hs. Postskriptum von Annemarie Hennings auf der Bildseite: »Herzliche Grüsse Ihre Annemarie Hennings.«

Kontrakt gemacht] Die Balls mieteten zum ersten Mal in Albori ein Haus, »einen Palazzo mit Säulenfassade« (Carl Muth). Ball beschrieb das Haus und das Dorf in Nr. 507 und Nr. 508; außerdem berichtete Carl Muth von seinen Eindrücken, vgl. *Nr. 507*.

Arp hat Photos gemacht von Pompeji] Vgl. *Nr. 523*.

Prima Qua] Ball nahm deutlichen Bezug auf Hans Arps Gedicht ›Opus Null‹, Strophe 1:

»Ich bin der große Derdiedas
das rigorose Regiment
der Ozonstengel prima Qua
der anonyme Einprozent.«
(›Der Pyramidenrock‹, siehe *Nr. 523*)

Che bell giovannotto biondo] So im Original; ital. = Welch ein hübscher blonder Junge.

Pagani] An der Eisenbahnstrecke Neapel–Cava dei Tirreni gelegene Fabrikstadt.

497. An Carl Muth, 22.4.1925

H: Ms. Brief mit eigenh. Unterschrift; 1 Bl., 2 S. **F:** Bayer. Staatsbibliothek München: Carl-Muth-Nachlaß. **DV:** Fotokopie des Originals.

Ihre Karte] Carl Muths Postkarte vom [31.]3.1925 (HBN); Textauszüge dieser Karte siehe *Nr. 493*.

Freunde von uns aus Zürich hier] Hans Arp und Sophie Taeuber-Arp, die zumindest am 22. April noch in Vietri waren.

498. An den Verlag Duncker & Humblot, 22.4.1925

D: Ms. Brief mit eigenh. Unterschrift; 1 S. **F:** Verlagsarchiv Duncker & Humblot, Berlin. **DV:** Original.

liebenswürdigen Briefe] Der Durchschlag von Feuchtwangers Brief vom 31. März 1925 hat sich im Verlagsarchiv D&H erhalten. Der Brief vom 8. April 1925 befindet sich im HBN.

Wahlkampf um die Präsidentenschaft] Am 26. April 1925 wurde Paul von Hindenburg zum Reichspräsidenten gewählt. Er erhielt 14,7 Millionen Stimmen, Wilhelm Marx (Zentrum), Kandidat der Koalitionsparteien, bekam 13,9 Millionen Stimmen und Ernst Thälmann (KPD) 1,9 Millionen Stimmen.

»Geweihte Kunst«] Prof. Wilhelm Neuß fragte am 4. April 1925 (HBN) bei Ball an, ob er die Besprechung des ›Byzantinischen Christentums‹ von Romano Guardini in der ›Geweihten Kunst‹ schon kenne. Es handelte sich um einen Nachdruck der Besprechung, die zuerst in ›Die Schildgenossen‹, Rothenfels. Jg. 4, 1923/24, S. 260-262 (HBB; Nr. 979, S. 60) erschien und nun in dem von Heinrich Josef Außem und Romano Guardini herausgegebenen Sammelband ›Geweihte Kunst‹ (Rothenfels: Verl. Deutsches Quickbornhaus, 1924) erneut erschien.

Fr. Antonie Meinhardt] Dem Brief Feuchtwangers vom 8. April beigelegt war die Abschrift des Briefs von Antonie Meinhardt vom 6. April 1925. An den Verlag Duncker & Humblot schrieb sie: »ich möchte gern das in Ihrem Verlage erschienene Buch von Hugo Ball ›Byzant. Christentum. Drei Heiligenleben‹ in die russische Sprache übersetzen und bitte Sie, mir die Adresse des Autors mitzuteilen oder aber für mich bei ihm anzufragen, ob er die Übersetzung des Buches ins Russische gestattet und unter welchen Bedingungen. [...] Ich bin Studentin für slawische Sprachen an der Universität Berlin und schreibe Artikel über östliche Angelegenheiten fürs Berliner Tageblatt.« Adresse: Antonie Meinhardt, stud. phil. Berlin NW. 23, Lessingstr. 33. Feuchtwanger schrieb dazu: »Wir haben vorläufig den Brief nur bestätigt und der Dame Ihre neue Adresse mitgeteilt. Bitte um Ihre Äusserung, damit wir das Übersetzungsrecht günstig und angemessen vergeben können.«

die Herren, die an Prof. Ehrenbergs] Vgl. *Nr. 465*.

499. An Pater Beda Ludwig, 24.4.1925

D: Ms. Durchschlag; 1 S. **F:** HBN. **DV:** Durchschlag.

Brief v. 4. April] Nr. 492.

»Lettere ed Estasi«] Pater Beda fragte am 28.2. nach einer neueren »Ausgabe der Briefe und Ekstasen Gemmas«. Er »habe die von 1912«. Die von Ball mitgeteilte 5. Auflage vermerkte Pater Beda im Vorwort der 1926 erschienenen Ausgabe der ›Tugendschule‹ (S. IV).

ital. Biographie] Vgl. *Nr. 492*.

franz. Ausgabe] Es konnte keine französische Ausgabe P. Germanos über Gemma Galgani gefunden werden.

Patres im Passionistenkloster] Vgl. *Nr. 492*.

Imbert-Gourbeyre] Vgl. *Nr. 492* – »nicht ebenso das Buch«.

500. An Ida Maria Bauer, 25.4.1925

D: Ms. Durchschlag ohne Unterschrift; 1 S. **F:** HBN. **DV:** Durchschlag.

Frl. Dr. Bauer] Ida Maria Bauer (1895-1962), Studium der Geschichte in Frankfurt a.M., Berlin und Köln. 1921 Dissertation in Köln: ›Über die Einordnung der »christlichen Demokratie« in den Problemkreis und die Erscheinungsformen der modernen Demokratie‹. 1926 Leiterin der Notarius Sander-Bücherstube, Rom XIX, Via dell'Anima 65; Redaktionsmitglied der Zeitschrift ›Roma Aeterna‹. (Quelle: ›Kath. Literaturkalender‹, Freiburg i.B. Jg. 15, 1926. S. 15.) Nach einer pädagogischen Prüfung 1932 war Ida Maria Bauer überwiegend in ihrer Geburtsstadt Wiesbaden im Schuldienst tätig; zuletzt als Oberstudienrätin im Elly-Heuss-Gymnasium.

H. H. Kuratus] H[ochwürden] H[errn] Kuratus.

Marienlied] Unter dem Titel ›Mater Gloriosa‹ veröffentlicht; vgl. *Nr. 488* – »zwei Gedichte«.

Keramikunternehmen] Vgl. *Nr. 488* – »Unternehmen jüngerer Leute«.

S.A.G.L.] Società a garanzia limitata.

501. An Friedrich Fuchs, 28.4.1925

D: Ms. Durchschlag; 2 Bl., 2 S. **F:** HBN. **E:** Briefe, S. 211-213. **DV:** Durchschlag.

Brief v. 24.ten] Dieser Brief Friedrich Fuchs' vom 24. April 1925 befindet sich im HBN. Nachfolgend werden daraus und aus dem Fuchs-Brief vom 1. Mai 1925 (HBN) Auszüge wiedergegeben.

den Aufsatz im Maiheft] Friedrich Fuchs schrieb: »Ihr Aufsatz über die Konversion konnte leider nicht mehr im Maiheft erscheinen. Da wir zwei sehr umfangreiche Aufsätze, einen von Haecker über Kierkegaard und einen von Spahn über Ketteler, die beide schon lange für dieses Heft vorgesehen waren, unterzubringen hatten, reichte der Raum nicht mehr.« (24. April)

Sie interpellieren mich] Fuchs: »Wenn ich Sie über eine Reihe von Details interpellierte, so waren dies natürlich redaktionelle Bedenken, die ich Ihnen mit um so grösserer Freiheit vortrug als Sie mich persönlich kennen und hinter dem geschriebenen Wort das gesprochene hören.« (1. Mai)

das Honorar] Fuchs: »Was die Honorarfrage anlangt, so habe ich heute von Herrn Professor Muth aus Rom die Anweisung erhalten, Ihnen für den Aufsatz eine Anzahlung von 300 M machen zu lassen. Ich habe diese Weisung an die Kasse des Verlags weitergegeben.« (1. Mai)

eine Besprechung der ›Reformationsfolgen‹] Fuchs schrieb dazu: »Um eine Besprechung Ihres Buches über die Folgen der Reformation, die dem Buche gerecht wird, hat sich Herr Prof. Muth überaus bemüht. Ob sie zugleich mit dem ersten Teil Ihres Aufsatzes wird erscheinen können, kann ich im Augenblick nicht sagen. Es ist für eine Redaktion oft überaus schwierig zu einem bestimmten Termin einen Aufsatz zur Stelle zu schaffen. Hierüber Ihnen zu schreiben, lag für mich als Redakteur kein Grund vor, zumal ich Ihnen nichts Endgültiges hätte berichten können.« (1. Mai)

Brief an den Herrn Konsul Franken] Fuchs: »Den Brief des Herrn Konsul Franken habe ich wegen seiner Wichtigkeit Herrn Professor Muth, für den er ja auch in erster Linie bestimmt war, übergeben. Ich nehme an, dass er ihn mitgenommen hat und ihn Ihnen übergeben wird. Aus der Karte von ihm ersehe ich, dass er Sie demnächst treffen wird.« (1. Mai)

Paulus und Jacobus] Fuchs: »Sie schreiben ›Paulus vom Bruder des Herrn versiegelt‹ nun weiss ich nur soviel aus dem Galaterbrief, dass Paulus nach seiner Bekehrung in Jerusalem den Herrenbruder Jakobus, Petrus und Johannes aufsuchte und deren Anerkennung fand. Was ist nun mit ›versiegeln‹ gemeint, das doch wohl ein fester Terminus ist und ein sakramentales Handeln bedeutet, und warum ist es gerade auf Jakobus beschränkt?« (24. April)

Exorzistenkirche] Fuchs: »Deutet die Bezeichnung ›Exorzistenkirche‹ nur an, dass die Kirche auf den Fundamenten eines heidnischen Tempels erbaut ist, oder hat es damit noch ein besonderes Bewandtnis? Der Leser stutzt nämlich bei dieser Bezeichnung.« (24. April)

französische Zitat aus dem hl. Bernhard] Fuchs: »Lässt sich nicht das französische Zitat aus dem hl. Bernhard entweder im lateinischen Original oder deutsch geben?« (24. April)

Stigmatisierten von Paulus bis] Fuchs: »Sie schreiben ›die Stigmatisierten von Paulus bis zu Franziskus‹. Nun ist aber, soweit unser historisches Wissen reicht, der hl. Franz der erste Fall einer Stigmatisation. Der Ausspruch des hl. Paulus: ›ich trage die Wundmale des Herrn an meinem Leibe‹ lässt sich doch nicht im Sinne einer ›Stigmatisation‹ deuten.« (24. April)

Petrus Lombardus] (um 1095-1160), scholastischer Theologe; seit 1159 Bischof von Paris. Sein Hauptwerk ›Sententiarum‹ – 1142 begonnen, 1158 beendet – war im Mittelalter ein vielbeachtetes Werk der scholastischen Dogmatik.

jene Kleinigkeit] Fuchs: »Zum Schluss noch eine Kleinigkeit: ist ›virulente‹ (giftige, bösartige) Verteidigung mystischer Phänomene mit Bedacht gesagt?« (24. April)

502. An Marcel Janco, 29.4.1925

H: Hs. Gruß von Hugo Ball und Emmy Ball auf einer Bildpostkarte von Hans Arp unter dessen ms. Text; weiterer hs. Text Balls auf der Bildseite. Motiv: Vietri sul Mare – Panorama della Ferrovia. Adresse: Monsieur Marcel Janco / Strada Trinitatii 20 / *Bucarest* / Roumanie. **F:** Archiv Familie Janco, Tel Aviv. **DV:** Fotokopie des Originals.

29.4.[19]25] Der genaue Abreisetag der Arps ist nicht bekannt, dürfte aber vor dem Tag der Postabstempelung dieser Ansichtskarte gelegen haben. Infolgedessen haben die Balls diese Postkarte erst später versandt.

Nummern Ihrer Zeitschrift] Hans Arp schrieb in seinem Textteil: »contimporanul ist die einzige gute rumänische Zeitschrift«. Ball erbat von Janco eine Ausgabe dieser Zeitschrift. »Der *Contimporanul* war das Sprachrohr der Bukarester Künstler-Avantgarde um Ion Vinea und Marcel Janco. Das Blatt erschien, teils unregelmäßig, in 102 Ausgaben zwischen 1922 und 1932. Die Anzahl der Seiten variiert zwischen vier und sechzehn. Über die Auflagenhöhe ist nichts bekannt, sie dürfte jedoch, ähnlich wie bei vergleichbaren Unternehmungen in anderen europäischen Ländern niedrig gewesen sein und kaum die Tausendermarke überstiegen haben.« (Seiwert, S. 473).

503. An Pater Edmund Brosy, 14.5.1925

D: Ms. Durchschlag ohne Unterschrift; 1 Bl., 2 S. **F:** HBN. **DV:** Durchschlag.

Sie schrieben mir] Nicht erhalten.

neuen Buche] Nach Ablieferung des ›Hochland‹-Aufsatzes ›Die religiöse Konversion‹ war Ball mit dem Thema »der Exorzismus als ordo und als Gnadengabe, und damit in Verbindung die Dämonologie« beschäftigt.

kleinen Wunschzettel] Gemäß dem nicht erhaltenen »kleinen Wunschzettel« schickte Pater Edmund elf Bände aus der Klosterbibliothek Einsiedeln nach Albori, deren Erhalt in einer Auflistung (*Nr. 510* – Beilage) von Hugo Ball bestätigt wurde. Im Begleitbrief der Buchsendung schrieb Pater Edmund Brosy am 26. Mai 1925 (HBN): »Mit gleicher Post geht an Sie ab nach dem schönen Mussolinien eine Sendung von 11 Bänden. Mayer, Hagen & Pinamonti haben wir leider nicht, ebenso nicht die Röm. Quartalsschrift Suppl. 1897, unsere Serie beginnt erst mit 1901; für das Fehlende suchte ich Ersatz zu senden, wenn es Ihnen dient.«

zehn Schweizer Franken] Ball änderte wohl seine ursprüngliche Absicht, dem Brief zehn Franken beizulegen. Beim Postamt Salerno zahlte Ball am 15. Mai 1925 auf die internationale Postanweisung Nr. 7 zu Gunsten Pater Edmunds, Kloster Einsiedeln, zehn Franken ein. Die Quittung befindet sich im HBN.

Dölgers »Exorzismus«] Diese Veröffentlichung (*Nr. 483*) befindet sich im HBN. Balls Handexemplar ist mit Randnotizen versehen.

»Manuale Exorcistarum«] Vgl. *Nr. 446*.

die Materialsammlung im »Hexenhammer«] Ball bat Ludwig Feuchtwanger am 16. Mai (Nr. 504) um eine »Übersetzung des ›Hexenhammers‹«. Ball erinnerte sich, eine solche »(neuere) Übersetzung in Händen gehabt zu haben«. Vermutlich handelte es sich um die Ausgabe: Jakob Sprenger und Heinrich Institoris: ›Malleus Maleficarum. Hexenhammer‹. Deutsch von Johann W. R. Schmidt. Berlin 1920.

bei Görres] Emmy Ball schrieb: »Wir lesen wieder in der ›Mystik‹ von Görres, die wir uns von der Bibliothek in Basel kommen lassen. Gehört haben wir, daß wir beinahe die einzigen sind, die das Werk immer wieder bestellen. Wir haben an die achthundert Seiten Auszüge gemacht, die Hugo mir mit Anmerkungen für sein nächstes Buch in die Maschine diktiert.« (HBA 1993, S. 2.) Ball lieh aus der Basler Bibliothek wiederholt von Joseph Görres: ›Die christliche Mystik‹ (Regensburg, Landshut: G. J. Manz 1836-1842) aus. Carl Muth schlug vor, als er im Dezember 1924 / Januar 1925 mit Hugo Ball in Rom zusammentraf, Ball solle doch die ›Mystik‹ von Görres herausgeben. Als Muth die Balls im Mai 1925 in Albori aufsuchte und Hugo Ball das Projekt ansprach, lenkte Carl Muth mit für Ball unverständlichen Worten ab. Muth, so vermutete daraufhin Ball, habe ihn zwar als Herausgeber von Görres' ›Mystik‹ vorgeschlagen, Funk dagegen dürfte abgelehnt haben (›Tagebuch‹, 3. Juni 1925).

die kirchlichen Quellen] Pater Edmund Brosy antwortete auf Balls Anfrage (26. Mai 1925): »Die Quellen, nach denen der Exorcistat studiert & geübt wird, sind die Compendien der Dogmatik & Moral bezw. Pastoral.«

das gegenwärtige Ritual] Pater Edmund Brosy am 26. Mai 1925: »Das gegenwärtige Rituale ist im Wesentlichen überall das gleiche, die Abweichungen in den verschiedenen Ländern oder Diözesen beziehen sich nur auf die stellenweise Uebertragung in die Muttersprache des betreffenden Landes. Das Pontifikale erleidet weniger Ausnahmen oder Abänderungen.«

Sammlung neuerer Exorzismusakte] Pater Brosy am 26. Mai 1925: »Bez. Exorcismusakte kann ich Ihnen keine Auskunft geben. Soviel ich erfahren konnte, werden die Exorcisten von den Ordinariaten verpflichtet, bevor sie in Sachen etwas unternehmen, die res dem Ordinariate zu unterbreiten, welches dann entscheidet, wer den Exorcismus vornehmen solle. Das Protocoll der ganzen Prozedur ist wieder dem Ordinariate einzuliefern & wird dort wohl in den Archiven schlummern, ohne dass je etwas veröffentlicht wird oder wurde, es sei denn, dass Rom, bezw. die Ritenkongregation die Sache an die Hand nimmt. –«

504. An den Verlag Duncker & Humblot, 16.5.1925

D: Ms. Brief mit eigenh. Unterschrift; 1 S. **F:** Verlagsarchiv Duncker & Humblot, Berlin.
DV: Original.

Beilage:
»Bücherliste«:
Institoris u. Sprenger, »Der Hexenhammer«
(›Malleus Maleficarum‹, deutsch)
Carl Schmidt, »Gnostische Schriften in koptischer Sprache«
(letzte Ausgabe)
Freud, »Totem und Tabu«, 1912
Bleuler, »Lehrbuch der Psychiatrie« (Springer, Berlin, 1916)
Kronfeld, »Psychotherapie« (» , » 1924)
Reik, »Probleme der Religionspsychologie: I. Teil: Das Ritual«
(Internat. Psychoanal. Verlag, Wien-Leipzig)
Rank, »Das Trauma der Geburt« (Ebendort, 1924)
Ferenczi, »Versuch einer Genitaltheorie« (Ebendort 1924)
E. Jones, »Der Alptraum in seinen Beziehungen zu gewissen Formen des mittelalterl. Aberglaubens« (Wien-Leipzig 1912)
Schneider, »Die psychopathischen Persönlichkeiten« (Deuticke 1923)
Schreber, »Denkwürdigkeiten eines Nervenkranken« (Mutze, Leipzig, 1903)

Zu Nr. 504 existiert ein ausführlicher Entwurf, der nachfolgend, im vollen Wortlaut, wiedergegeben wird. Es handelt sich um einen ms. Durchschlag, der sich im HBN befindet:

»Albori, presso di Vietri sul Mare (Süditalien)
14. Mai [19]25

Lieber Herr Doktor,
den Briefwechsel mit den wackeren Männleins gebe ich Ihnen beiliegend mit bestem Dank zurück.
Neuerdings hat Herr Tim Klein mir (wie er meint) den Garaus gemacht, indem er mich in der Zeitschrift eines Herrn Gründler den Irrenärzten anempfahl. Es ist derselbe Herr Klein, der während des Krieges ein Buch ›Der deutsche Soldat‹ publizierte, worin er die Reorganisatoren der preussischen

Armee von 1813 als so erhaben [b]ezeichnete, ›dass die Geschichte seit den Reformatoren des 16. Jahrhunderts nichts dem Ähnliches aufzuweisen hat‹. Jetzt, zehn Jahre später, möchte er mir mit Ranke und Goethe kommen (statt mit seinen preussischen Armeereformatoren). –
Ich erlaube mir, lieber Herr Doktor, Ihnen die besprochene Bücherliste zu senden, hoffend, dass Sie damit nicht zuviel Mühe haben mögen. An der deutschen Übersetzung des ›Hexenhammers‹ ist mir besonders gelegen. Ich erinnere mich, eine solche (neuere) Übersetzung in Händen gehabt zu haben, weiss aber leider den Namen des Übersetzers und des Verlags nicht mehr. Die übrigen Werke werden leicht zu beschaffen sein. Vielen Dank im Voraus.
Prof. Muth war hier. Der Hochlandaufsatz, von dem ich Ihnen schrieb, kann leider erst im Juni- und Juliheft erscheinen. Er enthält einige Grundzüge meines neuen Buches, das den Exorzismus und verwandte Dinge (Seelenlehre, Dämonologie, Analyse) zum Gegenstande haben wird. Es ist mir daran gelegen, Ihnen von dem Aufsatze s. Zt. einen Abzug zu schicken.
Mit der vom Hochland in Aussicht gestellten Besprechung aber hapert es. Muth ist, wie er mir sagt, lebhaft interessiert, das Buch entsprechend zu würdigen, scheint aber nicht recht jemanden finden zu können, der seinen Wünschen entspricht. –
In der Literaturbeilage der ›Frankfurter Zeitung‹ soll vor einiger Zeit eine Rezension des Byz. Chr. erschienen sein; aber ich möchte Sie mit solchen Hinweisen nicht plagen. Es ist nur, weil ich später auf diese Rezensionen einmal in einem ihnen eigens gewidmeten Aufsatz zurückkommen möchte. Dann wäre es gut, die Dokumente vollzählig zur Hand zu haben.
Mit freundlich ergebenen Grüssen
Ihr«.

Brief vom 27. April] Dieser Brief Feuchtwangers befindet sich im HBN.
Bücherliste] Nr. 504 war die angesprochene Bücherliste beigelegt, die nach dem Brieftext abgedruckt ist.
»Hexenhammer«] Vgl. *Nr. 503*.
Literaturblatt der »Frankfurter Zeitung«] Vgl. *Nr. 377* – »Alf[ons] Paquet«.
fürtrefflichen Männleins] Ball könnte sich auf Feuchtwangers Brief (27. April) mit der »beiliegenden Blüte« bezogen haben: »Ihre ›Folgen‹ haben die Reaktion entfesselt, die zu erwarten war. Aus dem Strauss beiliegende Blüte mit unserer Antwort an den Würzburger Buchhändler!« Der Würzburger Buchhändler Siegfried Perschmann schrieb am 19. April 1925 an den Verlag Duncker & Humblot (Verlagsarchiv) und teilte sein Unverständnis mit, daß »eine so hochangesehene Verlagsbuchhandlung« das Buch ›Die Folgen der Reformation‹ des »sogenannten Schriftstellers« Ball herausgebracht habe. Perschmann schrieb seinen Brief auf eine Briefabschrift, ohne Nennung des Briefschreibers. Der anonyme Schreiber, vermutlich in Pirmasens ansässig, antwortete auf eine Anfrage des Buchhändlers: »Deine weitere Anfrage über den Schmierfink *Hugo Ball* kann ich dahin beantworten, dass derselbe der Sohn eines hiesigen Agenten und Reisenden ist [...]«. Es folgen Halb- und Unwahrheiten. So z.B.: »Dieser Geistesheld wollte vor zwei Jahren im besetzten Gebiet, wo er durch den Schutz der Franzosen wegen Desertion nicht verhaftet werden konnte,

einen Vortrag halten, um seine Geistesprodukte vor dem Pfälzer Publikum zu entwickeln.«

Adresse von Prof. Guardini] Feuchtwanger nannte in seinem Antwortschreiben vom 23. Mai 1925 (Verlagsarchiv D&H) die Adresse Romano Guardinis: »Potsdam, Zimmerstr. 4«.

»Bücherliste«] Die bibliographischen Angaben zu den von Ball gewünschten Werken wurden, soweit sie ermittelt werden konnten, ergänzt.

Institoris] Vgl. *Nr. 503.* Feuchtwanger schrieb am 20. Juli 1925: »Der ›Hexenhammer‹ ist nicht vergessen, aber leider vorläufig noch nicht auftreibbar.« (Verlagsarchiv D&H).

Carl Schmidt] Feuchtwanger sandte von Schmidt die nachfolgende Ausgabe, die sich im HBN befindet: ›Pistis Sophia. Ein gnostisches Originalwerk des 3. Jahrhunderts aus dem Koptischen übersetzt.‹ Hrsg. von Carl Schmidt. Leipzig: Hinrichs 1925. Preis: 7,– M.

Freud] Sigmund Freud: ›Totem und Tabu‹. Leipzig, Wien, Zürich: Internat. Psychoanal. Verlag. 3. Aufl. 1922. Das von Feuchtwanger besorgte Exemplar befindet sich, mit Randnotizen Balls versehen, im HBN. Preis: 3,60 M.

Bleuler] Eugen Bleuler: ›Lehrbuch der Psychiatrie‹. Berlin: Springer. 4. Aufl. 1923. Feuchtwanger besorgte das Werk und berechnete 10,50 M.

Kronfeld] Arthur Kronfeld: ›Psychotherapie. Charakterlehre, Psychoanalyse, Hypnose, Psychagogik‹. Berlin: Springer 1924. Laut Feuchtwanger vergriffen.

Reik] Theodor Reik: ›Probleme der Religionspsychologie‹, Teil 1: ›Das Ritual‹. Leipzig und Wien: Internat. Psychoanal. Verl. 1919 (= Internat. Psychoanal. Bibliothek. Bd. 5). Laut Feuchtwanger vergriffen.

Rank] Otto Rank: ›Das Trauma der Geburt und seine Bedeutung für die Psychoanalyse‹. Wien, Leipzig, Zürich: Internat. Psychoanal. Verl. 1924 (= Internat. Psychoanal. Bibliothek. Bd. 14). Feuchtwanger besorgte das Werk und berechnete 3,60 M.

Ferenczi] Sándor Ferenczi: ›Versuch einer Genitaltheorie‹. Wien und Leipzig: Internat. Psychoanal. Verl. 1924. Feuchtwanger besorgte das Werk und berechnete 3,30 M.

Jones] Ernest Jones: ›Der Alptraum in seiner Beziehung zu gewissen Formen des mittelalterlichen Aberglaubens‹. Leipzig und Wien: Deuticke 1912. (= Schriften zur angewandten Seelenkunde. H. 14.) Feuchtwanger besorgte dieses Werk und berechnete 2,67 M.

Schneider] Kurt Schneider: ›Die psychopathischen Persönlichkeiten‹. Leipzig und Wien: Deuticke 1923. Das von Feuchtwanger besorgte Exemplar befindet sich, mir Randnotizen Balls versehen, im HBN. Feuchtwanger berechnete 2,53 M.

Schreber] Vgl. *Nr. 528.* Feuchtwanger besorgte das Werk und berechnete 10,50 M.

505. An den Verlag Kösel & Pustet, 16.5.1925

D: Ms. Durchschlag ohne Unterschrift; 1 S. Adresse auf Briefbogen: Herren Kösel & Pustet, Verlag *Kempten.* **F:** HBN. **DV:** Durchschlag.

Aus der Kirchenväter-Bibliothek] Ball bestellte aus dieser Reihe, die bei Jos. Kösel, München, erschien, folgende Bände:

Bd. 4: Irenäus: ›Ausgew. Schriften‹. Bd. 2, 1912.
Bd. 5: Storf, R.: ›Griechische Liturgien‹. 1912.
Bd. 21: Ambrosius: ›Ausgew. Schriften‹. Bd. 2, 1915.
Bd. 35: ›Die apostolischen Väter‹. 1918.
Bd. 40: Hippolytes: ›Widerlegung aller Häresien‹. 1922.
Bd. 41: Cyrillus: ›Katechesen‹. 1922.
Im HBN befinden sich noch die Bände 5, 21, 35 u. 41.

506. An Pater Beda Ludwig, 22.5.1925

D: Ms. Durchschlag; 1 S. **F:** HBN. **E:** Briefe, S. 215. **DV:** Durchschlag.

Brief vom 27. April] Dieser Brief Pater Bedas befindet sich im HBN.

freundliche Ermunterung] Pater Beda am 27. April: »Mit dem Byzantinischen Christentum haben Sie ein ganz groß- und eigenartiges Werk geschrieben voll tiefer Gedanken, die nicht von allen verstanden werden. Ich gratuliere Ihnen. Arbeiten Sie nur weiter.«

gewünschten Band der »Briefe und Extasen«] Emmy Ball hatte aus Rom »zwei Gemmabücher« (*Nr. 475* – »Gemma Galgani«) mitgebracht, ein französisches und ein italienisches. Bei dem italienischen dürfte es sich um die 5. Auflage von ›Lettere ed Estasi di Gemma Galganis‹ (1925) gehandelt haben (*Nr. 499*), die Hugo Ball an Pater Beda weiterleitete.

neue Umgebung] Pater Beda war bis 1925 Subprior im Kloster Andechs. Er schrieb am 27. April: »Ich bin nicht mehr lange hier, habe um Versetzung in ein ruhiges Kloster gebeten, wo ich ungestörter arbeiten kann. Wohin ich komme, erfahre ich erst in einigen Tagen.« Pater Beda wurde in das Kloster Scheyern (rund 40 km nördlich von München) als Auxiliarius versetzt.

Attel] Ehemaliges Benediktinerkloster im Landkreis Rosenheim, rund acht Kilometer von Rosenheim entfernt.

die Wege schon kreuzen] Pater Beda am 27. April: »Wie würde ich mich freuen, wenn Gott mich eines Tages mit Ihnen zusammenführte! Wie beneide ich Sie um den Aufenthalt in Italien!«

507. An Hermann Hesse, 22.5.1925

H: Ms. Brief mit eigenh. Unterschrift; 1 Bl., 2 S. Zu diesem Brief existiert auch eine Entwurffassung. **F:** HBN. **E:** EBH Leben, S. 241-243; auch in Briefe, S. 213-215. **DV:** Original.

erster Besuch Prof. Muth] Aus Rom schrieb Carl Muth am 4. Mai 1925 an Hugo Ball: »Ich komme am Donnerstag, d. 7. nach Salerno für etwa 5 Tage. Ich werde aber auch in Vietri wohnen, wenn ich ein ruhiges Zimmer mit gutem Bett finde.« (HBN). Die Balls fanden für Carl Muth eine Unterkunft in Albori. Die Quartiersuche wird von Emmy Ball in ›Ruf und Echo‹ (S. 230 ff.) erzählt. Muth erinnert sich über seinen Aufenthalt in Albori: »Ich stand Hugo Ball zeitweise recht nahe, war sogar, wie er mehrmals mein Gast in meinem Sollner Heim war, so auch sein Gast in einem süditalienischen Gebirgsdorf über Salerno. Der seltsame Mann, der es in der Gesellschaft nicht aushielt, flüchtete dorthin mit seiner Frau Emmi und deren Tochter, die sie in die Ehe mitgebracht hatte, in die entlegenste Gegend. Dort hauste er natürlich in einem Palazzo mit Säulenfassade und großen Wohnräumen, den er für ganze hundert Lire im Jahr gemietet hatte, ohne Möbel bis auf ein großes Schlafsofa mit grünem, verschossenem Bezug, nach Zigeunerart. Allmählich entstand aber so etwas wie ein Mobiliar. Er machte es selber aus Kisten und Brettern, die dann mit buntfarbigen Stoffen, die er billig aus Ramschware erstanden hatte, recht wirksam, ja malerisch überdeckt wurden. Was brauchte er auch viel in dieser Einsamkeit mit dem Hochgefühl, einen Palazzo zu bewohnen! Dahin lud er mich eines Tages ein, mit Einquartierung in dem etwas tiefer gelegenen Dorf in trautester Gesellschaft mit dem in Italien so häufigen und gleichsam zum Lebensstil gehörenden Ungeziefer. Ich suchte bald das Weite, indem ich meine Gastgeber zu einer Droschkenfahrt in die höchst merkwürdige und phantastische Gegend einlud.« (›Hochland‹, Jg. 46, 1953/54, S. 18).

Carrozza] Ital. = Eisenbahn(wagen).

Ausbalancierung meines neuen Buches] Zum Themenbereich von Balls neuem Buch vgl. *Nr. 503* – »neuen Buche«.

Ihre beiden Briefe] Wohl Hesses Brief an Ball vom 9. Mai 1925 (DLA, Hesse). Beim zweiten Brief könnte es sich um einen Brief an Emmy Ball vielleicht auch an Annemarie Hennings handeln.

zag] scheu.

Schön wäre es, wenn Sie kommen könnten] Hermann Hesse schrieb am 9. Mai 1925 (DLA, Hesse): »Es sollte in Lugano ein Schiff abgehen und direkt nach Salerno fahren, dann würde ich morgen einsteigen, würde das Malzeug, ein paar Hemden (biancheria!), eine Flasche Wein und einen Band Jean Paul mitnehmen, und langsam hinunter gondeln in Eure Aequatorialgegend, ohne unterwegs die Tage und die Breitengrade zu zählen, und dann käme [e]in schöner sonniger Strand, und da wäre Salerno und Ihr stündet da mit euren guten Gesichtern und würdet lachen und Ciao rufen und mich auf einem Esel nach Albori schleppen, zu den Rosen und zum Säugling, und wir würden das ganze Dorf zu einem Freudentrunk einladen. Warum ist denn die Welt so kompliziert? Das Haus an eurem Berg würde ich schon finden und malen, und das Geld in der Grotte würden wir ruhig liegen lassen.«

Herr Behrens] Als sich Ball im Juli 1924 auf dem Rigi aufhielt, teilte ihm seine Frau mit, daß Eduard Behrens das Obergeschoß des Agnuzzo-Hauses, Casa Andreoli (Nr. 405 und 406) mieten wolle. Über die Forderung auf »ein weiteres Zimmer auf unserer Etage und die Hälfte des Gartens« äußerte sich Ball gegenüber seinem Vermieter unwillig. Offensichtlich zog Behrens aber in Casa Andreoli ein.

Wie es Ruth wohl gehen mag?] Hesse informierte die Balls am 9. Mai 1925 (DLA, Hesse): »Ruth liegt nun schon seit mehr als einem Vierteljahr krank, Brustfellentzündung und immer etwas Fieber, es ist höchst wahrscheinlich die Lunge, doch wissen wir noch nichts Rechtes, sie konnte noch nicht geröntget werden, weil sie nicht aufstehen und ausgehen darf. Auf alle Fälle wird sie, sobald das möglich ist, für längere Zeit in eine Kur geschickt werden müssen. Sie ist bei ihren Eltern in Basel, Klingenthal Nr. 13.« Im Brief vom 25. Juni 1925 (DLA, Hesse) teilte Hesse schließlich den Balls die ärztliche Diagnose mit: »Alsdann kam von meiner Frau Ruth aus Basel böse Nachricht. Die rätselhafte Krankheit, an der sie seit Jahren beständig litt, fast immer mit Fieber im Bett, ist Tuberkulose der Lunge, und jetzt liegt sie in ihrem Gärtchen in Carona auf einem Liegestuhl, täglich 12 Stunden, und muß für viele Monate diese Kur fortsetzen.«

Malerkolonie] Hesse fragte am 9. Mai 1925 (DLA, Hesse) bei Ball an: »Uebrigens erzählte Englert, er hätte in einer italienischen Zeitung [d]en Bericht über eine Kunstausstellung in Neapel gelesen, da sei mit Anerkennung von einer deutschen Malerkolonie die Rede gewesen, die irgendwo bei Salerno hause. Aber die habt Ihr wohl nicht angetroffen?«

Monte Valerie] Monte Valerio, Erhebung des Küstengebirges bei Salerno in Richtung Vietri/Cava.

508. An Maria Hildebrand, 30.5.1925

H: Ms. Brief ohne Unterschrift; 1 Bl., 2 S. **F:** HBN. **DV:** Original.

Hs. Postskriptum von Emmy Ball: Liebe Maria, auch ich sage Dir herzliche Grüsse. Und dank, daß Du Kleider senden willst für Annemie. Das tut auch mir gut, denn ich komme bei verschiedenen Arbeiten in der Küche und am Schreibtisch nicht recht mit dem Nähen nach. Grüß neben Deinem lieben Mann auch Gretl, die kleine Indierin. Sie sieht hübsch aus, wie eine Sonnenblume. Freust Du Dich nicht mit, liebe Maria? / Alles Gute Euch Allen / Deine Emmy.

Kummer kommt] Nach dem Tod der Mutter (30. August 1923) war Balls Schwester Maria häufig krank.

Lina] Balls Schwester Lina, verh. Brofft, wohnte in Mönchen-Gladbach.

die indische Dame] Gretel Hildebrand, verh. Luce, war zur Ausbildung als Säuglingsschwester in Würzburg. Unter den Fotos, die Maria Hildebrand dem Brief beilegte, muß sich auch eine Aufnahme befunden haben, die Gretel Hildebrand als »Inderin« abbildete. Nach Auskunft von Gretel Luce entstand dieser Schnappschuß bei einer Faschingsveranstaltung in Würzburg.

Juli ihr Fest] In Albori wohnten die Balls gleich neben der »Kirche der hl. Margarete« (Nr. 516). Das Fest der hl. Margarete wird am 20. Juli gefeiert.

Electrocista] So im Original. Im korrekten Italienisch: Elettricista = Elektriker.

grosses neapolitanisches Heiligenfest] Es könnte sich um das der »Madonna dell'Arco«, eines der wichtigsten populären Wallfahrtsorte am Vesuv, zu dem an Pfingsten eine große Wallfahrt stattfindet, gehandelt haben.

509. An den Internationalen Psychoanalytischen Verlag, 6.6.1925

D: Ms. Brief ohne Unterschrift; 1 S. Adresse auf Briefbogen: Internationaler Psychoanalytischer Verlag *Wien VII* / Andreasgasse 3. **F:** HBN. **DV:** Durchschlag.

»Imago«] Ergänzende bibliographische Angaben zu diesem Zeitschriftenheft: ›Imago. Zeitschrift für Anwendung der Psychoanalyse auf die Geisteswissenschaften‹, Leipzig, Wien, Zürich. Hrsg. von Sigmund Freud, IX. Bd., Heft 1 (1923). Während die restlichen drei Hefte des IX. Bandes jeweils mit einem Themenschwerpunkt (pädagogisches, philosophisches und kunstpsychologisch-ästhetisches Heft) gekennzeichnet sind, war das erste Heft, obwohl religionspsychologischen Inhalts, nicht ausdrücklich so definiert.

510. An Pater Edmund Brosy, 6.6.1925

D: Ms. Brief ohne Unterschrift; 1 S. **F:** HBN. **DV:** Durchschlag.

Beilage:
Bestätigung über die ausgeliehenen Bücher:
Einsiedeln
erhalten 26.V.[1925]:
Varia Patrologia
Varia Biblia
Franz, Kirchl. Benediktionen
Calmet, Les Apparitions des Anges, II Bände
Flemming, Buch Henoch
Sulzer, Besessenheitswunder Jesu
Lierheimer, Sch[w]ester Maria v. Agreda
Bischofberger, Exorzistat
Zampini, l'Angelo della Salute
Stimmen aus Maria-Laach, »Leistle, Besessenheit«
(im Ganzen 11 Bände)

Zeilen vom 26. Mai] Der Brief Pater Edmund Brosys vom 26. Mai 1925 (HBN) wurde auszugsweise zitiert in *Nr. 503*.

»weitere Literatur«] Dem Brief Pater Edmunds vom 26. Mai 1925 war eine Liste mit »entsprechender wesentlicher Literatur« beigelegt, um die Ball gebeten hatte. Ball ließ sich zwei Werke dieser Liste zusenden (Nr. 537).

Beilage: Bestätigung über die ausgeliehenen Bücher] In der Stiftsbibliothek Einsiedeln sind die nachfolgenden Werke auch gegenwärtig noch im Bestand; überwiegend unter derselben Signatur.

Varia Patrologia] Richtig: ›Varia Patrologie‹ – Sign.: B 1016. Der Sammelband enthält 7 Gymnasialschriften mit verschiedenem Inhalt.

Varia Biblia] Nicht festzustellen.

Franz, Kirchl. Benediktionen] Franz, Adolph: ›Die kirchlichen Benediktionen im Mittelalter‹. Freiburg i. Br.: Herdersche Verlagsbuchhandlung. 1. Band. 1909. XXXVIII, 646 S. – 2. Bd. VII, 764 S. – Sign.: De 292.

Calmet, Les Apparitions] Calmet, Augustin: ›Dissertations sur les apparitions des anges, des démons et des esprits et sur les revenans et vampires de Hongrie, de Boheme, de Moravee et de Silesie‹. Paris: De Bure l'aîné. [tome I:] 1746. XXXVI, 500 p. ›Traité sur les apparitions des esprits, et sur les vampires, ou les revenans de Hongrie, de Moravie etc. Nouvelle édition revûe, corrigée et augmentée par l'auteur. Avec une lettre de Monsieur le Marquis Maffei sur la Magie‹. Tome II. Paris: Debure l'aîné, 1751. XVI, 483 p. – Sign. Db 693.

Flemming, Buch Henoch] ›Das Buch Henoch‹. Herausgegeben im Auftrage der Kirchenväter-Commission der Königlich Preussischen Akademie der Wissenschaften von Johannes Flemming und Ludwig Radermacher. Leipzig: J. C. Hinrichsche Buchhandlung 1901. 171 S. (Die griechischen christlichen Schriftsteller der ersten drei Jahrhunderte. Hrsg. v.d. Kirchenväter-Commission der königl. Preussischen Akademie der Wissenschaften. Das Buch Henoch.) – Sign.: A 493.

Sulzer, Besessenheitswunder] Sulzer, Georg: ›Die Besessenheitsheilungen Jesu‹. Leipzig: Verlag von Oswald Mutze 1921. 52 S. – Sign.: Dh 169.7.

Lierheimer] Anton Maria von Vicenza: ›Leben der ehrwürdigen Dienerin Gottes Schwester Maria von Jesus aus dem Orden des heiligen Franziskus, Aebtissin der unbeschuhten Klarissen von der unbefleckten Empfängnis in Agreda‹. Nach dem Italienischen mit neuen Zusätzen des Verfassers deutsch herausgegeben von P. Bernardus Maria Lierheimer. Regensburg: Druck und Verlag von Georg Joseph Manz 1875. 191 S. – Sign.: Hb 636.

Bischofberger] Der Sammelband ›Varia Liturgica‹ – Sign.: De 582 – enthält die Publikation: Bischofberger, Ch.: ›Die Verwaltung des Exorcistats nach Maßgabe der römischen Benediktionale‹. 2., verm. u. verb. Aufl. Leutkirch 1884 (Sign.: De 582.4).

Zampini] Zampini, G. M. Raphael: ›L'angelo della salute‹. Firenze: Libreria Editrice S. Raffaele 1898. 144 p. – Sign. Hb 468.

Stimmen aus Maria-Laach] Kath. Monatsschrift, Freiburg i.B. In Nr. 511 schrieb Ball: »So habe ich neulich eine alte Nummer der ›Stimmen aus Maria-Laach‹ zu Gesicht bekommen«. Im Brieftext und in den Erläuterungen wird deutlich, daß es sich nur um Bd. 55, 1898, gehandelt haben kann.

»Leistle, Besessenheit«] Leistle, David: ›Die Besessenheit mit besonderer Berücksichtigung der Lehre der hl. Väter‹. Programm der kgl. Studienanstalten zu Dillingen für 1886/87. Dillingen: Druck von L. Keller's Wwe. [1887]. 178 S. – Sign.: A 678.1.

511. An Carl Muth, 17.6.1925

H: Ms. Brief mit eigenh. Unterschrift; 2 Bl., 4 S. **F:** Bayer. Staatsbibliothek München: Carl-Muth-Nachlaß. **E:** Briefe, S. 216f und S. 206 f. **DV:** Fotokopie des Originals.

Datierung: Im ›Tagebuch‹, 16. Juni 1925, skizzierte Ball den Inhalt seines Briefs an Carl Muth vom 17.6.1925; er erwähnte seine Bitte, das Honorar für seinen Aufsatz zu überweisen und sprach die Angelegenheit Philipp Funk an. Nach Erhalt des Muth-Briefes vom 16.6. (HBN) kam Ball im ›Tagebuch‹, 21. Juni 1925 nochmals auf seinen Brief an Muth zurück und erwähnte wiederum seine Bitte um das Resthonorar für seinen Aufsatz und ein zusätzlicher Hinweis auf ein umfangreiches »Postscriptum« wegen Funk. Das »Postskriptum« ist ganz sicher Nr. 511 zuzuordnen.

Abstecher hierher nach Albori] Im Brief vom 10. Juni 1925 (HBN) an Ball erinnerte sich Carl Muth: »So gerne ich an den grünen Winkel und die steilen Hänge im Hintergrund von Albori zurückdenke, – der deutsche Frühling liess mir doch das Herz aufgehen angesichts der saftigen Fülle seiner Vegetation. Sie glauben gar nicht, wie schön es in meinem Garten ist, wo man die Wärme nur angenehm empfindet, während sie, wie mein Bruder aus Rom schreibt, zur Zeit dort quälend ist. Aber der Tag in Albori und der kleine Ausflug vor meiner Abreise ist mir doch eine liebe Erinnerung und ohne das kleine Quartiererlebnis wäre ich schon gerne ein paar Tage bei Ihnen geblieben.«

kleinen Lichtbildern geworden] Muth schrieb am 10. Juni: »Noch bin ich nicht dazu gekommen, die photographischen Aufnahmen zu entwickeln, sonst hätte ich Ihnen Abzüge geschickt. Es soll aber in den nächsten Tagen geschehen.«

Fahnen vom 2. Teil des Aufsatzes] Am 10. Juni berichtete Muth in seinem Brief: »[...] der zweite Teil wird in den nächsten Tagen schon gedruckt. Ich hoffe, dass im gleichen Heft eine Würdigung Ihres Buches: ›Die Folgen der Reformation‹ erscheinen kann [handschriftlich eingefügt:] ist geliefert u. erscheint [...].« Zunächst beabsichtigte Carl Muth, Theodor Haecker mit der Rezension von Balls ›Folgen der Reformation‹ fürs ›Hochland‹ zu beauftragen (*Nr. 483*). Auch Friedrich Fuchs erwähnt Muths Bemühungen in seinem Brief vom 1. Mai 1925 (*Nr. 501* – »eine Besprechung der ›Reformationsfolgen‹«). Am 10. März schrieb Muth an Ball: »Interessant war mir nur, dass kürzlich ein *Dr. Linfert* mit Berufung auf die K.V. mir einen Artikel über Ihr jüngstes Buch vorlegte, der ja noch nicht ganz meinen Wünschen entspricht, in Bezug auf den ich mich aber mit ihm noch zu verständigen hoffe.« Am 10. Juni kam Muth darauf zurück: »[...] auch die neue Fassung von Dr. Linfert erwies sich als unbrauchbar«. Schließlich wurde Alois Dempf Rezensent von Balls ›Folgen der Reformation‹ im ›Hochland‹ (*Nr. 521*). Carl Linferts Rezension erschien unter dem Titel: ›Unwissenschaftliche Geschichte‹ in der ›Neuen Schweizer Rundschau‹, Zürich. Jg. 19, 1926 (vgl. *Nr. 665*).

Revenants] wiederkehrende Geister/Gespenster.

›Stimmen aus Maria-Laach‹] Diese Zeitschrift mit dem Untertitel ›Katholische Blätter‹ wurde 1871 begründet, seit 1915 erscheint sie unter dem Titel ›Stimmen der Zeit. Monatsschrift für das gesamte Geistesleben der Gegenwart.‹

Jesuitenpater Kreiten] Wilhelm Kreiten (1847-1902); Literaturhistoriker, Lyriker; seit 1863 Jesuit, 1873 Priester; seit 1876 Schriftleiter und ständiger Mitarbeiter an den ›Stimmen aus Maria Laach‹ (LThK 6, Sp. 601).

Flagellanten Veremundus] Unter dem Pseudonym »Veremundus« veröffentlichte Carl Muth die Broschüre: ›Steht die katholische Belletristik auf der Höhe der Zeit? Literarische Gewissensfrage von Veremundus‹, Mainz 1898. In dieser sogenannten ›Veremundus-Schrift‹ forderte Carl Muth, daß Dichtung überkonfessionell sein müsse. »Seine Kritik bezieht sich, dem Thema der Broschüre entsprechend, auf das Literaturschaffen katholischer Autoren. Hinzu kommt eine Kritik am katholischen Kritikschaffen und eine Aufdeckung der wahren Ursachen der literarischen Rückständigkeit der deutschen Katholiken. [...] Muth begann mit dem Angriff auf P. Kreiten als dem ausgesuchten Prototyp des katholischen Kritikers gewissermaßen einen Zweifrontenkrieg; denn seine literarische Polemik galt einerseits schon den naturalistischen Literaturanschauungen, andererseits nunmehr auch der extrem-moralistisch-pädagogischen Kritik, wie sie vor allem von den Mitarbeitern der ›Stimmen aus Maria-Laach‹, den Patres der Gesellschaft Jesu, konsequent geübt wurde. Muth wagte sehr viel, indem er sich mit diesen geschulten Dialektikern in ein Literaturgespräch einließ, in welchem er selbst in erster Linie die Wichtigkeit auch der künstlerischen Seite der Literaturkritik herauszustellen sich bemühte und insofern also eine literarische Auseinandersetzung mit den

Jesuiten unvermeidlich machte.« (Anton Wilhelm Hüffer: ›Karl Muth als Literaturkritiker‹, Münster 1959, S. 75-76.) Auf die Kritik Muths antwortete Pater Wilhelm Kreiten mit der Erwiderung: ›Die katholische Kritik und ihr Kritiker Veremundus‹ (In: ›Stimmen aus Maria-Laach‹, Freiburg i.B., Bd. 55, 1898. S. 506-530).

Bände der Kirchenväterbibliothek] Ball bestellte Bände dieser Reihe beim Verlag Kösel & Pustet; vgl. Nr. 505.

Tim Klein] Über Tim Klein vgl. *Nr. 280*. Kleins Rezension über ›Die Folgen der Reformation‹ erschien unter dem Titel ›Kaliban‹ in der Zeitschrift: ›Zeitwende‹, München. Jg. 1, 1. Hälfte, Jan. bis Juni, S. 554-557 (HBB, Nr. 1103, S. 65).

Grolmann] Karl von Grolmann (1777-1843), Militär. 1807 von Scharnhorst in die preußische Militär-Reorganisationskommission berufen. Nach wechselhafter militärischer Laufbahn wurde Grolmann 1815 Generalquartiermeister Gneisenaus.

Boyen] Hermann von Boyen (1771-1848), Militär. Neben Scharnhorst und Clausewitz gilt Boyen als der bedeutendste preußische Heeresreformer.

Gneisenau] August Graf Neidhardt von Gneisenau (1760-1831), 1825 Generalfeldmarschall; arbeitete gemeinsam mit Scharnhorst an der Reorganisation des preußischen Heeres.

»Der deutsche Soldat«] Aus diesem Buch Tim Kleins, 1916 erschienen, hat Ball im 2. Kapitel (S. 52-124) seiner ›Kritik‹ wiederholt zitiert. Vgl. *Nr. 283*.

beiligende Notiz publizierte Herr Funk] Vgl. *Nr. 489*.

Herr Funk] Mit einer hs. Postkarte antwortete Carl Muth am 22. Juni 1925 (HBN): »Hochl[an]d wird die Scharte, die Funk geschlagen, auswetzen. Mit Funk werde ich mich nun [unleserl. Wort] auseinandersetzen und von Ihrem Brief Kenntnis geben.«

Brief an den »B[ayerischen] K[urier]«] Nr. 489.

mein Verleger] Der Durchschlag des Briefs von Feuchtwanger vom 23. Mai 1925 befindet sich im Verlagsarchiv D&H.

Pater Beda] Das Zitat stammt aus Pater Bedas Brief vom 27. April 1925 (HBN).

Erich Przywara] Ball zitiert nicht ganz korrekt aus Przywaras Rezension in: ›Stimmen der Zeit‹, Freiburg i.B., Bd. 107, 1923/24. S. 350 (HBB, Nr. 1005, S. 61).

Frau Maria Hessberger] Über Heßberger vgl. *Nr. 491*. Wenn die Zuschreibung zutrifft, daß Balls Brief Nr. 535 an Maria Heßberger gerichtet war, so ergibt sich aus dem Inhalt, daß Ball »Ende Mai« bereits einen Brief von ihr erhielt, dem er das Zitat möglicherweise entnahm. Im HBN hat sich keine Korrespondenz von Maria Heßberger erhalten.

512. An Ferruccio Banissoni, 20.6.1925

D: Ms. Durchschlag; 1 S. **F:** HBN. **DV:** Durchschlag.

Beilage: Brief Nr. 513.

mein Referat] Ball sandte den ersten Teil seines Aufsatzes: ›Die religiöse Konversion‹.

Herrn Professor] Sante De Sanctis.

Den Freud] Im ›Tagebuch‹, 3. Juni 1925 schrieb Hugo Ball, er werde »mit den Exzerpten aus Freud« in wenigen Tagen fertig sein. Bereits am 1. Dezember 1924 hatte Hugo Ball von Sante De Sanctis den Band mit Aufsätzen zur Neurosenlehre von Sigmund Freud ausgeliehen (›Tagebuch‹). Wegen fehlender Geldmittel konnte Ball das Buch nicht erwerben und mußte deshalb ein Exzerpt von 140 Typoskriptseiten anfertigen. Im HBN befindet sich das maschinenschriftliche Exzerpt zu Freuds ›Sammlung kleiner Schriften zur Neurosenlehre‹ (Wien: Hugo Heller Verlag 1918), allerdings mit einem Umfang von 77 Blättern. Dieses Exzerpt nutzte Ball wohl bei der Abfassung seines Aufsatzes ›Der Künstler und die Zeitkrankheit‹ (›Hochland‹, Jg. 24, 1926. H. 3, Dezember, S. 332).

Ausgabe von des Hippokrates] Im Briefdurchschlag folgt dieser Textstelle ein freier Raum. Im Originalbrief fügte Ball höchstwahrscheinlich den Titel eines Werkes von Hippokrates handschriftlich in griechischen Buchstaben ein. Banissoni schrieb als Postskriptum auf die Postkarte Sante De Sanctis' an Hugo Ball, 7. Juli 1925 (HBN): »Hippokrates dreibändige Übers. von Rob. Fuchs, München Verl. Dr. H. Luneberg 1895-1900 soll die beste sein. Herzl. Grüsse Banissoni«.

»Convers. Relig.«] Ball bezog sich hier auf eine Textstelle der Einleitung auf S. X in De Sanctis' ›La Conversione Religiosa‹: »La parola magica (nel 1905)« und fragte, ob »dieses Buch italien. oder französisch erschien«. De Sanctis antwortete: »›La parola magica‹ di James vuol significare i discorsi tenuti dal James con me nel 1905 in occasione del Cong. internaz. di Psicologia, di cui io ero Segretario generale.« Übersetzung: »›Das magische Wort‹ von James weist auf die Gespräche von James mit mir hin, die wir 1905 anläßlich des Internationalen Psychologie-Kongresses, dessen Generalsekretär ich war, gehalten haben.« (HBN: Sante De Sanctis an Hugo Ball, Rom 7. Juli 1925).

James] William James (1842-1910), amerikanischer Philosoph und Psychologe, seit 1876 Professor an der Harvard University, Cambridge/Mass. Vertreter des Pragmatismus.

513. An Sante De Sanctis, 20.6.1925

D: Ms. Brief ohne Unterschrift; 1 S. **F:** HBN. **DV:** Durchschlag.

Referat über die »Conversione Religiosa«] Vgl. Nr. 512.

514. An Carl Muth, 22.6.1925

H: Ms. Brief mit eigenh. Unterschrift; 1 S. **F:** Bayer. Staatsbibliothek München: Carl Muth Nachlaß. **DV:** Fotokopie des Originals.

unsere Briefe] Carl Muths Briefe vom 10. und 15. Juni 1925 befinden sich im HBN.

Wörishofen] Carl Muth hielt sich zu einem Kuraufenthalt in Bad Wörishofen auf.

Passus im Aufsatz-Schluss] Carl Muth begründete im Brief vom 10. Juni 1925 eine Änderung in Balls Aufsatz ›Die religiöse Konversion‹: »In dem zweiten Teil Ihres Aufsatzes habe ich, da die Zeit zu kurz war, Sie noch vorher zu verständigen, auf eigene Verantwortung eine Schwierigkeit dadurch gelöst, dass ich eine kleine Stelle strich, weil sie Missverständnissen ausgesetzt schien, ihre Unterdrückung aber den Zusammenhang nicht im geringsten berührte. Es handelt sich um die Stelle, die ich Ihnen auf der beiliegenden Korrekturfahne eingeklammert habe. Die Bedenken, die dagegen sprachen, beziehen sich darauf, dass zu dieser, wahrscheinlich De Sanctis angehörenden Auffassung, von Ihnen nicht deutlich genug Stellung genommen wurde. Sie selbst sagen ja wohl einige Sätze später, dass Agape und Eros streng geschieden sind. Die beanstandete Stelle aber nimmt eine Beziehung zwischen heidnischen Kulten und der Eucharistie wenn auch im Sinne der Sublimation an. Schon der Ausdruck ›heidnisches Sakrament‹ wirkt befremdend, und wenn man auch von einem gnostischen Sakrament reden kann, so darf man doch die Eucharistie nicht als eine Sublimation daraus ansprechen; denn die Gnosis ist später, als das eucharistische Mahl. Da, wie gesagt, die Stelle ohne Störung des Zusammenhanges wegbleiben konnte, habe ich mir auf diese Weise geholfen, denn die Möglichkeit, Sie zu einer einwandfreien Fassung zu veranlassen, bestand bei der Kürze der Zeit nicht mehr.« Es muß sich um eine Korrektur im IX. Kapitel (›Hochland‹, Jg. 22. H. 10, Juli 1925, S. 463 f.) gehandelt haben.

Paulusliteratur] Muth schlug Ball eine Besprechung des Buches von Otto Schmitz: ›Das Lebensgefühl des Paulus‹, München: Beck 1922, vor. Im Brief vom 16. Juni 1925 (HBN) schrieb Muth: »Die Paulus-Literatur habe ich im Anschluss an das Buch von Schmitz: ›Das Lebensgefühl des Paulus‹ zusammengestellt. Vielleicht, dass sich in einem nicht zu grossen Artikel, entweder für Kritik 4-5 Druckseiten oder Rundschau 5-6 Spalten etwas Wesenhaftes sagen lässt.« Außer dem Werk von Schmitz befindet sich noch folgende »Paulusliteratur« im HBN: Adolf Deißmann: ›Paulus‹, Tübingen: Mohr, 2. Aufl. 1925; Max Meinertz: ›Der Philemonbrief und die Persönlichkeit des Apostels Paulus‹, Düsseldorf: Schwann 1921; Peter Tischleder: ›Wesen und Stellung der Frau nach der Lehre des heiligen Paulus‹, Münster: Aschendorff 1923; Emile Baumann: ›Saint Paul‹, Paris: B. Grasset 1925.

Horneffer] August Horneffer (1875-1955): ›Symbolik der Mysterienbünde‹, München 1916.

Liertz] Ball hatte dieses Buch bereits am 16. Mai beim Verlag Kösel & Pustet bestellt (vgl. Nr. 505).

Abschluss der Paradiso-Korrespondenz] Friedrich Fuchs schrieb am 16. Juni 1925 (HBN): »Ich lege Ihnen die Abschrift des letzten Briefes der Baronin bei. Mit diesem Briefe sandte sie mir Ihren Originalbrief vom 14. Dez. 1924 bezw. 25. Januar 25 und die Abschrift meines Briefes vom 1. August 1924 wieder zurück. Ich meine nun, es hat keinen Zweck, sich weiter diese Dokumente hin und her zu schicken, zumal ja der Brief der Baronin eine Bestätigung ist, dass sie von Ihrem Schreiben Kenntnis genommen hat.«

Aufsatz von Prof. Krebs] Engelbert Krebs: ›ΟΜΟΟΥΣΙΟΣ. Eine dogmengeschichtliche Darstellung zum 1600. Jahrestag des Nicänums‹ (›Hochland‹, Jg. 22, 1924/25. H. 9, Juni, S. 257-277).

Harnacks »Marcion«] Engelbert Krebs hatte in seinem Aufsatz kritisch auf Adolf von Harnacks ›Marcion. Das Evangelium vom fremden Gott. Eine Monographie zur Geschichte der Grundlegung der kath. Kirche‹, Leipzig 1921, hingewiesen.

Wittig sich im ›Hochland‹] Joseph Wittig hatte sich in seinem Aufsatz ›Aedificabo ecclesiam. Eine Studie über die Anfänge der kath. Kirche‹ (›Hochland‹, Jg. 18, 1920/21. H. 9, Juni, S. 257-282) über Harnacks ›Marcion‹ geäußert.

Bildchen] Carl Muth machte Fotos, als er im Mai 1925 die Balls in Albori besuchte. Dem Brief vom 16. Juni 1925 (HBN) legte er die »gelungenen« Fotos bei: »Heute nur schnell ein paar Worte zu den kleinen Bildchen, die ich Ihnen beilege. Ich hatte Pech beim Trocknen des Films, sodass die nicht schlecht gelungenen Aufnahmen dennoch ein unerfreuliches Resultat ergaben. Manches kann ich durch sorgfältigeren Druck noch etwas besser machen und Sie werden von allen Aufnahmen, die druckfähig sind, noch gute Abzüge erhalten. Nur, was ich in der Eile fertig brachte, schicke ich Ihnen heute schon, damit Sie sich ebenso daran freuen, wie ich. Jedes Bildchen ist mir lieb auch in seiner Unvollkommenheit.«

515. An Friedrich Fuchs, 24.6.1925

H: Ms. Brief mit eigenh. Unterschrift; 1 S. **F:** HBN. **DV:** Original.

Paradiso-Korrespondenz] Vgl. *Nr. 514.*

soeben trifft auch ein Teil der Bücher ein] In Nr. 529 bedankte sich Ball bei Carl Muth für die Büchersendung. Ball beschrieb die Sendung, zählte Autoren sowie Titel auf und deutete an, welche Werke für ihn für eine Rezension im ›Hochland‹ infrage kommen könnten.

Interpellationen eingeschlossen] Vgl. *Nr. 501.*

Streichung des Passus] Vgl. *Nr. 514* – »Passus im Aufsatz-Schluss«.

»Aedificabo ecclesiam«] Vgl. *Nr. 514* – »Wittig sich im ›Hochland‹«. Fuchs schrieb am 10. Juli 1925: »endlich habe ich das Heft mit dem Wittigaufsatz gefunden. Ein Sonderdruck liess sich nicht mehr auftreiben. Das Heft schicken Sie uns bitte wieder zurück. Der Verlag hat eine so unglücklich sparsame Lagerpolitik getrieben, dass wir jetzt Hochlandhefte beim Antiquar einkaufen müssen.« (HBN: Friedrich Fuchs an Hugo Ball, 10. Juli 1925)

516. An Wilhelm Neuß, 25.6.1925

D: Ms. Brief mit eigenh. Unterschrift; 1 S. **F:** Universitäts- und Landesbibliothek Bonn, Handschriftenabteilung: Nachlaß Wilhelm Neuß. **DV:** Fotokopie des Originals.

Ihre liebe Karte] Die Postkarte von Wilhelm Neuß vom 4. April 1924 befindet sich im HBN.

»Geweihte Kunst«] Vgl. *Nr. 498.*

Herr Guardini abrückt] Vgl. *Nr. 471.*

517. An Ferruccio Banissoni, 4.7.1925

D: Ms. Durchschlag; 1 S; hs. von Ball neben der Anschrift: Banissoni (De Sanctis). F: HBN. DV: Durchschlag.

›parola magica‹] Vgl. *Nr. 512.*
Hippokrates] Vgl. *Nr. 512.*
Prof. Gemelli] Agostino Gemelli (1878-1959), »1908 Priester, 1921 Gründer u. Rektor der Univ. Catt. S. Cuore in Mailand, 1926 Prof. für Psychologie« (LThK 4, Sp. 658). Er gründete und leitete zahlreiche wissenschaftliche Zeitschriften, so auch die Zeitschrift ›Vita e Pensiero‹, 1914 ff.
›Vita e Pensiero‹] Agostino Gemelli rezensierte in dem Artikel ›La psicologia della conversione‹ das Werk ›La Conversione Religiosa‹ von Sante De Sanctis in ›Vita e Pensiero‹, Milano. Anno X. Vol. XV, Nuova Serie. Fasc. 9, Settembre 1924. S. 513-528. Als Gemelli an Ball unaufgefordert – unter anderen Drucksachen – seine Rezension über ›La Conversione Religiosa‹ sandte, schien es diesem, daß Gemelli den Aufsatz ›Religiöse Konversion‹ im ›Hochland‹ gelesen hatte.

518. An Hermann Hesse, 16.7.1925

H: Ms. Brief mit eigenh. Unterschrift; 1 Bl., 2 S. F: HBN. E: EBH Leben, S. 244 f.; auch in Briefe, S. 217 f. DV: Original.

Telegramm ein und heute Ihre liebe Karte] Weder im HBN noch im Hesse-Nachlaß (DLA) konnten Telegramm und Karte gefunden werden.
drei schöne Aquarelle] Hesse hatte dem Brief drei eigenhändige Aquarelle beigelegt.
die südliche Fremdenstadt] Hesses Artikel erschien im ›Berliner Tageblatt‹, 31.5.1925.
Angelus Silesius] Erschien im ›Berliner Tageblatt‹, 18. Juni 1925. Mit dem Barockdichter Angelus Silesius (richtiger Name: Johann Scheffler, 1624-1677), so war Hugo Ball überzeugt, habe er eine »gewisse Ähnlichkeit«, seien Parallelen zu erkennen. So stellte er im ›Tagebuch‹, 20. September 1925, die gegensätzlichen Seiten« des Angelus Silesius als »milden Dichter« und als »grausamen Streittheologe[n]« Johann Scheffler dar.
Ihren letzten, so qualvollen Briefe] Ball bezog sich auf Hesses Brief vom 25. Juni 1925. Hesse schrieb: »Aber ich lebe seit Langem in einer solchen Hölle, daß an kein Briefschreiben zu denken ist. Die Situation ist natürlich innerlich begründet und läuft auf eine zunehmende, lähmende und schwer erträgliche Freudlosigkeit und Schwermut hinaus, begleitet und unterstützt von fast beständigen Schmerzen, namentlich in Augen und Kopf. Das dauert nun schon Monate, und neuerdings ist auch noch von außen her viel Böses gekommen [...] Genug, Sie sehen es sieht nicht freundlich aus. Ich habe mir vorgenommen, es auszuhalten und mich nicht aufzuhängen, aber ich tue es vielleicht doch.« (DLA, Hesse)
Ihre weitere Hilfe anbieten] »Im Juli beginnt Hermann Hesse, Geld nach Süditalien zu schicken, wie sich anhand des Briefwechsels Ball-Hesse zeigt [...] Hugo Ball ist es unangenehm, Geld anzunehmen, er hat aber in seiner schlechten Lage keine andere Wahl. [...] Anscheinend ohne weitere

Bitte aus Süditalien schickt Hesse im folgenden Monat Geld […].« (Werner-Birkenbach, S. 127 f.)

Verlagserlebnis mit Kösel] Erst nach mehrfachen Reklamationen antwortete der Verlag Kösel & Pustet und teilte mit, daß das Erscheinen der ›Reise nach Rom‹ zwar für 1925 zugesagt aber erst 1926 erfolgen kann. Auch sollten die vereinbarten monatlichen Raten in Höhe von 150 Mark vorerst eingestellt werden (›Tagebuch‹, 19. Juli 1925). Weder der Brief Balls an den Verlag noch die Abschrift, die dem Brief an Hesse (Nr. 518) beilag, konnten gefunden werden.

Bruno] Bruno Hesse (1905-1999), ältester Sohn Hermann Hesses. Vgl. *Nr. 654*.

20.ten hat unsere Dorfheilige Geburtstag] Das Fest der hl. Margarete wird am 20. Juli in Albori gefeiert.

519. An Pater Edmund Brosy, 17.7.1925

D: Ms. Durchschlag ohne Unterschrift; 1 S. **F:** HBN. **DV:** Durchschlag.

Varia Lit.] Die bibliographischen Angaben zu diesem und den drei nachfolgenden Werken vgl. *Nr. 510*.

Bizouard] Joseph Bizouard: ›Des rapports de l'homme avec le Démon. Essai historique et philosophique‹. Paris: Gaume Frères et J. Duprey. Tome 2, 1863. 542 S. Tome 5, 1864. 704 S.

Karte v. 4.VI.] Nicht erhalten.

520. An Carla Fassbind, 18.7.1925

D: Ms. Abschrift; 1 S. **F:** HBN. **DV:** Abschrift.

300 Franken aushelfen] Offensichtlich half Carla Fassbind aus, denn bereits am 30. Juli (Nr. 530) bedankte sich Ball bei dem »Schutzengel«.

521. An den Verlag Duncker & Humblot, 18.7.1925

D: Ms. Brief mit eigenh. Unterschrift; 2 Bl., 2 S. **F:** Verlagsarchiv Duncker & Humblot, Berlin. **DV:** Original.

Pastoren von Hetzdorf und Kuhsdorf] Mit den »trefflichen Äusserungen« bezog sich Ball auf die Artikel und Leserbriefe im ›Deutschen Pfarrerblatt‹ (*Nr. 522*). Der Schriftleiter, Pfarrer Kopp, war in Kuhsdorf und Mosel in Hetzdorf tätig.

»Bayr. Kurier«] Vgl. Nr. 489.

Alois Dempf] Über Dempf vgl. *Nr. 403*. Die »vernünftige« Kritik von Alois Dempf: ›Das Verhängnis der deutschen Kultur‹ in: ›Hochland‹, Jg. 22. H. 10, Juli 1925. S. 477-480. (HBB, Nr. 972, S. 59 f.)

quasi-redaktionellen Mitarbeit] Als Carl Muth Ball im Mai 1925 besuchte, muß über eine erweiterte Mitarbeit Balls beim ›Hochland‹ gesprochen worden sein. Denn Muth schrieb am 16. Juni 1925 (HBN) an Ball: »Die Bücher von Kempten gehen mit denen von Dölger und mit verschiedenen anderen, die ich Ihnen zum Zweck der Besprechung vorschlage, in einzelnen Paketen noch in dieser Woche an Sie ab. Sie müssen sich nicht gebunden erachten, nun alles zu besprechen, was ich schicke, denn ich habe die

Bücher nur zum Teil gelesen und kann mir daher kein vollkommenes Bild machen, ob sie eine ausführlichere Besprechung verdienen. [...] Darüber bitte ich Sie, sich klar sein zu wollen, dass ich im ›Hochland‹ keine Rezensionen gewöhnlichen Stils bringe; es bleiben für die Beurteilung von wichtigen Büchern nur die Rubriken ›Kritik‹ für eine ausgiebige Auseinandersetzung mit einem Buch oder die Rubrik ›Rundschau‹ zur Orientierung der Leser und ihrer Einführung in den Ideenkreis eines Buches.«

Aulards »Geschichte«] Alphonse Aulard: ›Politische Geschichte der französischen Revolution. Entstehung und Entwicklung der Demokratie und der Republik 1789-1804‹. Bd. 1-2. München und Leipzig: Duncker & Humblot 1924. Dieses Werk befindet sich, mit Randnotizen versehen, im HBN.

Rankes »Römische Päpste«] Leopold von Ranke: ›Die römischen Päpste in den letzten vier Jahrhunderten‹. München und Leipzig: Duncker & Humblot. Welche Auflage Ball benutzte, ist nicht bekannt.

»Geweihte Kunst«] Vgl. *Nr. 498*.

»Frankfurter Zeitung«] Vgl. *Nr. 377* – »Alf[ons] Paquet«.

Agostino Gemelli] Vgl. *Nr. 517*.

Hexenhammer] Vgl. *Nr. 503*.

522. An die Schriftleitung des Deutschen Pfarrerblattes, 18.7.1925

A: Ms. Durchschlag; 1Bl., 2 S. **F:** Verlagsarchiv Duncker & Humblot, Berlin. **E:** Deutsches Pfarrerblatt, Nr. 32 [1925], S. 560. – HBB, Nr. 281, S. 25. **DV:** Durchschlag.

Notiz »Niedriger hängen!«] Im ›Deutschen Pfarrerblatt‹, Essen (Schriftleitung: Pfarrer Kopp in Kuhsdorf in Verbindung mit Pfarrer D. Wahl in Essen), Jg. 29, Nr. 21 vom 26. Mai 1925, S. 365 hatte Mosel aus Hetzdorf (Kr. Prenzlau) in der Notiz ›Niedriger hängen!‹ (HBB, Nr. 1557, S. 92) auf ›Die Folgen der Reformation‹ hingewiesen und sich dankbar gegenüber der Zeitschrift ›Zeitwende‹ geäußert, die auf »die Entdeckung und Brandmarkung eines schriftstellernden Sudelanten namens Hugo Ball« aufmerksam machte. Ball, »der in seinem bei Duncker & Humblot erschienenen Elaborat ›Die Folgen der Reformation‹ sich nicht entblödet hat, die Engigkeit seines Hirnes und die Niedrigkeit seiner Gesinnung durch seine Aeußerungen über Luther, Bismarck und andere Große vor aller Welt offenbar werden zu lassen.« In Nr. 25 vom 23. Juni 1925, S. 437 (HBB, Nr. 1565, S. 93) veröffentlichte das ›Deutsche Pfarrerblatt‹ dazu den Leserbrief: »Zum Artikel ›Niedriger hängen!‹«, unterzeichnet: »-n, Pirmasens=Rheinpfalz«. Einleitend schrieb der anonyme Verfasser: »Die Glossen in der ›Zeitwende‹ habe ich ebenfalls gelesen. Ich bin in der ›glücklichen‹ Lage, Ihnen bezüglich der Personalien des Herrn Hugo Ball Aufschluß zu geben.« Auf die dann folgenden biographischen Informationen antwortete Hugo Ball mit dem Leserbrief (Nr. 522), der in Nr. 32 vom 11. August 1925, S. 560 (HBB, Nr. 281, S. 25) in vollem Wortlaut, nach dem Kommentar ›In eigener Sache!‹ – unterzeichnet von Pfarrer D. Wahl (für die Schriftleitung) – abgedruckt wurde. In den nachfolgenden Texterläuterungen werden die Behauptungen zitiert, die in Nr. 25 des ›Deutschen Pfarrerblattes‹ (DP) standen und zu denen Ball Stellung nahm.

Nummer vom 25. Juni] Ball irrte hier. Es handelte sich um Nr. 25 vom 23. Juni 1925.

Grelling'schen Machwerks J'accuse] DP: »Ball ist einer der Hauptmitarbeiter des Grelling'schen Machwerks: ›J'accuse‹«; zu Richard Grelling vgl. *Nr. 213* – »J'accuse«.

Emmy Hennings, Sozialistin] DP: »Herr Ball ist verheiratet mit einer Sozialistin Emmy Hennings, einer Fanatikerin, die rein künstlerisch gewertet ein stärkeres Talent besitzt als ihr Gatte.«

»Das Genie Europas«] DP: »Denn nun ›macht‹ er wieder in peinlicher Weise von sich reden durch Herausgabe seines Buches ›Das Genie Europas‹, als 2. Auflage modernisiert: ›Die Folgen der Reformation‹.«

»Gedichte einer Gefangenen«] DP: »Sie [Emmy Ball] ist die Verfasserin der ›Gedichte einer Gefangenen‹ und des Romans ›Das Brandmal‹.«

»Giftblätter« geschrieben] DP: »Als der Weltkrieg ausbrach, zog er es vor, seiner deutschen Heimat den Rücken zu kehren und verkroch sich als ›Pazifist und unabhängiger Sozialist‹ in die Schweiz, wie der bekannte Herr Fried. In Bern arbeitete er dann als Diener des ›lebenserhaltenden Pazifismus‹ beim ›Freien Verlag‹, einer mit Ententegeldern finanzierten Lügenfabrik zur Bekämpfung des militaristischen Deutschlands. Weitere Mitarbeiter waren dort Fried, Mühlon, Grelling und andere ›Pazifisten‹, d.h. Deserteure. Die Ententeflieger warfen uns diese Giftblätter in die deutschen Gräben.«

Prälat Dr. von Mathies] Zu Paul von Mathies vgl. *Nr. 243*; zu Hans Schlieben vgl. *Nr. 169*; zu Georg Friedrich Nicolai vgl. *Nr. 163*; zu Johann Wilhelm Muehlon vgl. *Nr. 208*.

Kriegsfreiwilliger] Vgl. Nr. 52.

öffentlicher Gedenkabend] Ball bezog sich auf die Gedächtnisfeier für gefallene Dichter, veranstaltet von Hugo Ball und Richard Huelsenbeck am Freitag, den 12. Februar 1915, abends 8 ½ Uhr im Architektenhaus, Berlin. Faks. der Einladungskarte und Programm in HBK, Nr. 96 u. Nr. 97, S. 115 f. (Ausführlich: Gerhard Schaub: ›Dada avant la lettre‹. Ein unbekanntes ›literarisches Manifest von Hugo Ball und Richard Huelsenbeck‹. In: HBA 1985/86, S. 68 ff. HBB, Nr. 749, S. 48 f.)

Wilhelm Lotz] Ernst Wilhelm Lotz (1890-1914), expressionistischer Dichter. Im A. R. Meyer Verlag (Berlin) erschien 1913 von Lotz: ›Und schöne Raubtierflecken ... Ein lyrisches Flugblatt‹ und 1916 im Kurt Wolff Verlag (Leipzig) der Gedichtband ›Wolkenüberflaggt‹. Im Nachwort schrieb Henny Lotz, dieser Gedichtband »wurde von E. W. Lotz im Sommer 1914 für den Druck vorbereitet«. Anläßlich der »Gedächtnisfeier« (vgl. *Nr. 62*) sprach Kurt Hiller (vgl. *Nr. 27*) über Ernst Wilhelm Lotz, der am 26. September 1914 in Frankreich gefallen war. Diese Gedenkrede wurde erstmals gedruckt in ›Die Neue Rundschau‹, Jg. 26, 1915, Bd. 1, S. 561-566. Bibliographische Übersicht zu Ernst Wilhelm Lotz in Raabe, S. 317.

523. An Hans Arp, vermutl. 19.7.1925

D: Ms. Durchschlag ohne Unterschrift; 1 S. **F:** HBN. **E:** Briefe, S. 213. **DV:** Durchschlag.

Im ›Tagebuch‹, 19. Juli 1925, vermerkte Hugo Ball, er habe Hans Arp die Rezension seiner Frau über den ›Pyramidenrock‹ zugesandt, die in der ›Prager Presse‹ am 12. Juni erschienen sei. Bereits am 21. Juni hatte Ball in sein ›Tagebuch‹ eingetragen, diese Rezension sei in Prag publiziert worden. Es ist deshalb sehr wahrscheinlich, daß Ball Nr. 523 am 19. Juli schrieb und dem Brief die Rezension beilegte.

Come va ... il babbo?] Ital. = Wie geht es Ihnen? Wie geht es der Mutter? Wie geht es dem Papa?

Photos] Hans Arp schickte den Balls Photos, darunter sicherlich auch zwei Aufnahmen von einem Ausflug nach Pompeji, die im HBK (Nr. 227 u. 228, S. 221) abgebildet sind.

Tschutschus] »neapolitanische Dialektesel« (vgl. Nr. 507).

Pyramidenrock] Dieser Lyrikband von Hans Arp erschien 1924 im Eugen Rentsch Verlag, Erlenbach-Zürich. Mit der Formulierung »der Pyramidenrock hat sich in Prag entfaltet« umschrieb Hugo Ball das Erscheinen der Rezension seiner Frau über Arps Publikation, die in der ›Prager Presse‹ (Jg. 5, 1925, Nr. 161 vom 12.6., S. 5) abgedruckt wurde. Nachdruck in: ›Wissen und Leben‹, Zürich, Jg. 18, H. 10 vom 20.6.1925, S. 693 f.

Lektor der Rentschoffizin] Ball erhoffte durch Fürsprache von Hans Arp ein Buch seiner Frau bei Rentsch herauszubringen.

524. An den Verlag Duncker & Humblot, 20.7.1925

D: Ms. Brief mit eigenh. Unterschrift; 1 S. **F:** Verlagsarchiv Duncker & Humblot, Berlin. **DV:** Original.

Beilage: Durchschlag der »Berichtigung« an das ›Deutsche Pfarrerblatt‹ (Nr. 522).

525. An Hans Rost, 20.7.1925

D: Ms. Durchschlag; 1 S. **F:** HBN. **DV:** Durchschlag.

Ihren wiederholten Hinweis] Hans Rost hatte am 13. Juli 1925 an Ball geschrieben (HBN): »Über Ihr Buch ›die Folgen der Reformation‹ habe ich an das ›Neue Reich‹ einen Artikel geschickt, und hoffe dass derselbe bald erscheinen wird.« Nicht in dieser Wiener Zeitschrift, sondern in ›Schönere Zukunft‹, Wien, Jg. 1, 1925/26, S. 219-222 (HBB, Nr. 1110, S. 66) erschien eine Rezension von Rost.

»Zeitwende«] Vgl. *Nr. 511* – »Tim Klein«.

meine beiliegende Glosse] ›Die Folgen der Reformation‹. ›Augsburger Postzeitung‹. Nr. 170 vom 28.7.1925 (HBB, Nr. 176, S. 10).

526. An Pater Beda Ludwig, 20.7.1925

D: Ms. Durchschlag; 1 S. Über der Anrede: Pater Beda, Kloster Scheyern Post Pfaffenhofen a/Ilm. **F:** HBN. **DV:** Durchschlag.

Datierung: »Juli« ist von Ball nachträglich und hs. vermerkt; »August« ist dafür durchgestrichen worden. Im ›Tagebuch‹, 21. Juli 1925, listete Ball Personen, denen er Briefe schrieb, in der nachfolgenden Reihenfolge auf: Dr. Feuchtwanger (D&H), Dr. Hans Rost, Pater Beda und Dr. Saager. Mit Ausnahme des undatierten Briefs an Pater Beda (Nr. 526) – dem Ball den ›Hochland‹-Aufsatz beilegte – datierte er die Briefe Nr. 524, Nr. 525 und Nr. 527 auf den »20. Juli 25«.

Hochlandaufsatz] ›Die religiöse Konversion‹.

Buche über den Exorzismus] Gegenüber Hermann Hesse (Nr. 446) äußerte Ball am 1. Dez. 1924, daß er im Laboratorium von De Sanctis »nach Belieben« seinen »exorzistischen Interessen« nachgehen könne, und in Klammern fügte Ball hinzu: »vielleicht wird es ein neues Buch«. Als allerdings im Herbst 1925 weder der Verlag Duncker & Humblot noch der Verlag Kösel & Pustet Interesse zeigten, gab Ball dieses Thema vorerst auf. Erst 1927, als sich der Verleger Hegner dafür interessierte (Nr. 742), war Ball sofort bereit, seine Vorarbeiten fortzusetzen. Im HBN befindet sich ein handschriftliches Blatt Balls, betitelt ›Der Exorzismus‹, auf dem er sich Notizen für die Gliederung des Themas notierte (Faks. im HBK, Nr. 222, S. 217).

Biographie G[emma] G[algani]s] Pater Beda teilte am 27. April 1925 mit: »Gestern kam das Imprimatur für die neue Ausgabe der Tugendschule.« Bereits am 24. September 1924 äußerte Pater Beda, daß »in einigen Monaten die 4. und 5. Auflage« der ›Tugendschule Gemma Galganis‹ (*Nr. 434*) erscheinen werde. Erst 1926 erschien die angekündigte Auflage im Verlag der Schulbrüder (Kirnach-Villingen). Diesem Werk sind vom Autor auch Lebensabrisse über Gemma Galgani und über Pater Germano di S. Stanislao, den Seelenführer Gemma Galganis, beigegeben. Vermutlich wegen dieser Beigaben bezeichnete Ball dieses Werk als »Biographie«.

heilige Prozess eingeleitet] Pater Beda am 29. Mai 1925: »Was mich besonders interessierte, sind die Angaben über den Stand des Seligsprechungsprozesses. So Gott will, werde ich der Seligsprechung beiwohnen, die nicht allzu lange wird auf sich warten lassen. Sollten Sie dann noch in Italien sein, werde ich es mir erlauben, Sie aufzusuchen. Aber vor zwei Jahren glaube ich nicht.« Erst am 14. Mai 1933 wurde Gemma Galgani selig- und am 2. Mai 1940 heiliggesprochen.

527. An Adolf Saager, 20.7.1925

D: Ms. Durchschlag ohne Unterschrift; 1 S. **F:** HBN. **DV:** Durchschlag.

Ihren Grüssen] Saager schrieb am 22. Mai 1925 (Poststempel: 24.6.25) auf einer Postkarte (HBN): »Mit herzl. Grüssen von uns beiden also Ihr in gewisser Hinsicht Leidensgenosse A. Saager.«

zum Preisroman] Für den Roman ›Versöhnung‹ (1925) erhielt Adolf Saager im »Orell-Füssli-Roman-Wettbewerb 1924 einen 2. Preis«. (Quelle: Rückseite des Titelblatts der Erstausgabe von ›Versöhnung‹.) Saager antwortete am 5. August 1925 (HBN): »Den Roman sollen Sie haben, wenn er erschienen sein wird – der Verleger spricht von ›in sechs Wochen‹. Ich habe darin das Problem Deutschland-Frankreich darzustellen versucht – nicht im Sinne alles vergeben, alles vergessen, sondern wie es die ›Freie Zeitung‹ und in ihr besonders deutlich Sie vertreten haben. Ganz interessant ist, was aus dem Schicksal dieses Buches hervorgeht. Ich schrieb den Roman letzten Herbst und sandte ihn anfangs Januar mehr juxeshalber an die O.F.-Konkurrenz ein: damit, wie ich mr. Frau sagte, die Züribieter auch einmal was Vernünftiges lesen. Zur Not passte er auf die Konkurrenz, die einen Roman über ein Gegenwartsproblem verlangte. Die grossen Kanonen der Schweizer Kritik waren Jury. Um so grösser war mein Erstaunen, als er prämiert wurde. Das beweist, dass – wie ich auch sonst beobachten konnte – in der deutschen Schweiz sich in den letzten Jahren das kritiklose Wohlwollen gegenüber Deutschland bedeutend verringert hat.«

sind wir Leidengenossen] Vgl. *Nr. 452.*

528. An Hermann Hesse, 27.7.1925

H: Ms. Brief mit eigenh. Unterschrift; 2 Bl., 2 S. **F:** HBN. **E:** EBH Leben, S. 245 f.; auch in Briefe, S. 218-220. **DV:** Original.

Dank für das Bücherpacket] Emmy Ball hatte Hesse um Zusendung von Veröffentlichungen C. G. Jungs für ihren Mann gebeten. Hesse antwortete ihr am 8. Juli 1925: »Ich schicke hier die Bücher, die Sie für Hugo wünschen, andre von Jung habe ich nicht.«

Ihr Brief vom 23. Juli] In: Hermann Hesse: ›Gesammelte Briefe‹, Bd. 2, 1979. S. 116 f.

die Zeitschrift] Im »Bücherpacket« waren auch Bände – ganz sicher die Bände 3 und 4 (1912) – der Zeitschrift ›Jahrbuch für psychoanalytische und psychopathologische Forschungen‹, Leipzig und Wien. Hrsg. von Paul Eugen Bleuler u. Sigmund Freud. Redigiert von C. G. Jung.

»okkulte Phänomene«] C. G. Jung: ›Zur Psychologie und Pathologie sogen. occulter Phänomene. Eine psychiatrische Studie‹. Leipzig: Mutze 1902.

›unbewusste Prozesse‹] C. G. Jung: ›Die Psychologie der unbewussten Prozesse. Ein Überblick über die moderne Theorie u. Methode der analytischen Psychologie‹. Zürich: Rascher 2. Aufl. 1918. (Schweizer Schriften für allg. Wissen. H. 1)

Volksschullehrer mit der Mithras-Kalalepsie] So im Original. Jan Nelken beschreibt in dem Beitrag: ›Analytische Beobachtungen über Phantasien eines Schizophrenen‹ (›Jahrbuch für psychoanalytische und psychopathologische Forschungen‹. Bd. 4, 1912, S. 504-562) die Wahnphantasien eines Lehrers.

Schreber] Sigmund Freud hat in seinem Beitrag: ›Psychoanalytische Bemerkungen über einen autobiographisch beschriebenen Fall von Paranoia (Dementia paranoides)‹ (›Jahrbuch für psychoanalytische und psychopathologische Forschungen‹. Bd. 3, 1912, S. 9-68; 588-590) die autobiographische Krankengeschichte von Daniel Paul Schreber: ›Denkwürdigkeiten eines Nervenkranken‹ (1903) psychoanalytisch gedeutet. Diese Ausgabe

Schrebers, allerdings unvollständig (der Schluß fehlt), ist, mit handschriftlichen Randnotizen Balls versehen, im Bestand der Bibliothek des HBN.

quasi-redaktionellen Mitarbeit] Vgl. *Nr. 521*.

Ruth ein ganzes Jahr] Hesse schrieb am 23. Juli 1925 (DLA, Hesse): »Nun ja, so wollen wir es gut sein lassen, und ich will Sie diesmal weder mit meinen Zuständen noch mit Ruths Krankheit langweilen, die ja nun seit Januar ständig krank liegt und, wenn sie geheilt werden soll, wohl noch etwa ein Jahr weiter zu liegen haben wird.«

Ihre eigenen Leiden ... so ganz ohne Sinn] Hermann Hesse antwortete am 30. Juli 1925 (DLA, Hesse): »Daß unsre Leiden sinnlos sind, wollte ich ja nicht sagen. Wenn ich sinnlos sage, so drücke ich damit meine Stimmung an all den Tagen aus, an denen es mir nicht gelingt, selber einen Sinn in der Sache zu finden, in meinen Augenschmerzen, in meinem Lebenseckel[!], in meinen Eckel gegen meinen eigenen Beruf, in meinem Ehe-Unglück etc. An diesen Tagen empfinde ich dies alles als sinnlos, und mich und mein Leben als mißglückt und weggeworfen, und diese Tage waren seit drei Monaten weitaus häufiger als die andern. Zwischenein sehe ich ja wohl die Kindlichkeit meines Verhaltens, und sehe ahnend doch einen Sinn, aber nie für lange Zeit.«

Katholik werden] Hesse am 23. Juli 1925 (DLA, Hesse): »Die Frage der Conversion ist ja auch die meine. Ich halte es nicht für wahrscheinlich, daß ich noch Katholik werden kann, ich werde im Jammer eines Lebens ohne Sinn, Centrum und Gemeinschaft weiter leben und denke mir, daß auch das zu Ende Leiden der ›sinnlosesten‹ Leiden schließlich irgendwie in Gottes Sinn sein muß.«

Werk von Ellis] Ball wußte, als er Nr. 528 schrieb, vom Erscheinen der 2. Aufl. von Ellis' ›Friedrich II.‹ (Vgl. *Nr. 481* – Datierung). Hesse veranlaßte Hegemann, die zweite Auflage, die unter dem Titel ›Fridericus oder Das Königsopfer‹ erschien, an Ball zu senden. Ball war zu diesem Zeitpunkt noch immer der Meinung, Ellis sei der Verfasser. Mit der »Überraschung«, die Ball in der zweiten Auflage finden werde, meinte Hesse die Erwähnung Balls im Vorwort (vgl. *Nr. 447* – »Werner Hegemann«). Hesse schrieb am 23. Juli 1925: »Ich lese zur Zeit ein Buch über Friedrich den Großen von Hegemann [...]. Der Verfasser, mir völlig unbekannt, aber ein hervorragender Schriftsteller, erwähnt im Vorwort anerkennend Ihr Buch ›Folgen der Reformation‹, und darum lege ich dem Verleger nahe, Ihnen Hegemanns Buch zuzusenden.« (Hesse, Briefe 2, S. 117); dieses Hesse-Zitat fehlt im Original-Brief des DLA. Werner-Birkenbach S. 312, Nr. 77 äußerte dazu, der »5. Abschnitt« sei »im Original herausgeschnitten [...]. Der Text ist vermutlich im Durchschlag des Originals noch vorhanden.« Dem Herausgeber der Hesse-Briefe, Volker Michels, stand offensichtlich der vollständige Brief zur Verfügung.

heimtückischen Augenschmerzen] Am 28. Juli 25 schrieb Hermann Hesse an Emmy Ball: »Ich muß übrigens sagen, daß ich in der letzten Zeit den Egoismus, in dem wir alle leben, sehr deutlich erkannt habe. Ich habe unter Ruths Krankheit, unter der Krankheit meiner ersten Frau, unter den Sorgen für die Kinder viel weniger gelitten als unter meinen Augenschmerzen. Wenn ich einen Wunsch zu tun hätte, so würde ich nicht

Ruths Genesung oder etwas für die Zukunft der Kinder wünschen, sondern für mich ein paar Tage ohne Augenschmerzen, ein klein wenig Schmerzlosigkeit und Freude und die Möglichkeit, etwas zu arbeiten.« (DLA, Hesse).

Da kann nur die Madonna helfen] Hesse war über diese und vermutlich noch über weitere Äußerungen dieser Art verstimmt. In seinem Brief vom 22. März 1926 (DLA, Hesse) kam er darauf zurück, siehe *Nr. 610* – »ersten Absatz«.

Isenberg] Karl (gen. Carlo) Isenberg (1901-1945), Neffe von Hermann Hesse. Studium der Philologie in Tübingen und München und der Musik in Stuttgart. Er war gemeinsam mit Hermann Hesse von 1925-1927 Herausgeber einiger Bände der Reihe: ›Merkwürdige Geschichten und Menschen‹ im S. Fischer Verlag. In Hesses ›Das Glasperlenspiel‹ verbirgt er sich hinter der Person des Carlo Ferromonte (vgl. Pfeifer, Martin: ›Hesse-Kommentar zu sämtlichen Werken‹. München 1980, S. 232). Mitte August 1925 traf Carlo Isenberg in Albori ein (vgl. *Nr. 766*).

529. An Carl Muth, 28.7.1925

D: Ms. Durchschlag; 2 Bl., 2 S. **F:** HBN. **E:** Briefe, S. 220-222. **DV:** Durchschlag.

von Herrn Fuchs hören wir] Bezieht sich vermutlich auf den Brief von Fuchs vom 10. Juli 1925 (HBN): »Professor Muth macht eine regelrechte Kur in Wörishofen, vor Ende Juli erwarte ich ihn nicht zurück, er ist befriedigt von seinem Aufenthalt.«

Kritik des Herrn Dr. Dempf] Vgl. *Nr. 521*.

»Zeitwende«] Vgl. *Nr. 511* – »Tim Klein«.

»Deutsche Pfarrerblatt«] Vgl. Nr. 522.

»Augsburger Postzeitung«] Vgl. *Nr. 525*.

Werke Dölgers] Vgl. *Nr. 483*.

»Sphragis«] Franz Joseph Dölger: ›Sphragis, eine altchristl. Taufbezeichnung in ihren Beziehungen zur profanen und religiösen Kultur des Altertums‹. Paderborn: Schöningh 1911.

Briefe Corots] Unter den Büchern, die Ball fürs ›Hochland‹ besprechen sollte, war auch eine Briefausgabe Camille Corots. Im Verlag Klinkhardt & Biermann (Leipzig) erschien 1924 Corots ›Briefe aus Italien‹ mit dem Anhang: ›Briefe aus späterer Zeit und Aufzeichnungen‹. Carl Muth schrieb: »Sehen Sie einmal zu, ob sich aus den Briefen Corots ein substantieller Rundschaubeitrag machen lässt, der es rechtfertigt, ein paar Reproduktionen des Malers gleichzeitig zu geben.« (HBN: Carl Muth an Hugo Ball, 16. Juni 1925).

Briefe Van Goghs] Weder von Ball noch von einem anderen Rezensenten wurde 1925 und in den folgenden Jahren eine Briefausgabe Vincent van Goghs im ›Hochland‹ besprochen.

Spanische Miniaturen von Prof. Neuss] Zu Wilhelm Neuß vgl. *Nr. 434*. Sein Werk ›Die katalanische Bibelübersetzung um die Wende des ersten Jahrtausends und die spanische Buchmalerei‹. Bonn und Leipzig: Schröder 1922 (= Veröffentlichungen des romanischen Auslandsinstituts der rheinischen Friedrich Wilhelms Universität. Bd. 3), schlug Ball zur Rezension vor.

Paulus-Schriften] Vgl. *Nr. 514.*
Horneffer] Vgl. *Nr. 514.*
V. Soro] Vincenzo Soro: ›La Chiesa del Paracleto‹. Todi: Atanor 1922. Dieses Werk befindet sich, mit Randnotizen Hugo Balls versehen, im HBN.
Simon Magus] Der jüdischen Gnosis zugehöriger Religionsstifter, 1. Hälfte des 1. Jh.s n. Chr. In der Apostelgeschichte des Lukas ist Simon Magus Gegenspieler von Philippus und Petrus (Apg 8, 9-24).
Dr. Fugairon] L. S. Fugairon und S. B. † Giovanni II (Joanny Bricaud): ›La santa gnosi‹. Todi: Atanor 1922. Auch dieses Werk befindet sich, mit Randnotizen Balls versehen, im HBN.
drei Geschichtswerke] Balls Rezension dieser drei Geschichtswerke erschien im ›Hochland‹ im Juni 1926 (Jg. 23. H. 9, Juni 1926. S. 357-366; HBB, Nr. 177, S. 10).
2. Auflage mit einer neuen Einleitung] Vgl. *Nr. 447* und *Nr. 528.*

530. An Carla Fassbind, 30.7.1925

D: Ms. Durchschlag; 1 S. **F:** HBN. **DV:** Durchschlag.

über jenen Betrag] Vgl. Nr. 520 .
Sacco Rosso] Emmy Ball beschrieb im Kapitel ›Die Tiberinsel‹ (EBH Gang, S. 231-240) einen Besuch bei den »Barmherzigen Brüdern«, die wegen ihrer roten Ordenstracht »Sacco rosso« (S. 239) genannt werden. »[...] auf der Spitze der Insel« wurde »ein großes Hospital erbaut [...], welches dem hl. Johannes von Gott (1495-1550), dem großen Apostel der Nächstenliebe, geweiht ist, und von seinen Söhnen, den ›Barmherzigen Brüdern‹ (Fatebenefratelli), verwaltet wird.« (P. Clemens Sonntag: ›Die Ewige Stadt, ihre Heiligtümer und Denkmäler in Wort und Bild‹, 20. Aufl. Kloster Steinfeld, Kall: Salvator-Verl. 1984, S. 400).
Sie mit Eisners] Es ist zu vermuten, daß Carla Fassbind gegenüber Ball von einer gemeinsamen Italienreise mit Bruno und Olga Eisner (*Nr. 399*) – in einem nicht auffindbaren Brief – schrieb.
Ihr Mondlied] In Nr. 408 beschrieb Ball den musikalischen Vortrag Olga Eisners vom 21. Juli 1924. Sie trug, »extra« für Ball, auch Franz Schuberts Lied ›Der Wanderer an den Mond‹ vor (vgl. *Nr. 408*).

531. An Maria Hildebrand, 2.8.1925

H: Ps. Hugo Balls zu einem Ms. Brief mit eigenh. Unterschrift von Emmy Ball; 1 Bl., 2 S. Postskriptum Balls kopfstehend auf dem oberen Rand der Anredeseite. Adresse auf Briefumschlag: Frau Maria Hildebrand / *Pirmasens* / 2 Landgrafenstrasse 2. **F:** HBN. **DV:** Original.

Pirmas. Zt.] Unter der Überschrift ›Ein berühmter Landsmann‹ druckte die ›Pirmasenser Zeitung‹, Jg. 95. Nr. 140 vom 17. Juni 1925, den Beitrag von Tim Klein: ›Kaliban‹ (vgl. *Nr. 511* – »Tim Klein«), mit einem einleitenden, Ball verletzenden, Kommentar, nach.
Lina] Balls Schwester Lina, verh. Brofft; vgl. *Nr. 20.*

532. An Adolf Schustermann, 13.8.1925

D: Ms. Durchschlag ohne Unterschrift; 1 S. Adresse auf Briefbogen: Adolf Schustermann, Berlin SO 16 / Rungestr. 22-24. **F:** HBN. **DV:** Durchschlag.

Adolf Schustermann] Inhaber des gleichnamigen »Zeitungs-Ausschnitte-Büro«, Berlin SO 16, Rungestraße 22-24.

533. An Joseph und Maria Theresia Englert, 14.8.1925

H: Ms. Durchschlag, unvollständig; 1 S. **F:** HBN. **E:** EBH Leben, S. 246 f. **DV:** Durchschlag.

wenn die Tage] Hugo Ball bezog sich auf Paul Heyses (1830-1914) ›Lied von Sorrent‹. Die ersten Verse lauten: »Wie die Tage so golden verfliegen, / wie die Nacht sich so selig verträumt [...].«

den Aufsatz schickte] Es handelte sich vermutlich um Balls ›Hochland‹-Aufsatz: ›Die religiöse Konversion‹.

heiligen Petrus] Die Balls wohnten am 29. Juni einem Fest des hl. Petrus in Cetara bei (HBN: EBH: ›Tagebuch begonnen in der Charwoche in Rom 25‹).

»Römisches Tagebuch«] Emmy Ball plante, die Notizen über ihren Rom-Aufenthalt zu publizieren. In Nr. 545 wird das Buchprojekt ›Von der Kirche und den Heiligen in Rom‹, später auch ›Heilige Stadt‹ und ›Rombuch‹ (Nr. 600) betitelt. Emmy Balls »zweites Buch« (Nr. 575) – ihre Texte über Begegnungen und Erlebnisse in Rom – und ihre ›Reise nach Rom‹ wurden zu einem Band vereinigt und erschienen Ende 1926 unter dem Titel ›Der Gang zur Liebe. Ein Buch von Städten, Kirchen und Heiligen‹ im Verlag Kösel & Pustet, München. Am 9.2.1926 erwähnte Emmy Ball in einem Brief an Carl Muth den Vorschlag, den sie Dr. Pustet machte: »[...] es waere doch das beste, die beiden Buecher (Reise und Heilige Stadt) zusammen als zwei Teile *einer* Pilgerfahrt herauszubringen [...].« (HBN: Emmy Ball an Carl Muth, 9.2.1926).

Alici] Ital.= Sardellen.

kleine gesalzene] Der Briefdurchschlag bricht hier ab; der nachfolgende Text ist ergänzt nach EBH Leben, S. 247.

534. An Hermann Hesse, 15.8.1925

D: Ms. Durchschlag; 1 S. **F:** HBN. **DV:** Durchschlag.

»Bilderbuch«] Die Buchausgabe von Hesses ›Bilderbuch‹ erschien im Februar 1926 bei S. Fischer. Ball könnte von Hesse entweder eine Manuskriptkopie oder einen Vorabdruck erhalten haben.

Besprechung Flakes] Otto Flake besprach in der Sammelbesprechung ›Schreibende Welt‹ Balls ›Folgen der Reformation‹ in: ›Die Neue Rundschau‹, Berlin, Leipzig. Jg. 36, Bd. 2, 1925, S. 871-874. (HBB, Nr. 1095, S. 65).

für den Wertschein] Die Familie Ball erhielt ab Juli 1925 finanzielle Zuwendungen von Hermann Hesse. In diesem Fall sandte Hugo Ball den Geldbetrag zurück, und Hermann Hesse bestätigte am 24. August 1925 (DLA, Hesse), daß das »Geld richtig angekommen« sei.

535. An Maria Heßberger, 15.8.1925

D: Ms. Durchschlag; 1 S. **F:** HBN. **DV:** Durchschlag.

Sehr verehrte gnädige Frau] Der Brief dürfte an Maria Heßberger adressiert worden sein. Ball hatte am 4. April 1925 bei Carla Fassbind angefragt: »Hat sich übrigens Frau Hessberger wohl zu meinem Buche geäussert?« (Nr. 491.) Ball erhielt, so die Vermutung, von Maria Heßberger »Ende Mai« den Brief, aus dem er die lobenden Sätze über ›Die Folgen der Reformation‹ in Nr. 511 (im Postscriptum) zitierte. Da in Balls Korrespondenz kein Briefpartner mit »Sehr verehrte gnädige Frau« angesprochen wurde, liegt die Zuschreibung nahe.

Brief von Ende Mai] Im HBN befindet sich keine Korrespondenz von Maria Heßberger.

Aufnahme meiner Reformationsfolgen] Vgl. das Postscriptum in Nr. 511.

heilige Canisius] Petrus Canisius (1521-1597), Kirchenlehrer. Politisch tätiger Vorkämpfer der Gegenreformation; gründete zahlreiche Jesuitenkollegs. Am 27. April 1925 heiliggesprochen.

Überraschung im Ehebüchlein] Nicht ermittelt.

536. An Ferdinand Hardekopf, 15.8.1925

D: Ms. Durchschlag ohne Unterschrift; 1 S. **F:** HBN. **DV:** Durchschlag.

Adresse des Herrn Muret] Zu Muret vgl. *Nr. 315*. Hardekopf schrieb am 23. Juli 1925 an Emmy Ball (HBN): »Die Adresse von Maurice Muret werde ich zu finden trachten – zunächst kann ich nur die, Herrn Ball wahrscheinlich ohnehin bekannte Adresse der *Redaction des ›Journal des Débats‹* mitteilen: *17, Rue des Prêtres-St-Germain-l'Auxerrois Paris (1^{ar})*.« Hardekopf suchte die »Redaction des ›Journal des Débats‹« auf und erfuhr, daß sich Muret »auf Urlaub befindet. Und zwar ist seine Adresse (bis zum Oktober): *Morges (Canton de Vaud) Suisse*. Das ist eine kleine Stadt am Genfer See, glaube ich. Unter dieser Adresse [...] würden Sie also den Herrn erreichen können.« (HBN: Ferdinand Hardekopf an Hugo Ball, 23. Juli 1925.) Muret wurde in Morges geboren.

freundlichen Zeilen] Hardekopf schrieb am 23. Juli 1925 an Emmy Ball: »Ein paar Tage nach Deinen Zeilen traf Herrn Ball's großer Aufsatz über die religiöse Conversion ein, für dessen Sendung ich ihm herzlichst danke. Da ich ihn sehr eindringlich lese, habe ich die Lectüre noch nicht beendet – aber schon nach dem ersten Drittel empfinde ich, wieviel ich der klaren, erfahrenen und instructiven Sachlichkeit dieser Capitel verdanken werde.«

Besprechung] Von welcher Rezension Emmy Ball Ferdinand Hardekopf schrieb, ist nicht bekannt.

der Pass möchte Ihnen] Ebenfalls an Emmy Ball schrieb Hardekopf (23. Juli 1925): »Ich bliebe am liebsten sehr lange in Frankreich – aber es ist sehr schwer, eine Aufenthaltsgenehmigung für größere Dauer zu bekommen. Mit unendlicher Bemühung habe ich es erreicht, die drei Monate, die mir zunächst zugebilligt waren, um den gleichen Zeitraum verlängert zu kriegen. Es wäre ein phantastisches Glück für mich, hier etwas etabliert sein zu dürfen – aber bald muß ich wieder auf die Wanderschaft.«

Forte bei Lucca] Vermutlich meint Ball Forte dei Marmi.
mit einem Besuch] Bei dem »Besuch« handelte es sich um Carlo Isenberg (vgl. *Nr. 528*), mit dem Emmy Ball Ausflüge in die Umgebung unternahm.

537. An Pater Edmund Brosy, 22.8.1925

D: Ms. Durchschlag ohne Unterschrift; 1 S. Hs. unterhalb der Brieftextes von Ball vermerkt: 17. Oktober [19]25: / Die obigen Sachen zurück mit Ausnahme des Rituales. **F:** HBN. **DV:** Durchschlag.

D[e] 292] Franz, A.: ›Die kirchl. Benediktionen …«, vgl. *Nr. 510*.
A 678] Bei der Angabe »(2 Bde)« irrte Ball. Unter dieser Signatur gibt es nur einen Band (›Varia Liturgica‹). Vgl. *Nr. 510* – »Bischofberger«.
Sulzer] Vgl. *Nr. 510*. Als Ball dieses Buch auslieh, war es noch unsigniert.
Hb 468] Zampini, vgl. *Nr. 510*.
Hb 636] Lierheimer, vgl. *Nr. 510*.
Kraus] F. X. Kraus: ›Real-Enzyklopädie der christlichen Alterthümer‹. Freiburg i.B.: Herder. Bd. 1: A-H, 1882. 677 S. – Sign. Ha 296; S. 413-416 Energumenen, S. 468-470: Exorzismus, S. 471-472: Exorzisten und Exorzistenamt.
Rituale & Pontificale] In der Klosterbibliothek Einsiedeln gibt es zahlreiche Ausgaben. Der Titel der Ausgaben vor 1925 lautet: ›Rituale Romanum Pauli V. Pontificis Maximi jussu editum et a Benedicto XIV. auctum et castigatum cui novissima accedit Benedictionum et Instructionum Appendix‹.
Bizouard] Vgl. *Nr. 519*.

538. An Werner Hegemann, 24.8.1925

D: Ms. Durchschlag ohne Unterschrift; 1 S. **F:** HBN. **DV:** Durchschlag.

meiner Reformationsfolgen] Vgl. *Nr. 528* – »Werk von Ellis«.
»Hochland« eine Besprechung verabredet] Vgl. *Nr. 529*.
Dr. Rost] Eine Rezension Rosts über Hegemanns ›Fridericus‹ ist nicht erschienen.
Hermann Hesse schreibt mir] Ball zitierte die nachfolgenden Sätze aus Hesses Brief vom 30. Juli 1925 (Hesse, Briefe 2, 118 f.). Hermann Hesse besprach Werner Hegemanns ›Fridericus oder Das Königsopfer‹ im ›Berliner Tageblatt‹ vom 28. Juli 1925.
lege eine Glosse bei] Hegemann antwortete am 2. September 1925 (HBN): »Über Ihren Brief habe ich mich sehr gefreut. Ihre gesalzene kleine Antwort in der Augsburger Zeitung würde mir vielleicht journalistisch noch wertvoller erscheinen, wenn Sie ganz unter der Hand darin Ihre Lutherthese noch mal in epigrammatischer Verkürzung hätten durchblitzen lassen.«

539. An Maria Hildebrand, 1.9.1925

H: Ms. Brief mit eigenh. Unterschrift; 1 S. **F:** HBN. **DV:** Original.

1.9.1925] Die handschriftliche Datierung stammt von Balls Hand.
Trostzettel] Nicht erhalten.

Pirmas. Ztg.] Vgl. *Nr. 531.*
Hochland] Vgl. *Nr. 521* – »Alois Dempf«.
Flake] Vgl. *Nr. 534* – »Besprechung Flakes«.

540. An August Hofmann, 1.9.1925

H: Ms. Gruß Balls auf der Kopie seines Artikels »Die Folgen der Reformation«, in: Augsburger Postzeitung, 28. Juli [1925]. Adresse: Herrn August Hofmann / *Pirmasens* / Turnstrasse 21/I bei Habermehl / Germania / *Stampa.* Auf der Briefumschlag-Rückseite hs. vermutlich von August Hofmann: Hugo, in Albori / Provinz Salerno / Italia. **F:** HBS. **DV:** Original.

Eigentlicher Bestandteil dieses Briefes ist Balls Artikel »Die Folgen der Reformation« in der »Augsburger Postzeitung« vom 28.7.1925 (HBB, Nr. 176, S. 10), den Ball an August Hofmann sandte.

541. An den Verlag Duncker & Humblot, 3.9.1925

A: Ms Brief mit eigenh. Unterschrift; 1 S.; hs. von fremder (Feuchtwangers?) Hand am Rand ergänzt: »Ball schuldet noch 57.40 für ihm besorgte Bücher, Kontorechnung wurde ihm gesandt, wiederholt 7.XI.25« **F:** Verlagsarchiv Duncker & Humblot, Berlin. **DV:** Original.

Sommer-Abrechnung] Nach Balls Erinnerung vom 3. November 1925 (Nr. 576) nannte Feuchtwanger am 25. November 1925 (Verlagsarchiv D&H) die Absatzzahlen bis einschließlich 1. November 1925: 1. ›Byzantinisches Christentum‹: 197 Freiexemplare, 871 verkaufte Exemplare. 2. ›Die Folgen der Reformation‹: 126 Freiexemplare, 614 verkaufte Exemplare. In den Verträgen stand, daß für 1 000 Exemplare bei »Ablieferung des druckreifen Manuskriptes« das Honorar gezahlt wird. Erst nach Verkauf dieser 1 000 Exemplare würde die nächste Rate fällig sein.
mein neues Buch] Am 16. Oktober 1925 antwortete Feuchtwanger auf Balls Anfrage: »Bitte, verfügen Sie über Ihr neues Buch ohne Rücksicht auf unseren Verlag. Ich schreibe Ihnen die Gründe nächste Woche.« (Verlagsarchiv D&H.) Aber erst am 25. November 1925 nannte Feuchtwanger die Gründe: »Die Gründe, warum ich Ihr neues 3. Buch nicht übernehmen kann liegen nicht in seinem Inhalt, sondern ausschliesslich in der für Bücher ausserordentlich prekären Wirtschaftslage in Deutschland. Dass die Kritik sich Ihren ›Folgen‹ gegenüber so schmählich benommen hat, wäre für mich eher ein positiver Grund, mich auch für Ihr 3. Buch mit allen Mitteln einzusetzen.«

542. An Carl Muth, 17.9.1925

D: Ms. Durchschlag ohne Unterschrift; 1 S. **F:** HBN. **DV:** Durchschlag.

kleine Beitrag] Ball legte diesem Brief das Manuskript seiner Sammelrezension: ›Drei Geschichtswerke‹ (HBB, Nr. 177, S. 10) bei (vgl. auch Nr. 529).
Gnosis] Vgl. Nr. 529, Nr. 572 und Nr. 676.
Paulus] Vgl. *Nr. 514.*
Ihr Hiersein] Carl Muth hatte die Familie Ball im Mai 1925 in Albori besucht (HBK, S. 222).

543. An die Universitätsbibliothek Basel, 20.9.1925

D: Ms. Durchschlag ohne Unterschrift; 1 S. Adresse auf Briefbogen: Titl. Universitäts-Bibliothek Basel. **F:** HBN. **DV:** Durchschlag.

folgenden Werken ... zukommen lassen] Von den gewünschten Werken erhielt Ball von der Universitätsbibliothek Basel: Kiesewetter: ›Geschichte des Okkultismus‹, Kerner: ›Geschichte Besessener‹, Roskoff: ›Geschichte des Teufels‹ und die lateinische Ausgabe des ›Hexenhammers‹ (›Malleus Maleficarum‹) von Sprenger/Institoris (Lyon 1669). Im Januar 1926 wurden die Bücher – Ball hatte sie im Oktober erhalten – vom Verleiher zurückgefordert (›Tagebuch‹, 14. Januar 1926). Bis zu diesem Zeitpunkt war Ball nicht dazu gekommen, Exzerpte von diesen Werken anzufertigen.

Sprenger] Ball fragte Pater Edmund Brosy (Nr. 503) und Ludwig Feuchtwanger (Nr. 504) nach einer Ausgabe des ›Hexenhammers‹. Möglicherweise erhielt Ball von Feuchtwanger die bibliographischen Angaben zur Erstausgabe der Übersetzung durch Johann W. R. Schmidt.

Roskoff], Gustav: ›Geschichte des Teufels‹. Leipzig: Brockhaus 1869.

Lecanu], A[uguste F.]: ›Geschichte des Satans‹. Aus d. Franz. Regensburg: Manz 1863.

Graf], A[rturo]: ›Geschichte des Teufelsglaubens‹. Aus d. Ital. Jena: Costenoble 1893 (Die deutsche Erstausgabe erschien 1889 unter dem Titel ›Naturgeschichte des Teufels‹).

Kiesewetter], Carl: ›Geschichte des Neueren Occultismus‹. Leipzig: W. Friedrich 1891.

Weinreich], Otto: ›Antike Heilungswunder‹. Gießen: Töpelmann 1909. (=Religionsgeschichtliche Versuche und Vorarbeiten. Bd. 8, H. 1).

Tambornino], Julius: ›De antiquorum daemonismo‹. Gießen: Töpelmann 1909 (= Religionsgeschichtliche Versuche und Vorarbeiten. Bd. 7, H. 3).

Puschmann], Theodor: ›Handbuch der Geschichte der Medizin‹. Bd. 1-3. Jena: G. Fischer 1902-1905.

Kerner], Justinus: ›Geschichten Besessener neuerer Zeit‹ (verm. Neuaufl.). Karlsruhe: Braun 1835.

Murisier], E.: ›Les maladies du sentiment religieux‹. Troisième édition. Paris: Félix Alcan 1909 (= Bibliothèque de philosophie contemporaine).

Werner], H.: ›Irresein und Besessensein. Eine Handreichung der Psychiatrie an die Theologie‹. Bonn: Marcus 1867.

544. An Hans Rost, 24.9.1925

D: Ms. Durchschlag; 1 S. **F:** HBN. **DV:** Durchschlag.

kleine Arbeiten meiner Frau] Nicht ermittelt.

Abdruck meiner Glosse] Ball bedankte sich für den Abdruck seiner »Glosse«: ›Die Folgen der Reformation‹ (HBB, Nr. 176, S. 10) in der ›Augsburger Postzeitung‹ (vgl. Nr. *529*).

geplanten Besprechungen] Vgl. *Nr. 538*.

Dr. Hegemann, dass er im Oktober] Hegemann schrieb am 2. September 1925 an Ball (HBN): »Ich hoffe sehr im Oktober oder November in Rom etwa 8 Tage zu sein und dann Ihnen zuhören zu dürfen.«

545. An Hermann Hesse, 25.9.1925

H: Ms. Brief mit eigenh. Unterschrift; 2 Bl., 2 S. **F:** HBN. **E:** EBH Leben, S. 247-249; auch in Briefe, S. 222 f. **DV:** Original.

Emmy war in Palermo] Über ihren Aufenthalt in Palermo schrieb Emmy Ball in einem undatierten Brief an Hermann Hesse (EBH: Hesse, S. 58-63.).

Signora delle Bandiere] Ital. = Herrin der Flaggen.

Fest der hl. Rosalia] Die hl. Rosalia von Palermo (um 1100-um 1160, Fest 4. September und 15. Juli) lebte als Eremitin in einer Grotte am Monte Pellegrino bei Palermo. Emmy Ball, die am Fest der Heiligen teilnahm, müßte in der ersten Septemberwoche in Palermo gewesen sein.

Besprechung in der »Neuen Rundschau«] Hesse besprach Balls ›Folgen der Reformation‹ in der Sammelbesprechung ›Erinnerung an Lektüre‹ in: ›Die Neue Rundschau‹, Berlin u. Leipzig. Jg. 36. Bd. 2. H. 9, September 1925. S. 965 f. (HBB, Nr. 1101, S. 65).

»Bilderbuch«] Vgl. *Nr. 534.*

Johannes v[on] Damaskus] (um 675-um 750), dogmatisch-mystischer Theologe, prägte das theologische Denken der Ostkirche; verteidigte die Bilderverehrung.

Herr Hardekopf hat sich angemeldet] Im Brief vom 23. Juli 1925 (HBN) deutete Hardekopf gegenüber Emmy Ball an: »Vielleicht komm ich nach Italien – wüßtest Du einen stillen Ort am Meer für mich?« Hardekopf muß in einem weiteren Brief, der sich nicht im HBN erhalten hat, von seinem beabsichtigten Besuch in Albori geschrieben haben. Über einen Aufenthalt von Hardekopf in der Gegend von Salerno ist nichts bekannt.

»Von der Kirche und den Heiligen in Rom«] Vgl. *Nr. 533* – »Römisches Tagebuch«.

»Badischen Landeszeitung«] Für diese Tageszeitung konnte von den Jahrgängen 1925-1927 kein Standort ermittelt werden.

Brief von Feuchtwanger] Vgl. *Nr. 541* – »mein neues Buch«.

546. An Werner Hegemann, 28.9.1925

D: Ms. Durchschlag; 1 S. **F:** HBN. **DV:** Durchschlag.

Über »Fridericus«] Ball hatte in Nr. 529 Carl Muth den Inhalt seines Beitrages über die ›Drei Geschichtswerke‹ skizziert. Zu den drei rezensierten Werken gehört auch Werner Hegemanns ›Fridericus oder das Königsopfer‹.

547. An Adolf Schustermann, 8.10.1925

D: Ms. Durchschlag ohne Unterschrift mit ms. Postskriptum; 1 S. Adresse auf Briefbogen: Herrn Adolf Schustermann *Berlin SO 16* / Rungestrasse 22-24. **F:** HBN. **DV:** Durchschlag.

Beilage:
»*Rechnung* –
Adolf Schustermann, Zeitungs-Ausschnitte-Büro, Berlin SO 16, den 5.9. [19]25:
Rechnung an Herrn Hugo Ball, Agnuzzo-Lugano:
10 Stck. Rein netto, sofort zahlbar. RM 5,–«

Hs. von Hugo Ball: »am 8. Okt. [1925] eingeschrieben nebst Reklam[ation] wegen Adresse.«

548. An den Verlag Duncker & Humblot, 8.10.1925

A: Telegramm auf Telegrammformular »Deutscher Reichstelegraph München« mit Vermerk: »Telegramm aus Vietri sul Mare 86 den 8.10. um 10 Uhr 50 M. v/n«. **F:** Verlagsarchiv Duncker & Humblot, Berlin. **DV:** Original.

gocverlag] Laut Briefkopf des Verlags war die »Drahtung: GOCVERLAG MÜNCHEN«. Nach Auskunft des Museums für Post und Kommunikation in Frankfurt a.M. wurden Telegrammadressen »von den Nutzern (Adressaten) mit der Postverwaltung für jeweils ein Jahr vereinbart«.

549. An Hermann Herrigel, 15.10.1925

D: Ms. Durchschlag ohne Unterschrift; 1 S. Adresse auf Briefbogen: Herrn H. Herrigel *Frankfurt a/M[ain].* **F:** HBN. **DV:** Durchschlag.

Beilage: Abschrift von Nr. 473.

Hermann Herrigel] (1888-1973), Bibliothekar; Verfasser essayistischer Texte; Mitarbeiter zahlreicher Zeitschriften: ›Die literarische Welt‹, ›Die Sammlung‹, ›Deutsche Kommentare‹, ›Frankfurter Zeitung‹, ›Deutsche Monatshefte‹ u.a. Herrigel veröffentlichte im Literaturblatt Nr. 21, S. 2 der ›Frankfurter Zeitung‹ (Jg. 70, Nr. 752 vom 9.10.1925; HBB, Nr. 1100, S. 65) eine Rezension über ›Die Folgen der Reformation‹. Herrigels Brief, auf den Ball antwortete, hat sich nicht erhalten. Balls Brief (Nr. 549) läßt vermuten, daß Herrigel ihm seine für Ball negative Rezension zuschickte. Herrigel muß Ball im Oktober 1925 geantwortet haben, denn Ball bestätigte in Nr. 560 den Erhalt des Briefs von »Herrn Herrigel«, den Emmy Ball nach Rom an Hugo Ball weiterleitete. Weder im HBN noch im Herrigel-Nachlaß (Württembergische Landesbibliothek Stuttgart) hat sich eine weitere Korrespondenz Ball/Herrigel erhalten.

550. An Engelbert Krebs, 15.10.1925

D: Ms. Durchschlag; 1 S. **F:** HBN. **DV:** Durchschlag.

Prof. Krebs] Vgl. *Nr. 435.*

»Dogma und Leben«] Von Engelbert Krebs erhielt Ball den zweiten Band dieses Werkes, der 1925 in erster und zweiter Auflage in der Bonifacius-Druckerei in Paderborn erschien.

»Das Dogma vom ewigen Verlust«] Bd. 2, S. 621-629.

über den Teufel] Im ersten Band (2., vermehrte u. verbesserte Aufl. 1923) äußert sich Krebs im Abschnitt »Die Lehre von Engeln und Teufeln und ihre Bedeutung für den Kampf guter und böser Mächte in der Welt« (S. 261-280) über den Teufel.

551. An Werner Hegemann, 15.10.1925

D: Ms. Durchschlag ohne Unterschrift; 1 S. **F:** HBN. **DV:** Durchschlag.

wenn wir uns träfen] In Rom erreichte Ball die Nachricht Hegemanns, er werde erst 1926 nach Rom kommen können (›Tagebuch‹, 1. November 1925).

552. An Pater Beda Ludwig, 15.10.1925

D: Ms. Durchschlag; 1 S. **F:** HBN. **DV:** Durchschlag.

Datierung: Ball war nachweislich (Poststempel) vom 19. bis 29.10.1925 in Rom. Er schrieb Nr. 552 vor dieser Reise.

[15.] Okt.] Ball schrieb diesen Brief mit der Schreibmaschine. Er muß sich bei der Tagesangabe vertippt haben. Die ursprüngliche »26« wurde, allerdings nur schwach, verbessert. Die Textstelle: »in einigen Tagen«, wie Ball schrieb, werde er »in Rom sein«, bestätigt diese Vermutung, da sich Ball ab dem 19. Oktober in Rom aufhielt. Die Datierung findet auch Bestätigung im ›Tagebuch‹, 15. Oktober 1925. An diesem Tag schrieb Ball Briefe an: Herrigel (Nr. 549), Prof. Krebs (Nr. 550) und Pater Beda (Nr. 552).

im August haben Sie] Im HBN befindet sich der Brief Pater Bedas vom 29. Juli 1925, auf dessen Inhalt sich Ball in Nr. 552 bezog.

das Anliegen] Pater Beda bat am 29. Juli: »Nun eine Bitte, nicht für mich, sondern für einen der hiesigen Patres. Er hieß früher Aloysius und möchte gar zu gerne eine Reliquie dieses Heiligen haben. Wäre es mittels Ihrer Beziehungen in Rom möglich, eine zu erhalten? Ich würde mich sehr freuen, wenn ich dem Pater diese Freude bereiten könnte, er würde sicherlich dankbar Ihrer im Gebete gedenken.«

wieder in Deutschland] Im Brief vom 29. Juli lud Pater Beda Hugo Ball zu einem Besuch ein: »Auf alle Fälle müssen Sie mich aufsuchen, wenn Sie wieder in der Schweiz sind.«

Predigten des P. Janvier] Pater Beda informierte Ball am 29. Juli: »Habe ich Ihnen schon mitgeteilt, daß ich 3 Bändchen der Passion des Heilandes herausgegeben habe, Übersetzung der berühmten Karfreitagspredigten des P. Janvier, der 23 Jahre die Fastenstationen in Notre Dame in Paris hielt?« (Albert-Marie Janvier: ›Das Leiden unseres Herrn Jesu Christi und die christliche Moral‹. Aus dem Franz. von Pater Beda Ludwig. Bd. 1-3, 1924-25. Kirnach-Villingen: Verlag der Schulbrüder).

553. An Emmy Ball, 19.10.1925

H: Hs. Bildpostkarte, beidseitig beschrieben. Motiv: Roma – Campideglio. Adresse: Signora Emmy Ball / Albori/Salerno / *Italia*. **F:** HBN. **DV:** Original.

Herrn Curato] Joseph Leufkens, vgl. *Nr. 488.*

Via dei Pettinari] Nahe der Tiber-Brücke Ponte Sisto gelegene Straße.

Wohnungen] Ball fuhr nach Rom, um eine Wohnung zu mieten. Außerdem wollte er sich mit Carl Muth treffen.

Muth suchen] Ball war offensichtlich der genaue Ankunftstag Carl Muths in Rom nicht bekannt. Er wurde erst am Freitag, den 23. Oktober, erwartet (Nr. 555).

Morgen früh [erwartet]] Unsichere Lesart.
(Arac[o]eli kommt noch!)] Geschrieben unter das Motiv der Bildpostkarte, den Kapitolshügel. Ball beabsichtigte, die Kirche S. Maria in Aracoeli zu besuchen (Nr. 556).

554. An Maria Hildebrand, 20.10.1925 (Postst. 19.10.1925)

H: Hs. Bildpostkarte. Motiv: Roma – Piazza Colonna. Adresse: Frau Direktor / Maria Hildebrand / Pirmasens. Rheinpfalz / Landgrafenstrasse 2. *Germania*. **F:** HBN. **DV:** Original.

Lina] Balls Schwester Lina Brofft.
wie schwer krank] Es konnte nicht ermittelt werden, woran Balls Schwester Maria Hildebrand erkrankt war.

555. An Emmy Ball, 20.10.1925

H: Hs. Postkarte, beidseitig beschrieben. Adresse: Frau / Emmy Ball / *Albori*/presso di *Salerno / Italia*. **F:** HBN. **DV:** Original.

das Gedicht] In der katholischen Zeitschrift ›Roma Aeterna‹ erschien im Jg. 5, 1925. H. 11 vom 1.5.1925 von Ball das Gedicht ›Mater Gloriosa‹ (vgl. *Nr. 488* – »zwei Gedichte«).
Buch von Wittig] Über Wittig vgl. *Nr. 335* und Nr. 556.
Direktor Muth] Vgl. *Nr. 460* – »Prof. Muth ist gerade hier in Rom«.
Prof. Göller] Vgl. *Nr. 438*.
Frau Hessberger] Vgl. *Nr. 491*.
Levasti arbeitet jetzt] Von Arrigo Levasti erschien, erstmals in deutscher Übersetzung, die Einleitung des Buches ›Leggenda Aurea‹ (Libreria Editrice Fiorentina) in ›Roma Aeterna‹: Jg. 5. H. 17/18 (15.8.1925), S. 359-361; H. 19/20 (15.9.1925), S. 407-413 und H. 21/22 (15.10.1925), S. 462-466 unter dem Titel ›Die Legende‹.
Dr. Hegemann] Vgl. *Nr. 551*.
Filippo Neri] Vgl. *Nr. 434*.
Annemaries Sachen] Vgl. Nr. 556.

556. An Emmy Ball und Annemarie Hennings, vermutl. 21.10.1925

D: Ms. Abschrift mit hs. und ms. Korrekturen, ohne Unterschrift; 2 Bl., 2 S. Oberhalb des Brieftextes ms. vermerkt: AN EMMY UND ANNEMARIE IN ALBORI (Provinz Salerno). **F:** HBN. **E:** EBH Leben, S. 250-253. **DV:** Abschrift.

Datierung: Hugo Ball kam am Montag, den 19.10.1925 in Rom an. Nr. 556, am »Mittwoch abend« geschrieben, »der erste Abend in Rom«, wie Ball mitteilte, muß auf den 21.10.1925 datiert werden.

Wohnungsofferten] Ball gab, wie er in Nr. 553 schrieb, eine »Annonce auf«.
Piazza Caprera] Zwischen Via Salaria, Viale Regina Margherita und Via Nomentana gelegener Platz in der Nähe der Villa Paganini.
Gianicolo] Vgl. *Nr. 438* – »Janiculus«.
ultimo piano] Ital. = letztes Stockwerk.
Sankt Ignazio] Vgl. *Nr. 434*.
Reliquie des heiligen Aloysius] Vgl. *Nr. 552* – »das Anliegen«.

Immaculata] In der katholischen Kirche Ehrenname für Maria: Unbefleckte Empfängnis.

Pater Faiela] Im ›Tagebuch‹, 1. November 1925: »Fajela«.

aus der Anima] S. Maria dell'Anima (Via S. Maria dell'Anima); Kirche der deutschen Nation; der Grundstein wurde 1501 gelegt und der Kirchenbau 1514 vollendet.

Verse und Rhythmen] In ›Roma Aeterna‹, Rom. Jg. 5, 1925 erschienen keine Texte, die mit Joseph Leufkens gekennzeichnet sind. Als Herausgeber hat er sich vermutlich des Kürzels »i.l.« bedient. Joseph Leufkens gab auch die seelsorgerische Zeitschrift ›Agape‹ heraus, in der er kleine Anekdoten mit »literarischen Aspirationen« veröffentlichte (›Tagebuch‹, 27. November 1925).

Lehrer aus Zweibrücken] Nach Balls Abreise nach Rom schrieb Emmy Ball, welche Postsendungen inzwischen eingegangen seien: »Ausserdem ist von einem Dr. Alfred Mulert aus Zweibrücken eine Broschüre gekommen, eine Broschüre von einem evangelischen Schullehrer ohne Begleitschreiben an Dich, also vom Verfasser überreicht, es war in einer Protestantenzeitung eingewickelt, über die wir un[s] schön verwundert haben. [...] Der Doktor Mulert schreibt, dass ein Dichter am besten einen Dichter beurteilen könne.« (HBN: Emmy Ball an Hugo Ball, [vor dem 22. Oktober 1925].) Von Alfred Mulert (geb. 1869) erschienen u.a.: ›Peter Corneille an der engl. Bühne und in der engl. Übersetzungsliteratur‹. Erlangen 1900; ›Gottes Welt. Erlösung. Gottes Wort. Gott ist all-einig‹. Dresden 1903; ›Religion – Weltliebe‹. 3. Aufl. Heidelberg 1913. Welche Publikation Ball zugeschickt wurde, ist nicht bekannt.

Traum] Emmy Ball schrieb ihrem Mann nach Rom: »Geträumt hat mir, ich bin wegen Wahrheitszauberei vor die Inquisition gestellt worden, und meiner Gemeingefährlichkeit wegen kam ich persönlich vor den Papst. Aber mir waren die Geister, die ich in mir haben sollte ganz gleich, als ich den Papst sah, dessen Füsse bildeten nebeneinanderstehend ein Schiff, das war rot, wie Blut. Der Papst verhörte mich hauptsächlich selbst und fragte, ob ich weinen könne. Dann sollte ich nämlich keine Hexe sein, aber ich sagte, dass ich nur lächeln könne, aber ich wolle versuchen zu weinen. Und als ich das schöne Schiff seiner Füsse sah, fielen mir gerade drei Trähnen heraus, von denen ich aber einsah, dass diese Trähnen, die wie gläserne Kugeln waren nicht als Trähnen gelten konnten. Ich legte mich dem Papst auf die Füsse, und sowie ich diese mit meinem Mund berühren [konnte,] durchströmte mich eine solche Zärtlichkeit, dass ich ganz starr wurde, und lange so liegen blieb, und dachte, als ich zu mir kam: es kann sein, dass ich verbrannt werde. Aber der Papst hatte eine wunderbare Hand, die er mir auf den Kopf legte und es tat mir ein wenig leid, sterben zu müssen, und ich machte meine Augen mit Speichel nass, um zu täuschen. Da verkündete der Papst, dass ich unschuldig im Glauben sei. Er hatte die falschen Trähnen wol bemerkt, und er sagte, sich herabneigend, ich solle zu lächeln versuchen und aufstehen, aber ich weinte, und da standen die Füsse, wie in einem Wasser. Und der ganze, bunte Sal, den ich in allen Einzelheiten sehr merkwürdig gesehen, war verschwunden, und am Ende, als ich aufwachte, fühlte ich nur noch die wundersame

Hand der heiligen Vaters.« (HBN: Emmy Ball an Hugo Ball, [vor dem 22. Oktober 1925]).

in der Laurentiuskirche] Es handelte sich um S. Lorenzo fuori le mura; vgl. *Nr. 564* – »S. Lorenzo«.

Fassade von Aracoeli] Ball bezog sich vermutlich auf das Kapitel ›Aracoeli, der Himmelsaltar‹ (EBH Gang, S. 153-166).

557. An Emmy Ball und Annemarie Hennings, vermutl. 23.10.1925

H: Ms. Brief mit eigenh. Unterschrift und hs. Postskriptum; 2 Bl., 2 S. **F:** HBN. **DV:** Original.

Datierung: In Nr. 556 berichtete Ball von den eingegangenen »Wohnungsofferten«: von einem römischen Beamten, der in der »Nähe von Sankt Peter« vermieten will. In Nr. 557 informierte Ball, nachdem er die Wohnung besichtigt hatte, seine Frau und Annemarie über die Bedingungen. Nr. 557 kann, da der inhaltliche Zusammenhang mit Nr. 556 offenkundig ist, nur in einem kurzen zeitlichen Abstand geschrieben worden sein: Freitag, der 23.10.1925, ist wahrscheinlich.

eine Depesche] Emmy Ball antwortete: »Ich zerbrech mir jetzt mein wehes Köppi, was ich Dir depeschieren soll; denn ich kann meines Erachtens von hier aus schwer eine Entscheidung treffen, die ich überdies auch nicht verantworten möchte.« (HBN: Emmy Ball an Hugo Ball, [24. Oktober 1925]).

ob Ihr bleiben möchtet] Emmy Balls Antwort: »Als Annemarie und ich lasen, ob wir hier bleiben möchten, haben wir über diesen Vorschlag lachen müssen. Wenn ich Dir beschreiben wollte, wie es in diesen Tagen über das Haus hinwegstürmt und regnet, würdest Du die Schilderung sicher für übertrieben halten. Das Ganze fliegt nur so.«(HBN: Emmy Ball an Hugo Ball, [24. Oktober 1925]).

Antwort an die Schmiede] Ball bestätigte in Nr. 560 den Erhalt einer Nachricht vom Verlag Die Schmiede (*Nr. 479*), die Emmy Ball ihm zuleitete.

558. An Arrigo Levasti, 23.10.1925

D: Ms. Durchschlag; 1 S. **F:** HBN. **DV:** Durchschlag.

Ihr Vorwort] Vgl. *Nr. 555* – »Levasti arbeitet jetzt«.

»Leggenda Aurea«] Vgl. *Nr. 555*.

559. An Hermann Hesse, 23.10.1925

E: Ms. Entwurf mit hs. Korrekturen; 1 S.: Die hs. Korrekturen Balls wurden berücksichtigt, d.h. die überarbeiteten Stellen sind weggelassen bzw. in der veränderten Fassung wiedergegeben. **F:** HBN. **DV:** Entwurf.

wiederkommen, in den Tessin] Erfreut über die Möglichkeit einer Rückkehr der Balls ins Tessin, antwortete Hesse am 30. Oktober 1925 aus Stuttgart (DLA, Hesse): »Lieber Herr Ball, danke für Ihren römischen Brief, ich freue mich über ihre Tessinpläne.«

›Kurzgefasster Lebenslauf‹] Erschien zuerst in: ›Die neue Rundschau‹, Berlin u. Leipzig. Jg. 36. 1925. H. 8, August. S. 841-856.

(einstweilen)] Unsichere Lesart.

560. An Emmy Ball, 24.10.1925

H: Hs. Bildpostkarte, beidseitig beschrieben. Motiv: Venezia – R. Accademia – Carpaccio – Il Sogno di S. Orsola. Adresse: Frau Emmy Ball / Albori/Salerno/Italia. **F:** HBN. **DV:** Original.

wegen] Unsichere Lesart.

Feuchtwanger] Unmittelbar nach Balls Abreise am 19. Oktober 1925 nach Rom – wahrscheinlich am selben Tag – trafen einige Postsendungen ein. Emmy Ball schrieb ihrem Mann nach Rom: »Wir kamen am Nachmittag schwerfällig, aber zufrieden in Albori an, assen ein Stück Filet, das wir mit einem Stein aus dem Garten klopften, und dachten an unser Steffgen, wie, wo und wann er wol zu Gange gekommen sein möchte. Dann kam der Messdiener und brachte die Post, sonderlich einen Brief von Feuchtwanger, der prompt nach Deiner Abreise angekommen war […].« (HBN: Emmy Ball an Hugo Ball, [vor dem 22. Oktober 1925],) Hauptpunkt in Feuchtwangers Brief war die Ablehnung des Verlages Duncker & Humblot, Balls ›Therapie der Kirche‹ zu publizieren, vgl. *Nr. 541.*

Reiss] Den Brief von Erich Reiss zitierte Emmy Ball:

»Sehr verehrte, gnädige Frau,
In Erledigung Ihrer Zeilen vom 5. d. M. teilen wir Ihnen mit, dass Sie eine Abrechnung über den Verkauf Ihrer Bücher im Laufe der nächsten Woche erhalten. Eine Antwort auf Ihre Anfragen wegen einer Neuausgabe des ›Gefängnis‹ und des ›Brandmal‹ werden Sie in den nächsten Tagen erhalten.
In vorzüglicher Hochachtung Erich Reiss.«
(HBN: Emmy Ball an Hugo Ball, [vor dem 22. Oktober 1925]).

Schmiede] Unsichere Lesart. Es könnte sich um den Brief vom Verlag Die Schmiede gehandelt haben (vgl. *Nr. 557*).

am Abend, nachdem ich bei Muth war] Vermutlich am Abend des 24. Oktober

Herr Herrigel] Wenn der Brief an Herrigel (Nr. 549 vom 15. Oktober 1925) richtig von Ball datiert wurde, kann es sich hier nur um ein Antwortschreiben Herrigels handeln.

Santa Francesca Romana] Vgl. *Nr. 431* – »S. Maria Nova«.

561. An August Hofmann, 24.10.1925

H: Hs. Bildpostkarte. Motiv: Roma – Pantheon. Adresse: Herrn August Hofmann / Pirmasens. Rheinpfalz / Turnstrasse 21 ^{II} / b/Habermehl. *Germania.* **F:** HBS. **E:** EBH Leben, S. 249 f.; auch in Briefe, S. 223. **DV:** Original.

Deinen letzten Brief] Nicht erhalten.

mein neues Buch] Von der Begegnung mit Carl Muth, einem »Herrn vom Köselverlag« (*Nr. 579*), erhoffte Ball das Erscheinen seines neuen Buchs beim Verlag Kösel. Ball hatte sich mit dem Thema »der Exorzismus als ordo und als Gnadengabe, und damit in Verbindung die Dämonologie« (Nr. 503) beschäftigt und wollte es unter dem Titel ›Die Therapie der Kirche‹ (Nr. 541) veröffentlichen.

Deine Variationen] Vgl. Nr. 475.

562. An Emmy Ball und Annemarie Hennings, 26.10.1925

H: Hs. Bildpostkarte, beidseitig beschrieben. Motiv: Roma – Castel S. Angelo. Adresse: Familie Hennings-Ball / Albori/Salerno. **F:** HBN. **DV:** Original.

Reliquie des hl. Aloysius] Vgl. *Nr. 552* – »das Anliegen«.

Annemaries Entdeckung] Emmy Ball schrieb: »Steffgen, der Annemusch hat eine wissenschaftliche Entdeckung gemacht, [...], sie wird es Dir selbst mitteilen.« (HBN: Emmy Ball an Hugo Ball, 24. Oktober 1925.) Es könnte sich um ein verbessertes Verfahren beim Brennen von Keramik gehandelt haben. Annemaries Mitteilung an Hugo Ball ist nicht erhalten.

Entdeckung] Unsichere Lesart.

563. An Emmy Ball, 26.10.1925

H: Hs. Bildpostkarte. Motiv: Basilica di S. Lorenzo fuori le mura [Rom]. Arco Trionfale (Mosaico del Sec. VI). Adresse: Frau / Emmy Ball / Albori/Salerno / *Italia*. **F:** HBN. **DV:** Original.

Datierung: Beim Raito-Stempel ist nur der untere Teil lesbar. Der Vergleich mit anderen Stempeln dieser Tage zeigt, daß diese Karte in Raito abgestempelt worden sein muß: erkennbar ›27.10.25‹ und ›(57-164)‹.

Aragno] Café Aragno, Corso Umberto I (umbenannt in Via del Corso), Nr. 180-183.

Spaïni] Vgl. *Nr. 342*.

»Folgen« interessiert] Über eine italienische Übersetzung der ›Folgen der Reformation‹ ist nichts bekannt.

Pallenberg] Vgl. *Nr. 435*.

564. An Annemarie Hennings, 26.10.1925

H: Hs. Bildpostkarte. Motiv: Basilica di S. Lorenzo fuori le mura [Rom]. Affreschi del Portico (Sec. XIII). Adresse: Frl. Annemarie Hennings / Albori / Salerno / *Italia*. **F:** HBN. **DV:** Original.

S. Lorenzo] S. Lorenzo fuori le mura (Piazzale S. Lorenzo). Die auf der Bildpostkarte (Nr. 564) abgebildete Kirche ist eine »Patriarchal- und eine der sieben Pilgerkirchen Roms.« (Baedekers Italien, S. 228). In der Vorhalle der ursprünglichen Kirche ist die Grabkapelle Papst Pius' IX. Im Kapitel »San Lorenzo vor den Mauern« (EBH Gang, S. 207-230) beschreibt Emmy Ball ihre Eindrücke von dieser Kirche (vgl. *Nr. 494* –»Über dem Stephanusgrab«).

Feuilleton in der hiesigen Presse] Diesen Artikel von Alberto Spaïni, der in der ›Idea Nazionale‹ (vgl. Nr. 585) gestanden haben muß, bekam Ball vermutlich nicht zu sehen (Nr. 595). Der Artikel blieb bisher verschollen.

565. An Emmy Ball, 27.10.1925

H: Hs. Bildpostkarte, beidseitig beschrieben. Motiv: Roma – Chiesa della Trinità dei Monti. Adresse: Frau Emmy Ball / Albori / Salerno / *Italia*. **F:** HBN. **DV:** Original.

Werde sofort reklamieren] Emmy Ball muß in einem Brief mitgeteilt haben, daß einige ausstehende Honorare an die ehemalige römische Adresse (Piazza Pollarola) überwiesen wurden. Sie muß Ball gebeten haben, sich in Rom der Angelegenheit anzunehmen.

Banchi nuovi ... Orsini-Wohnung] Es dürfte sich um Wohnungsangebote gehandelt haben.

566. An Emmy Ball, 27.10.1925

H: Hs. Bildpostkarte. Motiv: Padova – Cappella degli Scrovegni all'Arena. Il popolo prega affinchè fiorisca la Verga dello Sposo destinato alla Vergine (Giotto). Adresse: Sign. Emmy Ball / *Albori/Salerno* / *Italia*. **F:** HBN. **DV:** Original.

Datierung: 1. Poststempel unsauber gestempelt.

Norelli ... Banchi n[u]ovi] Es dürfte sich um Wohnungsangebote gehandelt haben.
Auf der Post hab ich reklamiert] Vgl. *Nr. 565*.

567. An Emmy Ball, 27.10.1925

H: Hs. Postkarte, beidseitig beschrieben. Adresse: Sign. / Emmy Ball / *Albori/Salerno* / *Italia*. **F:** HBN. **DV:** Original.

Datierung: 1. Poststempel unsauber gestempelt.

Verlag Mosse Rudolf] Der Verlagsbuchhändler Rudolf Mosse (1843-1920) gründete 1867 die Anzeigenexpedition Rudolf Mosse, hinzu kam ein Zeitungsverlag, in dem u.a. das ›Berliner Tageblatt‹ erschien, und ein Buchverlag (populärwissenschaftliche Publikationen, Adreßbücher).
Ruth Schaumann-Besprech.] Vgl. *Nr. 483*.

568. An Emmy Ball, 28.10.1925

H: Hs. Postkarte, beidseitig beschrieben. Adresse: Signora / Emmy Ball / *Albori*/Salerno. *Italia*. **F:** HBN. **DV:** Original.

(Fascistenfeiertag)] Der 28. Oktober war der Feiertag der italienischen Faschisten (vgl. *Nr. 354* – »Mussolini- und Fascistenfest«).
Avise] Balls Schreibweise für avvisi = Benachrichtigungen.
raccomand.] Abkürzung für raccomandate = Einschreibebriefe.
(Fortsetzung auf Karte II)] Es gibt keinen Hinweis, daß es sich bei Nr. 569 um »Karte II« handelt. Vermutlich ging diese Postkarte verloren.
Bitte im nächsten Brief eine] Ein Teil der Postkarte ist abgerissen. Der erhaltene Text läßt darauf schließen, daß Ball von seiner Frau eine Postvollmacht erbat.

569. An Emmy Ball, 29.10.1925

H: Hs. Postkarte, beidseitig beschrieben. Adresse: Signora Emmy Ball / *Albori* / Salerno / *Italia*. **F:** HBN. **DV:** Original.

Raccomm] Fälschliche Abkürzung für raccomandate = Einschreibebriefe.
Frl. Bauer] Ida Maria Bauer (vgl. Nr. 500) mietete, nachdem die Balls nach Vietri sul Mare abgereist waren, deren Quartier in der Piazza Pollarola 19. Hugo Ball lastete ihr an, Postsendungen und »Postanweisungsavvise«, die an Emmy Ball adressiert waren, zwar angenommen, aber nicht weitergeleitet zu haben (›Tagebuch‹, 1. November 1925), vgl. auch Nr. 621.

570. An den Verlag Duncker & Humblot, 3.11.1925

D: Ms. Brief mit eigenh. Unterschrift; 1 S; vor der Anrede: Herren Duncker & Humblot *München*. **F:** Verlagsarchiv Duncker & Humblot, Berlin. **DV:** Original.

Brief vom 16. X.] Dieser Brief von Ludwig Feuchtwanger (Durchschlag im Verlagsarchiv D&H) wird erwähnt in *Nr. 560* – »Feuchtwanger«.

Vertrag über die ersten beiden Bücher] Der Vertrag zwischen dem Verlag Duncker & Humblot und Hugo Ball vom »7. August 1922« (überarbeitetes Exemplar: Verlagsarchiv D&H) umfaßt 12 Paragraphen. Die Paragraphen 1-11 betreffen Abmachungen zur Herausgabe des ›Byzantinischen Christentums‹, Paragraph 12 beinhaltet eine »besondere Abmachung« über die Publizierung des Werkes ›Zur Kritik der deutschen Intelligenz‹: »Ohne dass für den Verlag oder den Autor schon heute eine bindende Verpflichtung entsteht, erklärt sich der Verlag bereit, eine Drucklegung auch dieses Werkes zu unternehmen [...].«

Gründler] Otto Gründler (1894-1961), Essayist. Mitherausgeber der ›Zeitwende‹ (vgl. *Nr. 580*). 1924 erschien der Essayband ›Geisteswende‹. Unter dem Titel: ›Kalibans Apologie‹ veröffentlichte Otto Gründler in der Zeitschrift ›Zeitwende‹, München. Jg. 1. 2. Hälfte: Juli-Dezember 1925, S. 443-446 (HBB, Nr. 1098, S. 65), eine Entgegnung auf Balls ›Die Folgen der Reformation‹ in der ›Augsburger Postzeitung‹, Nr. 170 vom 28. Juli 1925 (HBB, Nr. 176, S. 10).

Pfarrerblatt] Vgl. Nr. 522.

571. An Pater Beda Ludwig, 5.11.1925

D: Ms. Durchschlag; 1 S. **F:** HBN. **E:** Briefe, S. 223 f. **DV:** Durchschlag.

Ihren lieben Brief] Im HBN erhalten hat sich nur die Abschrift des Briefes von Pater Beda Ludwig vom 25. Oktober 1925, die Emmy Ball anfertigte und nach Rom schickte.

hochw. Abt mein byz. Buch] Pater Beda schrieb: »Das schöne von Ihnen mir gesandte Buch hat gerade der Hochw. Herr Abt in Händen, der sich sehr dafür interessi[e]rt, weil er Orientalist ist. Er hat ein Buch über die syrische Kunst geschrieben.« (HBN: Pater Beda an Hugo Ball, 25. Oktober 1925; Abschrift durch Emmy Ball).

Reliquie des hl. Aloysius] Pater Beda schrieb: »Der Aloysiusverehrer ist ganz beglückt und hat versprochen, wenn er in den Besitz einer Reliquie käme, für Sie und Ihre lebenden und verstorbenen Angehörigen sowie für die meinigen zeitlebens immer am Mittwoch einen Rosenkranz zu beten, und er ist ein Mann, der sein Wort hält.« (HBN: Pater Beda an Hugo Ball, 25. Oktober 1925; Abschrift durch Emmy Ball).

Allerheiligen, dass ich zurückkam] Hugo Ball kehrte am 1. November 1925 von seiner Romreise nach Albori zurück.

572. An Carl Muth, 10.11.1925

H: Ms. Brief mit eigenh. Unterschrift; 2 S. Zu diesem Brief existiert noch ein ms. Entwurf, von dem die 2. Seite fehlt. **F:** Bayer. Staatsbibliothek München: Carl-Muth-Nachlaß. **E:** Briefe, S. 224-226. **DV:** Fotokopie des Originals.

freundliche Unterredung] Ball bezog sich auf die Gespräche mit Carl Muth in Rom.

Kolpinghaus] Via dei Pettinari 64; Wohnadresse Balls während seines Romaufenthalts.

Herr F[unk]] Vgl. *Nr. 330.* Als sich Muth und Ball in Rom trafen, wurde ausführlich Balls Buchprojekt ›Die Therapie der Kirche‹ besprochen. Muth wollte sich bei der Verlagsleitung Kösel & Pustet, unter Umgehung von Philipp Funk, energisch für das Buch einsetzen. Ball kamen nach der Rückkehr nach Albori über das beabsichtigte Vorgehen doch erhebliche Bedenken (vgl. auch Nr. 575). Carl Muth schrieb in einem Briefentwurf (der Originalbrief muß verlorengegangen sein), aus Fiumicino am 30. November 1925: »Ich habe dieser Tage an Dr. Funk geschrieben und eine Bemerkung, Ihr Buch ›Therapie der Kirche‹ betreffend, einfliessen lassen. Aus der Art wie Funk darauf reagiert, werde ich sehen, was weiter geschehen kann ohne dass man Funk übergeht. Ich werde Ihnen dann ganz offen sagen, wie die Dinge stehen.« (Ms. Briefentwurf mit hs. Verbesserungen und Ergänzungen: Bayerische Staatsbibliothek München: Carl-Muth-Nachlaß, Sign. Ana, 390, II, B Ball, Hugo).

peinliche Abschiedskorrespondenz] Feuchtwanger schrieb am 16. Oktober 1925, Ball möge über sein »neues Buch ohne Rücksicht« auf den Verlag Duncker & Humblot »verfügen« (*Nr. 541* – »mein neues Buch«).

meine Tagebücher] Muth antwortete im Briefentwurf vom 30. November 1925 mit einer hs. Ergänzung: »Über die Zweckmäßigkeit Ihres Entschlusses Ihre Tagebücher für die Öffentlichkeit zu bearbeiten, könnte ich mir erst ein Urteil bilden, wenn Sie mir das Vertrauen bekunden u. den in Reinschrift liegenden Teil einmal hierher schicken [w]ollten. Ich werde die Blätter sehr genau lesen, sogar unter dem Gesichtspunkt ob sich vielleicht einiges daraus für das Hochland vor dem Erscheinen der Buchausgabe eignen könnte.«

Piazza Cenci 1] Nachträglich wurde verlangt, daß »für die Wohnung eine Garantiesumme« hinterlegt werden sollte, die Ball »in dieser Höhe nicht« aufbringen konnte. So zerschlug sich der Plan, Anfang Januar 1926 nach Rom umzuziehen (Nr. 582).

Fiumicino] Hafenvorort und Seebad von Rom an der nördlichen Tibermündung.

beiliegende Kopie] Hugo Ball legte Nr. 572 eine »Kopie« von Nr. 570 bei (›Tagebuch‹, 10. November 1925).

Sache über die Gnosis] Carl Muth erinnerte Ball am 30. November 1925 an den »Artikel« über die Gnosis. Zu diesem Thema vgl. auch Nr. 676.

Korrektur von München] Am 17. September 1925 (Nr. 542) sandte Ball sein Manuskript ›Drei Geschichtswerke‹ ans ›Hochland‹ nach München. Ball hatte noch keine Korrekturseiten seines Beitrags erhalten.

573. An Viktor Kubczak, 12.11.1925

D: Ms. Durchschlag; 2 Bl., 2 S. Adresse auf Briefbogen: Ostdeutsche Verlagsanstalt / *Breslau 1* / Altbüsserohle 31. **F:** HBN. **DV:** Durchschlag.

Viktor Kubczak] (Geb. 1899 in Breslau), Verlagsredakteur, seit 1924 Herausgeber der Zeitschrift ›Der Ostwart‹. (›Kath. Literaturkalender‹, Freiburg i. B. Jg. 15, 1926. S. 199).

Brief vom 10. Sept.] Nicht erhalten.

erst geschrieben] Dieser Brief Balls ist nicht erhalten.

574. An Maria Hildebrand, 17.11.1925

H: Ms. Brief mit eigenh. Unterschrift; 1 S. **F:** HBN. **DV:** Original.

von Wiesbaden wohl schon zurück] Es ist nicht bekannt, weswegen Maria Hildebrand sich in Wiesbaden aufhielt. Möglich wäre eine ärztliche Behandlung gewesen.

»nur in Versen«] Im Oktober 1925 traf Hugo Ball in Rom Han Coray, dem er drei Keramikteller von Annemarie Hennings überließ. Weitere zwölf Teller bestellte Coray bei Annemarie und schrieb bezüglich ihrer Teller: »eigentlich möchte ich Ihnen in Versen antworten« (›Tagebuch‹, 13. November 1925).

von Papa erhielt ich] Nicht erhalten.

575. An Hermann Hesse, 25.11.1925

H: Ms. Brief mit eigenh. Unterschrift; 2 Bl., 2 S. **F:** HBN. **E:** Briefe, S. 226-228. **DV:** Original.

Piazza Cenci] Vgl. *Nr. 572*.

tausend Seiten über Kinderpathologie] Sante De Sanctis: ›Neuropsichiatria infantile. Patologia e diagnostica‹. Roma: Casa Editrice Alberto Stock 1925. 995 S.

Kirche des hl. Ignatius] Vermutlich besuchte Hugo Ball die Kirche S. Ignazio (*Nr. 434*).

meine Tagebücher] Nach bis dahin eher vorbereitender Beschäftigung (*Nr. 360*) begann Ball nach seiner Rückkehr aus Rom, sich intensiv mit der Bearbeitung seiner Tagebücher zu beschäftigen, die im Januar 1927 unter dem Titel ›Die Flucht aus der Zeit‹ bei Duncker & Humblot erschienen.

über meine nächsten Bücher] Vgl. *Nr. 541* – »mein neues Buch«.

ihr zweites Buch] Vgl. *Nr. 533* – »Römisches Tagebuch«.

Zeitschrift, die Herwig herausgab] ›Der bunte Garten‹, vgl. *Nr. 483*.

Hapke & Schmidt] Am 1. November 1910 gründeten Otto Hapke und Max Schmidt eine »Sortimentsbuchhandlung verbunden mit modernem Kunstsortiment«, Berlin, Charlottenstraße 50/51, der ein Verlag angeschlossen wurde.

»Hindenburg«] Theodor Lessing: ›Hindenburg‹. Vorwort von Maximilian Harden. Nachwort von Herbert Eulenberg. Berlin: Hapke & Schmidt 1925. 39 S. – Theodor Lessing (1872-1933 ermordet); Kritiker, Publizist, Philosoph; von 1922 bis 1926 Professor der Philosophie an der TH Hannover. »1925/26 wurde L[essing] das Opfer einer antisemitischen u. nationalistischen Hetzkampagne, ausgelöst durch sein verzerrt wiedergegebenes psychologisches Porträt des Reichspräsidentschaftskandidaten Hindenburg« (LL 7, S. 249) und mußte seinen Lehrauftrag aufgeben.

mein Zitat aus den »Folgen«] Vermutlich hatte das Zitat auf der Bauchbinde gestanden, mit der Lessings ›Hindenburg‹-Broschüre versehen war. Der Text selbst enthält kein Ball-Zitat.

Ihr lieber Brief aus München] Nicht erhalten.

Thomas Mann besuchten] Hermann Hesse beschreibt in: ›Nürnberger Reise‹ seinen Besuch bei Thomas Mann: »Ich war einen Abend bei Thomas Mann, ich wollte ihm zeigen, daß meine alte Liebe zu seiner Art nicht geschwunden sei, und ich hatte auch ein wenig Lust zu sehen, wie es nun wohl mit diesem Manne stehe, der seine Arbeit so treu und gediegen leistet und dennoch die Fragwürdigkeiten und Verzweiflungen unsres Berufs so tief zu kennen scheint. Bis lange in die Nacht saß ich an seinem Tisch, und er führte die Sache schön und stilvoll durch, in guter Laune, ein wenig herzlich, ein wenig spöttisch, beschützt von seinem schönen Hause, beschützt von seiner Klugheit und guten Form. Ich bin auch für diesen Abend dankbar.« (Zitiert nach: HH: ›Gesammelte Schriften‹, 19. Tsd. 1987, Bd. 4, S. 178 f.)

Ringelnatz nicht vergassen] Ebenfalls in: ›Nürnberger Reise‹ schrieb Hesse: »Und nun wollte ich gerne auch den Mann sehen, der die Artistenbriefe im ›Simplizissimus‹ schreibt, den Joachim Ringelnatz, und er war so freundlich, für einen Abend zu kommen, und wir tranken im Ratskeller allerlei guten Wein und waren vergnügt. Als dies zu Ende war, ging ich zur Trambahn und fuhr nach Hause, hatte genug und legte mich ins Bett, Ringelnatz aber fing um diese Stunde erst an zu arbeiten, er mußte noch auf seinem Brettl auftreten, worum ich ihn nicht beneidete.« (S. 179).

Eiserne Jungfrau in Nürnberg] »Eiserne Jungfrau, angebliches Folterwerkzeug des M.A.: hohle, aufklappbare, innen mit Eisenspitzen versehene Frauengestalt, die um den Verurteilten gepreßt worden sein soll. Ihre Anwendung in Deutschland ist wissenschaftlich nicht nachgewiesen. Die E. der Burg Nürnberg ist eine Fälschung (1867 angefertigt).« (Quelle: ›Meyers Lexikon‹, Leipzig. 8. Aufl. Bd. 3, 1937. Sp. 636).

wir wieder im Tessin] Hesse antwortete am 8. Dezember 1925 aus Montagnola (DLA, Hesse): »Und ich hoffe recht sehr, es möge wahr werden und Ihr im Frühling wieder ins Tessin kommen.«

576. An den Verlag Duncker & Humblot, 25.11.1925

D: Ms. Brief mit eigenh. Unterschrift; 1 S. **F:** Verlagsarchiv Duncker & Humblot, Berlin. **DV:** Original.

über den Verkauf meiner Bücher] Vgl. *Nr. 541* – »Sommer-Abrechnung«.
neues Buch] Vgl. *Nr. 572* – »meine Tagebücher« und *Nr. 575*.
Broschüre »Hindenburg«] Vgl. *Nr. 575*.
Hegemann in seinem »Fridericus«] Siehe *Nr. 447*.

577. An Adolf Saager, 25.11.1925

D: Ms. Durchschlag; 1 S. **F:** HBN. **DV:** Durchschlag.

Ihr schönes Buch] Ball bedankte sich bei Saager für die Zusendung des preisgekrönten Romans ›Versöhnung‹, Zürich: Rascher 1925 (vgl. *Nr. 527*).

schickte Franziska neue Gedichte] Mit der Lyrikerin, Erzählerin und Malerin Franziska Stöcklin (1894-1931) war das Ehepaar Ball befreundet. Laut ›Tagebuch‹, 9. November 1925, traf von Franziska Stöcklin der 1925 erschienene Lyrikband ›Die singende Muschel‹ ein.

Friedrich Vischer] Protagonist in Saagers Roman ›Versöhnung‹.

Münchener ›Dolchstoss‹-Prozess] Von Paul Nikolaus Coßmann (1869-1942 Theresienstadt), Herausgeber der ›Süddeutschen Monatshefte‹, war in dieser Zeitschrift ein Artikel erschienen, »worin behauptet wurde, daß an der deutschen Niederlage des Krieges von 1914 bis 1918 in der Hauptsache die Sozialdemokraten und linken politischen Kräfte schuld gewesen seien«. Gegen den Vorwurf Grubers (geb. 1866), Redakteur der ›Münchener Post‹, mit diesem Beitrag bewußte Geschichtsfälschung betrieben zu haben, klagte Coßmann. Obwohl die Unhaltbarkeit der Dolchstoßlegende als erwiesen angesehen werden konnte, wurde Gruber am 9. Dezember 1925 aus fadenscheinigen Gründen zu einer Geldstrafe von 3 000 RM verurteilt.

578. An Maria Hildebrand, 25.11.1925

H: Ms. Brief mit eigenh. Unterschrift; 1 S. **F:** HBN. **DV:** Original.

579. An Pater Beda Ludwig, 26.11.1925

D: Ms. Durchschlag; 2 Bl., 2 S. **F:** HBN. **E:** Briefe, S. 228-230. **DV:** Durchschlag.

Brief vom 13.ten] Nicht erhalten.

Bildchen] Möglicherweise handelte es sich um eine Abbildung der Gemma Galgani.

Herrn vom Köselverlag] Carl Muth.

In jenem Verlag sitzt an der einflussreichsten Stelle ein Herr] Vermutlich ist Philipp Funk gemeint.

Freiburger Zensor] Vom Erzbischöflichen Ordinariat Freiburg i.B. erhielt Pater Beda im Oktober 1925 das Imprimatur für die 4. u. 5.Aufl. der ›Tugendschule Gemma Galganis‹. Vermutlich hatte es vorher Schwierigkeiten mit dem »Zensor« gegeben. Darüber dürfte Pater Beda in dem verlorengegangenen Brief vom »13.ten« berichtet haben.

Ich werde das Buch] Pater Beda versprach im Brief vom 25. Oktober 1925 (HBN), Ball werde in »wenigen Wochen« die ›Tugendschule Gemma Galganis‹ (*Nr. 434* – »Pater Beda«) erhalten.

580. An die Redaktion der »Zeitwende« in München (Offener Brief), vermutl. um den 8.12.1925

H: Ms. Brief mit ms. Unterschrift; 2 Bl., 2 S. Über der Anrede: »Die Folgen der Reformation« / Offener Brief an die / Redaktion der »Zeitwende« in München. **F:** HBN. **E:** Briefe, S. 231-233. **DV:** Durchschlag des Originals oder der Abschrift von Ball gefertigt.

Datierung: In Nr. 582 schrieb Ball an Muth, daß er »heute«, am »8. Dez. 25« den Brief an Gründler (Nr. 580) an die ›Augsburger Postzeitung‹ geschickt habe. Die Datierung »um den 8. Dezember 1925« ist wahrscheinlich.

»Zeitwende«] Diese Monatsschrift erschien in der Beck'schen Verlagsbuchhandlung München. Die Herausgeber des 1. Jahrgangs waren Tim Klein, Otto Gründler und Friedrich Langenfaß.

(Offener Brief)] Vgl. *Nr. 581.*

Herr Dr. Gründler] Siehe *Nr. 570.*

Prof. Seeberg] Erich Seeberg, vgl. *Nr. 460.*
Gründler druckte das nachfolgende Zitat Seebergs (Quelle: ›Deutsche Vierteljahrsschrift für Literaturwissenschaft und Geistesgeschichte‹, Halle. Jg. 3, 1925. S. 469 f.) ab: »›Ein ganz freches und charakterloses Machwerk ist Hugo Balls Pamphlet über ›Die Folgen der Reformation‹. Hier fehlen alle Erfordernisse wissenschaftlicher Arbeit: Kenntnis, Kritik und Ehrfurcht; hier spricht ein Literat geringsten Schlages, der wohl das Bedürfnis hatte seinen Rückzug in Züricher Kabaretts während des Krieges – damals als die Einziehung drohte – mit seinem Haß gegen Luthertum und Preußentum, die den republikanischen Idealen und der Völkerversöhnung im Weg stehen, zu rechtfertigen.‹« (S. 444).

»Wider Hans Wurst«] Diese Streitschrift Martin Luthers wurde erstmals 1541 gedruckt.

ich wolle von Ihnen ernst genommen] Gründler schrieb: »Worüber ärgert sich nun aber Herr Ball? Anscheinend vor allem darüber, daß man ihn nicht *ernst* genommen hat. Er möchte so furchtbar gern ernst genommen und sachlich ›widerlegt‹ sein. Aber den Gefallen tun wir ihm nicht.« (S. 444)

»Deutschen Pfarrerblatt«] Vgl. *Nr. 522.* Gründler zitierte aus der Nr. 25 vom 23. Juni 1925 einige Sätze, die sich mit der Person Hugo Balls beschäftigen. Über die fehlerhaften Informationen darin hatte sich Ball am 18. Juli 1925 in einem offenen Brief an die Schriftleitung des ›Deutschen Pfarrerblattes‹ (Nr. 522) gewandt. Diese Berichtigung wurde in Nr. 32 vom 11. August 1925 im vollen Wortlaut veröffentlicht.

Kürschner] Ball bezog sich auf: ›Kürschners Deutscher Literatur-Kalender auf das Jahr 1924‹, Berlin u. Leipzig. Jg. 41, 1924. Sp. 29: »Ball, Hugo. Agnuzzo-Lugano (Schweiz). (Pirmasens $^{22}/_{2}$ 86), V: Zur Kritik der deutschen Intelligenz 19; Byzantinisches Christentum 23.«

»die Sau sticht den König«] Zitat aus dem Trauerspiel ›Thomas Münzer‹ von Tim Klein. In der Monacensia der Münchner Stadtbibliothek befindet sich das Typoskript von 1919. Tim Klein läßt in seiner Tragödie den Hauptmann der Bauern, Jocuff Grimme, den von Ball zitierten Text sprechen (S. 4). Eine Druckfassung dieses Dramas ist nicht erhalten. Um 1922 hörte Ball – so in seiner Glosse ›Die Folgen der Reformation‹ (›Augsburger Postzeitung‹. Nr. 170 vom 28.7.1925) – Tim Klein aus seinem Drama ›Thomas Münzer‹ rezitieren (vgl. *Nr. 280* – »Vorgestern las dort Tim Klein ...«).

Rezension des Herrn Dr. Dempf] Neben Zitaten aus der Besprechung Dempfs (siehe Nr. 521) interpretiert Gründler diesen Aufsatz: »Übrigens hat sich unsere Hoffnung bewahrheitet, daß Kaliban seinen schamlosen Tanz für sich *allein* tanzt. Auch die ihm weltanschaulich nahestehende Publizistik lehnt sein Machwerk ab. So hat sich einer der kenntnis- und ideenreichsten jüngeren katholischen Philosophen, Alois Dempf [...], im Juliheft des ›Hochland über Balls Schrift geäußert. [...] Dempfs Ton ist begreiflicherweise freundlicher als der der evangelischen Kritik; trotzdem besteht sachlich eine merkwürdige Übereinstimmung. Herr Ball sieht es zu Unrecht als ein Zeichen konfessioneller Verärgertheit an, daß wir ihn nicht allzu ernst nehmen; er könnte es sich von diesem Glaubensgenossen, der ihm sichtlich wohl will, [...] gesagt sein lassen, daß es *so* wirklich nicht geht, daß die geistigen Gegensätze zwischen den Konfessionen ganz wo anders liegen und daher auf anderer Ebene und mit anderen Mitteln ausgetragen werden müssen. Mit der Feststellung, daß sich hierüber alle ernsthaften Beurteiler des Ballschen Pamphlets, diesseits und jenseits der konfessionellen Grenzscheide, einig sind, glauben wir die Aussprache über die weltbewegende Publikation des Herrn Ball schließen zu können.« (S. 445 f.)

Hermann Hesse im Oktoberheft] Hesse besprach ›Die Folgen der Reformation‹ in der Sammelbesprechung ›Erinnerung an Lektüre‹ in: ›Die Neue Rundschau‹, Berlin/Leipzig. Jg. 36, Bd. 2, H. 9, September, S. 965 f. (HBB, Nr. 1101, S. 65).

diesen Brief nachzudrucken] Balls Brief Nr. 580 wurde in der ›Zeitwende‹ nicht abgedruckt.

581. An Hans Rost, 8.12.1925

D: Ms. Durchschlag; 1 S. **F:** HBN. **DV:** Durchschlag.

beiliegenden Briefen] Diesem Brief lagen Nr. 580 und Balls »Feuilleton (gegen Tim Klein)«, (vgl. *Nr. 525* – »meine beiliegende Glosse«) bei.

Publikation meines »Offenen Briefes«] In der ›Augsburger Postzeitung‹ erschien dieser Brief nicht; erst in Briefe, S. 231-233.

582. An Carl Muth, 8.12.1925

H: Ms. Brief mit eigenh. Unterschrift; 1 S. Durchschlag im HBN vorhanden. **F:** Bayer. Staatsbibliothek München: Carl Muth Nachlaß. **E:** Briefe, S. 233. **DV:** Fotokopie des Originals.

beiliegenden Schriftstücke] Vgl. *Nr. 581* – »beiliegenden Briefen«.

Umzug nach Vietri] Die Balls zogen am 10. Dezember 1925 von Albori nach Vietri sul Mare ins »municipio« (›Tagebuch‹, 8. Dezember 1925).

Plan mit Rom] Vgl. *Nr. 572* – »Piazza Cenci 1«.

Buch meiner Frau] Vgl. *Nr. 533* – »›Römisches Tagebuch‹«.

wieder ein Interesse] Vgl. *Nr. 583* – »›Tagebuch‹ (1913-1920)«.

583. An den Verlag Duncker & Humblot, 8.12.1925

D: Ms. Brief mit eigenh. Unterschrift; 1 S. **F:** Verlagsarchiv Duncker & Humblot, Berlin. **DV:** Original.

beiden Briefe] Durchschläge von Feuchtwangers Briefen vom 25. und 27. November 1925 befinden sich im Verlagsarchiv Duncker & Humblot.

Oktobernummer der »Zeitwende«] Vgl. *Nr. 570* – »Gründler«.

an Dr. Rost] Vgl. Nr. 581.

dritte dieser ehrenwerten Redaktions-Männlein] Nach Tim Klein (*Nr. 511*) und Otto Gründler (*Nr. 570*) erwartete Ball auch eine weitere Kritik vom dritten Mitherausgeber der Zeitschrift ›Zeitwende‹: Friedrich Langenfaß (1880-1965), ev. Theologe und Publizist.

Absatzziffern] Vgl. *Nr. 541* – »Sommer-Abrechnung«.

»Tagebuch« (1913-1920)] Feuchtwanger schrieb am 27. November 1925: »Von besonderen Interesse für mich wäre es natürlich, wenn Sie mir Ihre weiteren Publikationen, vor allem diejenige die den Zusammenhang Ihrer beiden bei uns erschienenen Bücher aufklärt, übersenden wollten.«

584. An Herrn Max Schmidt, 8.12.1925

D: Ms. Durchschlag; 1 S. **F:** HBN. **DV:** Durchschlag.

Max Schmidt] Mitbegründer der Buchhandlung und des Verlags Hapke & Schmidt (siehe *Nr. 575*). Vorherige berufliche Stationen Schmidts: »E. Griebsch, Hamm i.W., Schrobsdorffsche Buchhandlung (Walter Peters), Düsseldorf, Speyer & Peters, Berlin«. (Quelle: Bibliothek des Börsenvereins der Deutschen Buchhändler Leipzig, Slg. der Geschäftsrundschreiben: H. 302).

Verkauf meiner »Reformationsfolgen«] Ball bedankte sich für »ein Zitat aus den ›Folgen‹ als Motto« der Broschüre ›Hindenburg‹ (vgl. *Nr. 575* – »mein Zitat aus den ›Folgen‹«), das Aufnahme im »Waschzettel« fand.

Brief vom 9. Nov.] Schmidts Brief ist nicht im HBN .

(Datum der Republik)] 9. November 1918.

Prof. Lessing] Vgl. *Nr. 575* – »Hindenburg«.

Namen Becher] Johannes R. Becher, vgl. *Nr. 58*.

»Am 5. Juni 1925, kurz nach dem Erscheinen des Bandes [›Der Leichnam auf dem Thron‹], erstattet das Polizeipräsidium Berlin eine Anzeige gegen das neue Versbuch Johannes R. Bechers. Am 18. Juni wird die Beschlagnahme verfügt, weil die ›Broschüre‹ den Zweck verfolge, zum gewaltsamen Umsturz der Verfassung aufzustacheln. Mit dem Prosaband ›Vorwärts, du rote Front!‹ (1924) und dem Drama ›Arbeiter Bauern Soldaten‹ (1924) bildet sie den Vorwand für die am 20. August erfolgende Verhaftung Bechers in Urach. Unter dem Druck der Öffentlichkeit mußte Johannes R. Becher nach fünf Tagen Haft wieder freigelassen werden. Nach dem Erscheinen und der sofortigen Beschlagnahme von ›Levisite‹ (1926) werden die genannten Werke zunächst in Hochverratsprozessen gegen kommunistische Buchhändler als staatsgefährdend bewertet. Erst danach, im Herbst 1927, erhebt Oberreichsanwalt Alfred Werner die Anklage gegen Johannes R. Becher. Der Dichter wird des Hochverrats in fortgesetzter Handlung beschuldigt.« (Becher, Johannes R.: ›Ausgewählte Gedichte: 1919-1925‹. Berlin, Weimar: Aufbau.-Verl. 1966, S. 611.: Alfred Klein: Erläuterung zu ›Der Leichnam auf dem Thron‹).

zwei seiner Werke] 1914 erschien von Johannes R. Becher im Berliner Hyperionverlag: ›Verfall und Triumph‹. Dieses Werk hatte Becher »Frau Emmy Hennings zugeeignet«. Kein weiteres Werk Bechers ist Emmy Hennings gewidmet. Vielleicht könnte Ball den Lyrikband ›Verbrüderung‹ (Leipzig: Kurt Wolff Verlag 1916) als zweites Werk gemeint haben, in dem das Gedicht ›Mädchen‹ veröffentlicht wurde, dessen vierter Teil ›Emmy‹ überschrieben ist.

Appell für Becher] Emmy Ball: ›Gefangene Dichter‹ in: ›Berliner Tageblatt‹. Jg. 55. Nr. 9 vom 6.1.1926, Abendausg., S. 3.

»Briefe Van Goghs«] Rechtzeitig zum Fest erhielt Ball eine Ausgabe; am 24. Dezember 1925 schrieb er ins ›Tagebuch‹: »Ich habe ›der Engelsmalerin Annemarie‹ die Briefe von van Gogh geschenkt.« (Zitiert nach: EBH Weg, S. 153).

585. An Carla Fassbind, 14.12.1925

D: Ms. Durchschlag; 1 S. **F:** HBN. **DV:** Durchschlag.

Datierung: Ball erwähnt in Nr. 585 seine erfolglose Wohnungssuche vom Oktober in Rom. Der Brief muß deshalb im Jahre 1925 geschrieben worden sein. Bei der Tagesangabe muß sich Ball vertippt haben. Die ursprüngliche »15« wurde mit »14« verbessert. Die Datierung auf Montag, den 14. Dezember 1925 kann als sicher angenommen werden.

Ihre liebe Karte] Konnte nicht im HBN gefunden werden.

Bruno Eisner] Vgl. *Nr. 399.*

über mich in der »Idea Nazionale«] Vgl. *Nr. 564.*

mit Vietri begnügen] Die Umzugspläne nach Rom (siehe Nr. 572 und Nr. 582) hatten sich zerschlagen.

uns aufzusuchen] Von einem Besuch Carla Fassbinds im Dezember 1925 in Vietri sul Mare ist nichts bekannt.

586. An einen Verlag, 18.12.1925

D: Ms. Durchschlag; 1 S. **F:** HBN. **DV:** Durchschlag.

An einen Verlag] Abgesehen von der ›Glosse‹ (›Die Folgen der Reformation‹, vgl. Nr. 525; HBB Nr. 176, S. 10) hatte Hugo Ball im Jahre 1925 nur im ›Hochland‹ publiziert. Diese Zeitschrift erschien bei Kösel & Pustet, und so kann vermutet werden, daß sich Ball bei der Verlagsleitung bedankte.

587. An Engelbert Krebs, 21.12.1925

D: Ms. Durchschlag; 1 S. **F:** HBN. **DV:** Durchschlag.

Prof. Krebs] Vgl. *Nr. 435.*

ersten Band von »Dogma und Leben«] Der 1. Band dieses Werkes erschien 1923 in der Bonifacius-Druckerei Paderborn, in 2., vermehrter und verbesserter Auflage. Bereits im Oktober 1925 hatte Ball von Krebs den 2. Band erhalten (vgl. Nr. 550). Beide Bände befinden sich in der Bibliothek des HBN.

hl. Erzengel Michael] »Einzelne Völker verehren M., z.T. schon früh, als ihren Schutzpatron. Vom dt. Volk wird M. in besonderem Maße verehrt. Ob der Name ›dt. Michel‹ seine Entstehung dieser großen Verehrung in Dtl. od. mehr der Beliebtheit seines Namens verdankt, ist ungeklärt.« (LThK, 7, Sp. 395.) Krebs hatte dem Erzengel Michael das Werk zwar nicht gewidmet, aber das »Vorwort zur zweiten Auflage« des ersten Bandes mit »Freiburg i. B., am Tag des heiligen Erzengels Michael 1922« datiert.

Auseinandersetzung mit den Pantheisten] Im Abschnitt ›Gotteslehre‹ (Bd. 1, S. 61-171) hat sich Krebs mit dem Thema Pantheismus beschäftigt.

588. An Hans Rost, 21.12.1925

D: Ms. Durchschlag mit ms. Postskriptum; 2 Bl., 2 S. **F:** HBN. **E:** Briefe, S. 235-238. **DV:** Durchschlag.

»Schönere Zukunft«] Vgl. *Nr. 525* – »Ihren wiederholten Hinweis«.

Geheimrat Kohler] In der ›Schöneren Zukunft‹ schrieb Hans Rost: »Dieser kategorische Imperativ Kants, der die Pflicht zur Kardinaltugend macht, wird ebenfalls als eine Errungenschaft der Reformation gerühmt. Zweifellos hat er etwas Großes; zweifellos hat er aber auch in das öffentliche Pflichtbewußtsein des Volkes etwas Starres und Hartes gebracht. Wie es mit der Bedeutung des so viel gerühmten kategorischen Imperativs in Wirklichkeit sich verhält, das möge uns der verstorbene Staatsrechtler und Philosoph Geheimrat Dr. Kohler, weiland Professor der Berliner Universität, näher erörtern.« Danach folgte ein längeres Zitat aus dem Artikel ›Volksseele‹ von Josef Kohler (1849-1919; Jurist), in: ›Der Tag‹, Berlin. Jg. 9. Nr. 2 vom 3.1.1919.

Augsburg, wo die protestantische Confessio] Am 25. September 1555 wurde auf dem Reichstag, von Karl V. berufen, der Augsburger Religionsfriede beschlossen, der die konfessionelle Spaltung einleitete.

Brief (v[om] 8. Dez.)] Nr. 581.

meine Erwiederung zu bringen] So im Original. Der Offene Brief (Nr. 580) wurde weder in der ›Augsburger Postzeitung‹ (vgl. *Nr. 581*) noch in der ›Zeitwende‹ publiziert. Von der ›Zeitwende‹ erhielt Hugo Ball ein Angebot, »objektiv« an dieser Zeitschrift »mitzuarbeiten«. Ball wollte aber dieser Einladung »nicht gerne nachkommen« (›Tagebuch‹, 2. Januar 1926).

Pater Grisar] Von dem Jesuiten Hartmann Grisar (1845-1932), Professor der Universität Innsbruck, erschien 1925 in zweiter Auflage ›Der Deutsche Luther im Weltkrieg und in der Gegenwart‹ (Haas & Grabherr Verlag, Augsburg).

das Ihre, das in Paderborn erschien] In der Bibliothek des HBNs befindet sich, mit handschriftlichen Randnotizen Balls versehen, von Hans Rost: ›Der Protestantismus nach protestantischen Zeugnissen‹ (Paderborn: Bonifacius-Druckerei 1923).

589. An Carl Muth, 21.12.1925

H: Ms. Brief mit eigenh. Unterschrift; 2 Bl., 2 S. Zu diesem Brief existiert noch ein Durchschlag. **F:** Bayer. Staatsbibliothek München: Carl Muth Nachlaß. **E:** Briefe, S. 234 f. **DV:** Fotokopie des Originals.

Ihren lieben Brief] Nicht erhalten. Hugo Ball zitierte aus Muths Brief in seinem ›Tagebuch‹, 17. Dezember 1925.

Dr. Funk seine Objektivität] Muth schrieb, Philipp Funk habe zugesagt: »ich erkläre mich bereit, Herrn B[all]s nächstes Manuskript nicht bloss selbst vorurteilslos anzusehen, sondern auch einen fachmännisch unanfechtbaren Begutachter beizuziehen und damit ja jeder Verdacht persönlicher Voreingenommenheit ausgeschaltet wird, mich einem solchen wirklichen fachmännischen Gutachten zu beugen.« (›Tagebuch‹, 17. Dezember 1925).

ersten 90 Seiten des neuen Buches] Nr. 589 beigelegt, sandte Ball Manuskriptseiten seines bearbeiteten Tagebuchs, das bei Duncker & Humblot unter dem Titel ›Die Flucht aus der Zeit‹ erschien.

590. An Hermann Hesse, 21.12.1925

D: Ms. Durchschlag; 1 Bl., 2 S. **F:** HBN. **E:** Briefe, S. 238 f. **DV:** Durchschlag.

Hartung] Kunstgewerbehändler in Zürich.

Feuchtwanger schrieb mir] Vgl. *Nr. 583* – »‚Tagebuch‹ (1913-1920)«.

im Hochland drucken] Carl Muth erwog, Auszüge aus Balls Tagebuchaufzeichnungen im ›Hochland‹, vor Erscheinen der Buchausgabe, abzudrucken (vgl. *Nr. 572* – »meine Tagebücher«).

neuen Buchs] Vgl. *Nr. 533* – »›Römisches Tagebuch‹«.

Ruth an Weihnachten] Am 8. Dezember 1925 schrieb Hermann Hesse aus Montagnola (DLA, Hesse): »Ich habe Ruth sehr zugeredet, über Weihnachten Arosa zu verlassen, wo sie sich trotz guter Kurfortschritte miserabel fühlt. Der Arzt hat es erlaubt und nun wird sie die Feiertage in Basel bei den Eltern sein und Sylvester in Zürich bei mir.« Kurz vor Weihnachten 1925 schrieb Hesse in einem undatierten Brief aus Zürich (DLA, Hesse): »Ruth schreibt fast nie, sie ist schon in Basel. Unser geplantes Zusammentreffen bei ihrer Durchreise ist auf sonderbare Art verhindert worden. [...] Nach Basel wurde ich zwar eingeladen, aber zugleich wurde mir so deutlich gesagt, wie schlecht Herr Wenger jetzt Besuch ertrage, und ich selber habe vor Familie und Weihnacht und Geschenken und alle dem Getue und der verlogenen Sentimentalität des sogenannten Familienlebens einen solchen Ekel, dass ich nicht hingehen kann.«

von meiner polyphonen Satzmusik] Ball bezog sich auf Hermann Hesses Rezension des ›Byzantinischen Christentums‹ in: ›Die Neue Rundschau‹, Berlin, Leipzig. Jg. 34. Bd. 2. H. 12: Dezember 1923. S. 1149-1150 (HBB Nr. 985, S. 60): »Es gab zur Zeit musikalischer Höchstkultur eine Art von Chorkompositionen, gewaltige, engelhaft strahlende Chöre a capella, von Meistern wie Orlando di Lasso und anderen, Werke, die wir heute nicht mehr aufzuführen vermögen, deren geheimnisvolle, ätherische, selig schwingende Schönheit wir nur noch ahnen können. Beim Lesen von Hugo Balls Heiligenleben empfinden wir Ähnliches wie beim Durchblättern jener Partituren.«

591. An Hermann Hesse, 29.12.1925

H: Ms. Brief mit eigenh. Unterschrift; 1 Bl., 2 S. **F:** HBN. **E:** EBH Leben, S. 253-255; auch in Briefe, S. 239-241. **DV:** Original.

zweihundert Franken] Auf Balls dringende Bitte (Nr. 590) überwies Hermann Hesse den gewünschten Betrag.

Cetara] Vgl. *Nr. 477*.

Frau Wenger hat uns auch geschrieben] Der Brief von Lisa Wenger ist nicht im HBN.

Ruth] Ruth Hesse, geb. Wenger.

Schickele grüsste] 1925 erschien zweibändig im Kurt Wolff Verlag (München) von René Schickele: ›Ein Erbe am Rhein‹. Bereits 1926 kam eine umgearbeitete Neuausgabe in drei Bänden u.d.T.: ›Das Erbe am Rhein‹ heraus.

Szittya] Emil Szittya: ›Das Kuriositäten-Kabinett‹. Konstanz: See-Verlag 1923. Ball wird auf den Seiten 75, 104 und 281 f. erwähnt.

Rost] Vgl. *Nr. 525* – »Ihren wiederholten Hinweis«.

Debus] In dem Aufsatz ›Neues zur deutschen Geschichts- und Kulturauffassung‹ (in: ›Schönere Zukunft‹, Wien. Jg. 1, 1925/26, S. 274-278 und 326-328) besprach Karl Debus von Hugo Ball: ›Die Folgen der Reformation‹ und von Ludwig Gerdtell: ›Die Revolutionierung der Kirchen‹ (HBB, Nr. 1093, S. 65).

er hat achtzigtausend Menschen Beichte] Die Informationen über Pater Beda, die Ball an Hesse weitergab, stammen aus den Briefen Pater Bedas, die im HBN nicht erhalten sind.

Leutholds] Alice (1889-1957) und Fritz Leuthold (1881-1954) waren Freunde und Mäzene Hermann Hesses. So mieteten die Leutholds im Dezember 1925 in Zürich (Schanzengraben 31) eine Wohnung und überließen diese Hesse zur freien Verfügung. Hesse nutzte diese Wohnung überwiegend als Winterquartier.

Stossen wir an auf unsere Schönheit] Hier bezieht sich Ball auf Oscar Wildes Roman: ›Das Bildnis des Dorian Gray‹. Im ›Tagebuch‹, 13. Dezember 1925, exzerpierte Ball aus Wildes ›Dorian Gray‹ und schrieb in runden Klammern den Satz: »Wir wollen auf unsere Schönheit trinken«.

592. An Pater Beda Ludwig, 5.1.1926

D: Ms. Durchschlag; 2 Bl., 2 S. **F:** HBN. **DV:** Durchschlag.

Ihr liebes Bild] Den Weihnachtstisch schmückte auch eine Fotografie des Pater Beda (›Tagebuch‹, 24. Dezember 1925). Am 25. Dezember traf von Pater Beda die Sendung mit der ›Tugendschule der Gemma Galgani‹, beigelegt zwei Porträtkarten der Gemma, ein (›Tagebuch‹, 25. Dezember 1925).

Vico Equense] An der Landstraße zwischen Castellammare und Sorrent gelegene Ortschaft. Hier wurde Pater Germano di S. Stanislao, Passionist, Taufname Vincenzo, am 17.1.1850 als Sohn von Francesco Ruoppolo und Carmela Tozzi geboren.

Weihnachtsmette war so schön] In ähnlicher Weise beschrieb Hugo Ball die

Weihnachtsmette im ›Tagebuch‹, 24. Dezember 1925; Emmy Ball zitierte diesen ›Tagebuch‹-Eintrag, mit geringfügigen Änderungen, in EBH Weg, S. 154.

593. An Carla Fassbind, 5.1.1926

D: Ms. Durchschlag; 1 S. **F:** HBN. **DV:** Durchschlag.

Ihr lieber Brief] Nicht erhalten.

Frühjahr wieder im Tessin] Erster Hinweis für die beabsichtigte Rückkehr der Familie Ball im Frühjahr 1926 ins Tessin.

Geschichten aus dem Mittelalter] Hrsg. von Hermann Hesse. Konstanz: Verl. Karl Hönn 1925. Hugo Ball wird auf S. 10 erwähnt.

S. Prassede] Vgl. *Nr. 463*.

Santa Maria in Cosmedin] Piazza Bocca della Verità. Der Beiname erinnert an die Gründung der Kirche durch Griechen aus Konstantinopel im 5./6. Jahrhundert.

S. Clemente] Vgl. *Nr. 438*.

Aracoeli] Vgl. *Nr. 475*.

Monte Gargano] Der Gargano ist ein Gebirgszug in Apulien. Dem hl. Laurentius (Majoranus), gest. um 546, Bischof von Siponto, wird die »Errichtung des Michaelsheiligtums auf dem Monte Gargano zugeschrieben« (LThK 6, Sp. 834).

594. An Carl Muth, 5.1.1926

D: Ms. Durchschlag; 1 S. **F:** HBN. **E:** Briefe, S. 241. **DV:** Durchschlag.

mein Manuskript] Ball überließ Carl Muth die »ersten 90 Seiten des neuen Buches« (vgl. Nr. 589), eine bearbeitete Fassung der Tagebücher.

San Silvestro-Adresse] Es handelte sich um die Adresse von Carl Muths Bruder (vgl. Nr. 585 und *Nr. 460* – »Prof. Muth ist gerade hier in Rom«).

595. An René Schickele, 5.1.1926

D: Ms. Durchschlag; 1 S. **F:** HBN. **E:** Briefe, S. 241 f. **DV:** Durchschlag.

Ihr Buch kam] Vgl. *Nr. 591*.

über mich geschrieben] Vgl. *Nr. 564* – »Feuilleton in der hiesigen Presse«.

Gletschergeschichte] Das Kapitel ›Gletscherspalte‹ (S. 13-34) steht im ersten Band von Schickeles ›Ein Erbe am Rhein‹ (vgl. *Nr. 591*).

596. An Engelbert Krebs, 9.1.1926

D: Ms. Durchschlag; 1 S. **F:** HBN. **DV:** Durchschlag.

lieber Herr Professor] Der ›Tagebuch‹-Eintrag: 14. Januar 1926 belegt, daß Nr. 596 an Engelbert Krebs (vgl. *Nr. 435*) gerichtet wurde. Ball schrieb diesen »Abschiedsbrief«, bevor Krebs seine Weltreise antrat.

Ihr lieber Brief] Im HBN nicht vorhanden.

neues Buch von mir] ›Die Flucht aus der Zeit‹.

ein Lob der Kirche] Damit dürfte Hugo Ball das fertiggestellte Manuskript seiner Frau ›Die heilige Stadt‹, den zweiten Teil des 1926 erschienenen

Buchs ›Der Gang zur Liebe‹ gemeint haben. Im ›Tagebuch‹, 28. Januar 1926, als sich Ball mit dem Manuskript seiner Frau beschäftigte, wiederholte er diesen Satz nahezu wörtlich: »Ein Lob der Kirche, wie es seit Anna Katharina in deutscher Sprache nicht gesungen wurde«. Ball meinte ergänzend, man werde erst später verstehen, was er damit sage.

Anna Katharina] Anna Katharina Emmerich (vgl. *Nr. 762* – »Dülmen). Die Passage »seit Anna Katharina in unserer Sprache nicht gesungen« weist auf deren Visionen hin, die Clemens Brentano in den Jahren 1818-1824 niederschrieb.

597. An Ruth Hesse, 9.1.1926

H: Hs. Postskriptum Hugo Balls zu einem ms. Brief mit eigenh. Unterschrift von Emmy Ball; 2 S. **F:** DLA. **DV:** Original.

Datierung: Vietri, d. 9. Januar.] Die ms. Datierung stammt aus Emmy Balls Brieftext.

Liebe Ruth] Die Adressatin des Briefes von Emmy und Hugo Ball ist Hermann Hesses zweite Frau, Ruth Hesse, geborene Wenger. Emmy Ball bedankte sich u.a. über das »Liebesgabenpacket«, das am Heiligen Abend 1925 eintraf.

598. An Carl Linfert, 17.1.1926

H: Ms. Brief mit eigenh. Unterschrift; 1 S. **F:** HBN. **DV:** Original.

Carl Linfert] (1900-1981), Journalist, Schriftsteller, Studium der Volkswirtschaftslehre und der Kunstgeschichte (auch DLL 9, Sp. 1487).

Ihren Aufsatz] Carl Muth unterrichtete Ball von einer Rezension Linferts über ›Die Folgen der Reformation‹, die aber keine Zustimmung Muths fand (*Nr. 511* – »Fahnen vom 2. Teil des Aufsatzes« und *Nr. 665*).

Ihre schöne, liebevolle Arbeit selbst zu lesen] Vermutlich sandte Linfert das Typoskript seiner unveröffentlichten Rezension; daraus trug Ball über fünf handschriftliche Seiten ins ›Tagebuch‹, 3. Januar 1926, ein.

»Wissen und Leben«] Ab Jahrgang 19 (1926) wurde die Zeitschrift in ›Neue Schweizer Rundschau‹ umbenannt.

Max Rychner] (1897-1965), Journalist, Lyriker und Essayist. Studium der Germanistik in Bern und Zürich. Von 1922-1931 Redakteur der Zeitschrift ›Wissen und Leben‹ (ab 1926: ›Neue Schweizer Rundschau‹).

599. An Hermann Hesse, 24.1.1926

H: Ms. Brief mit eigenh. Unterschrift; 1 S. **F:** HBN. **E:** EBH Leben, S. 255 f.; auch in Briefe, S. 242. **DV:** Original.

»Geschichten aus dem Mittelalter«] Vgl. *Nr. 593*.

freundliche Erwähnung meiner ›Folgen‹] Vgl. *Nr. 593*.

Geschichte von dem Laienbruder] Es handelt sich um eine Erzählung ›Christus als Armer‹ (S. 25 f.), die Hermann Hesse aus dem ›Dialogus miraculorum‹ des Heisterbacher Klosterpriors Caesarius aus dem Lateinischen übersetzte.

Gesta Romanorum] Das älteste Märchen- und Legendenbuch des christl. Mittelalters. Nach der Übersetzung von J. G. Th. Graesse ausgewählt von Hermann Hesse. Leipzig: Insel [1915].

Legende vom hl. Alexius] ›Vom Leben des heiligen Alexius, des Kaisers Eufemians Sohn‹, S. 53-61.

Dr. Linfert] Vgl. *Nr. 598.*

Ihre letzte Karte] Nicht erhalten.

Madonna, der Sie soeben] Hesses Essayband ›Bilderbuch. Schilderungen‹ (Berlin: S. Fischer 1926) enthält auch die Erlebnisberichte ›Madonna d'Ongero‹ (1923) und ›Madonnenfest im Tessin‹ (1924).

Herrn Clavel] Gilbert Hugo Emil Clavel (1883-1927), Kunsthistoriker und Schriftsteller. Clavel besaß seit 1910 bei Positano den Turm Torre di Fornillo, den »Sarazenenturm«, den er systematisch ausbaute. Emmy Ball beschrieb in ihrem Artikel ›Positano‹ einen Besuch bei Clavel: »Vor zwei Jahren besuchte ich den seltsamen Menschen. Er war, äußerlich betrachtet, klein und verwachsen, trug die Flügel im Rücken, wie man hierzulande sagt, war eine Erscheinung, wie etwa aus Hoffmanns Erzählungen, der Sandmann, eine mystische Figur. Große ernste Augen im großen blassen Gesicht, unendlich gütig und sehr klug. Das große Meer rauschte seine Einsamkeit, vielfältig verbreitet. Man sieht vom Turm weit hinaus, über die Galliinseln, die Inseln der Sirenen, die verlassen und verloren im Wasser liegen, weit hinweg. [...] Mit kindlicher Freude zeigte Clavel seinen Turm, den er interessant ausgebaut mit neuen Räumen, die Decken mit schönen Wölbungen und die Einrichtung solid, antik und treu. [...] Ja, Gilbert Clavel war auch ein Dichter und der schönste Reim seines Lebens dieser wilde, schöne, stille, graue Sarazenenturm.« (›Vaterland‹, Luzern. Jg. 96, 1929. Beil.: Sonntagsbl. Jg. 17. Nr. 14 vom 4.4.1929. S. 111 f.)

Klintekongen] Im dänischen Volksglauben ein übernatürliches Wesen, das auf einem Küstenfelsen wohnt und über ihn herrscht. Von Emmy Ball, die im deutsch-dänischen Grenzgebiet aufwuchs, könnte Hugo Ball den Begriff »Klintekongen« übernommen haben. In ihrem autobiographischen Roman ›Blume und Flamme‹ stellte sie sich ihr Leben als Haushaltshilfe mit »Familienanschluß« vor und träumte sich in eine Christnacht, holte ihr »Faladapferd« aus dem Stall, um nach »Klintekongensee« (EBH Blume, S. 199) zu reiten. Anläßlich von Emmy Balls Besuch bei Clavel in Positano schrieb Ball ins ›Tagebuch‹, 14. Januar 1926, er wohne in einem Turm wie ein »Klinte Kongen König«.

600. An Carl Muth, 10.2.1926

H: Ms. Brief mit eigenh. Unterschrift; ms. Postskriptum mit ms. Initialien-Unterschrift; 1 S. Zu diesem Brief existiert im HBN noch ein weiterer Textzeuge mit geringfügigen Abweichungen. **F:** Bayerische Staatsbibliothek München, Carl-Muth-Nachlaß. **E:** Briefe, S. 242 f. **DV:** Fotokopie des Originals.

»Heilige Stadt«] Vgl. *Nr. 533* – »Römisches Tagebuch«. Diesem Brief beigelegt war das Manuskript.

Geschichts-Glosse] Vgl. *Nr. 529* – »drei Geschichtswerke«.

601. An Joseph Leufkens und Ida Maria Bauer, 12.2.1926

D: Ms. Durchschlag mit eigenh. Unterschrift; 1 S. F: HBN. DV: Durchschlag.

Roma Aeterna] Vgl. *Nr. 488* – »Joseph Leufkens«.
Hinweis auf Gemma Galgani] Emmy Balls Rezension über Beda Ludwigs ›Tugendschule Gemma Galganis‹ erschien in: ›Roma Aeterna‹, Rom. Jg. 6, 1926. H. 2, Februar. S. 75 f.
Abschnitt über die Passionisten] Vermutlich das Kapitel ›Die heilige Treppe‹ (EBH Gang, S. 268-281).

602. An Pater Beda Ludwig, 19.2.1926

D: Ms. Durchschlag; 1 Bl., 2 S. F: HBN. DV: Durchschlag.

»Tugendschule der Gemma Galgani«] Vgl. *Nr. 592* – »Ihr liebes Bild«, auch *Nr.434* – »Pater Beda«.
der »kleinen« Therese] Thérèse von Lisieux (Ordensname Theresia vom Kinde Jesus und vom heiligen Antlitz; auch »kleine heilige Theresia«), Karmeliterin (1873-1897); 1925 heiliggesprochen.
Gedichtlein beizulegen] Ball legte dem Brief sein Gedicht ›Mater Glorioso‹ bei (vgl. *Nr. 488* – »zwei Gedichte«).
Msgr. Hudal] Alois Hudal (1885-1963), Bischof. Rektor der Anima, Rom.
Msgr. Wilpert] Joseph Wilpert (1857-1944). 1903 Apostolischer Protonotar, 1926 Professor am Päpstl. Institut für Christl. Archäologie, Rom.
S. Eminenz Kardinal Ehrle] Franz Ehrle (1845-1934), seit 1922 Kardinal; bedeutender Mediävist. Ab 1919 Dozent für Paläographie am Bibelinstitut und für Geschichte der Scholastik an der Gregorianischen Universität in Rom, 1929 Bibliothekar und Archivar der Röm. Kirche (LThK 3, Sp. 719).
»Tugendschule« eine Anzeige] Vgl. *Nr. 601* – »Hinweis auf Gemma Galgani«.
über seinen Heiligen] Emmy Ball bezeichnete den hl. Aloysius von Gonzaga als ihren »Lieblingsheiligen« (EBH Gang, S. 143). Sie beschreibt ihr persönliches Verhältnis zu diesem Heiligen in zwei Kapiteln (S. 120-128) und erwähnt den hl. Aloysius auch sonst häufig in ›Der Gang zur Liebe‹.

603. An Jacob Friedrich und Luise Maria Muth, 3.3.1926

D: Ms. Durchschlag mit Postskriptum; 1 S. F: HBN. DV: Durchschlag.

Jacob Friedrich Muth] Vgl. *Nr. 460* – »Prof. Muth ist gerade hier in Rom«.
Luise Maria Muth] Vgl. *Nr. 460* – »Prof. Muth ist gerade hier in Rom«.
freundliche Aushilfe] Ball hatte von den Muths (Fiumicino) Geld geliehen.
schweizer Urweltboden] Carl Muth hielt sich »kurze Zeit in Davos« auf und schien »sich erholt zu haben«. (HBN: Luise Maria Muth an Emmy Ball, 1. März 1926).
p. Vaglia] Ital. vaglia; hier per Anweisung.
Fiumicino] Vgl. *Nr. 572*.

604. An den Verlag Duncker & Humblot, 14.3.1926

D: Ms. Brief mit eigenh. Unterschrift; 2 Bl., 2 S. F: Verlagsarchiv Duncker & Humblot, Berlin. E: Briefe, S. 244 f. DV: Original.

letzten Brief] Ball bezieht sich auf Feuchtwangers Brief vom 18. Dezember 1925, dessen Durchschlag sich im Verlagsarchiv D&H erhalten hat.

mit der schönen Reklame geworden] Feuchtwanger am 18. Dezember 1925: »Ich habe vor, im nächsten Jahr an geeigneten Stellen wiederholt auf Ihre beiden Bücher kräftig hinzuweisen.« Tatsächlich erschien aber zu Balls Publikationen, laut einer Anzeigenübersicht des Verlags Duncker & Humblot (Verlagsarchiv), nur die Anzeige im ›Hochland‹. Jg. 23, H. 9, Juni 1926. Vgl. auch Nr. 637.

neue Buch ist fertig] Ins Tagebuch schrieb Ball am 17. März 1926: »Das Tagebuch ist inzwischen fertig geworden. Es geht bis zum Beginn meiner republik. Aktion in Bern. Ich dachte es ursprünglich noch weiter zu führen bis 1922 (Abreise von München) habe mich aber nach reiflicher Überlegung und auch nach öfteren Debatten mit Emmy entschlossen, Bern zunächst wegzulassen und mit Ascona 1917 aufzuhören. Es ist so auch in sich abgeschlossen; man sieht dass die künstlerischen Motive zur Politik führen. Die artistischen und ästhetischen Interessen stehen im Vordergrund. Die republikan. Aktion[,] die Enttäuschungen 1918 und die eigentliche Konversion erfordern einen zweiten Band. Hätte ich das Ganze in einen Band aufnehmen wollen, so wäre der Band zu umfangreich und zu schwer geworden, auch wäre zu befürchten gewesen, dass sich das Interesse der Gegner auf das Kapitel Bern gestürzt und so den Sinn des Buches und den Zweck der Publikation vereitelt hätte. Die Politik in Bern war nur ein untergeordnetes, [unleserliches Wort] Interesse, wie sehr es mich beschäftigte und wie sehr ich darin aufzugehen schien.« (›Tagebuch‹, 17. März 1926; Emmy Ball zitierte – mit geringfügigen Änderungen – ebenfalls aus diesem ›Tagebuch‹-Eintrag: EBH Weg, S. 156).

Hermann Hesse im Vorwort] Vgl. *Nr. 593* – »Geschichten aus dem Mittelalter«.

»Wissen und Leben«] Vgl. Nr. 598. Ball informierte Ludwig Feuchtwanger über die geplante Besprechung, ohne dabei den Rezensenten Carl Linfert zu nennen (vgl. *Nr. 511* – »Fahnen vom 2. Teil des Aufsatzes« und *Nr. 665*).

das Buch Ihnen willkommen] Bereits am 20. März 1926 antwortete Feuchtwanger (Verlagsarchiv D&H): »Bitte schicken Sie mir sobald wie möglich das Manuskript der ›Konversionen‹. Die allgemeine Lage ist leider nicht anders, wie ich Ihnen schon Ende vorigen Jahres geschrieben habe, wir übernehmen z.Zt. überhaupt keine Schriften und Bücher. Ich kann Ihnen daher auch keine grundsätzliche Zusage machen. Aber ich interessiere mich doch so sehr auch für Ihr drittes Buch, dass alles geschehen soll, was an mir liegt, um es in unserem Verlag erscheinen lassen zu können. Also schicken Sie bitte das Manuskript; ich werde Ihnen dann so rasch wie möglich unseren endgültigen Bescheid wissen lassen.«

Aulard und Ranke] Balls Aufsatz ›Drei Geschichtswerke‹ (vgl. *Nr. 529*).

605. An Carl Muth, 14.3.1926

D: Ms. Durchschlag mit ms. Postskriptum; 1 S. **F:** HBN. **E:** Briefe, S. 243 f. **DV:** Durchschlag.

Beilage: Nr. 605 legte Hugo Ball eine Rezension seiner Frau über Franz Kafkas ›Ein Hungerkünstler, vgl. *Nr. 479* – »Zur Besprechung überlassen«, bei (›Tagebuch‹, 17. März 1926).

Manuskript der ›Heiligen Stadt‹] Nr. 600 lag Emmy Balls Manuskript bei. Im ›Hochland‹ erschienen keine Auszüge.

Frühjahr in Solln] Muths Tochter schrieb: »Leider kommt er [Carl Muth] in diesem Jahr nicht mehr nach Italien, sondern erwartet uns für den Sommer in Solln.« (HBN: Luise Maria Muth an Emmy Ball, 1. März 1926).

ins nahe Positano hinüber] Am 28.2. gingen die Balls zu Fuß nach Positano. Nach zehnstündiger Wanderung kamen sie dort an. Wohl am nächsten Tag fanden sie eine Wohnung in der Nähe des Strandes, gegenüber der Kirche. Ball war sich, obwohl ihm die Wohnung gefiel, allerdings nicht schlüssig, überhaupt nach Positano ziehen zu wollen (›Tagebuch‹, 1. März 1926).

Peter Wust] (1884-1940), Philosoph; ab 1930 Professor in Münster/Westf. Ball dürfte um das 1925 erschienene Werk: ›Naivität und Pietät‹ gebeten haben; rezensiert im ›Hochland‹, Jg. 24. 1926/27. Bd. 2, S. 638 ff.

über Kleist und Scholastik] ›Gedanken zum Kleistbuch von Friedrich Braig‹ (›Kölnische Volkszeitung‹. Jg. 67, Nr. 39 vom 17.1.1926. Beil.: ›Im Schritt der Zeit‹, S. 1-2); ›Die Offensive der Scholastik in der Philosophie der Gegenwart‹ (›Kölnische Volkszeitung‹. Jg. 67, Nr. 153 vom 28.2.1926. Beil.: ›Im Schritt der Zeit‹, S. 1-2).

606. An Viktor Kubczak, 15.3.1926

D: Ms. Durchschlag; 1 S. **F:** HBN. **DV:** Durchschlag.

Beilage: Laut ›Tagebuch‹, 15. März 1926, sandte Ball mit gleicher Post ›Die Folgen der Reformation‹ mit der Widmung: »Der christlichen Dichtung zuliebe«.

Viktor Kubczak] Vgl. *Nr. 573*.

Aufsatz »Kulturkrise«] In: ›Westdeutsche Blätter des Bühnenvolksbundes‹, Düsseldorf. Jg. 2, 1925/26. S. 3-7.

christlichen Dichtung] Nr. 606 legte Ball sein Manuskript ›Dichtung und Christentum‹, eine Antwort auf die Umfrage des ›Ostwart-Jahrbuchs‹ (1926), bei (HBB, Nr. 179, S. 10).

Nummer Ihrer Zeitschrift] ›Der Ostwart. Kulturelles Jahrbuch des Bühnenvolksbunds für den deutschen Osten‹, Breslau; begr. 1924.

607. An Hermann Hesse, 15.3.1926

H: Ms. Brief mit eigenh. Unterschrift; 1 S. Über dem Briefkopf von Hesses Hand: »bitte an mich zurück!« und »200 fr. angewiesen«. **F:** HBN. **E:** EBH Leben, S. 258 f.; auch in Briefe, S. 246. **DV:** Original.

»Die Heilige Stadt« ist von Kösel] Der erste Hinweis über die Annahme dieses Werkes durch den Verlag Kösel & Pustet; vgl. auch *Nr. 533* – »›Römisches Tagebuch‹«.

alles so masslos peinlich] Hermann Hesse antwortete am 22. März 1926 (DLA): »Ihr Brief betrübt mich, lieber Freund, und eure Not geht mir zu Herzen. Aus Lugano erhalten Sie in meinem Auftrag dieser Tage etwas Geld. Auch werde ich versuchen, Ihren Brief an Ruth oder Wengers weiter zu schmuggeln. Direkt kann ich nicht an sie gelangen. Wenn schon Sie Ihr Verhältnis zu Wengers als ›peinlich‹ empfinden, wie soll ich dann das meine empfinden, der ich in diese Familie hinein geheiratet habe!«

sonderbare Musik zu hören] Im ›Tagebuch‹, 20. Februar 1926, schilderte Hugo Ball eine regenschwere stürmische Nacht. Während er bis morgens fünf Uhr arbeitete, schliefen Emmy und Annemarie in ihren Zimmern. Unabhängig voneinander erzählten beide am nächsten Morgen von einer lang andauernden, seltsamen Harfenmusik, die sie während der Nacht gehört hätten, und beide brachten diese Musik mit Pater Beda in Verbindung.

Prosasatz aus der Frankfurter Zeitung] Hermann Hesse dürfte den Balls zu Weihnachten eine Manuskriptabschrift der Schilderung ›Ausflug in die Stadt‹ zugesandt haben, die in der ›Frankfurter Zeitung‹ am 17.1.1926 erschien.

608. An Pater Beda Ludwig, 18.3.1926

D: Ms. Durchschlag; 3 Bl., 3 S. **F:** HBN. **E:** Weg, S. 157-159 (Ausz.); auch in Briefe, S. 246-250. **DV:** Durchschlag.

Exorzismus des P. Aurelian] Hugo Ball sandte (›Tagebuch‹, 2. April 1926) an Pater Beda den Aufsatz ›Der letzte Exorzismus‹, der bibliographisch nicht nachgewiesen werden konnte, zurück. Von Pater Aurelian wurde nur ermittelt: ›Authentischer Bericht über die Teufelsaustreibung, welche am 13. und 14. Juni 1891 im Wemdinger Kapuzinerkloster stattgefunden hat‹. (Wemding: Buchdruckerei A. Hellmuth, 1892).

Brief des Arztes] Ein »Dr. Deichstetter« [unsichere Lesart] beschrieb einen »Spukfall in der Gegend von Schaltach« [unsichere Lesart] (›Tagebuch‹: 2. April 1926).

bei den Schulbrüdern] Verlag der Schulbrüder, Kirnach-Villingen (Baden).

Ich kann nicht allein umkehren] In der Tagebuchbearbeitung formulierte Ball am 3. Juli 1919: »Ich kann nicht privatim, und nur für meine Person umkehren. Die ganzen Ideen müssen mit, das ganze Geflechte, in das ich verwachsen bin und das mein Gedanke umfassen kann. Das zerrt und reißt und blutet aus hundert Wunden. Ich will mit der ganzen Nation eintreffen oder nicht leben.« (Flucht, S. 261 f.)

Bonifatius] Angelsächsischer Benediktinermönch und Missionar (um 675-754). »Der im 16. Jh. schon vorkommende Titel ›Apostel Deutschlands‹

ist zu eng, um die Bedeutung des Heiligen hinreichend zu kennzeichnen. Das Geheimnis seiner hist. Größe liegt nicht in geistiger Genialität, sondern in der Kraft selbstlosen Dienens.« (LThK 2, Sp. 593).

Canisius] Petrus Canisius (1521-1597). Jesuit; Kirchenlehrer Vorkämpfer der Gegenreformation. Heiligsprechung am 21. Mai 1925.

Diaspora aufgewachsen] Im ›Schematismus des Bistums Speyer nach dem Stande des Jahres 1887‹ (Speyer: Jäger) betrug in Pirmasens der katholische Bevölkerungsanteil 3380 Personen gegenüber 10855 Protestanten. Pirmasens zählte 1885 14940 Einwohner (für 1886 liegen keine amtlichen Einwohnerzahlen vor).

›Ganz Deutschland muss wieder katholisch werden‹] Dieses Wunschziel schrieb Ball auch an Hans Rost (Nr. 588); auch in ›Die Flucht aus der Zeit‹ (S. 288) andeutungsweise.

Stelle über Ludwig Feuerbach] »›Gott ist alles und der Mensch ist nichts; aber der Mensch sollte alles sein und Gott verschwinden‹: das ist die Antithese Feuerbachs, der sich ebenso wie Bruno Bauer in diesem Punkte mehr mit dem Judaismus als mit dem Christentum auseinandersetzt. Es gibt keine christliche Antithese Gott und Mensch. Christus ist Gott und Mensch zugleich, in zwei Naturen. Die Diesseitsphilosophie ist ursprünglich gegen die hegel- und vorhegel'schen Abstraktionen gerichtet. Diese Abstraktionen aber basieren auf dem Protestantismus; sie lassen die Vermittlung zwischen Gott und Mensch, die Bildwerdung Gottes, die Kirche außer acht.« (Flucht, S. 179 f.: 14. Juli 1917).

Tante Selma] Salomea Arnold (1851-1918), Schwester von Balls Mutter, starb am 21. Oktober 1918 in Pirmasens.

Schwester Philomena] Taufname Pauline Arnold (1849-1908); Dominikanerin im Institut der armen Schulschwestern vom III. Orden des hl. Dominikus, Professe am 23. September 1872. Stationen ihres Werdegangs: Hilfsschwester in Blickweiler (Blieskastel, Saarland) und Steinfeld/Pfalz (bei Bad Bergzabern) und Schwester in Speyer.

Vater stammt aus] Hugo Balls Vater, Karl Ball (*Nr. 1*), wurde auf dem Hoppachshof (Hesselbach, Kreis Schweinfurt) als Sohn des Revierförsters Johannes Heinrich Ball (geb. 1801 in Führt, Odenwald) geboren, der zeitweise Forstmeister in Waldaschaff (Spessart) und in Wechterswinkel (Mainfranken) war (vgl. HBK, Nr. 7, S. 45).

Mutter aus der Rheingegend] Balls Mutter, Josephina Ball, geb. Arnold (*Nr. 4*), wurde in Herxheim bei Landau (Pfalz) geboren (vgl. HBK, Nr. 8, S. 45).

609. An Werner Hegemann, 22.3.1926

D: Ms. Durchschlag; 1 S. **F:** HBN. **DV:** Durchschlag.

Brief vom 13.ten] Nicht erhalten.

meine Frau morgen nach Rom] Laut Balls ›Tagebuch‹, 2. April 1926, fuhr Emmy Ball bereits am Montag, den 22. März – und gab Nr. 609 in Rom »poste restante« auf. Werner Hegemann antwortete am 24. März 1926, wohl ebenfalls »poste restante«, Emmy Ball (HBN). Er schlug eine Begegnung für »Donnerstag nachmittag etwas nach ½ 5« vor. Über dieses

Zusammentreffen schrieb Emmy Ball: »Lieber Hugo, gestern war ich mit Hegemann zusammen, das hat mir den Rest gegeben [...]. Das ist ein ganz entsetzlicher Gotteslästerer! [...] Sieht man ihn zuerst, sieht er zum Einschlafen langweilig aus, auf den ersten Blick. Vielleicht ein artiger Offizier, die ja zahm und matt und nett aussehen können, 45 Jahre, blond, kleiner Zahnbürstenbart, wenn ich mir den nicht eingebildet hab. Seh ich ihn auf der Straße, würde ich ihn nicht wiedererkennen. Nur die absurd karierte Krawatte und nicht ganz passenden Kragen, aber er hat mich doch sehr betroffen. Läßt einen durch seine Überlegenheit nicht zu Worte kommen, auch wenn er einen sprechen läßt [...]. Er war bei aller Höflichkeit äußerst unhöflich. Er hält mich gewiß für sehr töricht, und das ist schmeichelhaft. Er wolle jetzt Dein Byzanzbuch lesen. Dann wird die Freundschaft aus sein, das halt ich für möglich. Er könne nicht verstehen, daß Du auf dem Lande leben möchtest so ostentativ und das könntest.« (HBN: Emmy Ball an Hugo Ball, undatierter Brief, März 1926.) Einen anderen Eindruck von dieser Begegnung hatte offensichtlich Werner Hegemann: »Hoffentlich hat sie [Emmy Ball] den eigentüml. Humor der Unterhaltung ebenso genossen wie ich. Sie hatte keine Ahnung, dass ich ein entschlossener Bekämpfer von Opfergedanken bin, und sprach nur mit Begeisterung von der Stigmatisierung, ja empfahl, dass diese mir höchst peinliche Art der Selbstbefleckung als einzige Rettung *für jedermann* eingeführt werde [...]. Nie hat es eine drolligere Unterhaltung gegeben. Schade, dass Sie fehlten.« (Zitiert nach ›Tagebuch‹, 6. April 1926).

Vielleicht sehen wir uns in Neapel] Über eine Begegnung zwischen Ball und Hegemann ist nichts bekannt. Nach Emmy Balls Bericht über ihr Treffen mit Hegemann in Rom scheint der Briefwechsel zwischen Ball und Hegemann nicht fortgesetzt worden zu sein. Ball sandte aber den Aufsatz ›Drei Geschichtswerke‹ an ›Dr. Fridericus‹ (Nr. 637), bei dem es sich um Werner Hegemann gehandelt haben muß.

610. An Emmy Ball, nach dem 23.3. / vor dem 31.3.1926

D: Ms. Brief mit hs. Unterschrift; 1 Bl., 2 S. **F:** HBN. **DV:** Original.

Datierung: Emmy Ball war am 22. oder 23. März 1926 (vgl. *Nr. 609* – »meine Frau morgen nach Rom«) zu ihrer Reise, zuerst nach Rom, dann in die Schweiz und schließlich nach München aufgebrochen. Hugo Ball dürfte Hermann Hesses Brief vom 22. März 1926, den er im Text erwähnte, am 23. März und die Geldsendung am 24. März erhalten haben. Vermutlich schrieb Ball Nr. 610 am 24. März 1926.

ersten Absatz] Hermann Hesse schrieb am 22. März 1926 (DLA Hesse) im »ersten Absatz«: »Danke für Ihren Brief – auch Emmy hätte ich längst für ein Briefchen danken solln, und es ist nicht geschehen, weil ich nichts mitzuteilen habe, und weil ich das Gefühl habe, dass Euer gläubiger Optimismus, soweit es sich um das Loos von Freunden handelt, mir nicht diene. Sie und Emmy schreiben mir immer, wie sehr Ruth mich liebe, während sie mich in Wirklichkeit verlassen hat, und wie gut die Madonna es mit mir meine, und wie leicht sie meine Augenschmerzen etc heilen könne. Für einen Menschen, der Tag für Tag in der Verzweiflung steht, ist solcher Trost, verzeihen Sie, nichts Essbares, sondern Wind. Und weil der Mensch, wenn er leidet, immer extra egoistisch ist, war es mir nicht mehr möglich, euch in letzter Zeit zu schreiben.« Den Brief schloß Hesse versöhnlich: »Ich denke an Euch herzlich, und ich möchte Ihnen, lieber Ball, mit den paar Worten oben in meinem Brief ja nicht weh getan haben.«

Aufsatz von Ponten] Josef (Servatius) Ponten (1883-1940); Landschaftsschilderer, Erzähler, Lyriker. Es handelte sich um den Aufsatz Pontens ›Die luganesische Landschaft‹, mit 8 Aquarellen von Hermann Hesse, der in: ›Velhagen & Klasings Monatshefte‹, Berlin u.a. Jg. 40, 1925/26. H. 2. Oktober 1925, S. 160-169, erschien. Eine nur wenig erweiterte Fassung erschien 1926 in Buchform mit 12 Abbildungen, davon 6 von Hermann Hesse, in der Deutschen Verlags-Anstalt, Stuttgart, Berlin und Leipzig (vgl. auch *Nr. 670*). Emmy Ball besprach diese Publikation in ›Lugano. Organo officiale …‹. Jg. 32, 1926. Nr. 29 vom 16.9.1926, S. 6 f.

›Nürnberger Reise‹] Der »Vorabdruck« erschien in der ›Neuen Rundschau‹, Berlin (Jg. 37, 1926. H. 3, März und H. 4, April). Die Buchausgabe kam 1927 bei S. Fischer, Berlin, heraus.

Karte von Hegemann] Vgl. *Nr. 609* – »meine Frau morgen nach Rom«.

Nationalzeitung 7 Franken] Das Honorar könnte Emmy Ball für das Gedicht: ›Sag, was geschieht …‹, das in der ›National-Zeitung‹, Basel. Jg. 84, 1926. Beil.: ›Der Basilisk‹, Jg. 7, Nr. 9 vom 28.2. erschien, erhalten haben.

Brief von Pater Beda] Nicht erhalten.

Simplizissimus] In der Zeitschrift ›Simplicissimus‹, München, publizierte Emmy Ball in den Jgg. 30 (1925/26), 31 (1926/27), 32 (1927/28) und 34 (1929/30) einige ihrer Gedichte. Die »170 Lire« (Nr. 613) erhielt sie für das Gedicht ›Wanderung‹ (Jg. 30. Nr. 51 vom 22.3.1926, S. 730).

Animastimmen] ›Animastimmen. Kirchenzeitung der kath. deutschen Gemeinde Santa Maria dell'Anima in Neapel‹. Schriftleitung: Clemens Stinner. Der 1. Jahrgang, der 1926 erschien, enthält keine Beiträge von Emmy Ball.

Hesse mitteilt, er bleibe noch] Hesse schrieb am 22. März 1926 (DLA): »Ich bleibe wahrscheinlich noch den grössern Teil des April hier in Zürich, obwohl ich es beinahe nicht mehr aushalte. Was nachher geschieht, weiss ich noch nicht. Vielleicht werde ich in Montagnola wieder arbeiten können, das ist am Ende immer die beste Betäubung für einen alten Arbeitsgaul. Hier kann ich es nicht, und die Betäubung muss Abend für Abend mit viel Alkohol erzwungen werden.«

Direktor Muth] Vgl. Nr. 614.

611. An den Verlag Duncker & Humblot, 28.3.1926

H: Ms. Brief mit eigenh. Unterschrift und ms. Postskriptum; 1 S. Durchschlag im HBN. **F:** Verlagsarchiv Duncker & Humblot, Berlin. **E:** Briefe, S. 250 f. **DV:** Original.

Manuskript des Tagebuchs] Vgl. *Nr. 604*.

provisorisches Vorwort] Dieses Vorwort fand keine Aufnahme in der Druckfassung und gilt als verschollen.

Jean Jacques] Vom 7. bis zum 19. November 1922 (›Tagebuch‹) las Ball seiner Frau und Annemarie die ›Bekenntnisse‹ von Jean Jacques Rousseau vor.

Ball äußerte sich nach der Lektüre sehr kritisch über dieses Werk und bezeichnete es als Verteidigungs- und nicht als Bekenntnisschrift (›Tagebuch‹, 19. November 1922). Im Nachklang der Rousseauschen Lektüre notierte sich Ball Gedankensplitter der eigenen Biographie ins ›Tagebuch‹ (24., 25. und 29. November 1922).

Ihre prompte Antwort] Feuchtwangers Antwort vom 20. März 1926, vgl. *Nr. 604* – »das Buch Ihnen willkommen«.

bald eine Entscheidung mitteilen] Bereits am 1. April 1926 antwortet Feuchtwanger aus Balls Brief: »Das ›Tagebuch‹ soll meine Osterlektüre sein, auf die ich mich sehr freue. Nur eines möchte ich schon jetzt nach flüchtigem Durchblättern der Schreibmaschinenseiten sagen: In *2 Teilen* darf dieses Buch auf keinen Fall erscheinen. Davon hängt auf dem heute so gedrängten und unwirtlichen deutschen Büchermarkt der Erfolg ab. Auch der Vertrieb ist nur dann rationell. Sie müssen den 2. Teil auch noch bald liefern, und das Ganze darf 20 Bogen keinesfalls überschreiten.
Ich bin sicher, dass die Blätter, die hier vorliegen, etwas Besonderes sind und mich nicht enttäuschen. Ob der Verlag das Buch bringt, hängt von einer Reihe sachlicher und persönlicher Faktoren ab. Hoffentlich kann ich alle Schwierigkeiten überwinden. [...] Bitte, fassen Sie sich in Geduld; ich werde nach Ostern wohl vorläufig Ihnen nur meinen allgemeinen Eindruck mitteilen können und erst nach etwa 14 Tagen die Entscheidung des Verlages.« (D&H, Verlagsarchiv).

612. An Hermann Hesse, 30.3.1926

H: Ms. Brief mit eigenh. Unterschrift; 1 Bl., 2 S. **F:** HBN. **E:** Briefe, S. 251 f. **DV:** Original.

200 Franken aus Lugano] Vgl. auch Nr. 613.

»Nürnberger Reise«] Vgl. *Nr. 610*.

Arps Arabesken] Hans Arps Lyrikband ›Pyramidenrock‹ (vgl. *Nr. 523*).

Geschichte von der Blauen Lau] In der ›Nürnberger Reise‹ schrieb Hermann Hesse: »[...] bei Blaubeuren lag das berühmte Klötzle Blei, und in Blaubeuren im Blautopf hatte einst die schöne Lau gewohnt, und diese schöne Lau war vom Blautopf unterirdisch in den Keller des Nonnenhofes hinübergeschwommen, war dort in einem offenen Brunnen erschienen, ›schwebend bis an die Brust im Wasser‹, wie ihr Geschichtschreiber berichtet. Und hier in den holden Phantasien, die um die zauberischen Namen Blau und Lau schweiften, war meine Begierde nach Blaubeuren erwachsen. Erst viel später kam ich mit dem Verstand dahinter und konnte feststellen, daß es der Anblick des Blautopfs und der schönen Lau und ihres Bades im Nonnenhofkeller war, wonach ich Wünsche hegte, und daß aus dieser Quelle meine Bereitwilligkeit zu einer Reise nach Blaubeuren floß.« (Zitiert nach HH: ›Gesammelte Schriften‹. 19. Tsd. 1987. Bd. 4, S. 120 f.) Hesse bezog sich beim »Geschichtschreiber« auf Eduard Mörike, der in seiner Erzählung ›Das Stuttgarter Hutzelmännchen‹ die ›Historie von der schönen Lau‹ eingebunden hat.

Abhorrenz] Abscheu.

Emmy ist ein bisschen weggefahren] Vgl. *Nr. 610* – Datierung.

beiden Bücher] ›Der Gang zur Liebe‹; vgl. *Nr. 533* – »Römisches Tagebuch«.

auch den II. Band] Beide Tagebuch-Manuskripte erschienen unter dem Titel ›Die Flucht aus der Zeit‹.

613. An Emmy Ball, 31.3.1926

H: Hs. Brief; 1 Bl., 2 S. **F:** HBN. **DV:** Original.

Datierung: Der Briefinhalt läßt Nr. 613 eindeutig auf Mittwoch, den 31.3.1926 datieren.

Hs. Postskriptum von Annemarie Hennings: »Liebes Mütterchen! Wie ist es Dir wohl in Zürich gegangen. Hoffentlich hast Du jetzt endlich unsere Post bekommen. Wir haben am Sonntag einen wundervollen persischen Märchenfilm gesehen. Schade, dass Du nicht dabei warst. Aufwiedersehn u. alles Liebe. 1000 Grüsse u. Küsse Dein Annemusch.«

Kösel geschrieben hat] Vgl. Nr. 612.

Dr. Saager] Adolf Saager wohnte in Lugano-Massagno. Die Abschrift des Kösel-Briefs, die Ball einem Brief an Adolf Saager beilegte, verfehlte Emmy Ball in Lugano. Daraufhin leitete Saager die Abschrift nach Zürich an Hermann Hesse weiter. Hesse schrieb am 1. April 1926 eine Postkarte (DLA, Hesse) an Ball: »Lieber Herr Ball, Ihr via an Saager an mich gekommener Brief für Emmy war nicht mehr bestellbar. Sie war am Dienstag hier, wir waren mehrere Stunden zusammen, am andern Tag wollte sie nach München weiter.«

Hesse war wohl] Hermann Hesse hielt sich im Frühjahr 1926 – mit Unterbrechungen – in Zürich auf und wohnte Schanzengraben 31. Vgl. *Nr. 591* – »Leutholds«.

S. Silvestro] In der Piazza di S. Silvestro in Rom war das Post- und Telegraphengebäude (Baedekers Italien, S. 230).

Heut schrieb ich ausführlich an P. Beda] Dieser Brief ist nicht erhalten.

»Vor der Kommunion«] Mit dem Titel ›Kommunion‹ erschien von Emmy Ball ein Gedicht in der ›Kölnischen Volkszeitung‹ (Jg. 67, 1926. Nr. 932 vom 19.12. Beil.: ›Im Schritt der Zeit‹, S. 2).

Adresse Giuseppinas] Die Geschwister Giuseppina und Giovanni Morelli waren Besitzer eines Anwesens in Signa in der Nähe von Florenz. Ball schrieb, dieser Besitz sei »mehr ein Albergo, ein Palazzo der Grösse nach« (Nr. 641). Dazu müssen noch einige »Bauernhäuser« gehört haben.

Prefetto] Ital. = Präfekt.

Rockenbach] Martin R. (1898-1948), Literaturkritiker; Begründer und Herausgeber der literarischen Monatsschrift ›Orplid‹.

Deine beiden Beiträge] In der literarischen Monatsschrift in Sonderheften: ›Orplid‹, München-Gladbach und Köln, erschienen von Emmy Ball im Jg. 3, 1926/27 zwei Buchrezensionen; H. 4, Juli 1926, S. 73 f.: Sherwood Anderson: ›Der arme Weisse‹ und im H. 7, Oktober 1926, S. 63: Hugo Marti: ›Das Kirchlein zu den sieben Wundern‹.

»Christliche Dichtung«] Vgl. *Nr. 606.*

Lisa Tetzner] (1894-1963), Kinderbuchautorin, Märchenerzählerin; verheiratet mit Kurt Held (eigtl.: Kurt Kläber). Seit 1924 lebte Lisa Tetzner den Sommer über in Carona. 1933 emigrierte das Ehepaar in die Schweiz;

Freundschaft mit Hermann Hesse. Sie war Mitarbeiterin bei der Zeitschrift ›Ostwart‹ und beim ›Ostwart-Jahrbuch‹.

614. An Jacob Friedrich und Luise Maria Muth, 31.3.1926

D: Ms. Durchschlag; 1 S. **F:** HBN. **DV:** Durchschlag.

Ihr liebes Entgegenkommen] Um ihre Weiterreise von Rom nach München finanzieren zu können, lieh Emmy Ball vom Ehepaar Muth (Fiumicino) einen Geldbetrag.

Dr. Stahl] Ernst Konrad Stahl (1886-1966), Buchhändler, Verlagsdirektor. »1920 schlossen sich die Verlage Josef Kösel in Kempten und Friedrich Pustet in Regensburg zu einem Konzern zusammen; in das Stahl die Lentner'sche Buchhandlung einbrachte. In diesem Unternehmen hatte Stahl die Sortimentsdirektion inne. 1929 schied er aus dem Verlag Josef Kösel und Friedrich Pustet in München aus und nahm als Alleininhaber die Lentner'sche Buchhandlung wieder in eigenen Besitz.« (DBE 9, S. 437.)

Dr. Pustet] Friedrich Pustet (1867-1947), Verleger; vgl. *Nr. 440*.

615. An Maria Hildebrand, 5.4.1926

H: Hs. Bildpostkarte, Motiv: Ravello – Panorama visto dal Giardino Rufolo. Adresse: *Germania* / Frau Direktor / Maria Hildebrand / Pirmasens. Rheinpfalz / Landgrafenstr. 2. **F:** HBN. **DV:** Original.

Hs. Nachschrift von Annemarie Hennings: »Liebe Tante Maria! Es ist wunderschön hier u[nd] schade, daß Ihr es nicht auch sehn könnt. Herzliche Ostergrüsse / Annemarie.«

Villa Rufolo] »Wir haben in Ravello Klingsors Garten gefunden«, schrieb Cosima Wagner am 26. Mai 1880 in ihrem Tagebuch. In den Gärten des Palazzo Rufolo hatte Richard Wagner das Motiv für »Klingsors Zaubergarten« für seine Oper »Parsifal« gefunden.

616. An Emmy Ball, 7.4.1926

H: Ms. Postkarte mit eigenh. Unterschrift und hs. Postskriptum; beidseitig beschrieben. Adresse: Signora *Ball* (Emmy Hennings) / *Lugano* / ferma in posta / *Svizzera*. **F:** HBN. **E:** Briefe, S. 252. **DV:** Original.

Hs. Postskriptum von Annemarie Hennings: »Herzliche Grüsse Annemarie. Komm bald wieder liebes Mütterlein.«

Pfaffenhofen] Am Dienstag nach Ostern schrieb Emmy Ball: »Mittags fahr ich jetzt zu Pater Beda, er wird spitzen.« (HBN: Emmy Ball an Hugo Ball, 6. April 1926.) In der Briefnachschrift schrieb Emmy Ball: »ich bin zu spät zum Zug nach Pfaffenhofen gekommen. Jetzt möchte ich warten bis Morgen. [...] So werde ich wol erst Donnerstag reisen können, wenn ich nicht auf Scheyern verzichten will [...]. Also werde ich wol Donnerstag abend oder Freitag im Lauf des Tages ankommen können.« Pater Beda hielt sich im Kloster Scheyern bei Pfaffenhofen auf (vgl. *Nr. 506* – »neue Umgebung«).

Salernitanische Kastell] »Die *Altstadt* von Salerno klimmt mit altertümlichen Gassen zu den Trümmern des *Castello di Arechi* empor, das auf römischen Grundmauern ruht. Hier hat sich einst der letzte Langobardenfürst Gisulph gegen Robert Guiscard verteidigt. Hier ist Papst Gregor VII. gestorben, derselbe, vor dem Kaiser Heinrich IV. in Canossa Buße tat.« (Eckart Peterich: ›Italien‹. Bd. 2, 1961. S. 745 f.)

Ravello] Vgl. Nr. 615.

diese Karte noch in Lugano] Ob Emmy Ball die erbetenen Bücher aus Lugano mitbrachte, ist nicht sicher; sie schrieb am 6. April: »Morgen fahre ich über den Brenner zurück, ich glaube, ich kann die Reise über die Schweiz nicht riskieren, weil ich viel Zeit verliere [...].«

erhältst] So im Original.

Baudrillart] Alfred Baudrillart: ›La Guerre allemande et le catholicisme‹. Paris 1915.

Tim Klein] ›Der deutsche Soldat. Zeugnisse von seinem wahren Leben‹. München: Hanfstängel 6.-10.Tsd. 1916.

Flesch] Siegfried Flesch: ›Die österreichische Frage‹, in: ›Die Freie Zeitung‹, Bern. Jg. 1. Nr. 59 vom 3.11.1917, nachgedruckt in: ›Almanach der Freien Zeitung‹. Hrsg. u. eingel. von Hugo Ball, Bern 1918, S. 133-137.

Papini] Giovanni Papini: ›Il Crepuscolo dei Filosofi‹. Mailand: Libreria Editrice Lombarda 1906.

Ter Meulen] Jacob ter Meulen: ›Der internationale Gedanke in seiner Entwicklung von 1300-1800‹. Den Haag: M. Nijhoff 1917.

Fichte] Johann Gottlieb Fichte: ›Machiavell. Nebst einem Briefe Carls von Clausewitz‹. Kritische Ausgabe von Hans Schulz. Leipzig: Meiner 1918. Ein Exemplar dieser Ausgabe befindet sich im HBN.

»Venezian. Bilder«] Nicht ermittelt.

617. An Carl Muth, 12.4.1926

H: Ms. Brief mit eigenh. Unterschrift; 1 S. Dazu existiert noch ein Entwurf im HBN. **F:** Bayerische Staatsbibliothek München, Carl-Muth-Nachlaß. **E:** Briefe, S. 253. **DV:** Fotokopie des Originals.

Datierung: Der im HBN befindliche Entwurf trägt die handschriftliche Datierung »12.4.26«, die höchstwahrscheinlich von Hugo Ball beigefügt wurde. Dieses Datum ist schlüssig, denn Ball schrieb Nr. 617 nach Rückkunft seiner Frau am 9.4. (›Tagebuch‹, 9. April 1926) und vor der Abreise des Ehepaars Ball (um den 16.4.) von Vietri sul Mare über Florenz nach Lugano.

Ihre liebe Einladung] Emmy Ball übermittelte die Einladung von Carl Muth, Ball möge nach München kommen, in Ihrem Brief vom 6. April. Carl Muth wiederholte seine Einladung an Hugo Ball in seinem Brief vom 21. April 1926 (HBN).

in diesen Tagen in den Tessin] Die Gründe für den Entschluß, »in den Tessin« zurückzukehren, nannte Ball in Nr. 612 an Hermann Hesse. Zusätzlich mögen die mündlichen Schilderungen beigetragen haben, die Emmy Ball über ihre Besuche bei den Verlagen Kösel & Pustet und Duncker & Humblot Hugo Ball mitteilte. Bereits am 6. April hatte sie ja aus München geschrieben: »Über die Verlagsgeschichte Kösel muß ich viel mit Dir sprechen. Also die Rate 100 M. monatl. geht weiter, und wenn ich wünsche auch 150 M., ich hab mir 200 M. geben lassen, und wir können dann miteinander besprechen. Es gibt da zu viel Neues. – Mit Dr. Feuchtwanger war ich zusammen, interessiert *sich sehr* für Dein Buch, wird es bei Annahme im Herbst bringen.« (HBN). Hugo Ball war allerdings der Meinung, seine Frau habe in München »nicht viel erreicht« und er, Hugo Ball, werde selbst »hinfahren müssen« (›Tagebuch‹, 12. April 1926).

618. An Annemarie Hennings, 17.4.1926

H: Hs. Bildpostkarte. Motiv: Ravello – Antico Cortile del Palazzo Rufolo. Adresse: Signorina Annemarie / Hennings-Ball / *Vietri sul Mare*. **F:** HBN. **DV:** Original.

Hs. Postskriptum von Emmy Ball auf der Bildseite: »Meine liebe Annemie, Steffgen schreibt sämtliche Karten und ich nur [unles. Wort] Grüsse und Küsse Deine Emmy.«

Firenze, 17.IV.1926] Hugo und Emmy Ball traten um den 16. April 1926 ihre Reise an und fuhren zunächst nach Florenz.

Liebling] Annemarie Hennings blieb wegen eines »Keramikauftrags« in Vietri sul Mare zurück, wie Emmy Ball an Hermann Hesse schrieb (EBH Hesse, S. 65).

Signa] Die Balls übernachteten vom 17. zum 18. April bei dem Geschwisterpaar Morelli in Signa bei Florenz (vgl. *Nr. 613*).

619. An Annemarie Hennings, 17.4.1926

H: Hs. Bildpostkarte. Motiv: Firenze – Chiesa di Or S. Michele. La parte inferiore dal lato Ovest. Adresse: Frl. / Annemarie Hennings-Ball / *Vietri sul Mare*. **F:** HBN. **DV:** Original.

Orario] Ital. = Kursbuch.

Montag Nachmittag] 19. April 1926.

Überraschung aus Florenz] Vgl. Postskriptum zu *Nr. 621* – »Wir haben Dir ein buntes Hütchen gekauft [...].«

620. An Maria Hildebrand, 18.4.1926

H: Hs. Bildpostkarte, Motiv: Firenze – Chiesa di S. Croce, La Madonna col Bambino Gesù (Ant. Rossellino). Adresse: *Germania* / Frau Maria Hildebrand / *Pirmasens. Rheinpfalz* / Landgrafenstr. 2. **F:** HBN. **DV:** Original.

Hs. Nachschrift von Emmy Ball-Hennings: »Liebe Maria, von Lugano schreiben wir bald einen Brief. Hoffentlich geht es Dir gut, und auch Deinem lieben Mann u. Gretel. [Herz]-lich Deine / Emmy.«

Santa Croce] Mit dem Bau dieser gotischen Franziskanerkirche wurde 1295 begonnen, sie wurde 1385 vollendet. Die Fassade wurde erst 1857-1863 geschaffen.

621. An Annemarie Hennings, 18.4.1926

H: Hs. Brief; 2 Bl., 3 S. Mit hs. Postskriptum von Emmy Ball auf der 4. Seite. Beide Blätter Kopfbogen »Luigi Gilli, Firenze (3)«. **F:** HBN. **DV:** Original.

Datierung: Nr. 621 muß nach den Postkarten vom 17.4.1926 (Nr. 618 und Nr. 619) datiert werden. Da Ball schon am Sonntag, den 25.4.1926 in Deutschland war (vgl. dazu die Postkarten 622 und Nr. 623), muß dieser Brief vom Sonntag, dem 18.4.1926, stammen.

Hs. Postskriptum von Emmy Ball: »Meine liebe Annemie, wie mag es Dir wol gehen? Zwischen unseren seltsamen Erlebnissen denken wir immer an Dich. Wenn jetzt also etwas Besonderes sein sollte, werden wir wol schon eine Nachricht eventuell telegrafisch in Lugano poste restante finden und werden in disem Falle telegrafisch mit Reisegeld antworten. *In diesem besonderen Falle, sonst natürlich nicht*, müsstest Du das Gepäck zunächst *unfrankirt* [!] bis *Bologna bahnlagernd* senden lassen, und zwar alles an die Adresse Hugo Ball. Doch wird es hoffentlich alles gut gehn.
Am besten wird sein, wenn Du gleich an Ort und Stelle kommst. – Wir haben Frl. Bauer über Dö[lker?] aufgeklärt, daher ist es unbedingt ratsam eine Begegnung mit ihm zu vermeiden. Mach das auf alle Fälle.
Im Übrigen wirst Du ja bald Näheres und auch wol Entscheidendes von uns hören. Wir haben Dir ein buntes Hütchen gekauft, das wir als Stampati raccomandata von Milano morgen schicken. Heut ist ja Sonntag.
Herzliche Grüsse und Küsse

Dein Mütterchen.

In Signa war es seltsam schön, solltest Du nicht über Signa fahren, werden wir Dir beim Wiedersehen ausführlich erzählen.«

in Chiasso ein Schweizer Billet[t]] Hs. Zusatz von Emmy Ball: »ich hab das Billett für Lire bekommen [...].«

Frl. B[auer]] Vgl. *Nr. 500.*

622. An Annemarie Hennings, 23.4.1926

H: Hs. Bildpostkarte; beidseitig beschrieben. Motiv: Romanshorn. Hafen. Adresse: Signorina / Annemarie Ball / Vietri sul Mare / Prov. di Salerno / *Italien.* **F:** HBN. **DV:** Original.

seit gestern] Die Balls kamen am 19. April in Lugano an, und Hugo Ball fuhr bereits in der Nacht vom 21./22. April nach München.

eine reizende Wohnung] Durch Hilfe von Carla Fassbind fanden sie eine Wohnung bei Capomastro (dt. = Maurermeister) Eduardo Skory in Sorengo.

623. An Emmy Ball, 24.4.1926

H: Hs. Bildpostkarte. Motiv: Altar [München: Frauenkirche, Hauptschiff]. Adresse: Signora Emmy Ball / Sorengo – Lugano / Capomastro Skory Eduardo / *Schweiz.* **F:** HBN. **DV:** Original.

Hs. von EBH: »Das Kärtchen ist so lieb, drum schick ich Dir, Maria. (Von Hugos letzter Reise in Deutschland).«
Nach dem Tode Hugo Balls schenkte Emmy Ball diese Karte Maria Hildebrand.

624. An Annemarie Hennings, 24.4.1926

H: Hs. Bildpostkarte; einseitig beschrieben, mit hs. Ortsangabe und Datum auf der Bildseite. Motiv: G. Busch: S. Bonifatius. Adresse: Signorina / Annemarie Ball / Vietri sul Mare / Prov. di Salerno / *Italien*. **F:** HBN. **DV:** Original.

Geste gegen Mussolini] Auf der Bildseite von Nr. 624 ist der Heilige Bonifatius abgebildet. In der Hand des erhobenen Arms trägt er vor sich das Kreuz. Von Papst Gregor II. war Bonifatius 722 beauftragt worden, Hessen und Thüringen und 732 das gesamte Gebiet des späteren deutschen Reichs zu missionieren. Die Romantik machte Bonifatius zum »Heiligen Apostel der Deutschen«. Bonifatius in Georg Buschs (1862-1943) Darstellung zeigt ihn als Kreuzbringer. Hugo Balls Befürchtung, die italienischen Behörden könnten diese Darstellung als »Geste gegen Mussolini« verstehen, zeigt andeutungsweise Balls Ressentiment gegen den italienischen Faschismus. Der italienische Faschismus war, zumindest in der Anfangsphase, für eine offene Kulturpolitik, und man war bestrebt, Künstler und Literaten für das Regime zu gewinnen. Abgesehen von dieser Äußerung hat sich Ball nur beiläufig über den italienischen Faschismus geäußert, obwohl er von Oktober 1924 bis April 1926 in Italien lebte.

625. An Annemarie Hennings, 24.4.1926

H: Hs. Bildpostkarte. Motiv: Michael Pacher: St. Gregorius & St. Augustinus. (München). Alte Pinakothek, Altdeutsche Meister. Adresse: Signorina / Annemarie Ball / *Vietri sul Mare* / Prov. di Salerno / *Italien* **F:** HBN. **DV:** Original.

Kreuz] Hugo Ball überbrachte das »Kreuz« im Auftrag von Giuseppina Morelli. Pater Beda schrieb am 4. Juni 1926 (HBN): »Teilen Sie ihr [Giuseppina Morelli] mit, daß Sie mich besucht haben und sie mir mit dem Kreuze eine große Freude bereitet hätte.«

Scheyern] Kloster Scheyern, Pater Bedas Aufenthaltsort (vgl. *Nr. 506* – »neue Umgebung«).

626. An Emmy Ball, 25.4.1926

H: Hs. Bildpostkarte. Motiv: München, St. Josefs-Kirche. Innenansicht. Adresse: Signora Emmy Ball / Sorengo – Lugano / Sign. Capomastro Skory Ed. / *Schweiz*. **F:** HBN. **DV:** Original.

Christophorus] Märtyrer, einer der vierzehn Nothelfer, trug nach der Legende Christus über ein Wasser. Ball hatte Anfang 1924 ein Gedicht ›Christophorus‹ (Gedichte, S. 68) geschrieben (›Tagebuch‹, 10. Januar 1924).

Prof. Muths Brief] Carl Muths Brief vom 21. April 1926 an Emmy Ball (HBN).

Hesse wohl schon zurück] Hermann Hesse war im März 1926 in Zürich, kam für die Zeit vom 5. April bis Mitte April nach Montagnola und kehrte danach erneut nach Zürich zurück. Reiste zwischenzeitlich nach Winterthur, Ludwigsburg, Stuttgart und kam am 8. Juni 1926 wieder nach Montagnola.

627. An Emmy Ball, 26.4.1926

H: Hs. Bildpostkarte. Motiv: G. Busch: S. Bonifatius. Adresse: Signora Emmy Ball / Sorengo – Lugano / Sign. Capomastro Skory / *Schweiz*. **F:** HBN. **DV:** Original.

Nüssen und Äpfeln] Emmy Balls Kommentar: »Was sagst Du zu Pater Beda? Nun, Du wirst ja erzählen, ich finde es zu niedlich, dass er Dir Aepfel und Nüsse gibt, wie einem kleinen Jungen …« (HBN, Emmy Ball an Hugo Ball, undatierte Abschrift).

628. An Emmy Ball, 27.4.1926

H: Hs. Bildpostkarte. Motiv: München: Neues Rathaus. Adresse: Emmy Ball / *Sorengo-*Lugano / Sign. Capomastro Skory Ed. / Schweiz. Stempel: **T.** Stempel: ANNULLATO. **F:** HBN. **DV:** Original.

alles *in Ordnung*] Kurz nach Hugo Balls Abreise nach München trafen sich – vermutlich am 22. April 1926 – Emmy Ball und Carla Fassbind. Bei dieser Begegnung vertrat Carla Fassbind die Meinung, »mit Frau Brown könne das schon wieder in Ordnung kommen«. Als Emmy nach diesem Gespräch »in der neuen Wohnung angelangt« war, schrieb sie ihrem Mann und wünschte genau zu erfahren, ob die Vermittlerrolle Carla Fassbinds »zwischen Dir und Frau Brown […] von Dir ausgeht oder nicht«. Emmy Ball stellte ausdrücklich klar: »Nur wollte ich Dir […] auf alle Fälle sagen, dass ich nicht die geringste Verbindung mit Frau Brown will. […] Doch würde ich im selben Augenblick von Dir fortgehen, wenn Du versuchen würdest Dich mit ihr nochmals auseinander zusetzen, gleich in welcher Weise.« Schließlich bat sie: »Ich bitte Dich, Liebling, mir ein Wort der Beruhigung darüber zu schreiben, und ich will es glauben. Ich will nicht zweifeln an Dir, Hugo, ich ertrage keinen Zweifel, der Dich und mich verletzen muss.« (HBN: Emmy Ball an Hugo Ball, [Sorengo, 22. April 1926].) Hugo Ball antwortete: »Musst nicht ängstlich sein, Liebling. S'ist alles *in Ordnung* mit dem Steffgen.« Vgl. auch *Nr. 407* – »wenn wir jetzt sprechen«.
Doktoren Stahl und Pustet] Vgl. *Nr. 614*.

629. An Annemarie Hennings, 27.4.1926

H: Hs. Bildpostkarte; beidseitig beschrieben. Motiv: München, Glockenspiel [am Neuen Rathaus?]. Adresse: Signorina / Annemarie Ball / Vietri sul Mare / Prov. di Salerno / *Italien*. Stempel: **T. F:** HBN. **DV:** Original.

630. An Annemarie Hennings, 29.4.1926

H: Hs. Brief; 4 Bl., 8 S. **F:** HBN. **DV:** Original.

Datierung: Ball schrieb Nr. 630 am Donnerstag, den 29.4.1926. An diesem Tag muß Ball das erwähnte Telefongespräch mit Feuchtwanger geführt haben, denn ebenfalls auf diesen Tag datierte Feuchtwanger auch seinen Brief (Durchschlag im Verlagsarchiv D&H). Darin skizzierte er in 5 Punkten die mündlichen Absprachen über die Herausgabe von Balls »3. Buch«. Zum Schluß verabredete sich Feuchtwanger mit Ball auf »morgen 11 Uhr« (Freitag, 30. April), um »nochmals über alle Einzelheiten« zu sprechen.

»Fragilissimo«] Ital. = äußerst zerbrechlich.

pittrice] Ital. = Malerin.
artista in ceramica] Ital. = Keramik-Künstlerin.
Gisolfis] Nicht identifiziert. Vermutlich handelte es sich um die Vermieter in Vietri sul Mare.
der 1. Mai nun bereits vorüber ist] Ball wird hier angenommen haben, daß dieser Tag »bereits vorüber« sei, wenn Annemarie Hennings diesen Brief erhalte.
Vincenza] Nicht identifiziert. Vermutlich Mitglied der Familie Gisolfi.
direttissimo] Ital. = Schnellzug.
bis kommenden Montag] 3. Mai 1926.

631. An Carl Muth, 8.5.1926

H: Ms. Brief mit eigenh. Unterschrift; 1 Bl., 2 S. **F:** Bayerische Staatsbibliothek München, Carl-Muth-Nachlaß. **E:** Briefe, S. 257 f. **DV:** Fotokopie des Originals.

Fest des Erzengels Michael] Der Michaelstag wird im Wallfahrtsort auf dem Monte Gargano am 8. Mai gefeiert. Der Erzengel Michael erschien erstmals 490 auf dem Gargano. Am 8. Mai 663 errangen die Langobarden in der Nähe von Manfredonia (früher: Siponto) einen Sieg über die Sarazenen. In der Legende wird dem Erzengel Michael der Sieg zugeschrieben.
Monte Gargano] Vgl. *Nr. 593*.
Annemarie aus Florenz] In Signa (bei Florenz) unterbrach Annemarie Hennings ihre Rückreise von Vietri sul Mare nach Lugano; vgl. auch Nr. 618 und Nr. 619.
Kontrakt von Kösel] Vertrag über die Herausgabe von Emmy Balls ›Der Gang zur Liebe‹.

632. An den Verlag Duncker & Humblot, 11.5.1926

H: Ms. Brief mit eigenh. Unterschrift; 1 Bl., 1 S. **F:** Verlagsarchiv Duncker & Humblot, Berlin. **DV:** Original.

Angelegenheit meines neuen Buches] Am 29. April 1926 schrieb Feuchtwanger: »Ich freue mich, Ihnen die prinzipielle Zustimmung des Verlages, auch Ihr 3. Buch zu verlegen – trotz der Ihnen bekannten schwerwiegenden Bedenken und berechtigten Widerstände – mitteilen zu können.«
Ihres Briefes vom 29. April] Der Briefdurchschlag befindet sich im Verlagsarchiv von D&H. Die wesentlichen Punkte des »Vorvertrages«, die Feuchtwanger in seinem Brief in fünf Abschnitten paraphrasierte, resümierte Ball im nachfolgenden Brieftext.
»Flucht aus der Zeit«] Der Titel von Balls Tagebüchemuß aus den persönlichen Gesprächen zwischen Ball und Feuchtwanger hervorgegangen sein.

633. An Pater Beda Ludwig, 25.5.1926

D: Ms. Durchschlag; 1 S. **F:** HBN. **DV:** Durchschlag.

27. Mai] Beda, genannt: Venerabilis (672/73 – 735), angelsächsischer Theologe; Benediktiner; katholischer Heiliger (Fest am 27. Mai) (LThK 2, Sp. 93 f.).
Seelchen] Annemarie Hennings.

634. An Emmy Ball, vermutl. 1.6.1926

H: Ms. Brief mit eigenh. Unterschrift und ms. Postskriptum; 2 Bl., 2 S. **F:** HBN. **E:** Briefe, S. 258 f. **DV:** Original.

Datierung: Von den vier Briefen (Nr. 634 bis Nr. 637), die Hugo Ball im Juni 1926 seiner Frau nach Rigi-Klösterli schrieb, läßt sich die Datierung nur bei Nr. 636 aus dem Inhalt erschließen: Freitag, 4. Juni 1926. Am 29.5.1926 hatte Carla Fassbind an Emmy Ball geschrieben (HBN): »Meine liebe Emmy, ich bin sehr besorgt um Sie. Was ist es wohl, dass Sie krank macht? Wohl körperlich oder psychisch? [...] Wissen Sie Emmy ich möchte Sie am liebsten herholen. Es ist noch herrlich Zeit Sie zu pflegen.« Emmy Ball nahm die Einladung an. Hugo Ball war in diesen Tagen mit der Auslösung des Gepäcks (Kisten mit Annemaries Keramik) beim Luganer Zoll beschäftigt. *Nr. 634* – Ball mußte mit Annemarie zweimal zum Zoll; *Nr. 635* – Ball berichtete, daß die Keramikkisten vom Spediteur angeliefert waren; obwohl Coray für bestellte Keramikteller »200 Franken schickte«, mußte die Zustellung nach Zürich »noch liegen bleiben«; *Nr. 636* – Saagers kamen am Mittwoch »als wir im Auspacken waren« und ihnen haben die Teller »ganz gut gefallen«; *Nr. 637* – »Heut nachmittag nun packen wir die Kiste für Coray. Er bekommt 26 Teller.« In den vier Briefen erwähnt Ball die Abwesenheit von Hermann Hesse in Montagnola, der aber täglich erwartet wurde. Hesse wollte, wie er am 4.6.1926 in einem Brief erwähnte, in »Bälde« (HH Briefe 2, S. 143) nach Montagnola gehen. Die vier Briefe lassen sich aus den angegebenen Fakten mit großer Sicherheit datieren.

Rheumatismen] Die schmerzhafte Erkrankung Emmy Balls war für Carla Fassbind Anlaß, Emmy Ball zu einem Aufenthalt in das Fassbind-Hotel »Sonne« in Rigi-Klösterli einzuladen (vgl. *Nr. 634* – Datierung).

Bei Hesse] Hesse traf, aus Zürich kommend, erst am 8. Juni 1926 in Montagnola ein.

Café (Riviera)] Café Riviera, Lugano, Riva Vincenzo Vela.

200 Franken für Coray] Siehe oben – »Datierung«.

Gepäck auszulösen] Die Transportkisten lagerten beim Zoll.

weiteres Kapitel vom Buch] Ball hatte das erste »Berner Kapitel« der Flucht, S. 197-218 beendet.

Dr. Stahl will weiter gestrichen haben] Auf Balls Vorschläge antwortete Emmy Ball in ihrem »Fronleichnamstag«-Brief, 3. Juni 1926 (HBN) an ihre Tochter Annemarie: »Dr. Stahl schreib ich erst, wenn ich zurück bin, und dann in ablehnendem Sinne, denn ich habe keine Lust mir das halbe Buch streichen zu lassen.«

Das Buch von Momme Nissen] Benedikt Momme Nissen (1870-1943). Der in Deezbüll (Schleswig-Holstein) geborene Schriftsteller und Maler war mit Julius Langbehn befreundet. Nissen konvertierte 1902 zum Katholizismus, trat 1916 in den Dominikanerorden ein und wurde 1922 zum Priester geweiht. 1926 erschien von Nissen ›Der Rembrandtdeutsche Julius Langbehn‹ (im HBN nicht vorhanden). Im Kondolenzbrief Emmy Balls an P. Suso Geiselhart vom 16. Juli 1943 beschrieb sie ihre Begegnung mit Momme Nissen: »Wie sehr mich Ihre lieben Worte über Pater Benedikt [Momme Nissen] bewegen, dies kann ich nicht leicht sagen. Der

Selige war ja ein Landsmann von mir, wuchs eine kleine halbe Bahnstunde von meiner Heimatstadt Flensburg auf, und wir lernten einander im Jahr 1912 [richtig: 14. Juli 1911] zu München kennen und zwar beim schönen Anlass meiner Firmung (ich bin Konvertitin). Er war der erste Mensch, der für mich gebetet hat, und es mag seltsam klingen, aber durch das Gebet des frommen Mannes wurde mir meine Seele erst recht bewusst.
Er war ja bei mir, kurz vor Pfingsten, und da ich ihn zur Bahn begleitete sprach er zunächst vom Kurs, den er ja im Bethanienhause zu halten hatte, bat mich, doch wieder zu kommen und es tut mir so leid, dass es mir nicht möglich war. Dann kam er auf seine letzte Arbeit zu sprechen, die er sehnlichst zu beenden wünschte. Das war kurz vor Caslano. Wir sahen dort vor einer Wegkapelle eine Zypresse, an die sich ein Fliederbaum schmiegt, also ein Baum, der in unserer Heimat sehr bekannt ist wie verbunden mit der südlichen Zypresse. Das gefiel uns. Und dann traten wir zum Kapellchen, das verschlossen war und beteten vor dem Gitter, für einander, für den Frieden, ach für vieles. Das war der Abschied.« (Quelle: ›Verein für kath. Kirchengeschichte in Hamburg und Schleswig-Holstein e.V.‹, Husum. Beiträge und Mitteilungen 6, 1999, S. 208.)

Wega] Lugano, Quai V. Vela. Buchhandlung mit einer Papier- und Schreibwarenabteilung. Es ist denkbar, daß auch Souvenirs für Touristen angeboten wurden.

Arnold] Buchhandlung in Lugano, Via Luvini-Perseghini.

Carlas Poesiealbum] Annemarie Hennings schrieb in Carla Fassbinds Poesiealbum: »Zur freundlichen Erinnerung Ihre Annemarie Hennings-Ball. Lugano 27. Mai 1926« und malte auf der gegenüberliegenden Seite in kräftigen, intensiven Farben ein Bild. (Original bei Marta Grüebler, Zürich).

Frau Baumann] Anna Baumann; siehe *Nr. 637* – »Herr Baumann«.

Madonna im Schnee] Wallfahrtskapelle »Maria zum Schnee«, Rigi-Klösterli (vgl. *Nr. 401*). In Carla Fassbinds Poesiealbum (Original bei Marta Grüebler, Zürich), trug Emmy Ball handschriftlich ein:

»*Maria zum Schnee*

I

Du bist der Kranz aus lichten Rosen
Aus Düften welche nie verwehn
Du bist der Kreis der Heimatlosen,
Die nie aus dieser Mitte gehn.

*

Du bist die heimlichste der Sagen
Du wirst so zitternd nur berührt
Und Abends, wenn die Glocken klagen
Dann träumen wir von fernen Kindertagen
Und sind von einem Heimweh tief verführt.

(geschrieben am Fronleichnams-Tag, da ich mit Carla in der Kirche war)

*

II

…Im Schnee der Unschuld
stehst Du aufgebaut, Maria..
Du stehst im Schnee, von Licht umwoben
In Deinen Armen ruht das Kind
Es will ein kleiner Stern Dich loben,
Will blühn hier unten und dort oben,
weil gütig Deine Augen sind.

*

Du stehst im Schnee und lächelst leise
In lauter Liebe eingeschneit…
Du reinstes Bild, Du leuchtend schöne Weise,
führ uns, o Jungfrau, auf die lichte Reise,
zu Dir, o Mutter, in die Ewigkeit…

*

Emmy Hennings-Ball

Liebe Carla, in einer Juninacht gedacht auf Rigiklösterli im Jahre 1926. Mit einem herzlichen Vergelts Gott für alles Gute, das Sie mir erwiesen. Ihre Emmy«.

Aufsatz fürs Fremdenblatt] Von Emmy Ball erschien in Nr. 17 vom 27.5. 1926 in ›Lugano. Organo officiale…‹ – dem Fremdenblatt – unter dem Kürzel ›E.H.‹ der Aufsatz: ›Die Sonne im Frühling‹, in dem sie über das Regenwetter im Mai 1926 in Lugano erzählt.

über den Rigi geschrieben] Im HBN befindet sich das Manuskript-Konvolut ›Tessiner Artikel und Rigi‹. Von Emmy Ball ist nur die Veröffentlichung: ›Die Rigi im Wandel der Zeiten‹ bekannt, die in der ›Neuen Zürcher Zeitung‹ (Jg. 157, 1936. Nr. 1053 vom 19.6., Mittagsausg., Bl. 6) erschien.

Café complet] Ball wollte vermutlich informiert werden, wie reichhaltig der »Café complet« war. In der Schweiz besteht er aus Kaffee, Milch, Brot, Brötchen, Butter und Marmelade, zusätzlich manchmal Käse, Ei, Wurst. Emmy Ball antwortete in Anbetracht ihres krankhaften Zustandes (Erkältung, Nervenschmerzen) in ihrem Brief, [6. Juni 1926], aus Rigi-Klösterli (HBN): »Du fragest nach dem Café Complett, und ehrlich gesagt […] mir schmeckt alles wie warmes oder kaltes Wasser zur Zeit. Buchstäblich, ich habe überhaupt keinen Geschmack, man brauchte meinetwegen nichts zu würzen oder zu versalzen. […] Das Wetter wirkte so verrückt auf mich, und die Kälte. Der elektrische Ofen funktionierte nicht, und es kann aber auch sein, dass ich mich verändert fühle, weil ich infolge Geldmangels keine Cigaretten gekauft habe, und wenn […] Carla mir nach Tisch anbot, was mich sehr freute, mir unmittelbar nachher übel war.«

635. An Emmy Ball, vermutl. 2.6.1926

H: Ms. Brief mit eigenh. Unterschrift und ms. Postskriptum; 3 Bl., 3 S. **F:** HBN. **DV:** Original.

Datierung: Vgl. *Nr. 634* – Datierung.

Dogana] Ital. = Zollamt.

Gagliardi] Luganer Speditionsfirma.
Fusstour] Die beabsichtigte Wanderung über den St. Gotthard unternahm Emmy Ball erst beim Rigi-Aufenthalt im August 1926 (vgl. Nr. 667).
Konsul] Carl Franken. Vgl. *Nr. 310* – »deutschen Konsul«.
zum Generalvikar gehen] Emmy Ball war wohl, so erzählte Annemarie Schütt-Hennings ihrer Tochter Francesca Hauswirth, geb. Schütt, seinerzeit unsicher gewesen, ob die kirchliche Eheschließung mit Hugo Ball – ihre erste Ehe mit Paul Hennings wurde am 13. Juni 1907 geschieden – gültig nach kirchlichem Eherecht sei. Ball versprach seiner Frau, die kirchliche Instanz, den »Generalvikar« zu befragen.

636. An Emmy Ball, 4.6.1926

H: Ms. Brief mit eigenh. Unterschrift und ms. Postskriptum, ebenfalls mit eigenh. Unterschrift; 1 Bl., 2 S. **F:** HBN. **DV:** Original.

Datierung: Nr. 636 wurde einen Tag nach Fronleichnam 1926 geschrieben: Freitag, 4. Juni 1926; vgl. auch *Nr. 634* – Datierung.

»Literarische Welt«] Die von Willy Haas herausgegebene Zeitschrift erschien ab Jg. 1, 1925, im Ernst Rowohlt Verlag, Berlin.
»Ich bin so vielfach] Emmy Balls Gedicht erschien in »Die literarische Welt« im 2. Jg., Nr. 21/22 vom 21.5.1926, S. 3, in der Rubrik ›Kleine lyrische Anthologie‹.
Brief von Englert] Am 2. Juni 1926 schrieb Englert aus Zug: »Es kam ein Ruf aus weiter Ferne und wir waren beide der Überzeugung, daß ich diesem Rufe, der mich für 5-6 Monate über's Meer bringt, folgen müsse. Und so sehen Sie mich denn mitten in den Vorbereitungen für eine Reise nach Indien, ins Himalajagebiet. Am 15. Juni reise ich von hier ab, schiffe mich am 18. Juni in Marseille ein und komme am 2. Juli in Bombay an. Acht Tage bleibe ich in Bombay, dann geht's über Delhi – Lahore nach Kaschmir, uralter Kulturstraße entlang in ein geheimnisvolles Land. Nach einiger Zeit komme ich dann wieder herab und reise dann in langsamen Etappen durch ganz Indien nach Ceylon, von wo aus ich dann wieder allmählich zurückfinden muss in die sogenannte europäische Kulturwelt.« (HBN).
ganz im Mysteriösen] Joseph Englert traf sich mit seiner späteren Frau, Georgine Vermeer, die er im Hause von Georg Reinhart kennengelernt hatte, in Bombay. Sie reisten nach Kaschmir und hielten sich dort mehrere Monate auf.
Reinhart] Georg Reinhart (1877-1955), Großkaufmann, Kunstsammler, Mäzen. Teilhaber und Seniorchef der Speditionsfirma Gebr. Volkart & Söhne in Wintherthur. Reinhart war mit Englert und mit Hermann Hesse eng befreundet.
Boglia] Monte Boglia, 1517 Meter.
zweite Berner Kapitel] Flucht, S. 219-236.

637. An Emmy Ball, 9.6.1926

H: Ms. Brief mit eigenh. Unterschrift und hs. Postskriptum von »Emmykind, wir müssen 20 Franken schicken« bis »gesund wiederbekommen.«; 2 Bl., 2 S. **F:** HBN. **DV:** Original.

Datierung: Vgl. *Nr. 634* – Datierung.

Hs. Postskriptum von Annemarie Hennings: »Liebs Mütterli wie gehts Dir? Heut ist schönes Wetter. Komm bald wieder. Meinst Du ich soll nach München fahren, ich würde mich schon freuen. Aufwiedersehn Liebes Mutterlein Dein kleiner Trompeterli u. Seelchen.«

Tässlein Nostrano] »vino nostrano« ital. = einheimischer Wein. Im Tessin wird der einheimische Wein im Grotto in henkellosen Tassen serviert. Die Tessiner Häuser waren nicht unterkellert, der Wein wurde daher im Wald in Grotten eingekellert und dort vom Winzer selbst ausgeschenkt.

Leidreise] Die »Rheumatismen«, mit denen sich Emmy Ball quälte, besserten sich nicht in Rigi-Klösterli.

Herr Baumann] G[ottlieb] Rudolf Baumann[-Kienast] (1868-1952), Gutsbesitzer in Stäfa (Zürichsee). Die Baumanns (Anna und Rudolf) besaßen das Anwesen San Michele in Castagnola, einem Villenvorort von Lugano am Luganer See.

bearbeitetes Stück] Ein dramatisches Werk von Baumann (vgl. auch *Nr. 653* – »beiden Stücke«) ist nicht bekannt.

Tropenspiegel G. Rudolf Baumann: ›Der Tropenspiegel‹, Bd. 1-2, Zürich: Orell-Füssli 1925.

Lichterbaum] Anfang Juni 1926 herrschte schlechtes Wetter. Hugo Ball schrieb davon auch in seinen Briefen an seine Frau: Nr. 634, Nr. 635 und besonders in Nr. 636. Auf dem Rigi schneite es. Emmy Ball berichtete: »Wir haben Weihnachten gehabt und gefeiert, weil grad Schnee war und es hier doch so viele Tannen gibt. Carla machte den Engel in Weiß, mit offenem Haar. Sie teilte Geschenke aus, die nicht allzuviel gekostet haben, aber viel Spaß machten. [...] Wir haben einen merkwürdig schönen Punsch bekommen und ich hab ein Tannenbaumlied gesungen: ›Du grünst nicht nur zur Winterszeit, nein auch im Sommer, wenn es schneit.‹ Es hat nämlich viel geschneit. Ein paar Tage aber war der schönste Vorfrühling und wir konnten Enzian pflücken und die Wasserfälle haben gerauscht.« (EBH Leben, S. 228).

Basar Svisse] Nicht festzustellen. Es könnte sich um ein Souvenirgeschäft gehandelt haben.

zweite Frau Korner] Nicht identifiziert. Vgl. *Nr. 669* – »Frau Korner«.

Einladung zu Prof. Muth] Die Einladung ist nicht erhalten. Muth hatte Annemarie Hennings zu einem Aufenthalt nach dem 12. Juni 1926 nach München eingeladen (vgl. Nr. 635).

Erlenbach] In Erlenbach am Zürichsee wohnte Han Coray in der Villa Haldengut.

Hesse scheint uns] Hesse war am 8. Juni 1926 in Montagnola eingetroffen, hatte sich aber bis »Mittwoch Mittag« (9. Juni) offensichtlich bei Ball noch nicht zurückgemeldet.

Klabund] Das Ehepaar Carola Neher (vgl. *Nr. 653*) und Klabund verbrachte die Monate Mai bis Juli 1926 auf dem Herrenhof des Bankiers Dr. Ernst

Goldschmidt in Zeesen bei Königs Wusterhausen. Über einen Tessinaufenthalt Klabunds in diesen Monaten ist nichts bekannt (vgl. *Nr. 653* – »Tessiner Plan«).

Im Hochland ist endlich mein kleiner Aufsatz] Vgl. *Nr. 529* – »drei Geschichtswerke«.

Dr. Fridericus] Werner Hegemann (vgl. *Nr. 447* – »Werner Hegemann« und Nr. 529).

Prof. Aulard] François Victor Alphonse Aulard (1849-1928), französischer Historiker, vgl. *Nr. 521*.

Leitaufsatz von Prof. Schmitt] ›Der Gegensatz von Parlamentarismus und moderner Massendemokratie‹ (›Hochland‹, Jg. 23, H. 9, Juni 1926, S. 257-270).

Ich bin in Bern] Ball war mit der Ausarbeitung des dritten »Berner Kapitels« für die Flucht (S. 237-271) beschäftigt. Ball erwähnte darin die Entstehung von Emmy Balls ›Das Brandmal‹ (S. 248) und das »Marcilli-Stübchen« (S. 242).

638. An Annemarie Hennings, zw. 19. u. 25.6.1926

H: Hs. Postskriptum Hugo Balls zu einem ms. Brief mit eigenh. Unterschrift von Emmy Ball; 1 S. **F:** HBN. **DV:** Original.

Datierung: Nr. 638 wurde nach Erhalt von Annemarie Hennings' Brief vom 18.6.1926, ihrem ersten Brief aus München, und vor Nr. 640 vom 25.6. 1926 geschrieben.

Glück in München] Annemarie Hennings erhielt von Carl Muth eine Einladung, »zum 12. Juni« nach München zu kommen (vgl. Nr. 634). Sie besuchte in Zürich die Galerie Han Corays in der Bärenstraße und übernachtete in Corays Haus in Zürich-Erlenbach. Von dieser Reise und von ihren ersten Eindrücken in München schrieb sie ihren ersten Brief am 18. Juni 1926 (HBN).

»Schönere Zukunft«] In der Wiener Zeitschrift ist kein Beitrag Hugo Balls erschienen.

Hochland-Aufsatz] Balls Beitrag ›Drei Geschichtswerke‹, siehe Nr. 529.

Dr. Fridericus] Werner Hegemann; vgl. *Nr. 637*.

Mütterli ... Zigarettenabgewöhnen] »Von mir lässt sich nur sagen, dass aus meiner Hinfälligkeit energisch eine Asketin gemacht werden soll; ich will die ungesunden Dinge, die ich mir seit Heut Nachmittag abgewöhnt habe – jetzt gehts schon auf halb zehn – gar nicht mehr nennen, so fromm bin ich schon geworden. Heute hat Vater mir Biomalz gekauft, und wir werden ja sehen, was aus meiner Hinfälligkeit noch blüht. Vielleicht werden Uebermorgen meine Worte bereits nach Lilien duften.« (HBN: Emmy Ball an Annemarie Hennings, [Sorengo, zw. dem 19. u. 25. Juni 1926])

639. An Carl Muth, 25.6.1926

H: Ms. Brief mit eigenh. Unterschrift. 2 Bl., 2 S. **F:** Bayerische Staatsbibliothek München, Carl-Muth-Nachlaß. **E:** Briefe, S. 259-261. **DV:** Fotokopie des Originals.

Hs. Postskriptum von Emmy Ball: »Lieber Herr Professor, wie geht es Ihnen? Können Sie sich vertragen mit Annemie? ich schreib noch in diesen Tagen. Herzliche Grüsse Ihre Emmy.«

Ihren lieben Brief] Der Brief Muths ist nicht erhalten, deshalb ist die Kommentierung einiger Textstellen nur unzureichend.

Sorge um den Sohn] In Nr. 653 schrieb Hugo Ball seiner Frau, der Sohn Muths sei in »schwere geschäftliche Kalamitäten geraten und er, M[uth] müsse mit beträchtlichen Zahlungen einspringen«.

Action francaise] Action française, nationalistische Gruppe, gegr. Juni 1899 von Henri Vaugeois zur Verteidigung von Ordnung u. Tradition mit dem Ziel der Restauration des Kg.tums.« (Winfried Engler: ›Lexikon der franz. Literatur‹. Stuttgart 1974. (= Kröners Taschenausg. Bd. 388.), S. 7 f.

Aufsätze wie der über Mercier] Ball könnte den ›Hochland‹-Aufsatz: ›Kardinal Mercier und wir‹ von Wilhelm Kisky (Jg. 23, Bd. 2, H. 8, Mai 1926, S. 156-171) gemeint haben.

Bachofen] Johann Jakob Bachofen (1815-1887), schweiz. Rechtshistoriker und Kulturphilosoph. In den drei abschließenden Kapiteln seines Aufsatzes ›Der Künstler und die Zeitkrankheit‹ (›Hochland‹. Jg. 24, Bd. 1. H. 3, Dezember 1926, S. 337-344) bezog Hugo Ball die 1924 erschienene Publikation von Carl Albrecht Bernoulli ›J. J. Bachofen und das Natursymbol‹ (Basel: Schwabe) in seine Analyse ein. Bereits am 10. Juni 1925 (HBN) empfahl Carl Muth, Ball möge einen »kleineren Aufsatz« über den »Basler Rechtsgelehrten J. J. Bachofen« erarbeiten.

zwei französischen Zeitschriften] Das ›Byzantinische Christentum‹ wurde besprochen von M.-D. Chenu in ›Revue des sciences philosophiques et théologiques‹, Paris. Jg. 14, S. 233 f. (HBB, Nr. 969, S. 59) und von Fernand Daunoy in: ›Echos d'Orient‹, Paris. Tome 24, 1925. Nr. 137, S. 117 f. (HBB, Nr. 970, S. 59).

»Mercure de France« und »Journal des Débats«] Ball klebte Rezensionen von ›Zur Kritik der deutschen Intelligenz‹ in ein Heft. Darin konnte nur Henri Alberts Rezension in ›Mercure de France‹, Paris. Vol. 136, 1919, S. 151-155 (HBB Nr. 1213, S. 71) gefunden werden.

Brillant] Maurice Brillant (1881-1953). Dichter, Romancier. Zahlreiche Publikationen; u.a.: ›La Bienheureuse Thérèse de l'Enfant Jésus‹ (1923), ›L'Amour sur les tréteaux ou la Fidélité punie‹, T. 1-2 (1924).

640. An Annemarie Hennings, 25.6.1926

H: Ms. Brief mit eigenh. Unterschrift; 2 Bl., 2 S. **F:** HBN. **DV:** Original.

Datierung: Balls Formulierung »Herrn Professor habe ich heut gleichzeitig geschrieben« läßt Nr. 640, an einem »Freitag abend« geschrieben, dem 25. Juni 1926 zuordnen.

Hs. Postskriptum von Emmy Ball: »Liebe Annemie, schreib doch bald, was Du machst und wie es Dir geht. Herzliche Grüße und Küsse Dein Mütterchen.«

Dein erster Bericht] Annemarie Hennings schrieb ihren ersten Brief nach ihrer Ankunft in München am »18. Juni 1926« (HBN).
kleine Wohnung] Von ihrer Wohnungssuche in München berichtete Annemarie Hennings am 3. Juli 1926 (HBN): »Ich sah eine Wohnung für 100 Mk. Ein schönes Empfangszimmer, Küche, Bad, 3 kleinere Dachzimmer. 2 ungefähr so gross wie Mutters jetzige Zimmer, das andere sehr klein und eng aber das wäre erst ab Oktober frühestens September, [...]. Eine kleine Villa in einem schönen Garten. Es gefällt mir sehr gut, bis auf die Dachzimmer wäre alles sehr praktisch. Ich traue mich nicht weitersuchen weil ich ja nichts sicheres von Euch weiss.«
letzte Berner Kapitel] Flucht, S. 237-271.
von Signa gekommen] Im HBN befindet sich nur der Brief von Giuseppina Morelli an Annemarie Hennings vom 24. Mai 1926.
es geht in S[igna] nicht gut] Vgl. Nr. 641.
heute Giovanni geschrieben] Balls Brief ist nicht erhalten. Bereits am 28. Juni 1926 antworteten Giovanni und Giuseppina in einem Doppelbrief (HBN) auf Balls verlorengegangenen Brief vom 25. Juni 1926.
Frl. Flessa] Nicht identifiziert.
Ostwart-Jahrbuch] Vgl. *Nr. 606.*
Carla hat ... s'Mütterli nochmal eingeladen] Emmy Ball nahm die Einladung von Carla Fassbind erst in der zweiten Augusthälfte an und wanderte über den St. Gotthard nach Rigi-Klösterli.
Herr und Frau Lindemann] Gemeint sind möglicherweise der Regisseur Gustav Lindemann (1872-1960) und seine Frau, die Schauspielerin Louise Dumont (1862-1932). Beide gründeten 1905 das Düsseldorfer Schauspielhaus, das sie bis zu seiner Schließung 1933 leiteten.

641. An Pater Beda Ludwig, 26.6.1926

D: Ms. Durchschlag; 1 Bl., 2 S. **F:** HBN. **DV:** Durchschlag.

für Ihren Brief] Pater Beda Ludwigs Brief vom 4. Juni 1926 befindet sich im HBN.
Seelchen] Annemarie Hennings.
innige Briefe von Bruder und Schwester] Diese Briefe der Geschwister Giuseppina und Giovanni Morelli (vgl. *Nr. 613*) sind nicht erhalten.
Port-Royal] Ehem. Zisterzienserinnenkloster bei Versailles; 1204 gegründet. Ab 1635 wurde Port-Royal unter der Äbtissin Angélique Arnauld ein Zentrum des franz. Jansenismus und war in den folgenden Jahrzehnten ein wissenschaftlicher und kultureller Mittelpunkt. Die »Solitaires« (Jansenisten) führten »ein Leben frommer Einkehr« und pflegten »regen Gedankenaustausch«. Sie gründeten »Schulen – die sog. ›petites écoles‹ – die im bewußten Ggs. zu den Erziehungsmethoden der SJ standen und tiefe Spuren im frz. Geistesleben hinterlassen haben.« (LThK 8, Sp. 629 f.)
inmitten der Arbeit] Ball war mit der Ausarbeitung der Flucht beschäftigt.

auf die Schriften Pater Bedas] Ball hat keinen Aufsatz über die Publikationen Pater Beda Ludwigs geschrieben.

642. An Annemarie Hennings, 30.6.1926

H: Hs. Brief mit zwei hs. Postskripta; 2 Bl., 4 S. Bedruckter Kopfbogen: Lugano / Grand Café-Brasserie Gambrinus / Piazza Riforma. **F:** HBN. **E:** EBH Leben, S. 263-265; auch in Briefe, S. 261 f. **DV:** Original.

Mütterli eingeladen auf den Rigi] Vgl. Nr. 640 und Nr. 644.

bietet mir 100 Franken] Annemarie Hennings antwortete am 3. Juli 1926 (HBN): »Doch ich will sachlich sprechen. Dann kannst Du immer noch entscheiden. Also Prof. Muth wird Dir auch schreiben. Diese eine Sache mit dem Register machen, von der ich schon schrieb (100 Mk. monatlich), wäre eine Beschäftigung von im Durchschnitt 3 Stunden am Tag.
Dann sollst Du 3-4 *grosse Aufsätze* [schreiben,] was ungefähr je nachdem 800 Mk. im Jahr wäre oder mehr. Dann könntest Du jeden Monat kleinere Sachen schreiben für die Rundschau im Hochland wo Du auch 100-200 Mk. im Monat verdienen könntest.
Dann meint Prof. M. könntest Du auch für andere Zeitungen viel arbeiten wenn Du hier bist, so stellt Herr Prof. M. sich das vor.«

beim Kommen von Frau Direkt. M[uth]] Offensichtlich nahm Ball an, daß Annemarie nicht im Muth-Haus in Solln bleiben könne, sobald Carl Muths Tochter Lulu mit ihrer Familie aus Fiumicino einträfe.

Erlenbach] Annemarie Hennings war von Han Coray nach Erlenbach am Zürichsee eingeladen (vgl. Nr. 637).

gestern gekommener Brief von P[ater] B[eda]] Pater Bedas Brief vom 29. Juli 1926 befindet sich im HBN.

Sorellina] Ital. = Schwesterchen.

Campione] Ital. = Muster, Probestück.

Heiner wohnen] Balls Bruder, Heiner Ball, wohnte in München, Innere Wienerstr. 30 II.

643. An Carl Muth, 8.7.1926

H: Ms. Brief mit eigenh. Unterschrift; 3 Bl., 3 S. Mit hs. Vermerk Hugo Balls: nicht abgeschickt. **F:** HBN. **DV:** Original.

eingehenden Brief] Der ms. Durchschlag von Carl Muths Brief befindet sich, irrtümlich auf den 2. Juni 1926 datiert, im Carl-Muth-Nachlaß: Bayerische Staatsbibliothek München, Sig.: Ana 390, II, B (Ball, Hugo). Anfang Juni 1926 hielt sich Annemarie Hennings noch in Sorengo auf und reiste nach dem 12. Juni (vgl. Nr. 635) auf Einladung Carl Muths nach München. Seinem Brief legte Carl Muth den Beschwerdebrief eines »Pfarrherrn« bei, der nach der Lektüre von Balls ›Drei Geschichtswerke‹ (›Hochland‹, Juni 1926) angeregt wurde, Hegemanns ›Fridericus‹ zu kaufen. Das Juni-Heft des ›Hochland‹ erschien in den ersten Tagen dieses Monats, und es ist nicht vorstellbar, daß der Beschwerdebriefschreiber bereits vor dem 2. Juni seine Kritik sandte. Die angedeuteten Überlegungen lassen vermuten, daß Carl Muth seinen Brief am 2. Juli 1926 schrieb.

unsere Verpflichtung] Die Balls schuldeten Direktor Jacob Friedrich Muth, dem Halbbruder Carl Muths, einen Geldbetrag. Carl Muth antwortete: »Was die Lire 1000.- betrifft, die Ihnen mein Bruder gegeben hat, so glaube ich mich berechtigt, Ihnen im Namen meiner Kinder zu sagen, dass Sie sich deshalb nicht in einer Schuld fühlen dürfen; die Sache ist erledigt und es bedarf keines weiteren Wortes darüber.« (HBN: Carl Muth an Emmy Ball, 15. August 1926).

Briefe des Herrn Pfarrers W.] Nicht erhalten. Carl Muth am 2.[7.]1926: »Den beiliegenden Brief hätte ich Ihnen, verehrter lieber Freund, gerne vorenthalten, wenn ich die Sache ohne Sie hätte in Ordnung bringen können. Aber dieser Pfarrherr wird nicht der einzige Leser Ihres Beitrags sein und so muss ich fürchten, dass noch andere sich ärgern, wenn sie das Buch von Hegemann kaufen und auf das wirklich dumme und böse Kapitel stossen, das ich leider erst jetzt da Annemie es mir an zwei Abenden vorlas, kennen gelernt habe. Was hat Sie veranlasst, über diese Seite des Buches stillschweigend hinwegzugehen? Der methodische Einwand des Pfarrers ist nicht zu nehmen; hätte ich das Kapitel früher gekannt, ich hätte mir das Argument in meiner Fussnote zu Nutz gemacht. Ich muss etwas tun, um zu verhüten, dass die Leser sich als irregeführt fühlen, aber ich glaube, es wäre um des Eindrucks willen, das Richtigere, Sie selber schrieben eine Ergänzung zu Ihrer Kritik. Macht es ein anderer, so muss er notwendig schärfer werden. Sie können sagen, ich werde gefragt, warum ich über dieses Kapitel des Buches hinweggesehen habe und nun beibringen, was zu Ihrer Entschuldigung dient. Mir liegt daran, dass diese Erklärung von Ihnen ausgeht mit Rücksicht auf das Vertrauen der Leserschaft in Ihre Beiträge. Bedenken Sie die Sache gleich, damit die Ergänzung in möglichst geringem Abstand von dem Kritikbeitrag erscheinen kann.«

Anhang über die Opferidee] Es dürfte sich um »Das siebente Gespräch: Christi Rettung vom Opfertod« handeln (Werner Hegemann: ›Fridericus oder Das Königsopfer‹. Neue Fassung 1925, S. 463-501).

Sombarts Kritik des Sozialismus] Goetz Briefs rezensierte in seinem Aufsatz: ›Das allgemeine Sozialproblem und der »proletarische Sozialismus«‹ u.a. die Publikation ›Der proletarische Sozialismus‹ von Werner Sombart (›Hochland‹. Jg. 23. H. 6, März 1926. S. 716-737).

644. An Annemarie Hennings, 10.7.1926

H: Hs. Brief; 1 Bl., 2 S. Bedruckter Kopfbogen: Lugano / Grand Café-Brasserie Gambrinus / Piazza Riforma. **F:** HBN. **DV:** Original.

Datierung: [1926] ergänzt durch Annemarie Schütt-Hennings.

Brief für den Herrn Prof.] Nr. 643.

Wann ging dieser Zug in Zürich ab] Annemarie Hennings schrieb am 18. Juni 1926 aus Solln (HBN): »[...] hör Steffgen, der Zug nach München fährt um 7^{20} ab Zürich über Sankt Margrethen bis München, man braucht nicht umsteigen [...].«

bei Heiner wohnen] Vgl. *Nr. 642.*

Das Buch] ›Die Flucht aus der Zeit‹.

Agnuzzo-Kapitel] Flucht, S. 291-319.

Einladung von Carla] Carla Fassbind lud Emmy und Hugo Ball in ihr Hotel »Sonne« in Rigi-Klösterli ein; vgl. auch Nr. 642.

Von Signa auch neue Briefe] Am 28. Juni 1926 schrieben die Geschwister Giuseppina und Giovanni Morelli aus Signa einen Doppelbrief (HBN); vgl. *Nr. 640* – »heute an Giovanni geschrieben«. Giovanni schilderte die wirtschaftliche Situation:

»Danke, Herr Ball, für Ihr grosszügiges Interesse und die grosse Erleichterung, die uns Ihr Brief brachte. Gerade in diesen Tagen überlegten wir, was zu tun sei, da wir unter dem Druck unserer Gläubiger sind. Wir werden versuchen, eine vorläufige Lösung zu finden und jegliche Entscheidung zurückzustellen.

[…] Wir verlassen uns jetzt ganz auf Sie, lieber Herr Ball, im Vertrauen darauf, dass alles, was Sie unternehmen werden, zu unseren Gunsten sein wird.

Ich halte es für zweckmässig, Sie über unsere kritische finanzielle Lage zu informieren. Ich möchte von den kleineren Schulden absehen und vor allem zwei Posten erwähnen, die uns zu schaffen machen:

1. Lire 35.000 schulden wir dem Baumeister für die Restaurierung des Hauses

2. Lire 36.000 sind ein Darlehen, auf das wir einen Zins von 5 % zahlen müssen. Aus Gründen, die ich Ihnen darlegen werde, wurden wir jedoch gebeten, den ganzen Betrag zurückzuzahlen.

Wie Sie sehen müssen wir im Ganzen 71.000 Lire zahlen, wobei Sie bedenken mögen, dass der Baumeister seit zwei Jahren auf sein Guthaben wartet.« (Aus dem Italienischen übersetzt von Francesca Hauswirth.)

Auch Giuseppina Morelli setzte Vertrauen in Hugo Ball: »Ich vertraue darauf, dass Sie, der Sie so gut sind, mir helfen wird, eine Lösung für dies ernste Problem zu finden, und ich versichere Sie meiner ewigen Dankbarkeit.

Wenn Sie demnächst kommen, werden wir alles in Ruhe besprechen, und ich hoffe, dass wir mit Gottes Hilfe etwa Gutes schaffen werden.« (Aus dem Italienischen übersetzt von Francesca Hauswirth).

Hugo Ball muß den Doppelbrief bei seinem Besuch bei Pater Beda in Scheyern am 21. Juli 1926 übergeben haben, denn Pater Beda ging auf Einzelheiten in seinem Brief vom 29. Juli 1926 (HBN) ein:

»Übrigens glaube ich nicht an die 70000 L. Die Arbeiter hätten gewiß nicht so lange gewartet mit ihren Forderungen. Sie sind sicher bezahlt worden. Wo kommen nun die 70000 L. Schulden her? Ich glaube, daß sie Schulden haben, das kann gar nicht anders sein, aber bei weitem nicht so viel, wie angegeben. Es wäre gut, wenn Sie eine Zeit lang dort wohnten, Sie kämen hinter alles.«

Im selben Brief wurde Hugo Ball von Pater Beda vage über die Besitzverhältnisse informiert:

»Jetzt scheint G[iuseppina] Eigentümerin zu sein, aber nach ihrem Tode scheint es testamentarisch den Passionisten zu gehören. Dann sollen sie sich rühren. Es hat keinen Wert, einzelne Almosen herbeizuschaffen, und deutsche Wohltäter haben am wenigsten Grund dazu, in Italien etwas zu tun, es gibt genug Bedürftige in Deutschland.«

Dem Brief Pater Bedas vom 29. Juli 1926 an Ball lag ein Brief an Giuseppina Morelli bei, den Ball weiterleiten sollte (vgl. Nr. 656). Im HBN befindet sich eine Abschrift.
Pater Beda an Giuseppina Morelli:
»Giovanni hat eure Schulden angegeben. Ich war entsetzt, es scheint mir unglaublich. Mit dieser Summe koennte man ein grosses neues Haus errichten. Ich kann es mir nicht erklaeren, das Haus war doch 1920 schon fertig. Wo soll man Wohltaeter finden? Und angenommen: sie faenden sich: nach einigen Jahren waere es dieselbe Sache. Und womit sollte man eine solche Bitte motivieren? Da das Haus immer leer steht und ein Grund fehlt? Ich sehe kein anderes Mittel, diese unliebsame Sache zu beheben, als: eine Hypothek aufzunehmen und vor allem das Haus einem Zweck zuzufuehren. Ohne Rendite kann man ein so grosses Haus nicht behaupten. Aber sag mir, Giuseppina, was sagt Er, der nach Deiner Aussage der wahre Gruender Deines Unternehmens ist? Wenn es nicht moeglich ist, ein Kinderasyl zu machen, bekundet er Dir nicht ein anderes Ziel? Gott laesst seine Werke nicht unvollendet. Unser Freund, Herr Ball, wird nach Italien kommen, ich glaube im Monat Oktober oder September, er moech[t]e eines Deiner Gartenhaeuser in Miete nehmen; dann wird man sehen, was man zu tun hat. Ich bin ueberzeugt, dass er einen guten Rat geben wird, wenn er die Dinge aus der Naehe sieht. [...]
Es kommt mir ein Gedanke in den Sinn: ist das Haus nicht den Passionisten ueberschrieben? Haben sie kein Interesse daran? Denken Sie nicht die Schuld von 25000 Lire aus dem Jahre 1920 zu ersetzen? Es ist ihre Pflicht. Ich fuerchte, Du arbeitest fuer andere.«
Pater Beda erläuterte gegenüber Hugo Ball die Absicht seines Schreibens an Giuseppina Morelli:
»Ich habe eigens erwähnt, daß Sie event. gesinnt sind, ein Haus ihres Gartens zu beziehen, um sich die Sache aus der Nähe anzuschauen. Ich will nun sehen, ob dieser Gedanke beide schreckt oder nicht. Hat wirklich der Heiland das Werk gegründet, dann wird er ihr auch sagen, was zu tun sei. Hat er es nicht gegründet, dann war es, wie ich früher einmal schrieb, eine impresa di follia.«
Beim Besuch Balls bei Pater Beda am 21. Juli 1926 sprachen beide »ausführlich über Signa« (Nr. 650).
Pater Beda hatte dann die wesentlichen Informationen, die er Ball bereits mündlich bei seinem Besuch mitteilte, nochmals in seinem Brief vom 29. Juli 1926 schriftlich zusammengefaßt. Denn kurz nach dem Besuch bei Pater Beda – um den 22./23. Juli (Nr. 651) – hatte Ball seiner Frau bereits Einzelheiten über die Besitzverhältnisse in Signa geschrieben, die Pater Beda in seinem Brief (29. Juli) erwähnte.
Emmy Ball faßte ihre Ansicht in einem undatierten Brief zusammen: »Giovanni in der Toscana braucht Deinen Trost. Wie gut Du dort verstanden wirst. Es ist auffallend, daß man in der Toscana so sehr nach uns verlangt. Aber weißt Du was, lieber Hugo, dort haben sie noch ein Haus, das sie nicht verkaufen wollen, aber wir haben das nicht und womit kannst Du denen helfen? Nur mit Trostworten wird ihnen wenig gedient sein. Man erwartet Deine Arbeit und vielleicht ist man der Meinung, Du bist

imstande, Geldmittel zu beschaffen und das bist Du nicht. Wir werden es uns überlegen.« (EBH Leben, S. 271).

lebhaft mit Paris] Balls Pläne, nach Paris zu reisen, blieben – er sprach diesen Wunsch in seiner Korrespondenz wiederholt aus – nur Absicht. So auch in Nr. 670 vom 23. August 1926, in dem Ball gegenüber seiner Frau äußerte, »nächstes Frühjahr in Paris« zu sein und Hermann Hesse zu treffen. Am 8. November 1926 äußerte Ball gegenüber Richard Huelsenbeck die Hoffnung, »demnächst« nach Paris »zu ziehen« (Nr. 685), und schließlich schlug Ball Hermann Hesse am 25. März 1927 vor: »wir sollten eine andere Landschaft aufsuchen; uns die Conca d'Or und Palermo ansehen oder Paris« (Nr. 738). Auch in einem Gespräch zwischen Emmy und Hugo Ball – es dürfte im Mai 1927 stattgefunden haben – plante Ball »für das nächste Jahr« einen Aufenthalt in Paris: »Sobald mein Buch dann fertig ist, während Emmy das ihrige arbeitet, reisen wir nach Paris [...].« (Zitiert nach EBH Weg, S. 172).

Von dort und von *Strassburg*] Aus Paris schrieb Richard Huelsenbeck, der sich im Juni 1926 dort aufhielt und wohl Tristan Tzara besuchte (vgl. Weltdada Huelsenbeck, S. 116), und aus Straßburg dürften Hans Arp – der dort 1886 geboren wurde – und Sophie Taeuber-Arp Grüße gesandt haben. Im HBN wurden weder die Grüße von Arp noch von Huelsenbeck gefunden.

645. An den Verlag Duncker & Humblot, 12.7.1926

H: Ms. Brief mit eigenh. Unterschrift; 1 Bl., 1 S. **F:** Verlagsarchiv Duncker & Humblot; Berlin. **DV:** Original.

zweite Teil des Buches] Der zweite Teil von ›Die Flucht aus der Zeit‹ gliedert sich in zwei Kapitel: ›Von Gottes- und Menschenrechten‹ (S. 195-271) und ›Die Flucht zum Grunde‹ (S. 273-319).

646. An den Verlag Duncker & Humblot, Mitte, vor d. 17.7.1926

H: Ms. »Zettel« mit eigenh. Unterschrift; 1 Bl., 1 S. **F:** Verlagsarchiv Duncker & Humblot, Berlin. **DV:** Original.

Datierung: Ball trat seine Reise nach München am 17.7.1926 an. Nr. 646 wurde kurz vor diesem Tag geschrieben.

647. An Annemarie Hennings, 15.7.1926

H: Hs. Bildpostkarte; einseitig beschrieben. Motiv: Un saluto dal Crotto Pirett. Castel S. Pietro condotto da E. Camponovo (Canton Ticino). Adresse: Frl. / Annemarie Hennings-Ball / p.A. Herrn Prof. C. Muth / *Solln*-München / Ditmerstrasse / *Germania*. **F:** HBN. **DV:** Original.

Hs. Postskriptum von Emmy Ball: »Liebe Annemie, [unlesb. Worte], und bin mit Frau Müller u. Bubi den Berg hinunter gerutscht. Herzliche Grüße Dein Mütterchen.«
Hs. Postskriptum von Albert Müller: »Wir hatten heute hier einen schönen Besuch von Ihren Leuten und ich freue mich wenn Sie auch einmal daherkommen würden. Herzliche Grüsse Albert Müller. «

Weiterhin: »Herzl. Gruß A[dolf] Saager.« Hs. Grüße auch von Frau Saager und Anna Müller.

Frau Müller] Anna Müller, vgl. *Nr. 321* – »Basler Maler«.

Bubi] Nicht identifiziert. Eventuell handelte es sich um Kaspar Müller (geb. 1923), den männlichen Zwilling der Familie Müller.

A[dolf] Saager] Vgl. *Nr. 235*.

Frau Saager] Maria Saager; vgl. *Nr. 335* – »Sachés«.

Herrn Müller] Albert Müller, vgl. *Nr. 321* – »Basler Maler«. Bei diesem Besuch bei Albert Müller und dessen Familie entstand das Foto, das im HBK, S. 232 abgedruckt ist.

Obino] Vgl. *Nr. 321* – »Basler Maler«.

Mendrisio] »Städtchen von 4000 Einw. am Südwestfuß des Monte Generoso [...].« (Baedekers Schweiz 1927, S. 536).

648. An Emmy Ball, 18.7.1926

H: Hs. Bildpostkarte. Motiv: München von der Michaeliskirche gesehen. Adresse: Frau Emmy Ball / Sorengo-Lugano / Capomastro Skory / *Schweiz*. **F:** HBN. **DV:** Original.

Datierung: Ball beabsichtigte in Nr. 647 am Samstag, den 17.7.1926, in München einzutreffen. Der Postkarte Nr. 648, die von einem Sonntag stammt, ist zu entnehmen, daß er Samstag gut angekommen sei, mit Muth geredet habe und mit Annemarie Hennings am Sonntag in der Münchner Frauenkirche gewesen sei. Die Postkarte muß also von Sonntag, dem 18. Juli 1926, stammen.

Hs. Postskriptum von Annemarie Hennings: »Liebes Mütterlein! Herzliche Grüsse. Dein Annemusch. Ich geh mit zu Feuchtwanger am Montag. Addio.«

Ria] Ehefrau von Balls Bruder Heiner, vgl. *Nr. 310*.

649. An Emmy Ball, 19.7.1926

H: Hs. Brief; 1 Bl., 4 S. **F:** HBN. **E:** Briefe, S. 263 f. **DV:** Original.

Datierung: Nach Balls Ankunft am 17.7.1926 in München besuchte er mit Annemarie am folgenden Montag Ludwig Feuchtwanger (vgl. Nr. 646) und Ernst Konrad Stahl. Ball berichtete in Nr. 649 von diesen Besuchen.
Ball schrieb diesen Brief am Montag, den 19. Juli 1926, vor »12 Uhr«.

Hs. Postskriptum von Annemarie Hennings: »Liebes Mütterlein. Mit Herzschmerzen und Laufen haben wir den Zug bekommen in der letzten Minute. Morgen gehen wir zu P[ater] B[eda]. Prof. Muth lässt Dich herzlich grüssen, er wird Dir bald schreiben und Photos schicken. Lass es Dir gut gehn mein liebes Mütterlein u. sei innigst umarmt u. 1000 [mal] geküsst. Deine Annemarie.«

Reklamezettel] Zu Emmy Balls ›Der Gang zur Liebe‹ brachte der Verlag Kösel & Pustet ein vierseitiges Prospekt heraus. Nach den Stimmen zu früheren Werken folgen sechs Urteile – an erster Stelle Hermann Hesse – über das neue Werk, abschließend eine »Leseprobe« aus dem Kapitel ›Quo vadis?‹ (S. 253-259).

(die Karwoche)] Die Kapitel – Palmsonntag. Die heilige Treppe. Sankt Paulus vor den Mauern. Gründonnerstag. Karfreitag. Karsamstag. Auferstehungsfeier – bilden den »Schluß des Buches« (S. 265-309).

Jubiläumsalmanach] Diese Publikation des Verlags Josef Kösel & Friedrich Pustet K.-G. erschien 1926. Sie enthält von Emmy Ball Nachdrucke der Kapitel ›Die Himmelskönigin ohne Krone‹ (S. 150-155) und ›Die beiden Mütter und der Heiligenschein‹ (S. 155-159) aus ›Der Gang zur Liebe‹.

Carlo Dolci] (1616-1686), italienischer Barockmaler. In Florenz besuchte Emmy Ball im November 1923 den Palazzo Pitti: »Die Bilder von Dolci haben mir am besten gefallen, eine Rose von Lima ist am schönsten, ein kleines Bild nur.« (HBN: Emmy Ball an Hugo Ball, [vermutlich 18./19. November 1923].) Auch in EBH Gang wird dieses Gemälde erwähnt: »Das Bild der Rosa von Lima fällt mir ein, das ich in dieser Stadt gesehen habe. Es ist ein Bild, nicht größer als die Schreibtafel eines Kindes. Dürfte ich mir aus der Galleria Pitti etwas wünschen, dann würde ich das Bildchen der heiligen Rosa von Lima wählen.« (S. 79.) Ob dieses oder ein anderes Bild Dolcis als Titelbild zum Vorschlag kam, ist nicht bekannt. Dem Buch ›Der Gang zur Liebe‹ wurde vom Verlag kein Titelbild beigegeben.

Tessiner Publikation] Bereits während ihres Florenzaufenthalts im Herbst 1923 äußerte sich Emmy Ball: »ich möchte gerne mal ein Tessinbuch mit Skizzen herausgeben.« (HBN: Emmy Ball an Hugo Ball, [vermutlich 18./19. November 1923].) Gegen Ende Juli 1926 schrieb sie ihrem Mann nach München: »Jetzt bin ich beim Tessinerbuch und denk, das wird was ganz anders, als meine Skizzen, die ich beim näheren Hinsehen gar nicht brauchen kann für ein Buch. Ich kann sie höchstens mal für einen Sammelband zusammen mit anderen Skizzen verwerten, aber die Sachen sind zu abgehackt. Ich versuche jetzt das ganze Agnuzzo mit Familie und allem, was drum und dran ist zu schildern, und will mal sehn, wie es geht.« (HBN: Emmy Ball an Hugo Ball, undatierter Brief.) Es könnte sich aber auch um eine geplante Publikation mit Tessiner-Texten von Emmy Ball und mit Tessiner-Aquarellen von Hermann Hesse gehandelt haben (vgl. *Nr. 653* – »Hesse'schen Bilder«).

Prof. Berndl] Richard Berndl (1875-1955), Architekt und Kunstgewerbler. Seit 1905 Professor an der Münchner Kunstgewerbeschule.

650. An Emmy Ball, 21.7.1926

H: Hs. Bildpostkarte; einseitig beschrieben. Motiv: München. Brunnenbuberl. Adresse: Frau / Emmy Ball / Sorengo – Lugano / Capomastro Skory / *Schweiz*. **F:** HBN. **DV:** Original.

Hs. Postskriptum von Annemarie Hennings auf der Bildseite: »Liebes Mütterlein! Es war schön in Scheyern. Schade daß Du nicht dabei warst. Interessante Sachen aus S[igna]. Da wirst Du die Augen aufmachen. Ich komme mit zu Feuchtwanger. Diese Karte habe ich ausgesucht. Hab Dich lieb. Dein Annemusch, Malerlein.«

651. An Emmy Ball, um d. 22./23.7.1926

H: Hs. Brief; 1 Bl., 2 S. **F:** HBN. **DV:** Original.

Datierung: Ball schrieb Nr. 651 nach dem Besuch bei Pater Beda am 21.7.1926. In diesem Brief erwähnt Ball auch den Mietzins, der am »22.ten« in Sorengo zu zahlen war. Nr. 651 dürfte um den 22./23.7.1926 geschrieben worden sein.

Schaffner aus Frankfurt] Bei Schaffner könnte es sich um einen Kunstgewerbehändler gehandelt haben, dem Annemarie Hennings ihre Keramik in Kommission gegeben hatte. Die unverkaufte Ware sandte Schaffner, nach Reklamationen (vgl. Nr. 661) nach München an Annemarie Hennings per Adresse Carl Muth in München-Solln. Nach dem Eintreffen der Sendung im Güterbahnhof München (vgl. Nr. 670 und Nr. 671) wurde Carl Muth mit dieser Angelegenheit behelligt (vgl. Nr. 668).

Schluss (Agnuzzo) Kapitel] Flucht, S. 291-319.

Deine Sache] Hugo Ball beabsichtigte, mit Carl Muth über das Lyrik-Referat im ›Hochland‹ zu sprechen, das Emmy Ball betreuen sollte. Auch wollte Ball sich erkundigen, warum im ›Hochland‹ keine Auszüge – aus ›Der Gang zur Liebe‹ erscheinen. Vgl. Nr. 653.

eingehend mit ihm über Signa] Vgl. *Nr. 644* – »Von Signa auch neue Briefe«.

Rechtsanwalt Hirschberg] Max Hirschberg (1883-1964), Jurastudium in Berlin, Leipzig und München. Seit 1919 Rechtsanwalt in München; 1922 Fechenbachprozeß, 1925 Dolchstoßprozeß (vgl. *Nr. 577*).

Fechenbach] Felix Fechenbach (1894-1933 ermordet), Journalist; 1918 Mitglied des Soldatenrats in München; Privatsekretär von Kurt Eisner (Ministerpräsident von Bayern). Der Münchner Volksgerichtshof verurteilte Fechenbach im Oktober 1922 wegen Landesverrat zu elf Jahren Zuchthaus; 1924 Freilassung. Von 1926-1933 Redakteur beim sozialdemokratischen ›Volksblatt‹ in Detmold. (Ausführlich: Freymuth, Arnold: ›Das Fechenbach-Urteil‹. Berlin: Verl. der Neuen Gesellschaft 1923).

Deine Bildchen] Emmy Ball hatte einem Brief zwei Fotos beigelegt. Emmy Balls Nachfrage (undatierter Brief, gegen Ende Juli 26; HBN): »Wie hat Dir das Bild gefallen, das ich Dir geschickt hab, ich hab Dir zwei geschickt, aber das eine, ist das nicht besonders hübsch?«, bestätigt dies.

Photographien von mir] Über diese mißlungenen Photos ist nichts bekannt. Nochmals wurde Hugo Ball von Albert Müller am 20./21. Oktober 1926 fotografiert (vgl. *Nr. 682* – »Lichtbild«).

Th[eodor] Haecker] Vgl. *Nr. 438*.

652. An Maria Hildebrand, 27.7.1926

H: Hs. Bildpostkarte; einseitig beschrieben. Motiv: München Glockenspiel. Adresse: Frau Direktor / Maria Hildebrand / Pirmasens. Rheinpfalz / Landgrafenstrasse 2. **F:** HBN. **DV:** Original.

Hs. Postskriptum von Annemarie Hennings: »Herzliche Grüsse an alle Eure Annemarie.«

653. An Emmy Ball, 27.7.1926

H: Hs. Brief; 5 Bl., 18 S. **F:** HBN. **E:** Briefe, S. 264-267. **DV:** Original.

Datierung: Am »27. Juli« geschrieben, kann 653 eindeutig – wie es sich aus dem Inhalt ergibt – 1926 zugeordnet werden.

eine Karte] Nicht erhalten.

sein Sohn in schwere geschäftliche Kalamitäten] Vgl. *Nr. 639* – »Sorge um den Sohn«.

heut abend bei Heiner] Hugo Ball wohnte ab dem 27. Juli bei seinem Bruder (vgl. Nr. 642 – »Heiner wohnen«).

Frau Direktor] Carl Muths Tochter Luise Maria, gen. Lulu (vgl. *Nr. 460* – »Prof. Muth ist gerade hier in Rom«)

Larrinaga] Robert Forster-Larrinaga (vgl. *Nr. 44*)

Kammerspiele] Der Jurist Adolf Kaufmann, die »Graue Eminenz der Kammerspiele« (S. 55), verkaufte »die bankrotten Kammerspiele« in der Augustenstraße und »pachtete das von Hermine Körner am 1. März 1925 verlassene Schauspielhaus in der Maximilianstraße. Aus einem Bankrott wurde eine glänzende Transaktion: nach fünfzehnjährigem, gerade in der letzten Zeit wieder heftigem Konkurrenzkampf gab es nur noch *eine* Bühne des modernen Theaters in München – und das waren ›Die Kammerspiele im Schauspielhaus‹.« (S. 174 f.) Anfang September zog das Ensemble der Münchner Kammerspiele, unter der Direktion: Otto Falckenberg, Adolf Kaufmann und Julius Gellner, in das Schauspielhaus um. (Vgl. Wolfgang Petzet: ›Theater. Die Münchner Kammerspiele 1911-1972.‹ München 1972).

Lotte Pritzel] (1887-1952), Kunstgewerblerin und vorzugsweise Puppenkünstlerin. Lotte Pritzel besuchte ab 1905/06 die Kunstgewerbeschule in München. In München und Berlin gehörte sie zum Kreis der Bohemiens, befreundet mit Erich Mühsam, John Höxter, Ferdinand Hardekopf u.a. 1921 heiratete sie den Mediziner Gerhard Pagel (1886-1954) in München. 1922 zog das Ehepaar, nach der Geburt der Tochter Irmeline, nach Berlin. Lotte Pritzel war in den folgenden Jahren als Kostümbildnerin und Bühnenaustatterin für Max Reinhardt und Erwin Piscator tätig (vgl. auch EBH Katalog, S. 54 f.)

Carola Neher] (1900-1942), verheiratet mit Klabund; Schauspielerin. Stationen ihres Werdegangs: Baden-Baden, München, Wien, Breslau, Berlin. nach der Machtübernahme durch die Nationalsozialisten emigrierte Carola Neher in die Sowjetunion. Dort wurde sie 1936 verhaftet und zu zehn Jahren Zwangsarbeit wegen angeblicher Kontakte zu einem Trotzkisten verurteilt. 1942 starb sie in einem sowjetischen Gefängnis.

Tessiner Plan] Das Ehepaar Henschke (Klabund und Carola Neher) plante ursprünglich für den Sommer 1926 einen Tessinaufenthalt; vgl. *Nr. 637* – »Klabund«.

beiden Stücke] Von Rudolf Baumann-Kienast (vgl. *Nr. 637*) hatte Ball zwei Schauspieltexte nach München mitgenommen. Ball erhoffte durch seine Verbindungen zu Münchener Theaterkreisen, die Annahme und Aufführung der Stücke unterstützen zu können. Zumindest bei einem der

Manuskripte (›Schauspieler‹), vgl. Nr. 664, zeigte Forster-Larrinaga Interesse, eine Inszenierung zu erwägen.

Carla] Carla Fassbind.

Tessinerbuch] Vgl. *Nr. 649*.

Hesse'schen Bilder] Ball versuchte, sich für eine Publikation von Hesse-Aquarellen beim Verlag Kösel & Pustet einzusetzen. Vielleicht war auch an eine Publikation mit Tessinertexten von Emmy Ball und Aquarellen von Hermann Hesse gedacht (vgl. *Nr. 649* – »Tessiner Publikation).

zum 50. Geburtstag soll ich schreiben] Ein erster Hinweis, daß Hugo Ball zum 50. Geburtstag Hermann Hesses eine Würdigung schreiben sollte. Ob es sich dabei um Balls Hesse-Biographie, die 1927 bei S. Fischer erschien, handelte, ist eher unwahrscheinlich. Denkbar wäre eine Anfrage gewesen, ob Ball zu diesem Anlaß einen Aufsatz – möglicherweise fürs ›Hochland‹ schreiben würde.

Dr. Saschi] Adolf Saager (vgl. *Nr. 235*). Ob es sich um Exemplare von Saagers Roman ›Versöhnung‹ (1925) handelte, kann nur vermutet werden (vgl. *Nr. 527*). Vielleicht hatte der Verlag Georg Müller (München) vom Verlag Orell Füssli (Zürich, Leipzig, Berlin) einige Exemplare des Romans in Kommission übernommen.

Morgen schreibe ich nun an Giovanni] Nr. 656.

Du jetzt im Schriftstellerschutzverband bist] Schutzverband deutscher Schriftsteller, Berlin W 36, Schöneberger Ufer 25. Der Jahresbeitrag betrug 1926: 20 M. Zweck des Verbandes: »Wahrung der wirtschaftlichen und geistigen Interessen der Schriftsteller, kostenloser Rechtsschutz, Nachdruckverfolgung, Darlehns- u. Unterstützungskasse«. (Quelle: ›Kürschners Deutscher Literatur-Kalender auf das Jahr 1926‹. Jg. 43. Berlin und Leipzig: Walter de Gruyter, S. 235).

Bergner] Vgl. *Nr. 173* – »Frl. Bergner«.

654. An Emmy Ball, 28. oder 29.29.7.1926

H: Ms. Brief mit eigenh. Unterschrift, unvollständig; 2 Bl., 2 S. **F:** HBN. **DV:** Original.

Datierung: Nr. 654 muß nach dem 27.7.1926 geschrieben worden sein, denn ab diesem Tag wohnte Ball bei seinem Bruder (vgl. Nr. 653).
Am Schluß des Briefes erwähnte Ball, daß er Annemarie erst am Sonntag (1.8.) wiedersieht, die am Samstag (31.7.) zur Beichte geht und »morgen« (29. oder 30.7.) erstmals Gunda begegnen werde. Nr. 654 muß am 28. oder 29.7. 1926 geschrieben worden sein.

zu Müller gehen] Albert Müller; vgl. *Nr. 321* – »Basler Maler«.

Nymphenburg] Einen Hinweis dazu schrieb Annemarie Hennings im Brief an Hugo Ball vom 2. Juli 1926 (HBN): »Herr Prof. M[uth] wird mit einem Prof. sprechen, was man für mich tun könne, ev. bekomme ich eine Ausstellung in der einen Fabrik in Nymphenburg [...].«

Bruno] Bruno Hesse; vgl. *Nr. 518*.

Hugo Ball könnte sich auf Bruno Hesses Aufenthalt bei dem schweiz. Maler Cuno Amiet (1861-1961) in Oschwand (Emmental) Anfang der 20er Jahre – Bruno Hesse war dessen Schüler und wohnte auch in dessen Haus – bezogen haben (vgl. Hesse Briefe 2, S. 42, 59 f.).

Campione] Gegenüber Lugano am Luganersee gelegene italienische Enklave. Von Carla Fassbind hatte Emmy Ball erfahren, »dass man hier Keramik macht, eine halbe Stunde von hier [Sorengo] entfernt« (HBN: Emmy Ball an Hugo Ball [30. April 1926]). Ob es sich dabei um ein Keramik-Unternehmen in Campione handelte, kann nur vermutet werden.

Obino] Vgl. *Nr. 321* – »Basler Maler«.

Deine Sache mit Reiss ... Übernahme der früheren Bücher] Das Jahr 1926 war das dunkelste in der Geschichte des Erich Reiss-Verlages (1909-1936), der in diesem Jahr kurz vor dem gerade noch abgewendeten Bankrott stand, weil der skrupellose Verlags-Prokurist Erich Krüger Geld veruntreut hatte (vgl. Halbey, Sp. 1140-1144). Angesichts der ruinösen Situation des Verlages bemühten sich Hugo und Emmy Ball in den Jahren 1926/27 um die Auflösung der noch gültigen Verträge mit Reiss, um die »Lösung von Reiss« (Nr. 700), und zugleich darum, »für Emmys frühere Bücher einen neuen Verlag« zu finden (Nr. 662).

Dumms Züg] Emmy Ball schrieb: »O, mein lieber Hugo, heut ist schon wieder eine Einladung aufs Büro in Lugano gekommen, und denk, die in Muzzano wollen 2000 Franken von uns haben. Ich glaube, die haben dort einen Hitzschlag bekommen. Dumms Züg hab ich gesagt, und die haben Skusi gesagt, und sind wieder abgezottelt. Sisch pericoloso zu mir zu kommen. Aber Du solltest am 27. corrente mese alle ore 9 zum Delegato Speziale di Polizia kommen, per regolare il vostro soggiorno, rinovare permesso per comunicazioni rekative alla domanda di entrata. Dumms Züg..« (HBN: Emmy Ball an Hugo Ball, undatierter Brief, um den 26. Juli 1926)

Laskerin] Else Lasker-Schüler, vgl. *Nr. 27.* Der Sohn von Else Lasker-Schüler, Paul Lasker (1899-1927), war an Tuberkulose erkrankt und hielt sich 1926 und überwiegend auch 1927 im Sanatorium Deutsches Haus Agra auf. Else Lasker-Schüler war oft in der Nähe ihres Sohnes.

Agnuzzo-Buch] Vgl. *Nr. 649* – »Tessiner Publikation« und *Nr. 664* – »Tessinerbuchs«.

Zum Namenstag (Anna)] 26. Juli.

655. An Emmy Ball, 29.7.1926

H: Ms. Brief, unvollständig; 1 S. **F:** HBN. **E:** EBH Leben, S. 268 f.; auch in Briefe, S. 268. **DV:** Original.

Datierung: Ball fragte in Nr. 655 bei seiner Frau an, ob sie den »Bleistiftbrief« (Nr. 653) vom »27. Juli« erhalten habe. Folglich wird Nr. 655, mit »Donnerstag« überschrieben, vom 29. Juli 1926 stammen.

Verlagspropaganda] Ball wollte sich vermutlich aktiv an der Verlagswerbung für seine Bücher beteiligen. So wählte er aus den Rezensionen seiner bei Duncker & Humblot erschienenen Buchausgaben, Zitate aus, die für die Werbung Verwendung finden sollten.

Der grüne Weg will klingen] Hugo Ball zitierte aus dem nachfolgenden Gedicht seiner Frau:

»Verwunschenheit (Dem Maler der gläsernen Fenster,
Albert Müller in Castello San Pietro gewidmet)

Bin ich der Durst in zarten Farben?
Mein Schicksal blühend, tief versunken?
Durchtränkt steh ich in Sonnengarben.
Neigt sich ein Zweig, so leise trunken ...

Jubelt der Wald in meinen Augen?
Klagt eine Lust in meinen Haar?
Will rote Blume mir am Herzen saugen?
Wie glüht das Leben, wunderbar ...

Ach, wem gehören wol die Hände?
Die dankbar schimmern wie das Licht?
So fremd und freund durch alle Wände,
Fällt Lächeln in mein Angesicht.

Ich bin der Strom in allen Dingen.
O, eine Seligkeit erwacht!
Der grüne Weg will klingen, singen:
Bin Sommertag und Liebesnacht.«

(Quelle: ›Lugano. Organo officiale della Società Albergatori e dell' Associazione Pro Lugano e Dintorni‹. Jg. 32, 1926, Nr. 25 vom 19. August, S. 2).

Bleistiftbrief] Nr. 653.
Brief an Giuseppina] Nicht erhalten.
Babbo] Ital. = Vater

656. An Giovanni und Giuseppina Morelli, 2.8.1926

D: Ms. Durchschlag; 1 Bl., 2 S. Dies ist die deutsche Fassung von Brief 1926.48. **F:** HBN. **DV:** Durchschlag.

Pater Bedas auf den 29. Juli 1926 datierten Brief an die Geschwister Morelli erhielt Ball am 1. August 1926, und legte ihm dem seinem (Nr. 656) vom 2. August bei. Als Übersetzer von Nr. 656 kommt Pater Beda kaum in Betracht, da er seinen Brief mit der Post schickte, und kein Hinweis zu finden ist, daß sich Pater Beda und Ball in der Zeit vom 29. Juli bis 1. August persönlich trafen. Möglicherweise war aus Balls Bekannten- und Verwandtenkreis jemand – vielleicht sogar Annemarie Hennings – bei der Übersetzung behilflich, zumal die Datierung des deutschen und des italienischen Textes übereinstimmt. Nachfolgend Überlieferung und Wortlaut des italienischen Textes:

D: Ms. Durchschlag in doppelter Ausführung; 1 S. In einem der beiden Durchschläge ist der letzte Satz des Postskriptums gestrichen. Die von Ball angefertigte deutsche Fassung dieses Briefs, die vorliegt, enthält den gestrichenen Satz zumindest sinngemäß. **DV:** Durchschlag.

»München, 2. August [19]26

Caro Signore Giovanni,
Cara Signorina Giuseppina,
prego di scusare il ritardo della mia risposta. Vi ringrazio cordialmente la sua ultima lettera e le notizie finanziarie. Intanto ho parlato con P[ater] B[eda]

Mi ha detto che scrivera ormai lui stesso, e mi ha mandato ieri la lettera esservi aggiunta. Spero tanto che sara possibile di sgombrare la difficoltà. Sapere la causa di una disgrazia e discutarla amichevole, questo è l'inizio di rimedio. P[ater] B[eda] provvede le loro cose come un fratello fedele. Ha tante cure del benessere dei suoi amici in Signa.
Infatti posso dire lo stesso da mia parte. Vorrei passare l'autunno e l'inverno prossimo nella vicinanza di Firenze. Avevo l'intenzione di dirla a bocca. Ormai P[ater] B[eda] mi ha promesso di fare l'interprete per me. Ditemi, Signor Giovanni: sarebbe possibile che affitto colla mia moglie (Annemarie restera per primo nell'Ticino) una delle sue case da contadino con cucina e orto? Prego di scrivermi al indirizzo laggiú, se piace lei questa proposta e quale è il prezzo d'affitto non come per un amico, ma come se sarebbe un'altra persona (tre stanze e cucina). C'è una possibilità di riscaldare due stanze nell'inverno? Sarebbe questo una condizione del nostro lavoro. E come è col'ammobigliamento (semplice)? C'è nella casa le cose necessarie o sarebbe bisogno di portarle con se? Biancheria e le stoviglie per la cucina (piatti, cassarole etc.) abbiamo noi. Ho l'intenzione di venire eventualmente già fin di mese agosto o nei primi giorni di mese settembre. Potremo allora discutere insieme a bocca anche le condizione di una pensione per studiosi cattolici. Ho dei amici di molta influenza in Germania e nella Svizzera, anche in Italia. La vicinanza di Firenze è favorevole. Vi assicuro per oggi, caro Signore Giovanni, che potremo essere come fratelli. Se siamo a Signa quattro persone, forse tutte le cose vanno meglio; anche con i contadini. Col' ajuto [sic] di qualche amici a Firenze si puó, cosi spero, assecurarme anche la benevolenza del magistrato.
Frattanto vi salutamo di cuore
e dico a rivederci
Suo affmo
Prego di rispondere per questa volta subito (al indirizzo di mio fratello Heinz Ball, München, Germania, Innere Wiener-Strasse 30 II). Ricevuta questa sua risposta parlero ancor' una volta col P[ater] B[eda] e partiro alla Svizzera per preparare il viagg[i]o per Signa. Debbo partire da Monaco al otto agosto, ultimo termino dieci.«

Debbo partire da Monaco [da Bavaria] al otto agosto, ultimo termino dieci.] Die wörtliche Übersetzung lautet, entgegen dem Wortlaut des ms. Durchschlags der deutschen Fassung: ›Ich muss am 8.ten, spätestens 10.ten August aus München abreisen.‹

657. An Maria Hildebrand, 3.8.1926

H: Hs. Bildpostkarte, beidseitig beschrieben. Motiv: München, Marienplatz mit Rathaus. Adresse: Frau Direktor / Maria Hildebrand / Pirmasens. Rhpfalz / Landgrafenstr. 2. **F:** HBN. **DV:** Original.

658. An Emmy Ball, vermutl. 4.8.1926

H: Ms. Brief mit eigenh. Unterschrift und hs. Postskriptum, unvollständig; 1 Bl., 4 S. **F:** HBN. **DV:** Original.

Datierung: Nr. 658 muß nach dem 2.8.1926 geschrieben worden sein, denn Ball war »neugierig« auf die Antwort auf Nr. 654 aus Signa. Ball war am Nachmittag mit Carl Muth verabredet, der am 5.8. in die Schweiz reiste. Nr. 658 kann also auf den 4. August 1926 datiert werden.

Giuseppina antworten wird] Siehe Nr. 664.
Bergner] Elisabeth (Liesel) Bergner, vgl. *Nr. 173*.
Vayo] Julio Alvarez del Vayo, vgl. *Nr. 163*.
Honorar vom Tageblatt] Im ›Berliner Tageblatt‹. Jg. 55, 1926. Nr. 321 vom 10.7., erschien von Emmy Ball: ›Einmal Königin‹.
Grütli] Hotel Restaurant »Grütli« in Lugano, »am Fuße der Drahtseilbahn« (Baedeker Schweiz 1927, S. 552).
Pastor] Ludwig von Pastor (1854-1928), katholischer Historiker. Professor in Innsbruck, seit 1901 Direktor des Österreichischen Historischen Institutes in Rom, ab 1920 Gesandter und bevollmächtigter Minister Österreichs beim Heiligen Stuhl. Hauptwerk: ›Geschichte der Päpste seit dem Ausgang des Mittelalters‹. Bd. 1-16, 1886-1933.
»Berichtigung« in der Hegemann-Sache] Vgl. Nr. 643.
Sache über Baumann] Um den 6./7. August 1926 vermeldete Emmy Ball in ihrem Brief an Hugo Ball (HBN): »Die Baumann-Kritik ist von den Badischen angenommen.«
Der ›Neuen Badischen Landeszeitung‹ (Mannheim) hatte Emmy Ball eine Besprechung von Rudolf Baumanns ›Der Tropenspiegel‹ (vgl. *Nr. 637* – »Herr Baumann«) angeboten. Weder das Manuskript noch die Veröffentlichung konnten gefunden werden.
dort oben auf der Eisbärjagd bleiben] Rudolf Baumann reiste mit seiner Frau Anfang Juni 1926 für vierzehn Tage nach Italien. Danach wollten sie den Sommer über in ihrem Haus San Michele in Castagnola bleiben (vgl. Nr. 637). Über eine weitere Reise ist nichts bekannt.
Annemaries Geburtstag] Annemarie Hennings wurde am 11. August 1906 in Penzig bei Görlitz geboren.
Dörfler] Peter Dörfler (1878-1955), katholischer Priester und Erzieher, Schriftsteller, Verfasser von Romanen und Erzählungen. Seit 1915 leitete er das St. Marien-Ludwig-Ferdinand-Kinderheim in München.
Frau Vogt] Berta Probst-Vogt wohnte in Luzern, Schloßstr. 9. Sie engagierte sich beim Schweiz. Kath. Frauenbund.
Probst-Vogt veröffentlichte Texte im Frauenbundorgan ›Die katholische Schweizerin‹, Luzern, und gewann auch Emmy Ball als Mitarbeiterin (Jg. 13, 1926. Nr. 24 vom 15.12., S. 343: ›Vor der Krippe‹; Jg. 14, 1927. Nr. 8 vom 15.4., S. 114: ›Karsamstag‹, Ausz. aus ›Der Gang der Liebe‹). Zwei Briefe von Berta Probst-Vogt an Emmy Ball (18. Oktober 1926 und 13. Dezember 1926) befinden sich im HBN.

659. An Emmy Ball, 5.8.1926

H: Ms. Brief mit eigenh. Unterschrift und hs. Postskriptum; 2 Bl., 3 S. **F:** HBN. **E:** EBH Leben, S. 265-267; auch in Briefe, S. 268-270 (in Teilen, verändert). **DV:** Original.

Datierung: Ball traf sich mit Carl Muth, am Tag vor dessen Abreise in die Schweiz, am Mittwoch, den 4.8.1926 (vgl. Nr. 658). In Nr. 661 vom 6.8.1926 fragte Ball bei seiner Frau an, ob sie »die Lyrik bekommen« habe, die Ball beim Verlag sah und deren Absendung von Muth veranlaßt wurde. Aus diesen Fakten muß Nr. 659 auf »Donnerstag«, den 5. August 1926 datiert werden.

Jannings] Inge Jannings: Nicht identifiziert.

Beilage] Vgl. *Nr. 649* – »Reklamezettel«.

Aufsatz für 2 Nummern] Carl Muth und Hugo Ball hatten sich am 4. August 1926 über einen Aufsatz Balls verständigt, der später den Titel ›Der Künstler und die Zeitkrankheit‹ trug und im ›Hochland‹, Jg. 24, 1926/27, H. 2, November 1926 und H. 3, Dezember 1926, erschien.

Papstgeschichte von Baron Pastor] Vgl. Nr. 658 und Nr. 668.

Pastor ... 70. Geburtstag] Im ›Hochland‹ (Jg. 21, 1923/24, H. 4, Januar 1924, S. 431) schrieb Franz Xaver Seppelt: Pastor habe »eine Festschrift abgelehnt« aber die Ehrung werde »in Form einer Adresse« erfolgen, »die bei einer Festakademie internationalen Charakters dem Jubilar überreicht wird, und die die Unterschrift seiner Schüler, Freunde und Fachgenossen tragen wird.« 1926 erschien: Ludwig von Pastor. Denkschrift an den 70. Geburtstag. Zum 40. Jahrestag des erstmaligen Erscheinens der ›Geschichte der Päpste‹. Herausgegeben von seinen Freunden. Freiburg i.B.: Herder.

Hofer] Karl Hofer (1878-1955), Maler und Grafiker. Seit 1917 lebte Hofer wechselweise im Tessin und in Berlin.

psychoanalyt. Almanach] Hesses Aufsatz: ›Künstler und Psychoanalyse‹ (geschrieben 1918) wurde veröffentlicht im: ›Almanach für das Jahr 1926‹. Internat. Psychoanal. Verl., Wien. S. 34-38.

»Literatur«, Herausg. Ernst Heilborn] Ernst Friedrich Heilborn (1867-1942), Literaturhistoriker und -kritiker; von 1911-1933 Herausgeber des ›Literarischen Echos‹ (1923 umbenannt in ›Die Literatur‹, Leipzig und Berlin). Diese literaturkritische Zeitschrift war »bei konservativer Grundhaltung, offen für alle geistigen Strömungen und bot [...] eine vollkommene Chronik des kulturellen Lebens« (NDB 8, S. 258).

660. An Emmy Ball, 6.8.1926

H: Hs. Postkarte, beidseitig beschrieben. Adresse: Frau / Emmy Ball / Sorengo – Lugano / Capomastro Skory / *Schweiz*. **F:** HBN. **DV:** Original.

661. An Emmy Ball, 6.8.1926

H: Ms. Postkarte mit ms. Unterschrift und hs. Postskriptum; beidseitig beschrieben. Adresse: Frau Emmy Ball / Sorengo bei Lugano / Capomastro Skory / *Schweiz*. **F:** HBN. **DV:** Original.

Hochlandaufsatz] Vgl. *Nr. 659* – »Aufsatz für 2 Nummern«.
Briefe von Schaffner] Vgl. *Nr. 651*.
Hast Du die Lyrik bekommen?] Vgl. Nr. 659.

662. An Carla Fassbind, 6.8.1926

A: Ms. Abschrift; 1 S. **F:** HBN. **DV:** Abschrift.

Propagandanotizen des Verlags] Vgl. *Nr. 655* – »Verlagspropaganda«.
Hochland einen Doppelaufsatz] Vgl. *Nr. 659* – »Aufsatz für 2 Nummern«.
Dr. Funk] Vgl. *Nr. 330* und *Nr. 572*.

663. An Hermann Hesse, 8.8.1926

D: Ms. Durchschlag; 1 S. **F:** HBN. **E:** Briefe, S. 270. **DV:** Durchschlag.

von ihren Bildern] Vgl. Nr. 653 und Nr. 658.
Klabund zu treffen] Vgl. Nr. 653 und Nr. 658.

664. An Emmy Ball, 9.8.1926

H: Ms. Brief mit eigenh. Unterschrift und ms. Postskriptum von Ball. 2 Bl., 2 S. **F:** HBN. **DV:** Original.

Datierung: Die »Antwort aus Signa« auf Nr. 656 vom Montag, den 2.8.1926, traf an einem »Montag« ein. Hugo Ball und Annemarie Hennings verließen am Mittwoch, den 11.8.1926 (vgl. Nr. 666) München, machten einen Besuch in Rigi-Klösterli bei Carla Fassbind, bevor sie in Sorengo eintrafen. Ball kann Nr. 664 nur am Montag, den 9.8.1926, geschrieben haben.

Hs. Postskriptum von Annemarie Hennings: »Aufwiedersehn liebes Mütterlein. Übermorgen sind wir bei Dir. 1000 Küsse Deine Anima.«

Antwort aus Signa] Nicht erhalten.
Biancheria] Ital. = Wäsche, Weißwaren.
Mit Berlin, mein Emmy] Hugo Balls Überlegungen und Abwägungen, wo die Familie Ball die nächste Zeit verbringen solle – Berlin, Tessin, Signa – beantwortete Emmy Ball im undatierten Brief (wahrscheinlich um den 7. August 1926; HBN) mit »lauter Erregungen« und sie müsse sich »masslos zusammennehmen, um nicht auszubrechen«: »Es ist doch unsinnig ausführen zu müssen, warum man nicht in Berlin leben kann, warum man nicht hin und her kutschieren kann. ich wundere mich, dass Du mir mit solchen Dingen kommst, lieber Hugo, und ich bitte Dich dringend doch ein wenig nachzudenken. Und zwar in Einzelheiten, wie sich dergleichen in der Praxis machen wird. […]
Wir sind genug kaputt und haben nicht nötig, zwei Umzüge zu haben. Berlin und Signa, eine aparte Zusammenstellung. Damit wir hin und her fahren können arbeiten mit dieser Verzweiflung, ich bin es satt. Bedenke

doch, was es kostet. Wie man leben soll, zwei Zimmer sagst Du. Ja und kochen? Und die Wohnung in Tessin? Die Sachen?
Sparen wir das Geld, und eine Uebersiedlung nach Signa ist erschwinglich, aber durch die Schweiz hinauf nach Berlin, mit Sack und Pack.. ich kann nicht arbeiten bei solchen Aussichten. Und was sollen denn die Briefe in solchem Falle, die nach Signa gegangen sind? Man kann doch nicht verschiedene Sachen gleichzeitig wollen. Ich kann Deine verwirrten Briefe, die letzten nicht verstehen, lieber Hugo.«

Larrinaga] Vgl. *Nr. 44.*

(›Schauspieler‹)] Vg. *Nr. 653* – »beiden Stücke«.

Tessinerbuchs] Vgl. *Nr. 649* – »Tessiner Publikation«.

Herr Mohr] Hermann Mohr (1882-1972), Buchhändler und Verlagsprokurist bei Kösel & Pustet.

4seitigen Prospekt] Vgl. *Nr. 649* – »Reklamezettel«.

Carla im Vorbeikommen Guten Tag] Bestätigt wird der Aufenthalt von Hugo Ball und Annemarie Hennings in Rigi-Klösterli: »Soeben erhalte ich von Ihrem Mann und Annemie eine Karte vom Rigi. Es tat mir leid, dass ich bei der Abreise Ihrer Lieben nicht zugegen sein konnte und dass infolge widriger Umstände so manches unterblieben ist, was ich noch vorhatte.« (HBN: Carl Muth an Emmy Ball, 15. August 1926)

»Neue Rundschau«] Balls Briefe an die ›Neue Rundschau‹, München, und an die ›Schönere Zukunft‹, Wien, sind nicht erhalten. Vorabdrucke aus der ›Flucht‹ sind in diesen Zeitschriften nicht erschienen.

Du schreibst ein neues Buch] Welches neue Buch Emmy Ball in diesen Tagen schrieb – falls es sich nicht um das »Agnuzzo-Buch« (vgl. *Nr. 649* – »Tessiner Publikation« und Nr. 654) handelte – ist nicht bekannt. Vielleicht handelte es sich aber auch um die Publikation ›Tausend und ein Bild der Schweiz‹, das der Verleger und Photograph S.-A. Schnegg, Lausanne, neu herauszubringen plante. In einer bereits im April 1926 erschienenen Ausgabe mit dem Titel ›Tausend und ein Schweizer Bild‹ schrieb Francesco Chiesa den Textbeitrag ›Das Tessin‹. Der Verlags-Vertrag zwischen Emmy Ball und dem Verlag S.-A. Schnegg vom 14. September 1926 (HBN) besagt, daß Emmy Ball den Text ›Tessin‹ bis zum 15. Januar 1927 abzuliefern habe. Auf einer Werbekarte folgt dem Titel: »Ein Prachtwerk von S.-A. Schnegg, Art. Photo. Einführung von Bundesrat Motta. Texte von namhaften heimischen Schriftstellern.«

665. An Carl Linfert, 10.8.1926

D: Ms. Durchschlag; 1 S. **F:** HBN. **DV:** Durchschlag.

Dr. Linfert] Vgl. *Nr. 598.*

Vico] Giambattista Vico (1668-1744), italienischer Rechts- und Geschichtsphilosoph; gilt als Begründer der Geschichtsphilosophie. Sein Hauptwerk: ›Principi di una Scienza Nuova‹ (1725, dt. 1924). Vielleicht wurde Ball durch Linfert angeregt, sich wieder mit Vicos ›Principi di una Scienza Nuova‹, Milano 1831 (›Tagebuch‹, 7. November 1926) zu beschäftigen.

Croce] Benedetto Croce (1866-1952), italienischer Kulturphilosoph und Historiker. Von Croce erschien 1911 ›La filosofia di Giambattista Vico‹.

Papini] Vgl. *Nr. 315.*
24 cervelli] Papini, Giovanni: ›24 cervelli. Saggi non critici‹. Milano: Facchi 1919. Essay über G. Vico, S. 167-188.
Gemellis] Agostino Gemelli; vgl. *Nr. 517.*
Vita e Pensiero] Vgl. *Nr. 517.*
Aufsatz für »Wissen und Leben«] Vgl. *Nr. 598* und *604.*
Dr. Rychner] Vgl. *Nr. 598.*
»Neue Schweizer Rundschau«] Vgl. *Nr. 598* – »Wissen und Leben«. Der Aufsatz ›Unwissenschaftliche Geschichte‹ von Carl Linfert – eine Rezension über Balls ›Die Folgen der Reformation‹ – erschien in der ›Neuen Schweizer Rundschau‹, Zürich, Jg. 19, 1926, August-Heft: S. 803-808 (HBB, Nr. 1105, S. 65).

666. An den Verlag Duncker & Humblot, 10.8.1926

H: Ms. Brief mit eigenh. Unterschrift; 1 Bl., 1 S. **F:** Verlagsarchiv Duncker & Humblot, Berlin. **DV:** Original.

Vertrag unterschrieben] Dem Brief Ludwig Feuchtwangers vom 9. August 1927 (Verlagsarchiv D&H) an Hugo Ball war der Vertrag in zwei Ausfertigungen über die Herausgabe von Balls ›Die Flucht aus der Zeit‹ beigelegt. Im Verlagsarchiv D&H befindet sich ein Exemplar dieses Vertrages – allerdings ohne Unterschriften –, der nachfolgend abgedruckt wird:

»*Vertrag*

Zwischen Herrn Hugo Ball z. Zt. in München und dem Verlag Duncker & Humblot in München ist der folgende Verlagsvertrag abgeschlossen worden.

§ 1

Herr Ball überträgt der Verlagsbuchhandlung Duncker & Humblot den Verlag seines Werkes

›Die Flucht aus der Zeit‹
Fuga Saeculi
Tagebuch aus den Jahren 1913-1921

(der endgiltige Titel bleibt gesonderter Vereinbarung vorbehalten), und zwar zunächst für eine Auflage von 2 000 Exemplaren und 200 Zuschuss für Frei- und Besprechungsexemplare.

§ 2

Der Verlag bringt das Buch noch im Laufe des Jahres 1926 auf den Markt und verbindet mit der Publikation eine Gesamtanzeige der drei im Verlage Duncker & Humblot erschienenen Werke des Verfassers, in Form eines Spezialprospektes.

§ 3

Bezüglich weiterer Auflagen des Buches »Die Flucht aus der Zeit« wird folgendes vereinbart: Sind die ersten 2 000 Exemplare innerhalb zwei Jahren vom Erscheinungstermin (November 1926) an abgesetzt, so behält der Verlag das Recht für alle weiteren Auflagen. Entspricht der Absatz des Buches dieser Erwartung nicht, so steht es dem Verfasser frei, über sein Buch unter Auslösung der Restexemplare anderweitig zu verfügen.

§ 4

Als Honorar erhält der Verfasser für die ersten 1 000 Exemplare 10% vom Ladenpreis des broschierten Stückes im voraus, und zwar 450.– Mark sofort bei Ablieferung des druckreifen Manuskriptes, den Rest sowie eine etwa aus dem angenommenen und dem endgiltigen Ladenpreis entstehende Differenz für 1000 Exemplare bei Ausgabe. Vom 1001. Exemplare an erfolgt die Honorierung in der Weise, dass regelmässig für je 500 Exemplare bei Inangriffnahme jeder 500 Partie die Auszahlung erfolgt, und zwar 12 ½ % für das 2. Tausend und 15 % vom 3. Tausend an.

§ 5

Der Verfasser erhält 10 gebundene und 10 broschierte Freiexemplare von der 1. Auflage. 10 weitere broschierte Exemplare stehen zu seiner Verfügung.

§ 6

Das Übersetzungsrecht vergeben Verfasser und Verlag gemeinsam und teilen etwaige Erträge aus der Autorisation zu gleichen Teilen.

Mit dem Inhalt der vorstehenden 6 Paragraphen einverstanden, bestätigen die Vertragsschliessenden deren Gültigkeit für sich und ihre Rechtsnachfolger durch ihre eigenhändige Unterschrift.«

Meine Tessiner Adresse] Feuchtwanger schrieb am 9. August 1926: »Wir senden Ihnen jeweils 2 Exemplare der Fahnen mit dem Manuskript an Ihre alte Adresse: Agnuzzo bei Lugano.« Deshalb Balls Berichtigung: »Sorengo bei Lugano«.

morgen bereits reise] Ball reiste am 11. August 1927 aus München ab.

667. An Emmy Ball, 21.8.1926

H: Ms. Brief (unvollständig); 1 Bl., 2 S. **F:** HBN. **DV:** Original.

Datierung: In Nr. 669 vom »Sonntag« erwähnte Hugo Ball den »zweiten Besuch von Frau Müller« vom Vortag, der in Nr. 667 noch für den Tag – es kann sich nur um Sonnabend gehandelt haben – angekündigt wurde. Nr. 667 wird deshalb auf Sonnabend, den 21. August 1926 datiert. Ball beabsichtigte, noch am 21. August, an Carl Muth zu schreiben, tat dies aber erst am 22. August (Nr. 668). In der Formulierung »soeben an Prof. M[uth] geschrieben« wird dieser Sachverhalt bestätigt und ermöglicht auch die Datierung von *Nr. 669* – »Sonntag nachmittag«, 22. August 1926.

Tour über den Gotthard] Emmy Ball hatte die Einladung von Carla Fassbind, nach Rigi-Klösterli zu kommen, angenommen. Über ihre Wanderung berichtete sie: »Über den Sankt Gotthard gehen, das ist keine Kleinigkeit, zehn Stunden von Airolo nach Göschenen, wenigstens. Aber der Berg gibt was fürs Geld, alle Hochachtung: alle Jahreszeiten gehen an einem vorüber. […] Noch bin ich eingeträumt von der wunderschönen Tour. […] In Airolo übernachtete ich privat.« (Vgl. EBH Leben, S. 225-227).

Hamo] Pseudonym von Hans Morgenthaler (1890-1928), schweiz. Geologe und Schriftsteller; befreundet u.a. mit Hermann Hesse (vgl. auch NDB 18,

S. 120 f.). Einem undatierten Brief Hans Morgenthalers an Emmy Ball (HBN; nachgedruckt in EBH Katalog, S. 196) legte Morgenthaler zwei von ihm verfasste Broschüren bei: ›Ihr Berge‹ und ›Ich selbst‹. Ob es sich dabei um die »Sachen von Hamo« handelte, kann nur vermutet werden.

Frau Müller] Anna Müller, verh. mit dem Maler Albert Müller, vgl. *Nr. 321* – »Basler Maler«. Anna Müller litt an »physischen und psychischen Erschöpfungszuständen« und kam zu therapeutischen Sitzungen in Balls Haus in Sorengo. Von Mitte August bis Anfang September 1926, so erwähnte Hugo Ball in seinem ›Tagebuch‹, 10. Oktober 1926, analysierte er Anna Müller. Ball fügte diesem ›Tagebuch‹-Eintrag hinzu: Albert Müller finde, mit seiner Frau sei ein »Mirakel« geschehen, denn alle Symptome des Schwermuts seien geschwunden. Vgl. Beat Stutzer : ›Albert Müller‹. 1981, S. 109.

für das Seelchen] Im 'Tagebuch,, 10. Oktober 1926, erinnerte sich Hugo Ball, daß Annemarie Mitte August 1926, also kurz nach ihrer Rückkehr aus München, nach Obino zur künstlerischen Ausbildung in das Haus des Malers Albert Müller gezogen sei. Bereits vorher schrieb Albert Müller in einem undatierten Brief (HBN) an Emmy Ball: »Ich erhielt heute von Ihrem Mann Nachricht, dass er gegen Ende dieser Woche mit Annemarie im Tessin zurück sein wird und dass Sie dann zu uns kommen würden. Sagen Sie Ihrem Mann wie sehr ich und meine Frau darüber erfreut sind und wir wollen Annemarie ein hübsches Zimmer bereithalten. Ich habe das Gefühl, dass es ihr bei uns gefallen wird und sie wird hier recht viel malen können.«

Luzern mitzunehmen] Emmy Ball hatte ihre Schreibmaschine als »Postpaket aufgegeben« und beim Transport könnte ein Schaden entstanden sein: »Ich geh nach Brunnen oder Luzern, um die Maschine reparieren zu lassen.« (EBH Leben, S. 225, 226).

»Neuen Rundschau«] Vgl. Nr. 664.

Konsul Lettenbaurs] Josef Aquilin Lettenbaur (1862-1935), Jura-Studium in München, anschließend Laufbahn im diplomatischen Dienst. Nach Aufenthalten in Sumatra und Südafrika war Lettenbaur Generalkonsul in Chicago; nach dem Ersten Weltkrieg wurde er in den Ruhestand versetzt. Lettenbaur besprach ›Die Flucht aus der Zeit‹ im ›Hochland‹ (Jg. 24, 1926/27. H. 12, September 1927. S. 642-644; HBB, Nr. 1072, S. 64).

Ruth] Ruth Hesse, geb. Wenger.

Faschinen-Hölzchen] Reisighölzchen.

Lasker] Else Lasker-Schüler.

668. An Carl Muth, 22.8.1926

H: Ms. Brief mit eigenh. Unterschrift; 3 Bl., 3 S. **F:** Bayerische Staatsbibliothek München, Carl Muth-Nachlaß. **E:** Briefe, S. 271-274. **DV:** Fotokopie des Originals.

vom 18.ten] Nicht erhalten.

Brief vom 15.ten] Carl Muths Brief vom 15. August 1926 an Emmy Ball befindet sich im HBN. Mit diesem Brief beantwortet Muth zwei Briefe Emmy Balls aus der ersten Augusthälfte 1926.

lyrische Referat] Vgl. Nr. 651 – »deine Sache«. In der Korrespondenz zwischen Emmy Ball und Carl Muth war es zu erheblichen Unstimmigkeiten gekommen. Das »lyrische Referat« war zwischen Muth und Ball, als sich dieser im Juli/August in München aufhielt, besprochen worden. Muth reiste Anfang August in die Schweiz (vgl. Nr. 658) und schrieb einen »harmlos unbefangenen Gruss aus Zürich« (Muth, 15. August 1926) und erhielt, wie Carl Muth weiter ausführte, von Emmy Ball einen Brief, dessen Inhalt »eine solche Explosion einer offenbar schon lange, heimlich genährten Unzufriedenheit« mit Carl Muth gewesen sei. Um möglichen Schaden zu begrenzen, übernahm Hugo Ball die Mittlerrolle.

leidigen Keramik] Vgl. *Nr. 651* – »Schaffner aus Frankfurt«.

Dr. Burnhauser] Peter (Petrus) Burnhauser (1893-1982), Rechtsanwalt.

Rudolf Borchardts] Rudolf Borchardt (vgl. *Nr. 164*, Nr. 671 und Nr. 672).

Reinhard Sorges] Reinhard Johannes Sorge (1891 od. 1892-1916), Dramatiker und Lyriker.

Jacopone da Todis] Vgl. *Nr. 373* – »›Laudes‹ ...«.

liturgische Übersetzungen Guardinis] Es könnte sich um die Publikation: ›Heilige Zeit, Liturgische Texte aus Missale und Brevier‹. Übertragen von Romano Guardini. Rothenfels: Verl. Dt. Quickbornhaus 1925, handeln.

Bremond] Es handelt sich eindeutig um Henri Bremond (1865-1933), französischer Theologe, Literaturkritiker und Schriftsteller. Ball bezog sich auf einen hs. Nachsatz im Brief Carl Muths vom 15. August 1926: »Zur Anregung, die Einleitung des lyr. Referats betreffend, habe ich eine Stelle aus einer Abhandlung Bremonds über das Wesen der *reinen* Poesie übersetzt, die ich morgen folgen lasse.«

Verpflichtung des Hochlands] Carl Muth am 15. August 1926 an Emmy Ball: »Jedenfalls hatte ich Ihnen gegenüber keine *Verpflichtung* übernommen, und wenn Ihr Mann in einem Brief gelegentlich bemerkte, ich hätte schon eine ›Verpflichtung‹ gegen Sie einzulösen, so konnte ich in dieser Aeusserung nur einen stilistischen Lapsus sehen, der mir durch die Liebe Ihres Mannes zu Ihnen und Ihrem Werk begreiflich und verzeihlich schien. Was hilft es mir heute, wenn ich Ihnen nun lang und breit darlege, wie sehr ich mich darum gequält habe, Ihnen gefällig zu sein und, von meiner persönlichen Schätzung abgesehen, auch dem Verlag einen Dienst zu erweisen, indem ich Sie dem ›Hochland‹-Lesern vorstellte; es wird mich in Ihren Augen, so wie Sie die Dinge nun einmal sehen, doch nicht besser abschneiden lassen. Ich hätte die ganze Angelegenheit von Anfang an *rein geschäftsmässig* behandeln und Sie bei Einreichung des Manuskriptes aufklären und bescheiden sollen; damit wäre mir die heutige Situation erspart geblieben. Ich bin sehr empfindlich für solche Vorwürfe, wie Sie sie erheben und fühle, auch wenn sie noch so freundschaftlich eingekleidet sind, ihre Härte und Unerbittlichkeit. – Sie setzen mir ob der *zufälligen* Unmöglichkeit, Vorabdrucke von Ihnen zu bringen, die Pistole auf die Brust mit der Forderung, mich endgültig zu erklären, ob ich überhaupt etwas von Ihnen wolle oder nicht, und Sie fühlen sich in Ihrem Misstrauen gegen meine Aufrichtigkeit noch dadurch bestärkt, dass ich bis heute sogar nicht einmal ein Gedicht von Ihnen gedruckt hätte, *da mir doch niemals eines zur Entscheidung vorgelegen hat*! Ich glaube, allein die Tatsache, dass ich Sie fragte, ob Sie es mit dem lyrischen Referat versuchen wollten, sollte Ihren Zweifel überflüssig machen.«

›Romreise‹] Carl Muth am 15. August 1926 an Emmy Ball: »Als ich im Begriff stand einige ausgewählte Abschnitte aus dem 1. Band Ihres Rombuchs im ›Hochland‹ zu bringen, erfuhr ich eben noch rechtzeitig, dass Herwig den Druck in seinem ›Bunten Garten‹ bereits *begonnen* hatte! Sie haben also damals Ihre Sache, ohne dass ich es wusste, bei mehreren Redaktionen gleichzeitig anhängig gemacht; Herwig war aber, ohne dass ich es wusste, bereit, so ziemlich den ganzen Band allmählig im Vorabdruck zu bringen. Als Sie mir einen Durchschlag des 2. Bandes zukommen liessen, hatte ich das Gefühl, dass auch diesmal nicht alles *von mir allein* abhängig sei, sonst hätte ich Ihnen gleich offen gesagt, dass die Aussichten in Hinblick auf den [...] mir selbst schmerzlich empfundenen Raummangel verschwindend gering wären.« (Vgl. auch *Nr. 463* – »›Reise nach Rom‹ angenommen«).

meinen Aufsatz] ›Der Künstler und die Zeitkrankheit‹.

Psychologie Merciers] Désiré Mercier: ›Psychologie‹. Bd. 1-2, Nach der 6., völlig umgearbeiteten Aufl. des Französischen übers. und mit einer Einleitung versehen von L. Habrich. Kempten und München: Kösel 1906 und 1907.

Werk von Prinzhorn] Hans Prinzhorn: ›Bildnerei der Geisteskranken. Ein Beitrag zur Psychologie und Psychopathologie der Gestaltung‹. Berlin: Springer 1922. Hans Prinzhorn (1886-1933), Psychiater.

Thema Pastor] Im Briefnachsatz schrieb Carl Muth am 15. August 1926: »Wollen Sie bitte Ihrem Mann sagen, Prof. von Pastor habe mir seinen Brief geschickt u. auf der Rückseite sich dagegen verwahrt, als ob er mit seinem ersten Schreiben den früheren Referenten über die Papstgeschichte, den Kirchenhistoriker Seppelt in Breslau, habe ausschalten wollen. Er meint, Ihr Mann solle einmal über Rankes und Pastors Papstgeschichte einen vergleichenden Artikel schreiben; ich habe aber vorerst abgewinkt, denn solange Pastor lebt, kann davon nicht die Rede sein, und was meinen Auftrag an Ihren Mann anlangt, so habe ich Pastor erklärt, ich fühlte mich an den früheren Referenten in keiner Weise gebunden und liebte sogar die Abwechslung. Damit ist die Sache für mich erledigt.– –« (Vgl. Nr. 658 und Nr. 659.)

Bachofen] Im zweiten Teil seines Aufsatzes ›Der Künstler und die Zeitkrankheit‹ griff Ball das Werk von C.A. Bernoulli über Bachofen auf (vgl. *Nr. 639*). Einen eigenständigen Aufsatz über J. J. Bachofen veröffentlichte Ball nicht.

669. An Emmy Ball, 22.8.1926

H: Ms. Brief mit eigenh. Unterschrift und ms. Postskriptum; 2 Bl., 3 S. **F:** HBN. **DV:** Original.

Datierung: Siehe *Nr. 667* – Datierung.

Prof. M[uth] geschrieben] Nr. 668.

Carla sich irgendwie positiv entscheidet] Ball erhoffte von Carla Fassbind finanzielle Unterstützung für einen Aufenthalt in Berlin oder für einen in Signa bei Florenz (vgl. Nr. 658).

kleinen Judith] Der weibliche Zwilling von Anna und Albert Müller (vgl. *Nr. 321* – »Basler Maler).

Diretto] Ital. = Eilzug, Schnellzug.

»Verwunschenheit«] Vgl. *Nr. 655* – »Der grüne Weg will klingen«.

Frau Korner] Wenn Hugo Ball Frau Korner bitten wollte, ihm »noch eine Anzahl von Exemplaren« des »Fremdenblattes« zu überlassen, so dürfte sie beim Luganer Fremdenverkehrsbureau angestellt und damit auch mit der Buchhaltung und dem Vertrieb des Fremdenverkehrsblattes ›Lugano‹ beschäftigt gewesen sein.

Frau Probst] Berta Probst-Vogt, vgl. *Nr. 658* – »Frau Vogt«.

670. An Emmy Ball, 23.8.1926

H: Ms. Brief mit eigenh. Unterschrift; 2 Bl., 3 S. **F:** HBN. **DV:** Original.

Datierung: In Nr. 667 vom Sonnabend, den 21.8., kündigte Ball an, »zu Hesse gehe ich morgen abend«. In Nr. 670 vom »Montag«, teilte Ball seiner Frau mit: »Gestern abend, als ich eben zu Hesse hinaufgehen wollte, kam er bei mir an«. In Nr. 668 antwortete Ball auf Muths Mitteilungen über die »leidige Keramik« (vgl. auch *Nr. 651*). Zur »Auslieferung der Kiste« bedurfte es »Annemaries Unterschrift«, die deshalb am 23.8. (Nr. 671) aus Obino nach Sorengo kam. Die aufgeführten Tatbestände lassen Nr. 670 auf »Montag«, den 23.8.1926 datieren.

Morgenthaler sei den Weg gegangen] Vgl. Nr. 672.

Mendrisio] Vgl. *Nr. 647*.

Briefzettel hatte H[esse]] Der undatierte »Briefzettel«, der am Sonnabend, den 21. August 1926, geschrieben sein muß, befindet sich im DLA, Hesse. Hesse, der von seiner Schwester besucht wurde und deshalb keine Zeit hatte, bat Ball, die »Frau, bei der Morgenthaler gewohnt hat (Frau Schwarz, Villa Elvira in Cassarate)«, aufzusuchen. »Sie möchte«, so Hermann Hesse, »gern mit Jemand, der ihn [Hans Morgenthaler] kennt, ein Wort darüber sprechen.«

Cassarate] »Vorort« von Lugano (Baedekers Schweiz 1927, S. 555).

Hesses Schwester] Adele Gundert; vgl. *Nr. 289*.

nächstes Frühjahr in Paris] Vgl. *Nr. 644* – »lebhaft mit Paris«.

Pontinischen Aquarell Publikation] Siehe *Nr. 610* – »Aufsatz von Ponten«.

Keramikkiste] Vgl. *Nr. 651* – »Schaffner aus Frankfurt«.

Fremdenblatts mit Deinem Gedicht] Vgl. *Nr. 655* – »Der grüne Weg will klingen«.

Pyramidon] Medikament zur Fiebersenkung und gegen Schmerzen.

671. An Carl Muth, 23.8.1926

H: Ms. Brief mit eigenh. Unterschrift; 1 S. **F:** Bayerische Staatsbibliothek München, Carl-Muth-Nachlaß. **E:** Briefe, S. 274. **DV:** Fotokopie des Originals.

Rudolf Borchardt] Der Titel lautet: ›Ewiger Vorrat deutscher Poesie‹, München: Verl. der Bremer Presse 1926.

Zilsel] Von Edgar Zilsel erschien 1926 im Verlag J.C.B. Mohr (Tübingen): ›Die Entstehung des Geniebegriffs. Ein Beitrag zur Ideengeschichte der Antike und des Frühkapitalismus‹.

Grabmann] Ball wünschte sich vermutlich das Werk ›Mittelalterliches Geistesleben, Abhandlungen zur Geschichte von Scholastik und Mystik‹ (München: Hueber 1926) von Martin Grabmann (1875-1949), bedeutender Forscher über die Philosophie des Mittelalters.

672. An Emmy Ball, 25.8.1926

H: Ms. Brief (unvollständig); 1 Bl., 2 S. **F:** HBN. **DV:** Original.

Datierung: Ein weiterer Besuch von Anna Müller, die in Begleitung ihres Gatten erschien, war für Dienstag, den 24.8. (Nr. 669) verabredet. Nr. 672 wurde am Tag nach dem Besuch des Ehepaars Müller geschrieben: Mittwoch, den 25.8.1926.

Mein Eindruck] Hugo Ball berichtete von Hans Morgenthalers »Nervenzusammenbruch mit anschließendem Selbstmordversuch«, der eine »Einweisung in die tessinische Klinik Casvegno nötig« machte (NDB 18, S. 120).

Veronal] Schlafmittel.

Matahari] ›Matahari. Stimmungsbilder aus dem Malayisch-Siamesischen Dschungel‹, mit 35 Federzeichnungen vom Verfasser. Erinnerungsbuch über Morgenthalers Tropenaufenthalt 1917-1921, erschien 1921 und 1923 in holländischer und englischer Sprache.

Borchardt] Vgl. *Nr. 671*.

Dr. Rychner] Vgl. *Nr. 598*.

673. An Carl Muth, 7.9.1926

H: Ms. Brief mit eigenh. Unterschrift; 1 S. **F:** HBN. **DV:** Original.

sandte ich den Aufsatz] ›Der Künstler und die Zeitkrankheit‹: Der erste Teil erschien im ›Hochland‹. Jg. 24. Bd. 1, H. 2, November 1926. S. 129-142.

674. An den Verlag Duncker & Humblot, 7.9.1926

H: Ms. Brief mit eigenh. Unterschrift; 1 Bl., 1 S. **F:** Verlagsarchiv Duncker & Humblot, Berlin. **DV:** Original.

Mit dem Titel selbst] Ob hier Ball den Titel seines neuen Buches ›Die Flucht aus der Zeit‹ meinte oder die Gestaltung des Titelblattes, ist nicht klar erkennbar.

675. An Annemarie Hennings, erste Septemberhälfte 1926

H: Ms. Brief mit eigenh. Unterschrift; 1 S. **F:** HBN. **DV:** Original.

Datierung: Nr. 675 kann nur ungenau datiert werden. Es wurden folgende Befunde herangezogen: In Nr. 668 vom 22.8.1926 bat Ball Carl Muth um Vermittlung des Werkes ›Bildnerei der Geisteskranken‹ von Hans Prinzhorn, der, wie Ball in Nr. 675 erwähnte, »inzwischen angekommen« sei. Annemarie wohnte von Mitte August bis Mitte November 1926 im Hause des Malers Albert Müller. Anna Müller kam, so belegen Briefe und ›Tagebuch‹ (10. Oktober 1926), ab Mitte August bis Anfang September 1926 zu mindestens drei therapeutischen Sitzungen nach Sorengo. Emmy Ball dürfte Ende

August/Anfang September von Rigi-Klösterli zurückgekommen sein. Bei Abwägung der erwähnten Sachverhalte könnte Nr. 675 in der ersten Septemberhälfte 1926 geschrieben worden sein.

Bondys] Fritz Bondy und seine Familie wohnten seinerzeit in Scarpino (›Tagebuch‹, 15. Oktober 1926), einem östlich des Cassarate gelegenen Ortsteils von Lugano. Fritz Bondy (1888-1980), bekannt auch unter seinem Pseudonym N. O. Scarpi, schweizerischer Schriftsteller österreichischer Herkunft. Ab 1912 Regisseur am Deutschen Theater in Prag und Wien. Nach dem Ersten Weltkrieg lebte Bondy in Paris, Ungarn und Jugoslawien, bevor er sich in Lugano niederließ. Neben seiner journalistischen Tätigkeit schrieb er Romane, Novellen, Skizzen- und Anekdotensammlungen.

676. An Carl Muth, 17.9.1926

D: Durchschlag; 1 Bl., 2 S. **F:** HBN. **E:** Briefe, S. 275 f. **DV:** Durchschlag.

Brief vom 7.ten] Carl Muths Brief vom 7. September 1926 ist nicht erhalten.

Buch im Hochland anzuzeigen] In einer Aufstellung des Verlages Duncker & Humblot (Verlagsarchiv) werden alle Anzeigen aufgeführt, die zu Balls Publikationen aufgegeben wurden. Darin werden 1926 für die Flucht keine Anzeigen genannt. Ludwig Feuchtwanger war der Meinung, da ›Die Flucht aus der Zeit‹ erst im Januar 1927 im Buchhandel erhältlich sein werde und so auch das Prospekt nicht vorher erscheinen könnte, »wäre unter diesen Umständen auch eine Anzeige im Dezemberheft des ›Hochland‹ verfrüht« (Ludwig Feuchtwanger an Hugo Ball, 22. November 1926).

Gnostizismus] Vgl. Nr. 529, Nr. 542 und Nr. 572.

Pastor-Band] Vgl. Nr. 658, Nr. 659 und *Nr. 668* – »Thema Pastor«.

Mercier] Vgl. *Nr. 668.*

Grabmann] Vgl. *Nr. 671.*

677. An die Universitätsbibliothek Basel, 22.9.1926

H: Ms. Brief mit eigenh. Unterschrift; 1 S. **F:** HBN. **DV:** Original.

Die bibliographischen Angaben zu den von Ball gewünschten Werken wurden, soweit sie ermittelt werden konnten, ergänzt.

Vossler] Karl Voßler: ›Sprache als Schöpfung und Entwicklung‹. Heidelberg: Winter 1905.

Kiesewetter, Carl] ›Der Occultismus des Altertums‹. Buch 1-3. Leipzig: W. Friedrich 1896.

Lévy-Bruhl, Lucien] ›Les fonctions mentales dans les sociétés inférieures‹. Paris: Alcan 1910; ›Das Denken der Naturvölker‹. Wien und Leipzig: Braumüller 1921.

Du Prel, Carl] ›Die Magie als Naturwissenschaft‹. 2 Teile in einem Band, Teil 1: ›Die magische Physik‹, Teil 2: ›Die magische Psychologie‹. Jena: Costenoble 1899.

Ludwig Klages] ›Ausdrucksbewegung und Gestaltungskraft: Grundlegung der Wissenschaft vom Ausdruck‹. 2., wesentlich erw. Aufl. Leipzig: Engelmann 1921.

Müller, Johannes] ›Ueber die phantastischen Gesichtserscheinungen‹. Coblenz: Hölscher 1826.
Danzel, Theodor Wilhelm] ›Die Anfänge der Schrift‹. Leipzig: Voigtländer 1912. (=Beiträge zur Kultur- und Universalgeschichte. H. 21.).
Hildebrandt, Kurt] ›Norm und Entartung des Menschen‹. Dresden: Sibyllen-Verl., 1920.
Hellpach, Willy] ›Das Pathologische in der modernen Kunst‹. Heidelberg: Winter 1911.
Habert] Diese bibliographische Angaben fand Hugo Ball im ›Kirchlichen Handlexikon‹, hrsg. von Michael Buchberger. Freiburg i.B.: Herder Bd. 2, 1912. Sp. 769. Ermittelt werden konnte aber nur Henri Hubert, der gemeinsam mit Marcel Mauss den Aufsatz: ›Esquisse d'une théorie générale de la magie‹ (›L'année sociologique‹, Paris. Jg. 7, 1902/03. S. 1-146) publizierte. Hubert schrieb außerdem den Beitrag: ›Magia‹ (›Dictionnaire des antiquités grecques et romaines‹. Hrsg. von Charles Daremberg, Edm. Saglio und Edmond Pottier. Bd. III, 2: L-M. Paris: Librairie Hachette 1904. S. 1494-1521).

678. An den Verlag Duncker & Humblot, 4.10.1926

H: Ms. Brief mit eigenh. Unterschrift; 1 Bl., 1 S. **F:** Verlagsarchiv Duncker & Humblot, Berlin. **DV:** Original.

freundlichen Brief] Der Durchschlag von Ludwig Feuchtwangers Brief vom 2. Oktober 1926 befindet sich im Verlagsarchiv D&H.
Umschlag] Feuchtwanger am 2. Oktober: »Der Umschlag der broschierten Stücke ist nicht so wichtig, weil fast nur gebundene Exemplare zum Verkauf kommen. Aus den Satzmustern für den Umschlag schicke ich Ihnen nur die 2 gelungenen; mir gefiele am besten das neue ganz einfache Muster, das mit einem roten Sternchen angekreuzt ist.«
Prospekt-Korrektur] Die Texte für das Prospekt ›Hugo Ball bei Duncker & Humblot in München‹ (vgl. HBK, Nr. 250, S. 238) erhielt Ball zur Korrektur.
im Hochland das neue Buch] Vgl. *Nr. 676*.
Peter Wust] Vgl. *Nr. 605*. Auf Balls Vorschlag antwortete Ludwig Feuchtwanger am 6. Oktober 1926 (Verlagsarchiv D&H): »An Prof. Muth lassen wir regelmässig Aushängebogen gehen und regen bei ihm an, die Besprechung, Peter Wust im ›Hochland‹ zu übertragen.«

679. An Hermann Hesse, 11.10.1926

D: Ms. Durchschlag; 1 S. **F:** HBN. **DV:** Durchschlag.

Beilage: Brief an den S. Fischer Verlag vom 10. Oktober 1926 (verlorengegangen).

Briefes an den Verlag] Weder der Brief an den Verlag S. Fischer noch »Fischers Brief« sind erhalten.
erste Verständigung] Hermann Hesse schrieb am 13. Oktober 1926 an Ball (DLA, Hesse): »Ich denke, dass Sie mit Fischer leicht einig werden. Für alle Fälle steht Ihnen meine Vermittlung stets zur Verfügung.«

Hermann Lauscher] Hermann Hesse: ›Hinterlassene Schriften und Gedichte von Hermann Lauscher‹. Hrsg. von Hermann Hesse. Basel: R. Reich 1901.

die anderen Publikationen] Außer dem ›Lauscher‹, sandte Hesse weitere Bücher, die er im undadierten Begleitschreiben (DLA) beschrieb: »Die ›Romant. Lieder‹ sind im Herbst 1898 erschienen (datiert 99), die ›Mitternacht‹ erschien Sommer 1899, und war eines der ersten Bücher des jungen, damals neu gegründeten Verlags Diederichs (jetzt in Jena). Der halb pseudonyme Lauscher erschien 1901 in Basel. Die ›Mitternacht‹ ist sehr unpersönlich und inhaltlos, aber als Stilversuch wichtig, ich gab mir damals Mühe mit der Prosa. Inhaltlich ist der Lauscher wichtig. Er ist das einzige meiner alten Bücher, das mir noch heute lieb ist. Ein Jahr nach dem Lauscher erschienen dann die ›Gedichte‹ (bei Grote).« (DLA, Hesse).

Adresse der Schwester] Adele Gundert (vgl. *Nr. 289*), Höfen an der Enz, Württemberg.

in Baden sprechen] Hesse hielt sich vom 8. Oktober bis 10. November zur Kur in Baden auf.

Manuskripte von Schoeck] Vgl. *Nr. 736* – »Othmar Schoeck«.

Skizze Ihres Dichterzimmers] Diese Abbildung fand keine Aufnahme in der ›Hermann-Hesse‹-Biographie.

Haringer] Johann (Jan) Jakob Haringer (1898-1948; eigentl. Johann Franz Albert), Schriftsteller. Zu seinen Förderern gehörten Hermann Hesse und Alfred Döblin, der beim Kiepenheuer Verlag das Erscheinen von Haringers ›Dichtungen‹ (1925) durchsetzte.

680. An Roland Seffrin, 11.10.1926

H: Ms. Entwurf mit hs. Korrekturen; 1 S. **F:** HBN. **E:** Auszugsweise zitiert in: ›Heimaterde‹, Speyer. Jg. 6, 1928. H. 3/4, S. 101. **DV:** Entwurf.

Herr Seffrin] Roland Seffrin (1905-1985). In Pirmasens-Niedersimten geboren, studierte Seffrin in München Philosophie, Geschichte, Germanistik, Geographie und in Hamburg Soziologie und Wirtschaftsgeographie. Im Verlauf seines beruflichen Werdegangs wurde er Oberstudiendirektor an einem Hamburger Gymnasium. Von 1953-1965 war Seffrin Bundestagsabgeordneter der CDU. Schon während der Gymnasialzeit war Roland Seffrin literarisch tätig. 1924 erschien von ihm und Ehrhard Hauck: ›Aus unsrer Schlabbestadt. Pirmasenser Dichtungen‹ und 1927 ›Das Märchen vom Schuh‹. In zahlreichen Zeitungen und Zeitschriften publizierte er Beiträge über Theater, Kunst und Musik, überwiegend aber über Themen seiner pfälzischen Heimat.

freundlichen Brief] Nicht erhalten.

Pfälzer Heimat] In der ›Pfälzer Heimat‹, Beil. der ›Pirmasenser Zeitung‹ veröffentlichte Seffrin in Nr. [28] vom 15.9.1926 seinen Artikel ›Pirmasens‹. Bei dieser Briefstelle: »worin Sie meiner so lieb gedenken«, bezog sich Ball vermutlich auf den Satz: »Und neue Kraft treibt nach: Roland Betsch, ein bekannter Schriftsteller und Führer der zeitgenössischen Pfalzliteratur, und Hugo Ball, ein moderner Dichter und Denker, sind Jetztnamen und einstweilige Träger deines literarischen Rufes«.

des Landgrafen Gattin Karoline] Landgraf Ludwig IX. von Hessen-Darmstadt regierte von Pirmasens aus die Grafschaft. Er vermählte sich 1741 mit Karoline Henriette Christiane von Pfalz-Zweibrücken-Birkenfeld (1721-1774), die Johann Wolfgang von Goethe in ›Dichtung und Wahrheit‹, als »große Landgräfin« bezeichnete. Nur widerwillig kam die Landgräfin, die überwiegend in Darmstadt residierte, zu Besuchen nach Pirmasens. Ihre Abneigung gegenüber Pirmasens hat sie wiederholt in ihren Briefen geäußert (›Briefwechsel der ›großen Landgräfin‹ Caroline von Hessen‹. Bd. 1-2. Hrsg. von Ph. A. F. Walther. Wien: Wilhelm Braumüller 1877). So schrieb sie am 6. Januar 1759 an Barbe Wilhelmine Charlotte de Zuckmantel: Pirmasens sei der »gräßlichste und unangenehmste Ort Europas«. (Zitiert nach der Übersetzung von Michael Schaber in ›Pirmasenser Lesebuch‹. Hrsg. vom Leibniz-Gymnasium Pirmasens. Pirmasens: Deil 1988, S. 16).

erschienen ist] Danach im Durchschlag gestrichen: »Umso mehr freute mich Ihr Brief.«

schwarzes Nest] Danach im Durchschlag gestrichen: »trotz allem«.

Am Exerzierplatz bin ich geboren] Balls mutmaßliches Geburtshaus (Zweibrücker Str. 4; HBK, S. 44, Nr. 5) stand ungefähr 250 m vom Exerzierplatz entfernt.

Matzenberg] Das Matzenbergschulhaus wurde 1886/87 erbaut. In der Pfalz ist Matzeberg/Matzberch meist Spottname eines von armer Bevölkerung bewohnten Stadtteils.

681. An Hermann Hesse, 21.10.1926

H: Ms. Brief mit eigenh. Unterschrift; 1 S. **F:** HBN. **E:** Briefe, S. 276 f. **DV:** Original.

Fischer den Vertrag] Weder im DLA noch im HBN konnte ein Exemplar des Vertrags gefunden werden. Im ›Tagebuch‹, 19. Oktober 1926, notierte Hugo Ball über den »Kontrakt« mit Fischer: »Termin Ende Februar. 1. Auflage 450 Mark, zur Hälfte bei Abschluss, zur Hälfte bei Ablieferung des Manuskripts!«

Reise nach Baden] Hesse schrieb »Mittwoch Nacht«, 7. Oktober 1926: »Ich schrieb ihm [S. Fischer], daß eine ausgiebige Besprechung zwischen uns noch nötig sei, die in Baden stattfinden müsse, und daß er den Fahrpreis für diese Reise Ihnen dann auch ersetzen müsse.« (DLA, Hesse.) Vgl. auch *Nr. 679* und *Nr. 683*.

Briefe aus Deutschland] Hermann Hesse legte seinem Brief von Mitte Oktober 1926 einige Leserbriefe bei: »Hier sende ich Ihnen, als Beispiele für d[ie] Typen meiner Leser, einige Br[ief]e von mir persönlich unbekannten Lesern. Viel Auswahl hatte ich nicht, ich musste eben die nehmen, die gerade in allerletzter Zeit eintrafen, aber sie sind ziemlich charakteristisch. Der Brief des jungen Lehrers in Sachsen zeigt auch ein wenig von jener Einstellung der Jugend, die mit dem Dichter nicht zufrieden ist und einen ›Führer‹ haben möchte. Doch fehlt unter diesen Briefen der Typus des eigentlichen Hassbriefes, wie ich ihn von nationalistischen Studenten je und je bekam.« (DLA, Hesse).

Verpflichtung für München] Damit der zweite Teil des Aufsatzes ›Der Künstler und die Zeitkrankheit‹ im Dezemberheft des ›Hochlands‹ erscheinen konnte, war von Hugo Ball mit der Redaktion oder mit Carl Muth der Abgabetermin des Manuskriptes für Ende Oktober verabredet worden.

Bildteil] Die Hesse-Biographie von Hugo Ball ist »Mit vierzehn Bildern aus Familienbesitz« ausgestattet.

Brief an Ihre Frau Schwester] Nr. 708.

Den Kritiker] Dem Brief Nr. 679 legte Ball eine Abschrift des verlorengegangenen Briefs an S. Fischer bei. Offensichtlich hatte Ball darin seine »Disposition« zur Hesse-Biographie zusammengefaßt und dabei ein Kapitel über den »Kritiker« Hesse erwähnt. Hesse schrieb darüber am 13. Oktober 1926 (DLA, Hesse): »Ein Kapitel, das Sie wohl enttäuschen wird, ist meine Tätigkeit als Kritiker. Ob sie wirklich ein eigenes Kapitel verdient? Ich habe stets die Sicherheit, mit der Kritiker auftreten und Zeit- und Kulturkritik treiben, mit Misstrauen betrachtet, und mir eigentlich wirkliche Kritik öffentlich überhaupt nie erlaubt. Vielleicht warnte mich auch mein Instinkt der seelischen Oekonomie, allzu weit in rein intellektuellen Aeusserungen zu gehen, um den Boden nicht auszutrocknen, auf dem die Dichtung wächst.«

Frau Anna] Ehefrau von Dr. Friedrich Müller (vgl. *Nr. 399*).

Im Tagebuch notierte Hugo Ball, daß seit dem 4. Oktober 1926 Dr. Müllers Ehefrau Anna zur Analyse kam (10. Oktober 1926).

Carla] Carla Fassbind.

Söhneken ist ein Sönneke] So im Original. Emmy Ball berichtete Hermann Hesse in einem undatierten Brief (HBN: Emmy Ball an Hermann Hesse, [Oktober 1926]: »Es wird an der Zeit sein …«) – es könnte sich um die »Zeilen« Emmy Balls gehandelt haben, die dem Brief Nr. 681 beigefügt wurden – von dem beabsichtigten Kauf eines Bücherregals der Firma Soennecken (Bonn). Da das Regal »aber 350 Franken kosten sollte«, war Emmy Ball ihr »eigener Sönne[c]ken geworden« und schreinerte zwei Regale. Hugo Ball »war zuerst entsetzt über das Gesäge und Gehämmere, jetzt ist er entzückt«, schrieb Emmy Ball an Hermann Hesse.

682. An den Verlag Duncker & Humblot, 25.10.1926

H: Ms. Brief mit eigenh. Unterschrift; 1 Bl., 1 S. **F:** Verlagsarchiv Duncker & Humblot, Berlin. **DV:** Original.

beifolgend die letzten Bogen] Feuchtwanger antwortete am 27. Oktober 1926 (Verlagsarchiv D&H) auf Balls Unmut: »Wir haben die Druckerei noch einmal ausdrücklich auf die schweren Fehler an den von Ihnen bezeichneten Stellen (Zeilenausfälle und Zeilenverwechslungen) aufmerksam gemacht. Die Druckerei wird alles sorgfältigst verbessern und dann den Fertigdruck vornehmen.«

S. 252] Balls Korrektur fand Berücksichtigung: »Es findet sich bei Sch[iller] keine irgend belangvolle Äußerung über Christus.«

Lichtbild] Im Brief vom 27. Oktober 1926 (Verlagsarchiv D&H) bedankte sich Feuchtwanger: »[…] ebenso für die Lichtbilder, die durchaus geeignet sind«. Es handelte sich um Porträtfotos von Ball, die für den »Prospekt« bestimmt waren. Hugo Ball muß Albert Müller gebeten haben, eine Porträtaufnahme für den Verlagsprospekt anzufertigen. Aus diesem Anlaß besuchten Emmy und Hugo Ball die Müllers am 20. Oktober in Obino. Nachdem anfänglich einige Photoplatten verdorben wurden, gelang schließlich doch noch ein brauchbares Abbild, das Annemarie Hennings am 23. Oktober überbrachte. Ball legte Nr. 682 das »Lichtbild« bei (›Tagebuch‹, 21. u. 25. Oktober 1926). Darüber schrieb auch Albert Müller seiner Frau in einem undatierten Brief: »Gestern nachmittag kam plötzlich eine Kutsche und drin beide Balls in einer Aufregung. Der Verlag hat geschrieben, dass Hugo ein Photo von sich einschicken muss und es sehr pressiert. Da brachten sie drei Platten mit, die sie rasch in Lugano gekauft haben, und ich machte mich gleich ans Photographieren, da sie gleich weg wollten. Die Sache ging auch ganz nett und die Aufnahmen wurden nach langem Diskutieren über die Haltung gemacht. Hugo wurde mit einem weissen Schal wie ein Klosterbruder aufgenommen. Dann legte ich die Platten in das Fixierbad und wir plauderten unten. Die Platten liessen sich nur ganz langsam ausfixieren und als ich endlich nach einer Stunde nachsehe, da hat sich die ganze Schicht gelöst und klebte auf dem Boden des Beckens. Du kannst Dir nun vorstellen, was das für ein Hallo war, denn alles musste in Eile gehen. Dabei war es schon finster geworden und ich hatte von den meinen nur noch eine Platte. Hugo blieb dann über Nacht und wir setzten das ganze Risiko auf diese eine Platte, die ich dann heute morgen aufgenommen habe und die gut geworden ist. Das war eine aufregende Geschichte in dem stillen Haus.« (Vgl. Beat Stutzer: ›Albert Müller (1897-1926) und die Basler Künstlergruppe Rot-Blau‹. Basel, München 1981, S. 110.) Albert Müllers Foto von Hugo Ball fand schließlich Verwendung auf der Titelseite des Prospekts (›Tagebuch‹, 22. Mai 1927); Faksimile im HBK, Kat. Nr. 250, S. 238.

mit dem Datum seines Festes] Mit dem Eintrag vom 29. September 1921, dem Michaeltag, endet der Text von ›Die Flucht aus der Zeit‹ (S. 319).

683. An Hermann Hesse, 2.11.1926

D: Ms. Durchschlag; 1 S. **F:** HBN. **E:** Briefe, S. 277. **DV:** Durchschlag.

»Aufzeichnung« aus den »Horen«] Hermann Hesse: ›Inneres Erlebnis. Eine Aufzeichnung‹. In: ›Die Horen‹, Berlin. Jg. 3, 1926/27. Oktoberheft 1926. S. 11-20.

beide Feuilletons] Welche Zeitungsbeiträge Hermann Hesse seinem Brief beilegte, ist nicht bekannt.

steppenwölfigen Gedichten] Hermann Hesse: ›Krisis. Ein Stück Tagebuch in Versen‹. In: ›Die Neue Rundschau‹, Berlin, Leipzig. Jg. 37, 1926. Bd. 2, S. 509-521.

nach Baden gekommen] Hermann Hesse beendete seinen Kuraufenthalt in Baden am 10. November. »Etwa vom 22. November bis Mitte Dezember« (Hesse Briefe 2, S. 155) beabsichtigte Hesse auf Reisen zu sein. Die Zeit nach dem 10. November und vor dem 22. November dürfte Hesse in Zürich verbracht haben. Ball hielt sich in den Tagen um den 16. November in Zürich auf (vgl. Nr. 687) und kam, noch vor Emmy Balls Abreise nach Berlin, am 20. November (vgl. Nr. 688) nach »Sorengo-Lugano« zurück. In Zürich wohnte Ball bei Alice und Fritz Leuthold, bei denen er sich am 22. November »für die holde Gastfreundschaft« (Nr. 689) bedankte.

Emmy nunmehr Hochländerin] Emmy Balls Aufsatz: ›Die Lyrik der letzten

Jahrzehnte‹ war vom ›Hochland‹ angenommen worden und erschien im Jg. 24, 1926/27. H. 5, Februar 1927, S. 581-588.

684. An Hans Arp, 8.11.1926

H: Ms. Brief mit eigenh. Unterschrift; 1 S. **F:** HBN. **DV:** Original.

nach Zürich komme] Vgl. *Nr. 683* – »nach Baden gekommen«.

Westheims »Kunstblatt«] Im Original: »Flechtheims ›Kunstblatt‹«. ›Das Kunstblatt‹, Weimar, Potsdam, Berlin, erschien von 1917-1933 (Jg. 1-17). Herausgeber war Paul Westheim.

Veronika Erdmann] Veronika Erdmann-Czapski: ›Hans Arps »Pyramidenrock«‹. In: ›Das Kunstblatt‹, Potsdam. Jg. 10, H. 6, Juni 1926, S. 218-221.

Ihr »Ismen-Buch«] In seinem Aufsatz ›Der Künstler und die Zeitkrankheit‹ schrieb Ball: »Eine Publikation wie die bei Rentsch in Zürich erschienenen ›Kunst-Ismen‹ (Herausgeber Lissitzky und Hans Arp) besagt in diesem Sinne mehr als ganze Bände wohlgemeinter ›Kunstwissenschaft‹.« (›Hochland‹. Jg. 24. H. 2, November 1926, S. 131).

Wohnt Huelsenbeck noch] Die neue Adresse lautete: Berlin, Herkules Ufer 15 (vgl. Nr. 688).

685. An Richard Huelsenbeck, 8.11.1926

H: Ms. Brief mit eigenh. Unterschrift; 1 S. **F:** HBN. **E:** Briefe, S. 277 f. **DV:** Original.

Karte aus Paris] Nicht erhalten.

demnächst dorthin zu ziehen] Balls Parispläne, vgl. *Nr. 644* – »lebhaft in Paris«.

›Literarische Welt‹] Franz Blei besprach ›Die Flucht aus der Zeit‹ in der ›Literarischen Welt‹ (Jg. 3, 1927. Nr. 8, S. 5), HBB, Nr. 1061, S. 64.

»Querschnitt«] Die Information, »Huelsenbeck der Exdada« esse sein »Schnitzel« im »Romanischen Café«, hatte Ball aus dem Aufsatz: ›Das Romanische Café‹ von Matheo Quinz (›Der Querschnitt‹, Berlin. Jg. 6, 1926. H. 8, S. 608-610) erfahren.

686. An den Verlag Duncker & Humblot, 8.11.1926

H: Ms. Brief mit eigenh. Unterschrift und ms. »Wunschzettel« (Adressliste); 2 Bl., 2 S. **F:** Verlagsarchiv Duncker & Humblot, Berlin. **DV:** Original.

Beilage:

»Wunschzettel«:

Arp, Hans, Zürich, Arbenzstrasse 10

Bab, Julius (Adresse Kürschner) [Berlin W, Potsdamer Str. 68]

Ball, Karl, p.A. Frau Direktor M. Hildebrand, Pirmasens, Rhpfalz [Landgrafenstr. 2]

Beda Ludwig, Pater, Kloster Scheyern, Pfaffenhofen a/Ilm

Ehrenstein, Dr. Albert, Berlin, Verlag Ernst Rowohlt [Berlin W 35, Potsdamer Str. 123 B]

Eisner, Bruno, Berlin, Lietzenburger Uferstr. 13

Frank, Leonhard, Berlin (Adresse Kürschner) [Berlin-Charlottenburg, Bismarckstr. 12]

Herrigel H[ermann], »Frankfurter Zeitung«, Frankfurt a/M. [Große Eschenheimer Str. 37]
Hesse, Hermann, Zürich, Schanzengraben 31 (b/Familie Ullmann)
Hellpach[,Willy] (Adresse Kürsch[n]er; Verfasser v. »Das Patholog. i.d. mod. Kunst«) [Karlsruhe, Schirmerstr. 6]
Horneffer, August (Adresse Kürschner) [Berlin-Lankwitz, Kaulbachstr. 32]
Huelsenbeck, Richard, Berlin-Friedenau, Wilhelmshöherstr. 8 [hs. durchgestrichen] [Berlin W 10, Herkules Ufer 15]
Kandinsky, Wassily, Berlin (?)
Krebs, Prof. Engelbert, Universität, Freiburg i/B. [Luisenstr. 3]
Lettenbaur, J[osef Aquilin], Generalkonsul, München (Adresse »Hochland«) [München 2, Bahnhofplatz 6 (Luisenstr.)]
Levasti, Arrigo, Florenz Biblioteca Filosofica, Piazza del Duomo 8
Mereschkowski, Paris (Adresse beim Dreimaskenverlag)
Muret, Maurice, Prof., Paris »Journal des Débats« [Rue des Prêtres-St-Germain-l'Auxerrois 17]
Muth, Prof. Carl, München-Solln [Dittlerstr. 10]
Nadler, Prof. J[osef], Königsberg (Adresse Kürschner) [Königsberg i. Pr., Cäcilienallee 8]
Prinzhorn, Dr. Hans, Dresden (? Adresse Kürschner) [Frankfurt a.M., Westendstr. 70]
Rost, Dr. Hans, »Augsburger Postzeitung« [Westheim b. Augsburg]
Sell, Prof. Karl (lebt er wohl noch?) [Verstorben am 22.12.1914 in Bonn]
Soergel[, Albert] (der über Expressionisme schrieb; Adresse Kürschner) [Chemnitz, Helenenstr. 11]
Schickele, René, Badenweiler, Schwarzwald
Sternheim, Carl, Uttwil, Thurgau, Schweiz
Szittya, Emil, Verlag Kiepenheuer, Potsdam [hs. durchgestrichen] [Berlin, Eisenacher Str. 65]
Urbanitzky, Grete von, (Wien? Adresse Kürschner) [Wien IV, Viktorgasse 12 A]
Vossler, Prof. Karl, München (Adresse?) [München, Leopoldstr. 87 II]
Walzel, Oskar (Adresse Kürschner) [Bonn, Scharnhorststr. 8]

—

Zeitschriften:
»Imago«, Dr. Th[eodor] Reik, Wien IX, Lackiergasse 1 a
»Kunstblatt«, Paul Westheim, Berlin W., Hindenburgstr. 96 [Berlin-Steglitz, Albrechtstr. 73a]
»Die Literarische Welt«, Willy Haas, Berlin, Verlag Rowohlt [Berlin W35, Potsdamer Str. 123 B]
»Neue Schweizer Rundschau«, Herrn Dr. M[a]x Rychner, Zürich, Verlag Orell-Füssli [Zürich I, Zeugwartgasse 3]
»Les Nouvelles Littéraires«, Paris, Rue Montmartre 146
»Orplid«, Dr. Martin Rockenbach, Bonn, Reuterstr. 53 [Gladbach, Waldhausener Str. 100]
»Ostwart«, Viktor Kubczak, Breslau, Mohnhauptstrasse 8 [Kaiserin-Augusta-Platz 5]

»Schönere Zukunft«, Dr. J[oseph] Eberle, Wien XIX, Nusswaldgasse 14

—

Dr. Carl Linfert] Vgl. *Nr. 598*.

Nummer der »Neuen Schweizer Rundschau«] Vgl. *Nr. 665*.

mit dem Prospekt] Feuchtwanger antwortete am 13. November [1926]: »Auf 4 kleine Seiten eines Prospektes musste ich Ihr Bild, einen kleinen Text und die Anzeigen Ihrer früheren Bücher unterbringen. Es ist garnicht leicht – auch unter Zuhilfenahme Ihres zu wenig auf den Werbegedanken eingestellten Textes – von dem Inhalt des Buches eine wirksame, also zum Kauf nötigende Vorstellung zu geben. Man muss an den Berliner Snob, an die Narren des Neuen und Neuesten und gleichzeitig an die guten ideale Leser, die man sich wünscht, denken, die aber gegen alle Literatur begreiflicherweise sehr misstrauisch gemacht sind. Wir dürfen nur auf ein *allmähliches* Eindringen hoffen, an das ich zuversichtlich glaube.« (Verlagsarchiv D&H).

»Wunschzettel«] In eckigen Klammern wurden von den Herausgebern, soweit es möglich war, die Namen- und Adressenangaben ergänzt. Als Quellen dienten: ›Kürschners Deutscher Literatur-Kalender auf das Jahr 1926‹. Jg. 43. Berlin und Leipzig: Walter de Gruyter; ›Kürschners Deutscher Gelehrten-Kalender auf das Jahr 1926‹. Jg. 2. Berlin und Leipzig: Walter de Gruyter; ›Katholischer Literaturkalender‹. Jg. 15, 1926. Freiburg i. b.: Herder.

687. An den Verlag Duncker & Humblot, 16.11.1926

H: Hs. Postkarte, beidseitig beschrieben. Adresse: Dr. L. Feuchtwanger / Duncker & Humblot / München /Theresienhöhe 3 c. **F:** Verlagsarchiv Duncker & Humblot, Berlin. **DV:** Original.

letzter Brief] Feuchtwanger datierte den Brief irrtümlich auf 13. November 1925. Aus dem Inhalt, auszugsweise in *Nr. 686* zitiert, geht eindeutig hervor, daß es sich nur um den 13. November 1926 gehandelt haben kann. Der Briefdurchschlag befindet sich im Verlagsarchiv D&H.

Buchanzeige für die Dezember-Nummer] Vgl. *Nr. 676* – »Buch im Hochland anzuzeigen«.

Dr. Pulver] Max Pulver (1889-1952), schweiz. Graphologe und Schriftsteller.

Dr. Jollos] Waldemar Jollos (1886-1953), Schriftsteller und Übersetzer; lebte nach dem Studium der Rechte und Nationalökonomie in Berlin und in Zürich.

688. An den Verlag Duncker & Humblot, 20.11.1926

H: Ms. Brief mit eigenh. Unterschrift und beigelegter ms. Adressliste; 2 Bl., 2 S. **F:** Verlagsarchiv Duncker & Humblot, Berlin. **DV:** Original.

Beilage:

Adressenliste:

Dr. Max Pulver, Zürich, Ottikerstr. 24
(für die »Annalen«, Zürich)

Dr. [Waldemar] Jollos, Zürich, Freiestrasse, b/Pfarrer Keller (für »Börsenkurier«, Berlin) [Zeltweg 1]

Dr. [Will] Grohmann, Dresden IV, Wormserstr. 84
Dr. [Ludwig] Hilbersheimer, Berlin-Charlottenburg, Friedericienstrasse 4 (für »Sozialistische Monatshefte«)
Wilhelm Fraenger, Heidelberg, Hauptstr. 187 (für »Neue Bad. Landeszeitung«)
Bruno Götz, Überlingen a/Bodensee, Aufkricherstr. [Rehmenhalde 34] (für »Bücherwurm« und »Nationalzeitung«, Basel)
Prof. Joseph Wittig (Mitherausgeber von »Die Kreatur«, Frankfurt a/M) [Breslau 16, Sternstr. 108]
Dr. [Franz] Roh, München, Helmtrudenstrasse 9
André Breton, Paris, 42 rue Fontaine
Dr. Rudolf Kayser, Berlin, »Neue Rundschau«, S. Fischer, Verlag [Berlin W 15, Kaiser-Allee 21]
Jacques Maritain, Paris, Librairie Plon-Nourrit, 8 rue Garancière
Prof. [Burkard] Frischkopf, Luzern, ›Gesellschaft für Christliche Kultur‹. [Rosengasse 1]

—

Änderungen auf der ersten Liste:
Huelsenbeck, Berlin W., Herkules Ufer 15
Eisner, Berlin W, Lietzenburgerstrasse 13

—

Buchanzeige im Dezember-Hochland] Vgl. *Nr. 676.*

Mitarbeit an der »Neuen Rundschau«] In der Anzeige des S. Fischer Verlags (Berlin) wird Hugo Ball in »der Reihe unserer Mitarbeiter« genannt. (›Die Neue Rundschau‹, Berlin. Jg. 38, 1927. H. 12, Dezember, Anzeigenbeilage).

Brief vom 13.ten] Vgl. *Nr. 687* – »letzter Brief«.

Stimmengewirr tausendfältiger Neuerscheinungen] Feuchtwanger schrieb am 13. November 1926 (Verlagsarchiv D&H) an Hugo Ball: »Ich habe die Bogen noch einmal sehr eindringlich vom Werbestandpunkt aus – einem melancholischen und tragikomischen Standort – gelesen: Die Kunst ist: Wie mache ich das Buch in dem Stimmengewirr tausendfältiger Neuerscheinungen bemerkbar! Die Anzeige an den Buchhandel mit irgend einem noch so bedeutsam gestellten Text kann zunächst noch gar keine Wirkung haben. Auf die Einzelversendungen an eine Reihe von Leuten, wie sie schon in Ihrer Liste stehen, die noch ergänzt wird, dann auf die späteren Kritiker und auf das wirkliche B[e]rührt-Werden möglichst vieler Menschen kommt es an.«

Sonderpublikation »Dadaismus«] Das Vorhaben, eine »Dadaismus«-Publikation des Bauhauses Dessau herauszubringen, wurde nicht verwirklicht; vgl. Weltdada Huelsenbeck, S. 121.

Thomas Mann] Auf Balls ausdrücklichen Wunsch sandte der Verlag Duncker & Humblot ein Exemplar von ›Die Flucht aus der Zeit‹ an Thomas Mann (vgl. auch Nr. 694). Dieser antwortete am 16. Januar 1927 an den Verlag: »[...] mit verbindlichem Dank bestätige ich den Empfang des Buches von Hugo Ball, den ich seit längerem als interessanten Schriftsteller kenne. Auch die ›Flucht aus der Zeit‹ hat mich schon sehr angenehm beschäftigt, und ich werde sicher zu dem Buch noch eingehender zurückkehren. An einem Hinweis soll es, wenn die Wirkung die erwartete ist, dann bei guter Gelegenheit nicht fehlen.« (Verlagsarchiv D&H).

Hesse im »Uhu«] Hermann Hesse veröffentlichte in: ›Uhu. Das neue Monats-Magazin‹, Berlin. Jg. 3, 1926/27. H. 2, November 1926 seinen Aufsatz: ›Die Sehnsucht unserer Zeit nach einer Weltanschauung‹ (S. 3-14). Als Hugo Ball Nr. 688 schrieb, kann er Hesses Aufsatz nur vom Hörensagen gekannt haben. Denn im Aufsatztext findet nur Rudolf Steiner (1861-1925), Begründer der Anthroposophie, Erwähnung (S. 10 u. 14). Dem Text beigegebene Abbildungen zeigen u.a. ein Portrait Rudolf Steiners (S. 8), drei Aufnahmen mit Annie Besant (1847-1933), engl. Theosophin (S. 4 f.) und ein Portrait mit Programmtext von Ludwig (Louis) Christian Haeusser (1881-1927), Theosoph. Der selbsternannte Erlöser und Missionseiferer begründete den Haeusser-Bund und versammelte ab 1919 eine feste Gefolgschaft hinter sich. Zu Beginn der 20er Jahre stand Haeusser mit der Berliner Dada-Szene in Verbindung. (Ausführlich über Johannes Baader und Haeusser: Ulrich Linse: ›Barfüßige Propheten. Erlöser der zwanziger Jahre‹. Berlin: Siedler 1983. S. 75-81, 156-200.) Über Hugo Ball schrieb Hermann Hesse in diesem Aufsatz: »So wie im Wirrwarr und ärgerlichen Betrieb der so merkwürdigen deutschen Revolution einige reine, edle, unvergeßliche Gestalten stehen, […] ebenso stehen inmitten der wilden, trüben Flut moderner Religionsversuche eine Anzahl edler, reiner Erscheinungen, Theologen wie der Schweizer Pfarrer Ragaz, Gestalten wie der im Alter zum Katholizismus bekehrte Frederik van Eeden, Männer wie in Deutschland der ganz einzigartige Hugo Ball, einst Dramaturg und Hauptbegründer des Dadaismus, dann unerschrockener Kriegsgegner und Kritiker der deutschen Kriegsmentalität, dann Einsiedler und Verfasser des wunderbaren Buches ›Byzantinisches Christentum‹ […].« (S. 10 f.).

gehen Sie heraus aus Ihrer Reserve] Feuchtwangers Antwort vom 22. November 1926 (Verlagsarchiv D&H): »Reserve dürfen Sie meine Behandlung des Buches nicht nennen. Wenn es erst fertig ist, werden Sie sehen, dass vom Verlag aus nichts unterbleibt, um kräftig und in allen Tönen darauf zu zeigen. Das Buch vom 15. Dez. an in den Handel zu bringen, wäre buchhändlerisch-technisch ein schwerer Kunstfehler, weil sich der Buchhändler in diesen Tagen nur mit automatisch vom Ladentisch gehenden Dingen, die in Hülle und Fülle vorhanden sind, befassen kann. Vorher aber verpufft jede Reklame, die auf die vorhandenen Werke zu konzentrieren ist.«

Prospekt nicht geworden] Feuchtwanger schrieb am 22. November 1926: »Ohne Urteile von fremder Seite lässt sich über Ihr Buch sehr schwer etwas sagen, da selbst Anzeigen durch den Verlag ihren Zweck ganz und gar verfehlen. Ich bin daher auch von dem Prospektinhalt nach beiliegenden Text, der teilweise Ihre eigenen Worte verarbeitet, wieder abgekommen. Das Bild ist, wie ich Ihnen schon schrieb, sehr gut geworden, aber es schmückt besser einen Prospekt mit fremden Urteilen als mit dem was Autor und Verlag darüber sagen. […] Schicken Sie bitte den Ausdruck des Bildes und den verbesserten Prospekt-Text, der noch sehr gekürzt werden muss, wieder zurück.«

Hälfte des Honorars] Feuchtwanger am 22. November 1926: »Über Ihr Honorar von 450.– M für die ersten Tausend Stücke können Sie natürlich verfügen. Der Preis muss voraussichtlich auf 11,– M für das broschierte Stück hinaufgesetzt werden, was bei 10 % weitere 200,– M Honorar für 1 000 Stücke ausmachen würde, doch ist der Preis noch nicht ganz sicher. [...] In der Anlage übersenden wir Ihnen einen Scheck der Deutschen Bank.« – Handschriftlicher Nachsatz Feuchtwangers: »Wir halten es nachträglich für besser das Geld in Bar hier beizufügen.«

»Adressen«-Liste] In eckigen Klammern wurden von den Herausgebern, soweit es möglich war, die Namen- und Adressenangaben ergänzt. Siehe *Nr. 698* – »Wunschzettel«.

689. An Alice und Fritz Leuthold, 22.11.1926

H: Ms. Brief mit eigenh. Unterschrift; 1 S. **F:** HBN. **DV:** Original.

holde Gastfreundschaft] Vgl. *Nr. 683* – »nach Baden gekommen«.

Mozart hab ich] Von den Leutholds erhielt Ball wahrscheinlich Noten zu einem »Mozart-Trio« (vgl. Nr. 692).

absonderlichsten Träumen] Vgl. Nr. 692.

goldenen Buddhas: Fritz Leuthold war einige Jahre Kaufmann in Siam und sammelte dort asiatische Kunst. Sein Haus in Zürich, Sonnenbergstr. 37, war mit diesen Objekten möbliert, so wohl auch mit den »goldenen Buddhas«. Mit »unserem Buddha aus Montagnola« dürfte hier – wenn Ball auch Robin Brown häufig als den »Kleinsten aller Buddhas« (Nr. 262) bezeichnete – Hermann Hesse gemeint sein, der sich auf Lesereise in Deutschland befand: am 15. November 1926 in Ulm, danach in Stuttgart, Darmstadt, Marburg und Frankfurt/M.

690. An Carl Muth, 22.11.1926

D: Ms. Durchschlag; 1 S. **F:** HBN. **DV:** Durchschlag.

Ihre letzte Karte] Nicht erhalten.

Rituale betreffenden Passus] Es handelte sich um eine Textstelle im Kapitel XV (S. 334-337, insbesondere S. 336 f.) in Balls Aufsatz: ›Der Künstler und die Zeitkrankheit‹.

›Dicere popula‹] ebenso ›aliquid sui juris inimikus‹ sind in wörtlicher Übersetzung in Balls Aufsatz nicht zu finden und wurden wohl gestrichen.

Schriften von Klages] Wenn, wie Ball schrieb, »die Schriften von Klages« zu spät eingegangen seien, so fügte er doch die Titel zweier Werke Ludwig Klages' dem Aufsatz bei (S. 342 f.): ›Ausdrucksbewegung und Gestaltungskraft‹. Leipzig: Wilhelm Engelmann 1921 und ›Vom Wesen des Bewußtseins‹. Leipzig: Johann Ambrosius Barth 1921. Alle Zitate, die Ball von Klages übernahm, zitierte er nach C. A. Bernoullis ›Bachofen‹.

Bernoulli] Im Aufsatz Balls wird weder der Verlag Engelmann (Leipzig) noch der Verlag Johann Ambrosius Barth (Leipzig) bei C. A. Bernoullis ›J. J. Bachofen und die Naturgesetze‹ (vgl. *Nr. 639*) aufgeführt, sondern mit »Schwabe & Co., Basel« der tatsächliche Verlag (S. 338) genannt. Im

HBN befindet sich dieses Werk und ist mit Randnotizen von Hugo Ball versehen.

ehrenvolle Placierung] Balls ›Der Künstler und die Zeitkrankheit‹ erschien als erster Beitrag im Novemberheft des ›Hochlands‹ (Jg. 24, H. 2, November 1926, S. 129-142).

Mercier] Désiré Mercier, vgl. *Nr. 668.*

Grabmann] Martin Grabmann, vgl. *Nr. 671.*

691. An Hans Arp, 22.11.1926

D: Ms. Durchschlag; 1 Bl., 2 S. **F:** HBN. **E:** Briefe, S. 278 f. **DV:** Durchschlag.

vielgeschnäbelten Tzara] Es handelte sich um Tristan Tzaras Publikation: ›Sept Manifestes Dada‹ (Paris 1924), mit Illustrationen von Francis Picabia. Hugo Ball hatte das Buch von Hans Arp geliehen und zurückgeschickt. (›Tagebuch‹, 20. November 1926).

Verse von Hoddis] Mit Jakob van Hoddis war Emmy Ball eng befreundet. So bat van Hoddis im Mai 1913 Emmy Hennings seine »in München zurückgelassenen Sachen zusammen[zu]packen und ihm [zu] schicken«. (Helmut Hornbogen: ›Jakob van Hoddis. Die Odyssee eines Verschollenen.‹ München/Wien: Hanser 1986, S. 111.) Auch »sein letztes Manuskript mit den kurzen Prosatexten ›Trilogie der Leidenschaftslosen‹« blieb bei einem weiteren Aufenthalt Jakob van Hoddis' in München bei Emmy Hennings zurück (S. 119). Mit großer Sicherheit legte – obwohl nicht ausdrücklich erwähnt – Ball diesem Brief außer den erwähnten »Versen«, wobei nicht bekannt ist, um welche es sich handelte, auch das Manuskript ›Trilogie der Leidenschaftslosen‹ von van Hoddis bei. Hans Arp vermittelte die Veröffentlichung dieses Prosatextes in der Zeitschrift ›De Stijl‹, Leiden (Jg. 7, Nr. 77, 1926/27, S. 71-74) ebenso wie Balls »dadaistische Übungen«. Von Hans Arp erhielt Hans Bolliger das van-Hoddis-Manuskript um 1947 geschenkt (Brief Hans Bolliger an die Herausgeber, 26. Januar 1981). Bolliger muß offensichtlich von Hans Arp über die Herkunft des Manuskripts unterrichtet worden sein. Denn er erkundigte sich bei Emmy Ball, die ihm die Originalität der ›Trilogie der Leidenschaftslosen‹ bestätigte und bereitwillig von ihrer Bekanntschaft mit Jakob van Hoddis berichtete. Über Jakob van Hoddis' Aufenthalt im Frühsommer 1914 in München schrieb Emmy Ball am 19. März 1947 (Privatbesitz) an Hans Bolliger: »Er war ja nur bei mir, weil er so krank war. Was ja sonst unter jungen Menschen ziemlich selten vorkommt – und unter den Umständen, wie wir eine Weile nebeneinander lebten noch seltener sein mag – aber es war eine rein geschwisterliche Liebe, die uns miteinander verband. [...] Er hätte, obwohl er vollkommen klare Stunden, ja klare Tage hatte, nicht ohne Aufsicht sein könne[n]. Er bra[u]chte, wenn ich so sagen darf, ein Kindermädchen.« Auf eine Anfrage Hans Bolligers antwortete Emmy Ball im selben Brief: »›Trilogie der Leidenschaftslosen‹ ist ein spätes Manuskript von van Hoddis, aus seiner Münchenerzeit, da er schon krank war. Ich lege die Bestätigung, dass es van Hoddis Handschrift ist bei, ebenfalls einen Brief an mich, an dem Sie seine Handschrift sogleich erkennen werden. Sie können den Brief gern behalten.« Emmy Ball erwähnt noch: »[...] aber das Manuskript, das Sie haben – ich erinnere mich so sehr daran – er hat es ja in meinem Zimmer geschrieben, da er ja, wie ein armes, krankes Kind bei mir wohnte, bis man ihn abholen musste.«

Heyms »Dichtungen«] Georg Heym widmete Jakob van Hoddis sein Gedicht: ›Die Schläfer‹, erstmals veröffentlicht in Heyms Lyrikband: ›Der ewige Tag‹. Berlin: Rowohlt 1911 (vgl. *Nr. 360*).

Bachmair] Vgl. *Nr. 25*.

»Die neue Kunst«] Vgl. *Nr. 25*. Jakob van Hoddis veröffentlichte in ›Die neue Kunst‹, München. Jg. 1, 1913/14. Nr. 1, S. 78, den Prosatext ›Doktor Hackers Ende‹.

dadaist. Übungen] Mit »dadaist. Übungen« dürfte Ball seine Lautgedichte gemeint haben. Er sandte Hans Arp »einige Blätter«. Nach Balls Tod erschienen durch Vermittlung von Hans Arp in der Zeit-schrift ›De Stijl‹, Leiden (Jg. 8, 1928. No. 85/86, S. 100-102), vier Lautge-dichte von Ball: ›Totenklage‹, ›Wolken‹, ›Katzen und Pfauen‹ sowie ›Gadji beri bimba‹. Die Hoffnung, Balls »Blätter« könnten sich im Arp-Nachlaß befinden, fand Bestätigung. Auf einen Brief an die Fondation Arp (Clamart-Meudon) antwortete Greta Stroeh am 7. Januar 1993 an die Herausgeber: »Von diesen Texten [Balls Lautgedicht-Typoskripte] befanden sich früher mehrere in unseren Archiven. Während der Renovierungsarbeiten war es zeitweise schwierig, sie zu finden. Irgendwann habe ich aber davon Photokopien machen können, [...].« Inzwischen sind die Originaltyposkripte verschollen. Außer den in ›De Stijl‹ erschienenen Lautgedichten kopierte Greta Stroeh noch zwei weitere Lautgedichte Balls: ›Seepferdchen und Flugfische‹ und ›Zug der Elefanten‹.

Tzaras »Collection Dada«] Für die künstlerisch-literarische Buchreihe ›Collection Dada‹ plante Ball eine Sammlung eigener Beiträge. Das Projekt wurde aber nicht verwirklicht (vgl. *Nr. 105*).

Blatt »Tamotote«] Aus dieser Textstelle wird nicht deutlich, ob Ball oder Arp Autor dieses Blattes war. Das Manuskript ist verschollen.

visionäre Zeichnung] Die Szene der »Selbstbegegnung« hat Emmy Ball in ihrem Tagebuch beschrieben: ›Das Brandmal‹. Berlin: Erich Reiss 1920, S. 135-139. Die Zeichnung selbst ist verschollen.

Dada-Manifest ist noch da] Ob Ball sein Typoskript: ›Das erste dadaistische Manifest, Zürich 14. Juli 1916‹, mit handschriftlichen Verbesserungen und Ergänzungen von ihm, meinte, dessen Original im HBN zu finden ist (Faksimile im HBK, Nr. 134, S. 154-156) oder die verbesserte Fassung u.d.T. ›Eröffnungs-Manifest, 1. Dada-Abend, Zuerich 14. Juli 1916‹ (Original im Kunsthaus Zürich, Faksimile in ›Dada in Zürich‹, S. 256), ist nicht bekannt.

Phantastischen Roman] ›Tenderenda der Phantast‹, HBB, Nr. 405, S. 32 und Nr. 39, S. 2.

Verse sind noch da] Das Manuskript ist nicht erhalten. Ob es sich um das Manuskript ›Gedichte‹ (HBB, Nr. 416, S. 32) handelte, ist eher unwahrscheinlich. Dieses Manuskript schenkte Emmy Ball: »Dr. Hans Grossrieder in Dankbarkeit für sein freundliches Interesse an Hugo Ball, von dessen Emmy. Magliaso im September 1944.«

Frau Sophies ›Heiliges römisches Reich‹] Es kann nur vermutet werden, Sophie Taeuber-Arp überließ Hugo Ball ein Werk mit diesem Titel.

Soergel] Albert Soergel: ›Dichtung und Dichter der Zeit. Eine Schilderung der deutschen Literatur der letzten Jahrzehnte. Neue Folge. Im Banne des Expressionismus.‹ Leipzig: R. Voigtländers Verl. 1925. Ball interessierte sich für das Kapitel: ›Satyrspiel nach der Tragödie – Dada!‹ (S. 623-634).

»In der Axt den Vogel] Parodie auf folgende Zeilen aus Friedrich von Schillers ›Wilhelm Tell‹ (3. Aufzug, 1. Szene):

»Mit dem Pfeil, dem Bogen,
Durch Gebirg und Tal
Kommt der Schütz gezogen
Früh am Morgenstrahl.«

692. An Hermann Hesse, 22.11.1926

H: Ms. Brief mit eigenh. Unterschrift in zwei Varianten; je 1 S. **F:** HBN. **E:** Briefe, S. 279. **DV:** Original.

Abweichungen in Variante 2

Der Brief folgt Variante 1. Im folgenden werden die Abweichungen, die in Variante 2 enthalten sind, notiert:

22. Nov. [19]26: 22. Nov. [1926] »26« möglicherweise von Hugo Ball nachträglich angefügt.

gefahren, sie: gefahren; sie

weggefahren, hold: weggefahren; hold

Emmy ist am Samstag] Vgl. *Nr. 688.* Auf ihrer Reise nach Berlin machte Emmy Ball Station in Dessau, um dort zu erkunden, ob eine Ausbildung für Annemarie Hennings am Dessauer Bauhaus sinnvoll sei (vgl. auch *Nr. 693*).

Frankfurterin] Hier könnte die ›Frankfurter Zeitung‹ gemeint sein. Über den zweiten Satzteil: »das geht natürlich nicht«, konnte auch in Hesses Briefen an Ball kein Hinweis gefunden werden.

Deinen Brief] Es muß sich um einen Brief Hesses an Emmy Ball gehandelt haben. Im DLA befinden sich für den Jahrgang 1926 zwei Postkarten von Hesse an Emmy Ball. Außerdem sind im Bestand »20 vage datierte und 68 undatierte Briefe von Hesse an Emmy Ball«. (Brief vom DLA, Viktoria Fuchs, vom 19. August 1999 an die Herausgeber).

Natalina] Natalina Cavadini, vgl. *Nr. 302.*

Gute Reise] Hermann Hesse hatte vom 24. November bis 14. Dezember 1926 eine Lesereise nach Süddeutschland geplant.

Mozart-Trio] Vgl. *Nr. 689.*

›Uhu‹ lässt grüssen] Vgl. *Nr. 688* – »Hesse im ›Uhu‹«.

693. An Emmy Ball, 25.11.1926

H: Ms. Brief mit eigenh. Unterschriften; 2 Bl., 3 S. **F:** HBN. **DV:** Original.

Datierung: Nr. 693 wurde am »Donnerstag« – nach Emmy Balls Abreise nach Berlin und vor Ausbruch von Annemarie Hennings' Erkrankung – geschrieben. Es kann sich nur um Donnerstag, den 25. November gehandelt haben.

Huelsenbeck geschrieben] Balls Brief ist verschollen. Huelsenbeck antwortete am 8. Dezember 1926 (HBN) an Ball: »Wir haben hier Emmy selbstverständlich mit alter Herzlichkeit empfangen. Sie schien durch die ungewohnten Eindrücke der Grossstadt sehr verwirrt, ich suchte ihr aber klar zu machen, dass die Möglichkeiten, die ihr hier geboten werden, illusionär sind. In Wirklichkeit gibt es in Berlin keine Geistigkeit mehr, sondern nur eine Phalanx von Geistinteressierten, die sich schreibend und malend mit mehr oder weniger Geschick über Wasser hält.«

Ja, das Bauhaus] Ihre Reise nach Berlin nutzte Emmy Ball zu einem Besuch des Dessauer Bauhauses, um dort über die Ausbildungsbedingungen für Tochter Annemarie zu sondieren. Für Unterkunft, Verpflegung und sonstige Ausgaben, so errechnete Emmy Ball, wäre monatlich ein Betrag von 120 M. erforderlich. In Berlin erhoffte sie von Elisabeth Bergner für die Ausbildung von Annemarie eine Unterstützung. In zwei Briefen (Dessau, 21. November 1926 und während der Bahnfahrt nach Berlin, 22. November 1926; beide HBN) faßte Emmy Ball ihre Eindrücke vom Dessauer Bauhaus zusammen: »die Schule war heute Sonntag geschlossen, ist aber schon ein halber Dornachbau. Übrigens Bau und Handwerk ist doch das spezifische der Schule, die Bestrebungen auch in der Malerei laufen darauf hinaus. Sie bauen Möbel, Einrichtungen, Zimmer, photografieren viel, und die Sachen von Klee und Kandinsky und s.w. sind viel fotografiert, oder der Fotografie entlehnt. Es wird hin und wieder zwar Akt gezeichnet, doch wer hierzu, wie Annemie keine Lust hat, kanns bleiben lassen. Die jungen Künstler arbeiten auch viel zu Hause bei sich, und hören im Bauhaus Vorträge an. Es handelt sich, wenn ich recht begriffen habe weniger um Korrektur, wie um die Erziehung, die allmähliche Beeinflussung der Bauhaus-Ideen. […] Da hat man nun das bgreifliche Interesse begabte junge Leute zu verwenden. Herr Moholy sagte: Wir nehmen jeden an, der nicht grad blind ist, und versuchen das. Mit Heiligenbilder[n] hat diese Richtung, nun wol nichts zu tun, mein ich, es ist alles ziemlich ›abstrakte Kunst‹ ich will nun doch noch mal versuchen, Morgen [!] die Schule anzusehen.« Nach einem weiteren Besuch im Bauhaus schrieb Emmy Ball am Montag, den 22. November 1926: »Also hör mal, lieber Hugo, die Sache bedarf einer reiflichen Überlegung, und ich selbst habe dem Leiter der Anstalt, dem Direktor nichts versprechen mögen, bestimmtes nicht, weil ich eben [unlesl. Wort] Deine Meinung erst einholen will. Mit irgend welcher üblichen, bisherigen Kunst hat das Haus nichts zu tun, also auch glatt nichts. ich glaube Kandinsky wird nie mehr über das ›Geistige‹ in der Kunst schreiben, denn es handelt sich hier um das Materielle. Bilder wie wir sie an den Wänden denken zum ›Schmuck‹, werden hier nicht gemacht. Es geht um praktische, vernünftige Dinge und ich habe einen [unlesl. Wort] puritanischen Eindruck von der Sache. […] Wenn A[nnemarie] sich für Handwerk interessiert für Stoffe, Material, Stein, Holz, wird sie leicht durchkommen, aber sonst glaub ich nicht. [...] Und mir scheint, das ist eine starke Zumutung für Annemie. Wenn ich denk, ich sollte mit Steine klappern, anstatt Worte schreiben. So etwas, du kannst mir glauben, ich übertreib nicht ein bischen, im Gegenteil, es ist noch viel absurder, als ich sagen kann.«

Muche] Georg Muche (1895-1987), Maler und Zeichner; war 1919-1927 Lehrer am Bauhaus in Weimar und Dessau.

Segal aufzusuchen] Arthur Segal, vgl. *Nr. 102*. In Berlin gründete Segal 1920, nach seiner Rückkehr aus der Schweiz, eine eigene Malschule. Nach verschiedenen Umzügen fand die »Malschule Artuhr Segal« 1925 ihren Sitz in Berlin-Charlottenburg, Corneliusstr. 3. In einem Prospekt (um 1925) warb Segal: »Ich lehre die unindividuellen Gesetze der Malerei, die die Grundlage aller gewesenen und aller kommenden Richtungen sind und gebe so der Individualität des Schülers die Basis, auf der er sich frei von jeder Konvention oder Künstlerautorität ganz im Sinne seiner Eigenart entwickeln kann. [...] Alle Richtungen werden behandelt und geübt, um ihre fundamentale Gemeinsamkeit zu beweisen und Verständnis für die Eigenarten zu erhalten. Der Schüler kann dasjenige herauswählen, was seiner Eigenart entspricht und erhält die Vorbedingungen, selbst neue Wege zu suchen.« (Zitiert nach ›Hannah Höch. Eine Lebenscollage‹. Archiv-Edition. Bd. 2: 1921-1945, 2. Abteilung. Ostfildern-Ruit: Hatje 1995, S. 242 f.) Emmy Ball wollte Segal besuchen, um die Möglichkeiten einer Ausbildung für ihre Tochter Annemarie zu sondieren.

Helgas Lehrer] Helga ist die Tochter von Bruno und Olga Eisner (vgl. *Nr. 399*). »Helgas Lehrer« konnte nicht identifiziert werden.

Hotel] Emmy Ball logierte im Hotel Merkur, Kantstr. 156.

Lasker] Else Lasker-Schüler, vgl. *Nr. 27*.

Liesel] Elisabeth Bergner, vgl. *Nr. 173*.

Rina] Tochter von Adolf und Maria Saager, vgl. *Nr. 355*.

zwei Bände über die Duse] Auf Emmy Balls Wunsch lieh ihr Carl Muth »zwei Bände über die Duse« aus. Emmy Ball hatte die Absicht oder auch den Auftrag, über Eleonora Duse einen Aufsatz zu schreiben und hatte, wie sie in ihrem Brief vom Februar 1927 an Emil Szittya berichtete, die Duse-Bücher nur ausgeliehen, denn es seien »keine Rezensionsexemplare« und sie wolle »so gerne darüber schreiben, um ein wenig Geld zu verdienen« (HBS). Bei den Bänden, die Carl Muth an Emmy Ball sandte, könnte es sich um Eduard Schneiders: ›Eleonora Duse‹: Leipzig: Insel-Verl. 1926 sowie Bianca Segantinis und Francesco von Mendelssohns: ›Eleonora Duse. Bildnisse und Worte‹. Berlin: Kaemmerer 1926, gehandelt haben.

von den Briefen schicke ich Dir den von Hesse] Auf der Postkarte vom 23. November 1926 (DLA, Hesse) teilte Hermann Hesse aus Zürich mit: »Vom 2. bis 8. Dez. bin ich bei Dr. Rosengart in Frankfurt a.M., Reuterweg 81 [...].«

»Neue Rundschau«] Vgl. *Nr. 688*.

Brief aus Eglfing] Aus der Irrenanstalt Eglfing (Haar, Landkreis München) schrieb der Buchhändler Pfeifer und bat um Bücher von Emmy und Hugo Ball (›Tagebuch‹, 19. Oktober 1926).

der gute Feuchtwanger] Zum folgenden vgl. *Nr. 688* und *702*.
Buchhändler Arnold] Vgl. *Nr. 634*.
Viganello] Villenort am Osthang des Cassaratetales, nah bei Lugano.
Höxter-Anekdote] Emmy Ball berichtete: »Höxter, mein alter, mürber Bruder hatte mir für gepumptes Geld Weintrauben geschickt, und drei Bonbons auf denen ja ›Kindlein‹ stand, ein Zettelchen abgegeben ›guten Appetit‹, das fand ich allerliebst.« (HBN: Emmy Ball an Hugo Ball, [Nov. 1926]) Über John Höxter, vgl. *Nr. 73* – »Wir mussten uns ganz plötzlich...«.
Freundin Spela] Um den 23. November 1926 schrieb Emmy Ball aus Berlin (HBN): »Spela, meine Freundin ist Schofförin geworden, und hat ihren Droschkenstand (Autostand) und will mich umsonst fahren.« Es könnte sich um Spela Albrecht, Witwe des Lyrikers und Schauspielers Paul Albrecht gehandelt haben, der mit dem französischen Maler und Zeichner Henry Bing (geb. 1888) befreundet war. Albrecht heiratete um 1910 Spela, die Tochter eines baltischen Generals. Auf der Hochzeitsreise stürzte der 21jährige Albrecht aus dem Fenster eines Pariser Hotels und starb an den Folgen. In Berliner Boheme-Kreisen, in denen Spela Albrecht verkehrte, war sie als »Wasserleiche« bekannt. Der Porträtmaler Leo von König (1871-1944) hat Spela und John Höxter auf seinem Gemälde ›Bohème-Café‹ (1909) abgebildet.
Frau Keller aus Frankfurt] Es könnte sich um die Ehefrau des Bildhauers und Malers Laurent Friedrich Keller (1885-1968) gehandelt haben, der um 1927 die Bronzebüste ›Emmy Hennings‹ (HBN) schuf. Die Kellers wohnten: Frankfurt/M., Bäcker-Weg 3 III. Am 2. August 1927, notierte Ball im ›Tagebuch‹, sei der Bildhauer Keller aus Frankfurt, der sich auf der Durchreise nach Forte die Marmi (Seebad bei Massa, Toskana) befinde, eingetroffen. Keller wollte Ball für seine Berliner Septemberausstellung modellieren (›Tagebuch‹, 2. August 1927).

694. An den Verlag Duncker & Humblot, 27.11.1926

H: Ms. Brief mit eigenh. Unterschrift; 1 Bl., 1 S. **F:** Verlagsarchiv Duncker & Humblot, Berlin. **DV:** Original.

Rest des Honorars] Vgl. *Nr. 688*.
gelben Text] Es muß sich um den »Prospekt-Text« gehandelt haben, denn auch Ball fand, er »halte es für besser, noch zu streichen« und bezog sich auf Feuchtwangers Brief vom 22. November 1926: »Schicken Sie bitte den Andruck des Bildes und den verbesserten Prospekt-Text, der noch sehr gekürzt werden muss, wieder zurück.« (Verlagsarchiv D&H).
Jungs ›Psych. Typen‹] Ball legte dem Brief den Schutzumschlag dieser Publikation des Verlags Rascher & Cie. (Zürich) bei. Feuchtwanger erwiderte am 10. Dezember 1926 (Verlagsarchiv D&H): »Sie haben mir wohl beide geschickt um mir zu zeigen wie man es nicht machen soll, denn ich finde weder den Schutzumschlag von Rascher noch den Prospekt von Plon schön oder wirkungsvoll.«
Dr. Pulver und Dr. Jollos] Vgl. *Nr. 687*.
Thomas Mann] Vgl. *Nr. 688*.

an Soergel] Vgl. *Nr. 691*.
Prof. Curtius] Es könnte sich um Ernst Robert C. (1886-1956) Romanist, gehandelt haben.
Prof. Krebs] Vgl. *Nr. 435*.
Prof. Luzian Pfleger] (1876-1944), Priesterweihe 1901; Kunst- und Literaturhistoriker.
Jung in Küssnacht/Zürich] Vgl. *Nr. 441* – »Carl Gustav Jung«.
Hans Prinzhorn] Vgl. *Nr. 668*.

695. An Emmy Ball, 30.11.1926

H: Hs. Brief; 1 Bl., 4 S. 3. und 4. Seite zusammen auf Kopfbogen »Lugano / Grand Café-Brasserie Gambrinus / Piazza Riforma«. **F:** HBN. **DV:** Original.

Datierung: Den Briefen über die Erkrankung, den Krankheitsverlauf und dem Krankenhausaufenthalt von Annemarie Hennings hatte Ball, damit seine Frau die genaue Reihenfolge erkennen konnte, »Freitag, Samstag usw.« (Nr. 701) hinzugesetzt. Aus den Inhalten der Briefe und der Wochentagsangabe konnten die Briefe Nr. 695, Nr. 697, Nr. 699, Nr. 700, Nr. 701 und Nr. 706 sicher datiert werden.

Kölnische Volkszeitung] Im Dezember 1926 konnte in der ›Kölnischen Volkszeitung‹ von Emmy Ball nur das Gedicht: ›Kommunion‹ (Nr. 932 vom 19.12.26. Beil.: ›Im Schritt der Zeit‹, S. 2) gefunden werden.
Annemarie geht es fortgesetzt nicht gut] Als Hugo Ball Nr. 695 schrieb, befand sich Annemarie Hennings bereits im Krankenhaus und Ball wußte bereits zu diesem Zeitpunkt, daß Annemarie an Typhus erkrankt war. Zögernd und schonend berichtete Ball seiner Frau von der schweren Erkrankung Annemaries. Erst in Nr. 701 beichtete Ball: »Als ich Dir von der Möglichkeit schrieb, war sie [Annemarie] schon den zweiten Tag dort [im Krankenhaus] und ich wusste schon, was ihr fehlt.«
Ovomaltine] Die Dr. A. Wander A.-G., Bern, warb in den 20er Jahren für dieses Produkt: »Ovomaltine ist ein natürliches, allseitiges Nähr- und Kräftigungsmittel. Es führt den Organen hochwertige, leichtverdauliche Nährwerte zu [...]. Sämtliche wertvollen Bestandteile aus wertvollsten Nahrungsmitteln: Malzextrakt, Milch, Eier mit etwas Kakao [...].«

696. An Emmy Ball, 30.11.1926

H: Hs. Bildpostkarte. Motiv: Lugano e M.te S. Salvatore. Adresse: Frau Emmy Hennings / Berlin-W. / Kant-strasse 156. / Hotel Merkur. **F:** HBN. **DV:** Original.

Hs. Postskriptum von Carla Fassbind: »Emmy, wir sind sehr vergnügt u. [unsichere Lesart] wünschen, dass Sie sich noch lange in Berlin wohl fühlen. Lieben Gruss Carla.«

697. An Emmy Ball, 1.12.1926

H: Ms. Brief mit eigenh. Unterschrift; 2 Bl., 3 S. **F:** HBN. **DV:** Original.

Datierung: Vgl. *Nr. 695* – Datierung.

gestrigen Brief] Nr. 695.
Karte bekommen] Nr. 696.
mein Telegramm] Nicht erhalten.
Dr. Zbinden] Es könnte sich um Dr. Hans Zbinden (1893-1971) gehandelt haben.
Dr. De Marchi] Nicht identifiziert.
Cademario] Vgl. *Nr. 354*.
Mendrisio] Vgl. *Nr. 647*.

698. An Albert Müller, 1.12.1926

D: Ms. Durchschlag; 1 S. **F:** HBN. **DV:** Durchschlag.

Ihren Brief] Müllers Brief vom 16. November 1926 befindet sich im HBN.
Mendrisio] Vgl. *Nr. 647*.
›febbre scarlattina‹] Im Original: »febbre scarlattino«. Febbre scarlattina = Scharlachfieber, vgl. auch Nr. 699 und Nr. 712.
seit ihrem Hiersein] Albert Müller schrieb am 16. November 1926: »Wir haben unterdessen Annemarie's Sachen abgeschickt. Ich habe selbst ein lebhaftes Interesse mit Ihnen über die ganze Sache zu sprechen, besonders da ich das Gefühl habe, Sie vermuten die Ursachen in uns und womöglich in unterbewussten Dingen.
Ich selbst bin überzeugt, dass der Bruch durch die Verschiedenartigkeit der Wesen erfolgt ist und dass wir uns nirgends in einem Punkt getroffen haben – dass hier viele unbewusste Dinge mitschwingen stelle ich nicht ausser Acht, aber ich bestreite dass diese hier ausschlaggebend waren. Wissen Sie, unsere Auffassungen in der Kunst gehen insofern auseinander als ich das wirklich Schöpferische für wesentlich ansehe und Sie das Zeichen, das Symbol. [...] Annemarie ist aber ein typisches Wesen der kirchlichen Erziehung und das verrät sich bis in die kleinsten Dinge. Diese ganze Wesensart ist meiner Überzeugung nach der künstlerich schöpferischen Art im Menschen feindlich und das Eine hebt das Andere auf.« Hugo Balls Brief, für den sich Albert Müller in seinem Antwortschreiben auch bedankte, ist verschollen. Die Rücksendung von »Annemarie's Sachen« läßt annehmen, daß Annemarie Hennings bereits vor dem 16. November 1926 das Haus der Müllers in Obino verließ und zu Emmy und Hugo Ball nach Sorengo zurückkehrte.

699. An Emmy Ball, 2.12.1926

H: Hs. Brief; 2 Bl., 6 S. Auf Kopfbögen »Lugano / Grand Cafe-Brasserie Gam-brinus / Piazza Riforma«. **F:** HBN. **DV:** Original.

Datierung: Vgl. *Nr. 695* – Datierung.

gleichzeitig an Huelsenbeck] Balls Brief vom 1. Dezember 1926 an Richard Huelsenbeck ist verschollen; vgl. *Nr. 693*. Huelsenbeck schrieb am 8. Dezember 1926 an Hugo Ball (HBN): »Erschüttert und erschreckt hat uns die Nachricht von Annemaries Typhuserkrankung. Ich habe mich am gleichen Tage, an dem ich Deine Nachricht erhielt, mit Emmy in Verbindung gesetzt und habe ihr geraten, sofort nach Lugano abzufahren. Da sie aber sehr traurig war und meinte, dass ihr durch die Abreise zahlreiche literarische Möglichkeiten entgingen, und da ich rein ärztlich weiss, dass die Gefahr bei einer Typhuserkrankung erst nach mehreren Wochen eintritt, so suchte ich sie dahin zu beeinflussen, dass sie in einigen Tagen ihre Angelegenheiten erledigen und dann zu Dir nach Lugano fahren sollte. Vorgestern abend erhielt sie dann Dein Telegramm und sie teilte mir telefonisch mit, dass sie sofort am nächsten Morgen abfahren wollte.«

Dr. Chirico] Nicht identifiziert.

Lysoform] Desinfektionsmittel, bestehend aus Kaliseife und Formaldehyd.

Euer Telegramm] Ob bereits in diesem Telegramm oder erst in einem späteren Brief Annemarie Hennings von Elisabeth Bergner zu einem Berlin-Aufenthalt eingeladen wurde, ist nicht bekannt. Hugo Ball vermerkte in seinem ›Tagebuch‹ 29. Dezember 1926, seine Frau habe für Annemarie Hennings den »Einladungs-Brief«, nach Berlin zu kommen, von Elisabeth Bergner mitgebracht. Annemarie habe daraufhin recht gleichgültig reagiert. Darüber schrieb auch Emmy Ball zurückblickend in ihr ›Tagebuch‹ (›Sorengo, d. 1. Mai 26‹): Eintrag: »21. Dez« 1926: »[...] ich traf [...] vor allem Elisabeth Bergner der ich von Annemie erzählte. Sie wohnt in Dahlem in einer Villa, ist die grosse Schauspielerin und möchte, dass A[nnemie] kommt.« Emmy Ball meinte wohl, Annemarie würde sich darüber freuen, und schrieb über deren Reaktion im Eintrag »2te Feiertag« (26. Dezember) ins ›Tagebuch‹: »Annemarie, ich habe nicht den Eindruck, dass sie sich für einen Aufenthalt bei E[lisabeth] B[ergner] interessiert, doch ich kann mich täuschen.« Im Mai 1927 nahm Hugo Ball an, daß aus dem Berlin-Aufenthalt Annemaries nichts werden würde und er war darüber sogar froh (›Tagebuch‹, 4. Mai 1927).

»So leben wir, so leben wir«] Annemaries Spieldose intonierte den »Alten Dessauer«, einen Marsch der preussischen Armee. Ball parodierte diesen Marsch mit seinem Gedicht: ›Totentanz 1916‹: »So sterben wir, so sterben wir ...«; ausführlich darüber Gerhard Schaub: ›Totentanz 1916‹ in: ›Trierer Beiträge‹, Trier. H. 15, 1985. S. 29-52.

von Hoddis etwas zu hören] Vgl. *Nr. 691.*

700. An Emmy Ball, 2.12.1926

H: Ms. Brief mit eigenh. Unterschrift und zwei ms. Postskripta, das erste mit eigenh. Unterschrift und einem Nachsatz, das zweite datiert »Freitag« und ohne Unterschrift; 2 Bl., 3 S. **F:** HBN. **DV:** Original.

Datierung: Vgl. *Nr. 695.*

nach Berlin fahren] Siehe *Nr. 699* – »Euer Telegramm«.

gestern Huelsenbeck] Vgl. *Nr. 699.*

›Graues Haus‹ gedruckt] Das ›Graue Haus‹ erschien nicht.

Ehrenstein] Albert Ehrenstein, vgl. *Nr. 112.*

Lösung von Reiss] Emmy Ball erhielt, so Hugo Ball im ›Tagebuch‹, Eintrag: 17. Dez. 1926, das »Verfügungsrecht« über ihre bereits früher im Verlag Reiss erschienen Bücher zurück.

Szittya schreib ich allernächstens] *Nr.* 703.

Feuchtwanger geschrieben] Nr. 702. Ball schrieb Nr. 700 am »Donnerstag abend«, es kann sich dabei nur um den 2. Dezember 1926 gehandelt haben, bestätigt wird dies auch durch den Briefnachsatz: »Freitag früh«. Der Brief an Feuchtwanger ist auf den »4. Dez.26« datiert. Wenn Ball informierte »Gerade habe ich Feuchtwanger geschrieben«, wird er sich um eine Woche im Datum geirrt, oder den Briefentwurf bzw. Nr. 702 im voraus datiert haben. Laut Eingangsstempel ging Balls Brief am 6. Dezember 1926 beim Verlag Duncker & Humblot ein. In der Regel erreichten Balls Briefe den Verlag in München zwei Tage nach Absendung. Für die Zeitdiskrepanz – von »gerade an Feuchtwanger geschrieben« am 2. Dezember 1926 und die Datierung von Nr. 702 auf den 4. Dezember 1926 – kann keine Erklärung gegeben werden.

Duse-Bücher] Vgl. *Nr. 693*.

gegen Scarpino] Vgl. *Nr. 675* – »Bondys«.

Kapitel der sanften Schwerter] Ob Hugo Ball hier auf seine eigene Formulierung: »Die Schwerter der flammenden Sapienz aufrichten« (Flucht, S. 318) hinweisen wollte, kann auch nur vermutet werden. Welcher Text von Emmy Ball vorlag, von dem Hugo Ball schrieb, daß auch »das allerverliebteste Steffgen« darin vorkäme, ist nicht bekannt.

alle bei Coray] Die Bilder von Annemarie Hennings waren für eine Ausstellung an die Galerie Coray in Zürich (vgl. Nr. 703) ausgeliehen.

Aufsatz von Szittya] Emil Szittya beabsichtigte vermutlich (vgl. auch Nr. 703), über die Malerei von Annemarie Hennings einen Aufsatz zu schreiben.

›Querschnitt‹] In der Zeitschrift ›Querschnitt‹, Berlin, sind keine Auszüge aus Balls ›Die Flucht aus der Zeit‹ erschienen.

701. An Emmy Ball, 4.12.1926

H: Ms. Brief mit eigenh. Unterschrift; 2 Bl., 4 S. **F:** HBN. **DV:** Original.

Datierung: Vgl. *Nr. 695* – Datierung.

Cademario] Vgl. *Nr. 354*.

Montag mittag, 1. Dez.] Ball irrte sich beim Datum. Annemarie Hennings war seit Montag, dem 29. November 1926, im Ospedale civico (vgl. Nr. 698).

Als ich von der Möglichkeit schrieb] Ball bezog sich auf Nr. 695.

Dein Telegramm] Nicht erhalten.

Deinem Brief] Nicht erhalten.

Frau Skory] Die Frau von Balls Vermieter.

Paul] Paul Lasker, vgl. *Nr. 654* – »Laskerin«.

Dr. Alexander] Hanns Otto Alexander, vgl. *Nr. 373*.

Frau Moissi] Else Lasker-Schüler war mit der Schauspielerin Marie Moissi, geb. Urfus (geb. 1877) befreundet. Maria Moissi gründete 1913 in Berlin eine Schauspielschule, an der auch ihr Ehemann, der Schauspieler Alexander Moissi (vgl. *Nr. 112*) lehrte.

Hesse-Arbeit] Ball hatte mit dem S.Fischer-Verlag verabredet, das Manuskript seiner Hesse-Biographie Ende Februar abzuliefern. An den Verleger Samuel Fischer sandte Hugo Ball »den Schluss des Hesse-Buches« am 27. März 1927 und bat »um gütige Entschuldigung« für die Verzögerung »um fast einen Monat« (Nr. 739).

702. An den Verlag Duncker & Humblot, 4.12.1926

H: Ms. Brief mit eigenh. Unterschrift; 1 Bl., 2 S. **F:** Verlagsarchiv Duncker & Humblot, Berlin. **DV:** Original.

in diesem Jahr nicht mehr] Auf Balls Vorhaltungen antwortete Ludwig Feuchtwanger am 9. Dezember 1926 (Verlagsarchiv D&H): »Im übrigen war es nötig, Ihren Brief vom 4. Dezember erst einige Tage kalt werden zu lassen, ehe ich jetzt sachlich darauf eingehen will. Die einfache Beantwortung der einfachen Frage, was den Verlag jetzt, nachdem das Buch mit einem grossen Aufwand fertiggestellt ist, abhalten konnte, es noch im Dezember an den Buchhandel zu versenden und warum statt dessen der Termin zwischen 15. und 31. Januar gewählt wurde, hätte Sie von der verstimmten und verstimmenden Bemerkung abhalten müssen ›machen Sie es mir doch nicht gar so schwer‹ und vor dem noch bittererem Nachsatz! Die durchsichtige und in ihren Motiven auch völlig schlüssige Grundregel des Buchhandels, dass von einem Buch in der Presse und in der Literatur erst die Rede sein darf, wenn es wirklich in den Buchläden zu haben ist, wollen Sie mir ausreden. Sie wissen, wie gerne und bereitwillig ich jeder nützlichen Anregung folge, die den Vertrieb Ihrer Bücher betrifft, aber die Durchführung und die Einzelheiten des Vertriebes, wann und wo der Verlag Anzeigen und Prospektbeilagen aufgibt, war und ist doch überall und immer ausschliesslich Verleger-Funktion gewesen.«

die Umschlagsprobe] Bereits am 22. November 1926 schrieb Feuchtwanger (Verlagsarchiv D&H): »Die gebundenen Exemplare hätten etwa zwischen 10. und 15. Dez. fertig sein können, wenn ich nicht angesichts der Ausstattungsprobe der Buchbinderei doch im letzten Augenblick davor zurückgeschreckt wäre, das Buch in dem absichtlich einfachen grauen Gewand auszugeben wie ich das ursprünglich tun wollte. Aber sehen Sie sich die beiliegende Decke an und verstehen Sie dann, dass ich mich nun doch entschlossen habe, eine besondere Zeichnung anfertigen zu lassen und etwas farbiger zu werden. Damit zieht sich naturgemäss, da Zeichnung, Plattenanfertigung etc. noch Zeit erforderte, die Fertigstellung der gebundenen Exemplare wieder weitere 14 Tage hinaus und das heisst soviel, dass wir das Buch nicht mehr vor Weihnachten an den Buchhandel versenden können und also bis Mitte Januar warten müssen, was auch an und für sich nichts auf sich hat. Denn sonst bei eiliger Ausgabe ginge mit absoluter Sicherheit in dem Weihnachtsbücher-Trubel unser Buch unter, da sich etwa vom 10. Dezember an die Buchhändler um Neuigkeiten nicht mehr kümmern können.«

Schmitt wieder die Parole] Ball bezog sich auf die Guriansche Rezension über ›Die Folgen der Reformation‹ (vgl. *Nr. 468* – »Jetzt hat Herr Dr. Gurian«), die, so die Meinung Hugo Balls, auf Betreiben Carl Schmitts (vgl. Nr. 470 und besonders Nr. 474) geschah und zudem als die erste, »die, in acht Spalten in der katholischen Tagespresse […] erschien« (Nr. 470). Feuchtwanger antwortete am 9. Dezember 1926: »Aber ich will nicht spitz werden und nichts zurückgeben, auch nicht das Wort von Herrn Schmitt, sondern ich will für Ihre Bücher sorgfältig nach meinem Können und unseren Kräften einen Weg ebnen und mich von Herzen freuen wenn dies gelungen ist und Sie damit den Weg frei zu grosszügigeren Bücherkaufleuten haben, die Ihnen Gold und Ehre verschaffen.«

Bitte telegraphieren Sie] Ball erhielt am 6. Dezember 1926 von Feuchtwanger das gewünschte Telegramm (vgl. Nr. 706).

Dr. Linfert in Cöln] Feuchtwanger an Ball, 17. Dezember 1926 (Verlagsarchiv D&H): »Herr Dr. Linfert hat heute sein Besprechungsexemplar wieder zurückgeschickt und hat dagegen ein gebundenes verlangt, ein Zeichen dafür, wie viel Zeit sich die Herren Rezensenten für Ihre Besprechungen nehmen und wie sehr es ihnen auf die Vervollständigung ihrer Bibliotheken ankommt.«

Anzeige im Hochland] Vgl. *Nr. 676.*

Korrekturabzug des Prospektes] Über das geplante Prospekt vgl. *Nr. 655, Nr. 678, Nr. 686, Nr. 688.*

ohne Äquivalent] Feuchtwanger empfand diese Textstelle als »bittere[n] Nachsatz« (vgl. Kommentar zu »in diesem Jahr nicht mehr« in diesem Brief.) Feuchtwanger fährt in seinem Brief vom 9. Dezember 1926 fort: »Sie vergessen auch, dass von Ihren früheren Büchern 212 Rezensionsexemplare von dem ersten und 153 Rezensionsexemplare von dem zweiten hinausgingen, ferner dass eine nachdrückliche Reklame in allen Literaturblättern von uns gemacht wurde und dass die Bücher trotzdem nicht genügend verkauft wurden. Diese Bücher sind noch mit Aufwendungen belastet, die nicht annähernd hereingebracht sind, dass wir sie ›nahezu ohne Äquivalent‹ im Verlag haben, scheint mir daher doch von einer etwas verschwommenen Vorstellung über die kaufmännischen Grundlagen des Bücherhandels auszugehen.«

703. An Emil Szittya, 4.12.1926

H: Ms. Brief mit hs. Ortsangabe »Lugano« und eigenh. Unterschrift; 1 Bl., 2 S. **F:** HBS. **E:** HBA 1977, S. 7-9. **DV:** Original.

Ihre kleine Braut] Annemarie Hennings.

›Kuriositäten-Kabinett‹] Konstanz: See-Verlag. In diesem Buch erzählt Szittya Anekdoten von eigenen Begegnungen und Berichte von dritter Hand und schuf daraus ein amüsantes Zeitmosaik. Szittya schrieb darin über Ball (S. 281), wobei nicht alle Angaben mit den Tatsachen übereinstimmen (vgl. HBA 1977, S. 5 f.): »Hugo Ball hat Tradition in der revolutionären Bewegung der deutschen Literatur. Er hatte vor dem Kriege in München eine Zeitschrift ›Revolution‹ gegründet, deren erste Nummer schon konfisziert wurde. Er war unter den Ersten, die einen Ekel vor dem Kriege hatten und ins Ausland flüchteten. In Zürich schrieb er zuerst Gedichte für die ›Jugendgarde‹, deren Redakteur damals der seitdem sehr bekannte Kommunistenführer Willy Münzenberg war. Er hungerte mit seiner Frau, Emmy Hennings, unheimlich viel. Er machte die Welt zum ersten Male auf Henry Barbusses ›Feuer‹ aufmerksam. Er gründete in Zürich das ›Voltaire-Kabarett‹, wo konsequent nur revolutionäre Werke vorgetragen wurden. Ball war es, der den Dadaismus als Reaktion gegen die intellektuelle Verwirrung schuf, den dann andere, wie Tzara, zum Erfolg ausnützten. In diesem Kreis vereinigte sich wieder die internationale

Künstlerschaft. Aus allen Weltteilen strömten Künstler nach Zürich. Ball arrangierte internationale Kunstausstellungen.« Das ›Kuriositäten-Kabinett‹ befindet sich – mit Randnotizen Hugo Balls versehen – im HBN.
mein neues Buch] ›Flucht‹, S. 97.
Für den Querschnitt] Ball beschrieb seinen Irrtum in Nr. 706.
Duse-Bücher] Vgl. *Nr. 693*.

704. An Emmy Ball, 6.12.1926

H: Ms. Telegramm. Adresse: frau hennings hotel merkur / kantstr. 156 berlin=. **F:** HBN. **DV:** Original.

Auf der Telegramm-Rückseite hs. Notiz von Emmy Ball: Klabund, Sophienstr. 15 / *Charlottenburg*.

705. An Hermann Hesse, 6.12.1926

H: Ms. Brief mit eigenh. Unterschrift; 1 S. **F:** HBN. **DV:** Original.

Datierung: »Emmy soeben depeschiert« sichert, da Ball das Telegramm (Nr. 704) am 6.12.1926 aufgab, die Datierung von Nr. 706 auf Montag, den 6.12.1926.

Gruss aus Stuttgart] Hesses Karte ist nicht erhalten. Hermann Hesse befand sich vom 24. November bis 14. Dezember 1926 auf einer Lesereise in Süddeutschland (am 25. November in Stuttgart).
Karte an Annemarie] Auch diese Karte Hesses konnte weder im HBN noch im DLA, Hesse gefunden werden.
Emmy soeben depeschiert] Nr. 704.

706. An Emmy Ball, 6.12.1926

H: Hs. Brief; 1 Bl., 4 S. Brief auf gefalte-tem Kopfbogen »Lugano / Grand Café-Brasserie Gambrinus / Piazza Rifor-ma«. **F:** HBN. **DV:** Original.

Datierung: Vgl. *Nr. 695* – Datierung.

Dein Buch ist erschienen] ›Der Gang zur Liebe. Ein Buch von Städten, Kirchen und Heiligen‹. München: Kösel & Pustet 1926.
sah gleich die Notiz] »Das Gedicht Seite 267 ›Der sich zu opfern kommt‹ ist vom Verfasser des ›Byzantinischen Christentums‹« (S. [311]). Am linken Briefrand von Nr. 706 von Emmy Balls Hand: »ich hatte im ›Gang zur Liebe‹ ein Gedicht von Hugo zitiert.«
»*Ave Maris stella*«] Marienhymnus, wohl aus dem 9. Jahrhundert.
Loreto] Vgl. *Nr. 335* und *Nr. 257*.
wie ein Seraph] Himmlisches Wesen, das nach Jesaja den Turm Gottes verehrend umschwebte.
›Theaterstück‹] Nicht ermittelt.

707. An Alice und Fritz Leuthold, 7.12.1926

H: Ms. Brief mit eigenh. Unterschrift; 1 S. **F:** HBN. **DV:** Original.

Ihr liebes Packet] Vgl. Nr. 693.

für Annemarie so Schönes erreicht] Vgl. *Nr. 699* – »Euer Telegramm«.

707a. An Hermann Hesse, nicht vor dem 8.12.1926

H: Ms. Postskriptum Hugo Balls zu einem undatierten hs. Brief Emmy Balls; 2 Bl., 3 S. **F:** HBN. **DV:** Fotokopie des Originals

Datierung: Im Telegramm Nr. 704 vom 6.12. erhielt Emmy Ball von ihrem Mann die Nachricht von der Verschlimmerung von Annemaries Gesundheitszustand. Daraufhin verließ sie vermutlich bereits am folgenden Tag Berlin und fuhr zurück nach Lugano. Emmy Ball könnte Annemarie 8.12. im Krankenhaus besucht haben. Von diesem Besuch berichtete sie Hermann Hesse in ihrem Brief: »Es steht schlimm. Die Ärzte besorgen Meningo Typhus. ich habe Annemarie einen Augenblick sehen dürfen, aber sie ist, selbst wenn das Fieber künstlich niedergehalten wird, exaltiert und erregt.« Dieser Brief kann nicht vor dem 8.12.1926 geschrieben worden sein.

Toxinen] Emmy Ball schrieb an Hermann Hesse: »Lieber, in der Bahn hörte ich nebenan, dass gegen Meningo-Typhus es ein Mittel gäbe, eine Biene, die den Patienten stechen muss.« Daraufhin erwähnte Ball in seinem Postskriptum Toxine. – Toxine sind »meist immunogen wirkende, wasserlösliche Giftstoffe von Mikroben, Pflanzen oder Tieren mit bestimmter Inkubationszeit und spezifischer Wirkung« (›Pschyrembel Klinisches Wörterbuch‹, 255. Aufl. 1986, S. 1685).

708. An Adele Gundert, 11.12.1926

H: Ms. Brief mit eigenh. Unterschrift; ? Bl., 4 S. Adresse auf Briefumschlag: Frau Pfarrer Gundert / *Höfen an der Enz* / Württemberg / *Germania*. Auf der Rückseite des originalen Fragebogens hs. von Dritten eine tabellarische Biografie von Hesses Vater Johannes, sowie Überschriften für geplante, aber nicht ausgeführte Biografien der Mutter Hesses sowie der Eltern mütterlicherseits. **F:** Hermann Hesse – Editionsarchiv Volker Michels, Wiesbaden. **DV:** Fotokopie des Originals.

Adele Gundert] Vgl. *Nr. 289*.
Ihrem Bruder] Hermann Hesse.
Gratulationsbuch] Hugo Balls ›Hermann-Hesse. Sein Leben und sein Werk‹. Berlin: S. Fischer 1927.
Schwester Marulla] Maria (gen. Marulla) Hesse (1880-1953), Lehrerin.

709. An Anna Müller, 14.12.1926

D: Ms. Durchschlag; 1 S. **F:** HBN. **DV:** Durchschlag.

bestürzt und traurig] Albert Müller war an den Folgen der Typhuserkrankung am 14. Dezember 1926 verstorben und wurde am 16. Dezember 1926 in Castello S. Pietro beigesetzt.
sich auszusprechen] Vgl. *Nr. 698* – »seit ihrem Hiersein«.
Judith] Judith Müller, vgl. *Nr. 669*.
Mendrisiotto] Im Südzipfel des Tessins gelegene Landschaft (Hauptort: Mendrisio, vgl. *Nr. 647*).

710. An Maria Hildebrand, 14.12.1926

H: Ms. Postkarte mit eigenh. Unterschrift. Motiv in Kleinstformat auf der Adreßseite: Appenzellerland. Adresse: Frau Direktor / Maria Hildebrand / Pirmasens. Rheinpfalz / Landgrafenstrasse 2. **F:** HBN. **DV:** Original.

Wäschepacket] Als Schwager Franz Josef Pres mit Sohn Franz im März 1926 die Balls in Vietri sul mare besuchten, brachten die beiden offensichtlich die Bettwäsche nicht mit (vgl. Nr. 484). Emmy Ball schrieb in ihr Tagebuch: ›Sorengo, d. 1. Mai 26‹ (HBN). Eintrag 5. Januar 1927: »Packete mit Wäsche aus Pirmasens.«

711. An Emil Szittya, Mitte Dez. 1926

H: Hs. Postskriptum zu einem hs. und undat. Brief von Emmy Ball an Emil Szittya; 1 Bl., 1 S. **F:** HBS. **E:** HBA 1977, S. 9. **DV:** Original.

Datierung: Ball fragte bei Szittya nach dem Erhalt des »Packets« an, das er am 3.12.1926 (vgl. Nr. 700 und Nr. 703) an die Adresse Emil Szittyas in Berlin sandte. Die Rückfrage Balls (Nr. 711) muß vor Mitte Dezember 1926, unmittelbar nach Rückkehr Emmy Balls aus Berlin erfolgt sein. Denn sie bat Emil Szittya: »Bitte, wenn Sie in den Westen kommen, können Sie nicht bei der Wirtin vom Hotel Merkur, Kantstr. 156, meine Post zurücksenden lassen nach hier *Sorengo* bei Lugano, Casa Skory.« (Zitat aus Emmy Balls Brieftext zu Nr. 711) Nach Erhalt von Balls Telegramm (Nr. 704 vom 6.12.1926) reiste Emmy Ball nach Lugano zurück und fand vermutlich in Berlin nicht mehr genügend Zeit ihre persönlichen Angelegenheiten zu ordnen.

712. An Hermann Hesse, 16.12.1926

H: Ms. Brief mit eigenh. Unterschrift; 1 Bl., 2 S. **F:** HBN. **E:** EBH Leben, S. 277-279; auch in Briefe, S. 280. **DV:** Original.

febbre scarlattina] Vgl. *Nr. 698.*

(›non é in pericolo‹)] Ital. = es ist keine Gefahr.

schrieb ich in diesen Tagen Deiner Schwester] Brief an Adele Gundert, Nr. 708. Hermann Hesse am 17. Dezember 1926 (DLA, Hesse): »Meine Schwester wird Dich unterstützen soweit es ihr nur möglich ist, darauf kannst du rechnen. Vor einem Jahr schrieb sie mir in ein kleines schwarzes Buch, Sedezformat, wie ein dickes Notizbuch aussehend, alle ihr bekannten Nachrichten über die Vorfahren von väterlicher Seite – das Büchlein liegt irgendwo in Montagnola bei mir – aber wo?«

›Rosshalde‹] Hermann Hesse: ›Roßhalde‹. Berlin: S. Fischer 1914.

Darstellung des kleinen Pierre] Ball wollte offensichtlich mit diesem Hinweis auf die an Typhus erkrankte Annemarie Hennings Bezug nehmen. In der Hesse-Biographie schrieb Ball über den »kleinen Pierre«: »Es geht in ›Roßhalde‹ um den innigsten, kindlichen Teil seiner Seele [des Vaters], um Pierre, und der Maler kämpft einen Verzweiflungskampf mit der musikalischen Mutter seines Kindes. Und dieses Kind, Pierre, Peter genannt, wie auch Camenzind hieß, dieses Kind stirbt in ›Roßhalde‹. Es stirbt nicht zum wenigsten auch darum, weil der Vater als Maler ganz wie ein Musiker in seinem Werke versinkt.« (S. 144).

las die ›Märchen‹] Hermann Hesse: ›Märchen‹. Berlin: S. Fischer 1919.

Chopin-Biographie] Auf Balls Anfrage antwortete Hesse am 17. Dezember 1926 (DLA, Hesse): »Den Hesse, der in Chopins Biographie vorkommt, hatte ich ganz vergessen. Es ist aber kaum ein Verwandter. Wir wissen von den uns verwandten Hesses nur, soweit sie Balten sind, sie stammen alle von einem Hesse ab, der im 18. Jahrhundert von Lübeck aus ins Baltikum einwanderte. Dagegen wimmelt es im übrigen Norddeutschland, auch in Sachsen, von Hesses.« – Balls Lektüre dürfte die ›Chopin‹-Biographie von Adolf Weissmann (Berlin u. Leipzig: Schuster & Loeffler, 2. Aufl. 1914) gewesen sein. Darin S. 34: »In Breslau eilt er unverzüglich in die Oper; macht dem alten Kapellmeister Schnabel, Elsners Freund, dem Organisten Adolf Friedrich Hesse seine Aufwartung, läßt sich feiern und belächelt die musikalische Harmlosigkeit der Leute.«

713. An Maria Hildebrand, 16.12.1926

H: Ms. Postkarte mit eigenh. Unterschrift. Motiv im Kleinstformat auf der Adreßseite: Appenzellerland. Adresse: Frau Direktor / Maria Hildebrand / Pirmasens. Rheinpfalz / Landgrafenstrasse 2. **F:** HBN. **DV:** Original.

Datierung: Ball muß sich bei der Datierung von Nr. 713 geirrt haben. Wenn Ball schrieb, Albert Müller sei »gestern begraben worden«, so ergibt sich eine zeitliche Diskrepanz, denn Müller wurde am 16.12.1926 beigesetzt (vgl. *Nr. 709*). Deshalb kann Ball Nr. 713 nur am 17.12.1926, an dem die Postkarte auch postalisch gestempelt wurde, geschrieben haben.

Hs. Postskriptum von Emmy Ball [oder Annemarie Hennings] an »Gretel« [= Margarete Hildebrand]: »Liebe Gretel gib mir bitte Bescheid.«

714. An Pater Beda Ludwig, 18.12.1926

D: Ms. Durchschlag; 1 S. **F:** HBN. **DV:** Durchschlag.

›stella matutina‹] latein. = Morgenstern. Anrufung Mariens in der Lauretan. Litanei.

Pax vobiscum] Volkstüml. Kurzform für: Pax Domini sit semper vobiscum: latein. = der Friede des Herrn sei allzeit mit euch. Liturgische Formel; in der Kurzform auch als Grußwort verwendbar; Lk 24, 36.

Freunde in Florenz] Giuseppina und Giovanni Morelli, vgl. *Nr. 613* – »Adresse Giuseppinas« und *Nr. 644* – »Von Signa auch neue Briefe«. Nach reiflichen Überlegungen und Abwägungen entschieden die Balls, nicht nach Signa zu gehen. Die endgültige Entscheidung fiel durch Andeutungen Carla Fassbinds über die dortigen Zustände (›Tagebuch‹, 10. Oktober 1926).

715. An Hermann Hesse, 21.12.1926

H: Ms. Postkarte mit eigenh. Unterschrift, beidseitig beschrieben. Mit Briefmarke, ohne Poststempel; vermutlich nicht abgeschickt. Kleinstmotiv auf der Adreßseite: Rapperswil am Zürichsee. Adresse: Herrn Hermann Hesse / Zürich / Schanzengraben 31. **F:** HBN. **DV:** Original.

Deinen Brief] Der Brief vom 17. Dezember 1926 befindet sich im DLA, Hesse.

Pistorii Töchterlein] Wie Ball in der Hesse-Biographie (S. 158) schrieb, sei »in der Gestalt des Pistorius aus dem ›Demian‹ leicht« Josef Bernhard Lang (vgl. *Nr. 722*) zu erkennen. Langs Tochter »Karli« war, wie in der Korrespondenz zwischen Ball und Lang (vier Briefe Langs befinden sich im HBN) zu erfahren ist, erkrankt und hielt sich in Davos auf.

Buch von Jaspers] Karl Jaspers: ›Strindberg und van Gogh‹. Berlin: Springer 1922, 2. Aufl. 1926.

Brief von Frau Leuchthold] Alice Leutholds Brief vom 19. Dezember 1926 befindet sich im HBN.

innig gute Besserung] Hesse am 17. Dezember 1926 an Ball (DLA, Hesse): »Leuthold hat einen grossen Furunkel am Hals, darf seit einigen Tagen nicht mehr aufstehen, und vorgestern machte mir die Sache etwas Sorge, es gibt da leicht Blutvergiftung, doch scheint es sich langsam zu bessern.«

716. An den Verlag Duncker & Humblot, 21.12.1926

H: Ms. Brief mit eigenh. Unterschrift; 1 Bl., 1 S. **F:** Verlagsarchiv Duncker & Humblot, Berlin. **DV:** Original.

Brief vom 9. Dez.] Der Durchschlag von Feuchtwangers Brief vom 9. Dezember 1926 befindet sich im Verlagsarchiv D&H. Auszugsweise wurde aus diesem Brief bereits in *Nr. 702* zitiert.

Versandtliste] So im Original.

Herr Jost] Heinrich Jost (1889-1948), Graphiker, Typograph. Nach Tätigkeiten bei zahlreichen Verlagen war Jost ab 1923 künstlerischer Leiter der Bauerschen Gießerei in Frankfurt am Main. Er war zuständig für die Buchgestaltung und die Schriftherstellung. So gestaltete er auch die Einbände von Balls ›Byzantinischem Christentum‹ und von ›Die Flucht aus der Zeit‹. Feuchtwanger bezeichnete Heinrich Jost in seinem Brief vom 9. Dezember 1926 als »ersten Graphiker der Bauer'schen Schriftgiesserei in Frankfurt«.

auf ›Gold und Ehren‹] Vgl. *Nr. 702* – »Schmitt wieder die Parole«.

Flake die Besprechung] Otto Flake besprach Balls ›Flucht‹ in der Sammelbesprechung: ›Drei Biographien: Harris – Ball – Keyserling‹. In: ›Die Neue Rundschau‹, Berlin, Leipzig. Jg. 38, 1927. H. 3, März. S. 305-318. (HBB, Nr. 1065, S. 64).

717. An Emil Szittya, 22.12.1926

H: Ms. Brief mit eigenh. Unterschrift; 1 S. **F:** HBS. **E:** HBA 1977, S. 10. **DV:** Original.

Ihren lieben sehr netten Brief] Emil Szittyas Brief vom Dezember 1926 ist nicht erhalten.

718. An Adele Gundert, 22.12.1926

H: Ms. Postkarte mit eigenh. Unterschrift, einseitig beschrieben. Kleinstmotiv auf der Adreßseite: Rorschach. Adresse: Frau / Pfarrer Gundert / Höfen an der Enz / Württemberg. **F:** Hermann Hesse – Editionsarchiv Volker Michels, Wiesbaden. **DV:** Fotokopie des Originals.

Wertpacket] Aufgrund Hugo Balls Anfrage (vgl. Nr. 708) sandte Hermann

Hesses Schwester Adele Gundert ein »Wertpacket« mit den gewünschten Materialien, Dokumenten, Bildern, Briefen, Notizbüchern und auch dem »Tagebuch« von Hesses Mutter (vgl. *Nr. 722* – »Tagebuch Deiner Mutter«).

719. An Herrn Ferruccio Banissoni, 23.12.1926

D: Ms. Durchschlag; 1 S. **F:** HBN. **DV:** Durchschlag.

Herrn Professor] Sante De Sanctis, vgl. *Nr. 446*.

720. An Giuseppina und Giovanni Morelli, 23.12.1926

D: Ms. Durchschlag; 1 S. **F:** HBN. **DV:** Durchschlag.

Übersetzung (von Clemens Heinrichs):

»Liebe Freunde,
verzeiht mir, wenn es möglich ist. Ich weiss nicht, warum ich nicht schreiben konnte; ich habe nicht einmal P[ater] B[eda] geschrieben. Es sollte nicht sein, dass ich komme, und ich wollte nicht mit leeren Händen kommen. Die Wochen seit Ende November liegt unsere Annemarie, liebste Giuseppina, mit ziemlich schwerem Gehirnhaut-Typhus im Ospedale civico von Lugano. Betet mit uns, dass die Krankheit in den Händen unseres Herrn ist.
Ihr sehr ergebener«

721. An Adele Gundert, 28.12.1926

H: Ms. Brief mit eigenh. Unterschrift; ? Bl., 2 S. **F:** Hermann Hesse – Editionsarchiv Volker Michels, Wiesbaden. **DV:** Fotokopie des Originals.

Tagebuch der Mutter] Hermann Hesses Mutter: Maria Hesse, geb. Gundert, verw. Isenberg (1842 in Talatscheri / Indien geboren und 1902 in Calw gestorben). Hugo Ball hat aus dem umfangreichen Tagebuch von Maria Hesse zahlreiche Zitate in seiner Hesse-Biographie verwendet (vgl. auch *Nr. 722* – »Tagebuch Deiner Mutter«).

sein neues Prosawerk] Hermann Hesse schrieb am 23. Dezember 1926 (DLA, Hesse) an Hugo Ball: »Etwas ist zu melden. Die erste Niederschrift vom Prosa-Steppenwolf ist fertig. Daran zu tun wird es noch Monate geben bis zur fertigen Druckvorlage, aber alles Wichtige ist fertig. Schade dass ich es euch nicht vorlesen kann – das erste Zeigen vor nahen Freunden ist ja eigentlich das einzige wirklich Erfreuende, was man von so einer langen Arbeit hat, und hier habe ich wohl liebe Freunde, aber keine mit Verständnis für die Nuancen dieser sonderbaren Dichtung.« Hermann Hesses Roman ›Der Steppenwolf‹ erschien 1927 bei S. Fischer, Berlin.

1. Ist von den Schriften des Vaters] Hermann Hesses Vater: Karl Otto Johannes Hesse (1841-1916), Missionar in Indien. 1873 Rückkehr aus gesundheitlichen Gründen nach Deutschland. 1881-86 Lehrauftrag für Missionsgeschichte und Missionslehre in Basel. Ab 1893 Leiter des Calwer Verlagsvereins. Ball muß wohl einige Schriften von Hesses Vater erhalten haben, denn in der Hesse-Biographie werden die nachfolgenden Schriften erwähnt: S. 10: ›Aus Dr. Hermann Gundert's Leben‹ (1894, [2]1907); S. 164:

›Guter Rat für Leidende aus dem altisraelitischen Psalter‹ (1909); S. 166: ›Aus Henry Martyns Leben, Briefen und Tagebüchern‹ (1913); ›Lao-tse, ein vorchristlicher Wahrheitszeuge‹ (1914).

2. Des Vaters Tagebuch] Das Tagebuch fand in der Hesse-Biographie keine Erwähnung. Im Hesse-Nachlaß (DLA) wurde das Tagebuch von Hesses Vater nicht gefunden.

3. Im Tagebuch der Mutter] Vgl. *Nr. 722*. In Balls Hesse-Biographie wird weder W. Lang noch Herr Glueck erwähnt. Über den Amerikaner Charles Glueck – er wohnte 1893 in Stuttgart, Archivstr. 14 – konnte nur wenig ermittelt werden. Hermann Hesse traf sich mit ihm in den Monaten vor seinem Einjährigen Freiwilligen Examen (1893) in Cannstatter Kneipen. Mit Glueck fuhr Hesse am Ostermontag (2. April 1893) nach Wildbad (›Kindheit und Jugend vor Neunzehnhundert. Hermann Hesse in Briefen und Lebenszeugnissen: 1877-1895‹. Hrsg. von Ninon Hesse. Frankfurt a.M.: Suhrkamp 7.-9. Tsd. 1973, S. 347 f.) Wilhelm Lang (1876-1938), seit 1928 Professor für Botanik, war ein Jugendfreund Hesses.

4. Wissen Sie etwas] Gegenüber Hilde Sarasin äußerte sich Hermann Hesse am 15. Januar 1954 zur Person Max Demians: »Demian ist in der Tat nicht eigentlich ein Mensch, sondern ein Prinzip, die Inkarnation einer Wahrheit oder, wenn Sie wollen, einer Lehre. Er spielt genau die selbe Rolle, die im Steppenwolf die ›Unsterblichen‹, die oberen Mächte, die Verfasser des Traktats spielen.« (Hesse, Briefe 4, S. 203.) Bei ›Elisabeth‹ handelte es sich um Elisabeth La Roche (1876-1965), Tochter des Basler Pfarrers La Roche-Stockmeyer. Hesse kannte sie schon aus Kindheitstagen und begegnete ihr wieder, als er 1899 in Basel als Buchhandelsgehilfe im Reich'schen Sortiment arbeitete.

5. Ist der noch lebende Bruder] Johannes (Hans, Hansli) Hesse (1882-1935), Kaufmann. Mit Karl und Theodor waren Hesses Halbbrüder gemeint, die aus der ersten Ehe von Hesses Mutter mit Charles Isenberg (1840-1870) stammten: Theodor Isenberg (1866-1941), Apotheker; Karl Isenberg (1869-1937), Philologe.

6. Wann und wo] Maria Hesse starb am 24. April 1902 in Calw. Korntal ist eine evangelische Brüdergemeinde am Nordwestrand von Stuttgart. Im Kapitel ›Institutsleben Oktober 1854 bis April 1856‹ hat Hermann Hesses Schwester, Adele Gundert, auszugsweise die mißlichen Erlebnisse der Mutter im Mädcheninternat in Korntal aus deren Tagebüchern zitiert. (Maria Hesse: ›Ein Lebensbild in Briefen und Tagebüchern‹. Hrsg. von Adele Gundert. Stuttgart 1934.) Maria Hesse brachte ihre Tochter Adele 1875 in Korntal zur Welt. Hesses Vater zog 1905 nach Korntal und starb dort 1916. Den brieflichen Äußerungen nach wurden die »Dichtungen« Hesses von seiner Mutter eher mißbilligend aufgenommen. So schrieb sie beispielsweise ihrem Sohn nach der Lektüre der ›Romantischen Lieder‹ am 1. Dezember 1898: »Die Form und Sprache gelingt dir fein – nur möchte ich dir für deine Dichtung höheren Inhalt wünschen. Du nimmsts nicht übel, verstehst mich. Einige Gedichte, die du sonst gemacht, hätte ich lieber wieder drin gefunden als 2-3, die du aufgenommen und die mir weh tun, weil sie Verdacht wecken, als sei die Liebe nicht immer keusch und rein.« (›Kindheit und Jugend vor Neunzehnhundert. Hermann Hesse

in Briefen und Lebenszeugnissen. Bd. 2: 1895-1900.‹ Hrsg. von Ninon Hesse. Fortgesetzt u. erw. von Gerhard Kirchhoff. Frankfurt a.M.: Suhrkamp 1978, S. 304.) Wie verletzt Hesse über die Kritiken seiner Mutter war, sollen zwei Briefzitate an die Schwestern Hesses belegen: An Marulla am 4. Juli 1920: »Es ist schade – für mich war eines der deprimierendsten und schädlichsten Erlebnisse der Jünglingsjahre ein Brief von ihr [Hesses Mutter], in dem sie meine ersten Dichtungen mit Prüderie und Moralpredigt besprach.« [Ebd., S. 360]. An Adele im Februar 1934: »[...] aber an Mutters Leben sehe ich das, was mich stört, allzudeutlich. Vermutlich ist das bloß ein Überbleibsel von Widerständen aus der Jugend, wo Mutter mir ein- oder zweimal häßliche und vernichtende Dinge über meine Dichtungen sagte, so daß ich einmal im Zorn ihre sämtlichen Briefe an mich, in Jahren treu gesammelt, verbrannt habe.« [Ebd., S. 612.]

7. Welche indischen Reminiscensen] Hermann Hesse hat in dem Text: ›Ueber mein Verhältnis zum geistigen Indien und China‹ die häuslichen Einflüsse zusammengefaßt: »Von frühster Kindheit an war ich von außen her mit indischem Wesen vertraut, mein Großvater, meine Mutter und mein Vater waren alle drei lange in Indien gewesen, sprachen indische Sprachen (Malayalam, Kanaresisch, Hindostani, mein Großvater auch Sanskrit), in unsrem Hause waren viel indische Sachen, Kleider, Gewebe, Bilder etc. Unbewußt sog ich so viel Indisches ein. Besonders erinnere ich mich an schöne, lebhafte Erzählungen meiner Mutter aus ihrer indischen Zeit. Meine Eltern und Großeltern waren als Missionare tätig gewesen, mein Großvater war Jahrzehnte in Indien. Doch waren sie alle drei nicht vom Schlage des Durchschnitts-Missionar's, waren tief in Sprachen und Seele Indiens eingedrungen, das sie sehr liebten. Ich erinnere mich eines handschriftlichen Buches, das mein Vater besaß und in das er während seiner indischen Zeit Vieles eingeschrieben hatte, vor allem erinnere ich mich, daß darin viele buddhistische Gebete standen, von meinem Vater übersetzt, teils in Deutsch teils in Englisch, und daß er uns zuweilen mit sichtlichem Gefallen an der Frömmigkeit und Poesie dieser Gebete daraus vorlas.« (Hesse, Stationen, S. 123)

8. Ist es möglich] Johannes Hesse war mit der Schriftleitung des ›Evangelischen Missions-Magazins‹, Basel, N. F. Jg. 25, 1881 bis Jg. 30, 1886, beauftragt. Ob Ball Exemplare dieser Zeitschrift vorlagen, ist nicht bekannt.

9. Haben Sie Erinnerung] Hermann Hesses erste Ehefrau war Maria (Mia) Hesse, geb. Bernoulli (1868-1963), Heirat am 2. August 1904. Nach der Trennung im April 1919 wurde die Ehe am 23. Juni 1923 geschieden. Ball schrieb in der Hesse-Biographie (S. 115 ff.) über Maria Hesse nicht »gelegentlich« der ›Rosshalde‹, sondern im Umfeld der »wundersame[n] Erzählung ›Iris‹ in den ›Märchen‹« (Berlin: S. Fischer 1919).

10. An einem guten Bild] Nach S. 16 in der Hesse-Biographie folgen zwei Bildtafeln, die die vier Großeltern abbilden. Weitere zehn Fotos, dabei das Porträtfoto Hesses (Foto: Gret Widmann) im Frontispiz, fanden in der Buchausgabe keine Berücksichtigung.

722. An Hermann Hesse, 30.12.1926

D: Ms. Durchschlag; 1 S. **F:** HBN. **E:** Briefe, S. 281. **DV:** Durchschlag.

beiliegenden Brief] Nicht erhalten.

Dr. Lang] Josef Bernhard Lang (1883-1945), schweizerischer Psychotherapeut; zeitweise Schüler von C. G. Jung, von dessen Lehren er später abrückte. Hermann Hesse ließ sich 1916 erstmals von Dr. Lang in der von ihm geleiteten Privatklinik Sommermatt bei Luzern behandeln. Über die therapeutischen Behandlungen und die sich entwickelnden persönlichen Beziehungen zwischen Hesse und Lang schrieb Hugo Ball in der Hesse-Biographie, S. 156 ff.

Schickele habe ich ein wenig gefragt] Von Schickele (vgl. *Nr. 51a*) dürfte Ball nur wenig erfahren haben. Denn in der Hesse-Biographie hat Ball nur aus Schickeles Roman ›Der Fremde‹ zitiert, um das Temperament Hesses zu beschreiben und mit dem des ›Demian‹ zu vergleichen. Darüberhinaus nur ein Hinweis (S. 50), daß Hesse 1917 in Bern: »Mit den republikanisch gesinnten Emigranten (Schickele, Foerster, Mühlon) [...] persönlichen Verkehr« pflegte. Der Briefwechsel zwischen Ball und Schickele ist nicht erhalten.

Basler Zeit] Für die drei Kapitel der Hesse-Biographie: »Hermann Lauscher und Peter Camenzind« (S. 94-114), »Gaienhofen am Bodensee« (S. 115-138) und »Demian« (S. 139-161) erbat Hugo Ball von Hermann Hesse biographische Daten.

Fragebogen] Hierzu schrieb Hesse am 2. Januar 1927 (DLA, Hesse): »Unter diesen Umständen, caro amico, bedeutet dein Brief und Fragebogen für mich einen Neujahrsgruss, der schwer zu beantworten ist. Deine Fragen zu beantworten, bedeutet für mich mindestens einen vollen Tag Schreibmaschinenarbeit mehr, und ich weiss nicht, wo ich den herausschlagen soll. Hoffentlich kommt heut oder morgen das Auto des Bäckermeisters und erledigt mich.« Um sich die Mühsal der schriftlichen Beantwortung von Balls Fragen zu ersparen, schlug Hesse ein Treffen in Zürich vor. Der dem Brief Nr. 722 beigelegte »Fragebogen« ist nicht erhalten.

lebenströmenden Buddha] In seinem ›Tagebuch‹, 29. Dezember 1926, vermerkte Hugo Ball, Hermann Hesse habe zu Weihnachten 20 Franken und zum neuen Jahr einen Buddha und eine »lächelnde« Fotografie geschickt. Hesse hatte bereits am 23. Dezember 1926 (DLA, Hesse) geschrieben: »Ich schicke Euch ein neues Bild von mir, und gute Wünsche fürs neue Jahr.« Bei dem beigelegten Porträtfoto Hesses (1926) handelte es sich um eine der Aufnahmen von Gret Widmann, die in der Hesse-Biographie auf ausdrücklichen Wunsch von S. Fischer entweder als Titelbild oder auf dem Schutzumschlag Verwendung fand. Hesse am 8. Februar 1927 (DLA, Hesse): »Vorn wi]l er [S. Fischer] das neue Bild von mir haben, mit dem grossen Kopf.«

›Meermann‹] Hermann Hesse: ›Der Meermann. Nach einer alten Chronik‹. In ›Münchner Neueste Nachrichten‹. Beilage: ›Die Einkehr‹. Jg. 1925. Nr. 6, S. 403; zuerst veröffentlicht in: ›Simplicissimus-Kalender‹, München. Jg. 10, 1909. S. 50-52 u.d.T.: ›Nach einer alten Chronika‹.

›Aben[d]wolke‹] Hermann Hesse: ›Abendwolken‹. In: ›Berliner Tageblatt‹. Nr. 299 vom 27.6.1926.

hinauf nach Montagnola] Hermann Hesse sandte Ball ein »Legitimationsschreiben für seine Haushälterin Natalina Bazzari und schickte ihm eine Art Wegweiser zu den Dokumenten.« (Werner-Birkenbach, S. 169).
Bereits am 17. Dezember 1926 (DLA, Hesse) hatte Hesse ausführlich beschrieben, an welchen Stellen Ball in Hesses Wohnung in Montagnola (Casa Camuzzi) suchen solle: »Das Porträt meines Grossvaters Hesse findest Du in meinem Schlafzimmer, überm Bett rechts neben dem grossen Bild von Ruth. [...] Auszüge aus Tagebüchern meiner Mutter liegen wahrscheinlich in der Schieblade des Tisches, der im Studierzimmer vor dem grünen Kanapee steht.« Und schließlich am 2. Januar 1927 (DLA, Hesse): »In Montagnola suche Dir aus, was Du brauchst, ad libitum.«

Tagebuch Deiner Mutter] Vgl. auch *Nr. 718* – »Wertpacket« und *Nr. 721* – »Tagebuch der Mutter«. Aus dem Nachlaß von Marie Hesse erschienen 1934 im Verlag Gundert in Stuttgart, von Adele Gundert herausgegeben, Marie Hesse: ›Ein Lebensbild in Briefen und Tagebüchern‹. Im Vorwort schrieb Adele Gundert: »Aus dem großen Nachlaß Marie Hesses, deren Tagebücher mehr als vierzig Jahre hindurch geführt sind, wurden diejenigen Stücke ausgewählt, die das innere Erleben dieser großangelegten, gütigen und glaubensstarken Frau am reinsten widerspiegeln.«

den Bernanos] Georges Bernanos: ›Die Sonne Satans‹. Hellerau: Hegner 1926. In der Hauptperson – Pfarrer Donissan – sind Wesenszüge des Pfarrers von Ars, dem hl. Jean Marie Baptiste Vianney, zu erkennen.
Über den Pfarrer von Ars war Ball durch den biographischen Abriß von Ignaz Klug (vgl. *Nr. 398* – »Kapitel Jean Vianney«) unterrichtet.

Begleitbrief von Hegner] Jakob Hegner schrieb am 26. Dezember 1926: »Lieber Herr Ball, Hermann Hesse schreibt mir, ich möchte Ihnen den Bernanos schicken und gibt mir Ihre Adresse. Ach! erinnern Sie sich, wie wir einst hier in Hellerau bei Zincke sassen und von Claudel sprachen – ein ganzer Weltkrieg, und was für eine Welt, liegt dazwischen! [...] was für eine Entwicklung, wenn Sie überhaupt jener Hugo Ball sind!« (HBN: Jacob Hegner an Hugo Ball, 26. Dezember 1926).

Dr. Müllers. Frau Anna] Anna Müller, Ehefrau von Dr. Friedrich Müller, vgl. *Nr. 264*, *Nr. 399* und *Nr. 681*.

ciau] So im Original.

der andern Frau Anna] Anna Müller, Witwe von Albert Müller, vgl. *Nr. 321* – »Basler Maler« und *Nr. 667* – »Frau Müller«.

ausgeborenen Steppenwolf] Vgl. *Nr. 721* – »sein neues Prosawerk«.

723. An Maria Hildebrand, 3.1.1927

H: Ms. Postkarte mit eigenh. Unterschrift, einseitig beschrieben. Adresse: Frau Direktor / Maria Hildebrand / Pirmasens. Rheinpfalz / Landgrafenstrasse 2. **F:** HBN. **DV:** Original.

Deine Nachrichten] Ein Brief von Maria Hildebrand vom Jahreswechsel 1926/27 ist nicht erhalten.

Gretel besser geht] Gretel, die Tochter von Hugo Balls Schwester Maria Hildebrand, war erkrankt. Der Verdacht, es könne sich um Tuberkulose handeln, fand keine Bestätigung. Die ärztliche Diagnose stellte Lungenentzündung fest.

Bettwäsche] Vgl. *Nr. 710.*

10 Tagen in Florenz] Auf den plötzlichen Sinneswandel, den im Vorjahr gefaßten Plan, nicht nach Signa bei Florenz zu ziehen, müssen erneute Einladungen der Geschwister Morelli – die aber verschollen sind – gefolgt sein, die zu einem erneuten Sinneswandel bewogen haben. Vgl. *Nr. 714* – »Freunde in Florenz«.

724. An Hermann Hesse, 21.1.1927

H: Ms. Brief mit eigenh. Unterschrift; 1 Bl., 2 S. **F:** HBN. **DV:** Original.

mit Annemarie von Pura] Nach der Entlassung von Annemarie Hennings aus dem Krankenhaus hielt sich Hugo Ball mit ihr zu einer Nachkur in Pura auf. Wenn Ball am 3. Januar 1927 (Nr. 723) schrieb, daß Annemarie »noch für reichlich acht Tage im Sanatorium« bleiben müsse – wobei hier Sanatorium für Krankenhaus gemeint sein dürfte –, könnte sich Ball mit Annemarie ab etwa dem 10. Januar in Pura aufgehalten haben. Pura ist ein Dorf in der Berglandschaft Malcantone, etwa zwei Kilometer von Magliaso entfernt.

Bleuler] Paul Eugen Bleuler (1857-1939), schweizerischer Psychiater; übernahm 1898 als Ordinarius für Psychiatrie die Leitung von Burghölzli, Pflegeanstalt der psychiatrischen Universitätsklinik Zürich.

katatonischen Zuständen] Katatonie: psychisches Krankheitsbild mit ausgeprägter Störung der Willkürmotorik.

Dr. Maag] Am 29. Dezember 1926 erwähnte Hugo Ball in seinem ›Tagebuch‹, der Analytiker Dr. Maag wolle ihn kennenlernen.

Arbeit habe ich mir] Ball arbeitete während seines Pura-Aufenthalts weiter an seiner Hesse-Biographie, die bis Ende Februar abgeliefert werden sollte.

Dr. Lang hat mir geschrieben] Der Brief von Lang ist nicht erhalten.

in diesem Sinne geschrieben] Nr. 726.

Andreoli-Haus] Vgl. *Nr. 252* – »Agnuzzo«.

Deinem gestrigen Brief] Für die Tage um den 20. Januar 1927 ist kein datierter Brief Hesses an Hugo oder Emmy Ball im DLA Hesse nachzuweisen.

Heiner] Hans Heinrich (gen. Heiner) Hesse (geb. 1909), zweitältester Sohn aus Hermann Hesses erster Ehe mit Maria (Mia) Hesse, geb. Bernoulli.

Dr. Jaspers] Vgl. *Nr. 715.*

Dr. Ackerknecht] Erwin Ackerknecht (1880-1960), Bibliothekar, von 1907 bis 1945 Direktor der Stadtbücherei Stettin. Seit 1948 Direktor des Schiller-Nationalmuseums in Marbach a. N.

725. An Erwin Ackerknecht, 21.1.1927

H: Ms. Postkarte mit eigenh. Unterschrift und mit Kleinstmotiv auf der Adreßseite; einseitig beschrieben. Motiv: Murten. Adresse: Herrn / Dr. E. Ackerknecht / Stadtbibliothek / *Stettin* / Norddeutschland. **F:** DLA. **DV:** Original

Dr. Ackerknecht] Vgl. *Nr. 724.*

Werk von Jaspers] Am 21. Dezember 1926 (Nr. 715) bat Ball Hesse, ihm doch von Karl Jaspers: »Strindberg und van Gogh«, irgendwie – da dieses Werk beim Verlag vergriffen sei – zu besorgen. Hermann Hesse konnte helfen: »Lieber Freund, hier ist das Buch; ich fand es aber nicht hier [Zürich], sondern in Ste[t]tin. Bitte sende es, sobald Du fertig bist, in meinem Namen gut verpackt zurück an Herrn / Dr. E. Ackerknecht / Stadtbibliothek / Stettin. Gruß H. H.« Am unteren linken Rand dieser undatierten Karte (DLA, Hesse) schrieb Hugo Ball ebenfalls hs.: »Am 21. I. 27 mit entsprech[end]er Begleitkarte als Drucksache zurück.«

726. An Josef Bernhard Lang, 22.1.1927

D: Ms. Durchschlag; 2 Bl., 2 S. **F:** HBN. **DV:** Durchschlag.

lieben Brief] Nicht erhalten. Im HBN befinden sich nur Briefe Langs vom Februar und März 1927.

tagebuchartigen Aufzeichnungen] Hugo Ball zitierte aus Langs Protokollen in der Hesse-Biographie, S. 158 f. über die psychotherapeutischen Sitzungen mit Hermann Hesse vom 23., 25., 26. und 28. Oktober 1917.

Zimmer in Sorengo] Offensichtlich kam Dr. Lang Ende Januar 1927 nach Sorengo, denn Emmy Ball notierte im Eintrag vor dem »29.« Jan.: »Inzwischen kam Dr. Lang aus Zürich zum Besuch, mit dem Hugo einen Gang nach Agnuzzo macht.« (EBH: Tagebuch: ›Sorengo, d. 1. Mai 26‹).

Haus in Agnuzzo] Vgl. *Nr. 252* und Nr. 724.

727. An Carl Muth, 30.1.1927

H: Telegramm auf Formblatt: Deutscher Reichstelegraph; hs. von Hand Dritter. Absende-Ort: Lugano / 30/I. / 14 Uhr 25 M. Adresse: Professor Muth b/München. P.A. Solln. **F:** Bayerische Staatsbibliothek München, Carl-Muth-Nachlaß. **DV:** Fotokopie des Originals.

Herzlichen Glückwunsch] Emmy und Hugo Ball sandten dieses Telegramm, um Carl Muth zu dessen 60. Geburtstag am 31. Januar zu gratulieren.

728. An Alice und Fritz Leuthold, 16.2.1927

H: Ms. Brief mit eigenh. Unterschrift; 1 S. **F:** HBN. **DV:** Original.

Huris] Im islamischen Glauben (Koran, S 44-52) Jungfrauen, die im Paradies auf die Gottesfürchtigen warten.

drei Büchlein] In Nr. 740 werden diese als »Gedichtbände« bezeichnet. Es dürfte sich um drei frühe Ausgaben mit Gedichten Hermann Hesses gehandelt haben.

Contes drolatiques] ›Tolldrastische Geschichten‹, teils im Stil von Rabelais verfaßte Erzählungen von Honoré de Balzac. Die Leutholds vermuteten, Ball habe eine Ausgabe – es ist nicht bekannt, um welche es sich handelte – versehentlich liegen gelassen. Sie ließen daraufhin durch Hesse bei Ball am 15. Februar 1927 anfragen, ob ihm der Band ›Contes drolatiques‹ gehöre. Und am 22. Februar 1927 schrieb Hesse wiederum an Ball (DLA, Hesse): »Die Contes drolatiques haben ihren Besitzer wieder gefunden.« Wem dieses Exemplar tatsächlich gehörte, ist aus der Korrespondenz nicht festzustellen.

bestürzender Sonntag] Als Ball aus Zürich nach Lugano zurückkam, befand sich Annemarie in einer »schweren Psychose« (Nr. 726).

damals zurückkam] Am 2. Januar 1927 hatte Hermann Hesse bei Hugo Ball angefragt (DLA, Hesse): »Also unter diesen entzückenden Umständen erlaube ich mir die Frage, ob Du nicht in nächster Zeit einmal für zwei, drei Tage dort abkömmlich wärest. Dann brächten wir alle unsre Fragen in Ordnung, ebenso die mit Dr. Lang, und ich hätte ausserdem die Freude, einen Freund bei mir zu sehen, und mir nicht Tag um Tag wie eine Citrone vorzukommen, an der gequetscht und gequetscht wird. [Ic]h stehe dicht vor der Wahl zwischen Aufhängen und Flucht ins Sanatorium.« Ball fuhr nach Zürich und wohnte, wie bereits im November 1926 (vgl. *Nr. 683* – »nach Baden gekommen«), bei dem Ehepaar Leuthold. Am Sonntag, den 9. Januar 1927 fuhr Ball nach Lugano zurück. Bestätigt wird die sonntägliche Rückfahrt auch in Hesses Brief an Emmy Ball vom 12. Januar 1927: »Auf Ihren Brief hat Hugo die Antwort selber gebracht, da er ja gleich am Sonntag gereist ist.« (Zitiert nach Werner-Birkenbach, S. 165)

Bijou-Kästchen] Kästchen für Schmuck, Juwelen.

bunten Bilderbogen] Nicht ermittelt.

Suche nach etwas mehr Raum] Die Balls waren auf der Suche nach einem Domizil in Agnuzzo (vgl. Nr. 724 und Nr. 726).

Karte von Hesse] Hesses Karte vom 15. Februar 1927 befindet sich im DLA.

729. An Hermann Hesse, 16.2.1927

H: Ms. Brief mit eigenh. Unterschrift; 1 S. **F:** HBN. **E:** EBH Leben, S. 280 f.; auch in Briefe, S. 281 f. **DV:** Original.

ich gratuliere zur Steppenwolf-Lösung] Peter de Mendelssohn interpretierte: »Hesse hatte offenbar nach Abschluß des Romans überlegt, ob es nicht geraten sei, den Aufzeichnungen des Steppenwolfes Harry Haller eine besondere erzählerische Einkleidung zu geben, und hatte schließlich die Lösung eines ›Vorworts des Herausgebers‹ gefunden – die auch Hauptmann beim ›Buch der Leidenschaft‹ verwendete –, um sich vom allzu direkten autobiographischen Bezug zu distanzieren.« (Quelle: Peter de Mendelssohn: ›S. Fischer und sein Verlag‹. Frankfurt/M.: S. Fischer 1971, S. 1105).

Herrn Fischers Sorge] Hermann Hesse an Hugo Ball am [8.]2.1927 (DLA, Hesse): »Nur dass Du Bescheid weisst: gestern sprach ich also mit S. Fischer. Er fürchtet etwas, deine Arbeit könne ›Zu w[is]senschaftlich‹ werden, ich trös[te]te ihn aber.«

Deinen Klingsorgarten] »Klingsors Garten ist gefunden«, schrieb Cosima Wagner (vgl. *Nr. 615* – »Villa Rufolo«), als sie und Richard Wagner in Ravello waren. Ball bezog sich auf diesen Ausspruch, als er in der Hesse-Biographie (S. 195 f.) schrieb: »›Klingsors Zaubergarten ist gefunden!‹ so hätte auch der Romantiker Hesse ausrufen können, als er eines Tags im Frühling 1919 nach Montagnola hinaufkam und vom kleinen Balkon des Camuzzi-Hauses über den Terrassengarten und den Luganer See bis weit in die Schneeberge sah. Ich habe beide Gärten, den des Palazzo Ruffoli und den des Palazzo Camuzzi, und beide im Frühling gesehen. Der Vergleich ist frappant; das Verhältnis der tragischen Oper zum Streichquartett und des heroischen Panoramas zum passionierten Idyll ist in den beiden Gärten aufs schönste ausgedrückt.« – Um das »Wesen des Dichters«

(Nr. 739) Hermann Hesse zu erfassen, versuchte sich Ball in Hesses »Klingsorgarten« hineinzuversetzen, um in dessen »Topographie« den Menschen und Dichter zu erahnen, zu erkennen und zu beschreiben. Wie Ball in seinem Brief (Nr. 739) an S. Fischer formulierte, konnte er diesem »Vorhaben nur in einer ›analytischen Biographie‹ gerecht werden«. Hugo Ball schrieb von Schwierigkeiten, die ihm die Hesse-Biographie bereitet habe. Für Ball galt es, Hesses »Welt zu umschreiben« und die seine, die er »sehr anders« sah, gleichzusetzen. Ball war mit dem Resultat allerdings nicht ganz zufrieden, wußte aber auch nicht, wie er es hätte anders machen sollen (›Tagebuch‹, 4. Mai 1927).

Eloesser] Arthur Eloesser (1870-1938), Literatur- und Theaterkritiker. 1899 wurde er Theaterkritiker der ›Vossischen Zeitung‹, Berlin; 1914-1920 Regisseur am Berliner Lessing-Theater; 1921 Vorsitzender des Schutzverbandes Deutscher Schriftsteller; ab 1924 Kritiker bei der ›Weltbühne‹, Berlin. Von Eloesser erschien 1926 die biographische Darstellung: ›Elisabeth Bergner‹ (Verlag Williams & Co., Charlottenburg).

Contes drolatiques] Vgl. *Nr. 728.*

730. An Emil Szittya, 17.2.1927

H: Ms. Brief mit eigenh. Unterschrift; 1 S. **F:** HBS. **E:** HBA 1977, S. 10 f. **DV:** Original.

Ihren schönen Brief] Im HBN befindet sich ein undatierter Brief Szittyas, der zum Jahresbeginn 1927 geschrieben wurde. Darin brachte Szittya seine Freude über Annemaries Genesung zum Ausduck. Als er von ihrer Typhuserkrankung erfuhr, schrieb Szittya ein »Gebet für Annemarie«, das Bestandteil dieses Briefes ist. Am Briefende ging Szittya auf Balls ›Flucht‹ ein: »Ihr Buch ist sehr schön, aber es ist keine Flucht aus der Zeit, sondern eine Reinigung durch die Zeit. Sehende brauchen sich nicht zu reinigen, weil sie automatisch kalte Wesen sind.«

Terminarbeit] Die Hesse-Biographie.

Duse-Bücher] Zu einem späteren Zeitpunkt, vermutlich im zweiten Halbjahr 1927, schrieb Szittya in einem undatierten Brief aus Paris an Emmy Ball (HBS): »Ich weiss; dass Sie Ursache haben auf mich böse zu sein, aber es ist wirklich nicht meine Schuld, dass Sie seinerzeit die Bücher nicht erhalten haben. Ich musste von Berlin abreisen und gab einer Dame den Auftrag Ihnen die Bücher zu schicken. Die Bücher sollen angeblich auch abgegangen sein und angeblich nach einem halben Jahr als ›unbekannt‹ zurückgegangem sein.«

Emmys Gedichten] Nicht ermittelt.

731. An Jakob Hegner, 18.2.1927

D: Ms. Durchschlag; 1 S. **F:** HBN. **E:** Briefe, S. 282 f. **DV:** Durchschlag.

Ihren lieben Brief] Jakob Hegners Brief vom 20. Dezember 1926 befindet sich im HBN.

beifolgendem Buche] Ball sandte: ›Die Flucht aus der Zeit‹. Darin S. 9: »In Hellerau sah ich eine Aufführung der ›Verkündigung‹ von Claudel und hörte ein Privatissimum Hegners über den damals noch neuen französischen Dichter und Konsul. Niemand konnte aus tieferer Verehrung und besserer Kenntnis über ihn sprechen als Hegner, der zugleich sein Übersetzer und sein Verleger war.« Schon am 22. Februar 1927 antwortete Hegner auf die Brief- und Buchsendung: »Lieber Herr Ball, gestern kam Ihr Buch, in der Nacht las ichs zu Ende – wie verschieden der Weg, wie ähnlich die Entscheidung und das Ziel gemeinsam! Ich bin sehr glücklich darüber. Ach, und die vielen alten Bekannten und Freunde [...].« (HBN).

Band Bernanos] Vgl. *Nr. 722* – »den Bernanos«.

Prof. Muth gab mir zur Besprechung] Statt Hugo Ball besprach Hermann Bahr innerhalb seines ›Rundschau‹-Beitrags von Bernanos': ›Die Sonne Satans‹ im ›Hochland‹ (Jg. 24, 1926/27. H. 5, Februar 1927, S. 598). Nochmals wird dieses Werk anläßlich des Erscheinens von Bernanos' ›L'Imposture‹ im ›Hochland‹ (Jg. 25, 1927/28, H. 11, August 1928, S. 439) einleitend betrachtet.

neue Ausgabe des ›Fridericus‹] Vgl. *Nr. 447* – »Werner Hegemann« und besonders *Nr. 528* – »Werk von Ellis«.

Was beginnt nun Dr. Hegemann] Hegner am 21.[3].1927 (HBN): »Hegemann schreibt für mich einen ›Napoleon‹ [›Napoleon oder »Kniefall vor dem Heros«‹. Hellerau: Hegner 1927] – dann geht er zu Fischer. Ich habe mit 2 Büchern von ihm fast mehr als ich ertragen kann. Er weiss, was falsch ist – vom Rechten weiss er nicht viel. Ich kann diese Aufklärerei nur im Negativen mitmachen, mitsamt seiner Demokratie. Alles Religiöse ist für ihn Romantik und Aberglauben, über Voltaire hinaus sogar noch der Gottesbegriff, von seiner Berlinischen Vorstellung des Kirchlichen ganz zu schweigen. Als unverdächtig deutscher (nur allzu-deutscher) Anti-Preusse ist er aber von hoher Wichtigkeit.«

Luther-Buch] Von Werner Hegemann ist kein Buch über Martin Luther bekannt. Hegemann hatte Ball im September 1925 informiert, er würde Ernst Troeltsch (1865-1923, evangelischer Theologe und Philosoph) studieren und, so schien es Ball, ein Lutherbuch vorbereiten (›Tagebuch‹, 20. September 1920).

Aufsatz meiner Frau] Siehe *Nr. 683* – »Emmy nunmehr Hochländerin«. Hegner antwortete am 22. Februar 1927: »Frau Hennings Aufsatz habe ich gelesen und mit Vergnügen die schönen Worte über Friedrich Schnack, der seit einigen Monaten, nachdem er seine Stellung bei der Zeitung in Mannheim aufgegeben hat, hier in Hellerau lebt.«

Vogelstimme eines Ihrer schönsten Autoren] Emmy Ball zitiert in ihrem Aufsatz aus Friedrich Schnacks ›Vogel Zeitvorbei‹ (Hellerau: Hegner 1922) Strophen aus den Gedichten ›Morgenbitte‹ und ›Hirtenleben‹ (S. 587). Friedrich Schnack (1888-1977), deutscher Erzähler und Lyriker. 1923-1926 Feuilletonredakteur, zunächst bei der ›Neuen Badischen Landeszeitung‹ in Mannheim und danach bei den ›Dresdner Neuesten Nachrichten‹; ab 1926 freischaffender Schriftsteller.

›Exorzismus und Psychoanalyse‹] Im Herbst 1925 beabsichtigte Ball seinem geplanten Werk den Titel ›Die Therapie der Kirche‹ (vgl. Nr. 572 und Nr. 579) zu geben. Gegenüber Hegner gab Ball diesem Werk den Titel ›Exorzismus und Psychoanalyse‹.

732. An den Verlag Duncker & Humblot, 18.2.1927

H: Ms. Brief mit eigenh. Unterschrift; 1 Bl., 1 S. **F:** Verlagsarchiv Duncker & Humblot, Berlin. **DV:** Original.

Börsenblatt-Anzeige] Im ›Börsenblatt für den deutschen Buchhandel‹ Leipzig. Jg. 94, 1927. Nr. 10 vom 13.1., S. 335, wird in einer ganzseitigen Anzeige von Duncker & Humblot für die drei Werke Balls, die in diesem Verlag erschienen sind, geworben. Das Hauptaugenmerk liegt dabei auf der ›Flucht aus der Zeit‹. Der Verlag warb für diese Neuerscheinung mit dem Satz: »Wir glauben hier ein großes, eindrucksvolles literarisches Kunstwerk, inhaltlich und in der Form gleich strahlend, gefunden zu haben.«

Prospekt?] Im Briefwechsel zwischen Hugo Ball und Ludwig Feuchtwanger vom Verlag Duncker & Humblot war wiederholt von einem geplanten Prospekt über Hugo Balls Bücher die Rede; besonders *Nr. 686* Ludwig Feuchtwanger antwortete am 18. März 1927 (Verlagsarchiv D&H) auf Balls Frage: »Die bisherigen Besprechungen reichen gerade für den Prospekt, der in der Bearbeitung und Herstellung ist. […]; dann erscheint in den Maiheften der Prospekt.«

Nach-Honorar] Am 11. März 1927 gab Feuchtwanger einen Zwischenstand (Verlagsarchiv D&H): »Wir schicken Ihnen anliegend in bar das Resthonorar für die ersten 1000 Exemplare Ihres Buches. Sie haben bereits unter Zugrundelegung eines Ladenpreises von 9 M *900.– M* d.i. 10% erhalten. Da der Preis auf 11 M für das broschierte Stück festgesetzt ist, haben wir 20 Pfg. pro Exemplar nachzuzahlen, was *200 M* ergibt.«

Was hören Sie wohl über das Buch?] Feuchtwanger am 18. März 1927: »Zunächst hat die katholische Presse sehr gut und positiv reagiert. Auch sonst kamen freundliche Bestätigungsschreiben über den Empfang der Bücher. Endlich anfangs März erschienen Otto Flake in der ›Neuen Rundschau‹ und Dr. Utzinger in der ›Augsburger Postzeitung‹ auf dem Plan. Die zwar sehr gehaltreiche und wirksame Zeile von Hermann Hesse im Feuilleton des Berliner Tageblatts ›März in der Stadt‹ war ein bischen wenig. Die Bemerkungen in den ›Annalen‹ waren zu spezifisch schweizerisch; auch die paar Auszüge dortselbst wie auch früher schon im ›Neuen Wiener Journal‹ waren eigentlich nicht sehr wirksam. Gurian, der Schleppenträger Schmitts, benahm sich doch sehr anständig, wenn auch etwas gönnerhaft. Alles übrige ist zu intern katholisch oder zu wenig sagend.« – Bibliographische Ergänzungen: Zu Flake: vgl. *Nr. 716*; zu Rudolf Utzinger: ›Der Weg der Entscheidung‹ in ›Augsburger Postzeitung‹. Nr. 54 vom 6.3.1927. S. 1.; zu Hesse: »die gehaltreiche und wirksame Zeile«: »Ich […] lese mit Bewunderung, Trauer und tiefem Mitschwingen Hugo Balls ›Flucht aus der Zeit‹ […].« (›Berliner Tageblatt und Handels-Zeitung‹, Berlin. Jg. 56, 1927. Nr. 110 vom 6.3.); zu »Annalen«, Horgen-Zürich, Leipzig. Jg. 1. H. 2, Januar 1927. S. 143-145 (HBB, Nr. 1086, S. 65). Gurians Besprechung und die im ›Neuen Wiener Journal‹ konnten nicht ermittelt werden.

Hesse apostrophiert] Ball bezog sich auf den ›Hochland‹-Aufsatz von Friedrich Fuchs: ›Mann und Hauptmann oder über Iatropoetik‹ (Jg. 24, 1926/27.

H. 4, Januar 1927, S. 462-467). Nach Hesses Gedicht ›Besoffener Dichter‹, auch unter dem Titel ›Betrunkener Dichter‹ (»Ich wollt, ich wär ein Katholik, / Dann wäre der Heiland für mich gestorben«) folgt der Kommentar von Fuchs: »Bester Hermann Hesse, laß in diesem Zustand den Heiland aus dem Mund. Ganz recht, ich wollt', du wärst ein Katholik, dann bräuchte wohl diese Beichte eines alten Sünders nur ein an allerhand gewöhnter Kapuziner anzuhören, der dich mit seiner göttlichen Grobheit und Liebe vielleicht wieder auf den Damm brächte, und das deutsche Volk bliebe von den Ergüssen solch zweifelhafter Katharsis verschont.« (S. 465).

Austausch der Prospekte] Feuchtwanger antwortete am 18. März 1927: »Kösel & Pustet hat die Prospekte nicht geschickt. Der Austausch kommt jetzt, nachdem wir reklamiert haben, Ende April u. zwar in der Weise zustande, dass in den noch vorhandenen Auflageteilen beider Bücher die Prospekte gegenseitig eingelegt werden.«

733. An Hermann Hesse, 18.2.1927

H: Ms. Briefentwurf mit eigenh. Unterschrift und hs. Korrekturen; 1 S. **F:** HBN. **E:** Briefe, S. 283 f. **DV:** Original.

Datierung: In Nr. 729 informierte Hugo Ball Hermann Hesse: »sechs Kapitel [der Hesse-Biographie] sind geschrieben, das siebte ist morgen fertig«. In Nr. 733 vermeldete Ball, das siebte Kapitel, »der ›Demian‹-Abschnitt«, sei gestern »fertig geworden«. Nr. 733 muß mit großer Wahrscheinlichkeit um den 18.2.1927 geschrieben worden sein.

Nachtgedicht] Im Winter 1925/26 schrieb Hermann Hesse über vierzig Gedichte, die teilweise in dem Band ›Krisis‹ (Frankfurt/M.: S. Fischer 1928) Aufnahme fanden. Eine Auswahl davon erschien unter dem Titel: ›Der Steppenwolf. Ein Stück Tagebuch in Versen‹ (›Die Neue Rundschau‹, Berlin u. Leipzig. Jg. 37, 1926. H. 11, November, S. 509-521). Als Ball seine Hesse-Biographie schrieb, kannte er diese Veröffentlichung. Denn aus dem Gedicht ›Mißglückter Abend‹ zitierte er einige Verse (S. 233). In den Gedichten dieser Auswahl ist, so Hugo Ball, der »Zug zur Selbstzerstörung« und die »Bitterkeit und Schwermut« des Verfassers »zu einem tiefen Schmerz geworden« (S. 232). Nächtliche Erlebnisse und Erinnerungen werden von Hesse in einigen dieser Gedichte reflektiert. Deshalb kann – da Hesse keinem dieser Gedichte den Titel ›Nachtgedicht‹ gab – nicht präzisiert werden, welches Gedicht Ball hier wohl meinte. Dieses »Nachtgedicht« aber, welches Ball bisher nicht kannte und »besonders schön« fand, dürfte erst im Winter 1926/27 entstanden sein. Anbieten würden sich die Verse: ›In schlafloser Nacht geschrieben‹ (›Krisis‹ Frankfurt/M.: S. Fischer 1928).

Carla Fassbind, die Kaltbaderin] Carla Fassbind und ihre Brüder erwarben 1927 das Grand Hotel Rigi-Kaltbad, das in Konkurs gegangen war. Rigi-Kaltbad, auf der Sonnenseite des Berges gelegen, war – im Gegensatz zu den Hotels in Rigi-Klösterli – auch im Winter geöffnet. Carla Fassbind hatte von den Geschwistern Fassbind im Winter am ehesten Zeit, sich um das neuerworbene Hotel zu kümmern.

Text des ›Verzeichnisses‹] Hugo Ball beabsichtigte, zum Bildteil der Hesse-Biographie ein Text-«Verzeichnis« – bei dem es sich um Bildlegenden gehandelt haben könnte – beizusteuern. Vgl. auch Erläuterung zu »›Der Melchenbühl‹« in diesem Brief.

Korrekturen mitzulesen] Hermann Hesse an Hugo Ball am 22. März 1927 (DLA, Hesse): »Die Korrekturen Deines Buches mitzulesen bin ich gern bereit, vielleicht bin ich dann schon im Tessin.«

Wirst Du bis dahin] Der gesamte Satz unsichere Lesart.

›Der Melchenbühl‹] Hermann Hesse schrieb in einem undatierten Brief – etwa Mitte Februar 1927 (DLA, Hesse): »Nur schnell ein Wort zum ›Verzeichnis der Beigaben‹, das Du an Fischer sandtest. Es ist Einiges zu korrigieren. Punkt 4) das Haus heisst nicht ›Vereinshaus‹ (es gibt in Calw auch ein solches, das ist aber ganz was andres), sondern es heisst ›Vereinsbuchhandlung‹. Das Haus ist, ausser im Demian, auch in ›Kinderseele‹ deutlich beschrieben. Punkt 13: das Haus heisst nicht Melchenbühl. Statt dessen muss es heissen Haus Melchenbühlweg Nro 26. Die Rosshalde ist dort fertig geschrieben, aber schon am Bodensee begonnen. Das Berner Haus spielt in Rosshalde keine Rolle. Dagegen sind im Berner Haus die Märchen, der Demian und andres entstanden.«

Dein Bruder Hans] Johannes Hesse, vgl. *Nr. 721* – »5. Ist der noch lebende Bruder«.

»Kinderseele«] Diese Erzählung wurde erstmals veröffentlicht in: ›Alemannenbuch‹. Hrsg. von Hermann Hesse. Bern: Verlag Seldwyla 1919.

Dir das Buch nicht missfällt] Im selben Brief von Mitte Februar 1927 kommentierte Hermann Hesse: »Deine treue sorgfältige Arbeit macht mir ganz bang. Für mich selber ist mein Leben ein Wirrwarr, von dem ich das Meiste vergessen habe.«

»Demian«-Abschnitt] Hesse-Biographie, S. 139-161.

734. An den Verlag Duncker & Humblot, 8.3.1927

H: Ms. Postkarte mit eigenh. Unterschrift. Motiv im Kleinstformat auf der Adreßseite: Einsiedeln. Adresse: Herrn Dr. L. Feuchtwanger / Duncker & Humblot / *München* / Theresienhöhe 3.c. **F:** Verlagsarchiv Duncker & Humblot, Berlin. **DV:** Original.

18. Febr.] Nr. 732.

Nachhonorar] Vgl. *Nr. 732*.

Blei in der Lit. Welt.] Bleis Rezension über ›Flucht‹ in: ›Die literarische Welt‹, Berlin. Jg. 3, 1927. Nr. 8 vom 25.2.1927, S. 5 (HBB, Nr. 1061, S. 64).

735. An den Verlag Duncker & Humblot, 11.3.1927

H: Ms. Telegramm. Adresse: Dun[c]ker u. Humblot / gocverlag muenchen / Theresienhöhe 3c / München. Telegrammformular: Deutscher Reichstelegraph. **F:** Verlagsarchiv Duncker & Humblot, Berlin. **DV:** Original.

resthonorar] Vgl. *Nr. 732*.

gocverlag] Im Original »goeverlag«. Die Telegrammadresse des Verlags Duncker & Humblot lautet »gocverlag« (vgl. Nr. 548). Deshalb handelt es sich hier um einen Eingabefehler, der auf den Fernschreibstreifen übertragen wurde.

736. An Othmar Schoeck, 15.3.1927

H: Hs. Brief; 1 S. **F:** HBN. **DV:** Original.

Othmar Schoeck] (1886-1957), schweizerischer Komponist. Schoeck, mit Hermann Hesse eng befreundet, vertonte zahlreiche Gedichte von Hesse. Ende April/Anfang Mai 1911 durchwanderten Hesse und Schoeck mit dem Komponisten Fritz Brun (1878-1959) die oberitalienische Landschaft. Nochmals waren Hesse und Schoeck im April 1913 – diesmal mit dem Maler Fritz Widmann (1869-1937) – in Italien unterwegs (vgl. Othmar Schoeck: ›Post nach Brunnen‹. Hrsg. und kommentiert von Elisabeth Schoeck-Grüebler. Zürich: Atlantis 1991. S. 76 ff., S. 92 f.).

Dresdener Aufführung] An der Dresdener Staatsoper wurde am 8. Januar 1927 ›Penthesilea‹ nach dem Trauerspiel von Heinrich von Kleist in einem Aufzug mit Musik von Othmar Schoeck uraufgeführt.

Ravenna-Liedes] Hesses Gedicht ›Ravenna‹ entstand auf seiner ersten italienischen Reise vom 25.3. bis 19. 5.1901 (Erstveröffentlichung in: Hermann Hesse: ›Gedichte‹. Berlin: Grote 1902). Othmar Schoeck vertonte dieses Gedicht am 6. Mai 1913. Schoeck besuchte 1912 allein Ravenna. Von dort schrieb er am 15. September an Hesse: »So! Jetzt bin ich auch in Ravenna gewesen.« (Zitiert nach Othmar Schoeck: ›Post nach Brunnen‹, S. 89.)

Sommervormittagsstunde auf dem Rigi] Über eine Begegnung Hugo Balls mit Othmar Schoeck ist in der Korrespondenz kein Hinweis zu finden. Vielleicht begegneten sie sich im Juli 1924, als sich Ball in Rigi-Klösterli aufhielt, oder aber bei einem anderen Aufenthalt (August 1926). Nochmals begegneten sich Hugo Ball und Othmar Schoeck am 4. Mai 1927 bei Hermann Hesse in Montagnola (›Tagebuch‹, 4. Mai 1927).

737. An Hermann Hesse, vermutl. 20.3.1927

H: Ms. Brief mit eigenh. Unterschrift; 1 S. **F:** HBN. **DV:** Original.

Datierung: Hermann Hesse beantwortete Nr. 737 mit seinem Brief vom 22.3.1927. Balls Brief auf einen »Sonntag« datiert, müßte mit hoher Wahrscheinlichkeit am Sonntag, den 20.3.1927 geschrieben worden sein.

Dank für Deine Karte] Zürich, 19. März 1927 (DLA, Hesse).

darunter die beiden] Hesse am 22. März 1927 (DLA, Hesse): »Das kleine Bild vom Basler Knabenhaus würde gewiss ins Buch passen. Dagegen scheint mir das andre Basler Bubenbild, mit den im Schnee spielenden Missionsknaben, doch allzu zufällig und belanglos, ausserdem sind das ja Knaben aus einer ganz andern, viel späteren Generation.« Beide Fotos fanden keine Aufnahme in der Hesse-Biographie.

Romain Rolland gewidmete Teil des »Siddharta«] Hesse am 22. März 1927 (DLA, Hesse): »In Deiner Chronologie scheinen noch einige Fehler zu sein. Dass Du z. B. annimmst, der Anfang des Siddhartha sei schon in Bern geschrieben (so dass also die ganze Klingsorperiode dann eine Unterbrechung des schon begonnenen Siddhartha wäre), erschreckt mich etwas. Im Einzelnen kommt es auf Daten natürlich nicht an, und ich [h]abe schon einiges, was nicht stimmt, schweigend stehen lassen, aber hier gäbe es doch ein falsches Bild.

1916 auf 17 ist in Bern der Demian geschrieben – Du kannst ja nicht im Ernst glauben, dass gleichzeitig schon der erste Teil des Siddhartha entstanden sei – abgesehen davon, dass ich niemals, auch in produktiven Perioden, an zwei grössern und wichtigern Werken zugleich gearbeitet habe. Der erste Teil des Siddhartha ist begonnen in Montagnola im Winter 1919 auf 20, nach dem plötzlichen Erlöschen der sommerlichen Klingsorzeit, während ich wieder einmal sehr einsam, asketisch und asiatisch lebte. Dann gab es eine Pause, und das Manuscript blieb etwa anderthalb Jahre liegen, bis ich den zweiten Teil schreiben konnte. Die Unterbrechung war grade etwa zwischen dem ersten und zweiten Teil des Buches. Ich liess den ersten damals in der N[euen] Rundschau erscheinen, mit der Widmung an Rolland, weil ich an das Fertigwerden des Ganzen nicht mehr glaubte.« Vgl. auch Hesse-Biographie, S. 163.

738. An Hermann Hesse, 25.3.1927

H: Ms. Brief mit eigenh. Unterschrift; 1 Bl., 2 S. **F:** HBN. **E:** EBH Leben, S. 279 f.; auch in Briefe, S. 285. **DV:** Original.

Datierung: Hugo Ball sandte an den S. Fischer Verlag am 24.3.1927 die drei Kapitel »Demian, Klingsor, Siddhartha« und beabsichtigte, »den Abschluss« der Hesse-Biographie in »wenigen Tagen folgen [zu] lasse[n]«. In Nr. 739 an S. Fischer schickte Ball »beifolgend« den »Schluss des Hesse-Buches«. Nr. 738 kann sicher auf den 27.3.1927 datiert werden, obwohl Ball Hesses »Geburtstagsgeschenk« über einen Monat verspätet erhielt.

Seiten 123°-190] So im Original. In der Buchausgabe umfassen diese drei Kapitel die Seiten 139-212. Den Abschluß der Hesse-Biographie bildet das Kapitel ›Kurgast und Steppenwolf‹ (S. 213-237).

Notenschrift von Schoeck] Vgl. Nr. 736.

von Carona] Ball erwähnte das »Papageienhaus in Careno« im Zusammenhang mit ›Klingsors letzter Sommer‹ (Hesse-Biographie, S. 201). Casa Costanza – das Papageienhaus – in Carona gehörte der Familie Wenger, deren Tochter Ruth Hermann Hesses zweite Ehefrau war.

Emmys kleine Huldigung] Emmy Ball: ›Aus dem Tessin‹ mit drei Aquarellen von Hermann Hesse (›Frankfurter Zeitung‹. Jg. 71, 1927. Beilage: ›Für die Frau‹. Jg. 2. Nr. 3 vom 20.3.1927. S. 5 f. u. 14.). Emmy Ball erzählt in diesem Aufsatz von einem Besuch mit Freunden im Grotto, von Hermann Hesse, seinem Garten, seinem Haus, seiner Wohnung. Hermann Hesse am 29. März 1927 an Hugo Ball (DLA, Hesse): »Danke auch sehr für die Frankfurter Zeitung – hättet Ihr mir sie nicht geschickt, so hätte ich sie überhaupt nicht zu Gesicht bekommen. Emmys Aufsatz ist so lieb und traumhaft, ich danke ihr, sie hat mir Freude gemacht, und die Bilder passen schön dazu, das ist eine gute kleine Symbiose.«

die drei Blätter] Die Original-Aquarelle Hermann Hesses, die Emmy Balls Artikel ›Aus dem Tessin‹ illustrieren.

Brief mit dem Geburtstagsgeschenk] Im Hesse-Nachlaß (DLA) sind von Hermann Hesse an Hugo Ball zwei Schriftstücke aus diesem Zeitabschnitt (Postkarte vom 19. März 1927 und Brief vom 22. März 1927) erhalten. Der »Brief mit dem Geburtstagsgeschenk« muß ein weiteres Schriftstück gewesen sein, das sich aber nicht erhalten hat. Das »Geburtstagsgeschenk« – den Geldbetrag – sandte Hesse mit über einem Monat Verspätung (vgl. auch *Nr. 738* – Datierung).

Ritter von der Mancha] Deutlicher Bezug auf die Titelgestalt des Romans ›Der scharfsinnige Ritter Don Quichote von der Mancha‹ von Miguel de Cervantes Saavedra. Don Quichote erlebt fast nur Mißgeschicke und Niederlagen, bleibt aber seinen Idealen von Liebe und Edelmut treu.

Conca d'Or] So im Original. Ball dürfte die Ebene Conca d'Oro (Goldene Muschel) gemeint haben, die Palermo im Süden und Westen begrenzt.

Deine Mutter Dubois hiess] Hesses Großmutter mütterlicherseits, Julie Gundert, war eine geborene Dubois.

Der Turm] Die Wohnung in Sorengo wurde durch den Vermieter gekündigt, und es mußte rasch eine neue Unterkunft gefunden werden. Hugo Ball, mit den Abschlußarbeiten der Hesse-Biographie beschäftigt, überließ seiner Frau die Wohnungssuche (vgl. EBH Hesse, S. 71). In Agnuzzo fanden die Balls – wenn es sich auch nicht um das Andreoli-Haus (vgl. *Nr. 252*) handelte (in diesem wohnte Frau Haufler) – ein Häuschen mit »Turm« und Garten. Am 2. April 1927 schrieb Emmy Ball an Hermann Hesse: »Ich ergreife die Schreibmaschine, um Ihnen zu vermelden, daß wir jetzt in Agnuzzo und schon eingerichtet sind. Wir hatten vor drei Tagen einen Abschluß in Sorengo, der sehr schön war. [...] Dann kam der Wagen mit unseren Sachen, Annemie saß auf dem hohen Bock neben dem Kutscher und war vergnügt über die Fahrt, und ich fand unsere Stühle grün genug, so daß ich sie vorläufig nicht streichen brauche. Das ganze Haus ist gestrichen von oben bis unten und nicht mehr zum Wiedererkennen. Gianolla, der pescatore, hat es grau und verwittert gehabt. Jetzt aber ist alles sonnengelb, grün, weiß, sogar zu einem klein wenig Gold habe ich mich verstiegen.« (EBH Hesse, S. 72.) – In ihr Tagebuch (›Sorengo, d. 1. Mai 26‹: HBN) schrieb Emmy Ball im Eintrag 8. April: »Wir sind umgezogen. Agnuzzo. Dort haben wir im früheren Gianolla-Haus Wohnung gefunden. Wir haben alles gestrichen von oben bis unten.«

auf Dein Kommen] Am 22. März 1927 stellte Hermann Hesse in Aussicht (DLA, Hesse): »Ich käme am liebsten schon jetzt, aber es fesselt mich noch Vieles, erstens die Müdigkeit und Angst vor jedem wichtigen Schritt [...].«

739. An Samuel Fischer, 27.3.1927

D: Ms. Durchschlag; 1 S. **F:** HBN. **E:** Briefe, S. 284. **DV:** Durchschlag.

Herr Fischer] Samuel Fischer, vgl. *Nr. 376*.

fast einen Monat] Der Abgabetermin für das Manuskript der Hesse-Biographie war für Ende Februar 1927 vereinbart.

kleinen Index] In der Hesse-Biographie wurde ein gemeinsames Register der Personen, der Werke und der Sachbegriffe beigefügt (S. 238-242).

740. An Alice Leuthold, 27.3.1927

H: Ms. Brief mit eigenh. Unterschrift; 1 S. **F:** HBN. **DV:** Original.

drei hübschen Gedichtbände] Vgl. *Nr. 728* – »drei Büchlein«. Am 15. Februar 1927 (DLA, Hesse) bat Hermann Hesse: »Die Bücher von mir, die du bei Leutholds entlehnt hast, bitte ihnen dann wieder zu schicken, sie ist darin ängstlich, doch eilt es nicht.« Und am 29. März 1927 (DLA, Hesse) erinnert Hesse nochmals: »Da Deine Arbeit jetzt fertig ist, bitte ich Dich, der Frau Leuthold ihre Bücher zurück zu senden.«

741. An Hermann Hesse, Anfang April 1927

H: Ms. Brief mit eigenh. Namenskürzel; 1 Bl., 2 S. **F:** HBN. **E:** EBH Leben, S. 281 f.; auch in Briefe, S. 286. **DV:** Original.

Datierung: Als Ball Nr. 741 an Hermann Hesse schrieb, waren die Balls bereits einige Tage in ihrer neuen Unterkunft in Agnuzzo, denn Ball hatte schon »den Acker umgegraben und Beete angelegt«. Die Tochter von Dr. J. B. Lang war ab dem 27.3. (HBN: J. B. Lang an Hugo Ball, 24.3.1927) zur Erholung in Gravesano, und Annemarie Hennings hatte sie dort besucht. Hermann Hesses Brief, der beim Umzug der Balls eintraf, war am 29.3.1927 (vgl. auch EBH Hesse, S. 72) geschrieben worden. Die aufgezählten Sachverhalte lassen Nr. 741 auf Anfang April 1927 datieren.

Capellini] Siehe *Nr. 327*.

Farren] Jungstiere.

Pistorius] Josef Bernhard Lang, vgl. *Nr. 715* und *Nr. 722*. Auf der Suche nach einer Unterkunft für seine Tochter Carli hielt sich Dr. Lang bereits im Januar 1927 bei Hugo Ball in Sorengo (vgl. *Nr. 726* – »Zimmer in Sorengo«) auf. Langs Tochter sollte »gegen Ostern« im Andreoli-Haus bei Frau Haufler einquartiert werden. Von dort war es bis zu Balls Haus nicht weit. Am 9. Mai 1927 notierte Hugo Ball in sein ›Tagebuch‹: Dr. Lang habe ihm seine Tochter Carli »ausdrücklich« in Behandlung gegeben und zwischenzeitlich hatten bereits drei Sitzungen stattgefunden. Ihr Fieber und ihre Lähmungen seien bisher nicht wiedergekehrt. Als Carli von Ball aufgefordert wurde, über die Ursachen ihrer Erkrankung nachzuforschen, reagierte Carli mit Verweigerung. Ball beschloß die weitere Analyse zu unterlassen (›Tagebuch‹, 19. Mai 1927).

Viglio] Zwischen Montagnola und Agnuzzo gelegener Weiler.

diesen Morgen von Fischer] Auch Emmy Ball erwähnte das Schreiben vom S. Fischer Verlag (EBH Hesse, S. 72), das aber weder im HBN noch im Hesse-Nachlaß gefunden wurde. Auch in seinem ›Tagebuch‹, 26. April 1927, freute sich Hugo Ball darüber, daß S. Fischer an Hesse geschrieben habe: Balls Hesse-Buch sei die »beste Biographie, die er in seinem Verlag« habe.

Carli] Gelegentlich auch »Karli«, Tochter von J. B. Lang.

Gravesano] Zwischen Weinbergen über dem Vedeggiotal gelegene Ortschaft.

Via Nassa] Straße in Lugano.

bei ihm in Massagno] Dr. Friedrich und seine Familie waren nach Lugano-

Massagno umgezogen. Im Eintrag »3. Fe.« vermerkte Emmy Ball in ihrem Tagebuch: »In der Stadt begegnete mir Frau Englert, die mir klagte, Dr. Müllers hätten ihr das Haus Casella in Massagno weggenommen, 100 Fr. überboten. Aber Müllers sind in Verlegenheit, wohin, weil sie doch ausziehen müssen.«

Dr. Kayser] Rudolf Kayser (1889-1964), Literaturkritiker, Essayist. Studium der Germanistik, der Philosophie und der Kunstgeschichte in Berlin, München und Würzburg. Ab 1919 beim S. Fischer Verlag; 1922-1933 Redakteur der ›Neuen Rundschau‹, Berlin.

Rundschau] ›Die Neue Rundschau‹, Berlin. In Heft 5, Mai 1927, S. 483-491 erschienen Auszüge aus Balls Hesse-Biographie u. d. T. ›Hermann Hesse und der Osten‹ (HBB, Nr. 79, S. 5).

Deinen letzten Brief] Hesses Brief vom 29. März 1927 befindet sich im DLA.

wieder in Montagnola] Hermann Hesse kam erst um den 14. April 1927 nach Montagnola (vgl. *Nr. 745* – Datierung).

C[arl] C[hristian] Bry] Eigentl. Carl Deckel (1892-1926). Bry und Klabund, beide an Tuberkulose erkrankt, waren eng befreundet. Die letzten Wochen vor Brys Tod verbrachten sie im selben Sanatorium in Davos. Von Bry erschien 1925 in erster Auflage ›Verkappte Religionen. Kritik des kollektiven Wahns‹. Gotha: Andreas Perthes.

Schwester meines früh verstorbenen Freundes Leybold] Bei Hans Leybolds (vgl. *Nr. 26*) Schwester könnte es sich um Eva Robertson, geb. Leybold (geb. 1890), gehandelt haben.

»Uhu«-Aufsatz] Vgl. *Nr. 688.*

742. An Jakob Hegner, 4.4.1927

D: Ms. Durchschlag; 1 Bl., 2 S. **F:** HBN. **E:** Briefe, S. 286 f. **DV:** Durchschlag.

Ihre beiden freundlichen Briefe] Jakob Hegners Briefe vom 21.[3].1927 und 28. März 1927 befinden sich im HBN.

Büchersendungen zu danken] Hegner am 21.[3].1927: »Über Leipzig lasse ich Ihnen einige meiner neuen Bücher zugehn. Ich brächte gern mehr – wenn nur was da wäre!« Bei der Sendung waren sicher dabei: Albert Gütersloh (›Die Rede über Blei oder Der Schriftsteller in der Katholizität‹ (1922) und Bände von Marcel Schwob.

mein nächstes Buch drucken] Bereits am 22. Februar 1927 schrieb Hegner: »Jedenfalls: Ihren ›Exorcismus‹ drucke ich Ihnen so schön ich kann. Nun bin ich aber sehr neugierig geworden: wie weit halten Sie damit? wann kann der Satz beginnen? wann das Buch erscheinen?« Nochmals geht Hegner auf das geplante Buchprojekt am 21.[3].1927 ein: »Ihren ›Exorcismus‹ nähme ich gern. Eigentlich passten auch Ihre früheren Bücher besser zu mir als zu D. & H. – insbesondere, wenn ich eine Thomas von Aquin-Ausgabe (Dünndruck) durchführe, die mit anderem fürs nächste Jahr geplant ist.«

Wir könnten folgendes verabreden] Am 11. April 1927 antwortete Jakob Hegner (HBN): »Lieber Herr Ball, mit den Vorschlägen Ihres Briefes vom 4.4. bin ich gern einverstanden. [...] Erinnern Sie mich nur im September daran. Ich hätte ja gern das Buch noch vor Weihnachten gebracht – aber Sie können mit irgend einer Dickens Figur sagen: Wollen Sies gleich haben oder warten, bis es fertig ist? So warte ich eben. [...] Und die D. & H. Bücher übernehme ich mit Freuden, wenn sie nur halbwegs erschwinglich sind. Denn leider rechnen muss ich wie alle.«

Sehr gelinge] So im Original.

Gütersloh] Albert Paris Gütersloh; vgl. *Nr. 435*.

Marcel Schwob] (1867-1905), französischer Journalist, Schriftsteller. Im Verlag Jakob Hegner (Hellerau) erschienen 1925 von Schwob zwei Bücher: ›Der Roman der zwei und zwanzig Lebensläufe‹ (Übersetzung von Jakob Hegner) und ›Das Buch Monelle‹ (Übersetzung von Franz Blei). 1926 folgte ›Die Gabe an die Unterwelt‹ von Jakob Hegner übersetzt und mit einem Nachwort (S. 223-238) versehen.

743. An Alice und Fritz Leuthold, 11.4.1927

H: Hs. Bildpostkarte mit hs. Postskripta von Emmy Ball und Annemarie Hennings. Motiv: Lugano e Monte S. Salvatore. Adresse: Frau u. Herrn / Leuthold-Sprecher / Zürich / Sonnenbergstrasse 37. **F:** HBN. **DV:** Original.

Hs. Postskriptum von Emmy Ball: »Wir haben einen allerliebsten Turm, der war erst grau, jetzt ist er ganz bunt, wir haben alles gestrichen à la Frühling. Auf Wiedersehen und herzliche Grüsse Ihre Emmy.«

Hs. Postskriptum von Annemarie Hennings: »wir haben auch einen schönen kleinen Garten, ein Wäldchen u. ein Bächlein herzliche Grüsse Annemarie.«

744. An den Verlag Duncker & Humblot, 22.4.1927

H: Ms. Brief mit eigenh. Unterschrift, 1 Bl., 1 S. **F:** Verlagsarchiv Duncker & Humblot, Berlin. **DV:** Original.

»Augsburger Postzeitung«] Ball bedankte sich vermutlich für Nr. 80 vom 7.4.1927 der ›Augsburger Postzeitung‹, die den Artikel von Georg Mönius enthält, der sich mit den drei im Verlag Duncker & Humblot erschienenen Publikationen Balls beschäftigt (HBB, Nr. 722, S. 47).

Prospekt?] Vgl. *Nr. 732* und Nr. 749.

dem Hessebuch den Prospekt] Angeregt durch Balls Vorschlag, schrieb Feuchtwanger am 26. April 1927 an den S. Fischer Verlag (Verlagsarchiv D&H): »Wir bereiten einen 8 seitigen Oktav-Prospekt (23 × 15 cm, ca. 10 Gramm) über die bei uns erschienenen 3 Bücher von B a l l mit dem Bild des Verfassers vor. Dieser regt an, den Prospekt Ihrem oben genannten Verlagswerk, das Mitte Mai erscheint, beizufügen.« Der Verlagsprospekt ›Bücher von Hugo Ball bei Duncker & Humblot in München‹ ist abgebildet und beschrieben in HBK, Nr. 250, S. 238. Die Antwort vom S. Fischer Verlag teilte Feuchtwanger am 29. Mai 1927 (Verlagsarchiv D&H) Hugo Ball mit: »Der Verlag S. Fischer ist von uns unmittelbar nach Ihrer Nachricht vom 22. April über Ihr Hesse-Buch gebeten worden, den Prospekt, von dem wir heute eine Anzahl von Exemplaren an Sie gesandt haben, in dem Ende Mai erscheinenden Buch beizulegen. Fischer hat das abgelehnt und nur eine Anzeigenseite zugestanden. Einen von uns hierauf sofort eingesandten Text hat Fischer ebenfalls zurückgewiesen und sich nur mit einer Titelaufzählung Ihrer 3 Bücher einverstanden erklärt. In dieser Form werden auch die Anzeigen erscheinen.«

wieviel Exemplare] Am 19. Mai 1927 informierte Feuchtwanger: »Die Werbekosten reichen, nach der ersten Auflage unseres Prospektes, der eben in 25 000 Auflage verteilt wird, bereits an die Herstellungskosten heran.« In einer Übersicht des Verlags (Verlagsarchiv D&H) sind die Verteilerzahlen des Ball-»Prospekts« aufgelistet, und welchen Zeitschriften er beigelegt wurde:

»17.5.27	Neue Rundschau	9 500
19.5.	Hochland	10 000
16.7.	Bücherstube	80
1.10.	Horen	3 000«

745. An Hermann Hesse, zweite Aprilhälfte 1927

D: Ms. Durchschlag; 1 S. **F:** HBN. **DV:** Durchschlag.

Datierung: Am 14.4.1927 reiste Hermann Hesse ins Tessin (vgl. Hesse Briefe 2, S. 171). Annemarie Hennings besuchte Hermann Hesse in Montagnola, um ein Photo, das Ball für die Bebilderung der Hesse-Biographie ausgewählt hatte, abzuholen. Nr. 745 dürfte in zeitlicher Nähe zu Nr. 746 geschrieben worden sein. In beiden Briefen geht es um Abbildungen für die Hesse-Biographie. In Nr. 746 erhoffte nun Ball, daß der »Bilderteil endgiltig in Ordnung« sei. Nr. 745 dürfte in der zweiten Aprilhälfte 1927 geschrieben worden sein und wird vor Nr. 746 eingeordnet.

letztere Bild] Dieses Foto ist abgebildet in der Hesse-Biographie, nach S. 48.

746. An Adele Gundert, 25.4.1927

H: Ms. Brief mit eigenh. Unterschrift; 1 S. **F:** Hermann Hesse-Editionsarchiv Volker Michels, Wiesbaden **DV:** Fotokopie des Originals.

Ahnenbilder] Vgl. *Nr. 721* – »10. An einem guten Bild«.
›Pistorius‹] Josef Bernhard Lang (vgl. *Nr. 715* – »Pistorii Töchterlein« und *Nr. 722*).

747. An Jakob Hegner, 29.4.1927

D: Ms. Durchschlag; 1 S. **F:** HBN. **DV:** Durchschlag.

Brief vom 11.ten] Hegners Brief vom 11. April 1927 befindet sich im HBN.
Exorcismus-Buch einig] Vgl. *Nr. 742* – »mein nächstes Buch drucken«.
beiden Übersetzungen] Am 11. April 1927 schrieb Hegner an Ball: »Ich habe von Sertillanges den Thomas von Aquin erworben. Wer kann ihn übersetzen? Es muss ein Theologe sein, der aber deutsch kann. Wissen Sie einen? Ferner unterhandle ich mit Bertrand über seine soeben erschienene Heilige Therese. Ob dieses leichtere, aber auch wichtige Buch nicht Ihre Frau übersetzen könnte? Bitte fragen Sie sie.« Während Antonin Gilbert Sertillanges' ›Der heilige Thomas von Aquin‹, mit einem Nachwort versehen und aus dem Französischen übersetzt von Robert Grosche, im Verlag Jakob Hegner (1928) erschien, ist von Louis Bertrands ›Sainte Thérèse‹ (Paris: A. Fayard et Cie 1927) nur die französische Ausgabe bekannt.
mit einer Übersetzerin befreundet] Der Name, der von Ball vorgeschlagenen Übersetzerin ist nicht bekannt. Auf Balls Vorschlag antwortete auf einem

Briefbogen der »Werkstatt von Jakob Hegner« am 4. Mai 1927 »i.V. Gerhard Gökler« (HBN): »Lieber Herr Ball, gestern sandte ich Ihnen Bertrand, Die heilige Therese. Ich wäre mit dem Vorschlag einverstanden, wir können ja alle zusammen die Übersetzung durchsehen und Sie schreiben ein kleines Geleitwort zu dem Buch. Wichtig ist, daß ich spätestens Anfang August das druckfertige Manuskript hier hätte. [...] Den Thomas von Aquin von Sertillanges muß wohl wer anderes übersetzen, es ist vorwiegend eine Darstellung seiner Lehre, dazu ist ein ausgesprochener Theologe nötig.«

Buch von J. K. Huysmans] Gökler am 4. Mai 1927: »Huysman: Die selige Lidwina von Schiedam ist längst bei Georg Müller deutsch erschienen«. Diese Auskunft kann kaum stimmen; es konnte keine deutsche Ausgabe ermittelt werden. Ein Exemplar der französischen Ausgabe ›Sainte Lydwine de Schiedam‹ (Paris: G. Crès et Cie 1922) befindet sich im HBN.

748. An Jakob Hegner, 9.5.1927

D: Ms. Durchschlag; 1 S. **F:** HBN. **DV:** Durchschlag.

Louis Bertrand] Vgl. *Nr. 747* – »beiden Übersetzungen«.
hl. Therese] Vgl. *Nr. 747* – »beiden Übersetzungen«.
Bloy] Léon Bloy, vgl. *Nr. 125* – »Aufsatz über Léon Bloy«.

749. An den Verlag Duncker & Humblot, 13.5.1927

H: Ms. Brief mit eigenh. Unterschrift, 1 Bl., 1 S. **F:** Verlagsarchiv Duncker & Humblot, Berlin. **DV:** Original.

Brief vom 26. April] Ball bedankte sich für den »Brief vom 26. April« 1927 (Durchschlag im Verlagsarchiv D&H) beim Verlag, obwohl das Schreiben von Ludwig Feuchtwanger verfaßt und unterzeichnet ist.

Die Besprechung, die Sie mir sandten] Feuchtwanger am 26. April 1927: »Anliegende eben gekommene Besprechung von M. Viller aus Orientalia Christiana wird Sie interessieren.« Es handelte sich um eine Rezension des ›Byzantinischen Christentums‹ (›Orientalia Christiana‹, Roma. Vol. 8, H. 7, Nr. 34, April 1927, S. 316 f.; HBB, Nr. 1026, S. 62).

»Una sancta«] ›Una Sancta. Zeitschrift des Hochkirchlich-Oekumenischen Bundes‹, Berlin, München, Stuttgart. Jg. 1-3, 1925-1927. Alfred von Martin, Schriftleiter für Jg. 1926 und Herausgeber für Jg. 1927, begründete die Rücksendung des Rezensionsexemplars von ›Die Flucht aus der Zeit‹: »Das neue Buch läßt das Religiöse ja so stark zurücktreten, u. sein Verdienst besteht so ausschließlich darin, den Autor als das zu erweisen, was er ist – nämlich als Litteraten, daß es eine ungerechte Bosheit wäre, wollte man die einzelnen ›Perlen‹ religiöser Art ›herausfischen‹, wie etwa den schönen Satz: ›Man sollte beginnen, sich mehr (!!) noch dem Priester als Gott verantwortlich zu fühlen‹ (S. 261), oder: ›Vielleicht sollte man alles (!!) glauben: was einem zu glauben vorgestellt oder einem zu glauben zugemutet (!) wird‹ (S. 269/70). Dergleichen darf man eben einfach nicht ernst nehmen. Wer Luther schmäht, ist darum noch lange kein Katholik. All das ist nur die Koketterie eines Litteraten.« (Verlagsarchiv D&H: Alfred von Martin an den Verlag Duncker & Humblot, 11. April 1927)

Prof. Martin] Alfred von Martin (1882-1979), Kulturhistoriker, Soziologe.
wegen der Anzeigen verständigt] Vgl. *Nr. 744* – »dem Hessebuch den Prospekt«.
geflissentliche Unterlassung] Auf Balls Vorwürfe antwortete Feuchtwanger am 19. Mai 1927:

»Auch Ihre sonstigen Beanstandungen und die Art, wie Sie sie vorbringen, sind nicht gerechtfertigt. Dass wir auf den Wert und die Bedeutung Ihrer Bücher hinzuweisen unterlassen haben, wie Sie schreiben, ist das Gegenteil der empirischen Wirklichkeit. Nicht einmal über das Maß dieses Hinweises lässt sich streiten. Es war bisher ein Übermaß. Ihr Buch ist am 15. Jan. ds. Jrs. erschienen; seitdem ist dafür unter Aufwendung von besonders hohen Kosten ununterbrochen, in jeder angemessenen und denkbaren Art, in persönlichen Briefen, in Ankündigungen an den Buchhandel, durch freigibige[!] Verteilung von Besprechungsstücken, in kostspieligen Anzeigen in jeder Form, so viel geschehen, daß Ihr Vorwurf eine schwere Kränkung ist. Ich fragte mich lange, was eigentlich der Grund Ihres Mißvergnügens sein könne, nachdem ich mir die erdenklichste Mühe mit Ihren Büchern gegeben hatte, wie gesagt, weit über das geschäftlich zu vertretene Maß hinaus. [...] Briefe und Kritiken, von welcher Seite sie über Ihre Bücher kommen mögen, verfangen bei mir für meine Urteilsbildung ebensowenig, wie Ihr eigenes ungerechtes Verhalten. Herr von Martin, oder der Papst selber, oder der Großrabbiner von Jerusalem, oder die Synode aller Generalsuperintendenten von Upsala, oder Sie selbst, können mir Briefe schreiben wie sie wollen – eingeschrieben oder in welchen Ton auch immer – ich werde unverrückt für die Bücher wie bisher eintreten, so tatkräftig und besonnen wie ich es bis zum heutigen Tage getan habe, das heißt in dem Rahmen, der für D. & H. richtig und angemessen ist. Mit wie beredten Worten ich Ihnen seiner Zeit zu Berliner Verlagen (ich nannte Ullstein, Rowohlt, Fischer) geraten und von uns abgeraten habe, haben Sie nun in die tiefsten Tiefen Ihrer Brust versenkt und ganz vergessen. Ich sah den heutigen Konflikt genau voraus und habe ihn mit Ihnen sehr ausführlich besprochen. Darum bin ich Ihnen auch nicht gram. Alles, was Sie schreiben, ist ganz und gar unbegründet. [...]
Sie verstehen folgendes nicht: Der Verlag hat, wenn er keine Bücherfabrik sein will, doch dem einzelnen Buch das er bringt, einen gewissen Dauerwert über den Tag hinaus zu verschaffen. Sie wollen absolut ein Modebuch erzwingen! Das war nie unsere Absicht und hat auch keinen Sinn. Vestigia terrent! Dass *Sie* es mit Gewalt anders wollen, ist mir eine schmerzliche Enttäuschung. Wie eindringlich habe ich versucht, Ihnen auseinanderzusetzen, daß Ihnen Ihre Bücher nichts abwerfen können, genau so wenig wie uns. Ich war allerdings der Ansicht, Sie hätten sie aus ganz anderen Gründen geschrieben; wie sehr problematisch dabei unsere geschäftlichen Interessen gewahrt sind, müssen Sie ja wissen.
Also ich nehme Ihnen weiter nichts übel; aber solche Droh- und Drangbriefe schaden eher als sie nützen.«

Preis angesetzt] Feuchtwanger am 19. Mai 1927: »Der Preis ist natürlich sorgfältig auf den Pfennig auskalkuliert, die Ausstattung ist einwandfrei.«

Prospektaustausch mit Kösel & Pustet] Feuchtwanger am 19. Mai 1927: »Kösel & Pustet sowie Fischer haben inzwischen die Prospekte bekommen; er liegt den Juniheften des ›Hochland‹, der ›Neuen Rundschau‹ und der Hauptauflage des Buches von Emmy Hennings bei.«

750. An Josephine Salomea Brofft, 14.5.1927

H: Ms. Abschrift, unvollständig; 1 Bl., 1 S. **F:** HBN. **E:** Briefe, S. 293 f. **DV:** Abschrift.

Du schon fünfzig] Balls älteste Schwester, Josephine Salomea, feierte am 26. Juli 1926 ihren 50. Geburtstag.

Abt- und Schubertlieder] Franz Abt (1819-1885), Komponist.

Ach, wie so bald] Gemeints ist das ›Herbstlied‹, op. 63, Nr. 4, von Felix Mendelssohn-Bartholdy (1809-1847), Text von Karl Klingemann (1798-1862).

»engelhaft strahlenden«] Der korrekte Hesse-Text lautet: »[...] engelhaft strahlende Chöre a capella, von Meistern wie Orlando di Lasso« (›Die Neue Rundschau‹, Berlin, Leipzig. Jg. 34, H. 12, Dezember 1923, S. 1150).

Pläne für den nächsten Winter] »Der Plan fürs nächste Jahr ist folgender: Emmy reist jetzt für etwa 2 Monate nach Deutschland, um sich Notizen für ein neues Buch zu sammeln. Ich beginne mit dem Exorzismusbuch früher als ich erst vorhatte, vielleicht schon in 8 Tagen. Im Herbst kommt Annemarie nach Zürich auf die Kunstschule oder zu Amiet (Hesse will anfragen). Emmy und ich gehen dann für einige Monate nach Heidelberg oder Freiburg (eine kleine deutsche Universität) wo ich das Exorzismusbuch leichter beenden kann. Sobald mein Buch (Emmy arbeitet währenddessen das ihre) fertig ist, reisen wir nach Paris, und im Frühjahr quer durch Frankreich bis in den Süden.« (›Tagebuch‹, 9. Mai 1927. Emmy Ball zitierte – mit geringfügigen Änderungen – aus diesem ›Tagebuch‹-Eintrag: EBH Weg, S. 172).

Prof. aus Bonn] Carl Schmitt.

Ich möchte persönlich] Bei dieser Textstelle, bei der der Brief abbricht, handelt es sich um den Anfang des ›Tagebuch‹-Eintrags vom 14. Mai 1927: »Ich möchte persönlich völlig gestorben und nicht vorhanden sein. Am liebsten würde ich, so oft mein Name gedruckt wird, ein Kreuzlein dahinter sehen. Und oft stell ichs mir so vor, besonders wenn ich eine Besprechung lese. Und so habe ich auch eine heftige Abneigung gegen Korrespondenzen und Besuche. Es ist ja, von allem andern abgesehen, überhaupt eine schwierige und delikate Sache, sich von Person zu Person zu verständigen. Deshalb schreibt man ja Bücher.« – Emmy Ball zitierte – mit geringfügigen Änderungen – aus diesem ›Tagebuch‹-Eintrag: EBH Weg, S. 166).

751. An Emmy Ball, vermutl. 23.5.1927

H: Ms. Brief mit eigenh. Unterschrift und ms. Postskriptum; 1 Bl., 2 S. **F:** HBN. **DV:** Original.

Datierung: Nach Emmy Balls Anreise von Agnuzzo am 19.5. (EBH Weg, S. 173) und dem Zwischenaufenthalt in Zürich fuhr sie weiter nach München. Von dort erhielt Hugo Ball den »ersten Brief« am Montag, den Emmy Ball am »Sonntag«, den 22.5.1927 geschrieben haben muß. Nr. 751 legte Ball

»ein Exemplar« des Prospektes bei, und am »Himmelfahrtstag« – Donnerstag, den 26.5.1927 (Nr. 752) – erkundigte er sich bei seiner Frau, ob sie den Brief »mit dem Prospekt« erhalten habe. Nr. 751 auf einen »Montag« datiert, muß am 23.5.1927 geschrieben worden sein.

Brief mit den Münchener Neuigkeiten] Diesen Brief (HBN) schrieb Emmy Ball am »Sonntag«, den 22. Mai 1927.

Karte aus Zürich] Im HBN befindet sich aus Zürich nur ein Brief von Emmy Ball, den sie am 19. Mai 1927 geschrieben haben muß. Darin berichtete sie am Abend ihres Abreisetages, daß sie in Zürich, nicht wie erhofft, bei den Leutholds (Sonnenbergstr. 37) übernachten konnte. Diese quartierten Emmy Ball ins Familienhotel Glockenhof, Sihlstr. 31/33, ein und übernahmen die Kosten.

Dr. Stahl] Ernst Konrad Stahl; vgl. *Nr. 614*.

liebe Professor] Carl Muth.

Carla] Carla Fassbind.

André Germain] (1881-1971), Kulturkritiker, Kunstwissenschaftler. Germain hielt sich häufig in Deutschland auf und berichtete über die kulturellen Ereignisse und Personen (vgl. ›Der Querschnitt‹, Berlin. Jg. 7, 1927, S. 718). Klaus Mann portraitierte Germain in seinem Roman ›Mephisto‹ in der Person des Pierre Larue.

»Revue Européenne«] ›la revue européenne. nouvelle série‹, Paris. Comité de direction: Edmond Jaloux, Valery Larbaud, André Germain, Bernard Faÿ, Philippe Soupault (1927). In den Jahrgängen 1927 und 1928 sind in dieser Zeitschrift weder Auszüge aus Balls Werken noch Rezensionen seiner Bücher erschienen.

Baron von Stietencron] Georg Eduard von Stietencron (1888-1974), unternahm mit André Germain, mit dem er befreundet war, um 1910 Reisen nach Ägypten und in Europa. Nach zeitweiligem Aufenthalt in Afrika stellte von Stietencron nach dem Ersten Weltkrieg die freundschaftliche Beziehung zu Germain wieder her.

Frau Reber] Erna und ihr Ehemann Dr. h.c. Gottlieb Friedrich Reber wohnten in Lugano, Via Maraini 3. G. F. Reber (1880-1959) stammte aus Lage bei Detmold und war bis 1918 in Barmen im Wollhandel tätig. Als Kunstsammler setzte er Schwerpunkte bei Gemälden alter Meister und bei der französischen Malerei des 19. Jahrhunderts, besonderes Kernstück seiner Sammlung waren Werke von Paul Cézanne; zeitweilig düften zwischen 20 und 30 Gemälde dieses Künstlers in der Sammlung von Reber versammelt gewesen sein. Nach Aufenthalten in München und Ascona wohnten die Rebers ab 1922 in Lugano, bis sie 1928 nach Lausanne verzogen. Aus Anlaß des 50. Geburtstages von Reber schrieb Carl Einstein (vgl. *Nr. 49a*) eine Würdigung, die zuerst in: ›Die Kunstauktion‹ Berlin. Jg. 4, 1930. Nr. 14 vom 6.4., erschien (Nachdruck in Carl Einstein: ›Werke‹. Bd. 3: 1929-1940. Berlin: Fannei & Walz 1996).

Da wir nicht zuhaus waren] Hugo Ball hielt sich vermutlich mit Annemarie in Cademario und Vernate auf. André Germain und von Stietencron hinterließen ihre Luganer Adresse, und Ball traf sich mit ihnen am 21. Mai im Caffé Riviera, Lugano, Riva Vincenzo Vela (›Tagebuch‹, 20. Mai 1927).

im »Bund«] Unter dem Titel: »Hermann Hesses ›Klingsor‹« erschien in der Tageszeitung ›Der Bund‹, Bern (Jg. 78, 1927. Nr. 217 vom 21./22.5. S. [1]-3) ein Auszug aus Hugo Balls Hesse-Biographie.

pazifistische Konferenz nach Lausanne] Der Schriftsteller, Literatur- und Kunsthistoriker André Jolles (1874-1946) schrieb am 19. Dezember 1926 seiner Tochter Hendrika Jeltje Goldschmidt-Jolles: »Gestern als ich gerade beim Schreiben war, erschien Herr Stietencron [...,] einer von den Herren, die versuchen eine kulturelle Annäherung zwischen Frankreich und Deutschland zu Stande zu bringen. Sie veranstalten dazu ›Herbstwochen‹ auf einem Schloss in der Nähe von Lausanne.« Jolles erwähnte weiter, er sei »schon im vergangenen Herbst dazu eingeladen« worden, habe aber »abgelehnt, da mir die Sache ihres pazifistischen Geruches wegen unheimlich war.« Jolles war allerdings nicht abgeneigt, im Herbst 1927 »nach Lausanne zu reisen«, aber nur, wenn es erlaubt sei, »unsern anti-pazifistischen Standpunkt zu vertreten, [...].« (Quelle: André Jolles (1874-1946). »Gebildeter Vagant«. Brieven en documenten. Hrsg. von Walter Thys. Amsterdam University Press & Leipziger Universitätsverlag 2000, S. 606). Zu diesen »Herbstwochen« bei Lausanne, so kann vermutet werden, wurde Hugo Ball von Baron G. E. von Stietencron ebenfalls eingeladen.

Baumanns] Gottlieb Rudolf und Anna Baumann, vgl. *Nr. 637*.

mein Magen] In der Korrespondenz ist dies der erste Hinweis Balls auf seine Erkrankung. Im Briefwechsel zwischen Emmy und Hugo Ball im Mai/Juni 1927 wird das gesundheitliche Befinden Balls immer wieder angesprochen. Erinnernd schrieb Emmy Ball: »Indessen erging es ihm gesundheitlich nicht gut, doch stellte er in seinen Briefen seinen Zustand als vollkommen unbedeutend hin. Er konnte ohne Beschwerde nichts mehr essen, sah aber zunächst hierin nur einen Hinweis auf die Notwendigkeit, um ›seiner Arbeit willen sich strengen Fasten hinzugeben, bei denen er sich am wohlsten fühlte‹. Er litt an Schlaflosigkeit, ohne dadurch unter sonderlicher Ermüdung zu leiden. Meiner Tochter, die ihm während meiner Abwesenheit den Haushalt führte, hatte er verboten, mich schriftlich seinetwegen irgendwie zu beunruhigen. Dennoch war es für mich nicht schwer, zu ahnen, daß er ernstlich krank sein müsse, zumal ihm bisher niemals etwas gefehlt hatte, das den Arzt nötig gemacht hätte. Er konsultierte schließlich doch seine zwei ärztlichen Freunde, Dr. F. Mueller und Dr. Maag, die ihm auch geistig nahe standen.« (EBH Weg, S. 174 f.) »Hugo holte mich an der Bahn in Lugano ab, und ich war aufs höchste erschrokken über sein verfallenes Aussehen. Ich brach in Tränen aus, da er mich zu beschwichtigen versuchte, es ginge ihm erst seit einigen Tagen nicht gut. Es kam nicht darauf an, ob ich mehr oder weniger bestürzt war, und seine Besorgtheit um meine Ruhe erschütterte mich bis ins tiefste.« (EBH Ruf, S. 273)

mein Prospekt] Vgl. auch *Nr. 732*, Nr. 744 und Nr. 749. Nachdem Ball der Prospekt nach den vergangenen Querelen verleidet schien, müssen ihm begeisterte Zustimmungen zugegangen sein. So schrieb Emmy Ball am 25. Mai 1927 auf einer Ansichtskarte aus Wiesau (HBN): »[...] der Prospekt ist grossartig und freut Euch [...] ein bisschen, mein Steffgen.« Hugo Ball bezeichnete daraufhin den Prospekt in Nr. 759 als »verlegerisches Kabinettstück«.

›schwer gekränkt‹] Vgl. *Nr. 749* – »geflissentliche Unterlassung«.

Doddie Petersen] Dorothea Christina Clausen, geb. Petersen (1885-1963). Die Benennung »Doddie Petersen« war im Verwandten- und Bekanntenkreis auch nach deren Verheiratung (1911) üblich. Doddie Petersen war von 1891 bis 1899 Schulkameradin von Emmy Hennings und wohnte in der Bauer Landstr. Nr. 13, später Nr. 21, in der Nähe der Steinstr., in der Emmy Hennings' Elternhaus war.

Tante Doris] Wahrscheinlich Dorothea Sophia Christine Jürgensen, geb. Zielfeldt (1844-1932), die jüngere Schwester von Emmy Balls Mutter.

Maria Eich] Wallfahrtskirche in München-Planegg. Emmy Ball plante, nach dem »Rombuch« ein Deutschlandbuch zu schreiben (›Tagebuch‹, 9. Mai 1927). Sie beschloß für etwa vier Wochen nach Deutschland zu reisen, um sich in den von ihr ausgewählten Orten (Maria Eich, Konnersreuth, Helfta, Görlitz, Dülmen u.a.) Notizen für das Buch zu machen. Es war schon längere Zeit ihre Absicht, Maria Eich aufzusuchen (›Tagebuch‹, 9. Mai 1927). In München hörte Emmy Ball am 24. Mai den Vortrag über die »Gestaltung des religiösen Lebens«, den P. Peter Lippert in der Universität hielt. Ihrer Tochter Annemarie berichtete sie (Brief vom [26. Mai 1927], HBN): Der eigentliche Inhalt dieser Predigt war »Maria Eich«. »Wie es in diesem kleinen Wallfahrtsort aussieht, weiss ich.« Erst durch diesen Vortrag sei ihr klargeworden, was ihr Maria Eich bedeute. Im ›Tagebuch‹, 29. Mai 1927 interpretierte Hugo Ball die Mitteilungen seiner Frau: »Maria sei die Reinheit und Eich sei der blühende Baum der Nation. In Reinheit blühend möchte sie Deutschland haben.«

Frau Dr. Lang] Caroline Lang, geb. Buser (1886-1928), erste Ehefrau von Dr. Josef Bernhard Lang (vgl. *Nr. 722*). Caroline Lang wünschte von Hugo Ball analysiert zu werden. Im Mai 1927 fanden mindestens fünf Sitzungen statt (›Tagebuch‹, 23. Mai 1927).

752. An Emmy Ball, 26.5.1927

H: Ms. Brief mit eigenh. Unterschrift und hs. Postskriptum; 1 Bl., 2 S. **F:** HBN. **E:** EBH Leben, S. 284 f.; auch in Briefe, S. 287 f. **DV:** Original.

Datierung: Christi Himmelfahrt war Donnerstag, der 26. Mai 1927.

Waldsassen] Stadt im bayrischen Reg.-Bez. Oberpfalz, an der Wondreb.

Konnersreuth] Dorf bei Waldsassen; bekannt geworden (1927) als Heimat der Stigmatisierten Therese Neumann. – Über ihren Aufenthalt in Waldsassen/Konnersreuth führte Emmy Ball Tagebuch: »Konnersreuth 1927«, 31 handschriftliche Seiten in einem Schulheft (HBN).

über uns beide] Adolf Saager hat in seinem Artikel ›Neubeleber des Katholizismus‹ Hugo Balls ›Die Flucht aus der Zeit‹ und Emmy Balls ›Der Gang zur Liebe‹ rezensiert. (›Nationalzeitung‹, Basel. Jg. 85, 1927. Beilage ›Der Basilisk‹. Nr. 21 vom 22. Mai 1927; HBB, Nr. 1079, S. 64).

Kölnische Zeitung] Franz Rodens besprach Balls ›Flucht‹ in der ›Kölnischen Zeitung‹. Nr. 349 vom 12.5.1927. Beilage ›Literatur- und Unterhaltungsblatt (Nr. 349a). Ball bezog sich auf den nachfolgenden Satz aus dieser Rezension: »Ein Epigon Nietzsches scheint hier am Werk zu sein; nur schwächer, nur mehr zu Kompromissen geneigt, nur unheroischer, nur mystischer.«

Leute vom Hochland] In der Nachschrift ihres zweiten Münchener Briefs (24. Mai 1927; HBN) machte Emmy ihrem Ärger Luft: »Muth sagte, ob er auf einen Lyrikaufsatz von mir rechnen könne. Ja sagte ich, wenn ich nur drauf rechnen könnte, dass Fuchs mich nicht mit seiner Gegenmeinung ärgert, mit seinen Sottisen, die an den Haaren herbeigezogen sind. Das hat den Muth gefuchst, und dann dass ich mir nicht einreden lassen mag, dass man Deine Sätze nicht verstehen könne. Ob das nicht auch mal am Verstand der Leser liegen könne, meint ich, er (Hugo) könnte auch mal was schreiben, was Sie nicht missverstehen werden. Der Fuchs hätte gesagt von der ›Flucht‹. ›Wenn das katholisch ist, dann hör ich auf katholisch zu sein.‹ ich sagt ›das wär aber nicht recht von ihm‹. Diese ›liebevollen‹ Ansichten sind recht erschütternd. Es ist eine grausliche Klique und ich freu mich auf frische Luft. [...] Muth ist so durchaus unter dem Pantoffel vom Fuchs, dem er die Übernahme des ganzen Verlags besorgen möchte am liebsten.

[...]

Muth sagt immer noch, er sässe im Aufsichtsrat und Direktion, aber die Sofakissen auch, und mehr hören sie da, glaub ich, nicht auf ihn. ich hab ihm gesagt, Sie waren so entzückt über den Artikel von meinem Mann, schrieben das freundlicher Weise noch aufs Kuvert, damit ers gleich sehen konnte, und nun können Sie's mit einem Mal nicht verstehn. Wie kommt das? Da hättest Du mal sehn sollen, wie verlegen er wurde. Der Fuchs holt sich seine Kurage von Muth, und der Muth fuchst uns mit dem Fuchs. Ja, so san's.«

Frl. Witt] Gertrud Witt aus Danzig war eine Verehrerin von Emmy Ball. In ihren Briefen, die sich im HBN befinden, beschrieb Gertrud Witt ihre persönlichen Probleme.

Annemaries David] Von Rudolf und Anna Baumann (vgl. *Nr. 637*) erhielt Annemarie Hennings den Auftrag, in deren Anwesen San Michele (Castagnola) das Atelier mit Fresken über König David auszugestalten (vgl. Nr. 756, Nr. 760 und Nr. 763)

›O fratelli miei‹] Vgl. *Nr. 493* Emmy Ball ergänzte den Brief Hugo Balls (Nr. 752) in EBH Leben, S. 285: »Oh, meine Geschwister.«

753. An den Verlag Duncker & Humblot, 26.5.1927

H: Ms. Brief mit eigenh. Unterschrift, 1 Bl., 2 S. **F:** Verlagsarchiv Duncker & Humblot, Berlin. **DV:** Original.

Brief vom 19.ten] Ball bedankte sich für Feuchtwangers Brief vom 19. Mai 1927, von dem sich ein Durchschlag im Verlagsarchiv von D&H befindet; auszugsweise wurde daraus in *Nr. 749* zitiert.

Briefe des Herrn Prof. Martin] Feuchtwanger äußerte sich im Brief vom 19. Mai 1927: »Waren Sie vielleicht über den Brief des Herrn von Martin gekränkt; dann können Sie aber nur über die Sendung dieses Briefes ungehalten gewesen sein! Ich kann Ihnen vielleicht zu Ihrer Beruhigung sagen, dass es mir nicht im entferntesten eingefallen ist, seinen Inhalt mir zu eigen zu machen, oder mich davon irgendwie beeinflussen zu lassen.« (Vgl. *Nr. 749* – »›Una sancta‹«).

Buch und Prospekt im November 26] Feuchtwanger faßte in seinem Antwortbrief vom 28. Mai 1927 (Verlagsarchiv D&H) seine Ansichten über die Beziehungen zwischen Verlag und Autor und hier besonders zwischen Duncker & Humblot und Hugo Ball zusammen: »Ganz kurz noch eine Replik zu Ihren Ausführungen! Es geht aus der Natur der Beziehungen zwischen Verlag und Autor hervor, dass dieser Letztere ausnahmslos den Erfolg seiner Bücher auf sich selbst, den Misserfolg auf die Dummheit, Lässigkeit und andere negative Eigenschaften des Verlags zurückführen muss. Diese Vereinfachung der sehr komplizierten Ursächlichkeit des Erfolges oder Misserfolges seines Buches ist schlechthin in der Struktur des Verhältnisses zwischen Verlag und Autor gegründet, war nie anders und kann nicht anders sein. Die Natur *Ihrer* Beziehungen zum Verlag unterscheidet sich nun von den normalen Autor-Verlags-Beziehungen noch dadurch, dass Sie meinen müssen, schlechter vom Verlag behandelt zu werden als Autoren von äusserem Rang mit allerhand Amt und Würden. Es gehört zu den ganz unverständlichen Spannungen und Antinomien der psychischen Welt, dass die Tatsachen genau umgekehrt sind, wie Sie sich in Ihrem Kopf ausmalen müssen. Sie halten sich geschäftlich-verlegerisch zurückgesetzt, undelikat behandelt. In Wahrheit nehmen Sie den ersten Rang bei uns ein, wenn es um die Sorgfalt und Pünktlichkeit der verlegerischen Massnahmen, um die Ausdrücklichkeit der Darlegungen unserer Absichten und Pläne geht. Aber die rein geschäftliche Behandlung des Vertriebs Ihrer Bücher muss doch zu Ihrem Nutzen in unseren Händen bleiben. Der 15. Januar war gegenüber dem 15. November viel richtiger für die Ausgabe, der Prospekt ist eher zu früh als zu spät gekommen.
Sie überschätzen die Möglichkeiten, auf die deutsche Welt durch das gesprochene und geschriebene Wort Eindruck zu machen. Sie geben sich über die Technik der Einflussgestaltung mittels Presse und ›Besprechungen‹ Illusionen hin. Wie stellen Sie sich ›die Betonung der Verbundenheit der beiden Bücher‹ vor? Diese Betonung wird durch unsere Behandlung Ihrer Bücher mehr gefördert als durch Ihre. Was verstehen Sie ferner unter ›die Kollision Ihres Hesse-Buches‹? Ich fürchte, Sie haben noch ungeheure Illusionen über den Weg einer Buchwirkung, besonders über das Tempo dieser Wirkung, dann aber auch über die Absolutheit der menschlichen Verhärtung gegenüber gedrucktem und geschriebenem Wort.«

André Germain] Vgl. *Nr. 751.*

holländische Herr] P. Eldering, Rotterdam. »Dessen Karte«, die Ball beilegte, befindet sich im Verlagsarchiv D&H. Eldering an Hugo Ball, Rotterdam 16. Mai 1927: »Anbei schicke ich Ihnen die zwei Nummern der Zeitschrift, worin Sie die zwei Artikel finden werden, welche mein Freund B. de Ligt über Ihr Buch geschrieben hat. [...] De Ligt wohnt jetzt in Onex (Canton Genéve) und er würde sich sehr freuen, wenn Sie etwa in Veranlassung seiner Kritik sich mit ihm in [B]eziehung setzen wollen.« Bei den beigelegten »zwei Besprechungen« handelte es sich um die Rezension über Balls ›Zur Kritik der deutschen Intelligenz‹ von Bart de Ligt, die u.d.T.: ›De nieuwe Generatie. I-II‹ in: ›De nieuwe Amsterdammer‹, Amsterdam, No. 303 vom 23. Oktober 1920 und No. 304 vom 30. Oktober 1920 (HBB, Nr. 1239a, S. 72), erschien.

Basler »Nationalzeitung«] Vgl. *Nr. 752* – »über uns beide«.
»Kölnische Zeitung«] Vgl. *Nr. 752*.
P. Przywara] Vgl. auch *Nr. 442* – In den ›Stimmen der Zeit‹, Freiburg i. Br., erschien von Erich Przywara eine Besprechung von Balls ›Flucht‹ u.d.T. ›Integraler Katholizismus?‹ (Bd. 113, 1927. S. 115-121; HBB, Nr. 1077, S. 64).

754. An Emmy Ball, 30.5.1927

H: Hs. Postkarte, beidseitig beschrieben. Urspr. einkuvertiert, da auch das Adreß-Feld beschrieben. **F:** HBN. **E:** EBH Leben, S. 289 f.; auch in Briefe, S. 292 f. **DV:** Original.

Datierung: In Nr. 755 vom 31.5.1927 erwähnte Hugo Ball, er habe gestern nur »eine Karte« schreiben können, da Hesse zu Besuch kam und er abends »Doktor Müller und Dr. Maag« besuchte. Im selben Brief fragte Ball nach dem Erhalt des Jean Paul, den er durch den Buchhändler Arnold (Nr. 754) schicken ließ. Nr. 754 kann somit auf den 30.5.1927 datiert werden.

diese Karte] Am Vortag hatte Ball nur Zeit, wie er in Nr. 755 erwähnte, seiner Frau »eine Karte« zu schreiben. Auch ließ er am selben Tag den Jean-Paul-Auswahlband durch den Buchhändler Arnold »postlagernd Waldsassen« senden.
Wunsiedel] Bezirksstadt im bayrischen Reg.-Bez. Oberfranken, im Fichtelgebirge, an der Röslau. Emmy fuhr am 30. Mai 1927 nach Wunsiedel und besuchte das Geburtshaus Jean Pauls. Über diesen Ausflug schrieb sie am »letzten Mai 1927« einen Brief an Hermann Hesse (EBH Hesse, S. 73 ff.). Für diesen Brief und für zwei Karten bedankte sich Hermann Hesse mit einer Ansichtskarte (Ricordo di Montagnola) am 2. Juni 1927 (DLA, Hesse) bei Emmy Ball: »es ist also doch noch ein Klang von Jean Paul in Wunsiedel«. Hesse hatte sich »unermüdlich […] für den spezifischsten deutschen Poeten« eingesetzt (Hesse-Biographie, S. 87). Über Hesses Bemühungen um Jean Paul vgl. Hesse, Stationen, S. 267-276.
durch Arnold ein Buch] Ball ließ durch die Buchhandlung Arnold (vgl. *Nr. 634*) seiner Frau einen Auswahlband der Werke Jean Pauls senden. Emmy bestätigte in ihrem Brief vom 2. Juni 1927 (HBN) den Erhalt der »Jean-Paul-Biographie«.
Briefe, die bei mir] Emmy Ball bat im undatierten Brief [26. Mai 1927] an Annemarie Hennings (HBN) ihre Korrespondenz von dieser Deutschlandreise aufzuheben. Hugo Ball kommentierte diesen Wunsch (›Tagebuch‹, 29. Mai 1927), er hebe sowieso alle ihre Briefe und Zettel auf.
Giffa-Tinktur] Unsichere Lesart. Emmy Ball am 2. Juni 1927 (HBN): »Was mir nur arg leid tut, dass Du offenbar Dich doch nicht gut, nicht gesund fühlst, aber wir wollen nun mal warten, wie das Dr. Müller Mittel hilft. Hoffentlich gut, mein lieber Hugo.«

755. An Emmy Ball, 31.5.1927

H: Ms. Brief mit eigenh. Unterschrift; 3 Bl., 3 S. **F:** HBN. **E:** EBH Leben, S. 285-287; auch in Briefe, S. 289-291. **DV:** Original.

Karte zu schreiben] Nr. 754.

Therese] Therese (Resl) Neumann (1898-1962), lebte in Konnersreuth und war seit 1926 stigmatisiert. Über ihren ersten Besuch bei Therese Neumann berichtete Emmy Ball ihrem Mann am 26. Mai 1927 (HBN): »Der Pfarrer [Naber] war sehr lieb und sagte ›Vielleicht kommen Sie um 3 Uhr zu mir.‹ Aber sein erschüttertes Gesicht tat mir so leid, dass ich nicht gegangen bin. Es ist auch anders gekommen. Um ½ 1: sagte er mir, werden Sie sie sehen, und so ists auch gewesen. Ich hab sie gesehen mit Anderen und konnte kein Wort sagen. Es waren 18 Menschen im Zimmer, aber wenn mich nicht alles täuscht, hat sie nur mit mir gelächelt, nur immer auf mich gesehen. Alle haben gesprochen mit ihr, sie gefragt, und ich konnte gar nichts sagen. ich sah ihre Wunden und ihre Augen, man sieht durch die Wunden. Die schneeweissen Hände sind ganz durchlöchert von einer Wunde. Man sieht keinen Nagel, man sieht nur Wunde. Es war furchtbar zu sehen, wie sie ausgefragt wurde und wie sie das hinnahm. Einer sagte, genau wie zu einer Kellnerin ›Wieviel ... also Frl. ich möchte Ihnen ein Trinkgeld geben ...‹ Sie sagte nicht mit irgend einer absichtlichen Hoheit, sondern wie ein Kind, ganz schlicht ›ich leide nicht um Geld‹. Und streifte ihre Halbhandschuhe schüchtern über die Hände. Sie zeigte ihre Wunden gleich willig als ein junger Mann sie danach fragte, als sei es eben das, wofür sie gar nicht könne. Sie hat noch 9 Geschwister, ihr Vater ist Schneider, und kann kaum arbeiten seit der Zeit sie die Stigmen hat. Es ist das rührendste ärmste Haus in der kleinen Ortschaft und die Fenster sind niedriger, als bei uns in Sorengo sie waren. [...] Es war nicht Absicht, dass ich als letzte hinausging, es lag so schwer in meinen Füssen. ich sah sie noch einmal an und sagte ›Grüss Gott‹. Da hob sie leicht ihre Hand hoch, ohne eigentlich zu winken, ganz still und nickte. ›Gott grüsse Sie‹, sagte sie das war das einzigste, was sie mir direkt gesagt. Draussen musste ich sehr weinen unter der Stiege. Es führt eine Stiege ohne Geländer zu ihr hinauf. Sie isst nicht, sie trinkt nicht und doch kann sie gehen. Als wir sie erwarteten vor dem Hause kam sie aus der Küche, von ihrem Schwesterchen begleitet die Stufen herab. Auf den Fersen. Du solltest das sehen, Hugo, wie sie geht. Wenn sie auf den Fersen geht. Das sieht unsäglich rührend aus. Sie ist weisser wie dieses Papier und ihr Gesicht wirkt reiner wie Schnee. Buchstäblich und übertragen. Sie hat wie die Bäuerinnen ein weisses Kopftuch, das die Wunden deckt. Sie leidet nicht mehr an Freitagen im äusseren Sinne. Seit Ostern nicht, aber sie geniesst *nichts* mehr. Sie hat mit ihren 28 Jahren kaum Zähne im Mund, nur kleine Körnchen, aber das wirkt seltsamer Weise nicht im Geringsten entstellend, ich könnte sie mir mit Zähnen gar nicht denken.«

von der kleinen Taube] Die »kleine Taube« wird von Emmy Ball mehrere Male erwähnt: »Es ist ein Täubchen in ihrem [Thereses] Zimmer, das ist zahm und sieht aus, als verstünde es jedes Wort, das man sagt.« (1. Brief vom 27. Mai 1927; HBN) »Die Taube ist wie gesagt ein ganz reizendes Thierchen, das immer mit ihr geht, aber nicht mit den andern aus der Familie. Sie bleibt, wenn Th[erese] über den Kirchplatz geht auf ihrer Hand.« (Brief vom 31. Mai 1927; HBN) »[...] das Täubchen guckt immer auf sie hin, wenn sie spricht, als wollt es hören, was sagt sie jetzt. Man kann von diesem Thierchen die Illusion haben, es sei ein Wesen, das mit Vernunft begabt sei. Diese kleine Taube ist einzigartig niedlich. Manchmal sitzt sie auf dem Hausaltar.« (Brief vom 6. Juni 1927; HBN).

blinden Lautenmädchen] Emmy Ball am 27. Mai 1927 (HBN): »Heut früh spielte ihr [Therese] eine Blinde ein Lied auf der Laute vor. Die blinde, Rose heisst sie, stammt aus Böhmen und erwartet das Licht von Therese, durch ihre Fürbitte.« Emmy Ball am 6. Juni 1927: »Die kleine Blinde muss aber morgen wieder in ihre Heimat nach Böhmen zurück. Sie ist mit 12 Jahren erblindet. Sie spricht sehr lebhaft, beinahe stürmisch, 18 Jahre alt und sehr niedlich. Sie sagt ›als ich das Hübsche und Gute gesehen hatte, hat mir der liebe Gott die Augen zugemacht, hätte er sie mir offen gelassen, hätte ich vielleicht das Gefährliche gesehen. Es gibt das doch, wie ich gehört.‹ Sie hat die Himmelfahrt und die Ausgiessung des heiligen Geiste[s] notirt und dann wieder diktiert. Dass sie ohne Augenlicht wieder fortgeht, macht ihr nichts mehr aus, obwol sie deswegen gekommen. Sie spielt sehr gut Laute, und man wundert sich, dass sie die Saiten greifen kann, da sie sonst keine drei Schritte zurechtfindet. Sie scheint geistig so lebhaft zu sein, dass sie sofort den Raum vergisst.«

Görres] Joseph Görres, vgl. *Nr. 280*, *Nr. 503* und auch HBA 1997/98, S. 133.

Maria Mörl] Maria Theresia von Mörl (1812-1868), Stigmatisierte, seit 1834 Passionsekstasen, starb im Kloster in Kaltern (Südtirol); vgl. LThk 7, Sp. 637.

erste Begegnung in der kleinen Gasse] Vor dem ersten Besuch bei Therese Neumann begegnete Emmy Ball ihr flüchtig. Am 26. Mai 1927 schrieb sie an Hugo Ball (HBN): »Heute ist Himmelfahrtstag, und ich komme soeben von Konnersreuth. Wie beginne ich jetzt Dir zu erzählen? Es wird mir schwer fallen von Anfang an zu berichten, wie ich es gern möchte, es wird das wol eine Konzentration erfordern, die ich im Augenblick nicht habe. Und doch möchte mit meinem Schreiben nicht warten, drum wenns ein wenig durcheinander geht, bitt ich Dich um Entschuldigung, weil ich Therese Neumann gesehen habe, die Stigmatisierte. [...] Zur Messe kam ich grad und unmittelbar nach der Messe sah ich als ich zum Pfarrer mich anmelden gehen wollte, in einem Thürrahmen eine Gestalt, die mir erst durch ihre Wundersamkeit auffiel, als ich vorübergegangen war. Ein junges Mädchen in Halbhandschuhen, gestützt auf ein etwa 10jähriges Kind. ich war durch ein Seitengässchen gegangen, und [...] war ich gar nicht darauf gefasst in diesem schmalen Gang der Stigmatisierten zu begegnen. ich hörte nur: ›Das ist schön, o wie schön das ist!‹ In meinem eiligen Schritt hielt ich inne und stand still, und meinte, ich könnte doch vielleicht dieses Mädchen einmal fragen, ob sie mir nicht sagen wolle, was so schön sei. Diese Absicht tauchte blitzschnell in mir auf, aber ich habe soviel mir bewusst gar nicht gedacht, dass das die Stigmatisierte sein könnte. Als ich mich umsah, war sie fort, und ich rieb mir die Augen. Ich war dem Wunder begegnet, und wusste das erst, als es vorüber war.«

den Pfarrer zu bitten] Joseph Naber (1870-1967); Priesterweihe 1895. Von 1909 bis 1967 war er Seelsorger in Konnersreuth. Seine ›Tagebücher über Therese Neumann (1962) und Aufzeichnungen‹, hrsg. von Johannes Steiner, erschienen 1987 im Verlag Schnell & Steiner (München u. Zürich). An Hugo Ball schrieb Emmy Ball am 31. Mai 1927 aus Waldsassen (HBN) ihre Eindrücke über Pfarrer Naber: »Der Pfarrer ist ein sehr feiner Mensch, macht Eindruck und ist nicht wie ein gewöhnlicher Dorfpfarrer manchmal ist, wie sie ja hin und wieder etwas derbes an sich [haben]. Pfarrer Naber ist das Gegenteil, spricht anfangs, wie das ja in diesem Fall begreiflich ist, sehr vorsichtig; denn die Erfahrungen, die er gemacht hat sind schrecklich, [...].«

Adresse des Mediziners] Als sich Emmy Ball am 26. Mai 1927 bei Pfarrer Naber für einen Besuch bei Therese anmelden wollte, warteten noch weitere Besucher: »Es war ein okkultistischer Mediziner da, der sich längst angemeldet und den Vorzug hatte, wie er sagte. [...] Der Mediziner gab mir seine Adresse, was mich gewundert. Er hat sie heut früh untersucht, hat Herz auskultiert, und war ganz frisch, als er im Auto ankam. Und als er abfuhr sah er wie ein Geist aus, so blass.« Die Adresse des Arztes teilte Emmy Ball am 4. Juni 1927 (HBN) mit: »Dr. W. Klimaszewski, München, Lindwurmstr. 36«.

Deine Briefe findest Du] Vgl. *Nr. 754* – »Briefe, die bei mir«.

Louise Lateau] Louise Lateau (1850-1883), geb. in Bois d'Haine, einem Dorf bei Brüssel, im belgischen Hennegau. Seit 1867 traten bei ihr blutende Wundmale auf. (Quelle: Johannes Maria Höcht: ›Die Träger der Wundmale Christi‹. Stein am Rhein, 4. Aufl. 1986, S. 368-380).

eine Stelle in Deinem »Chioggia«-Aufsatz] Emmy Balls ›Aus Chioggia‹ erschien im ›Berliner Tageblatt‹ (Jg. 56, 1927. Nr. 246 vom 26.5., S. 2-3). Während im Original-Brief (Nr. 755) nur auf eine »Stelle« hingewiesen wird, fügte Emmy Ball in EBH Leben (S. 286) hinzu: »›Mein Land ist ein einziges großes Herz ...‹« Im ›Chioggio‹-Aufsatz erzählte Emmy Ball dem Strandwächter in Chioggia ihre Herkunft: »›Ich bin nicht so meerfremd, wie Sie vielleicht annehmen [...]. Sie sollten mein Land sehen, Signore. Das ganze Land ist eine einzige schöne, weite Herberge zur Heimat, ein großes Herz. [...].‹«

aramäisch heisst es] Emmy Ball fragte im 2. Brief vom 27. Mai 1927 (HBN) an: »Lieber Hugo, der Pfarrer spricht davon, dass Therese in ihren Bildern ›aramäsche‹ Worte hört. Willst Du mir mitteilen, ob ich das Wort richtig schreibe? arämäisch oder arameisch.«

Görlitz] Bei den Planungen von Emmy Balls Deutschlandreise war auch ein Aufenthalt in Görlitz in Erwägung gezogen worden (vgl. *Nr. 751* – »Maria Eich«). In Penzig bei Görlitz kam Tochter Annemarie Hennings am 11. August 1906 zur Welt. In ›Das flüchtige Spiel‹ (Einsiedeln, Köln: Benziger 1940) schildert Emmy Ball in dem Kapitel: ›Ein Kinderwagen wird gekauft. Besuch bei Jakob Böhme‹ den Kauf eines Kinderwagens für Annemarie und die Suche nach dem Grab von Jakob Böhme auf dem Friedhof in Görlitz. Vielleicht wollte Emmy Ball bei einem neuerlichen Besuch in Görlitz nach Lebenszeugnissen Jakob Böhmes (vgl. *Nr. 249*) Ausschau halten. Allerdings schrieb Emmy Ball aus Eisenach (um den 10. Juni 1927, HBN): »Und mein früheres Interesse für Böhme hat merklich abgenommen [...].«

Hellerau] Besuch bei Jakob Hegner.

Steppenwolf] Hermann Hesse.

seine Schwester] Adele Gundert.

Freundin aus Wien] Vgl. auch Hesses Briefe 2, S. 169, 176, 179 und 182. Ninon Dolbin, geb. Ausländer (1895-1966), Kunsthistorikerin. Bereits als Schülerin stand Ninon Ausländer ab 1910 mit Hermann Hesse in brieflicher Verbindung. In Montagnola begegneten sie sich erstmals 1921, nochmals 1924. Am 21. März 1926 besuchte Ninon Dolbin, die 1918 den Karikaturisten und Kunstkritiker Benedikt Fred Dolbin (1883-1971) geheiratet hatte, Hermann Hesse in Zürich und fand ihn in einem Zustand innerer Zerrissenheit. Im April 1927 schlug Ninon Dolbin, während ihres Aufenthalts in Montagnola, ein »getrenntes Zusammenleben« (S. 22) vor. Hesse stimmte zu. Um das Elternhaus zu verkaufen, fuhr Ninon Dolbin am 8. Mai 1927 nach Czernowitz und kam Anfang Juni nach Montagnola zurück. Mit Ninon ging Hermann Hesse am 14. November 1931 seine dritte Ehe ein. (Daten aus: Ninon Hesse: ›Lieber, lieber Vogel‹. Briefe an Hermann Hesse. Ausgewählt, erläutert und mit einem Essay eingeleitet von Gisela Kleine. Frankfurt a.M. 2000).

seine Frau aus Ascona] Ruth Hesse, geb. Wenger, Hesses zweite Ehefrau. Die Ehe war am 2. Mai 1927 geschieden worden.

756. An Emmy Ball, 31.5.1927

H: Ms. Brief mit eigenh. Unterschrift und ms. Postskriptum; 1 Bl., 2 S. **F:** HBN. **E:** EBH Leben, S. 301 f.; auch in Briefe, S. 291 f. **DV:** Original.

Datierung: Nr. 756 als »zweiten heutigen Brief« am »Dienstag Mittag« geschrieben, kann sicher aus der inhaltlichen Anbindung zu Nr. 755 – »Zauber- und Hexenmittel« von Dr. Müller (Nr. 755) und »Dr. M[üllers] Wirkung« des Magenmittels abzuwarten (Nr. 756) – auf Dienstag, den 31. Mai 1927 datiert werden.

Deine beiden Briefe] Im HBN befinden sich eine Postkarte vom Sonnabend, den 28. Mai 1927, ein Brief, dessen Datierung sich aus dem Inhalt erschließt (Sonntag, den 29. Mai 1927) und ein Brief an Annemarie Hennings, der in diesen Tagen (um den 28. Mai 1927) geschrieben sein könnte.

Annemusch ist gar treu und lieb besorgt] Im undatierten Brief an Annemarie Hennings (um den 28. Mai 1927, HBN) schrieb Emmy Ball: »Mach, dass unser Steffgen wieder gesund wird, Liebling. Mit dem Bircher Müsli, ob das das Rechte ist? Sei sehr sorglich mit dem Essen kochen, und denke nicht, dass das eine zu geringe Beschäftigung sei, denke, alles was man liebevoll tut ist gross. Vergiss das nicht!«

»Traktat von der Heilkunde«] Diese Publikation von Hans Blüher (vgl. *Nr. 326* – »Ihre Besprechung des Blüher'schen Buches«) erschien 1926 im Eugen Diederichs Verlag.

Aufschreibeamt] Emmy Ball fragte im Brief vom 29. Mai 1927 (HBN) nach Hugo Balls Meinung: »Der Pfarrer [Naber], der zuerst recht vorsichtig mir gegenüber schien, als ich sprach, ist ungemein herzlich. [...] Ohne dass ich noch recht gesprochen, sagte der Pfarrer ›ich hörte ein exstatisches [!] Gebet von Therese, das war so unerhört schön, ich habs vergessen. Wer das aufschreiben könnte. Sie ist vom Bischof gebeten ihre Visionen aufzuschreiben, aber jeder Federzug tut ihr ja weh und vor allem ihre Sprache ist nicht das rechte deutsch.‹ Was aber der Priester an Aussagen wiedergegeben hat, ist gar nicht die Weise, wie sie mitteilt, wodurch der Reiz der gerade in einer klugen Kindlichkeit liegt, verloren geht. Was meinst Du? Soll ich mich dort anbieten?

ich könnte ja einen Roman auch darüber schreiben; denn bei allem Wunderbaren, was dort geschieht, hab ich doch schon eine Ahnung von der Tragik, die diesem Menschen bevorsteht. ich habs auch dem Pfarrer gesagt, dass sie dort Schweres werden durchmachen müssen. […]

Vielleicht reise ich und komme noch einmal hierher zurück. Ein Roman wäre natürlich ein Publikumserfolg. ich dachte das gestern, als ich von Konnersreuth zurückging.«

Marie-Julie von La Fraudais] Marie-Julie Jahenny (1850-1941). Die Bretonin Jahenny wurde in dem Weiler La Fraudais bei Blain im Departement Loire-Atlantique geboren. Bei ihr traten ab 1873 Stigmata auf. Antoine Imbert-Gourbeyre (vgl. *Nr. 492* – »nicht ebenso das Buch«) untersuchte sie im Auftrag des Bischofs von Nantes und kam zu dem Schluß, ihre Stigmatisation würde »über alle natürlichen Kräfte hinausgehe[n] und frei von Betrug sei[n]« (Johannes Maria Höcht: ›Träger der Wundmale Christi‹. Stein am Rhein. 4. Aufl. 1986, S. 454).

König David] Vgl. *Nr. 752* – »Annemaries David«.

›Klosterhof‹] Emmy Ball fand Unterkunft im Klosterhof Waldsassen. In ihren Briefen an Ball beschrieb sie ihr Quartier, das sich unmittelbar neben der Klosterkirche befand, und der »heilige Nepomuk« stand »auf dem Platz« vor ihrem »Fenster« (29. Mai 1927). Von der Wirtin des Klosterhofs, Frau Wagner, berichtete Emmy Ball, »sie und ihr Mann sind abstinent und klagen, dass Bier getrunken wird. Das ist doch recht absurd.« (31. Mai 1927)

757. An Beda Ludwig, 3.6.1927

D: Ms. Durchschlag; 1 S. **F:** HBN. **DV:** Durchschlag.

Ihre liebe Karte] Nicht erhalten.

beiden Bücher] In der verschollenen Karte bat Pater Beda (›Tagebuch‹, 14. Mai 1927) um Rückgabe von zwei seiner Bücher: P. Germano vom hl. Stanislaus: ›Leben und Briefe des hl. Gabriele Possenti …‹ und Antoine Imbert-Gourbeyre: ›La stigmatisation‹ (vgl. *Nr. 492* – »nicht ebenso das Buch«).

758. An Carla Fassbind, 4.6.1927

A: Ms. Abschrift; 1 S. **F:** HBN. **DV:** Abschrift.

Ausschnitt aus dem »Vaterland«] Albert Meyenberg veröffentlichte unter dem Kürzel »-g.« im ›Vaterland‹, Luzern (vgl. Albert Zollert: ›Die Werke von Prälat Dr. Albert Meyenberg‹, Zug 1931). Neben religiösen und politischen Themen erschienen von Meyenberg in dieser Tageszeitung auch einige Beiträge über das Rigi-Gebiet. Albert Meyenberg (1861-1934), Priester; 1891 Professor für Pastoraltheologie in Luzern, seit 1902 auch für Exegese, Homiletik und Katechetik; 1900-1923 Schriftleiter der ›Schweizerischen Kirchen-Zeitung‹.

zum Pfingstfest] Emmy Ball war während der Pfingstfeiertage noch in Waldsassen/Konnersreuth. Am 6. Juni 1927 (Dienstag nach Pfingsten) schrieb sie an Hugo Ball (HBN): »[…] ich reise morgen.«

Kloster Helfta] Ehemaliges Zisterzienserinnenkloster, 1546 aufgelöst, derzeit in die Lutherstadt Eisleben eingemeindet. 1999 wurde das Kloster neu gegründet. Unter der Äbtissin Gertrud von Hackeborn (1232-1292) wurde das Kloster Helfta ein Mittelpunkt der deutschen Frauenmystik. Neben der Äbtissin prägten auch Mechthild von Magdeburg (um 1210-zwischen u. 1294) vgl. *Nr. 362* – »Fliessende Licht«, die hl. Gertrud von Helfta (1256-1302) und die Schwester der Äbtissin, die hl. Mechthild von Hackeborn (1241-1299), die Bedeutung des Klosters.

Verstimmung] Zur Verstimmung Hesses kam es wohl wegen eines verabredeten Ausflugs, an dem Ball teilnehmen wollte. Hermann Hesse an Hugo Ball am 25. Mai 1927 (DLA): »Von den Enttäuschungen, die meine diesmalige Rückkehr ins Tessin mir gebracht hat, war die heutige die schlimmste. Ich hatte mich von Carla überrumpeln lassen, die geplante Autofahrt mitzumachen, indem ich mich darauf verließ, das [!] Du dabei seiest. Als ich nun heut morgen in Cap[p]ella war, um Dich zu treffen, wie Du es mit Carla verabredet hattest, war niemand da. In der Meinung, Du seiest vielleicht schon mit dem frühern Zug gefahren, und fest gewillt, Dich zu treffen, fuhr ich allein nach Lugano hinein, wo Carla und ihre Leute an der Bahn standen und sehr enttäuscht waren als Du nicht kamst. Ich hatte scheußliche Gichtschmerzen, und von einer vielstündigen Autofahrt konnte nicht die Rede sein, ich kehrte daher wieder um und sitze nun wieder daheim.«

Geburtstagswunsch] Hesses 50. Geburtstag am 2. Juli 1927.

759. An den Verlag Duncker & Humblot, 7.6.1927

H: Ms. Brief mit eigenh. Unterschrift, 1 Bl., 1 S. **F:** Verlagsarchiv Duncker & Humblot, Berlin. **DV:** Original.

pax nobiscum] Vgl. *Nr. 714*.

Ihr prospectus] Vgl. *Nr. 751* – »mein Prospekt«.

»Rom und Wittenberg«] Hugo Ball hatte von Samuel Saenger (vgl. *Nr. 763*) Mitherausgeber der ›Neuen Rundschau‹, die Aufforderung erhalten, einen Aufsatz zu diesem Thema zu schreiben. Zunächst sollte der geplante Aufsatz in der ›Neuen Rundschau‹ (vgl. auch EBH Ruf, S. 273) und danach in einer »Essaysammlung« Aufnahme finden (›Tagebuch‹, 19. Mai 1927). Ball gab seine prinzipielle Zusage, bekam aber nachträglich Zweifel, ob er nicht lieber doch absagen sollte. Seine Gründe: das Thema sei ihm »zu offen, zu direkt«, auch sei er schon mit den Studien zum Exorzismus-Buch beschäftigt und würde mindestens zwei Monate Zeit verlieren, auch schien es ihm fraglich, ob er das Thema »Rom und Wittenberg« in vierzig Seiten abhandeln könne (›Tagebuch, 29. Mai 1927). Saenger, dem Ball seine Bedenken wohl mitgeteilt haben dürfte, schlug eine Erasmus-Biographie als Ersatzthema vor (›Tagebuch‹, 6. Juli 1927).

Sohm (Kirchenrecht)] Sohm, Rudolph: ›Kirchenrecht‹. Bd. 1-2. München, Leipzig: Duncker & Humblot 1923 (= Syst. Handbuch der Deutschen Rechtswissenschaft. VIII. Abt. 1-2). Beide Bände befinden sich im HBN, der 2. Band ist mit handschriftlichen Randnotizen Balls versehen.

Gothein (II. Band)] Eberhard Gothein: ›Schriften zur Kulturgeschichte der Renaissance, Reformation und Gegenreformation‹. Mit einer biogr. Einleitung von Edgar Salin. Bd. 2: ›Reformation und Gegenreformation‹. München, Leipzig: Duncker & Humblot 1924. Dieser Band befindet sich im HBN.

760. An Emmy Ball, vermutl. 11.6.1927

H: Ms. Brief mit eigenh. Unterschrift und ms. Postskriptum; 4 Bl., 4 S. **F:** HBN. **E:** Briefe, S. 294-297. **DV:** Original.

Datierung: Am 6.6.1927 schrieb Emmy Ball aus Waldsassen (vgl. *Nr. 758* – »Zum Pfingstfest«): »[...] ich reise morgen.« Nr. 760, auf einen »Samstag« datiert, kann frühestens am 11.6.1927 geschrieben worden sein. Am Samstag, den 18.6.1927 war Emmy Ball entweder noch in Dresden oder bereits in Berlin, denn am 14.6.1927 schrieb sie an Hesse aus Dresden (EBH Hesse, S. 75-78).

Eisenacher Brief] Veröffentlicht im HBA 1984, S. 145-148.

Goldschmidt Tageblatt gelesen] In ihr Tagebuch (›Sorengo, d. 1. Mai‹, HBN) schrieb Emmy Ball im Eintrag: 21. Dez.: »Durch E[lisabeth] B[ergner] kam ich zu Bankdirektor Goldschmidt, der mir 100 M. monatlich senden will, mir 100 M. gab und als ich zurückkam wieder 100 geschickt hatte.« Ob es sich hierbei um den Bankier Dr. Ernst Goldschmidt (vgl. *Nr. 637* – »Klabund«) handelte, der das Ehepaar Klabund / Carola Neher von Mai bis Juli 1926 auf seinen Herrenhof in Zeesen bei Königs Wusterhausen einlud, kann nur vermutet werden. Im Aufsatz ›Aus Chioggia‹ (vgl. *Nr. 755*) erzählte Emmy Ball: »›Uebrigens werde ich wohl in diesen Tagen Geld aus Berlin bekommen, eine sehr große Summe. Nicht daran denken darf ich, aber Sie dürfen schon ein wenig daran denken, das wird wohl nicht schaden. [...] Bitte, fragen Sie mich nicht von wem. Ich kann es nicht sagen, wenngleich gerade Sie der geeignete Mensch wären, dem ich mein Geheimnis anvertrauen könnte. Aber ich kann es doch nicht. Es geht nicht. Bitte fragen Sie mich nicht.‹« Nach der Lektüre von Emmy Balls Aufsatz (»mit grosser Freude gelesen«, Nr. 761) fühlte sich Goldschmidt möglicherweise veranlaßt, die doppelte monatliche Rate zu überweisen.

Frau Baumann kam] Vgl. *Nr. 752* – »Annemaries David«.

Schriftsteller Bührer] Jakob Bührer (1882-1975), Journalist, Schriftsteller (vgl. LL 2, S. 292 f.), war in zweiter Ehe (seit 1923) verheiratet mit der Schriftstellerin Elisabeth Thommen (1888-1960).

mit Louise Hensel verglichen] L(o)uise (Maria) Hensel (1798-1876), religiöse Dichterin (vgl. LL 5, S. 218 f.). Beim zweieinhalbstündigen Besuch Emmy Balls bei Therese Neumann am 2. Pfingstfeiertag (6. Juni 1927) – über den sie Hugo Ball noch am selben Tag ausführlich berichtete (HBN) – erzählte Emmy Ball, daß sie »schreibe«, daraufhin sagte Therese Neumann »ganz nachdenklich«, »›wie Louise Hensel so ... Von ihr weiss ich. Ja, ich auch von Ihnen.‹«

Buch über die hl. Therese] Vgl. *Nr. 747* und Nr. 748.

katholische Erziehungsheim in Hellerau] Jakob Hegner hatte am 22. Februar 1927 (HBN) geschrieben: »Hier sind die Aussichten gemeinsamen Wirkens ungemein günstig geworden: wir bekommen ein katholisches Erziehungsheim nach Hellerau: die Christianisierung kann ernstlich beginnen. Durch Menschen und Bücher.«

römischen Begegnung mit H[egemann]] Vgl. *Nr. 609* – »meine Frau morgen nach Rom«.
Uschi-Mittel] Vgl. *Nr. 754* – »Giffa-Tinktur«.
Besso] Ortsteil von Lugano-Massagno.
Görlitz] Vgl. *Nr. 755*.
Frau Dolbin] Vgl. *Nr. 755* – »Freundin aus Wien«.
Wassmers] Max Wassmer (1887-1970), Zementfabrikant, Freund und Mäzen Hermann Hesses, und seine erste Frau Mathilde (gen. Tilly). Wassmer besaß in Bremgarten bei Bern ein Schloß.
beide Helden ›Goldmund‹] Im April 1927 begann Hermann Hesse mit Vorarbeiten für die Erzählung ›Narziß und Goldmund‹, die zunächst als Vorabdruck in ›Die Neue Rundschau‹, Berlin, Jg. 40, 1929. H. 10, Oktober bis Jg. 41, 1930, H. 4, April erschien. Die Buchausgabe kam im Juli 1930 heraus.
Pater Materno] Vgl. *Nr. 257* – »Frate Maturno«.
erhältst] So im Original.

761. An Emmy Ball, 13.6.1927

H: Ms. Brief mit eigenh. Unterschrift; 1 Bl., 2 S. **F:** HBN. **DV:** Original.

Datierung: Hugo Ball berichtete seiner Frau in Nr. 761 von Rockenbachs Aufsatz: ›Über Emmy Hennings‹, der in der ›Frankfurter Zeitung‹ am 12.6.1927 erschien. Nr. 761 an einem »Montag« geschrieben – am 20.6. hielt sich Emmy Ball bereits in Berlin auf (vgl. Nr. 763) –, kann deshalb nur am Montag, den 13.6.1927 geschrieben worden sein.

Montag in Dresden Brief] Während es sich bei dem Brief um Nr. 760 handeln könnte, sind »Telegramm, Postkarte und Drucksache« nicht im HBN vorhanden.
Frankfurter Zeitung v. 12.ten] In der ›Frankfurter Zeitung‹, (Jg. 71, 1927. Nr. 429 vom 12.6., ›Literarische Beilage‹, Jg. 60, Nr. 24, S. 7) erschien von Martin Rockenbach der Aufsatz ›Über Emmy Hennings‹.
Honorar des Berlin. Tageblatts] Der eingegangene Betrag war das Honorar für den Aufsatz ›Aus Chioggia‹, vgl. *Nr. 755* – »eine Stelle in Deinem ›Chioggia‹-Aufsatz«.
Lampenfieber haben wegen Hellerau] Emmy Ball schrieb am 11. Juni 1927 (HBN) aus Dresden: »ich bin so aufgeregt zu Hegner zu gehen, als wenn ich das erste Mal ins Lindenkabarett zu Rosenfeld ginge. Da war ich auch so aufgeregt.« Emmy Ball bezog sich auf ihr Vorstellungsgespräch im Berliner »Lindenkabarett«, als sie im April 1912 dort ein Engagement fand. Die Brüder Karl und Theodor Rosenfeld waren Direktoren des »Linden-Cabarets«.
Karte von Frau Lübbert] In Nr. 762 präzisierte Hugo Ball: »Sekretärin von E. B.« Es handelte sich um die Sekretärin von Elisabeth Bergner: »Eine Sekretärin hatten wir jetzt auch, Frau Lübbert: [...]. Jeder kannte sie, sie war einmal Edmund Reinhardts Sekretärin gewesen. Jeder, der uns kannte und liebte, kannte und liebte sie auch.« (Elisabeth Bergner: ›Bewundert viel und viel gescholten‹. München: Bertelsmann 1978, S. 86).
Pfingstbillet, von G[oldschmidt]] Vgl. *Nr. 760* – »Goldschmidt Tageblatt gelesen«.

Wartburg] Im ersten Brief aus Eisenach (HBN), den Emmy Ball am 9. oder 10. Juni 1927 geschrieben haben muß, berichtete sie: »Nun kam ich Mittags in Eisenach an, wo ich auf die Wartburg ging, diese gründlich in Augenschein nahm, was einige Stunden dauerte, was mich hier interessiert, dass die Wartburg der Ausgangspunkt, oder Treffpunkt, aller Märchen und Romantik, Protestantismus und Katholizismus ist. Luther und die Heilige Elisabeth [vgl. *Nr. 767*]. Er hat hier keine schlechte Aussicht gehabt, aber die fromme Königin wurde von ihrer Burg vertrieben.« – Die Ansichtskarte »Eisenach. Wartburg. Die Lutherstube« befindet sich im HBN (Poststempel: Eisenach, 9.6.1927).

Hörselberg] Vom »sagenhaften Hörselberg« (EBH Leben, S. 288) sandte Emmy Ball die Ansichtskarte »Gruß aus dem Gasthof zum Hörselgrund«, die sich im HBN befindet (Poststempel: Wutha, 10.6.1927). Der große Hörselberg, etwa acht Kilometer östlich von Eisenach gelegen, ist ein sagenumwobener Berg, wonach der Sage nach hier Wotan, Frau Holle (und Frau Venus als Doppelgestalt) und Tannhäuser ihren Sitz hatten.

Gotha] Die Karte aus Gotha ist nicht erhalten.

Sachsens ›wilde Gletscherpracht‹] Emmy Ball zitierte das Gedicht »Wenn sich auf Schleswigs Landesfluren [...]« in dem unveröffentlichten Brief vom 26. November 1929 an Ninon Hesse (HBN). Daraus zitierte Hugo Ball aus der dritten Strophe:

»Helvetien habe ich durchzogen.
Wie liebt ich Sachsens wilde Gletscherpracht.
Ich sah Venedigs kühne Wogen.
Hab in Hannover halt gemacht ...«

Über den Autor war sich Emmy Ball nicht ganz sicher, schrieb es aber ihrem Onkel zu. Bei dem Onkel muß es sich um Erich Jürgensen (1834-1915), dem Ehemann von Tante Doris (vgl. *Nr. 752*), der Schwester von Emmys Mutter, gehandelt haben. Denn in besagtem Gedicht schrieb der Verfasser in der Strophe 2, Vers 3 und 4:

»Ob jetzt wohl meine Doris weinet?
Sie blieb daheim die gute Frau.«

Durch Emmy wurde Hugo Ball sicherlich auf dieses Gedicht aufmerksam gemacht. Ball könnte damit die Sächsische Schweiz, das Elbsandsteingebirge, gemeint haben. Denn Emmy Ball erwähnte in ihrem Brief vom 11. Juni 1927, daß sie bei besserem Wetter »eine Tour in die sächsische Schweiz« unternehmen wolle.

Francis Jammes] (1868-1938), französischer Schriftsteller. Im Verlag Jakob Hegner erschienen zahlreiche Werke dieses Autors.

762. An Emmy Ball, 15.6.1927

H: Hs. Brief; 1 Bl., 4 S. Seite 4 mit (ungenutztem) Briefkopf »Lugano / Grand Café-Brasserie Gambrinus / Piazza Riforma«. **F:** HBN. **E:** Briefe, S. 297 f. **DV:** Original.

Datierung: Ball fragte bei seiner Frau an, ob sie die Briefe vom »Samstag« (Nr. 760) und »Montag« (Nr. 761) erhalten habe. Beide Briefe sandte Ball nach Dresden. Offensichtlich trafen sie nicht rechtzeitig ein und Ball hoffte auf die Nachsendung nach Berlin. Nr. 762 muß am darauffolgenden »Mittwoch«, den 15.6.1927 geschrieben worden sein, denn am Mittwoch, den 22.6.1927 schrieb Ball die Briefe Nr. 764 und Nr. 765.

Bericht aus Hellerau] Nicht erhalten.
eingeschriebenen Expressbrief] Nr. 760.
zweiten Brief] Nr. 761.
Frau Lübbert] Vgl. *Nr. 761*.
Packet für Dich] Elisabeth Bergner hatte, bevor sie zu Filmaufnahmen nach Spanien abreiste, ein Paket mit Kleidern zusammengestellt, das von Frau Lübbert an Emmy Ball übergeben wurde. Daraufhin kaufte Emmy Ball einen Koffer und schrieb am 18. Juni 1927 (HBN) aus Berlin: »Die Sachen sind zu wertvoll, als dass ich mich traue, sie im Karton zu schicken. Ein wunderbares Pelzjackett für Annemie, eine rote Lederjacke brokatgefüttert mit Pelzkragen, einige ganz neue Reisekleider von Gerson, Abendkleider, kurz, es wogt nur so.«
Dr. Kayser] Vgl. *Nr. 741*.
Hesse-Buch] Ball hatte am 15. Juni 1927 das erste gedruckte Exemplar seiner Hesse-Biographie erhalten.
Aretz] Paul Aretz (1890-1949), Verleger.
Schnack] Vgl. *Nr. 731* – »Vogelstimme eines Ihrer schönsten Autoren«.
Hegner garnicht von Konnersreuth] Um den 17. Juni 1927 (HBN) antwortete Emmy Ball: »– ich hab Hegner schon von Konnersreuth erzählt, doch flüchtig. Sein Interesse für Dich, sonderlich, mein lieber Hugo, und also ja auch für mich. ich kann Dir hierüber viel u. ausführlich erzählen, wenn ich zurück komme. Hegner ist Dir sicher, [...].«
Hesse schrieb mir] Hesses undatierten Brief (DLA) hatte Ball am 15. Juni 1927 oder kurz vorher erhalten. Hesse muß also schon vor Ball ein gedrucktes Exemplar von der Hesse-Biographie vorgelegen haben: »Ich muß Dir sehr zu diesem Buch gratulieren, und mir auch, obwohl ich ja nicht an allen Stellen Deine Auffassungen teile, u. obwohl ich im Ganzen ja etwas schamhaft bin und eigentlich mich nicht gern im Mittelpunkt einer Diskussion sehe. Gestern Nacht träumte ich, im Zusammenhang mit Deinem Buch: ich sah mich selber sitzen, nicht im Spiegel, sondern mich selbst als zweite lebendige Figur, lebendiger als ich selbst, ich durfte aber durch ein inneres Verbot mich nicht richtig ansehen, das wäre ein Sündenfall gewesen, ich zwinkerte nur einen Moment durch den Augenspalt und sah den lebendigen Hesse sitzen.
Nun, und um ›Diskussionen‹ handelt es sich ja nicht, sondern ich sehe erst je[t]zt, daß dies Buch Dein zweitbestes ist (es wäre Dein bestes, wenn sein Gegenstand sich an Würde mit dem des byzantinischen vergleichen könnte). Ich sehe erst jetzt, wie sehr gut Du nicht die banale Geschichte, sondern die Legende dieses Lebens geschrieben hast, die magischen Formeln gefunden. Auch da, wo Du Dich tatsächlich irrst, d.h. falsche Daten annimmst, hast Du Recht und triffst die Linie. Nur an sehr wenigen Stellen habe ich noch leise Einwände, Einzelnes sehe ich noch befangen an. An andern Orten habe ich Neues über mich von Dir gelernt, nicht nur im Maulbronner Kapitel, sondern namentlich auch über das Verhältnis von

Lauscher und Camenzind. Vielleicht bringe ich es mit der Zeit doch noch dazu, diesen Camenzind nochmals zu lesen, was seit mindestens 15 Jahren nicht mehr geschehen ist.
Einige Deiner Worte beschämen meine Bescheidenheit. Aber da Du selbst Dich in diesem Buch wieder als einen Meister der wahren Dichtung, der Findung von Hieroglyphen und Ideogrammen erwiesen hast, darf ich Dir sagen, wie wohl es mir tut, von einem der wenigen, denen ich in dieser Kunst mich als Bruder fühle, grade in diesem wesentlichen Punkt verstanden zu sein.
Ich hoffe, Du selbst habest Freude an dem fertigen Buch, und werdest Freude damit erleben.«

Dr. Korrodi] Eduard Korrodi; vgl. *Nr. 81*. Von Korrodi erschien eine Rezension der Hesse-Biographie im ›Berliner Tageblatt‹ (Jg. 56, 1927. Nr. 308 vom 2.7.; HBB, Nr. 1137, S. 67) und eine teilweise abgeänderte Besprechung in der ›Neuen Zürcher Zeitung‹ (Jg. 148, 1927. No. 1119 vom 3.7. Literarische Beilage Bl. 3; HBB, Nr. 1138, S. 67).

(»Blaue Lilien«)] Emmy Balls Gedicht erschien in den ›Basler Nachrichten‹ (Jg. 83, 1927.: Sonntagsbl. Jg. 21 Nr. 23 vom 5.6., S. 109).

Honorar von der Nationalzeitung] Für das Gedicht: ›Erde und Himmel‹, das in der ›Nationalzeitung‹, Basel (Jg. 85, 1927. Beilage: ›Der Basilisk‹. Jg. 8. Nr. 16 vom 17.4.) erschien, könnte Emmy Ball das Honorar verspätet erhalten haben.

Ob Du direkt zurückfahren sollst] Über ihre Reisepläne informierte Emmy Ball um den 17. Juni 1927 (HBN): »Mit der Rückreise hast Du recht. ich fahre nicht über Dülmen, doch mach ich in Frankfurt halt.«

Dülmen] Stadt im preußischen Reg.-Bez. Münster. Auf ihrer Deutschlandreise beabsichtigte Emmy Ball ursprünglich einen Aufenthalt in Dülmen. Vermutlich wollte sie dort das Lebensumfeld der stigmatisierten Augustinerin Anna Katharina Emmerich (Emmerick) erkunden. Emmerich (1774-1824) gehörte seit 1802 dem Kloster Agnetenberg in Dülmen an und blieb dort bis zur Auflösung des Klosters im Jahre 1811. Ab 1812 traten bei Anna Katharina Emmerich Stigmata auf. Clemens Brentano (1778-1842) kam 1818 nach Dülmen und hielt sich, mit Unterbrechungen, bis 1824 hier auf. Er schrieb die Visionen der Stigmatisierten nieder.

»Funkensprühen«] Diese Formulierung dürfte bei einem Gespräch vor Emmy Balls Abreise von Lugano gefallen sein. Dabei wurde besprochen, daß sich Emmy Ball beim Berliner Rundfunk um Lesungen bemühen solle. Bereits einen Tag nach ihrer Ankunft in Berlin suchte sie die Rundfunkanstalt auf. Darüber berichtete sie am 16. Juni 1927 (HBN): »Gestern war ich beim Rundfunk, d.h. von Herodes zu Pilatus laufen. ich habe jetzt ein Gesuch zum Vortrag eingereicht. […] ich kann schon sprechen, doch bei der grossen Anfrage u. reichlichem Programm ists nicht sicher wann, das wird ich vielleicht Morgen früh schon wissen und dann mich danach richten, ob's Sinn hat. ich hab 2 Abende vorgeschlagen, einen Hesseabend, wie wir es in Agno miteinander ausmachten, und einen eigenen.« (Vgl. auch *Nr. 763* – »beiden Sonette«).

763. An Emmy Ball, 20.6.1927

H: Ms. Brief mit eigenh. Unterschrift; 3 Bl., 3 S. **F:** HBN. **E:** EBH Leben, S. 290-292; auch in Briefe, S. 298 f. **DV:** Original.

Datierung: Nr. 763 ist sicher auf »Montag«, den »20.« Juni 1927 zu datieren. An diesem Tag erhielt Ball von seiner Frau »Briefe aus Berlin«, die sich vermutlich seit dem 15. Juni 1927 dort aufhielt.

Briefe aus Berlin] Im HBN befinden sich drei Briefe, die Emmy Ball im Juni 1927 aus Berlin an Hugo Ball sandte. Von Dresden nach Berlin fuhr Emmy Ball am 14. Juni (HBN: Emmy Ball an Hugo Ball, 14. Juni 1927). Ihren ersten Berliner Brief schrieb sie am 16. und einen weiteren, undatierten, wahrscheinlich am 17. Juni. Einen dritten, ebenfalls undatierten Brief dürfte sie am 18. Juni 1927 geschrieben haben.

Prof. Sänger] Samuel Saenger (1864-1944), Studium der Philosophie, der Sprachen und der Geschichte in Heidelberg und Freiburg/i.B.; 1908-1933 Redakteur und später Mitherausgeber der ›Neuen Rundschau‹, Berlin. Von 1919 bis 1920 Botschafter in Prag; 1933 Emigration nach Paris und später USA.

Steegemann] Paul Steegemann (1894-1956), Verleger in Hannover, ab 1927 in Berlin. Brachte die expressionistisch-dadaistische Reihe ›Die Silbergäule‹ (1919-1922) heraus. – Am 16. Juni 1927 (HBN) bemerkte Emmy Ball: »Zu Reiss soll ich kommen, mir scheint die Geschichte dort hat sich allenfalls geändert, Paul Steegemann aus Hannover ist jetzt dort Direktor. ich hab gestern mit ihm gesprochen, er hat mich eingeladen, ich habe hier also ziemlich herumzusegeln.« Und am 18. Juni 1927 ergänzte sie: »Gegen Reiss bin ich nicht ›vorgegangen‹, weil da zuviel ist, was ich wol doch mit Dir besprechen möchte. Sie wollen nämlich mein neues Buch ›das graue Haus‹ gern, ich möchte jedenfalls alle Thüren mal offen halten vorerst.«

Klabunds Romane] ›Die Romane der Leidenschaft‹ (Moreau. Pjotr. Mohammed. Bracke.) Berlin: Reiss 1927.

Rockenbach-Aufsatz] Vgl. *Nr. 761* – »Frankfurter Zeitung...«.

beiden Sonette] Emmy Ball schrieb um den 17. Juli 1927 aus Berlin (HBN): »Nach dem Hesseabend einen Ballabend, Flucht aus d. Zeit, und Stylit. Wozu ich gern das Sonett (Advent) mit dem Ausklang ›starr ich geblendet in die jähen Tage‹ hätte, Wie bin ich, Herr im Innern doch betrübt. Dann noch das ... ›ich fühlte nur der grossen Flügelwehen ...‹ 2 Sonette, die ich als Ein- und Ausgang sprechen möchte.« – Die Ball-Sendung sollte folgendes Programm haben: Auszüge aus ›Die Flucht aus der Zeit‹; Lesung aus ›Symeon der Stylit‹, die dritte Hagiographie im ›Byzantinischen Christentum‹; ›Sonett im Advent‹ (vgl. *Nr. 436*), der erste Vers lautet: »Wie bin ich, Herr im Innern doch betrübt« und es endet mit dem Vers: »Starr ich geblendet in die wehen Tage«; den Abschluß der Lesung sollte das Sonett ›Gefangen ward ich‹ bilden, dessen drei letzten Verse lauten: »Ich fühlte nur der großen Flügel Wehen. / Es klang wie ein Magnificat der Frühe / Und wie ein Flammenschlag aus Opferbränden.« (EBH Weg, S. 83) Ob die geplanten Rundfunksendungen tatsächlich produziert wurden, ist nicht bekannt. Der Berliner Rundfunk brachte am 2. Juli 1927 von 17 bis 17.30 Uhr anläßlich des 50. Geburtstages Hermann Hesses eine

Sendung (›Berliner Tageblatt‹, Nr. 308 vom 2. Juli 1927: Radio-Spiegel). Ob Emmy Ball an dieser Sendung beteiligt war, konnte nicht ermittelt werden.

Hesse hab ich von Deiner Absicht] Emmy Balls Kommentar: »Ich wollte von Hermann Hesse, und ein Kapitel aus der Hesse-Biographie von Hugo lesen.« (EBH Leben, S. 290).

Dr. Korrodi] Vgl. *Nr. 81.* Die von Eduard Korrodi bemängelte Textstelle in der ›Hesse-Biographie‹ lautet: »Das Buch als Ganzes [›Klingsors letzter Sommer‹] ist eines der merkwürdigsten, die Hesse geschrieben hat. ›Man hört die Schlüssel klirren‹, schrieb ein Schweizer Journalist. Gewiß, man hört sie klirren. Aber es sind Schlüssel zum tiefsten Wesen des Dichters.« (S. 189)

besseres Hotel] Emmy Ball zog ins Hotel Askanischer Hof, Königgrätzerstraße Nr. 23.

Adresse von Frau Wenger] Lisa und Theo Wenger wohnten in Delsberg (Delémont). Neben der Ferienwohnung in Carona (»Papageienhaus«) hatten die Wengers eine weitere Adresse: Basel, Klingenthal 13.

›Liesel‹ betrifft] Elisabeth Bergner.

Fresko-Arbeit] Vgl. *Nr. 752* – »Annemaries David«.

Bernardone] Gemischtwarenhandlung und Restaurant in Sorengo (vgl. Flucht, S. 309: »Bernadone«.

764. An Emmy Ball, 22.6.1927

H: Hs. Postkarte, beidseitig beschrieben. Adresse: Frau / Emmy *Hennings*-Ball / Berlin. / Anhalter Bahnhof / postlagernd. Von Dritten geänderte Anschrift: Frankfurt (Main) / Hauptpostlagernd. **F:** HBN. **E:** EBH Leben, S. 298. **DV:** Original.

Berlin SW, 23.6.] Nr. 764 ist von Hugo Ball »Berlin Anhalter Bahnhof postlagernd« adressiert. Von dort wurde der Eingang durch Poststempel dokumentiert. Von fremder Hand wurde, da Emmy Ball Nachsendeantrag stellte, die Adresse abgeändert in: »Frankfurt (Main) Hauptpostlagernd«. Aus Berlin dürfte Emmy um den 22. Juni 1927 abgereist sein.

Frau Reber] Vgl. *Nr. 751.*

Generoso] Der Monte Generoso (1704 m), berühmter Aussichtsberg; erhebt sich als breites Massiv zwischen dem Luganer See und dem Comer See; die Anreise von Lugano per Bahn nach Capolago, von dort weiter mit der Zahnradbahn zum Monte Generoso.

765. An Emmy Ball, 22.6.1927

H: Ms. Brief mit eigenh. Unterschrift; 3 Bl., 3 S. zzgl. Notizen auf zwei Rückseiten, hs. von Emmy Ball. **F:** HBN. **DV:** Original.

Datierung: Der Inhalt von Nr. 765 bezieht sich in einigen Fakten eindeutig auf Nr. 764. So erwähnt Ball in Nr. 765 einen Ausflug von Erna Reber mit Annemarie Hennings, den beide »heute« auf den Generoso unternahmen. In Nr. 764 berichtete Ball seiner Frau, Annemarie sei heute mit Frau Reber unterwegs zum »Generoso«. Nr. 765 wurde am »Mittwoch abend«, den 22.6. 1927 geschrieben.

»Aus Lugano«] Emmy Ball hat viele Tessiner Aufsätze geschrieben. Um welchen Manuskript-Text es sich hier handeln könnte, ist nicht bekannt, zumal eine Veröffentlichung mit diesem Titel nicht zu ermitteln war.

Frank] Leonhard Frank, vgl. *Nr. 82*.

»Graue Haus«] Vgl. auch *Nr. 763* – »Steegemann«.

Berlin nicht zu rasch verlassen] Emmy Ball dürfte um den 22. Juni Berlin in Richtung Frankfurt (Main) verlassen haben (vgl. *Nr. 764* – »Berlin SW ...«).

Rundfunk Glück haben wirst] Vgl. *Nr. 762* – »›Funkensprühen‹« und *Nr. 763* – »beiden Sonette«.

Mit Reiss] Erich Reiss, vgl. *Nr. 127* und *Nr. 763* – »Steegemann«. Die hier angeführten Bedenken weichen von der eindeutigen Aussage in Hugo Balls ›Tagebuch‹, 17. Dezember 1926, ab: Emmy Ball habe das »Verfügungsrecht« ihrer Bücher zurückerhalten (*Nr. 700* – »Lösung von Reiss«).

Hast Du Hegner die Bücher] Am 18. Juni 1927 (HBN) bestätigte Emmy Ball nur den Erhalt der Bücher – die für Hegner bestimmt waren –, äußerte sich aber nicht, ob sie diese an Hegner weitergab.

Professor in Solln] Carl Muth.

Pater in Waldsassen] Pfarrer Michael Höfner (1880-1959), Priesterweihe 1905, war von 1923 bis 1930 Seelsorger in Waldsassen.

Frau Reber] Erna Reber, vgl. *Nr. 751*.

Monte Brè] Vgl. *Nr. 335*.

Lieselkarte] Ob es sich dabei um eine Künstler-Porträtkarte oder aber um eine Post- oder Ansichtskarte von Elisabeth Bergner an Annemarie Hennings handelte, ist nicht bekannt. Im HBN gibt es darüber keinen Nachweis.

766. An Karl Isenberg, 23.6.1927

H: Ms. Brief mit eigenh. Unterschrift; 1 S. **F:** DLA **DV:** Original.

Karl Isenberg] Vgl. *Nr. 528*.

zu spät gekommene Sendung] Offenbar hatte Ball Karl Isenberg um Material für die Hesse-Biographie gebeten.

Exemplar des Buches] Hesse-Biographie.

einmal wieder wandern] Karl Isenberg wanderte im August 1925 in Italien und besuchte auch die Balls in Albori (Vgl. Nr. 534). Emmy Ball schrieb darüber an Hermann Hesse: »Von Resina haben Herr Isenberg und ich eine Karte, die wir in Pompeji geholt, nicht abgeschickt, weil unsere Tour auf den Vesuv, die wir Ihnen angekündigt, unsicher wurde. [...] Der Vesuv ist schöner aus der Ferne zu betrachten, dieser Grund hätte genügt, nicht hinaufzusteigen. Herr Isenberg wird Ihnen als Grund meine dünnen, weißen Schuhe angeben, die von der Lavamasse schnell angegriffen und zerrissen wurden, bis in diese Katastrophenstimmung sind wir nämlich gedrungen. [...] Wir waren der Meinung, wir schliefen in Resina am Strand, aber man weiß halt nicht immer, wo man schläft. Es war Portici, das mit Resina zusammenhängt.« (EBH Hesse, S. 57 f.)

767. An Emmy Ball, Juni 1927

A: Ms. Abschrift von dritter Hand; 2 Bl., 2 S. Anfang vermutlich verstümmelt. **F:** HBN. **E:** EBH Leben, S. 298-301; auch in Briefe, S. 300 f. **DV:** Durchschlag von Abschrift.

Datierung: Von Nr. 767 existiert nur der veröffentlichte Text in EBH Leben, S. 298-301, und im HBN eine ms. Abschrift, die vermutlich von Annemarie Schütt-Hennings nach dem veröffentlichten Text gefertigt wurde. Der Inhalt von Nr. 767 läßt eine Kompilation aus mehreren im Original nicht überlieferten Briefen vermuten, die etwa vom 10. bis spätestens Ende Juni 1927 geschrieben wurden. Eine schlüssige Datierung ist deshalb nur für den Monat Juni 1927 möglich. Gründe:
- Hugo Ball geht auf den Eisenach-Brief (vgl. Nr. 760) seiner Frau ein, den sie um den 10. Juni 1927 schrieb;
- Ball erhoffte Hermann Hesses Zustimmung zur Hesse-Biographie, die er schließlich um den 15.6. (vgl. *Nr. 762* – »Hesse schrieb mir«) schriftlich von Hesse erhielt;
- Emmy Ball, die am 14.6. nach Berlin kam, erhielt beim S. Fischer Verlag zustimmende Worte über »das Buch«;
- die Textstelle »In Dülmen bist Du jetzt nicht gewesen« (Nr. 767) läßt annehmen, Ball habe von seiner Frau Nachricht aus Frankfurt (Main) erhalten, als sie Berlin bereits um den 22.6. verlassen hatte und sich auf dem Heimweg befand. Emmy Ball hatte den beabsichtigten Besuch in Dülmen (vgl. *Nr. 762* – »Ob Du direkt zurückfahren sollst«) und auch in Pirmasens aufgegeben.

Boticellibild] Emmy Ball schlug bereits im Dezember 1923 vor, das Tobiasbild Hermann Hesse zur bevorstehenden Hochzeit zu schenken. Ball wollte es aber »durchaus nicht weggeben« (vgl. *Nr. 373* – »Tobiasbild«)

Schön sind die Blumen] Zitiert nach dem Christuslied »Schönster Herr Jesu, Schöpfer aller Dinge […]«, etwa aus dem 12. Jahrhundert stammendes schlesisches Volkslied. Die vierte Strophe lautet: »Schön sind die Blumen, Schön sind die Menschen In der frischen Jugendzeit: Sie müssen sterben, Müssen verderben, Jesus lebt in Ewigkeit.« (Quelle: A.F.W. Fischer: ›Kirchenliederlexikon‹. Hildesheim: Olms. Bd. 1: A-J, 1967, S. 240).

heilige Elisabeth] Elisabeth von Thüringen (1207-1231), bereits 1235 heiliggesprochen. Heiratete im Alter von 14 Jahren den Landgrafen Ludwig IV. von Thüringen und schenkte ihm in einer kurzen, glücklichen Ehe drei Kinder. Nach dem Tod ihres Gatten (1227) verlor sie ihr Wittum und mußte verarmt die Wartburg verlassen.

Bilder von Schwind] Moritz von Schwind (1804-1871), Maler. Emmy Ball schrieb in ihrem ersten undatierten Eisenach-Brief, 9. oder 10. Juni 1927 (HBN): »Moritz von Schwind hat einen schmalen Gang von ihr [Elisabeth von Thüringen] gemalt und ihr Leben hier verzeichnet. Sie ist ein kleines Kind in blauem Mäntelchen und mit weissem Hermelin besaumt, als sie auf dem Schimmel reitend in der Burg ankommt, dann kommt ihre Verlobung, die Pracht, dann das Rosenwunder, dann Franziskaner-Nonne.«

Im Anfang war] Zitat aus Emmy Balls ›Das Ewige Lied‹ (1923), S.1; ebenso EBH Gang, S. 104.

sag mir das Wort] ›Das Ewige Lied‹, S. 70.

Bin Sommertag und Liebesnacht] Letzter Vers in Emmy Balls Gedicht ›Verwunschenheit‹; vgl. *Nr. 655*.

Piano va sano] Ital. = langsam, aber sicher.

Wir haben Zeit] EBH Gang, S.105; ebenso EBH ›Blume und Flamme‹. Einsiedeln, Köln. Benziger 1938, S. 30.

768. An Carla Fassbind, 29.6.1927

A: Ms. Abschrift; 1 S. **F:** HBN. **E:** Briefe, S. 301 f. **DV:** Abschrift.

Prof. Monnier] (Charles) Edouard Monnier (1875-1940), schweizererischer Chirurg. Seit dem Wintersemester 1907/08 Privatdozent und seit dem Wintersemester 1929/30 Titularprofessor für Chirurgie an der Universität Zürich. Monnier operierte Ball am 2. Juli 1927.

»Roten Kreuz«] Das »Rotkreuzspital und Berufsschule für Pflege« befand sich in der Gloriastraße 18 in Zürich-Fluntern. Das Spital wurde, nachdem es 115 Jahre bestand, im September 1997 geschlossen.

769. An Hermann Hesse, 7.7.1927

H: Hs. Bildpostkarte: Zürich; mit hs. Postskripta von Emmy Ball, Walter Schädelin. Motiv: Zürich. Adresse: Herrn Hermann Hesse / Montagnola / bei Lugano. **F:** HBN. **DV:** Fotokopie des Originals.

Postskriptum von Emmy Ball: »Lieber Herr Hesse, das ist jetzt die erste Karte nach der Operation, die Hugo schreibt. – Prof. Schädelin war hier, lässt Sie herzlich grüssen. Ihre Emmy. Grüß Gott, Alter! W. Schädelin.« und, auf der Bildseite: »Soeben kommt Herr Professor aus dem Schweizer Wald ins rote Kreuz.«

es geht mir wieder besser] Hermann Hesse war bereits am 3. Juli 1927 von Emmy Ball über die tatsächliche Erkrankung Hugo Balls informiert worden: »Hugo ist, wie Sie ja schon wissen, gestern operiert worden. Er war ruhig, wie ein ahnungsloses Kind, bei allen Vorbereitungen und auch bei den Schmerzen, über die er sich wundert. [...] Als er in seinem Zimmer lag, glaubte ich, er sei tot, und die Schwester wacht nur aus Schonung vielleicht für mich, aber ich saß ganz ruhig und sah ihn nur an. [...] Lieber, Hugo ist bereits ein aufgegebener Mensch, ein trauriger, hoffnungsloser Fall. Hugo selbst weiß nichts davon. Darf das nicht wissen. Gell ja, das geht nicht? Der Arzt meint das auch. Hugo hat – es ist mir fürchterlich zu schreiben so zum erstenmal – er hat Krebskrankheit.« (EBH Hesse, S. 79 f.) Tatsächlich ahnte Hugo Ball seine Erkrankung. Er spürte, nachdem ihm das Ergebnis der Stuhluntersuchung durch Dr. Maag – der hatte Blut im Stuhl festgestellt – verschwiegen wurde, daß ihm auch in Zürich das wahre Ausmaß seiner Erkrankung verheimlicht werde. Hugo Ball war aber noch im Zweifel, ob es sich um ein »einfaches Geschwür« oder eine »recht ausgedehnte und weitgediehene Krebskultur« handelte (›Tagebuch‹, 13. Juli 1927).

Frau Ninon] Ninon Dolbin, vgl. *Nr. 755* – »Freundin aus Wien«.

Prof. Schädelin] Walter Schädelin (1873-1953), schweizerischer Forstwissenschaftler. Studium in Zürich, München und Leipzig. Von 1924-1940 Ordinarius für Forstwirtschaft an der ETH Zürich. Schädelin trat auch als Lyriker und Erzähler hervor.

770. An den Verlag Duncker & Humblot, 8.7.1927

H: Hs. Bildpostkarte, Motiv: Zürich von der Weid. Adresse hs. von Emmy Ball: Herrn Dr. / L. Feuchtwanger / Duncker u. Humblot Verlag / *München* / Theresienhöhe 3c. **F:** Verlagsarchiv Duncker und Humblot, Berlin. **DV:** Original.

Postskriptum von Emmy Ball: »Nachschrift: Mein Mann ist schwer krank, mehr als er weiss. Komplizierte Magenoperation hat er vor einigen Tagen. Bitte schreiben Sie ⟨...⟩ ja vorsichtig. Grüsse Emmy Ball«

Wie geht es mit der »Flucht«] Ludwig Feuchtwanger antwortete am 28. Juli 1927 (Verlagsarchiv D&H) auf Balls Anfrage: »Soweit sich die Wirkung unserer Propaganda in den abgelaufenen Monaten überblicken läßt, kann man eine erhebliche Wirkung in den literarischen Kreisen in der Form von Besprechungen, Rezensionsversprechen und Freiexemplar-Bitten deutlich erkennen. Die Zahl der Käufer in den letzten 2 ½ Monaten war im ganzen etwa 200, hat also die Werbungskosten noch nicht ganz bezahlt gemacht. Aber Ihre Bücher sind gut eingeführt und werden fortdauernd wenn auch langsam gehen.«

mein Hesse-Buch] Auch diese Anfrage beantwortet Feuchtwanger am 28. Juli 1927: »Soweit ich bis heute in Ihrem Hesse-Buch lesen konnte, hat mich jede Zeile gefesselt. Der Inhalt geht weit über das Biographische und Private hinaus. Ich fürchte, dass die Leute, die sich in solch gute und schöne Bücher vertiefen wollen, aussterben. Aber Sie kennen ja meine Melancholie in diesen Dingen.«

771. An Annemarie Hennings, 9.7.1927

H: Hs. Bildpostkarte, beidseitig beschrieben. Motiv: Zürich und die Alpen. Adresse [von EBH]: Frl. / Annemarie Ball-Hennings / *Agnuzzo*-Muzzano / bei Lugano. **F:** HBN. **DV:** Original.

Deine schönen Briefe] Einer dieser Briefe von Annemarie Hennings, der vom 3. Juli 1927, ist abgedruckt in: EBH Leben, S. 305 f.

Herrn Bondy] Fritz Bondy, vgl. *Nr. 675*.

Haus von Donadas Schwestern] Von dem Briefträger Alfonso Donada hatten die Balls von 1920 bis 1924 das Andreoli-Haus in Agnuzzo (vgl. *Nr. 252*) gemietet. Die Donada-Schwestern wollten den Balls wahrscheinlich das Haus in Muzzano vermieten (vgl. Nr. 773 und ›Tagebuch‹, 7. Juli 1927).

772. An Maria Hildebrand, 11.7.1927

H: Hs. Bildpostkarte, Motiv: Zürich. Grossmünster. Adresse: Frau / Direktor Maria Hildebrand / Pirmasens. Rheinpfalz / Landgrafenstrasse 2. **F:** HBN. **DV:** Original.

Gretels Rekonvaleszenz] Gretel, Tochter von Balls Schwester Maria Hildebrand, war zum Jahreswechsel 1926/27 schwer erkrankt (vgl. *Nr. 723*).

773. An Annemarie Hennings, 11.7.1927

H: Hs. Bildpostkarte, beidseitig beschrieben. Motiv: Zürich. Adresse: Frl. / Annemarie Hennings-Ball / Agnuzzo. / Lugano. **F:** HBN. **E:** EBH Leben, S. 306; auch in Briefe, S. 302. **DV:** Original.

jetzt schon schreiben] Zu dieser Textstelle schreibt Emmy Ball in EBH Leben, S. 306: »Hugo war bereits mit seinem Aufsatz für ›Die Neue Rundschau‹ beschäftigt, der das Thema ›Rom und Wittenberg‹ behandeln sollte.«

Lilie schenken] Im DLA Marbach befindet sich ein Foto, das Hugo und Emmy Ball im Rot-Kreuz-Krankenhaus in Zürich mit einer Lilie abbildet. Ein weiteres, ähnliches Foto ist eingeklebt in: Hugo Ball: ›Gedichte‹. Typoskript, mit handschriftlichen Zusätzen von Emmy Ball (Original bei Hans Grossrieder, Freiburg/Schweiz; HBB, Nr. 416, S. 32).

pompejanische Fresko-Technik] Annemarie war mit der Ausgestaltung des Baumannschen Anwesens mit »35 m Fresken« (vgl. Nr. 776) beschäftigt. Hugo Ball fand in diesem Zusammenhang den Artikel interessant, den er dem kleinen »Packetchen« beilegte. Der kurze Artikel von P.H.: ›Ueber die Technik der pompejanischen Malerei...‹ erschien in: ›Neue Zürcher Zeitung‹. Jg. 148, 1927. Nr. 1114 vom 1.7.1927, Bl. 8. Auf den Zeitungsrand schrieb Hugo Ball hs.: »Herzliche Grüsse mein Liebling Dein Steffgen.«

Muzzano] In Muzzano (vgl. *Nr. 342*) war Annemarie Hennings mit Bondys auf Quartiersuche gewesen (vgl. *Nr. 771* – »Haus von Donadas-Schwestern«).

774. An Hermann Hesse, 20.7.1927

H: Hs. Postkarte. Adresse: Herrn / Hermann Hesse / Montagnola / Lugano. **F:** HBN. **E:** EBH Leben, S. 307; auch in Briefe, S. 302. **DV:** Original.

Dank für Deinen Brief] Hesses undatierten Brief erhielt Ball am 20. Juli 1927. Die erste Briefseite ist als Faksimile abgebildet im HBK, S. 235. Auf S. 242 (Kat.-Nr. 254) wird der Briefinhalt, unwesentlich gekürzt, wiedergegeben; das Original befindet sich im DLA, Hesse.

Reisen wir wohl Montag] 25. Juli 1927. Laut ›Tagebuch‹, 21. Juli 1927, mietete Erna Reber, so wurde Hugo Ball in Kenntnis gesetzt, für die Balls »Casa Bottani« in S. Abbondio. Darüber war Ball sehr erfreut, und im ›Tagebuch‹ fuhr er fort: »Die Lösung mit Abbondio ist wirklich die beste, die wir wünschen konnten. Es ist nur eine kleine halbe Stunde von Hesse und ebensoweit von Lugano entfernt. Wir haben einen Arzt im Dorf. Telefon im Haus, Autoverbindung mit Lugano u. Montagnola; wir haben einen sehr netten deutschsprechenden Pfarrer gleich bei der Kirche, die hinter unserem Haus liegt, und dieses Haus selbst mit seinem verschollenen Garten liegt abseits und einsam, wie man es so nahe der Stadt im Tessin jetzt kaum mehr finden kann. Aus der Herbstreise nach Deutschland wird jetzt nichts werden; wir werden jetzt wohl im Tessin definitiv ansässig werden. Besser konnten wir es nicht treffen. Auch ein Dienstmädchen werden wir jetzt haben, so dass Emmy sich endlich ganz ihren literar. Arbeiten widmen kann. Also das alles ist sehr schön; es scheint dass die materiellen Sorgen und das Elend jetzt definitiv aufgehört haben sollen. Es ist spät, wir sind beide über vierzig, hoffentlich aber nicht zu spät.«

(Emmy Ball zitierte, mit geringfügigen Änderungen, den ›Tagebuch‹-Eintrag in EBH Weg, S. 181 f.) Das Haus, das die Balls von »Signora Bottani« (EBH Weg, S.182) von Gönnern gemietet bekamen, liegt unterhalb der Pfarrkirche S. Abbondio in Richtung Luganer See (Abbildung in HBK, Nr. 257, S. 244). Um Aufklärung über die tatsächlichen Förderer zu erhalten, schrieben Emmy und Hugo Ball an Carla Fassbind und an Joseph Englert. Aus deren Antworten erfuhren sie, daß sie hauptsächlich Fassbind und Englert zu Dank verpflichtet seien. Bondys, Müllers und Rebers hätten zwar die Dankbriefe erhalten, ohne aber die Wohltäter zu sein (›Tagebuch‹, 30. August 1927).

Herr Wiegand] Heinrich Wiegand (1895-1934), Literatur- und Musikkritiker, seit Sommer 1926 mit Hermann Hesse persönlich bekannt. Von 1924 bis 1934, dem plötzlichen Tod Wiegands, bestand zwischen ihm und Hermann Hesse ein ausführlicher Briefwechsel (Hermann Hesse: ›Briefwechsel mit Heinrich Wiegand: 1924-1934‹. Hrsg. von Klaus Pezold. Berlin, Weimar 1978).

»Ewig junge Dichter«] Nikolaus Sementowski überschrieb seine Würdigung Hermann Hesses: ›Der ewig junge Dichter‹ (›Wirtschafts-Korrespondenz für Polen‹, Kattowitz, 2.7.1927; auszugsweise nachgedruckt in: ›Über Hermann Hesse‹, hrsg. von Volker Michels. Frankfurt/M.: Suhrkamp. Bd.1, 1976, S. 422 f.).

775. An Maria Hildebrand, 21.7.1927

H: Hs. Postkarte. Aufschrift: Schreibmaschinenpostkarte No. 477. Adresse: Frau / Direktor Maria *Hildebrand* / Pirmasens. Rheinpfalz / Landgrafenstr. 2. **F:** HBN. **DV:** Original.

776. An Maria Hildebrand, 19.8.1927

H: Hs. Bildpostkarte, Motiv: Gentilino – S. Abbondio. Adresse: *Germania* / Frau / Maria Hildebrand / Pirmasens. Rheinpfalz / Landgrafenstr. 2. **F:** HBN. **DV:** Original.

Interesse von Herrn Kopp] Im ›Adressbuch der Stadt Pirmasens 1925/26‹ werden sechs Personen mit dem Familiennamen Kopp aufgeführt. Möglicherweise handelt es sich um den Stadtschulrat Otto Kopp oder, was wahrscheinlicher ist, um ein Mitglied der Schuhfabrikantenfamilie Kopp.

Pirma[senser] Zeitung] Ball dürfte sich an den Artikel der Pirmasenser Zeitung: ›Ein berühmter Landsmann‹ (vgl. *Nr. 531*) erinnert haben, der ihn tief verletzt haben muß.

Maria Hildebrand, geb. Ball, und Tochter Margarete (Gretel) um 1910.

August Hofmann, um 1914 (siehe Brief Nr. 55).

Hugo Ball, Jekatarina (Ketty) und Willy Deutschmann. Handschriftliche Bildunterschrift von W. Deutschmann: »Sommer 1912. Bei den Säufereichen.«

Hugo Ball zwischen Barbara Deutschmann (geb. Würth), der Mutter von Willy Deutschmann (rechts) und desssen Schwester Minna Deutschmann.

PROGRAMM

zur

Gedächtnisfeier für gefallene Dichter veranstaltet von Hugo Ball und Richard Huelsenbeck am

Freitag, den 12. Februar 1915

abends 8 ½ Uhr im Architektenhaus.

Hugo Ball: Eröffnung.

A. R. Meyer: über Ernst Stadler.

Dr. Kurt Hiller: über Ernst Wilhelm Lotz.

Frau Resi Langer (Rezitation):
Verse von Ernst Stadler, Ernst Wilhelm Lotz und Walter Heymann.

Hugo Ball: über Hans Leybold.

Richard Huelsenbeck: über Charles Péguy.

Frau Resi Langer (Rezitation):
Verse von Hans Leybold,
Prosa von Charles Péguy.

Preis 30 Pfennig.

Berlin

Beilage zu Brief Nr. 62.

Ein literarisches Manifest.

Es soll der Presse und dem Publikum durch unser Auftreten gezeigt werden, daß es Persönlichkeiten gibt, die die Sache der „jüngsten" Literatur auch im Kriege weiterführen. Diese jüngste Literatur hat eine ganz bewußte Tendenz. Diese Tendenz: Expressionismus, Buntheit, Abenteuerlichkeit, Futurismus, Aktivität, Dummheit (gegen die Intellektualität, gegen die Bebuquins, gegen die gänzlich Arroganten). Wir wollen: Aufreizen, umwerfen, bluffen, triezen, zu Tode kitzeln, wirr, ohne Zusammenhang, Draufgänger und Negationisten sein. Unsere Sache ist die Sache der Intensität, der Nüstern, der Askese, des methodischen Fanatismus, der Flaggen und Konspirationen. Wir werden immer „gegen" sein. Wir werden die geistige Führerschaft an uns nehmen. Wir werden zu Felde ziehen gegen die Gehirnwesen, Geistlinge, Systemlinge. Gegen die Aktionierer und lyrischen Tenöre. Gegen die „Programmatiker" und Sektenbildner. Wir ergreifen die Partei der Bilderstürmer und jeglicher Radikalisten. Wir propagieren den Stoffwechsel, den Saltomortale, den Vampyrismus und alle Art Mimik. Wir sind nicht naiv genug, an den Fortschritt zu glauben. Wir haben es nur mit dem „Heute" zu tun Wir wollen sein: Mystiker des Details, Bohrlinge und Hellseher, Antikonzeptionisten und Literaturstänker. Wir wollen den Appetit verderben an aller Schönheit, Kultur, Poesie, an allem Geist, Geschmack, Sozialismus, Altruismus und Synonymismus. Wir gehen los gegen alle „ismen" Parteien und „Anschauungen". Negationisten wollen wir sein.

Hugo Ball. Richard Huelsenbeck.

(Dieses Programm ist gegen Einsendung von 30 Pfg. bei Hugo Ball und Richard Huelsenbeck, Uhlandstraße 31, zu beziehen.)

Beilage zu Brief Nr. 62.

Hugo Ball (2. von rechts) und Emmy Hennings (ganz rechts) im Kreise des Maxim-Ensembles.

Variété Glock, Aeschenvorstadt
Direktion: E. Michel-Flamingo. 53/22

ARABELLA Matschitsche auf dem doppelten Telegraphen-Draht.

LEPORELLO Der Mann mit dem drehbaren Rumpf. „Das anatom. Wunder"

Vallerie & Elsa modernes Tanzduett.

Flamingo
in seinen Original-Nummern.

Im Harem oder „Der Sultan von Marokko".

Indianer, Chinesen, Feldgraue, Strandnixen, Mexikaner etc. etc.

Anzeige des Maxim-Ensembles in Basel,
Jg. 73, Nr. 539 vom 17.11.1915.

Anzeige des Maxim-Ensembles in Basel,
Nationalzeitung, Jg. 73, Nr. 539 vom 2.11.1915.

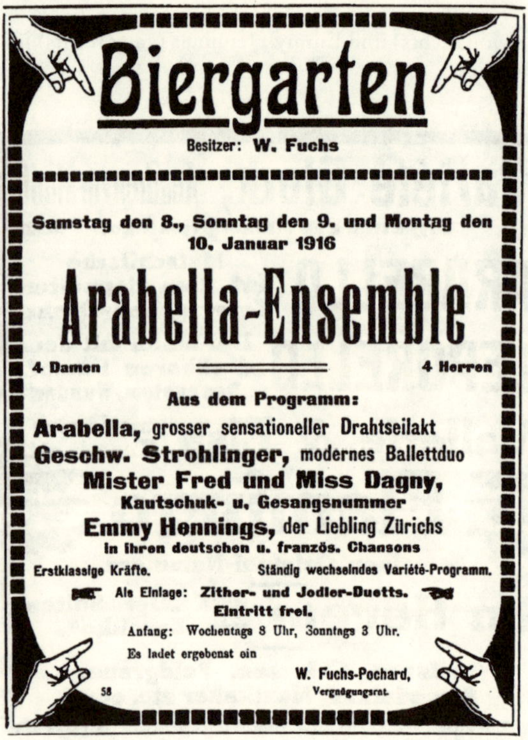

Anzeige des Arabella-Ensembles in Frauenfeld,
Thurgauer Arbeiter-Zeitung, Jg. 5, Nr. 5 vom 10.1.1916.

Christian Schad: Boui-Boui, 1915. Schad hat die dargestellte Situation im ›Hirschen‹, Zürich, beobachtet.

Käthe Brodnitz, 1914/15.

Programm

Freitag, den 17. Dez. 1915, abends 8 1/2 Uhr

im

ZUNFTHAUS z. ZIMMERLEUTEN

I. Abend deutscher Autoren

Käte Brodnitz
Emmy Hennings
Hugo Ball

Beilage zu Brief Nr. 81.

I.

Käte Brodnitz:	Die expressionistische Bewegung in Deutschland.
Hugo Ball:	„Der Idiot" von Johannes R. Becher. (aus „Verfall und Triumph") „Das Irrenhaus" von Josepf Tress. „Die Gottheit mit dem Loch" und „Der Eitersee" von Richard Huelsenbeck. (aus „Cyklus einer bessern Verrücktheit")
Emmy Hennings:	Aus dem Roman „Dagny"

II.

Hugo Ball:	„Lehrmeister wider Willen: Loyola" von René Schikele (aus „Schreie auf dem Boulevard")
Käte Brodnitz:	Aus „Dissonante Skizzen" Bayreuth Im Schlepptau Das revolutionäre Schreiberlein
Emmy Hennings:	„Pulzinell meiner Nächte" von Hugo Ball Gefängnisverse und andere von Emmy Hennings
Hugo Ball:	Zwei Kapitel aus einem imaginären Roman: „Cafè Sauvage" „Das Carousselpferd Johann" (eine Satire auf Intelligenz und Phantastik)

Beilage zu Brief Nr. 81.

Richard Huelsenbeck auf Dada-Tournee (1920)

Hans Arp, Zürich 1916.

Tristan Tzara in der Rämistraße beim Bellevue.
Zürich, um 1918.

Moderne Literarische

Cabaret-Abende

Emmy Hennings - Hugo Ball

— *Emmy Hennings* —

Dänische Chansons
Balladen von Frank Wedekind
Chinesische Balladen (mit eigenen Puppen)
Eigene Verse
Pariser Vorstadtlieder
Dada- (Masken) Tänze (Musik von Hugo Ball)
Berliner Lieder

— *Hugo Ball* —

Moderne Vers-Grotesken von Morgenstern, Klabund, Lichtenstein, Ball
Klavierstücke von Debussy, Reger, Schönberg
Zeitgedichte von Verhaeren, Franz Werfel, Klabund
Gedichte von Baudelaire, Rimbaud, Kandinsky
Eigene Verse (ohne Worte) in kubistischem Kostüm
Prosa von Mallarmé, Meyrink, Friedländer, Ball

Beilage zu Brief Nr. 106.

Besprechungen

Emmy Hennings

„Emmy Hennings schafft unmittelbar aus ihren seelischen Evolutionen heraus und das gibt ihren Versen jene faszinierende Unmittelbarkeit, der sich keiner entziehen kann. Ihr Vortrag ist still und ohne Prätension. Aber im Innern dieser leicht hingesagten Strophen fühlt man das Leben pulsen."

Königsberger Zeitung.

„Der Stern dieses Cabarets aber ist Frau Emmy Hennings. Stern wie vieler Nächte von Cabarets und Gedichten! Wie sie vor Jahren am rauschend gelben Vorhang eines Berliner Cabarets stand, die Arme über die Hüften emporgerundet, reich wie ein blühender Busch, so leiht sie auch heute mit immer mutiger Stirn denselben Apachenliedern ihren Körper. Sie wurde, als in Berlin die neueste Prager Dichtergeneration aufkam, auch als Dichterin entdeckt."

Zürcher Post.

„Eine beruhigende Wirkung ging von Emmy Hennings aus. Ihre Prosaskizzen und Gedichte zeichnen sich durch eine stille, schlichte Aufrichtigkeit aus. Sie hat wirklich erlebt, und in ihr steckt richtige Bohème."

Vossische Zeitung, Berlin.

„Die von Emmy Hennings originell vorgetragenen eigenen Gedichte."

Neue Zürcher Zeitung.

„Sie singt mit einer nicht schönen aber expressiven Stimme. Und das schmale von Morfin zerstörte Gesicht zuckt bei den heftigen Bildern die sie malt. Sie singt ein Soldatenlied auf diesen Krieg von Hugo Ball. Sie singt es auf eine einfache fast fröhliche Melodie. Und der Sarkasmus und Hass, die Verzweiflung der in den Krieg gejagten Männer, klingt in jedem Satz. Dann trägt Hugo Ball selbst vor aus seinen jüngsten Arbeiten: eine Groteske von genialem Abra-Kadabra."

Niuwe Amsterdamer.

„Emmy Hennings ist vierjährig und verwüstet. Sie wird das Parlament stürzen."

„Die Aktion" Berlin.

Hugo Ball

„Zuletzt sprudelte Hugo Ball Gedicht auf Gedicht hervor. Man verstand fast nur die Reime. Die genügten aber im Publikum wahre Schreikrämpfe hervorzurufen. Eine Zeile die ich verstand lautet: „Ein Pferd macht müde sichs bequem in einem Vogelneste." Es war im Grunde ein Protest gegen Deutschland zu Gunsten von Marinetti."

Vossische Zeitung.

„Hugo Ball der Leiter des Cabarets und Herr am Klavier verwandelt sich dann in jenen vortefflichen Autor, der fremde und eigene Dichtungen vorträgt. Man hört neben einigen etwas feenhaft ausgestatteten Arien des Gefühls auch Verse von Jakob van Hoddis und Verse des toten Georg Heym."

Zürcher Post.

„Der Leiter des Cabarets und Hauptvortragende vertritt eine literarische Richtung, die, ob man das nun Kubismus, Futurismus oder sonstwie nennt, eine Ausgeburt von zügelloser Phantasie, perverser Sexualität ist. Deliriumeruptionen, eine ausgesprochene Dekadenz! Man höre nur die Kapitel seines „phantastischen Romans".

Volksrecht, Zürich

„Hugo Ball der den Abend eingeleitet mit vorsichtigen hergebrachten Worten (was überrascht hatte) erzählte über Hans Leybold. Es war nicht Wirrnis wie es scheinen konnte, im Vergleich zu den beiden vorgegangenen Reden. Es waren Worte, Sätze, Fetzen aus Gesprächen, Stücke aus Gedichten, Anekdoten. Verhöhnung, Hass, Zweifel, Drang. Es war die einzige Form über Leybold zu sprechen."

Berliner Börsenkurier.

Das Programm des Abends bildeten in abwechselnder Reihenfolge Rezitationen von Voltaire, Wedekind, und andern, vorgetragen durch Hugo Ball, den früheren Dramaturgen der Münchener Kammerspiele. Herr Ball, der auch aus eigenen Manuskripten las, durfte ebenfalls der lebhaften Aufnahme seiner Dichtungen sich erfreuen."

Neue Zürcher Zeitung

Beilage zu Brief Nr. 106.

Die Villa Seefeld (links) und daneben das von Ball im November 1916 bewohnte Chalet in Ermatingen (vgl. Nr. 116). Die beiden Häuser waren Dependencen zum Hotel Adler.

Maria Theresia Englert, Hermann Hesse, Emmy und Hugo Ball, Agnuzzo-Strand, Sommer 1921.

Emmy Ball 1920/21.

Nr. 282, Vorderseite mit dem Voltaire-Portrait von Mopp.

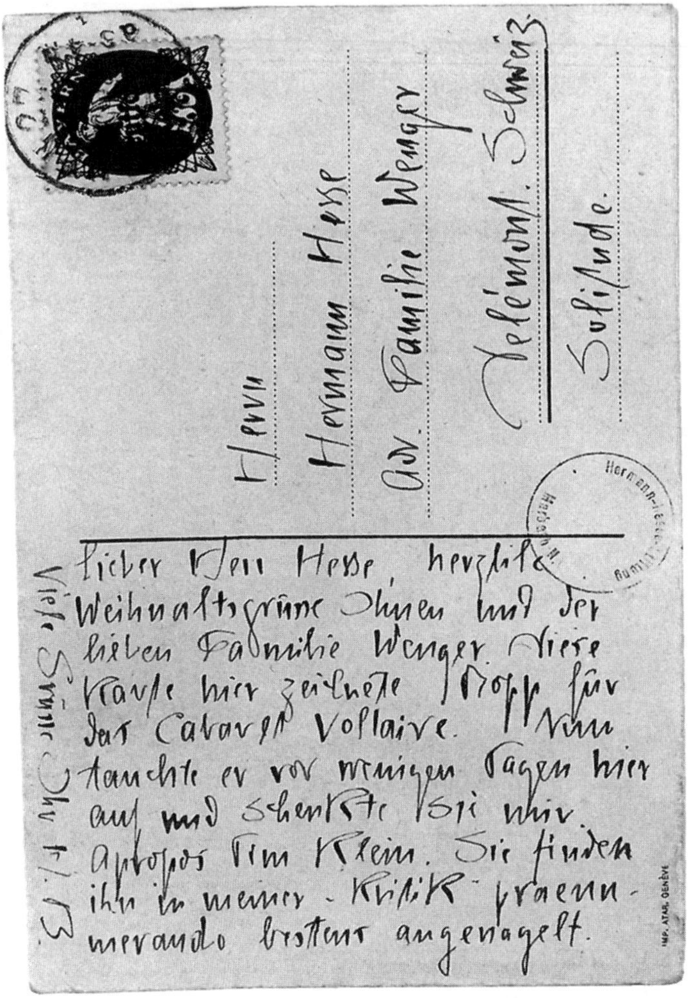
Herrn
Hermann Hesse
bei Familie Wenger
Delémont. Schweiz
Solitude.

Lieber Herr Hesse, herzliche
Weihnachtsgrüsse Ihnen und der
lieben Familie Wenger. Diese
Karte hier zeichnete Kopp für
das Cabaret Voltaire. Nun
tauchte er vor wenigen Tagen hier
auf und schenkte sie mir.
Apropos Tim Klein. Sie finden
ihn in meiner „Kritik" praenu-
merando brettern angenagelt.

Viele Grüsse Ihr H. B.

IMP. ATAR. GENÈVE

Nr. 282 an Hermann Hesse, kurz vor Weihnachten 1921.

Joseph Englert.

Hugo und Emmy Ball, Agnuzzo 1922.

Carla Fassbind in den zwanziger Jahren.

Ludwig Feuchtwanger, Leiter des Dunkler & Humblot-Verlages.

Carl Schmitt, März 1926.

Von links: Dr. Adolf Saager, Hugo und Emmy Ball, Anna Müller und Maria Saager, Obino 1926. Am Tag, als die Aufnahme entstand, schreiben die Ausflügler die Bildpostkarte (Nr. 647) an Annemarie Hennings.

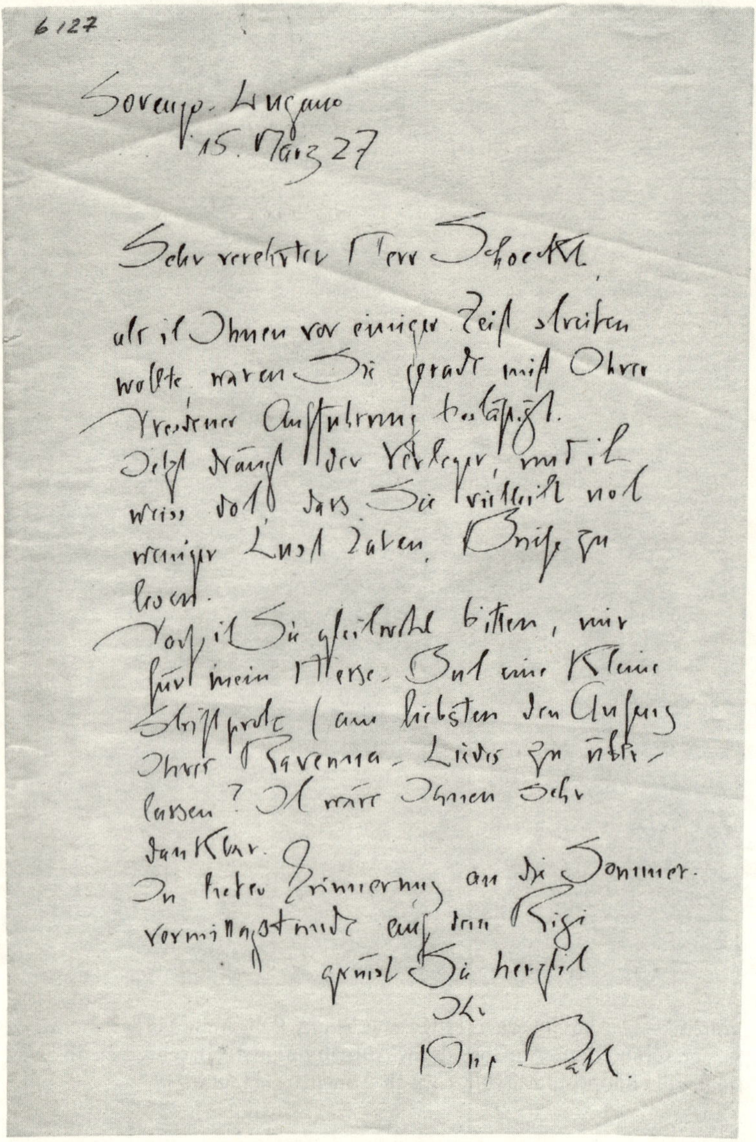

6127

Sorengo-Lugano
15. März 27

Sehr verehrter Herr Schoeck,

als ich Ihnen vor einiger Zeit schreiben wollte, waren Sie gerade mit Ihrer Dresdener Aufführung beschäftigt.
Jetzt drängt der Verleger, und ich weiss doch, dass Sie vielleicht noch weniger Lust haben, Briefe zu lesen.
Darf ich Sie gleichwohl bitten, mir für mein Hesse-Buch eine kleine Schriftprobe (am liebsten den Anfang Ihres Ravenna-Liedes) zu überlassen? Ich wäre Ihnen sehr dankbar.
In lieber Erinnerung an die Sommer-Vormittagsstunde auf dem Rigi
grüsst Sie herzlich
Ihr
Hugo Ball.

Nr. 736 an Othmar Schoeck, 15. März 1927.

Annemarie Hennings, Hugo Ball und Emmy Hennings,
S. Abbondio, August/September 1927.

Nachwort

»Eine seltsame Führung und Fügung brachte es mit sich, daß ich überall in den Brennpunkt der Interessen gelangte: am Theater, in der Kunst, in der Philosophie, in der Politik. All das hat sich in Extrakten bei mir gesammelt.« Diese Selbsteinschätzung, die Hugo Ball – mit gelinder Verwunderung – in seinem großen Bekenntnisbrief (Nr. 608) an Pater Beda Ludwig vom 18. März 1926 äußerte, kann man jetzt anhand der vorliegenden Ausgabe der Briefe auf ihre Richtigkeit überprüfen. Man kann nun den durch Brüche und abrupte Kehrtwendungen gekennzeichneten Lebens- und Schaffensweg Balls verfolgen, der ihn vom expressionistischen Theatermacher und Theaterreformer, vom Kabarettisten, Dadaisten und literarischen Anarchisten, über den die Kriegsschuldfrage hartnäckig stellenden politischen Journalisten, den scharfen Kritiker der deutschen, protestantisch-idealistisch geprägten Philosophie, bis hin zum anti-liberalen, ›ultramontanen‹ Katholiken, Laientheologen, Hagiographen und ersten Hesse-Biographen führte.

Wie weit und wie heterogen das künstlerisch-intellektuelle Umfeld war, in dem sich Ball seit 1911/12 bewegte, zeigen folgende seiner Briefpartner: Wassily Kandinsky, Kurt Wolff, René Schickele, Tristan Tzara, Hans Arp, Fritz Brupbacher, Johann Wilhelm Muehlon, Hermann Hesse, C. G. Jung, Jakob Hegner, Carl Muth und der umstrittene Staatsrechtler Carl Schmitt. Zusammen mit einigen der genannten Personen gehört Ball – jedenfalls im zweiten Jahrzehnt des 20. Jahrhunderts – in den Kontext der »klassischen Moderne«, in den inneren Zirkel der historischen Avantgardebewegungen Expressionismus und Dada. Auch zum italienischen Futurismus unterhielt er – wie seine Kontakte mit Filippo Tommaso Marinetti und Alberto Spaïni dokumentieren – recht enge Beziehungen. Aber die Briefe Balls werfen nicht nur Schlaglichter auf die um 1910 beginnende historische Avantgarde, sondern auch auf die literarische und politische Opposition gegen den Ersten Weltkrieg im Schweizer Exil, auf den politischen Katholizismus der Weimarer Zeit wie überhaupt auf die Diskurse in der Weimarer Republik.

Bedeutung der Briefe für Leben und Werk

So wichtig und bedeutend Hugo Balls Briefe für die deutsche Literatur-, Geistes- und Kulturgeschichte im ersten Viertel des 20. Jahrhunderts auch sind: besonders aufschlußreich sind sie für die Beschäftigung mit Balls Leben und Werk. Für Ball-Biographen und -Chronisten bieten sie zahlreiche neue, bisher unbekannte Daten und Fakten, so daß in Burkhard Schlichtings verdienstvoller ›Hugo Ball-Chronik‹[1] eine ganze Reihe von Angaben korrigiert und präzisiert werden muß, wie ja überhaupt erst jetzt anhand der vorliegenden Briefausgabe eine einigermaßen komplette Chronik[2] zu Leben und Werk Balls zusammengestellt werden kann. Über einige Episoden und Stationen seines Lebens – wie etwa über den dreiwöchigen Aufenthalt in Ermatingen im November 1916 – läßt sich nun – durch den bisher unveröffentlichten Brief Nr. 112 vom 29. Oktober 1916 – Genaueres in Erfahrung bringen.

Auch über Balls Beziehungen zu einzelnen Personen, über die bisher nichts oder wenig bekannt war, geben die Briefe neue Hinweise und Auskünfte. Über die freundschaftliche Beziehung zu dem Bauingenieur Joseph Englert etwa erfahren wir Näheres erst jetzt, da die Briefe Balls an ihn vollzählig vorliegen – bisher waren von den insgesamt zwanzig Briefen nur zwei veröffentlicht.[3] Unbekannt waren bisher auch die Kontakte, die Ball beispielsweise zu dem Psychiater und Tiefenpsychologen C. G. Jung (vgl. Nr. 441, 448, 459) und der Baronin von Üxküll (vgl. Nr. 332, 351, 450) unterhielt. Schon ein Blick in das Personen- und Briefempfänger-Register dieser Ausgabe zeigt, wie groß und wie vielschichtig der Bekannten- und Freundeskreis Balls in nur eineinhalb Jahrzehnten seines Lebens von 1912 bis 1927 war.

Auch in ihrer Bedeutung für die Werke Balls können die Briefe kaum überschätzt werden. So kann mit ihrer Hilfe die Entstehungs- und Druckgeschichte vieler Werke, angefangen von ›Flametti‹ und

1 Vgl. HBK, S. 11-37.

2 Eine wirklich komplette Ball-Chronik zu erstellen, wird erst dann möglich sein, wenn die bisher unveröffentlichten Tagebücher Balls aus der Zeit von 1921 bis 1927 und die Gegenbriefe von Emmy Hennings im Druck vorliegen.

3 Vgl. EBH Leben, S. 236-238, 246 f.

›Tenderenda‹ bis zur ›Flucht aus der Zeit‹ und zur Hesse-Biographie, ziemlich genau rekonstruiert werden. Die Quellenforschung wird in den Briefen viele nützliche Hinweise auf von Ball benutzte Literatur finden, vor allem in seiner Korrespondenz mit Bibliothekaren und Bibliotheken in Einsiedeln, Basel, Zürich und St. Gallen (vgl. Nr. 271), aus denen er häufig Bücher entlieh.[4] Entscheidende Hinweise haben Briefe bei der Zuschreibung zweier anonym in der ›Freien Zeitung‹ erschienener Artikel an Ball gegeben. Aufgrund der Briefe Nr. 188 und 239 ist ihm der Artikel »Der ›elende und erbärmliche Massaryk‹« mit absoluter Sicherheit und der Leitartikel »›Freie Zeitung‹ und ›Freier Verlag‹ in eigener Sache« mit großer Wahrscheinlichkeit zuzuschreiben.

Von Anfang an stehen die Briefe Balls in enger Beziehung zu seinen Werken. So ist es vielleicht kein Zufall, daß die ersten (überlieferten) Briefe just aus der Zeit datieren (1904 bis 1906), in der auch die ersten literarischen Texte Balls (fünf Gedichte) in der Zeitschrift ›Der Pfälzerwald‹ veröffentlicht wurden (1905). Das Briefe- und das Gedichte-Schreiben sind bei Ball – so scheint es – mehr als nur zeitlich parallele Tätigkeiten. Die Briefe begleiten und kommentieren die eigenen Werke, und dies von Anfang an, wie die ersten beiden Briefe belegen, in denen Ball von einer »gemeinsamen Arbeit«, einem »Manuskript« (Nr. 1) und einem »deutschen Aufsatz« (Nr. 2) spricht. Daß für sein Gedicht ›Der Dorfdadaist‹ ein kurioser Straßen- und Wandermusikant, der mit einer »Kistchen-Laute« in Tessiner Dörfern auftrat, das reale Vorbild war, geht aus einem Brief Balls vom Februar 1924 hervor (Nr. 388).

Ob die Werke Balls vor dem Hintergrund der zahlreichen hier erstmals veröffentlichten Briefe anders oder ganz neu oder nur genauer gelesen werden müssen: dies sind Fragen, die nur im Hinblick auf jedes einzelne Werk beantwortet werden können.

4 Vgl. Nr. 424, 503, 510, 519, 537 (Stiftsbibliothek Einsiedeln) sowie Nr. 543, 677 (Universitätsbibliothek Basel).

Briefe und Tagebücher

Ein besonderer Zusammenhang besteht zwischen Balls Briefen und seinen Tagebüchern. Seit Ball Tagebuch schreibt, also seit etwa 1913, gehören die Briefe und Tagebücher zusammen wie zwei Seiten einer Medaille. Die Briefe sind so etwas wie das private, persönliche Gegenstück zu seinem Tagebuch, jedenfalls zu seiner Tagebuch-Bearbeitung ›Die Flucht aus der Zeit‹, die er 1927 unter »Weglassung alles Privaten und Zufälligen« veröffentlichte (Nr. 572). Während im veröffentlichten Tagebuch »nirgends von Privatsachen die Rede« ist (Nr. 604), steht in den Briefen, abgesehen von den Geschäftsbriefen, das Private im Vordergrund. Man ist versucht, von einer Arbeitsteilung zu sprechen, die Ball vornimmt, indem er den Briefen weitgehend das Private vorbehält, das er von dem veröffentlichten Tagebuch, der ›Flucht aus der Zeit‹, ausschließt. Inhaltlich ergänzen die Briefe und Tagebücher einander. Ideal wäre eine parallele Lektüre der beiden autobiographischen Gebrauchsformen Brief und Tagebuch. Dies ist bisher für den Zeitraum 1913 bis 1921 möglich, den das veröffentlichte Tagebuch ›Die Flucht aus der Zeit‹ umfaßt. Für die Zeit danach muß man auf die Publikation der noch unveröffentlichten Tagebücher aus der Zeit von 1921 bis 1927 warten. Daß Ball in Tagebucheinträgen mitunter fortschreibt, was er in Briefen begonnen und abgebrochen hat, hat er selbst einmal in einem Brief an seine Frau Emmy Hennings ausgeführt: »Du brauchst nicht unruhig sein. Wenn ein verqueres Wort in meinen Briefen steht, lies drüber weg. Ich schreibe Dir immer nur Bruchstücke. Mitunter fällt mir etwas ein fürs Notizbuch [d.h. für das Tagebuch], dann spinne ich dort weiter und Du kannst den Zusammenhang nicht finden.« (Nr. 358).

Briefverluste

In der vorliegenden Edition sind alle derzeit erreichbaren Briefe, Postkarten und Telegramme Balls aus den Jahren von 1904/1905 bis 1927 abgedruckt. Vermutlich hat Ball mindestens doppelt so viele Briefe geschrieben wie in dieser Ausgabe veröffentlicht werden.

Von den vielen nicht erhaltenen Briefen ist eine ganze Reihe von Empfängern bekannt, weil Ball sie selbst in den hier publizierten

Briefen genannt hat. Nach den Briefen der Jahre 1916 bis 1918 hat er in dieser Zeit – zusätzlich zu den bisher bekannten Adressaten – noch an folgende Personen geschrieben: Leonhard Frank, Hans Richter, Herwarth Walden, Franz Pfemfert, Erich Reiss, Reinhard Piper, Hans Goltz, Robert Leo Richter-Hauser, Han Coray, Domenica Coray, Johann Schalk, Frida Rubiner-Ichak, Carl Heinrich Maurer, Annette Kolb, Mary Wigman, Rudolf von Laban, Friedrich Glauser. Besonders intensiv und vertraulich war Balls Korrespondenz in den Jahren 1911 bis 1914 mit der Schauspielerin Leontine Sagan und dem Schriftsteller Hans Leybold. Mit seiner »lieben Freundin Sagan« (Nr. 11) hat er »3 Jahre lang täglich Briefe gewechselt« (Nr. 76), und auch mit seinem besten Freund der Vorkriegszeit, Leybold, hat er über längere Zeit »täglich correspondiert« (Nr. 79). Einen regen Briefwechsel hat Ball auch mit Klabund unterhalten, von dem sich – wie es scheint – nur eine Postkarte an Ball erhalten hat.[5] Daß Ball auch an eine Reihe der im Briefempfängerverzeichnis aufgeführten Adressaten mehr Briefe geschrieben hat als die uns überlieferten, geht ebenfalls aus den Briefen der Jahre 1916 bis 1918 hervor. So etwa an René Schickele, Richard Huelsenbeck, Ferdinand Hardekopf, Hans Arp und Karl Kraus.

Verlorengegangen sind viele Briefe Balls wahrscheinlich durch Nachlässigkeit der Besitzer, durch Unwägbarkeiten der Überlieferung wie auch durch widrige Zeit- und Lebensumstände wie die Vertreibung und das Exil nicht weniger Briefempfänger in der Zeit des Nationalsozialismus und des Zweiten Weltkriegs. Die Geschichte der Briefverluste beginnt jedoch nicht erst nach dem Tode Hugo Balls, sondern bereits zu dessen Lebzeiten. Hintergrund der Verluste sind Zensur- und Überwachungsmaßnahmen der deutschen und schweizerischen Behörden während des Ersten Weltkriegs wie auch Vorsichtsmaßnahmen des Briefschreibers selbst, der Emmy Hennings Ende September 1917 auffordert: »Meine Briefe musst Du vernichten, Liebling, wenn etwas besonderes von diesen italienischen Dingen geschrieben ist.« (Nr. 155) Ansonsten spricht Ball davon, daß »die deutsche Post« an ihn »aufgehalten« werde (Nr. 178), befürchtet er, daß seine Post »beschlagnahmt« wird (Nr. 195), daß seine »Briefe verloren« gehen könnten (Nr. 187), daß »irgend ein Schnüffler« seine Nase in sie hineinstecken könnte (Nr. 211).

5 Vgl. HBK, S. 107.

Briefe der Dada-Zeit und der »republikanischen Aktion« in Bern

Die weitaus meisten Briefe, nämlich 212, sind an Balls Lebensgefährtin und spätere Frau Emmy Hennings gerichtet. Es folgen, nach der Zahl der an sie adressierten Briefe: seine Lieblingsschwester Maria Hildebrand (78), Hermann Hesse (70), Ludwig Feuchtwanger, der Leiter des Verlags Duncker & Humblot (65), seine Stieftochter Annemarie Hennings (35), sein Jugendfreund August Hofmann (28), Carl Muth, der Herausgeber der Monatsschrift ›Hochland‹ (26) und Joseph Englert, der Freund der Tessiner Zeit seit 1920 (20).

Auffällig ist, daß sich verhältnismäßig wenig Briefe an die Züricher Dada-Freunde erhalten haben. Während es an Tristan Tzara immerhin 16 und an Hans Arp fünf Briefe sind, existiert an Richard Huelsenbeck (Nr. 685) und Marcel Janco (Nr. 502) nur jeweils ein Brief bzw. eine Postkarte. Aus dem Umkreis der Züricher Dadaisten sind als Briefempfänger nur Ferdinand Hardekopf (Nr. 234, 536) und der Komponist Marcel Heinrich Samuel Sulzberger (Nr. 130) zu nennen. Wenn auch die Anzahl der Briefe an die Dadaisten gering ist, so ist doch die Gesamtzahl der Briefe Balls aus der Züricher und Tessiner Zeit zwischen Mai 1915 und August 1917 mit 73 Schriftstücken recht groß. Das Briefcorpus dieser Zeit ist nicht nur zahlenmäßig, sondern auch aufgrund seines Informationsgehalts so bedeutend, daß es als die wichtigste, ergiebigste und ›authentischste‹ Quelle für die Entstehung und Entwicklung der Dada-Bewegung in Zürich anzusehen ist. Balls briefliche Zeugnisse der Dada-Zeit sind deshalb ›authentischer‹ als die zeitgleichen Tagebuchnotate in der ›Flucht aus der Zeit‹, weil letztere aufgrund der originalen, für den Zeitraum 1913 bis 1921 nicht mehr erhaltenen Tagebucheintragungen von Ball in den Jahren 1925/26 für den Druck von 1927 überarbeitet und teilweise wohl auch um- und neugeschrieben wurden.

Auch und gerade zu seiner Berner Zeit (September 1917 bis März 1920), die zu den »spannendsten Abschnitten in Balls Leben gehört«,[6] bietet diese Ausgabe viel Neues und Interessantes. Dies erklärt sich schon daraus, daß sie für die Berner Jahre mehr als viermal so viele Briefe (130) aufweist wie die 1957 erschienene Briefausgabe (31). Neues und Genaueres erfahren wir vor allem über die politischen Zirkel, in denen sich Ball damals bewegte, über die vielen Kontakte, die

6 Schütt, S. 269.

er unterhielt, über die Auseinandersetzungen und Intrigen zwischen den verschiedenen bürgerlichen Oppositionsgruppen in Bern, über die politischen Positionen und Anschauungen, die Ball als Mitarbeiter und Redakteur der ›Freien Zeitung‹ vertrat, und über das Berner Milieu und die Berner Atmosphäre während des Ersten Weltkriegs.

Privat- und Geschäftsbriefe

Balls Briefe lassen sich grob sortieren in Privatbriefe und Geschäftsbriefe, wobei die Ersteren gegenüber den Letzteren deutlich in der Überzahl sind. Zu den Privatbriefen gehören die Briefe an Emmy Hennings und deren Tochter Annemarie, an die Mitglieder der Familie Ball (Vater, Mutter, die Schwestern Maria, Ida und Josephine Salomea) und an die recht zahlreichen Freunde, Schriftstellerkollegen und Bekannte, angefangen bei den Jugendfreunden Willy Deutschmann und August Hofmann, über die Freunde der Dada-Zeit bis zu Joseph Englert und Hermann Hesse, den Freunden der 1920er Jahre.

Geschäftsbriefe sind all jene Schreiben, die Ball wegen der Publikation seiner Werke und wegen der Literaturbeschaffung an drei Gruppen von Adressaten richtete:

1. an Verleger, Verlagsleiter und Verlage (Ernst Rowohlt, Kurt Wolff, Ludwig Feuchtwanger, Jakob Hegner und Samuel Fischer),
2. an Redakteure und Herausgeber von Zeitschriften wie Friedrich Fuchs und Carl Muth vom ›Hochland‹,
3. an Bibliothekare und Bibliotheken wie den Pater Edmund Brosy von der Stiftsbibliothek Einsiedeln und die Universitätsbibliothek Basel.

Zu den Geschäftsbriefen zählen außerdem ein zusammen mit Klabund verfaßter Rundbrief an eine Reihe »beschlagnahmter Autoren« (Nr. 40), womit diese zur Mitarbeit an einer geplanten Anthologie ›Die Konfiszierten‹ eingeladen wurden, ein Leserbrief an das ›Deutsche Pfarrerblatt‹ (Nr. 522), mit dem Ball einem anonymen Korrespondenten aus Pirmasens auf dessen entstellende und unwahre biographische Angaben zu seiner Person antwortete, sowie ein offener Brief an die Redaktion der ›Zeitwende‹ (Nr. 580), mit dem Ball auf einen Verriß seines Buches ›Die Folgen der Reformation‹ reagierte.

Es versteht sich von selbst, daß die säuberliche Unterscheidung zwischen Privat- und Geschäftsbriefen sich nicht auf alle Briefe Balls anwenden läßt. Denn es gibt selbstredend Privatbriefe, in denen ›Geschäftliches‹, und Geschäftsbriefe, in denen ›Privates‹ vorkommt, und einige Briefe sind beides zugleich zu etwa gleichen Anteilen: Privat- *und* Geschäftsbriefe.

Gespräch versus Brief

Als Briefschreiber hat Ball gelegentlich Probleme des Briefschreibens thematisiert, hat er sich in Briefen über die Tauglichkeit des Briefes als Kommunikationsmittel Gedanken gemacht. Obwohl als »Schrift«-Steller der Schrift und der Schriftlichkeit verpflichtet und von ihr lebend, mißtraute Ball der Textform des Briefes, weil sie ihm im Austausch mit Menschen nicht als das ideale Verständigungsmittel erschien. In Briefen an Emmy Hennings stellt er wiederholt fest, daß man mit Briefen »nichts sagen« (Nr. 99), daß man mündlich »mehr sagen« könne, als es im Brief möglich sei (Nr. 100). Über den schwierigen Umgang mit Franz Pfemfert bemerkt Ball einmal, er könne ihm bestimmte Dinge »nicht schreiben«, weil er »ihm das nur *sagen* könnte« (Nr. 162). Und Emmy Hennings gegenüber bringt er die Schwierigkeit brieflicher Kommunikation auf den Punkt, wenn er ihr schreibt, sie solle sich durch seine »gelahrten Bedenken« nicht »verwirren« lassen, denn: »Brieflich kann man sich so schwer verständigen. Könnten wir sprechen, so wäre das mit 3 Worten getan.« (Nr. 195) Ball bekräftigt hier noch einmal seine Auffassung, daß für private Mitteilungen das Gespräch unter vier Augen dem Brief deutlich überlegen sei. Wenn Ball dem Brief seine Tauglichkeit als Verständigungsmittel abspricht, dann scheint er ihn – jedenfalls wenn es um sensible private Angelegenheiten geht – lediglich als einen Behelf, eine Notlösung, einen unzulänglichen Ersatz für das persönliche Gespräch betrachtet zu haben.

Der Brief als »Selbstgespräch« des Absenders

Wenn auch in der Brieftheorie dem Brief immer wieder der Charakter eines Gesprächs zwischen Abwesenden zugeschrieben wird, so hat doch Ball am Brief gerade das Dialogische des lebendigen Gesprächs vermißt. Diese Präferenz hebt er auch in einem Brief (Nr. 290) an Hermann Hesse hervor, bei dem er sich für die »Redseligkeit« seines Briefes entschuldigt, um fortzufahren: »Viel schöner wäre es, mit Ihnen auf einem Spaziergang zu plaudern.« Da dies aber nicht möglich ist, fordert er Hesse auf: »nehmen Sie den Brief als ein Selbstgespräch des absurden Absenders und übergeben Sie ihn dem Herrn Frankolino« [d.h. dem Kanonenöfchen in Hesses Wohnung], »wenn er Sie verdriessen sollte«. Ein Brief, der ein »Selbstgespräch« des Briefschreibers ist, bedarf keiner Antwort, die Ball denn auch von seinem Freund Hesse nicht erwartet.

Daß Briefe, zumal solche von Schriftstellern und Künstlern, oft Monologe des Schreibers sind, läßt sich in der Briefliteratur immer wieder beobachten und ist auch von Brieftheoretikern erkannt worden. So hat der spanische Lyriker und Literaturhistoriker Pedro Salinas darauf hingewiesen, daß der Brief sich zuerst an den Schreibenden selbst richtet, daß der Briefschreiber »als erster« erfährt, »was er sagen will, weil er auch der erste ist, dem er dies sagt. Zwischen den Zeilen erscheint sein eigenes Abbild, erscheint das unzweifelhafte Abbild eines Augenblicks seines inneren Lebens«.[7]

Nicht nur in dem als »Selbstgespräch« qualifizierten Brief (Nr. 290) an Hermann Hesse und keineswegs nur in autorbezogenen Bekenntnisbriefen, sondern auch in vielen Privatbriefen hat Ball Gespräche mit sich selbst geführt; auch dann, wenn es sich um ausgesprochen partnerbezogene Briefe handelte, denn auch in ihnen hat Ball – ob er wollte oder nicht – vieles von sich an Gedanken, Gefühlen und geheimen Wünschen preisgegeben.

7 Pedro Salinas: ›Verteidigung des Briefes. Ein Essay‹. Aus dem Spanischen übersetzt von Wilhelm Muster. Frankfurt a.M./Wien/Berlin 1983, S. 24 f.

»Deine Briefe sind wie eine Arznei«

Sind Balls Briefe mitunter auch verkappte Selbstgespräche, die keine Antwort heischen, so dienen sie doch in den meisten Fällen dem Austausch und dem Dialog mit einem abwesenden Briefpartner, besonders in schwierigen, krisenhaften Phasen seines Lebens, wenn er, wie in den ersten neun Monaten seiner Berner Zeit, getrennt von seiner Lebensgefährtin Emmy Hennings zurechtkommen mußte. Wie wichtig für Ball der briefliche Kontakt mit ihr gerade in dieser Zeit war, wußte Emmy Hennings nur zu gut: »Wenn ich ihm nicht täglich schrieb, war er unglücklich.«[8] Balls Briefe bestätigen diese Aussage. »Schreibe mir täglich« (Nr. 158), fordert er Emmy auf, und wenn er an einem Tag einmal »keinen Brief« von ihr hat, ist er gleich »unendlich besorgt« (Nr. 156). Doch wenn dann ihre Briefe wieder »regelmässig kommen«, fehlt ihm »nichts, um sehr glücklich zu sein« (Nr. 201). Ball ist froh darüber, daß Emmy und er »sich täglich schreiben« können, denn dadurch werde die zwischen ihnen liegende »Entfernung viel kleiner« (Nr. 153). Das tägliche Briefschreiben verkleinert und überbrückt die räumliche Distanz zwischen den getrennten Briefpartnern und bringt sie einander näher.

Der Briefwechsel zwischen den beiden läßt deutlich erkennen, daß Ball die Briefe von Emmy Hennings dringender benötigte als diese die Briefe von ihm. In zwei Briefen vom April 1918 erklärt Ball, was und wie viel ihm die Briefe seiner Lebensgefährtin bedeuten: »Schreib mir, mein Putz-Schnutz, grosse liebe lange Briefe. Steffgen [d.i. Hugo Ball] braucht das wies liebe Brot. Und noch mehr.« (Nr. 186) – »Deine Briefe sind wie eine Arznei für dies Steffgen und ohne Deine Briefe kann ich keine Stunde leben.« (Nr. 203) Damit spricht Ball den Briefen Emmys eine Bedeutung, eine Macht, eine Wirkung zu, die sie nach der Einschätzung der Absenderin kaum haben konnten. Auf Balls Vergleich ihrer Briefe mit einer Arznei reagierte Emmy Hennings denn auch etwas irritiert, ja irgendwie »beschämt«, wenn sie sich durch ihn im übrigen auch etwas geschmeichelt fühlte, denn der Vergleich habe sie »doch sehr glücklich«[9] gemacht.

8 Emmy Ball-Hennings: ›Aus dem Leben Hugo Balls 1916-1920‹. In: HBA 1991, S. 93.

9 Vgl. *Nr. 203* – erste Erläuterung .

Hypertrophierung der Liebe

Wenn Emmys Briefe für Ball ein Heilmittel sind, ohne das er nicht zu leben vermag, dann ist es kaum überraschend, daß er seine Lebensgefährtin mitunter zu einer Heilsfigur überhöht, daß er sie einmal als »ein klein Jesulein voller Spiel und Figur« bezeichnet, »dessen Augen durch alle Dinge sehen« (Nr. 357). Mit der Idealisierung und Sakralisierung der Geliebten geht bei Ball eine Verabsolutierung und metaphysische Überhöhung der Liebe einher, wie sie sich in der Literatur seit dem Sturm und Drang und der Romantik als Folge der Auflösung alter objektiver Ordnungen beobachten läßt.[10] Mit dem Zerbrechen traditioneller Bezugsgruppen und sozialer Einheiten wie Zunft, Stand, Groß-Haushalt, Konfession etc. ist es in den letzten beiden Jahrhunderten zu einem »Schrumpfungsprozeß der Bezugsgruppe«[11] gekommen, der im Extremfall zur exklusiven Bindung und Fixierung an eine einzige Bezugsperson, an die Geliebte bzw. den Geliebten, und damit zu einer Radikalisierung und Hypertrophierung der Liebe führte.

In seiner Münchner und Heidelberger Studienzeit (1906-1910) entscheidend durch Nietzsches Nihilismus, seine Umwertung aller Werte und die von ihm vollzogene Entgötterung der Welt geprägt, dem Glauben seiner Kindheit und der Familie in Pirmasens entfremdet, suchte Ball nach dem Abbruch des Studiums (1910) den Sinn und Halt seines Lebens zunächst im Theater, in der Literatur und in der Kunst. Nachdem er sich 1917 endgültig von Dada und seinen Ambitionen, sich in der Welt der Literatur und des Theaters einen Namen zu machen, verabschiedet hatte, suchte er neue Orientierung in der Bindung an Emmy Hennings, seine Geliebte, die für ihn in der ersten Berner Zeit auch deshalb zu einer solch überhöhten Bezugsperson wurde, weil er damals räumlich getrennt von ihr leben und wegen eines spanischen Nebenbuhlers um sie kämpfen mußte.

10 Vgl. hierzu Karl Eibl: ›*Ergo todtgeschlagen*. Erkenntnisgrenzen und Gewalt in Büchners *Dantons Tod* und *Woyzeck*‹. In: Euphorion 75, 1981, S. 425 f.

11 Ebd., S. 426.

»Transzendentale Obdachlosigkeit« und Konversion zum Katholizismus

Will man den Lebensweg Balls mit seinen Um- und Aufbrüchen, seine nicht unbedingt geradlinig verlaufende intellektuelle Entwicklung und die Motive für seine Neuorientierungen besser verstehen, so empfiehlt es sich, Siegfried Kracauers Essay ›Die Wartenden‹ aus dem Jahr 1922 zu Rate zu ziehen. Darin untersucht Kracauer scharfsinnig eine recht große, bedeutende, für die expressionistische Künstlergeneration repräsentative Gruppe von Menschen, zu der Hugo Ball unbedingt zu zählen ist. Die Menschen dieser Gruppe sind »alle durch ein gemeinsames Los verbunden«, sie sind »jeglichem bestimmten Glaubensbekenntnis entronnen«, sie sind oft von »tiefer Traurigkeit« befallen, »die dem Wissen um ihr Eingebanntsein in eine bestimmte geistige Situation entwächst [...]. Es ist das metaphysische Leiden an dem Mangel eines hohen Sinnes in der Welt, an ihrem Dasein im leeren Raum, das diese Menschen zu Schicksalsgefährten macht.«[12] Nach Kracauer leiden diese Menschen »im Kern an ihrem *Vertriebensein* aus der religiösen Sphäre, an der ungeheuren Entfremdung, die zwischen ihrem Geist und dem Absoluten herrscht.«[13] Hinzu kommt bei ihnen, da die Tradition »ihre Macht über sie verloren« hat, »der Fluch der *Vereinzelung*«, ein »auf die Spitze getriebener *Relativismus*« und der »Schrecken vor der *Leere*«.[14] Nur zu begreiflich daher, daß alles in ihnen »auf ein erneutes Sein in der religiösen Sphäre«[15] hindrängt, daß sie sich wieder den »alten *Menschheitslehren*« zuwenden und sich eine »Beseitigung des Vakuums etwa von dem Eingehen in die positiven Religionen«[16] erhoffen.

Unter dem Eindruck der Weltkriegskatastrophe orientierten sich in den zwanziger Jahren des letzten Jahrhunderts nicht wenige Intellektuelle wieder an der Religion und besonders am Katholizismus. Diese Re- und Konversion zum Kirchenglauben schloß nach

12 Siegfried Kracauer: ›Die Wartenden‹. In: ›Das Ornament der Masse. Essays‹. Mit einem Nachwort von Karsten Witte. Frankfurt a.M. 1977, S. 106.

13 Ebd., S. 107.

14 Ebd., S. 108 f.

15 Ebd., S. 109.

16 Ebd., S. 111.

Kracauer auch die »Zuwendung zur Mystik« und zu den »Lehren des Ostens« mit ein, besonders dann, wenn bei den Betroffenen die »Verzweiflung«[17] über das Vertriebensein aus der religiösen Sphäre besonders groß war.

Die zuletzt zitierten Ausführungen Kracauers hätten auf Hugo Ball gemünzt sein können, wäre dessen ›Byzantinisches Christentum‹ nicht 1923, sondern vor Kracauers Essay, das heißt vor 1922 erschienen. Denn in diesem Buch dokumentiert Ball seine sich seit 1920 abzeichnende Hinwendung zur asketisch-mystischen Tradition der frühen Ostkirche, genauer: zu drei frühchristlichen, byzantinischen ›Heiligen‹ aus der »Epoche des palästinisch-syrischen Christentums des 5. bis 7. Jahrhunderts«,[18] die er als positive Gegenbilder einer auf Askese und Gehorsam gegründeten östlichen »Heiligenlehre« ausdrücklich dem im Krieg kompromittierten »deutschen Heldenbegriff«[19] gegenüberstellt.

Nach einer Kindheit und Jugend im streng katholischen Milieu einer Mittelstandsfamilie und einer Studienzeit, in der er sich unter dem Einfluß der ›Gott-ist-tot‹-Philosophie Nietzsches vom Kirchenglauben seiner Kindheit löste und zum »Freigeist«[20] wurde, durchlebte Hugo Ball von 1910 bis 1920 ein ereignisreiches Jahrzehnt in jener für viele seiner Zeitgenossen typischen Geisteshaltung, in jener intellektuellen und psychischen Befindlichkeit, die Siegfried Kracauer 1922 als »*Vertriebensein*« aus der religiösen Sphäre« und Georg Lukács fast gleichzeitig (1920) als »transzendentale Obdachlosigkeit«[21] bezeichnete. Ball selbst hat damals die prekäre geistige Situation des modernen Menschen in post-metaphysischer Zeit klar erkannt und genau beschrieben. In seinem Vortrag über ›Kandinsky‹,

17 Ebd., S. 112.

18 Thomas Ruster: ›Hugo Balls »Byzantinisches Christentum« und der Weimarer Katholizismus‹. In: Wacker, S. 190.

19 Hugo Ball: ›Notizen zum Versuch eines Vorwortes für das »Byzantinische Christentum«‹. In: Schriften, S. 301 f.

20 Auf einem am 24. Oktober 1906 ausgestellten Münchner Polizeimeldebogen für Hugo Ball wird am 1. August 1912 der Eintrag »kath.« eingeklammert und darüber »konfessionslos« vermerkt (vgl. HBK, S. 57, Nr. 26). August Hofmann erinnert sich, daß Ball »nach München bereits als vollkommener Freigeist« gekommen sei (vgl. HBK, S. 57).

21 Georg Lukács: ›Die Theorie des Romans‹. Neuwied und Berlin 1971, S. 32. Die Studie von Lukács erschien in Buchform erstmals 1920. Zuvor 1916 als Zeitschriftenbeitrag.

den er am 7. April 1917 in der ›Galerie Dada‹ hielt, nennt er unter den »drei Dingen«, welche »die Kunst unserer Tage bis ins Tiefste erschütterten« und »ihr ein neues Gesicht verliehen«, an erster Stelle »die von der kritischen Philosophie vollzogene Entgötterung der Welt«.[22] Wie sehr ihn dieser einschneidende geistesgeschichtliche Umbruch betraf und beschäftigte, läßt sich an der insistierenden Art und Weise ablesen, mit der er die »Entgötterung der Welt« und deren Auswirkung auf den Menschen zu umschreiben und zu erfassen versucht: »Eine Welt brach zusammen. [...] Eine Zeit bricht zusammen. Eine tausendjährige Kultur bricht zusammen. [...] Kirchen sind Luftschlösser geworden. [...] Umwertung aller Werte fand statt. Das Christentum bekam einen Stoß. [...] Der Sinn der Welt schwand. [...] Chaos brach hervor. [...] Der Mensch verlor sein himmlisches Gesicht [...]. Der Mensch verlor seine Sonderstellung, die ihm die Vernunft gewahrt hatte.«[23]

Daß Ball in der Zeit des expressionistischen Jahrzehnts unter der »Entgötterung der Welt«, unter der »transzendentalen Obdachlosigkeit« gelitten hat, läßt sich zwar nicht den Briefen, wohl aber – jedenfalls indirekt – einzelnen Werken entnehmen, wie dem Gedicht ›Der Henker‹ und dem Drama ›Der Henker von Brescia‹, deren Titelfiguren durch eine starke Erlösungssehnsucht in einer heil- und gottlosen Welt charakterisiert sind. Im ›Kandinsky‹-Vortrag kann der konstatierende Duktus seiner Formulierungen kaum darüber hinwegtäuschen, daß Ball das Schwinden des »Sinns der Welt« als Verlust und Mangel empfunden hat. Verluste dieser Tragweite ließen sich zunächst zwar nicht ohne weiteres rückgängig machen, aber vielleicht doch ausgleichen. Und so scheint Ball die verlorengegangene religiöse Orientierung seiner Kindheit seit 1910 durch eine Reihe von Neuorientierungen kompensiert zu haben, die sich als eine jeweils neue Suche nach Sinn begreifen lassen.

Wie bereits erwähnt, richteten sich die ersten beiden Neuorientierungen zunächst auf das Theater (1910 bis 1914)[24] und dann stärker auf die Literatur und Kunst (1915 bis 1917), ehe Ball seine Sinnsuche

22 Hugo Ball: ›Kandinsky‹. Vortrag, gehalten in der Galerie Dada. In: Schriften, S. 41.

23 Ebd.

24 Vgl. Flucht, S. 7: »1910-1914 war alles für mich Theater: das Leben, die Menschen, die Liebe, die Moral. Das Theater bedeutete mir: die unfaßbare Freiheit.«

eine Zeitlang auf die verabsolutierte Liebe und die idealisierte Geliebte konzentrierte. Eine weitere (und zwar die letzte) Etappe seiner Sinnsuche zwischen dem Verlust des Glaubens und der Rückkehr zur Kirche war Balls politisches Engagement als Mitarbeiter und Redaktionsmitglied der republikanischen ›Freien Zeitung‹ während der Berner Zeit (1917 bis 1920), war seine aktive Beteiligung an der »republikanischen Aktion in Bern«, wie er in Briefen (vgl. Nr. 604, 608) diesen wichtigen Abschnitt seines Lebens selbst qualifiziert. Ball wendet sich mit seiner »Aktion« und mit seinem Pamphlet ›Zur Kritik der deutschen Intelligenz‹ (1919) gegen die preußisch-protestantische Ideologie, Monarchie und Mentalität, gegen die Leugnung der Schuld Deutschlands am Ersten Weltkrieg, und spricht sich für eine »moralische Revolution« in Deutschland, für eine »demokratische Kirche der Intelligenz«, eine »neue Internationale der religiösen Intelligenz«[25] außerhalb des Staates und der historischen Kirche aus.

Balls (partei-)politische Position in der späten Berner Zeit kommt der von der Unabhängigen Sozialdemokratischen Partei Deutschlands (USPD) vertretenen Position am nächsten, und was die bedeutenden Politiker der Umbruchsjahre 1918/19 angeht, so hegte Ball für den USPD-Vorsitzenden in München und den am 21. Februar 1919 ermordeten Ministerpräsidenten der Münchner Räterepublik Kurt Eisner zweifellos die größten Sympathien. Die Ermordung Eisners und die Verfolgung von Intellektuellen während und nach der Münchner Räterepublik waren für ihn sicherlich ein großer Schock. Die wenigen erhaltenen Briefe aus dieser Zeit geben darüber allerdings keine Auskunft. Dies kann jedoch kaum wundernehmen, denn Ball wird sich aus Gründen der Vorsicht gehütet haben, seiner Sympathie für die Münchner Räterepublik in einem Brief Ausdruck zu verleihen. Durch das Scheitern der Münchner Räterepublik hatten sich seine Hoffnungen auf die Etablierung eines »neuen Systems« (Nr. 235), auf eine moralische Erneuerung in Deutschland zerschlagen. Zwar verfolgte er noch im Frühling 1920 den Plan, in Deutschland eine neue Zeitschrift als Nachfolgerin der Ende März 1920 eingestellten ›Freien Zeitung‹ herauszugeben,[26] und auch wegen der Fortführung des von ihm geleiteten ›Freien Verlags‹ in Deutschland

25 Kritik, S. 116, 197, 238, VI.
26 Vgl. *Nr. 243*.

verhandelte er noch 1920.[27] Als sich aber 1919/20 nach mehreren Aufenthalten im Nachkriegsdeutschland seine Pläne mit der Zeitschrift und dem Verlag nicht verwirklichen ließen und sich die politischen Verhältnisse in Deutschland immer weniger nach seinen Wünschen und Vorstellungen entwickelten, wendete er sich im Laufe des Jahres 1920 von der Politik ab. Fast gleichzeitig und im Zusammenhang mit dieser Abkehr revertierte Ball im Sommer 1920 zum Katholizismus, kehrte in die Schweiz zurück, siedelte sich in einem Tessiner Dorf am Luganer See an und begann im Herbst 1920 mit hagiographischen Quellenstudien. In der ›Flucht aus der Zeit‹, dem für den Druck von 1927 stark überarbeiteten Tagebuch, nimmt Ball hinsichtlich seiner Abkehr von der Politik eine Vordatierung in den Frühling 1919 vor; unter dem 24. Mai 1919 notiert er nach zwei Deutschland-Aufenthalten als »Resultat« seiner Reisen: »daß die politische Aktion in der Schweiz keinen Sinn mehr hat, und daß es kindisch ist, diesem Treiben gegenüber auf Moral zu bestehen. Ich bin gründlich geheilt, von der Politik nun auch, nachdem ich den Ästhetizismus bereits früher abgelegt hatte.«[28] Da sich Ball noch ein Jahr später, im Frühling 1920, um die Herausgabe einer politischen Zeitschrift und die Fortführung eines politischen Verlages bemühte, kann er nicht bereits ein Jahr zuvor »gründlich« von der Politik geheilt gewesen sein.

Wie sehr Ball das Problem der religiösen Konversion, der Umkehr zur Kirche beschäftigte, zeigt sein umfangreicher, 1925 in der katholischen Monatsschrift ›Hochland‹ erschienener Essay ›Die religiöse Konversion‹. Darin spricht er, auf den Nährboden für Konversionen hindeutend, von den in »Auflösung« begriffenen »gesellschaftlichen Normen« und dem »erstickenden Relativismus«, dem »die Kirche allein [...] Widerstand«[29] zu bieten vermöge. Die religiöse Konversion sei »heute nicht nur ein individuelles und theologisches Problem«, sondern »ein Zeitproblem von universaler Bedeutung«,[30] besonders in Deutschland. Das wichtigste Motiv einer

27 Vgl. *Nr. 251*.
28 Flucht, S. 244.
29 Hugo Ball: ›Die religiöse Konversion‹. In: Schriften, S. 336-376, hier: S. 336 f. – Nach dem Aufsatz ›Der Künstler und die Zeitkrankheit‹ ist ›Die religiöse Konversion‹ Balls umfangreichste essayistische Arbeit.
30 Schriften, S. 338.

Konversion sind nach Ball »Erfahrungen schmerzlicher Art«, wie etwa »eine Krankheit, eine Verletzung«, »eine häusliche, persönliche oder soziale Enttäuschung« oder »in den höheren Fällen eine geistige Enttäuschung«.[31] Dies gelte auch für die »kollektiven Konversionen«, bei denen »der Krieg mit seinen Trostlosigkeiten, die ökonomische und moralische Depression« sowie »der Wertumsturz bei den Völkern« sehr »mächtige Beweggründe für die Rückkehr zum Glauben«[32] seien. Bei »Literaten« führt Ball als mögliche Motive ihrer Konversion unter anderen »das Bedürfnis nach geistiger Direktive und nach moralischer Zucht« an, »nach einem sicheren Standort inmitten der Zusammenbrüche und der Konfusion«[33]. Bei der Unterscheidung von »Konvertiten der Farbe, des Tons« und »des Wortes« präsentiert er als Beispiel für letztere einen »Dichter«, der konvertierte, »als er die letzten Gründe des Wortes in seine Wurzel verfolgte und sie im Logos des Evangelisten beschlossen fand«.[34] Mit dem »Dichter« könnte Ball sich selbst gemeint haben, wie ja überhaupt eine Reihe der von ihm genannten Konversions-Motive auf ihn selbst zutrifft.

Schmerzliche Erfahrungen unterschiedlichster Art hatte Ball, ehe er zum Glauben zurückkehrte, genug gemacht. Das allein freilich hätte zur Konversion nicht genügt. Was in seinem Falle die Konversionsbereitschaft erhöhte und beschleunigte, war wohl die Intensität und die rasche Folge, in der er seit 1914 eine Reihe von persönlichen und intellektuellen Enttäuschungen und Verlusten erlebte. Eine erste große »geistige Enttäuschung« war, daß er 1914 – maßgeblich bedingt durch den Beginn des Ersten Weltkriegs – seine revolutionären Theaterpläne, seine »*neue* Theateridee«[35] nicht realisieren konnte. Weitere schmerzliche Erfahrungen und einschneidende Ereignisse in

31 Ebd., S. 342.
32 Ebd., S. 342 f.
33 Ebd., S. 345.
34 Ebd., S. 345.
35 Brief Nr. 51 vom 29. Juli 1914. Vgl. auch Brief Nr. 44 vom 23. Juni 1914, in dem Ball über sein geplantes Buch ›Expressionistisches Theater‹ mit Beiträgen von Kandinsky, Franz Marc, Kokoschka und anderen berichtet. Mit dem Piper Verlag, in dem das Buch erscheinen sollte, war sich Ball bereits einig. Sein Plan, in München ein »Theater der Neuen Kunst« zu etablieren, war allerdings schon vor dem Ausbruch des Ersten Weltkriegs gescheitert.

Balls Leben bis zum Jahr 1920 waren: der Freitod seines damals besten Freundes Hans Leybold im September 1914; die Emigration in die Schweiz Ende Mai 1915; die 14-tägige Inhaftierung in einem Züricher Gefängnis (August 1915); die »Hungerkuren« in der Züricher Varieté-Zeit vor der Gründung des ›Cabaret Voltaire‹; die Rückzüge vom Dadaismus im Sommer 1916 und Ende Mai 1917; die Differenzen mit Tristan Tzara bei der Schließung der ›Galerie Dada‹; die Schwierigkeiten zu Beginn der Berner Zeit (seit September 1917), gleichzeitig die räumliche Trennung von Emmy Hennings; und – in den Jahren 1919/20 – die Niederschlagung der Münchner Räterepublik, das Scheitern der von Ball tatkräftig unterstützten »republikanischen Aktion in Bern«, das vergebliche Bemühen um eine Weiterführung der ›Freien Zeitung‹ (unter anderem Titel) und des ›Freien Verlags‹ im Nachkriegsdeutschland, die enttäuschten Hoffnungen auf eine »moralische Revolution« in Deutschland nach dem verlorenen Krieg. All diese Erfahrungen haben schließlich zu Balls Rückkehr zum Katholizismus geführt. Diese Rückkehr war zudem durch sein »Bedürfnis nach geistiger Direktive« und »nach einem sicheren Standort inmitten der Zusammenbrüche«[36] motiviert, durch ein »Bedürfnis«, das Ball in seinem Essay ›Die religiöse Konversion‹ besonders bei konvertierten »Literaten« ausgemacht hat.

Liebesbriefe und »Sprache der Liebe«

Balls Briefe an Emmy Hennings sind eine Fundgrube, will man an den beiden Briefpartnern paradigmatisch Probleme und Chancen des Zusammenlebens und -arbeitens von Schriftstellerpaaren erörtern. Dazu müßten freilich die zahlreichen im Züricher Nachlaß aufbewahrten Gegenbriefe von Emmy Hennings, von denen bisher nur recht wenige veröffentlicht worden sind,[37] aus den oft schwer entzifferbaren Autographen transkribiert und publiziert werden – eine vordringliche Aufgabe der Ball/Hennings-Forschung. Doch auch ohne Kenntnis des kompletten Briefwechsels können stichhaltige Aussagen über das ungleiche Schriftstellerpaar gemacht werden.

36 Hugo Ball: ›Die religiöse Konversion‹. In: Schriften, S. 345.
37 Briefe von Emmy Hennings an Hugo Ball wurden veröffentlicht in: EBH Leben (1930) und Briefe 1915-1917 (1978).

Eine erkleckliche Anzahl der an Emmy Hennings gerichteten Briefe sind Liebesbriefe, in denen Ball eine ganz individuelle und doch zugleich textsortentypische »Sprache der Liebe« verwendet. So bedenkt er Emmy in den Anreden und Schlußformeln seiner Briefe mit einer Vielzahl von Kosenamen, die mit den Zärtlichkeit und Zuneigung ausdrückenden Diminutivsuffixen -lein und -li gebildet sind: Emmylein, Emmely, Emmly, Emmyherzlein, Emmy-Herzi, Emmy-Pferdlein, Putzlein, Pützlein, Putzilein, Putzli, Putzeli, Putzi, Pussy, Seepferdlein, Pferdlein, Seepferd-Hänsgen, Spätzlein, Bäuerlein, Bäuerli, Herzlein, Menschlein, Sternli.

Gelegentlich ist Balls Herz so voll von Zärtlichkeit, daß ihm der Mund übergeht und er Emmy mit einer polysyndetischen Reihung von Diminutiven überschüttet: »Wie heisst Du vielleicht: Senfstengelgen? Oder Lindelbäumchen? Oder Schnellhälschen? Oder Guillotinen-Tinchen? Oder – – vielleicht Rumpelstilzchen – – – – –?« (Nr. 125). Bekanntlich gehören Diminutive zu einem Wortschatz, der mit besonderer Vorliebe von Liebenden sowohl gegenüber (erwachsenen) Geliebten als auch gegenüber Kindern benutzt wird. Kaum verwunderlich also, daß Ball auch seine 1906 geborene Stieftochter Annemarie Hennings häufig mit diminuierten Substantiven wie Kälbchen, Schäfchen, Herzchen und Trompeterli anredet, daß er aus ihrem Vornamen die schon durch ihren Klang liebkosenden Namen Annemusch, Anneputz, Annemirl, Miezi, Miezel und Mietzeli macht, daß er sie als »mein Kindlein«, ja sogar – zu doppelten Verkleinerungsformen greifend – als »mein Kindelchen« und »mein Kindigen« apostrophiert. Den Diminutiven in den Anreden entsprechen die Verkleinerungsformen, mit denen Ball einige Briefe an Annemarie unterschreibt: »Dein Väterchen«, »Dein Vaterli«. Schon an den Anreden und Unterschriften der Briefe kann man ablesen, daß Ball und seine Stieftochter ein sehr inniges Verhältnis zueinander hatten.

Die vielen Diminutive könnten zu dem Trugschluß führen, Ball habe Annemarie verkleinert, er habe sie kleiner gemacht, als sie war, indem er sich etwa gedanklich und sprachlich zu ihr herabgelassen, zu ihr in einer kindlichen Sprache gesprochen hätte. Das Gegenteil ist der Fall: Ball hat die Heranwachsende zu sich emporgehoben, er hat sie teilnehmen lassen an seinen Gedanken, Plänen und Vorstellungen, hat mit ihr über seine im Entstehen begriffenen Werke gesprochen, kurz: er hat mit ihr oft – wie man heute gern sagt – ›auf gleicher Augenhöhe‹ kommuniziert. Immer ist Ball seiner Stieftochter mit Aufmerksamkeit, Anteilnahme und väterlicher Liebe begegnet. Er hat ihr zur Kommunion ein Glückwunschtelegramm aus Heidelberg gesendet (Nr. 231a), ihr Ansichtspostkarten geschickt, wenn er unterwegs war (Nr. 230, 245, 409, 412), ihr brieflich zum Geburtstag gratuliert, wenn sie sich nicht am gleichen Ort aufhielt. Was für herrliche, lustige, humor- und phantasievolle Briefe Ball schreiben konnte, zeigt sein Brief Nr. 269 vom 6. August 1921, mit dem er Annemarie (»Mein lieber Mutz Putz Schnutz und Hoppetuts«) zu ihrem »15.ten Kälbchens-Geburtstag« gratuliert.[38] In diesem Brief – wie auch in anderen Briefen – kommt ein oft übersehener Wesenszug Balls zum Ausdruck, den jedoch bereits Hermann Hesse an seinem Freund beobachtet hat: Balls »Herzenswärme« und seine »dichterische Kindlichkeit«.[39] Außerdem hat Hesse darauf hingewiesen, daß die Briefe, die Ball an seine Stieftochter schrieb, »ihm nicht weniger ernst und wichtig« waren als die, in denen er »über das Geistigste sich äußerte«.[40]

In Briefen, die Ball an Emmy *und* Annemarie Hennings schreibt, bezeichnet er die beiden mitunter als »Kinderlein«, »Steffgen-Kinders« und – besonders häufig – als »Kinderleins«. Doch nicht nur im Plural zusammen mit Annemarie, auch im Singular, wenn Ball Emmy Hennings als einzelne Person anredet, nennt er sie oft mein Kind, Emmy-Kind, Emmy-Kindlein, mein Kindlein, mein krankes Kindlein. Diese Benennungen sind sowohl Zärtlichkeitsbekundungen und verbale Liebkosungen als auch Verkleinerungen und Enterotisierungen der Gefährtin zum asexuellen Kind. Letzteres hat bei dem in erotischen Dingen komplizierten, uneindeutigen Ball sicher eine Rolle gespielt. Und wenn zudem mit der Bezeichnung Emmys als Kind gelegentlich auch eine gewisse Bevormundung verbunden gewesen sein mag, so betrachtete Ball seine Lebensgefährtin doch keineswegs als ein nicht ernst zu nehmendes, verspieltes, unverantwortliches Kind. Zu Balls Ärger hat dies Ferdinand Hardekopf getan, der Emmy »immer als Kind« behandelt habe, und zwar im verharmlosenden Sinne von ›sie ist ja nur ein Kind‹, was bedeu-

38 Der Brief wäre für jede Anthologie mit Briefen von Dichtern an Kinder eine Bereicherung.
39 Hermann Hesse: ›Vorwort‹. In: EBH Leben, S. 14.
40 Ebd., S. 19.

tet: »man darf nicht so ernst nehmen, was sie sagt und tut. Es ist Spiel.« (Nr. 123) Ball hat sich entschieden gegen solche Einschätzung ihrer Kindlichkeit verwahrt und Hardekopfs Bild vom »Kind« Emmy einen anderen, höheren Begriff von Kind entgegengesetzt, wenn er in seinem Brief an Emmy fortfährt: »Nun bist Du wohl ein Kind, mein Liebling, aber ein höchst verwunderliches, geniales Kind.« (Nr. 123)

Bringt Ball hier Kind und Genialität zusammen, so in einem anderen Brief Genie und Kindlichkeit, indem er konstatiert, »nur das Genie« habe immer das »Bewusstsein seiner Kindlichkeit, seiner Kindheit« (Nr. 192). Emmy Hennings ist für Ball das »geniale Kind« und das kindliche Genie. Von ihr »zuerst« stamme das Diktum »Der Mensch ist ein Kind«, sie habe »das Kind« in ihm »wieder geweckt«, und sie solle sich nicht wundern, »wenn alle wieder Kinder sein« wollten »mit« ihr, »von« ihr und »durch« sie (Nr. 192). Selber ein besonderes Kind, vermag Emmy in Ball das Kind hervorzurufen und »alle« dazu zu bringen, »wieder Kinder sein« zu wollen.

Ist das Sprechen in Diminutiven charakteristisch für das Sprechen mit und von Geliebten und Kindern, so überrascht es nicht, wenn Emmy Hennings für Ball beides in einer Person ist – Kind und Geliebte: »Du bist mein geliebtes Kind und meine Geliebte zugleich und so bist Du ein kleines Wunderchen, von dem gar nicht abzusehen ist, wie wir leben sollten, wenn es nicht da wäre wie die Blumens und die Vögleins und die sieben andern Wundern da sind. So ists.« (Nr. 207). Die »Kind-Geliebte« – das ist wohl das Höchste, was ihm Emmy bedeuten, was sie für ihn sein konnte. Weil sie in einer Person vereint, was sich eigentlich ausschließt, ist sie – wie Ball in doppelter Diminuierung formuliert – »ein kleines Wunderchen«. Doch eigentlich betrachtet er sie als ein großes Wunder, denn mit dem anschließenden Hinweis auf die »sieben andern Wundern« erklärt er Emmy implizite zum achten Weltwunder.

Das Schriftstellerpaar als Schreibtischpaar

Emmy Hennings ist für Ball nicht nur Kind, Geliebte, Lebensgefährtin und Leidensgenossin, sondern auch Schriftstellerkollegin. Die Verbindung zwischen ihnen ist auch und nicht zuletzt eine Liaison zwischen Schriftstellern, in der Ball keineswegs nur der Gebende und Hennings nur die Nehmende war. Wie funktionierte die literarische Zusammenarbeit der beiden? Wie verlief das mit großem Ernst betriebene »Büchermachenspiel«,[41] das die beiden seit 1916 mit- und »nebeneinander« spielten? Ihr »Büchermachenspiel« war wesentlich gegründet auf gegenseitiger Anerkennung, Kritik, Unterstützung und Ermutigung, auf Gedanken- und Meinungsaustausch, auf gegenseitige Hilfe bei der Herstellung, Veröffentlichung und Verbreitung ihrer Werke. Ihre Beziehung als Schriftsteller gestaltete sich »bemerkenswert gleichberechtigt«, denn Ball spielte gegenüber Hennings nicht den »dominierenden Künstlergatten«,[42] kehrte nicht den in Avantgardekreisen renommierteren Autor heraus, berief sich nicht auf seine größeren und längeren Erfahrungen im Literaturbetrieb. So ist auch der Ton seiner Briefe weitgehend »frei von Vereinnahmungen«,[43] Bevormundungen und Kritteleien, frei auch von jeglichem Konkurrenzdenken.

Daß die beiden Partner des »literarischen Schreibtischpaares«[44] Ball/Hennings »bemerkenswert gleichberechtigt« waren, zeigt sich auf eklatante Weise daran, daß Ball immer wieder literarische Arbeiten von Emmy Hennings mit der Schreibmaschine abgeschrieben

41 Das neologistische Kompositum verwendet Emmy Hennings in einem Brief vom 18. Januar 1932 an Ninon Hesse-Dolbin, in: EBH Katalog, S. 226. Vgl. auch Emmy Ball-Hennings: ›Das flüchtige Spiel. Wege und Umwege einer Frau‹. Frankfurt a.M. 1988, S. 186: »Hier nun kam es uns vor, als habe der liebe Gott es sich ganz besonders hübsch mit uns beiden [Emmy und Hugo Ball] ausgedacht, da er uns zwei nebeneinander ›büchermachenspielen‹ ließ.« In einer Postkarte an Emmy Hennings vom 21. September 1917 spricht Ball – und zwar in Anführungszeichen – vom »›Bücher machen‹«, das ihm viel »lieber« sei (Nr. 148), als mit Schickele eine neue Zeitschrift herauszugeben.

42 Nicola Behrmann: ›Porträt der Künstlerin als Modell. Entfremdung und Sehnsucht bei Emmy Hennings‹. In: EBH Katalog, S. 267.

43 Ebd.

44 Zu »literarischen Schreibtischpaaren« vgl. Friedrich Kittler: ›Grammophon, Film, Typewriter‹. Berlin 1986, S. 310 ff.

hat[45] und dies ganz selbstverständlich und oft unaufgefordert, was insofern auffällig ist, als Maschinenschreiben seit 1900 eine Domäne der Frau sowohl im beruflichen als auch im literarischen Leben war. Wie wichtig in der literarischen Produktionsgemeinschaft Ball/ Hennings das Produktionsmittel Schreibmaschine war, bezeugen die zahlreichen Briefe, in denen es um die Beschaffung, Entleihung, Benutzung oder den Kauf einer Schreibmaschine geht. Ball und Hennings sind eines der ersten »Schreibtischpaare«, in dessen literarischer Produktion die Schreibmaschine eine entscheidende Rolle spielte. Wie Friedrich Kittler zugespitzt formulierte, ist Textverarbeitung mittels Schreibmaschine das »Geschäft von Paaren« geworden, »die miteinander schreiben, statt miteinander zu schlafen«, haben maschinenschreibende »Schreibtischpaare [...] die literarischen Liebespaare«[46] ersetzt. Bei dem Schriftstellerpaar Ball/Hennings gibt es Anhaltspunkte dafür, daß in ihrem »Büchermachenspiel« das Schreibtischpaar oftmals die Oberhand über das Liebespaar gewinnt.

Auch über das Abtippen ihrer Arbeiten hinaus, hat Ball viel für die Schriftstellerin Emmy Hennings getan. Er ermutigt sie zum Schreiben, hält sie an, aufzuschreiben, was ihr einfalle (Nr. 129), fordert sie immer wieder auf, ihm ihre Arbeiten zum Lesen zu schicken (Nr. 202, 205, 210), auch wenn sie glaube, sie seien ihm »fremd« (Nr. 202). Er übt wohlmeinende Kritik an Emmys Novelle ›Hans von Kalleby‹, deren Schluß er »etwas knapp« findet (Nr. 127); er gibt Emmy Ratschläge, die ihre im Entstehen begriffene Novelle von der Hure und dem heiligen Aloysius betreffen, beteuert aber zugleich, daß die Novelle »gewiss wunderschön« werde (Nr. 207) und daß das neue »Halbweltbuch« ihn sehr interessiere, denn sie habe »unendlich viel mehr zu geben« als die »andern alle zusammen«, er selbst habe »viel weniger zu sagen« (Nr. 209) als Emmy, die ihm »als Dichter weit überlegen« sei (Nr. 436), er gehe »aufrichtig und schön bescheidentlich« in ihre »Schule«, wie er bereits in ihre »Schule gegangen« sei mit seinem »Flametti-Buch« (Nr. 209). Damit meint Ball wohl, was er bei Emmy Hennings aus deren gleichzeitig mit seinem ›Flametti‹ entstehenden ›Gefängnis‹-Buch gelernt

45 Vgl. Briefe Nr. 92, 125, 127, 157, 190, 201. – Ball scheint sich häufiger für Emmy als diese für ihn als Schreibmaschinist betätigt zu haben.

46 Kittler, a.a.O., S. 310, 320.

hat. Auf dieses Buch hielt Ball von Anfang an große Stücke, schreibt er doch bereits am 31. Oktober 1916, kaum hat er erste Proben ihrer ›Gefängnis‹-Aufzeichnungen im Manuskript kennengelernt, an Emmy: »Du wirst den grossen Umsturz machen mit Deinem grossen Buch [...], und ich will Dir helfen dazu aus meiner ganzen Kraft [...]. Dein Buch, Liebling, das muss das Beste werden, das seit langem geschrieben wurde.« (Nr. 113) Wie angekündigt, setzte sich Ball für das ›glänzende‹, »adrette Büchlein« (Nr. 192, 183) seiner Lebensgefährtin mit »ganzer Kraft« ein, indem er sich 1918 intensiv und erfolgreich um einen Verlag bemühte und indem er dem Herausgeber der ›Weltbühne‹ Siegfried Jacobsohn in Berlin von ihrem gerade erschienenen Buch mit dem Hintergedanken an eine Rezension in dessen Wochenschrift erzählte (Nr. 233). Ihre geglückte literarische Zusammenarbeit, ihre gegenseitige Unterstützung und Dankbarkeit haben Hennings und Ball in ihren ersten, kurz nacheinander beide im Verlag Erich Reiss erschienenen Prosabüchern dokumentiert: Auf einem jeweils separaten Dedikationsblatt und in gleichlautenden Formulierungen haben sie ihre Bücher einander gewidmet: »Hugo Ball zugeeignet« – »Emmy Hennings zugeeignet«.

Auch um Emmys zweites Prosabuch, den Tagebuch-Roman ›Das Brandmal‹, hat sich Ball intensiv gekümmert: Er hat die Reinschrift des Romans dem Verleger Erich Reiss Anfang März 1920 persönlich überreicht,[47] ihm im Juni 1920 die Korrekturfahnen zum Druck übergeben[48] und durch ihn im November 1920 Rezensionsexemplare des Romans an Rudolf Grossmann und Hermann Bahr senden lassen (vgl. Nr. 253, 254).

In seinem Einsatz für die Schriftstellerin Hennings ging Ball so weit, daß er Anfang 1924 ernsthaft vorhatte, in der ›Neuen Rundschau‹ »zusammenhängend« über die Bücher seiner Frau zu »schreiben« (Nr. 375), ein Plan, von dem ihn wahrscheinlich wohlmeinende Freunde abgebracht haben, um ihm den Vorwurf des literarischen Nepotismus zu ersparen.

So ungetrübt und harmonisch, wie dies nach den bisherigen Erläuterungen erscheinen mag, war das Zusammenleben und -arbeiten des Schriftstellerpaares natürlich nicht und vor allem nicht immer. Wie überhaupt im Zusammensein von ausgeprägten Persönlichkeiten, gab

47 Vgl. *Nr. 245* – »Das Buch der Mutter«.
48 Vgl. *Nr. 250* – »Die Manuskripte habe ich in Berlin noch erhalten«.

es auch zwischen Ball und Hennings zuweilen Konflikte, Schwierigkeiten, Auseinandersetzungen, Eifersüchteleien, Enttäuschungen und Verletzungen. Um Konflikte zu vermeiden, die sich bei Schriftstellerpaaren oft aus zu großer Nähe, aus zu engem ›Aufeinanderhocken‹ ergeben, haben es Hennings und Ball nach Möglichkeit so eingerichtet, daß jeder sein eigenes Arbeitszimmer hatte, daß jeder über das verfügte, was Virginia Woolf in ihrem bekannten gleichnamigen Essay als Grundausstattung für angehende Schriftstellerinnen forderte: ›A Room of One's Own‹.

Im März 1916 freute sich Hugo Ball – allerdings zu früh – darauf, sich in einer kleinen Züricher Wohnung »endlich [...] selbst ein Zimmer einrichten« zu können (Nr. 87). Als er im August 1916 für sich und Emmy in Ascona eine Unterkunft suchte, konnte er zunächst nur »1 *grosses* Zimmer« mieten, obwohl die beiden unbedingt »2 Zimmer« brauchten. Er war jedoch zuversichtlich, daß sie im selben Haus »ein Kleines noch dazu bekommen« könnten. Außerdem wollte er für sich eventuell »ein kleines Zimmer noch sonstwo« (Nr. 102) im Dorf Ascona dazu mieten. Daß für Ball ein eigenes Arbeitszimmer die notwendige Voraussetzung und Bedingung literarischen Arbeitens war, geht aus seinem Brief vom 3. Juni 1916 hervor, in dem es heißt: »Ich hoffe jetzt, nach Soirée und Publikation[49] wieder arbeiten zu können (indem ich mir ein kleines Zimmer nehme).« (Nr. 91).

Als die beiden im Oktober 1921 für zehn Monate nach München umzogen, war die Wohnungsnot dort so groß, daß sie zu ihrem Verdruß zunächst in einem Hotel und einer Pension logieren mußten, wo »Einzelzimmer nur zu horrenten Preisen und mit Genehmigung der Kommission« (Nr. 276) zu bekommen waren, so daß sie mit einem Doppelzimmer vorlieb nehmen mußten. Ändern würde sich nach Ball ihre Wohnungsmisere erst dann, wenn sie »wieder, und zwar jeder für sich, eine kleine Stube haben und ein wenig nachdenken können« (Nr. 276). Anfang Dezember 1921 war es dann endlich so weit: Emmy Hennings bezog ein Privatzimmer in Schwabing, Ball in Bogenhausen (vgl. Nr. 279-281), womit sich bei ihnen »das Arbeitsfieber und auch ein wenig Friede« (Nr. 280) wieder einstellten.

49 Die Vorbereitung und Durchführung der großen Soirée der »Künstler-Gesellschaft Voltaire« am 31. Mai sowie das an diesem Tag offiziell erscheinende ›Cabaret Voltaire‹-Heft haben Ball von der eigentlichen literarischen Arbeit abgehalten.

Zuzeiten war bei beiden das Bedürfnis nach Abstand, nach Für-sich-selbst-sein, so groß, daß separate Einzelzimmer in verschiedenen Wohnungen oder in verschiedenen Stadtteilen wie in München nicht mehr ausreichten und sie sich für eine gewisse Zeit für eine größere räumliche Trennung voneinander entschieden. Dazu kam es im Frühherbst 1923: Ball blieb als »Herr Einsiedler« (Nr. 355) in Agnuzzo, und seine Frau reiste mit ihrer Tochter nach Italien, getrieben überdies von ihrer »›Weglaufesucht‹«[50] und ihrem Freiheitsbedürfnis: »Sie [Emmy] ist sehr glücklich ein wenig Freiheit zu gewinnen. Hier unten [im Tessin] unter all den reichen Leuten (und im Haushalt mit mir altem Brummbär) fühlte sie sich gar nicht mehr wohl.«[51]

Ball deutet hier unmißverständlich häusliche Probleme im alltäglichen Zusammenleben auf recht engem Raum an, Probleme und Hindernisse, die ihrer literarischen Arbeit nicht förderlich waren. Als Emmy schon nach kurzer Zeit – es gab Schwierigkeiten mit ihrer Unterkunft und mit Annemarie – ins Tessin zurückkehren will, wirkt Ball mit beredten Worten auf sie ein, in Italien zu bleiben. Denn käme sie jetzt wieder zurück nach Agnuzzo, so wäre es mit dem, was sie sich von der Trennung erwartet habe, nämlich: »arbeiten zu können«, »wieder einmal vorbei« (Nr. 365); sie würden »wieder aufeinander« sitzen »wie im vorigen Winter« und es wäre wieder »die alte Litanei« (Nr. 374).

In einem weiteren Brief vom Dezember 1923 artikuliert Ball seine Wünsche noch entschiedener: »es ist besser Du bleibst, als Du kommst jetzt mitten im Winter und mit halber Arbeit zurück. Wenn wir zu dreien in Agnuzzo sind, ist es das alte Lied. Du musst aber unbedingt dieses Buch in Ruhe fertig machen. Ich will das unter allen Umständen.« (Nr. 367) Mit dem »Buch« – es ist nach Ball »ein Meisterstück« (Nr. 374) – ist der zweite Gefängnis-Roman ›Das graue Haus‹ gemeint, an dem Emmy in Italien arbeitete, dessentwegen sie wohl vor allem die Reise in den Süden angetreten hatte, in der Hoffnung, dort günstigere Arbeitsbedingungen zu finden als in der familiären Gemeinschaft »zu dreien in Agnuzzo«. Und so hatte Ball gute Argumente, Emmy so lange zum Bleiben in der selbst-

50 Das Kompositum erscheint bei Emmy Ball-Hennings in doppelten Anführungszeichen (vgl. EBH Ruf, S. 239).

51 Ball im Brief Nr. 353 vom 5. November 1923 an Joseph Englert. Vgl. auch Nr. 354: »Bist froh, Liebling, wieder frei zu sein?«

gewählten Separation zu bewegen, bis sie »in Ruhe« (Nr. 367) und »in Frieden« (Nr. 371) ihren neuen Gefängnis-Roman fertiggestellt haben würde. Zugespitzt formuliert: Die Beendigung ihres Romans war die Bedingung für ihre Rückkehr nach Agnuzzo. Ball konnte seine Argumentation mit noch größerem Nachdruck zur Geltung bringen, seit sich für Emmy ab Mitte Dezember 1923 die Arbeitsbedingungen in Florenz deutlich verbessert hatten: Sie konnte ein heizbares Zimmer in einer angenehmen Pension und eine Schreibmaschine mieten. Sie verfügte damit über die zwei wichtigsten Dinge, die ein Schriftsteller nach Ball unbedingt benötigt: »Maschine & Zimmer, das muss in Ordnung sein. Sonst kann man nicht existieren.« (Nr. 370)

Hugo Ball: ein Altruist, nur an Emmy und ihr literarisches Werk denkend, darauf bedacht, ihr zu möglichst günstigen Arbeitsbedingungen zu verhelfen? Ein selbstloser Förderer ihres literarischen Schaffens unter Zurückstellung seiner eigenen schriftstellerischen Vorhaben und Ambitionen? Als Emmy Hennings und Hugo Ball über den Herbst und Winter 1923/24 voneinander getrennt lebten, taten sie dies in gegenseitigem Einvernehmen in der Hoffnung, daß jeder von ihnen allein und ungestört besser arbeiten könne. Wenn Ball seine Frau in dieser Zeit immer wieder anhält, ja dringend auffordert, verabredungsgemäß bis zum Frühjahr in Italien auszuhalten, dann spielt hierbei nicht nur seine Sorge um die Fertigstellung von Emmys neuem Roman, sondern auch sein eigenes Interesse an ungestörter schriftstellerischer Arbeit in der Tessiner »Einsiedelei« eine wichtige Rolle. In seinem Brief vom 26. Dezember 1923 (Nr. 373) hat Ball mit aller Deutlichkeit ausgesprochen, wie es mit ihm selbst stehe: Er habe seit Emmys Abreise »nicht viel tun können«, sei wegen lästiger Brotarbeiten mit seinen literarischen Projekten nicht vorangekommen; erst jetzt, das heißt »von Januar ab«, könne er sich »konzentrieren« und »in kurzer Zeit« die seit längerem geplante Umarbeitung der ›Kritik der deutschen Intelligenz‹ »fertig machen und nebenbei einen Gedichtband schreiben« (Nr. 373), den er nicht zustande bringen würde, wenn Emmy vorzeitig zurückkäme. Fast schon flehentlich schreibt er im folgenden Brief (Nr. 374): »Nur lasst mich doch jetzt auch ein wenig zu Atem kommen.« Und: »Denkt doch auch ein bischen an mich.« Etwas herablassend, wie ein Belohnung gewährender Vater seinen »Kinderleins«, verspricht Ball dann gegen Ende seines Briefes seiner Frau und Stieftochter für ihr Wohlverhalten, das heißt für ihr ›Aushalten‹ in Italien bis zum Frühjahr: »Also wenn Ihr artig seid und die Verabredung aushält, dann dürft Ihr beide im Frühjahr u. Sommer in Agnuzzo sein und nächsten Herbst wieder reisen. Lasst Euch die kleine Mühe und auch eine Enttäuschung nicht verdriessen. Es wird Euch nicht leid tun.« (Nr. 374) Will man aus diesen Sätzen nicht einen leicht ironischen und auch selbstironischen Unterton heraushören, so stellt sich die Frage, ob sich die Beziehung zwischen Ball und Hennings tatsächlich so »bemerkenswert gleichberechtigt« gestaltete, wie dies zu Beginn dieses Abschnitts angenommen wurde.

Wie verlief und endete Hugos und Emmys Experiment einer temporären Trennung im Herbst und Winter 1923/24? Welche Ergebnisse zeitigte es im Hinblick auf ihre literarische Produktivität? Emmy blieb fast so lange in Italien (bis Ende Februar 1924), wie Ball es gewünscht hatte (bis März 1924); sie schloß ihren zweiten Gefängnis-Roman ›Das graue Haus‹ im Manuskript ab und begann zudem mit der Arbeit an einem »zweiten Buch« (Nr. 373), bei dem es sich wahrscheinlich um das 1926 erschienene Reise-Städte-Buch ›Der Gang zur Liebe‹ handelte. Ball kam zwar nicht dazu, den geplanten »Gedichtband« (Nr. 373) publikationsreif zu machen,[52] aber mit der Bearbeitung der ›Kritik der deutschen Intelligenz‹, die im Herbst 1924 unter dem Titel ›Die Folgen der Reformation‹ erschien, ist er in der zweiten Märzhälfte 1924 fertiggeworden, also ungefähr zu jener Zeit, bis zu der seine Frau in Italien bleiben sollte. Gemessen am literarischen Ertrag der fünf Monate seiner Trennung, war das Schreibexperiment des Schriftstellerpaares unter den Bedingungen einer selbstgewählten Trennung auf Zeit also durchaus ein Erfolg.

Ball und Hennings haben sich in ihrer literarischen Arbeit nicht nur gegenseitig geholfen, unterstützt und protegiert, sie haben in ihrem »Büchermachenspiel« auch regelrecht zusammen-gearbeitet. Ihre Zusammenarbeit bestand etwa darin, daß sie für Emmys Gedichtband ›Helle Nacht‹ »zusammen Korrektur« gelesen (Nr. 285), daß sie ihren bis heute unveröffentlichten Roman ›Das graue Haus‹ »zusammen« abgeschrieben (Nr. 374), das heißt abgetippt haben, indem sie ihn einander abwechselnd in die Schreibmaschine diktierten.

52 In einem Brief vom 8. Januar 1924 an Ludwig Feuchtwanger behauptete er allerdings, der Gedichtband sei »nahezu fertig« (Nr. 377).

Öffentlich gemacht haben Hennings und Ball ihre literarisch-künstlerische Zusammenarbeit bei mehreren gemeinsamen Auftritten als Vortrags-Duo. Ende Juli 1916 veranstalteten sie in diversen Hotels am Vierwaldstätter See auf eigene Faust und in eigener Regie ›Moderne Literarische Cabaret-Abende‹, bei denen sie ein anspruchsvolles literarisches, rezitatorisches und musikalisches Programm präsentierten.[53] Von Mitte bis Ende August 1922 unternahmen sie bei ihrer Rückkehr in die Schweiz von München aus eine Lesereise (vgl. Nr. 295-297), auf der sie sich in einer Reihe von Rezitationsabenden in den Tessin ›hinunterlasen‹ und dabei vor allem in Sanatorien und Hotels am Vierwaldstätter See (Kurhaus Sonnmatt bei Luzern) und dessen näherer Umgebung (Engelberg und Wolffenschiessen) ihre »Verse und Prosa vom Mund weg« verkauften (Nr. 295).

Mit diesen Cabaret- und Leseabenden haben sich Ball und Hennings öffentlich als Schriftsteller- und Rezitationskünstlerpaar profiliert. Doch es ging ihnen primär nicht um Exponierung in der Öffentlichkeit, sondern – das ›Vom-Mund-weg-Verkaufen‹ ihrer poetischen Produkte verdeutlicht es – um Aufbesserung ihrer finanziellen Einkünfte, um die es permanent schlecht bestellt war. So erklärt sich auch, daß das Thema ›Geld‹ in vielen Briefen Balls einen wichtigen Stellenwert besitzt.

Bitt- und Bettelbriefe

Die Korrespondenz deutscher Schriftsteller ist so reich an Bitt- und Bettelbriefen um Geld und Unterstützung, wie die Autoren in Deutschland arm waren und dies auch heute oft noch immer sind. Der Fundus solcher Briefe ist so groß, daß man mühelos mehrere umfangreiche Sammlungen von Bettelbriefen zusammenstellen könnte.[54] In der langen Reihe der literarischen Bettelbriefschreiber

53 Vgl. *Nr. 92* und Beilage zu Nr. 106 sowie HBA 1981, S. 98, wo das gedruckte Programm erstmals faksimiliert ist. Jetzt auch unter Abbildungen des vorliegenden Bandes, S. 687 f.

54 Es existiert bisher nur eine: ›»Fresse schon meine Fingerspitzen wie Spargelköpfe.« Bettel- und Brandbriefe‹. Hrsg. von Birgit Vanderbeke. Frankfurt a.M. 1990.

ist Ball ein besonderer Fall, weil seine finanzielle Situation seit seiner Emigration in die Schweiz zumeist außerordentlich schlecht war.

Von Hause aus unbemittelt, nach dem Abbruch des Studiums von der Familie nicht mehr unterstützt, ohne bürgerlichen Beruf, nie für längere Zeit in fester Anstellung, verdiente sich Ball seinen Lebensunterhalt durch journalistische Lust- und Brotarbeiten, durch Gelegenheitsjobs bei Zeitschriften und Varietés, als Sekretär in Bern (bei Frederick Sefton Delmer) und in Montagnola (bei Charles E. L. Brown) durch bescheidene Honorare für seine literarischen Arbeiten und wohl vor allem durch finanzielle Zuwendungen von Bekannten, Freunden und Mäzenen. Fast nie über regelmäßige Einkünfte verfügend, lebte Ball oft von der Hand in den Mund, immer wieder mit dem schlimmen »Gefühl, von heute auf morgen nicht sicher zu sein« (Nr. 79), in der Züricher Vor-Dada-Zeit in der »beständigen Unsicherheit«, »den kleinen Verdienst« von den Varietés »zu verlieren« (Nr. 79). Gelegentlich geriet er in solche Not, daß ihm regelrechte ›Hungerkuren‹ nicht erspart blieben, wie im Juli/August 1915 in Zürich (Nr. 74), wo Ball und Hennings den »Schwänen und Möven« am Limmatquai mit »Neid« zusahen, wenn »die schönen Tiere gefüttert wurden«,[55] oder wie im Frühherbst 1917 in Bern, wo er einmal »seit drei Tagen nur von ein paar Birnen« lebte und eines Morgens »kein Brot mehr« hatte (Nr. 155). Manchmal hatte er nur noch wenige Schweizer Franken in der Tasche, einmal waren es gerade noch »2 Franken« (Nr. 150), ein anderes Mal gar nur »1 Francs 20« Centimes (Nr. 155). Was blieb ihm in solchen Situationen anderes übrig, als sich bei Bekannten und Freunden Geld zu leihen, was ihm nicht leicht fiel, da er »*nicht* das Talent« hatte, »zu pumpen« (Nr. 155).

Einen der ersten Pump-Briefe schrieb Ball am 1. August 1915 aus Genf, wo er auf der Flucht vor der Züricher Fremdenpolizei »ohne einen Centime« saß (Nr. 76), so daß er den befreundeten Züricher Arbeiterarzt Fritz Brupbacher darum bat, ihm »für ein paar Wochen 30-50 frcs. zu borgen«, die er ihm »sofort nach Erhalt« seiner ausstehenden »Honorare aus Deutschland« zurückgeben wollte (Nr. 73).

Die wichtigste ›Geldquelle‹ für Ball in der Züricher Zeit 1915/16 war die Germanistin und Schriftstellerin Käthe Brodnitz, von deren finanzieller Großzügigkeit – sie war die Tochter eines wohlhaben-

55 EBH Weg, S. 51.

den Berliner Maschinenfabrikanten – nicht nur Ball, sondern auch dessen Freunde Leybold und Klabund profitierten.[56] Ball hat sich in Briefen an seine »liebe Freundin« wiederholt für ihre »liebe Unterstützung« (Nr. 82) und ihre »oft bewiesene Güte und Freundschaft« (Nr. 86) bedankt, er hoffte, ihr seine »Schuld abtragen zu können«, denn sie habe ihm »einmal« – offenbar mit Geld – »über eine sehr schwierige Zeit hinweggeholfen« (Nr. 79). Käthe Brodnitz hat sich – und dies ist zugleich ihr nicht unerheblicher Beitrag zur Entstehung des Züricher Dadaismus – um die Gründung der Künstlerkneipe Voltaire verdient gemacht, ließ sie Ball doch vor dem 5. Februar 1916 eine wohl recht beträchtliche Geldsumme zukommen, wofür er sie seine »ganz besondere Mäzenatin« nannte, deren Hilfe »Zürich sein neues literarisches Cabarett« verdanke (Nr. 84).

Als Ball und Emmy Hennings im Oktober 1916 »alle Subsistenzmittel« ausgingen, die sie für ihr »ärmliches Leben brauchten«, Emmy zudem an einer schmerzhaften Ohrenentzündung litt und ihre Tochter Annemarie nicht mehr in die Schule gehen konnte, weil sie »keine heilen Sohlen mehr an den kleinen Füssen hatte« (Nr. 108), sandte Ball seiner Freundin ein Brandtelegramm mit dem bittenden Hilferuf: »koennen sie helfen« (Nr. 107). Nachdem sich kurz darauf die Notsituation der beiden zum Besseren gewendet hatte, schrieb Ball sogleich einen Brief an Käthe Brodnitz (Nr. 108), in dem er sie bat, ihm »jene Depesche zu verzeihen«, falls sie dieselbe überstürzt und »übertrieben« fände (Nr. 108). Balls Verhalten in dieser Angelegenheit zeigt, wie außerordentlich schwer ihm diese Bettelbriefe gefallen sind und wie sie ihn anhaltend belastet haben.

Da es ihm in den ersten Monaten der Berner Zeit (September/Oktober 1917) besonders schlecht, ja »miserabel« ging (Nr. 156), er oft am Rande des Existenzminimums lebte, so daß er seine Bücher »verkaufen« (Nr. 152) und die Schreibmaschine eines spanischen Bekannten »versetzen« wollte (Nr. 165), hat Ball gerade in dieser Zeit viele Bettelbriefe geschrieben, die sich zwar nicht erhalten haben, von denen wir aber aus seiner Korrespondenz mit Emmy Hennings wissen. Adressaten der Berner Bittbriefe waren Balls Schriftstellerkollegen René Schickele und Leonhard Frank, der Ermatinger ›Adler‹-Wirt Carl Heinrich Maurer und der Berliner Verleger Erich Reiss, die oft zögerlich und manchmal überhaupt nicht reagierten,

56 Vgl. Faul 2003, S. 385.

was Ball zum »Verrücktwerden« fand (Nr. 156). Von Leonhard Frank und dessen Frau erwartete Ball deshalb Hilfe und Unterstützung, weil sie es ihm »*schuldig*« seien (Nr. 160). Auch von René Schickele nahm er an, daß er ihm verpflichtet sei; er werde ihn »*zwingen*«, ihm »zu geben«, er werde Schickeles Frau das Haus ›einlaufen‹, wenn er ihm nicht Geld schicke (Nr. 155). Ball war empört und enttäuscht über Schickeles hinhaltende Taktik; er verübelte es ihm sehr, daß er sich vor ihm durch ›unterwürfige‹ Bittbriefe demütigen mußte: »Ich will solche Briefe wie meinen letzten an Schickele nicht mehr schreiben. Ich liefere mich ihm aus und verliere die Achtung vor mir selbst. [...] Ich hatte ihn gebeten, mir das Geld zu leihen und er lässt mich einfach sitzen. Ich werde ihm das nicht vergessen.« (Nr. 155) Nachdem er dann doch Geld von Schickele erhalten hat, schreibt Ball an Emmy: »Es fällt mir so schwer, ihm zu danken für das Geld. Es gibt eine Grenze, dann kann man nicht mehr. Mich widert das alles so an!« (Nr. 157)

Balls Geldprobleme wurden natürlich nicht dadurch geringer, daß er auch für den Lebensunterhalt von Emmy Hennings, die durch ihre Honorare wohl noch weniger als Ball verdiente, sorgen mußte. So hat er ihr, wenn sie räumlich voneinander getrennt waren, wieder und wieder kleinere und größere Geldsummen geschickt, auch dann, wenn er selbst nur noch wenige Franken in der Tasche hatte.

Seine chronische Geldnot hing jedoch nicht nur damit zusammen, daß er sich für Emmy Hennings von Anfang an finanziell mitverantwortlich fühlte, sondern auch damit, daß seine Lebensgefährtin einen recht laxen Umgang mit Geld hatte. Ihre Leichtfertigkeit in Gelddingen hat Emmy nach Balls Tod freimütig eingestanden: »Mein Mann war [...] zwar der Ansicht, daß man mir mancherlei anvertrauen könne, aber bei Geld sei entschieden Vorsicht geboten.«[57] So sah sich Ball verständlicherweise dazu genötigt, Emmy zur Sparsamkeit anzuhalten, ihr nie zu viel Geld auf einmal, sondern am besten nur ratenweise in kleineren Beträgen zukommen zu lassen. Mit solchen Maßnahmen scheint Emmy nicht immer einverstanden gewesen zu sein, rechtfertigte sich Ball doch gelegentlich für sein Vorgehen, indem er seiner Frau ihrer beider Geldverhältnisse darlegte und sie recht ungehalten aufforderte: »Du musst das Rechnen

57 Emmy Hennings: ›Das Cabaret Voltaire und die Galerie Dada‹. In: Briefe 1915-1917, S. 192.

mir überlassen, Emmy, und Deinerseits tun was ich dir so dringend schreibe.« (Nr. 370) Wieder einmal entnervt darüber, daß Emmy in kurzer Zeit viel zu viel Geld ausgegeben hat (»in 7 Tagen 100 Fränkli« bei einem monatlichen Budget von 200 Franken), schreibt Ball in einem anderen Brief: »Ach es ist scheusslich mit diesen ewigen Geldgeschichten, und es könnte doch auch sein, dass Du selbst einsiehst, wir können das nicht. Dass ich immer wieder davon schreiben muss, das ist so langweilig.« (Nr. 382)

Äußert Hugo Ball Emmy Hennings gegenüber einerseits häufig Vorwürf wegen ihrer leidigen »Geldgeschichten«, so beruhigt er sie andererseits für den Fall erneuter Geldknappheit mit dem zuversichtlichen Glauben, »irgendwoher« werde »schon wieder Geld kommen« (Nr. 183), es werde »schon irgendwoher Rat werden, wenns mal wieder knapp wird« (Nr. 337), sie würden »schon von irgend jemand kriegen«, wenn sie »nichts mehr« hätten (Nr. 387). Offenbar hatte Ball die Erfahrung gemacht, daß ihm gerade dann, wenn es ihm finanziell besonders schlecht ging, von »irgendwoher« und von »irgend jemand« pekuniäre Unterstützung zuteil wurde. Dies war im September 1922 der Fall, als die Balls aus München in die Schweiz zurückkehrten, ohne zu wissen, wie und wovon sie ihren Lebensunterhalt bestreiten sollten. In dieser mißlichen Situation erhielten sie von dem betuchten Schweizer Mediziner und Musiker Hans Conrad Bodmer eine beträchtliche Geldsumme zum Geschenk, die ihnen den Aufenthalt im geliebten Tessin für ein weiteres Jahr ermöglichte.[58] Für diese Zuwendung hatte sich – ohne Wissen Balls – Hermann Hesse bei seinem Züricher Freund und Mäzen eingesetzt,[59] der statt der von Hesse genannten Summe (»etwa 2 500« SFr.) großzügigerweise gleich 5 000 SFr. an Ball überwies. Übrigens hat Hesse damals auch seinen künftigen Schwiegervater, den Delsberger Stahlwarenfabrikanten Theo Wenger, dazu gebracht, die Balls mit einem größeren Geldbetrag zu unterstützen;[60] im August 1923 waren auf einem von Wenger in Delsberg für Ball eingerichteten Konto noch etwa 1 250 SFr.[61] Wahrscheinlich hat Hesse auch die Verbindung zwischen Hugo Ball und dem Erfinder, Techniker und Gründer des

58 Vgl. *Nr. 300* – »Hesse ... finanzielle Hilfe vermittelt«.
59 Vgl. Hesse, Briefe II, S. 31-33.
60 Vgl. ebd., S. 33.
61 Vgl. *Nr. 327* – »300 Franken weniger in Delémont«.

Badener Elektrokonzerns BBC Charles E. L. Brown vermittelt, der seit 1916 als Privatier in Montagnola in der Nachbarschaft von Hesse lebte und der die Balls zwar nicht als Mäzen, wohl aber als Arbeit- und Geldgeber unterstützte, indem er Ball als Sekretär, Kurzzeit-Bibliothekar und vor allem als Notenschreiber für die Klavierstücke seines komponierenden Sohnes Robin beschäftigte. Nach Verstimmungen, Vorhaltungen und Verletzungen auf beiden Seiten garantierte Brown im Dezember 1923 nach einem »Handel von etwa 4 Stunden« Hugo Ball »für ein Jahr ein Minimum von 200 Franken im Monat« (Nr. 371), wofür dieser einmal in der Woche zum Notenaufschreiben nach Montagnola kommen mußte.

Hans Conrad Bodmer, Theo Wenger und Charles Brown waren offenbar jene drei namentlich nicht genannten, »wohlhabenden Gönner«, die Hermann Hesse im Laufe der gemeinsamen Tessiner Jahre auf die »Balls aufmerksam zu machen« versuchte, »jedesmal mit dem Erfolg einer einmaligen Unterstützung, für die wir dankbar waren, aber jedesmal mit dem Ende einer gegenseitigen Enttäuschung: der reiche Mann war enttäuscht, weil er fand, daß die Balls nun doch endlich einmal ihr Leben rationalisieren und vernünftig werden könnten – und Balls waren enttäuscht, weil sie sahen, daß der Gönner sie nun doch nicht verstanden habe.«[62]

Hesse hat sich für Ball nicht nur erfolgreich als Vermittler von Mäzenen und Geldgebern eingesetzt, er hat auch selbst das Auskommen der Balls durch »gelegentliche Geldgaben« zu ermöglichen geholfen,[63] und dies, obwohl er zuzeiten selbst auf finanzielle Unterstützung angewiesen war. Ohne die »Geldgaben« Hesses, ohne die Zuwendungen von Geldgebern aus Hesses Tessiner Freundeskreis (Joseph Englert, Carla Fassbind, Adolf Saager u.a.) und ohne die drei »wohlhabenden Gönner«, die Hesse ihm vermittelte, hätte Ball die vier zwischen 1923 und 1927 veröffentlichten Werke wohl kaum zustande gebracht. Ohne Hesse wäre der Schriftsteller Ball in den zwanziger Jahren vermutlich ein anderer und sicher kein produktiverer geworden.

Die zahlreichen Geld- und Bettelbriefe Balls zeigen, daß seine Werke zu einem guten Teil der Armut und Entbehrung abgerungen sind. Damit soll nicht der Auffassung das Wort geredet werden, daß

62 Hesse, Briefe II, S. 269.

63 Ebd., S. 269. Vgl. auch Briefe Nr. 545, 590, 607 und 610.

der Mangel an Geld Literatur hervorgebracht habe, wäre es Ball doch fraglos lieber gewesen, wenn er sich ausschließlich und ohne ständige Geldsorgen seinen literarischen Arbeiten hätte widmen können. Seine immer wieder von Geld sprechenden Briefe – in manchen Lebensabschnitten gibt es kaum einen Brief, in dem es nicht um Geld geht – bieten reichhaltiges, noch nicht ausgewertetes Material für einen Beitrag zur Sozialgeschichte der deutschen Literatur im ersten Viertel des 20. Jahrhunderts. Anhand der Briefe könnte man genauer untersuchen, auf welcher unsicheren materiellen Basis ein moderner, schwieriger, zu Kompromissen wenig geneigter Autor während des Ersten Weltkriegs und in den Nachkriegsjahren seine Werke als Emigrant in der Schweiz verfaßte. Hugo Ball ist ein aufschlußreiches Beispiel dafür, daß es in dieser Zeit ein ›freier‹ Autor unter den Gesetzen des ›freien‹ Buchmarktes sehr schwer hatte, ja, daß es für ihn schier unmöglich war, aus eigener Schreib-Kraft seinen Lebensunterhalt zu verdienen. Denn dazu reichten die Einkünfte aus seiner schriftstellerischen Arbeit nicht aus, wiewohl sie in seinen letzten Lebensjahren deutlich höher waren als in der Zeit bis 1922/23. So erhielt Ball im August 1924 für 2000 Exemplare der ›Folgen der Reformation‹ (1924) ein Voraushonorar von 600 Rentenmark (vgl. Nr. 422), die ersten 1000 Exemplare der ›Flucht aus der Zeit‹ (1927) wurden mit 450 Mark honoriert,[64] und für die erste Auflage der Hesse-Biographie (1927) zahlte ihm S. Fischer ein Honorar von 450 Mark.[65]

Ball und seine Verleger

Balls Erfahrungen mit Verlegern waren keineswegs immer erfreulich und ungetrübt, geht es in den Verhandlungen mit ihnen doch vor allem um Geld, das heißt um Honorare, Vorschüsse und Verträge, und bei Geld hört bekanntlich die Freundschaft auf. In der Zeit zwischen 1918 und 1923 hat Erich Reiss in seinem Berliner Verlag den Roman ›Flametti‹ von Hugo Ball und vier Bücher, zwei Prosa- und zwei Versbände, von Emmy Hennings herausgebracht. Aus der vermutlich umfangreichen Korrespondenz zwischen den Balls

64 Vgl. *Nr. 666*.
65 Vgl. *Nr. 681* – »Fischer den Vertrag«.

und Reiss scheint sich kein Brief erhalten zu haben.[66] Bei dem Versuch, das Verhältnis Balls zu seinem Verleger Reiss zu skizzieren, ist man also auf das angewiesen, was Ball in Briefen an Dritte über diesen gesagt hat.

Nachdem er 1917 einen Vertrag für seinen 1918 erschienenen Roman erhalten hatte, bemühte sich Ball 1917/18 immer wieder darum, von Reiss einen Vertrag auch für sein im Entstehen begriffenes Bakunin-Brevier zu bekommen. Doch Reiss hielt ihn lange hin, machte ihm Hoffnungen, bot ihm sogar einen Vorschuß von »2000-2500 Mark« (Nr. 175), stellte einen »Vertrag wiederholt in Aussicht« (Nr. 194), antwortete nicht auf Balls Aufforderung, sich endlich zu entscheiden (vgl. Nr. 165), bis er schließlich im April 1918 Ball mitteilte, er sei »bereit«, auf die Veröffentlichung des Breviers zu »verzichten« (Nr. 194). Über das Verhalten seines Verlegers, das ihm einen »tüchtigen Knacks« versetzte (Nr. 194), war Ball sehr enttäuscht, ja empört, weil Reiss ihn »10 Monate ungefähr um nichts und wieder nichts hingehalten« habe (Nr. 194). Er werde sich »sehr überlegen«, ob er sich »das bieten lasse« (Nr. 194), wolle aber mit einer Reaktion noch so lange warten, bis Reiss den Vertrag mit Emmy Hennings über deren ›Gefängnis‹-Buch unterschrieben habe. Ein wenig bedauernd, zugleich aber auch trotzig selbstbewußt, stellt Ball fest, daß er es nicht verstehe, »einen Herrn Reiss zärtlich genug zu behandeln« (Nr. 194), das heißt, diplomatisch mit ihm umzugehen, ihn zu hofieren und zu umschmeicheln. Selbst offenbar unfähig zu solch devotem Verhalten, rät Ball allerdings Emmy nach der Annahme ihres ›Gefängnis‹-Buches dazu, Reiss »ein paar Zeilen express Brief« zu schreiben, daß sie sich »freuen würde«, ihr Buch »gerade bei ihm zu wissen, und so, etwas was ihm schmeichelt« (Nr. 204). Man sieht, daß Ball, wenn es um die Publikation eines Buches ging, sehr wohl eine gewisse Klugheit und Diplomatie walten lassen konnte, auch wenn ihm dies nicht leicht fiel. Daß er das »furchtbare Malheur« (Nr. 194) mit dem Bakunin-Brevier zum Teil auch selbst mitzuverantworten hatte, wußte Ball nur zu gut: »Ich hätte, ohne eine Garantie zu haben, dass man es druckt, keine so grosse (umfangreiche) Sache« wie das Brevier »arbeiten sollen […]. Aber man [muss] so etwas erst

66 Ein Brief von Reiss allerdings ist in seinem vollständigen Wortlaut überliefert: als wörtliche Abschrift in Balls Brief Nr. 179. In Nr. 175 zitiert Ball zwei Sätze aus einem anderen Brief von Reiss.

lernen.« (Nr. 161) Und er lernte daraus: Von Charles E. L. Brown ließ er sich einen Mindestbeitrag von 200 Franken monatlich für seine Dienste ›garantieren‹ (vgl. Nr. 371), und im Vertrag mit Samuel Fischer über die Hesse-Biographie stellte er die Bedingung einer »Honorargarantie«, »um ohne beständige Ablenkung arbeiten zu können« (Nr. 681).

Bei der Charakterisierung seines Verlegers Reiss verwendet Ball einmal das Klischee des geschäftstüchtigen Juden, wenn er an Emmy Hennings schreibt, sie dürfe – bei dem abwartenden Verhalten von Reiss angesichts der aktuellen politischen Verhältnisse in Deutschland – »nicht vergessen, dass er Jude und Geschäftsmann« sei und »sich nach der Witterung« richte (Nr. 179). Dieses Stereotyp spielte auch in der Kontroverse um den Titel von Balls Roman ›Flametti‹ eine Rolle, mit dessen Untertitel ›Vom Dandysmus der Armen‹ Reiss zunächst nicht einverstanden war, weil er – dies ist jedenfalls Balls Vermutung – »wohl Angst« hatte, der so exponierte »Dandysmus« ›bezahle‹ sich nicht (Nr. 197). Ball lehnte den von Reiss vorgeschlagenen »Unterhaltungstitel« ›Flametti der Held‹ entschieden ab (Nr. 197) und bestand mit Erfolg auf seinem Untertitel.

Im Sommer 1917 hat Ball »einige hundert Francs« von Reiss bekommen (Nr. 139), wahrscheinlich einen Vorschuß auf seinen Roman ›Flametti‹, auf den Ball im März 1918 noch einmal einen Vorschuß verlangte (vgl. Nr. 179). Einmal ist sogar von einer »Rente« die Rede (Nr. 158), und ein anderes Mal hat Ball die Hoffnung, daß ihn Reiss »doch nicht ganz ohne Geld sitzen lassen« werde (Nr. 160).

Ball schmiedete in der euphorischen Anfangszeit ihrer Beziehung »neue Pläne« für Reiss (Nr. 146), er machte ihm konkrete »Vorschläge« für weitere Publikationen, so für einen Band mit eigenen Versen, darunter Lautgedichten (vgl. Nr. 139), und für ein »Buch Übersetzungen« aus Werken von André Suarès (Nr. 179). Aber auf all diese Projekte ging Reiss nicht ein, so daß der ›Flametti‹-Roman das einzige Werk von Ball blieb, das bei Reiss erschien.

Daß es spätestens im Frühjahr 1918 zu Verstimmungen und Spannungen zwischen Ball und Reiss kam, geht aus Balls Brief vom 7. April hervor, in dem er Emmy Hennings nicht mehr zu Reiss als möglichem Verleger rät, wobei er hinzufügt: »Er soll auch mit seinen andern Autoren nicht besser stehen.« (Nr. 183)

Unter der Abhängigkeit von Reiss litten die beiden Autoren offenbar so stark, daß sie im März/April 1918 an die Einrichtung einer

Druckerei dachten, um ihre »Bücher selbst publizieren« zu »können«.[67] »Eine eigene Druckerei!« – das war für Emmy Hennings damals unbedingt »das Ziel«, welches sie mit der radikalen Forderung verband: »Die Verleger müssen weg.«[68] Hier ist – lange vor ihrer Realisierung in Deutschland in den 1970er Jahren – die Idee des Autorenverlags in deutlichen Ansätzen vorformuliert.

Ball hat aus seinen schlechten Erfahrungen mit Reiss gelernt. Als dem Berliner Verlag 1926/27 der Bankrott drohte, gab Ball seiner Frau, die vertraglich immer noch Reiss-Autorin war, Ratschläge, wie sie sich von ihrem Verleger lösen könne, um das Verfügungsrecht über ihre Bücher zurückzuerhalten. Sie solle »vorsichtig und geschickt« sein in ihren »Abmachungen« mit Reiss, sich »die Dinge schriftlich geben« lassen, sie mit jemand besprechen, »der Erfahrung hat« (Nr. 763), und nötigenfalls den Schutzverband deutscher Schriftsteller einschalten (Nr. 765).

Unproblematischer als zu Reiss war – jedenfalls bis Mitte November 1926 – das Verhältnis Balls zu seinem wichtigsten Verleger in den zwanziger Jahren, zum Leiter des Duncker & Humblot Verlags, zu Ludwig Feuchtwanger, einem jüngeren Bruder des Schriftstellers Lion Feuchtwanger. Ganz anders als bei der Korrespondenz Ball-Reiss ist die Quellenlage hier optimal: Der Briefwechsel zwischen Ball und Feuchtwanger hat sich komplett im Archiv des Verlags Duncker & Humblot, Berlin, erhalten. Bei seinen ersten beiden Büchern, die 1923 und 1924 bei Duncker & Humblot erschienen (›Byzantinisches Christentum‹ und ›Die Folgen der Reformation‹), gab es keine Differenzen zwischen Ball und seinem Verleger. Mit den Verträgen, die er von Feuchtwanger für seine Bücher erhielt, war Ball ohne Vorbehalte einverstanden. Hatte er einen Sonderwunsch, wie den, ihm statt tausend »wenigstens zweitausend Exemplare« der ›Folgen der Reformation‹ vorauszuhonorieren (Nr. 402), so wurde ihm der von Feuchtwanger erfüllt.[69] Entgegenkommend war Feuchtwanger auch in der Frage der Autorenexemplare, stellte er doch Ball –

67 Undatierter Brief von Emmy Hennings an Hugo Ball, in: EBH Leben, S. 111-115, hier: S. 112.

68 Aus einem unveröffentlichten, nur in einer maschinenschriftlichen Abschrift erhaltenen Brief von Emmy Hennings an Hugo Ball (»ich habe nicht so schnell«; HBN).

69 Vgl. *Nr. 422* – »Vertragsexemplar«.

über die vertraglich vereinbarten Freiexemplare hinaus – sogar noch »einige Mehrexemplare für Widmungszwecke«[70] zur Verfügung. Gut gefallen haben Ball außerdem die »Ausstattung« (Nr. 322), der »Satz« und die »Anordnung« (Nr. 421) seiner beiden Bücher, wofür er sich bei Feuchtwanger »aufrichtig« bedankte (Nr. 315).

Auch bei seinem dritten bei Duncker & Humblot erschienenen Buch, bei den Tagebuchaufzeichnungen ›Die Flucht aus der Zeit‹, gab es zwischen Ball und seinem Verleger zunächst keine Schwierigkeiten und Kontroversen. Über die am Manuskript vorzunehmenden Streichungen verständigte sich Ball mit Feuchtwanger »rascher« als er »erst angenommen« hatte (Nr. 663). Wohl auf Drängen Balls verpflichtete sich der Verlag im August 1926 vertraglich dazu, »das Buch noch im Laufe des Jahres 1926«, genauer: im »November 1926«, »auf den Markt«[71] zu bringen. Für diesen Erscheinungstermin hatte sich Ball eingesetzt, weil ihm sehr daran gelegen war, daß sein neues Buch gleichzeitig mit dem neuen Buch seiner Frau herauskam. Das Erscheinen dieses Buches mit dem Titel ›Der Gang zur Liebe‹ war für den November 1926 vorgesehen und danach richtete Ball die Terminplanung für sein Tagebuch ›Die Flucht aus der Zeit‹ aus. »Es war mir wichtig«, erklärte Ball in einem späteren Brief, »dass mein Buch gleichzeitig mit dem ›Gang zur Liebe‹ erschiene und dass die Verbundenheit der beiden Bücher, die gleichzeitig und in derselben Klausur entstanden sind, betont würde.« (Nr. 753) Die »Verbundenheit der beiden Bücher« zeigt sich nicht nur an der Gleichzeitigkeit ihres Entstehens und Erscheinens, sondern auch an ihren Titeln, bei denen Ball »eine Verwandtschaft« (Nr. 663) feststellte (›Die Flucht aus der Zeit‹ und ›Der Gang zur Liebe‹), die vielleicht sogar gewollt war. Die Briefe um das gleichzeitige Erscheinen der beiden Bücher (vgl. auch Nr. 659, 662, 663) dokumentieren, wie weit das Schreibtischpaar Ball/Hennings sein gemeinsames »Büchermachenspiel« trieb, wenn Ball etwa den Wunsch äußert, daß es »das beste« wäre, wenn sie »beide im selben Verlag erscheinen« könnten (Nr. 765).

Der vertraglich auf November 1926 festgelegte Erscheinungstermin der ›Flucht aus der Zeit‹ rückte näher, so daß Ball am 8. November an Hans Arp schrieb, sein Buch komme »in diesen Tagen«

70 *Nr. 330* – erste Erläuterung.
71 *Nr. 666.*

heraus (Nr. 684), da teilte ihm Feuchtwanger am 22. November mit, daß er »das Buch erst Mitte Januar [1927] in den Handel bringen« könne (Nr. 693), weil ein kurzfristig neu herzustellender Schutzumschlag die termingerechte Veröffentlichung verzögern würde. Damit waren die ›feingesponnenen‹ Bemühungen Balls, sein Buch gleichzeitig mit dem seiner Frau erscheinen zu lassen, gescheitert. So verdroß es ihn verständlicherweise sehr, daß Feuchtwanger hinsichtlich des Erscheinungstermins »den Vertrag nicht eingehalten« hatte, so daß ihm nun – wie er seine Frau am 25. November wissen ließ – »die Freude verdorben« sei, »dass wir zusammen und gleichzeitig erscheinen« (Nr. 693). In einem eingeschriebenen Brief an Feuchtwanger vom 4. Dezember bringt Ball seiner »Enttäuschung« über die Nichteinhaltung des Erscheinungstermins deutlich zum Ausdruck. Er sei »gewohnt, Wort zu halten« und habe, da er »das Gleiche vom Verlag« voraussetze, »überall bereits auf das Erscheinen vorbereitet« (Nr. 702). Die von ihm gewünschte, aber unterlassene Anzeige seines Buches im Dezember-Heft der Zeitschrift ›Hochland‹ wäre, »selbst wenn das Buch erst im Januar in den Handel kommt, durchaus nicht verfrüht gewesen« (Nr. 702). Am Schluß des Briefes fordert er Feuchtwanger verstimmt auf, es ihm »doch nicht gar so schwer« zu machen, um ebenso stolz wie leicht überheblich den Nachsatz hinzuzufügen: »Es sollte doch genügen, dass Sie meine drei Bücher nahezu ohne Äquivalent im Verlage haben.« (Nr. 702) Feuchtwanger war gut beraten, Balls Brief »erst einige Tage kalt werden zu lassen«, ehe er am 9. Dezember »sachlich«[72] darauf einging. Balls Vorwürfen hielt er zu Recht entgegen, es sei eine »Grundregel des Buchhandels, dass von einem Buch in der Presse und in der Literatur erst die Rede sein darf, wenn es wirklich in den Buchläden zu haben ist«.[73] So »gerne und bereitwillig« er »jeder nützlichen Anregung« Balls hinsichtlich des Vertriebs seiner Bücher folge, so seien doch »die Durchführung und die Einzelheiten des Vertriebes, wann und wo der Verlag Anzeigen und Prospektbeilagen aufgibt«, »überall und immer ausschliesslich Verleger-Funktion gewesen«.[74]

Mit dieser im Ton verbindlichen, in der Sache aber dezidierten Antwort, aus der die Kompetenz des erfahrenen Verlegers spricht,

72 *Nr. 702* – erste Erläuterung.
73 Ebd.
74 Ebd.

war jedoch die Kontroverse zwischen Ball und Feuchtwanger keineswegs beendet. Die ›Flucht aus der Zeit‹ war längst (Mitte Januar 1927) erschienen, da griff Ball im Mai 1927 die leidige Angelegenheit mit dem geplanten, aber nicht rechtzeitig fertiggestellten Verlagsprospekt für seine drei bei Duncker & Humblot veröffentlichten Bücher[75] noch einmal auf, indem er verärgert erklärte, ihm seien die »Schwierigkeiten« mit dem Prospekt »völlig unverständlich«, ja er müsse, falls der Prospekt auch diesmal »wieder zu spät kommen« sollte, »eine geflissentliche Unterlassung« des Verlegers annehmen (Nr. 749). Weiterhin beschwert er sich über den in der Schweiz angeblich zu hoch angesetzten Preis seines neuen Buches, was für ihn als Autor, »auf dessen Wert und Bedeutung der Verlag [...] hinzuweisen« unterlassen habe, »katastrophal« sei (Nr. 749). Feuchtwanger weist diesen Vorwurf, der für ihn eine »schwere Kränkung«[76] darstellt, entschieden zurück mit dem Hinweis auf die verschiedenen Maßnahmen und Aktivitäten des Verlags zur Verbreitung von Balls Buch. Ungeachtet der erfahrenen »Kränkung« versichert Feuchtwanger seinem empfindlichen Autor, ihm »weiter nichts« übelzunehmen, aber er läßt ihn doch wissen, daß »solche Droh- und Drangbriefe« eher »schaden« als »nützen«[77] würden. Da Ball in seinem Brief vom 26. Mai zum Einlenken noch nicht bereit ist, sondern im Gegenteil noch einmal ›nachkartet‹ mit der Unterstellung, andere, renommierte Autoren des Verlags wie Werner Sombart würden bevorzugt behandelt (Nr. 753), sieht sich Feuchtwanger in seiner Antwort vom 28. Mai veranlaßt, Ball seine grundsätzlichen Überlegungen zur »Natur der Beziehungen zwischen Verlag und Autor« mitzuteilen. Nach Feuchtwanger muß der Autor »ausnahmslos den Erfolg seiner Bücher auf sich selbst, den Misserfolg auf die Dummheit, Lässigkeit und andere negative Eigenschaften des Verlags zurückführen«, eine »Vereinfachung der sehr komplizierten Ursächlichkeit des Erfolges oder Misserfolges« eines Buches, die »schlechthin in der Struktur des Verhältnisses zwischen Verlag und Autor gegründet«[78] sei. Balls Verhältnis zum Verlag Duncker & Humblot unterscheidet sich laut Feuchtwanger »von den normalen Autor-Verlags-Bezie-

75 Die erste Seite dieses achtseitigen Prospekts ist faksimiliert in: HBK, Nr. 250, S. 238.

76 *Nr. 749* – »geflissentliche Unterlassung«.

77 Ebd.

78 *Nr. 753* – »Buch und Prospekt im November 26«.

hungen« noch dadurch, daß er annehme, »schlechter vom Verlag behandelt zu werden als Autoren von äusserem Rang mit allerhand Amt und Würden«.[79] Doch »die Tatsachen« seien »genau umgekehrt«, denn »in Wahrheit« nehme Ball »den ersten Rang« beim Verlag ein, »wenn es um die Sorgfalt und Pünktlichkeit der verlegerischen Massnahmen, um die Ausdrücklichkeit der Darlegungen unserer Absichten und Pläne geht«.[80] Die hohen Erwartungen seines Autors an den Verlag und die daraus resultierenden Enttäuschungen führt Feuchtwanger offenbar vor allem darauf zurück, daß Ball »die Möglichkeiten« überschätze, »auf die deutsche Welt durch das gesprochene und geschriebene Wort Eindruck zu machen«, daß er »noch ungeheure Illusionen« habe »über den Weg einer Buchwirkung, besonders über das Tempo dieser Wirkung, dann aber auch über die Absolutheit der menschlichen Verhärtung gegenüber gedrucktem und geschriebenem Wort«.[81] Auf Feuchtwangers Brief vom 28. Mai – mit seinen bedenkenswerten Bemerkungen zum schwierigen Verhältnis zwischen Autor und Verlag sowie mit seiner realistischen Einschätzung der sehr begrenzten Wirkungsmöglichkeiten von Literatur – ist Ball in seinem Schreiben vom 7. Juni zwar mit keinem Wort eingegangen, aber der Brief hat seine Wirkung auf ihn offensichtlich nicht verfehlt, denn Ball ist nun zur Beendigung seiner Kontroverse mit Feuchtwanger bereit, dem er das Friedensangebot macht: »pax nobiscum!, seien wir wieder gut mit einander.« (Nr. 759) In der Auseinandersetzung zwischen beiden, in der sich typische Einstellungen und Verhaltensmuster von Autoren und Verlegern in Konfliktsituationen zeigen, macht Ludwig Feuchtwanger die bessere Figur, denn er ist besonnener, souveräner, realistischer und sachlich-fachlich kompetenter als sein Kontrahent.

79 Ebd.
80 Ebd.
81 Ebd.

Balls »heftige Abneigung gegen Korrespondenzen«

»Seine Briefe sind darum so schön, weil sie ihn nicht einseitig zeigen. Er hatte keine Literatenbriefwechsel«.[82] Hesse wußte, wovon er sprach, denn er unterhielt selbst einen intensiven Briefwechsel mit Ball.[83] In dessen Korrespondenz geht es nicht einseitig oder gar ausschließlich um Schriftstellerprobleme, es geht darin auch um Krankheiten und Kuren, um familiäre und häusliche Angelegenheiten, um Katzen und Hühner, Blumen und Pflanzen, ums Wetter, um Wohnungsprobleme, Hausangestellte und gemeinsame Bekannte, kurz: um das ganze Spektrum des alltäglichen Lebens.

Wenn auch Balls Korrespondenz mit Hesse kein typischer Literatenbriefwechsel ist, so besitzen seine Briefe doch teilweise durchaus Werkstattcharakter. Ball spricht mit Hesse über seine entstehenden Werke und seine diversen Buchprojekte, er weiht ihn in seine »Verlegersorgen« ein (Nr. 292), läßt sich von ihm bei der Wahl des geeigneten Verlags beraten (Nr. 292) und läßt ihn beim Fischer-Verlag wegen einer Honorargarantie intervenieren (Nr. 681).

Aber Ball ist in den Briefen an Hesse nicht monoman nur mit den eigenen Werken und seinen Problemen als Schriftsteller befaßt, sondern er läßt sich immer wieder auf Hesses Publikationen ein, bittet den Freund darum, in die Korrekturbogen von ›Siddhartha‹ schauen zu dürfen (Nr. 292) und liest die Fahnen der ›Psychologia Balnearia‹ (Nr. 378), die später unter dem Titel ›Kurgast‹ erscheint. Von Hesses Werken ist in Balls Briefen kaum weniger häufig die Rede als von seinen eigenen.

Ball und Hesse tauschen sich in ihren Briefen aus, sie gehen aufeinander ein, nehmen sich selbst genauso ernst wie den anderen. Ihre Briefe sind – jedenfalls weitgehend – partnerbezogen; in ihnen dominiert nicht die Selbstaussage, die Selbstbehauptung oder gar die Selbstinszenierung, wie in »monologischen« Briefen, in denen der Briefempfänger nur eine marginale Rolle spielt. Das heißt nun freilich nicht, daß Balls Privatbriefe eher zu den »dialogischen« Briefen zu zählen sind.

82 Hesse (Anm. 39), S. 19.

83 Vgl. die zeitlich parallel zu der vorliegenden Briefedition erscheinende Ausgabe: ›Hermann Hesse. Briefwechsel 1921 bis 1927 mit Hugo Ball und Emmy Ball-Hennings‹. Hrsg. und kommentiert von Bärbel Reetz. Frankfurt a.M. 2003.

Will man die Briefe Balls nach Gustav Hillards Grobunterscheidung einer monologischen und einer dialogischen Briefform[84] sortieren und klassifizieren, so bietet sich als ›weiche‹ Lösung die folgende Rubrizierung an: Bei dem Briefschreiber Ball finden sich viele Briefe, die eine Mischform aus monologischem und dialogischem Brief darstellen, wie auch zahlreiche Briefe, die mehr monologischer oder mehr dialogischer Natur sind. Rein monologische oder rein dialogische Briefe allerdings wird man kaum finden.

In der Geschichte des Briefes ist seit der Romantik insbesondere in Briefen von Schriftstellern eine »Tendenz zum Monologischen« festzustellen, die stärker zu sein scheint »als die zum wirklich dialogischen Briefgespräch mit dem Partner«.[85] Diese Tendenz scheint sich in den ersten Jahrzehnten des 20. Jahrhunderts zu verstärken, sind doch in dieser Zeit die monologischen Briefschreiber deutlich in der Überzahl.[86] Ihnen droht als Konsequenz ihres Hangs zum monologischen Schreiben »der Verlust der Fähigkeit, mit dem Partner zu kommunizieren«.[87] Prominentes Beispiel eines Schriftstellers dieser Zeit, dessen Briefe »die Unmöglichkeit brieflicher Kommunikation«[88] bezeugen, ist Franz Kafka, der im März 1922 an Milena Jesenská schreibt: »Wie kam man nur auf den Gedanken, daß Menschen durch Briefe miteinander verkehren können!«[89]

Hugo Ball hat seinen Brief vom 29. Mai 1922 an Hermann Hesse als »ein Selbstgespräch des absurden Absenders« bezeichnet (Nr. 290) und damit selbst auf den monologischen Charakter seines Schreibens hingewiesen. In anderen Briefen hat er sich skeptisch über die Tauglichkeit des Briefes als Verständigungsmittel geäußert und die mündliche Kommunikation im Gespräch der schriftlichen Kommunikation im Brief vorgezogen. In den letzten Lebensjahren verstärkt sich bei Ball die Skepsis gegenüber der Möglichkeit der Verständigung von

84 Gustav Hillard: ›Vom Wandel und Verfall des Briefes‹. In: Merkur 23, 1969, Heft 252, S. 342-351, hier: S. 344.

85 Reinhard M. G. Nickisch: ›Brief‹. Stuttgart 1991, S. 62.

86 Ebd., S. 61 f.

87 Ebd., S. 62.

88 Wolfgang G. Müller: ›Der Brief‹. In: Klaus Weissenberger (Hrsg.): ›Prosakunst ohne Erzählen. Die Gattungen der nicht-fiktionalen Kunstprosa‹. Tübingen 1985, S. 87.

89 Franz Kafka: ›Briefe an Milena‹. Hrsg. und mit einem Nachwort versehen von Willy Haas. Frankfurt a. M. 1965, S. 260.

Person zu Person. So heißt es in einem Brief vom 14. Mai 1927: »Ich habe die Erfahrung gemacht, dass es eine schwierige und delikate Sache ist, sich von Person zu Person zu verständigen. Deshalb schreibt man ja Bücher.« (Nr. 750) Daß die Schwierigkeit des Kommunizierens sowohl die schriftliche als auch die mündliche Kommunikation, das heißt sowohl den Brief als auch das Gespräch betrifft, geht aus dem Kontext der zitierten Briefstelle wie auch aus einem ›Tagebuch‹-Eintrag vom selben Tag hervor, in dem Ball von seiner »heftigen Abneigung gegen Korrespondenzen und Besuche«[90] spricht. Das – bei »Besuchen« unausweichliche – persönliche Gespräch ist für den späten Ball genauso wenig zur Verständigung geeignet wie der Brief.

Man könnte meinen, die von Ball am 14. Mai 1927 geäußerte Aversion gegen »Korrespondenzen und Besuche« sei eine Folge seiner schweren Krebserkrankung, an der er genau vier Monate später sterben wird. Mag diese Erklärung für seine Abneigung gegen Besuche zutreffen, für seinen Widerwillen gegen Korrespondenzen kann sie nicht angeführt werden, denn bereits drei Jahre zuvor, in einer ›Tagebuch‹-Notiz vom 6. August 1924, hatte er sich ernsthaft vorgenommen, keine Privatkorrespondenzen mehr zu führen. Diesen Vorsatz hat Ball zwar nicht durchgeführt, aber in seinen letzten Lebensjahren hat er deutlich weniger Privatbriefe als Geschäftsbriefe geschrieben. Seine »›Verschwindungssucht‹« (Nr. 290), sein Hang zur Entpersönlichung geht so weit, daß er Hesse in einem Brief vom 21. Dezember 1925 gesteht: »Ich möchte oft Trappist sein unten in der Katakombe und nichts mehr sehen und hören, aber man soll so etwas nicht zu laut wünschen.« (Nr. 590) Hätte Ball diesen Wunsch in die Tat umgesetzt, wäre er in den Trapppistenorden mit seinem absoluten Schweigegebot eingetreten – die deutsche Literatur wäre um einige Werke und viele Briefe ärmer.

Trier, im August 2003 — Gerhard Schaub

90 Vgl. *Nr. 750* – »Ich möchte persönlich«.

Dank

Die Herausgeber bedanken sich sehr herzlich bei den Nachlaßerben Francesca Hauswirth sowie Klaus und Michael Schütt. Sie stellten großzügig sämtliche Briefe Hugo Balls, die sich im Hugo Ball-Nachlaß befinden, zur Verfügung und stimmten der Veröffentlichung zu. Die Nachlaßerben gestatteten darüber hinaus den Herausgebern Einblick in Hugo Balls unveröffentlichte Tagebücher und erlaubten, diese für die Datierung und Kommentierung der Ball-Briefe zu nutzen. Die Herausgeber sind den Personen und Instituten zu Dank verpflichtet, die uneigennützig ihre Bestände an Ball-Briefen den Herausgebern zur Verfügung stellten und der Veröffentlichung zustimmten. Insbesondere seien hier genannt:

Herr Professor Dr. Norbert Simon (Verlag Duncker & Humblot, Berlin),
Deutsches Literaturarchiv Marbach,
Bayerische Staatsbibliothek München,
Institut für Zeitgeschichte München,
Nordrhein-Westfälisches Hauptstaatsarchiv Düsseldorf,
Bibliothèque Littéraire Jacques Doucet Paris,
Internationales Institut für Sozialgeschichte Amsterdam.

Die Herausgeber bedanken sich bei der Deutschen Akademie für Sprache und Dichtung, Darmstadt, die die hier vorliegende Publikation erst ermöglichte. Michael Assmann von der Akademie und das Lektorat des Wallstein Verlags – insbesondere Andreas Haller – lektorierten in überzeugender und hilfreicher Weise.

Die Herausgeber bedanken sich bei den zahlreichen stillen Helfern, die wertvolle Hinweise beisteuerten:

Dr. Josef Anker, München; Dr. Günter Baumann, Balingen-Frommern; Christian Beckinger, Beckingen; Hubert van den Berg, Leiderdorp; Dr. Karl-Ferdinand Beßelmann, Köln; Barbara Borek, Berlin; Elena Brown, Montagnola; Fida Brunner-Danuser, St. Gallen; Gudrun Bublitz, Bremen; Anne Büchler, München; Dr. Cornelia von Crailsheim, München; Dr. Albert M. Debrunner, Basel; Honorarkonsul Horst Dedecke, Florenz; Dr. Chiara Del Soldato, Rignano Sull'Arno; Dr. Robert Dünki, Zürich; Thea Duijker, Amsterdam; Bernhard Echte, Wädenswill; Dr. Christian Englert, Basel; Dr. Eckhard Faul, Pirmasens; Dr. Thomas Feitknecht, Bern; Prof. Dr. Edgar J. Feuchtwanger, Winchester / Hampshire; Hildegard Fryda, München; Dr. Peter Fuchs, München; Viktoria Fuchs, Marbach am Neckar; Prof. Dr. Christoph Gerhardt, Trier; Ruth Häusler, Zürich; Dora Hambuch, Budapest; Francesca Hauswirth, Bernex; Hans Heeb, Ermatingen; Clemens Heinrichs, Mühlheim a. d. Ruhr; Heiner Hesse, Arcegno; Dr. Murad Wilfried Hofmann, Istanbul; Dr. Brigitte Huber, München; Dr. Hans W. Hubert, Florenz; Michael Jänichen, Marburg; Wolfgang Kästner, Pirmasens; Prof. Dr. Joseph H. Kaiser, Staufen; Herbert Kapfer, München; Ruth E. Keller †; Dr. Jens Koehler, Rom; Walburga Krupp, Rolandseck; Dr. Martina Kurz, Berlin; Max Löw, Arlesheim; Monika Lück, München; Hannes S. Macher, München; Anna Pia Maissen, Zürich; Sigrid Maurice, München; Dr. Immo Meenken, Trier; Dr. Jochen Meyer, Marbach am Neckar; Raimund Meyer, Zürich; Volker Michels, Offenbach; Marianne Möller, München; Dr. Sigrid von Moisy, München; Pater Gebhard Müller, Einsiedeln; Dr. Barbara Freifrau von Münchhausen, Florenz; Dr. Michael Picard, Montagnola; Dr. Doris Pinkwart, Bonn; Dr. Herbert Pohl, Speyer; Franz Pres †; Peter Pres, Bad Dürkheim; Dr. Dieter Pust, Flensburg; Bärbel Reetz, Kiel; Dr. Svetlana Ressel, Trier; Prof. Dr. Dieter Richter, Bremen; Dr. Anthony Rowley, München; Oliver Ruf, Trier; Christa Sammons, New Haven; Frédéric Sardet, Lausanne; Hans-Jürgen Sarfert, Dresden; Heinz und Ursula Schilz, Trier; Dr. Edith Schipper, München; Dr. Frieder Schmidt, Frankfurt a.M.; Doris Schneider-Wagenbichler, Wien; Elisabeth Schoeck-Grüebler, Feldmeilen; Dr. Julian Schütt, Zürich; Klaus Schütt, Dachsen; Michael Schütt, Basel; Dr. Hans-Ulrich Seifert, Trier; Prof. Dr. Norbert Simon, Berlin; Dr. Karl Jürgen Skrodzki, Lohmar; Brigitte Steinmann, Hannover; Prof. Dr. Heinrich von Stietencron, Tübingen; Greta Stroeh, Clamart-Meudon; Prof. Dr. Walter Thys, Kontich; Dr. Jürgen Vorderstemann, Speyer; Gabriele Weber, München; Dr. Karlheinz Weigand, Ludwigshafen; Dr. Burkhard Wenger, Basel; Hans-Peter Wessel, Trier; Honorarkonsul J. Wicki, Lugano

Amsterdam: Internationales Institut für Sozialgeschichte; Baden (Schweiz): Stiftung Langmatt: Sidney und Jenny Brown; Basel: Öffentliche Bibliothek der Universität, Staatsarchiv des Kantons Basel-Stadt; Berlin: Deutsches Theater, Freie Universität (FB Germanistik, Forschungsstelle für MDL Edition Klabund), Landesarchiv, Staatsbibliothek (Handschriftenabteilung und Abteilung Historische Drucke), Stiftung Archiv der Akademie der Künste, Verlag Duncker & Humblot; Bern: Schweizerische Landesbibliothek, Schweizerisches Literaturarchiv, Stadtarchiv Bern; Bonn: Universitäts- und Landesbibliothek; Bremen: Staatsarchiv; Budapest: Hungarian Theatre Museum and Institute; Clamart-Meudon: Fondation Arp; Darmstadt: Fachhochschule Darmstadt (Editions- und Forschungsstelle Frank Wedekind); Dornach: Archiv am Goetheanum; Dresden: Sächsische Landesbibliothek, Stadtarchiv; Düsseldorf: Nordrhein-Westfälisches Hauptstaatsarchiv, Stadtarchiv; Einsiedeln: Benediktinerabtei: Stiftsbibliothek; Florenz: Kunsthistorisches Institut; Frankfurt a.M. Börsenverein des Deutschen Buchhandels (Archiv und Bibliothek), Museum für Post und Kommunikation; Freiburg i.B.: Universitätsbibliothek; Graz: Standesamt; Köln: Historisches Archiv, Universitäts- und Stadtbibliothek; Lausanne: Stadtarchiv; Leipzig: Die Deutsche Bibliothek; Marbach am Neckar: Deutsches Literaturarchiv; München: Akademie der Bildenden Künste, Bayerische Staatsbibliothek, Deutsches Theatermuseum, Institut für Zeitgeschichte, Kösel-Verlag, Münchner Stadtbibliothek: Monacensia, Stadtarchiv, Stimme der Pfalz; New Haven: Yale University Library; Pirmasens: Stadtbücherei; Plauen: Stadtarchiv; Regensburg: Bischöfliches Zentralarchiv; Rolandseck: Stiftung Hans Arp und Sophie Taeuber-Arp e.V.; Rom: Deutsches Archäologisches Institut; Scheyern: Klosterarchiv; Speyer: Bibliothek des Bischöflichen Priesterseminars St. German, Institut St. Dominikus, Pfälzische Landesbibliothek; Stuttgart: Württembergische Landesbibliothek; Washington DC: The Library of Congress, Manuscript Division; Wien: Österreichische Nationalbibliothek, Stadt- und Landesarchiv; Würzburg: Stadtarchiv; Wuppertal: Bergische Universität (Redaktion der Lasker-Schüler-Ausgabe); Zürich: Pro Helvetia, Schweizer Kulturstiftung, Neue Zürcher Zeitung, Carl-Seelig-Stiftung, Schweizerisches Sozialarchiv, Stadtarchiv, Zentralbibliothek.

Register

Die Verweise beziehen sich auf die Nummern der Brieftexte sowie den dazugehörigen Kommentar. Fettgedruckte Einträge verweisen auf ausführliche Behandlung des jeweiligen Stichwortes.

Personenregister

Register der Briefempfänger

Werkregister von Hugo und Emmy Ball

1.1 *Werke Hugo Balls*

1.2 Hugo Ball als Herausgeber und Mitherausgeber

1.3 Hugo Ball als Übersetzer

1.4 Ha Hu Baley (Hugo Ball und Hans Leybold)

2. Werke Emmy Balls (Hennings, Hennings-Ball, Ball-Hennings)

Register der Verlage, Zeitschriften und Anthologien (Auswahl)

Ortsregister (Auswahl)

Bildnachweise

Verlag und Herausgeber danken folgenden Personen und Institutionen für die freundliche Abdruckgenehmigung der Abbildungen:

Dr. Albert M. Debrunner, Basel:
688 (o)

Professor Dr. Edgar J. Feuchtwanger, Winchester/Hampshire:
695

Dr. Christian Englert, Basel:
692

Elisabeth Schoeck-Gruebeler, Feldmeilen:
694

Carl Schmitt-Nachlaß:
696

Deutsches Literaturarchiv, Marbach am Neckar:
677 (o), 680, 683, 688 (u), 690, 691

Fondation Arp in Clamart:
Schutzumschlag Bd. 1, 684, 685, 693

Hugo-Ball-Nachlaß, Zürich:
Schutzumschlag Bd. 2 und Bd. 3, 674 (o), 681, 682, 697, 698, 699

Hugo-Ball-Sammlung, Pirmasens:
673 (o/ u), 674 (u), 675, 676, 677 (u), 678 (o, u), 679, 689

Die Arbeit an dieser Publikation wurde ermöglicht
durch die Unterstützung von:

Stiftung für Kultur Rheinland-Pfalz;
Ministerium für Wissenschaft und Weiterbildung, Mainz;
Bezirksverband Pfalz, Neustadt/Weinstr.;
Joseph Krekeler, Pirmasens;
Jakob und Robert Brück-Stiftung, Pirmasens;
Sparkasse Südwestpfalz, Pirmasens;
Ministerium für Kultur, Jugend, Familie und Frauen, Mainz;
Kömmerling Werke, Pirmasens.

Bibliografische Information Der Deutschen Bibliothek

Die Deutsche Bibliothek verzeichnet diese Publikation in der
Deutschen Nationalbibliografie; detaillierte bibliografische Daten
sind im Internet über http://dnb.ddb.de abrufbar.

Erste Auflage 2003

www.wallstein-verlag.de
Vom Verlag gesetzt aus der Stempel Garamond
Umschlaggestaltung: Basta Werbeagentur, Steffi Riemann
Druck und Verarbeitung: Hubert & Co, Göttingen

ISBN 3-89244-701-2